国家出版基金项目
NATIONAL PUBLICATION FOUNDATION

公共安全应急管理与技术

张晓蕾 赵开功 蒋仲安 编著

中国矿业大学出版社
· 徐州 ·

内容提要

本书是国家出版基金项目，系统总结了近年我国及其他国家在公共安全应急管理与技术方面取得的主要成果。全书共分为十一章，主要内容包括公共安全应急管理概述，公共安全应急预案编制与实施，公共安全应急值守，公共安全应急投入，公共安全应急规划、评估与管理，公共安全应急指挥，公共安全应急培训与演练，公共安全应急队伍建设，公共安全应急处置，公共安全应急物资与科技装备，以及公共安全事故应急案例分析。

本书可供从事公共安全应急管理、技术和研究的人员参考。

图书在版编目(CIP)数据

公共安全应急管理与技术 / 张晓蕾，赵开功，蒋仲安编著.—徐州：中国矿业大学出版社，2024.11

ISBN 978-7-5646-5369-9

Ⅰ.①公… Ⅱ.①张… ②赵… ③蒋… Ⅲ.①公共安全—安全管理—中国 Ⅳ.①D630.8

中国版本图书馆 CIP 数据核字(2022)第 075258 号

书　　名　公共安全应急管理与技术

编　　著　张晓蕾　赵开功　蒋仲安

责任编辑　吴学兵　陈　慧　马晓彦

出版发行　中国矿业大学出版社有限责任公司

（江苏省徐州市解放南路　邮编 221008）

营销热线　(0516)83885370　83884103

出版服务　(0516)83995789　83884920

网　　址　http://www.cumtp.com　**E-mail**:cumtpvip@cumtp.com

印　　刷　江苏苏中印刷有限公司

开　　本　787 mm×1092 mm　1/16　**印张** 40.5　**字数** 1036 千字

版次印次　2024 年 11 月第 1 版　2024 年 11 月第 1 次印刷

定　　价　360.00 元

（图书出现印装质量问题，本社负责调换）

前　言

党中央、国务院始终高度重视安全工作，党的十八大以来习近平总书记就安全工作做出了一系列重要指示，强调要牢固树立新发展理念，坚守发展决不能以牺牲人的生命为代价这条不可逾越的红线，有力推动了安全生产工作的深入开展。习近平总书记指出，公共安全无处不在，维护公共安全，必须从建立健全长效机制入手，推进思路理念、方法手段、体制机制创新，加快健全公共安全体系。

公共安全是国家安全的重要体现，一头连着经济社会发展，一头连着千家万户，是最基本的民生；确保公共安全事关人民群众生命财产安全，事关改革发展稳定大局。党的十八大提出要加强公共安全体系建设，党的十八届三中全会围绕健全公共安全体系提出食品药品安全、安全生产、防灾减灾救灾、社会治安防控等方面体制机制改革任务，党的十八届四中全会提出了加强公共安全立法、推进公共安全法治化的要求。党和国家把维护公共安全摆在更加突出的位置，做出了一系列部署。

当前，我国正处于经济社会高速发展、企业改革不断深化、产业结构转型升级的重要历史时期，加强公共安全应急工作，为国民经济健康发展，为全面建成小康社会，为实现中华民族的伟大复兴，提供安全稳定的生产环境与社会氛围至关重要。各级政府、相关部门和各类企业有必要深入研究、全面改进应急救援工作，切实贯彻落实习近平总书记以人民为中心这一重要思想，坚持做到警钟长鸣、常抓不懈，时刻将安全工作放在首位。

在新形势下，我国公共安全面临的风险和挑战严峻复杂，传统安全和非传统安全风险高度聚集、相互交织，应急处置不当可能导致重大安全风险，影响社会稳定和国家安全。加强公共安全应急管理体系和能力建设，是一项紧迫任务，又是一项长期任务。因此，要站在维护国家安全的角度对公共安全工作进行筹划，将公共安全体系建设纳入国家安全体系框架，构筑起事前、事中和事后的全流程公共安全应急体系。

本书共分为十一章。张晓蕾博士主要负责本书整体架构及第一至五章的撰写工作，赵开功博士主要负责本书第六至十一章的撰写工作，蒋仲安教授主要负责本书的审定工作。第一章公共安全应急管理概述，以公共安全应急管理与国家安全的关系为着眼点，阐述公共安全应急管理的发展过程、应急管理体系和产业发展进程；第二章公共安全应急预案编制与实施，主要介绍我国应急预案的体系和分类，以及不同类型应急预案的编制、评审、实施、演练和优化等方面的要求；第三章公共安全应急值守，主要从应急值班、应急响应、应急调度与联防联控四个方面进行分析和论述；第四章公共安全应急投入，主要介绍自然灾害防治、公共卫生和安全生产事故预防等方面的投入情况；第五章公共安全应急规划、评估与管理，主要阐述应急规划、应急评估、应急报告、应急管理绩效评价、应急信息管理、应急科技管理等方面的工作内容；第六章公共安全应急指挥，主要对应急启动、应急决策、应急处置方面的工作进行方法和路径的阐述；第七章公共安全应急培训与演练，主要通过应急培训、应急演练、排查预控、情景构建、消防管理与火灾防治等，对公共安全应急培训与演练进行全方位的论述；第八章公共安全应急队伍建设，对公共安全应急人力资源建设、综合消防救援队建设、安全生产应急救援队建设、卫生应急救援队建设、社会应急救援力量建设进行了系统介绍；第九章公共安全应急处置，从自然灾害、事故灾难、公共卫生、社会安全不同维度，介绍各类突发事件的应急处置内容；第十章公共安全应急物资与科技装备，主要从应急物资种类、应急救援装备种类、应急物资装备管理方法、应急物资的日常管理与使用、应急物资的筹措及社会捐助、应急救援科技研究等方面进行系统性地分析；第十一章公共安全事故应急案例分析，分别对自然灾害、事故灾难、公共卫生和社会安全等不同类型的事故案例进行分析。附录收录了应急管理相关的法律法规。

此外，弓亮、孔言言、邓健、冯占科、陈硕、陈泽、陈生仓、杜宇、连芳菲、李曼、李敏、李强、李胜坡、李振基、李建斌、李严肃、李麟凤、李长明、李斌、刘滨、刘辉、刘阳学、孟婷、苏海全、辛博、赵璇、赵宁宁、赵文良、赵信华、赵凯、张洁、张思敏、张旻昊、张国梁、张宝禄、张龙飞、张志厚、庄巧玲、马锦红、毛希君、吴瀚逢源、杨玉峰、王宇、王晖、王睿迪、王海山、王海峰、王彩军、王天陽、孙富强、宋伟峰、项瑞虹、梁斌、梁祥省、盖泳伶、秦立宁、郝家旺、童建飞、闫立、喻淑培、胡伟、裴志铭、郑昀、薛蕾、薛菲菲、关文铮、宋方舟等同志参加了文献资料收集、课题研究论证、第十一章及附录等章节的初稿撰写工作，在此一并表示感谢。

此外，本书撰写过程中得到了中国安全生产科学研究院、中国劳动关系学院、中国职业安全健康协会、中国铁道科学研究院、中国兵器工业标准化研究所、北京科技大学、中国矿业大学（北京）、北京交通大学、西南交通大学、中国石化集团、国家能源集团、中粮集团、国家石油天然气管网集团有限公司科学技术研究总院分公司、华能能源交通产业控股有限公司、北京市职业病防治研究院、河南省周口市文化广电和旅游局、江西省井冈山市应急管理局、山东省济宁市兖州区大安镇安监站等单位有关同志的大力支持，在此一并表示感谢。

撰写组多次研讨，反复论证，几易其稿，力求全面、系统、翔实、科学地阐述公共安全应急管理内涵。希望本书的出版有助于广大读者系统了解公共安全体系，理解公共安全应急管理各要素和全流程所涉及的工作内容，提高相关从业人员应急管理工作水平，强化应急意识，提升整体防灾、减灾、救灾能力。

由于作者水平和时间所限，书中难免存在疏漏和不足之处，敬请广大读者批评指正。

作　者

2024年3月26日

目　　录

第一章　公共安全应急管理概述

- 公共安全应急管理概述
  - 公共安全应急管理的基本概念与内涵
    - 公共安全的现状
    - 公共安全应急管理的重要性
    - 公共安全应急管理的内涵
    - 公共安全的特点
    - 公共安全应急管理的客体
    - 公共安全应急管理的主体
    - 公共安全应急管理的任务
    - 公共安全应急管理与危机管理
  - 公共安全应急管理与国家安全
    - 国家安全的基本概念
    - 公共安全应急管理与国家政治
    - 公共安全应急管理与社会稳定
    - 公共安全应急管理与构建和谐社会
    - 总体国家安全观
  - 公共安全应急管理发展过程
    - 公共安全管理历史发展概述
    - 农业时代的公共安全管理
    - 工业时代的公共安全管理
    - 后工业时代的公共安全管理
    - 中国灾害管理现状及特点
    - 我国减灾工作的重大进展
    - 国家综合减灾战略框架
    - 加强国家综合减灾能力建设
    - 公共安全管理发展的思索
  - 公共安全应急管理体系
    - 我国公共安全应急管理体系的主要特征
    - 我国公共安全应急管理的形势
  - 公共安全应急管理方针
    - 总体目标
    - 基本原则
    - 基本任务
    - 总结
  - 公共安全应急产业发展

公共安全是现代社会发展中的重要课题，关系到人民群众的生命安全和财产安全。《“十四五”国家应急体系规划》的颁布，再次印证了公共安全的重要性。在面对自然灾害、事故灾害、公共卫生事件和恐怖袭击等突发事件时，公共安全应急管理旨在通过组织、协调、指导和推动各方力量，有效应对各类突发事件，保障社会的稳定和人民的安全。

本章将系统介绍公共安全应急管理的概述，并探讨其与国家安全的关系。第一节对公共安全应急管理进行概念界定和范围划定，明确其重要性和紧迫性。第二节深入探讨公共安全应急管理与国家安全的内在联系，阐述二者相互促进、相互支持的关系。第三节回顾公共安全应急管理的发展过程，从历史角度出发，总结经验教训，为今后的工作提供借鉴。第四节详细介绍公共安全应急管理体系，包括组织机构、职责分工和工作流程等方面的内容。

第五节着重探讨公共安全应急管理的方针，明确各级政府和相关部门在应急管理中的指导思想和基本原则。第六节关注公共安全应急产业的发展，探讨其在保障公共安全方面的作用和挑战。

通过对本章内容的学习，读者将全面了解公共安全应急管理的基本概念与内涵，认识到它与国家安全的紧密联系，并理解总体国家安全观对公共安全应急管理的指导意义。同时，读者还将了解公共安全应急管理的发展历程、体系构建和管理方针，以及公共安全应急产业的发展趋势，为进一步深入研究和实践公共安全应急管理提供必要的知识基础和理论支撑。

第一节　公共安全应急管理的基本概念与内涵

公共安全应急管理是指在面对自然灾害、突发事件、公共卫生危机等突发情况时，政府和社会性组织采取的一系列组织、指导、协调、监督和评估等措施，以保护公民的生命、财产和生活环境，维护社会秩序和稳定的综合性管理活动。

公共安全应急管理涉及政府机构、社会组织、企业单位、公民个人等多方参与，需要制定相应的法律法规、管理制度、发展计划，建立完善的组织体系和工作机制，同时还需要加强预警值守、分级响应、信息资源共享和培训演练等方面的工作，以提高应对突发事件的能力和效率。

一、公共安全的现状

公共安全是社会整体没有危害或威胁的状态，包括社会秩序、公共财产和公民权利。从广义上看，社会治安涉及国家、社会和国民的生活活动；从狭义上看，公共安全指社会不受自然灾害、生产事故和犯罪等因素的影响。

当前，全球经济和社会生活中存在的各种危险因素更为复杂。国际金融危机、美国次级抵押贷款的影响等事件让我们认识到国际形势更加复杂、充满不确定性。与此同时，我国社会正处于加速转型时期，其特殊性在于多元并存的社会现状决定了风险发生的共时性特点，前工业社会、工业社会和后工业社会的诸多风险在我国的时空结构中同时爆发式展现。公共安全治理模式的建构既要跨越前工业社会较低级的发展水平，又要适应工业社会时代的管理要求，同时还必须应对后工业社会的时代挑战。总之，当前我国正处于一个极具挑战和机遇的转型时期，需要充分认识到多元并存的特殊性，灵活应对不同阶段的风险，努力构建适应时代发展要求的公共安全治理模式，为社会的长期稳定和人民群众的幸福生活提供坚实保障。要想达到这样的目标，就需要我们充分认识公共安全应急管理的重要性，了解公共安全应急管理的具体内涵。

二、公共安全应急管理的重要性

公共安全应急管理对于保障人民生命财产安全、维护社会秩序和稳定、减轻灾害损失、提升国家形象和社会信任度、推动社会进步和可持续发展具有重要的意义和作用。

(1) 保障人民生命财产安全。公共安全应急管理是社会稳定和人民生活安宁的基石。通过科学的预测和规划，及时采取有效的措施应对突发事件和灾害，可以最大限度地保障人民生命财产安全。

(2) 维护社会秩序和稳定。重大突发事件和灾害的发生往往会造成社会秩序的混乱和动荡。公共安全应急管理的目标之一就是恢复和维护社会的正常秩序,确保社会运行的稳定性,为人们的正常生产、生活提供有序环境。

(3) 减轻灾害损失。突发事件和灾害带来的损失往往是巨大的,不仅包括人员伤亡和财产损失,还包括经济、社会和环境方面的影响。公共安全应急管理通过科学的预案和灵活的应对措施,可以在最短时间内降低灾害损失,减轻人民的痛苦。

(4) 提升国家形象和社会信任度。一个国家或地区对公共安全应急管理的能力和水平直接关系到其形象和信任度。通过建立健全的应急管理体系,及时、有效地处理突发事件和灾害,可以增强人民对政府的信任,并提升国家在国际社会中的声誉。

(5) 推动社会进步和可持续发展。公共安全应急管理不仅仅是对突发事件的应对,更是对社会发展进步的要求。通过总结经验教训,改进现有机制和方法,不断提升应急管理能力,可以为社会的可持续发展提供坚实的保障。

例如,2019 年中国南方暴雨洪涝灾害中,各级政府迅速响应、调动多种应急救援力量,采取多种措施确保群众安全,使更多的人得以避险或获得救助;2019 年中国湖北省武汉市发生新型冠状病毒肺炎疫情,政府采取了严格的应急管理措施——建立方舱医院、加强病毒检测、限制人员流动等,有效控制了疫情的传播,并为全国其他地区的防疫工作提供了宝贵的经验和参考。这些都是公共安全应急管理的成功案例,充分展示了其在维护社会稳定、保障人民群众生命财产安全方面的重要性和意义。

三、公共安全应急管理的内涵

公共安全应急管理的重要性与其内涵是密不可分的。在实践中,只有深入理解其内涵并付诸行动,才能充分发挥其保障人民生命财产安全、维护社会稳定、减轻灾害损失、提升国家形象和推动社会进步等重要作用。要想深刻理解公共安全应急管理的具体内涵,可以从最为关键的"应急"二字入手。

"应急"由两部分组成。作为动词的"应"一方面指人受到刺激而发生的活动和变化,也有对待的意思,如应付、应对。"急"是指迫切、紧急、重要的事情,是一个相对的概念。根据对"应"和"急"的解析,可将"应急"的内涵理解为:人类面对正在发生或预测到的紧急状况时所采取的应对措施。

(1) "应急"是对突发事件和灾害的及时反应和处置能力。公共安全应急管理涉及预防、准备、响应和恢复等多个阶段,而应急作为其中关键的环节,强调的是在突发事件发生后迅速采取行动,有效应对事件,并最大限度地减轻损失。

(2) "应急"是协同合作和跨部门参与。公共安全应急管理需要各级政府、部门、组织以及社会力量之间的密切配合和协同作战,形成一个完整的应急体系。只有各方紧密合作,共同应对突发事件,才能更好地保障公众的安全。

(3) "应急"是科学规划和灵活应变。公共安全应急管理需要建立科学合理的预案和机制,对不同类型、不同程度的突发事件进行分类、评估和预测,制定相应的处置措施。同时,在实际应对过程中,还需要根据具体情况进行灵活调整和应变,以最优化的方式保障公众的安全。

目前,对应急管理还未形成统一的认识,不同机构或学者认识迥异。

（一）相关机构对应急管理的定义

美国联邦紧急事务管理署的定义：应急管理是通过组织分析、规划、决策和对可用资源的分配以实施对灾难影响的减除、准备、应对和恢复，其目标是拯救生命、防止伤亡、保护财产和环境。澳大利亚紧急事态管理署提出，应急管理是一个处理紧急事件引起的社会风险的过程，是识别、分析、评估和治理紧急事态的系统性方法，其 5 个主要行动包括建立背景、识别风险、分析风险、评估风险和治理风险。①

（二）国内外学者对应急管理的定义

美国佐治亚州立大学著名应急管理学家威廉·沃认为，应急管理就是对风险进行管理，以使社会能够与环境或技术危险要素共存，并应对环境或技术危险要素所导致的灾害，可简单定义为一门处理风险和防止风险的学科。詹姆士·米切尔认为，应急管理是指为应对即将出现或已经出现的灾害而采取的救援措施，不仅包括紧急灾害期间的行动，还包括灾前的备灾措施和灾后的救灾工作。我国学者计雷认为，应急管理是基于对突发事件的原因、过程及后果进行分析，有效集成社会各方面相关资源，对突发事件进行有效预警、控制和处理的过程。曹杰、朱莉认为，应急管理是指应用管理学的知识对应急行为人和事务进行管理，即在紧急状况发生或预测发生时，确切知道要针对性地去做什么，并注意采用最好、最经济的管理方法去应对。总体看来，应急管理是指政府及其他公共机构在突发公共事件的事前预防、事发应对、事中处置和善后管理过程中，通过建立必要的工作机制，采取系列必要措施，保障公共生命财产安全，促进社会和谐健康发展的有关活动。它涵盖 4 类活动，即预防、减少突发事件的发生，响应、应对突发事件，控制、减轻突发事件的社会危害，清理、消除突发事件的影响。

1. 事前——预防与应急准备阶段

应急管理要贯穿"预防为主"方针。在预防与应急准备阶段，要注重在日常工作中采取措施，着力降低社会应对突发事件的脆弱性，为应对突发事件做好充分准备。同时，要经常对所在区域进行风险、隐患排查，对危险源进行持续、动态的监测，并开展有效风险评估，在此基础上进行风险处置。对于即将演变为突发事件的风险和隐患，及时预警使社会公众在突发事件发生前采取避险行动，尽量减少损失。

2. 事中——处置与应急救援阶段

应急处置是指应急管理者在时间和资源的约束条件下，控制突发事件的后果。即突发事件发生后，要尽可能准确地掌握情况，迅速启动应急预案，采取有效救援措施，防止突发事件扩大和升级。处置过程需要大量的非常规决策。应急管理者需要在极短的时间和巨大的心理压力下，研判灾情，科学决策，既要遵照预案，但又不能固守预案。

3. 事后——评估与恢复重建阶段

突发事件处置工作完成后，应急管理者应组织力量清理现场，尽快恢复生产生活秩序，消除突发事件对社会、经济、环境以及人的心理的影响。

总的来说，应急管理需要在不同阶段采取相应措施，从事前的预防与准备，到事中的处置与救援，再到事后的评估与恢复重建，形成一个有机的应急管理体系，以保障公共安全和社会稳定。

---

① 徐顺鑫.民防部门参与城市应急管理研究：以常州为例[D].苏州：苏州大学，2014.

四、公共安全的特点

我国是一个灾害频发的国家。近年，我国公共安全呈现如下特点：

（一）时间呈多频次，空间呈多领域

目前我国有 2/3 的国土面积受到洪水威胁，特别是长江、黄河等七大江河中下游地区。平均每年有 10 个台风和热带风暴在我国沿海登陆，造成人员伤亡和重大经济损失。崩塌、滑坡、泥石流等，平均每年造成上千人死亡，数十次铁路、公路交通中断。年均森林火灾受害率达 5.99%，是世界年均森林火灾受害率的 6 倍。城市安全发生在市政公共设施、环境污染、公共卫生、安全生产、群体突发性事件等领域，如雨雪等自然灾害造成的城市交通瘫痪、化工厂爆炸造成城市水污染等公共卫生事件。

（二）非传统的公共安全隐患已成为现代公共安全的重要威胁

过去，人们通常认为国家安全就是军事安全、国防安全、政治安全、外交冲突安全，即“传统安全”。而当今，对主权及人类整体生存与发展构成威胁的非传统安全因素正成为城市发展的重大威胁。全球化和不恰当的现代医疗活动以及城市发展、环境变化等，使得新型疾病对人类社会造成了严重危害，例如 2003 年的非典型肺炎疫情、2004 年和 2005 年的高致病性禽流感、2019—2023 年的新型冠状病毒肺炎疫情等。

（三）单体的突发公共事件极易被放大为群体的社会危机

目前，我国处于改革关键时期，各种利益与权利将在各相关主体间进行再分配和传递，形成了许多不安定的因素，这些都让人们的内心矛盾变得更为复杂。此外，科技的进步、媒介的发展，以及人们对于社会矛盾的简单处理，导致了事态的蔓延、矛盾的激化，很容易使单个的突发公共事件变成集体的社会危机，引起社会的动荡。

（四）突发公共事件国际化程度加大

美国兰德(RAND)公司在 2003 年发布的一份研究报告中指出，全球化、现代医学与农耕文明的负面效应、人类行为模式改变、环境变迁等多种因素的综合作用，后冷战时代，全球面对的主要是来自“灰色地带”的恐怖主义、毒品走私、环境恶化、疾病传播等新型危险，尤其是跨境传播的计算机病毒已经取代传统的战争武器，给国际社会和各国政府带来了巨大的挑战。随着经济一体化进程的推进，我国的突发性公共事件也呈现出了全球性的特点。

安全问题日趋多元化，国家安全之间的相关性也在不断增强，除传统的军事安全和政治安全外，金融安全、环境安全、能源安全、文化安全等非传统安全问题也日益突出，尤其是在疫情暴发后人们更加关注的健康安全问题。不同国家之间的安全问题日益紧密地联系在一起。

（五）事件相互联系，易彼此发生转化

各类突发公共事件彼此并不是截然割裂的，它们通常具有多样性、共时性等特点，在一定条件下可以相互转换，产生连锁效应。例如，某些突发性公共事件的发生，其成因既有自然因素，也有人为因素；某些技术性灾难(如环境污染和突发事件等)也会引发突发公共健康事件。

由于公共安全具有普遍性、随机性、必然性、因果相关性、突变性、隐蔽性且其危害性大、社会性广等，因此，我们要积极管理公共安全问题。

五、公共安全应急管理的客体

公共安全应急管理是对公共安全突发事件事前、事发、事中、事后发生发展全过程的管理，是突发事件事前、事后的管理与事发、事中的应急的有机统一。换句话说，应急管理的对象是突发事件。

（一）突发事件的内涵

广义上，突发事件可被理解为突然发生的事情：第一层的含义是事件发生、发展的速度很快，出乎意料；第二层的含义是事件难以应对，必须采取非常规方法来处理。狭义上，突发事件就是意外地突然发生的重大或敏感事件，简言之，就是天灾人祸。前者即自然灾害；后者如恐怖事件、社会冲突、丑闻谣言等，专家也称其为“危机”。根据《中华人民共和国突发事件应对法》（以下简称《突发事件应对法》）的规定，突发事件是指突然发生，造成或者可能造成严重社会危害，需要采取应急处置措施予以应对的自然灾害、事故灾难、公共卫生事件和社会安全事件。

（二）突发事件的类别

突发事件的种类繁杂，可以从不同的维度对其进行划分。《国家突发公共事件总体应急预案》根据突发公共事件的发生过程、性质和机理，将突发公共事件分为自然灾害、事故灾难、公共卫生事件和社会安全事件 4 类。

1. 自然灾害

自然灾害是人类依赖的自然界中所发生的异常现象，其对人类社会所造成的危害往往是触目惊心的。它们之中既有地震、火山爆发、泥石流、海啸、台风、龙卷风、洪水等突发性灾害，也有地面沉降、土地沙漠化、干旱、海岸线变化等在较长时间中才能逐渐显现的渐变性灾害，还有臭氧层变化、水体污染、水土流失、酸雨等人类活动导致的环境灾害。这些自然灾害和环境破坏之间又有着复杂的相互联系。自然灾害形成的过程有长有短、有缓有急；灾害发生后，破坏了人类生存的和谐条件，由此可以衍生出一系列其他灾害，这些灾害泛称为衍生灾害。当然，灾害的过程往往是很复杂的，有时候一种灾害由几种灾因引起，或者一种灾因会同时引起多种不同的灾害。这时，灾害类型的确定就要根据起主导作用的灾因和其主要表现形式而定。例如，2021 年 7 月 17 日至 23 日，河南省遭遇历史罕见的特大暴雨，发生严重洪涝灾害，灾害共造成河南省 150 个县（市、区）1 478.6 万人受灾，因灾死亡、失踪 398 人，其中郑州市 380 人，占全省 95.5%；直接经济损失 1 200.6 亿元，其中郑州市 409 亿元，占全省 34.1%。2022 年 2 月中下旬，南方出现大范围低温雨雪冰冻灾害，持续时间长，暴雪落区偏南，降水（雪）强度大，对农业生产、交通、电力等造成一定影响；灾害造成福建、江西、湖南、广东、广西等 9 省（自治区、直辖市）77 个市 447 个县（市、区）609.2 万人受灾，近 8 400 人紧急转移安置，农作物受灾面积 422 300 公顷，900 余间房屋倒塌，近 6 500 间房屋不同程度受损，直接经济损失高达 78.9 亿元。

2. 事故灾难

事故灾难是指事故的行为人出于故意或过失的行为，违反治安管理法规和有关安全管理的规章制度，造成物质损失或者人员伤亡，并在一定程度上对社会或内部单位，或居民社区的治安秩序和公共安全造成危害的事故。事故灾难主要包括工矿、商贸等企业的各类安全事故、交通运输事故、公共设施和设备事故、环境污染和生态破坏事故等。如，爆炸事故指由于人为、环境或管理等原因，物质发生急剧的物理、化学变化，瞬间释放出大量能量，并伴有强烈的冲击波、高温高压和地震效应等，造成财产损失、物体破坏或人身伤亡等的事故。道路交通事故指车辆在道路上因过错或者意外造成的人身伤亡或者财产损失的事件。安全生产事故指生产经营单位在生产经营活动（包括与生产经营有关的活动）中突然发生的，伤害人身安全和健康，或者损坏设备设施，或者造成经济损失的，导致原生产经营活动（包括与生产经营活动有关的活动）暂时中止或永远终止的意外事件。例如，2019 年 9 月 28 日 7 时许，长深高速公路江苏无锡段发生一起大客车碰撞重型半挂汽车列车的特别重大道路交通事故，造成 36 人死亡、36 人受伤，直接经济损失 7 100 余万元；2020 年 2 月 11 日 19 时 50 分左右，位于辽宁葫芦岛经济开发区的辽宁先达农业科学有限公司烯草酮车间发生爆炸事故，造成 5 人死亡、10 人受伤，直接经济损失约 1 200 万元；2020 年 6 月 13 日 16 时 41 分许，沈海高速浙江台州温岭出口处，一辆载有 25.36 吨液化石油气、由宁波开往温州的槽罐车发生爆炸，爆炸波及范围半径 400～500 米，造成 20 人死亡、175 人受伤，一栋民房局部和两处厂房倒塌，600 余间房屋和多辆汽车受损，直接经济损失 9 477.8 万元。

3. 公共卫生事件

根据《突发公共卫生事件应急条例》，突发公共卫生事件是指突然发生，造成或者可能造成社会公众健康严重损害的重大传染病疫情、群体性不明原因疾病、重大食物和职业中毒以及其他严重影响公众健康的事件。公共卫生事件通常呈现出如下特征。一是成因的多样性。引发公共健康事件的因素很多，包括生物因素、自然灾害、食品和药品安全事件、各类意外灾难等。二是分布的差异性。从季节分布的差别来看，传染性疾病的发生在季节的变化上是有差别的，如非典型肺炎多发生在冬春季节，而肠道疾病多发生在夏季；在地域上的差别体现在疾病分布表现出明显的地域性，如地中海贫血多发于广东等地区。三是传播的广泛性。传染病有 3 个基本循环环节，即传染源、传播途径和敏感人群，就有可能在没有边界的条件下进行大范围的传播。在全球化背景下，某种疾病能够借助现代化的运输手段进行跨国家的传播，从而形成全球性的传染病。比如，在刚果（金）暴发新一波埃博拉病毒后，在 2018 年 10 月 20 号，确认感染病例达到 200 人，死亡 117 人；2020 年，新型冠状病毒在世界各地肆虐，造成了大规模的人员死亡。

4. 社会安全事件

社会安全事件是指因人民内部矛盾而引发，或因人民内部矛盾处理不当而积累、激发，由部分公众参与，有一定组织和目的，采取围堵党政机关、静坐请愿、阻塞交通、集会、聚众闹事、群体上访等行为，并对政府管理和社会秩序造成影响甚至使社会在一定范围内陷入一定强度对峙状态的群体性事件①。社会安全是衡量一个国家或地区构成社会安全 4 个基本方面的综合性指数，包括社会治安（用每万人刑事犯罪率衡量）、交通安全（用每百万人交通事故死亡率衡量）、生活安全（用每百万人火灾事故死亡率衡量）和生产安全（用每百万人工伤事故死亡率衡量）。社会安全事件涉及恐怖袭击事件、经济安全事件、民族宗教事件、涉外突发事件、重大刑事案件、群体性事件等②。

（三）突发事件的级别

根据《特别重大、重大突发公共事件分级标准》，按照社会危害程度、影响范围、突发事件

① 乌日娜.我国民族地区突发社会安全事件危机管理研究[D].北京：首都经济贸易大学，2012.

② 赵明伟.新时期大学生国家安全教育研究[D].杭州：中国计量大学，2016.

性质和可控性等因素将自然灾害、事故灾难、公共卫生事件、社会安全事件分为4级，即特别重大、重大、较大和一般。

1. 自然灾害类

自然灾害类包括水旱灾害、气象灾害、地震灾害、地质灾害、海洋灾害、生物灾害、森林草原火灾。以水旱灾害为例，特别重大水旱灾害包括：一个流域发生特大洪水，或多个流域同时发生大水；大江大河干流重要河段堤防发生决口；重点大型水库发生垮堤；洪水造成铁路繁忙干线、国家高速公路网和主要航道中断，48小时无法恢复通行；多个省（自治区、直辖市）发生特大干旱；多个大城市发生极度干旱。重大水旱灾害包括：一个流域或其部分区域发生大洪水；大江大河干流一般河段及主要支流堤防发生决口或出现重大险情；数省（自治区、直辖市）多个市（地）发生严重洪涝灾害；一般大中型水库发生垮坝或出现对下游安全造成直接影响的重大险情；洪水造成铁路干线、国家高速公路网和航道通行中断，24小时无法恢复通行；数省（自治区、直辖市）多个市（地）发生严重干旱，或一省（自治区、直辖市）发生特大干旱；多个大城市发生严重干旱，或大中城市发生极度干旱。①

2. 事故灾难类

事故灾难类包括安全事故、环境污染和生态破坏。以安全事故为例，重大安全事故包括：造成10人以上、30人以下死亡（含失踪），或危及10人以上、30人以下生命安全，或直接经济损失5 000万元以上、1亿元以下的事故，或50人以上、100人以下中毒（重伤），或需紧急转移安置5万人以上、10万人以下的事故；国内外民用运输航空器在我国境内，或我国民用运输航空器在境外发生重大飞行事故；危及10人以上、30人以下生命安全的水上突发事件或水上保安事件；3 000吨以上、10 000吨以下的非客船、非危险化学品船发生碰撞、触礁、火灾等对船舶及人员生命安全造成威胁的水上突发事件；铁路繁忙干线、国家高速公路网线路遭受破坏，或因灾严重损毁，造成通行中断，经抢修24小时内无法恢复通车；重要港口遭受严重损坏，长江干线或黑龙江界河等重要航道断航12小时以上、24小时以内；造成跨区电网或区域电网减供负荷达到事故前总负荷的10%以上、30%以下，或造成重要政治、经济中心城市减供负荷达到事故前总负荷的20%以上、50%以下；造成重大影响和损失的通信、信息网络、特种设备事故和城市轨道、道路交通、大中城市供水、燃气设施供应中断，或造成3万户以上居民停水、停气24小时以上的事故；大型集会和游园等群体性活动中，因拥挤、踩踏等造成10人以上、30人以下死亡的事故；其他一些无法量化但性质严重，对社会稳定、对经济建设造成重大影响的事故。

3. 公共卫生事件类

公共卫生事件类包括公共卫生事件和动物疫情。以公共卫生事件为例，特别重大公共卫生事件包括：肺鼠疫、肺炭疽在大、中城市发生，疫情有扩散趋势；或肺鼠疫、肺炭疽疫情波及2个以上的省份，并有进一步扩散趋势；发生传染性非典型肺炎、人感染高致病性禽流感病例，疫情有扩散趋势；涉及多个省份的群体性不明原因疾病，并有扩散趋势；发生新传染病，或我国尚未发现的传染病发生或传入，并有扩散趋势；或发现我国已消灭传染病重新流行；发生烈性病菌株、毒株、致病因子等丢失事件；对2个以上省（自治区、直辖市）造成严重威胁，并有进一步扩散趋势的特别重大食品安全事故；周边以及与我国通航的国家和地区发

① 戴天歌.紧急状态启动条件研究[D].大连：辽宁师范大学，2020.

生特大传染病疫情，并出现输入性病例，严重危及我国公共卫生安全的事件；发生跨地区、跨国食品安全事故，造成特别严重社会影响的；其他危害特别严重的突发公共卫生事件。

4. 社会安全事件类

社会安全事件类包括群体性事件、金融突发事件、涉外突发事件、影响市场稳定的突发事件、恐怖袭击事件、刑事案件。以群体性事件为例，特别重大群体性事件包括：一次参与人数 5 000 人以上，严重影响社会稳定的事件；冲击、围攻县级以上党政军机关和要害部门，打、砸、抢、烧乡镇以上党政军机关事件；参与人员对抗性特征突出，已发生大规模的打、砸、抢、烧等违法犯罪行为；阻断铁路繁忙干线、国道、高速公路和重要交通枢纽、城市交通 8 小时停运，或阻挠、妨碍国家重点建设工程施工，造成 24 小时以上停工事件；造成 10 人以上死亡或 30 人以上受伤，严重危害社会稳定的事件；高校内聚集事件失控，并未经批准走出校门进行大规模游行、集会、绝食、静坐、请愿等行为，引发不同地区连锁反应，严重影响社会稳定；参与人数 500 人以上，或造成重大人员伤亡的群体性械斗、冲突事件；参与人数在 10 人以上的暴狱事件；出现全国范围或跨省（自治区、直辖市），或跨行业的严重影响社会稳定的互动性连锁反应；其他视情况需要作为特别重大群体性事件对待的事件。

需要注意的是，对一些比较敏感或发生在敏感地区、敏感时间，或可能演化为特别重大、重大突发公共事件的信息报送和分级处理，不受上述标准限制。

六、公共安全应急管理的主体

公共安全应急管理是一项重要的公共事务，既是政府的行政管理职能，也是社会公众的法定义务。同时，应急管理活动又有法律的约束，具有与其他行政活动不同的特点。应急管理的主体是政府、企业和其他公共组织，其中的责任主体是政府，政府起主导性作用。

（一）政府部门主导

政府主导性体现在两个方面：① 政府主导性是由法律规定的。《突发事件应对法》规定，县级人民政府对本行政区域内突发事件的应对工作负责，涉及两个以上行政区域的，由有关行政区域共同的上一级人民政府负责，或者由各有关行政区域的上一级人民政府共同负责，从法律上明确界定了政府的责任。② 政府主导性是由政府的行政管理职能决定的。政府掌管行政资源和大量的社会资源，拥有组织严密的行政组织体系，具有庞大的社会动员能力，这是任何非政府组织和个人无法比拟的行政优势，只有由政府主导，才能动员各种资源和各方面力量开展应急管理。政府在应急管理中，需要动员一切必要的社会资源应对突发公共事件；保护包括经济安全、生态安全、能源安全等在内的国家安全；维护社会稳定和公众利益；公开应急管理信息，保证公众知情权；降低社会危害，开展危机教育，体现政府人文关怀。

在美国，一旦发生诸如洪水、地震、飓风之类的灾害，前线人员往往是当地的警务人员、消防人员以及紧急医疗人员，他们主要负责抢救和救治伤员、扑灭火灾、维持和维护灾区的安全、恢复灾区秩序。当灾害的程度超过了当地救援力量所能处理的程度，并且所带来的损害超过了当地政府所能处理的程度时，镇长就会向上级政府寻求协助，以协助处理意外和重建社会。而州政府方面，则求助于州紧急救助局或州的国家自卫军以及其他州的紧急救援力量。如果根据当地及各州官方提供的情报，认为这场灾害已经超过州的处理能力，那么州政府将会正式要求总统发表一份关于这次灾害的公告。一有紧急情况，紧急情况管理局将立即启动全国紧急情况计划，命令相关政府单位和组织，来帮助州和当地的救灾工作。

（二）社会组织支撑

政府在应急管理中具有核心地位。由于政府在人力、财力和物力方面的限制，仅依靠政府力量也有不足；因此，大力培育和发展具有志愿性和公益精神的社会组织十分必要。应急管理目标的实现，需要社会中人与人之间的理解和合作，在危机时刻人们能否互相理解与合作呢？社群主义思想为合作治理的实现提供了可能。社群主义思想由于关注公共利益、注重公民资格、重视公民美德、倡导公民参与，为公共危机合作治理提供了理论上的支撑。在合作治理中，政府、企业、社会组织、国际组织乃至公民个人之所以能够进行合作，形成一个坚强的实体，社群的力量是其推动力。例如，在谈及美国西部社会的形成过程中有人认为："无论哪种情况，西部社区总是先于政府而存在。社区的形成与发展规模推动了镇、市、州政府的建立，社区决定地名和选举各级政府官员，总之，社区政府组织是自下而上地建立的。居民为了社区的繁荣昌盛，吸引更多移民，争取更多投资，成为政府所在地，各尽所能，个人利益和公共利益在此已融为一体。"人们之所以走到一起结合成各种社群，是因为他们拥有共同的需要。自身生存与社会繁荣需要他们的共同努力，而社群为其成员提供利益的方式，直接体现了人类的各种不同的社会制度。

社会组织包括非政府组织、公民的志愿性社团、协会、社区组织、利益团体和公民自发组织起来的运动等，它们又被称为介于政府与企业之间的"第三部门"。虽然社会组织具有"自愿组织""非营利组织""非政府组织""公民社会""社团"等不同的名称，但它们都具有以下特征：① 正规性。社会组织有自己的章程和组织机构，具有根据国家法律注册的正式身份，是一个法人；而那些临时聚集起来的人不能算作社会组织。② 私立性。它既不是政府机构的一部分，也不是由政府官员主导的董事会领导。③ 非营利性。它不把获取利润当作生存的主要目标，而通常把提供公益和公共服务当作主要目标，虽然在一定时期它也收取一定的费用，但这样做是为了组织的存在和正常的运作。④ 自我治理性。它不受外界力量的控制，自主地开展活动。⑤ 自愿性。其成员的吸纳和活动的开展均建立在自愿而非强制的基础之上。⑥ 公益性。这些组织的存在不是仅仅为了满足参加者的利益，而是服务于公共目的和为公众奉献。

在公共应急管理过程中，社会组织的作用主要表现在以下几个方面。首先，社会组织在危机之后的救援工作中能够发挥重要的作用，尤其是在危机之后混乱不堪、交通不畅、外援力量不能及时赶赴现场的情况下，当地的非政府组织发动的救援行动对控制和减少人员的伤亡具有重要的作用。特别是在一些政府威信低、应急能力弱的国家，当政府对灾难束手无策时，社会组织通过各种网络，动员民间社会自发力量代替政府的角色，更显得重要。其次，社会组织在危机之后的灾难重建工作中能够发挥重要的作用。危机的突发可能只需要短短的几秒，但灾后的重建、人们心理的恢复，不但时间长，而且耗资巨大，如果由政府单独承担，将对公共财政造成相当大的压力。社会组织筹集的资源则有助于舒缓压力。最后，除了救援、灾后重建等功能，社会组织在危机中也能发挥反映民意和监督政府的政治功能。公民自发组织的网络有助于形成讨论社会问题的公共空间，就潜在的社会问题做出控告，就如社会的报警系统一般。危机过后如果政府反应缓慢，或处理危机不力，社会的声音有助于政府做出改善。

《突发事件应对法》规定，公民、法人和其他组织有义务参与突发事件应对工作，从法律上规定了应急管理的全社会义务。尽管政府是应急管理的责任主体,但是没有全社会的共同参与,突发事件应对不可能取得好的效果。近年,随着中国社会组织的发展与壮大,社会组织开始在应急管理中发挥积极的作用。例如,2008 年汶川大地震后,大量社会组织和志愿者参加抗震救灾,发挥了非常重要的作用。对此,有学者评价:“民间组织与政府可以很好地合作,也应当很好地合作。在这次抗震救灾中,绝大多数民间组织与政府积极合作,主动配合政府的救灾工作,成为真正的伙伴。甚至海外的不少民间组织也积极参与抗震救灾。这也再一次表明,绝大多数民间组织是社会的积极建设者而不是破坏者,是政府的合作者而不是反对者。”

（三）公民个人参与

在当代社会中,要使公共危机的治理顺利运转,没有公民参与就如同空中楼阁。然而要使公民积极参与公共危机的治理,就需要公民具有公民道德和公民意识。公民责任要求处于核心圈内的每个人,以公民身份承担着自己的职务责任;公民责任还要求处于核心圈外的每个人、社会机构,以公民价值观和道德准则承担社会责任即公民责任。虽然政府在应急管理中具有主导性,但是我们所处的时代是一个前所未有的自然灾害频发的阶段,仅靠政府的力量来应对自然灾害基本是不可能的。我们必须积极鼓励公众参与到自然灾害的应急管理中,为公众提供参与的路径,协调与引导公众的行动,才能有效地应对自然灾害,减少损失。

公民在应急管理中应该承担什么责任呢？有学者认为公民个人责任主要是指公民个人基于责任、义务和能力所做的减少危害损失的自觉努力,在应急管理中主要体现在以下几个方面:一是相信政府并主动配合政府;二是及时、客观、真实地报告信息,不迟报、谎报、瞒报、漏报信息,不制造、传播谣言;三是沉着冷静地应对灾难,努力保持积极健康的心态;四是自觉维护正常的经济秩序和社会秩序,不趁火打劫、利用灾难捞取个人好处;五是尽力为抗击灾难提供各种形式的支持,包括对个人财产的必要让渡;六是积极开展自救、互救;七是积极监督政府和各种救灾组织的救灾行为,维护自身的合法权利。要使公民有效履行上述责任,政府必须意识到,每一个公民的力量虽是微不足道,但是众多的社会公众齐心协力将会形成巨大的合力。政府必须为公民参与搭建平台,使公众能够联合起来。通过集体的行动,运用大家的智慧,摒弃社会公众在单独行动时造成的混乱。

公民社会和公民参与的成熟为建立应急决策参与机制创造了主观条件。作为社会中最大的群体,公众拥有着最为丰富的社会资源,具备防灾救灾的能力,有效发挥其作用,是自然灾害应急管理中灾害预警、减少危害,维护公共利益的内在保证。公众参与自然灾害应急管理,能够降低政府在整个应急管理中的成本,使得政府应对危机的资源更加高效、有针对性。公众积极主动配合政府实施自然灾害应急管理,响应政府号召,通过各种方式参与救灾,提高了政府救援工作的效率,也在相当程度上控制了自然灾害的危害。例如,在 2008 年的汶川地震中,灾区人民组织自救和互救,灾区外人民捐款捐物支援灾区,都有效地控制了地震震后灾情的恶化。在灾害过后,公众更应树立危机意识,教育晚辈应对灾害的技巧,向亲友传播减灾防灾的知识。由此可见,公众参与自然灾害应急管理具有极大的必要性。因此,广大公众是应对突发公共事件的行为主体,应对突发公共事件,必须充分发动群众、坚持依靠群众。要引导群众掌握应急知识,学会保障自身的生命财产安全;要提高群众的自救、互救能力和应急处置能力,最大限度地减少社会灾害损失。需要明确的是,公众在应急管理中,享有宪法和法律规定的基本公民权、知情权、监督权、紧急救助请求权、复议申请或提起行政诉讼权、补偿请求权等权利；有参与和协助政府开展突发公共事件应急处置的义务。

为此，政府应从以下方面着手培养公众的危机应对能力，吸纳公众的参与：一是增强公众的危机防范意识，减少危急时刻的盲目从众心理。公民危机意识就是公民抱着普遍和应对危机状况的思想，预先考虑和预测可能面临的紧急和极度困难的形势，在心理上和物质上做好应对危机或灾难的准备，以防止在危机发生时束手无策，难以积极回应而遭受无法挽回的损失。二是强化社会公众的危机心理承受能力。三是组织心理专家讲授危机后的心理疏导方法和技能。四是政府、非营利组织可以通过招募志愿人员的形式，把那些素质高、危机意识强、能力较高的社会公众吸收到正式组织中，通过正式的渠道参与危机的救治工作，有效承担社会责任。

七、公共安全应急管理的任务

随着现代社会的发展，公共安全问题日益凸显，各种突发事件和自然灾害时有发生。在这些困难和危机之中，公共安全应急管理扮演着至关重要的角色。

（一）首要任务

公共安全应急管理的首要任务是通过有效的行动，尽可能地降低事故的危害，包括人员伤亡、财产损失和环境破坏等。公共安全应急管理的基本任务包括下述几个方面：① 立即组织营救受害人员，组织撤离或者采取其他措施保护受害区域内的其他人员。在应急救援行动中，快速、有序、有效地实施现场急救与安全转送伤员，是降低伤亡率、减少事故损失的关键。② 迅速控制事态，并对事故造成的危害进行检测、监测，测定事故的危害区域、危害性质及危害程度。③ 消除危害后果，做好现场恢复。针对事故对人体、动植物、土壤、空气等造成的现实危害和可能的危害，迅速采取封闭、隔离、洗消、监测等措施，防止对人的继续危害和对环境的污染。应急管理的任务还包括及时清理废墟和恢复基本设施，将事故现场恢复至相对稳定的状态。事故发生后应及时调查事故的发生原因和事故性质，评估出事故的危害范围和危害程度，查明人员伤亡情况，做好事故原因调查，并总结救援工作中的经验和教训。

降低事故危害是公共安全应急管理的核心任务之一。在突发事件发生后，迅速组织救援行动并提供紧急援助至关重要。应急救援人员和相关机构需要具备高效协调和应对能力，以便迅速响应并展开行动。这包括救护和医疗服务、火灾扑救、物资运输和人员安置等方面的工作。通过及时有效的救援行动，可以最大限度地挽救人员的生命，并减少财产损失。

在公共安全事故的应急管理中，环境保护也占据着重要位置。突发事件常常伴随着环境破坏，例如化学品泄漏、油污染和自然灾害等。应急管理机构需要迅速采取措施，遏制事态扩大，并清理和修复受到损害的环境。这不仅有助于维护生态环境的稳定，还能减少对人类健康和社会经济发展的影响。

在美国，这一任务被称为“减灾”。减灾被定义为一种持续性的行为，它可以减轻或消除灾害给人们生命和财产安全带来的风险。与备灾、应对以及短期恢复相反，减灾更注重长期的减少风险的方法。应急管理的恢复阶段一直都是进行减灾活动的最好时机，这个阶段为减灾活动提供了充足的资金。减灾项目与活动的实施更多依靠应急管理领域以外的人员参与和支持，包括土地使用规划者、建筑和房屋管理人员、企业拥有者、保险公司、社区领导以及政治家。2000 年美国国会通过了《减灾法案》，鼓励在州和地方层面进行减灾规划，规定各州维护减灾计划是获得某些联邦减灾资金和灾难援助项目的前提。

（二）预防工作

预防也是公共安全应急管理的重要任务之一。预防工作的核心是通过科学的风险评估和防范措施，尽可能地减少事故和灾害的发生。这需要建立健全的监测和预警系统，及时发现潜在的危险因素，并采取相应的措施进行干预。即通过应急管理预防行动和准备行动，建立突发事件源头防控机制，建立健全应急管理体制、制度，有效地控制突发事件的发生，做好突发事件的应对工作准备；并采取传统与科技手段相结合的办法进行预测，将突发事件消除在萌芽状态。一旦发现不可消除的突发事件，及时向社会预警，确保突发事件发生后，第一时间启动应急预案，实施有效的应急救援行动，防止事件的进一步扩大和发展。

当代，对突发事件的预防工作集中体现为应急预案，形成应急预案体系。针对各级各类可能发生的事故和所有危险源制定专项应急预案和现场应急处置方案，并明确事前、事中、事后的各个环节中相关部门和有关人员的职责。建立突发事件应急预案体系是指突然发生，造成或者可能造成严重社会危害，需要采取应急处置措施予以应对的自然灾害、事故灾难、公共卫生事件和社会安全事件的应急预案整体系统。应急预案制定机关应当根据实际需要和情势变化，适时修订应急预案。我国国家应急预案的制定、修订程序由国务院规定。按照法律规定，生产经营单位必须制定应急预案；生产规模小、危险因素少的生产经营单位，综合应急预案和专项应急预案可以合并编写。

应急预案包括综合应急预案、专项应急预案和现场处置方案。综合应急预案是从总体上阐述处理事故的应急方针、政策，应急组织结构及相关应急职责，应急行动、措施和保障等基本要求和程序，是应对各类事故的综合性文件。专项应急预案是针对具体的事故类别（如煤矿瓦斯爆炸、危险化学品泄漏等事故）、危险源和应急保障而制订的计划或方案，是综合应急预案的组成部分，应按照综合应急预案的程序和要求组织制定，并作为综合应急预案的附件，应制定明确的救援程序和具体的应急救援措施。现场处置方案是针对具体的装置、场所或设施、岗位所制定的应急处置措施，应具体、简单、针对性强。现场处置方案应根据风险评估及危险性控制措施逐一编制，做到事故相关人员应知应会，熟练掌握，并通过应急演练，做到迅速反应、正确处置。在我国，全国性的国家突发事件应急预案体系由国务院制定国家突发事件总体应急预案，组织制定国家突发事件专项应急预案；国务院有关部门根据各自的职责和国务院相关应急预案，制定国家突发事件部门应急预案。涉及地方各级人民政府和县级以上地方各级人民政府有关部门，都要根据有关法律法规、规章、上级人民政府及其有关部门的应急预案以及本地区的实际情况，制定相应的突发事件应急预案。《突发事件应对法》规定，应急预案应当根据本法和其他有关法律、法规的规定，针对突发事件的性质、特点和可能造成的社会危害，具体规定突发事件应对管理工作的组织指挥体系与职责和突发事件的预防与预警机制、处置程序、应急保障措施以及事后恢复与重建措施等内容。县级人民政府应当对本行政区域内容易引发自然灾害、事故灾难和公共卫生事件的危险源、危险区域进行调查、登记、风险评估，定期进行检查、监控，并责令有关单位采取安全防范措施。

此外，公共安全教育也是预防工作的重要组成部分，通过加强对公众的安全意识和知识普及，提高公众应对突发事件和灾害的能力。

公共安全应急管理还需要与各个相关部门和社会组织紧密合作，这包括政府机构、行业协会、非政府组织等。只有通过协同合作,才能实现资源共享和信息互通,提高应急管理的整体效能。同时,公众的参与和反馈也是公共安全应急管理的重要组成部分。通过建立有效的沟通渠道,让公众了解事态的发展和应对措施,可以增强公众的信任和合作,提高整体的应对能力。

八、公共安全应急管理与危机管理

(一) 危机管理的概念

危机管理(crisis management),也称为危机沟通管理,一般是指政府、企业或其他组织为应对各种危机情境所进行的规划决策、动态调整、化解处理及员工培训等活动过程,其目的在于消除或降低危机所带来的威胁和损失。有学者主张危机管理是专门的管理科学,它是为了应对突发的危机事件,抗拒突发的灾难事变,尽量使损害降至最低点而事先建立的防范、处理体系和对应的措施,包括危机爆发前的预防管理和危机爆发后的应急善后管理。

对于危机事件,人们一直试图给出全面且准确的定义,但实际上危机的发生情景千差万别,很难用简单的语言概括。有人认为,只有汉字中的“危险与机遇”能够完整地表达危机的内涵,这是组织命运转折点和恶化分界线。西方学者从不同角度对危机提出了理解和判断。赫尔曼认为,危机是指处于威胁下、决策时间有限且出乎意料的情境状态。福斯特认为,危机具有 4 个显著特征:紧急需要快速决策、缺乏训练有素员工、物资和信息短缺、处理时间有限。罗森塔尔和皮恩伯格认为,危机严重威胁社会系统的基本价值和行为结构,需要在时间紧迫且不确定性高的情况下做出关键决策。格林认为,危机管理的特点是事态已经失控,关键任务是尽可能控制事态、减小损失,并争取重新控制局面。巴顿认为,危机是一个具有不确定性的事件,会对组织、员工、产品、资产和声誉造成巨大伤害。班克思认为,危机是对组织、公司及其产品或声誉等产生潜在负面影响的事故。里宾杰认为,危机是对企业未来获利性、成长乃至生存产生潜在威胁的事件,具备威胁企业目标实现、局面恶化且无法挽回、具有突发性等 3 个特征。米托夫和皮尔逊认为,危机管理者的直接任务是收集、分析和传播信息,在危机最初几小时或持续时间很长的情况下采取关键行动,包括识别事实、深入分析、控制损失和加强沟通。中国学者游昌乔认为,危机是一种突发事件,使企业面临严重损失和威胁,短时间内波及社会各个层面,对企业或品牌造成不良影响。这种紧急事件由于其前景不确定性,带来高度紧张和压力,决策者必须在有限时间内做出关键决策和具体应对措施,以使企业在危机中生存并将损害降至最低限度。从字面上看,危机管理更侧重于将危机视为一种常态而非突发事件,与应急管理有所不同。根据美国《危机管理》一书的作者菲克普的调查,80%的大企业董事长和首席执行官(CEO)认为,在现代企业面临危机问题时,就如同人们面临死亡一样,已成为不可避免的事实,其中,14%的人承认曾经面临过严重危机的挑战。从主体的角度来看,危机管理更注重企业管理,而应急管理更多由政府部门研究和实践。

(二) 危机管理的目的

美国学者罗伯特·希斯提出了危机管理的“4R”模式,分别是缩减(reduction)、预备(readiness)、反应(response)和恢复(recovery)。我国学者游昌乔对危机管理的目的进行了总结,包括以下 6 个方面:① 预防危机,即企业应根据经营性质,识别潜在的危机事件及其后果,排查潜在的滋生土壤,并收集整理所有可能的风险,充分征求各方意见,形成系统全面的风险列表，限制导致危机的原因，并增强内部应对能力，以避免危机的发生；② 控制危机，即建立应对危机的组织，制定危机管理的制度、流程、策略和计划，确保在危机来临时能够冷静应对；③ 解决危机，即通过公关手段阻止危机蔓延并消除危机，包括建立强有力的危机处理班子和有步骤地实施危机处理策略；④ 在危机中恢复，即制止危机对企业或品牌形象造成不良影响，尽快恢复信任，重建员工、公众、媒介以及政府对企业的信心；⑤ 发展危机中的机会，即通过总结经验教训，在危机平息后使企业焕发活力并获得新的发展机会，正如 Intel 公司前 CEO 安迪 · 格鲁夫所说，"优秀的企业能够度过危机，平凡的企业在危机中消亡，只有伟大的企业能够在危机中实现自身的发展"，因此，企业需要正确认识危机，保持坦诚的态度，才能从中找到发展的机会；⑥ 实现企业的社会责任，即危机管理的有效实施将促进社会的稳定与进步；相反，如果危机处理不当，将成为社会的负担并带来不可估量的危害。

（三）危机管理的要素

危机管理是指企业通过危机监测、危机预警、危机决策和危机处理，避免、减少危机产生的危害，总结危机发生、发展的规律，对危机处理科学化、系统化的一种新型管理体系。危机管理的要素有：① 危机监测。危机管理的首要一环是对危机进行监测，在企业顺利发展时期，企业就应该有强烈的危机意识和危机应变的心理准备，建立一套危机管理机制，对危机进行监测。企业越是风平浪静的时刻越应该重视危机监测，在平静的背后往往隐藏着风险。② 危机预警。许多危机在爆发之前都会出现某些征兆，危机管理关注的不仅是危机爆发后各种危害的处理，而且要建立危机警戒线。企业在危机到来之前，把一些可以避免的危机消灭在萌芽之中，对于另一些不可避免的危机通过预警系统能够及时得到解决。这样，企业才能从容不迫地应对危机带来的挑战，把企业的损失降至最低。③ 危机决策。企业在调查的基础上制定正确的危机决策。决策要根据危机产生的来龙去脉，对几种可行方案进行对比优缺点后，选择最佳方案。④ 危机处理。首先，企业确认危机。确认危机包括将危机归类、收集与危机相关的信息、确认危机程度以及找出危机产生的原因，辨认危机影响的范围和影响的程度及后果。其次，控制危机。控制危机需要根据确认的某种危机后，遏制危机的扩散使其不影响其他事物，紧急控制如同救火刻不容缓。再次，处理危机。在处理危机中，关键的是速度。企业能够及时、有效地将危机决策运用到实际中化解危机，可以避免或减少危机给企业造成的损失。

公共安全应急管理是指针对突发事件和危机情况，通过预防、应对和恢复等措施，保障人民群众的生命、财产安全以及社会秩序的稳定，其内涵包括预防工作和应急处置两方面。

首先，预防工作侧重于建立源头防控机制，通过科技手段与传统手段相结合，尽可能将突发事件消除在萌芽状态，预警社会并提前做好应急准备。其次，应急处置是在突发事件发生后，立即采取有效的行动，包括组织营救受害人员、控制事态、清理现场、评估灾害程度等，以降低事故后果严重程度。

公共安全应急管理的主体是政府和相关部门，其主要职责是组织、协调、指导和监督应急管理工作。同时，公民、社会组织等也是应急管理的重要参与者，需要在突发事件发生时积极配合政府部门的救援行动。

在公共安全应急管理下的危机管理中，首要任务是在突发事件发生后，立即组织救援行动，保障受害人员的生命安全。其次是控制事态，防止事态扩大，对事故危害进行检测和监测，消除危害后果，并清理现场，将事故现场恢复至相对稳定的状态。此外，还需要对事故原因进行调查，评估危害程度，总结经验教训，为今后的预防工作提供参考。

总的来说，公共安全应急管理是保障社会稳定和人民群众安全的重要机制，通过预防和应急处置两方面的工作，有效应对突发事件和危机情况。

第二节　公共安全应急管理与国家安全

随着全球化、城市化和新兴技术的迅猛发展，国家面临着日益复杂多样的安全威胁和挑战，公共安全应急管理成为国家安全的重要组成部分。因此，建立健全的公共安全应急管理体系，对于维护国家的稳定、保障人民群众的生命财产安全以及提升国家整体安全水平具有重要战略意义。

一、国家安全的基本概念

国家安全是指国家的主权和领土完整，国体和政体的稳固，国家的统治机能与作用、涉及国家及其全体人民的重大利益不受威胁、侵害和破坏，具有长期性、全局性、复杂性的特点。研究国家安全问题应包括政治、军事、经济、科学技术等领域发生或出现的重大事件，以及宗教、民族、犯罪、腐败、人口、资源等方面的严重问题和自然界出现的重大灾害、特别异常现象或问题。上述领域及其存在的问题，即为国家安全的基本要素。

每个国家和政府都高度重视并认真研究国家安全问题，这是由国家安全的特点、当前国际政治和经济形势的剧烈发展变化以及其他多种因素直接影响到国家安全的现实情况所决定的。

国家安全是国家存在的基本条件，也是国家稳定发展的重要保证。国家安全关系到国家的兴衰、政权的巩固、民族的生存、经济的发展，以及国家在国际社会中的地位和作用。国家安全与国家根本利益密不可分，可以说，没有国家安全就没有国家的根本利益。因此，各国政府从维护本国根本利益出发，建立专门的机构或组织，常态化分析研究国内外影响国家安全的事件或因素，并及时制定相应政策和采取有效措施，以维护本国根本利益。例如，美国国家安全委员会是根据 1947 年美国国会通过的《国家安全法案》建立的，其任务是向总统提出有关国家安全的内政、外交和军事政策的综合意见，负责审查、指导和发布有关国外情报、反间谍任务以及特殊任务的执行事宜。

研究国家安全是每个国家实现长治久安的必然需求。长治久安是每个国家努力追求的目标，而这个目标与国家安全密不可分。除了国防、民族、宗教、人口、腐败、犯罪、敌对组织、邪教等国内和国际因素外，还有一些与政治、经济体制改革相关的问题，都与国家安全紧密相关。如果对上述问题认识不足、考虑不周或处理不当，将直接给国家政权的巩固和国家长治久安带来潜在威胁。

国家安全是保证国家经济持续高速发展的必要条件。一方面，持续高速的经济发展是全面提升综合国力的前提。综合国力包括国家政治、经济、军事和科技等实力，直接反映了政府抵御外部侵略、解决内部问题的能力，是确保国家安全的坚实基础。另一方面，国家经济的持续高速发展需要良好的环境。良好的环境意味着国家既没有外部威胁也没有内部问题，政府能够有效管理国家事务，各行业都得以繁荣。创造这样的良好环境就可以可靠地保障国家安全。因此,国家安全与经济的持续高速发展是相互依存的。解决国家安全问题可以为经济持续高速发展提供可靠保证,而经济的持续高速发展能够快速增强综合国力,也是确保国家安全的重要前提之一。因此,研究国家安全是保证国家经济持续高速发展的必要需求。

应急管理作为维护国家安全的重要保障,在维护国家安全方面扮演着重要角色。

二、公共安全应急管理与国家政治

政治是经济的一种体现,它涉及阶级、政党、社会团体和个人在国内和国际关系中的活动。在阶级社会中,政治就是阶级关系和阶级斗争的反映;各个阶级的政治活动都以维护自身经济利益、建立和巩固自身统治为目标。

国际政治变局的变化往往对某些国家的国家安全构成威胁。例如,东欧社会主义国家的剧变和苏联解体使得华沙条约组织自然消失,而北大西洋公约组织则趁机东扩,对俄罗斯联邦的国家安全构成了巨大威胁。

如何通过应急管理来维护国家安全、巩固国家政治是我们当前迫切需要解决的问题。

提高政府的应急管理水平是维护政府形象、巩固国家政治的必要条件。突发性公共危机事件不仅给公众和社会带来巨大损失,还会损害政府形象,使国家政治不稳定。公共危机是一把双刃剑,一方面它威胁着公共利益的安全,另一方面政府通过正确处理公共危机可以赢得民心和威信,甚至可以在其他领域获得有利地位。作为国家应对危机的主体,政府有着不可推卸的责任。巩固国家政治就要不断提高政府的执政水平,建立全面有效的应急管理机制,有助于政府更好地监测公共危机,真正实现代表最广大人民的根本利益。

各种危机因素导致社会环境动荡,直接危害国家政治的稳定和巩固。这就要求政府充分发挥管理职能,正确处理各种危机。我们认为,政府应急管理对于创建稳定的国家政治具有重要作用,具体体现在以下几个方面:

(1) 最大限度地预防和减少危机。这是政府应急管理的目标。危机是一种导致社会偏离正常轨道的危急非均衡状态,对国家的公共安全和稳定造成重大影响。在社会转型的关键时刻,危机频发且不断升级,如果不加以控制和管理,将危及社会的全面、协调、可持续发展。在这种情况下,政府应急管理尤为重要。它有助于政府处理随时可能出现的各种不确定性,从容应对各种情况。作为公共权力的代表,政府必须承担控制危机事件引发的连锁反应的责任。而在社会原有秩序遭到破坏、处于失衡的危机状态时,只有政府具备整合社会资源、进行社会动员、有效行使应急管理职能的合法性。

(2) 保障公众、国家和社会的安全和利益。危机对公众的生命、国家的安全和社会的稳定构成严重威胁。因此,政府应急管理是对公众、国家和社会的维护和保护,也是构建和谐社会的基本要求。政府的首要工作是防范、化解危机,维护社会稳定。作为公共事务的管理者,政府如何处理社会危机事件直接关系到人民的安危福祉,关系到政府的形象、权威和地位,影响着我国政治、经济的稳定和发展。

(3) 提高政府管理社会的能力。无论危机的原因是什么,只要对人们的生命和财产构成威胁,就属于社会危机。政府通过加强社会应急管理来扩大其职能。随着社会的发展,政府的职责不断增多,从最初的税收、国防、社会秩序维护,到环境保护、公共设施建设、公共卫生监管、科技和教育发展等方面。政府的功能日益增加,管理能力也在不断增强。一个稳定的国家需要社会良性运行、少发生危机，这需要加强社会自我管理能力和政府社会管理能力。如果社会自我管理水平较高，政府职责可以减轻；反之，则需要政府加强自身能力。当前我国社会自我管理能力相对较弱，因此迫切需要加强政府应急管理，以提升政府管理社会的能力。

(4) 实现政府职能转变。政府职能转变是为了更好地服务人民，根据“以人为本”的理念，改善各项工作，并提高为人民服务的能力。这要求政府改变传统的发展观、政绩观和决策观，发展社会主义政治、经济、文化事业，健全社会管理体制，促进经济社会协调发展，推动社会和谐稳定。由于惰性和旧体制的惯性作用，政府改革难度较大。危机处理是促成政府变革的重要因素。应急管理能力是现代政府必备的行政能力。任何政府都会面临突发危机的挑战，这是充满巨大风险的挑战。在这种挑战下，政府原有的体制和运行机制中的弊端就会显露出来。通过危机处理的考验，政府可以更自觉地进行职能定位、组织结构和决策机制的变革，不断更新和完善自身。

应急管理除了对于国家安全有重要作用外，对于维持社会稳定也有重大作用。

三、公共安全应急管理与社会稳定

稳定是促进经济社会发展的重要基石，而和谐社会的核心特征在于保持稳定和有序。毋庸置疑，任何社会若陷于动荡和不稳定之中，则无法正常进行生产活动，更别提实现发展了。确切地说，党的十六届四中全会决定明确提出“坚持稳定压倒一切的方针”，并强调通过落实责任制、建立社会舆论汇集和分析机制、健全社会预警体系和应急管理机制、提高保障公共安全和处置突发事件能力、发挥专门机关的职能以及依靠群众等手段来维护社会稳定的目标。

正如前文所述，在全球经济开放和一体化的时代，以及中国当前处于转型期并致力于建设开放社会的大背景下，在获得更多发展机遇和广阔发展空间的同时，我们面临可能危及国家安全和社会稳定的危机因素也在增加。一些国内突发事件能够迅速扩散到国外，而国际社会上的突发事件也能以迅雷不及掩耳之势传播并影响国内社会。这是全球化和开放条件下突发事件发生和蔓延的重要特征。若处置不当，即便是一个微小的事件也可能带来严重后果，给社会、经济甚至政治层面带来沉重代价。因此，我们必须保持危机意识，建立应急管理体系，使应急工作成为常态。目前，我们应该采取以下措施：

(1) 加强国民的应急意识。只有当一个国家拥有强烈的危机意识，才能高度重视建立应急管理机制的工作。同时，国家必须充分宣传危机事件发生的原因、可能的后果以及应对措施，引导人民群众科学对待各类危机事件，消除恐慌心理，提高自我防范能力，并积极参与危机事件的防范。

(2) 展开应急管理理论研究。理论是实践的指导。就应急管理机制研究而言，与发达国家相比，我国仍存在差距。因此，要建立完善的应急管理机制，就必须加强理论研究，例如，各种应急事件发生的机理，可能导致危机事件发生的关键环节和控制技术，危机发生后受害人群的心理特征和行为分析，如何制定周密完备的应急预案，培养和储备应急管理专业人才，以及如何组织应急演习等。只有解决这些问题，才能确保应急管理机构的科学高效运作。同时，还应制定应急管理工作的法律法规，以确保“信息畅通、反应迅速、指挥有力、责任明确”。因此，国家应尽快制定相应的法律法规，以便在平时做好准备工作并应对危机爆发前后的应急工作。

(3) 迅速建立综合国力动员机制。综合国力动员机制是国家为应对涉及国家生存和发展利益的各类重大危机,在危机事件的潜伏期、发展期、爆发期和恢复期,动员各种力量有效抵御灾害的过程。综合国力动员机制应包括综合国力动员准备机制和综合国力快速动员(反应)机制。实践证明,建立完善的综合国力动员机制和综合性应急管理机制,不仅能够应对平时的各类公共安全危机,还能为战时的国防动员打下坚实基础。

当前,我们正处于全面建设小康社会和深化改革开放关键时期。在这个阶段,创造和维持一个长期稳定的社会环境至关重要。中国作为一个快速发展的国家,已经成为国际舞台上越来越重要的一员,其利益范围也在不断扩大。然而,随之而来的是面临越来越多的突发事件挑战。突发性危机对国家安全和社会稳定具有重要影响,在世界大多数国家都备受关注。因此,作为负责任和善治的政府,必须高度重视研究危机发生的规律和特点,并从制度建设入手,切实提升政府和社会在预防、控制和应对危机方面的能力。

四、公共安全应急管理与构建和谐社会

为了实现社会和谐,我们需要通过发展来增加社会物质财富,不断改善人民生活,并持续推动社会的和谐进程。然而,在这一构建社会主义和谐社会的过程中,各种公共危机不断涌现,给政府管理带来了威胁和挑战。为了应对这些公共危机,政府需要进行应急管理,包括预测和识别可能发生的危机,并采取相应的防备措施,以阻止危机的发生,并尽量降低其不利影响的程度。因为只有在一个基本稳定的环境下,国家和社会才能获得持续发展,所以应急管理能力已成为每个政府必备的能力之一。政府应对危机发生后能否有效降低其对社会和政府的危害程度,将直接反映出政府应急管理水平的高低。

(一) 构建和谐社会与公共安全应急管理的关系

公共安全应急管理是构建和谐社会的重要途径,而构建和谐社会是公共安全应急管理的最终目标。

1. 应急管理是实现和谐社会的重要途径之一

和谐社会是人类世代追求的一种理想。为了将其变为现实,人们进行了不懈的探索。社会是随着人类的产生而产生的,而国家和政府却并不是从来就有的。直到社会在运行过程中,随着危机的增多,不能进行有力的自我调节,亟须建立起凌驾于社会之上的机构来管理社会,于是国家权力的实施者——政府便产生了。19 世纪上半叶,曾经有一股无政府主义思潮在世界各地风行,认为社会不好,国家和政府是万恶之源。因此,它反对一切国家、政府和权威,幻想建立个人绝对自由民主的"无政府"社会。如今,无政府主义已经不复存在。历经现实考验的人们清楚地认识到,构建和谐社会离不开政府的作用。政府是凌驾在社会之上最具权威的公共机构,它代表的是正义。从政府产生以来,政府与社会的合作便一直没有间断过。和谐社会就是良性运行的社会,要达到"和谐社会"至少要有 4 个条件:一是社会的管理控制体系能够发挥作用;二是文化中的核心价值观念有凝聚力;三是不同利益群体的需要能够得到满足;四是社会成员具有流动的途径。和谐社会的首要标志是稳定,任何一个社会都无法在不安定或动乱中正常运行。因此,《中共中央关于加强党的执政能力建设的决定》强调坚持"稳定压倒一切"的方针,并且指出,要通过落实责任制,建立社会舆情汇集和分析机制,建立健全社会预警体系和应急机制,提高保障公共安全和处置突发事件的能力,发

挥专门机关的职能以及依靠群众等，来达到维护社会稳定的目的。[①] 这表明，社会的和谐在于危机的不发生或少发生，一个危机四伏的社会绝不是和谐社会。构建和谐社会，最为重要的是能够具有一种促使社会和谐运行的机制。就是在社会结构中有一种稳定的、有机的、各种因素能协调运行的模式与力量，这种模式与力量又是以某种制度为载体的，是通过我们的努力可以建设的。社会和谐机制一旦形成，当社会中有不和谐的因素时，这种机制就能够自发地搜寻、发现影响社会和谐的因素，并发挥调节、矫治的作用，有效地整合社会各部分及各种力量，使社会结构获得平衡，使社会运行在良性的状态下进行。这种社会和谐的机制需要依靠政府管理者创造与建设。具体来说，和谐社会的机制主要包括：顺畅的社会流动机制、合理的利益协调机制、安全的社会保障机制、有效的社会控制机制、敏感的社会预警机制、有效的矛盾疏导机制。而敏感的社会预警机制体现的就是对于政府应急管理的要求，已是实现和谐社会过程中的一个必不可少的途径。

2. 构建和谐社会是应急管理的最终目标

党和政府的各项工作都需要明确的目标来指引，将和谐社会作为执政的一个目标，这无疑是我党对社会稳定认识和执政认识的一个重大提高。如果说，社会稳定强调的是社会结构形式上的特征的话，那么和谐社会强调的是在社会稳定本质上的特征，是一种更高层次的社会稳定。而政府应急管理的主要职责是保护国家安全、维护社会稳定、保障公民权利、降低社会危害等。其目的是为社会提供一个安全稳定的环境，以实现和谐社会。这种安定团结的局面并非表面上的歌舞升平，而是本质上的安全无忧，它的实现依赖于有效的良性运行的政府应急管理体系。政府应急管理不仅要应对突发事件，更要对隐藏的危机发生源进行监控预防以避免危机的爆发。因此，政府在处理危机的过程中要充分调动各种因素，利用多种手段，构建全过程的、全面整合的管理体系，最大限度地保障人民的生命财产安全和国家、社会的长治久安，以实现和谐社会的最终目标。

（二）构建和谐社会迫切需要政府加强公共安全应急管理

当前，我国已全面建成小康社会，这是传统社会向现代社会转型的阶段，也是现代化进程中危机频发的时期；因此，政府应急管理的加强至关重要。政府对危机事件的处理直接影响社会秩序的稳定，关系到政府在民众心目中的权威地位和形象，同时也对构建社会主义和谐社会产生重要影响。

构建和谐社会要求政府在危机时能够稳定动荡局面，维护社会秩序。社会的安定有序是和谐社会的基本特征和要求。政府作为社会公共事务的管理者，在维护社会安定有序方面应当扮演主导角色。一般来说，危机的爆发突然，并且具有广泛的影响、强烈的冲击力、巨大的破坏性以及长时间的持续性。危机的出现不仅会造成巨大的财产损失和人员伤亡，更重要的是会给社会公众带来极大的心理恐慌，严重影响公众的生活秩序，扰乱社会的正常运转，导致社会动荡不安。政府如果能够在危机爆发时采取有力措施，及时缓解甚至化解危机，就能够稳定公众的恐慌心理，将社会由无序引向有序的正常运转轨道，为公众创造一个安定祥和的社会局面。同时，这也符合十六届四中全会通过的《中共中央关于加强党的执政能力建设的决定》中强调的坚持“稳定压倒一切”的方针。

构建和谐社会要求政府在危机时能够树立良好的形象，提升政府的公信力。政府诚信

① 周育平.党在构造社会环境的过程中应努力增强“五种能力”[J]. 湖湘论坛，2005，18(6)：20-23.

是社会诚信的核心和支柱，政府以诚待人，取信于民，可以引导整个社会的诚信，有助于社会的协调发展和和谐共处，从而实现和谐社会的美好愿望。通常情况下，危机的爆发会危及广大人民的利益。政府作为应急管理的指挥者和组织者，如果能够在危机时刻表现出积极的态度、果断的决策、得力的措施和有序的指挥，妥善处理群体之间的利益冲突，将无疑树立起负责任的良好形象，增强自身的公信力。一旦树立起“责任政府”的形象，就能够起到强大的凝聚力作用，将全社会的信心和力量汇聚在一起，共同应对危机。如果这种精神能够长期保持，必定为和谐社会的建设奠定坚实的精神基石。

构建和谐社会要求政府在应对危机时尽量减少经济损失，促进经济发展。任何时候物质基础都是社会发展的基石，没有良好的经济运行状况，社会极易发生动乱，不安定因素随时随地都可能爆发，成为危机的导火索。在全面建设小康社会，实现社会和谐发展的过程中，这类现象极易滋生，“根据世界发展进程的客观规律，我国正处于‘非稳定状态’的频发阶段，这时往往是人口、资源、环境、公平、效率等社会矛盾最严重时期，容易导致危机，影响社会稳定”。当危机爆发时，其巨大的冲击力和破坏力会影响到社会中的各行各业各部门，引起一系列恶性的连锁反应，破坏经济运行规律，并致使全社会经济发展处于停滞状态，社会生产力发展放慢。因此，政府必须重视危机，及时采取措施，动用一切可动用的资源和力量，全力应对危机。可见，危机时期政府能否做到减少经济损失、促进经济恢复是影响和谐社会建设的重要因素。

（三）提高公共安全应急管理能力是建设和谐社会的必由之路

在社会秩序正常的时候，政府的管理能力对于构建和谐社会至关重要。而在危机状态下，政府更需要成为社会安定有序、和谐进步的保护者。危机既是威胁政权稳固的利刃，又可以推动社会结构和功能的调整，促使政府明确公共管理的目标。鉴于我国已进入危机多发期，确保社会长治久安、安定有序、努力实现和谐社会的关键不再在于危机是否存在，而在于政府能否强化应急管理意识，建立有效的政府应急管理制度。

1. 树立并强化应急管理意识

应急意识是指组织管理者需从长远和战略的角度出发，在和平时期就以应对危机的心态，提前考虑和组织各种紧急情况下的对策方案。简而言之，就是拥有“忧患意识”。培养领导干部、政府行政机关工作人员以及公民的应急意识是提高政府应急管理能力的重要任务。需要使每个人都认识到“危机是一种客观存在的社会现象，危机不仅在资本主义社会比比皆是，层出不穷，即使在社会主义社会也屡见不鲜，难以避免”。

具体来说，政府在思想和实践两个方面应加强应急管理意识。在思想上，中央和地方各级政府应进行危机教育，让政府工作人员和广大群众了解危机的特征和爆发规律，并及时了解各种新型危机，保持对危机的敏感度。在实践上，政府可以通过模拟典型的危机事件，让政府工作人员和群众参与其中，亲身感受危机的破坏力以及妥善处理危机的重要性。通过实践带来的压力，可以增强他们的危机防范意识和能力。

2. 建立和完善应急管理机制

（1）建立公共应急管理监测预警机制

从公共应急管理的目的和效果来看，应急预防比应急处理更为重要。最理想的应急管理状态是将危机控制在初期阶段，避免其进一步发展。首先，需要建立一个常设的综合性应急管理部门。作为专业职能部门，这个部门将负责日常的公共应急监测和预警工作，有利于政府制订长期的危机应急计划，并培养高素质的专业队伍，提高应急管理能力，保证应急管理工作的连续性，降低成本。其次，要建立高效畅通的公共危机信息系统，通过该系统密切监测公共环境的变化，彻底改变政府长期以来仅扮演临时消防队员的角色。最后，加强与公众的沟通，使政府与社会各界包括新闻媒体、社区居民等保持良好关系。经常进行沟通与交流有利于政府在危机时得到大众的支持与谅解。

(2) 建立快速的公共应急反应机制

在强调力争避免危机的同时，应认识到完全避免是不可能的。一旦危机爆发，政府应充分动用所有可利用的资源来展开应急救援，并迅速果断地采取措施，有效遏制危机的发展与升级。具体而言，需要采取以下措施：

第一，实行政府强制干预，以确保公共生活的正常运转。在危机状态下，为维护公共利益和快速处置危机，政府有必要依据相关法律规定，采取多方面非常态管理措施。

第二，迅速查清危机的基本情况。危机发生后，应建立应急调查小组，对危机的种类、时间、地点、原因和后果等进行全面详细的调查，以消除公众的恐慌心理，并为后续采取措施做好准备。

第三，建立信息披露机制。危机事件所涉及的公共信息应及时公开、真实披露，以稳定民心。同时，建立公共应急沟通机制，如新闻发言人制度，通过召开例行新闻发布会公布信息，满足公众的知情权。

第四，发挥非政府组织与公众的作用。面对危机全面爆发带来的巨大破坏力和广泛影响，单靠政府可能无法应对；因此，吸纳非政府组织和公众以志愿者的形式加入应急管理活动十分迫切和必要。

第五，发挥外部专家的智囊作用。通常危机事件都是非例行事件，依靠政府已有的常规部门来处理可能不够。政府可以聘用外部专家顾问，提供更新、更合适的解决方法和思路。

(3) 建立事后修复与转化机制

在危机过后，为了尽快恢复经济和社会正常秩序，弥补危机造成的损失，政府需要采取适当的修复与转化工作。以下是重点工作：

一是对危机的原因和处理措施进行彻底、系统的调查和分析，全面评估应急管理全过程。政府需要深入研究危机发生的根本原因，并对应急管理工作进行全面评估，以深刻剖析存在的问题，并提出整改措施。相关部门应具体负责落实这些措施。这样才能促进公共应急管理的变革创新，以防止类似危机再次发生。

二是消除后患是至关重要的工作。政府需要修复受损的公共设施，积极争取各种社会力量乃至国际支持和援助，帮助人们克服危机所带来的心理创伤，重建对政府的信心。这需要政府采取积极有效的行动，恢复基础设施、提供必要的援助和支持，以确保受灾地区和受影响群体能够尽快恢复正常生活。

三是政府应该加强经验总结和教训吸取。通过系统的总结和分析，政府可以从危机中学到宝贵的经验和教训，改进应急管理的策略和措施。这样可以提高政府应对未来危机的能力，更好地保护公众的安全和福祉。

总之，政府在危机结束后需要进行修复与转化工作，包括总结经验教训和消除后患。这些工作将有助于加强公共应急管理，并为未来防范危机提供有力支持。

3. 加强政府应急管理的法制建设

提高政府的应急管理能力需要在完善应急管理机制的同时，加强法制建设。目前，我国政府应急管理的法制还有待完善，行政命令虽然仍起着主导作用，但其影响力逐渐减弱，法制框架正在发挥作用，但尚未成为政府和社会行为的主要依据。加强政府应急管理的法制建设可以从以下两个方面入手：

（1）制定统一的应急管理法律制度

各国普遍通过制定法律来处理与突发紧急状态有关的公共紧急事务，如《突发事件应对法》，以法律手段处理各类突发紧急状态事件。

（2）以立法确保综合协调机构的法律地位

应急管理机构在危机时需要迅速协调各方利益，实施救援，必须具备高度权威性。为了确保这一点，需要通过全国性立法，明确规定危机综合协调机构的设置、职能、权责以及经费来源等内容，为其有效开展工作提供法律保障。

总之，提高政府应急管理能力需要加强法制建设。制定统一的应急管理法律制度和以立法确保综合协调机构的法律地位是重要举措。这样可以明确规定政府在处理紧急事务中的职责和权力，并确保应急管理机构具备相应的权威性和法律依据，为危机应对提供更好的法治环境。

五、总体国家安全观

自 2003 年抗击非典型肺炎疫情以来，我国通过不断加强应急预案和应急机制、体制、法制建设，以“一案三制”为核心理念，大幅提升了应对突发事件和维护公共安全的能力。党的十八届三中全会以来，习近平同志领导下的党中央高度重视国家安全，成立了国家安全委员会，提出了内外兼修的总体国家安全观，出台了高瞻远瞩的《国家安全战略纲要》，并实施了调整国家安全事务的“基本法”——《中华人民共和国国家安全法》（以下简称《国家安全法》）。

在我国过去相当长的一个历史时期内，国家安全主要指对外安全，与维护公共安全为主要目标的应急管理之间几乎没有交集。但在总体国家安全观视角下，国家安全的含义已涵盖公共安全，具备了对内的维度。因此，应急管理成为维护公共安全与国家安全的重要手段和工具。面对新形势和新任务，应急管理需要重新找准自身的定位，抓住新机遇，进一步提高应对突发事件的水平。

（一）主要内容

习近平总书记指出，当前我国国家安全内涵和外延比历史上任何时候都要丰富，时空领域比历史上任何时候都要宽广，内外因素比历史上任何时候都要复杂。除传统安全领域外，总体国家安全观还包括非传统领域的安全，目标是构建集政治安全、国土安全、军事安全、经济安全、文化安全、社会安全、科技安全、信息安全、生态安全、资源安全、核安全、海外利益安全、生物安全、太空安全、极地安全、深海安全等于一体的国家安全体系（图 1-1）。

1. 政治安全

政治安全是指国家政治体系及与之相适应的意识形态的安全，包括国家政治体系在政治发展进程中协调运转，政治结构和政治秩序相对稳定，能适应国内外政治环境的变化，并确保政治运行的稳定性和连续性。政治安全关系到国家、政府系统和意识形态的稳定性、合

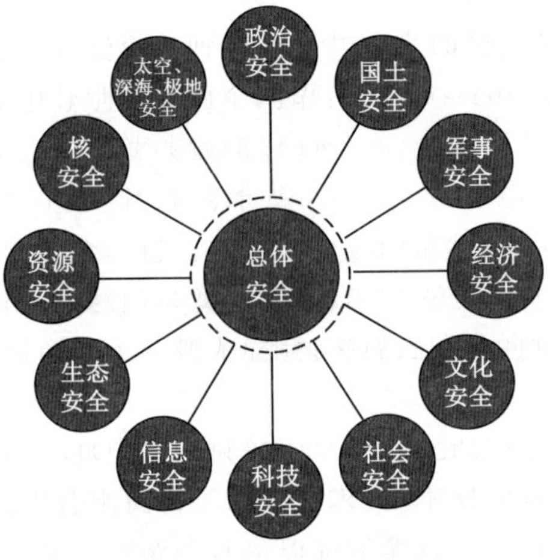

图 1-1　国家安全体系图

法性。政治体系是否存在颠覆性威胁是政治安全的基础性前提。维护国家政治安全，最重要的就是维护意识形态安全，维护我国宪法确立的国家政治制度。

在当前经济全球化、社会信息化、文化多样化和利益多元化的背景下，国家政治安全也构成一个系统。国家政治安全系统的主要因素包括国家主权独立与政权稳定、执政党始终保持先进性与成熟的治国理政能力、合适的政治制度与良好的政治秩序、包容的政治文化与意识形态、有序的政治发展，以及营造适宜的外部政治环境。国家政治安全通常综合表现为政治制度的合理有效性、意识形态的合法性、国家主权的独立性和领土完整性等多种形式。任何一个国家，如果缺乏政治安全，就难以维持社会稳定，保障国家安全。在国家综合安全体系中，国家经济安全、社会文化安全、信息安全和国防安全的维系都最终依赖于国家政治安全作为前提条件。政治安全不仅关系到国家的长期稳定，还与民族复兴和人民福祉息息相关。一旦政治安全受到威胁，国家综合安全就会失去基础。因此，确保国家政治安全对于国家的长治久安至关重要。

2. 国土安全

国土安全是指国家领土完整、国家统一、海洋权益及边疆边境免受侵犯或威胁的状态，是国家生存和发展的基本条件。国土作为国家主权存在的物质空间，是提供人们生存和发展的场所，同时也是国家政权行使主权的空间。因此，国土安全对于国家的长治久安至关重要。生存和发展是国家的两大基本利益。从国家生存方面看，领土是主权国家国民赖以生存和发展的物质基础，提供人们生存和发展的场所、国家政权行使主权的空间，以及不可或缺的生产生活资料。领土主权和权益一旦遭到破坏，轻则国民的生存权遭受威胁，重则整个国家可能败落甚至灭亡。从国家发展方面看，国土的安全状态与国家能否繁荣息息相关。国土不受外来侵略和威胁，资源不因战争或预防战争过分消耗，国家才能稳定发展，人民才能安居乐业。在当代国际关系中，国土安全问题最主要的表现就是国家间的领土争端和国家内部的统一、分离之争。这些问题是当今世界局部战争和冲突不断的一个重要原因，也是一些国家不能和平发展的主要困扰。国家应加强边防、海防和空防建设，采取一切必要的防卫和管控措施，保卫领陆、内水、领海和领空安全，维护国家领土主权和海洋权益。

除此之外，国土安全与其他领域的安全密切相关。国土安全是国家安全体系的重要组成部分，同时，政治安全、经济安全、军事安全等其他领域的安全也对国土安全具有重要影响。任何一个领域安全出现问题，都将直接或间接对国土安全造成威胁。因此，国家应综合考虑各个领域的安全，制定有效的国土安全战略和政策，确保国家安全和发展的长期稳定。

3. 军事安全

军事安全是指国家不受外部军事入侵和战争威胁的状态，以及保障这一持续安全状态的能力。在新形势下，维护我国的军事安全具有重要意义。军事安全不仅是国家安全体系的重要领域，也是其他安全领域的重要保障。为了有效应对各类安全威胁，我们需要筹划和推进国防和军队建设，营造平时的稳定态势，预防危机的发生，并在战时遏制和打赢战争。为了维护国家军事安全，我们坚决维护中国共产党的领导和中国特色社会主义制度，坚决捍卫国家主权、安全和发展利益，以及地区与世界的和平。维护国家军事安全包括以下几个方面。首先，我们要加强武装力量的革命化、现代化、正规化建设，确保其与国家安全和发展利益的需求相适应。其次，我们要实施积极防御的军事战略方针，以防备和抵御侵略行为，制止武装颠覆和分裂。此外，我们还要积极参与国际军事安全合作，开展联合国维和、国际救援、海上护航等行动，维护国家主权、领土完整、发展利益和世界和平。因此，在维护军事安全方面，需要关注以下三点：一是确保国家安全不受武力威胁和破坏，保障国家的稳定与发展；二是确保国家军事力量具备持续保卫国家安全的能力，以应对各类安全挑战和威胁；三是确保军事力量自身处于安全状态，防范内外部因素对军队的侵害和损害。

在具体工作中，我们要明确建设和运用军事力量保卫国家安全的职责和义务，并加强各类组织和公民对军事安全的法律义务的认识和履行。通过以上措施，我们将全力维护我国的军事安全，为国家安全和发展提供可靠保障。

4. 经济安全

经济安全是指国家维护国家基本经济制度和社会主义市场经济秩序，健全预防和化解经济安全风险的制度机制，保障关系国民经济命脉的重要行业和关键领域、重点产业、重大基础设施和重大建设项目以及其他重大经济利益安全。国家建立国家安全审查和监管的制度和机制，对影响或者可能影响国家安全的外商投资、特定物项和关键技术等进行国家安全审查，有效预防和化解国家安全风险。

随着全球经济的迅速发展，各国逐渐重视经济安全，并将其作为国家安全的基础。因此，国家经济安全成为一个国家整体竞争能力的体现，是一个国家经济稳定和发展的基础。

国家经济安全主要包括金融安全、产业与贸易安全以及粮食安全等方面。其中，金融安全是国家经济安全的核心，也是经济安全的重要组成部分。为了确保金融安全，国家需要建立健全金融宏观审慎管理和金融风险防范、处置机制，加强金融基础设施和基础能力建设，防范和化解系统性、区域性金融风险，防范和抵御外部金融风险的冲击。这些措施可以有效地保护国家金融体系的稳定性和健康发展。产业与贸易安全也是国家经济安全的重要组成部分。改革开放策略的实施为我国吸引外资和对外贸易带来了可喜的成就，但同时也增加了国内产业与贸易面临的外部冲击风险。针对这种情况，国家需要制定符合国情的外资规制政策，并加强对安全产业的监管。此外，粮食安全也是国家经济安全的重要内容。国家需要健全粮食安全保障体系，保护和提高粮食综合生产能力，完善粮食储备制度、流通体系和市场调控机制，健全粮食安全预警制度，保障粮食安全和质量安全。十四亿多人的口粮不容忽视，粮食安全是国家安全的一个重要前提。

5. 文化安全

文化安全是国家安全的重要组成部分。它指的是保护一个国家的文化主权和尊严，确保文化传统和文化选择得到尊重。在文化安全方面，必须坚持中国特色社会主义先进文化前进方向和发展道路，培育和践行社会主义核心价值观，巩固马克思主义在意识形态领域的指导地位，巩固全党全国各族人民团结奋斗的共同思想基础。

要加强对优秀中华民族文化和光荣历史的宣传，通过多种方式加强爱国主义、集体主义、社会主义教育，引导人民树立和坚持正确的历史观、民族观、国家观、文化观，增强做中国人的骨气和底气。同时，也要争取世界各国对中国梦的理解和支持，提升中国文化软实力，提高文化开放水平，扩大对外文化交流，努力传播当代中国价值理念，展示中华文化独特魅力，推动中华文化走向世界。

文化安全的保护也包括主流文化价值免遭来自内部或外部文化因素的侵蚀、破坏或颠覆。这种保护有利于保持文化的民族性，维护民族的自尊心、凝聚力，并通过必要的手段扩大本国文化的影响力，在自主和自愿的基础上进行文化革新，吸取、借鉴一切对自己有利的文明成果，使本国文化不断健康发展和创新。因此，任何国家机关、组织机构和个人都有维护文化安全的职责和义务，确保文化领域的安全不受威胁、侵犯或损害。这是文化安全的一个基本原则。

需要指出的是，关于文化安全的规定，只是从安全领域强调要坚持文化安全的原则，开展平等、多元的文化交流和对话，加强与世界各国的文化交流合作，不会受到限制。为此，我们必须坚定地维护文化安全，促进文化交流和文化多样性，推动文化事业健康发展，为实现中华民族伟大复兴做出更大的贡献。

6. 社会安全

社会安全是衡量一个国家或地区构成社会安全 4 个基本方面的综合性指数，包括社会治安、交通安全、生活安全和生产安全。社会安全是针对社会事件的安全措施、对策、知识等。社会事件主要包括恐怖袭击事件、民族宗教事件、经济安全事件、涉外突发事件和群体性事件等。

社会整体安全程度取决于一国社会发展程度。经济发展速度、社会公平程度、政治体制、历史文化原因等都有可能对社会安全程度产生影响。当我们关注安全问题的时候，实际关注的是安全风险及其防范。必须明白，安全作为人们追求的一种价值，其内在可能是与效率、自由、创新发展、人权等价值相冲突的，对任何一种价值的追求程度不是越高越好，关键是把握度内的千变万化。

7. 科技安全

科技安全狭义上表示国家科学技术发展的一种安全态势。这种态势体现了在国际大环境下，国家通过政治、军事、外交、经济、科技等手段，使国家科学技术系统既通过与国际环境的开放式作用和系统内部的协调运行达到功能优化，又保证该系统不招致来自内部和外部的威胁，并以此维护国家利益。这个定义是将科学技术作为一个特定的系统，以该系统自身的安全状态来确定科技安全内涵的。在这个意义上，考察科技安全状态应主要侧重于四点：

一是国家的科学技术实力的强弱；二是国家的科技法规、政策完善程度；三是科技工作的运行机制是否有效；四是国家对科技系统的保护力度。

从广义上讲，科技安全是在一定的社会环境条件下，特别是国际大环境中以国家价值准则为依据的对科技系统与相关系统相互作用所决定的国家安全态势的一种动态描述。一个国家的科技安全态势体现了该国国家能力的 4 个方面：一是国家利益免受国外科技优势威胁和敌对势力、破坏势力以技术手段相威胁的能力；二是国家利益免受科技发展自身的负面影响的能力；三是国家以科技手段维护国家安全的能力；四是国家在所面临的国际国内环境中保障科学技术健康发展以及依靠科学技术提高综合国力的能力。

8. 信息安全

对于信息安全，ISO（国际标准化组织）的定义为：为数据处理系统建立和采用的技术、管理上的安全保护，为的是保护计算机硬件、软件、数据不因偶然和恶意的原因而遭到破坏、更改和泄露。信息安全需求，是指通信网络给人们提供信息查询、网络服务时，保证服务对象的信息不受监听、窃取和篡改等威胁，以满足人们最基本的安全需要（如隐秘性、可用性等）的特性。网络安全侧重于网络传输的安全，信息安全侧重于信息自身的安全，可见，这与其所保护的对象有关。

由于网络是信息传递的载体，因此信息安全与网络安全具有内在的联系，凡是网上的信息必然与网络安全息息相关。信息安全的含义不仅包括网上信息的安全，而且包括网下信息的安全。现在谈论的网络安全，主要是指面向网络的信息安全，或者是网上信息的安全。

9. 生态安全

生态安全是指生态系统的健康和完整情况，是人类在生产、生活和健康等方面不受生态破坏与环境污染等影响的保障程度，包括饮用水与食物安全、空气质量与绿色环境等基本要素。健康的生态系统是稳定的和可持续的，在时间上能够维持它的组织结构和自治，以及保持对胁迫的恢复力。反之，不健康的生态系统，是功能不完全或不正常的生态系统，其安全状况则处于受威胁之中。

从狭义来说，生态安全是指自然和半自然生态系统的安全，即生态系统完整性和健康的整体水平反映。健康系统是稳定的和可持续的，在时间上能够维持它的组织结构和自治，以及保持对胁迫的恢复力。若将生态安全与保障程度相联系，生态安全可以理解为人类在生产、生活和健康等方面不受生态破坏与环境污染等影响的保障程度，包括饮用水与食物安全、空气质量与绿色环境等基本要素。从广义来说，生态安全包括两层基本含义：一是环境、生态保护上的含义，即防止由于生态环境的退化对经济发展的环境基础构成威胁，主要指环境质量状况低劣及自然资源的减少和退化削弱了经济可持续发展的环境支撑能力；二是外交、军事上的范畴，即防止环境破坏和自然资源短缺引起经济的衰退，影响人们的生活条件，特别是环境难民的大量产生，从而导致国家的动荡。

生态安全的本质有两个方面，一个是生态风险，另一个是生态脆弱性。生态风险揭示了环境压力造成危害的概率和后果，相对来说它更多地考虑了突发事件的危害，对危害管理的主动性和积极性较弱；而生态脆弱性应该说是生态安全的核心。通过脆弱性分析和评价，可以知道生态安全的威胁因子有哪些，它们是怎样起作用的以及人类可以采取怎样的应对和适应战略。回答了这些问题，就能够积极有效地保障生态安全。因此，生态安全的科学本质是通过脆弱性分析与评价，利用各种手段不断改善生态脆弱性，降低风险。

10. 资源安全

资源安全是一个国家或地区可以持续、稳定、及时、足量和经济地获取所需自然资源的状态。资源安全分为战略性资源安全和非战略性资源安全，又可分为水资源安全、能源资源安全（包括石油安全）、土地资源安全（包括耕地资源安全）、矿产资源安全（包括战略性矿产资源安全）、生物资源安全（包括基因资源安全）、海洋资源安全、环境资源安全等。

资源安全在国家安全中占有基础地位。资源就是资产的来源，是人类生存与发展的不可或缺的自然物质。资源安全与人们日常生活很近，国际和国内燃油价格的变化、耕地面积减少和土壤恶化，都可以归结为资源安全方面出现了问题。

资源安全有5种基本含义：① 数量的含义，即量要充裕，既要有总量的充裕，也要有人均的充裕，但后者比前者更具有意义。② 质量的含义，即质量要有保证，于是产生了“最低质量”的概念。③ 结构的含义，即资源供给的多样性，供给渠道的多样性是供给稳定性的基础，保证资源供给安全的稳定，要发展资源贸易伙伴关系，特别要注意建立资源共同体。④ 均衡的含义，包括地区平衡与人群平衡两方面。⑤ 经济或价格的含义，指一个国家或地区可以从市场上以较小的经济代价获取所需资源的能力或状态。

11. 核安全

广义的核安全是指对核设施、核活动、核材料和放射性物质采取必要和充分的监控、防护等安全措施，防止任何技术原因、人为原因或自然灾害造成事故发生，并最大限度降低事故情况下的放射性后果，从而保护工作人员、公众和环境免受不当辐射危害。狭义的核安全是指在核设施的设计、建造、运行和退役期间，为保护人员、社会和环境免受可能的放射性危害所采取的技术和组织上的措施的综合。该措施包括：确保核设施的正常运行，预防事故的发生，限制可能的事故后果。

社会议题的核安全主要是指防核扩散及核裁军等。为保证安全，达到核安全目标所必须遵循的、具有普遍应用意义的规则，是具体安全原则的基础。核安全基本原则可以归纳成国家核安全监管、核安全管理和核安全技术原则三大类。

12. 其他安全

太空领域及其相关太空技术已经成为权力政治追逐的对象，各国竞相争夺，于是太空安全问题日趋严重：卫星频轨资源短缺，尤其是地球静止轨道越来越稀缺；太空碎片越来越多，影响航天器进出太空，以及在轨运行；太空军事化、武器化越来越明显，不仅严重影响卫星在轨运行，而且严重影响国际战略的稳定与平衡。为解决太空安全问题，需要国际社会从技术、法律等方面入手，拓宽卫星频轨资源，公平地分配、利用频轨资源；切实减缓太空碎片；防止太空武器化。

深海安全是指和平探索和利用国际海底区域，增强安全进出、科学考察、开发利用的能力，加强国际合作，维护我国在外层空间、国际海底区域和极地的活动、资产和其他利益的安全。

极地安全是指维护国家和平探索和利用极地，增强安全进出、科学考察、开发利用的能力，加强国际合作，维护我国在外层空间、国际海底区域和极地的活动、资产和其他利益的安全。

（二）本质特征

党的十九大报告中提出了坚持总体国家安全观的重要论述，这一观点强调了以国家利益为核心，以人民安全为宗旨，以政治安全为基础，并坚决维护国家主权、安全和发展利益。这一观点揭示了中国特色社会主义的特点和优势，深刻阐明了中国特色国家安全的本质特征。坚持人民安全、政治安全和国家利益至上的有机统一，是走出中国特色国家安全道路的必然要求，也是维护和塑造中国特色大国安全的根本保证。

国家利益至上是所有国家安全的基本准则，中国也不例外。国家利益通常分为核心利益、重大利益和一般利益。国家核心利益是主权国家不能被侵犯的底线，关系到国家的存亡、政权巩固和强国进程。维护国家安全主要包括维护国家政权、主权统一、领土完整、人民福祉和社会经济可持续发展等核心利益。我们要坚持走和平发展道路，但决不能放弃我们的正当权益，绝不会牺牲国家核心利益。

中国共产党是保障人民安全的责任主体。总体国家安全观明确强调“以人民安全为宗旨”，人民立场是中国共产党的根本政治立场。我们要把实现、维护和发展最广大人民根本利益作为党一切工作（包括国家安全工作）的出发点和落脚点，坚持以民为本、以人为本。

中国的国体和政体决定了党、人民和国家是一个共同体，即党领导并团结各族人民，建设富强民主文明和谐美丽的社会主义现代化强国。这也决定了人民安全、政治安全和国家利益至上是紧密关联、相辅相成的有机统一体。人民安全处于核心地位，国家安全最终是为了保障人民的利益；政治安全是维护人民安全和国家利益的根本保证，而国家利益至上则是实现人民安全和政治安全的基本途径。只有紧紧依靠中国共产党的坚强领导，充分发挥中国社会主义制度的诸多优势，不断推动新时代中国特色社会主义伟大事业向前发展，才能有效保障人民安全，切实维护国家利益。

（三）基本定位

中国特色社会主义国家安全理念、思想、内容、战略和政策必须与时俱进、创新发展，以适应新时代的需求，打开新局面，呈现新气象，为实现“两个一百年”奋斗目标、实现中华民族伟大复兴的中国梦提供坚实安全保障。总体国家安全观以中国特色国家安全为基本定位，是维护和塑造中国特色国家安全的行动指南。

中国作为一个发展中国家，发展是治国理政的第一要务、解决一切问题的总钥匙，发展就是最大的安全，不发展就是最大的不安全。中国作为一个负责任的国家，在危难时刻，不以邻为壑，不落井下石，不独善其身，同国际社会风雨与共，积极发挥世界经济“发动机”与地缘政治“稳定器”的作用，坚持和平发展，促进共同发展，维护国际公平正义，为人类做出更大贡献。

为了维护和塑造中国特色国家安全，必须立足于国际秩序大变局来把握规律，立足于防范风险的大前提来统筹，立足于我国发展重要战略机遇期来谋划。我们需要立足于世界经济大发展来理解国际格局，以国际格局大变化为基础来把握国际秩序，洞察世界趋势。在此基础上，我们需要防范各种安全风险集聚交汇形成风险综合体，防范经济社会文化等领域的风险演变为政治风险，守住不发生系统性风险、不犯颠覆性错误的底线，有效维护国家安全。同时，我们还需要因地制宜、因时制宜、因变制宜，主动塑造内外安全环境，善于观察大势，加强对国家安全形势的跟踪研判，力求在变局中把握规律，在乱象中趋利避害，在斗争中争取主动。我们还需要加强战略谋划，坚持以全球思维谋篇布局，塑造总体有利的国家安全战略态势。最后，我们需要开拓进取、勇于担当，在国际舞台上积极发出中国声音，坚决维护我国主权、安全和发展利益。

（四）总体国家安全观的实质：整体国家安全观

2014 年 4 月 15 日，习近平总书记在中央国家安全委员会第一次会议上提出了总体国家安全观。他指出，必须坚持总体国家安全观，以人民安全为宗旨，以政治安全为根本，以经济安全为基础，以军事、文化、社会安全为保障，以促进国际安全为依托，走出一条中国特色国家安全道路。

总体国家安全观凸显了人民安全的重要性，将人民的安全放在首位，体现了以人民为中心的发展思想。同时，将政治安全作为根本，意味着维护党的领导地位和社会稳定至关重要。经济安全被视为基础，突出了经济发展对国家安全的重要性，强调了经济建设与国家安全密切关联。此外，注重军事、文化和社会安全的保障，体现了多领域、全方位的安全观念。同时，以促进国际安全为依托，强调了国际合作和共同发展对于维护国家安全的重要性。总体国家安全观的提出是对国家安全工作的战略规划，强调了国家安全工作的全局观和系统观，有助于指导各级地方和部门贯彻总体国家安全观，加强国家安全工作的组织和协调。这一观点的提出，对于保障国家的长治久安、实现国家繁荣富强具有重要意义。从内容上看，总体国家安全观要求实现 5 个“兼顾”：

一是兼顾发展与安全。在中央国家安全委员会第一次会议上，习近平总书记提出：“我们党要巩固执政地位，要团结、带领人民坚持和发展中国特色社会主义，保证国家安全是头等大事。”他不是孤立地看待国家安全问题，而是将安全与发展辩证地加以考量，明确地提出“既重视发展问题，又重视安全问题，发展是安全的基础，安全是发展的条件，富国才能强兵，强兵才能卫国”。在 2014 年 11 月召开的中央外事工作会议上，他提出“统筹发展安全两件大事”。

二是兼顾内部安全与外部安全。在新形势下，我国国家安全的总体目标是：对内，求发展、求变革、求稳定，建设平安中国；对外，求和平、求合作、求共赢，建设和谐世界。

三是兼顾国土安全与国民安全。总体国家安全观在重视国土安全的同时，凸显国家安全的人民性，强调“坚持以民为本、以人为本，坚持国家安全一切为了人民、一切依靠人民，真正夯实国家安全的群众基础”。

四是兼顾传统安全与非传统安全。按照总体国家安全观的精神，我国要“构建集政治安全、国土安全、军事安全、经济安全、文化安全、社会安全、科技安全、信息安全、生态安全、资源安全、核安全等于一体的国家安全体系”。这 11 种安全既包括传统安全，也包括非传统安全。

五是兼顾自身安全与共同安全。我们强调在确保自身安全的同时，“打造命运共同体，推动各方朝着互利互惠、共同安全的目标相向而行”。2014 年 5 月 21 日，在亚洲相互协作与信任措施会议（亚信）第四次峰会上，习近平总书记提出：“应该积极倡导共同、综合、合作、可持续的亚洲安全观，创新安全理念，搭建地区安全和合作新架构，努力走出一条共建、共享、共赢的亚洲安全之路”。如果仅仅从兼顾的角度去理解总体国家安全观，这只是停留在浅表层次。5 个“兼顾”体现了辩证法的思想，同时要坚持两点论与重点论。首先，两点论不是均衡论，两点是有重点的两点。其次，重点论也不是一点论，重点是两点中的重点，并随着国家安全形势的变化动态调整。所以，《国家安全法》第三十四条规定：“根据经济社会发展和国家发展利益的需要，不断完善维护国家安全的任务。”总体国家安全观涵盖多种安全，给人无所不包、过于泛化的印象。其实，“安全观是在某种战略文化的作用下而产生和演变的关于国家安全的理论化、系统化的观念”。而且,“总体”二字的精髓与实质是“整体”。

在经济全球化迅猛发展、人类进入后工业化社会的今天,国家安全无疑是一个复杂的巨系统。由于经济、社会、文化、生态等系统之间紧密耦合,多种安全之间不是单摆浮搁、简单相加的关系,而是彼此渗透、相互促动的。正确理解总体国家安全观,必须注意把握以下三个方面:

一是总体国家安全观具有整体性思维的特点,是贯穿各领域国家安全工作的一条主线。2014 年 3 月 24 日在荷兰海牙核安全峰会上,习近平总书记将中国的核安全观总结为“发展和安全并重、权利和义务并重、自主和协作并重、治标和治本并重”,并呼吁国际社会携手合作,实现核能持久安全和发展。核安全观是总体国家安全观在核领域的具体体现。

二是整体大于部分之和,而不是部分的简单相加。还原论经常犯盲人摸象式的错误,只见树木而不见森林。总体国家安全观高屋建瓴地对国家安全威胁进行系统分析和研判,是对国家安全工作的宏观战略性指导。各地区、部门的国家安全工作必须具备“全国一盘棋”,甚至“全球一盘棋”的系统思维,从而摆脱本位主义的狭隘视野,避免“局部正确、整体错误”的陷阱。

三是国家安全威胁具有联动性、叠加性与不确定性。习近平总书记指出:“新形势下我国国家安全和社会安定面临的威胁和挑战增多,特别是各种威胁和挑战联动效应明显。”2015 年 1 月 23 日,中共中央政治局召开会议,审议通过《国家安全战略纲要》。会议认为:当前,国际形势风云变幻,我国经济社会发生深刻变化,改革进入攻坚期和深水区,社会矛盾多发叠加,各种可以预见和难以预见的安全风险挑战前所未有,必须始终增强忧患意识,做到居安思危。会议强调了矛盾的“叠加”和风险的“难以预见”,这正是迈向后工业化社会的中国亟须应对的国家安全挑战。

(五) 总体国家安全观的形成

总体国家安全观的提出,是为了应对经济全球化所带来的新安全挑战,也是为了解决后工业化社会所发生的复杂性安全问题。我国正处于从工业化社会向后工业化社会的转型期。工业化社会的安全风险是低度复杂、低度不确定的,而后工业化社会的安全风险则是高度复杂、高度不确定的。随着高新技术、特别是信息技术的推广和应用,经济全球化进程的不断加快,人类社会各个系统紧密关联、耦合,复杂、不确定的系统性风险与危机发生的概率越来越大。风险与危机的影响是跨界的,包括跨越功能的边界和地理的边界,对原有的国家安全管理理念提出挑战。如今,来自内部安全和外部安全、国土安全和国民安全、传统安全和非传统安全、生存安全和发展安全、自身安全和共同安全的风险交织、叠加、交互作用,从整体上对国家安全构成前所未有的全新挑战。系统性的风险与危机必须以系统性的思维和方式来加以应对和解决。总体国家安全观正是体现了这一思想。

(六) 应急管理与国家安全的关系

2003 年非典型肺炎疫情发生后,我国各级政府将应急管理作为履行社会管理和公共服务职能的一项重要工作。何为应急管理? 简单地说,它是对各级、各类突发事件的管理。根据《突发事件应对法》,突发事件是指突然发生,造成或者可能造成严重社会危害,需要采取应急处置措施予以应对的自然灾害、事故灾难、公共卫生事件和社会安全事件。如果国家安全仅指国家的对外安全,那么应急管理与国家安全的关联度并不大。但是,在总体国家安全观下,应急管理与国家安全之间就存在着十分密切的关系。

1. 应急管理与公共安全

应急管理提供的产品是公共安全。所谓的公共安全即公众的安全，也就是从公共性的角度来研究安全。它在英文中分别对应两个词语：public security 和 public safety。前者主要指社会安全，即软安全，如公安部就被翻译为 Department of Public Security；后者主要指物理安全，即硬安全，如“安全生产”就被翻译成 safety production。应急管理要保障的公共安全既包括软安全，也包括硬安全。它是指一个国家内部特定多或不特定多的社会公众的生命、健康与财产安全。如果借鉴《国家安全法》对国家安全的界定，我们就可以认为：公共安全即公众的生命、健康与财产处于客观无危险、主观无威胁的状态和确保这种状态持续的能力。

党的十八届三中全会通过的《中共中央关于全面深化改革若干重大问题的决定》提出，要“健全公共安全体系”。其中特别提出了四点要求，基本对应着《突发事件应对法》规定的四大类突发事件：第一，“完善统一权威的食品药品安全监管机构，建立最严格的覆盖全过程的监管制度，建立食品原产地可追溯制度和质量标识制度，保障食品药品安全”，而食品药品安全是公共卫生事件应急管理追求的一个目标；第二，“深化安全生产管理体制改革，建立隐患排查治理体系和安全预防控制体系，遏制重特大安全事故”，这是事故灾难应急管理的一项措施；第三，“健全防灾减灾救灾体制”，这是自然灾害应急管理的一个任务；第四，“加强社会治安综合治理，创新立体化社会治安防控体系，依法严密防范和惩治各类违法犯罪活动”，这是社会安全事件应急管理的一个职责。

2015 年 5 月 29 日，中共十八届中央政治局就健全公共安全体系进行第二十三次集体学习。习近平总书记提出，要“努力为人民安居乐业、社会安定有序、国家长治久安编织全方位、立体化的公共安全网”，特别强调了食品药品安全、安全生产、防灾减灾救灾、社会治安防控等方面体制机制改革任务以及加强公共安全立法、推进公共安全法治化的要求。公共安全与应急管理是相对应的一对概念。从状态的角度来看，公共安全是应急管理所追求的目标；从能力来看，应急管理是维系公共安全的手段。应急管理通过减缓、准备、响应与恢复 4 项活动，对自然灾害、事故灾难、公共卫生事件和社会安全事件进行管理。事前，应急管理者要削减风险，降低突发事件发生的概率，并为可能发生的突发事件做好充分的应急准备；事临和事中，应急管理者要进行快速、恰当的反应，将突发事件的负面影响力争降到最低；事后，应急管理者要积极、妥善地进行恢复，使社会、经济系统尽快恢复到正常状态。应急管理要尽可能使社会公众维系在客观无危险、主观无威胁的状态。

国务院于 2022 年 2 月 14 日发布了《“十四五”国家应急体系规划》，提出我国如今面临风险隐患仍然突出、防控难度不断加大、应急管理基础薄弱的形势。我国安全生产基础薄弱的现状短期内难以根本改变，危险化学品、矿山、交通运输、建筑施工等传统高危行业和消防领域安全风险隐患仍然突出，各种公共服务设施、超大规模城市综合体、人员密集场所、高层建筑、地下空间、地下管网等大量建设，导致城市内涝、火灾、燃气泄漏爆炸、拥挤踩踏等安全风险隐患日益凸显，重特大事故在地区和行业间呈现波动反弹态势。随着全球气候变暖，我国自然灾害风险进一步加剧，极端天气趋强趋重趋频，降水分布不均衡、气温异常变化等因素导致发生洪涝、干旱、高温热浪、低温雨雪冰冻、森林草原火灾的可能性增大，灾害的突发性和异常性愈发明显。随着工业化、城镇化持续推进，我国中心城市、城市群迅猛发展，人口、生产要素更加集聚，产业链、供应链、价值链日趋复杂，生产生活空间高度关联，各类承灾体暴露度、集中度、脆弱性大幅增加。新能源、新工艺、新材料广泛应用，新产业、新业态、新模式大量涌现，引发新问题，形成新隐患，一些“想不到、管得少”的领域风险逐渐凸显。同时，灾害事故发生的隐蔽性、复杂性、耦合性进一步增加，重特大灾害事故往往引发一系列次生、衍生灾害事故和生态环境破坏，形成复杂多样的灾害链、事故链，进一步增加风险防控和应急处置的复杂性及难度。全球化、信息化、网络化的快速发展，也使灾害事故影响的广度和深度持续增加。应急管理体制改革还处于深化过程中，一些地方改革还处于磨合期，亟待构建优化协同高效的格局。防汛抗旱、抗震救灾、森林草原防灭火、综合减灾等工作机制还需进一步完善，安全生产综合监管和行业监管职责需要进一步理顺。应急救援力量不足特别是国家综合性消防救援队伍力量短缺问题突出，应急管理专业人才培养滞后，专业队伍、社会力量建设有待加强。科技信息化水平总体较低，风险隐患早期感知、早期识别、早期预警、早期发布能力欠缺，应急物资、应急通信、指挥平台、装备配备、紧急运输、远程投送等保障尚不完善。基层应急能力薄弱，公众风险防范意识、自救互救能力不足等问题比较突出，应急管理体系和能力与国家治理体系和治理能力现代化的要求存在很大差距。

2. 社会安全事件应急管理与国家安全

在四大类突发事件中，社会安全事件与其他三类比较起来性质特殊。一旦发生，它可能会呈现出线性演进的态势，产生涟漪效应，不断传播、放大，危及“国家政权、主权、统一和领土完整、人民福祉、经济社会可持续发展和国家其他重大利益”。当然，自然灾害、事故灾难和公共卫生突发事件发生后，如果处置不当，也可能引发骚乱等社会安全事件，甚至影响国家安全。那种“党管国家安全，政府管公共安全”的说法有违总体国家安全观，是难以站得住脚的。

在公共安全体系中，政法系统负责牵头社会安全事件的应对。2015 年 1 月 20 日，中央政法工作会议召开。习近平总书记作出重要指示：“希望全国政法机关主动适应新形势，增强工作前瞻性，有效防控各类风险，履行好维护国家安全和社会安定的重大责任。”这意味着政法系统在平安中国建设、维护国家安全中扮演着重要的角色。2015 年 9 月 23 日，全国社会治安防控体系建设工作会议在辽宁大连召开。习近平总书记就公共安全作出重要指示：“当前，公共安全事件易发多发，维护公共安全任务繁重。政法综治战线要主动适应新形势，增强风险意识，坚持多方参与、合作共享、风险共担，坚持科技引领、法治保障、文化支撑，创新理念思路、体制机制、方法手段，推进公共安全工作精细化、信息化、法治化，不断提高维护公共安全能力水平，有效防范、化解、管控各类风险，努力建设平安中国。”

作为社会安全事件应急管理的主责部门，政法系统被赋予维护国家安全的重要职能。平安中国建设，既关系到公共安全，又关系到国家安全。可见，社会安全事件应急管理属于国家安全与公共安全相交叉的一个领域。

3. 应急管理与非传统国家安全

非传统国家安全将传统的军事安全和政治安全排除在外。从国家的角度看，非传统安全属于国家安全的范畴；从社会的角度看，非传统安全又与公共安全相交叉。但是，非传统国家安全问题的解决要依靠应急管理，这是因为突发事件是非传统安全威胁的激化与凸显。传统国家安全资源可以为应急管理所用，如军队参与突发事件处置。但是，传统国家安全手段不能被用来解决非传统国家安全问题。在英文中，“非传统”有两种翻译方法：nontraditional 和 unconventional。除表示“非传统”之外，英文 unconventional 还有“非常规"的含义,即处理非传统安全问题不能使用常规的手段,而必须有所创新。例如,美国动用国家军事机器来发动一场全球反恐战争,结果产生了正反馈效应,陷入越反越恐的尴尬境地。这是因为恐怖主义是一个非传统安全问题,其风险是流动的,可以超越国界的限制。当然,如果非传统国家安全问题引发了传统国家安全危机,则应另当别论。

4. 公共安全与国家安全

总体国家安全观涉及政治安全、国土安全、军事安全、经济安全、文化安全、社会安全、科技安全、信息安全、生态安全、资源安全、核安全等 11 类安全,没有直接提到公共安全。但是,我们认为,社会安全就涵盖了公共安全。个体安全与公共安全共同构成了社会安全。而且,如果某一风险虽然是对多个公众的安全构成威胁但具有一定的普遍性,则个体社会安全问题就变成社会公共安全问题。

在上述 11 类安全中,任何一个领域出现并积累问题、达到一定程度后,都有可能突破临界点,引发突发事件,对社会公众的生命、健康和财产构成威胁。同时,群死群伤的大规模突发事件对社会稳定构成严重的威胁。如果处置不当,也会削弱公众对党和政府的信任,危及政权稳定和国家安全。以往,国家安全体现安全的对外维度,公共安全则体现安全的对内维度。这种分工似乎是明确的。但是,随着经济全球化进程的加快和我国对外开放程度的加深,对内安全与对外安全的界限日渐模糊化。例如,我国公民在国外旅游、经商、求学的过程中遭遇恐怖袭击,既属于境外公共安全问题,也属于国家安全问题。国家安全与公共安全的界限不仅模糊,而且存在着巨大重合度。《2015 年国务院政府工作报告》中两次在阐述社会安全问题时,都同时提到"国家安全和公共安全"。另外,《国家安全法》第二十九条规定:"国家健全有效预防和化解社会矛盾的体制机制,健全公共安全体系,积极预防、减少和化解社会矛盾,妥善处置公共卫生、社会安全等影响国家安全和社会稳定的突发事件,促进社会和谐,维护公共安全和社会安定。"这说明,健全公共安全体系是国家安全工作的重要内容。这从一个侧面反映出,与公共安全相比,国家安全是一个更高层次的概念。如果突发事件的影响危及国家政权、主权、统一和领土完整、人民福祉、经济社会可持续发展和国家其他重大利益,公共安全问题就可能升级为国家安全问题,一般的突发事件也就演变成了危害国家安全的重大或特别重大事件。

（七）应急管理理论与实践的发展机遇

自 2003 年抗击非典型肺炎疫情以来,我国应急管理虽然取得了长足的进步,但面对高度复杂、高度不确定的重大突发事件,看似日渐成熟的应急体系又往往表现出心余力拙的"肌无力"现象。一方面,当重大突发事件发生后,应急能力与应急需求之间的差距凸显,社会公众与媒体的舆论压力陡增;另一方面,当突发事件平复后,摆脱舆论压力的应急体系运行如旧。总体国家安全观的提出为我国创新应急管理理论、提升应急管理能力提供了良好机遇。

在学术界,国际关系学者和公共管理学者在国家安全研究与应急管理研究中分别占据主导地位。国际关系学者即便是在研究非传统国家安全问题时,也主要侧重国际形势对我国的影响,而没有进一步从公共管理与政策的角度提出因应之策,这大概是由于学科背景方面的原因。同样,公共管理学者大多专注于对常态事务的管理,也忽视了对非传统安全问题的研究。2006 年,浙江大学与华中科技大学分别成立"非传统安全与和平发展研究中心"和"非传统安全研究中心",为公共管理学者从事非传统安全研究提供平台,这显然是一个例外。

在总体国家安全观下，由于国家安全同时具备国际、国内两个维度，我们必须具备宽广的国际视野，同时实现国家安全管理与政策的落地，即实现“全球化思维、本土化行动”。

国家安全是国家治理能力现代化的重大课题，呼唤着公共管理学者站在国家安全的高度，对应急管理进行理论创新。例如，在美国，学者不仅从国际关系和法律的角度研究恐怖主义，而且从应急管理的角度研究，因为打击恐怖主义包括战争模式、司法模式和治理模式，而在高度不确定的时代，治理模式是较好的选择。但是，恐怖主义在我国主要是国际关系学者和法律研究的对象，公共管理学者鲜有涉猎。我国反恐研究对治理模式关注不足，制约着我国反恐能力的提升。《国家安全法》特别重视危机管控，提出要加强情报信息报送机制、国家安全风险预案制度、国家安全风险评估与预警机制以及国家安全保障体系等方面建设。这可以借鉴应急管理建设的经验、成果。反过来，国家安全工作的加强又可以推动应急管理建设事业的进一步发展。

在《突发事件应对法》中，自然灾害、事故灾难与公共卫生事件三类被分为四级：特别重大、重大、较大和一般。《国家安全法》提到“危及国家安全的重大事件”和“特别重大事件”。这两类事件尚未有清晰的界定标准，而且如何与突发事件的分类接轨也不明确。但是，这种模糊性客观上为国家安全与应急管理的相互促进和推动预留了足够的空间。

（八）总体国家安全观的作用

总体国家安全观的提出，不仅为应急管理理论创新提供了新的视角，而且有助于我国应急实践能力的提高。

一是增强应急协调能力。我国从国务院到县级市人民政府都成立了突发事件应急管理办公室（以下简称“应急办”），履行应急值守、信息汇总和综合协调的职能。但是，由于行政体制的部门分割、条块分割、地域分割以及军地分割，应急办在实践中很难履行至关重要的综合协调职能。根据《国家安全法》，坚持党对国家安全工作的领导，建立集中统一、高效权威的国家安全领导体制。中央国家安全委员会作为高层次的决策和议事协调机构，可以调动党、政、军及全社会的力量，形成合力，共同应对危害国家安全的重大和特别重大事件。《国家安全法》第四十九条规定：“国家建立中央与地方之间、部门之间、军地之间以及地区之间关于国家安全的协同联动机制。”通常，巨灾对公共安全与国家安全同时构成威胁。巨灾中又往往暴露出政府应急部门协调不力的问题。在新形势下，中央国家安全委员会在新形势下可以发挥更加重要的作用，成为突发事件应急协调的重要机构，促进国家安全工作的整体协调和高效运作。

二是增强社会动员能力。复杂性突发事件呈现出非线性演进，经常是链状群发，甚至网状群发。政府是相对僵化的纤维状组织，灵活性、响应性和适应性不足，特别是对新出现的突发事件，尤其如此。《国家安全法》第十一条第一款提出：“中华人民共和国公民、一切国家机关和武装力量、各政党和各人民团体、企事业单位和其他社会组织，都有维护国家安全的责任和义务。”这就可以广泛动员一切公民和组织，形成无缝隙的国家安全网络。而这种着眼于捍卫国家安全的网络一旦形成，也可以增强全社会应对复杂突发事件的弹性，提升应对复杂突发事件的效率。

三是增强社会安全事件应急能力。我国应急管理按照制度设计要对四大类突发事件进行综合管理。实际上，社会安全事件的主责是政法部门。在新形势下，政法部门处于国家安全与公共安全的交叉地带，捍卫国家安全责任的强化与能力的提升，换个角度看，也是对社会安全事件应急管理的极大推动。

四是增强突发事件的预防能力。我国应急管理存在“重救轻防”的弊端。预防是一个非常重要但又容易被忽视的环节。预防即风险的减缓，仅靠政府部门难以实现。它是全社会的一项长期系统工程。国家安全是一个复杂的系统，任何一个微小的扰动都可能产生“蝴蝶效应”。因此，国家安全关注的风险会与应急管理有很大的重合度。国家安全不仅规格高，而且可以广泛调动方方面面的社会资源，对风险进行监测和管理。

五是增强突发事件应急保障能力。《国家安全法》强调要建立国家安全保障体系，还对健全粮食安全保障体系、加强战略性资源储备等方面提出特别的要求。强大的保障能力是国家安全与公共安全可以共享、通用的。例如，为国家安全而开发的高新技术，如重型直升机也可以应用于突发事件的应对。

六是强化跨境危机管理能力。在应对境外公共突发事件或跨国危机方面，《国家安全法》做出了特别的规定。例如，第三十三条规定：“国家依法采取必要措施，保护海外中国公民、组织和机构的安全和正当权益，保护国家的海外利益不受威胁和侵害。”这解决了应急管理部门处理海外突发事件鞭长莫及的问题。不仅如此，《国家安全法》的出台填补了应急管理的空白地带，强化了应急管理的薄弱环节。例如，它提出健全金融宏观管理和金融风险防范、处置机制，强调“重大基础设施”“网络和信息核心技术、关键基础设施和重要领域信息及数据”安全，这是以往应急管理难以涉及、难以落实，但对于国计民生、百姓福祉又至关重要的。

综上所述，通过以上措施，可以有效应对复杂多变的突发事件，保障国家安全与公共安全，为社会稳定和人民安宁做出积极贡献。

第三节　公共安全应急管理发展过程

人类社会的历史就是一部同各种灾害作斗争的历史，它不断地由被动承受和躲避灾难转变为积极应对和预防。应急管理是人类在面对灾难时所采取的一种有意识的、综合性的管理措施。世界上每个国家都有不同的历史文化背景、自然环境情况、经济政治发展状况，在公共安全应急管理体系设置、运行机制和理念等方面都存在着差异；但是，在纷繁复杂的特殊性中，应急管理矛盾的发展具有普遍性，也有相互借鉴的过程，所以，我们仍能大致梳理出一个发展的历史进程。

一、公共安全管理历史发展概述

公共安全是伴随着人类社会的出现而出现的。人类为了生存与发展，必须认识自然、改造自然。但是，人们对治安管理的理解与认识却经历了一个从自发走向自觉的漫长历程。最初所谓的“安全管理”，仅仅是一种社会群体为了自我保护所做出的一种应激反应，没有一种自觉的治安管理行为。社会治安管理既是社会发展的产物，也是人类社会自身建设的产物。首先，管理活动是人的理性认识活动，是人的理性认识在现实中的实践过程。人的管理行为并非出于本能冲动，而是一种理性的表现形式。其次，“公共”这一概念在公共安全管理中是政治建构的产物。自从国家出现以来，公共和私人的概念就出现了。古罗马法学家乌尔比安是第一个确立公私概念的法学家。他认为，这些法律中的一部分是为了公益，另一部分是为了个人。自觉的公共安全管理只有在公共概念出现后才可能存在。应当指出，公共治安管理是近代建构的一个概念，在古代没有。但是，从实践来看，治安管理却是与国家同时存在的。有了国家，自然就有了管理公共事务的权力，公共安全事务也不例外。

需要指出的是，本书所阐述的“公共安全”并非本体意义上的公共安全，而是建构意义上的公共安全。从公共的现代性含义来观照公共安全，可以发现公共安全是个极其广泛的领域。从校园安全到国家安全乃至全球安全，从食品安全到经济金融安全等，几乎所有领域都涉及公共安全问题，实难一一赘述。但在现实实践中，公共安全却是一个具有特定含义的概念，它所涉及的领域相对比较狭窄。对于本章来说，公共安全管理的内涵和外延即为本书所界定的，并未纳入所有的公共安全管理行为，比如国家安全、金融安全等。正如前文所述，探究历史不仅仅是为了历史本身，而是为了更好地理解现实。

对历史发展的研究，需要构建一种认知的脉络。这条脉络可以沿着时间轴简单地理一理，但是如果只是沿着时间轴来梳理，那就毫无意义了，还需将时间轴与其他与公共安全管理有关的要素叠加起来，才能建构出一条有效的认知脉络，那么接下来的问题就是叠加成何种影响因素，这需要从公安管理自身的特点切入。公共安全管理不是一种初级管理行为，它是伴随着人们的生产、生活等社会活动而出现的次生性管理行为。只有把握人类社会活动的发展过程，我们才能更好地把握其发展脉络。就前者而言，通常可分为 3 种类型：农业时代、工业时代和后工业时代。这 3 个社会形态代表了 3 种不同的社会生产方式，由此产生的公共安全问题也不尽相同。

在农业时代，社会整体的复杂程度不高，公共安全问题对社会的冲击也比较小。进入工业时代后，资本的膨胀促成全国乃至世界范围内的大规模工业化，使许多人卷入其中。许多固守于农业与土地之上的农村人口，因失去土地而被迫迁往城市，由此产生了大量的城市失业者与无家可归者。为维护社会的稳定与政治的稳定，社会保障制度开始作为国家行为出现在许多国家。这标志着公共安全管理已由传统的“自然”向“社会”过渡。工业化时代也意味着大规模的工厂的出现，工业生产中的安全隐患也逐渐暴露出来，成为当今社会最重要的公共安全问题之一。

伴随着工业时代的到来，城市的公共安全也随之产生。城市并不是在工业时代就出现的。那时候城市还很小，直到公元前 3 世纪，乌尔这座最大的“都市”才只有 150 英亩(约60.7公顷)，人口不到 4 万。古罗马的城市规模达到了古代城市的顶峰，人口数量达到了百万。但是自从罗马没落后，西方就再也没有出现过这么大的城市了。在我国古代，可以说农业时期就出现了大城市。唐代长安最盛时可能有百万以上的人口，北宋汴梁曾达到 150 万人，南宋成淳朝时临安有 120 万人，还有学者曾估算过临安在全盛时期有 150 万人。值得注意的是，大城市在农业时期并非随处可见，而是呈点状分布。人口主要集中在首都等政治中心，城市管理基本以控制为主，而非以激发人口流动与活力为目的。因此，由大城市引发的公共安全问题并未上升为全国性的普遍性问题，也没有成为政府管理中的常规问题。大城市的公共安全问题必然会产生城市公共安全管理，但是在这个时候，公共安全管理还不是一个普遍的问题，所以没有出现专门的公共安全管理机构。但是，进入工业化社会以后，大量的城市开始出现，都市化成为工业社会的必然要求。这时，城市公共安全已不是个别的、偶然的问题，而成为一种普遍的、不可避免的问题。与此相适应的是，国家开始制定专门的法律法规，成立专门的机构，以应对城市治安问题。相较于农业时期，工业时期的城市主要是服务于工业的大规模生产，城市人口的流动性较大。在工业化社会背景下，生产安全、城市流动人口社会保障甚至交通安全成为新的公共安全课题。同时，原有的公共安全议题，如食物安全、消防安全、公共安全、自然灾害等，都有了新的特征。首先，由于问题来源的增加，安全问题的发生频率也显著提高。以消防安全为例，因为工厂火灾的出现，全社会火灾发生的频率明显增加。其次，公共安全问题所带来的消极影响得到了进一步的放大与蔓延。就拿食品来说，在农业时代，食品因其工业与商品双重属性而产生的安全问题难以传播开来；但是在工业化时代，由于食品的商品属性和产业属性，一家企业的食品安全问题极有可能演变成全国性的安全事故。又如自然灾害，因人口集聚度的提高及生产力的提高，造成的破坏性远不是农业时期可以比拟的。

20 世纪后半期，尤其是信息时代来临之后，人类进入了后工业化社会。按照贝克的理论，后工业社会是在工业社会之后出现的一种新的社会形态，它的主要特征是由制造业转向第三产业，专业人才阶层兴起。网络信息技术的广泛应用，对信息安全提出了新的挑战。在后工业化时代，公共安全除信息安全外，还出现了新的形式。贝克指出，当今世界正处于“风险社会”之中，各种安全风险问题无所不在。贝克认为，目前尽管贫穷和饥饿已经不存在，但是人为风险的威胁却更大，它不分阶级，不分国界。由此可以看出，在后工业化社会中，公共安全的表现形式也发生了很大的变化。首先，与过去相比，公共安全领域得到了极大扩展。从传统的公共安全到非传统的公共安全，从工业生产安全到数字信息安全，从国家安全到全球安全。其次，增加了公共安全问题的复杂性。各种安全问题叠加在一起，形成了新的安全问题，各安全问题之间相互作用，使得公共安全问题更加复杂。随着全球化进程的推进，人类活动的频度与范围不断扩大，人类决策和行为对自然和人类社会本身的影响越来越大，公共安全正由自然因素占主导逐渐演变为人为的不确定性占主导。与此相适应的是，公共安全问题由风险的“制度化”向“制度化”风险转变。现代国家为提高人类安全水平，建立了各种制度保障人类社会安全。但是，随着制度复杂程度的提高，其自身也会产生另一种风险，那就是制度运行失败，进而引发更大的公共安全问题。不仅如此，科技的发展也面临着这样一个问题：科技创造了美好的生活，但同时也带来了更大的安全隐患。随着科学技术的发展，大规模停电、核安全事故以及网络用户信息被窃取，给人们带来了新的安全隐患。

在此背景下，公共安全管理出现了新的形式。一是具有安全职能的管理机构越来越多，同时也出现了专业的安全管理机构。如美国于 1910 年成立了煤矿安全监察和其他专门的安全管理机构。二是由单纯的安全管理向全过程安全管理、安全综合治理转变；通过对事故预防、事故处理和事故后恢复的全过程介入，使安全管理水平进一步提高。比如“9 · 11”恐怖袭击发生后，美国政府进行了大规模的重组，成立了国土安全部。三是全球安全治理越来越重要。随着全球化进程的推进，公共安全问题如核、生态、食物、健康等早已超越国界，上升到国际层面。因此，加强国际合作，推动全球公共安全治理，是当前我国公共安全管理面临的一个重大问题。四是由治安管理向治安治理转变。目前的公共安全问题非常复杂，已经不是单一的政府部门可以解决的。随着社会治理的整体变革，越来越多的社会主体通过自身优势参与公共安全治理，成为现代公共安全治理的重要力量。五是科技对治安管理的影响越来越大。例如，人脸识别技术运用到治安管理中，可以大幅度提高破案率；交通安全管理越来越依赖于摄像头；无人机更多地用于自然灾害救灾等。安全产业规模不断扩大，已成为一种新兴的战略性产业。

二、农业时代的公共安全管理

农业时代的公共安全管理基本上是围绕着旱涝等自然灾害展开的。与此同时，伴随着城市的产生、发展与繁荣，城市人口聚集，公共卫生管理、食品安全管理等问题也随之产生。

（一）自然灾害管理

农业时代的自然灾害管理主要是围绕农业生产安全这一核心问题展开的，也就是保障农业生产的正常运行。在农业时代，粮食安全是政治稳定的基础，而对自然灾害的治理又是当时政府工作的重点。自然灾害有三大类：洪水、干旱、虫灾。洪涝灾害主要有江河决堤引起的漫溢与改道、暴雨引起的洪水与积水，以及海水倒灌引起的海潮。干旱是一种主要的灾害，而且很多干旱都是连续的，经常导致农作物绝收，百姓吃不饱，成为流民，甚至是饿死。据记载，魏晋时期 200 年间共发生 518 次灾害，其中洪水 101 次、干旱 112 次、蝗虫 28 次、饥荒 59 次、瘟疫 50 次、地震 96 次、霜冻 23 次。干旱的比例最大，达到了 21.6%。由于水旱灾害具有动摇农业基础的危险，历代王朝对防灾减灾十分重视。在漫长的历史进程中，我国形成了一套独具特色的自然灾害管理制度。

一是在思想上重视，把治理自然灾害作为国家治理的首要任务。早在汉初，晁错就提出了“防水旱灾害”的主张，并对其进行了论证。这一主张被西汉皇帝普遍认可并贯彻执行。汉文帝举行了祭天大典，亲自犁地，给世人树立了榜样。

二是形成了较为完整的灾害管理制度。西周已有备荒存粮的制度。秦始皇统一全国以后，确立了全国范围内的旱涝灾害报告及农作物生长状况报告系统。西汉时期，自然灾害的防灾救灾与灾后重建制度已基本形成。随着时间的推移，灾害救济制度也日趋完善。明代的粮储制度被纳入了官员的考核制度之中。为了防止官员克扣灾民的粮食，还规定每一位灾民的名字和口粮都要张贴在公众面前，让上面的人“出其不意”地下去检查。减免赋税也是古代减轻灾害的一项重要措施，唐代之前尚无具体规定，唐以后则逐渐细化。明朝弘治三年（1490 年）规定了一定的减免比例，受灾十点者，减免七点粮食，以此类推，直至四点减免一点。到了清朝，对制度的规定更为具体，同时也给了一定的弹性范围。顺治十年（1653 年），朝廷规定：“州县八至十点者，免除百分之三十；五至七点者，免除百分之二十；四等者，百分之十。”总体而言，我国自然灾害管理体制的实施呈现出明显的周期性、时代性和区域性特点。大体而言，各朝中前期的救灾制度总体上能够顺利运行；然而，到了后期，救济措施大多流于空谈。例如，唐代有 132 次较为重要的旱灾救灾活动。从时间上看，除“减膳”“撤乐”“避正殿”等象征性措施之外，“减税”“罢赈”等具有现实意义的救济措施至穆宗长庆元年（821 年）以后已渐趋式微，即使有，也往往沦为一纸空文。在古代，为了保证国家的财源，往往会把救济的重点放在赋税较重的地区。唐代赈济范围以陕西和河南为中心，以及江苏、河北和山东等经济发达地区为主，对边远边疆，特别是岭南地区，所占比重很小。清朝还加大了救灾力量，包括江苏、安徽、浙江、甘肃、河南、湖北、山西、山东和东北。同时，各个时期经济实力的强弱，又与救灾制度的运作有着密切的关系。统一王朝经济强盛时期，是灾后救济制度变革频繁的时期。如汉代的常平仓制、隋唐的义仓制、宋代的社仓；清朝由于人口增加，粮食严重短缺，因此制定了粮食保障制度，以保障农产品的安全。

三是在灾后救助系统中，社会力量扮演着重要角色。民间救济主要有两种途径。一种是以血缘为纽带的互助活动，以宗族为例，从北宋时范仲淹创办范氏义庄起，就成了后世宗族救济的典范，各宗族普遍设有义庄、族田、社仓等，平时救济贫民，灾荒时则用来自救。唐、宋以降，乡村社会力量日益壮大，以民富为代表的民间救济日益凸显其重要性。另一种是个人捐款。部分官员、缙绅巨商等，在灾情发生的时候，对灾区进行捐助。为了鼓励民间富裕阶层的捐赠，政府常采取赠匾、授顶冠等方式，以示奖励。在宋代，民富早已参与到灾荒救济的各个环节，在很大程度上起到了补充和部分替代国家救灾的作用。

四是心理抚慰在心理治疗中起到重要作用。比如君王为了安抚民心，往往会在灾后颁布“罪己诏”，以疏导民怨，化解矛盾，以求政治上的维系。汉元帝因为水患自咎，汉章帝因为干旱自咎，汉和帝因为蝗灾自责己。“罪己诏”最突出的特征之一，就是将灾难归咎于帝王德行低下，从而触怒上苍。同时，它还体现了封建时期的救难精神慰藉，即借助上苍的神秘力量抚慰民众。为了稳定人心，为了获得希望，统治者虽然对防灾减灾没有任何帮助，但还是要在这个时候举行相应的祈福活动。在漫长的岁月中，形成了一套特殊的礼节，这些礼节不断地发展完善，至唐代基本定型。以唐代的干旱求雨为例，祈雨对象包括各水系的龙王、河神等，祈雨的参与者有帝王、官吏、法师等，整个祈雨仪式十分隆重，就连求雨的时间和地点都有严格的规定。

（二）公共卫生管理

历史上曾多次发生瘟疫等公共卫生事件，造成极大的社会恐慌和生产力损失。据统计，三国鼎立的 60 年间大疫 6 次，西晋 51 年间大疫 7 次；东晋十六国的 104 年间，大疫 9 次。这些瘟疫的危害，不只是疾病本身，更重要的是，它们给整个社会带来巨大的恐慌，让所有人都感到绝望。1347 年至 1353 年，欧洲发生了一场被称之为“黑死病”的鼠疫大瘟疫，夺走了约 2 500 万人的生命，占当时欧洲总人口的 1/3，对中世纪欧洲社会造成了剧烈的冲击。

在农业时代，科技并不发达，但中国古代社会已经建立起一套针对突发公共卫生事件的应急机制，如疫情报告制度、隔离制度、卫生管理制度、传染病免疫制度、灾民救济机制等。比如瘟疫的上报制度，当一个地方出现瘟疫的时候，当地的官府都要按照一定的程序，在规定的时间内上报给朝廷，在接到疫病报告之后，朝廷还要对疫病进行勘灾核实。这种制度从先秦开始就已有，经过不断地发展和完善，至宋代已趋于成熟。在具体措施上，汉朝对瘟疫死亡的家庭给予抚恤，这是对百姓的一种照顾，也是为了防止疾病传播。伴随着商业的兴盛，公共卫生管理在宋代得到了长足的发展。比如，衙门会派人收集生活垃圾，保持街区的整洁，不允许在水源处进行清洗和排污。清朝大力培养医学人才，在各地都设立了专门的医疗机构，由地方衙门的医官负责管理这些机构。清初，面对天花肆虐，朝廷派专人查痘，一旦发现有可疑症状者，立即采取隔离措施，如果出现大范围流行，则禁止各种大型集会。此外，太医院还成立了痘疹科，负责预防天花疫苗的接种工作。一旦发生大面积的暴发，当地官员在完成报告后，就必须深入一线调查灾情，进行现场指导。在此期间，医官们还要深入疫区，为病人治病、施药。对于流离失所的灾民，朝廷也设立了养济院、育儿院等机构对其进行妥善安置。

但是，当面对“黑死病”这样的重大疫情，当时的疫情管理制度就显得无能为力。在疫情严重的意大利，到处都在采取隔离措施，政府封锁所有边境和港口。疫情地区的民众则是自发隔离，甚至把活着的染病者的门窗全部用木板钉起来，让其自行饿死。更有人结成小社区，与外界完全隔绝。此时，公共安全管理几乎完全失效和缺位，行政官吏和司法人员几乎完全消失。

（三）食品安全管理

民以食为天。食品安全是最根本的要求。在我国古代，食物安全是一个非常重要的问题。一是食品安全意识有所提高。孔子对食品安全问题有系统的论述，如《论语·乡党》就有"十三不食"的论述。二是食品安全管理体系不断完善。我国早在周代就有了食品安全管理制度。根据《礼记》的记载，周朝曾经规定："五谷不时，果未熟，不鬻于市。"该条例被认为是我国食品管理的第一个记录。汉唐时期，随着经济的发展，粮食安全问题日益突出，安全管理体系日趋严格。汉朝《二年律令》明确规定："诸食脯肉，脯肉毒杀、伤、病人者，亟尽孰（熟）燔其余。当燔弗燔，及吏主者，皆坐脯肉藏（赃），与盗同法。"意思是，如果因肉类腐败的原因，致人伤病中毒的，应尽快将变质的食品焚毁；如果违反规定，肇事者与相关官员都要受到与盗贼一样的刑罚。唐代的食品安全监督更加完善，不仅监督体系更加完善，而且法律体系更加细化，处罚措施更加明确。《唐律疏议》规定："脯肉有毒，曾经病人，有余者速焚之，违者杖九十；若故与人食并出卖，令人病者，徒一年，以故致死者绞。"清代是我国食品安全监督体系发展到农业时期最鼎盛的时期。清代法律对食品安全监管的重点转向了"问题食品"，同时削弱了对"人"的惩罚。比如，在茶叶管理方面，实行茶牌经营，茶商必须持有清政府颁发的经营许可证、商标；同时，还会有专人对茶叶的质量进行抽查，如果发现茶叶的包装、品牌和质量不合格，就会受到相应的惩罚；对出口茶叶采取沸水冲泡、化学实验等方法逐一抽查，发现质量不合格的，全部没收。三是行业协会在食品经营方面的作用很大。宋代商品经济十分发达，这就给政府食品安全管理造成了很大的困难。由政府扶持的行业协会成为食品安全监管的主体。商人们根据类别登记，形成了协会。该行业的产品品质由行业协会负责，有名望的人担任主席，由会长负责对产品的品质进行评定和检验。

从今天的角度来看，农业时期的食品安全体系已相当完善。在食品安全管理方面，已经涉及食品生产、流通和餐饮服务等各个方面，这与我国现行《中华人民共和国食品安全法》第四条的规定相吻合。从社会力量参与的角度看，这一时期已经出现了政府与社会力量的制度化协作，至少具备了"治理"的雏形。但是，任何管理都受到时代与科技发展的限制，而当时社会整体科技水平较低，食品安全管理也很难提高到一个较高的层次。由于当时的社会生产力落后，商品流通水平低下，食品安全问题远不如现代社会那么复杂。那时候，食品安全充其量只是一种地方性问题，只存在于人口密集的城市，而在人口分散的农村地区，食品安全几乎不会引起人们的注意。此外，目前人们看到的往往只是当时的制度规定，而对制度实施状况的关注却很少。实际上，受限于当时的管理水平，食品安全体系很难得到严格实施。由于缺乏技术、人力等方面的支持，许多制度都成了一纸空文，出现了制度衰颓的现象。

三、工业时代的公共安全管理

工业革命使欧洲社会由农业向工业社会迈进，它不仅改变了生产工具，也改变了人们的生产和生活方式。工业革命带来了生产安全、社会保障等新的公共安全议题，并赋予传统社会安全以新的内涵。

（一）社会保障管理

如果将社会救助纳入社会保障的范畴中，事实上，社会保障并非工业时代才出现的一种新事物。在农业时期，我国对鳏寡孤户和贫困人口的救济也是存在的。魏晋南北朝时期，曾出现过"六疾馆""孤独园"等特殊的救难机构。之后的朝代，也都建立了类似的制度。唐代设立了矜孤恤贫、敬老养疾的悲田养病坊；北宋初年，在开封设立东、西福田院，专门收容孤寡有病的老人、孤儿及老年乞丐。宋徽宗在登基后，设立了"安济坊"，安置鳏寡、孤户及贫困人口，这就是后来的"养济院"。与此相似的还有广惠、实济院、安养院和利济院。除政府救助外，还有许多民间组织参与其中。南北朝时，已有寺院发放衣物、赈济贫民。到了宋朝，范仲淹率先建立了义庄，以保障宗族的生存，并为后人所仿效。到了清代，社会救济更是盛行。

古代社会救助与工业社会是不同的，现代社会保障制度和古代社会保障制度之间也没有继承关系。如果说古代社会救助制度以稳定政治制度为首要目的，那么近代社会保障制度的目的就是维持工业化社会中劳动力的再生产。古代社会救助是一种以个人自助为主、政府救助为辅的补充性社会救助制度。从现代保障制度本身来看，这一制度也经历了一段漫长的历史。

1. 英国的济贫法

16 世纪，英国的圈地运动迫使大量的农民离开土地进入城市，城市中的失业现象日趋严重。英国的统治者不得不对穷人进行救济。1572 年英格兰与威尔士开始征收济贫税，1576 年设立了收容流浪汉和强制劳役的教养院。1601 年，英国颁布了一项新的法律，也就是后来的《伊丽莎白济贫法》。该法律系统总结了都铎王朝近百年来解决贫穷、流浪和失业等问题的立法内容，正式确立国家救济穷人的责任，成为欧洲第一个国家救济制度，开创了近代社会救济制度的先河。这项法律第一次明确了政府的责任，即政府有责任帮助无劳动能力的穷人，帮助贫困的儿童做学徒，为身体健康的人提供就业机会，并保证穷人的最低生活标准。该法对贫困人群实行"差别待遇"原则，体现了"政府救助"和"惩罚"相结合的指导思想。一方面，对"不应救济者"，如懒汉、流浪乞讨者予以严惩，并对其进行强制劳役；另一方面，为失业人员提供工作岗位，安排孤儿做学徒，帮助那些需要救济的穷人。英国济贫法体系中最重要的一环，就是为穷人提供原材料，让他们在家里干活，然后由雇主在市场上卖出产品，而穷人则可以通过自己的收入来维持生计。扶贫机构还向有需要帮助的人提供救济，包括住房、衣服和医疗救助。

1834 年，英国国会通过了被称为"新济贫法"的《济贫法(修正案)》。该法案废除了家庭救济，规定接受救济的人必须是在学校里做苦工的穷人。在这所学校里，生活条件极其恶劣，劳动极其繁重，穷人们不敢进去，因此被称为工人的"巴士底狱"。新济贫法遭到了广泛的批评。

新济贫法的出台主要受到了以下几个因素的影响：一是旧济贫法中存在的一些问题越来越突出，如管理混乱、支出过大，以及由此引发的道德问题等；二是自由派对旧济贫法的批评，如住房法限制了劳动力的自由流动，批评斯皮纳姆兰法律中的最低生活保障制度对工资制度的影响等；三是 1832 年英国议会改革赋予了中产阶级投票权，使政府逐步成为新兴资产阶级利益的代表，同时也是一种新资产阶级利益的体现。新济贫法是对旧济贫法的一次重大改革和修正，无论是在救济的方式、对象的认定还是具体的管理上，都有较大的改变。

就社会保障制度本身的发展而言，扶贫管理工作正逐步正规化、规范化、现代化。第一，政府扶贫不再仅限于扶贫本身，而是关注扶贫对社会经济产生的作用。第二，人们对扶贫的理解从感性走向理性。在旧济贫法时代，人们出于感情上的本能救助贫困；而在新济贫法时代，如何使扶贫和经济发展相协调，已成为人们关注的焦点。扶贫从一项人道善举发展成了一件与社会经济密切相关的重大事件。第三，政府组织结构日趋完善，管理日趋科学化，如建立扶贫特别委员会，明确各个行政机关的职责权限，系统地管理全国扶贫工作等。

2. 现代保障制度的建立和发展

19世纪末期，德国最早形成了以社会保险为特征的社会保障制度。19世纪后半叶，德国工人阶级势力雄厚，新兴资产阶级势单力薄，在国内政治生活中显得软弱无力。德国在统一之后，其政治和社会的稳定一直是当时的首要目标。俾斯麦采取了胡萝卜加大棒的政策，力图通过社会立法来平衡社会各阶层的利益，争取工人阶级对国家政权的忠诚，防止劳资关系恶化，促进劳工运动的发展。1883—1889年，德国先后颁布《疾病保险法》《工伤事故保险》《老年和残障保险法》等一系列法律法规，为当时世界上首个较为完整的劳动者社会保障制度奠定了基础。这3个法案实施后，都取得了很好的效果，对德国的资本主义经济起到了很大的推动作用。德国社会保障体系的建立，是现代社会保障体系中最重要的支柱。德国以立法的形式对保障对象的权利和义务进行了性质上的界定，内容包括3个主要的社会风险：疾病、工伤和老龄；在制度上，将权利和义务统一起来，将缴费作为享受保险的条件，保险费由多方共同承担。因此，与社会救济相比，社会保障制度具有更大的现代意义，它是近代社会保障制度发展史上一个具有划时代意义的事件，标志着现代社会保障制度的诞生。德国社会保障体系一经建立，很快就被西欧国家所效仿。1890—1919年，各国相继建立了现代社会保障体系。

20世纪30年代美国颁布了《社会保障法》，标志着现代西方社会保障体系得到了进一步的发展。虽然美国的一些地区，如新泽西州、亚利桑那州等，在1896年、1914年先后颁布《教员年金法》《老年退休计划》等，但直至1930年代初的全球金融危机前，美国政府对全体社会成员的保障关注甚少。伴随着美国资本主义的兴起，贫困不再仅仅是个人的原因，还有很多客观原因，如个人竞争力的欠缺、产业结构的调整、家庭的变化等。因此，构建现代社会保障体系已是大势所趋。

1929年10月24日，美国纽约股市崩盘，大萧条横扫资本主义世界。1931—1932年期间，超过4 000家银行在美国破产。1933年，1 700万名工人失去了工作。对此，传统的社会救助只能杯水车薪，不能从根本上解决问题。1933年3月4日，罗斯福就任总统后，立即向国会提出《联邦紧急救济法》，拨款5亿美元，作为对各州的劳工救济与失业救济的资助。又成立民间工务署及公共工程署，以期以“以工代赈”方式推行失业救济。罗斯福总统在治理改革过程中，逐步系统地提出了“安全保障社会化”这一理念，强调了政府对社会保障的责任。1935年8月14日，罗斯福签署《社会保障法》，标志着美国第一部社会保险法的诞生。美国的《社会保障法》以失业保险、养老保险和各类福利为主要内容。《社会保障法》的颁布，不仅基本解决了美国社会所面临的“失业”“老龄”等社会问题，而且首次在理论上提出了“社会保障”这一概念，使得社会保障在形式和内容上更加完备、统一。《社会保障法》既是美国第一部由联邦政府负责制定的社会保障法，也是世界上较为完备的一部社会保障法。

（二）安全生产管理

1. 英国的安全生产管理

英国的劳动安全与健康立法已有200余年的历史，早期是为了解决工业革命引起的社会问题和英国济贫法的不完善。“济贫法”虽然在一定程度上缓解了城市贫困人口的生活，但是并没有从根本上解决城市贫困人口问题。对城市贫困人口而言，恶劣的生产安全环境是导致他们生活变差的根本原因。为了解决由生产力下降而引起的一系列社会问题，英国议会于1802年颁布了第一部《学徒健康与道德法》，该法案规定了劳动条件的限制。这是第一个只适用于棉纺厂的工厂法令。但是，该法的实施效果不佳，存在结构性缺陷，使该法难以贯彻执行。于是，具有里程碑意义的《工厂法》在1833年获得了通过。该法案创造了许多先例：首先，事故调查有先例可循；二是雇主有照顾雇员安全的义务。在该法案的条款下，第一个雇员起诉雇主的案例发生在1837年。该法案于1867年、1878年、1891年等分别作了修订。

进入20世纪后，英国的安全生产管理有了进一步的发展。20世纪早期，社会志愿组织开始大量介入安全管理中。志愿组织发起的"安全第一"运动覆盖了国内道路及事故的范围。到了20世纪40年代初，建筑业也开始引入健康安全和福利规制。1949年安全规制扩展到干洗和铸件行业。20世纪60年代以后，英国开始关注职业健康问题。1967年致癌物质法规直接禁止了对二氨基联苯的使用。工业健康顾问委员会的一个下属委员会制定了一项操作手册来降低工人的噪声伤害程度。1974年英国通过了《职业健康安全法案》。作为一个里程碑式的法案，该法案试图建构一套规范性更少的安全制度。根据该法案，1974年成立了健康和安全委员会(HSC)，其目的是改革现有规章制度，推动新的规章制度和实操手册的出台。在HSC成立后3个月，又成立了健康和安全管理局(HSE)。不同于HSC，HSE是一个法律实体，其职能是承接HSC的职责，并完成自身的法定责任，以确保法律能得到实施。

2. 美国的安全生产管理

美国是在20世纪初期开始进行安全生产管理的。20世纪以前，政府对工伤事故处理极少插手，认为工伤事故是劳资双方的事，而且雇主的工资中已包括工伤赔偿。受此思想影响，美国安全事故频繁发生，工人的人身安全无法得到保障。例如，1905—1909年，美国发生较大矿难85起。面对大量的工伤事故，美国政府仍然采取过错责任原则、三大抗辩事由来为资本家开脱罪责。在这类侵权法中，用人单位的责任仅限于提供合理的安全场所。工人不能得到补偿，除非能证明雇主有过失。但由于雇主可以请最好的律师来为自己辩护，工人们也不愿意冒着被解雇的风险去作证，再加上美国法院在工伤案件中采用了三大抗辩原则，因此雇主在资金、社会关系和法庭裁决上都要优于雇员。结果，大部分员工得到的工伤赔偿少之又少，只是获得象征性的救济，工伤费用完全由员工自己承担。

罗斯福主张，无论是否能够证明雇主的过失，只要发生事故，员工都应得到补偿。随后，在罗斯福的倡导下，政府管制逐步扩展，特别是对劳工权益的保护发挥了重要作用。与此同时，法院的判决也促使安全生产管理观念发生了转变。1937年，最高法院从最初的反对劳动关系调整为支持对劳动关系进行规范，最终采取了一种进步的态度。于是，经过美国总统与最高法院的通力合作，美国政府对企业进行监管，使其能够安然渡过"宪法时刻"。

与此同时，美国联邦上诉法院也对行政法官制度给予了肯定，认为行政法官对工伤事故的听证及赔偿事宜拥有"绝对权威"，行政法官对工伤事故做出的决定具有类司法效力，因此也可以监督企业的生产活动。许多生产安全部门都有行政法官，他们对许多工伤事故的赔偿做出"司法性"的高效裁决，对受伤害员工的案件给予及时的裁决。与普通公务员不同的是，行政法官对相关的法律法规非常熟悉，同时也能够第一时间对工伤事故纠纷进行接触和了解，从而减少了许多普通的司法程序。相对于司法裁判而言，行政裁判的判决更及时、更有效。换言之，行政法官制度以高效快捷的行政程序取代了效率低下、费用高昂、耗时长的司法程序，变被动司法为积极行政，为受害人提供更为方便的救济。①

四、后工业时代的公共安全管理

20 世纪后半期，世界各国相继进入后工业时代，标志着人类社会的又一次大转型。在后工业化时代，以信息为核心，以知识为核心，以脑力劳动代替体力劳动，以服务业取代制造业，成为社会财富的主要来源。后工业化时代的安全冲击，不仅表现在科技进步带来的新安全领域，也表现在社会日益复杂化的背景下。工业时代建立在理性基础上的官僚制权力体系相继崩溃，转型后的知识经济使人获得信息，从而削弱了等级制度。整个社会的分散化趋势，打破了自传统工业社会建立起来的规模优势。这种分散的趋势还以某种方式形成了一种新的社会形态。这给社会治安管理工作带来了新的挑战。

（一）信息安全成为主要的公共安全问题

信息安全包括两个层面的内容：一是技术层面的安全，是指信息系统（包括硬件、软件、数据、人、物理环境及其基础设施）受到保护，不受偶然的或者恶意的破坏、更改、泄露，系统连续、可靠、正常地运行，信息服务不中断，最终实现业务连续性；二是内容层面的安全，即所传述的信息不对国家、社会乃至个人造成安全威胁。信息安全管理主要也是围绕着这两个层面所展开的。很多国家都制定了自己的信息安全发展战略和计划，加强信息安全立法，实现统一和规范管理。以法律的形式规定和规范信息安全工作是有效实施安全措施的最有力保障。2000 年 10 月，美国参议院通过了《互联网网络完备性及关键设备保护法案》。2000 年 9 月，俄罗斯实施了关于网络信息安全的法律。随着管理水平的提升，信息安全管理逐渐走向规范化。随着 ISO 9000 质量管理标准的出现及随后在全世界的推广应用，系统管理的思想在其他管理领域也被借鉴与采用。随之，信息安全管理在 20 世纪 90 年代步入了标准化与系统化管理的时代。1995 年英国率先推出了 BS 7799 信息安全管理标准，该标准于 2000 年被国际标准化组织认可为国际标准 ISO/IEC 17799。现在该标准已引起许多国家与地区的重视，在一些国家已经被推广与应用；组织贯彻实施该标准可以对信息安全风险进行全面系统的管理，从而实现组织信息安全。与此同时，其他国家及组织也提出了很多与信息安全管理相关的标准。

我国信息安全管理经历了“九龙治水”、逐步规范、统一的发展历程。根据 1994 年国务院令第 147 号《计算机信息系统安全保护条例》的规定，对计算机信息系统的安全进行了保护，并对其进行了防范、打击。1997 年，国务院批准公安部颁布了《计算机信息网络国际联网安全保护管理办法》。1998 年，国务院将公共信息网络安全监管的职能明确赋予公安机关，并由公安部公共信息网络监察局具体负责。公安部的主要职责是依法打击利用信息网络实施危害国家安全的犯罪活动。工信部的主要职责是建立国家信息安全保障体系，协调推进信息安全的基础工作，负责电信网络、网络信息安全平台的协调管理工作，组织实施网络环境与信息治理工作，对网络有害信息进行协调处理，负责网络安全应急管理与处置工作。2018 年，国家成立了国家信息安全委员会办公室，统筹信息安全工作。

① 肖北庚，邓慧强.美国治理矿难中行政监管的经验及其启示[J].河北法学，2010(5)：15-17.

（二）提升安全管理，加强顶层设计

目前，安全问题呈现出复杂的发展态势，各类安全问题之间相互渗透和相互作用。传统的单一专业管理模式已不能适应新的安全形势，各国纷纷提高管理层级，从整体管理、顶层设计等方面着手。美国于1947年建立了全球首个“国家安全委员会”体系。很多国家都以美国为榜样。目前，已有近50个国家建立起国家安全委员会制度或类似制度。

美国国家安全委员会是总统的“参谋助手”，其职能主要是为总统在外交、安全等重要领域提供建议，并协调各个部门之间的关系。它隶属于总统办公厅的一个分支机构，它直接对总统负责，总统也是国家安全管理系统的中心。目前，国家安全局在美国治安管理，尤其是国际事务、反恐等方面发挥着越来越大的作用。

俄罗斯的国家安全委员会——俄罗斯联邦国家安全会议成立于1992年，该机构的前身苏联联邦安全会议是在1990年成立的。总统在联邦国家安全会议中拥有最高决策权和执行权。在联邦国家安全会议领导下，政府相关部门科学分工、积极协作，对涉及公共安全的相关事件给予有效管理。

2010年，英国建立了国家安全委员会。它是英国最高的公共安全管理机构，负责协调各部门之间的治安管理工作，提高政府对公共安全危机的反应能力，处理反恐、军事、重大意外灾难、重大自然灾害等安全事故。

日本早在1953年就成立了国防会议，该机构在1986年更名为安全保障会议，后于2007年升格为国家安全保障会议。国家安全保障会议负责日本外交、安全方面的国家决策并将情报工作作为重中之重，希望借此对重大公共安全危机做出及时应对。

近年，我国已逐步认识到加强社会治安顶层设计的必要性。2013年，国家安全部在总体国家安全观的指导下成立。我国的安全保障体系与机制还不能满足国家安全工作的需要，迫切需要建立一个能够统筹全局的强有力的保障平台，所以，成立国家安全委员会，加强中央安全工作的统一领导，是非常必要的。2013年11月召开的党的十八届三中全会决定，成立中央国家安全委员会。中央国家安全委员会成立的目的是完善国家安全体制和国家安全战略，按照集中统一、科学谋划、统分结合、协调行动、精干高效的原则，统一领导和部署国家安全工作。

（三）从专业安全管理走向综合管理

传统公共安全管理属于“分类管理”模式，其优点是专业化和垂直性，能适应现代社会管理的专业分工要求；其缺点是它造成条线过多、划分过细的格局，部门之间缺乏有效的联动与协调，应急能力建设很不平衡，资源分散、条块分割、各自为政、参差不齐等问题突出，制约了政府应急反应的整体能力与综合效果。大量灾害事件往往具有连锁性、衍生性和综合性等特征，横向上涉及多个部门，纵向上涉及多个层级，靠某个部门单打独斗不行，靠一个部门临时牵头也不行。因此，建立统一指挥、综合协调的应急管理体制显得特别重要。①

1. 美国应急管理体制的变迁

20世纪70年代，美国联邦应急管理局的各项职能被下放到联邦各部门，分别为商务部（气候、早期预警及消防）、综合局（行政持续、储备、联邦准备）、财政部（进口调查）、核管制委员会（发电）、住房及城市发展部（洪灾保险及救灾）等。此外，军队还设民用防备代办处（核

---

① 郭萍.气象灾害应急管理研究：以L市“7·18”暴雨山洪灾害为例[D].咸阳：西北农林科技大学，2018.

攻击)及美国陆军工程师兵团(洪水控制)。有数百个联邦机构参与了风险与灾难管理。分散式的灾害管理职能扩展至州和地方政府一级,由于涉及多个部门,有时会造成应急响应和管理的混乱。州民防局长协会发起了一项倡议,呼吁建立一个专门的联邦机构来处理灾难紧急情况。

宾夕法尼亚州三里岛发生的核电站事故进一步加快了建立联邦统一应急管理机构的进程。1978 年 6 月 19 日,时任总统卡特将 3 号重组计划转交美国国会。该计划明确提出将减灾、备灾与应急行动归并为一个联邦紧急管理机构(FEMA),FEMA 的主任直属总统领导。FEMA 整合了国家消防局、联邦保险管理局、联邦广播系统、民防防备机构、联邦灾害援助管理局和联邦准备机构等。但 FEMA 成立后内部仍有许多部门独立运作,美国国会批准设立 FEMA 时没有要求各部门对灾害采取协调一致的反应。FEMA 在安全管理上仍延续了国家安全优先模式,忽视重大自然灾害带来的威胁。

1992 年,新任主管威特为陷入困境的 FEMA 带来了崭新的领导风格。威特是 FEMA 的第一位具有实际应急管理经验的主管,他将以防核为主的应急管理方针转变为综合减灾方针,即综合管理所有自然及人为灾害。1993 年,美国中西部大洪水导致 9 个州发生重大损失。FEMA 对此进行了成功的应对,这也为将应急管理的重点从灾后恢复转变为灾前减损提供了契机。这一转变是通过迄今为止最大的自愿购买和搬迁项目实现的,该项目将人们从洪泛区迁移出去,从而永久脱离洪水风险。1994 年,时任总统克林顿将威特提升为内阁成员,确认了应急管理的价值和重要性。

进入 21 世纪,“9·11”恐怖袭击使美国把打击恐怖主义上升到国家应急管理的中心议题,并将其作为国家应急管理的重要内容。与此同时,美国还进行了应急管理机构的改革,进一步整合了安全机构,成立了国土安全部。2003 年 1 月,当时的布什总统签署了《国土安全法》,美国的国土安全部正式成立,其中包括 22 个联邦机构 179 000 人,下设 5 个部门,分别是边防与交通安全局、情报分析与基础设施保护局、紧急情况应对与响应局、科学技术局及行政部门。

2011 年日本大地震之后,美国政府未雨绸缪,迅速对美国应急管理体制进行了重大改革,即“2011 版”。2011 年 3 月 30 日,时任总统奥巴马发布了旨在处理美国所面临的综合国家安全问题的《总统政策第 8 号指令》。到 2014 年 7 月底,这次应急管理系统的结构和系统调整工作已经基本完成,它的逻辑、战略、目标、可控都得到了明显的加强。此次应急管理体制改革的另一个重要内容,就是要建立可量化的“核心能力”,把原来的 37 个“目标能力”精简为 31 个,其中包括 3 个通用能力,即规划、公共信息与预警、协调,以及防灾、防护、减灾、救灾、复原等方面的专门能力。

2. 英国应急管理体制的变迁

英国的应急管理体系是在第二次世界大战后建立起来的,它的发展可以分为 3 个阶段。

第一阶段为第二次世界大战后到 20 世纪末,英国的应急管理体制是以地方为基础的,其管理主体是地方政府,管理重点包括防范核打击下的平民伤亡、对突发的自然灾害以及北爱尔兰的恐怖袭击进行应对与处理等。

第二阶段是 2001—2008 年,英国的应急管理从立法到中央和地方一级的整体体制都实现了飞跃式发展。2001 年 7 月,英国设立了国家紧急事务内阁秘书处,这是英国应急管理的最高机构。应急协调中心位于中央政府内阁办公室之下,承担着从中央到地方各级政府部门及各利益相关方参与应急处置工作的组织和协调工作。2004 年 11 月，英国议会通过《国民紧急状态法》，正式取代 1986 年《和平时期民事防务法案》，成为目前英国最高级别的紧急情况管理法规。随后，英国政府相继颁布了《应急管理恢复指南》《应急管理准备和响应指南》《中央政府对突发事件响应的安排：操作手册》等法律法规和文件，进一步细化了《国民紧急状态法》的宗旨和原则。这些法律法规和文件对中央政府和地方政府在突发事件中的具体操作程序进行了有效的规范。

第三阶段是从 2008 年至今，英国在“大安全”框架下努力实现传统安全和非传统安全、国际安全和国内安全管理的有机结合。近年，传统安全与非传统安全相互交织、国际安全与国内安全的界限越来越模糊，英国的突发事件也呈现出多样化和交叉发展的态势。2008 年 2 月，英国内阁办公室战略中心发表了《实现英国的潜力：未来对英国的战略挑战》，分析了英国未来面临的战略风险，指出要确保社会安全和繁荣，英国必须尽快加强战略风险管理的能力。2010 年 5 月，英国卡梅伦内阁成立了“国家安全委员会”，并把应急管理的中枢部门——国民紧急事务秘书处(Civil Contingencies Secretariat，简称 CCS)纳入了国家安全委员会，目的是建立一个“大国安全”的管理架构。国家安全委员会成立数月之后，发表了一份名为《在不确定时代保卫英国安全：战略防务与安全评估》的报告。该报告以“大安全”理念为指导，从安全责任、规划、体制改革、同盟与伙伴关系 5 个方面，构建了英国的安全战略。2010 年，中央政府确定了英国政府安全风险管理的中心，确定、描述、量化和评估所有可能威胁到英国安全的风险。CCS 制定相应的政府风险管理政策，对其进行整体规划和把握，并会同有关部门每年发布《国家风险登记册》。

目前，英国已建立起一套较为完善的突发事件应急管理体系。从法律制度的角度来看，《国民紧急状态法》是最高级的法律；第二个层次是各种各样的补充法案；第三个层次是各类应急管理的指导方针和标准；第四个层次是各种规划文件和总结经验教训资料，如风险登记书、应急预案、业务连续性预案、灾后重建预案等，这些都是应急管理部必须完成的。从管理体制上看，在中央政府一级，以国家安全委员会为最高领导机构，下设国民紧急事务委员和 CCS 两个机构，负责处理日常工作，并在突发事件中协调各部门的紧急情况；如果遇到非常重要的突发事件，中央政府会启动紧急事件处理小组，由首相亲自领导。在地方一级，县和市都成立了地方应急委员会，它包括各级市政厅、当地警察局、消防部门、紧急医疗中心、卫生和安全部门、环保部门等。当地突发事件委员会下设战略协调中心，在发生紧急情况时，由警察局领导(通常是警察局局长)指挥和协调各个部门的紧急情况。战略协调人之下还设有专门的战略协作组(主要是警务、消防和医务组)，充当前线战略指挥和协调人。除应急处理中心外，公共事业单位、铁路和航空公司、军队、志愿组织等都是应急反应的第二梯队。

3. 我国应急管理体制的变迁

从 1949 年到现在，我国应急管理体制发展大致经历了 4 个阶段。

改革开放之前可以称之为单项应对模式。在“一元化”领导体制下，我国建立了国家地震局、水利部、林业部、中国气象局、国家海洋局等专业性防灾减灾机构，形成了各部门独立负责各自管辖范围内的灾害预防和抢险救灾的模式，这一模式趋于分散管理、单项应对。该时期我国政府对洪水、地震等自然灾害的预防与应对尤为重视，但相关组织机构职能与权限划分不清晰，在应对突发事件时，政府实行党政双重领导，应急响应过程往往为自上而下地传递计划指令，是被动式应对。

改革开放之初到2003年抗击非典型肺炎疫情期间，可以称之为分散协调、临时响应模式。该时期，政府应急力量分散，表现为应对单灾种多，应对综合性突发事件少，处置各类突发事件的部门多，但大多部门都是“各自为政”。为提高政府应对各种灾害和危机的能力，中国政府于1989年4月成立了中国“国际减灾十年”委员会，后于2000年10月更名为中国国际减灾委员会。2002年5月，广西南宁市社会应急联动系统正式运行，标志着应急资源整合的思想落地。在此阶段，当重特大事件发生时，通常会成立一个临时性协调机构以开展应急管理工作，但在跨部门协调时，工作量很大，效果不好。这种分散协调、临时响应的应急管理模式一直延续到2003年非典型肺炎疫情爆发。

2003年非典型肺炎疫情爆发后至2018年初，可以称之为综合协调应急管理模式。2003年春，我国经历了一场由非典型肺炎疫情引发的从公共卫生到社会、经济、生活全方位的突发公共事件。应急管理工作得到政府和公众的高度重视，全面加强应急管理工作开始起步。2005年4月，中国国际减灾委员会更名为国家减灾委员会，标志着我国开始探索建立综合性应急管理体制。2006年4月，国务院办公厅设置国务院应急管理办公室，履行值守应急、信息汇总和综合协调职能，发挥运转枢纽作用。这是我国应急管理体制的重要转折点，是综合型应急体制形成的重要标志。此外，专项和地方应急管理机构力量得到充实。国务院有关部门和县级以上人民政府普遍成立了应急管理领导机构和办事机构，防汛抗旱、抗震救灾、森林防火、安全生产、公共卫生、公安、反恐、海上搜救和核事故应急等专项应急指挥系统进一步得到完善，解放军和武警部队应急管理的组织体系得到加强，形成了“国家建立统一领导、综合协调、分类管理、分级负责、属地管理为主的应急管理体制”的格局。这种综合协调应急管理模式应对了汶川大地震、玉树地震、舟曲特大山洪泥石流、王家岭矿难、雅安地震等一系列重特大突发事件，但也暴露出应急主体错位、关系不顺、机制不畅等一系列结构性缺陷，而这需要通过顶层设计和模式重构完善新形势下的应急管理体系。

自2018年初，我国全面启动了应急管理一体化模式。2018年4月，我国成立应急管理部，将分散在原国家安全生产监督管理总局、国务院办公厅、公安部、民政部、原国土资源部、水利部、原农业部、原国家林业局、中国地震局等部门的应急管理职能进行整合，以防范重大安全风险，完善公共安全制度，整合优化应急力量和资源，构建统一指挥、专常兼备、反应灵敏、上下联动、平战结合的中国特色应急管理体制。应急管理部的设立，有利于形成党委领导、政府主导、社会力量和市场机制广泛参与的新型应急管理模式，使之由应对单一灾种向综合减灾转变，有利于提升统筹协调和专业救援能力，同时，还能充分发挥中央的引导和地方的主体作用，使灾害应急救援在队伍、财产和信息等方面进行整合，形成灾害风险一体化治理局面。在过去的几年里，无论是联合多个部门开展三年的安全生产专项整治行动，还是和相关部门一起明确新业态新风险的监管责任；不管是与中国气象局加强气象预警、应急联动，还是完善军地协同、交通运输、航空救援等方面的联动机制，“平时防”与“急时救”的衔接越来越紧密，初步形成了优势互补、相互支持的应急联动格局。

4. 全球化背景下的城市风险

城市危机不外乎分为天灾和人祸两类。现代城市公共危机不仅包括来自传统安全领域的自然灾害危机、事故灾难危机等，还包括来自非传统安全领域的能源危机、生态环境危机、金融危机、恐怖袭击危机和其他社会安全事件危机等。城市公共危机具有突发性、破坏性和扩散性等特点。突发性是指每一次危机发生的时间、范围和频率等都不可预测，不以人们意志为转移。破坏性是指每一次危机发生，都会给人民生命财产安全带来不同程度的影响和破坏。扩散性是指如果危机不能有效控制，它将会向四周扩散或传导。危机扩散包括技术性扩散和民众恐慌心理的扩散。

城市公共安全是指由政府及社会提供的预防各种重大突发事件、事故和灾害的发生，保护人民生命财产安全、减少社会危害和经济损失的基础保障。它有别于工业生产安全和职业安全。有学者将城市公共安全的研究范围确定为包括工业危险源、公共场所、公共基础设施、道路交通、自然灾害、恐怖袭击与破坏、突发公共卫生事件7个领域的风险及其减缓。

随着历史的进步和社会的发展，城市在不断创造财富的同时，也面临着越来越多的安全隐患。德国社会学家贝克曾经指出，现代社会是从工业社会向风险社会过渡的。在风险社会里，社会风险、政治风险、经济风险和个体风险越来越趋向于规避工业社会所确立的风险防范机制。贝克相信，在现代社会中，风险是人类无法控制的。一方面，自然灾害、安全生产、环境污染等安全事故频发，加之大量人口向城市聚集，导致疾病传播风险增大，治安案件不断增多，严重威胁城市公共安全。另一方面，在改革与城镇化进程中，城市贫富差距不断拉大，社会深层矛盾凸显，非传统安全事件如群体性突发事件频繁发生。这些突发事件如果得不到很好的遏制，很容易演变成社会危机。此外，金融危机、突发公共卫生事件、恐怖事件等任何一次事件，都会影响到人们的工作生活，甚至会给城市带来巨大的灾难。

五、中国灾害管理现状及特点

中国灾害管理体制是中央实行统一决策，各级政府实行行政首长负责制，各部门分工协作，分级负责，严格遵从上级政府或救灾决策指挥机构的领导，并实行职能明确的岗位责任制。其组织体系包括政府内的灾害管理职能部门、辅助救灾部门、救灾决策指挥机构和临时性的灾害管理协调机构。

（一）灾害管理职能部门

该部门直接负责防灾、抗灾、救灾和灾后恢复重建等活动，中央政府中包括外交部、国家发展和改革委员会、商务部、科技部、民政部、自然资源部、住房和城乡建设部、水利部、农业农村部、国家林业和草原局、中国气象局、中国地震局、生态环境部、国家核安全局等。

（二）辅助救灾部门

该部门包括铁路、航运、交通、邮电、商业、物资、卫生、财政、公安、红十字会、银行、保险公司、审计部门等。这些部门和机构在重大自然灾害和技术灾害发生后承担交通、航运、通信、工程抢险、抢修、物资供应、医疗救护、卫生防疫、接受国际有关援助、社会治安、提供救灾资金和贷款、保险理赔、对救灾款物的使用实施审计监督等任务和职能。

（三）救灾决策指挥机构

该机构分为常设机构和临时性机构两类。常设机构有国家森林防火总指挥部，设在国家林业和草原局内；国家防汛抗旱总指挥部，设在水利部。临时性的减灾决策指挥机构有3类：第一类是应对灾害性地震、突发性重大工业事故，中央政府或地方政府有关部门会同驻军、武警部队的负责人组成临时性的领导抗灾救灾活动的抗灾救灾指挥部；第二类是当出现全国性的重大灾害时，由国务院有关部门组成的，协调全国抗灾救灾工作的领导小组；第三类是某些部门、行业为应对重大自然、技术灾害，在本部门或行业设立的减灾指挥机构。

（四）综合灾害管理协调组织

为响应第42届联合国大会第169号决议，中国政府于1989年4月成立了中国“国际减灾十年”委员会（现为国家防灾减灾救灾委员会，简称减灾委），办公机构设在应急管理部，负责减灾委日常工作。该委员会系国家级在减灾领域的部际协调机构，由30余个成员单位的负责人担任委员，由国务院副总理任主任，主要负责国内灾害管理战略和规划的制定，以及同有关国际减灾机构的合作。

六、我国减灾工作的重大进展

受全球气候变化等自然和经济社会因素耦合影响，极端天气气候事件及其次生衍生灾害呈增加趋势，地震、地质灾害，洪涝、干旱、极端天气事件，森林、草原火灾等重特大自然灾害的突发性、异常性和复杂性有所增加，对我国经济社会安全可持续发展构成较大威胁。党中央对自然灾害防治工作高度重视，党的十八大以来在改革创新、依法治理等方面做出一系列战略部署，党的十九大对提升防灾减灾救灾能力做出新部署。2018年10月10日，在中央财经委员会第三次会议指出，我国自然灾害防治能力总体还比较弱，提高自然灾害防治能力，是实现“两个一百年”奋斗目标、实现中华民族伟大复兴中国梦的必然要求，是关系人民群众生命财产安全和国家安全的大事，也是对我们党执政能力的重大考验，必须抓紧抓实。

（一）启动国家重点研发计划“重大自然灾害监测预警与防范”重点专项

面对“十三五”期间严峻的自然灾害风险形势，以及国家防灾减灾救灾科技水平还远不能满足实际需求的问题，2016年科技部启动了“重大自然灾害监测预警与防范”重点专项，重点围绕重大地震灾害、重大地质灾害、极端气象灾害、重大水旱灾害的监测预警、风险防控与综合应对中的关键科学技术问题开展基础研究、技术研发和集成应用示范，形成并完善从全球到区域、单灾种和多灾种相结合的多尺度分层次重大自然灾害监测预警与防范科技支持能力，推动关键技术、信息服务、仪器装备的标准化、产品化和产业化，建立一批高水平科研基地和高层次专业人才队伍，为我国经济社会持续稳定安全发展提供科技保障。

（二）深化防灾减灾科技体制改革

科技部积极着力构建部门协同、机构协作、专家合作与企业参与的应急组织机制，建设跨学科、跨部门、多灾种复杂灾情识别、演化预测的科技共享平台，打破条块分割，整合科技资源，提高执行效率，整体提升科技支撑防灾减灾工作能力。同时，形成了以国家重点实验室、工程技术研究中心、野外科学观测研究站、科技创新团队等为核心的科技创新平台，培养了一支以国家科技创新领军人才为骨干、多学科交叉融合的人才队伍。

（三）自然灾害理论研究方面

深化了重大自然灾害成灾理论、灾害机理、形成过程和发生规律研究。针对地震灾害开展的基础性研究，揭示了震后的结构演化，以及应力重新分配、断层相互作用关系，探明了震后剩余滑动应力驱动机制，提出了整体震后变形模型。针对地质灾害开展的基础性研究，揭示了黄土地区、岩溶山区、红层地区特大滑坡灾害发育规律与失稳模式，提出了岩溶山区与红层地区特大滑坡易滑地质结构与破坏模式，阐明了特大地质灾害链的动力学致灾过程。

针对气象灾害开展的基础性研究，揭示了雷暴云电荷结构以及闪电频次和时空尺度等特征的演变规律，分析了地面高大物体雷暴环境中产生并发上行闪电的物理过程、影响及其机理、机制；阐明了台风路径、强度和结构变化的动力学特征；揭示了华南城市下垫面与复杂地形对极端降水的影响和协同作用。

针对水旱灾害方面开展的基础性研究，揭示了堰塞湖溃决和堤防破坏的物理机理过程、气候变化和高强度人类活动背景下大范围长历时气象-水文-农业干旱灾害成灾推演机理；研究了基于新机理的洪涝模拟技术和多尺度干旱历史序列重构技术；提出了新的城市地表水流与管网水流交互的经验公式以及典型地区全新世以来干旱序列和全国近500年干旱灾害序列，研判了变化环境下重大干旱灾害频发的新格局。

（四）防灾减灾关键技术方面

研发了重大自然灾害监测预测预警关键技术，提升监测预测预警的准确性、时效性。针对地震灾害监测预警，开发了利用压缩感知技术预测合成数据并快速获取地震预警参数技术；利用智能手机全球导航卫星系统（GNSS）及加速度计数据融合在手机端智能地震事件识别与预警方法；研究了基于运营性能的城市轨道交通地震报警阈值、基于车-地无线通信系统的列车群地震紧急处置信息发布技术。

针对地质灾害监测预警，研制完成北斗变形监测装备、GNSS数据采集终端、多源地面集成传感器、温度感测光缆装备等地质灾害监测装备，完成了地质灾害空天地多源数据统一时空基准与数据组织关联技术和多源异构监测数据实时集成平台研制，研究成果应用于全国特大地质灾害监测预警工程，支撑了国家地质灾害监测预警网络建设。

针对气象灾害监测预警，研发了循环数据同化和预报方案，其对台风强度的预报优于美国环境预报中心和欧洲中心；基于快速滚动更新的GRAPES全球预报系统中尺度数值模式系统研制的强对流分类概率预报产品已经在气象部门试用；应用人工智能技术对WIRF天气预报模式——雷电模式的预报结果进行修正，显著提升了雷电预报预警能力；针对未来天气气候的无缝预报需求，自主研发了基于非结构网格的新一代大气模式动力框架。

针对水旱灾害监测预警，建立了基于多源数据融合的实时降雨预测技术、旱情综合监测评估预警技术以及具有物理气候基础的季节尺度气象干旱混合神经网络预测模型，完成了全国和湖南、安徽两省的旱情监测评估预警综合平台的构建和基于月尺度干旱滚动预报模型的多类型干旱的多尺度预测，研究成果应用于水利部水旱灾害防御司和水文预报中心、湖南和安徽两省抗旱会商，在2019年长江中下游严重干旱的应对工作中发挥重要的技术支撑作用。

（五）综合防灾减灾科技创新能力方面

构建了重大自然灾害综合防范评价指标体系，建立了风险评估模型，研发了风险评估服务系统。在地震灾害方面，构建了建筑结构抗震性态及韧性能力评价指标体系，建立了基于场址地震危险性的结构易损性分析方法；研究形成了地震灾害损失预评估、分区辅助决策模板、地震灾情时空分布精细化研判、灾后信息汇聚发布与决策支持技术；地震损失动态评估技术在2019年四川长宁地震等灾害现场以及贵州、甘肃等地震应急指挥与保障中心进行了应用。

针对地质灾害综合防范，攻克了基于演化过程的新型锚固结构设计关键技术，建立了滑坡-微型群桩相互作用机理与数学力学模型，提出滑坡-抗滑桩体系优化设计与稳定性评价方法，完成了基于演化机理的滑坡-防治结构体系的优化设计，研究成果应用于重大地质灾害的综合工程治理，为西部山区城镇与重大工程建设提供了技术支撑。

在气象灾害方面，完成了北京、上海、广州超大城市综合观测试验，完成了北京7个区域、上海3个区域和广州3个区域的微波辐射计、毫米波云雷达、风廓线雷达和综合观测站点建设，初步完成了北京、上海、广州多垂直遥感观测站点建设；组织开展了华南地区季风强降水观测试验，建立了新型、综合性观测资料快速处理和分析方法，针对华南地区进行了强降水可预报性研究与对流尺度集合预报试验。

在水旱灾害方面，建立了空天地一体化跨尺度山洪监测体系以及旱情无人机低空遥感监测技术指标体系，研究了诱发山洪致灾的暴雨的发生机制以及高性能反渗透膜材料与稀缺复杂水资源快速预处理材料与技术，完成了山区小流域暴雨山洪预警分析模型和山洪灾害多源异构数据融合技术的开发，研究成果应用于山洪示范区以及东雷二期抽黄灌区、河套灌区解放闸灌域。

在提升区域重大自然灾害综合防范科技创新能力方面，发展了大都市灾害损失评估与灾后恢复评价技术、极端气候灾变和多重风险评价技术，研究了灾情评估多方法融合和灾害损失模拟评估模型构建、灾区恢复力与资源环境承载力综合评估等技术，研发了多灾种重大自然灾害风险指标体系和综合风险防范技术平台，提升了综合防灾减灾科技创新能力。

（六）仪器装备、产业化和应用示范方面

研制了重大自然灾害系列仪器装备，具备良好的产业化能力，并在多地进行了应用示范。在地震灾害方面，攻克了流动超导重力仪新型敏感探头和高分辨低温温度测量与控温系统，研制了高精度地球物理传感器、超小型绝对重力仪等新型便携式地震监测原型样机。

在地质灾害方面，研发了基于22纳米工艺北斗定位芯片的使用和芯模组装备与小型化低成本毫米级的北斗三维变形监测装备，研制了各类地面地下监测装备30余套以及基于环境触发的低功耗传感装置，并集成覆盖地质灾害链关键节点的全过程综合监测设备，初步搭建了地质灾害链监测的远程终端单元(RTU)整体设计框架。

在气象灾害方面，研发了C波段相控阵天气雷达、移动式X波段多波束快扫描双偏振天气雷达等龙卷探测雷达，初步建成高分辨率强降水预报检验评估系统，研制成功的50余种仪器和装备可为我国构建新一代的空天地海立体覆盖的大震巨灾监测预测预警技术系统提供有力的仪器装备保障。部分成果在国家级的业务平台开展业务试运行，并在局部地区投入使用，如C波段相控阵天气雷达已在龙卷风高发地区江苏省高邮市安装并投入试验应用。

在水旱灾害方面，攻克了堰塞体开挖掘进装备与连续转运输送装备的研发难题以及大范围长历时干旱应急供水协同调配、多主体多目标多过程大范围旱灾风险防范决策等关键技术，研究成果应用于金沙江白格堰塞湖以及2019年长江中下游严重干旱灾害的应对，为各级政府制定应急预案提供了技术支撑。

（七）科研基地和专业人才队伍建设方面

依托重点科技机构和相关单位，搭建了一系列防灾减灾救灾科技研发平台，集聚了多个方向技术支撑工作专家组，目前已在重大自然灾害理论基础、关键技术、应用示范等方面培养了一批中青年专家，为我国开展重大自然灾害监测和预防的持续研究提供了有力的科研设施保障和智力支撑。

七、国家综合减灾战略框架

（一）加快完成减灾战略的转变

第一，在已有的部门或行业减灾工作基础上，形成中央和地方各级政府的综合减灾体系。按照“四个统筹”的减灾战略方针，整合减灾资源，防范各类灾害，做好灾害发展各个阶段的减灾工作，运用各种减灾手段。

第二，调整减灾目标，即从减轻灾害调整为减轻灾害风险，全面构建灾害风险的转移机制，大力倡导开展灾害保险、再保险和利用各种金融手段提高灾害风险的转移能力，从而实现从减轻灾害损失到减轻灾害造成对可持续发展的影响。

第三，加强社区和区域减灾工作，即从国家减灾转变为区域减灾，在国家总体减灾框架下，高度关注高风险地区的减灾工作，全面提高高风险地区巨灾风险综合防范能力。

第四，提高综合减灾能力，即在突出应急能力建设的同时，高度关注备灾能力和灾害恢复与重建能力的提高，使减灾与区域可持续发展相结合，协调发展与减灾之间的矛盾，全面提高包括政府、企业、社会与公众的减灾能力。

（二）优化建设综合灾害风险防范体系

第一，建立国家综合巨灾风险防范体系，借鉴国外成熟经验和做法，组建国家巨灾风险管理协调机构；成立中国巨灾再保险公司；研究巨灾保险制度，设计和出台符合中国国情的巨灾保险和风险转移机制；建立中国巨灾风险准备金制度；总结农业保险试点经验，全面推进农业保险工作。

第二，设计国家高灾害风险地区综合减灾范式，制定全国综合灾害风险区划，在高灾害风险地区，整合政府、企业和社区减灾资源，形成集发展与减灾为一体的减灾模式，把安全建设、应急管理与风险防范有机地集成在一起，为区域和谐社会建设提供保障。

第三，建设国家综合灾害风险防范信息共享体系，即整合各行业和部门有关灾害风险信息系统，形成分布式且可调用的虚拟实时系统；编制不同比例尺的灾害风险地图，建立灾害风险定期评估体系，利用各种网络传播系统，为政府、企业、社会和公民提供有效的灾害风险信息。

第四，建设国家综合减灾风险防范技术服务平台体系，即筛选已有的各种减轻灾害风险的实用技术和开发高新技术；充分利用各种灾害风险管理的中介机构，形成对各种灾害风险识别、评估、模拟与沟通的标准体系；通过国家科技支撑计划，全面推进区域和行业综合灾害风险防范技术支撑体系的建立。

（三）大力创新国家综合减轻灾害风险制度

第一，在进一步强化国家防灾减灾救灾委员会的综合协调职能的基础上，建立健全地方各级综合减轻灾害风险的协调机构，完善条块结合、以块为主的综合减轻灾害管理体制。

第二，充分发挥国务院和地方各级政府已成立的有关减轻灾害风险的部门协调机构的作用，完善部门信息共享和协调联动机制。努力形成政府统一领导、部门协调配合、社会共同参与，结构合理、功能齐全、科学高效、覆盖灾害风险防范全过程的综合减轻灾害风险的协调机制，即整合灾前备灾、灾中应急和灾后恢复与重建为一体的综合减轻灾害风险的协调机制。

第三，强化以防为主，防、抗、救相结合的综合减轻灾害风险的运行机制，即统筹灾害风险监测、预警、防御基础设施、应急保障、救助储备、科技支撑、人才培养、知识普及和巨灾风险转移等运行管理，形成总体规划、资源优化、各负其责、系统联动的运行机制。

第四，明确政府、企业、社会和公民各负其责的综合减轻灾害风险的系统法制，充分借鉴国外先进的综合减轻灾害风险的法制经验，加快推进综合减轻灾害风险法制的调研和起草，加强对已有单一性减轻灾害风险法律的修订，使其更加适应综合减轻灾害风险战略的需求，为全面提高综合减轻灾害风险能力提供坚实的政策法规保障。

八、加强国家综合减灾能力建设

（一）制定国家综合减灾战略

制定国家综合减灾战略，需要回答下列 4 个方面的问题：一是从战略的高度，全面分析我国近年开展减灾工作所取得的成就和存在的薄弱环节；二是从提高减灾资源利用的效益和效率的角度，全面优化协调各级各类减灾规划，形成综合减轻灾害风险的工程与非工程体系；三是从完善减灾体制、机制和法制的角度，明确政府、企业、社会和公民在减灾工作中所担负的责任和享有的权利，系统分析现有减灾政策法规存在的问题和薄弱环节，提出建立国家综合减灾的政策法规体系；四是从突出解决减灾薄弱环节的角度，明确中央和地方减轻灾害风险的重点领域和重点地区，解决巨灾风险转移的制度设计和运行机制，提出防范巨灾风险的措施。

（二）加强综合减灾教育和减灾意识的形成

减灾教育一直是提高防灾减灾能力和培养全民风险意识的重要举措。减灾教育强调在学校开展减灾教育和培养公众防灾意识。要培养减灾意识，就必须在不同的文化背景下，在各个层面上进行宣传和普及工作，要运用一切可以利用的媒体手段，将风险和避险的知识进行普及，对各种媒体渠道进行整合，形成持续、系统的防灾知识普及，并在不同的文化环境下建立健全“安全文化”的推进机制，让全社会都能自觉地对风险进行全面的防范。其中，应特别重视社区层面的减灾意识培养和良好习惯养成。在此基础上，通过多种形式的宣传活动，逐步形成综合性风险意识的大众传播机制。

（三）加强综合减灾科技与学科支撑能力

综合减灾科技主要包括：开发区域综合灾害风险防范关键技术，即综合灾害风险评估标准、规范、指标体系和模型，灾害信息共享网络与评价技术集成平台；关键性生产、生态、生活系统综合灾害风险防范技术体系及其区域示范等。建立与发展中国的灾害风险科学与技术已势在必行。灾害风险科学与技术主要包括灾害科学、应急技术、风险管理，以及风险转移的措施与途径等。上述灾害风险防范技术与目前倡导发展的公共安全科学与技术相互补充，构成安全建设和综合灾害风险管理体系的基础，前者可视为理学与管理学门类，后者可视为理学与工学门类。

（四）加强减灾物资储备与工程建设能力

我国已经建立国家级水平的救灾物资储备仓库，要在此基础上进一步进行空间布局优化。依据所制定的自然灾害救助区划，在全国建立国家级和区域级的减灾物资储备基地，以满足国家和区域综合减灾的需求，特别是自然灾害应急响应的物资保障能力。我国自然灾害防御工程近年得到加强，特别是大江大河的治理、地震多发地区重要城市的结构抗震的强化、重大滑坡和泥石流多发地区的整治、草原牧区防治雪灾和旱灾工程建设、海防工程建设等。然而，近年我国一些农村地区，小江小河频发洪水和滑坡、泥石流灾害，一些农村乡镇深受滑坡、泥石流的影响和地震的威胁，因此出现了“高风险城镇、不设防农村”的现象。为此，必须加强对高风险地区设防能力的改进，全面提高国家和地区防御自然灾害的工程建设能力。

（五）加强综合减灾应急响应与信息保障能力

近年，综合减灾应急响应受到各级人民政府的高度重视，各级政府的应急管理工作逐渐走向规范化、标准化和程序化。综合减灾应急响应不仅要完善应急预案，更要确保应急响应的信息畅通，为此加强综合减灾信息保障能力的建设已成为关键的改进因素。

（六）加强综合减灾恢复与重建能力

综合减灾恢复与重建能力包括各级政府的生态环境改善与灾害救助和社会援助能力。近年国家实施了一系列区域性的生态建设工程，从缓解灾害风险的角度，第一，要全面调整土地利用格局，建立生态安全条件下的区域土地利用模式，以此缓解水旱灾害、滑坡泥石流灾害及风沙灾害等；要通过全面改善生态系统的服务能力，降低区域的灾害脆弱性，提高其灾害恢复性能力。第二，大力发展适应气候变化的区域发展模式。通过产业结构调整，节约资源，推进“两个市场”与“两个资源”协调发展的区域可持续发展模式，大力提高资源利用效率与效益。第三，高度重视流域生态系统综合管理。全面规划流域内可更新资源的保护开发，协调流域发展与灾害风险的矛盾。灾害救助能力主要是各级人民政府在本级财政预算中所能承担的灾后救助的压力，即财政支出中，用于救助支出所占的比例。必须高度关注重大自然灾害的保险与再保险机制的建立，这亦是产业与商业界加强综合减灾能力建设的基本保障。通过政策调整，完善灾害社会援助体系。

（七）建立综合减灾范式，提高综合减灾能力

区域减灾范式是由中国学者在吸收西方国家发展综合灾害风险管理模式的基础上提出的，已引起国际同行的关注。区域综合减灾范式的科学基础就是区域灾害系统的结构与功能体系。区域综合减灾范式包括整合灾前、灾中、灾后的全部减灾行动，不仅重视灾中灾害应急工作，还应重视灾前备灾和灾后恢复与重建工作；还包括整合“纵向”与“横向”的协调，以及综合协调全面的减灾协调工作，还应重视减灾法制与机制的综合协调。区域综合减灾范式强调区域安全能力的建设，即把政府、企业与社区的减灾资源统筹规划，形成合力，在安全教育、安全意识、安全文化、安全生产、安全生活、安全生态，以及安全体制、机制与法制各个方面，形成一个完整的综合灾害安全管理体系，以此作为“和谐社会”的基础支撑工程。区域综合减灾范式高度重视安全社区的建设，要大力推广国家防灾减灾救灾委员会组织推动的“减灾示范社区”建设计划，全面推广相关经验，使减灾与综合灾害风险管理做到人人心中有数，家家响应有力。

九、公共安全管理发展的思索

随着社会的发展，公共安全管理也在不断发展。面对风险社会，我们不仅要有建构能力，还要有反思能力，应当对基于传统理性认知的公共安全管理体制进行更深层次的审视。就公共安全管理来说，政府一直习惯于在确定性思维的引导下从事目标明确、以效率为主要追求的管理行为。政府的外部社会评价、内部绩效考核都是以目标、效果为主要内容的，因此政府本身的官僚理性在持续的合法性支持之下也容易被放纵。近些年被大量引进政府管

理的量化管理，将行政管理、社会经济事务管理统统纳入科学管理的范畴，实际是一种极致的确定性管理行为。但这些确定性在面对日益不确定的安全问题时，其管理的有效性也日益受到质疑。确定性知识图景在不确定性的社会中凸显其自身知识的困境。尽管19世纪以来人们已经对现代性进行了颠覆性批判和反思，但是并未能彻底抽离理性的根基，目标、发展、增长、进步、改造这些突出理性自信的词汇依旧频繁出现在很多国家的政策中。在国际竞争体系中，为了赢得某种优势，常常不知不觉地在经济科技发展领域放纵政府理性，致使人类社会一度生活在核战争、生态与粮食危机等不安全因素中。这种现代风险不仅对政府的公共管理能力提出了更高的要求，也提示人类应适当约束自身的行为（尤其是政府行为）以免恶化风险累积。对于各国政府来说，也的确应该对政府过度的理性自信有所警醒，人们也应从对传统理性知识的迷思中走出来，重新思考社会现代化的方向，以避免人类社会走向现代性的安全“陷阱”。

第四节　公共安全应急管理体系

在社会系统日益复杂化的今天，突发灾难性事件所带来的潜在危险日益隐蔽，在条件适宜时可能骤然暴发并产生负面后果。为此，有必要从微观层面上深入寻找突发事件产生、发展及演化的物理及社会条件，并对其发生、发展情况进行实时衡量与探测，有效利用系统预警及应急管理等方法，构建较为完整的公共安全应急管理体系，为政府执行多种不确定、复杂条件下的安全保障提供必要的理论与方法支撑。

一、我国公共安全应急管理体系的主要特征

我国已经具有相对成熟的公共安全应急管理体系。在中央政府层面，我国在长期实践中逐步形成了在国务院统一领导下、分类别分部门对各类突发公共事件进行应急管理的模式。①

1. 国务院统一领导

国务院是国家紧急事务管理的最高行政机构，统一领导各类突发事件的预防和处置工作。遇到重大突发事件，通常成立临时性指挥机构，由国务院分管领导任总指挥，有关部门参加，日常办事机构设在对口主管部门，统一指挥和协调各部门、各地区的应急处置工作。

2. 部门分工负责

国务院各应急部门分别负责一种或几种相关类型的突发公共事件预防和处置工作，其他相关部门协助配合。有些部门形成了部际协调机制，如抗灾救灾协调机制、核应急协调机制等。

3. 分级管理、条块结合

在条块关系上，按照突发公共事件的规模和范围实行分级管理。对于由地方为主处置的突发事件，中央部门给予指导、协调和帮助，实行条块结合管理。

4. 部门应急体系初具规模

负有直接处置突发事件职责的部门，都建有相应的应急指挥机构、信息通信系统、防灾

① 张舒婷．政府应急管理问题研究[D].合肥：安徽大学，2009.

设施装备和应急救援队伍，建立了监测预报体系、组织指挥体系和救援救助体系，但完备程度参差不齐。

5. 国家应急法律体系趋于完备

我国已相继颁布有关应急管理的法律、行政法规、部门规章等，紧急状态法和部门应急法规正在起草制定中。

6. 国务院应急预案框架体系初步形成

在以往各部门制定的应急预案的基础上，国务院有关部门着手进行了应急预案编制和修改工作，初步形成了相互配套的国家应急预案框架体系。

二、我国公共安全应急管理的形势

尽管拥有一套相对完善的中央公共安全应急管理体系，我国应急管理在这种新的形势面前应当说在许多面还存在不足，但由于频繁地处理各种突发事件，而且可以迅速借鉴世界上许多成功的经验，应急管理的体系和制度建设正在逐步完善，应急管理的水平和能力正在迅速提高。

1. 局部的、针对某一方面的应急管理机制正在形成，但尚未建立全面的、全国性的责权明晰的应急反应机理

在 2003 年非典型肺炎疫情的冲击下，国家迅速出台了《突发公共卫生事件应急条例》。条例最大的优点就是在宪法和法律授权的范围内，依据《中华人民共和国传染病防治法》(以下简称《传染病防治法》)的规定，确立了 20 多项制度和措施，从根本上改变了以往只由卫生系统一家单独处理卫生突发事件，行动迟缓、手段匮乏的弱点，把突发公共卫生事件的报告和处置都纳入了法治化的轨道。它详细地规定了从中央政府、省、市、县一直到街道居民委员会和村委会的责任，同时也指出了卫生主管、交通、公安、技术监督、物价、厂商等各个部门的相应责任。根据这部条例，政府或卫生行政部门有关负责人员虚报、瞒报传染病疫情，要受到降职或撤职处分；如果造成传染病扩散，有关人员要被开除公职；触犯刑律的，要追究刑事责任。条例还规定，各省级政府在接到疫情等突发事件报告后一个小时之内，要向国务院卫生行政部门报告。

许多地区也在探索适合各自情况的应急管理机制方面做出了很大的成绩。如早在 2001 年 5 月，广西就开始实施公共卫生突发事件“三网”建设。“公共卫生突发事件处理责任网”明确各级政府、卫生行政部门和各级各类卫生医疗机构在防治、救助公共卫生突发事件中的职责和任务；“信息报告网”规范报告公共卫生突发事件内容、形式和期限，建立健全准确、快速的公共卫生突发事件信息报告体系；“医疗救助网”亦是组建以各级医疗、疾病预防控制机构为主体的、对公共卫生突发事件进行技术处理和对患者实施抢救的服务体系。“三网”建设在预防公共卫生突发事件中发挥了明显作用。据卫生部门统计：与 2001 年相比，2002 年广西全区疫情和其他公共卫生突发事件报告时间由原来的 30.6 天缩短为 7.6 天，平均持续时间由 33 天减少到 18 天；病死率降低了 15.69%。全区公共卫生突发事件预防控制形成了政府出面领导、卫生部门技术支撑、其他部门配合和广大群众参与的工作格局。在这次疫情防治工作中，面对从疫情高发区广东回广西的 50 多万民工，广西“三网”的建立，促成了各地对疫情早发现、早报告、早隔离、早治疗、不漏报、不瞒报，使全区的防治工作取得了无医务人员感染、病例呈点状分布、疫情没有出现

局部暴发流行的阶段性成果。

同样，新型冠状病毒肺炎疫情发生后，中共中央、国务院高度重视。2019 年 12 月，湖北省武汉市等地陆续发现有新型冠状病毒肺炎患者。正值春节期间，人员大范围密集流动，做好疫情防控工作十分紧要。各级党委和政府及有关部门把人民群众生命安全和身体健康放在第一位，制定周密方案，组织各方力量开展防控，采取切实有效措施，坚决遏制疫情蔓延势头。全力救治患者，尽快查明病毒感染和传播原因，加强病例监测，规范处置流程。及时发布疫情信息，深化国际合作。加强舆论引导，加强有关政策措施宣传解读工作，坚决维护社会大局稳定。各相关部门和地方以对人民群众健康高度负责的态度，完善应对方案，全力以赴做好防控工作，落实早发现、早报告、早隔离、早治疗和集中救治措施。加快查明病毒源头和感染、传播等机理，及时客观发布疫情和防控工作信息，科学宣传疫情防护知识。做好与世界卫生组织、有关国家和港澳台地区的沟通协调，密切协作形成合力，坚决防止疫情扩散蔓延。

目前我国的应急管理机制基本上还是以职能部门为基本单位分别展开的，应急管理在本部门、本系统内部基本上可以做到畅通无阻。但是，随着社会的日益发展，各种突发危机事件的诱发因素日益多元化、影响领域日益广泛化，对快速反应的要求越来越高，而这种传统的应急管理体制在应急管理的过程中权力不清、责任不明，很容易造成在实际的管理活动中各自为战、画地为牢，各个相关的职能部门之间推诿扯皮、贻误战机、耽误大局。而且一个成功的应急反应机制应该是由科学的信息收集机制、分析决策机制、组织实施机制、反馈调整机制和奖惩评估机制等多方面组成的综合体，绝不仅仅是一个简单地发号施令的过程。

2. 应急管理中的政府动员能力很强，而社会动员能力相对不足

受长期高度集中的计划经济体制的影响，我国一直采用分部门、分灾种的单一灾情的救援体制和应急管理模式，所以政府应急管理中主要还是依赖政府动员能力的发挥，喜欢采取大兵团作战的“人海战术”。这种形式有其优点，特别是在应对单项危机事件的快速反应能力比较强，但相应的对复合危机事件的快速反应机制就显得效率比较低。而且，在具体的应急管理中，往往过于依赖上级指示，而自身的积极性和创造性严重不足，这对于要求必须在第一时间内做出正确反应的应急管理来说，显然是十分不利的。

而长期形成的“大政府、小社会”的格局也使得在应急管理中的社会动员能力相对不足，也就是说，公民自发地组织和行动起来防范危机、应对危机以及灾后的恢复和重建的主动性和积极性不足。除了红十字会和慈善总会这样的老牌组织外，能够吸收各类捐助的民间基金会较少，在应急管理方面不能很好地从事前、事中和事后三个阶段配合政府开展合作，这些都严重地制约了社会公民组织力量的发挥，也就加重了政府的负担。

3. 政府应急管理的技术和手段还有待创新

在我国目前的应急管理中，还大量存在着从自己的经验出发“拍脑袋”、开“碰头会”等情况，各种信息技术、人工智能技术以及运筹学、规划学、对策学、系统分析等决策技术和方法都很少得到使用。关于应急管理所需的案例库和灾害数据库的建设相对不足，为决策服务的“智囊团”建设也相对滞后，不仅数量少，而且水平不高。

4. 应急管理的国际性合作有所加强，但还有很大改进的余地

随着中国加入世界贸易组织(WTO)，许多突发事件国际性、国际化的现实，迫使我们的

政府逐步转变观念，从被动到主动地与国际开展广泛的合作，这对于迅速高效地处理突发事件作用很大。2000 年 9 月，中国与德国有关方面的专家、学者就长江和莱茵河流域土地利用和防治洪涝灾害等问题举行的双边学术研讨会在瓦尔伯堡举行。中国学者开始借鉴莱茵河洪水管理经验、对洪水泛滥的应急管理措施以及整个莱茵河流域的管理计划来治理长江水患。近年，中国政府先后参加了许多国际性的组织，在打击恐怖主义、金融领域犯罪、贩毒、地区安全等诸多方面与众多的国家和国际性组织展开了前所未有的合作，取得了丰硕的成果。

5. 对于政府应急管理的科学研究和人员培训工作开始起步

在应急管理中暴露出来的人员素质不高、制度缺乏保障、信息传递不畅等诸多缺陷迫使我国政府和学术界一起开始重视对于应急管理的科学研究。尽管作为一门新兴学科，政府应急管理才刚刚起步，但是由于形势发展的需要和各级政府高度重视，对于应急管理的科学研究和人员培训工作发展迅速，并且同步展开。

在非典型肺炎疫情过后，国家行政学院已经将应急处理各种突发公共卫生事件和公共安全事件作为省部级和司局级公务员培训的常设性课程，目的就是提高高中级公务员应对复杂局面的能力。江苏首家公共卫生突发事件咨询服务与研究中心于 2003 年 5 月 21 日在南京医科大学揭牌。该中心由学校相关学科专家联合国内外有关高校、医院、研究机构、疾病预防控制中心、卫生监督所以及急救中心等组成网络。通过构筑公共卫生突发事件信息制高点，建立与国际组织和国外专业机构接轨的公共卫生突发事件远程会诊中心，使该中心成为广大群众了解公共卫生突发事件及相关卫生知识的重要窗口，并为各级政府决策提供重要参谋。

新型冠状病毒肺炎疫情后，我国在应急处理各种突发公共卫生事件和公共安全事件方面取得了显著的进步。以下是一些主要方面的进展：

(1) 强化国家层面的领导和协调机制：政府成立了国务院联防联控机制，统筹协调疫情防控工作，确保各部门之间的密切合作和信息共享。

(2) 加强科学防控策略：中国迅速启动了大规模的疫苗研发和接种计划，取得了显著成果。此外，也采取了严格的防控措施，如封控、隔离等，有效遏制了疫情的传播。

(3) 应急物资保障：增强了公共卫生事件的物资保障能力，包括口罩、防护服等医疗物资的生产和供应。

(4) 信息公开透明：政府及时公布疫情数据和防控措施，保持了公众的知情权，增强了社会的信任和配合度。

(5) 强化社会动员和参与：在疫情防控期间，广泛动员全社会参与疫情防控工作，形成了群防群控的局面，提升了全社会的抗疫能力。

(6) 强化医疗体系建设：增加了医疗资源投入，扩建和改建了许多临时医院，提升了医疗救治能力。

(7) 科技应用：利用技术手段，如大数据、人工智能等，加强疫情监测、溯源和防控工作，提升了防控效率。

(8) 国际合作与经验分享：与其他国家分享疫情防控经验，提供医疗物资援助，积极参与国际合作，共同抗击疫情。

第五节　公共安全应急管理方针

一、总体目标

国务院印发的《"十四五"国家应急体系规划》中提出"到 2025 年，应急管理体系和能力现代化建设取得重大进展，形成统一指挥、专常兼备、反应灵敏、上下联动的中国特色应急管理体制，建成统一领导、权责一致、权威高效的国家应急能力体系，防范化解重大安全风险体制机制不断健全，应急救援力量建设全面加强，应急管理法治水平、科技信息化水平和综合保障能力大幅提升，安全生产、综合防灾减灾形势趋稳向好，自然灾害防御水平明显提升，全社会防范和应对处置灾害事故能力显著增强。到 2035 年，建立与基本实现现代化相适应的中国特色大国应急体系，全面实现依法应急、科学应急、智慧应急，形成共建共治共享的应急管理新格局"的应急管理体系总体目标。

(1) 应急管理体制机制更加完善。领导体制、指挥体制、职能配置、机构设置、协同机制更趋合理，应急管理队伍建设、能力建设、作风建设取得重大进展，应急管理机构基础设施、装备条件大幅改善，工作效率、履职能力全面提升。县级以上应急管理部门行政执法装备配备达标率达到 80%。

(2) 灾害事故风险防控更加高效。安全风险分级管控与隐患排查治理机制进一步完善，多灾种和灾害链综合监测、风险早期感知识别和预报预警能力显著增强，城乡基础设施防灾能力、重点行业领域安全生产水平大幅提升，危险化学品、矿山、交通运输、建筑施工、火灾等重特大安全事故得到有效遏制，严防生产安全事故应急处置引发次生环境事件。灾害事故信息上报及时准确，灾害预警信息发布公众覆盖率达到 90%。

(3) 大灾巨灾应对准备更加充分。综合救援、专业救援、航空救援力量布局更加合理，应急救援效能显著提升，应急预案、应急通信、应急装备、应急物资、应急广播、紧急运输等保障能力全面加强。航空应急力量基本实现 2 小时内到达灾害事故易发多发地域，灾害事故发生后受灾人员基本生活得到有效救助时间缩短至 10 小时以内。

(4) 应急要素资源配置更加优化。科技资源、人才资源、信息资源、产业资源配置更趋合理高效，应急管理基础理论研究、关键技术研究、重大装备研发取得重大突破，规模合理、素质优良的创新型人才队伍初步形成，应急管理科技信息化水平明显提高，"一带一路"自然灾害防治和应急管理国际合作机制逐步完善。县级以上应急管理部门专业人才占比达到 60%。

(5) 共建共治共享体系更加健全。全社会安全文明程度明显提升，社会公众应急意识和自救互救能力显著提高，社会治理的精准化水平持续提升，规范有序、充满活力的社会应急力量发展环境进一步优化，共建共治共享的应急管理格局基本形成。重点行业规模以上企业新增从业人员安全技能培训率达到 100%。

二、基本原则

公共安全应急管理工作不仅关系到个人的生命和财产安全，而且还涉及区域内的公安、消防、卫生、环保等应急职能部门，必要时需要多部门联动并协调合作。因此，公共安全应急管理的基本原则有以下几点。

1. 以人为本,安全第一

把保障人民群众的生命安全和身体健康、最大限度地预防和减少区域突发事故造成的人员伤亡作为首要任务。切实加强应急救援人员的安全防护,充分发挥人的主观能动性,充分发挥专业救援力量的骨干作用和人民群众的基础作用。

2. 统一领导,分级负责

在公共安全应急管理组织的协调下,各企业和各相关单位按照各自的职责和权限,负责区域的应急管理和应急处置工作。

3. 咨询专家,民主决策

采用先进技术,充分发挥专家作用,实行科学民主决策。采用先进的救援装备和技术,增强应急救援能力。依法规范应急救援工作,确保应急预案的科学性、权威性和可操作性。

4. 预防为主,平战结合

贯彻落实"安全第一,预防为主,综合治理"的方针,坚持事故灾难应急与预防工作相结合,做好预防、预测、预警和预报工作,做好常态下的风险评估、物资储备、队伍建设、完善装备、预案演练等工作。

5. 快速反应,协同应对

加强以属地管理为主的区域应急队伍建设,建立联动协调制度,同时充分动员和发挥区域内的企事业单位、社区和志愿者队伍的作用,依靠公众力量,形成统一指挥、反应灵敏、功能齐全、协调有序、运转高效的公共安全应急管理机制。

三、基本任务

由于事故大多具有发生突然、难以有效防护、影响范围较大等特点,区域应急救援工作复杂而繁重。公共安全应急管理的基本任务概括起来主要有以下几点:

1. 预测与控制事故

公共安全应急管理工作的首要任务是防止事故造成巨大损失。只有科学的事故预测,将事故消除在萌芽状态,才是最佳的选择。此外,在事故发生后,能够及时实施有效的应急救援行动,防止事故的进一步扩大和发展,是公共安全应急管理工作的重中之重。

2. 资源协调

应急资源是实施紧急救援和事故恢复的基础,公共安全应急管理组织应该在合理布局本区域应急资源的前提下,建立科学的资源共享与调配机制,有效利用区域内外的可用资源,防止在应急中出现资源短缺的情况。

3. 抢险与营救

确保在应急救援行动中及时、有序、科学地实施现场抢救和安全转送伤员,降低伤亡率,减少事故损失,是应急管理的重要任务。特别是区域事故发生的突然性,发生后的迅速扩散性以及波及范围广、危害性大的特点,要求应急管理人员及时指导和组织群众采取各种措施进行自身防护,并迅速撤离危险区域或可能发生危险的区域,同时在撤离过程中积极开展群众自救与互救工作。

4. 信息发布

应急信息是应急处置的重要依据,也是避免引起公众恐慌的重要手段。公共安全应急管理组织应该以现代信息技术为支撑，如综合信息应急平台，保持区域内外信息的畅通无阻，协调各部门、各单位的工作。

5. 事故善后

事故发生后，应急管理工作的重点应该放在安抚受害人员及其家属，稳定局面，清理、清除事故或受灾现场，尽快使系统功能恢复或者部分恢复，及时调查事故发生的原因和事故性质，估算出事故灾害波及范围和危险程度。

四、总结

“居安思危，预防为主”是应急管理的指导方针。预防在应急管理中有着重要的地位。古代的先哲们在总结历史经验的基础上，提出了许多精辟的思想。《诗经》里有“未雨绸缪”的告诫；《周易》中有“安而不忘危，存而不忘亡，治而不忘乱”的思想；《左传》里有“居安思危，思则有备”的警句。《孙子兵法》讲得更明白，认为“百战百胜，非善之善者也；不战而屈人之兵，善之善者也”，所以孙子提出“上兵伐谋，其次伐交，其次伐兵，其下攻城。攻城之法，为不得已”。应急管理也是同样的道理，最理想的境界是少发生或不发生突发事件，不得已发生了那就要有力有序有效地加以处置。做到平时重预防，事发少损失，坚持和贯彻好这个方针是十分重要的。《国家突发公共事件总体应急预案》提出了 6 项工作原则，即：以人为本，减少危害；居安思危，预防为主；统一领导，分级负责；依法规范，加强管理；快速反应，协同应对；依靠科技，提高素质。加强预防，增强忧患意识，高度重视公共安全工作，居安思危，常抓不懈，防患于未然。①

（1）加强预防。坚持预防与应急相结合、常态与非常态相结合，做好应对突发公共事件的思想准备、预案准备、组织准备和物资准备等。

（2）快速反应。加强以属地管理为主的应急处置队伍建设，充分动员和发挥乡镇、社区、企事业单位、社会团体和志愿者队伍的作用，依靠群众力量，建立健全快速反应机制，及时获取充分而准确的信息，跟踪研判，果断决策，迅速处置，最大限度地减少危害和影响。

（3）以人为本。把保障公众健康和生命安全作为首要任务。凡是可能造成人员伤亡的突发公共事件发生前，要及时采取人员避险措施；突发公共事件发生后，要优先开展抢救人员的紧急行动；要加强抢险救援人员的安全防护，最大限度地避免和减少突发公共事件造成的人员伤亡和危害。

（4）损益合理。处置突发公共事件所采取的措施应该与突发公共事件造成的社会危害的性质、程度、范围和阶段相适应；处置突发公共事件有多种措施可供选择，应选择对公众利益损害较小的措施；对公众权利与自由的限制，不应超出控制和消除突发公共事件造成的危害所必要的限度，并应对公众的合法利益所造成的损失给予适当的补偿。

（5）分级负责。在党中央、国务院的统一领导下，建立健全分类管理、分级负责，条块结合、属地管理为主的应急管理体制，在各级党委领导下，实行行政领导责任制。根据突发公共事件的严重性、可控性、所需动用的资源、影响范围等因素，启动相应的预案。

（6）联动处置。建立和完善联动协调制度，推行城市统一接警、分级分类处置工作制

① 李建军，管江宏.浅谈应急管理的专业化之路[C]//2015 应急管理“安全谷”论坛暨国际应急管理学会（TIEMS）中国委员会第六届年会论文集.北京：[出版者不详]，2015：30-41.

度，加强部门之间、地区之间、军地之间、中央派出单位与地方政府之间的沟通协调，充分动员和发挥城乡社区、企事业单位、社会团体和志愿者队伍的作用，形成统一指挥、反应灵敏、功能齐全、协调有序、运转高效的应急管理机制。

（7）专群结合。加强公共安全科学研究和技术开发，采用先进的预测、预警、预防和应急处置技术及设备，提高应对突发公共事件的科技水平和指挥能力；充分发挥专家在突发公共事件的信息研判、决策咨询、专业救援、应急抢险、事件评估等方面的作用。有序组织和动员社会力量参与突发公共事件应急处置工作；加强宣传和培训教育工作，提高公众自我防范、自救互救等能力。

（8）资源整合。整合现有突发公共事件的监测、预测、预警等信息系统，建立网络互联、信息共享、科学有效的防范体系；整合现有突发公共事件应急指挥和组织网络，建立统一、科学、高效的指挥体系；整合现有突发公共事件应急处置资源，建立分工明确、责任落实、常备不懈的保障体系。

（9）依法规范。坚持依法行政，妥善处理应急措施和常规管理的关系，合理把握非常措施的运用范围和实施力度，使应对突发公共事件的工作规范化、制度化、法制化。

（10）责权一致。实行应急处置工作各级行政领导责任制，依法保障责任单位、责任人员按照有关法律法规和规章以及本预案的规定行使权力；在必须立即采取应急处置措施的紧急情况下，有关责任单位、责任人员应视情临机决断，控制事态发展；对不作为、延误时机、组织不力等失职、渎职行为依法追究责任。

第六节　公共安全应急产业发展

应急产业作为应急管理的重要物质和技术保障，始终受到党中央、国务院的高度重视。《中共中央关于制定国民经济和社会发展第十二个五年规划的建议》《国民经济和社会发展第十二个五年规划纲要》对加强公共安全体系建设、发展应急产业提出了明确要求。国家发展和改革委员会制定的《产业结构调整指导目录（2011 年修正本）》中，将“公共安全与应急产品”作为单独产业类别鼓励发展；工业和信息化部 2009 年发布的《关于加强工业应急管理工作的指导意见》中，明确提出加快制定应急工业产品相关标准，促进应急工业产品推广；原国家安全生产监督管理总局在《安全生产应急管理“十二五”规划》中，做出了促进安全产业发展，建立国家安全产业基地的规划；公安部将装备保障能力建设作为提高各级公安机关处置突发事件能力的关键；科技部在“十一五”规划基础上，于“十二五”规划中又在公共安全、防灾减灾方面确定了 36 个专项研究项目。突发事件应急管理工作实践，也使地方各级政府和相关企业越来越认识到发展应急产业的重要性、紧迫性。广东、安徽、重庆、浙江等地方政府，结合经济结构调整、产业升级和企业转型，将应急产业作为战略性新兴产业重点发展，一批产业基地正在形成。据国家相关部委预测，应急产业市场年容量约 5 000 亿元，如果包括所带动的相关产业链，市场年容量约 10 000 亿元。应急产业具有多行业交叉和服务公共安全的属性，是新兴产业。发展应急产业，有利于国家的防灾减灾和公共安全，有利于基层的产业结构优化和社会和谐稳定，有利于企业的市场拓展和利润增长，有利于公众的安全和健康。2022 年 2 月，国务院发布了《“十四五”国家应急体系规划》。该规划对“十四五”时期安全生产、防灾减灾救灾等工作进行全面部署。其中提到，壮大安全应急产业，培育一批在国际、国内市场具有较强竞争力的安全应急产业大型企业集团，实施智能化矿山、智能化工厂、数字化车间改造，开展智能化作业和危险岗位机器人替代示范。

应急产业一般指为预防、处置突发事件提供产品和服务而形成的活动的集合，按类别划分，包括救援处置装备与技术、监测预警诊断设备与技术、预防防护产品与技术，以及应急教育培训与咨询服务等。应急产业类别如下：

(1) 感知和预警类。自然灾害监测产品，如气象雷达、对地遥感观测卫星等灾害天气监测装备，山体崩塌、泥石流等地质灾害监测设备，海啸、赤潮等海洋灾害监测仪器，蝗虫、稻飞虱等生物灾害监测仪器，地震、水旱、森林大火等灾害监测设备。事故灾难监测产品，如瓦斯、辐射、微波、静电、噪声、粉尘、毒物等安全隐患监测设备，河流、湖泊、水库及沿海水域污染物监测设备，交通运输装备防撞预警装备，核辐射、危险化学品(含剧毒品)泄漏监测仪器，感光、感温、感烟、可燃气体探测仪器等。公共卫生监测产品，如鼠疫、疟疾等传染性疾病监测设备，禽流感、甲型 H1N1 流感等疫情监测仪器，食品药品卫生安全检测设备，空气质量与环境监测仪器，土壤、化肥、农药、兽药残留物、污染物监测仪器，体温监测仪器等。社会安全监测产品，如群体性突发事件、金融突发事件、涉外突发事件监测系统，易燃、易爆、强腐蚀、放射性等危险物品监测仪器，人脸和声音识别设备，监视监控防范系统等。

(2) 预防和防护类。个人防护产品，如阻燃、防静电、绝缘、拒水、防辐射、防油、防弹、防生化等防护产品，安全帽、目镜、面具等头部防护产品，绝缘、高温、低温、防砸等手足防护产品，安全网、安全带等防坠落产品，眼睛、面部、手等护肤用品，疫苗等。生产防护产品，如交通、工矿安全设备，危险化学品安全设备，机械设备安全防护设备，建筑作业安全设备，电力作业安全防护设备，冶金工业安全设备，消防安全设备，危险材料存放、处理设备，高空作业防护及防坠设备，瓦斯监控设备，锅炉压力容器安全设备等。公共防护产品，如出入口控制系统，防雷产品，社区安全防范系统，网络安全系统与防护产品，电子报警安全装置，公共安全标志设备等。防护材料，如聚碳酸酯，凯夫拉纤维，有机芳香聚酰胺纤维，超高强度聚乙烯，耐燃耐火材料，阻火填塞材料，阻燃剂及阻燃材料，耐燃耐热电线电缆，防火建筑装饰材料等。

(3) 救援和处置类。应急救援产品，如起重、挖掘、破拆、清除、支撑等工程装备及相关便携式设备，生命和物体探测装备，搜救救生设备，消防救援器材，道路、管道、桥梁、通信等基础设施修复装备，舟桥装备等。应急运输产品，如直升机、水上飞机、运输机等空中救援装备，搜救车辆、运输车辆等地面救援装备，搜救船只等水面救援运输装备，城市街道、高速公路及其他领域的除冰雪设备等。应急救护产品，如抢救医疗器械，医药用品，消杀用品，医疗急救车，卫生防疫车，呼吸器等。应急通信产品，如应急指挥调度平台，救援应急指挥系统，卫星通信设备，短波电台，移动应急通信车等。应急电源产品，如移动应急电车，应急电源配电车，应急发电设备，应急照明设备等。应急生活产品，如简易板房、帐篷、棉衣、棉被、食品等。反恐产品，如特种车辆，无人机，橡胶救生船，排爆设备及各种器材，定向爆破器材，反恐救援、作战和训练装备等。其他产品，如液体、气体和固体废弃物处理材料和设备等。

(4) 服务类。社会救援服务，如为事故救助提供专业救援力量的各类社会机构和组织。咨询培训服务，如为政府、企业、个人提供应急管理咨询和培训的机构和组织。应急物流服务，如为应急工业产品提供仓储、运输等服务的各类组织。

第二章　公共安全应急预案编制与实施

- 公共安全应急预案编制与实施
  - 应急预案的概念
    - 应急预案的含义
    - 应急预案的分类
    - 应急预案的特点
    - 制定应急预案的目的
    - 应急预案的基本要素
  - 应急预案编制的基本要求
    - 组建专业应急团队和适度动员原则
    - 其他需要兼顾的原则
  - 应急预案的制定
    - 制定危机管理预案的流程
    - 应急预案的主要内容
    - 应急预案的格式
  - 应急预案的评审与实施
    - 应急预案的评审与公告
    - 应急预案的实施
  - 我国应急预案体系
  - 自然灾害应急预案编制
    - 自然灾害的概念
    - 自然灾害的分类
    - 自然灾害应急预案的制定
    - 自然灾害应急预案示例
  - 事故灾难应急预案编制
    - 概述
    - 常见事故灾害
    - 我国事故灾难多发的主要原因
    - 事故灾难应急预案的制定
    - 事故灾难应急预案示例
  - 公共卫生事件应急预案编制
    - 公共卫生状况
    - 常见公共卫生事件
    - 公共卫生事件应急预案的制定
    - 公共卫生事件应急预案示例
  - 社会安全事件应急预案编制
    - 概述
    - 社会安全概况
    - 社会安全事件应急预案编制
    - 社会安全事件应急预案示例
  - 应急预案的演练
    - 应急预案演练的定义和作用
    - 应急预案演练的分类
    - 应急演练的过程
  - 应急预案的优化
    - 试点背景
    - 主要做法
    - 取得的成效

公共安全应急预案是指为了有效应对各类突发事件，保障公众生命财产安全，政府和相关机构事先制定的一套具体、系统的应急处理方案。它包括了事件识别、信息收集、指挥协调、资源调配、救援救助等各个环节的具体操作步骤和责任分工。

近年，我国水旱灾害、冰灾、地震以及新型冠状病毒肺炎疫情等事件频发，对应急管理提出了更高的要求。建立完善的突发事件应急管理系统，首先要做好突发事件应急预案的制定。应急预案，就是根据收集到的有关资料，分析其后果和应对能力，预先制定的应对措施。制定应急预案，是为了增强政府对公共安全的保护，提高应对突发公共事件的能力，尽可能地降低和预防突发公共事件的危害，保护人民群众的生命和财产安全，维持国家的安全与社会的稳定，推动经济社会的全面、协调、可持续发展。

前瞻性、及时性、系统性和可操作性是应急预案的主要特征。在应对突发公共事件时，要有一种科学的态度与超前的意识以便做出合理分析；遵循快捷、高效率的原则，使其能够做出及时而有效的反应；事项完整且相互衔接，下级机关与上级机关、专项与总体的预案保持一致；无论是程序设计还是措施拟定都力求周密、具体，便于理解和操作。

应急预案的制定，本质上就是将非常规事件中隐藏的常态要素显性化，即总结、归纳、提炼出具有法律效力的制度条款。突发事件应急预案的启动与实施，是把制度化的内部规定转化为现实的确定性。应急预案是对应急指挥与救援人员行使职权、采取行动的方法与优先次序的一种引导，能够降低不确定因素对关键时间、关键环节的影响，减少资源的浪费。就像许多在紧急情况下做过决策的领导所言："做好准备，就是把'无备'变成'有备'，'有备则无患，无备则有患'，'计划并非万能，但也不能没有预案'。"为此，国务院在组织应急预案的编制工作中，从提出要求、制定导则、建立组织机构、进行监督和指导等方面都做得非常细致。国务院及各部门已制定并执行《国家突发公共事件总体应急预案》、专项预案 25 项、部门预案 80 项及省专项预案 80 项；各区县也大都制订了整体的应急计划；通过多年的努力，我国已经制订了不同级别的应急计划，覆盖了各个类型的紧急情况，初步建立起了一张覆盖所有类型的应急预案网络。应急预案也在不断修改完善，初步形成了动态管理体系。应急预案的制定工作加快向社区、乡村和各类企事业单位延伸。以当地、部门为单位，专业力量和社会团体为主要力量的应急演习正在有条不紊地进行。应急预案系统在我国应对突发公共事件过程中发挥着极其重要的基础作用。

第一节　应急预案的概念

一、应急预案的含义

应急预案，也称为应急计划，是在应对可能发生的公共事故时，为确保快速、有序、高效地进行应急救援行动，减少人员伤亡及财产损失而提前制定的相关规划或方案，用以明确事前、事发、事中、事后各个环节由谁来做、如何去做、什么时候去做以及对应的资源与策略等。

应急预案是针对具体设备、设施、场所和环境，在进行安全评价的基础上，为降低事故造成的人身、财产损失和环境危害，就事故发生后的应急救援机构和人员，应急救援的设备、设施、条件和环境，行动的步骤和纲领，控制事故发展的方法和程序等，预先做出的科学而有效的计划和安排。公共安全应急预案是一份非常重要的文件，它对于保障公众生命财产安全、保障社会秩序、维护国家安全具有极为重要的作用。因此，各级政府和相关机构需要定期进行演练和更新，确保其在实际应急情况下的有效性和可靠性。

应急预案其实就是一套规范的应对程序，以便按照规划和最高效的措施快速有序地实施，它有以下6个方面的意义：

(1) 事故预防

对危险源进行辨识，对事故后果进行分析，并采取相应的技术与管理措施，对危险源进行控制，减少事故的发生。

(2) 应急响应

在事故发生后明确应急响应的原则、主体和步骤。要明确政府及相关部门的指挥、协调、应急处置的程序与内容；对突发事件的处置过程及内容进行界定，并规定相关组织的职责；确定应急指挥、应急处理的原则及各部门的职责。

(3) 应急保障

应急保障是为了确保突发事件的安全处理所采取的各项保障措施。通常按照职能划分，包括人力、财力、物资、交通、医疗卫生、治安维护、人员保护、通信和信息、公共设施、社会联络、技术支持等。

(4) 应急处置

当出现意外时，它有一套紧急处置流程与办法，可以迅速地反应并处置故障，或将其消灭于初始状况中，把潜在的事件控制在一定范围内，阻止事故的扩散与蔓延。

(5) 抢险救援

采取预先确定的现场救援与救援模式，对紧急情况进行快速有效的救护，引导群众进行保护，组织疏散，降低人员伤亡，挽救人民的生命与财产。

(6) 后期处置

它是指在初步控制了突发公共事件的危害和后果之后，为使生产、工作、生活、社会和生态环境恢复到常态而采取的一系列措施。

二、应急预案的分类

1. 从功能与目标上划分

生产经营单位应急预案分为综合应急预案、专项应急预案和现场处置方案。生产经营单位应根据有关法律、法规和相关标准，结合本单位组织管理体系、生产规模和可能发生的事故特点，科学合理确立本单位的应急预案体系，并注意与其他类别应急预案相衔接。

综合应急预案是生产经营单位为应对各种生产安全事故而制定的综合性工作方案，是本单位应对生产安全事故的总体工作程序、措施和应急预案体系的总纲。

专项应急预案是生产经营单位为应对某一种或者多种类型生产安全事故，或者针对重要生产设施、重大危险源、重大活动防止生产安全事故而制定的专项工作方案。专项应急预案与综合应急预案中的应急组织机构、应急响应程序相近时，可不编写专项应急预案，相应的应急处置措施并入综合应急预案。

现场处置方案是生产经营单位根据不同生产安全事故类型，针对具体场所、装置或者设施所制定的应急处置措施。现场处置方案重点规范事故风险描述、应急工作职责、应急处置措施和注意事项，应体现自救互救、信息报告和先期处置的特点。事故风险单一、危险性小的生产经营单位，可只编制现场处置方案。

2. 按照事件类型划分

应急预案按照事件类型的划分通常可以分为4种：自然灾害应急预案、事故灾难应急预案、公共卫生事件应急预案和社会安全事件应急预案。自然灾害应急预案主要针对诸如地震、洪涝、台风等自然灾害。这类预案通常包括早期预警系统、紧急疏散计划、救援和恢复措施,以迅速而有序地应对灾害的影响。事故灾难应急预案侧重于应对工业、运输、建筑等领域发生的事故。这类预案涵盖安全培训、事故处置步骤、紧急救援计划等,以降低事故灾难带来的人员伤亡和经济损失。公共卫生事件应急预案面向传染病暴发、群体性疾病等威胁公众健康的情况。这包括早期监测、疫苗接种、卫生宣传等措施,以及协调各级医疗资源,保障公众的生命安全和身体健康。社会安全事件应急预案涉及人际矛盾和社会秩序问题。这种预案强调有效的社会管理、沟通机制和解决矛盾的策略,以维护社会稳定、防范示威抗议事件。这 4 类应急预案在实际应对突发事件时提供了明确的指导原则和操作步骤,有助于组织协同、高效应对不同类型的紧急情况。

3. 从行政层面上划分

行政层面上看应急预案可以分为 4 个等级:国家、省级、市级和企业(含社会)。除了发生在全国性的、性质非常重大的突发事件灾难的危机处理之外,一般的国家应急预案都是一种综合的、以现场应急指挥为主要内容的宏观管理方案。省级应急预案与全国应急预案基本类似。市一级应急预案是城市应急预案系统的中心环节,它不仅要有现场应急指挥,还要有现场应急指挥的功能,还要有应急反应的流程和标准的作业流程,各项紧急救灾工作的职责、职能和目标必须明确、准确,每个重大项目或活动都要经过实地演练和审核。大部分企业的计划都是一种现场计划,主要用于现场的紧急情况。它注重突发事件的特定目标和实际操作。

不管是什么预案,它的基础架构都可以采取"1＋4"的结构,也就是一个基础方案加一个功能(职能)设置、一个特殊风险预案、一个标准操作流程、一个保障支撑体系。

基本预案又被称为"领导预案",它主要由高层领导的保证、基本原则、主要责任分工、任务和目标、基本应急程序等几部分组成。

在职能设定的分预案中,要对从筹备到应急救援的各个环节进行详细的规定,并对各个环节的职责、目标进行界定。各单元的应急职能都要用分类项目、单元-功能矩阵表格等形式表现出来,并由各部门签订的一致性文件予以明确执行。

特殊风险分预案,是以公共安全风险评估为依据,根据自然灾害(地震、洪水、暴雨等)、安全事故(危险化学品等)、突发事件及突发公共卫生事件等不同类别,划分为多个类别。在此基础上,结合不同类型的风险,对不同类型的突发事件进行相应的处理。

应急标准操作程序是针对各单位在实施一种或若干种特定的突发事件时所规定的作业规范。该作业规范包含一份作业指示核对表及核对清单,当紧急情况发生时,有关人员可依照作业指示核对清单逐一执行。

三、应急预案的特点

1. 应急预案具有假设性

应急预案具有假设性是指在制定和执行应急预案时,需要给予一定的假设情景和前提条件进行设计和安排。该方法假定了某特定的情景或条件(例如,在国家自然灾害应急救援方案中,对可能出现的 4 个级别的突发自然灾害进行了假设)。这是因为应急预案面对的突发事件或灾害往往是无法预知和准确预测的,因此需要在有限的信息和资源条件下,假设可能发生的情景，并制定相应的预案来应对。

具体而言，应急预案的假设性包括以下几个方面：

① 假设事件类型和规模。应急预案需要根据不同类型和规模的突发事件或灾害进行设计。例如，地震、火灾、洪水、恐怖袭击等事件都需要针对性的应急预案。在制定预案时，需要假设可能发生的事件类型和规模，以便在实际事件发生时能够及时采取相应的措施。

② 假设资源和能力。应急预案必须考虑到现有资源和紧急情况的能力。这包括人员、物资、设备、技术和专业知识等方面。在制定预案时，需要假设可用的资源和能力的数量和质量，以便在应急情况下能够合理调配和利用这些资源和能力。

③ 假设行动措施和流程。应急预案需要制定相应的行动措施和流程，以便在实际事件发生时能够迅速、有序地进行应急处置。在制定预案时，需要假设可能需要采取的行动措施和应急流程，包括人员调度、物资储备、指挥协调、信息发布等方面。

④ 假设协同配合和沟通。应急预案需要考虑不同部门、机构以及社会各界之间的协同配合和沟通机制。在制定预案时，需要假设可能涉及的各方参与和协调的情况，以便在实际事件中能够有效地进行信息共享、指挥调度和资源协调。

2. 应急预案具有应急性

应急预案具备应变能力是指在发生紧急情况或灾难之后，组织并进行快速、有序的应急处理工作的指导性文件。应急预案作为一种有效的应急手段，在整个社会的紧急情况下起着举足轻重的作用。应急预案是为了应付公众的紧急情况而设计的，而不是为了应付日常工作。

详细来说，应急预案的应急性包括几个方面：

① 快速启动。在突发事件或灾害发生后，应急预案需要迅速启动，以便快速展开应急处置工作。预案的启动需要明确的条件和程序，以确保在最短的时间内组织资源、调度人员、发布指令等。

② 简明清晰。应急预案需要具有简明清晰的特点，以便在紧急情况下能够快速理解和操作。预案中应包含核心信息和关键步骤，避免冗长的叙述和复杂的流程。

③ 实用有效。应急预案需要具有实用有效的特点，以便在实际应急工作中发挥作用。预案的设计应考虑到实际情况和应急资源的限制，制定出切实可行的应急措施和流程。

④ 动态调整。应急预案需要根据实际情况进行动态调整，以适应应急处置工作的变化。在应急处置过程中，预案可能需要进行修订和完善，以满足实际需求和应急资源的变化。

3. 应急预案具有程序性

应急预案具有程序性是指应急预案在设计和执行过程中，按照一定的程序和步骤进行操作和实施。它告诉我们按照什么步骤来处置突发公共事件。这种程序性的特点确保了应急预案的可操作性、稳定性和可追溯性，使得应急处置工作能够有条不紊地进行。

下面详细说明应急预案具有程序性的几个方面：

① 设计程序。制定应急预案需要经过一系列的程序和步骤。这包括对风险评估、需求分析、资源调查、方案选择、编制草案、征求意见、审批批准等环节的规定。通过明确的设计程序，可以确保预案的科学性和合理性，并获得相关部门和专家的参与和支持。

② 启动程序。应急预案在实际应急情况下的启动也有明确的程序。这包括确定启动

条件、组织启动会议、通知相关人员、调度资源等步骤。启动程序的设定可以帮助应急机构和人员迅速做出反应，确保应急处置工作的及时性和高效性。

③ 行动程序。应急预案还规定了应急处置的具体行动程序。这包括行动指令的发布、人员的调度、物资的调配、任务的分工等步骤。驱动程序的设定有助于实现应急处置工作的有序进行，避免混乱和冲突，提高应急响应的效率和协同性。

④ 评估程序。应急预案还规定了应急处置后的评估程序。这包括评估指标的确定、数据的收集、评估方法的选择、结果的分析等环节。通过评估程序，可以对应急处置工作进行总结和反思，发现问题并加以改进，提高应急响应和处置的能力。

4. 应急预案具有规范性

应急预案具有规范性是指应急预案在设计和执行过程中遵循一定的规范和标准，以确保应对突发事件或灾害时能够有效、有序地开展应急处置工作。这种规范性的特点使得应急预案具有可操作性、可预测性和可比较性，有利于提高应急处置工作的效率和质量。该制度规范了事发地区的行政管理机构以及相关机构在应急处理中所应承担的责任与义务。

以下是应急预案具有规范性的几个方面：

① 法律法规规范。应急预案的编制要按照《突发事件应对法》和其他有关法律、法规的要求进行。预案内容、组织架构、职责分工、协调机制等都必须符合法律法规的规范，以确保应急处置工作的合法性和有效性。

② 行业标准规范。针对不同行业或领域的应急预案，可能会有相应的行业标准规范作为依据，如消防、环境保护、公共卫生等领域的应急预案制定都需参考对应的标准规范。这些规范性文件为应急预案提供了具体的操作指南和技术要求，帮助预案制定者更好地设计和实施应急预案。

③ 经验总结规范。过往的灾害和事故处理经验总结形成的规范性文件也在一定程度上指导着应急预案的设计和执行。各级政府、相关部门和行业组织会对过去的应急处置工作进行总结和评估，形成一系列处理经验和规范，这些规范性文件可以作为参考依据，提高应急预案的科学性和实用性。

④ 专业知识规范。应急预案的设计还需要参考相关专业知识的规范，例如医疗救援、化学品泄漏处理、交通事故处置等方面的专业规范。这些规范性文件为应急预案提供了技术支持和专业指导，有助于提高应急处置工作的精准性和专业性。

5. 应急预案具有可操作性

应急预案具有可操作性是指预案在实际应急情况下能够被有效地执行和操作。这就要求我们在处理突发公共事件时，注意每个步骤、每个环节怎么做、谁来做。这意味着应急预案的内容明确、操作简明、指导明确，能够为相关人员提供实际行动指引，使其能够迅速、准确地采取行动应对突发事件或灾害。

以下是应急预案具有可操作性的几个方面：

① 清晰的组织结构和职责分工。应急预案中明确规定了参与应急处置工作的各个部门、机构和人员的组织结构和职责分工。每个人员都清楚自己在应急处置中的角色和职责，知道应该采取何种行动。这样可以确保在应急情况下，各个相关部门和人员能够迅速协同行动，不会出现混乱和冲突。

② 具体的操作步骤和流程。应急预案中包含了具体的操作步骤和流程，指导相关人员

按照预案要求进行操作。这些步骤和流程通常经过周密的设计和验证,可以帮助应急人员在紧急情况下快速做出反应,采取正确的行动。预案中的操作步骤和流程应具体、简明,易于理解和实施。

③ 明确的资源调配和协调机制。应急预案中规定了资源调配和协调机制,确保各种资源能够合理地调度和利用。预案明确了资源的优先级和分配原则,指导相关人员在应急情况下迅速调集必要的人力、物资、设备等资源,并进行有效的协调和管理,这样可以保障应急处置工作的顺利进行。

④ 实际可行的指导措施。应急预案中提供了实际可行的指导措施,以帮助应急人员解决实际问题。这些指导措施通常基于科学研究、实践经验和专业知识,能够为应急人员提供具体的操作方法和技术支持。指导措施应简洁明了、易于理解和操作。

四、制定应急预案的目的

应急预案的制定是救援准备工作的重点内容,也是及时、有序、高效地进行紧急救援的关键。在应急救援中,应急预案具有十分重要的地位和作用:

(1) 应急预案明确了突发事件救援的范畴与系统,使得突发事件的预防与处置不再无凭无据、无章可循。特别是训练和演习,它们依靠的是紧急计划。通过训练,可以使紧急应变人员了解他们的职责,并掌握必要的技巧来执行所分配的工作;演练能够检查计划和操作步骤是否正确,以及对紧急情况下的应变能力和总体协调能力进行评价。

(2) 制定应急预案相当于提出了及时的应急措施,以减少突发事件的影响。紧急救援工作的时限性很强,容不得半点延误。应急方案事先确定了参与各方的责任和内部应对过程,并为其提供了充足的人力和物力,它能有效地引导应急救援工作快速、高效、有序地进行,尽可能地减少人员伤亡、财产损失和环境损害。另外,在紧急情况下,如果事先做好应急预案,则可以较好地解决突发事件后需要迅速处理的紧急恢复问题。

(3) 应急预案是城市内部应对各类重大突发事件的依据。通过制定一套完整的城市应急预案,使其具备了一定的弹性,在一些没有预见到的紧急情况下,还能发挥基本的应急引导功能,是保障城市紧急救助的一条“底线”。据此,可根据具体灾害情况,制定相应的应急预案,并据此制定相应的应急对策,并执行特殊的紧急情况预案及演练。

(4) 在突发事件超出市级应急能力范围的情况下,便于与省级和全国应急管理部门进行有效的沟通。

(5) 应急预案对增强全社会的风险防范意识具有重要意义。应急预案的制定,实质上就是对城市重大风险进行识别并进行防灾决策的过程。所以,制定、评价、发布与公布应急方案,有助于全社会对可能面对的重大风险以及应对之策的认识,有助于提升全社会的风险防范意识与能力。

五、应急预案的基本要素

突发事件应急预案具有开放性、复杂性和规模性,其制定与组织实施要按照体系要素组成与不断改善相结合的方针。应急预案的基本要素由十方面构成。

1. 组织机构及其职责

应急组织机构、参与者、人员及其发挥的作用;紧急情况响应的总负责人和每个特定活动的负责人；能够在该区域之外提供协助的相关机构；在突发事件中，政府与企业的责任。

2. 危害辨识与风险评价

事故的类型和场所；意外事件的波及范围和可能受到影响的人员数量；根据需要的紧急响应水平，对事件的严重性进行分级。

3. 通告程序和报警系统

报警系统和程序，24 小时通告和报警方式（例如：电话，报警装置等）；24 小时与政府部门的联系方式（促进紧急命令的下达，并协助居民撤离）；双方同意的通知、报警的形式及内容；紧急救援者寻求外部援助的途径；通知市民的准则、方法、信号等。

4. 应急设备与设施

可以在紧急情况下使用的设备，例如办公室、通信设备、紧急物资等；相关部门如企业、武警、消防、卫生等部门可以使用的紧急装备；与相关卫生设施（急救站、医院、救护队等）的联系；危害监测设备，个体防护设备（如呼吸器、防护衣等）。

5. 能力与资源

对每一次紧急情况进行风险评估的主管；对风险等级进行评估的程序；用于评估危险的检测设备；专门的营救人员。

6. 保护措施程序

有权向居民下达撤离命令的管理者；一种决定是否采用保护性措施的程序；负责实施并核查撤离（包括公告、交通、警报）的机关；针对特定场所及人群（如学校、幼儿园、残障人士等）采取的安保措施；收容所或供撤离的场所；确定如何结束保护措施。

7. 信息发布与公众教育

在紧急情况下，每个紧急事件处理小组向媒体和大众作发言；将突发事件紧急情况的资讯及决策告知大众；此外，政府亦会定期进行宣传，并加强市民对紧急状况的认识，以确保市民能认识到如何应对紧急状况。

8. 事故后的恢复程序

决定终止紧急情况，恢复正常秩序的管理者；采取措施防止未经许可进入事故现场；宣布紧急解除或恢复常态的步骤；一种对受灾范围进行连续探测的方法；调查、记录、评估突发事件的应对措施。

9. 培训与演练

负责应急人员的培训，确保符合条件的人员上岗；定期检查紧急计划；通信系统检查的频率与范围；开展公开演练的频率、强度及有效性评估；加强对现场紧急情况处理人员的培训，并及时更新安全信息资料。

10. 应急预案的维护

制定预案编制、审核、审批、下发、修订、检查、更新等流程，并通过预案演练与能力评价不断完善预案。

第二节　应急预案编制的基本要求

由于突发公共事件发生的类型与影响程度有很大差异，需要采用不同的处置方法去应对，也需要由不同层级与类型的指挥机构来解决，在制定应急预案时就需要采用分级原则去执行。

突发公共事件应急管理涉及多方面的利益，这就决定着在做出应对决策时必然要从多个方面进行多目标决策，在这一过程中，还存在着不同的利益或者不同的目标之间的矛盾和冲突。应急决策就必然要在多个目标、多个利益之间做出取舍，以保证主要目标，抛弃次要目标。为了实现快速响应和精确决策，应急方案必须将各种利益和目标的实现进行清楚的安排，明晰被政府和社会认同的核心价值观，并制定保障核心价值的措施。有效地管理社会、确保社会协调运行、强调社会公共利益是现代公共管理的根本目的。作为政府部门，它代表的是广大人民群众的根本利益，处置突发公共事件应把群众利益放在首位，这既是政府工作核心价值，也是处理突发公共事件的原则。群众利益中最根本的就是公众的生命安全，公众的生存权是最大的、最基本的权利与价值。突发公共事件运作机制是一种紧急状态下保障公众生存权的体制，政府与公共组织在处理突发事件时必须把保护公众的生命安全放在核心地位。此外，还要处理好长期利益与当前利益、稳定与发展和全体与局部等多方面关系，这就需要在制定应急预案时采取分级原则体现这种关系。

一、组建专业应急团队和适度动员原则

当今时代，危机的爆发越来越频繁，危机的复杂性也越来越高，应对危机的措施与要求必然要进行相应的升级，这就对处理危机的技术化与专业化问题提出了更高要求，专业化的应急管理队伍建设就必不可少。这也就是说在应急预案中必须对建立专业化应急队伍做出明确规定，要明确应急队伍的组成、培训和演练的相关内容。应对重大突发事件涉及的范围相对较大，需要动员广大公众撤离、配合与参与，应对大规模灾害、事故时，政府也需要在紧急状态下动员与征用民间的设备、物资等。由此就构成了“专业化”和“适时适度”的突发事件应对策略。

突发公共事件的发生情景多种多样，它对处理突发事件的专业队伍提出了相应的要求，那就是必须具备相应的专业技术知识，明确他们所肩负的责任，通过专门的培训与演练积累经验，应对危机。城市中的治安、消防、交通、急救和工程抢险等职能队伍结合志愿者队伍的配合，并对他们进行培训与演练，也可以完成应急响应任务。这就需要在应急预案中明确规定职业队伍的职责与培训演练的标准。

突发公共事件的特点、涉及的范围和影响与危害程度就决定着在特殊情况下必须动员社会公众力量，取得他们的配合，征用民间的资源。结合应急预案分级原则确定的危机等级，什么情况下应动员哪些公众，何种情况需要征用民间资源，都需要在应急预案中加以明确规定。

二、其他需要兼顾的原则

在编制突发事件应急预案时，除上述几个主要原则需要坚持外，还有一些原则也不能忽视。

1. 快速反应原则

突发公共事件一旦爆发，具有快速演化的特点。由于其成因、后果和影响因子的高度不确定，企业面临着应对信息不完备和信息不及时等方面的挑战。这些状况决定着应对突发公共事件的过程充满着风险、不确定性，紧急状态使政府部门处置突发事件时不能照章办

事，必须尽快做出决策。突发事件的紧迫性特点决定了发现问题越早，反应越及时，越能掌握主动权，处理问题越简单，所造成的破坏越小，也越能够防止“涟漪效应”的发生。处理突发公共事件要强调的一个字就是“快”，对延误处理危机的人与行为必须在应急预案中做出明确的规定。

2. 尽快恢复正常机构的功能和重新建立社会秩序的原则

从突发公共事件开始，到应急管理程序的启动，到控制事态的发展，都要尽快进行灾后的重建工作。其目标是缩短突发事件处理时间、降低资源投入、稳定民众情绪、促进灾后重建。突发公共事件给社会带来的危害远超一般的程度，导致了社会秩序的不平衡和无序，使处于突发事件发生地的人们丧失了正常的生存环境。尤其是由自然灾害引起的或由技术及社会事故引起的突发公共事件，在造成人身伤亡和财产损失的同时，还会对公共基础设施造成损害，扰乱社会生产和生活秩序。为此，政府和有关部门要抓紧时间开展生产自救工作，争取早日恢复生产和生活秩序。

3. 成本控制原则

制定突发公共事件应急预案时也应把可操作性、实施上的经济性考虑进去。即使是紧急状态，决策者也应做到理性决策、科学决策，尽量减少损失。突发事件应急管理的本质也是一种管理损失，如果因管理不当而遭受新的损失，相当于加重了突发公共事件的危害程度。突发事件应急预案的执行需要投入大量的人力、物力，这些成本都要计入政府的管理成本中。因此，在制定应急预案时要考虑实施的可行性及可操作性，“用最少的钱办最大的事”，这是成本管理的核心所在，也是预案制定所必须遵守的原则。

4. 信息公开原则

在突发公共事件中，为公众提供真实可靠的信息，公开真实的信息，是政府的一项社会义务。在突发公共事件中，由于信息传递不畅而出现的“真空”，很快就会被流言所填补。过期的资讯也会引起大众的怀疑，造成错误的报道。对突发事件进行有效的沟通管理，是对突发事件进行妥善处置与控制的基础。信息公开既能树立政府的信誉，又能缓解民众的恐慌心理，克服跟风现象。因此，在制定突发事件应急预案中对信息公开的范围、时效等问题需要做出明确的规定。

第三节　应急预案的制定

应急预案的制定是应急管理的核心环节之一，为了把应急管理工作做得更好，必须掌握应急管理预案制定的方法和技巧。

一、制定危机管理预案的流程

制定危机管理预案应当做到以下几点：

1. 明确指导思想

为了防患于未然，把危机的隐患消灭在萌芽之中，或当危机发生时化解矛盾，平息危机，塑造组织的良好形象，必须把制定应急管理预案提高到战略的高度来认识。也就是说，制定应急管理预案的指导思想必须与预期目的相一致。其指导思想如下：

(1) 强调实用性和灵活性

强调危机管理预案的系统性、整体性、可操作性和灵活性。尤其是计划的可操作性，千万不能让应急管理预案变成纸上谈兵，没有实用价值。

(2) 简洁高效

为了提高效率，应急预案必须简洁。一个冗长、杂乱无章的应急管理预案，不仅不能达到应急管理的预期效果，往往还会延误行动的时间。因此，应急管理预案不在多，而在精。一套预案，能够满足应急管理计划的各项主要指标，拿出切实可行的方案，就是成功有效的。

(3) 广泛征求意见

制定应急管理预案时，除了听取专家的意见，还要听取一线工作人员的意见，将专家的理论与一线工作人员多年的工作实践结合起来，只有这样，才能将应急管理预案做好，而不是没有实用价值的空架子。

2. 掌握策略与方法

适用、正确、有效的策略与方法是确保应急管理成功的重要条件，是应急管理预案的重要内容之一。因此，在制定应急管理预案的过程中，为了做到情况明、方向对、效果好，必须研究和明确应急管理的策略与方法，并将其用于应急管理计划制订与实施之中。

(1) 调查研究

调查与解决问题在任何类型的管理中都是紧密相连的两个重要环节。应急管理预案应在充分调查研究的基础上进行，同时，要把调查研究贯穿于应急管理预案制定与实施的始终。

(2) 应急预案的完善是一项长期工作

根据主客相一致的原则，各级组织及应急管理部门的工作人员必须把应急管理预案的完善当成一项长期工作来做。辩证唯物主义告诉我们，任何事物的发展总是在曲折中前进的，应急管理预案也应该随着内外部环境的变化而进行动态调整，作为应急管理工作者应该对此有一个充分的认识。应急管理预案的完善过程是在舍去了许多隐性危机因素的情况下得出的结论，事实上呈现出波浪式、曲折迂回的发展趋势。

(3) 以适用性为主导

适用性标准是突发事件应急计划编制的重要依据。传统经济学的观点是，企业的经营决策必须遵循“最优化”的准则。但是，著名的管理学大师西蒙却指出，“最优化”仅仅是纯数学和抽象的概念，并不能真正地体现在实际生活中。对此，他在进行了深入的调查后清楚地指出：“根据满意的标准来进行决策，明显要比根据最优原则来做更合理，因为当他满足需求时，可以大大降低搜索成本和计算成本，并使决策过程得到简化。”在应急管理决策中，应调整心态，把坚持“最优化”原则变为坚持“适用性”原则。这是我们制定应急管理预案时必须保持的一种心态。

3. 应急预案制定的具体步骤

(1) 需求分析

对目前的应急计划、救援工作及相关信息进行归纳、分析。最大限度利用现有的危险辨识及风险评估结果，涵盖重大危险源识别、脆弱性分析和重大事故灾害风险分析等。从人员、设备、物力和财力等方面对突发事件的应急救援能力进行评价；回顾性分析在突发事件中的紧急救护情况。

(2) 框架设计

其中包含了整个计划的总体架构设计，以及各个级别的文件目录列表。文件结构应当包含紧急计划的各个组成部分，其中包括现存的文件、拟草拟的文件及其相互关系。

(3) 分工编制

在制定应急预案的过程中，划分任务是一个非常重要的实用环节。要成立专门的工作小组，明确每个成员的责任。专家组成员应当包括来自不同领域的专家及专业人士，并根据总体规划及文档说明其工作职责。要清楚每个阶段的工作目标及最后期限，并定期督导工作进度。

(4) 系统集成

系统集成的主要工作有两个方面：一是将已编制好的各种文档集合整合成一个统一的、有组织的体系；二是对各级公文和同级公文之间的交叉、缺漏、错漏等问题进行检查和评价。

(5) 综合审核

重点从技术内容的科学性、应急救援活动的可行性、管理需求的协调和应急救援机构的适应能力 4 个方面进行严密的审查和评价。所涉及的专门技术问题，由相关的专家进行评估、鉴定。在审批发布方面，应该对授权发布的部门和人员进行详细的规定，包括发布的范围、发布的时间、发布的人员等，通常都是由立法机关或者政府以法规的方式发布，并由地方的最高管理者签字公布。

编制突发事件预案的文字文档只是一个初步步骤，它的效果还需要进行评价与演习，以对其进行验证，并在此基础上继续完善。

二、应急预案的主要内容

应急预案可根据 2004 年国务院办公厅发布的《国务院有关部门和单位制定和修订突发公共事件应急预案框架指南》进行编制。

应急预案应针对突发事件的性质、特点和可能造成的社会危害，具体规定突发事件应急管理工作的组织指挥体系与职责和突发事件的预防与预警机制、处置程序、应急保障措施以及事后恢复与重建措施等内容。其主要内容应包括：

1. 总则

阐述编制应急预案的目的、工作原理、制定依据和适用范围。

2. 组织指挥体系及职责

要对各个组织的职责、权利和义务进行明确，将突发事件应急响应的整个过程作为主线来处理，将事故发生、报警、应对、结束、妥善处理等各个方面的领导和协调部门都进行详细的规定；将应急预案和支持组织作为支线，确定各个相关部门的责任。

3. 预警和预防机制

主要内容有情报监控和汇报、警报防范措施、警报支援体系、警报等级和发布。

4. 应急响应

主要内容有分级响应程序(原则上按一般、较大、重大、特别重大四级启动相应预案)，信息的共享与处理，通信，指挥与协调，突发事件的处置，人员的安全保护，民众的安全保护，社会力量的动员与参与，事故的调查分析、检测及后果评价，新闻报道，应急完成等 11 项内容。

5. 后期处置

包括善后处置、社会救助、保险、事故调查报告、经验教训总结及改进建议。

6. 保障措施

主要内容有通信和信息支持、紧急保障和设备保障、技术储备和保障、宣传训练和演练、督导考核等。

7. 附则

内容包括相关术语及定义、预案的管理和修订、国际的交流与合作、奖励和职责、设计及诠释、政策的执行及施行日期等。

8. 附录

包括相关应急预案、预案总目录、分预案目录、各类标准化格式文本，有关组织及个人通讯录。

三、应急预案的格式

一般说来，应急预案的格式包括以下几个项目：

1. 标题

标题的写法主要有 3 种：一是适用范围（包括国家、地区、单位等）＋事由＋文种，如《国家通信保障应急预案》《××市特大洪涝灾害救灾应急预案》；二是期限＋事由＋文种，如《2005 年中晚稻最低收购价执行预案》；三是事由＋文种，如《供电事故应急预案》。

此外，总体预案应当在标题中注明“总体”二字，如《××市突发公共事件总体应急预案》；需要限定该预案所涉及的突发公共事件级别的，多在标题中提示，如《国家处置重、特大森林火灾应急预案》《××省特大自然灾害救灾应急预案》；试行性预案往往在标题后标明“试行”等字样，并外加圆括号，如《化学品安全事故应急预案（试行）》。

2. 目录

包括一、二级序数和小标题。总体预案以及其他条文较多的预案需要加目录，显示其基本轮廓，起到导读的作用。

3. 正文

（1）基本内容

一是目的。即该预案的预期效果，大多起笔交代。写法有两种：一是用“为（为了）……，制定本预案”的句式；二是直接使用一套动宾句进行解释，例如“对突发公共卫生事件和它的危害进行有效的预防、及时控制和消灭，对各种突发公共卫生事件的紧急处置进行引导和规范，尽可能地降低它给人民群众健康带来的伤害，保护人民群众的身心健康和生命安全”（《国家突发公共卫生事件应急预案》）。工作原则，如以人为本，依法规范、职责明确，统一领导、分级负责，条块结合、以块为主，资源整合、信息共享，依据科学、反应及时、措施果断，平战结合、军民结合、公众参与等。要切合实际、抓住要点。

二是编制依据。即制定该预案所根据的有关法律法规、上级机关文件、其他情况等。用“根据（依据）……，制定本预案”的句式表述，如“根据《传染病防治法》《突发公共卫生事件应急条例》《××省突发公共卫生事件应急预案》，制定本预案”（《××省防治人禽流感卫生应急处置预案》）。有时将编制依据与目的合写。

三是目前的状况。简要介绍相关事件的发展状况和发展趋势。例如，《××市突发公共事件总体预案》将××市重大突发事件分为 4 大类 13 分类 34 种类型，总结出“灾害种类多，损失大，影响大，连续发生，处置困难”的特征，并得出“大风和沙尘暴，浓雾，冰雪，强降雨，雷电”等气象灾害仍然是××城市的主要自然灾害。环境灾害，地质灾害，地震，信息灾难，地下超大空间、超高层建筑等特殊场所的综合灾害，城市工业化灾害及重大危险源，传染病疫情等都是重大隐患。

四是适用范围。提出了适合于本方案的各种类型的突发公共事件应急预案。例如：“对因自然灾害或人类活动造成的危及人身、财产安全的山体崩塌、滑坡、泥石流、地面塌陷等地质灾害，适用于本方案。”(《国家突发地质灾害应急预案》)

五是组织机构与职责。明确领导、指挥和日常工作的组织机构，明确其职权范围；以突发事件的整个过程为主线，运用图形化的方法，对由主管机关、协同部门和参与主体组成的系统架构进行描述；建立与驻在本地区的军队和武警部队之间的紧急联系机制。

六是预测、预警。主要内容包括预警监测和报告、预警支撑体系、预警等级和发布等。根据严重程度和紧迫性，将其划分为 4 个等级，分别是Ⅳ、Ⅲ、Ⅱ和Ⅰ，并分别以蓝、黄、橙、红 4 种颜色标示。

七是应急响应。主要包括分级响应、信息共享与处理、指挥与协调、新闻报道、突发事件结束。其中，根据控制程度、严重性和影响程度，按照Ⅳ、Ⅲ、Ⅱ和Ⅰ四个级别启动应急预案。

八是后期处置。包括对人员安置与补偿、物资及劳务的征收补偿、灾后重建、污染物的收集、现场的清理和处置；要明确社会救济的程序与条件；说明保险公司的责任与任务、事件调查承办单位及审核流程。

九是保障措施。主要有通信和信息保障、抢险救灾设备保障、应急救援队伍保障、交通运输保障、医疗保健保障、安全保障、物资保障、资金保障、社会动员保障、技术保障等。要统筹安排，落实到位。

十是宣传、培训和演习。通过公布相关的预案和报警电话等，向社会公众大力宣传紧急情况下的预防、避险、自救、互救、减灾知识；对员工的入职前、定期培训进行规范；说明演习的团队、内容、范围、地点、频率、组织、评估、总结内容等。

十一是名词术语、缩写语和编码的定义与说明。提出应急公共事件的分类和分级，对相应的指标进行定义，并对信息技术、行动计划以及有关名词进行统一的编码。

十二是总体预案和专项预案目录。即与该预案相配套的其他预案的目录。

十三是预案管理。明确应急预案的修订、完善、备案、评审和更新等机制，以及其他方式、方法和承办组织。

十四是监督检查与奖惩。要明确监管机构，对应急管理方案的执行过程进行全程监控；要制定奖惩办法，把奖惩的依据和主要原则写出来。

十五是制定解释说明。说明制定本预案的组织名称或标准化的简称，并注明联络人及联系方式。

十六是实施时间。一般都是在结尾处写上“本方案自印发之日起施行”等字样。

以上各方面都已明确规定，特别方案及其他方案可视实际情况而定。

(2) 主要写法

一是分部式。对于条文繁多的计划草案，应使用该条款。预案分为几个主要部分，每一个部分都代表着一个层次。第一部分为总论，对预案的制定目的、工作原则、制定依据、现状和适用范围等进行概述；中间各节为分编，详细阐述相关计划；最后部分为细则，增加名词术语、缩略语及代码的界定和说明，以及一般计划和特殊计划的目录、计划的管理、检察奖罚、施行时间等内容。在每一节内，再按“1.”“1.1”“1.1.1”等层次进行分级，一级和二级序数后面再加上二级序数。全国预案、省级预案基本都是这种格式。

二是章条式。对于条文较多的计划草案，应使用该条款。预案分为几个章节，第一章为一般原则，中部各章为具体内容，最后章节为细则。每一章又分为几条，每一条都按序码连接，这就叫“章断条连”。“条”的序号可以用“第一条”或“一、”来表示，条下设的项的序号可以用“(一)”表示，目可以用“1.”表示。《陕西省防御灾害性洪水应急预案》就是采用这种方法编制的，正文分为十一章，每一章又有很多条、款、项、目。

三是条陈式。该条款适用于条款不多的预备计划。第一种是引言＋陈述型。第一段是开篇，第二段是分段叙述的。比如，《全国高致病性禽流感应急预案》第一段落为“为及时、有效地预防、控制和扑灭高致病性禽流感，确保养殖业持续发展和人民健康安全，依据《中华人民共和国动物防疫法》，制定本预案”；第二段分为“疫情报告”“疫情确认”“疫情分级”“应急指挥体系和部门分工”“控制措施”“保障措施”6 条。第二种是条陈贯底结构。也就是从首段开始，一直到结尾，多按“一、”“(一)”“1.”“(1)”顺序叙述。

4. 附录

主要内容有：隶属于该总体方案的各个专项方案，与该方案有关的其他关键方案(例如，与各省、自治区总体方案有紧密联系的各省会城市或自治区首府的方案)，以及各种标准化格式的文字(如新闻发布、预案启动、应急结束及各种通报的格式)、相关机构和人员通信记录等。计划书如有附件，将按顺序列于正文后。

5. 具名

一般写在正文的右下方。

6. 日期

多写在具名的右下方。

需要注意的是，一些预案的名称和日期都写在标题下面；另外，方案通常是以正式文件形式下发的，文件中已经写明它的起草机关和日期，所以有些方案没有单独署名，也没有注明日期。

编制突发事件应急预案是一件十分重要的工作，应注意以下四点：第一是求实。在遵守党和国家的方针、政策和上级机关的预案的基础上，针对该地区、该单位、该次活动的突发公共事件的特征，制定切实有力的应急方案，保证遇到情况时能拿得出来、用得上、行得通。第二是创新。要敢于变革，要以超前的思想、注重内容的开放性、注重体制的创新，特别是要在整合运用社会资源和力量上要有新的思路。第三是严密。在内容方面，力求全面，重点突出，相关紧密；在结构方面，力求框架合理，条目完备，衔接自然；在语言方面，力求字端，字稳，句好。第四是有序。突发事件应急预案的制定有具体的步骤，各个步骤之间是相互关联的，而且各自有具体的内容与要求。可以说，在突发事件应急预案制定过程中，严格的程序是其科学和规范的关键。

第四节　应急预案的评审与实施

应急管理预案从制定、评审再到贯彻实施，是一个虚实兼顾的过程，也是把应急管理提到议事日程上来并逐步进入一种新的管理状态的实践过程。

一、应急预案的评审与公告

1. 应急预案评审的基本原则

为了保证危机管理预案的可行性，必须经过专人小组对预案进行求证和评审。应急预案制定之后，是否符合实际情况，应急预测是否准确，预先制定的危机处理程序是否能起到预想的作用等，在未经过审核之前，都不能草率地下结论。

审核应急预案的基本原则：

（1）实事求是

从实际出发，这是制定应急预案的依据，也是审批该计划的一个重要依据。所谓的“应急预案”，就是要切合现实。但是，在应对突发事件的过程中，人们常常会从其他国家的成功案例中汲取经验。这样的成功经历，对别人来说是一次成功，但是对自己来说，能否也是一样？这就要看它是不是符合事实了。

（2）实用为本

应急预案必须以实用为本。有的时候，看起来很好，但实际中出现的问题很多，比如训练和演练的内容太少，资金的预算超过了实际的承受能力，物资的配置也不能很好地完成。

（3）系统全面

系统的全面性，就是要对突发事件发生的全过程全方位地考虑到，例如危机的蔓延、利益相关者等。

（4）简单易行

冗长的、教条式的规划，不仅难以实施，也不容易抓住要点，不能发挥其应有的效果。简单性原则是指突发事件的应急预案简洁明了，可操作性强等。突发事件应急预案要做到综合性与简洁性并重，即要有灵活性和框架性。

为了保证应急预案的科学性、合理性，并与现实相一致，编制方案的人员或管理人员应根据国家的方针、政策、法规、规章、标准及其他与应急计划有关的规范性文件及评审检查清单，组织实施方案的审查，并获得相关政府部门和应急机构的批准。

2. 应急预案评审的分类

应急预案的评审包含内部评审和外部评审两类。

（1）内部评审

内部评审是指在编写团队的成员中进行的审核。应急预案管理机构应在方案初稿完成之后，由各方案起草单位在起草小组内组织专家对方案进行审查，确保方案的语言简洁流畅和内容的完整。

（2）外部评审

外部评审包括本市或外地同级组织、上级组织、社会公众和相关政府部门进行的审核。外部评审的首要任务是保证全市所有部门都能接受该计划。按照评价对象的不同，它可以分为同级评审、上级评审、社区评议和政府评审。[①]

① 同级评审是指计划编制者邀请本市或外地同等资质或职业背景的同行进行评估。

---

① 李智亮.煤矿水害应急救援预案研究[J].中国高新技术企业，2014(15)：102-103.

编制机构可以通过同行评议，邀请本地及外地的专家对突发事件的应对方案提出客观的意见。

② 上级评审是指计划编制者将拟好的紧急计划提交给方案主管机关或其上级组织进行的审查。通过上级评审，确保有关责任人或机构对预案中要求的资源予以授权并做出相应的承诺。

③ 社区评议是指由预案管理部门或其上级机构组织社会公众对应急预案实施的评议活动。社区评议的作用是促进公众对预案的理解。预案编制单位可通过社区代表讨论会、发布评议公告、举行公开会议、邀请公众参与同级和上级评审等多种形式，收集社会公众对预案的建议和意见。

④ 政府评审是指预案管理部门或其上级机构将预案呈送相关政府，并由政府组织有关部门、专家和应急机构实施的评审。政府评审的作用是确认该预案符合相关法律、法规、规章、标准和上级政府的有关规定，并与其他预案相互兼容、协调一致。

3. 应急预案的公告

应急预案审核通过后，应由各级主管领导签字，向社会公布，并向上级主管机关和应急管理机关备案。

为了使应急管理得到广大群众的支持，减少应急预案实施的阻碍，使危机在萌芽或潜伏阶段就被发现，将其消灭或减少，必须在宣传上多下功夫，以取得组织内外部群众的广泛支持。在应急预案中，有涉及公众部分的，应该向公众进行广泛宣传，通过发布公告等方式让公众了解计划的内容，这有助于发动公众为应急管理做出应有的贡献。

二、应急预案的实施

应急预案的实施是突发事件管理中的一项重要工作。开展方案宣传和培训，对各相关部门的职责、程序和资源准备进行落实和检查，并进行预案演练，把预案与社会治安管理工作有机结合起来，切实落实预案的各项要求。应急预案应当及时地对其进行修正、更新和升级，特别是每次演习和紧急应对之后，都要仔细地回顾和总结，根据现实状况的改变和方案中暴露出来的问题，对其进行更新，从而不断地完善应急预案体系。

1. 应急预案的实施原则

应急预案的实施原则主要包括：

(1) 系统化原则

在做好突发事件应急预案时，要遵循系统性、整体性的原则，避免顾此失彼、厚此薄彼，还需要从全局考虑；既要重视相关人员的选拔、培训，又要重视物资的配备，还要重视关系的疏通、矛盾的化解等。

(2) 时效性原则

应急预案是关于应急管理的纲领性文件，必须贯彻落实，从而使应急预案尽快发挥作用。因此，必须注重应急预案的时效性。一经审定，应尽快贯彻落实，不可束之高阁，更不能认为可有可无、可执行也可不执行。

(3) 灵活性原则

应急预案要在实施中根据不断变化的实际情况进行修订。为此必须坚持灵活性原则，切不可脱离实际机械地照搬。在实际实施的过程中，由于情况十分复杂，人们凭分析和预测所制订的应急管理计划不可能100%地得到实施。

2. 应急预案的实施

在突发事件中，应急预案的执行是非常关键的一环。

(1) 应急预案宣传、教育和培训

各级应急管理部门应广泛宣传应急预案，让广大群众对应急预案中的相关内容有所了解。与此同时，要积极开展应急预案培训工作，使各种类型的应急人员熟悉或了解预案中与其承担职责和任务相关的工作流程和标准。

(2) 应急资源的定期检查落实

各级应急组织应当按照应急预案的要求，对本单位应急人员、设备、物资等准备状况进行定期核查，确保各种应急物资处于有效状态。

(3) 应急演习和训练

各级应急组织要积极参与应急演习和训练，及时发现应急预案、工作流程和应急资源准备中的不足和缺陷，明确有关组织和人员的责任，加强各部门和人员的协作，评估应急人员对应急预案、流程的认识程度和操作技能，对应急训练的成效进行评价，对培训需求进行分析，同时促进公众和媒体对应急预案的理解，争取他们对应急工作的支持。

(4) 应急预案的实践

各个应急组织都要主动地运用应急预案，开展应急决策，指挥与控制有关部门和个人的应急行动，从实践中检验应急预案的实用性，检验各应急组织之间的协调能力和应急队伍的实际操作技能，发现应急预案、工作流程、应急资源准备中的不足与缺陷，从而对相关的应急预案和工作流程进行修订和完善。

(5) 应急预案的信息化

应急预案的信息化将使应急预案更易于管理和查询。在预案实施过程中应考虑运用现代计算机和信息技术，实现应急预案的信息化，尤其是应急预案的支持附件包含了大量的信息和数据，是应急预案信息化的主体内容，对应急工作起到了很大的支撑作用。

(6) 事故回顾

应急预案管理机构要积极主动地收集本地及外地各种重大事故灾难应对情况的相关资料，积极开展事故回顾工作，对其存在的问题进行分析，总结经验与教训，为今后的修改与完善工作提供借鉴。

第五节　我国应急预案体系

2001年，国家开始编制综合应急预案。2004年，国务院办公厅印发了《国务院有关部门和单位制定和修订突发公共事件应急预案框架指南》。到现在，已经制定了57部国务院部门应急预案，21部国家专项预案，以及超过130万部全国各级的应急计划，基本覆盖了所有的普通的突发事件。2006年1月8日，国务院颁布了《国家突发公共事件总体应急预案》，基本完成了全国应急预案的框架，如图2-1所示。

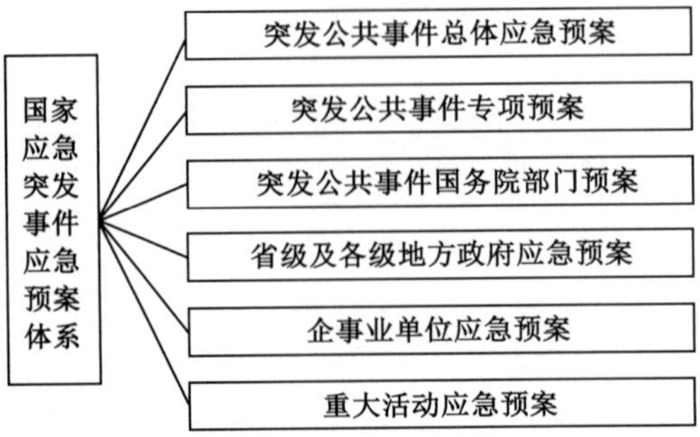

图 2-1　国家应急突发事件应急预案体系构成图

第六节　自然灾害应急预案编制

自然灾害应急预案是为了在发生各类自然灾害时，有序、迅速地组织人员、物资、技术力量，减轻灾害损失，保护公民的生命、财产安全，维护社会稳定和经济发展，事先制定的一套具体、系统的应急处理方案。

一、自然灾害的概念

任何对人的生命、财产、生活状况造成威胁的事件统称为灾难。在人类发展史上，灾难的产生有两种原因：一是自然变化，二是人类活动。由自然变化引起的灾害，如地震和风暴潮等，往往被统称为自然灾害；人类活动是人为灾害的主要原因，如人类活动引起的火灾和交通事故。

自然灾害的发生时间长短不一，有的缓慢，有的迅速。在一些自然灾害中，当致灾因素达到一定程度时，它们会在数日、数小时、数分钟甚至数秒之内呈现出灾害行为，如地震、洪水、飓风、风暴潮、冰雹等，这些灾害统称为突发性自然灾害。干旱、农作物和林木的病虫害等，尽管通常都是在数月之内发生，但其发生与结束仍相当迅速和明显，因此也被归为突发性自然灾害。除此之外，还有些自然灾害是随着致灾因素的长期发展而逐步呈现出来的，例如土地沙漠化、水土流失、环境恶化等，这些灾害一般需要数年甚至更久才能形成，我们称之为缓发性自然灾害。

很多自然灾害，尤其是高强度、高烈度的自然灾害一旦发生，往往会引发一系列的其他灾害，称为灾害链。在灾害链上，最先出现并产生影响的致灾体，被称作原生灾害；而由原生灾害诱发的灾害，被称作次生灾害。自然灾害的出现，打破了人们赖以生存的和谐环境，并由此引发了一系列其他的灾害，统称为衍生灾害。例如，当干旱发生后，表层和浅层水资源严重匮乏，居民被迫饮用含氟较高的地下水，引发氟中毒，即衍生灾害。

当然，灾害的发生过程非常复杂，有时一种灾害可由几种灾因引起，或者一种灾害会同时诱发好几种不同的灾害。在这种情况下，要依据致灾原因及其主要形态来判定灾害类型。

二、自然灾害的分类

不同的地质条件、气候和地理位置，自然灾害发生的种类和频度也不尽相同。每个国家或地区都有其常见的自然灾害，如美洲大陆的飓风、非洲大陆的干旱、印度的洪水、日本的地震和火山爆发等。

自然灾害根据发生、发展的时间长短，可以划分为突发性灾害和缓发性（或累积性）灾害两种；根据灾害链条，可以划分为原生灾害、次生灾害和衍生灾害；根据致灾原因，可以划分为气象、海洋、地质、生物和宇宙等灾害类型。

灾害类型多，发生频度高，分布范围广，灾情严重，损失惨重。其中，对我国产生较大影响的灾害有：旱灾、水灾、台风、低温冻害和冰雹等，海上灾害中的暴风雨和波浪，地震、滑坡、泥石流等地质灾害，农作物病虫害、森林虫害等。

1. 气象灾害

根据世界气象组织（WMO）的资料，在所有的自然灾害中，约有60%的灾害是由天气造成的。而我国幅员辽阔，受到天气灾害影响的程度更高。在我国，气象灾害是影响范围最广、危害最大的自然灾害。

在我国，旱灾是最普遍的一种气象灾害。它的发生频率高、范围广、持续时间长，造成的损失也相对较大，灾害后的重建难度较大。

洪灾包括洪涝和雨涝两种。我国是全球最大的洪灾大国，尤其是华东、华南地区受灾最为严重。

因寒潮、霜、雪、冰、冷雨等引起的灾害被称为冷冻害。寒潮是一种由高纬度地区的冷空气侵入引起的大范围的急剧降温，并伴随着大风、雨雪和冻害的一种天气过程。从我国寒潮出现的次数来看，东北最多，华北次之，西北和长江流域再次之，华南最少。

防灾减灾已经成为世界各国普遍关注的问题。在1993年，我国首次将防灾减灾工作纳入国民经济整体规划，并制定了相关的防灾减灾管理体系，并在此基础上做出了显著的成绩。随着科学技术的发展和进步，人类期望能成功地抵御天气灾害，把灾害带来的损失降到最低。

2. 海洋灾害

海洋环境的异常或剧烈变化所引起的海上或海岸的灾难就是海洋灾害。海洋灾害包括风暴潮、海浪、海冰、海雾、飓风、地震和海啸以及其他突发性自然灾害，如赤潮、海水入侵和石油泄漏等。

造成海洋灾害的因素有：热带气旋和温带气旋等强大气干扰；海水自身的干扰或状况的突然变化；海底地震、火山喷发、海底山崩、地裂缝等。

3. 地质灾害

依据引发原因，地质灾害可分为两类：一类是由自然因素引发的，如地震、火山、滑坡、崩塌、泥石流等；另一类是由人为因素引发的，如水质或土质污染、沙漠化、地方病等。依据发生方式，地质灾害也可分为两类：一类是突发型，如地震、滑坡、崩塌、泥石流、地面塌陷等；另一类是缓发型，如水土流失、土地沙漠化、地裂缝等。

4. 生物灾害

在大自然中，人与各种动植物相互依存，可一旦失去平衡，生物灾难就会接踵而至。

例如，捕杀鸟类和青蛙，会引起虫害泛滥；用高新技术药物捕杀害虫，反而增强了害虫的抗药性；盲目引进外来植物只会排挤本国植物，这些情况均会造成不同程度的生物灾害，危及生态环境。

生物灾害危及人类社会的主要表现形式为：① 它直接导致人畜伤亡。② 它间接危害人畜。如鼠疫，自纪元以来共造成数亿人死亡。③ 它危害农牧林业生产。据联合国粮食及农业组织统计，全球谷物生产因虫害常年损失 14%，因病害损失 10%，因草害损失 5.8%，可夺去农作物产量约 30%。以农业生物灾害为例，可发现生物灾害易造成毁灭性灾害，即造成农作物大面积减产绝收、导致经济损失及扩大灾害趋势。

人类的生活与发展要遵循大自然的规律，建立和谐的社会，不光是人与人之间的关系，还包括人与各种生物、与大自然环境的关系。这是人类应该持有的态度且值得深入探讨的课题。

三、自然灾害应急预案的制定

结合上述自然灾害的特征，依据应急预案制定的基本要求，制定自然灾害应急预案。从 2006 年起，国务院先后颁布了《国家自然灾害救助应急预案》《国家防汛抗旱应急预案》《国家地震应急预案》《国家突发地质灾害应急预案》《国家处置重、特大森林火灾应急预案》5 个自然灾害类突发公共事件专项应急预案。而后，在全国应急预案系统逐渐健全的同时，国务院有关部门也根据自身的职能和管理特点，分别对其进行了分类，又陆续颁布了众多自然灾害应急预案，例如《建设系统破坏性地震应急预案》《铁路防洪应急预案》《农业重大自然灾害突发事件应急预案》《农业重大有害生物及外来生物入侵突发事件应急预案》《重大沙尘暴灾害应急预案》《重大外来林业有害生物应急预案》《重大气象灾害预警应急预案》《风暴潮、海啸、海冰灾害应急预案》《三峡葛洲坝梯级枢纽破坏性地震应急预案》《中国红十字总会自然灾害等突发公共事件应急预案》等。

四、自然灾害应急预案示例

2022 年 5 月 30 日，国务院办公厅以国办函〔2022〕48 号发布了《国家防汛抗旱应急预案》。

国家防汛抗旱应急预案

3　预防和预警机制
3.1　预防预警信息
3.2　预防预警行动
3.3　预警支持系统
3.4　预警响应衔接
4　应急响应
4.1　应急响应的总体要求
4.2　一级应急响应
4.3　二级应急响应
4.4　三级应急响应
4.5　四级应急响应
4.6　不同灾害的应急响应措施
4.7　信息报送和处理
4.8　指挥和调度
4.9　抢险救灾
4.10　安全防护和医疗救护
4.11　社会力量动员与参与
4.12　信息发布
4.13　应急终止
5　应急保障
5.1　通信与信息保障
5.2　应急支援与装备保障
5.3　技术保障
5.4　宣传
5.5　培训和演练
6　善后工作
6.1　救灾
6.2　防汛抗旱物资补充
6.3　水毁工程修复
6.4　蓄滞洪区运用补偿
6.5　灾后重建
6.6　工作评价与灾害评估
7　附则
7.1　名词术语定义
7.2　预案管理与更新
7.3　国际沟通与协作
7.4　奖励与责任追究
7.5　预案解释部门
7.6　预案实施时间

1　总则

1.1　指导思想

以习近平新时代中国特色社会主义思想为指导，深入贯彻落实习近平总书记关于防灾减灾救灾的重要论述和关于全面做好防汛抗旱工作的重要指示精神，按照党中央、国务院决策部署，立足新发展阶段，完整、准确、全面贯彻新发展理念，构建新发展格局，坚持人民至上、生命至上，统筹发展和安全，进一步完善体制机制，依法高效有序做好水旱灾害突发事件防范与处置工作，最大限度减少人员伤亡和财产损失，为经济社会持续健康发展提供坚强保证。

1.2　编制依据

《中华人民共和国防洪法》、《中华人民共和国水法》、《中华人民共和国防汛条例》、《中华人民共和国抗旱条例》、《水库大坝安全管理条例》和《国家突发公共事件总体应急预案》等。

1.3　适用范围

本预案适用于我国境内突发性水旱灾害的防范和处置。突发性水旱灾害包括：江河洪水和渍涝灾害、山洪灾害（指由降雨引发的山洪、泥石流灾害）、台风风暴潮灾害、干旱灾害、供水危机以及由洪水、风暴潮、地震等引发的水库垮坝、堤防决口、水闸倒塌、堰塞湖等次生衍生灾害。

1.4　工作原则

1.4.1　坚持统一领导、协调联动，分级负责、属地为主。防汛抗旱工作在党的领导下，实行各级人民政府行政首长负责制。各级防汛抗旱指挥机构在同级党委和政府、上级防汛抗旱指挥机构领导下，组织指挥管辖范围内防汛抗旱工作，贯彻落实同级党委和政府、上级防汛抗旱指挥机构的部署要求。

1.4.2　坚持安全第一、常备不懈，以防为主、防抗救相结合。防汛抗旱工作坚持依法防抗、科学防控，实行公众参与、专群结合、军民联防、平战结合，切实把确保人民生命安全放在第一位落到实处，保障防洪安全和城乡供水安全。

1.4.3　坚持因地制宜、城乡统筹，统一规划、局部利益服从全局利益。防汛抗旱工作要按照流域或区域统一规划，科学处理上下游左右岸之间、地区之间、部门之间、近期与长远之间等各项关系，突出重点，兼顾一般，做到服从大局、听从指挥。

1.4.4　坚持科学调度、综合治理，除害兴利、防汛抗旱统筹。在确保防洪安全的前提下，尽可能利用洪水资源。抗旱用水以水资源承载能力为基础，实行先生活、后生产，先地表、后地下，先节水、后调水，科学调度，优化配置，最大限度满足城乡生活、生态、生产用水需求。

2　组织指挥体系及职责

国务院设立国家防汛抗旱指挥机构，县级以上地方人民政府、有关流域设立防汛抗旱指挥机构，负责本区域的防汛抗旱工作。有关单位可根据需要设立防汛抗旱指挥机构，负责本单位防汛抗旱工作。

2.1　国家防汛抗旱总指挥部

国务院设立国家防汛抗旱总指挥部（以下简称国家防总），负责领导、组织全国的防汛抗旱工作，其办事机构国家防总办公室设在应急部。

2.1.1　国家防总组织机构

国家防总由国务院领导同志任总指挥，应急部、水利部主要负责同志，中央军委联合参谋部负责同志和国务院分管副秘书长任副总指挥，应急部分管副部长任秘书长，根据需要设副秘书长，中央宣传部、国家发展改革委、教育部、工业和信息化部、公安部、财政部、自然资源部、住房城乡建设部、交通运输部、水利部、农业农村部、商务部、文化和旅游部、国家卫生健康委、应急部、广电总局、中国气象局、国家粮食和储备局、国家能源局、国家铁路局、中央军委联合参谋部、中央军委国防动员部、中国红十字会总会、中国国家铁路集团有限公司、中国安能建设集团有限公司等部门和单位为国家防总成员单位。

2.1.2　国家防总职责

贯彻落实党中央、国务院关于防汛抗旱工作的决策部署，领导、组织全国防汛抗旱工作，研究拟订国家防汛抗旱政策、制度等；依法组织制定长江、黄河、淮河、海河等重要江河湖泊和重要水工程的防御洪水方案，按程序决定启用重要蓄滞洪区、弃守堤防或破堤泄洪；组织开展防汛抗旱检查，督促地方党委和政府落实主体责任，监督落实重点地区和重要工程防汛抗旱责任人，组织协调、指挥决策和指导监督重大水旱灾害应急抢险救援救灾工作，指导监督防汛抗旱重大决策部署的贯彻落实；指导地方建立健全各级防汛抗旱指挥机构，完善组织体系，建立健全与流域防汛抗旱总指挥部（以下简称流域防总）、省级防汛抗旱指挥部的应急联动、信息共享、组织协调等工作机制。

2.2　流域防汛抗旱总指挥部

长江、黄河、淮河、海河、珠江、松花江、太湖等流域设立流域防总，负责落实国家防总以及水利部防汛抗旱的有关要求，执行国家防总指令，指挥协调所管辖范围内的防汛抗旱工作。流域防总由有关省、自治区、直辖市人民政府和该流域管理机构等有关单位以及相关战区或其委托的单位负责人等组成，其办事机构（流域防总办公室）设在该流域管理机构。国家防总相关指令统一由水利部下达到各流域防总及其办事机构执行。

2.3　地方各级人民政府防汛抗旱指挥部

有防汛抗旱任务的县级以上地方人民政府设立防汛抗旱指挥部，在上级防汛抗旱指挥机构和本级人民政府的领导下，强化组织、协调、指导、督促职能，指挥本地区的防汛抗旱工作。防汛抗旱指挥部由本级人民政府和有关部门、当地解放军和武警部队等有关单位负责人组成。防汛压力大、病险水库多、抢险任务重、抗旱任务重的地方，政府主要负责同志担任防汛抗旱指挥部指挥长。

乡镇一级人民政府根据当地实际情况明确承担防汛抗旱防台风工作的机构和人员。

2.4　其他防汛抗旱指挥机构

有防汛抗旱任务的部门和单位根据需要设立防汛抗旱机构，在本级或属地人民政府防汛抗旱指挥机构统一领导下开展工作。针对重大突发事件，可以组建临时指挥机构，具体负责应急处理工作。

3　预防和预警机制

3.1　预防预警信息

3.1.1　气象水文海洋信息

（1）各级自然资源（海洋）、水利、气象部门应加强对当地灾害性天气的监测和预报预警，并将结果及时报送有关防汛抗旱指挥机构。

(2) 各级自然资源(海洋)、水利、气象部门应当组织对重大灾害性天气的联合监测、会商和预报,尽可能延长预见期,对重大气象、水文灾害作出评估,按规定及时发布预警信息并报送本级人民政府和防汛抗旱指挥机构。

(3) 当预报即将发生严重水旱灾害和风暴潮灾害时,当地防汛抗旱指挥机构应提早通知有关区域做好相关准备。当江河发生洪水时,水利部门应加密测验时段,及时上报测验结果,为防汛抗旱指挥机构适时指挥决策提供依据。

3.1.2 工程信息

(1) 堤防工程信息。

a. 当江河出现警戒水位以上洪水或海洋出现风暴潮黄色警戒潮位以上的高潮位时,各级堤防管理单位应加强工程监测,并将堤防、涵闸、泵站等工程设施的运行情况报同级防汛抗旱指挥机构和上级主管部门。发生洪水地区的省级防汛抗旱指挥机构应在每日9时前向国家防总报告工程出险情况和防守情况,大江大河干流重要堤防、涵闸等发生重大险情应在险情发生后4小时内报到国家防总。

b. 当堤防和涵闸、泵站等穿堤建筑物出现险情或遭遇超标准洪水袭击,以及其他不可抗拒因素而可能决口时,工程管理单位必须立即采取抢护措施,并在第一时间向预计淹没区域的有关基层人民政府和基层组织发出预警,同时向同级防汛抗旱指挥机构和上级主管部门准确报告出险部位、险情种类、抢护方案以及处理险情的行政责任人、技术责任人、通信联络方式、除险情况,以利加强指导或作出进一步的抢险决策。

(2) 水库工程信息。

a. 当水库水位超过汛限水位时,水库管理单位应对大坝、溢洪道、输水管等关键部位加密监测,并按照批准的洪水调度方案调度,其工程运行状况应向同级防汛抗旱指挥机构和上级主管部门报告。大型和防洪重点中型水库发生的重大险情应在险情发生后1小时内报到国家防总办公室。

b. 当水库出现险情征兆时,水库管理单位必须立即采取抢护措施,并在第一时间向预计垮坝淹没区域的有关基层人民政府和基层组织发出预警,同时向同级防汛抗旱指挥机构和上级主管部门报告出险部位、险情种类、抢护方案以及处理险情的行政责任人、技术责任人、通信联络方式、除险情况,以进一步采取相应措施。

c. 当水库遭遇超标准洪水或其他不可抗拒因素而可能垮坝时,水库管理单位应提早向预计垮坝淹没区域的有关基层人民政府和基层组织发出预警,为群众安全转移和工程抢护争取时间。

3.1.3 洪涝灾情信息

(1) 洪涝灾情信息主要包括:灾害发生的时间、地点、范围、受灾人口、因灾死亡失踪人口、紧急转移安置人口、因灾伤病人口、需紧急生活救助人口等信息,以及居民房屋等财产、农林牧渔、交通运输、邮电通信、水利、水电气设施等方面的损失信息。

(2) 洪涝灾情发生后,有关部门应及时向防汛抗旱指挥机构和应急管理部门报告洪涝受灾情况,防汛抗旱指挥机构和应急管理部门应及时组织研判灾情和气象趋势,收集动态灾情,全面掌握受灾情况,并及时向同级人民政府、上级防汛抗旱指挥机构和应急管理部门报告。对人员伤亡和较大财产损失的灾情,应立即上报,重大灾情在灾害发生后4小时内将初步情况报到国家防总和应急部,并对实时灾情组织核实,核实后及时上报,为抗灾救灾提供准确依据。

(3) 地方各级人民政府、防汛抗旱指挥机构应按照水旱灾害信息报送有关制度规定上报洪涝灾情。

3.1.4 旱情信息

(1) 旱情信息主要包括:干旱发生的时间、地点、程度、受旱范围、影响人口等信息,以及对工农业生产、城乡生活、生态环境等方面造成的影响信息。

(2) 防汛抗旱指挥机构应掌握雨水情变化、当地蓄水情况、农业旱情和城乡供水等情况。水利、农业农村、气象等部门应加强旱情监测预测,并将干旱情况及时报同级防汛抗旱指挥机构。地方各级人民政府、防汛抗旱指挥机构应按照水旱灾害信息报送有关制度规定及时上报受旱情况,遇旱情急剧发展时应及时加报。

3.2 预防预警行动

3.2.1 预防准备工作

(1) 思想准备。加强宣传,增强全民预防水旱灾害和自我保护的意识,做好防大汛抗大旱的思想准备。

(2) 组织准备。建立健全防汛抗旱组织指挥机构,落实防汛抗旱责任人、防汛抗旱队伍和山洪易发重点区域的监测网络及预警措施,加强防汛抗旱应急抢险救援专业队伍建设。

(3) 工程准备。按时完成水毁工程修复和水源工程建设任务,对存在病险的堤防、水库、涵闸、泵站等各类防洪排涝工程设施及时除险加固;对跨汛期施工的涉水工程,要落实安全度汛责任和方案措施。

(4) 预案准备。修订完善江河湖库和城市防洪排涝预案、台风风暴潮防御预案、洪水预报方案、防洪排涝工程调度规程、堤防决口和水库垮坝应急方案、堰塞湖应急处置预案、蓄滞洪区安全转移预案、山丘区防御山洪灾害预案和抗旱预案、城市抗旱预案等各类应急预案和方案。研究制订防御超标准洪水的应急方案,主动应对大洪水。针对江河堤防险工险段,要制订工程抢险方案。大江大河干流重要河段堤防决口抢险方案由流域管理机构组织审批。

(5) 物资准备。按照分级负责的原则,储备必需的防汛抗旱抢险救援救灾物资。在防汛重点部位应储备一定数量的抢险物资,以应急需。

(6) 通信准备。充分利用公众通信网,确保防汛通信专网、蓄滞洪区的预警反馈系统完好和畅通。健全水文、气象测报站网,确保雨情、水情、工情、灾情信息和指挥调度指令及时传递。

(7) 防汛抗旱检查。实行以查组织、查工程、查预案、查物资、查通信为主要内容的分级检查制度,发现薄弱环节要明确责任、限时整改。

(8) 防汛日常管理工作。加强防汛日常管理工作,对在江河、湖泊、水库、滩涂、人工水道、蓄滞洪区内建设的非防洪建设项目应当编制洪水影响评价报告,并经有审批权的水利部门审批,对未经审批并严重影响防洪的项目,依法强行拆除。

3.2.2 江河洪水预警

(1) 当江河即将出现洪水时,各级水利部门应做好洪水预报和预警工作,及时向同级防汛抗旱指挥机构报告水位、流量的实测情况和洪水走势。各级气象部门应做好天气监测预报工作,及时向防汛抗旱指挥机构报告降雨实况、预报等。

(2) 各级水利部门应按照分级负责原则,确定洪水预警区域、级别和洪水信息发布范围,按照权限向社会发布。

(3) 各级水利部门应跟踪分析江河洪水的发展趋势，及时滚动预报最新水情，为抗灾救灾提供基本依据和技术支撑。

3.2.3 渍涝灾害预警

(1) 城市内涝预警。当气象预报将出现强降雨，并可能发生城市内涝灾害时，各级防汛抗旱指挥机构应按照分级分部门负责原则，组织住房城乡建设、水利、应急管理、气象等部门开展联合会商，研判形势。地方住房城乡建设、水利、应急管理、气象等有关部门按任务分工及时发布有关预警信息，当地防汛抗旱指挥机构按照预案启动相应级别的应急响应。当地人民政府视情及时组织做好人员转移、停工、停学、停业、停运和暂停户外活动等工作，对重点部位和灾害易发区提前预置抢险救援力量。

(2) 乡村渍涝预警。当气象预报将出现强降雨，村庄和农田可能发生渍涝灾害时，当地防汛抗旱指挥机构应及时组织会商，有关部门按职责及时发布预警，并按预案和分工提前采取措施减轻灾害损失。

3.2.4 山洪灾害预警

(1) 可能遭受山洪灾害威胁的地方，应根据山洪灾害的成因和特点，主动采取预防和避险措施。自然资源、水利、气象等部门应密切联系，相互配合，实现信息共享，提高预报水平，及时发布预警。

(2) 有山洪灾害防治任务的地方，水利部门应加强日常防治和监测预警。地方各级人民政府组织自然资源、水利、应急管理、气象等部门编制山洪灾害防御预案，绘制区域内山洪灾害风险图，划分并确定区域内易发生山洪灾害的地点及范围，制订安全转移方案，明确组织机构的设置及职责，指导行政村(社区)编制山洪灾害防御预案。具体工作由基层人民政府组织实施。

(3) 山洪灾害易发区应建立专业监测与群测群防相结合的监测体系，落实监测措施，汛期坚持24小时值班巡逻制度，降雨期间，加密监测、加强巡逻。每个乡镇(街道)、村(社区)、组和相关单位都要落实信号发送员，一旦发现危险征兆，立即向周边群众发出警报，实现快速转移，并报告本地防汛抗旱指挥机构，以便及时组织抗灾救灾。

3.2.5 台风风暴潮灾害预警

(1) 各级气象部门应密切监视台风动向，及时发布台风(含热带低压等)监测预警信息，做好未来趋势预报，并及时将台风中心位置、强度、移动方向、速度等信息报告同级人民政府和防汛抗旱指挥机构。自然资源(海洋)部门根据台风预报做好风暴潮监测预报预警工作。

(2) 可能遭遇台风袭击的地方，各级防汛抗旱指挥机构应加强值班，跟踪台风动向，并将有关信息及时向社会发布。

(3) 水利部门应根据台风影响的范围，及时通知有关水库、主要湖泊和河道堤防管理单位，做好防范工作。各工程管理单位应组织人员分析水情和台风带来的影响，加强工程检查，必要时实施预泄预排措施。

(4) 预报将受台风影响的沿海地区，当地防汛抗旱指挥机构应及时通知有关部门和人员做好防台风工作。

(5) 有关部门要加强对城镇危房、在建工地、仓库、交通运输、电信电缆、电力电线、户外广告牌等公用设施的检查，及时采取加固措施，组织船只回港避风和沿海养殖人员撤离工作。当地人民政府视情及时做好人员转移、停工、停学、停业、停运和暂停户外活动等工作。

3.2.6　蓄滞洪区预警

（1）蓄滞洪区所在地县级防汛抗旱指挥机构应组织蓄滞洪区管理单位等拟订群众安全转移方案，由所在地县级人民政府组织审批。

（2）蓄滞洪区工程管理单位应加强工程运行监测，发现问题及时处理，并报告本级防汛抗旱指挥机构和上级主管部门。

（3）运用蓄滞洪区，当地人民政府和防汛抗旱指挥机构应把人民群众生命安全放在第一位，迅速启动预警系统，按照群众安全转移方案实施转移。

3.2.7　干旱灾害预警

（1）各级水利部门应加强旱情监测和管理，针对干旱灾害的成因、特点，因地制宜采取预警防范措施。

（2）各级防汛抗旱指挥机构应及时掌握旱情灾情，根据干旱发展趋势，及时组织和督促有关部门做好抗旱减灾工作。

（3）各级防汛抗旱指挥机构应当鼓励和支持社会力量开展抗旱减灾工作。

3.2.8　供水危机预警

当因供水水源短缺或被破坏、供水线路中断、供水设施损毁、供水水质被侵害等原因而出现供水危机，有关部门应按相关规定及时向社会发布预警信息，及时报告同级防汛抗旱指挥机构并通报水行政主管部门，居民、企事业单位应做好储备应急用水的准备，有关部门做好应急供水的准备。

3.3　预警支持系统

3.3.1　洪涝、干旱和台风风暴潮风险图

（1）各级防汛抗旱指挥机构应组织有关部门，研究绘制本地区的城市洪涝风险图、蓄滞洪区洪水风险图、流域洪水风险图、山洪灾害风险图、水库洪水风险图、干旱风险图、台风风暴潮风险图。

（2）防汛抗旱指挥机构应以各类洪涝、干旱和台风风暴潮风险图作为抗洪抢险救灾、群众安全转移安置和抗旱救灾决策的技术依据。

3.3.2　洪涝防御方案

（1）防汛抗旱指挥机构应根据需要，组织水行政、住房城乡建设等有关部门编制和修订防御江河洪水方案、城市排涝方案，主动应对江河洪水和城市渍涝。长江、黄河、淮河、海河等重要江河湖泊和重要水工程的防御洪水方案，由水利部组织编制，按程序报国务院批准。重要江河湖泊和重要水工程的防洪抗旱调度和应急水量调度方案由水利部流域管理机构编制，报水利部审批后组织实施。调度方案和指令须抄国家防总、应急部。

（2）水行政主管部门应根据情况变化，修订和完善洪水调度方案。

3.3.3　抗旱预案

各级水利部门应编制抗旱预案，主动应对不同等级的干旱灾害。

3.4　预警响应衔接

（1）自然资源、住房城乡建设、交通运输、水利、应急管理、气象等部门按任务分工健全预警机制，规范预警发布内容、范围、程序等。有关部门应按专群有别、规范有序的原则，科学做好预警信息发布。

(2) 自然资源、住房城乡建设、交通运输、水利、应急管理、气象等部门要加强监测预报和信息共享。

(3) 各级防汛抗旱指挥机构要健全多部门联合会商机制,预测可能出现致灾天气过程或有关部门发布预警时,防汛抗旱指挥机构办公室要组织联合会商,分析研判灾害风险,综合考虑可能造成的危害和影响程度,及时提出启动、调整应急响应的意见和建议。

(4) 各级防汛抗旱指挥机构应急响应原则上与本级有关部门的预警挂钩,把预警纳入应急响应的启动条件。省级防汛抗旱指挥机构要指导督促下级防汛抗旱指挥机构做好相关预警与应急响应的衔接工作。

(5) 预警发布部门发布预警后,要滚动预报预警,及时向本级防汛抗旱指挥机构报告。

(6) 有关部门要建立预报预警评估制度,每年汛后对预报预警精确性、有效性进行评估。

4　应急响应

4.1　应急响应的总体要求

4.1.1　按洪涝、干旱、台风、堰塞湖等灾害严重程度和范围,将应急响应行动分为一、二、三、四级。一级应急响应级别最高。

4.1.2　进入汛期、旱期,各级防汛抗旱指挥机构及有关成员单位应实行24小时值班制度,全程跟踪雨情、水情、风情、险情、灾情、旱情,并根据不同情况启动相关应急程序。国家防总成员单位启动防汛抗旱相关应急响应时,应及时通报国家防总。国家防总各成员单位应按照统一部署和任务分工开展工作并及时报告有关工作情况。

4.1.3　当预报发生大洪水或突发险情时,水利部组织会商,应急部等部门派员参加。涉及启用重要蓄滞洪区、弃守堤防或破堤泄洪时,由水利部提出运用方案报国家防总,按照总指挥的决定执行。重大决定按程序报国务院批准。

4.1.4　洪涝、干旱、台风、堰塞湖等灾害发生后,由地方人民政府和防汛抗旱指挥机构负责组织实施抢险救灾和防灾减灾等方面的工作。灾害应对关键阶段,应有党政负责同志在防汛抗旱指挥机构坐镇指挥,相关负责同志根据预案和统一安排靠前指挥,确保防汛抢险救灾工作有序高效实施。

4.1.5　洪涝、干旱、台风、堰塞湖等灾害发生后,由当地防汛抗旱指挥机构向同级人民政府和上级防汛抗旱指挥机构报告情况。造成人员伤亡的突发事件,可越级上报,并同时报上级防汛抗旱指挥机构。任何个人发现堤防、水库发生险情时,应立即向有关部门报告。

4.1.6　对跨区域发生的上述灾害,或者突发事件将影响到临近行政区域的,在报告同级人民政府和上级防汛抗旱指挥机构的同时,应及时向受影响地区的防汛抗旱指挥机构通报情况。

4.1.7　因上述灾害而衍生的疾病流行、水陆交通事故等次生灾害,当地防汛抗旱指挥机构应及时向同级人民政府和上级防汛抗旱指挥机构报告,并由当地人民政府组织有关部门全力抢救和处置,采取有效措施切断灾害扩大的传播链,防止次生或衍生灾害蔓延。

4.2　一级应急响应

4.2.1　出现下列情况之一者,为一级应急响应:

(1) 某个流域发生特大洪水;

(2) 多个流域同时发生大洪水;

(3) 多个省(自治区、直辖市) 启动防汛抗旱一级应急响应;

(4) 大江大河干流重要河段堤防发生决口;

(5) 重点大型水库发生垮坝;

(6) 多个省(自治区、直辖市) 发生特大干旱;

(7) 多座特大及以上城市发生特大干旱;

(8) 其他需要启动一级应急响应的情况。

根据汛情、险情、灾情、旱情发展变化,当发生符合启动一级应急响应条件的事件时,国家防总办公室提出启动一级应急响应的建议,由副总指挥审核后,报总指挥批准;遇紧急情况,由总指挥决定。必要时,国务院直接决定启动一级应急响应。

4.2.2　一级应急响应行动

(1) 由国家防总总指挥或党中央、国务院指定的负责同志主持会商,统一指挥调度,国家防总成员参加。视情启动经国务院批准的防御特大洪水方案,作出防汛抗旱应急工作部署,加强工作指导,并将情况上报党中央、国务院。应急响应期内,根据汛情、险情、灾情、旱情发展变化,可由副总指挥主持,有关成员单位参加,随时滚动会商,并将情况报总指挥。按照党中央、国务院安排派出工作组赴一线指导防汛抗旱工作。国家防总加强值守,密切监视汛情、险情、灾情、旱情,做好预测预报,做好重点工程调度,并在8小时内派出由国家防总领导或成员带队的工作组、专家组赴一线指导防汛抗旱工作,及时在中央主要媒体及新媒体通报有关情况,报道汛(旱)情及抗洪抢险、抗旱减灾工作。财政部为灾区及时提供资金帮助。国家粮食和储备局按照国家防总办公室要求为灾区紧急调运防汛抗旱物资;铁路、交通运输、民航部门为防汛抗旱物资提供运输保障。水利部做好汛情旱情预测预报,做好重点工程调度和防汛抢险技术支撑。应急部组织协调水旱灾害抢险和应急救援工作,转移安置受洪水威胁人员,及时救助受灾群众。国家卫生健康委根据需要,及时派出卫生应急队伍或专家赴灾区协助开展紧急医学救援、灾后卫生防疫和应急心理干预等工作。国家防总其他成员单位按照任务分工,全力做好有关工作。

(2) 有关流域防汛抗旱指挥机构按照权限调度水利、防洪工程,为国家防总和水利部提供调度参谋意见。派出工作组、专家组,支援地方抗洪抢险和抗旱减灾。

(3) 有关省、自治区、直辖市的防汛抗旱指挥机构启动一级应急响应,可依法宣布本地区进入紧急防汛期或紧急抗旱期,按照《中华人民共和国防洪法》和突发事件应对相关法律的规定行使权力。同时,增加值班人员,加强值班,由防汛抗旱指挥机构的主要负责同志主持会商,动员部署防汛抗旱工作;按照权限组织调度水利、防洪工程;根据预案转移危险地区群众,组织强化巡堤查险和堤防防守,及时控制险情或组织强化抗旱工作。受灾地区的各级防汛抗旱指挥机构负责人、成员单位负责人,应按照职责到分管的区域组织指挥防汛抗旱工作,或驻点具体帮助重灾区做好防汛抗旱工作。有关省、自治区、直辖市的防汛抗旱指挥机构应将工作情况上报当地人民政府、国家防总及流域防汛抗旱指挥机构。有关省、自治区、直辖市的防汛抗旱指挥机构成员单位按任务分工全力配合做好防汛抗旱和抗灾救灾工作。

4.3　二级应急响应

4.3.1　出现下列情况之一者,为二级应急响应:

(1) 一个流域发生大洪水;

(2) 多个省(自治区、直辖市) 启动防汛抗旱二级或以上应急响应;

(3) 大江大河干流一般河段及主要支流堤防发生决口；

(4) 多个省(自治区、直辖市)发生严重洪涝灾害；

(5) 一般大中型水库发生垮坝；

(6) 预报超强台风登陆或严重影响我国；

(7) 正在发生大范围强降雨过程，中央气象台发布暴雨红色预警，会商研判有两个以上省(自治区、直辖市)大部地区可能发生严重洪涝灾害；

(8) 同一时间发生两个以上极高风险的堰塞湖；

(9) 一省(自治区、直辖市)发生特大干旱或多个省(自治区、直辖市)发生严重干旱；

(10) 多个大城市发生严重干旱；

(11) 其他需要启动二级应急响应的情况。

根据汛情、险情、灾情、旱情发展变化，当发生符合启动二级应急响应条件的事件时，国家防总办公室提出启动二级应急响应的建议，由国家防总秘书长审核后，报副总指挥批准；遇紧急情况，由副总指挥决定。

4.3.2 二级应急响应行动

(1) 国家防总副总指挥主持会商，国家防总成员单位派员参加会商，作出相应工作部署，加强防汛抗旱工作的指导，在2小时内将情况上报国务院领导同志并通报国家防总成员单位。应急响应期内，根据汛情、险情、灾情、旱情发展变化，可由国家防总秘书长主持，随时滚动会商。国家防总加强值班力量，密切监视汛情、险情、灾情、旱情，做好预测预报，做好重点工程调度，并在12小时内派出由成员单位组成的联合工作组、专家组赴一线指导防汛抗旱工作。水利部密切监视汛情、旱情、工情发展变化，做好汛情、旱情预测预报预警，做好重点工程调度和抗洪应急抢险技术支撑。国家防总组织协调有关方面不定期在中央主要媒体及新媒体平台通报有关情况。根据灾区请求及时调派抢险救援队伍、调拨防汛抗旱物资支援地方抢险救灾。国家防总各成员单位按照任务分工做好有关工作。

(2) 有关流域防汛抗旱指挥机构密切监视汛情、险情、灾情、旱情发展变化，做好洪水预测预报，派出工作组、专家组，支援地方抗洪抢险救援和抗旱救灾；按照权限调度水利、防洪工程；为国家防总和水利部提供调度参谋意见。

(3) 有关省、自治区、直辖市防汛抗旱指挥机构可根据情况，依法宣布本地区进入紧急防汛期或紧急抗旱期，按照《中华人民共和国防洪法》和突发事件应对相关法律的规定行使相关权力。同时，增加值班人员，加强值班。有关省级防汛抗旱指挥机构应将工作情况上报当地人民政府主要负责同志、国家防总及流域防汛抗旱指挥机构。有关省、自治区、直辖市的防汛抗旱指挥机构成员单位按任务分工全力配合做好防汛抗旱和抗灾救灾工作。

4.4 三级应急响应

4.4.1 出现下列情况之一者，为三级应急响应：

(1) 多个省(自治区、直辖市)同时发生洪涝灾害；

(2) 一省(自治区、直辖市)发生较大洪水；

(3) 多个省(自治区、直辖市)启动防汛抗旱三级或以上应急响应；

(4) 大江大河干流堤防出现重大险情；

(5) 大中型水库出现严重险情或小型水库发生垮坝；

(6) 预报强台风登陆或严重影响我国；

(7) 正在发生大范围强降雨过程，中央气象台发布暴雨橙色预警，会商研判有两个以上省（自治区、直辖市）大部地区可能发生较重洪涝灾害；

(8) 发生极高风险的堰塞湖；

(9) 多个省（自治区、直辖市）同时发生中度干旱；

(10) 多座中等以上城市同时发生中度干旱或一座大城市发生严重干旱；

(11) 其他需要启动三级应急响应的情况。

根据汛情、险情、灾情、旱情发展变化，当发生符合启动三级应急响应条件的事件时，国家防总办公室提出启动三级应急响应的建议，报国家防总秘书长批准；遇紧急情况，由国家防总秘书长决定。

4.4.2　三级应急响应行动

(1) 国家防总秘书长主持会商，中国气象局、水利部、自然资源部等国家防总有关成员单位参加，作出相应工作安排，加强防汛抗旱工作的指导，有关情况及时上报国务院并通报国家防总成员单位。水利部密切监视汛情、旱情发展变化。国家防总办公室在18小时内派出由司局级领导带队的工作组、专家组赴一线指导防汛抗旱工作。

(2) 有关流域防汛抗旱指挥机构加强汛（旱）情监视，加强洪水预测预报，做好相关工程调度，派出工作组、专家组到一线协助防汛抗旱。

(3) 有关省、自治区、直辖市的防汛抗旱指挥机构，由防汛抗旱指挥机构负责同志主持会商，具体安排防汛抗旱工作；按照权限调度水利、防洪工程；根据预案组织防汛抢险或组织抗旱，派出工作组、专家组，并将防汛抗旱的工作情况上报当地人民政府分管负责同志、国家防总及流域防总。省级防汛抗旱指挥机构在省级主要媒体及新媒体平台发布防汛抗旱有关情况。省级防汛抗旱指挥机构各成员单位按照任务分工做好有关工作。

4.5　四级应急响应

4.5.1　出现下列情况之一者，为四级应急响应：

(1) 多个省（自治区、直辖市）启动防汛抗旱四级或以上应急响应；

(2) 多个省（自治区、直辖市）同时发生一般洪水；

(3) 大江大河干流堤防出现险情；

(4) 大中型水库出现险情；

(5) 预报热带风暴、强热带风暴、台风登陆或影响我国；

(6) 预测或正在发生大范围强降雨过程，中央气象台发布暴雨黄色预警，会商研判有两个以上省（自治区、直辖市）可能发生洪涝灾害；

(7) 发生高风险的堰塞湖；

(8) 多个省（自治区、直辖市）同时发生轻度干旱；

(9) 多座中等以上城市同时因旱影响正常供水；

(10) 其他需要启动四级应急响应的情况。

根据汛情、险情、灾情、旱情发展变化，当发生符合启动四级应急响应条件的事件时，国家防总办公室主任决定并宣布启动四级应急响应。

4.5.2　四级应急响应行动

(1) 国家防总办公室负责同志主持会商，中国气象局、水利部、自然资源部等国家防总有关成员单位参加，分析防汛抗旱形势，作出相应工作安排，加强对汛（旱）情的监视，在24

小时内派出由司局级领导带队的工作组、专家组赴一线指导防汛抗旱工作，将情况上报国务院并通报国家防总成员单位。

(2) 有关流域防总加强汛情、旱情监视，做好洪水预测预报，并将情况及时报国家防总办公室。

(3) 有关省、自治区、直辖市的防汛抗旱指挥机构由防汛抗旱指挥机构负责同志主持会商，具体安排防汛抗旱工作；按照权限调度水利、防洪工程；按照预案采取相应防守措施或组织抗旱；派出工作组、专家组赴一线指导防汛抗旱工作；将防汛抗旱的工作情况上报当地人民政府和国家防总办公室。

4.6 不同灾害的应急响应措施

4.6.1 江河洪水

(1) 当江河水位超过警戒水位时，当地防汛抗旱指挥机构应按照经批准的防洪预案和防汛责任制的要求，组织专业和群众防汛队伍巡堤查险，严密布防，必要时动用解放军和武警部队、民兵参加重要堤段、重点工程的防守或突击抢险。

(2) 当江河水位继续上涨，危及重点保护对象时，各级防汛抗旱指挥机构和承担防汛任务的部门、单位，应根据江河水情和洪水预报，按照规定的权限和防御洪水方案、洪水调度方案，适时调度运用防洪工程，调节水库拦洪错峰，开启节制闸泄洪，启动泵站抢排，启用分洪河道、蓄滞洪区行蓄洪水，清除河道阻水障碍物、临时抢护加高堤防增加河道泄洪能力等。

(3) 在实施蓄滞洪区调度运用时，根据洪水预报和经批准的洪水调度方案，由防汛抗旱指挥机构决定做好蓄滞洪区启用的准备工作，主要包括：组织蓄滞洪区内人员转移、安置，分洪设施的启用和无闸分洪口门爆破准备。当江河水情达到洪水调度方案规定的条件时，按照启用程序和管理权限由相应的防汛抗旱指挥机构批准下达命令实施分洪。

(4) 在紧急情况下，按照《中华人民共和国防洪法》有关规定，有关县级以上人民政府防汛抗旱指挥机构可以宣布进入紧急防汛期，并行使相关权力、采取特殊措施，保障抗洪抢险的顺利实施。

4.6.2 渍涝灾害

渍涝灾害应急处置工作由当地防汛抗旱指挥机构组织实施。各级防汛抗旱指挥机构要加强组织协调，督促指导有关部门做好排涝工作。

(1) 城市内涝。住房城乡建设、交通运输、水利等有关部门以及铁路等有关单位按任务分工全面排查城市易涝风险点，要突出抓好轨道交通、市政道路隧道、立交桥、地下空间、下沉式建筑、在建工程基坑等易涝积水点(区)隐患排查，并逐项整治消险。对主要易涝点要按照“一点一案”制定应急处置方案，明确责任人、队伍和物资，落实应急措施。

当出现城市内涝灾害时，当地防汛抗旱指挥机构应根据应急预案，及时组织有关部门和力量转移安置危险区域人员；对低洼积水等危险区域、路段，有关部门要及时采取警戒、管控等措施，避免人员伤亡。要及时通过广播、电视、新媒体等对灾害信息进行滚动预警；情况危急时，停止有关生产和社会活动。

住房城乡建设、水利等部门应加强协调和配合，科学调度防洪排涝工程、正确处理外洪内涝关系，确保防洪防涝安全。交通运输、电力、通信、燃气、供水等有关部门和单位应保障城市生命线工程和其他重要基础设施安全，保证城市正常运行。

(2) 当村庄和农田发生渍涝灾害时，有关部门要及时组织专业人员和设备抢排涝水，尽快恢复生产和生活，减少灾害损失。

4.6.3　山洪灾害

(1) 山洪灾害日常防治和监测预警工作由水利部门负责，应急处置和抢险救灾工作由应急管理部门负责，具体工作由基层人民政府组织实施。各级防汛抗旱指挥机构要加强组织协调，指导自然资源、生态环境、住房城乡建设、水利、应急管理、消防、气象等各有关部门按任务分工做好相关工作。

(2) 当山洪灾害易发区观测到降雨量达到预警阈值时，水利等有关部门应及时发出预警，基层人民政府及时按预案组织受威胁人员安全撤离。

(3) 转移受威胁地区的群众，应本着就近、迅速、安全、有序的原则进行，先人员后财产，先老幼病残后其他人员，先转移危险区人员和警戒区人员，防止出现道路堵塞和发生意外事件。

(4) 当发生山洪灾害时，当地防汛抗旱指挥机构应组织自然资源、水利、应急管理、气象等有关部门的专家和技术人员，及时赶赴现场，加强观测，采取应急措施，防止造成更大损失。

(5) 发生山洪灾害后，若导致人员伤亡，应立即组织国家综合性消防救援队伍、民兵、抢险突击队紧急抢救，必要时向当地解放军和武警部队及上级人民政府请求救援。

(6) 如山洪、泥石流、滑坡体堵塞河道，当地防汛抗旱指挥机构应召集有关部门、专家研究处理方案，尽快采取应急措施，避免发生更大的灾害。

4.6.4　台风风暴潮灾害

(1) 台风风暴潮(含热带低压) 灾害应急处理由当地人民政府防汛抗旱指挥机构负责。

(2) 发布台风蓝色、黄色预警阶段。

a. 气象部门对台风发展趋势提出具体的分析和预报意见，并立即报告同级人民政府及防汛抗旱指挥机构。

b. 自然资源(海洋) 部门根据台风动向，分析、预报风暴潮，并及时报告同级人民政府及防汛抗旱指挥机构。

c. 沿海地区各级防汛抗旱指挥机构负责同志及水利工程防汛负责人应根据台风预警上岗到位值班，并部署防御台风的各项准备工作。

d. 防汛抗旱指挥机构督促有关地区和部门组织力量加强巡查，督促对病险堤防、水库、涵闸进行抢护或采取必要的紧急处置措施。台风可能明显影响的地区，超汛限水位的水库应将水位降到汛限水位，平原河网水位高的应适当预排。水利部门做好洪水测报的各项准备。做好受台风威胁地区群众的安全转移准备工作。

e. 海上作业单位通知出海渔船回港避风，提醒商船落实避风措施。自然资源(海洋)、渔业、海运、海上安全等部门检查归港船只锚固情况，敦促沿海地区做好建设工地、滩涂养殖、网箱加固及渔排上人员安全转移、港口大型机械加固、人员避险、货物避水等工作。

f. 新闻媒体及时播发台风预警信息和防汛抗旱指挥机构的防御部署情况。

(3) 发布台风橙色、红色预警阶段。

a. 台风可能影响地区的各级防汛抗旱指挥机构负责同志及水利工程防汛负责人应立即上岗到位值班，根据当地防御洪水(台风) 方案进一步检查各项防御措施落实情况。对台风可能登陆地区和可能严重影响的地区，当地县级以上人民政府应发布防台风动员令，组织防台风工作，派出工作组深入第一线，做好宣传发动工作，落实防台风措施和群众安全转移措施，指挥防台风和抢险工作。

b. 气象部门应作出台风可能登陆地点、时间以及台风暴雨量级和雨区的预报。自然资源（海洋）部门应作出风暴潮预报。水利部门应根据气象部门的降雨预报，提早作出江河洪水的预报。

c. 海上作业单位应检查船只进港情况，尚未回港的应采取应急措施。对停港避风的船只应落实防撞等保安措施。

d. 水利工程管理单位应做好工程的保安工作，并根据降雨量、洪水预报，控制运用水库、水闸及江河洪水调度运行，落实蓄滞洪区分洪的各项准备。抢险人员加强对工程的巡查。

e. 洪水预报将要受淹的地区，做好人员、物资的转移。山洪灾害易发地区提高警惕，落实应急措施。

f. 台风将登陆影响和台风中心可能经过的地区，居住在危房的人员应及时转移；成熟的农作物、食盐、渔业产品应组织抢收抢护；高空作业设施做好防护工作；建设工地做好大型临时设施固结和工程结构防护等工作；电力、通信部门应做好抢修准备，保障供电和通信畅通；住房城乡建设（园林绿化）部门应按职责做好市区树木的保护工作；卫生健康部门做好抢救伤员的应急处置方案。

g. 新闻媒体应增加对台风预报和防台风措施的播放和刊载。

h. 国家综合性消防救援队伍、驻地解放军和武警部队、民兵根据抢险救灾预案做好各项准备，一旦有任务即迅速赶往现场。卫生健康部门根据实际需要，组织卫生应急队伍集结待命。公安机关做好社会治安工作。

i. 各级防汛抗旱指挥机构应及时向上一级防汛抗旱指挥机构汇报防台风行动情况。

4.6.5　堤防决口、水闸垮塌、水库（水电站）垮坝

（1）当出现堤防决口、水闸垮塌、水库（水电站）垮坝征兆时，防汛责任单位要迅速调集人力、物力全力组织抢险，尽可能控制险情，第一时间向预计淹没区域的有关基层人民政府和基层组织发出警报，并及时向当地防汛抗旱指挥机构和上级主管部门报告。大江大河干流堤防决口、水闸垮塌和大型水库（水电站）垮坝等事件应立即报告国家防总办公室。

（2）堤防决口、水闸垮塌、水库（水电站）垮坝的应急处理，由当地防汛抗旱指挥机构负责，水利部门提供技术支撑。首先应迅速组织受影响群众转移，并视情况抢筑二道防线，控制洪水影响范围，尽可能减少灾害损失。必要时，向上级防汛抗旱指挥机构提出援助请求。

（3）当地防汛抗旱指挥机构视情况在适当时机组织实施堤防堵口，按照权限调度有关水利工程，为实施堤防堵口创造条件，并应明确堵口、抢护的行政、技术责任人，启动堵口、抢护应急预案，及时调集人力、物力迅速实施堵口、抢护。上级防汛抗旱指挥机构负责同志应立即带领专家赶赴现场指导。

4.6.6　干旱灾害

县级以上防汛抗旱指挥机构根据本地区实际情况，按特大、严重、中度、轻度4个干旱等级，制定相应的应急抗旱措施，并负责组织抗旱工作。

（1）特大干旱。

a. 强化地方行政首长抗旱责任制，确保城乡居民生活和重点企业用水安全，维护灾区社会稳定。

b. 防汛抗旱指挥机构强化抗旱工作的统一指挥和组织协调，加强会商。水利部门强化抗旱水源的科学调度和用水管理。各有关部门按照防汛抗旱指挥机构的统一指挥部署，协调联动，全面做好抗旱工作。

c. 启动相关抗旱预案，并报上级指挥机构备案。必要时经省级人民政府批准，省级防汛抗旱指挥机构可依法宣布进入紧急抗旱期，启动各项特殊应急抗旱措施，如应急开源、应急限水、应急调水、应急送水，条件许可时及时开展人工增雨等。

d. 水利、农业农村等有关部门要及时向防汛抗旱指挥机构和应急管理部门报告旱情、灾情及抗旱工作；防汛抗旱指挥机构要加强会商，密切跟踪旱情灾情发展变化趋势及抗旱工作情况，及时分析旱情灾情对经济社会发展的影响，适时向社会通报旱灾信息。

e. 及时动员社会各方面力量支援抗旱救灾工作。

f. 加强旱情灾情及抗旱工作的宣传。

(2) 严重干旱。

a. 有关部门加强旱情监测和分析预报工作，及时向防汛抗旱指挥机构报告旱情灾情及其发展变化趋势，及时通报旱情信息和抗旱情况。

b. 防汛抗旱指挥机构及时组织抗旱会商，研究部署抗旱工作。

c. 适时启动相关抗旱预案，并报上级防汛抗旱指挥机构备案。

d. 督促防汛抗旱指挥机构各成员单位落实抗旱职责，做好抗旱水源的统一管理和调度，落实应急抗旱资金和抗旱物资。

e. 做好抗旱工作的宣传。

(3) 中度干旱。

a. 有关部门要加强旱情监测，密切注视旱情的发展情况，及时向防汛抗旱指挥机构报告旱情信息和抗旱情况。

b. 防汛抗旱指挥机构要加强会商，分析研判旱情发展变化趋势，及时分析预测水量供求变化形势。

c. 及时上报、通报旱情信息和抗旱情况。

d. 关注水量供求变化，组织做好抗旱调度。

e. 根据旱情发展趋势，动员部署抗旱工作。

(4) 轻度干旱。

a. 有关部门及时做好旱情监测、预报工作。

b. 及时掌握旱情变化情况，分析了解社会各方面的用水需求。

c. 协调有关部门做好抗旱水源的管理调度工作。

4.6.7　供水危机

(1) 当发生供水危机时，有关防汛抗旱指挥机构应指导和督促有关部门采取有效措施，做好应急供水工作，最大程度保证城乡居民生活和重点单位用水安全。

(2) 针对供水危机出现的原因，组织有关部门采取措施尽快恢复供水水源，保障供水量和水质正常。

4.7　信息报送和处理

4.7.1 汛情、险情、灾情、旱情等防汛抗旱信息按任务分工实行分级上报，归口处理，同级共享。

4.7.2 防汛抗旱信息的报送和处理，应快速、准确、详实，重要信息应立即上报，因客观原因一时难以准确掌握的信息，应及时报告基本情况，同时抓紧跟踪了解，尽快补报详情。

4.7.3 属一般性汛情、险情、灾情、旱情，按分管权限，分别报送本级防汛抗旱指挥机构和水利、应急管理部门。凡因险情、灾情较重，按分管权限上报一时难以处理，需上级帮助、指导处理的，经本级防汛抗旱指挥机构负责同志审批后，可向上一级防汛抗旱指挥机构和水利、应急管理部门报告。

4.7.4 凡经本级或上级防汛抗旱指挥机构采用和发布的水旱灾害、工程抢险等信息，水利、应急管理等有关部门应立即核查，对存在的问题，及时采取措施，切实加以解决。

4.7.5 洪涝灾害人员伤亡、重大险情及影响范围、处置措施等关键信息，必须严格按照国家防总相关规定和灾害统计报告制度报送，不得虚报、瞒报、漏报、迟报。

4.7.6 国家防总办公室接到特别重大、重大的汛情、险情、灾情、旱情报告后应立即报告国务院，并及时续报。

4.8 指挥和调度

4.8.1 出现水旱灾害后，事发地防汛抗旱指挥机构应立即启动应急预案，并根据需要成立现场指挥部。在采取紧急措施的同时，向上一级防汛抗旱指挥机构报告。根据现场情况，及时收集、掌握相关信息，判明事件性质和危害程度，并及时上报事态发展变化情况。

4.8.2 事发地防汛抗旱指挥机构负责人应迅速上岗到位，分析事件的性质，预测事态发展趋势和可能造成的危害程度，并按规定的处置程序，组织指挥有关部门和单位按照任务分工，迅速采取处置措施，控制事态发展。

4.8.3 发生重大水旱灾害后，上一级防汛抗旱指挥机构应派出由有关负责同志带队的工作组赶赴现场，加强指导，必要时成立前线指挥部。

4.9 抢险救灾

4.9.1 出现水旱灾害或防洪工程发生重大险情后，事发地防汛抗旱指挥机构应根据事件的性质，迅速对事件进行监控、追踪，按照预案立即提出紧急处置措施，统一指挥各部门和单位按照任务分工，各司其职，团结协作，快速反应，高效处置，最大程度减少损失。

4.9.2 在汛期，河道、水库、水电站、闸坝等水工程管理单位必须按照规定对水工程进行巡查，发现险情，必须立即采取抢护措施，第一时间向预计淹没区域的有关基层人民政府和基层组织发出预警，并及时向防汛抗旱指挥机构和上级主管部门报告相关信息。

电力、交通、通信、石油、化工等工程设施因暴雨、洪水、内涝和台风发生险情时，工程管理单位应当立即采取抢护措施，并及时向其行业主管等有关部门报告；行业主管部门应当立即组织抢险，并将险情及抢险行动情况报告同级防汛抗旱指挥机构。

当江河湖泊达到警戒水位并继续上涨时，应急管理部门应组织指导有关地方提前落实抢险队伍、抢险物资，视情开展巡查值守，做好应急抢险和人员转移准备。

洪水灾害发生后，水利部门按照防汛抗旱指挥机构部署，派出水利技术专家组，协助应急管理部门开展险情处置，提供技术支持。

4.9.3 大江大河干流堤防决口的堵复、水库（水电站）重大险情的抢护应按照事先制定的抢险预案进行，并由防汛专业抢险队伍或抗洪抢险专业部队等实施。

4.9.4 必要时协调解放军和武警部队增援，提请上级防汛抗旱指挥机构提供帮助。

4.10 安全防护和医疗救护

4.10.1 各级人民政府和防汛抗旱指挥机构应高度重视应急救援人员的安全，调集和储备必要的防护器材、消毒药品、备用电源和抢救伤员必备的器械等，以备随时应用。

4.10.2 抢险人员进入和撤出现场由防汛抗旱指挥机构视情况作出决定。抢险人员进入受威胁的现场前，应采取防护措施以保证自身安全。参加一线抗洪抢险的人员，必须穿救生衣，携带必要的安全防护器具。当现场受到污染时，应按要求为抢险人员配备防护设施，撤离时应进行消毒、去污处理。

4.10.3 出现水旱灾害后，事发地防汛抗旱指挥机构应及时做好群众的救援、转移和疏散工作。

4.10.4 事发地防汛抗旱指挥机构应按照当地人民政府和上级领导机构的指令，及时发布通告，防止人、畜进入危险区域或饮用被污染的水源。

4.10.5 当地人民政府负责妥善安置受灾群众，提供紧急避难场所，保证基本生活。要加强管理，防止转移群众擅自返回。

4.10.6 出现水旱灾害后，事发地人民政府和防汛抗旱指挥机构应组织卫生健康部门加强受影响地区的传染病和突发公共卫生事件监测、报告工作，落实各项防控措施，必要时派出卫生应急小分队，设立现场医疗点，开展紧急医学救援、灾后卫生防疫和应急心理干预等工作。

4.11 社会力量动员与参与

4.11.1 出现水旱灾害后，事发地防汛抗旱指挥机构可根据事件的性质和危害程度，报经当地人民政府批准，对重点地区和重点部位实施紧急控制，防止事态及其危害进一步扩大。

4.11.2 必要时可通过当地人民政府广泛调动社会力量积极参与应急突发事件处置，紧急情况下可依法征用、调用交通工具、物资、人员等，全力投入抗洪抢险和抗灾救灾。

4.12 信息发布

4.12.1 防汛抗旱的信息发布应当及时、准确、客观、全面。对雨情、汛情、旱情、灾情描述要科学严谨，未经论证不得使用“千年一遇”“万年一遇”等用语，在防汛救灾中也不得使用“战时状态”等表述。

4.12.2 汛情、旱情由水利部门发布，灾情及防汛抗旱工作情况由各级防汛抗旱指挥机构统一审核和发布。

4.12.3 信息发布形式主要包括授权发布、编发新闻稿、组织报道、接受记者采访、举行新闻发布会等。

4.13 应急终止

4.13.1 当洪水灾害、极度缺水得到有效控制时，事发地防汛抗旱指挥机构可视汛情旱情，宣布终止紧急防汛期或紧急抗旱期。

4.13.2 依照有关紧急防汛期、抗旱期规定征用调用的物资、设备、交通运输工具等，在汛期、旱期结束后应当及时归还；造成损坏或者无法归还的，按照国务院有关规定给予适当补偿或者做其他处理。取土占地、砍伐林木的，在汛期结束后依法向有关部门补办手续；有关地方人民政府对取土后的土地组织复垦，对砍伐的林木组织补种。

4.13.3 紧急处置工作结束后，事发地防汛抗旱指挥机构应协助当地人民政府进一步恢复正常生产生活秩序，指导有关部门修复水毁基础设施，尽可能减少突发事件带来的损失和影响。

5 应急保障

5.1 通信与信息保障

5.1.1 任何通信运营单位都有依法保障防汛抗旱信息畅通的责任。

5.1.2 防汛抗旱指挥机构应按照以公用通信网为主的原则，合理利用专用通信网络，防汛抗旱工程管理单位必须配备通信设施，确保信息畅通。

5.1.3 防汛抗旱指挥机构应协调通信主管部门，按照防汛抗旱实际需要，将有关要求纳入通信保障应急预案。出现突发事件后，通信主管部门应根据通信保障应急预案，调度应急通信队伍、装备，为防汛抗旱通信和现场指挥提供通信保障，迅速调集力量抢修损坏的通信设施，努力保证防汛抗旱通信畅通。

5.1.4 在紧急情况下，应充分利用广播、电视和新媒体以及手机短信等手段及时发布防汛抗旱防台风预警预报信息，通知群众快速撤离，确保人民生命安全。公共广播、电视、有关政府网站等媒体以及基础电信企业应按主管部门要求发布防汛抗旱防台风预警预报等信息。

5.2 应急支援与装备保障

5.2.1 现场救援和工程抢险保障

(1) 对重点险工险段或易出险的水利工程设施，水利部门应提前编制工程应急抢险预案，以备紧急情况下因险施策；当出现新的险情后，水利部门应派工程技术人员赶赴现场，研究优化除险方案，并由防汛抗旱行政首长负责组织实施。

(2) 防汛抗旱指挥机构和防洪工程管理单位以及受洪水威胁的其他单位储备的常规抢险机械、抗旱设备、物资和救生器材，应能满足抢险急需。

5.2.2 应急队伍保障

(1) 防汛队伍。

a. 任何单位和个人都有依法参加防汛抗洪的义务。

b. 防汛抢险队伍分为专业抢险队伍和非专业抢险队伍。国家综合性消防救援队伍、解放军和武警部队抗洪抢险应急专业力量和年度重点准备任务部队、民兵应急专业救援队伍、部门和地方以及中央企业组建的专业抢险队伍作为常备力量或突击力量，主要完成急、难、险、重的抢险任务；非专业抢险队伍主要为抢险提供劳动力，完成对抢险技术设备要求不高的抢险任务。

c. 调动防汛抢险队伍程序：一是本级防汛抗旱指挥机构管理的防汛抢险队伍，由本级防汛抗旱指挥机构负责调动。二是上级防汛抗旱指挥机构管理的防汛抢险队伍，由本级防汛抗旱指挥机构向上级防汛抗旱指挥机构提出调动申请，由上级防汛抗旱指挥机构批准。三是同级其他区域防汛抗旱指挥机构管理的防汛抢险队伍，由本级防汛抗旱指挥机构向上级防汛抗旱指挥机构提出调动申请，上级防汛抗旱指挥机构协商调动。国家综合性消防救援队伍调动按应急部有关规定执行。

(2) 抗旱队伍。

a. 在抗旱期间，地方各级人民政府和防汛抗旱指挥机构应组织动员社会公众力量投入抗旱救灾工作。

b. 抗旱服务组织是农业社会化服务体系的重要组成部分，在干旱时期应直接为受旱地区农民提供流动灌溉、生活用水，维修保养抗旱机具，租赁、销售抗旱物资，提供抗旱信息和技术咨询等方面的服务。

c. 必要时，可申请动用国家综合性消防救援队伍等力量进行抗旱救灾。

5.2.3　供电保障

电力管理部门主要负责抗洪抢险、抢排渍涝、抗旱救灾、生命线工程运行等方面的供电保障和应急救援现场的临时供电。

5.2.4　交通运输保障

交通运输部门主要负责优先保证防汛抢险人员、防汛抗旱救灾物资运输；蓄滞洪区分洪时，负责群众安全转移所需车辆、船舶的调配；负责分泄大洪水时河道航行安全；负责大洪水时用于抢险、救灾车辆、船舶的及时调配；负责防御台风海上搜救有关工作。

5.2.5　医学救援保障

卫生健康部门主要负责水旱灾区疾病防治的业务技术指导；组织卫生应急队伍或专家赴灾区，开展伤病人员救治，指导灾区开展卫生防疫和应急心理干预等工作。

5.2.6　治安保障

公安机关依法做好水旱灾区治安管理、交通秩序维护工作，依法查处扰乱抗灾救灾秩序、危害工程设施安全等违法犯罪行为；组织实施防汛抢险、分洪爆破时的警戒守护、交通管制以及受灾群众集中安置点等重点部位的安全保卫工作。

5.2.7　物资保障

财政、应急管理、粮食和储备部门应按国家有关规定依照各自职责，加强衔接配合，做好防汛抗旱物资规划计划、资金保障、储备管理、调拨使用等工作，优化收储轮换及日常管理，提高物资使用效率。

(1) 物资储备。

a. 国家粮食和储备局负责中央防汛抗旱物资的收储、轮换和日常管理，根据国家防总办公室的动用指令承担调出和运送任务。重点防洪工程管理单位以及受洪水威胁的其他单位应按规范储备防汛抢险物资。各级防汛抗旱指挥机构要做好应急抢险物资储备和保障有关工作，了解掌握新材料、新设备、新技术、新工艺的更新换代情况，及时调整储备物资品种，提高科技含量。

b. 中央防汛抗旱物资主要用于解决遭受特大洪水和特大干旱灾害地区防汛抢险和抗旱应急物资不足，保障大江大河(湖)及其重要支流、重要防洪设施抗洪抢险、防汛救灾以及严重干旱地区抗旱减灾需要。

c. 洪涝灾害频繁地区可通过政府购买服务方式解决空中、水上应急抢险救援大型设备(装备)需求，承接主体应当具有国家相关专业资质。

d. 地方各级防汛抗旱指挥机构根据规范储备的防汛抢险物资品种和数量，由各级防汛抗旱指挥机构结合本地抗洪抢险具体情况确定。

e. 抗旱物资储备。干旱频繁发生地区县级以上地方人民政府应当储备一定数量的抗旱物资，由本级防汛抗旱指挥机构负责调用。

f. 抗旱水源储备。严重缺水城市应当建立应急供水机制，建设应急供水备用水源。

(2) 物资调拨。

a. 中央防汛抗旱物资调拨在坚持就近调拨和保证抢险需求的同时，应优先调用周边仓库接近储备年限的物资，尽量避免或减少物资报废。当有多处申请调用中央防汛抗旱物资时，应优先保证重点地区的防汛抗旱抢险应急物资需求。

b. 中央防汛抗旱物资调拨程序：中央防汛抗旱物资的调用，由流域防总或省级防汛抗旱指挥机构向国家防总提出申请，经批准后，由国家防总办公室向国家粮食和储备局下达调令。

c. 当储备物资消耗过多，不能满足抗洪抢险和抗旱需要时，应及时启动防汛抗旱物资生产流程和生产能力储备，紧急调运、生产所需物资，必要时可向社会公开征集。

5.2.8　资金保障

中央财政安排资金补助地方政府、新疆生产建设兵团以及流域管理机构防汛抗旱工作。省、自治区、直辖市人民政府应当在本级财政预算中安排资金，用于本行政区域内的防汛抗旱工作。

5.2.9　社会动员保障

(1) 防汛抗旱是社会公益性事业，任何单位和个人都有保护防汛抗旱工程设施和防汛抗旱的责任。

(2) 汛期或旱期，各级防汛抗旱指挥机构应根据水旱灾害的发展，做好动员工作，组织社会力量投入防汛抗旱。

(3) 各级防汛抗旱指挥机构的成员单位，在严重水旱灾害期间，应按照分工，特事特办，急事急办，解决防汛抗旱实际问题，同时充分调动本系统力量，全力支持抗灾救灾和灾后重建工作。

(4) 各级人民政府应加强对防汛抗旱工作的统一领导，组织有关部门和单位，动员全社会力量，做好防汛抗旱工作。在防汛抗旱关键时刻，各级防汛抗旱行政首长应靠前指挥，组织广大干部群众奋力抗灾减灾。

(5) 国家制定政策措施，鼓励社会专业队伍参与抗洪抢险救援和抗旱救灾工作。

5.3　技术保障

5.3.1　信息技术支撑

(1) 加强防汛抗旱信息化建设。国家防总办公室在充分利用各成员单位既有成果的基础上，组织加强信息化建设，促进互联互通，建立信息共享机制。

(2) 完善协同配合和衔接机制。应急部会同自然资源部、住房城乡建设部、水利部、中国气象局等有关部门建立统一的应急管理信息平台。自然资源部、住房城乡建设部、水利部、应急部、中国气象局等部门建立定期会商和信息共享机制，共同分析研判汛情旱情和险情灾情，实时共享相关监测预报预警和重要调度信息。

5.3.2　专家支撑

各级防汛抗旱指挥机构应建立专家库，当发生水旱灾害时，由防汛抗旱指挥机构统一调度，派出专家组指导防汛抗旱工作。水利部门承担防汛抗旱抢险技术支撑工作。

5.4　宣传

(1) 各级防汛抗旱指挥机构要重视宣传舆论引导工作。防汛抗旱指挥机构办公室要把防汛抗旱宣传工作纳入议事日程，建立宣传工作机制，指定专人负责，加强与有关宣传机构的协作配合。

(2) 各级防汛抗旱指挥机构要及时准确向社会通报防汛抗旱工作情况及水旱灾害信息。汛情、旱情形势严峻时期要加强防汛抗旱宣传工作力度，建立舆情监测机制，加强舆情引导和正面宣传，及时澄清虚假信息，为防汛抗旱工作营造良好氛围。

(3) 发生重特大水旱(台风) 灾害时，防汛抗旱指挥机构要按有关规定及时向社会和媒体通报情况，并根据事态发展及时召开新闻发布会，发布有关情况；对防汛形势、抢险救援、人员伤亡、经济损失、灾区秩序、群众生活等社会普遍关注的热点问题，要主动回应社会关切。对防汛救灾专业知识，要组织专家科学解读，有针对性解疑释惑。

5.5　培训和演练

5.5.1　培训

(1) 按照分级负责的原则，各级防汛抗旱指挥机构组织实施防汛抗旱知识与技能培训。省级防汛抗旱指挥机构负责市、县级防汛抗旱指挥机构负责人及其办公室工作人员、防汛抢险专业队伍负责人和防汛抢险技术骨干的培训；市、县级防汛抗旱指挥机构负责乡镇(街道)、村(社区) 防汛抗旱负责人、防汛抢险技术人员的培训。

(2) 培训工作应做到合理规范课程、严格考核、分类指导，保证培训工作质量。

(3) 培训工作应结合实际，采取多种组织形式，定期与不定期相结合，每年汛前至少组织一次培训。

5.5.2　演练

(1) 各级防汛抗旱指挥机构应定期举行不同类型的应急演练，以检验、改善和强化应急准备和应急响应能力。

(2) 专业抢险队伍必须针对当地易发生的各类险情有针对性地每年进行抗洪抢险演练。

(3) 多个部门联合进行的专业演练，一般 2～3 年举行一次，由省级防汛抗旱指挥机构负责组织。

6　善后工作

发生水旱灾害地区的地方人民政府应组织有关部门做好灾区生活供给、卫生防疫、救灾物资供应、治安管理、学校复课、水毁修复、恢复生产和重建家园等善后工作。

6.1　救灾

6.1.1　发生重大灾情时，灾区人民政府负责灾害救助的组织、协调和指挥工作。

6.1.2　应急管理部门负责受灾群众基本生活救助，会同有关部门及时调拨救灾款物，组织安置受灾群众，保障受灾群众基本生活，做好因灾倒损民房的恢复重建，组织开展救灾捐赠，保证受灾群众有饭吃、有衣穿、有干净水喝、有临时安全住处、有医疗服务。

6.1.3　卫生健康部门负责调配卫生应急力量，开展灾区伤病人员医疗救治，指导对污染源进行消毒处理，指导落实灾后各项卫生防疫措施，严防灾区传染病疫情发生。

6.1.4　当地人民政府应组织对可能造成环境污染的污染物进行清除。

6.2　防汛抗旱物资补充

针对当年防汛抢险及抗旱物资消耗情况，按照分级管理的原则，及时补充到位。

6.3　水毁工程修复

6.3.1 对影响当年防洪安全和城乡供水安全的水毁工程，应尽快修复。防洪工程应力争在下次洪水到来之前，做到恢复主体功能；抗旱水源工程应尽快恢复功能。

6.3.2 遭到毁坏的交通、电力、通信、水文以及防汛专用通信设施，应尽快组织修复，恢复功能。

6.4 蓄滞洪区运用补偿

国家蓄滞洪区分洪运用后，按照《蓄滞洪区运用补偿暂行办法》进行补偿。其他蓄滞洪区由地方人民政府参照《蓄滞洪区运用补偿暂行办法》补偿。

6.5 灾后重建

各有关部门应尽快组织灾后重建工作。灾后重建原则上按原标准恢复，在条件允许情况下，可提高标准重建。

6.6 工作评价与灾害评估

每年各级防汛抗旱指挥机构应针对防汛抗旱工作各方面和环节组织应急管理等有关部门进行定性和定量总结、分析，总结经验，查找问题，改进工作。总结情况要及时报上一级防汛抗旱指挥机构。

应急部按照有关规定组织开展重特大水旱灾害调查评估工作。

7 附则

7.1 名词术语定义

7.1.1 洪水风险图：是融合地理、社会经济、洪水特征信息，通过资料调查、洪水计算和成果整理，以地图形式直观反映某一地区发生洪水后可能淹没的范围和水深，用以分析和预评估不同量级洪水可能造成的风险和危害的工具。

7.1.2 干旱风险图：是融合地理、社会经济、水资源特征信息，通过资料调查、水资源计算和成果整理，以地图形式直观反映某一地区发生干旱后可能影响的范围，用以分析和预评估不同干旱等级造成的风险和危害的工具。

7.1.3 台风风暴潮风险图：是融合地理、社会经济、台风风暴潮特征信息，通过资料调查、台风风暴潮计算和成果整理，以地图形式直观反映某一地区发生台风风暴潮后可能影响的范围，用以分析和预评估不同级别台风风暴潮造成的风险和危害的工具。

7.1.4 防御洪水方案：是对有防汛抗洪任务的县级以上地方人民政府根据流域综合规划、防洪工程实际状况和国家规定的防洪标准，制定的防御江河洪水（包括特大洪水）、山洪灾害（指由降雨引发的山洪、泥石流灾害）、台风风暴潮灾害等方案的统称。长江、黄河、淮河、海河等重要江河湖泊和重要水工程的防御洪水方案，由水利部组织编制，按程序报国务院批准；跨省、自治区、直辖市的其他江河的防御洪水方案，由有关流域管理机构会同有关省、自治区、直辖市人民政府制定，报国务院或者国务院授权的有关部门批准。防御洪水方案经批准后，有关地方人民政府必须执行。各级防汛抗旱指挥机构和承担防汛抗洪任务的部门和单位，必须根据防御洪水方案做好防汛抗洪准备工作。

7.1.5 抗旱预案：是在现有工程设施条件和抗旱能力下，针对不同等级、程度的干旱，而预先制定的对策和措施，是各级防汛抗旱指挥机构实施指挥决策的依据。

7.1.6 抗旱服务组织：是由水利部门组建的事业性服务实体，以抗旱减灾为宗旨，围绕群众饮水安全、粮食用水安全、经济发展用水安全和生态环境用水安全开展抗旱服务工作。

其业务工作受同级水利部门领导和上一级抗旱服务组织的指导。国家支持和鼓励社会力量兴办各种形式的抗旱社会化服务组织。

7.1.7　生命线工程：根据《破坏性地震应急条例》，生命线工程是指对社会生活、生产有重大影响的交通、通信、供水、排水、供电、供气、输油等工程系统。

7.1.8　洪水等级

根据《水文情报预报规范》(GB/T 22482—2008)：

小洪水：洪水要素重现期小于5年的洪水。

中洪水：洪水要素重现期为5年～20年的洪水。

大洪水：洪水要素重现期为20年～50年的洪水。

特大洪水：洪水要素重现期大于50年的洪水。

7.1.9　热带气旋等级

根据《热带气旋等级》(GB/T 19201—2006)：

热带低压：热带气旋底层中心附近最大平均风速达到10.8～17.1 m/s(风力6～7级)。

热带风暴：热带气旋底层中心附近最大平均风速达到17.2～24.4 m/s(风力8～9级)。

强热带风暴：热带气旋底层中心附近最大平均风速达到24.5～32.6 m/s(风力10～11级)。

台风：热带气旋底层中心附近最大平均风速达到32.7～41.4 m/s(风力12～13级)。

强台风：热带气旋底层中心附近最大平均风速达到41.5～50.9 m/s(风力14～15级)。

超强台风：热带气旋底层中心附近最大平均风速达到或大于51.0 m/s(风力16级或以上)。

7.1.10　堰塞湖风险等级

堰塞体危险性判别、堰塞湖淹没和溃决损失严重性、堰塞湖风险等级划分参照《堰塞湖风险等级划分与应急处置技术规范》(SL/T 450—2021)。

7.1.11　干旱等级

区域农业旱情等级、区域牧业旱情等级、区域农牧业旱情等级、区域因旱饮水困难等级、城市旱情等级划分参照《区域旱情等级》(GB/T 32135—2015)。

7.1.12　关于城市规模的规定参照《国务院关于调整城市规模划分标准的通知》(国发〔2014〕51号)。

7.1.13　紧急防汛期：根据《中华人民共和国防洪法》规定，当江河、湖泊的水情接近保证水位或者安全流量，水库水位接近设计洪水位，或者防洪工程设施发生重大险情时，有关县级以上人民政府防汛指挥机构可以宣布进入紧急防汛期。在紧急防汛期，国家防汛指挥机构或者其授权的流域、省、自治区、直辖市防汛指挥机构有权对壅水、阻水严重的桥梁、引道、码头和其他跨河工程设施作出紧急处置。防汛指挥机构根据防汛抗洪的需要，有权在其管辖范围内调用物资、设备、交通运输工具和人力，决定采取取土占地、砍伐林木、清除阻水障碍物和其他必要的紧急措施；必要时，公安、交通等有关部门按照防汛指挥机构的决定，依法实施陆地和水面交通管制。

本预案有关数量的表述中，除有特殊说明外，“以上”含本数，“以下”不含本数。

7.2　预案管理与更新

本预案按照国务院办公厅印发的《突发事件应急预案管理办法》相关规定进行管理与更新。

7.3 国际沟通与协作

按照国家外事纪律的有关规定，积极开展防汛抗旱减灾国际交流，借鉴发达国家防汛抗旱减灾工作的经验，进一步做好我国水旱灾害突发事件防范与处置工作。

7.4 奖励与责任追究

对防汛抢险和抗旱工作做出突出贡献的劳动模范、先进集体和个人，由人力资源社会保障部、国家防总联合表彰；对防汛抢险和抗旱工作中英勇献身的人员，按有关规定追认为烈士；对防汛抗旱工作中玩忽职守造成损失的，依据《中华人民共和国防洪法》《中华人民共和国公务员法》《中华人民共和国防汛条例》追究当事人的责任，并予以处罚，构成犯罪的，依法追究其刑事责任。

7.5 预案解释部门

本预案由国家防总办公室负责解释。

7.6 预案实施时间

本预案自印发之日起实施。

第七节　事故灾难应急预案编制

事故灾害主要是指在生产活动中，由自然原因引起或非故意人为原因造成的，给人身和财产带来重大损失的事故。我国安全生产形势严峻，事故频发，灾害事故不断增多。为此，国家制定和颁布了一系列相关的法律、法规、条例、行业标准与规范等文件，以减少事故的发生并对已发生的事故灾难进行有效的应急管理，逐渐形成了企业负责、行业管理、群众监督、国家监察的安全生产管理体系，建立了以政府为主导、分级负责、多部门协同的应急处置体系。

一、概述

事故是一种不同于自然灾害的人为灾难，一般指引起人身伤亡、财产损失或其他损失的突发性事件，而事故灾难是指造成了较大损失的事故。与社会安全事件相比，事故通常是由技术性或操作性失误等种种非故意因素造成的。

事故产生的原因是多方面的：一是人为因素，即由人的行为过失、操作失误、决策失误、管理失误等原因造成的灾难事故，如公共场所失火、司机失误造成的交通安全事故、煤矿管理疏漏造成的煤矿事故等；二是客观因素，如设施、设备的落后或故障造成的事故灾难；三是人与自然的相互影响，主要表现为人类过分攫取地球资源而引发的一系列生态与环境事件。这三者的因果关系，归根结底都是“人”。如果加强管理、监督，设备的落后或故障造成的事故及生态和环境事故等都可以在一定程度上避免。

二、常见事故灾害

1. 工矿企业生产安全事故

随着《中华人民共和国劳动法》(以下简称《劳动法》)和《安全生产法》的出台，安全生产工作逐渐走上法制化的道路，构建了“以人为本”的“三权合一”“三权分置”的安全监督体制；

将安全生产作为整顿和规范社会主义市场经济的一项重要内容，在事故多发和人民群众关心的重大问题上，着重进行了安全生产专项治理；加强了对企业的安全监管和管理，对企业的事故负责。在各方共同努力下，重大事故数量显著下降，部分重点行业和领域的安全生产形势有所改善，事故起数、死亡人数的增长速度有所降低，国家的安全形势基本平稳，呈现向好的发展趋势。

目前，我国煤炭开采面临的主要自然灾害有：矿井瓦斯浓度高，煤与瓦斯突出日趋严重；自燃危险性大，自燃煤层所占比重大，涉及面广；冲击地压的风险不断增加；煤尘爆炸危险普遍存在；水害、煤矿热害普通存在等，这些都制约着我国煤矿的安全生产。

2. 危险化学品事故

(1) 化学品及其分类

危险化学品一般指具有易燃、易爆、有毒、有害及有腐蚀特性，对人员、设施、环境造成伤害或损害的化学品。

我国将危险化学品分为 6 个大类，分别是易燃液体、易燃固体、氧化剂、毒害品、腐蚀品和其他危险品。每个大类下又有不同的小类。

(2) 化学品安全事故的类型

危险化学品事故是指由一种或数种危险化学品或其能量意外释放造成的人身伤亡、财产损失或环境污染事故。

按照危险化学品的危险性质，如易燃、易爆、有毒、腐蚀等，可以将其划分为火灾、爆炸、中毒和窒息、灼伤、泄漏及其他危险化学品事故 6 种类型。

3. 核与放射事故

在非军用领域，核技术主要有两种用途：一是使用核能源来产生热量；二是同位素及其他核技术在医疗、工业和农业领域的广泛应用。随着核技术使用领域的扩大，各类核事故和辐射事故也在增多。从总体上讲，核安全是对核设施、核材料及相关放射性废弃物采取安全措施。本书所探讨的核安全问题，并未涉及军事方面，核能设施主要是指核电站，核辐射保护和核废弃物的安全处置均与核电站有关。核事故通常是指核设施内的核燃料、放射性产物、放射性废弃物或者运入运出核设施的核材料所发生的放射性、毒害性、爆炸性或者其他危害性事故。国家始终把核能安全作为核能产业发展的重中之重，并将“安全第一，质量第一”作为指导方针。目前，我国的核工业安全形势良好。

放射事故是指因放射源丢失、被盗、失控，或因放射性同位素和射线装置的设备故障或操作失误导致人员受到异常照射的意外事件。根据其性质、严重程度、可控性和影响范围等因素，放射事故可分为特别重大放射事故、重大放射事故、较大放射事故和一般放射事故 4 个等级。

4. 交通事故

交通事故是指交通工具在运行中引起或发生的人员伤亡、财物损失的事件，一般由当事人的观察、判断或操作错误所造成。交通事故一般分为公路、铁路、水上和航空事故 4 类。

按照损失程度，交通事故可以分为：

(1) 轻微事故：造成人身皮下溢血或轻微磕碰（经医生诊断不需休息）的，或造成轻微性车物直接损失的交通事故。

(2) 一般事故:造成人身肌肉,筋骨,器官轻、重伤(如骨折、脑震荡等经医生诊断需要休息)的,或造成一般性车物直接损失的交通事故。

(3) 重大事故:造成人身死亡或多人轻、重伤的,以及车物直接损失严重的交通事故。

(4) 特大事故:导致大量人员伤亡,或者因车辆翻转而导致严重损害的交通事故。

造成道路交通事故的原因主要有人、车辆、道路、环境和交通管理等方面。其中,人员因素是影响道路交通安全的最关键因素,包括驾驶人、行人和乘客等。其他如车辆因素、道路因素、环境因素等是影响道路交通安全的重要因素。科学健全和统一高效的交通管理体制是减少事故、防患于未然的必要条件。

5. 火灾事故

火灾,是因火而引起的灾害,主要有建筑火灾、石油火灾、森林火灾、草原火灾等。火灾是由许多因素引起的,如电气、自燃、静电、雷击、违反安全规程、吸烟、生活用火、液化气、玩火、人为纵火等。火灾的高发场所一般包括人员密集、流动频繁的公共场所,如歌舞厅、宾馆、商场等,石油化工企业,易燃易爆高风险场所,个人、私营、承包的企业或经营单位等。

6. 公共场所意外事故

在公共场所发生的事故主要有群体踩踏、建筑物倒塌、公共场所火灾等。

(1) 群体踩踏

群体踩踏是指在人流密集的地方,因场面失控,发生拥挤和混乱,导致大量人员被挤伤、窒息或踩踏致死的事故。踩踏是一种普遍的事故形式,通常是由一个人的跌倒引起的连锁反应,造成的结果就是有人被踩死或者被人群挤死。

随着社会活动的日益频繁,人员高度密集的活动也大大增多,各种大型集会接踵而至,踩踏事故也频繁发生。公园、影剧院、体育场、商场、学校等公共场所,特别是狭窄的街道、室内通道或楼梯都隐藏着潜在的危险。

(2) 建筑物坍塌事故

建筑物坍塌事故是指建筑物设计、施工、使用不当,结构失稳而发生倒塌的事故。

建筑物坍塌事故一般是由以下4方面原因造成的:① 施工质量差,是导致房屋倒塌的主要因素;② 建筑市场的监管存在着严重的不规范现象,有着巨大的安全风险;③ 执法不严,未按照《中华人民共和国建筑法》(以下简称《建筑法》)的规定严格履行安全、质量责任;④ 安全观念不强,"安全第一、预防为主"思想被经济效益至上的思想所代替。

(3) 公共场所火灾事故

有学者对近年30起死亡10人以上的火灾事故进行统计,发现公共娱乐场所、商场、酒店宾馆、工厂车间等公共场所成为主要的火害事故发生地。

三、我国事故灾难多发的主要原因

目前,我国在安全生产方面还存在着如下问题:

(1) 安全生产法律、法规和技术标准体系不配套、不完善。

(2) 我国的安全生产监督制度还不健全,监督力度不够,监督方法滞后,与市场经济的发展要求不相适应。

(3) 存在投资少、基础差等问题,多数企业的安全管理工作相对滞后。

(4) 主要危险源及重大隐患分布不明确，不能形成有效的防治系统。安全生产中的重大安全隐患还没有完全消除。

(5) 在安全生产方面，科学技术还比较落后，无法满足安全生产所需的技术支持。

(6) 很多人安全意识淡薄，法律意识淡薄。

鉴于事故灾难形势严峻，我国颁布了一系列法律、法规、条例以及行业规范、标准等文件，用以预防事故灾难事件。

四、事故灾难应急预案的制定

近年，我国为了更好地应对各类公共安全事件，制定了多类应急预案。《国家突发公共事件总体应急预案》是一个全国性的、具有全局性和指导性意义的综合性方案，与之相匹配的还有国家级专项方案和部门方案。

与此相适应，各地政府也制定了与本地相适应的地方性应急预案。此外，我国还颁布了一系列重大事故灾难的应急预案，在没有完善的灾难应急法律体系的情况下，由总体预案、专项预案、部门预案组成的预案体系可以为灾难事故应急管理提供相对系统的指导。

五、事故灾难应急预案示例

北京市危险化学品事故应急预案

目　　录

1　总则
1.1　适用范围
1.2　工作原则
1.3　现状及风险分析
1.4　应急预案体系
2　组织机构与职责
2.1　市生产安全事故应急指挥部
2.2　市生产安全事故应急指挥部办公室
2.3　成员单位
3　风险防控
4　监测预警与信息报告
4.1　监测
4.2　预警
4.3　信息报告
4.4　信息研判
5　应急处置与救援
5.1　先期处置与公众响应
5.2　分级响应

5.3 现场指挥
5.4 处置措施
5.5 防护救护措施
5.6 信息发布和舆论引导
5.7 响应结束
6 善后处置
6.1 事后处置
6.2 社会救助与抚慰
6.3 保险
6.4 调查与评估
7 保障措施
7.1 队伍保障
7.2 指挥系统技术保障
7.3 物资装备保障
7.4 医疗保障
7.5 运输保障
7.6 治安保障
7.7 资金保障
8 预案管理
8.1 制定与备案
8.2 应急演练
8.3 宣传与培训
9 附则
9.1 名词术语说明
9.2 预案实施

1 总则

深入贯彻落实习近平总书记关于安全生产、应急管理和防灾减灾救灾重要论述精神，坚持总体国家安全观，坚持以人民为中心，强化首都意识，进一步增强危险化学品事故应急准备能力，规范应对危险化学品事故的处置程序，科学、安全、有序实施应急救援工作，最大程度减轻危险化学品事故的危害，依据《中华人民共和国安全生产法》《中华人民共和国突发事件应对法》《生产安全事故应急条例》《危险化学品安全管理条例》《生产安全事故报告和调查处理条例》《北京市实施〈中华人民共和国突发事件应对法〉办法》《北京市突发事件应急指挥与处置管理办法》《北京市突发事件总体应急预案（2021 年修订）》等法律、法规和有关文件的规定，结合本市危险化学品事故应对工作实际，制定本预案。

1.1 适用范围

本预案主要用于指导预防和处置发生在本市行政区域内，或发生在国内外其他地区涉及北京市，应由北京市处置或参与处置的危险化学品生产、经营、运输、储存和使用等过程中发生的火灾、爆炸、泄漏、中毒和窒息等事故。

与燃气供应及使用有关的突发事件不适用于本预案。

1.2　工作原则

坚持人民至上、生命至上。坚持以人民为中心，强化首都意识，坚决扛起全力防范化解危险化学品重大安全风险的政治责任和社会责任，把保障人民群众生命安全和身体健康放在首位，全力以赴组织救援，最大限度地预防和减少事故造成的人员伤亡。

坚持统一领导、分级负责。在市委、市政府以及市突发事件应急委员会（以下简称市应急委）的领导下，市生产安全事故应急指挥部统筹负责，市级相关部门和各区政府按照职责和权限，持续完善分类管理、源头防控，组织开展应急处置。危险化学品单位要落实主体责任，完善应急机制，第一时间开展应急救援。

坚持属地为主、协调联动。区级履行属地责任，及时启动应急响应，全面负责本区域事故组织应对工作。市生产安全事故应急指挥部统筹指导，协调调度资源应对危险化学品事故。强化部门、条块、军地、京津冀等协调联动，注重组织动员社会力量广泛参与，形成合力。

坚持资源协调、强化准备。统一调度使用应急资源，充分做好应对危险化学品事故的准备工作，完善应急预案、救援队伍、装备物资和保障经费等。充分发挥本市综合性消防救援队伍、专业救援力量的骨干作用和专家队伍、专业人员的支撑作用。

坚持快速响应、科学处置。牢固树立底线思维，快速有效响应，坚持救早救小，严防事故扩大。依法管理、规范应急救援工作，加强应急救援人员的专业防护，保持安全处置距离。根据危险化学品理化性质，有针对性科学处置，有效防范救援过程中的次生衍生事故。

1.3　现状及风险分析

本市危险化学品涉及生产、经营、储存、使用和运输5个环节。危险化学品单位主要集中在房山区、大兴区和北京经济技术开发区等区域，其中燕山石化生产经营区域为重点监管区域，其易燃易爆危险化学品储量大，生产工艺大多涉及高温、高压，风险相对较大。本市危险化学品使用单位多，涉及的危险化学品种类及数量较多，涵盖教育、医疗卫生、发电、水处理、体育、化工、医药、制冷、科研等多个行业领域，使用环节的安全风险较大。同时，本市危险化学品运输车辆较多，危险化学品运输事故的处置环境复杂，救援难度较大。各类危险化学品事故，均可能造成人员伤亡、环境危害、社会影响和财产损失等。

1.4　应急预案体系

1.4.1　本市危险化学品事故应急预案体系由政府及其部门应急预案、危险化学品企业应急预案等组成。

政府及其部门应急预案由市、区、乡镇（街道）三级政府及其部门制定。

1.4.2　市级预案包括作为市级专项应急预案的本预案和配套制定的相关市级部门应急预案。各区按规定制定本辖区危险化学品事故应急预案。危险化学品企业依据相关法律、法规、规范性文件等制定本企业危险化学品事故应急预案。

1.4.3　各级各类应急预案间应相互衔接，构成北京市危险化学品事故应急预案体系，与国家危险化学品相关应急预案以及北京市突发事件总体应急预案等相衔接。

2　组织机构与职责

2.1　市生产安全事故应急指挥部

在市委、市政府及市应急委的领导下，负责指挥和组织实施本市危险化学品事故应对工作。

市生产安全事故应急指挥部由总指挥、副总指挥和成员单位组成，下设办公室。总指挥由分管市领导担任，负责市生产安全事故应急指挥部的领导工作，对全市危险化学品事故应急工作实施统一指挥。副总指挥分别由市政府分管副秘书长和市生产安全事故应急指挥部办公室主任担任，协助总指挥做好事故应急处置工作。

市生产安全事故应急指挥部的职责为：

(1) 贯彻落实《中华人民共和国突发事件应对法》《中华人民共和国安全生产法》《危险化学品安全管理条例》《生产安全事故应急条例》《北京市实施〈中华人民共和国突发事件应对法〉办法》等相关法律法规；

(2) 研究制定本市应对危险化学品事故的政策措施和指导意见；

(3) 负责具体指挥本市较大、重大、特别重大危险化学品事故的应急处置工作，依法指导协调或协助各区政府开展一般危险化学品事故的应急处置工作；

(4) 分析总结本市危险化学品事故的应对工作，制定工作规划和年度工作计划；

(5) 组织开展所属危险化学品专业应急救援队伍的建设管理以及应急物资储备保障等工作；

(6) 承办市应急委交办的其他工作。

2.2 市生产安全事故应急指挥部办公室

市生产安全事故应急指挥部办公室为市生产安全事故应急指挥部的日常工作机构，设在市应急局，办公室主任由市应急局局长担任。主要职责是：

(1) 组织落实市生产安全事故应急指挥部决定，协调和调动成员单位应对危险化学品事故相关工作；

(2) 承担市生产安全事故应急指挥部值守应急工作；

(3) 负责收集、分析工作信息，及时上报危险化学品事故重要信息；

(4) 负责本市危险化学品事故风险评估控制、隐患排查整改工作；

(5) 负责危险化学品事故风险的蓝色、黄色、橙色、红色预警信息的发布工作；

(6) 配合相关部门开展危险化学品事故新闻发布工作；

(7) 组织拟订(修订)本市危险化学品事故专项预案，指导各区、市级各部门制定(修订)区级危险化学品事故专项预案和部门应急预案；

(8) 负责本市危险化学品事故应急演练；

(9) 负责本市应对危险化学品事故的宣传教育与培训；

(10) 负责本市危险化学品事故应急指挥技术系统的建设与管理工作；

(11) 负责危险化学品事故现场专家组的联系和现场指挥部的组建等工作；

(12) 承担市生产安全事故应急指挥部日常工作。

2.3 成员单位

成员单位包括市相关部门、有关单位、各区政府和北京经济技术开发区管委会，按照各自职责和业务范围，在专项指挥部的领导下，负责危险化学品事故的预防和应对工作，职责分工如下：

(1) 市委宣传部：负责组织指导市属新闻单位对较大及以上危险化学品事故的宣传报道工作，组织协调较大及以上危险化学品事故及处置情况的新闻发布工作。组织市属新闻单位进行危险化学品安全知识宣传。做好新闻媒体和互联网舆情信息的引导管理工作。

(2) 市经济和信息化局：负责为事故处置提供有线、无线政务专网通信保障。

(3) 市公安局：组织事故可能危及区域内的人员疏散撤离。维护人员撤离区域及事故现场的社会秩序。负责事故现场区域周边道路的交通疏导工作，为应急抢险救援做好绿色通道保障，必要时采取相应的交通管制措施。

(4) 市民政局：负责做好危险化学品事故遇难者遗体处理工作。

(5) 市财政局：负责按照财政事权和支出责任划分，做好危险化学品事故应急处置工作资金保障。

(6) 市生态环境局：负责组织对事故现场的周边环境进行应急监测，提出控制、消除环境污染措施的建议，协调指导事故中产生的危险废物无害化处置。

(7) 市国资委：负责督促市属国有企业做好应急救援配合工作。

(8) 市交通委：负责会同市应急局、市消防救援总队等部门，共同开展危险化学品运输事故处置。组织协调专业运输企业做好危险化学品事故货物转运及交通运输保障工作。组织协调恢复道路、公路、桥梁等受损交通基础设施。

(9) 市商务局：负责组织协调生活必需品的储备、供应和调拨工作。

(10) 市卫生健康委：负责危险化学品事故中受伤人员的现场医疗救治、转运、院内救治等工作。负责统计人员伤亡情况及医疗救治情况。负责在医疗卫生环节的危险化学品事故中，提供相关基础信息，启动响应并参与、配合处置。

(11) 市应急局：负责危险化学品事故应急处置综合协调工作。统一接收、研判和处理全市危险化学品事故信息报告，做好市应急指挥中心与危险化学品事故现场的处置协调联动。调动市级危险化学品专业应急救援队伍、专家和应急物资参与事故处置。负责指导区政府做好受灾群众转移安置工作。依法组织、指导事故调查处理工作。

(12) 市市场监管局：负责组织危险化学品事故中与特种设备相关的事故调查处理和救援技术支持工作。

(13) 市城市管理委：负责组织危险化学品事故中受损供电、供热、供气等公共设施抢修工作。负责在发电环节的危险化学品事故中，提供相关基础信息，启动响应并参与、配合处置。

(14) 市委网信办：负责组织有关单位做好网络舆情分析、引导工作。加强网络媒体和移动新媒体信息发布管理，会同市公安局，依法依规对散布谣言、恶意炒作等行为进行处理。

(15) 市通信管理局：负责组织通信系统的恢复工作，为应急指挥提供通信保障。

(16) 市气象局：负责为危险化学品事故应急处置提供气象保障服务，提供事故现场或者现场附近的风向、风速、温度、湿度、气压、雨量等气象资料。

(17) 市消防救援总队：负责开展危险化学品事故抢险救援工作，扑救事故现场火灾，控制易燃易爆、有毒物质泄漏，对现场失踪人员进行搜救。

(18) 市教委、市水务局、市体育局等危险化学品使用环节行业主管部门：负责在教育、水处理、体育等环节的危险化学品事故中，提供相关基础信息，启动响应并参与、配合处置。

(19) 各区政府和北京经济技术开发区管委会：负责组织、协调、实施本辖区危险化学品事故应急救援工作。负责建立完善本辖区危险化学品事故应急管理工作体制和机制，制定本辖区危险化学品事故应急预案；做好辖区内危险化学品安全防范及应急队伍、装备和物资的准备工作；负责依法指挥、组织、协调本辖区内一般危险化学品事故的具体应对工作；参与较大及以上危险化学品事故相关应对工作。

3　风险防控

3.1　本市建立健全危险化学品安全风险分级管控和隐患排查治理双重预防机制，健全风险防范化解机制，对危险化学品安全生产风险实施分级管控。

3.2　负有危险化学品安全监督管理职责的市相关部门、有关单位、各区政府应建立危险化学品单位台账，落实危险化学品风险管控责任和措施。督促危险化学品企业开展安全风险分级管控和隐患排查治理，对重大隐患进行挂牌督办或依法处理。市生产安全事故应急指挥部办公室充分利用数字化、信息化手段，强化北京市危险化学品安全生产风险监测预警等系统应用，发挥系统效能。

3.3　危险化学品企业应通过风险辨识掌握本企业风险点，定期开展安全风险评估，根据评估结果采取相应管控措施，降低事故风险。定期开展隐患排查，对排查出的问题，做到“措施、责任、资金、时限、预案”五到位，限期进行整改。

4　监测预警与信息报告

4.1　监测

4.1.1　负有危险化学品安全监督管理职责的市相关部门、有关单位、各区政府应建立危险化学品专业监测和社会监测相结合的突发事故监测体系，完善危险化学品突发事故监测制度，规范事故信息的获取、报送、分析、发布格式和程序。按照职责分工，建立健全危险化学品单位基础信息数据库，完善监测网络，配备必要的设备设施。

4.1.2　危险化学品企业要建立完善安全生产风险动态监测监控、评估及预警体系，加强对本企业危险化学品装置设施等工艺参数、重要场所及安全相关信息的监测监控、报警及处理工作。

4.1.3　市生产安全事故应急指挥部办公室和宣传、网信、公安网监等部门应建立突发事件舆情快速收集研判机制，及时收集媒体对本市危险化学品事故和有关敏感问题的报道，密切跟踪舆情动态。

4.2　预警

4.2.1　预警

按照危险化学品事故紧急程度、发展态势和可能造成的危害，市生产安全事故应急指挥部办公室综合进行研判，根据需要按照《北京市突发事件预警信息发布管理办法》相关程序发布预警。自然灾害、公共卫生、社会安全等方面的突发事件可能引发危险化学品事故的信息，有关各级、各类应急指挥机构应及时通报同级应急管理部门，应急管理部门及时上报并分析处理。

4.2.2　预警响应

发布预警后，根据紧急程度等，市生产安全事故应急指挥部办公室、市相关部门和事发地区政府可根据需要，采取以下一项或多项措施：

(1) 通知相关部门、专业机构等及时收集、报告有关信息，加强对危险化学品事故发生、发展情况的监测、预警和预报工作。

(2) 组织相关部门和机构、专家等对突发事件信息进行分析评估，预测发生事故可能性的大小、影响范围和程度以及可能发生的事故级别。

(3) 消防救援队伍和危险化学品专业应急救援队伍原地待命。应急救援与处置指挥人员、值班人员等进入待命状态。调集应急救援所需物资、设备、工具。

(4) 转移、疏散或撤离易受危险化学品事故危害的人员并予以妥善安置，转移重要财产。市消防救援总队和市级危险化学品专业救援队伍赶赴现场，做好应急处置准备。及时调运应急救援物资。维护周边区域社会治安及交通秩序。采取法律、法规、规章规定的其他必要的防范性、保护性措施。

4.3　信息报告

4.3.1　获悉危险化学品事故信息的公民、法人或其他组织，要立即向事发地人民政府、市生产安全事故应急指挥部办公室、行业主管部门或指定的专业机构报告危险化学品事故信息。接报单位核实事故信息后，应及时向上级部门及市生产安全事故应急指挥部办公室报告事故信息。

4.3.2　各相关部门、有关单位应按照有关规定及时上报危险化学品事故信息和其他相关信息。信息报送应贯穿于突发事件的预防与应急准备、监测与预警、应急处置与救援、事后恢复与重建等应对活动的全过程。

4.3.3　事故信息报告内容包含事故发生的单位、时间、地点、信息来源及联系方式、事故概况及处置情况、人员伤亡及疏散情况、危害程度及事件发展趋势等。

4.4　信息研判

4.4.1　根据事故性质、严重程度、影响范围和可控性，市生产安全事故应急指挥部办公室接报后对信息进行研判，及时通报相关部门和人员，实时跟踪事态发展；响应启动后，继续跟踪事态发展，科学分析处置需求，及时调整响应级别。

4.4.2　对于能够判定为较大及以上事故的，或事故本身比较敏感，或发生在重点地区、特殊时期的，可能产生较大影响的危险化学品事故或突出情况信息，市生产安全事故应急指挥部办公室要立即报告市委总值班室和市应急办，同时通报市委宣传部、市委网信办等部门，详细信息最迟不得晚于事件发生后 2 小时报送。

4.4.3　对于暂时无法判明等级的事故，应迅速核实，最迟不晚于接报后 30 分钟向市委总值班室和市应急办报告。对于仍在处置过程中的重大、特别重大危险化学品事故，每 30 分钟续报人员伤亡、处置进展和发展趋势等信息，直到应急处置结束。

4.4.4　对于接报的重大、特别重大危险化学品事故信息，市委办公厅、市政府办公厅、市生产安全事故应急指挥部办公室等分别按规定同时向党中央、国务院、应急管理部和国家相关部门报告。

5　应急处置与救援

5.1　先期处置与公众响应

5.1.1　危险化学品单位是事故应急救援的第一处置主体，危险化学品事故发生后，事发单位要立即启动本单位相关应急预案，第一时间组织本单位应急救援力量营救受害人员，疏散、撤离、安置受到威胁的人员；控制危险源，标明危险区域，封锁危险场所，采取其他防止危害扩大的必要措施；做好专业队伍引导；向所在地政府及相关部门、有关单位报告。

5.1.2　乡镇(街道) 组织居委会、村委会等，第一时间组织受影响群众的转移疏散、自救互救，采取措施控制事态发展，做好应急救援队伍引导工作，协助维护社会秩序，及时向区委、区政府报告事故进展情况。

5.1.3 事发地区政府按照规定启动应急预案响应程序进行处置，区级公安、交管、消防、卫健、应急、宣传等部门及时赶赴现场，同时调派危险化学品专业救援队伍、应急物资、相关领域专家等赶赴现场，掌握现场态势，控制事态发展，减少人员伤亡和经济损失。

5.1.4 突发事件应对期间，受事故影响的公民、法人和其他组织迅速开展自救互救，立即进行转移疏散，采取必要措施防止危害扩大；及时向政府相关部门和机构报告安全隐患和受灾情况；服从救援抢险部门、乡镇(街道)的指挥和安排，配合做好应急处置和救援工作。

5.2 分级响应

本市危险化学品事故应急响应分为四级，由高到低分别为：一级、二级、三级、四级。

5.2.1 四级响应

初判危险化学品事故不会超过一般级别，或事态比较简单、危害或威胁范围较小时，由事发地区委、区政府启动响应，市生产安全事故应急指挥部办公室等根据请求或工作需要指导或协助处置。

区委、区政府启动响应时，调动区级公安、交管、消防、卫健、应急、宣传等部门开展应急处置。有关区领导应迅速赶赴现场任总指挥，成立区级现场指挥部，组织协调各方力量开展抢险救援行动。

区委、区政府启动响应后，市生产安全事故应急指挥部办公室等可根据需要派出工作组赶赴现场，指导区级应急处置工作，协调应急队伍、专家以及装备、物资等予以支援。

5.2.2 三级响应

初判危险化学品事故满足以下条件之一时，由市生产安全事故应急指挥部办公室在四级响应的基础上启动：

(1) 初判事故可能达到较大级别；

(2) 需要统筹多个市级部门或单位共同处置；

(3) 需要调动市级应急队伍、应急物资等作为主要资源进行处置。

由市生产安全事故应急指挥部负责指挥，根据需要协调市级相关部门开展救援处置。市生产安全事故应急指挥部办公室有关负责同志立即赶赴现场，会同市级公安、交管、消防、卫健、宣传等相关部门和有关单位、事发地区政府组成现场指挥部，并将区级现场指挥部纳入统一领导。

根据需要，市政府分管副秘书长赶赴现场成立指挥部，其中：分管副秘书长任总指挥，行使重要事项决策和行政协调权；市生产安全事故应急指挥部办公室或市消防救援总队负责同志任执行指挥，行使专业处置权。

5.2.3 二级响应启动

初判危险化学品事故满足以下条件之一时，由市应急委根据市生产安全事故应急指挥部办公室建议，在三级响应的基础上启动：

(1) 初判事故可能达到重大级别；

(2) 需要调度多个市专项指挥部共同处置，且处置时间较长、处置难度较大；

(3) 相关市领导认为有必要的其他情况。

由市应急委负责指挥，市生产安全事故应急指挥部负责具体处置工作。根据需要，分管副市长赶赴现场任总指挥；市政府分管副秘书长或市生产安全事故应急指挥部办公室、市消防救援总队主要负责同志任执行指挥。

5.2.4　一级响应启动

初判危险化学品事故满足以下条件之一时，由市委、市政府在二级响应的基础上启动：

(1) 事故可能达到特别重大级别；

(2) 需要中央和国家有关应急指挥机构授权指挥处置或共同指挥处置；

(3) 市委、市政府主要负责同志认为有必要的其他情况。

在市委统一领导下，由市应急委负责指导协调和组织应对工作，市生产安全事故应急指挥部负责落实具体指挥与处置工作。

总指挥由市委、市政府主要负责同志担任，成员由分管市领导和市相关部门主要负责同志，以及必要的国家有关部门、驻京部队、中央在京单位以及津冀等周边省区市有关单位负责同志组成，综合工作由市委办公厅、市政府办公厅和市生产安全事故应急指挥部办公室承担。

5.2.5　扩大响应

(1) 对于事件本身比较敏感，或发生在城六区、城市副中心等重点地区，或发生在重大活动举办、重要会议召开等特殊时期的，可适当提高响应级别。应急响应启动后，视危险化学品事故态势发展情况及时调整响应级别。

(2) 当危险化学品事故超出区级处置能力时，及时向市生产安全事故应急指挥部办公室提出请求，由市生产安全事故应急指挥部办公室提供支援或启动更高级别响应。当危险化学品事故超出本市自身控制能力，需要国家提供援助和支持时，由市应急委按规定将情况上报党中央、国务院。当党中央、国务院启动或成立国家级应急指挥机构，并根据有关规定启动相应级别的响应时，市生产安全事故应急指挥部办公室和有关单位在国家应急指挥机构的统一指挥下，做好各项应急处置工作。

(3) 需要本市部分地区进入紧急状态时，依法以市政府名义提请国务院决定；需要全市进入紧急状态时，依法按《中华人民共和国突发事件应对法》有关规定，报请国务院提请全国人大常委会决定后实施。

5.3　现场指挥

5.3.1　现场指挥部组建

根据分级响应情况，现场指挥部由市生产安全事故应急指挥部办公室或相关区牵头设立，由总指挥、执行指挥和各工作组组长组成，实行总指挥负责制，总指挥行使重要事项决策和行政协调权，执行指挥行使专业处置权。

现场指挥部要确定相对固定的指挥场所，设置在危险化学品事故上风向位置，与事故现场保持安全距离。根据情况设置统一的救援队伍集结点、物资接收点和分发点、新闻发布中心等，统一现场指挥部和人员标识。配备必要的指挥设备及通信手段，搭建现场指挥平台，并由事发地区政府牵头提供必要的后勤保障。现场指挥部掌握事故处置进展，及时向市生产安全事故应急指挥部报告。

根据实际情况，现场指挥部选择设置综合协调组、专业处置组、社会面管控组、综合保障组、医疗救护组、环境气象组、通信保障组、新闻发布组、现场专家组。各处置小组由市相关部门牵头，在现场指挥部的统一指挥下，按照职责分工和事故现场处置方案，相互配合、密切协作，共同开展应急处置和救援工作。

(1) 综合协调组：由市应急局牵头，成员包括：事发地区政府、行业主管部门、事发单位。主要职责是协调组织事故现场救援工作；负责向各个组传达指挥部指令；负责联系和督促各组工作；调运应急物资和危险化学品专业救援队伍；对事故损失进行统计、核实，做好事故信息报送相关工作。其中，危险化学品道路运输事故由市交通委牵头。

(2) 专业处置组：由市消防救援总队牵头，成员包括：市应急局、市生态环境局、市交通委、市卫生健康委、市市场监管局、市城市管理委等相关部门以及事发地区政府。处置力量包括消防救援队伍、危险化学品专业应急救援队伍、企业消防队伍、社会救援力量，并安排相关专家参加。主要职责是负责制定现场处置方案；组织对失踪人员的搜救；负责危险化学品的侦检，并参考现场专家组意见，划定警戒区域；会同事发单位进行工艺处置等；控制火灾爆炸及易燃易爆、有毒物质泄漏等。

(3) 社会面管控组：由市公安局牵头，成员包括：事发地区政府、事发单位。主要职责是组织事故可能危及区域有关人员的紧急疏散、撤离工作；对事故现场进行保护、警戒，维持现场抢险救援秩序，维护社会治安；根据实际情况实行交通管制和疏导工作。

(4) 综合保障组：由事发地区政府牵头，成员包括：市民政局、市商务局、市交通委、市城市管理委。主要职责是协调组织设立现场指挥部办公场所；为现场抢险救援工作人员提供生活后勤保障；安置事故伤亡人员及家属；调配车辆运输应急物资；负责协调事故现场的电力保障等。

(5) 医疗救护组：由市卫生健康委牵头。主要职责是快速组织医疗救护队伍进入事故现场，对伤员进行救治和转移；及时向现场指挥部通报伤员医疗救治情况。

(6) 环境气象组：由市生态环境局、市气象局分别牵头。主要职责是对事故现场周边环境进行应急监测，分析并提供监测数据，提出控制、消除环境污染措施的建议；开展气象保障服务，提供事故发生地及周边地区的气象实况资料、预报和预警信息。

(7) 通信保障组：由市经济和信息化局牵头，成员包括：市通信管理局、事发地区政府。主要职责是保障政务专网通信通畅；协调有关单位，保障事故现场与市应急局、市级相关部门及相关区之间的联系。

(8) 新闻发布组：由市委宣传部牵头，成员包括：市委网信办、市应急局、行业主管部门、事发地区政府。主要职责是组织起草新闻发布稿和危险化学品事故情况通告；制定新闻发布方案，组织接待记者，适时组织新闻发布；开展舆情监测和应对工作。

(9) 现场专家组：由市应急局牵头，市交通委、市市场监管局等行业主管部门以及事发地区政府配合。负责选调专家赶赴事故现场，根据上报和收集掌握的情况，对事故进行分析判断和事态评估，协助专业处置组研究制定处置方案，为现场指挥部提供决策咨询。

5.3.2 现场应急指挥责任主体及指挥权交接

(1) 事发单位是应对危险化学品事故先期处置的责任主体，对单位范围内的危险化学品事故负有直接指挥权、处置权。在紧急情况下，现场带班人员、班组长和调度人员有直接处置权和指挥权，在遇到险情或事故征兆时，在采取可能的控制措施后，立即下达停产撤离命令，组织现场人员及时、有序撤离到安全地点，减少人员伤亡。

(2) 危险化学品事故发生后，事发单位要立即启动应急预案，先期成立本单位现场指挥部，由在场最高职位者担任现场指挥部指挥员，在确保安全的前提下采取有效措施组织抢救遇险人员，控制危险源、封锁危险场所、划定警戒隔离区，杜绝盲目施救，防止事故扩大。

(3) 事故升级,在市、区相关负责同志赶到现场后,事发单位应立即向市、区级现场指挥部正式移交应急指挥权,并汇报事故情况、进展、风险以及影响控制事态的关键因素和问题。调动本单位所有应急资源,服从现场指挥部的指挥,做好应急处置全过程的保障工作。

(4) 市级现场指挥部成立后,区级现场总指挥和必要人员纳入市级现场指挥部,区级现场指挥部继续统一领导区级现场应急处置工作。国家层面应急指挥机构在本市设立前方指挥部,或向本市派出中央工作组、部门工作组时,市级现场指挥部与其对接并接受业务指导,做好相应保障工作。

5.3.3 现场指挥协调

参与危险化学品事故处置的各相关部门、有关单位,应立即调动所属有关人员和应急救援队伍赶赴现场,到达现场后第一时间向现场指挥部报告,在现场指挥部的统一指挥下,按照危险化学品事故应急预案分工和事件处置规程要求,相互配合、密切协作,开展应急处置,及时向指挥部报告现场情况和处置工作进展情况。社会力量参与应急处置与救援时,纳入现场指挥部统一管理、统一调动、统一行动。

5.3.4 现场协同联动

(1) 现场指挥部应维护好事故现场的治安秩序,做好事故处置、交通保障、伤员救治、人员疏散与安置等工作,防止事态扩大和次生、衍生灾害发生。及时掌握事件进展情况,随时向市生产安全事故应急指挥部报告。同时结合现场实际情况,对危险化学品事故进行综合分析、快速评估,研究确定现场应急处置方案。根据危险化学品特性及事故类型制定切实可行的防范措施和救援方案。按处置方案发布命令,根据事故处置需要调集应急物资、专业处置队伍等,向受到危害的人员提供避难场所、生活必需品、医疗救护等。

(2) 市生产安全事故应急指挥部办公室应依据危险化学品事故的级别和种类,适时组建由危险化学品领域专家、应急处置队伍、相关科研力量、企业人员等组成的现场专家组,共同参与事故的处置工作。现场专家组应根据危险化学品事故情况,对危险化学品事故进行分析判断和事态评估,研究并提出专业处置意见,为现场指挥部提供决策咨询。

(3) 现场指挥部应随时跟踪事态进展情况,一旦发现事态有进一步扩大的趋势,有可能超出自身控制能力时,应立即下达指令,及时撤离现场应急救援人员。根据现场情况调整处置方案,报请市生产安全事故应急指挥部协调调度其他应急资源参与处置工作,必要时按照有关程序向社会发出预警。根据需要,可采取协调调用企业应急装备物资,启动京津冀应对危险化学品事故协调联动应急方案,请求驻京部队应急力量支持等措施。

现场指挥部依据有关法律、法规、规章等规定,采取相应的强制性措施和其他必要措施。

5.4 处置措施

5.4.1 确定处置方案。由专业处置组会同现场专家组拟定现场处置方案,并报执行指挥确定。当救援难度较大、持续时间较长时,各队伍根据职责分工和处置内容分别制定分方案,并结合处置实际及时调整。

5.4.2 组织现场救援。根据事故情况,应急救援人员佩戴个人防护装备,在确保安全的前提下,组织营救和救治受害人员,转移至安全区域。现场发生人员伤亡时,120 等急救力量立即赶现场,在安全区域对搜救出的伤员实施急救与转院,医疗保障组核实伤亡人员数量,做好后续保障工作。

5.4.3　疏散安置群众。社会面管控组及时疏散安置周边受影响的群众。划定现场警戒区域，安排专人进行值守，防止无关人员进入，维持现场抢险救援秩序及周边社会治安。根据需要，在事故现场周边实行交通管制和疏导工作。

5.4.4　开展专业处置。专业处置组根据危险化学品事故的类别、危险化学品特性、事态发展变化情况等，开展控制火灾爆炸、易燃易爆、有毒物质泄漏等工作。

5.4.5　环境气象监测。环境气象组制定事故现场环境应急监测方案，组织环境监测队伍，对周边大气、水体等进行实时监测，分析并提供监测数据，提出受环境和气象影响区域管控与人员疏散建议，提出控制、消除环境污染措施的处置建议，协调指导事故中产生的危险废物无害化处置。同时整理事故发生地及周边地区的气象实况资料、预报和预警信息，为判断有毒有害气体扩散方向、范围提供技术依据。

5.4.6　应急资源调度。根据事故处置需要，持续协调调动应急救援队伍、装备物资、专家等赴现场，在现场指挥部的统一指挥下，相互配合、密切协作，共同开展应急处置和救援工作。

5.4.7　提供综合保障。综合保障组调配车辆运输应急物资，根据需要组织对事故现场的危险化学品进行转运，交管部门做好运输保障工作。协调解决事故现场的供电、供水等基础设施保障。做好事故伤亡人员及家属的保障安抚工作。为现场抢险救援工作人员提供生活后勤保障。

5.4.8　开展调查取证。各相关部门应严格保护现场，凡与事故有关的物体、痕迹、状态不得随意挪动和破坏。因抢救伤员、防止事故扩大等原因需要移动现场物体的，应对事故现场做出记录，妥善保存现场重要痕迹、书证、物证等证据，做好事故现场保护。

5.5　防护救护措施

5.5.1　应急人员防护

根据危险化学品危险特性采取相应的防护措施。工程抢险、消防和侦检等进入污染区域的应急人员应按照规定要求佩戴相应的防护装备，采取相应安全防护措施。现场应急指挥人员等处于事故上风向位置，保持足够安全距离。

严格执行应急救援人员进入和离开事故现场的相关规定。控制、记录进入现场救援人员的数量。

5.5.2　遇险人员救护

应急救援人员携带救生器材迅速进入现场，将遇险受困人员转移到安全区。对救出人员进行现场急救和登记后，移交专业医疗卫生机构进行救护。

将警戒隔离区内与事故应急处理无关人员撤离至安全区，撤离时要选择正确方向和路线。

5.5.3　群众安全防护

根据危险化学品事故特点，组织和指导群众就地取用毛巾、湿布、口罩等物品，采用简易有效措施自救互救。进入安全区域后，应尽快去除受污染的衣物，防止继发性伤害。

5.6　信息发布和舆论引导

5.6.1　信息发布

(1) 现场指挥部新闻发布组负责具体组织协调。事故发生后，各相关部门应及时向新闻发布组报送事故信息。市生产安全事故应急指挥部办公室、事发地区政府要及时会同新闻发布组快速反应、及时发声，遇有重大事故要按照工作程序第一时间向社会发布简要信息，最迟应在5小时内发布，随后发布初步核实情况、政府应对措施和公众防范措施等，并及时做好后续信息发布工作。

(2) 发生重大、特别重大危险化学品事故后，或对于一些事故本身比较敏感，或发生在重点地区、特殊时期的危险化学品事故，在新闻发布组的组织、协调下，指定新闻发言人，负责新闻发布组织、现场采访管理，及时、准确、客观发布危险化学品事故信息。

(3) 未经相关应急指挥机构批准，参与应急处置工作的各有关单位和个人不得擅自对外发布事件原因、伤亡数字、责任追究等有关应急处置和事态发展的信息。任何单位和个人不得编造、传播有关应急处置和事态发展的虚假信息。

5.6.2　舆论引导

宣传部门会同网信、公安、应急等部门及事发地区政府，收集、整理网络、市民热线等舆情社情信息，及时核实并解决反映的问题，并将工作进展情况及时公布，主动进行回应和引导。对于不实和负面信息，及时澄清并发布准确信息。

5.7　响应结束

危险化学品事故处置工作基本完成，次生、衍生事故及危害基本消除，由市生产安全事故应急指挥部或授权现场指挥部宣布应急结束，逐步停止有关应急处置措施，有序撤离应急队伍和工作人员，并将情况及时通知参与事故处置的各有关单位，必要时通过广播电台、电视台等新闻媒体向社会发布应急结束信息。

6　善后处置

6.1　事后处置

宣布应急结束后，由市相关部门和事发地区政府负责后期处置工作，根据事故造成的后果及实际情况，制订善后处理措施并组织实施，必要时，经市委、市政府批准，启动市突发事件应急救助指挥部或成立市善后工作领导小组。

市生产安全事故应急指挥部办公室按照相关规定组织开展事故损失评估核定工作。生态环境部门提出事故后污染处置建议，由事发地区政府负责现场清理和消除环境污染。交通、水务、城市管理等部门组织修复被破坏的交通、通信、供水、排水、供电、供气、供热等基础设施。市生产安全事故应急指挥部办公室组织救灾物资和生活必需品的调拨，会同财政、发展改革部门制定应由政府补偿的补偿标准和办法。事发地区政府做好征用补偿工作，做好受灾地区社会管理工作，配合相关部门做好救助款物的管理、调拨和发放等工作。

6.2　社会救助与抚慰

6.2.1　市生产安全事故应急指挥部办公室做好应急期间受危险化学品事故影响人员安置和生活保障。

6.2.2　工会、共青团、妇联、红十字会等人民团体，协助卫生健康等部门开展心理咨询、抚慰等心理危机干预工作。

6.2.3　市生产安全事故应急指挥部办公室会同民政、人力资源社会保障、退役军人事务、财政等相关部门，对因灾伤亡人员和在处置工作中伤亡的人员按照相关规定给予抚慰和抚恤，对因公牺牲者依照相关规定开展烈士评定工作。

6.3 保险

6.3.1 危险化学品事故发生后，银行保险监管部门负责督促保险机构及时开展保险受理、赔付工作。相关部门及区将损失情况及时向银行保险监管部门和保险机构通报，协助做好保险理赔和纠纷处理工作。

6.3.2 各区、相关部门和有关单位要为应急救援人员购买人身意外伤害保险，减少应急救援人员的人身风险。

6.4 调查与评估

6.4.1 事故调查。危险化学品事故发生后，根据有关规定，由市生产安全事故应急指挥部办公室或相关区牵头，按照《生产安全事故报告和调查处理条例》等有关法律、法规、规章，及时组织开展事故调查处理及责任追究工作。事故调查人员要及时介入，事故调查处理应及时、准确地查清事故经过、事故原因和事故损失，查明事故性质，认定事故责任，总结事故教训，提出整改措施，并依法追究有关单位和人员责任。

6.4.2 总结评估。危险化学品事故处置结束后，开展事故应对工作总结评估，对事前、事发、事中、事后全过程应对工作进行全面、客观的分析和评估，针对存在的问题总结经验教训，提出改进建议等，并形成事故应对工作总结评估报告。重大、特别重大事故由市生产安全事故应急指挥部办公室牵头实施；一般、较大事故，根据需要，由市生产安全事故应急指挥部办公室或相关区牵头实施。

7 保障措施

7.1 队伍保障

7.1.1 北京市消防救援总队是危险化学品事故处置与救援的主力军，承担综合性消防救援工作，负责指挥调度危险化学品事故救援行动。

7.1.2 驻京部队是危险化学品事故应急处置与救援的突击力量，由中部战区、北京卫戍区、武警北京市总队等组成，按照有关规定参加本市危险化学品事故应急处置工作。

7.1.3 北京市危险化学品专业应急救援队伍是经市生产安全事故应急指挥部办公室认定，依托社会力量组建的专业应急救援队伍，协助政府有关部门，参与事故处置工作。积极推进市区两级危险化学品专业救援队伍建设。强化京津冀三地危险化学品事故应急和专业救援队伍的协调联动。

7.1.4 积极推进本市危险化学品单位专、兼职应急救援队伍建设工作。危险化学品的生产、经营、储存、运输单位应建立应急救援队伍，其中小型企业或者微型企业等规模较小的生产经营单位，可不建立应急救援队伍，但应指定兼职的应急救援人员，且可与邻近的应急救援队伍签订应急救援协议。

7.1.5 应急救援队伍应强化救援装备物资配备，开展相关专业培训和应急演练，不断提升应对危险化学品事故的处置能力。

7.2 指挥系统技术保障

建立完善应急指挥技术支撑体系，满足各种复杂情况下危险化学品事故处置的指挥要求。以有线政务专网、800兆无线政务专网、公共通信网络、北斗卫星网等为核心，形成覆盖市、区、乡镇（街道）、社区（村）的应急通信系统；在网络中断或网络盲区时，部署应急移动通信保障车，保障事故现场应急通信网络畅通。

7.3 物资装备保障

市生产安全事故应急指挥部办公室等按照“统筹管理、定点储备、综合调度、统一指挥”的原则，不断提升应急物资准备、快速响应、保障有序的建设能力和水平，完善市、区两级危险化学品应急物资储备，提升快速调运能力。

各级政府、科研机构以及企事业单位，借鉴国际先进经验，加强应急管理科技创新机制，扶持一批在公共安全、应急管理等领域拥有自主知识产权和核心技术的单位，不断提升危险化学品应急救援物资、装备水平。

7.4 医疗保障

7.4.1 根据“分级救治、无缝衔接”原则，按照现场抢救、院前急救、专科治疗几个阶段组织实施救护。北京紧急医疗救援中心(120) 负责应急处置工作中的现场抢救、院前急救工作，各级医院负责后续救治。

7.4.2 根据相关应急预案，卫生健康部门快速组织医疗救护队伍进入事故现场安全区域，对伤员进行救治，做好后续跟踪工作。会同市场监管、水务、生态环境等部门及时检查、监测事故发生区的食品、饮用水安全情况。

7.4.3 卫生健康部门根据危险化学品事故造成人身伤害的特点，培训专业医护队伍、储备相关医护用品。

7.5 运输保障

交通运输部门牵头，建立健全交通运输保障联动机制，确保事故处置期间综合运输能力保障，并做好抢险救援车辆在本市行政区域内高速公路快速通行服务保障工作。

公安部门牵头，负责对事故现场进行交通管制，根据需要开设应急救援绿色通道，对紧急调运的应急救援队伍、应急救援装备物资、危险化学品转运等进行运输保障。

7.6 治安保障

事故发生后，公安部门和事发地区政府负责事故现场治安警戒和治安保障，在事故现场设立警戒区，防止无关人员进入。做好现场控制、交通管制、疏散救助群众、维护公共秩序等工作。加强对重点地区、重点场所、重点人群、重要物资设备的防范保护。

7.7 资金保障

7.7.1 财政部门负责危险化学品事故预防及应急处置相关财政资金管理。事故发生后，按照相关规定及时拨付事故应对资金。

7.7.2 相关部门所需的危险化学品事故应急预案的评估修订、应急演练、物资装备保障、监测与预警等工作经费列入部门预算，同级财政部门应当予以保障。

8 预案管理

8.1 制定与备案

8.1.1 预案制定和解释

本预案由北京市人民政府负责制定，市生产安全事故应急指挥部办公室负责解释。

8.1.2 预案修订

市生产安全事故应急指挥部办公室定期对应急预案进行评估，分析评价预案的针对性、实用性和可操作性，应急预案的评估工作，可以委托第三方专业机构组织实施。当存在有关法律、法规、规章或上位预案相关规定发生重大变化、应急指挥机构及其职责发生重大调整、主要风险或重要应急资源发生重大变化、在实际应对和应急演练中发现问题需要作出重大调整等情况时，及时对应急预案进行修订。

8.1.3　预案备案

(1) 本预案报应急管理部备案。

(2) 各区制定本区危险化学品事故应急预案并报本级人民政府审批。市区相关部门和有关单位，根据危险化学品事故处置中涉及本部门、本单位的内容，做好相关部门预案、应急工作手册、事件应对行动方案等支撑性文件编制工作。

(3) 危险化学品企业根据有关法律法规规定及标准要求制定本企业危险化学品事故应急预案，并按照隶属关系报应急管理部门、交通运输部门等备案。

8.2　应急演练

各相关部门和有关单位负责本系统、本领域、本部门、本单位的危险化学品事故应急演练工作，每年组织开展综合应急演练或单项应急演练，演练形式包括桌面推演、实战演练等。通过演练发现和解决应急处置中的问题，熟悉各部门岗位职责和处置流程，强化应急协同处置能力，提升应急队伍救援能力，检验预案的可行性。

8.3　宣传与培训

8.3.1　宣传教育

市生产安全事故应急指挥部办公室、宣传部门组织协调，充分利用各类媒体，有针对性开展危险化学品应急知识的宣传教育。危险化学品单位，面向单位职工以及周边受影响群众开展危险化学品事故应急救援有关法律法规，以及危险化学品事故预防、避险、避灾、自救、互救等基本常识的宣传教育。

8.3.2　培训

市生产安全事故应急指挥部办公室、消防救援部门等加强对危险化学品相关应急救援队伍的业务培训，提高应急救援能力和安全防护技能。危险化学品单位要加强对从业人员的安全知识、安全技能、应急救援的培训。

9　附则

9.1　名词术语说明

危险化学品：具有毒害、腐蚀、爆炸、燃烧、助燃等性质，对人体、设施、环境具有危害的剧毒化学品和其他化学品。本预案所指危险化学品不包括民用爆炸物品、烟花爆竹、放射性物品、核能物质以及用于国防科研生产的危险化学品。

危险化学品企业：危险化学品的生产、经营（带储存设施的）、储存、运输企业，以及使用危险化学品达到国家规定数量的化工企业。

危险化学品单位：生产、储存、使用、经营、运输危险化学品的单位。

9.2　预案实施

《北京市危险化学品事故应急预案(2023年修订)》自印发之日起实施，《北京市危险化学品事故应急预案(2016年修订)》同时废止。

第八节　公共卫生事件应急预案编制

公共卫生事件主要包括传染病暴发、大规模不明原因疾病、食品安全和职业危害、动物疫情，以及对公共卫生和安全产生重大影响的其他事件。这些事件可分为3个主要类型：第一类涉及人类直接感染或中毒；第二类涉及动植物等与人类食品和财产有关的元素被污染或感染疾病，对人类健康和生命构成威胁；第三类涉及环境污染、过度辐射、有毒物质泄漏等对公共卫生构成威胁的事件。

一、公共卫生状况

公共卫生在本质上与传统医疗服务有所不同。为了公平、高效和合理地分配公共卫生资源，必须对其内涵有清晰的认识。美国卫生管理执行协会将公共卫生定义为通过评估、政策制定和保障措施来预防疾病、延长寿命并通过有组织的社会努力促进身体和心理健康的科学和艺术。公共卫生服务成本低、效果好，但其社会效益回报周期相对较长。在许多国家，政府在公共卫生服务中发挥着关键作用，政府的干预在公共卫生工作中是不可替代的。许多国家对各级政府在公共卫生中的责任都有明确的规定和限制，以促进各级政府更好地发挥作用。

在中国，人们对公共卫生的内涵仍然没有统一的认识和定义。尽管“公共卫生”一词在国家文件中多次出现，但对其本质的解释仍存在差异。公共卫生，也称为社区卫生，涵盖范围广泛。从预防疾病到促进健康，从不合理的饮食结构到环境污染引发的疾病，从慢性职业病到传染性疾病，都属于公共卫生研究的范畴。学者对公共卫生的定义存在不同的说法，但其中经典的一种定义是：公共卫生是防治疾病、延长寿命、改善身体健康和功能的科学和实践。通过有组织的社会努力改善环境卫生，控制地区性疾病，教育人们关于个人卫生的知识，组织医护力量对疾病做出早期诊断和预防治疗，并建立一套社会体制，保障社会中的每一名成员都享有能够维持身体健康的生活水准。如今，公共卫生已经超越医学的范畴，成为整个社会关注的对象。有学者指出，公共卫生是一个包括预防医学、环境医学等在内的学科群体，需要同时结合医学、环境科学、社会学、心理学等学科的知识与技能，也需要发动社会各方面、各部门的力量配合完成。公共卫生包括：预防疾病的发生和传播；保护环境；预防意外伤害；促进健康行为；应对和处置灾难，并帮助人们从中恢复；保证卫生服务的有效性和及时性。

二、常见公共卫生事件

尽管中国在公共卫生领域取得了一些成就，但仍然会出现重大的传染病暴发、来源不明的群体性疾病，以及严重的食物和职业中毒案例。虽然这些事件的频率和造成的损失不如自然灾害或事故那么高和严重，但它们仍在一定程度上影响人们的生活、健康和安全。

（一）严重传染病暴发

《传染病防治法》将传染病分为甲、乙和丙三类。甲类包括瘟疫和霍乱；乙类包括非典型肺炎、艾滋病、病毒性肝炎和高致病性禽流感等；丙类包括季节性流感和腮腺炎等。卫生部门可以根据实际情况调整这些类别。当一种或多种传染病的发病率显著超过正常水平时，被视为严重传染病暴发。

在1949年之前，我国的卫生发展水平相当落后，人的平均寿命仅为35岁。公共卫生水平不足，传染病流行，寄生虫病得病率高。据统计，在1949年之前，我国城市地区的肺结核死亡率为每10万人口250人；1951年，天花病例有6万例；1952年麻疹病例有104万例；疟疾病例有293万例；被血吸虫病威胁的人口有1 200万人。

到20世纪80年代中期，我国在传染病的预防和控制方面取得了显著进展，基本实现了对严重传染病和寄生虫病的控制。到2003年，我国的传染病发病率显著下降，从1985年的每10万人口872.33例下降到每10万人口192.18例。

然而，从20世纪80年代末到现在，一些严重传染病的发病率，如病毒性肝炎和结核病，有轻微上升。一些被认为已经根除的疾病，如淋病和梅毒，正在重新流行。此外，艾滋病等疾病的发病率正在稳步上升。一些地方性疾病，如血吸虫病，在某些地区再次出现。

（二）来源不明的群体性疾病

在当前的医疗背景下，可能会出现一些暂时诊断不明的疾病。当在特定期间、特定地域内发生了几例具有相似临床症状的病例时，被视为来源不明的群体性疾病。

2003年的非典型肺炎就是来源不明的群体性疾病的一个例子。后来的研究揭示了它是由一种新发现的冠状病毒引起的，被命名为“SARS病毒”。

（三）严重的食物或职业中毒

我国食品安全领域的主要问题包括：在食品生产中不当或过度使用农药、化肥和激素；在食品销售中缺乏严格控制；缺乏一个独立的食品安全控制部门；对食品安全的意识和知识不足。

（四）严重的动物疾病暴发

《国家突发公共事件总体应急预案》对公共卫生事件中的严重动物疾病暴发有着相关的定义。它指的是在陆地或水产生物中发生重大流行病，导致动物大量生病或死亡。此类疾病对畜牧业的安全造成严重威胁，甚至对人的健康和生命构成严重威胁。尽管近年发生过这类事件，但统计数据零散。一些疾病，如牛瘟，在我国已经得到有效根除，而其他一些疾病，如禽流感和口蹄疫，仍有待防治。

公共卫生事件通常具有3个主要特征：突发性、广泛性和潜伏性。它们突然发生，没有征兆，使得预测变得困难。它们影响社会群体而不是具体个体，并有着对公共卫生和整个社会造成重大危害的威胁。

三、公共卫生事件应急预案的制定

为了最大限度地预防和减少突发公共事件及其造成的损害，我国专门制定了《国家突发公共事件总体应急预案》。该总体预案的子预案中，涉及公共卫生的有《国家突发公共卫生事件应急预案》《国家突发重大动物疫情应急预案》《国家重大食品安全事故应急预案》《铁路突发公共卫生事件应急预案》《进出境重大动物疫情应急处置预案》等。此外，地方各级政府也按照国家的要求，制定了地方应对突发公共卫生事件的预案。这些预案与上述各种法律法规都在应急工作中起到指导性作用。

四、公共卫生事件应急预案示例

国家突发公共事件医疗卫生救援应急预案

1　总则

1.1　编制目的

保障自然灾害、事故灾难、公共卫生、社会安全事件等突发公共事件(以下简称突发公共事件)发生后,各项医疗卫生救援工作迅速、高效、有序地进行,提高卫生部门应对各类突发公共事件的应急反应能力和医疗卫生救援水平,最大限度地减少人员伤亡和健康危害,保障人民群众身体健康和生命安全,维护社会稳定。

1.2　编制依据

依据《中华人民共和国传染病防治法》、《中华人民共和国食品卫生法》、《中华人民共和国职业病防治法》、《中华人民共和国放射性污染防治法》、《中华人民共和国安全生产法》以及《突发公共卫生事件应急条例》、《医疗机构管理条例》、《核电厂核事故应急管理条例》和《国家突发公共事件总体应急预案》,制定本预案。

1.3　适用范围

本预案适用于突发公共事件所导致的人员伤亡、健康危害的医疗卫生救援工作。突发公共卫生事件应急工作按照《国家突发公共卫生事件应急预案》的有关规定执行。

1.4　工作原则

统一领导、分级负责;属地管理、明确职责;依靠科学、依法规范;反应及时、措施果断;整合资源、信息共享;平战结合、常备不懈;加强协作、公众参与。

2　医疗卫生救援的事件分级

根据突发公共事件导致人员伤亡和健康危害情况将医疗卫生救援事件分为特别重大(Ⅰ级)、重大(Ⅱ级)、较大(Ⅲ级)和一般(Ⅳ级)四级。

2.1　特别重大事件(Ⅰ级)

(1) 一次事件出现特别重大人员伤亡,且危重人员多,或者核事故和突发放射事件、化学品泄漏事故导致大量人员伤亡,事件发生地省级人民政府或有关部门请求国家在医疗卫生救援工作上给予支持的突发公共事件。

(2) 跨省(区、市)的有特别严重人员伤亡的突发公共事件。

(3) 国务院及其有关部门确定的其他需要开展医疗卫生救援工作的特别重大突发公共事件。

2.2　重大事件(Ⅱ级)

(1) 一次事件出现重大人员伤亡,其中,死亡和危重病例超过5例的突发公共事件。

(2) 跨市(地)的有严重人员伤亡的突发公共事件。

(3) 省级人民政府及其有关部门确定的其他需要开展医疗卫生救援工作的重大突发公共事件。

2.3　较大事件(Ⅲ级)

(1) 一次事件出现较大人员伤亡,其中,死亡和危重病例超过3例的突发公共事件。

（2）市（地）级人民政府及其有关部门确定的其他需要开展医疗卫生救援工作的较大突发公共事件。

2.4 一般事件（Ⅳ级）

（1）一次事件出现一定数量人员伤亡，其中，死亡和危重病例超过1例的突发公共事件。

（2）县级人民政府及其有关部门确定的其他需要开展医疗卫生救援工作的一般突发公共事件。

3 医疗卫生救援组织体系

各级卫生行政部门要在同级人民政府或突发公共事件应急指挥机构的统一领导、指挥下，与有关部门密切配合、协调一致，共同应对突发公共事件，做好突发公共事件的医疗卫生救援工作。

医疗卫生救援组织机构包括：各级卫生行政部门成立的医疗卫生救援领导小组、专家组和医疗卫生救援机构[指各级各类医疗机构，包括医疗急救中心（站）、综合医院、专科医院、化学中毒和核辐射事故应急医疗救治专业机构、疾病预防控制机构和卫生监督机构]、现场医疗卫生救援指挥部。

3.1 医疗卫生救援领导小组

国务院卫生行政部门成立突发公共事件医疗卫生救援领导小组，领导、组织、协调、部署特别重大突发公共事件的医疗卫生救援工作。国务院卫生行政部门卫生应急办公室负责日常工作。

省、市（地）、县级卫生行政部门成立相应的突发公共事件医疗卫生救援领导小组，领导本行政区域内突发公共事件医疗卫生救援工作，承担各类突发公共事件医疗卫生救援的组织、协调任务，并指定机构负责日常工作。

3.2 专家组

各级卫生行政部门应组建专家组，对突发公共事件医疗卫生救援工作提供咨询建议、技术指导和支持。

3.3 医疗卫生救援机构

各级各类医疗机构承担突发公共事件的医疗卫生救援任务。其中，各级医疗急救中心（站）、化学中毒和核辐射事故应急医疗救治专业机构承担突发公共事件现场医疗卫生救援和伤员转送；各级疾病预防控制机构和卫生监督机构根据各自职能做好突发公共事件中的疾病预防控制和卫生监督工作。

3.4 现场医疗卫生救援指挥部

各级卫生行政部门根据实际工作需要在突发公共事件现场设立现场医疗卫生救援指挥部，统一指挥、协调现场医疗卫生救援工作。

4 医疗卫生救援应急响应和终止

4.1 医疗卫生救援应急分级响应

4.1.1 Ⅰ级响应

（1）Ⅰ级响应的启动

符合下列条件之一者，启动医疗卫生救援应急的Ⅰ级响应：

① 发生特别重大突发公共事件，国务院启动国家突发公共事件总体应急预案。

② 发生特别重大突发公共事件，国务院有关部门启动国家突发公共事件专项应急预案。

③ 其他符合医疗卫生救援特别重大事件（Ⅰ级）级别的突发公共事件。

(2) Ⅰ级响应行动

国务院卫生行政部门接到关于医疗卫生救援特别重大事件的有关指示、通报或报告后，应立即启动医疗卫生救援领导小组工作，组织专家对伤病员及救治情况进行综合评估，组织和协调医疗卫生救援机构开展现场医疗卫生救援，指导和协调落实医疗救治等措施，并根据需要及时派出专家和专业队伍支援地方，及时向国务院和国家相关突发公共事件应急指挥机构报告和反馈有关处理情况。凡属启动国家总体应急预案和专项应急预案的响应，医疗卫生救援领导小组按相关规定启动工作。

事件发生地的省（区、市）人民政府卫生行政部门在国务院卫生行政部门的指挥下，结合本行政区域的实际情况，组织、协调开展突发公共事件的医疗卫生救援。

4.1.2　Ⅱ级响应

(1) Ⅱ级响应的启动

符合下列条件之一者，启动医疗卫生救援应急的Ⅱ级响应：

① 发生重大突发公共事件，省级人民政府启动省级突发公共事件应急预案。

② 发生重大突发公共事件，省级有关部门启动省级突发公共事件专项应急预案。

③ 其他符合医疗卫生救援重大事件（Ⅱ级）级别的突发公共事件。

(2) Ⅱ级响应行动

省级卫生行政部门接到关于医疗卫生救援重大事件的有关指示、通报或报告后，应立即启动医疗卫生救援领导小组工作，组织专家对伤病员及救治情况进行综合评估。同时，迅速组织医疗卫生救援应急队伍和有关人员到达突发公共事件现场，组织开展医疗救治，并分析突发公共事件的发展趋势，提出应急处理工作建议，及时向本级人民政府和突发公共事件应急指挥机构报告有关处理情况。凡属启动省级应急预案和省级专项应急预案的响应，医疗卫生救援领导小组按相关规定启动工作。

国务院卫生行政部门对省级卫生行政部门负责的突发公共事件医疗卫生救援工作进行督导，根据需要和事件发生地省级人民政府和有关部门的请求，组织国家医疗卫生救援应急队伍和有关专家进行支援，并及时向有关省份通报情况。

4.1.3　Ⅲ级响应

(1) Ⅲ级响应的启动

符合下列条件之一者，启动医疗卫生救援应急的Ⅲ级响应：

① 发生较大突发公共事件，市（地）级人民政府启动市（地）级突发公共事件应急预案。

② 其他符合医疗卫生救援较大事件（Ⅲ级）级别的突发公共事件。

(2) Ⅲ级响应行动

市（地）级卫生行政部门接到关于医疗卫生救援较大事件的有关指示、通报或报告后，应立即启动医疗卫生救援领导小组工作，组织专家对伤病员及救治情况进行综合评估。同时，迅速组织开展现场医疗卫生救援工作，并及时向本级人民政府和突发公共事件应急指挥机构报告有关处理情况。凡属启动市（地）级应急预案的响应，医疗卫生救援领导小组按相关规定启动工作。

省级卫生行政部门接到医疗卫生救援较大事件报告后，要对事件发生地突发公共事件医疗卫生救援工作进行督导，必要时组织专家提供技术指导和支持，并适时向本省（区、市）有关地区发出通报。

4.1.4 Ⅳ级响应

(1) Ⅳ级响应的启动

符合下列条件之一者，启动医疗卫生救援应急的Ⅳ级响应：

① 发生一般突发公共事件，县级人民政府启动县级突发公共事件应急预案。

② 其他符合医疗卫生救援一般事件（Ⅳ级）级别的突发公共事件。

(2) Ⅳ级响应行动

县级卫生行政部门接到关于医疗卫生救援一般事件的有关指示、通报或报告后，应立即启动医疗卫生救援领导小组工作，组织医疗卫生救援机构开展突发公共事件的现场处理工作，组织专家对伤病员及救治情况进行调查、确认和评估，同时向本级人民政府和突发公共事件应急指挥机构报告有关处理情况。凡属启动县级应急预案的响应，医疗卫生救援领导小组按相关规定启动工作。

市（地）级卫生行政部门在必要时应当快速组织专家对突发公共事件医疗卫生救援进行技术指导。

4.2 现场医疗卫生救援及指挥

医疗卫生救援应急队伍在接到救援指令后要及时赶赴现场，并根据现场情况全力开展医疗卫生救援工作。在实施医疗卫生救援的过程中，既要积极开展救治，又要注重自我防护，确保安全。

为了及时准确掌握现场情况，做好现场医疗卫生救援指挥工作，使医疗卫生救援工作紧张有序地进行，有关卫生行政部门应在事发现场设置现场医疗卫生救援指挥部，主要或分管领导同志要亲临现场，靠前指挥，减少中间环节，提高决策效率，加快抢救进程。现场医疗卫生救援指挥部要接受突发公共事件现场处置指挥机构的领导，加强与现场各救援部门的沟通与协调。

4.2.1 现场抢救

到达现场的医疗卫生救援应急队伍，要迅速将伤员转送出危险区，本着“先救命后治伤、先救重后救轻”的原则开展工作，按照国际统一的标准对伤病员进行检伤分类，分别用蓝、黄、红、黑四种颜色，对轻、重、危重伤病员和死亡人员作出标志（分类标记用塑料材料制成腕带），扣系在伤病员或死亡人员的手腕或脚踝部位，以便后续救治辨认或采取相应的措施。

4.2.2 转送伤员

当现场环境处于危险或在伤病员情况允许时，要尽快将伤病员转送并做好以下工作：

(1) 对已经检伤分类待送的伤病员进行复检。对有活动性大出血或转运途中有生命危险的急危重症者，应就地先予抢救、治疗，做必要的处理后再进行监护下转运。

(2) 认真填写转运卡提交接纳的医疗机构，并报现场医疗卫生救援指挥部汇总。

(3) 在转运中，医护人员必须在医疗仓内密切观察伤病员病情变化，并确保治疗持续进行。

(4) 在转运过程中要科学搬运，避免造成二次损伤。

(5) 合理分流伤病员或按现场医疗卫生救援指挥部指定的地点转送，任何医疗机构不得以任何理由拒诊、拒收伤病员。

4.3 疾病预防控制和卫生监督工作

突发公共事件发生后，有关卫生行政部门要根据情况组织疾病预防控制和卫生监督等有关专业机构和人员，开展卫生学调查和评价、卫生执法监督，采取有效的预防控制措施，防止各类突发公共事件造成的次生或衍生突发公共卫生事件的发生，确保大灾之后无大疫。

4.4 信息报告和发布

医疗急救中心(站)和其他医疗机构接到突发公共事件的报告后，在迅速开展应急医疗卫生救援工作的同时，立即将人员伤亡、抢救等情况报告现场医疗卫生救援指挥部或当地卫生行政部门。

现场医疗卫生救援指挥部、承担医疗卫生救援任务的医疗机构要每日向上级卫生行政部门报告伤病员情况、医疗救治进展等，重要情况要随时报告。有关卫生行政部门要及时向本级人民政府和突发公共事件应急指挥机构报告有关情况。

各级卫生行政部门要认真做好突发公共事件医疗卫生救援信息发布工作。

4.5 医疗卫生救援应急响应的终止

突发公共事件现场医疗卫生救援工作完成，伤病员在医疗机构得到救治，经本级人民政府或同级突发公共事件应急指挥机构批准，或经同级卫生行政部门批准，医疗卫生救援领导小组可宣布医疗卫生救援应急响应终止，并将医疗卫生救援应急响应终止的信息报告上级卫生行政部门。

5 医疗卫生救援的保障

突发公共事件应急医疗卫生救援机构和队伍的建设，是国家突发公共卫生事件预防控制体系建设的重要组成部分，各级卫生行政部门应遵循“平战结合、常备不懈”的原则，加强突发公共事件医疗卫生救援工作的组织和队伍建设，组建医疗卫生救援应急队伍，制订各种医疗卫生救援应急技术方案，保证突发公共事件医疗卫生救援工作的顺利开展。

5.1 信息系统

在充分利用现有资源的基础上建设医疗救治信息网络，实现医疗机构与卫生行政部门之间，以及卫生行政部门与相关部门间的信息共享。

5.2 急救机构

各直辖市、省会城市可根据服务人口和医疗救治的需求，建立一个相应规模的医疗急救中心(站)，并完善急救网络。每个市(地)、县(市)可依托综合力量较强的医疗机构建立急救机构。

5.3 化学中毒与核辐射医疗救治机构

按照“平战结合”的原则，依托专业防治机构或综合医院建立化学中毒医疗救治和核辐射应急医疗救治专业机构，依托实力较强的综合医院建立化学中毒、核辐射应急医疗救治专业科室。

5.4 医疗卫生救援应急队伍

各级卫生行政部门组建综合性医疗卫生救援应急队伍，并根据需要建立特殊专业医疗卫生救援应急队伍。

各级卫生行政部门要保证医疗卫生救援工作队伍的稳定，严格管理，定期开展培训和演练，提高应急救治能力。

医疗卫生救援演练需要公众参与的，必须报经本级人民政府同意。

5.5 物资储备

卫生行政部门提出医疗卫生救援应急药品、医疗器械、设备、快速检测器材和试剂、卫生防护用品等物资的储备计划建议。发展改革部门负责组织应急物资的生产、储备和调运，保证供应，维护市场秩序，保持物价稳定。应急储备物资使用后要及时补充。

5.6 医疗卫生救援经费

财政部门负责安排应由政府承担的突发公共事件医疗卫生救援所必需的经费，并做好经费使用情况监督工作。

自然灾害导致的人员伤亡，各级财政按照有关规定承担医疗救治费用或给予补助。

安全生产事故引起的人员伤亡，事故发生单位应向医疗急救中心（站）或相关医疗机构支付医疗卫生救援过程中发生的费用，有关部门应负责督促落实。

社会安全突发事件中发生的人员伤亡，由有关部门确定的责任单位或责任人承担医疗救治费用，有关部门应负责督促落实。各级财政可根据有关政策规定或本级人民政府的决定对医疗救治费用给予补助。

各类保险机构要按照有关规定对参加人身、医疗、健康等保险的伤亡人员，做好理赔工作。

5.7 医疗卫生救援的交通运输保障

各级医疗卫生救援应急队伍要根据实际工作需要配备救护车辆、交通工具和通信设备。

铁路、交通、民航、公安（交通管理）等有关部门，要保证医疗卫生救援人员和物资运输的优先安排、优先调度、优先放行，确保运输安全畅通。情况特别紧急时，对现场及相关通道实行交通管制，开设应急救援"绿色通道"，保证医疗卫生救援工作的顺利开展。

5.8 其他保障

公安机关负责维护突发公共事件现场治安秩序，保证现场医疗卫生救援工作的顺利进行。

科技部门制定突发公共事件医疗卫生救援应急技术研究方案，组织科研力量开展医疗卫生救援应急技术科研攻关，统一协调、解决检测技术及药物研发和应用中的科技问题。

海关负责突发公共事件医疗卫生救援急需进口特殊药品、试剂、器材的优先通关验放工作。

食品药品监管部门负责突发公共事件医疗卫生救援药品、医疗器械和设备的监督管理，参与组织特殊药品的研发和生产，并组织对特殊药品进口的审批。

红十字会按照《中国红十字会总会自然灾害与突发公共事件应急预案》，负责组织群众开展现场自救和互救，做好相关工作。并根据突发公共事件的具体情况，向国内外发出呼吁，依法接受国内外组织和个人的捐赠，提供急需的人道主义援助。

总后卫生部负责组织军队有关医疗卫生技术人员和力量，支持和配合突发公共事件医疗卫生救援工作。

6 医疗卫生救援的公众参与

各级卫生行政部门要做好突发公共事件医疗卫生救援知识普及的组织工作；中央和地

方广播、电视、报刊、互联网等媒体要扩大对社会公众的宣传教育;各部门、企事业单位、社会团体要加强对所属人员的宣传教育;各医疗卫生机构要做好宣传资料的提供和师资培训工作。在广泛普及医疗卫生救援知识的基础上逐步组建以公安干警、企事业单位安全员和卫生员为骨干的群众性救助网络,经过培训和演练提高其自救、互救能力。

7　附则

7.1　责任与奖惩

突发公共事件医疗卫生救援工作实行责任制和责任追究制。

各级卫生行政部门,对突发公共事件医疗卫生救援工作作出贡献的先进集体和个人要给予表彰和奖励。对失职、渎职的有关责任人,要依据有关规定严肃追究责任,构成犯罪的,依法追究刑事责任。

7.2　预案制定与修订

本预案由国务院卫生行政部门组织制定并报国务院审批发布。各地区可结合实际制定本地区的突发公共事件医疗卫生救援应急预案。

本预案定期进行评审,四根据突发公共事件医疗卫生救援实施过程中发现的问题及时进行修订和补充。

7.3　预案实施时间

本预案自印发之日起实施。

第九节　社会安全事件应急预案编制

社会安全事件应急预案是为了在各类社会安全事件发生时,及时、有序地组织人员、资源、技术力量,减轻事件的影响,保护公众生命财产安全,维护社会秩序和公共利益,事先制定的一套具体、系统的应急处理方案。

一、概述

威胁公共安全的事件可分为 4 类:自然灾害、事故和灾难、公共卫生事件以及社会安全事件。这些事件的发生可以归纳为两个因素:自然因素和人为因素。其中,自然灾害、事故和灾难以及公共卫生事件是由自然因素和人为因素的相互作用造成的,而社会安全事件则完全是由人为因素引起的。如果事故和灾难中的人为因素是非故意的,是由错误或失误导致的,而公共卫生事件中的人为因素涉及故意和非故意的行为,那么社会安全事件更侧重于故意(恶意)的行为。

社会安全事件一般具备 4 个方面的共同要件。

(1) 主体要件

构成社会安全事件的主体,在一般情况下,是为某种目的而在特定环境下集结的群体。如果是单个人的行为且不严重影响一定社会面的治安秩序,就不构成社会安全事件。而在一定条件下,个体主体也可能引发社会安全事件,只有具有个体行为最终转化为社会安全事件的条件,才会导致群体行为的出现,即在某种特定环境下,即使是单个人实施的违法犯罪行为,却影响一定范围的人参与,致使一定区域内的社会治安秩序受到干扰或破坏,这类事件也是具有群体因素的。因此，社会安全事件的主体是群体。一般来说，重点地区是社会安全事件诱发的特定环境，也是事件主体实施危害行为所选择的特定空间。例如，二人以上共同实施的持枪杀人、抢劫、劫机、劫船、劫车、劫持人质等严重暴力犯罪案件，虽然在主体上也不具备典型的群体性，但其行为后果严重破坏了一定范围内的社会治安，危害公共安全，即涉及多数人生命健康，正常的生活、生产、工作的安全和大量公私财物的安全，有的甚至造成严重的政治影响，因此也属于社会安全事件。

(2) 客体要件

社会安全事件侵犯的客体要件是多方面的、不确定的。它主要表现为社会秩序和公众生命财产安全。社会安全事件侵犯的社会秩序虽然内容庞杂，但有法律限定的含义，主要包括公共场所的秩序、交通秩序、工作秩序、生产秩序、教学科研秩序、生活秩序等。

(3) 行为要件

社会安全事件主体的行为均源于参与事件的群体或个人的内在需求。事件主体的主观心理状态是其内在需求与社会相互作用的产物，而主要的决定性因素是由某种需求产生的内驱力。当这种需求无法满足或根本无法实现时，这种内驱力会促使事件主体无视宪法和法律的有关规定，采取有形的、具体的行为扰乱、破坏社会秩序，危害公共安全，从而导致社会安全事件的发生。

(4) 结果要件

客观上无论社会安全事件的主体出于何种目的，只要实施了危害社会的行为，这类事件所具有的社会危害性都会表现为某种危害社会的后果。所以，危害社会的行为在每个具体事件中都居于核心地位，没有危害社会的突发行为，也就无所谓社会安全事件。但是，就具体事件而言，危害社会行为所表现的对社会的危害程度，往往呈现多层次的状态，即在同一事件中，引发和卷入事件的人，他们所实施的危害社会的行为，其社会危害性往往有较大的差异。有些表现为社会危害程度较小的违反公共生活规范的行为；有些表现为具有一般社会危害性的违反治安管理条例的行为；还有些表现为社会危害性比较严重的触犯刑律的犯罪行为。这几种行为在事件发生、发展、演变的过程中，往往相互交织在一起。

当然，在现代社会生活中，也有并不是出于恶(故)意而引发的社会安全事件，如大型活动因为组织不当而造成的恶性群体踩踏事件等。

社会安全事件的分类有多种，按事件性质划分，可分为政治性事件、经济性事件、激情性事件和涉外性事件。

(1) 政治性事件是指事件主体以满足某种政治要求为目的而引发的事件。如具有政治目的的罢工、罢课、罢市及非法集会、游行、示威等事件。

(2) 经济性事件是指事件主体以满足某种经济要求为目的而引发的事件。如因土地、水域、山林的归属而引发的群体性械斗，聚众哄抢国家、集体或个人的物资、财产等，以及为实现某种经济目的而引发的罢工、罢市、集会、游行等事件。

(3) 激情性事件是指事件主体因某种精神因素而引发的群体性越轨行为。如球迷闹事、大型封建迷信活动等。

(4) 涉外性事件是指涉及不同国家之间的关系，需要通过外交途径解决的事件。如两国边民之间发生的矛盾纠纷事件，对外国驻华机构的包围、冲击事件，外国在华人员或留学生举行的抗议活动等。

按照事件是否采用暴力方式划分，社会安全事件可分为非暴力性事件和暴力性事件。非暴力性事件通常是指不采用暴力方式的罢工、罢课、罢市和非法集会、游行、请愿、静坐等；暴力性事件包括聚众械斗、哄抢或聚众包围、冲击党政机关、要害单位等。

二、社会安全概况

社会安全概况，是围绕对公共安全有现实威胁和损害，以及有潜在威胁和损害的群体性事件、刑事犯罪案件以及恐怖主义事件等情况。事实上，随着公共安全管理研究的逐渐深入，以及国家、社会的不断变革，社会安全事件的外延也会随之发生较大的变化。

群体性事件、刑事犯罪以及恐怖主义事件等都不是当前社会所特有的社会安全事件，但是与以往相比，由于经济社会的发展、科技的进步，它们在具有更为深刻的社会背景因素的同时，其实施主体也拥有更为先进的手段，对公共安全的威胁与损害也更为严重。

1. 群体性事件

在建立和完善社会主义市场经济秩序的过程中，由政策调整、利益分配、民间纠纷等人民内部矛盾引发的群体性事件逐年增多，矛盾的复杂性、行为的对抗性、事件的组织性日益严重，随时有可能发生一些难以预见的群体性突发事件。如果对那些群体性突发事件不加以及时预防和处理，将会对社会安定和构建和谐社会带来严重影响。因而，正确认识和分析新形势下群体性事件的特点和成因，及时有效地预防和化解这类矛盾纠纷，对于维护社会稳定、优化经济环境以及推进经济和社会各项事业的健康发展具有重要的意义。

2. 刑事犯罪案件

刑事案件是指犯罪嫌疑人或者被告人被控涉嫌侵犯了刑法所保护的社会关系，国家为了追究犯罪嫌疑人或者被告人的刑事责任而进行立案侦查、审判并给予刑事制裁（如罚金、有期徒刑、死刑、剥夺政治权利等）的案件。

刑事犯罪是国家刑法规定的各种犯罪的总称。《中华人民共和国刑法》将犯罪分为10类，包括：危害国家安全罪，危害公共安全罪，破坏社会主义市场经济秩序罪，侵犯公民人身权利、民主权利罪，侵犯财产罪，妨害社会管理秩序罪，危害国防利益罪，贪污贿赂罪，渎职罪，军人违反职责罪。

刑事犯罪都具有社会危害性，但并非所有的刑事犯罪事件都是公共安全管理的对象。公共安全领域的刑事犯罪一般包括：涉及危害国家安全罪、危害公共安全罪、妨害社会管理秩序罪等重大案件。比如，涉及危害国家安全罪的武装叛乱、暴乱事件等；涉及危害公共安全罪的纵火、爆炸、投毒案件，组织、领导、参加恐怖组织案件，劫持船只、汽车、飞机案件，非法买卖、运输核材料案件等；涉及妨害社会管理秩序罪的聚众扰乱社会秩序案件，冲击国家机关案件，聚众扰乱公共场所秩序、交通秩序案件，非法集会、游行、示威案件，邪教组织致人死亡案件等。鉴于刑事案件对社会的影响较大，因此即便是一般刑事犯罪，其对公共安全的危害也是很明显的，它虽然不能成为公共安全管理的对象之一，但却构成了公共安全管理环境中非常重要的因素之一。

3. 恐怖主义事件

公共安全领域所研究的恐怖主义事件，是指恐怖主义为达到某种政治或社会目的所实施或威胁实施对非战斗目标的攻击。它既可以是某个恐怖组织有政治目的的系统行动，也可以是个人反社会的暴力行为。

恐怖主义事件严重地危害了当今世界的和平与发展、国家主权与领土的完整、国家与社会的安定、民族间的团结、公众的生命与财产等，已经成为国际社会联合打击的对象。

三、社会安全事件应急预案编制

近年，我国制定出台了一系列公共安全事件应急预案，这是社会安全事件应急管理的重要依据，《国家突发公共事件总体应急预案》是各类应急预案的基础；涉及社会安全事件的专项预案包括《国家金融突发事件应急预案》《国家涉外突发事件应急预案》等；涉及社会安全事件的部门预案相对较多，如《国家发展改革委综合应急预案》《煤电油气运综合协调应急预案》《国家物资储备应急预案》《教育系统突发公共事件应急预案》《司法行政系统突发事件应急预案》《生活必需品市场供应突发事件应急预案》《公共文化场所和文化活动突发事件应急预案》《海关系统突发公共事件应急预案》《工商行政管理系统市场监管应急预案》《大型体育赛事及群众体育活动突发公共事件应急预案》《旅游突发公共事件应急预案》《外汇管理突发事件应急预案》等。此外，各地方制定的各类公共安全事件应急预案，是地方应对本地区公共安全事件的依据。

四、社会安全事件应急预案示例

公共文化场所和文化活动突发事件应急预案

1　总则

1.1　目的及依据

为了有效预防和及时控制公共文化场所和文化活动中发生的突发事件，迅速采取正确和有效的措施，妥善处置突发事件，最大限度地减少其危害和影响，依据国家有关法律法规，制定本预案。

1.2　适用范围

本预案适用于我市各级文化行政主管部门管理的公共文化场所和在公共文化场所举办或经文化行政主管部门审批的文化活动中的突发事件的预防、预警、应急准备和应急响应等工作。

1.2.1　本预案所指公共文化场所，是我市各级文化行政主管部门管理的，向公众开放的图书馆、博物馆、纪念馆、展览馆、美术馆、群艺馆、文化馆(站)、文化广场等建筑物，以及歌舞娱乐场所、网吧、电子游戏厅、剧院(场)、影院等场所。

1.2.2　本预案所指文化活动，是在本预案所指的公共文化场所举办或经文化行政主管部门审批的规模较大的群众性文化活动、演出活动、展览活动和文化娱乐活动。

1.2.3　本预案所指公共文化场所和文化活动中的突发事件包括：地震等自然灾害；火灾、建筑物坍塌，大量有毒、有害气体泄露，拥挤踩踏等事故灾难；爆炸、恐怖袭击等重大刑事、治安案件。

1.2.4　境内涉及外国来我市文化团(组)人员、境外涉及我市出访文化团(组)人员生命财产安全的重大突发事件，按照《××省涉外突发事件应急预案》，开展应急处置工作。

1.3　工作原则

(1) 预防为主:加大宣传普及公共文化场所和文化活动安全知识的力度,提高公众自我防护意识。细致排查公共文化场所和文化活动中各类突发事件的隐患,采取有效的预防和控制措施,减少突发事件发生的概率。

(2) 依法管理:公共文化场所和文化活动突发事件预防、控制的管理及应急处置工作,要严格执行国家有关法律法规。

(3) 属地负责:按照分级负责的行政管理体制和条块结合的文化管理体制,处置公共文化场所和文化活动突发事件实行条块结合、以块为主、属地管理。各县(市、区)人民政府对本行政区域内发生的公共文化场所和文化活动突发事件的处置工作负总责;当地文化行政主管部门配合政府处置公共文化场所和文化活动突发事件;市文化局指导协调文化场所和文化活动突发事件应急处置工作。

(4) 快速反应:各级文化行政主管部门、各类公共文化场所和文化活动主办单位应相应建立预警和处置快速反应机制,在突发事件发生时,立即进入应急状态,启动各级预案,在当地人民政府统一领导下,果断采取措施,在最短时间内控制事态,将危害与损失降到最低程度。

2　应急组织体系及职责

2.1　市文化局应急工作指挥机构

市文化局设立应急工作领导小组,组长由文化局局长担任,其他局领导、各处室主要负责人任成员。

2.1.1　市文化局应急工作领导小组主要职责

(1) 贯彻执行市政府及市文化局应急指挥部的决定,承担其交办的工作。

(2) 组织、指挥、协调本系统各有关部门参与应急响应行动,下达应急处置任务。

(3) 制定有关突发事件信息发布工作指导原则,决定或与有关方面共同研究信息发布的时间、方式等。

(4) 加强与市委、市政府相关部门和省文化厅应急指挥部办公室的联系,及时报告、通报有关情况和信息。

(5) 研究解决突发事件中的其他重大问题。

2.1.2　相关处室的工作

(1) 演出处负责牵头处置营业性演出活动中发生的突发事件。市场处和稽查所负责牵头处置发生在歌舞娱乐场所、网吧、电子游戏厅等场所的突发事件的应急处置工作。

(2) 社会文化处负责牵头参与处置社会群众文化活动中发生的突发事件。

(3) 艺术处负责牵头参与处置大型节庆演出展览活动中发生的突发事件。

(4) 局办公室和后勤服务中心负责突发事件应急指挥和处理中的后勤服务工作。

(5) 机关党委负责做好处置突发事件过程中的政治思想工作,维护社会稳定。

2.1.3　市文化局应急工作领导小组办公室主要职责

市文化局应急工作领导小组办公室的职责由市文化局办公室承担。主要负责应急救援的综合协调及信息的收集上报;编制、修改和组织实施本部门应急预案;督促和检查各项应急措施的落实;指导局属各单位应急救援演练;承担局应急工作领导小组的日常工作。

2.2　文化系统地方应急指挥部

各县(市、区)文化行政主管部门比照市文化局应急指挥机构的组成、职责,结合本地实际情况,成立文化系统地方应急工作指挥机构。

3　预防和预警机制

3.1　预警信息

各级各类公共文化场所和文化活动主办单位和文化行政主管部门应做好应对突发事件的思想准备和组织准备,加强日常管理和监测,注意风险信息的收集和上报,对可能发生的涉及公共安全的预警信息进行全面评估和预测,制定有效的监督管理责任制和预防应急控制措施。

3.2　预警行为

3.2.1　各级文化行政主管部门应建立必要的预警和快速反应机制,对各类公共文化场所和文化活动加强事前的监督检查。

定期演练各种应急预案,磨合、协调运行机制,救援力量应随时处于待命状态。接到可能导致突发事件发生的信息后,应及时研究确定应对方案,采取相应行动,进行先期处置,防止事态扩大。

3.2.2　公共文化场所要制定必要的日常安全保卫工作方案、安全责任制度。强化日常人力、物力、财力储备,增强应急处理能力。

3.2.3　大型文化活动的主办单位必须在举办文化活动之前制定相应的安全保卫工作方案和应急预案,报当地公安部门登记备案。

3.2.4　大型文化活动的主办单位和场地出租单位共同负责落实安全保卫工作方案和安全保卫责任制度;负责事前安全保卫工作宣传教育,增强工作人员的安全意识;负责协助公安机关对活动场所进行安全检查;负责采取必要措施及时消除安全隐患。

3.2.5　大型文化活动的主办单位必须在举办文化活动之前主动联系当地卫生主管部门,制定医疗卫生保障方案,落实具体措施,保障活动期间人员的健康和生命安全。

3.3　预警支持系统

公共文化场所和文化活动应严格核定人员容量,加强对现场人员流动的监控;安装必要的消防、安全技术防范设备,配备预警通信和广播设备,预留公安、消防、救护及人员疏散的场地和通道;确保安全工作人员数量,明确其任务分配和识别标志;在售票处、出入口和主要通道设专人负责疏导工作。

4　突发事件等级划分

4.1　特别重大突发事件(Ⅰ级):已经或可能导致30人以上死亡(含失踪),或经济损失1亿元以上,或中毒、重伤100人以上的突发事件。

4.2　重大突发事件(Ⅱ级):已经或可能导致10～29人死亡(含失踪),或经济损失5 000万元以上,1亿元以下,或中毒、重伤50～99人的突发事件。

4.3　较大突发事件(Ⅲ级):已经或可能导致3～9人死亡(含失踪),或直接经济损失比较大,或中毒、重伤30～49人的突发事件。

4.4　一般突发事件(Ⅳ级):发生或可能发生的一般突发事件。

5　应急响应

5.1　应急预案启动

5.1.1 Ⅰ级突发事件发生后，依照属地管理的原则，由事发地人民政府成立应急指挥部，启动应急预案，领导本行政区域内的应急处置工作。市文化局在参与应急处置的同时，将事件的情况及时上报省文化厅。

5.1.2 Ⅱ级突发事件发生后，依照属地管理的原则，由事发地人民政府成立应急指挥部，启动应急预案，领导本行政区域内的应急处置工作。市文化局在参与应急处置的同时，将事件的情况及时上报省文化厅。

5.1.3 Ⅲ级突发事件发生后，事发地各级人民政府根据事件严重程度启动相应的应急预案进行处置。市文化局视情况启动本预案，配合做好应急处置工作，同时将事件的情况及时上报省文化厅。对超出地方应急处置能力的，市文化局向市人民政府建议启动市级相应专项应急预案。

5.1.4 Ⅳ级突发事件发生后，事发地人民政府根据事件严重程度启动相应的应急预案进行处置。市文化局积极指导、协调应急处置工作。

5.2 信息报送

5.2.1 基本原则

(1) 迅速

突发事件发生后，各县(市、区)文化行政主管部门在接报后1小时内将有关情况报当地人民政府和市文化局应急工作领导小组办公室。市文化局应急工作领导小组办公室接报后，要在5分钟内向市文化局主要领导通报，在1小时内向市政府和省文化厅应急指挥部办公室报告。

(2) 真实

报送信息应尽可能客观实际，真实准确。

(3) 全面

力求多侧面、多角度地提供信息，喜忧兼报。要防止片面性，避免断章取义，更不能对上报信息层层截留、级级过滤。

5.2.2 报送内容

(1) 事件发生的时间、地点和现场情况。

(2) 事件的简要经过、伤亡人数和财产损失情况的估计。

(3) 事件原因分析。

(4) 事件发生后采取的措施、效果及下一步工作方案。

(5) 请求帮助解决的问题。

(6) 其他需要报告的事项。

5.2.3 报送形式

(1) 突发事件信息报送采用分级报送原则。各县(市、区)文化行政主管部门负责向当地县(市、区)人民政府应急指挥部办公室和市文化局应急工作领导小组办公室报告；市文化局应急工作领导小组办公室负责向市政府和省文化厅应急指挥部办公室报告。

(2) 突发事件信息可用电话口头初报，随后报送书面报告，必要时和有条件的可采用音像摄录的形式。

5.3 指挥和处置

5.3.1 市文化局应急工作领导小组办公室接到突发事件报告后，根据事件的性质和严重程度提出启动相应级别的应急预案的建议。

5.3.2 文化系统各有关部门应主动参与现场应急工作，在当地人民政府应急指挥部的统一指挥下，参与人员抢救和现场抢救，并随时向上级文化行政主管部门报告应急处置的情况。

5.3.3 市文化局办公室、文化市场处、社会文化处、演出处、艺术处、稽查所、机关党委等相关处室按照突发事件的性质和分类，根据各自的职能分工，投入应急工作中。

5.4 信息发布

严格按照市委、市政府有关规定执行，向社会客观、准确、全面、及时地发布信息。

6 后期处理

6.1 应急工作结束后，各地文化行政主管部门应协助开展善后处理工作。

6.2 应急工作结束后，各县(市、区)文化行政部门应认真总结教训和经验，形成文字报告报市文化局。市文化局在形成报告上报市政府和省文化厅的同时，根据事件暴露出来的有关问题，进一步改进和完善防范措施和处置预案。

6.3 奖惩有关人员。

7 应急保障

7.1 信息保障

建立、健全并落实突发事件信息收集、传递、处理、报送各个环节的工作制度，完善文化系统各单位、各部门已有的信息传输渠道，保持信息报送设施性能完好，并配备必要的应急备用设施和技术力量，确保信息报送渠道的安全畅通。

7.2 物资保障

文化系统各有关部门、各单位应建立公共文化场所和文化活动突发事件救援物资储备制度，储备足够的突发事件应急物资。储备物资放在交通便利、贮运安全的区域。

7.3 人员保障

文化系统各有关部门、各单位应组建公共文化场所和文化活动突发事件的应急队伍，根据突发事件具体情况，在应急指挥部门的统一指挥下，开展应急救援和处理工作。

7.4 宣传、培训、演练

7.4.1 宣传

加强公共文化场所和文化活动突发事件预案的普及工作，宣传突发事件的预防、避险、自救、互救等常识，提高公众的防范能力。

7.4.2 培训

加强对公共文化场所和文化活动人员消防、卫生、治安等方面的知识技术培训；积极组织突发事件预备队进行技能培训，提高他们预防和处理突发事件的能力。

7.4.3 演练

定期进行公共文化场所和文化活动突发事件应急模拟综合演练，提高应急体系协同作战和快速反应能力。

8 附则

本预案由市文化局定期进行复审和修订。

本预案由市文化局制定并负责解释。

本预案自发布之日起实施。

第十节　应急预案的演练

应急预案编制完成后，通常会通过演练的方式来检验预案的可行性及相关应急流程，以便提高应急处置能力。因此，演练是检验、评价和提升应急能力的一个重要手段。

一、应急预案演练的定义和作用

应急预案演练是指各级政府、部门、企事业单位、社会组织等相关单位和人员依照应急预案进行的模拟应对突发事件的排练活动。根据国务院发布的《突发事件应急演练指南》，应急演练的目的和意义主要表现在以下 5 个方面：

第一，检验预案。通过演练的方式对应急预案进行检验，不仅可以提高应急实战水平，还能发现应急预案和应急管理中存在的不足。通过预案演练，不仅可以检验应急预案的各部分或整体是否能有效地付诸实施，而且还可以验证应急预案的实施效果。

第二，完善准备。通过开展应急预案演练，了解应对突发事件所需的应急队伍、物资、装备和技术等方面的准备情况，发现不足并及时予以调整补充，做好应急准备工作。

第三，锻炼队伍。通过开展应急演练，增强演练组织、参与单位和人员等对应急预案的熟悉程度，了解某一突发事件发生时可能遇到的危险并掌握应采取的措施。

第四，磨合机制。通过开展应急演练，可以增强不同部门、不同类型、不同层次应急预案之间的协调与合作，使相关部门及其人员之间的配合得以锻炼和提升。

第五，科普宣传。演练是最好的培训机制。公开的演练，不但使公众掌握了应对突发事件的相关知识，而且易得到上层组织的高度重视。

二、应急预案演练的分类

（一）按组织形式划分

按照演练的组织形式，应急预案演练可以分为桌面演练和实战演练。

桌面演练是指参与人员利用地图、沙盘、流程图、计算机模拟、视频会议等辅助手段，针对事先假定的演练情景，讨论和推演应急决策和现场处置的过程。桌面演练通常在室内完成，使相关人员掌握应急预案中所规定的职责和程序，提高指挥决策和协同配合能力。

实战演练是指参与人员利用与紧急响应相关的设备和物资，针对预设的突发事件情景及其后续发展，通过实际决策、行动和操作，完成真实应急响应的过程。实战演练通常需要在特定的场所完成，可检验和提高相关人员的临场组织指挥、队伍调动、应急处置和后勤保障等应急能力。

（二）按演练内容划分

根据演练内容，应急预案演练可分为综合演练和单项演练。

综合演练是指涉及应急预案中多项或全部应急响应功能的演练活动。综合演练侧重于测试多个环节和功能，特别是检查不同单位之间的应急机制和联合响应能力。

单项演练是指只涉及应急预案中特定应急响应功能或现场处置方案中一系列应急响应功能的演练活动。单项演练侧重于测试一个或少数几个参与单位（职位）的特定环节和功能。

（三）按演练目的和作用划分

根据演练目的和作用，应急预案演练可分为验证性演练、示范性演练和研究性演练。

验证性演练是指为验证应急预案的可行性、应急准备的充分性、应急机制的协调性及相关人员的应急响应能力而组织的演练。

示范性演练是指为向观摩人员展示应急能力或提供示范教学，严格按照应急预案开展的表演性演练。

研究性演练是指为研究和解决突发事件应急处置的重点、难点问题，试验新方案、新技术和新装备而组织的演练。

在现实生活中，选择演练类型需要考虑诸多因素，如应急计划、程序及相关应急准备工作的进展情况，所面临风险的性质和大小，演练成本及资金筹措状况，关键部门对应急演练工作的态度，应急组织投入的资源状况，国家及地方有关应急演练的规定等。无论选择何种演练方法，应急演练方案必须与突发事件应急管理的需求和资源条件相适应。

三、应急演练的过程

以演练的方式对应急预案进行检验，既可以提高相关应急组织的实战水平，又能暴露应急预案中的不足，因而被广泛采用。一般来讲，应急预案演练过程主要包括以下四项。

（一）组织准备

演练应在应急预案确定的应急领导机构或指挥机构的领导下组织开展。演练组织准备的主要任务是建立相应的计划、指挥、实施演练的组织体系，并确定其职责和任务。该组织体系一般包括演练的领导小组、策划部、保障部、评估部和参演部。对于不同类型、不同规模的演练活动，可以根据需要对演练组织机构中的职能部门予以适当调整。

1. 领导小组

领导小组由预案牵头单位和协作单位的负责人组成，负责应急预案演练活动全过程的组织领导工作，审批决定演练的重大事项。领导小组组长一般由演练组织单位或上级单位的负责人担任；副组长一般由演练组织单位或主要协办单位负责人担任；小组其他成员一般由各演练参与单位相关负责人担任。在演练实施阶段，演练领导小组组长、副组长通常分别担任演练总指挥、副总指挥。

2. 策划部

策划部负责应急预案演练策划、演练方案设计、演练实施的组织协调、演练评估总结等工作。策划部的负责人（总策划）一般由演练组织单位具有演练组织经验和突发事件处置经验的人担任。为便于工作，通过职能分工，策划部可以设置以下工作小组：文案组、协调组、控制组、评估组和宣传组。

文案组，又称策划组，负责制订应急演练计划、设计应急演练方案、编写应急演练总结报告以及承担应急演练文档归档与备案等工作。文案组成员需具备一定的应急演练组织经验，参加过突发事件处置。

协调组，负责与应急演练所涉及的相关单位部门之间的沟通协调工作。协调组成员一般为应急演练组织单位及参与单位的行政、外事等部门人员。

控制组，在总策划的直接指挥下，负责控制应急演练信息和引导应急演练进程以确保应急演练按计划实行，实现预定目标。

评估组，负责设计应急演练评估方案并对应急演练实施现场进行评估。评估小组的成员人数由应急演练的复杂程度决定，一般由熟悉应急响应业务的专业人员组成。

宣传组，负责编制应急演练宣传方案，整理应急演练信息，组织新闻媒体和开展新闻发布等。宣传组成员一般是应急演练组织单位及参与单位的宣传部门人员。

3. 保障部

保障部是为应急演练提供物资和后勤保障的部门，主要任务包括调集演练所需物资装备，购置和制作演练模型、道具、场景，准备演练场地，维持演练现场秩序，保障运输车辆，保障人员生活和安全等。保障部一般分为技术保障组、编导摄制组和后勤保障组。

4. 评估部

评估部负责设计应急演练评估方案和撰写应急演练评估报告，对应急演练准备、组织、实施及其安全事项进行全过程、全方位观察记录和评估，及时向演练领导小组、策划部和保障部提出意见、建议。其成员一般是应急管理专家、具有一定演练评估经验和突发事件应急处置经验的专业人员，常称为演练评估人员。评估部可由上级部门组织，也可由演练组织单位自行组织。

5. 参演部

参演部是管理参加演练的应急响应人员、群众演员和观摩人员的部门。参演部的主要任务包括组织被检验的参演队伍、招募和培训群众演员、联系和借调观摩人员。

（二）演练计划准备

在演练计划准备阶段，各参演单位根据自身职责，组建演练工作班子，重点进行演练计划和脚本的确定、演练方案设计等演练筹备工作。演练计划准备主要包括 3 方面内容：制订演练计划、设计演练方案和编写演练方案文件。

1. 制订演练计划

演练计划又称演练筹备方案，是有关演练的基本构想和对演练活动的详细安排。演练计划由策划部文案组负责编制，并请策划部审查报演练领导小组批准后方可实施。演练计划的内容包括演练目的、演练内容、演练日程安排、演练范围和经费保障、演练活动的原因、演练要解决的问题和期望达到的效果等。

2. 设计演练方案

应急预案演练组织在举办演练活动前组织制定演练方案。演练方案是指在演练目标和范围的指导下，对演练目标、参演单位人员、序列情景实践、气象条件、响应行动、评价标准和时间进程等制定的总体设计。演练方案由文案组编写并报演练领导小组批准。演练方案的设计一般包括演练目标体系、演练情景与实施步骤、评估标准与方法等内容。

3. 编写演练方案文件

演练方案文件是组织和实施演练的依据，必须涵盖演练过程中的每一个细节。演练方案文件由 4 部分构成：参演人员手册、演练控制指南、演练评估指南和演练脚本。

（三）演练实施

1. 演练启动

演练正式启动前一般要举行一个简短的仪式，由演练总指挥宣布演练开始，然后由总策划启动演练活动。对于桌面演练，一般由总导演叙述演练情景，并辅以沙盘、视频模拟软件等演示材料，提出一系列风险情景及应处置的相关问题，要求参演人员作答和讨论，开始演练活动。对于实战演练，一般是通过事先设计好的方式将演练场景呈现给参演人员，由总策划发出第一个事件消息，触发演练活动。

2. 演练指挥与执行

演练总指挥负责监督和控制整个演练过程。在特殊或意外情况下，可以调整演练计划以确保顺利进行。现场指挥根据应急计划的规定和演练计划的要求，指挥参与的团队和人员进行模拟事件的应急响应行动，并完成各种演练活动。在实地演练中，通过传递消息实现对演练过程的控制。主策划根据演练计划发布控制消息，参与者和模拟人员在接收到有关模拟事件的信息后，根据实际紧急情况的规则或预先设计的行动计划采取相应的应急响应行动。如果演练过程中出现与演练计划不符的问题，主策划可以通过临时调整控制消息以确保演练按计划进行。

3. 演练终止

演练任务完成后，由总策划发出演练结束信号，演练总指挥宣布演练结束。演练结束后所有人员停止演练活动，按预定方案集合进行讲评总结，并按计划组织解散，后勤保障人员负责对演练场地进行恢复和清理。

（四）演练总结评估

演练结束后的主要任务是总结演练的结果和改进应急管理机构的日后工作。演练结束后，评估组要着手撰写演练评估报告，对演练效果做出总体评价，并详尽阐述演练过程中暴露出的问题。评估报告要按照演练目标体系和评估指标体系，分门别类地将各类别的评价意见进行汇总形成演练总体评价报告。一般来讲，评估报告对演练中出现的问题按照不足项、整改项和改进项列出，为后续应急工作的改进提供参考。

在演练结束后，进行总结和批评性审查是一个至关重要的步骤，全面评估演练是否达到了演练目标，以及应急准备水平是否需要改进。这也为参与者提供了自我评价的机会。演练的总结和批评性审查可以通过访谈、报告、协商、自我评估、公开会议和通告等多种形式完成。

在演练结束后的规定时间内，主策划应根据演练评估和人员收集整理的数据，以及在公开会议中获得的信息，撰写演练报告并提交给相关部门。为确保参与的应急组织能够从演练中获得最大的收益，策划组应深入研究演练中发现的问题。这包括确定问题的根本原因、纠正方法、纠正措施以及完成时间。必须指定专人负责追踪演练中发现的不足和整改的进程，监督检查纠正措施的进展情况。

第十一节　应急预案的优化

应急预案的优化是指对现有的应急预案进行评估和改进，以提高其应对突发事件的能力和效率。这是一个持续的过程，需要不断总结经验教训，并完善预案的内容和执行方式，以适应不断变化的风险环境。

为了解决应急预案编制与管理中存在的问题，努力推动应急预案的简明化、卡片化、专业化，以实现简明、易记、科学、好用的要求，启动应急预案优化试点工作。

一、试点背景

近年,安全生产应急预案体系基本建立,预案数量和质量逐步提高。这些预案在事故应急救援中发挥了关键作用,为建立应急管理体制和法律框架奠定了坚实基础。通过预案演练,各地区各单位推动检验预案、完善准备、培训队伍、完善机制、增强应急意识,提高应急能力。

然而,在应急预案体系建设中存在许多问题,主要有:应急预案的针对性、实用性和可操作性不够强,具体表现在风险评估不到位,应急预案编制前危险因素辨识工作未能得到落实,特别是对可能导致的次生、衍生事故的分析不够;政企应急预案衔接不到位,存在多头备案问题;企业不同层级应急预案内容存在重叠,集团公司、母公司预案中纳入大量所属公司预案中的应急处置措施,导致"上下一般粗";对应急预案实施情况的检查不够,尤其是事故发生后,对应急预案的总结评估和责任追查未能得到落实。同时,预案演练面向基层、贴近实战的程度不够,表现在演练活动进展不平衡,演练质量不高,相关规章标准建设相对滞后等。

2013 年以来,应急管理部为进一步提高应急预案质量,推动应急预案专业化、简明化、卡片化,实现应急预案科学、易记、好用,有效解决应急预案风险评估不到位、针对性不强、实用性和操作性差等问题,采取的一项重要举措就是在全国选取一些行业应急管理基础较好的单位开展安全生产事故应急预案优化工作。

二、主要做法

2014 年,国家安全生产应急救援指挥中心选定国能神东煤炭集团有限责任公司作为全国生产安全事故矿山企业应急预案优化试点单位。国家能源集团高度重视试点工作,对应急预案优化、应急处置卡和一线员工应急培训手册编制等工作提出明确要求和具体意见,有力地推动了这项工作的顺利开展。

在国家安全生产应急救援指挥中心的指导下,试点单位按照简明化、专业化、卡片化的思路,积极推进应急预案优化试点工作,对应急预案进行了结构性、系统性调整,力求科学合理、切实可行。在国能神东煤炭集团有限责任公司试点的基础上,国家能源集团于 2014 年底开始选定煤炭、电力、铁路、港口、煤化工、地质勘查等 14 家应急管理基础较好的单位,开展了预案优化工作。此次生产安全事故应急预案优化主要集中在调整预案结构、建立应急处置卡、编制一线员工应急手册,以及规范预案编制管理、要求合规性备案、确保应急投入、加强物资装备和队伍管理、建立健全应急保障和社会联动机制等方面,优化后的预案更加简明,可操作性强,信息报告畅通,响应启动高效,指挥系统有力,处置效率提升,"双盲"演练扎实,培训全员覆盖,救援能力增强,事故有效控制。国家安全生产应急救援指挥中心先后 4 次到集团公司进行调研,决定把煤炭企业安全生产应急预案优化和应急处置卡作为先进经验在全国推广。

经过几年的努力,国家能源集团在应急预案优化工作中取得了很好的成效,逐步形成了生产安全事故应急预案以"集团三级管理为基础,某煤炭集团公司为先导,各板块协调发展、整体推进"的典型经验,实现了生产安全事故应急预案的"一则、一案、一图、一册、一卡和五不法"。"一则"就是三级管理原则。国家能源集团生产安全事故应急预案体系按照集团公司、子(分)公司、生产单位实行三级管理,分级管理,分级负责。“一案”就是一体化预案。按照《生产经营单位生产安全事故应急预案编制导则》(GB/T 29639),将二级子(分)公司生产安全事故综合应急预案与专项应急预案中重复交叉的内容有机结合,形成了一体化的“生产安全事故应急预案”,使预案更加简洁、清晰、好记、易懂、便于操作。“一图”就是响应流程图。对二级子(分)公司生产安全应急预案的基本环节进一步梳理,配套编制应急响应流程图。该图以应急处置为主线,突出了处置过程各环节的执行部门或岗位职责,明确了事故发生后该做什么、谁来做、怎样做的问题,避免了应急响应启动时各执行部门职责不清、交叉作业、相互推诿和程序混乱等现象,防止了应急救援指挥的“领导意识”和应急处置的“盲目施救”等情况。“一册”就是一线员工应急培训手册。根据三级单位各作业单元不同的环境和岗位,有针对性地编写一线员工应急培训手册,做到了一线员工应急培训“无盲区、全覆盖”,提高了生产安全事故自救互救和应急逃生能力。“一卡”就是应急处置卡。将各级应急救援指挥部应急指挥机构及职责分工、处置程序及措施、作业现场避灾路线和注意事项等卡片化、简明化,明确各级指挥部成员和职能工作组职责、生产安全事故信息报告流程、分级响应原则、重点岗位和重点环节的处置措施,提高了生产安全事故应急处置能力。“五不法”就是针对不同场所、不同位置、不同灾害、不同处置措施、不同避灾路线分别制定不同的现场处置方案。三级生产单位生产安全事故现场处置方案“五不法”做到了逐一对应,杜绝了相互替代,解决了以往针对不同场所的同一类型事故灾害编制成同一个现场处置方案的问题,增强了现场处置方案的实用性、针对性和可操作性。

2015 年 8 月,国务院安委会办公室下发的《关于进一步加强安全生产应急预案管理工作的通知》(安委办〔2015〕11 号),专门提出要不断推进应急预案简明化,大力推广使用应急处置卡,明确重点岗位、重点环节在事故处置中的具体处置措施等。

三、取得的成效

(1) 企业现有的应急预案经过大幅简化,提升了实用性。在保持国家标准《生产经营单位生产安全事故应急预案编制导则》(GB/T 29639)规定的应急预案体系不变的前提下,试点企业根据《突发事件应急预案管理办法》和《生产安全事故应急预案管理办法》的要求,将生产安全事故专项应急预案融入生产安全事故综合应急预案中。同时,明确了企业不同层级之间应对事故的责任和措施,有效避免了母公司将大量应急处置措施写入子公司的现象。通过两个试点企业的实践,效果显著。原有的应急预案文字超过 20 万字,已经减少到不足 2 万字,附件的内容也有不同程度的减少。

(2) 制定了符合行业特点的现场处置方案。现场处置方案是防止和遏制重特大事故发生的有效措施。制定高水平、实用性强的现场处置方案并定期进行演练至关重要。通过试点,深入分析行业事故应急处置的特点,归纳编制符合不同行业特点的企业现场处置方案,为本行业企业提供了很大的指导和借鉴作用。

(3) 规范和明确了不同层级的应急处置卡。应急处置卡本身并不是应急预案,它是应急预案的延伸和有益补充。目前在试点企业中主要有两种类型的应急处置卡。一种用于展示现场处置方案或其要点,另一种用于展示企业不同层级的应急组织机构功能组,以及负责人在事故处置的预警及信息报告、应急响应、后期处置中所采取的行动措施。在日常工作中,无论是企业各层级的负责人和员工,还是车间、班组的员工,都可以在业余时间学习、熟悉应急处置卡的内容，以便在紧急情况下迅速处置，必要时也可以迅速浏览卡片，进一步提高了应急预案的可操作性。

(4) 严格要求企业的预案必须附有风险评估结果和应急资源调查清单。以往应急预案实用性不强、针对性不足的根本原因在于企业没有扎实地进行风险评估，或者风险评估和应急资源调查工作不到位。

第三章 公共安全应急值守

- 公共安全应急值守
  - 应急值班
    - 基本概念
    - 应急值班管理办法示例
  - 应急响应
    - 国家安全生产事故灾难应急预案中明确的内容
    - 国务院安委会办公室的响应
    - 应急响应分级
    - 一般应急响应流程
  - 应急调度
  - 联防联控
    - 联防联控的概念
    - 联防联控示例

公共安全应急值守是指在公共安全事件发生时，应有专门的人员进行值班和监控，并及时处理和报告事件。这种制度具有合理性和合法性分配功能，是应对突发事件的重要手段。在实际应用中，应急值守系统可以帮助减少人工操作的错误，提高工作效率。例如，该系统可以提供短信单发、群发、定时发送等功能，并支持自定义短信模板，降低短信内容录入的工作量。此外，还可以记录每天发生的各类事件，自动生成每日一报，以便快速了解和响应各种突发事件。同时，也有专门的公共安全应急值守系统操作手册，为实施者提供了详细的指导。

应急值守系统是各级政府应急平台建设的第一步，主要解决政府应急部门最常遇见的协调调度工作。应急值守包含信息接报、信息上报、信息处理、处理监控、回见处理、初步研判、启动预案、信息简报的报送及查看、应急值守报送、应急排班管理等职能。

应急值守工作是确保政令畅通、信息及时报告的关键环节，是有效应对和处置突发事件、维护社会稳定的重要保障。随着我国各级政府应急管理工作的深入推进，越来越多的领导充分重视应急值守工作，站在全局和战略的高度，切实增强责任感和紧迫感，树立"应急值守责任重于泰山"的观念，优先做好应急值守各项工作。

企业集团应急值守主要解决系统内部资源调配、统一调度、协同响应等方面的问题。企业安全生产应急值守通常有常设机构并有专员负责，有调度指挥权、24 小时值班等职能。各单位应急值守机构一般由领导班子成员、负有应急值守职责部门负责人、应急调度指挥人员、安全生产应急救援队伍，以及负责应急医疗保障、应急装备和物资保障、应急后勤保障、应急通信保障、新闻发布等的人员组成。

第一节　应急值班

一、基本概念

政府和企业应急值班是应急管理的日常性工作，主要承担应急信息接收及协调工作。一般情况下，对于生产型企业，生产调度指挥部门在承担生产调度职能的同时负责应急值班的工作。应急值班的原则是要情必报、逐级上报、规范运作、安全保密。应急值班的流程分为以下几步：① 接报，对接报的安全生产事故情况，值班人员要认真记录、核实；② 报告，应首先报告带班领导，根据带班领导指示，再向分管领导和主要领导报告及向有关部门传达；③ 处置，从接报开始，值班人员要积极协调处置紧急重大安全生产事故，跟踪了解有关情况，及时报告处置情况；④ 沟通，加强与事发单位应急值守办公室的联系沟通，及时通报有关情况；⑤ 整理，接报的安全生产事故处置完毕后，应及时向有关领导和上级主管反馈情况，并整理有关资料通报安委会成员及有关部门负责人。对接报的紧急重大情况报告、电话记录、处置过程中的领导批示、指示及处理情况等，要整理归档保存。

生产经营单位，是指在中华人民共和国领域内从事生产经营活动的单位，包括工、矿、商、贸等。按照《安全生产法》的规定，生产经营单位对安全生产承担主体责任，必须遵守本法和其他有关安全生产的法律法规，加强安全生产管理，建立、健全安全生产责任制度，完善安全生产条件，确保安全生产，其主要负责人对本单位的安全生产工作全面负责。在此基础上，企业设立相关部门并组织人员对生产作业控制流程采取部分或全部控制监管方式，对生产调度的计划、实施、检查、总结（PDCA）循环活动的管理，是生产调度指挥中枢。这主要用来统计生产数据信息，而生产调度工作狭义上是指生产调度管理方面的协调指挥，监控监测有关技术性工作，集中管控下属作业单位。其内容是指生产调度对生产经营动态的了解、掌握、预防、处理，以及对关键部位的控制和部门间的协调配合。概括地说，生产调度工作是生产调度管理的具体表现，是生产调度管理在实际上完成的具体表现。根据企业性质，一般采取 24 小时集中调度、领导带班、人员轮流方式。生产调度过程中的一个重要环节就是掌握各生产单元模块协调运行的有关数据信息，同时，对全作业流程、全作业单元、全企业员工等无缝隙、全覆盖的安全信息进行接收、汇总、处理。根据安全生产事故信息报告流程，迅速有效地处理有关信息，报告本单位安全生产应急救援指挥部总指挥，按照企业集团发布的生产安全事故应急预案，启动应急响应，开展事故救援。当所属企业发生自然灾害事故或生产安全事故后，应按照有关程序启动响应，开展救援，履行中央企业社会责任。

我国安全生产和自然灾害应急值守系统示意如图 3-1 所示。某能源集团安全生产应急值班系统示意如图 3-2 所示。

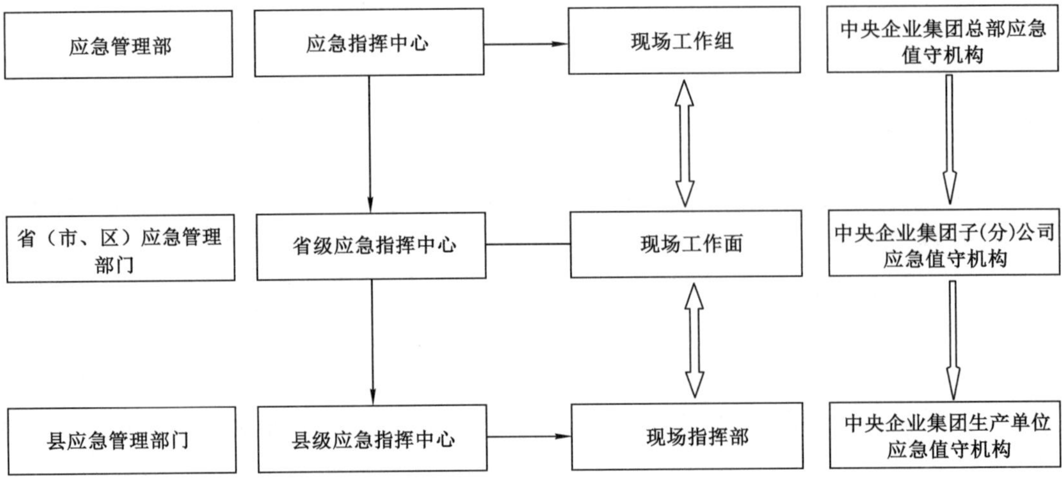

图 3-1　我国安全生产和自然灾害值守系统图

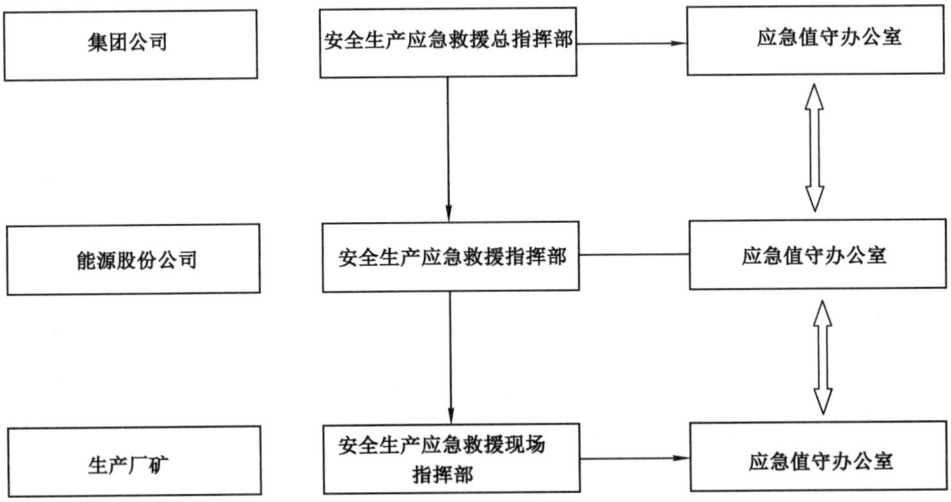

图 3-2　某能源集团安全生产应急值班系统图

二、应急值班管理办法示例

为切实加强应急值班工作，提高突发事件应急处置能力，确保政令畅通，促进社会稳定，更好地为当地经济社会建设服务，依据《突发事件应对法》《××省突发事件应对条例》《××市政府工作值班细则》等法规，结合本系统实际，特制定应急值班管理制度。

1. 值班方式

(1) 实行领导带班制。领导带班分日常带班和节假日期间带班。日常带班，带班领导应位于本地，保持通信畅通；节假日期间带班，带班领导应在岗带班。

(2) 实行在编、在职人员值班制。值班岗位必须配备单位在编、在职人员，不得安排临时聘用人员、离退休人员值班。

(3) 实行24小时值班制。确保与上级政府、相关部门和本系统联络通畅。

2. 值班人员职责

(1) 承担日常24小时应急值守任务。

(2) 维护并保持上下左右间的通信联络畅通。

(3) 负责接收和处办各类预警和突发事件信息。

(4) 全面掌握本单位重大情况，及时办理紧急事项，负责传达领导指示。

(5) 承办"值班要情""值班信息"的编辑、报送。协调督促领导批示、指示的落实等工作。

(6) 督导检查值班当日下级值班工作。

(7) 收集整理资料，填写"值班日志"。

(8) 保持值班室环境整洁。

3. 值班工作制度

(1) 值班记录制度。值班工作实行全程"痕迹化"管理。统一制作规范的"值班日志"本，值班人员应将值班期间发生的事项和处置情况完整地记录在"值班日志"上。值班记录要字迹工整，要素齐全，详略得当。对突发公共事件的应对处置，应严格按事件信息的时间顺序(精确到分钟)详细记录处置过程。

(2) 来电接听制度。值班人员应认真接听值班期间的来电，文明应答，详细记录。值班员接电后，首先应根据接听的内容核对和研判结论，认真整理"电话记录"，然后按程序报告处理。基层单位及群众来电，有明确依据的可直接答复，敏感问题经请示领导后按指示要求答复，必要时可帮助联系处理；对于群众反映的求助类、投诉咨询类等问题，应引导至"12345"政府服务热线或视情况帮助联系有关属地政府、部门妥善处理，并记录处理过程和结果。

(3) 交接班制度。交接班要在值班室进行，接班人员须提前到岗，交班事项应在每班值班日志中明确，并由交接班双方签字确认。

(4) 保密制度。值班人员要严格遵守各项保密规定，不得向无关人员透露涉密信息。使用电话、传真和计算机网络传递有关信息和批示文件，要区分明件和密件，密来密往，严禁明密混用。

(5) 设备使用管理制度。值班人员应熟练掌握各种办公设备，加强维护管理，确保设备处于良好的工作状态，保证信息传递畅通。

4. 信息报告和处置

(1) 一般突发公共事件。当事件发生在委直属单位时，委机关要在事发后2小时内上报至市人民政府。

(2) 较大以上突发公共事件。较大以上和暂时无法判明等级的突发事件发生后，委机关应在1小时内将有关信息上报到市人民政府，情况紧急时可先电话报告，随后15分钟内上报书面信息。

(3) 重大、特别重大突发公共事件。重大、特别重大突发事件或事件本身比较敏感或发生在敏感地区、敏感时间或可能演化为特别重大、重大突发公共事件的信息报送，要在第一时间向市政府报告，情况紧急时可越级报告，越级报告的同时必须报告上一级人民政府。

(4) 省以上领导关于应对处置突发事件的指示、批示必须快速响应。对省领导的指示批示回应时限为12小时,对国务院领导作出的指示、批示或国务院督办事项,必须24小时内作出回应。

(5) 对达到一般以上事件级别或遇到敏感事项的单位需向上直报的相关信息,在向委机关报告时,要与委机关认真沟通协调,必须在向省以上报告的同时向市政府报告,防止信息"倒灌"。

(6) 上报信息要核准事件发生的时间、地点、信息来源、事件起因、造成后果(伤亡人数、损失程度、影响范围等)、基本过程、发展趋势(有无次生衍生灾害)、处置情况、需要上级机关协调的相关事项等。确保要素齐全、事实清楚、文字精练、格式规范。

(7) 值班员接到突发事件信息后,首先应快速核实情况、认真研判,必要时进行会商,然后按照突发事件性质和领导日常工作分工,提出拟办意见,在第一时间以电话、短信、书面报告等方式报告主要领导和相关领导。有关领导作出批示后,突发事件信息按时限要求报告上级机关,同时向下传达领导指示,督促做好突发事件应对工作。

(8) 值班员要密切跟踪突发事件应对处置进展情况,多渠道搜集信息,作出新的研判结论,及时向领导反馈信息、提出建议。领导对突发事件信息作出批示后,值班人员要在第一时间传达落实,根据领导的指示精神协调各相关部门和单位有效开展处置工作。相关单位须迅速处置并书面回复。

(9) 突发事件应对工作完成后,值班室要认真总结分析信息报送工作得失,好的加以运用,不好的加以改正,对影响处置效率的作出处理。相关资料要整理归档保存。

除了应急值班外,应急响应机制也是应急方案中十分重要的一环。

第二节 应急响应

应急响应机制是由政府推出的针对各种突发公共事件而设立的各种应急方案,通过该方案使损失降到最低。应急响应机制强度由一级至四级依次减弱。突发公共事件主要分自然灾害、事故灾难、公共卫生事件、社会安全事件等4类。另外,应急响应机制包括防汛抗旱、高速公路、禽流感疫情、公共卫生、突发灾害的应急响应机制。具体来看,自然灾害主要包括水旱灾害、气象灾害、地震灾害、地质灾害、海洋灾害、生物灾害和森林草原火灾等;事故灾难主要包括工矿商贸等企业的各类安全事故、交通运输事故、公共设施和设备事故、环境污染和生态破坏事件等;公共卫生事件主要包括传染病疫情、群体性不明原因疾病、食品安全和职业危害、动物疫情以及其他严重影响公众健康和生命安全的事件;社会安全事件主要包括恐怖袭击事件、经济安全事件、涉外突发事件等。①

一、国家安全生产事故灾难应急预案中明确的内容②

(1) 造成30人以上死亡(含失踪),或危及30人以上生命安全,或者100人以上中毒(重伤),或者需要紧急转移安置10万人以上,或者直接经济损失1亿元以上的特别重大安

① 逯田力,鹿广利.对于突发公共事件分类的认识和理解[J].中国公共安全(学术版),2010(4):37-39.

② 国家处置电网大面积停电事件应急预案(简介)[J].安全,2007,28(6):70.

全生产事故灾难。

(2) 超出省(区、市)人民政府应急处置能力，或者跨省级行政区、多个领域(行业和部门)的安全生产事故灾难。

(3) 需要国务院安全生产委员会(以下简称国务院安委会)处置的安全生产事故灾难。

Ⅰ级应急响应行动由国务院安委会办公室或国务院有关部门组织实施。当国务院安委会办公室或国务院有关部门进行Ⅰ级应急响应行动时，事发地各级人民政府应当按照相应的预案全力以赴组织救援，并及时向国务院安委会办公室、国务院有关部门报告救援工作进展情况。

Ⅱ级及以下应急响应行动的组织实施由省级人民政府决定。地方各级人民政府根据事故灾难或险情的严重程度启动相应的应急预案，超出其应急救援处置能力时，及时报请上一级应急救援指挥机构启动上一级应急预案实施救援。

Ⅰ级响应时，国务院有关部门启动并实施本部门相关的应急预案，组织应急救援，并及时向国务院及国务院安委会办公室报告救援工作进展情况。需要其他部门应急力量支援时，及时提出请求。根据发生的安全生产事故灾难的类别，国务院有关部门按照其职责和预案进行响应。

二、国务院安委会办公室的响应

(1) 及时向国务院报告安全生产事故灾难基本情况、事态发展和救援进展情况。

(2) 开通与事故灾难发生地的省级应急救援指挥机构、现场应急救援指挥部、相关专业应急救援指挥机构的通信联系，随时掌握事态发展情况。

(3) 根据有关部门和专家的建议，通知相关应急救援指挥机构随时待命，为地方或专业应急救援指挥机构提供技术支持。

(4) 派出有关人员和专家赶赴现场参加、指导现场应急救援，必要时协调专业应急力量增援。

(5) 对可能或者已经引发自然灾害、公共卫生和社会安全突发事件的，国务院安委会办公室要及时上报国务院，同时负责通报相关领域的应急救援指挥机构。

(6) 组织协调特别重大安全生产事故灾难应急救援工作。

(7) 协调落实其他有关事项。

三、应急响应分级

按照企业生产安全事故的严重程度、影响范围和对生产安全事故的可控性要求，应急响应原则上分为Ⅰ(企业级)、Ⅱ(子分公司级)、Ⅲ(生产单位级)级响应。例如，某能源集团应急响应分级如下。

(1) Ⅰ级(企业级)响应

造成3人及以上死亡或者被困灾区，10人及以上重伤或者中毒，因灾害疏散100人及以上或者直接经济损失5 000万元及以上的生产安全事故。

(2) Ⅱ级(子分公司级)响应

造成1至2人死亡，3至10人以下重伤或者中毒，因灾害疏散50至100人，或者直接经济损失1 000万元及以上5 000万元以下的生产安全事故。

（3）Ⅲ级（生产单位级）响应

造成1至2人重伤或者中毒，因灾害疏散50人以下，或者直接经济损失1 000万元以下的生产安全事故。

分级响应的基本原则：

（1）Ⅰ级（企业级）响应：企业、事发子分公司、事发生产单位全部启动应急预案。

（2）Ⅱ级（子分公司级）响应：由事发子分公司和事发生产单位启动应急预案。

（3）Ⅲ级（生产单位级）响应：由事发生产单位启动应急预案。

（4）可能造成较大社会影响的事故，应急响应上升1个等级启动预案。

四、一般应急响应流程

（1）事故发生后，现场目击人员要立即向本单位负责人报告，并说明现场情况，并采取一切办法切断事故源（如发生火灾，立即拨打火警119；如有人员伤亡，立即拨打医疗急救电话120）。

（2）部门负责人接到报告后，应迅速通知有关部门（或车间），要求查明发生事故的部位（或装置）和原因，同时发出警报，通知指挥部成员和各专业救援队伍迅速赶往事故现场。

（3）总指挥或其他领导接到事故报告后，要立即并组织人员赶赴现场，组织急救。若发生火灾，应立即调集人员灭火，并在火灾现场判断火灾大小，决定是否通知单位专人向消防大队报警。

指挥部成员到达事故现场后，根据事故状态及危害程度做出相应的应急决定，并命令各应急救援队立即开展救援。如事故扩大，应请求支援。

指挥部成员通知所在各部门按专业对口迅速向主管上级公安、质监、环保、卫生等领导机关报告事故情况，现场协调有关部门处理事故及调查事故的原因。

抢救人员到达后，应立即成立抢救小组。首先查明现场有无受伤或中毒人员，以最快速度将受伤或中毒者脱离现场，受伤或严重中毒者尽快送医院抢救。其他人员各司其职，协助抢救、警戒区域，疏散人群。

如果情况危急，应迅速组织逃生，设置警戒岗哨，杜绝闲杂人员进入，并派专人等待引导消防车辆。同时迅速疏通安全通道，以保证救援车辆迅速到达事故现场。

（4）发生事故的车间，应迅速查明事故发生源点（或泄漏部位）和原因，凡能经切断物料或倒槽等处理措施而消除事故的，则以自救为主。如泄漏部位自己不能控制的，应向指挥部报告并提出堵漏或抢修的具体措施。[①]

（5）消防队到达事故现场后，消防人员佩戴好空气面具，应迅速进行灭火，并协助医疗队救护受伤和中毒人员，对受灾区域实施洗消工作。

（6）生产部门、安全部门到达事故现场后，会同发生事故的单位部门，在查明事故源点（或泄漏部位）和范围后视能否控制，做出局部或全部停车的决定，若需紧急停车则按紧急停车程序迅速执行。

（7）治安队到达现场后，负责治安和交通指挥，组织纠察，在事故现场周围设岗，划分

① 李宝庆，杨晋周，乔晓斌，等.化肥企业事故隐患分析及重大危险源监控管理研究[J].中国化工贸易，2017，9(10):52.

禁区并加强警戒和巡逻检查。当事故危及单位内外人员安全时，应迅速组织有关人员协助友邻单位、厂区外过往行人在区、市指挥部指挥协调下，向上侧风方向的安全地带疏散。

(8) 医疗救护队到达现场后，应与消防队配合，立即救护伤员和中毒人员，对中毒人员应根据中毒症状及时采取相应的急救措施，对伤员进行清洗包扎或输氧急救，重伤员及时送往医院抢救。

(9) 防化队到达事故现场后，查明有毒介质的浓度和扩散情况，根据当时风向、风速判断扩散的方向和速度，并对事故源点的下风扩散区域进行监测，确定结果，监测情况及时向指挥部报告，必要时根据指挥部决定通知扩散区域内的群众撤离或指导群众采取简易有效的保护措施。

(10) 抢险抢修队到达现场后，根据指挥部下达的抢修指令，迅速进行抢修设备，控制事故以防事故扩大。

(11) 事故发生后，物资供应队和运输队根据指挥部的命令，迅速调集事故及灾害抢救所需物质，及时送达救援现场，确保救援工作顺利进行。

(12) 本单位抢险抢救力量不足或有可能危及社会安全时，指挥部必须立即向上级和友邻单位通报，必要时求助社会力量救助。社会援助队伍进入厂区时，指挥部应派专人联络、引导并告知安全注意事项。

(13) 当事故得到控制，立即成立两个专门小组：

① 事故调查小组，调查事故发生原因和研究制定防范措施。

② 事故抢修小组，由设备、动力、机修、电修和发生事故部门人员组成，研究制定抢修方案并立即组织抢修，尽早恢复生产。

第三节　应急调度

应急调度与应急值班和应急响应一样，都是公共安全应急值守体系中的重要组成部分。应急调度是指当突发事件发生时，通过组织、指挥、协调和控制等各种手段，以最大限度地减少人员伤亡和财产损失为目标的紧急行动。这种行动通常包括应急响应、应急救援、应急恢复等环节。

围绕应急事件处理而产生的应急指挥调度系统，一般将其理解为可围绕监控、指挥、调度、会议、通信等各种功能合一的多媒体调度平台。应急指挥调度系统最主要的特征就是操作便捷、功能强大，力求在短时间内执行应急预案。覆盖广的应急指挥调度系统包含后方指挥中心、现场指挥、网络通信等，能实现现场指挥人员以及后方指挥人员随时掌握现场情况，以便针对情况及时发布指令。多媒体化和融合性是应急指挥调度系统的发展方向，语音、数据、视频的多媒体化调度操作，以及融合集群通信等功能是对当今的应急指挥调度系统的发展要求。目前广泛应用的 HDS 多媒体调度系统，已经在多媒体化的方向上迈出了坚实一步。

有线/无线综合调度系统，采用先进的有线→无线技术，实现有线信号到无线信号的无失真转换，系统信号传输时延小，能够有效保证话路的通信质量，为电网应急争取更多的时间。有线/无线综合调度系统采用 E1 专线传输，有效地保证了应急通信线路的稳定性。以往采用网络传输各种语音与数据，当突发事件发生时，网络资源抢占严重，当以太网中数据流过多时，会造成以太网交换机负载急剧增加，网络速度变得很慢，影响其他数据正常交换，严重时会造成网络瘫痪。因此，应急通信时，采用 E1 线路是最佳选择。

有线/无线综合调度系统实现了各种频段的集群通信系统、短波通信系统、卫星通信系统、有线电话网络、GSM/CDMA 公众通信网络、IP 电话网络等不同制式的通信系统互联互通，便于远程指挥调度与移动手持对讲，在实际应急通信指挥调度中起着重要作用。

通过应急调度，力求在短时间内执行应急预案，覆盖广的应急指挥调度系统包含后方指挥中心、现场指挥、网络通信等，实现现场指挥人员以及后方指挥人员随时对现场情况的掌控，以便针对情况及时发布指令，最大限度发挥人员调度和物资调度作用。特别是对于应急救护队伍、专家在一定区域内的调度，可有效提高现场救援工作效率，提高救援质量。同时，有效的应急调度，可大幅度提高资源利用，通过区域物流调度，最短时间内提供救援所需的物资、设备及后期医疗服务等，对实施成功救援活动有着重大意义。

应急调度示例

为了贯彻落实“安全第一、预防为主、综合治理”的安全生产方针，规范安全生产事故的应急管理和应急响应程序，以及发生重特大事故时，能及时、有序、有效地实施事故应急救援工作，最大限度地减少事故造成的人员伤亡和财产损失，特制定本制度。①

1. 应急调度的职责

(1) 参与应急计划制订，并负责接收安全生产事故的汇报，随时掌握事故情况。

(2) 按事故汇报制度程序汇报相关领导，通知相关单位和部门，开展事故应急救援指挥工作。

(3) 根据总指挥部决定，及时发布应急行动命令，保证信息通畅，发挥综合协调指挥作用。

(4) 负责做好事故处置通讯记录，确保各项记录齐全完整(包括灾害程度、处置预案、应急措施、行动指令、灾区人员情况、抢救进度及危险区域状况等)，并严格管理应急资料。

(5) 抢险救灾的过程中，当班调度员负责所需要的特殊装备、材料的调运、与上级和外部联系和协调。

2. 应急救援的组织机构

组长：行政一把手。

副组长：总工程师、分管领导。

成员：相关单位和部门主要负责人。

(1) 领导小组的日常工作由总工程师全面负责，领导小组下设办公室。办公室设在调度室，处理日常事务。

(2) 成立救护队指挥机构，设置应急救援队伍。其职责是现场抢险救灾，具体成员为单位矿山救护队。

(3) 在事故处理过程中各单位和部门负责人必须坚守工作岗位，在需要时应组织好人员参加抢险救灾。

---

① 艾鹏.神东煤炭集团唐公沟煤矿的生产调度管理研究[D].内蒙古：内蒙古大学，2010.

3. 应急启动及过程处置

（1）当接到事故汇报后，值班调度员立即按照《事故汇报制度》汇报有关领导及相关部门，由应急组长下令启动应急预案。

（2）启动应急预案后，调度室每班增加一名值班人员，负责汇报事故抢险进度，协调事故抢险工作，做好事故专题记录，且必须进行电话录音。根据总指挥部决定，及时发布应急行动命令，负责做好事故处置的全过程通讯记录，确保各项记录齐全完整，并严格管理应急资料。

（3）事故应急处置要按照预案的规定严格执行。

第四节　联防联控

一、联防联控的概念

联防联控是指各级政府、企事业单位和社会组织等多方共同参与，采取协同行动，实现对某种特定情况或事件的预防和控制的一种管理模式。在新冠疫情防控中，这一模式得到了广泛的应用和实践。

联防联控机制是应对突发事件的重要方式，一是要建立政府部门间的联防联控；二是要建立区域联防联控；三是要建立政企联防联控。应急预案制定时应明确联防联控的部门、企业应急职责，落实具体责任人，以确保在突发公共事件发生时，政府、企业能启动完善的联防联控机制，最大限度地减少人员伤亡和财产损失。

现代应急管理最大的特征是整合性，即需要具备强大的统筹协调能力，实现应急治理体制和机制上的协同。

首先，各层级要权责清晰，实现上与下的纵向协同，特别是要与基层打通。其次，不同层级的应急职权应相互协同，明确各部门权限，实现左与右横向的协同。最后，应急运行机制应相互协同，即应急决策、执行、监督机制的协同。突发事件种类不同，政府机构各部门在应急运行中的地位也不同。

从新冠疫情应对来看，当前亟须建立五大协同机制。

一是常态机制与应急机制协同。在新冠疫情应对前期，普遍反映是秩序混乱，这也是临时成立指挥部以应对疫情的缺点，因为公共卫生事件应对实际需要高规格的常态应急管理机构协调。建立常态化的平时机制与突发的应急机制的协同，就是要整合发挥常态化机构平时的作用，同时确保突发应急事件来临时能够迅速转化，起到保障作用。比如，如果政府常态的物资采购平台同时具有应急物资采购的特殊功能，就可以在物资信息保障的前提下，在应急需要时迅速转化功能，保障应急物资的供应。

二是风险防范化解机制与应急处置机制协同。习近平总书记在中共中央政治局第十九次集体学习时指出，要健全风险防范化解机制，坚持从源头上防范化解重大安全风险，真正把问题解决在萌芽之时、成灾之前。落实这一要求的重要方式之一是做好应急处置的准备。针对可能出现的问题，有效地分解出相应的处置任务、处置措施以及需要的应对能力，也就是将风险防范化解机制与应急处置机制协同，保证认知风险和处置风险结合，从而使应急准备有的放矢，不打无准备之仗，使突发事件得以高效处置。

三是应急处置的运行机制与评价机制协同。在应急处置的运行过程中，需要不断地评价指挥过程和应急措施实施的效果，并针对问题不断地对应急措施进行修正，这就要求评价机制在对应急事件的评价中不仅对整个突发事件的发生、发展、演化过程进行评价，还需要对应急管理措施的效率、效果、效益进行评价。

可以说，将应急处置的运行机制与评价机制有效地协同起来，就是通过不断调整应对措施，使应急措施的效果达到最大化。国家卫生健康委发布的《新型冠状病毒感染的肺炎的诊疗方案》，就是有机地将应急处置的运行机制与评价机制协同，不断调整应急处置的方案，从而达到最佳效果。

四是应急监督机制与奖励问责机制协同。应急监督机制伴随整个应急管理过程，而奖惩与问责机制一般情况下应放在应急管理过程结束之后，但是对于那些在应急管理过程中存在措施不当而造成负面效果的行为，如不及时进行责任的追究，会对整个应急事件的处置产生负面影响。这就要求将应急监督机制与奖励问责机制有机地协同起来，发挥其应有功能，保障应急事件的处置。

五是应急的终止机制与物资补偿机制协同。正如应急事件响应将产生响应的法律后果，应急事件的终止也会产生终止的法律后果。如对应急事件处置过程中征用的物资，进行的某些破坏性的处置带来恢复和补偿的后果。因此，应急的终止机制与恢复和补偿机制要协同，有效地补救因应急事件造成的损失。在新冠疫情应对中，对于企业生产防疫物资的过剩产能，国家有关部门承诺当疫情终止后将收储过剩产能，保障企业的利益。

二、联防联控示例

联防联控机制是实施区域协作的重要手段，是实现智能安全防护的关键所在，是统筹推进全国治安维稳预防工作的必要途径，是提高治安防控效能的重要方式。为此，结合国家和地方有关政策要求，制定以下新的十条联防联控机制条款。

(1) 积极建设“联防联控”智慧系统架构，形成规范与高效、跨界合作的全国联网治安安全防控体系。

(2) 搭建“联防联控”智能化报警系统，让社会力量参与到治安维稳工作中来，实现防护效果最大化，提高安全防护效能和水平。

(3) 开展联动预警，通过分布在全国各地的不同监控系统进行实时的联网联动，共同维护彼此的安全。

(4) 实施“联防联控”智慧安全防护，使各地治安防控服务以精准便捷的方式得到有效支持，达到精准预警和精准保卫。

(5) 结合实际情况进行日常联合检查，及时发现和消除安全隐患，及时响应中央装备和突发事件的需求，保障国家公共安全。

(6) 构建犯罪数据库，实现多维度信息联合分析，对重点关注的人员、地区、行为、物品等特征进行监控和识别，有效解决各类问题线索，及时准确地立功，提升防范效果。

(7) 搭建共享服务平台，实现多维度数据共享，包括有效数据共享、优势数据共享、交互数据共享、协同数据共享等，提供彼此支持和智能安全防控服务，为全国联动、治安防控提供强大支撑。

(8) 推动网络安全新装备建设，探索有效的大数据预警机制，合理利用全球信息网络、社交媒体、实名制等多种元素，有效检测安全隐患，防范非法侵害活动。

(9) 实施省际、市际、县际协调联动，通过动态管控和数据分析等方式，综合应用技术手段，实现互通互联，实现全国一体化预警和响应防护。

(10) 加大数据信息共享力度，推进各领域技术和数据的快速共享，强化数据安全保护，构建跨界信息联动性。建立跨部门、跨省、跨市、跨县的共享服务平台，采用分层次共享、交流机制，形成多维度数据共享网络，增强联防联控信息系统。

综上所述，公共安全应急值守是保障公众生命财产安全的重要措施。

在应急值班方面，各级政府和相关部门要建立 24 小时值班制度，确保能够及时响应突发事件。同时，要加强对重要场所、重点区域和关键设施的巡查和监测，及时发现和排除安全隐患。

在应急响应方面，各级政府和相关部门要根据事件的性质和程度，迅速启动应急预案，组织力量进行应急处置。同时，要加强信息共享和协调配合，确保各方能够快速有效地协同作战。

在应急调度方面，要建立科学高效的指挥体系，明确各级责任人的职责和权限，确保指挥决策的准确性和及时性。同时，要加强对应急资源的调配和管理，确保能够满足应急处置的需要。

此外，联防联控也是公共安全应急值守的重要组成部分。各级政府和相关部门要加强与社会各界的合作，形成合力应对突发事件的局面。同时，要加强对重点行业、重点领域和重点人群的监管和管理，防止发生安全事故。

第四章　公共安全应急投入

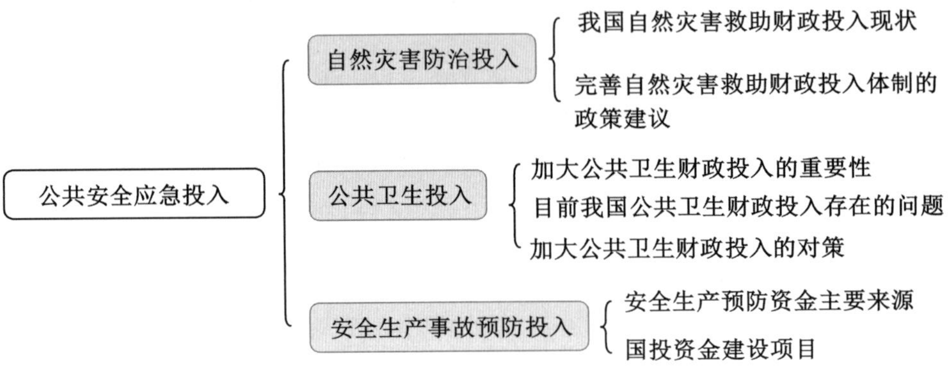

公共安全应急投入是保障公共安全的必要手段，是有效应对突发事件的重要保障。公共安全应急投入泛指用于安全生产应急救援设施建设和改造、应急装备购置、应急物资储备、应急培训实施、应急演练、应急预案编制、应急管理平台系统设置、应急值守人员编制及薪酬福利待遇等方面的资金使用情况。资金来源主要由企业自筹、政策性补贴和中央国有资本专项资金等。公共安全应急投入大致分为自然灾害防治投入、公共卫生投入和安全生产事故预防投入三大类，针对这三类不同类型的突发事件，各级政府和相关部门需要针对性投入，以提高应急管理能力和应急处置水平。

本章围绕自然灾害防治、公共卫生和安全生产事故预防三个方面，系统介绍公共安全应急投入的主要内容和实施情况。第一节重点探讨自然灾害防治投入，包括政府在减灾救灾中的投入、防灾减灾技术的研发和应用、灾后重建等方面的内容。第二节深入解析公共卫生投入，包括疫情防控、疾病监测和流行病学调查、医疗卫生机构建设等方面的内容。第三节重点介绍安全生产事故预防投入，包括事故隐患排查、安全生产培训、安全生产设备改造升级等方面的内容。

通过对本章内容的学习，读者将全面了解公共安全应急投入在自然灾害防治、公共卫生和安全生产事故预防三个方面的主要内容和实施情况，深入了解政府在应急管理中的重要作用，认识到各级政府和相关部门在突发事件应急管理中的职责和义务。

第一节　自然灾害防治投入

自然灾害防治投入是指政府在预防和减轻自然灾害影响方面所投入的资金。这些资金主要用于灾害预警系统建设、应急救援队伍建设和灾后重建等方面。

自然灾害是指以自然变异为主因的灾害，是能给人类生存带来危害或损害人类生活环境的自然现象，包括干旱、高温、低温、寒潮、洪涝、山洪、台风、龙卷风、暴雨、暴雪、霜冻、地震、海啸、火山喷发等。自然灾害通常会给人类及人们赖以生存的大自然以严重的损害，是世界上多数国家和地区重点防范的灾害之一。中国是少数世界上自然灾害最严重的国家之一。自然灾害救助的公共性、公益性特点以及中国现阶段自然灾害严重的现状，使财政公共支出的基础性地位显得更加迫切。在自然灾害救助方面，特别是突发性特大灾害发生后，只有国家才能组织调动大量的人力、物力、财力，有组织、有计划地实施救助。尤其在依靠群众、集体的力量，通过生产自救仍无法解决困难时，国家要给予必要的救助和扶持，这是国家在救灾工作中发挥保障作用的具体体现。本书就当前中国自然灾害救助的财政投入现状、存在的问题以及完善自然灾害救助公共支出的政策进行分析。[①]

一、我国自然灾害救助财政投入现状

目前，我国财政对自然灾害的救助有抚恤和福利支出中的救灾支出进行专项资金救助，也通过抚恤支出、农业支出、科技支出、社会保障补助支出以及政策性补贴支出的一部分进行救助。另外，在遇到紧急的特殊自然灾害时，还可以通过中央和地方专项储备基金进行补助。这些救助共同构成了中国财政的自然灾害救助体系。

（1）优抚和社会福利支出占财政支出比例。优抚和社会福利支出的对象是社会中的弱势和特殊群体。近年来财政用于优抚和社会福利的支出占财政支出比例保持了比较高的增长速度（稳定在2%左右）。但是与西方发达国家相比，比重仍然较低。优抚和社会福利支出由抚恤支出、离退休费、社会救济福利费和救灾支出四个部分组成。

（2）财政的救灾支出增长速度与自然灾害的直接经济损失。从总体上看，救灾支出在总量上呈现上升趋势，但总量和增长速度却极不稳定，甚至有些年份呈现负增长。救灾支出的多少与当年的灾害严重程度有直接的关系，但也反映出救灾支出的不稳定性。

（3）国家救灾占自然灾害直接经济损失的比重。即使加大了救灾支出的投入总量，但对于直接的经济损失而言，国家在有限财力情况下所能解决的仅仅是“临时性”和“紧急性”的特殊救助，受灾单位和个人承担了主要损失，这说明中国的灾害管理在相当程度上还处于低水平的自发状态。国家救灾占损失比重基本维持在2%～3%，对损失的弥补只能是“杯水车薪”。另外中国的现代农业体系尚未建立，仍然是“靠天吃饭”，因而农业灾情严重是中国自然灾害的一大特点，这也制约了农业的发展。

二、完善自然灾害救助财政投入体制的政策建议

（1）建立灾害救助专项资金项目，明确界定划分中央与地方政府对灾害救助专项资金的管理权限，建立与财政收入体系相适应的灾害救助专项资金管理模式。长期以来，中央和地方财政都没有安排防灾救灾专项资金，防灾救灾资金主要依靠国家拨款、动用政府行政预备资金和社会募捐资金来解决。这种财政支出结构存在着明显弊端，客观上加大了资金筹措和调度的难度，行政效率低，不利于防灾救灾的正常进行。要提高政府应对自然灾害的救助能力，各级政府就必须统筹安排财政支出，设立防灾救灾专项资金，确保在自然灾害降临

① 董梁.中国自然灾害救助财政投入体制研究[J].经济研究导刊，2008(15)：20-21.

时有足额资金应急调配，保证救灾工作的顺利进行。全国性的或大范围的自然灾害应该坚持以中央财政支出为主、地方财政支出为辅的支出结构；局部性的、地方性的自然灾害应该坚持以地方财政为主、中央财政为辅的支出结构，中央财政与地方财政应当共同承担起自然灾害预防支出的责任。

(2) 增加对灾害预防的财政投入，加强财政支出资金分配的科学合理性。应将财政对自然灾害的投入分为预防支出和救助支出，将其纳入日常性专项财政支出项目进行规范管理，以保证自然灾害的防治和救助工作能够及时、有效地开展。资金在预防方面的支出应该增加，有效的预防强于灾后的救助。同时，加强农村地区的自然灾害预防措施，以减少受灾损失。此外，建议设立专项基金，加强对自然灾害预防和救助的研究。加强对现代条件下自然灾害特点和规律的研究，提高防灾减灾能力，进一步加强预警预报。

(3) 扩大灾害预防与救助资金的来源范围，缩小城乡投入差距，加强资金筹集与划拨的灵活性。在扩大资金来源这方面，可以进一步发挥金融支持基础设施建设的作用。在资金投入均衡性方面，财政应更多地支持西部、农村等灾害预防和救助的公共设施建设相对薄弱的地区。因此增加的资金则要充分发挥银行贷款、投资、证券市场等多种金融形式在基础设施建设中的作用。尤其是国家开发银行，一直主要从事基础设施中长期融资，在实践中建立了一套较为完善的大型基础设施融资模式和风险防范机制，应进一步发挥其在基础设施中长期融资领域的基础性作用，加大支持基础设施发展的力度，保证自然灾害发生后避免造成巨大损失。

(4) 对自然灾害救助工作实行制度化管理，深化行政体制改革、提高政府运行效率，同时加强资金监督管理，防止救灾资金遭灾。我国的自然灾害救助制度框架基本建成，还需要细化，把法律规定变成日常制度，该储备的储备，该演习的演习，要使应急工作常规化，要让政府和公众坦然应对突发事件。我国仍在不断完善现有关于自然灾害救助法规并不断提升立法层次，在此基础上制定相关法规，明确中央和地方财政支出的地位以及在预警、防治、救助方面的投入和分工，将自然灾害救助的国家支出纳入法制化和规范化的轨道上来。

近年来，我国救灾资金规模不断提高，如果不加强资金监管，那对灾民来说将会是雪上加霜。因此，政府部门应该加强监管，创新监督方式，建立合理健全的监督体系，不断完善自然灾害救助方面制度框架及法律法规，切实加大中央和地方财政在自然灾害救助中的资金投入，实现自然灾害预警、防控、救治三位一体地投入与分工，进一步提升立法层次，使得资金投入有所监督，以提高救灾资金使用的安全性、规范性和有效性。

第二节　公共卫生投入

公共卫生投入是指政府在预防和控制疾病、保障人民健康方面所投入的资金。这些资金主要用于卫生设施建设、医疗人员培训、疫苗研发、疾病监测和防控等方面。

公共卫生的财政投入关系到我国卫生事业的发展，也关系到我国社会主义和谐社会的建设。党中央日益重视公共卫生事业的建设，不断加大公共卫生的财政投入，促进了我国公共卫生事业的发展，提高了广大人民群众的身体素质。然而，社会的变迁，科学技术的发展，也使得公共卫生的财政投入中存在的问题日益突出，亟须政府及社会各界高度重视，探索良策，解决问题，提高财政投入效率，促进公共卫生事业发展，为人民的健康生活提供有力保障。①

一、加大公共卫生财政投入的重要性

随着科学技术的进步，我国社会、经济、精神文明建设达到了前所未有的水平，人们的生活水平不断提高，健康意识不断增强，对医疗卫生服务的需求也在不断增加，在这样的环境下，政府应加大公共卫生的投入力度，满足人们的需求。从全球范围来看，实践经验表明，公共卫生的财政投入影响着卫生事业的发展，合理地投入并有效地利用可以促进卫生事业的发展。根据世界卫生组织关于卫生系统的改善健康、增加反应能力和筹资的公平性三大目标的观点来，衡量卫生事业的健康发展至少应包括健康水平和生命质量的提高、公平性、效率、质量和可持续性等方面。改革开放促进了我国社会经济的迅速发展，公共卫生的财政投入逐年增加，也取得了可喜的成就，有效地防治了如非典型肺炎、甲流等传染病及其他疾病，有效地改善了人们的生活环境，改变了低收入人群因经济原因而无法就医或因病致贫的局面，而且大大提高了我国医疗卫生服务的技术水平，为全民健康创造了有利的条件。从这些论述中，我们不难看出加大公共卫生财政投入的重要性，但其财政投入必须以社会经济发展水平、居民健康状况为依据，加以合理控制，才能充分发挥出它的积极作用，促进我国社会的和谐发展。

二、目前我国公共卫生财政投入存在的问题

公共卫生财政投入是公共卫生事业的重要组成部分，具有很强的社会公益性。向社会提供公共卫生产品，政府是唯一的供给者，政府财政保证了资金来源和功能的实现。近年来，政府财政对公共卫生投入虽然逐年增加，可公共卫生服务的质与量却没有得到大的改善，仍存在着一些亟待解决的问题，制约了公共卫生事业应有功能的发挥，影响了公共卫生事业的发展。

1. 公共卫生的财政投入方式不完善

在计划经济体制下，由政府直接以计划性财政拨款形式向供给方进行投资，这是公共卫生机构获取费用的主要渠道。随着改革开放的深入，特别是在加入世贸组织以后，我国社会、经济得到了很大程度的发展，对公共卫生的服务需求也日益增多，如果我国政府对公共卫生财政投入仍采用计划经济时期的方式，不但不科学，而且无法满足人们的需求。因此，我国的公共卫生财政投入必须进行重新布局，抓住公共卫生发展的特点，不断完善其投入方式以满足社会发展的要求。

2. 政府财政投入的结构不合理

目前，我国中央财政支出在公共卫生费用中所占的比重逐年下降，地方财政的支出比重逐年上升，而且政府注重对医疗机构补助，对公共卫生、预防保健机构的投入相对薄弱，造成了公共卫生资本存量逐年下降。另外，随着社会的进步、经济的发展，居民个人的医疗卫生费用也跟着飞速上涨，许多地方医疗机构公共卫生设备落后、技术水平低下，无法应对突发的公共卫生疾病。如 2003 年的"非典型肺炎疫情"，暴露了我国公共卫生体系技术落后、疾

① 李育钧，李育峰.新形势下加大公共卫生财政投入的重要性及对策分析[J].现代商贸工业，2010，22(5)：83-84.

病预防控制体系薄弱和应急反应能力不足等问题。

三、加大公共卫生财政投入的对策

科学技术的进步，极大地促进了社会、经济的发展，人们对公共卫生的服务质量的要求也越来越高，这就要求政府加大财政投入力度，并提高政府财政投入的效率，充分发挥公共卫生服务机构的功能，适应时代的发展。

1. 加大公共卫生财政投入，优先发展社区、农村公共卫生服务

随着社会经济的快速发展，人们的健康意识日益增强，医疗卫生服务理念从“治病救人、救死扶伤”转向“以人为本”，提高人的健康生命质量，满足全民健康的需要。因此，政府有必要加大公共卫生的财政投入，并且优先发展社区、农村公共卫生服务，实践证明低成本地给予社会成员连续、综合的服务，能有效提高医疗卫生服务的公平性和效率，这也是我国应对人口老龄化的最佳选择。进一步加大农村公共卫生投入力度，加快农村公共卫生基础设施的建设，加强合作医疗基金的筹集和管理，把农村卫生服务体系建设与新农村合作医疗制度建设有机统一起来，提高服务水平，缩小城乡之间的差距。

2. 优化资源配置，提高公共卫生资源的整体绩效

公共卫生资源的配置合理与否直接影响着有限的卫生资源整体效率。目前，我国投入到公共卫生费用的资金总量明显不足，所以当前政府应科学预算公共卫生的财政投入，优化配置公共卫生资源，以需求为导向，实行统一规划、统一调配、统一监督的管理方式，将公共卫生的财政投入重点放在提高全社会，尤其是农村社会的基本医疗卫生服务水平上，改变城乡公共卫生员工资质较低以及设备、技术落后的局面，提高公共卫生资源的整体绩效。

3. 建立多渠道筹资机制，加快公共卫生事业的发展

我国是一个人口大国，只依靠政府的财政拨款来使每个公民公正地享受公共卫生服务是难以完成的。政府可以通过税收优惠政策来吸引企业或私人投资公共卫生事业，同时政府还可以借助市场吸引更多的资金投入到公共卫生事业中。另外，政府还应当鼓励和支持各类慈善组织或者个人资助基层医疗机构，为贫困人口提供免费或者低价的服务。一些非政府部门加大对公共卫生投入，可以降低政府部门的运营成本。同时，政府部门和非政府部门相互督促，可使公共卫生资源配置更加有效。随着公共卫生费用问题的突出，只靠政府的财政投入已无法满足社会的需求，因此，政府应以财政预算为基础，通过民政部门、红十字会、民间团体、个人捐赠等多渠道进行筹资，制定相应的优惠政策，鼓励社会捐助，让全社会积极参与公共卫生事业的建设，提高我国公共卫生服务的质量与水平，保障全民健康目标的实现。

4. 建立公共卫生财务会计信息系统，为政府财政投入提供科学依据

科学技术的进步为我们的工作提供了便利，卫生主管部门也应充分利用这些高科学成果，建立公共卫生财务会计信息系统，及时收集、筛选、反馈财务会计信息，为政府财政预算提供依据，优化政府财政投入模式，使政府有限的财政投入获得最大的效果，从根本上满足社会的实际需求。

为实现全民健康目标，我国公共卫生事业的发展应以科学的发展观为指导，以人为本，注重社会，建立财务会计信息系统，完善财政投入的模式和结构，优化配置公共卫生的有限

资源，用有限的投入实现社会效益与经济效益最大化，促进公共卫生事业发展，构建和谐社会。

第三节　安全生产事故预防投入

安全生产事故预防投入是指工作场所为防止和减少事故发生，采取一系列措施和投资以提高安全性和降低潜在风险的行为。

一、安全生产预防资金主要来源

企业安全生产预防与应急救援资金的主要来源是企业安全生产提取费用和安全生产专项费用，以及国有资本经营预算专项资金等。企业安全费用是依据《安全生产法》等有关法律法规，在我国境内直接从事煤炭生产、非煤矿山开采、建设工程施工、危险品生产与储存、交通运输、烟花爆竹生产、冶金、机械制造、武器装备研制生产与试验（含民用航空及核燃料）的企业，以及其他经济组织按照规定标准提取在成本中列支，专门用于完善和改进企业或者项目安全生产条件的资金。安全费用按照“企业提取、政府监管、确保需要、规范使用”的原则进行管理。

煤炭生产是指煤炭资源开采作业有关活动。非煤矿山开采是指石油和天然气、煤层气（地面开采）、金属矿、非金属矿及其他矿产资源的勘探作业和生产、选矿、闭坑及尾矿库运行、闭库等有关活动。

煤炭生产企业的安全费用依据开采地原煤产量按月提取。各类煤矿原煤单位产量安全费用提取标准如下：煤（岩）与瓦斯（二氧化碳）突出矿井、高瓦斯矿井吨煤 30 元；其他井工矿吨煤 15 元；露天矿吨煤 5 元。矿井瓦斯等级划分按现行《煤矿安全规程》和《矿井瓦斯等级鉴定规范》的规定执行。非煤矿山开采企业的安全费用依据开采地原矿产量按月提取。各类矿山原矿单位产量安全费用提取标准如下：石油，每吨原油 17 元；天然气、煤层气（地面开采），每千立方米元气 5 元；金属矿山，其中露天矿山每吨 5 元，地下矿山每吨 10 元；核工业矿山，每吨 25 元；非金属矿山，其中露天矿山每吨 2 元，地下矿山每吨 4 元；小型露天采石场，即年采剥总量 50 万吨以下，且最大开采高度不超过 50 米，产品用于建筑、铺路的山坡型露天采石场，每吨 1 元；尾矿库按入库尾矿量计算，三等及三等以上尾矿库每吨 1 元，四等及五等尾矿库每吨 1.5 元。2012 年 2 月 14 日以前已经实施闭库的尾矿库，按照已堆存尾砂的有效库容大小提取，库容 100 万立方米以下的，每年提取 5 万元；超过 100 万立方米的，每增加 100 万立方米增加 3 万元，但每年提取额最高不超过 30 万元。原矿产量不含金属、非金属矿山尾矿库和废石场中用于综合利用的尾砂和低品位矿石。

地质勘探单位安全费用按地质勘查项目或者工程总费用的 2%提取。危险品生产与储存企业以上年度实际营业收入为计提依据，采取超额累退方式按照以下标准平均逐月提取：营业收入不超过 1 000 万元的，按照 4%提取；营业收入超过 1 000 万元至 1 亿元的部分，按照 2%提取；营业收入超过 1 亿元至 10 亿元的部分，按照 0.5%提取；营业收入超过 10 亿元的部分，按照 0.2%提取。中小微型企业和大型企业上年末安全费用结余分别达到本企业上年度营业收入的 5%和 1.5%时，经当地县级以上安全生产监督管理部门、矿山安全监察机构商财政部门同意，企业本年度可以缓提或者少提安全费用。

二、国投资金建设项目

国投资金建设项目是指由中央财政通过一般公共预算和国有资本经营预算安排，专门用于支持全国性的安全生产预防工作和国家级安全生产应急能力建设等方面的安全生产预防及应急专项资金。我国的经济快速发展，以及市场竞争的激烈程度，使得政府资金投资成为一种必要的经济手段。通过政府资金投资可以促进社会经济的发展，增强国家的竞争力。在投资过程中，如何保证资金的使用效益，防止公共资金的浪费和损失，成为政府面临的一个严峻问题。因此，为保障政府资金的安全和有效利用，国家制定政府资金投资项目管理规定，确保政府资金投资的安全、公正、公开、透明。该规定旨在引导加大安全生产预防和应急投入，加快排除安全隐患，解决历史遗留问题，强化安全生产基础能力建设，形成安全生产保障长效机制，促使安全生产形势稳定向好。专项资金支持范围包括：全国性的安全生产预防工作，加快推进油气管道、危险化学品、矿山等重点领域重大隐患整治等；全国安全生产“一张图”建设，包括在线监测、预警、调度和监管执法等在内的国家安全生产风险预警与防控体系，在全国实现互联互通、信息共享；国家级应急救援队伍（基地）建设及运行维护等，包括跨区域应急救援基地建设、应急演练能力建设、安全素质提升工程及已建成基地和设施运行维护等；其他促进安全生产工作的有关事项。

国投资金装备是中央财政预算资金对安全生产预防及应急救援重点支持方向所采购的装备，是依托国有重点骨干企业安全生产应急救援队管理和维护保养，保障区域性安全生产应急救援的重要支撑，确保全局性安全生产应急救援有效的战略储备。因此，为确保国投资金依法合规有效使用，其申报有严格的流程控制，一般由项目建设单位提出需求，落实责任，细化分工，明确目标，设置专人，专司其责，确保应急救援基地建设工作有效、有序进行，并按照以下步骤开展申报工作（图 4-1）。

一般由以下 17 个步骤组成：

(1) 现有应急救援队伍评估（依托企业）。

(2) 应急救援基地规划（依托企业）。

(3) 编制申报技术报告书（依托企业）。

(4) 组织专家论证（依托企业）。

(5) 提交资金申请报告文件（依托企业）。

(6) 提交资金申请请示文件（企业集团公司）。

(7) 项目论证审批（应急管理部、财政部）。

(8) 资金划拨与监督（企业集团公司财务部门）。

(9) 资金管理（依托企业财务部门）。

(10) 项目建设管理（依托企业）。

(11) 项目实施（依托企业）。

(12) 项目进度监督（企业集团安全监察部门）。

(13) 子项目验收（项目建设单位）。

(14) 项目预验收（项目建设单位）。

(15) 项目初步验收（依托企业）。

(16) 形成项目验收结论报告（依托企业）。

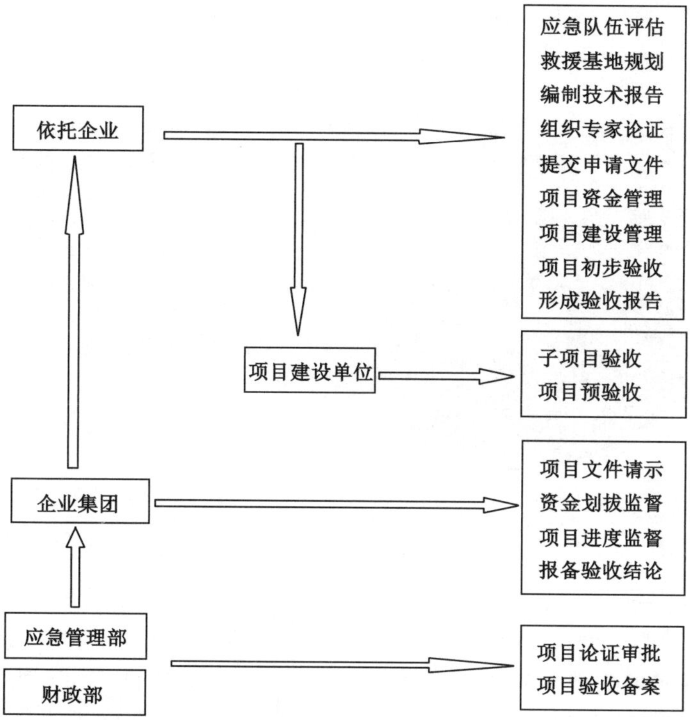

图 4-1　申报步骤

(17) 报备项目验收结论(企业集团总部)。

国投资金项目建设以来产生很大经济效益和社会效益,本书以国家能源集团国投资金建设项目为例做如下分析。国投资金项目的建设与实施存在投资大、周期长、管理复杂等问题,其管理工作的好坏直接影响项目建设与实施效果。2011 年以来,国家能源集团开始承担国投资金项目的建设,积累了一定的管理经验,发现了存在的问题并进行了认真研究分析,提出相应的对策,以期为其他企业国投资金项目的管理提供指导和借鉴。

自 2011 年以来,国家能源集团共开展 8 个国投资金项目建设,总资金 31 216.73 万元,依托 5 家子分公司、6 个安全生产矿山和危险化学品应急救援队组织实施。项目包括 2011 年中央国有资本经营安全生产保障能力建设项目 3 个,即神东煤炭集团救护消防大队培训中心项目,神宁煤业集团矿山救护总队应急救援装备项目,内蒙古平庄煤业救护大队应急救援装备项目;2013 年中央国有资本经营预算安全生产保障能力建设资金项目 4 个,即神宁煤业集团矿山救护总队教育培训中心项目、煤化工消防队项目、煤制油化工公司鄂尔多斯消防队项目和神新能源公司救护大队项目;2017 年安全生产预防及应急资金项目 1 个,即国家危险化学品应急救援宁东基地项目(神宁煤业集团宁东化工基地项目)。国家能源集团国投资金项目金额及占比如图 4-2 所示。①

为加强国投资金项目管理,国家能源集团先后下发了《关于进一步加强中央国有资本经营预算安全生产保障能力建设专项资金管理的通知》《关于进一步加强中央国有资本经营预

① 赵开功,张瑞.国家能源集团国投资金项目管理现状研究及对策分析[J].中国煤炭,2018,44(11):19-22.

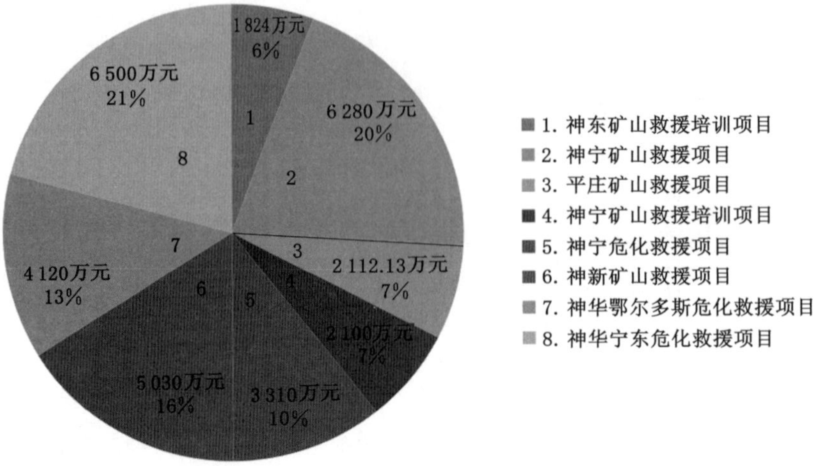

图 4-2　国家能源集团国投资金项目情况

算安全生产保障能力建设资金项目投标人资质管理的通知》《关于进一步加强中央国有资金经营原始安全生产保障能力建设专项资金项目采购装备验收的通知》《关于中央国有资本经营预算安全生产保障能力建设专项资金项目验收的通知》等文件，从前期可行性研究、规划配套、项目建设、资金管理、装备采购、设备匹配、验收流程等方便做了明确规定，确保国投资金“专款专用、专户储存、不得挪用”，资金管理规范、装备采购合规、过程管理留痕、项目验收严格。

国家能源集团国投资金项目产生重大社会效益。自 2011 年以来，国家能源集团依托国投资金建设的应急救援队伍，共参加社会救援 1 748 次，企业救援 356 次，抢救人员 523 人，挽回经济损失近 5 亿元，如表 4-1 所示。

表 4-1　国家能源集团国投资金项目依托应急救援队救援情况表

国投资金项目依托应急救援队	社会救援/次		企业内部救援/次		抢救人员/人	演练/次	挽回经济损失/万元
	井下	地面	井下	地面			
神华神东矿山救援队	9	1 098	2	136	379	196	15 000
神华宁煤矿山救援队	7	10	26	3	26	112	9 571
平庄矿山救援队	146	66	82	76	94	81	3 000
神华宁东危化救护队	0	93	0	2	4	70	12 000
神华鄂尔多斯危化救援队	0	305	0	6	19	8	7 000
神新矿山救援队	3	11	1	22	1	55	1 000
国家能源集团(合计)	165	1 583	111	245	523	522	47 571

国家能源集团国投资金项目实行集团统一标准管理、子分公司组织建设实施。各项目实施单位严格按照集团公司有关国投资金项目实施要求、申报技术报告书内容、国家安全生产监管总局批复的装备清单和资金使用承诺函组织。国投资金依据“专款专用、专户储存、不得挪用”的原则，由子分公司财务部门集中管理。针对各建设项目中子项目通过招投标采

购程序结余的资金，采用集中使用的方法，即对各国投资金项目按照项目实施内容全部完成后，由子分公司对各子项目结余资金汇总，项目建设单位申请，所购置装备属于装备清单目录，且符合项目建设需要，经过集团公司审批后，方可使用结余资金。

国家能源集团大型物资采用集中采购的方式，由物资集团统一组织实施。项目建设单位（应急救援队）发起申请，在项目实施单位审核（子分公司）通过后，进入物资集中采购流程。项目实施单位物资管理部门拟订采购计划，通过 ERP 系统提交招标方（物资集团），物资集团根据物资装备类别由国内或国际采购中心会同项目建设单位拟定招标文件，委托招标公司（中国神华工程有限公司）组织项目招标。招标公司组织招标，并从国家能源集团物资采购专家库中随机抽取专家组成评标委员会，产生候选名单。工程公司向招标方报告，经招标领导小组通过后发放中标通知书。中标通知书经公示后，由招标方通知项目实施单位与供应商签订物资采购合同，供应商根据合同组织装备生产。某一子项装备整个采购流程周期一般为 6 个月，个别项目因投标厂商不满足 3 家，装备采购周期甚至超过 12 个月。

国家能源集团国投资金监管由集团财务部负责下发和专项管理，安全监察局负责项目整体实施进度和协调工作。按照国投资金“专款专用、专户储存、不得挪用”的原则，各子项目结余资金不得在项目实施过程中调剂使用，需在项目批复内容实施完成后集中统筹使用。因初期概算盈余、产品价格下降、最低价中标方式等因素影响各项目均有结余资金。国投资金项目产生结余后，项目建设单位按照国家有关规定和国家能源集团有关要求编制结余资金使用方案，并交项目实施单位审核，最后经集团公司批复后方可组织实施。

国家能源集团的 8 个国投资金项目由不同的子分公司分别组织实施，分布在陕西、内蒙古、宁夏和新疆等省区，地域跨度大，涉及煤炭和化工行业。各项目分批申请实施、规划自成体系、建设相对独立、技术标准较低、整体布局不足。因时间和区域所限，大型装备没有形成整体合力，培训演练设施共享效果较低，这些因素制约了国家能源集团国投资金装备整体救援能力的发挥。

国家能源集团的煤炭和煤化工产业主要分布在陕西、山西、内蒙古、宁夏和新疆等地区，在 14 个煤炭生产子分公司中，只有在陕西榆林、内蒙古鄂尔多斯、宁夏等生产单位相对集中的区域部分实现了应急救援资源共享。就国家能源集团整体而言，应急救援装备还未实现统一调配、互联互通、装备在线、维保可溯、优化配置、二次利用等，既有装备精良的神东、神宁、平庄、鄂尔多斯等队，也有装备较差的大雁、包头等队。因各个投资金项目依托项目实施单位生产经营效益迥异，故各队伍应急救援投入不同，造成了各队应急救援装备配置的不均衡、队伍建设发展的差异化、整体救援能力的不平衡，国投资金装备共享平台未形成。

针对国投资金项目建设的重要性、应急救援工作的特殊性和先进科技装备的时效性，按照“严格监管、集中统一、特事特办、保障质量”的原则，开设国家能源集团国投资金装备采购绿色通道，优化装备采购和验收流程。集团公司组织物资集团和各项目实施单位简化装备采购流程，限期申报、集中审批、统一采购，杜绝最低价竞标方式，确保国投应急救援装备质量。集团公司物资管理部门牵头组织各项目实施单位严格标准、集中验收、批次审核、简化程序，确保国投资金项目按期完成。

国家能源集团全面梳理了神东、神宁、鄂尔多斯、神新、平庄等国投资金项目的建设情况，在保证国有投资权益不变的前提下，科学合理调配应急救援装备、充分发挥国投装备作用，根据各项目实施单位生产实际和事故灾害情况，优化国投资金装备配置。例如，在神东煤炭集团井下实训演练基地开展煤炭板块应急救援队伍实训，在神宁煤业集团危险化学品救援宁东基地开展矿山救援和危化消防队联合实训演练等。

依托建设条件较好的应急救援队，利用“互联网＋”在线监测应急救援装备维护保养使用情况，完善国投资金应急救援装备的维护保养机制，确保始终处于应急装备状态；利用集团公司生产调度指挥平台建立国投资金项目救援装备共享子平台，集团公司应急值守人员全天候实时调度各应急救援队人员及装备，进一步提高应急响应速度和快速反应能力，确保安全生产应急救援响应有效。

第五章　公共安全应急规划、评估与管理

- 公共安全应急规划、评估与管理
  - 公共安全应急规划
  - 公共安全应急评估
  - 公共安全应急报告
    - 安全生产应急报告的种类
    - 安全生产应急报告编制
  - 公共安全应急管理绩效评价
    - 公共安全管理绩效概述
    - 公共安全管理绩效构成
    - 绩效评价
    - 公共安全管理绩效改进
  - 公共安全应急信息管理
    - 公共安全应急信息管理概述
    - 公共安全应急信息管理流程
    - 公共安全信息传播
  - 公共安全应急科技管理
    - 公共安全应急科技管理概述
    - 公共安全网络化治理
    - 公共安全智能化管理
    - 公共安全数字化管理

为了避免忽视安全生产应急救援的短期行为，促进安全生产工作与企业发展同步规划、同步实施，各生产经营单位必须制定企业安全生产应急规划，明确应急管理内容，确保本单位安全生产应急救援保障需要。规划编制完成后，要组织有关专家团队论证，并征求相关业务部门的意见和建议，且建立相应的考核机制，确保应急规划的落实。

安全生产应急评估是根据有关法律法规，为保障各生产经营单位的正常运行，对安全生产经营作业环节进行应急救援能力评估的过程，以此提高各类安全生产事故应急救援能力。

所谓公共安全，是指社会和公民个人从事和进行正常的生活、工作、学习、娱乐和交往所需要的稳定内部环境和秩序。所谓公共安全管理，则是指国家行政机关为了维护社会的公共安全和秩序，保障公民的合法权益，以及社会各项活动的正常进行而做出的各种行政活动的总和。公共安全应急管理是指在面对各类自然灾害、事故灾难、公共卫生事件等紧急情况时，政府和相关机构通过预防、准备、响应、恢复等一系列措施，以降低灾害风险、迅速响应、有效救援、最小化损失，保障公众安全和社会稳定的过程。

第一节 公共安全应急规划

安全生产规划是指在生产经营活动中，为了避免造成人员伤害和财产损失的事故而采取相应的事故预防和控制措施，保证生产经营活动得以顺利进行的相关活动。安全生产是中国的一项长期基本国策，是保护劳动者的安全、健康和国家财产，促进社会生产力发展的基本保证。安全生产是经济社会发展和企业经营资产保值增值的重要基础和保障。安全生产应急规划是安全生产规划的重要组成部分，是保障安全生产，构建安全长效机制的有效手段。安全生产应急规划是对本单位安全生产应急管理和救援保障工作的阶段性目标。

安全生产应急规划的目标应结合本企业（集团）生产工作实际，统筹安全生产与经济社会协调发展，以本企业生产建设单位领域为重点，以责任落实、风险管控、资源共享、协同救援等为基本要素，着重在企业主体责任落实、应急能力建设、促进地方经济发展、履行企业社会责任等方面为安全生产保驾护航。

安全生产应急规划编制依据应以国家法律法规、企业有关安全生产管理制度为主。编制过程要加强领导，落实责任，认真开展安全生产应急规划实施情况总结评估。编制小组可采取定量与定性、安监部门与相关部门、系统内部与聘请专家相结合等多元评估方法，对上一个规划周期应急管理实施情况进行评估，客观评价应急规划确定的发展目标、重点任务、主要措施等落实情况，总结分析规划实施取得的成效和存在的问题及原因。要在本单位深入调研，广泛听取意见和建议。要编制安全生产应急规划编制工作进展表。开展规划编制前期准备工作，成立应急规划编制领导小组及编制工作小组，确定工作方案，制订应急规划，编制工作计划。编制工作要认真分析面临的安全生产形势分析，发现存在的问题和挑战，找到发展机遇。要坚持正确的指导思想，以“四个全面”战略布局为统领，全面落实习近平总书记关于加强安全生产的重要指示、批示精神，以创新、协调、绿色、开放、共享五大发展理念为引领，勇于开拓创新，大力实施安全发展战略，着力推进安全生产社会治理能力现代化建设和安全生产改革创新，健全安全生产责任体系、隐患排查治理体系和安全预防控制体系，提升安全生产治理能力，为实现企业生产经营目标创造安全生产环境。

安全生产应急规划要构建明确的目标指标体系，将应急管理中的组织机构、责任划分、预案编制、制度修订、队伍建设、物资储备、装备维护、培训演练、善后处置和应急救援中信息报送、应急值守、响应启动、协调指挥、救援保障、逃生自救、灾害评估等环节细化。

安全生产应急规划要明确安全生产应急管理的主要任务，结合本单位安全生产工作实际，针对当前存在的主要问题和薄弱环节，落实企业主体责任、监管体系建设、基层基础建设、防控保障能力建设、重点作业环节监管等方面创新机制体制。主要任务体现于履行法规要求，落实企业主体责任；强化党政同责，落实行政监管责任；加强风险预控，创新安全监管手段；突出重点环节单位，完善隐患排查治理体系；加强应急管理，提升应急处置能力；推进科技强安，提高本质安全控制水平；强化宣教培训，推进安全文化建设等方面。

安全生产应急规划形成征求意见稿后，要组织专家评审并广泛征求各有关部门和单位的意见与建议，经本单位安全生产委员会通过后发布实施。安全生产应急规划编制流程如图 5-1 所示。

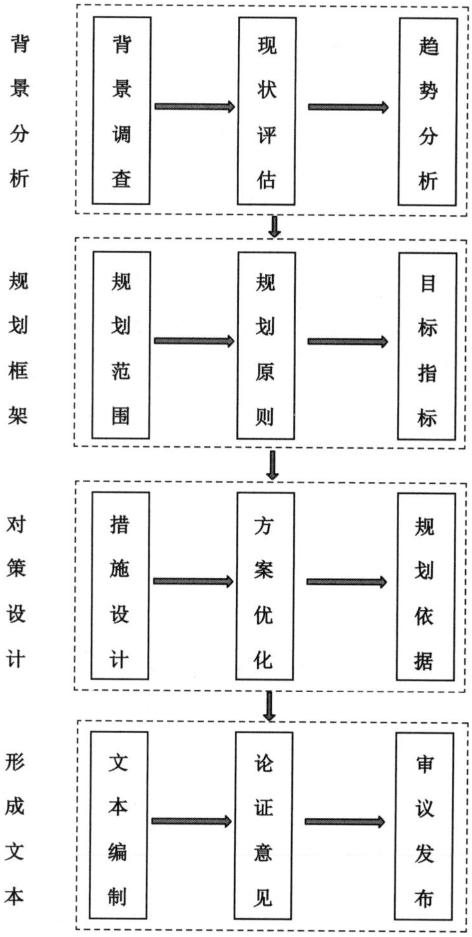

图 5-1　安全生产应急规划编制流程图

第二节　公共安全应急评估

安全生产应急能力评估是应急能力建设的前提，开展应急能力评估工作是落实国家应急管理法规制度的具体体现，也是完善应急体系的重要举措。开展应急能力评估可以内促建设、外争支持，达到以评促建、以评促改、以评促管的目的。

应急能力评估要遵循合法性、科学性、公正性、针对性的原则，以国家有关法律法规、标准、规范为依据，自主开展应急能力评估；采用科学、适用的评估方法，按照应急能力评估程序，以严谨的科学态度、认真负责的精神，全面、仔细、深入地对该项目进行应急能力评估，提出有针对性、可操作性的应急对策措施，得出客观、公正的应急能力评估结论。应急评估一般采用风险因素分析法、模糊综合评价法、内部控制评价法、分析性复核法、定性风险评价法和风险率风险评价法等。风险因素分析法是指对可能导致风险发生的因素进行评价分析，从而确定风险发生概率大小的风险评估方法。其一般思路是：调查风险源→识别风险转化条件→确定转化条件是否具备→估计风险发生的后果→风险评价。内部控制评价法是指通过对被审计单位内部控制结构的评价而确定审计风险的一种方法。由于内部控制结构与控制风险直接相关,因而这种方法主要在控制风险的评估中使用。分析性复核法是注册会计师对被审计单位主要比率或趋势进行分析,包括调查异常变动以及这些重要比率或趋势与预期数额和相关信息的差异,以推测会计报表是否存在重大错报或漏报可能性的方法。常用的方法有比较分析法、比率分析法、趋势分析法三种。定性风险评价法是指那些通过观察、调查与分析,并借助注册会计师的经验、专业标准和判断等对审计风险进行定性评估的方法。它具有便捷、有效的优点,适合评估各种审计风险。风险率风险评价法是定量风险评价法中的一种。它的基本思路是:先计算出风险率,然后把风险率与风险安全指标相比较,若风险率大于风险安全指标,则系统处于风险状态,两数据相差越大,风险越大。风险率等于风险发生的频率乘以风险发生的平均损失,风险损失包括无形损失,无形损失可以按一定标准折换或按金额进行计算。风险安全指标则是在大量经验积累及统计运算的基础上,考虑到当时的科学技术水平、社会经济情况、法律因素以及人们的心理因素等确定的普遍能够接受的最低风险率。风险率风险评价法可在会计师事务所以及注册会计师行业风险管理中使用。[①]

应急能力评估对象为某一单位或生产作业区域的性质及用途均不改变的建(构)筑物、设备、设施,以及新、改、扩建项目等。应急评估范围为某一单位或生产作业区域周边环境、装卸工艺、设备、储存设施,以及公用工程及辅助生产设施、安全管理等。应急能力评估程序如下:前期准备,危险、有害因素辨识与分析,确定现有应急能力,建立应急能力模糊综合评估模型,定性、定量评估,得出评估结论,提出应急对策措施建议,编制应急能力评估报告等方面。应急能力评估程序见图 5-2。

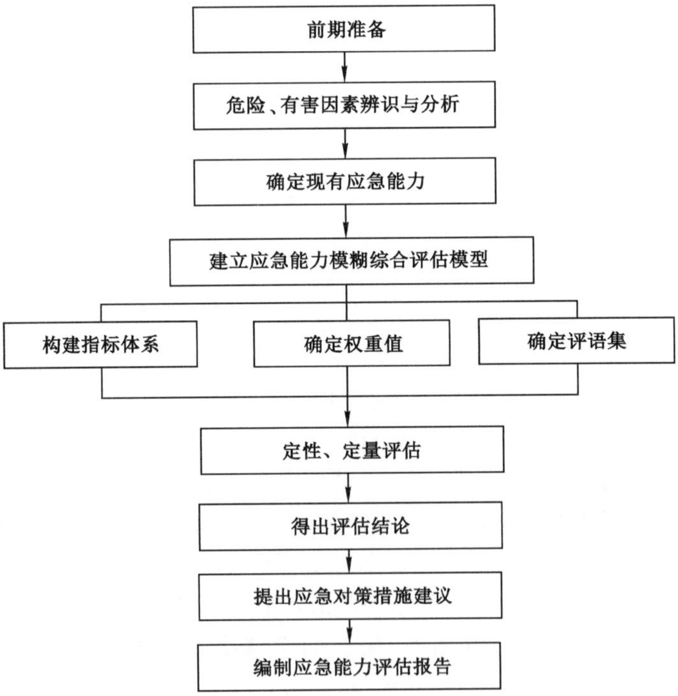

图 5-2　应急能力评估程序

① 张麒.审计风险评估的几种基本方法[J].财会月刊,2000(4):36-37.

第三节　公共安全应急报告

公共安全应急报告是一种为应对紧急情况和公共安全事件而制定的文件，其主要目的是提供关于公共安全事件的及时、准确信息，协助决策者和相关机构迅速采取必要的措施来保障公众的安全。安全生产应急管理报告是结合工作实践，针对安全生产应急管理工作某一环节的总结性专题报告。

一、安全生产应急报告的种类

从安全生产应急预案修编、风险源辨识、资源调查、培训演练、资金投入、物资装备、重点岗位处置、专家评审等环节编制应急管理报告。具体可分为《安全生产应急预案编制说明》《安全生产应急预案评估报告》《安全生产风险评估报告》《安全生产应急资源调查报告》《安全生产预案培训评估报告》《安全生产应急预案演练评估报告》《安全生产应急投入报告》《安全生产应急救援物资装备报告》《安全生产重点岗位应急处置卡》《安全生产应急预案内部(外部)评审意见》《安全生产预案修编有关会议纪要》《安全生产应急救援队伍建设管理报告》《安全生产事故应急救援总结评估报告》《安全生产事故应急救援调查报告》等。为确保应急资源调查、风险评估、应急演练评估等环节不流于形式，评估组成员一般有第三方人员参加。

二、安全生产应急报告编制

《安全生产应急预案编制说明》是生产经营单位为编制本单位安全生产应急预案而编写的工作方案，具体内容包括应急预案编制组织机构、职责分工、任务分解、编制流程、编制方式、编制内容等方面。

《安全生产应急预案评估报告》是生产经营单位安全生产事故应急预案编制完成后，对预案的应急值守职能、信息报送流程、事故响应等级、组织指挥协调、救援队伍能力、保障支持环节、医疗救护水平等方面进行科学评定，是一次桌面演练的系统总结报告。

《安全生产风险评估报告》是生产经营单位各生产作业区域风险的预判，针对某一区域的灾害做出的科学评估，并采取相应措施的方案。

《安全生产应急资源调查报告》是生产经营单位安全生产应急救援资源配置，以及所在地区协同救援区域化应急可调配资源的普查性、互补性报告，为协同救援协议和区域救援政府协调的支持性文件。

《安全生产应急预案培训评估报告》是生产经营单位安全生产应急预案全员培训方案落实的总结性报告。

《安全生产应急预案演练评估报告》是生产经营单位安全生产应急演练方式、值守职能、信息报送、响应流程、指挥协调、快速反应、保障环节等方面的科学评估。

《安全生产应急投入报告》是生产经营单位安全生产应急资金、人力资源、科技研发等方面投入的总和，狭义的应急投入仅指资金投入，广义的应急投入包括但不限于资金投入、人力资源投入、科技研发投入、基础设施投入等。

《安全生产应急救援物资装备报告》是生产经营单位安全应急救援物资保障和装备维护

环节的系统评估，对保障安全生产事故应急救援有重要的支撑作用。

《安全生产重点岗位应急处置卡》是生产经营单位各生产作业环节指挥协调、值守调度、保障支撑、救援队伍、医疗救护、带班干部、生产组织等重点岗位和环节人员针对安全生产事故应急处置工作的卡片化管理方式。一般包括应急指挥卡（指挥人员）、应急职能卡（职能工作）、应急处置卡（岗位处置）等。

《安全生产应急预案内部（外部）评审意见》是生产经营单位安全生产事故应急预案编制完成后，是按照本单位内部所有应急响应流程职能环节进行的桌面演练性评估，是对应急预案可操作性的推演，是本单位应急预案外审的前提条件。应急预案外审是本单位应急预案合规性备案的必要条件，是发挥第三方审核的有效保障。

《安全生产预案修编有关会议纪要》是生产经营单位落实国家有关法律法规和安全管理红线意识的有效途径，是企业安全生产规范管理的有效措施。

《安全生产应急救援队伍建设管理报告》是生产经营单位安全生产应急救援队伍管理、机构设置、人员配置、日常训练、应急准备、资金投入、装备维护、救援能力、建设水平、薪酬待遇和社会责任等方面的系统评估。

《安全生产事故应急救援总结评估报告》是生产经营单位安全生产应急救援指挥部对某一生产事故救援预案启动、应急响应、信息报告、应急处置、救援保障、医疗救护、善后处置、事故调查、问责处罚、经验教训等方面的总结性评估，是针对事故调查报告发现问题，整改落实意见的具体行动方案。

《安全生产事故应急救援调查报告》是由事故调查小组起草的，是事故单位所在地安全监察机构根据事故等级开展事故调查、发布调查的报告。其主要内容包括：事故发生单位概况，事故发生经过和事故救援情况，事故造成的人员伤亡和直接经济损失，事故发生的原因和事故性质，事故责任的认定和对事故责任者的处理建议，事故防范和整改措施。

公共安全应急报告是一个重要的管理工具，有助于提高公共安全管理的效率和水平，确保在紧急情况下能够迅速、有序地采取行动来保障公众的生命和财产安全。

第四节　公共安全应急管理绩效评价

公共安全应急管理绩效评价是对应急管理体系运作效果的定性和定量评估，旨在检验应急管理体系的有效性、高效性，以及应对紧急情况的能力。对政府应急管理绩效进行科学评价，是进一步健全我国应急管理体系的重要组成部分。绩效评价将政府应急过程中的执行效率和工作成果，量化为具体指标数据，评价主体采用科学方法进行测评，不但能综合衡量利益主体对政府工作的满意程度，而且不同模块分数的等级直指政府工作的优劣环节，是政府应急机制改进和完善的直接依据。近年来，多元主体参与的应急管理机制，突破了政府主导和财政支持的单一应急模式，而平衡各方利益，也成为应急事后评价的焦点。①

一、公共安全管理绩效概述

由于公共安全研究的学科和视角各有不同，人们对问题本身的理解就有诸多差异。从

① 张蔚虹，孙丰娟.利益相关者视角的政府应急管理绩效评价指标体系设计[J].吉林工商学院学报，2014，30(5)：18-22.

绩效的视角去审视公共安全管理的过程和结果，是一个全新的视角。基于此，本书有必要对公共安全管理绩效以及与之相关的几个核心概念予以界定，以使人们对它的内涵有清楚的认识。公共安全管理绩效是一个多维概念，既有公共安全学科的相关概念，也有管理、绩效等维度，与其相关的概念主要有绩效、公共安全、公共安全管理以及公共安全管理绩效等。本节主要界定两个概念：管理绩效和公共安全管理绩效。

（一）管理绩效

绩效（performance）一词来源于西方的管理学界，它的原意是指表现和成绩。不同的学者对绩效的理解各有侧重，观点主要集中在以下几个方面：① 绩效是指完成工作的效率与效能；② 绩效是指一种经过评估的工作行为、方式及其结果；③ 绩效是指员工的工作结果，是对企业的目标达成具有效益和贡献的部分；④ 绩效是组织为实现自身目标所开展的活动在不同层面上的有效输出。随着经济社会企业需求的发展，绩效的含义逐渐拓展为组织对资源的有效、高效及安全地运用，与运营和功能的有效性相关。广义角度的绩效还包括企业的可持续发展能力。由于绩效概念的多维特征，在学界和管理实践领域，人们对绩效的理解和认知就如同“盲人摸象”一般，各有不同，因此绩效还没有形成一致的、能够被不同领域共同认可的定义。

管理绩效是一个复杂的概念，如前所述，它是一个复合体，具有多因性、多维性和动态性的基本特征。

1. 多因性

多因性，顾名思义是指影响绩效或者绩效“生产”的要素具有多元性，即特定形式的绩效是不同要素耦合的结果。具体来讲，绩效多因性是指绩效的优劣并不是取决于单一的因素，而是由多种因素共同决定的。就政府相关部门而言，其员工工作绩效的影响因素主要有能力（ability）、激励（motivation）、机会（opportunity）和环境（environment）四个方面。绩效可以看作能力、激励、机会和环境四种变量的函数，用公式 $P=f(A,M,O,E)$ 来描述绩效与四个要素之间的关系，其中能力和激励为员工自身所拥有，属于主观因素，对绩效产生直接影响；而机会和环境则是客观因素，对绩效产生间接影响。

2. 多维性

多维性是指个人绩效的优劣应从多个方面、多个角度去分析，以求取得比较合理、客观、易接受的结果。比如在衡量员工的工作绩效时，可以从多个方面进行测度，360 度的评价就是对绩效的多维性问题的最佳回应和解释。多维性的特点意味着员工的工作绩效是工作态度、工作能力和工作结果的综合反映。员工的工作态度取决于对工作的认知程度以及为此付出努力的程度，其表现为工作干劲、工作热情和忠于职守等，是工作能力转换为工作结果的媒介，直接影响着工作结果的形成。员工的工作能力是绩效的本质构成，没有工作能力就无所谓工作绩效。工作能力主要体现在常识、知识、技能、技术和工作经验等几个方面。工作结果是员工担当工作或履行职务的结果，是对组织所做贡献的表现，工作结果是以工作数量、质量、消耗的原材料多少等形式表现出来的。

3. 动态性

简单来讲，动态性是信息的动态变化，即组织或个体的绩效随着时间、职位情况的变化而变化。也有人将这种动态性称为“时变性”。首先，任何系统都会随着时间、空间的转移而发生变化，这种变化本身所带来的不确定性和复杂性就是风险研究的重要内容。其次，特定的组织都有自身的运行周期，这种周期性的变化同样会导致组织和个体的变化。最后，组织内部以及组织与其所处环境之间时刻存在着信息和能量的交换，这也是动态性的应有之义。

（二）公共安全管理绩效

公共安全内容繁杂。公共安全问题或事故的表现形式各不相同，但是其共同特征是都发生在公共领域，影响较为广泛、深刻，给整个社会所带来的是发展机会、发展空间以及利益的丧失或损害。公共安全问题产生的缘由多种多样，它的发生可能与政府和其他社会主体的决策和行为选择相关，也可能与社会自身脆弱性（比如社会的空间、社会自身的承载力、社会基础设施建设情况等）相关。公共安全问题是诸多要素耦合的结果。因此，人们必须科学认识和理解公共安全问题。

随着社会的发展，公共安全管理的内涵也在不断地发生变化。最初，公共安全管理更多地强调政府自上而下的“管控”，突出强调政府对于公共安全的主体责任，公共安全管理的主体相对比较单一。研究内容和主要手段是政府如何利用其所掌控的公共资源和公共行政权力去实现对于风险的有效预控、应急处置和事后的恢复重建。而目前的公共安全管理则强调政府与其他社会主体之间的协商共治，重视多元社会主体的有效、有序参与；注重对潜在的公共安全风险的预控，目的在于防控公共安全风险，将潜在的风险消灭在萌芽状态，尽最大可能减少公共安全风险对于社会公共利益和价值的损害，保护社会公众的生命、财产安全，减轻整个社会的经济损失与心理创伤，维护公共领域的稳定有序发展。

公共安全管理绩效是一个崭新的学术概念，它是一个从绩效的视角去审视不同的社会主体就公共安全所进行协商共治的结果和过程的量度。公共安全管理绩效是一个复合性的概念，它包括两方面的含义：一方面，它量度了不同社会主体之间的协同与合作；另一方面，它也量度了政府和其他的社会主体预控、消解风险的能力、行为及其结果。管理者、领导者和社会公众对于公共安全的需求在多大程度上得到满足有赖于公共安全管理绩效的不断改进。另外，公共安全管理绩效也受制于管理者所面对的环境、制度和基础设施自身的抗风险能力。

二、公共安全管理绩效构成

作为一个比较新的研究领域，为了使人们对公共安全管理绩效本身有全面的认识和理解，首先要对公共安全管理绩效的构成进行全面的解构与分析。公共安全的风险点或风险构成日益多元化和复杂化，各种社会的承载能力要素都有可能是公共安全风险的构成或风险点。对这些风险源或风险点的识别和判断则是理解和建构公共安全管理绩效的一个基本前提和基本依据。墨菲定律启示人们必须对公共安全风险的构成进行科学分析，注重对公共安全风险的预控，因为这直接关系到公共安全管理绩效水平的高低。墨菲定律源自一个名叫墨菲的美国上尉，他认为只要存在发生事故的原因，那么事故就一定会发生，而且不管发生事故的可能性多么小，但它总是会发生的，并会造成最大可能的损失。因此，对任何事故隐患都不能有丝毫大意，不能抱有任何侥幸心理，要想尽一切办法把这些隐患全部消灭在萌芽状态。具体而言，公共安全管理绩效的构成主要有以下五个方面。

（一）地方政府所在地城市规划和建设水平的基础绩效

地方政府所在的城市规划和建设水平决定和影响着一个社会基础设施的管理水平和运营能力，同时也是社会脆弱性和承载力的一个直接影响要素。从基础设施建设层面看，城市的规划与建设水平本身就是公共安全管理绩效的重要组成部分。城市的规划和建设水平影响和制约着社会的抗风险能力，也影响着社会的可持续发展，因此城市的规划和建设水平就成了公共安全管理绩效的基础构成部分。社会承载力是城市规划和建设水平的重要体现，它是一个相对稳定的系数，如果没有大规模的改建和扩建，其本身是相对稳定的。为了有效消解因承载力不足而导致的风险，有必要认真研究如何增强城市规划的弹性或柔性，使得城市具有较强的自适应能力。城市规划的弹性和柔性意味着城市能够有效消解由于人口和资源的聚集而带来的风险，这也是公共安全管理绩效的一个重要构成。如果说城市最初的规划和建设是保证城市这一系统本身的柔性和弹性因素的话，那么建成之后的维护、保养和研究则是保障社会可持续发展的重要举措。城市从建设和发展初期，就要坚持战略导向，充分考虑城市未来发展空间的扩展以及可能的人口资源和其他各种资源聚集的可能性，并将这种思路贯彻于整个城市的规划和建设过程中。城市规划是城市建设和发展的前提和蓝图，因此管理者应对城市规划加以重视。除了城市的规划外，城市的维护和改扩建同样是公共安全管理绩效的重要组成部分。当城市建设完成后，城市的维护和磨合将成为“主旋律”，城市建设和管理部门应该切实履行自己的职责，使城市本身更具有弹性和吸附力。

（二）以决策者决策和领导为核心的组织绩效

管理者（主要是地方政府）的决策和领导能力本身既是公共安全管理绩效的重要构成内容，同时也决定和影响着其他要素资源整合的能力和水平。从这个意义上讲，决策者的决策和领导构成了组织绩效的核心内容。管理范式下的公共安全管理的主体要素既包括政府，又包括政府之外的社会主体。强调多元主体参与和协商共治并不影响政府主导，因为这是由公共安全管理这一议题本身的复杂性所决定的。政府有其自身独特的公共资源和公共权力，这是公共安全管理的核心要素，所以政府必须主导公共安全管理过程。公共安全问题呈现涉及领域广泛化、发生频率增加化、危害程度严重化等特征与发展趋势，凸显了我国公共安全管理体系和制度进行创新的紧迫性，对提升政府公共安全管理水平提出了更高的要求。应该说，公共安全事件的发生既有客观性，又与管理过程中存在的漏洞与弊端密切相关。有效的公共安全管理是政府实施公共管理的重要内容，因为它是维持社会正常秩序、促进社会发展、维护政府管理合法性的重要前提和基础。领导者和管理者对于公共安全管理绩效的改进和完善起着关键性的作用，因为他们影响并制约所有资源和权力的投入及使用方式，影响着整个管理过程。更重要的原因是，政府及管理者团队对其他社会主体参与公共安全管理具有支配性影响。管理主体（包括参与公共管理的社会公众）的决策和领导能力将成为公共安全管理绩效的核心内容和构成。一般而言，在其他条件和环境均同等的情境下，管理者的能力和水平越高，公共安全管理绩效越高，二者之间存在正相关关系。政府应充当公共安全管理体系中的领导者，即在由各级政府、非政府组织、私人组织、市民个人等构成的管理体系中，政府须充当整个体系的领袖。

（三）公共安全的政策和制度供给

完善的政策和制度体系为公共安全管理过程中资源和要素的整合提供了体制、机制保障。从这个意义上讲，完善的政策和制度体系是公共安全管理的重要构成。政策和制度作为国家管理的基本工具，两者虽然在含义、范围上有所不同，但从国家管理的角度来说，却具有基本统一的指向，即它们都是一整套经过精心设计和规划的，或者经过长期实践得以形成的，并且得到广泛认同、尊重和遵守，能够有效解决问题达成目标的行为规范、依据和准则。

公共安全管理过程中政策和制度的供给能力和水平是领导者和管理者施政能力和施政水平的直接体现，直接影响着公共安全管理绩效水平。由于社会发生了深刻变化，公共安全管理面临着错综复杂的风险和不确定性，管理者要充分认识政策和制度供给对于公共安全管理能力提升具有的工具性价值。基于此，地方政府要努力提升制度和政策供给能力。近年来，市场经济、社会转型、利益分化等情势变化，不仅给公共安全管理的政策和制度供给带来了严峻挑战，而且政策和制度本身的内容和结构也需要随着现代化和信息化的推进不断优化。比如，随着大数据与云计算的推行，与公众个人隐私信息保护相关的政策和制度也要随之进行完善和更新。

（四）社会公众的培训与参与

社会公众有序、有效的参与是政府主导公共安全管理过程的有益补充，也是公共安全管理绩效提升的重要前提和条件。政府应从以下几点出发，促进社会公众的有效、有序参与。第一，增强公众的公共安全防范能力。作为普通的社会成员，不同的个体要从自身出发，不断完善、提高自己的公共安全风险防范能力。政府应针对不同人群加强相应的公共安全培训，宣传普及公共安全知识及防范方法，提高全社会的公共安全认识水平以及对风险事件的处置能力。第二，调动群众参与公共安全管理的积极性，增强群众参与管理的主人翁意识，优化社会公众参与公共安全管理的渠道和政策。第三，加强公共安全志愿者队伍建设。积极探索用志愿机制对公共安全管理工作进行提升和整合，用志愿理念来发动群众、凝聚力量，为群防群治工作注入新的生机与活力。搭建志愿者队伍自我管理、自我服务的平台，对各层次、各领域、各方面的社会力量进行动员、整合。因地制宜，培育各具特色的公共安全志愿者队伍，使其在维护社会稳定、推进社会平安建设中发挥重要作用。

（五）公共安全管理政策、制度的执行

国家的政策、制度为公共安全管理提供了宏观的制度环境，这种政策和制度在特定的组织内有一个“内化”的过程，这个过程本质上是特定组织（私营部门和公共部门）的管理者对国家政策和制度的贯彻执行。这里的管理和执行主体，既包括宏观的政府相关职能部门，同时也包括微观的组织内部的管理者和领导者。通常情况下，前者负责对公共安全政策和制度的贯彻情况进行检查监督；后者则负责在特定的组织内贯彻、实施国家的相关政策规定。受市场经济利益的影响，价值偏好和利益诉求不同的主体在管理和执行相关政策、制度的过程中极容易“走偏”，这种偏差也是公共安全风险的重要风险源。因此，不同主体可以通过提高政策和制度的管理绩效和执行效率来为公共安全管理绩效做出突出贡献。

三、绩效评价

安全评价是指以实现安全为目的，应用系统工程原理与方法，对系统中存在的危险及有害因素进行定性和定量分析辨识，预测发生事故或造成危害的可能性和严重程度，并针对所分析出的问题提出科学、合理且可行的措施。公共安全管理绩效的评价是公共安全管理研究的重要内容。科学建构评价指标的一个前提是对公共安全管理绩效概念和内涵的科学界定。在明确公共安全管理绩效概念和构成的基础上，本节主要讨论公共安全管理绩效评价的具体内容、指标体系等一些基本问题。

（一）公共安全管理绩效评价内容

公共安全管理绩效是在政府主导下，不同的社会主体协同管理公共安全风险，为社会公众提供公共安全产品和服务的过程。公共安全管理评价指标科学建构的一个理论前提是对公共安全管理绩效的内涵有较为科学的理解。公共安全是一个系统的管理过程，人们不应限于事后对应急处置效果的评价，应该充分考虑事先的风险预控和事后的恢复重建对于公共安全管理绩效的贡献。基于此，本书将公共安全管理的整个过程视为评价的具体内容。由于不同领域的公共安全管理的具体内容差异性比较大，制定一个包含所有领域具体评价指标的指标体系比较困难。基于数据收集和横向比较的需要，本书暂且将公共安全管理的内容简化为三个重要的方面，这也是城市公共安全管理绩效评价的重要维度。第一，公共安全风险的预控能力，主要考察一个地区公共安全风险管理过程中事前预控的绩效。第二，公共安全的应急处置能力，主要评价事中的应急处置能力。第三，事后恢复重建过程的评价，主要衡量公共安全风险发生后，特定地区的恢复重建能力。从广义上讲，上述三个方面也是公共安全管理评价的主要内容。

（二）公共安全管理评价指标体系设计的基本原则

公共安全管理绩效评价指标体系的建构过程需要与地方政府公共安全管理的实践密切结合，用理论去指导实践，在实践中促进理论研究的顺利开展。具体来讲，公共安全管理绩效评价指标体系建构应遵循以下四个基本原则。

1. 战略导向与结果导向相统一的原则

公共安全管理绩效评价的首要功能是导向功能，通过建构评价指标体系，促进地方政府根据国家和地方的长期发展去科学规划和推进公共安全管理工作，实现公共安全管理结果与战略规划的有效衔接，引导公共安全管理以地方发展战略为核心，实现城市公共安全管理能力的可持续发展。

2. 可比性原则

不同地区或同一地区特定层级的行政区，其发展差距均较为明显；另外，不同地区所拥有的公共安全管理资源、发展水平和能力等也不相同。通过一些量化指标和共性指标可以实现不同地区或同一地区特定层级政府公共安全管理能力的横向比较，以便辅助政府进行相关决策。

3. 科学性原则

公共安全管理绩效评价的数据总体比较难找，评价所需的数据应通过统计年鉴、行业统计报告或国民经济与社会发展统计公报等公开渠道获得，以便增强整个指标体系的解释力和说服力，使公共安全管理绩效的评价更具有操作性。公共安全管理绩效评价的核心问题是绩效评价指标体系的设计、数据的收集和评价方法的选择和应用。上述科学设计能够保障整个评价过程的科学性与合理性。

4. 定量指标与定性指标相结合的原则

通过政府公共安全管理实践的统计数据来评价其绩效的高低，能保证评价的客观性和公正性，也能在一定程度上克服主观感知带来的评价误差。同时，将公众满意度作为整体绩效评价等级划分的主要参考依据，从政府所服务的“客户”的角度去理解公共安全管理绩效，将定性指标与定量指标结合起来，能够更全面地评价公共安全管理绩效。

（三）公共安全管理绩效评价体系初步建构

地方政府公共安全管理能力是一个需要在动态中把握的复杂概念。目前学界尚没有专门针对公共安全管理绩效评价指标进行研究。为了全面反映地方政府公共安全管理的总体情况，在选取评价指标的过程中，需要遵循独立性、客观性、规范性和经济性原则，使评价指标体系尽量完善。本书试着提出一个初步的公共安全管理体系和管理能力评价指标体系。该体系将政府公共安全管理的整个过程划分为三个阶段：事先的预控和预判阶段、事中的应急处置阶段、事后的恢复阶段。不同阶段，政府的工作重点和中心各有不同，因此公共安全管理绩效评价指标体系应该体现上述三个重要阶段。本书初步构建的公共安全管理绩效评价指标体系如表 5-1 所列。

表 5-1　公共安全管理绩效评价指标体系

一级指标	二级指标	三级指标	指标性质
预防与预控能力	领导和组织能力	公共安全治理的投入 设置专职公共安全管理机构或人员的组织比例 公共安全治理的专职人员及队伍建设	
	风险培训或教育能力	公共安全或风险教育培训人数/年 公务人员接受各层次风险培训的人数/年 公众防灾减灾、防范风险的培训人数/年	
	风险预警、预判能力	公共安全信息网络建设的投入/年 重要基础设施检测率 信息评估研判的团队建设情况 预警的准确性（能否准确预警潜在的风险） 预警效果（预警所能影响的社会公众）	
	综合保障能力	法律法规的颁布与实施情况 经费保障机制 应急避难场所建设数量 物资储备机制 通信与技术保障机制 配套规章制度的出台与完善	
	公众满意度	社会公众对于地方政府事前预判、预控工作的满意度	
突发事件应急处置能力	应急队伍的响应速度	快速反应速度（主要应急队伍到达现场的时间）	
	灾害或突发事件的社会危害程度	突发事件的死亡人数 突发事件的发生数或经济损失	负向指标 负向指标
	协同治理能力	专家参与 临时救助安置 地方政府内部协调 区域协调联动	
	志愿服务与捐赠物资的管理水平	平均每名志愿者服务的受灾（受险）人数 参与救灾的社会公众人数占所有志愿者人数的比重 捐赠物款相关制度的完善程度	
	公众满意度	公众对政府部门应急处置的效率和工作的满意度	

表 5-1(续)

一级指标	二级指标	三级指标	指标性质
恢复重建能力	心理干预或援助能力	心理救援组织的参与人数 心理救援队伍(总量、公众人数比) 心理救援的标准	
	恢复重建能力	恢复重建组织建设	恢复重建组织架构
	灾情调查及重建能力	灾情调查与损失评估(灾情、需求) 巨灾恢复重建的平均时间 优惠政策的执行与实施	负向指标
	公众满意度	公众对于恢复重建过程和结果的满意度	

政府应急管理绩效评价指标体系的建立,是对政府的应急管理行为进行绩效评价的基础。要实现整个绩效评价过程,需要组合运用层次分析法及模糊集合评价等多种工具,具体步骤如下:首先,基于层次分析法为每一项指标赋具体权重;其次,通过专家小组针对每一项指标进行打分;再次,运用模糊综合评价法将分数与权重进行加权处理,得出政府应急管理绩效的综合得分;最后,对得分进行综合评价。分数越高,说明政府的应急管理绩效越高,利益相关者对政府的应急管理执行力及效果的满意度越高,政府也就得到越高的认可。此外,政府还应该对分数偏低的某一类或某一项指标进行反思,从利益相关者的利益诉求出发,发现应急管理过程中存在的问题及薄弱环节,及时改进应急管理措施,不断完善政府应急管理体系。政府公共安全管理绩效评价指标体系是一套依托风险管理的基础理论并结合风险生成的内部结构和外部要素的相关性而建立的描述和分析工具,体现了政府公共安全管理概念的现实性、测度性和应用性。地方政府公共安全管理能力评估的指标体系是一套探索性指标,由定量指标和定性指标构成,具体包括:预防与预控能力、突发事件应急处置能力和恢复重建能力三个一级指标;领导和组织能力、风险培训和教育能力、综合保障能力等 14 个二级指标;公共安全治理的投入、物资储备机制、专家参与、通信与技术保障机制等 37 个三级指标。地方政府公共安全管理能力的提升离不开社会公众的积极参与,同时政府公共安全管理绩效的评价也有赖于社会公众做出自己的判断。因此,该体系在每个二级指标下面都设置了一个公众满意度指标。通过这样一个基于科学的满意度测评方法所得的主观评价指标,去矫正单纯依靠量化指标而出现的绩效的本质和导向性问题。公众的满意度指标,能够强化公共安全管理绩效评价的导向性,实现对公共安全的综合评价。

该套评价指标体系仅是基础指标体系,三级指标的权重设计是进一步研究的重点和难点。本书拟根据自然灾害和突发性社会事件发生及考核的重点设计两套权重,前者重在考核灾后的应急处置和恢复重建,所以其相应事后恢复重建能力的权重略大;后者则重在预防与预控,所以事前的预控与预防能力部分三级指标的权重略大。同时本书将根据实地调研或访谈的结果调整完善指标体系的权重设计,使该评价指标体系更能准确地反映地方政府公共安全管理的实际情况。

(四)公共安全管理绩效评价的具体方法

按照评价结果的量化程度进行分类,安全评价方法一般分为两类:定性方法和定量方法。随着人们对安全评价研究的不断创新，又提出了定性与定量相结合的新型安全评价方法。所有定性评价的结果最后都要进行量化，以便统计公共安全管理的整体绩效。

1. 指标的标准化

在多指标评价体系中，由于各评价指标通常具有不同的量纲和数量级，所以当各指标间的水平相差很大时，如果直接用原始指标值进行分析，就会突出数值较高指标在综合分析中的作用，削弱数值水平较低指标的作用。因此，为了保证结果的可靠性，需要对原始指标数据进行标准化处理。数据的标准化是将数据按比例缩放，使之落入一个特定区间，以去除数据的单位限制，将其转化为无量纲的数值，便于不同单位或量级的指标能够进行比较和加权。常用的标准化的方法主要有极差标准化、最大值标准化、Z-score 标准化、均值标准化等。

对于大多数指标来说，经过以上标准化方法的处理，可以得到三级指标的绩效指数；但是，对个别指标来说，它们可能没有具体的客观指标值用来标准化。这种情况下，相关研究可以采用国家在发展规划（比如“十四五”规划纲要）中明确的发展目标作为标准化的主要参考值。为了体现国家目标的导向性，需要在标准化时加入一定的价值判断，而不再仅仅根据客观的数据特征来进行简单的数据处理。

2. 最后绩效得分的合成

指标值标准化后，就为不同指标绩效值的比较提供了可能。另外，结合指标权重，便可以测算出不同地区公共安全管理的总体指数。权重设置本身也是一个关键的技术问题，可以采用德尔菲法确定不同指标的权重，最终通过指标标准化后的指标值，结合相关指标的权重，计算出一级指标的绩效得分，从而用于对不同评价对象之间的比较。

3. 公众满意度指标与总体绩效的关系

公众满意度指标主要反映了社会公众对于政府公共安全管理工作的总体满意度。公众满意度指标嵌入的意义在于：公众对政府公共安全管理有了发言权，同时公共安全管理体系和管理能力的建设也具有了鲜明的导向性。在具体的评价实施中，政府可以委托独立第三方机构进行满意度测评，将测评结果纳入整个评价指标体系中。同样，公众满意度指标的得分即依据上述民意测验所得的结果，根据评价的相关等级标准计算出绩效得分，再根据其相应的权重计入总的绩效得分。同时，绩效得分可用来作为公共安全管理绩效等级划分的重要参考标准。

4. 关于指标权重的设计

指标权重体现着评价主体所秉持的价值取向以及评价重点，这也正是指标体系设计的一个难点。评价指标的使用主体不同、目的不同，其相应的权重是可以灵活调整的。这一点体现出了指标体系本身的弹性。在具体的评价过程中，应对每个指标的权重进行科学设计，再通过试评价对指标权重进行最后确认。

四、公共安全管理绩效改进

改进公共安全管理绩效是为了提高公共安全体系的效能、灵活性和适应性，以更好地保障公众的安全公共安全。如何对公共安全管理绩效进行科学有效地改进是提高安全工作、保证公民安全的重中之重。

公共安全管理绩效是一个多元要素耦合的结果，可以分别从静态和动态两个角度去考察。进一步细化，一方面可以从政策、领导和公众参与等角度去理解静态的公共安全管理绩效。公共安全管理绩效的重要贡献主要表现为公共安全政策、制度、领导及社会规划等要素的改进量或改善程度，即每一次制度的改进、管理和决策机制的创新都可以视为公共安全管理绩效的提升。另一方面，可以基于公共安全风险生成的基本过程来分析动态的公共安全管理绩效，即从风险发生前、风险发生过程中，以及风险应急处置后的恢复重建三个关键阶段去建构公共安全管理绩效改进的基本策略。

（一）优化公共安全的政策和制度

政府必须强化公共安全政策和制度的顶层设计，这是保障公共安全最基本的条件。通过以政策和制度为核心的行为规则体系的完善能够有效地规避公共安全风险和降低风险的不确定性。有效地管理和降低风险，保护公众人身安全，保障社会有序运转，是政府的基本职能，也是政府的基本政治责任。除了安全意识的灌输与教育，管理者对公共安全风险预控最有效也是最常见的途径就是建立"约束"各社会主体行为的制度体系，强化制度本身对于各社会主体行为的约束与限制。政府应该主导公共安全政策和制度的顶层设计，突出对不同社会主体（包括政府）行为的约束与控制，合理控制其行为边界，为公共安全风险的防范和预控构筑第一道安全阀。公共安全管理的政策和制度主要包括以下三个方面：第一类是义务性制度，这是政府管理的核心主体，必须切实贯彻和执行的。比如与公共安全风险防控相关的法律、条例和规定。第二类是保障性的制度，这是政府协调相关部门和主体的政策依据，是保证风险预控与防范稳定进行的重要条件，是公共安全管理顺利进行的支撑性制度。比如在进行社会规划、建设时的约束性和限制性规定，另外，政府在风险预控过程中对相关资源和权力的调配权也要通过制度确定。第三类是追责类的制度，追责类制度是构建政府公共责任地图、有效约束政府行为的要件。从本质上讲，第三类制度是前两类制度的保障。如果政府及其相关部门在公共安全风险管理的制度和政策方面不作为或作为不当时，可以启用追责制度，通过追责类制度的构建与贯彻，从制度上为政府行为"戴上紧箍咒"，充分发挥管理者和领导者对公共安全风险防范或预控的能动性。风险社会的运行越来越要求各方承担自身导致风险的责任。为此，公共安全管理中应当明确规定相关主体的风险责任，建立责任落实和责任追究机制。

（二）科学规划和建设人居环境

管理者必须充分重视城市的规划和建设水平对于公共安全风险承载力的价值和重要性。通过科学规划和建设人居环境可以有效提升公共安全管理能力，可以有效增强社会自身抵御风险的基础能力。一个科学合理的基础设施规划和建设蓝图，对公共安全风险的预控起着重要作用。从某种意义上说，不合理的规划和发展就意味着风险和威胁，基础设施本身的避险系数同样是公共安全风险防范的物质基础。在社会发展的过程中要充分考虑城镇化程度的加深，以及由此所带来的对人口、经济和社会资本的集聚效应。城市的承载力在特定的时期是一个比较确定的水平，但是城市规模却在不断扩大，这就成为潜在的公共安全风险爆发点。为了解决持续扩张的城市规模与有限承载力之间的矛盾，城市在建设之初就要充分考虑基础设施本身的避险功能。具体来讲，在规划和建设阶段，应将公共安全的避险和防控的功能嵌入城市建设和发展过程中。每个城市都要根据自己所处的地域特征、城市对人口和资本的吸聚效应、城市未来发展的空间和潜力等因素完善城市基础设施本身的避险功能。这就要求管理者重视城市的整体规划，对其面临的或可能面临的公共安全风险进行评估，并将评估结果嵌入基础设施建设过程中，或据此对基础设施进行改造或修缮，从而有效提高基础设施的避险系数。

（三）提高政府的决策和领导能力

公共安全管理中政府的决策和领导能力影响着公共安全管理过程和要素的整体设计和运行，以及公共安全管理过程中的组织和协调能力。政府的决策和领导能力本身也是公共安全管理绩效的重要内容。政府的决策和领导能力是影响公共安全管理绩效的关键要素。它既与政府在整个公共安全管理过程中的地位和角色有关，同时也与政府对于整个公共安全管理过程，特别是对各种资源和要素整合过程的决定性作用有关。决策与领导的内容是“政府主导”的重要内容。政府主导主要体现在政府对公共安全管理战略、政策与制度的顶层设计以及在公共安全管理整个过程中的领导、组织与管理。公共安全的碎片化客观上要求强化政府的决策和领导能力，提升公共安全管理的整体绩效。

首先，政府应强化对公共安全战略管理的领导作用。长期以来，在社会安全与防灾管理方面人们并未能站在可持续发展的高度去认识灾情及防灾管理问题，政府管理体制上明显存在着从单一灾种出发对灾害进行部门式分割管理的弊端，这在很大程度上削弱了社会安全管理与防灾的能力。我国对于公共安全管理的研究和实践主要是从2003年“非典型肺炎疫情”事件之后开始重视的。由于研究与发展的时间较短，虽然从中央到地方政府做了大量的工作，但公共安全管理的研究和实践领域仍主要集中在一般应急管理和防灾减灾层面，从社会可持续安全发展的角度对公共安全进行全方位的战略思考还不够，公共安全管理没有被摆上社会发展应有的战略地位。公共安全管理的战略决策将对公共安全管理绩效有着长远的影响。

其次，现阶段依然要充分发挥政府在公共安全管理过程中的主导作用和核心领导作用。政府要充分发挥自身在整个公共安全管理过程中的影响力，运用自身的宏观调控能力和决策领导能力制定和完善公共安全管理的总体发展目标，制定科学的安全规划；通过公共安全管理体制和机制创新，建立与社会经济发展相适应的公共安全管理体系；综合运用工程技术以及法律、行政、经济和教育等手段，全面提高社会安全与防灾减灾能力，有效提升公共安全管理绩效。

（四）强化对风险的应急处置能力

在公共安全管理过程中，管理者需要充分整合不同的资源和要素，提升公共安全决策的科学化和专业化水平。这种科学性和专业性有赖于政府的决策者和领导者对相关社会资源的整合能力。通常而言，公共安全风险的应急与处置既包括事前的预防，也包括事中的应急处置和事后的恢复重建工作。

在公共安全风险爆发前的公共安全管理过程中，政府应该充分挖掘并整合相关智库、高校和科研院所的专业人士的理论研究成果，积极地在实践中应用并会同上述专业人士修改、完善公共安全管理的方案和策略。智库、高校和科研院所的专业人士应该充分发挥其专业优势，为政府制定相关政策和进行决策优化提供理论支撑。当然，在公共安全风险爆发后以及在事后的恢复重建阶段，政府同样可以联合相关的专业人士进行决策优化，以实现政府与智库、高校和科研院所在政策制定和矫正过程中的高效协同，提升政府公共安全管理决策的科学化和专业化水平，促进公共安全管理绩效水平的提升。

（五）鼓励公众有效参与

公众参与和问责机制的设计是保障公共安全运行的重要管理机制。公众参与机制既能够弥补公共安全管理过程中的信息不对称，又能够辅助政府进行科学决策。问责机制是落实风险的主体责任，也是保证相关制度切实有效执行的重要保障。公众参与主要有两个层面的内涵：一方面是指管理过程中的参与，目的是减轻或消解公共安全风险带给社会公众的损害或伤害，比如参与政府统一组织的抢险救灾、社会公众自发参与志愿者队伍等；另一方面是指在针对政府抗险救灾过程中的不作为和作为不当而进行的问责过程中，社会公众可以有效、有序参与。

社会公众作为公共安全风险管理的一个重要主体，其风险管理能力受公共安全教育（包括对公共安全风险的预测、判断能力）水平和自组织能力这两大核心要素的影响和制约。这两大要素也可能成为公共安全风险爆发的内在诱因。公共安全教育知识和相关技能的多寡，同样决定和影响着公众在风险来临时第一时间的应急和处置能力。公众的自组织能力主要表现为自我保护、自救和互助等方面的能力（公共安全风险发生后）。在风险生成以后，自组织能力决定着公众应对风险的基本素质和能力。

公共空间的秩序是维护公共安全的重要工作。对公众而言，公共空间的秩序意识与相关应急知识储备的欠缺，确实是我国公共安全情势发展的一个重要主观原因。比如在紧急情况下出现的推搡、起哄与恐慌等，既是我国公众参与公共安全管理的最大障碍，也是公共安全风险发生的直接原因之一。例如，公众缺乏风险防范观念，对风险的征兆反应不敏锐，应急避险的常识欠缺，自救互救的能力差等。公众的素质、能力并不能与其他的风险管理机制之间达成无缝对接，形成高效的协同效应；而且基于共识的公共安全观念和意识并未形成，这都是公共安全风险发生的间接构成。

公共安全问责制是相对于常规状态下的政府问责制而言的，指的是问责事件发生在紧急状态下，对因突发性事件的发生而造成公共服务供给不足的行政机关及其公务员，追究其行政责任的相关制度和机制的总称。当然，问责并不是目的，只是一种为杜绝类似事故再发生而采取的切实手段，是提升政府应对公共安全问题的能力、改善政府安全管理的一种有效制度。

另外，社会志愿者队伍参与公共安全管理绩效工作同样需要有相应的制度安排。在我国公众参与公共事务管理的愿望和能力不断强化的背景下，如何实现公众的有效、有序参与公共安全管理已成为一个现实而紧迫的问题。在公共安全风险管理的过程中，社会动员能力和组织能力同样是影响公共安全管理绩效提升的重要因素。公众志愿者队伍的相关制度建设、参与渠道维护，以及公众之间的协同与合作等内容都是公共安全管理绩效的重要组成部分。

第五节　公共安全应急信息管理

公共安全应急信息管理是指在应急事件发生时，对相关信息进行采集、处理、传递、分析和应用的全过程管理。

一、公共安全应急信息管理概述

作为公共安全管理的重要组成部分及重要的组织职能，信息管理基本贯穿于整个公共安全管理过程。具体而言，无论是何种类型的公共安全事务，其问题产生、发酵及后续的各种事态发展过程，均可能会因某种不确定性而导致新变化。作为公共安全的管理者，在处理公共安全事务的过程中，时常会面对着信息不完全、信息不准确或信息不及时等情况，并可能会因种种情况而做出某种不完全理性或不科学的决策，从而导致某种重大公共安全灾难的发生。

公共安全信息管理自身所具有的特点，使其能够在较大程度上克服或治理因上述种种问题所导致的各种负面效应的发生。这是因为：首先，公共安全信息管理的研究领域，具有较强的学科交叉属性，故其能够以多学科的科学视角对事件进行审视和管理。其次，由于信息可以消除各种不确定性及事件所带来的各种风险，故信息是公共安全管理中的稀缺性资源。但是，就安全信息本身而言，不仅类型繁多、数量巨大，而且还会随着时间的推移、事物的变化而发生相应的改变。所以，要想使信息这种稀缺性资源在公共安全事件管理中更好地发挥作用，便需要将各种现代化的管理思念纳入公共安全信息管理，并进行科学化管理。科学的公共安全信息管理可以为政府发挥公共安全管理职能提供强大的保障。

（一）公共安全信息管理的概念

公共安全信息管理一般可以分为公共安全和信息管理两部分内容。所谓公共安全，是指作为研究对象的突发事件发生在公共组织内或对社会公共利益可能造成潜在的威胁。所谓信息管理，广义上不仅指对信息本身的管理，还包括对涉及信息活动的各要素（技术设备、信息人员、组织机构、环境、资金等）进行合理的组织和配置，以实现信息和相关资源的合理调配，使信息管理的结果达到最优，从而更有效地满足各种信息需求。公共安全信息管理实质上是一种公共安全事务管理情形下的信息管理，即依据信息技术和管理原理、方法，对公共安全管理过程中的信息资源进行收集、组织、传播和利用，以实现公共安全管理的信息有效供给和高效沟通等一系列活动的过程。上述定义，不仅凸显和丰富了全过程管理等公共安全信息管理的内涵和外延，而且也呈现出了公共安全信息管理的重要功能，因而显得更为全面和深刻。

一般而言，可以将公共安全信息管理分为安全事件信息、预案和法律法规信息、储备资源信息、案例知识信息、专家支持信息等五种类型。[①] 在此种类型划分的指导下，公共安全信息管理者可以有针对性地对相关信息资源进行管理和利用，以达到对信息资源的最优化配置；同时，还可以直接推动公共安全事务管理中各种信息的有效沟通和科学决策的快速达成。

（二）公共安全信息管理的重要性

公共安全事件的管理过程，实质上就是相关安全信息的互动过程，即关于公共安全事件信息的空间分布由不对称到对称，又由新的不对称到新的对称的循环往复过程。突发事件变化快，每次传递的信息并非简单重复，而是新增了反映紧急事件变化的信息。[②] 公共安全

---

① 沙勇忠：公共危机信息管理[M].北京：中国社会科学出版社，2014：6-8.

② 郑则文，廖晓明.健全公共信息管理系统，提升政府危机管理能力[J].重庆行政，2005(5)：107.

中的信息资源管理是公共安全管理中的关键环节。为了达到有效地进行公共安全管理的目的，以政府为主体的各类公共安全信息资源管理主体对公共安全信息的收集、整理、传输、发布、使用存储、清理等一系列工作尤为重要。

从公共安全管理的整个过程来看，公共安全管理中信息管理工作的作用主要体现在以下三个方面。

1. 维护公众知情权，增强政府公共安全管理的透明性

公共安全事务不仅与公众的生命及其财产安全紧密相连，而且还与社会中的其他相关主体牵涉较多，故公共安全事件及其所产生的影响具有浓厚的社会属性。基于此种属性，公共安全事件发生后的较短时间内，便可以通过各种方式对公众及其他相关主体的利益造成重大冲击。当然，此种冲击，不仅包括金钱等物质层面的效应，而且还直接影响到公众的生理、心理等各精神层面。

采用利于增强信息的透明度和强化公众知情权的信息管理方式，则可以有效应对上述公共安全事件所引发的包括物质损失、心理焦虑和公共恐慌在内的诸多问题。具体而言，政府在对公共安全事件进行管理的过程中，若能够尊重公众的知情权，及时发布准确且权威的信息，则可以有效提升公众的安全感并取得其对相关工作的支持，进而可以促进相关公共安全事件的顺利解决。反之，当公共安全事件发生时，基于对自身相关利益的关注，包括公众在内的个人、组织或群体往往需要通过一些准确信息为自身的相关决策提供科学依据。而在此种情况下，如果公众不能准确、及时地获取公共安全的相关准确信息，由此引发的焦虑等负面效应，不仅会降低公众对政府机构的信任度，甚至有可能给谣言提供不断滋生和蔓延的时间和空间，进而可能引发社会恐慌，破坏正常的社会秩序。因此，维护公众的知情权，增强政府公共安全管理的透明性，对于提升公共安全信息管理的质量和效率，具有重要的作用。

2. 为公共安全决策提供信息供给

西蒙认为，管理就是决策，决策是管理的核心。由此论述不仅可知公共安全决策在公共安全管理过程中所处的核心地位，而且可以推断出支撑公共安全决策系统正常运行的公共安全信息管理系统，在公共安全管理中所处的不可或缺的重要地位。

具体而言，在复杂多变且对效率有极高要求的公共安全事件中，如何做到公共安全的科学决策存在着很大的困难。面对不确定性和紧急性的现实需求，目前正处于初步建设阶段的公共安全信息管理系统所能够提供给相关管理部门的信息资源尚处于不足状态。此种内在矛盾，要求公共安全事务管理人员强化对各种公共安全信息的收集工作，并通过相关分析、整理等加工过程，对相关政府机构的科学决策提供准确的公共安全信息。

其中，作为信息输入和输出等信息处理枢纽的公共安全信息管理系统，可以为公共安全决策系统的运行起到不可或缺的辅助作用。这是因为，科学决策是以准确和充沛地信息供给为前提的。没有足够和有效的信息供给，就无法对安全做出合理的推测，不能及时发现公共安全事件产生的致灾因子，更不能以此来分析、判断公共安全未来的变化状况和发展趋势。此种情况，不仅严重影响了相关决策人员对公共安全事件发展和演变的科学预测，而且可能导致更严重的安全事故发生。

3. 有效整合公共安全管理资源，提升公共安全管理效率

作为公共安全决策的核心，信息管理在较大程度上支撑着公共安全管理事务的正常运

作。换言之，公共安全管理人员对公共安全事务进行管理的各个具体过程，离不开各种主体之间的沟通及相关信息的传播。此种信息沟通与传播过程，基本实现了对整个公共安全事务要素的连接和整合效应，因而促进了公共安全事件的解决，也提升了公共安全日常管理工作的效率。

具体而言，公共安全事件的爆发往往具有一定时间的潜伏期并表现出一定的症状，并非瞬间高强度发生的。针对此特点，如果能在潜伏期间准确、及时地收集到安全事件即将发生的信息，迅速做好各项预警工作，就能在安全的潜伏期准确地识别安全，将安全事件造成的损失降低到最小。当然，此种过程也牵涉多个主体和各种要素。只有在信息沟通顺畅的情况下，公共安全管理需要的各种要素才能被管理主体进行高效整合，以有效地实现公共安全管理的目标。

公共安全信息系统不仅可以在较大程度上预防相关公共安全事件的发生，而且还可以为相关安全修复工作提供有力帮助。这是因为，公共安全信息资源的有效管理为合理有效地安全修复工作提供了大量有利信息，不仅可以帮助政府在公共安全事件爆发时及时动员和组织群众，还可以在最佳时机达到最大程度减少损失的目的。通过公共安全信息系统在公共安全事件发生后及时发布权威信息来正确引导公众舆论，提升公众对政府相关决策的理解和支持，使政府顺利、高质量地完成相关公共安全事件的修复工作。

（三）公共安全信息管理理论框架

作为一个崭新的研究领域，公共安全信息管理在吸纳多种学科的营养之后得到了快速发展。新颖性、学科交叉性和复杂性等特征使公共安全信息管理必须，也应该持续地借助其他学科的理论知识来建构自身的理论框架。一般而言，可以从公共安全信息资源管理、公共安全信息传播管理、公共安全信息系统建设三个维度来构建公共安全信息管理研究框架。

1. 公共安全信息资源管理

公共安全信息资源不仅仅指为公共安全事务提供有效的安全信息，而且还包含其他较为丰富的内涵。

首先，公共安全信息资源管理以安全管理为目标。这是因为，在公共安全管理的各个流程中，均离不开及时、准确、可靠地信息资源的供给，需要信息资源管理来提供相应的支持。从此种角度来看，公共安全管理其实是对包括安全信息的采集、加工、传递、分析、利用等一系列公共安全信息资源的管理过程。通过此种过程，公共安全管理的相关职能能够得以充分发挥，从而更有效地防范或化解各种隐藏或已经显现的公共安全问题。

其次，公共安全信息资源管理以安全决策为核心。具体而言，一般管理活动的基本职能包括计划、组织、指挥、协调和控制。① 其中，计划是每一项管理活动的起点，它通过与其他职能间相互交叉渗透，形成螺旋式上升趋势的管理循环全过程。然而，尽管上述基本职能比较重要，但决策才是管理的内核，它涉及管理各方面基本职能的发挥。从此种意义来看，公共安全管理的实质内涵是其对安全决策、执行的有效管理，而信息流和基于信息的管理活动则是串联整个公共安全管理过程的逻辑主线。当然，在此过程中，信息资源管理是安全管理者决策、执行、再决策、再执行循环周期的前提和基础。

最后，公共安全信息资源管理是以安全信息资源为主要内容的。具体而言，公共安全信

① 廖建桥.管理学[M].武汉：华中科技大学出版社，2010：70.

息资源管理往往是在某种特定情形下对相关安全信息进行持续地收集、加工、传播等处理和利用操作，进而达到为安全管理提供科学决策的目的。由此可知，应在安全管理的各个阶段不断发挥信息的收集、处理、利用等基本职能，并对现代信息技术在安全信息资源管理中的应用进行研究。同时，建立并不断丰富和完善安全数据库、案例库、知识库，这有助于为公共安全管理、政府安全决策和社会信息传播提供优质服务。

2. 公共安全信息传播管理

公共安全信息传播是指通过多种渠道实现安全信息的流动，即在最恰当的时间，通过最恰当的途径，将最有用的信息传递到最需要信息的人的过程。一般而言，安全信息的传播扩散可以通过政府、传媒、文献信息机构等途径来实现。然而，由于安全信息传播的主体不同，以及各传播主体在信息传播过程中所扮演的角色和发挥的作用也不同，因而在对其进行管理的过程中，需采用不同的管理策略和管理方法。

首先，就公共管理部门中的政府机构而言，其在公共安全管理中所占据的重要位置及在社会和政治系统中所扮演的重要角色，在较大程度上决定了政府机构所发布或传播的公共安全信息被加持了自身的权威性。从该视角来看，在公共安全管理过程中，若能够建立某种完善的政府信息发布制度，则是其有效抵制谣言的重要制度化措施。当然，上述措施中，信息管理和情报分析方面的专家学者是政府公共安全管理可以依赖的重要学术和技术支撑力量。如果运用得当，则上述专家学者不仅能够为安全事务的决策提供信息分析和咨询服务，而且能帮助社会公众科学解读安全信息，从而达到提升公众安全素质、提升公共安全管理质量、夯实公共安全管理基础等效果。

其次，就主流媒体而言，其所发布或传播的相关安全信息，在较大程度上可以达到引导社会舆论的效果。这是因为，随着信息社会的发展和资讯信息的发达，大众媒体以各种方式深度渗入社会生活各个方面，并已经或正在对公众的思想、态度、价值观和行为等产生重要影响。同时，主流媒体以其专业性和权威性，更能够获得公众的认同和支持，所传播的信息更容易被公众视为赖以决策的重要参考依据。因此，主流媒体通过相关安全信息的收集、加工和传播等相关信息传播过程，更容易发挥舆论引导功能。

3. 公共安全信息系统建设

信息系统不只是一个技术系统，而且还是一个管理系统和组织系统，是一个社会系统。由此可知，信息系统具有丰富的内涵和外延。公共安全信息系统不仅是由不同层次和功能镶嵌在一起而形成的多网结构，而且可以通过对自身多层次和多功能的开发，实现对安全管理过程中信息的监测、获取、传递和共享效能。

首先，公共安全信息系统是一个多层次的全球战略系统和区域应急系统。全球战略系统应以互联网为平台，使安全信息在全球内实现共享，对全球公共安全进行协调、干预与应对。换言之，在一个国家或地区内有效运作的公共安全信息系统，不仅由安全信息获取子系统、应急智能子系统、决策指挥子系统等共同构成，而且能够与全球定位系统、地理信息系统和遥感技术等实现实时联动，从而实现包括风险评估、监测监控、预测预警、动态决策、综合协调和总结评价等在内的多种重要功能。

其次，公共安全信息系统是一个多功能安全应急网络。基于中央或轴心层面设立的公共安全管理系统，一般是依据国家相关法律制度，对公共安全管理的相关职能部门进行有机协调，建构在国家或某个区域内相对统一的公共安全事件管理体系并具体负责公共安全事务的管理工作。其中,突发公共安全事件管理总平台通过与各地区、各部门应急平台的信息互通和资源共享,将不同应急预案进行衔接,真正实现多部门和各地方之间的协同联动。[①]因此,设立跨部门的政府综合安全管理信息系统、建立有效的安全管理沟通机制、制订安全信息共享计划,不仅能够实现相关安全信息的及时收集和传递,而且可以实现与其他相关职能部门的实时共享,对推动公共安全问题的解决具有重大意义。

（四）我国公共安全信息管理发展现状

公共安全信息管理是维护公共安全、保护公民安全不受侵犯的重要方面。随着信息时代各主体关系的复杂化,公共安全治理进程中的信息管理还会面临更多的非传统挑战。因此,政府只有逐渐积累信息安全管理经验,对丰富繁杂的信息资源进行有效处理和积极探索,才能发挥信息资源的最大效能。

1. 我国公共安全信息管理工作的积极探索

(1) 公共安全信息管理系统初具规模

当前由急救信息系统、公共卫生监测信息系统、药品监督管理信息系统、毒物中毒信息系统、国家核应急管理信息系统等组成的国家公共健康与安全信息系统已经初具规模。例如,在公共卫生领域,国家卫生健康委员会已经建立了统一的国家公共卫生信息系统,实现了国家和地方各级疾病预防控制机构以及各级各类医疗卫生机构的联网,基本实现了突发公共卫生及其相关实践的网络直报。

此种安全管理信息系统的建设,不仅保障了我国安全信息的顺畅传递,监测了公共安全事件中的各种信息变化,而且有助于及时发布预警信息,可以为我国公共安全管理中所必需的科学决策提供及时而可靠的信息保障。

(2) 公共安全信息公开制度化、法制化格局形成

我国在公共安全信息管理领域取得的成绩,离不开政府多年来建构的公共安全信息管理法律体系。该体系对公共安全信息的内容、传播途径、信息传播的及时性等方面做出了相对科学和规范的规定,直接促进了我国公共安全信息公开制度化、法制化格局的形成。例如,《突发公共卫生事件应急条例》规定:建立突发事件的信息发布制度。国务院卫生行政主管部门负责向社会发布突发事件的信息。必要时,可以授权省、自治区、直辖市人民政府卫生行政主管部门向社会发布本行政区域内突发事件的信息。信息发布应当及时、准确、全面。《国家突发公共事件总体应急预案》规定:特别重大或者重大突发公共事件发生后,各地区、各部门要立即报告,最迟不得超过4小时,同时通报有关地区和部门。应急处置过程中,要及时续报有关情况。《突发事件应对法》也对突发事件(公共安全)的信息沟通系统以及具体操作进行了明确规定:国家建立健全应急通信保障体系,完善公用通信网,建立有线与无线相结合、基础电信网络与机动通信系统相配套的应急通信系统,确保突发事件应对工作的通信畅通。公共安全信息管理体系,不仅为我国公共安全事务的解决提供了重要的法律参考和有效指导,而且标志着我国公共安全信息管理法制化初步形成。

(3) 媒体作用逐渐增强

包括主流媒体在内的诸多新闻媒体,在公共安全事件中应保持公正和客观的新闻发布态度,应承担向公众传播信息和引导舆论的重要社会责任。一般而言,在公共安全事件发生

① 李宇.信息资源管理与应用[M].北京:国家行政学院出版社,2015:164.

的第一时间，媒体往往会通过深度报道等方式来唤起公众对该事件的关注，同时为相关政府机构提供关于该事件的翔实信息；接着，媒体需要协同政府及时发布相关安全资讯，引导公众协助相关政府机构展开公共安全事务的治理工作；在公共安全事件结束后，媒体仍然需要协同相关政府机构，通过发布相关新闻报道等方式，来直接或间接地向社会公众传达各种相关安全信息，同时促进相关公共安全事件的事后修复等工作。

随着媒体对社会生活渗透力度的加深，以及媒体与政府管理事务契合程度的加大，媒体在促进我国公共安全信息管理系统中的作用日益突出，较为明显的表现是我国电子政务得到蓬勃发展。例如，作为电子政务的一种表现形式，我国各级政府机构的网站上均动态性地发布着各种资讯，全天候地为公众提供制度或文件服务；同时对政府所推动的各种事务进行实时发布。政府信息的发布不仅能够满足公众的信息知情权，降低其因信息获取不准确所引发的心理焦虑或社会冲突，而且以直接或间接的方式引导了社会舆论，从而有助于安全的社会生态的建构。

(4) 信息标准化建设成为公共安全信息管理的重要技术支撑

标准化建设是联系各种相关资源之间的有效措施，也是建立各资源之间逻辑关系的重要途径。我国相关政府机构已经认识到标准化建设在公共安全信息管理系统中的关键作用，并将其纳入公共安全信息管理系统的具体建设。

具体而言，在负责公共安全管理的不同政府机构之间或部门之间，已经出现了彼此整合或联动的态势。不仅如此，一些新的信息发布技术、无线通信技术和大数据等相关科学技术已经或逐步被纳入公共安全信息管理领域且取得了较好的效果。以广西壮族自治区南宁市社会应急联动系统为例，它便是南宁市政府为加强城市基础设施建设，提高运用数字化、网络化综合管理城市能力，增强政府处理特殊、突发、重大事件的快速反应能力而建立的我国第一套城市应急联动系统。该类公共安全信息管理系统及其所推动的信息标准化建设，有利于提高我国公共安全信息资源的沟通效率和资源共享程度，有利于推进我国公共安全信息管理的建设进程。

2. 我国公共安全信息管理工作存在的问题

信息日益成为社会的重要驱动力和解决公共安全管理问题的重要社会资源，任何公共安全信息管理环节的失误均可能引发巨大的社会风波。尽管我国的公共安全信息管理取得了较大进步，但是也暴露出了一些亟须解决的问题。

(1) 信息报告机制尚待完善

在公共安全事务的具体运行过程中，有些地方政府有时出于地方利益，在向上级报送政务信息时，只报喜不报忧，邀功讳过，使上级政府无法及时、迅速地获得有效信息，无法了解到安全的真相及其严重性，难以及时、正确、有效地做出决策和启动公共安全管理机制。[①]

(2) 信息资源共享程度较低

目前，我国公共安全信息管理系统在各方力量的推动下虽初具雏形，但由于各种因素的制约，该系统信息资源共享程度仍较低。

首先，由于相关政府部门的重视和推动力度不足，导致信息收集、加工、传播等资源整合过程在常态化的公共安全管理事务中被忽视。对于信息整合共享来说，缺少信息就成了“无

---

① 李学明，刘文彬. 人才工作体制研究[M]. 北京：党建读物出版社，2016：155.

米之炊”。此种情况，直接或间接地导致了相关政府机构在进行公用安全决策时缺乏足够的公共安全信息资源。

其次，部分公共安全管理职能部门往往存在信息共享不及时问题，致使相关信息不能在公共安全信息管理系统中正常流通或被及时共享，从而导致相关政府部门在公共安全领域的决策得不到有效的信息支撑。

(3) 公民知情权缺乏保障

知情权是每个公民所必须被尊重的一种基本权利，理应得到各种社会公共权力的保障。虽然知情权已经得到政府部门的重视并相继出台了包括《突发公共卫生事件应急条例》等一系列法律条例，取得了较好的效果，但仍然存在部分地方政府基于所谓的“防止恐慌、控制局势和维持社会稳定”[①]等相关目的，试图以某种“善意谎言”的方式来应对公众关切，这在一定程度上影响了公共安全信息的透明程度，妨碍了公共知情权的实现。

不仅如此，如果相关政府机构发布的信息存在不透明、不规范或失真状况，甚至严重侵犯了公民的知情权，则往往会在较大程度上诱导公众基于某种失真的信息来制定行动策略。

(4) 缺少专业的公共安全信息管理人才

无论对于各行各业，人才都是第一资源，是第一生产力，对于公共安全信息管理工作来说，尤其明显。公共安全信息具有低频、隐蔽和不确定等特点，这要求公共安全信息的管理人员应在一定的时间限度内对信息进行收集、分析、筛选和鉴别，并据此做出快速而正确的预判，为突发公共安全事件的应急处置工作提供科学的支持。然而，无论是对公共安全信息的分析、传播等加工流程，还是依据相关资讯在最有效地时间内给出最恰当的专业建议，均需要专业的高素质公共安全管理人员提供有力的专业支持。

目前，我国公共安全管理机构却呈现出专业人才储备较为尴尬的状况。例如，由于公共安全信息管理系统的建设蕴含较高的技术属性，且其本身也是一种新鲜事物，故对其管理和灵活运用往往需要相关人员具备一定的高素质。然而，对于传统安全机构的部分工作人员而言，由于受年龄、学历和专业方向等各方面因素的限制，其在数字信息技术的掌握、契合时代需求的思维素质等方面均与现实需求有一定的距离，往往不能满足当下公共安全信息管理系统的迫切需求。

二、公共安全应急信息管理流程

公共安全应急信息管理系统往往以政府部门为主体，同时通过对相关公共安全信息的采集、加工、分析、整合和发布等诸多流程中相关资源的优化配置，以试图达到提高公共安全管理效率和提升公共安全事务正确性的目的。公共安全信息管理流程可以分为信息收集、信息仿真、信息分析、预警信息发布、信息动态监测和信息整合沟通等六个环节。六个环节相互衔接形成一个无缝连接的循环周期。

(一) 信息收集

公共安全信息收集是把分散于不同时空领域的与潜在突发事件相关的各种信息进行挖掘和整合，以便于公共安全信息管理其他环节的使用。因此，公共安全信息的收集工作是整个公共安全信息管理的基础，且其质量与效率的高低直接影响到公共安全信息管理的质量

① 张凯兰.现代城市危机管理信息系统建设[M].北京：研究出版社，2006：194.

和效果。换言之，规范化的公共安全信息资源收集对于突发公共安全事件的识别和危机预警起着重要作用，是公共安全信息资源管理工作顺利开展的前提。

基于公共安全信息收集的重要性，相关人员在进行安全信息的收集时，不仅要确保信息质量的可靠性、周期的长期性，更要保证安全信息收集工作的持久性、多元化信息的代表性。为了达到上述目标，公共安全信息资源的收集工作应从收集范围、收集渠道和收集机制等方面入手，确保该事务处理的工作效率及其结果的科学性。

1. 公共安全信息的收集范围

公共安全信息收集涉及的范围主要包括预防信息、日常监测信息、预警预报信息、灾后恢复信息及其他信息等五个方面(表 5-2)。各个范围内收集的信息可服务于各种公共安全事务处理工作。例如，相关信息不仅可以用于应急预案的制定，也可以当作关键信息进行公开发布，还可以用于识别安全隐患。公共安全信息资源收集的范围，一般会因安全事件种类的不同及其所诱发的信息需求的不同而存在相应的差异。

表 5-2 公共安全信息收集的范围

一级类别	二级类别	示例
预防信息	制度信息	各种法律法规、政府条例
	组织信息	领导机构、指挥机构、办事机构、工作机构、专家组的设置、人员配备等
	保障信息	应急队伍、物资、技术、装备医疗卫生、交通运输、治安维护、通信联络等
日常监测信息	基本情况	突发事件种类、发生时间、受灾区域等
	灾情信息	人口受灾情况、农作物受灾情况、房屋损失情况和直接经济损失情况等
预警预报信息	—	突发事件种类、预警级别、影响范围、应对措施、发布机关等
灾后恢复信息	先期处置信息	事发地政府部门根据职责和规定的权限在第一时间进行危机处置、控制事态发展所形成的方案、措施、安排、效果等
	应急响应信息	基本应急信息(应急机构信息、应急预案启动信息、抢险救助信息、交通管制等信息)，扩大应急信息(依法动用的资源信息、紧急状态信息等)
	善后处置信息	征用物资信息、疫病防治信息、环境保护信息等
	调查评估信息	公共安全事件调查评估过程中，事件的起因、性质、影响、责任、经验教训等信息
	恢复重建信息	恢复重建计划及其组织实施信息
其他信息	—	研究成果信息、国际公共安全管理交流信息和社会反馈信息等

2. 公共安全信息收集的渠道

以公共安全信息的内容及其来源作为分类依据，可以将公共安全信息收集渠道分为两种，即制度性渠道和非制度性渠道。

制度性渠道主要包括报告渠道、举报渠道和公文渠道。报告渠道是指公共安全信息管理的信息报告制度。《国家突发公共事件总体应急预案》等系列法律法规对公共安全信息管理中的信息报告制度进行了明确的规定和阐述。举报渠道是指为了尽快获取公共安全信息，国家鼓励单位和个人向政府组织及其相关部门报告安全隐患，向政府组织及其相关部门举报地方政府及其有关部门不履行或不按规定履行危机应急处置职责等情况。公文渠道是指在公共安全管理过程中通过行政渠道下发或上报的文件、政策、法规、通知等材料来收集公共安全管理中需要的信息。

与制度性渠道相对应的是非制度性渠道。非制度性渠道是指公共安全信息管理机构积极主动且有计划地收集公共安全相关信息的渠道，包括机构渠道、媒体渠道和文献渠道。其中，机构渠道是政府组织设立多种机构（例如信访机构、政策咨询机构等）来获取信息的渠道；媒体渠道是指通过报刊、电视等新闻媒体和网络媒体获取突发公共安全事件和安全隐患的相关信息的渠道。

3. 公共安全信息收集机制

公共安全信息收集机制，是指公共安全信息收集人员利用信息技术将在不同时空领域的信息收集起来，并组织入库的过程。收集得到的相关信息需要经由专业信息组织人员进行结构化的处理和储备，再借助公共安全信息管理系统来实现相关信息的录入、存储和检索等相关功能。

（二）公共安全信息仿真

公共安全信息仿真是指对潜在公共安全事件的真实情境进行模拟仿真，是公共安全信息管理的重要环节和公共安全信息分析的重要组成部分。在对公共安全事件应对处置和响应之前，决策者首先要对潜在危机的脆弱性进行评判，通过公共安全信息仿真过程则可以达到此目的。

公共安全信息模拟可以借助计算机信息技术等科学技术，以计算机仿真、制图等方法进行模型建构，从而使公共安全管理者可以较为直观地看到泥石流、洪水以及暴风雨等相关导致灾害的因素与客观环境之间的相互作用。在掌握先进的计算机科学和信息技术力量的基础上，公共安全管理的决策者往往只需要提供公共安全信息模拟所需要的相关数据，运行设定的模型，就可以看到较为真实的突发事件的可能性结果。

（三）信息分析

多元化的信息收集渠道使得采集到的信息较为散乱和混杂，这与公共安全管理所需要的信息精准性和针对性形成了尖锐的矛盾，必须进行合理的分析处理使其有序化，以满足公共安全管理和决策中的信息需求。作为一种典型的信息深加工活动，信息分析不仅可以借助科学的方法和手段对收集和模拟到的安全信息按照各类信息的不同内容、不同流向，有序、明确地进行分析、整合、排序，而且还可以对数量庞杂的信息进行分类和汇总，按照数量精准化和质量最优化的要求进行加工，提高安全信息的精准度以减少不必要的信息资源浪费，从而达到提高各类信息资源应用价值，以最少的成本获得最大收获的目的。

由信息分析的内涵及外延可知，对公共安全信息进行科学分析和恰当处理，是进行科学安全预警决策的关键所在。这是因为，如果对公共安全信息分析失当，往往会造成诸多不利后果。例如，若安全信息分析不正确，或未能及时预测到潜在危机，则可能导致突发事件发生后难以有效掌控危机情形和局势。由此可知，要准确和有效地分析采集到的信息资源，就需要借助先进的信息分析技术辅助政府组织进行决策。

值得注意的是，为提升信息分析和处理的效率和效能，在信息分析过程中应遵循两个基本标准。一是可能性，应根据掌握的实际情况，通过信息分析对安全隐患做出一个初步的评判，即估计危机形成的可能性或失去控制的概率；二是影响程度，即假设危机发展态势失去控制将会在多大程度上影响社会组织正常运转，会给社会带来怎样的损失。

（四）预警信息发布

公共安全信息经过收集、仿真和分析这三个环节之后，基本上形成了较为成熟的公共安全信息资源。在此基础上，公共安全信息管理主体可以通过对相关公共安全信息资源进行合理判断和科学评估，来及时识别、科学评估安全隐患，从而给出针对性的应对策略。

值得注意的是，如果要进行适时的预警信息发布，则首先要确定相关公共安全的类型及等级。这是因为，对公共安全危机进行科学分类，有利于相关公共安全管理人员依据不同的风险情形来制定不同的预案准备，将合适的应急资源、人员和物质配置等与相关管理部门直接结合起来，根据具体的风险情形迅速、正确地实施预防措施或救援行动。

（五）信息动态监测

信息动态监测是指公共安全管理主体对突发公共事件的发展和演化情况进行全方位的跟踪监测。一般而言，突发事件动态数据的监测范围基本涵盖了与突发事件相关的自然、生态、环境、经济等诸多方面。突发事件发展态势的动态监测要求公共安全管理主体借助信息处理平台和信息监测系统，监督突发事件应对处置措施的实施，定期发布监测通报和突发事件状况报告。

突发公共事件的动态监测要求公共安全管理主体提升对安全信息的敏感度，有效过滤和鉴别信息泛滥和信息污染造成的伪信息。所谓伪信息，一般是指在一些风险语境中所衍生出来的诸如片面、夸张等虚假信息。如果不能充分甄别此类伪信息，则不仅会增大决策风险，而且可能会加剧一些问题的严重程度。

（六）信息整合沟通

公共安全管理多元主体之间的联合行动，是基于信息流的公共安全事务指挥系统的统一行动。因此，这一联合行动需要对公共安全信息资源进行统一调配、整合并进行有效的沟通。一般而言，公共安全信息系统的整合沟通主要包括两个方面：一方面是公共安全管理系统内部安全信息的无障碍流动和分析等加工工作；另一方面是公共安全管理系统根据社会需求及时向社会公众发布安全信息，并积极做好舆情引导工作。

公共安全管理系统内部的安全信息整合沟通工作，主要是指公共安全管理人员在监测和扫描到突发事件的动态信息后，对这些信息进行系统的整理、分析，并发掘该信息背后存在的主要问题及其所代表的其他相关深层信息。此项工作，不仅需要公共安全应急指挥中心成立专门的安全信息处理小组来分析危机的形式、程度以及当前的局势，而且需要经由其他专项工作小组进行具体信息的分析工作。针对此项工作，《国家突发公共事件总体应急预案》明确要求：加强以属地管理为主的应急处置队伍建设，建立联动协调制度，充分动员和发挥乡镇、社区、企事业单位、社会团体和志愿者队伍的作用，依靠公众力量，形成统一指挥、反应灵敏、功能齐全、协调有序、运转高效的应急管理机制。由此可知，灵活高效的公共安全应急管理机制需要标准化联动指挥体系，而标准化联动指挥体系的有效运转则需要相关安全信息在公共安全应急管理主体之间的无障碍流动和共享。

就公共安全信息管理系统对社会大众的关切及回应方面而言，信息整合沟通也具有重要的意义。这是因为，作为公共安全管理事务的主体，政府部门在公共安全管理系统中占据主导地位，并在灾前预防、事中处置、事后恢复和重建等环节发挥着不可替代的作用。因此，政府机构有效应对社会风险的能力，对于社会秩序的稳定和各项事业的健康发展，均具有直接而重大的影响。具体而言，政府资源的富集性及在公众心中的权威性，使其所发布的信息能够较快地为公众所信服并接受，可以有效防止相关风险事态的进一步恶化。但是，如果政府机构应对不及时，或是留给公众的印象不良，则其发布的信息往往可能会产生负面效应。基于此种情况，公共安全信息管理系统中的相关政府机构，只有采取科学方法认真应对，才能取得较好的预警或减灾等治理效果。相关机构或个人在公共安全信息系统发布信息时，不仅应充分尊重公众的知情权，而且还应采取规范化、制度化和公开化的方法，保持好自身和媒体之间的良性互动关系，并通过互联网、电视、报纸等传播媒介，遵循信息传播规律，及时、准确地向公众发布相关安全信息，力争达到最好的信息传播效果和公共安全治理效应。

三、公共安全信息传播

良好的信息传播对于社会稳定和发展有着积极的影响，因此需要政府在利用信息传播时采用合理有效的途径。本书以此为出发点，简要分析了信息传播的积极作用，包括制造社会舆论与引导社会风气。政府应对信息传播的对策应该以增强传播意识，改变传播观念，倡导媒介公关，明确政府角色等为出发点。公共安全信息传播是指在紧急情况或公共安全事件发生时，及时、准确地向公众、相关机构和媒体传递关于事件信息，以引导行为、提醒注意、消除恐慌，确保公众安全。

信息无处不在、无孔不入，社会公共空间中的任何组织和个人都不能轻易回避、隐瞒和屏蔽信息的存在。然而，在经济改革持续深化和社会转型的双重驱动力所引发的不确定因素影响下，我国社会矛盾不断凸显，部分自然灾害也呈现多发态势。

在此过程中，由于多种因素所导致的我国公共安全事务管理过程中信息传播的不可控性和政府在处理公共安全信息传播问题上的尚存问题，均给我国公共安全信息传播等公共安全信息管理工作带来了前所未有的挑战。

（一）公共安全信息传播概述

1. 公共安全信息传播的定义

公共安全信息往往在公共安全事务管理过程中通过新闻报刊、网络等媒体进行传播和扩散，且能够传递和反映社会公共安全问题存在的状态表征。公共安全信息，就类型而言，不仅包括突发事件发生后危机应急管理的各种信息，还包括突发事件发生前的相关征兆信息；就信息传播的双重属性而言，不仅遵循所有传播形态共同的本质，而且也因公共安全事务变量的介入而呈现出一些特性。

信息传播不仅是信息的传播和共享，也是社会网络关系赖以生成的根本机制。公共安全信息传播的实质是公共安全事务管理过程中的行动者通过一定媒介将信息进行传递、交流和沟通的过程，是政府公共安全管理机构和社会组织、媒体、公众间进行信息交换的互动过程。公共安全信息传播具有以下六个较为典型的特征。

（1）传播主体呈现多元化

政府机构和社会公众、媒体不仅一起形成了公共安全信息传播场域中利益相关者的利益链条，而且共同构成了该场域顺畅运行的重要支撑点。由此可知，政府和其他第三方利益群体均在公共安全信息传播中扮演着重要角色，是主体要素。

（2）传播环境具有复杂性

公共安全事务类型的多样性、参与主体的多元性，以及由此引发的多方利益博弈、公共安全事件的不确定等使危机情形下的政治、经济、文化等社会因素和自然环境因素的耦合性得以强化并有可能对公共安全信息的传播施加影响，因此公共安全信息传播环境具有复杂性的特征。

(3) 信息源具有非唯一性

公共安全事务参与主体的多元性、各参与主体所处环境的复杂性、各参与主体自身意义的重要性等，使各参与主体很容易成为多方力量所关注的对象。因此，公共安全信息在社会公共空间进行传播时，各方力量均有机会对公共安全管理过程施加影响，而各方主体也均有可能成为相关公共安全信息传播的信息源。

(4) 传播渠道具有多样性

随着互联网技术的发展和计算机网络技术的进步，媒体的形态衍变得日益丰富化且对社会的影响力日益加深。在此情况下，相关公共安全信息的传播不仅可以通过报纸、电视等传统媒体进行传播，还可以通过互联网和微信等新媒体进行传播，从而在较大程度上拓展和丰富了公共安全信息传播的渠道。

(5) 传播过程具有双向互动性

在传统的信息传播制度下，信息往往由上级向下级呈现单向流动的特点。随着信息社会和政府电子政务的发展，公共安全信息传播系统中的主体不仅扮演着信息发送者的角色，同时还扮演着来自受众的信息接收者和反馈者的角色，因而与以往相比具有更强的互动性，且信息流通的质量更高。

(6) 传播过程会因受到噪声干扰而产生不确定性

公共安全信息在传播过程中，会因受到噪声干扰而影响信息传播效果。这是因为，在危机情形下，传播要素的多元组合机制使得信息传播系统中的噪源和噪声无处不在、无时不在。由此可知，公共安全信息传播系统的开放性，在较大程度上决定了噪声存在的客观性。然而，噪源和噪声的存在会阻塞信息传播渠道，增加冗余信息，妨碍危机信息的有序传播，容易造成信息失真，降低公共安全信息传递的有效性。从此角度来看，如何在公共安全信息传播过程中减少或消弭噪声的干扰并最终提升安全信息的传播效果，无疑是公共安全信息管理工作人员或机构面对的一个重要课题。

2. 公共安全信息传播的必要性

在信息社会中，信息已经成为一种驱动社会发展的重要能源，安全信息也已经成为促进公共安全事务运作的重要驱动力。例如，当公共安全事件发生时，不仅会有大量安全信息随之扩散并很容易成为社会舆论关注的热点，而且社会大众也会设法从媒体等渠道来积极获取、识别和利用信息。在某些特殊时期，社会大众甚至会采用社会舆论等方式来强烈要求相关政府机构发布相关危机事件的处置信息。从此角度来看，公共安全信息的传播不仅满足了社会公众对获取危机信息的需求，为公众应对危机情形下采取保护性措施提供了必要准备；同时，也成了政府推动公共安全事务正常运行、建构自身权威形象、提升公信力的有效方式。因而，公共安全信息传播具有较强意义上的重要性和必要性。

(1) 有利于公众获取公共安全事务信息

公共安全事务自身的重要性及冲击力，以及与公众利益关系的紧密性，都在较大程度上决定了公众对相关公共安全信息的极大关注度。例如，当突发事件发生后，公众会通过网络媒体和社会关系网及时了解事件发生的最新情况，这不仅便于公众有效理清事件的发展脉络，增强应对危机的心理认知，而且有利于危机情形下的个体及时采取有针对性的保护措施，避免事件对个人的人身和财产安全造成更大的威胁。

(2) 可以有效动员社会公众参与公共安全事务

在公共安全信息管理过程中，政府、组织等相关主体可以通过信息传播途径来动员社会力量参与到突发事件应急管理事务中，也可通过媒体了解公众对突发事件的期待并及时有效地疏导公众焦虑情绪。由此可知，公共安全信息传播的社会动员功能旨在通过信息传播协调社会关系，动员社会资源，促使社会形成合力采取行动共同面对危机；不仅重视并强调了媒体作为信息传播平台的重要利益协调功能，而且也着重突出了媒体在各方主体之间进行资讯传播和观点交流的沟通平台等功能。因而，公共安全信息传播系统在社会动员中不仅是政府管理的重要工具，而且是社会各方面聚合力量的重要平台。

(3) 可以有效引导社会舆论

公众会关注大众传播媒体对某一社会问题或某一事件的报道，而且其关注度随着大众媒体的关注程度增长和减弱，能够使某些问题成为社会舆论讨论的中心议题，即传播媒体作为"重要事件"给予报道的问题，也会被公众当作大事保留在印象中。传播媒体越关注，公众的重视程度就越高。由此理论可知，公共安全信息的传播实质上受到多种力量设置的议题所驱动，而政府、媒体和公众为代表的利益相关者之间的博弈均会对安全信息传播的议题设置产生重要影响。

如果从公共安全管理的视角来看，可以将公共安全信息传播所产生的效果分为预期和非预期两种舆情效应。所谓预期舆情效应，主要是指达到了应急管理信息处置目的的效应，诸如信息规范发布、抑止谣言、没有衍生不可控的舆论新闻事件等。所谓非预期舆情效应，是指没有达到应急管理信息处置的目的，并恶化了突发事件处置的环境和条件，造成更大损失和增加处置难度的效应，诸如正规信息被淹没、谣言主导舆论、衍生新闻事件、政府公信力受损等。由上述两种公共安全信息传播所引发的舆情效应可知，负责公共安全事务管理的机构或个人，应积极推动自身与媒体之间的良性关系，特别是应妥善处理与网络新媒体之间的有效联系，设法通过议程设置效应来达到公共安全信息传播效果的最优化，并以正向的社会舆论来为建构公共安全场域服务。

(二) 公共安全信息传播的利益相关者

如果依据利害关系的紧密程度进行分类，则可以将利益相关者分为首要利益相关者和次要利益相关者。首要利益相关者是指企业的运行不能离开的参与群体。次要利益相关者是指对企业的运行产生间接影响的群体。因此，可以从利益相关者的相关度、利益相关者影响力和利益相关者的紧急性三个维度对利益相关者进行分类。

依据利益相关者理论，公共安全信息管理中的政府、媒体和公众是公共安全信息传播中最直接的参与者；而其他社会组织成员参与公共安全信息传播往往通过主要利益相关者来实现，故可以将其归入次要利益相关者的行列。具体而言，在公共安全信息传播系统中，政府机构是公共安全信息的权威发布者，处于公共安全信息传播的主导地位；而媒体在政府与公众之间架起了一座桥梁，故它既是信息的传播者，又是公共舆论的收集者；公众是公共安全信息的接收者，但公众又可以通过舆论来影响公共安全事务的管理，所以公众是政府和媒体进行信息沟通的主要对象。

1. 公共安全信息传播的主导者——政府

在公共安全信息传播系统中，政府组织及其附属部门居于主体地位，并在公共安全管理中扮演着社会化服务的组织者、协调者和仲裁者的角色。作为主导性力量的存在，政府组织在公共安全信息传播系统中履行责任的质量高低，不仅会直接影响公共安全信息传播的质量和信息传播系统机制的完善程度，同时也会对公共安全管理的具体效果产生重要影响。

（1）建立统一的公共安全信息采集和分析系统，注重舆情分析

公共安全管理依赖于信息交换能力和公共安全管理者依据收集信息有效制定行动方针的能力。掌握精准信息，是公共安全管理的关键，也是公共安全信息传播的前提和基础。作为一个呈现“条块分割”特点的庞大行政组织系统，我国政府机构不可避免地会使信息传播产生上下沟通不畅、噪声增多或信息传递滞后等诸多负面效应。因此，在超越和整合行政组织边界的基础上，打破行政体制条块分割对传播的障碍，在全国范围内建立统一的信息采集和分析系统尤为必要。同时，政府组织在公共安全事务中应积极关注公众对政府信息传播的反馈和利益表达，追踪突发事件应对中舆情的动态性发展，并就舆情的指向和传播进行客观性分析和积极引导，以便合理规避或消弭因安全信息传播不当所造成的各种舆情风险或其他各种损失。

（2）尊重公众的知情权，履行信息公开职责

从公共安全信息传播的视角看，知情权涵盖两个方面：一是从公众与政府的关系出发，公众有权从政府获取有关突发事件的各种信息；二是从媒体与政府的关系出发，媒体有权从政府获取危机相关的信息并将其传递给公众。由此可知，公共安全信息传播的本质，是尊重社会公众对于信息的知情权，以及通过公共安全信息透明的各种措施来实现社会公众对于相关公共安全信息的共享。

（3）完善公共安全信息传播制度

多中心治理理论认为，在公共事务治理中，由于政府在调动人力、物力、资源、组织体系等方面存在局限性，所以社会组织和公众的参与对政府治理便显得至关重要。由该理论可知，作为重要参与主体，媒体和公众在相关公共安全事件中可以发挥重要而积极的作用，在公共安全信息传播中扮演着不可或缺的角色。

基于媒体和公众在推动或处理公共安全事务中的重要性，政府部门应充分地认识媒体和公众参与公共安全信息传播的重要性和必要性。政府应设法积极引导媒体和公众在公共安全信息传播中的行为，并从法律层面为社会各方的参与提供保障，让媒体和公众的合理需求和行动真正做到有法可依。例如，《政府信息公开条例》强调了“公开是原则，不公开是例外”的理念，并明确规定各级政府应当加强对信息公开工作的领导，各级政府及相关部门应当建立健全本行政机关的政府信息公开工作制度。这有力推动了政务公开在法制轨道上开展，彰显了建立责任政府和服务型政府的决心，也推动了我国公共安全信息管理的立法进程。

2. 公共安全信息传播的执行者——媒体

在公共安全信息传播中，媒体作为执行者在成为公众与政府互动交流平台时具有重要的意义，既有利于公众利益和意见的表达，也有助于政府集思广益、了解民情，从而能够促进政府与公众在公共安全信息传播过程中信任、合作关系的建立。由此论述可知，媒体在公共安全信息传播中发挥着重要功能，主要表现在以下两个方面。

（1）在公共安全信息传播中切实发挥信息监测功能

奥斯本和盖布勒认为，在公共安全管理事务中正确的做法应该是“花少量的钱预防，而

不是花大量的钱治疗”。不仅如此,危机生命周期理论研究表明,在危机潜伏期采取行动,解决危机的成本最小,社会遭受的损失也最小。上述论述对于公共安全信息管理具有较大的指导意义和较强的参考价值。

作为帮助公共安全信息管理顺利达成相关职能的重要力量,媒体在危机预警等方面有着天然的优势。针对此观点,普利策认为:倘若一个国家是一条航行在大海上的船,新闻记者就是船头的瞭望者。他要在一望无际的海面上观察一切,审视海上的不测风云和暗礁险滩,并及时发出警告。此种论述,较为生动地描述了媒体所具有的社会监督和危机预警等功能。换言之,作为拥有悠久信息传播历史的专业机构,媒体从业者具有天然的新闻敏感度,媒体机构在相关信息的收集、整理、分析、传播、反馈等一系列信息加工领域具有天然的优势和强大的专业素质。此种素质,不仅有助于媒体更好地履行社会守望者的神圣使命,更可以使其充分发挥公共安全信息监测、预警等各种功能。

在对社会风险、潜在危机进行预警的过程中,无论是媒体还是政府都要重视公众的知识、理解和参与情况,应建立互信关系,这是保证信息传播有效性的关键。同时,公众知识常被看作一种具体的、特殊的、与情景关联的地域性知识,与危机相关的科学知识则被理解为抽象的、普遍的、标准的去情景化知识。[①] 基于此种认识,媒体在发挥信息监测等相关功能的时候,应注意与社会现实、公众利益及鲜活的日常生活进行紧密结合,从而使相关工作更容易被社会和公众所接受,更容易取得各种社会力量支持。媒体应积极主动地为自身各项工作的开展建构起一个可以密切合作和理性参与的群体,从而更好地推动相关公共安全事务的解决。

(2) 开展舆论监督,进行舆论引导

尽管政府信息公开有助于公共利益的实现,但是,由于传统意识下的保守秘密比信息公开对满足政府部门及其官员的利益诉求来说有更强的激励性。因此,公共安全信息的适时公开发布,不仅需要相关法律制度的保障,而且也需要来自媒体的有效监督。

舆论引导和监督是大众传播媒体的重要职能之一,此项职能在新时期的公共安全治理中具有崭新的意义。这是因为,在公共安全事务的开展过程中,会涉及人力、物质等各种公共资源的调配工作。然而,面对时刻变化和充满无限可能的公共安全事务,上述资源的具体调配与使用也往往会因某些个人的自由裁量而呈现一定的不确定性风险。为了规避因此类风险所带来的贪腐并确保公共资源有效和合理使用,有必要引入媒体力量并通过发挥舆论监督等各项功能来营造天朗气清的公共安全管理文化氛围,从而为相关公共安全事件的解决提供社会舆论的支持和信息权威性的日常保障。

3. 公共安全信息传播的受众——公众

基于自身地位的重要性与特殊性,公众在参与公共安全信息的传播系统中,不仅是相关安全信息的传递者,同时也是相关安全信息的受众——接收者。在此过程中,公众既可以推动相关安全信息的顺利传播和安全事务的有效解决,亦可以扮演相关公共安全信息噪声的制造者或负面效应的推动者。

然而,信息时代的发展以及各种因素的崭新演绎,赋予公众新的能量。公众在公共安全管理系统中的地位及作用也随之发生了微妙变化。首先,随着社会民主化程度的提高和智

① 周海生.公共危机信息传播中的政府、媒体功能及公众参与[J].中共南京市委党校学报,2009(5):67-68.

能网络时代的到来，公众在安全信息传播中的地位由被动变为更为主动，且更积极地参与到相关安全信息的获取和传播中来。这是因为，公共安全事件往往和公众的利益具有广泛的紧密联系，且信息传播技术和网络传播技术的发展也逐渐突破了政府对传统媒体的信息垄断，故公众往往通过各种更加多元而丰富的资讯传播渠道，以更加积极而专业的态度来试图获取信息。一旦危机传播的主渠道信息缺失，公众就会通过网络、人际传播等其他途径获取信息，并对其中一些信息进行传播，结果可能在较大程度上影响着公共安全事件的发展走向。

由于技术的发展和公众媒体素养的提升，公众往往在公共安全事件之中扮演着信息发布者的重要角色。这是因为，计算机通信技术和网络传播技术等相关科技的发展给普通公众媒体接触权和知情权的实现提供了强有力的技术支撑。同时，对于公众而言，出于个人兴趣或相关利益，往往自觉地将相关公共安全事件之中的问题通过微博、微信等途径予以公开展示或曝光，从而可能会引起关注、评论，甚至会引发大规模的舆论浪潮。此种态势，在传统媒体与网络媒体的互动传播下，往往造成巨大的社会舆论震荡，并会为社会公共安全事件的影响添加许多强烈的不确定性。因此，相关公共安全管理政府机构或其他组织，一定要对社会公众的力量予以充分重视并给予合理引导。

（三）突发事件舆情引导

古语有云："防民之口，甚于防川。川壅而溃，伤人必多，民亦如之。"经济的转轨、社会的转型和技术的增强，以及信息社会和信息革命的不断深化，均加大了风险社会所带来的各种不确定性风险。然而，在公民权利意识不断觉醒和信息能量日益凸显的今天，社会公众对于信息的诉求力度正在与日俱增。特别是在突发公共危机发生时，包含高能量的各种信息得以大量涌出。一旦信息传播失误造成真空，很快流言就会占据真空地带并迅速传播，而网络为这种传播提供了有力的渠道。如果管理失控，就会引起公众的猜测和怀疑，导致不良信息传播范围的扩大并可能导致公众发生诸多误判行为，甚至可能阻碍公共安全治理预案的顺利执行并可能会加剧公共安全事件的破坏力度。因此，在公共安全管理过程中，要格外注重公共安全信息传播中的舆情引导，适时公布事件真相，用真诚的态度与公众交流，用真心投入突发事件的处置过程中，以有效的舆论引导策略和技术手段来驱动公共安全事件的顺利解决。

1. 突发事件舆情的概念及特征

所谓舆情，主要是指公众关于现实社会中各种事件、现象、问题所表达的政治信念、态度、意见和情绪的总和。舆情在较大程度上代表了公众和国家管理者之间不断变动的以利益关系为基础的社会政治态度。① 所谓突发事件的网络舆情，是指公众以网络为平台，借助网络论坛，以网络聊天、博客、微博、微信、电子邮件等网络工具，围绕即将发生或已经发生的突发事件发布信息以及表达社会政治态度等。根据突发事件网络舆情的界定可知，处于突发公共危机事件影响下的公众，能够通过网络等多种途径将自身的思想、态度、情感和行为等要素表达出来，是可能由此衍生出更大意义且更富有影响力的意见共同体。当然，不同群体所形成的意见共同体具有不同的特征，有时甚至会出现对立或激烈对抗的情况。

一般而言，公共安全事件的衍生性危机，其舆情具有群体极化、交互性、快速性和及时性

① 陈力丹.舆论学：舆论导向研究[J].上海：上海交通大学出版社，2012：31-33.

等特征。

(1) 所谓群体极化，主要是指某一团体成员在开始便有一些偏向，但舆情发酵后，该团体成员继续朝着偏向移动，乃至在最后形成某种极端的观点。我国部分存有争议的公共安全事件，处于不同群体的民众有不同的观点或利益诉求，并往往借助网络技术建立了不同的网络社群。在该网络社群中，人们往往对某些问题展开分析或讨论。但是，若没有理性的舆论领导或缺乏合理的分寸把握，一些群体的观点往往在距离极端附近达成或已经衍变为某种类型的极端化观点，因此会具有一定的破坏性。

(2) 突出事件舆情具有交互性。随着虚拟网络世界影响力的增加，越来越多的人开始在网络世界中寻找精神寄托。然而，随着网络的不断演进及其对客观世界影响的增加，虚拟网络世界通过各种途径对现实世界施加影响的可能性越来越大且力度也与日俱增，甚至出现了网络虚拟世界和客观现实世界日益融合的趋向。在此发展态势下，在网上所酝酿的突然舆情也会经由各种现实渠道波及客观现实社会，并会给公共安全系统带来各种变化。因此，政府等公共安全管理主体或个人应该重视此种发展态势并及时采取措施，防止突发事件舆情在虚拟社会与现实社会的交互激荡中失去控制，从而带来更具破坏性的效应。

(3) 突发事件舆情具有快速性和及时性的特征。网络媒体所具有的全天候无视空间的开放性使任何突发公共事件均可以在公共安全管理采取相关措施之前得以在公众中快速而广泛地传播。特别是当突发公共事件开始爆发时，即便是负责此项事务处理的公共安全管理政府机构，也往往缺乏该事件的相关信息。面对公众由此爆发的高强度信息需求，相关机构或个人往往会因为信息空白所导致的心理焦虑等问题而出现处理失误。对于公众而言，基于对个人利益的天然关切，往往需要在该公共安全事件爆发的第一时间知晓相关情况，以便最快采取合理的应对措施以削减或规避由此而引发的相关风险。然而，面对有限的信息资源，甚至信息空白，公众往往会因为恐慌或焦虑而去相信社会流言或谣言，并可能会引起对相关政府机构的不信任。因此，鉴于突发事件舆情具有快速性特征，公共安全管理机构或个人应及时回应社会各方力量，以有益于相关公共事务的有效解决。

2. 突发事件舆情产生的成因

突发事件舆情是一个普遍的、系统的社会现象，其生成与演化不是由单个突发事件引起的，往往是由一系列因素促成的。此种因素，不仅包括孕育该舆情事件的文化语境、社会氛围或政治体制等宏观因素，还包括公共安全管理系统中各相关主体的利益博弈，以及安全信息传播方式和其他因素诱发的心理和行为机制等。

(1) 突发事件触发积淀矛盾

突发事件舆情的演化实质，是一种发生在社会话语空间中的群体极化现象。换言之，突发事件舆情是沿着“刺激—反应—极化”这一过程形成与发生的。这一过程的产生往往是源于某个突发事件，尤其是那些社会普遍关注、触动公众现实利益和公众急切期待解决的公共事件。该类事件一旦有风吹草动就可能引起社会的普遍猜测，故而容易在互联网等社会话语空间上迅速地进行传播和扩散，并且该事件信息容易激发公众强烈的反响，促进公众表达各自意见和建议，最终可能导致社会舆情的群体极化现象。

在当前我国的话语情境中，相对比较容易诱发各种矛盾冲突，并可能导致一系列突发舆情事件发生。例如，在市场对资源进行调配的过程中，往往会产生令人担忧的贫富分化，从而加深了一些公众因社会急剧变革所产生的心理焦虑，而由相对剥夺感所引发的各种问题也随之频发。如果上述负面情绪日积月累且达到一定的能量时，便会通过网络空间或其他途径爆发出来。由于上述问题具有一定的普遍性且往往能够激发公众潜意识中所蕴含的历史情绪，故往往可以和他人在某些问题上形成共识且可能会引发群体极化现象。

（2）公众心理情绪失衡

在突发事件舆情的产生和衍变中，公众的心理作用扮演着重要角色。这是因为，当普通公众在面对外界和内部的压力且该压力达到某种临界值的时候，其平时赖以维持正常情绪或行为的心理平衡机制便会发生失衡现象。此种心理情绪失衡的外在表现，容易出现情绪崩溃、其他种种极端性事件，以及由此所引发的各种突发性舆情事件。

当然，一般而言，突发事件舆情的引发主要与公众的主观焦虑、非理性情绪，以及群体情绪的互相感染和由此引发的心理失衡等密切相关。

（3）政府信息公开不对称与公众表达机制失语

各种安全信息的有效流通均为公共安全事务的正确决策提供了强大保证。从此种角度来看，安全信息的收集、整理、分析、传递和管理等一整套安全信息管理流程的正常运作，是推动公共安全危机解决的重要动力。然而，即便公共安全管理系统有如此重要的作用，部分公共安全管理主体仍然在突发事件发生后，存在着信息瞒报、迟报和漏报等信息不对称行为，这直接导致了政府在处置突发事件中的决策失误，并在很大程度上激发了公众对突发事件知情权的维护，从而引发突发事件舆情。由此可知，如果相关政府机构的发布信息不够透明或开放不及时会导致的相关效应，直接影响了突发事件舆情的基本走向。

同时，随着政府服务意识的提升及电子政务水平的提高、公民权利意识的觉醒及其将权利转变为权力的渠道日益丰富，公众的政治地位得以大幅提升。同时，由于公众群体利益的不同及其对自身权益的保护，故其相关政治诉求的数量和类型也呈日益增加的态势。若政府及工作人员采用堵、截、压等方式来应对诸如网络舆情等崭新的突发事件舆情，以行政权力强制消除对政府负面的或不利的信息，则这种人为强制干预舆情的信息霸权行为会造成信息无法真实公开，公民知情权难以得到保障，信息沟通机制缺乏和民意正当信息诉求无法获得满足等后果。这容易激起公众的愤怒，公众会通过网络等相关途径进行发泄，更容易滋生相关突发舆情事件。由信息的“垄断”所产生的不合理信息霸权行为，严重隔阻了政府作为公共安全管理机构与作为公共安全事件的利益相关方之间的紧密联系，限制了公民基本的知情权和媒体的接触权，不仅利于各种流言和谣言的滋生，也为一些突发舆情事件的产生提供了温床。

（4）新媒体开放互动性增强

互联网等新媒体具有开放性、匿名性和互动性等特征。这增强了新媒体的魅力，将众多受众从报纸、电视等传统媒体吸引而来，并以时间和空间的开放性、匿名性和平等性等为公众提供了一个承受外界压力较弱，且相对崭新的网络讨论空间。在上述网络空间中，公众不仅可以就个人问题展开探讨，还可以针对一些个人感兴趣的民生问题进行观点或理念的相互交流。因而，新媒体已经成为公众大规模聚集并展示个人或群体观点的重要社会舞台。

公众在网络虚拟空间中进行各种探讨，实质上构成了一个与客观社会现实紧密联系的网络亚文化空间和虚拟的舆论场。其中，在这网络舆论场中，网络论坛、社交网络等各种新媒体平台，凭借其及时性、互动性和社会弱关系的强大影响，聚集了大量经济收入不同、学历不同，且来自不同地区、身处不同社会阶层的公众的民意。因此，新媒体在较大程度上影响了某些公共安全事务，特别是网络舆情事件的基本走向。

3. 突发事件舆情引导原则

在风险社会语境下，诸多不确定性所引发的危机事件令人担忧。特别是在信息社会中，来自公共安全信息流通领域和社会舆情等相关领域所存在的问题，加剧了社会风险及其所引发突发事件舆情的可能性及严重程度。面对此种情况，作为公共安全治理主体的相关政府机构若不能合理处置相关问题并把握问题背后所代表的深层社会意义，则将会加剧公共安全事件所引发的危害程度。然而，作为承载公众希望的、专业的公共安全治理主体——公共安全管理机构在对突发事件舆情进行治理时，应遵循一定的基本原则，才能达到良好的治理效果。

(1) 以公众为中心，及时提供客观信息，满足公众知情权，调控公众心理

作为公共安全事件主要管理机构的相关政府机构，一般通过电子政务等方式来推动信息透明化。信息透明化，不仅可以减少因信息不对称而产生的诸多腐败行为，还可以因有效为公众提供包括安全信息服务在内的诸多政务服务，有效满足公众的知情权并赢得公众的信任，从而有利于提升政府的公信力和信息的权威度。

充分尊重公众的各种权利并为其提供及时而有效的信息服务，对于包括推动公共安全信息管理在内的诸多公共安全事务具有强大的助推作用。公众有着自身独特的认知和判断。在此种判断基础上，公众对相关信息、行为等事物的选择往往呈现出选择性认知、选择性接触和选择性理解等特征。当某种突然事件发生后，公众会根据个人知识、社会经验和个人情感偏好对该突发性舆情事件相关要素进行选择性接触并产生富有倾向性的选择性认知，并在此认知基础上做出某种同样富有倾向性的选择性行为。在此种情况之下，若相关政府机构因为历史原因而给公众以较低的公信力，或者其所提供的安全服务或安全信息资讯不能够令公众满意或信服，则公众有可能倾向于信赖非政府机构所传递的信息，并可能做出政府不愿意看到的行为。因此，相关安全事务管理机构在日常工作中，应坚持以人民需求为导向，强化自身公信力；同时，在突发安全事件发生后，及时而准确地发布权威资讯，满足公众各种心理或其他实际需要，有效引导社会舆论并促进突发性舆情事件的顺利解决。

(2) 遵循信息传播规律，化解和转移社会压力

在不同的时代语境和媒体话语体系中，信息的有效传播有着不同的规律。在信息社会中，安全信息流通只有遵循该时代的信息传播规律，才能达到较好的传播效果。

在信息时代，随着网络通信技术和计算机科学技术的发展，与以往相比，公众不仅拥有更加丰富的信息来源渠道，而且拥有更加可以依赖的信息资源。当突发性舆情事件爆发时，相关公共安全管理机构或个人应该遵循新闻发布的及时性原则、重要性原则、有效性原则，充分发挥包括网络媒体在内的诸多传播力量，在事件发生的第一时间内，以客观、公正的态度向社会公众提供专业的信息资讯。不仅如此，公共安全管理机构或个人应紧密关注相关突发性舆情事件的实时进程并及时通过各种方式来满足公众的多类型信息需求；同时，为了给公众提供更加权威的公共资讯服务，公共安全管理机构或个人还应在遵循信息传播规律的基础之上发布对该事件的权威性评论。

(3) 坚持人本意识，彰显人文关怀

因涉及主体的多样性以及利益牵涉的广泛性，突发事件的发生往往会直接威胁到公共利益。在社会公共服务方面负有直接责任的相关政府机构，不仅在处理相关公共安全事件

时应坚持人本意识，而且在日常的工作过程中更应该彰显人文关怀。特别是在处理突发性舆情事件时，需要遵守上述原则，维护好公众赖以生存和生活的社会公共利益。

具体而言，突发性公共事件因其爆发的突然性和能量的巨大性，往往会带给公众触目惊心的伤害。一般公众容易产生焦虑或恐惧心理，并采取诸多不理智的行为，从而增加了上述公共安全事件的不确定性。针对此种情况，相关政府机构在处理问题时，应充分尊重并考虑公众的心理需求，不仅应以合理和合法的方式来为公众提供信息内容，而且还可以通过报道方式的选择、传播渠道的优化等来为公众提供更加人性化的服务。例如，在具体新闻报道之中，媒体不仅可以通过标题拟定、版面内容分散化处理等方式来减少该新闻资讯对相关直接利害人的强刺激，还可以通过新闻评论等方式来引导受害者家属坚强生活并尽快恢复正常的生活状态。此种充满人文关怀的信息传播方式，有助于排解或缓和公众因相关公共安全事件所产生的心理阴影，也有助于为推动公共安全事件的修复等过程夯实良性基础。

第六节　公共安全应急科技管理

应急管理是公共安全的重要内容。应急管理将重点主要集中在事件发生时的紧急控制和处理阶段，即应对阶段。虽然应急管理也有灾前的准备和灾后的恢复，但应急管理中的准备和预防是为应对服务的，恢复是对灾后造成后果的即时性、被动性的活动，也就是说是应对活动的自然延伸。而公共安全管理中的预防、准备、应对和恢复是建立在防灾、减灾思想基础上的，也就是能够预防的阻止、不能预防的就减轻其影响和损失。它不仅关注应对阶段，而且关注预防、准备、应对和恢复等一系列过程。面对高风险社会的现实和众多的突发公共安全事件，我们必须从应急管理模式向公共安全管理模式转变。公共安全应急科技管理涉及运用先进技术手段和管理方法，以提高应急响应效率、精准度和适应性。

一、公共安全应急科技管理概述

目前，学界关于公共安全科学技术的研究成果颇丰，主要集中在专业科学技术上。而从管理科学的角度进行的研究尚未完全展开，相关成果也呈现碎片化状态，并且无规则地分布在专业科学研究成果中。这与公共安全对科技管理的迫切需求形成了强烈反差，亟待深入研究。在充分了解并全面梳理公共安全科技管理的由来及其实践的基础上，系统阐释其概念、类型、特征和作用，对于人们理解和把握公共安全科技管理的内涵，进而将之运用到实践中去，具有极为重要的理论意义和现实意义。

（一）公共安全应急科技管理的概念

公共安全科技管理的概念具有狭义和广义之分。狭义的公共安全科技管理，是指为应对可能发生或已经发生的重大的、突发性的公共安全事件，具有监控、评估、控制、处置或救助等功能的专业技术和装备，每一项技术或装备在公共安全中都有其特殊的功能和作用，例如灭火装置、化学检验、地理信息系统等。而广义上的公共安全科技管理不仅包括专业科学技术，还包含理论研究、管理方式创新、数字平台建设等其他相关方面，可大致分为网络化治理、智能化管理和数字化管理三个方面。本章所述为广义上的公共安全科技管理。

（二）公共安全科技管理的构成

根据不同的划分方式，公共安全科技管理的组成结构也存在较大差异。依据管理性质，公共安全科技管理可分为网络化治理、智能化管理和数字化管理三个部分(图 5-3)。

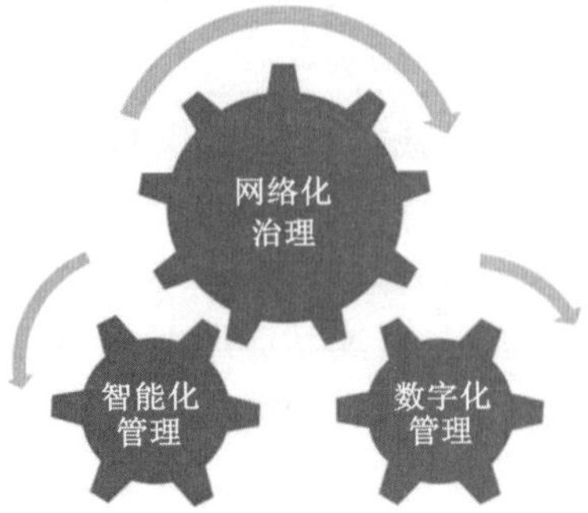

图 5-3　公共安全科技管理的构成

在公共安全科技管理中,网络化治理是指打破以往自上而下的公共安全管理模式,在共享资源和信息的基础上,通过多元管理主体之间的相互合作,共同达成公共安全管理目标的过程。

智能化管理是指为使管理主体具备灵敏准确的感知功能、严谨缜密的逻辑思维、科学准确的判断功能,以及行之有效的执行能力而进行的公共安全管理过程。智能化管理不仅需要管理者具备较高的公共安全科学素质,而且需要公共安全科技硬件系统的不断完善。

数字化管理是指利用计算机、通信、互联网等技术,通过数据的收集、整理和分析,对公共安全管理的行为、效果等要素进行定量分析,从而进一步改善公共安全管理的活动和过程。

值得注意的是,在公共安全科技管理中,网络化治理、智能化管理和数字化管理三者缺一不可,它们之间并非彼此独立、相互排斥的关系,而是相辅相成、相互依赖的关系。

(三) 公共安全科技管理的特征

公共安全科技管理重点关注公共安全科学技术的管理与运用,因而其表现出了科学技术和科学管理的综合特征,即具备科学性、多元性和时效性的特征。

1. 科学性

不论是专业科学技术,还是管理方法,都必须遵从科学至上的基本原则。各种专业科学技术及装备,网络化、智能化、数字化等管理方法都应是被理论和实践验证了的科学手段、措施或方法。只有运用科学的手段、措施和方法,才能真正实现公共安全科技管理,从而有效预防和应对公共安全危机。科学性同时也为公共安全科技管理带来了高效性。公共安全科技管理对理论、技术、装备和管理方法的科学运用,不仅能赋予公共安全管理极强的科学性,而且能减少损失、节约成本、提高效率,使公共安全管理达到事半功倍的效果。

2. 多元性

多元性特征主要体现在以下几个方面。一是管理主体多元。公共安全科技管理的管理主体包括科技、交通、环保、信息等政府职能部门,市场中从事公共安全科技相关经营生产的企业和第三方组织机构等。这些不同的管理主体在公共安全科技管理中的定位互有差异,其贡献也不尽相同。二是科技研究领域和问题多元。公共安全覆盖了自然、事故、公共卫生和社会安全等诸多领域,相关问题也各种各样,而且当前多灾种耦合趋势明显,直接造成了公共安全科技研究领域和问题的多元化、复杂化。三是管理目标多元。由于当前单灾种向多灾种耦合的趋势明显，因此公共安全科技管理的目标也不再是面向单灾种的单一目标，而是指向更多更复杂的多元目标。另外，不同领域的加速融合，公共安全科技管理的多技术集成、多功能、智能化及成套化方向发展趋势也从侧面证实了当前公共安全科技管理具有多元性的特征。

3. 时效性

由于公共安全事件往往事发突然，并且很可能在短时间内造成范围广、程度深的严重损失和负面影响，因此公共安全科技管理在具体实施过程中十分强调时效性。尤其在公共安全事件的紧急应对过程中，面对生命财产损失不断扩大的危急形势，以及负面舆论的严峻影响的局面，公共安全科技管理必须以科学性为基础，增强时效性，并在尽可能短的时间内控制局面，从而为妥善处理事件、消除负面影响争得先机。

（四）公共安全科技管理的作用

现代科技及其管理是实现公共安全管理与保障的重要支撑。近年来，世界各国对公共安全和应急管理领域科技研究的投入力度越来越大，取得了一系列科技成果。这些成果在公共安全管理中的普及和应用，使公共安全保障能力与突发事件应对能力得到大幅提升，为推动世界范围内公共安全的发展，起到了扎实的支撑作用。分析公共安全突发事件发生发展的各个阶段，可以更清晰地了解公共安全科技管理对于保障公共安全的支撑作用。

1. 预防预警

在事件发生前，也就是公共安全的日常管理阶段，公共安全管理的主要工作是安全风险的预防预警。此时，科技管理对公共安全保障的支撑作用表现得十分突出，特别是各类专业预防预警系统和装备的不断创新，给公共安全危机的预防预警提供了强有力的抓手。

2. 有效应对

在事件发生发展过程中，公共安全科技管理不仅能有效应对和控制事态的发展和走向，甚至有时能直接解决危机。例如，消防科技的快速更新能够更有把握且更迅速地应对火灾爆炸事件，医疗卫生技术的创新发展能增强烈性传染病毒的控制等。

3. 善后修复

在事件结束后，公共安全科技管理能够协助妥善处理事件，修复公共安全，并探究出事件发生发展的各种原因和相关影响因素，形成下一轮保障公共安全的预防预警科技。

公共安全应急科技管理的不断创新和应用有助于提升应急响应的水平，使其更加智能、敏捷、可靠。在科技的支持下，公共安全管理可以更好地适应多样化、复杂化的紧急情况。

二、公共安全网络化治理

公共安全网络化治理是指通过网络技术和信息通信技术，构建高效、智能、互联的公共安全管理体系，实现对各类安全风险的监测、应对和治理。

在公共安全管理中，政府各职能机构、企业组织、非政府组织、公民都可能成为治理主体，他们通过构建网络化的管理组织共同进行公共安全管理。与传统自上而下的层级制管理不同，多元管理主体彼此之间是相对独立的，在这种情况下仅仅依靠权威和自上而下的管理控制很难实现多元管理主体之间的有效沟通与协作。尤其是在面对复杂多变的公共安全形势时，多元管理主体需要在共享资源、信息传递、利益调和、功能转换等多维层面进行协作，共同完成公共安全管理的目标。网络化治理作为公共安全科技管理的重要组成部分，为实现多元主体协同管理提供了科学理论和可操作方法。

（一）公共安全网络化治理的产生

公共安全管理的复杂性与不确定性，迫切要求多元管理主体开展有效的协同行动，共同应对公共安全面临的风险和挑战。公共安全网络化治理是公共安全管理科技创新的重要一环，也是公共安全管理科学化的理论内核。目前学界关于公共安全网络化治理的理论研究尚浅，未能形成系统可支撑实践的理论框架，需要加以梳理分析。实质上，公共安全网络化治理是网络化治理在公共安全管理中的延伸和应用。因此，按照从治理理论到网络化治理，再到公共安全网络化治理的顺序展开研究，能够迅速厘清公共安全网络化治理的思路。

1. 治理理论

20 世纪 80 年代，政府对各种社会公共事务的“大包大揽”，造成了公共管理效率低、质量差的现象，政府作为拥有绝对权威的公共管理者无法实现资源的有效配置，公民渐渐开始对政府失去信任，最终导致了传统公共管理出现失灵的局面。面对这种局面，愈来愈多的人热衷于以治理机制对付市场或国家政府协调的失灵。治理理论最初主要强调多元管理主体协同参与，期望通过整合来协调政府、市场、社会以及公众之间的关系，充分调动更多的资源和力量，从而克服政府权威性管控失灵，提升公共管理效率和水平，实现多元主体对公共事务的共同管理。联合国开发计划署和渥太华治理研究所都认为，治理是社会中借以表达利益、行使权力、协调利益分歧的机制、程序、惯例和制度。罗西瑙则指出，治理是弥补规制空隙的制度安排，是当两个或两个以上的规制出现重叠、冲突时，或者相互竞争的利益需要调解时发挥作用的原则、规范、规则和决策程序。① 随着公共权力真正回归社会，政府以外的其他治理主体日益壮大，尤其是政府主动向社会分权，赋权于市场企业、社会组织以及每一位公民，允许公民组织自主发展和自我管理，鼓励公众积极参与公共事务，倡导培育和提升公众自主管理的能力。上述举措有力地推动了多元治理主体的积极参与能力提升，促进形成了良好的多方协作关系。与此同时，对公共事务治理起到基础性支撑作用的社会资本在多方主体的积极参与中持续累积，信息资源共享、沟通协调、组织关系维护等不断走向成熟，这都有利于增强公民对政府的信任、提高政府治理绩效。就公共安全管理而言，治理理论为其提供了一种与以往政府权威型管控体系完全不同的全新管理理念。例如，治理理论强调目标导向，注重对资源、信息和权力的共享整合，提出要在多元主体的合作共治中实现公共安全良序管理。

2. 网络化治理理论

网络化治理是指在民主协商的基础上，通过政府、企业、社会组织和公民的合作，共享资源和信息，共同达成治理目标的过程。社会学和公共行政学话语体系中的网络，是指人与人、组织与组织或人与组织之间的关系网络。网络化治理是建立在连接公共部门、营利组织、非营利组织和个人之上的网络结构治理形式，它既是特殊的治理，也是特殊的网络。来自政府、市场和社会的多元主体在网络化治理中相互依存，它们不仅注重自主管理能力的提升，而且更加关注搭建多中心、扁平化的组织结构，从而建构有利于多元主体沟通合作的治理网络。多中心、扁平化的网络组织结构重点强调多元主体彼此之间不是领导与被领导、命

① 罗西瑙.没有政府的治理[M].张胜军，刘小林，等译.南昌：江西人民出版社，2001：9.

令与服从的关系，而是相互独立又相互依存、持续联动、合作共赢的关系。正如美国学者戈德·史密斯和埃格斯在其合著《网络化治理：公共部门的新形态》一书指出的：网络化治理是一种全新的通过公私部门合作，企业、非政府组织等社会组织广泛参与提供公共服务的治理模式。

网络化治理的内涵包括以下三个方面。

(1) 多元主体之间相互依存。新公共管理改革打破了公共部门原本稳定的结构，而网络化治理是理性的公共管理者为了促进资源的合理利用，采取的一种更具适应性的行动。网络形成的根本原因是各公共管理者在资源上的相互依赖，网络化治理也因此逐渐成为公共管理的新机制。网络化治理是一种与市场化和等级制相对的公共管理模式。

(2) 多中心治理。实践反复证明，政府、市场或社会中的任一管理主体，都无法拥有单独解决所有问题的资源和能力，日益复杂的公共事务需要多元主体共同参与管理。多中心治理实质上就是各个主体在治理过程中加强自主治理，并通过与其他主体共享资源，强化沟通交流，形成持续的互动合作。

(3) 对多元主体进行整合。网络化治理的一项重要内容是促进多元主体之间的沟通、互动与合作，从而构建以公共事务为中心的治理网络。网络化治理形成的内在逻辑包括共同的观念、目标、规则和制度。在此意义上，网络化治理仍是一个自下而上的过程，多元主体之间相互依赖，并共享权力、风险和回报。总之，网络化治理是一种与传统公共管理模式相对的新型公共事务治理机制。来自政府、市场和社会的多元主体在网络化治理中相互依存，并为了共同的目标而展开协同行动。网络化治理既强调多元主体自主治理能力，又注重构建多元主体沟通合作的治理网络。

3. 公共安全网络化治理

公共安全管理是公共管理的重要组成部分，公共安全的网络化治理模式折射出公共管理模式的变迁和进步。公共安全网络化治理实质上就是将网络化治理这一科学方法，运用到公共安全管理中。网络化治理强调治理主体的多元化以及多元主体之间的互动合作，其治理机制注重多层次、多维度的合作共治，其治理模式正由国家全能管控转向社会网络治理。因此，构建多元主体共同参与的网络化治理模式是公共安全管理的基本导向。

公共安全网络化治理是指基于维护公共安全的多样化需求，政府、市场和社会各方以实现公共安全为目标，以资源共享、沟通交流、组织协作为基本路径，用统一的规则制度将自主治理的多元主体整合成多中心的公共安全治理网络，从而产生网络治理效应的过程。公共安全网络化治理的核心在于为公共安全治理引入多元主体，形成一个权力共享、责任共担的多中心公共安全网络化治理体系。

(二) 公共安全网络化治理的特征

在理解公共安全网络化治理实质的基础上，分析和把握其特征，对于建构公共安全的治理网络及运行模式，开展公共安全网络化治理实践具有重要的指导意义。公共安全网络化治理主要具有以下四个特征。

(1) 在组织体系上，公共安全网络化治理将公共安全的治理主体由单一的政府组织扩展为包括多元治理主体在内的网络系统，以多中心、扁平化的治理网络结构取代了传统政府组织中单一的、僵化的科层制体系。

(2) 在权责分配上，政府、企业、非政府组织和公民个人等多元治理主体在公共安全网络化治理中享有相应的权力并承担相应的责任，进而形成一种常规化的公共安全多元治理主体结构。各治理主体要担负起责任，运用好自身权力，主动与其他治理主体共享资源、沟通交流，共同形成公共安全的网络化治理格局。

（3）在决策机制上，公共安全网络化治理打破了政府全权负责的垄断决策方式，实现了多元主体共同决策的机制。不仅如此，先前具有明确位次的各个环节能够按轻重缓急出现，从而能保证公共安全危机的合理应对。

（4）在硬件技术上，公共安全网络化治理利用不断更新的计算机技术与互联网技术，实现信息要素主导的资源配置方式，极大地缩短了多元主体彼此之间的距离，成倍增加了多元主体之间互动共享的可能性。

通过公共安全网络化治理，可以有效整合政府、企业和社会等多元公共安全治理主体，充分发挥个体和整体在公共安全治理中的功能与效用，构建起主体多元、权责明确、资源共享、协同合作的公共安全网络化治理系统，实现公共安全治理成本的最小化和效能的最大化。

（三）公共安全网络化治理的实现

公共安全网络化治理在鼓励多元治理主体进行公共安全自主治理的基础上，更加强调构建多中心的公共安全治理网络以形成共治，其实质是多元主体进行公共安全自治与共治的结合。公共安全网络化治理的实现，需要具备治理主体多元化、治理结构网络化、治理机制具体化等条件。

1. 治理主体多元化

公共安全管理是一个极为复杂的系统工程，需要多元主体协同管理。实践证明，仅靠政府的力量无法完全应对层出不穷的公共安全危机，更不能长久维护公共安全。公共安全网络化治理的提出为解决治理主体单一问题提供了可能。

网络化治理是多元主体协同治理，需要各方主体进行通力协作。根据公共安全管理者目的、性质和特点的不同，公共安全的多元治理主体除政府外还包括政府各职能部门（例如科技、交通、公安、信息、食品、卫生、环境等部门）、市场中与公共安全相关的企业（例如安全装备生产公司、安全咨询公司等）、社会中的非政府组织和公民（例如非政府组织、环保人士等）。这三类主体在公共安全网络化治理的过程中，扮演不同的角色，发挥不同的作用，承担不同的责任。

（1）政府及其各职能机构

政府是公众利益的官方代表，拥有人民和法律赋予的公权力，负责公共安全治理的制度供给和公共资源投入，承担领导、协调和具体管理的主体责任。在网络化治理中，政府虽然不是唯一主体，但仍处于主导地位，因而需要承担更多责任。作为主导主体的政府，在公共安全网络化治理中的主要任务有：推动建立独立、平等、合作的公共安全多元治理体系，促进公共安全网络化治理相关制度体系的建立，组织和领导公共安全的科学规划工作，培育、扶持、监督政府以外的其他公共安全治理主体。

（2）市场中与公共安全相关的企业

企业是现代社会系统的重要部分，企业发展是社会进步的重要动力，反过来社会进步能有力推动企业的发展。当公共安全突发事件发生后，企业可以利用自身的资源为应对危机提供巨大支持。比如汶川大地震中，大量企业捐献各类物资，在交通、医疗、教育、通信等多方面发挥了不可取代的作用，为抗震救灾提供了巨大的人力、物力支持。因此，企业是公共安全治理的关键主体，能够协助政府维护和治理公共安全，共同应对公共安全突发事件。企业参与的公共安全治理的方式主要有：保证自身安全生产，避免安全生产事故及次生灾害的出现；直接提供公共安全产品和服务（主要指公共安全相关产品的生产经营）；积极承担社会责任，进行安全生产宣传，提供职责以外的安全援助等。

（3）社会中的非政府组织和公民

在当今世界，非政府组织在公共管理中的作用愈发重要，尤其是在缓解社会矛盾、解决社会问题等方面展现出了独特优势。当前世界范围内，公共安全突发事件频繁发生，政府面临的压力与挑战不断加深，政府在公共安全管理中强烈呼唤着非政府组织，这是非政府组织发展的良好契机。在我国，非政府组织主要分为两类：一类是社会团体，也称人民团体，例如工会、妇联、科协等。另一类是民办非企业单位。作为公共安全的重要治理主体，非政府组织在公共安全治理，特别是公共安全突发事件应对中发挥着重要的作用。非政府组织利用广泛的群众基础，可做好群众与政府之间的信息传递工作；可弥补政府公共安全的资源不足；可建立跨区域、跨领域、跨专业的应急协同连接纽带。

此外，公民是公共安全治理最广泛的主体，也是客体。公民参与能够极大地弥补其他主体在公共安全治理上的不足。公民往往既是公共安全的预警者，也是应对者，而且公民在公共安全突发事件中有组织的自救行为往往能够在最大程度上降低损失。

2. 治理结构网络化

公共安全网络化治理的核心在于治理结构网络化。网络是指一个有着多个节点（不同的机构或组织）、多重联系（包括正式联系与非正式联系）的管理结构。公共安全的网络化治理结构是由多元节点，包括政府、企业、社会等多元治理主体通过短期（因事而起）或长期交流互动形成的治理结构；是一个既体现节点特性又体现节点间联系的网络结构。节点的行为选择是网络演进的重要原因与动力。公共安全网络化治理的多元节点通过网络化结构的塑造紧密地联系在一起，形成新的治理结构。网络结构塑造的重要作用在于，使每一个城市公共安全治理机构、每一个城市公共安全治理人员及其他参与节点的工作都成为城市公共安全治理工作的一部分，从而保证整个城市公共安全治理活动有条不紊、井然有序地开展。①

网络化治理结构能够把政府、市场和社会的治理能力整合到公共安全体系中，确保公共安全治理的科学性与高效性。需要注意的是，这种网络结构并非一个由各个节点组成的静态网络，而是一个随着共同目标改变不断解构与重构的动态系统，各个节点在达成共识的基础上采取集体行动。因此，这种网络化治理结构具有鲜明的多元性、动态性、交互性、统一性和开放性等特征。

3. 治理机制具体化

治理机制具体化是指在公共安全网络化治理过程中，为了提升治理效果，追求治理目标，所选择的具体可实现的机制。治理机制具体化可以保证公共安全网络化治理高效、有序地开展与运行。

公共安全网络化治理倡导共享资源、互动沟通、协作治理，而这种治理思路的实现，有赖

① 刘学彬.论地方政府应急管理中的协调联动[J].四川行政学院学报，2008(6)：15-18.

于信任机制、环境适应机制、协调整合机制等内部机制的培育和落实。

(1) 信任机制

公共安全治理网络是多元治理主体互相依赖的结构，各治理主体之间不存在上下级的隶属关系。在缺少制度规范和约束的条件下，只有信任机制的存在，才能促使多元主体跨越障碍，并最终达成共识，联合起来共同采取行动。信任是合作的润滑剂，也是合作的情感基础，能够为公共安全网络化治理凝聚力量；与之相反，缺乏信任，多元治理主体之间的合作将面临巨大危机。信任在网络治理中具有特殊地位，是多元主体展开合作的前提条件，也是合作延续下去的重要保障。

(2) 环境适应机制

公共安全网络化治理不仅要面对复杂的外部环境，而且要面对治理网络中动态变化的内部环境。因此，环境适应就成为治理网络运行的必要前提。环境适应机制主要包含外部环境适应机制和内部环境适应机制两个方面。就外部环境适应机制而言，由于面临着千变万化的公共安全情势或危机，治理网络只有在最短的时间内适应当时的公共安全状况，才能采取合理的方法进一步开展公共安全治理工作。就内部环境适应机制而言，动态的治理网络对各治理主体提出了更高的环境适应要求，多元主体需要尽快适应治理网络环境，才能与其他治理主体达成共识，展开顺畅有效的沟通交流，通力合作。

(3) 协调整合机制

协调机制与整合机制二者之间本来就是相互促进、相辅相成的关系。在公共完全网络化治理中，协调整合机制主要包括：对多元主体的观念态度的协调整合，对多元主体的目标与利益协调整合，对多元主体行动关系的协调整合，对治理网络各个要素的协调整合。

以城市公共安全网格化管理为例。党的十八届三中全会提出以网格化管理、社会化服务为方向，健全基层综合服务管理平台，加快形成科学有效的社会治理体制，推进国家治理体系和治理能力现代化。在此背景下，很多城市(例如北京、苏州、威海等)通过无缝隙、无遗漏的网格划分，形成了“城市—区县—街道—社区”四级网格群，把城市公共安全管理工作与行政管理工作结合起来。在此基础上，以信息网络为基础，以电子地图为核心，以地理信息技术为支撑，借助管理组织系统、信息管理系统、资源保障系统、决策系统和实施系统，政府可以对各类公共安全进行日常管理、动态管理以及应急管理，从而实现了城市公共安全管理全面化、主动化、信息化。

通过网络化治理，公共安全管理可以更及时、精准地做出决策，提高紧急情况下的应对效能，保障公众生命和财产的安全。需要关注的是信息安全、隐私保护等伦理和法律问题，确保网络治理在合规的框架下进行。

三、公共安全智能化管理

公共安全智能化管理是指运用先进的信息技术和智能系统，提高公共安全管理的智能化水平，以更有效地预防、应对和处置各类安全威胁。

伴随着经济社会的快速发展，特别是科学技术的不断革新，原本简单明了的公共安全问题却变得愈发复杂。自然灾害、事故灾难、社会安全事件、公共卫生事件等公共安全问题不断涌现，多灾种耦合、次生灾害问题更加凸显。在这种情况下，不仅要构建治理网络以科学的管理方式促进多元主体协同治理公共安全，而且还要积极发展公共安全管理的科学技术和设施装备，打造现代化公共安全智能硬件基础，努力实现公共安全智能化管理，加强对公共安全的科学管理与危机应对。

（一）公共安全智能化管理的提出

现代社会中，风险与危机在持续叠加中梯次升级，多灾种耦合趋势愈加明显，公共安全管理领域不断外延。尤其是21世纪以来，以网络病毒、舆情危机为主要代表的自反性科技风险频繁出现，造成了难以估量的损失与社会集体性恐慌。传统的安全管理方法已经无法适应快速变化的复杂社会风险，极度复杂且又极具威胁的现代公共安全风险迫切需要智能硬件科技的创新管理。因此，只有不断创新公共安全管理智能硬件科技，完善公共安全智能化管理，才能更加科学高效地化解风险、解除危机，有力维护和保障公共安全。

1. 智能化

智能化被称为继蒸汽机、电气化、信息化后人类历史上第四次科技革命。智能化应用范围十分广泛，主要包括地理、交通、医疗、建筑、人工、生产和公共安全管理等领域。在生产生活中，智能化技术的应用给人们的生产生活方式带来了巨大变化，促使人类社会从自动化向智能化转变。具体来说，智能化技术直接推动了生产自动化、办公自动化和生活自动化，向生产智能化、办公智能化和生活智能化转变。智能化产业的迅速崛起，促进了传统产业的优化升级，实现了新一轮经济的繁荣发展。智能化的核心内容是智能化技术系统的研发与运用，智能化技术系统是指为了提高人类生产生活的便利性、安全性、高效性和舒适性，减少社会生产生活中的人工操作，利用音频、视频、传感网络、通信设施、网络超算、智能软件等先进技术，配以相应的软件和硬件设备的运行系统。

智能化技术系统的应用是一项复杂的系统工程，在工程建设前，必须制定科学合理的分析、设计、投资和实施等规划，在建设过程中需要严格执行质量控制、进度控制、投资控制，并根据实际情况和具体需求不断进行方案优化。此外，智能化技术系统对软硬件系统中各个子系统的效用及其彼此之间的配合度要求很高，这不仅需要相关人员具备过硬的专业素质，而且需要管理人员进行实时监督和控制。当前，智能化技术系统在设计、建设和验收等方面的标准和监管主要由行业领域决定。

2. 公共安全智能化管理的领域

21世纪以来，全球各类公共安全事件频发，韩国大邱地铁纵火事件、美国“9・11”恐怖袭击事件、2004年8月欧美一些国家先后发生大规模停电事故、印度洋海啸大灾难、美国卡特里娜飓风，以及日本“3・11”大地震等各种公共安全事件先后发生，造成了巨大的人员伤亡和财产损失。在我国，随着经济社会的快速发展和快速转型，公共安全突发事件也日益增多，据不完全统计，我国每年由于公共安全问题造成的经济损失较为严重，国家和社会面临着严峻的公共安全管理考验。通过梳理和总结近年来国内外已经发生的公共安全突发事件，可以清晰地发现，公共安全管理不力的一个重要原因是智能化管理的相对滞后性。与传统的安全管理模式比较，智慧安全管理在安全管理主体、信息获取、信息共享、技术应用、系统运作等诸多方面存在本质化改变与革新。①

公共安全智能化管理，也可称为公共安全管理智能化，其实质就是将智能化技术系统运

① 靳澜涛.从“能治”到“善治”：智慧城市建设背景下公共安全管理模式的嬗变[J].湖北省社会主义学院学报，2016(6)：90-93.

用到公共安全管理中去。具体地说，公共安全智能化管理是指利用计算机技术、通信技术、测控技术、地理信息系统技术、图像传输技术、网络监控技术、定位跟踪技术和多媒体技术等多种现代化技术，构建起一套软硬件结合、运行可靠、管理严密、控制有效、信息全面、监管有力、便于维护、高效安全的公共安全智能化管理系统，以实现信息资源共享，为公共安全管理提供预防预警、应急救援、善后修复等方面的支持。公共安全智能化管理应用主要领域如下。

（1）自然灾害领域

为了提高预防预警和紧急救助的能力，能够迅速高效地实施紧急救助，最大限度地减少人民群众的生命和财产损失，维护灾区社会稳定，自然灾害智能化管理系统的开发及运用迫在眉睫。目前，智能化灾害预警已经受到越来越多的重视，我国政府也加大了投资力度，不断努力实现对自然灾害的智能化管理。2016 年，国务院办公厅修订了《国家自然灾害救助应急预案》，建立健全智能化管理系统是其中的一个重点。其主要内容有：在通信管理方面，加强中央级灾害信息管理系统建设，指导地方建设并管理覆盖省、地、县三级的救灾通信网络，确保中央和地方各级政府及时准确掌握重大自然灾害信息；以国家减灾中心为依托，建立部门间灾害信息共享平台，提供信息交流服务，完善信息共享机制；充分发挥环境与灾害监测预报小卫星星座、气象卫星、海洋卫星、资源卫星等对地监测系统的作用，建立基于遥感和地理信息系统技术的灾害监测、预警、评估以及灾害应急辅助决策系统。

（2）生产安全领域

生产是国家和社会发展的原动力，生产安全则是公共安全的重中之重。然而，生产安全领域事故多发的现状强烈呼唤着生产安全的智能化管理。生产安全智能化管理，就是要建设重大危险源安全监控中心，建立包括现场数据采集处理系统、数据传输及信息通信系统、高风险流程实时参数、实时视频监控系统、事故风险评估与安全智能分析系统、预警报警系统、事故模拟仿真及分析系统、统计分析查询系统等在内的智能化管理系统，以实现对生产活动的动态监管及监控预警。

例如，新疆吐鲁番采油厂开发运用的物联网＋智能化无人值守系统，能够通过生产重点区域的生产自动化、现场可视化、交互实时化、数据智能化，实现对生产安全进行实时监测和管理，大幅降低了建设成本和人力成本。

（3）公共卫生领域

世界范围内，公共卫生安全始终是人们共同关注的重点。我国是公共卫生事件高发国家之一，近年来，不断遭受突发性公共卫生事件的威胁。实践表明，公共卫生智能化管理能构筑一道坚固的公共卫生防御屏障，以预防和减少烈性病毒的流行。具体来说，公共卫生智能化管理是通过由危险识别、紧急协商、视频显示、数据处理、指挥调配、药品监管等众多公共卫生子系统与先进的医疗、通信、交通等科技构成的公共卫生智能化管理系统，对公共卫生事件进行有效预防、快速识别、应急处置和科学善后，从而维护公共卫生安全的管理活动。

例如，天津市委、市政府投资 1.8 亿元扩建天津市卫生防病中心，建设集楼宇自动化系统（BAS）、通信自动化系统（CAS）、办公自动化系统（OAS）于一体的智能化楼宇管理系统，用于天津市疾病预防控制体系、突发公共卫生事件应急处理体系和天津市公共卫生信息体系建设。

（4）社会安全领域

我国城镇化的快速推进，引发了治安、交通、食品、财产、卫生、信息等多重社会安全问题。在社会安全管理及问题处置中，智能技术的应用是其核心组成部分之一。当前，我国正在不断完善和规范安全技术防范工作。政府联合多领域、多专业的科研主体共同开展社会安全科技创新，以此加强社会安全智能化管理系统建设，从而切实提高信息收集、防范控制和快速处置能力，增强社会安全的智能化管理能力。

国务院印发的《新一代人工智能发展规划的通知》中明确提到，要促进人工智能在公共安全领域的深度应用，推动构建公共安全智能化监测预警与控制体系。通过视频监控系统、重点场所实名管控系统、电子信息侦控系统，对监控视频流进行实时分析、抓拍查询、告警查询和可疑人员筛查；通过动态布控和综合研判分析等技术为社会安全治理提供支持和实时情报。

3. 公共安全智能化管理的特征

目前在公共安全智能化管理中，预防预警技术正朝着综合化、精准化的方向发展，应急处置与救援技术正朝着多功能、系统化的方向发展，善后修复技术正朝着跨领域、深剖析、防再生的方向发展。公共安全智能化管理具有以下三个特征。

（1）技术导向性

智能技术系统是公共安全智能化管理实现的首要前提，无论在预防预警、应急救援，还是在善后修复的过程中，可靠的智能化软硬件系统都是不可或缺的管理手段和途径。正因如此，智能技术系统的先进与否直接影响着公共安全管理的实施过程及效果，技术的创新与发展也自然成为公共安全智能化管理的重要特征。

（2）管理自主化

以人工智能为主要代表的智能化技术创新，其核心问题可以总结为“深度学习”和“增强学习”，即通过建立深度置信网络、卷积神经网络、循环神经网络等深层结构模型的学习方法直接拟合数据的输入输出，让模型自主探索其中的内涵意义，随后不断地和环境做自主互动，调整决策的最优性。

（3）精准性和高效性

相比于人工管理，公共安全智能化管理能够通过先进智能技术系统对现实公共安全状况进行自主化学习和测算，精准把握当前公共安全在预防预警、应急救援或善后修复中存在的问题，并且得出相对最优的管理策略，从而大幅提升公共安全管理效率。

（二）公共安全智能化管理的实现

公共安全智能化管理的运用，关键在于将先进的智能化技术设备和管理系统运用到公共安全管理中。按照公共安全管理的阶段顺序，可以将公共安全智能化管理的实现划分成三个部分，即公共安全预防预警的智能化管理、公共安全应急处置的智能化管理和公共安全善后总结的智能化管理。

1. 公共安全预防预警的智能化管理

针对我国进入突发事件高发期，社会性突发公共事件比重增加，突发公共事件社会性根源强的特征，以防为主，做好危机管理基础工作，将危机化解或者消灭在预警阶段，无疑应是我国危机管理中需要特别注意的问题。其中，公共安全预防预警的智能化管理是公共安全管理的重要工作之一。

在公共安全突发事件发生之前，也就是公共安全日常管理阶段，智能化管理能够充分利用智能管理系统，最大限度地维护和保障公共安全，预防公共突发事件的发生，或者尽可能早地给出科学预警。换言之，公共安全预防预警的智能化管理就是运用智能科技预防或预警公共安全突发事件。公共安全预防预警的智能化管理主要包括以下两方面的内容。

（1）建设公共安全监测、预防与预警智能系统

研究公共安全预防预警的智能科技，着力培育公共安全突发事件的风险评估、危机预防、事件预警能力，有利于公共安全管理部门提升自然灾害风险抵御本领，加强事故灾难规避水平，增强公共安全事件防控能力，提高社会安全科学管理水平，从而实现对公共安全事件的提前感知、危机预防、及时预警。该智能系统以实时监控技术、智能风险感知技术、危险智能识别技术、报警信息传输技术、实体防护技术等为支撑，包含灾害情景推演研判及仿真展示系统和跨领域公共安全风险监测预防预警系统。例如，不断改进的公共安全视频监控系统，能够为公共安全预防预警提供直观、丰富、精确的信息；遍布城市各个角落的摄像头能够捕获体量巨大的公共安全相关视频信息；结合云计算、视频识别等智能技术，可以快速有效地筛选出“关键帧”，为公共安全管理者提供实时信息，从而为公共安全的预防预警提供可靠依据。

（2）大力提高公共安全预防预警智能化管理水平

一是通过对公共安全监测、预防与预警智能系统的不断调试，促使系统内部各子系统之间相互配合与协作，保证整个系统的整体性及效用。二是要加强操作人员对整个系统的控制与管理，保证系统正常有效运行。三是针对不同公共安全状况合理运用智能化系统，避免由系统运用不当造成不必要的紧张、混乱甚至风险。

应急预案智能化管理是公共安全预防预警的重要环节。它有利于强化对应急预案的管理，提高突发事件的应对能力，对各类公共安全突发事件的危机预防、培训演练、应急救援，均有着非常重要的实践意义。应急预案的智能化管理是利用现代智能科技，根据应急处置流程和可能出现的事件情形，形成系统、细致、可操作的预见性应急方案，实现方案制定超前化及智能化。具体而言，应急预案智能化管理综合运用了地理信息系统、全球定位系统、遥感技术、灾害预测与演变模拟技术、3D图像显示技术等智能化科技，通过智能技术建设相应的推理机制，模拟应急处置方案的启动与运行，进而不断改进应急预案，最终实现应急预案设立和应急预案管理的智能化。

2. 公共安全应急处置的智能化管理

公共安全应急处置的智能化管理，也称公共安全智能化应急管理，是公共安全管理工作的重心。在公共安全风险或危机出现、突发事件生成以后，公共安全智能化应急管理能够充分利用智能应急处置系统，采取科学合理的应对措施，最大限度地减少损失，控制事态避免升级，并在最短的时间内使事件得到妥善解决。简单来说，公共安全智能化应急管理就是运用智能科技积极应对并妥善处置公共安全突发事件。公共安全智能化应急管理的实质是以智能科技为支撑，以应急管理流程为主线，建立软硬件相结合的公共安全突发事件应急处置系统；在具体事件中实施应急预案，可以同时进行风险分析、信息报告、监测监控、综合研判、辅助决策、综合协调、方案实施等活动。按照公共安全突发事件的应对步骤，可将公共安全智能化应急管理分成以下三个阶段。

第一个阶段：公共安全突发事件发生之后。此时，事件刚刚发生，需要在第一时间运用通信系统、地理信息系统、事故评估系统确定事件发生的位置、现状及可能走势等事件相关

信息，并且通过这些智能系统掌握事件的实时动态信息。该阶段主要通过智能化管理系统获取公共安全突发事件的相关信息，为事件应对打下基础。

第二个阶段：公共安全突发事件的紧急应对阶段。在充分获取事件相关信息的基础上，应当在条件允许的情况下，充分调动各方力量，第一时间赶赴事发现场并尽快启动相应的智能应急预案，紧急应对突发事件。与此同时，需要运用遥感技术、无人机航拍技术、灾害演变模拟技术、智能机器人等智能科技，配合专家智库系统深入分析事件的生成发展机理及其可能的演化轨迹。

第三个阶段：公共安全突发事件的理性处置阶段。在紧急应对突发事件、控制事态发展的情况下，通过信息分析整合系统对上述事件相关信息的梳理总结，结合综合智能分析系统对事件处置的对策建议，采取科学合理的方法处置或解决事件。值得注意的是，在此阶段必须更加重视和加强对次生灾害的智能化管理，例如运用紧急医疗卫生保障系统保护灾区公共卫生安全，通过环境监测保护系统保障环境安全等。

3. 公共安全善后总结的智能化管理

公共安全善后总结的智能化管理是公共安全管理的关键，也是公共安全智能化管理不可或缺的环节。在公共安全突发事件结束以后，公共安全善后总结的智能化管理能够有效运用智能应急处置系统，妥善处理事件发生后的遗留问题，尽量修复和弥补事件发生带来的损失。除此之外，公共安全善后总结的智能化管理还将对事件进行全面分析与总结，为类似事件的防治形成经验。

总的来说，公共安全善后总结的智能管理是以智能科技为抓手，以善后修复和经验总结为主要任务，建立起公共安全突发事件的善后总结系统，处理好事件的遗留问题，做好事后修复工作。更为重要的是，要运用智能科技综合分析事件生成发展的深层原因并形成对策，从而为以后防止类似事件提供指引。

以天津“8·12”爆炸事件为例，在事件应急处置完成以后，政府联合安监、卫生、环保、气象等多元治理主体，采取智能化清理措施，按照排查、检测、洗消、清运、登记、回炉等科学程序及方法，有力有序、科学有效地推进现场危险化学品的清理工作。在此过程中，智能化措施的引入大大减少了危险品与现场处理人员之间的接触，有效保障了处理人员和民众的身体健康安全。同时，利用智能化环境监测系统对事故中心区域及周边大气、水、土壤、海洋环境实行 24 小时不间断监测，并采取针对性防范处置措施，防止环境污染扩大。另外，利用计算机、互联网、大数据等信息智能系统，快速识别事件相关谣言并采取相关措施，保证对事件舆论的正向引导。事后，针对事件起因，政府部门采取危险物检测检验、事件模拟仿真等智能化系统的检验、推理和分析，得出了硝化棉积热自燃，引起硝酸铵等危险化学品发生爆炸的科学结论。另外，事后对事件应急处置全过程中正反两方面经验和教训的总结，为以后类似事件的防治提供了可靠经验。

公共安全智能化管理的目标是通过科技手段提高应急管理的水平，更好地保障公众生命和财产的安全。然而，在推动智能化管理的同时，也需要关注信息安全、隐私保护等伦理和法律问题，确保智能系统的合法合规运行。

四、公共安全数字化管理

公共安全数字化管理是指将先进的数字技术和信息管理手段应用于公共安全领域，以提高安全管理的效率、准确性和智能化水平。

当前，人们正处在一个崭新的数字化时代。随着大数据、物联网和人工智能等 ICT 技术的发展与应用，全球各行各业迎来数字化转型浪潮。伴随着时代的进步和科技的发展，城市化进程的加快给城市带来诸多公共安全方面的压力，如何利用数字化转型来满足城市不断增长的安全需求，进一步提高公共安全部门保障社会安全的能力和水平，是公共安全行业面临的巨大挑战。数字化是运用计算机将生活中的信息转化为 0 和 1 的过程，数字化时代则是这种信息领域的数字技术向人类生活各个领域全面推进的过程。至今，数字化的特点与技术已经被广泛接纳，并逐步应用于人们生产生活与社会管理的各个方面。面对公共安全问题复杂多变的发展趋势，数字化不仅能有效简化并客观反映复杂的公共安全问题，而且能在最短的时间内形成有力的对策以化解公共安全危机。因此，必须不断夯实现代化公共安全数字硬件基础，积极发展公共安全管理的数字化技术，努力实现公共安全数字化管理，从而加强对公共安全的科学管理与危机应对。

（一）公共安全数字化管理的提出

公共安全数字化管理是当前公共安全管理中的新兴管理方式，也是学界研究的热点。公共安全数字化管理作为当前公共安全管理科技创新的重要内容，是公共安全科技管理的重要组成部分，对公共安全管理的科学化具有重要的助推作用。数字化管理具有简单、客观、高效、有力等特点，能够给公共安全的维护管理与危机应对带来巨大益处；同时，数字化管理对问题进行的数字简化可能导致问题描述及应对不全等衍生问题。因而只有不断创新公共安全数字化管理机制，完善公共安全数字化管理，才能持续推动公共安全管理的数字化与科学化。

1. 何谓数字化管理

数字化管理是指利用计算机、通信、互联网等技术，通过统计技术量化管理对象与管理行为，使管理过程具有简单有力、消除语言障碍、处理高效、客观评判等优点的一种管理方式。它最早被用于企业生产管理，由于传统质量管理存在的质量信息测量偏差、质量过程控制效率低下、质量决策分析数据不全等问题制约了企业的进一步发展，所以质管部门迫切希望采用有效的数字化管理系统，改善对企业生产的质量管理。数字化管理在企业生产管理中的显著效果，使其被广泛应用到其他社会领域。

当前，随着互联网、移动终端等信息技术的飞速革新，数字信息时代也在不断向前发展，并直接造成了现代社会中数据和信息的大爆炸。2012 年，《纽约时报》刊文宣告“大数据时代已经到来”。大数据是以容量大、类型多、存取速度快、应用价值高为主要特征的数据集合。大数据正快速发展为对数量巨大、来源分散、格式多样的数据进行采集、存储和关联分析，从中发现新知识、创造新价值、提升新能力的新一代信息技术和服务业态。

大数据的出现及应用改变了人类社会对巨量数据信息的意识观念与重视程度，带动了从“小数据思维”到“大数据思维”哲学理念的深刻转变。大数据思维，即以相关关系为轴心，通过对数据的分析、评估、归纳和挖掘，探究事物内部各要素和各事物之间的关联性，感知事物现状，预测事物发展趋势，总结事物发展规律。[①] 正如英国大数据研究专家舍恩伯格在《大数据时代》中深刻指出的：“大数据开启重大的时代转型。就像望远镜帮助人们感知宇

① 孙粤文.大数据：现代城市公共安全治理的新策略[J].城市发展研究，2017(2)：79-83.

宙，显微镜帮助人们观察微生物，大数据改变人们的生活和理解世界的形式，成为新发现、新发明、新改变、新服务的智慧之源。”近年来，借助于云计算、非关系型数据库等数据信息处理技术与存储管理能力的发展与提高，海量数据的有效处理和科学管理成为可能。而且，大数据带来的理念与思维方式的更新，促使人们开始注重挖掘数据信息中被忽略的价值。美国在2012年启动了大数据发展研究计划，将大数据研究上升为一项重要的国家战略；在中国，2013年被信息产业界称为中国的“大数据元年”。我国“十三五”规划纲要将数据列为国家基础性战略资源。面对新时期出现的新机遇，如何利用大数据推动社会的发展、满足公众的需求，已经成为当前时期政府管理者需要认真思考的重要问题。

2. 公共安全数字化管理

运用现代化数字信息技术，进行公共安全数字化管理，是公共安全管理科学化与现代化的内涵要义和重要手段。公共安全数字化管理是指通过对海量公共安全数据信息的有效处理和科学管理，广泛收集并深入挖掘其中蕴含的关于公共安全有价值的信息，从而为公共安全管理提供科学决策、辅助和策略的活动。

在当前大数据的时代背景下，公共安全数字化管理工作的重心在于公共安全大数据管理。大数据能够让人们在掌握海量信息的基础上对其进行科学处理，以便准确地发现事物发展的规律。正是由于大数据具有揭示事物发展规律的作用，因而目前它已在信息产业、医疗卫生、交通运输、食品安全等领域中发挥出重要作用。就公共安全领域而言，数字化管理也有着极为广阔的应用空间。具体到每个安全领域来说，公共安全数字化管理的内容主要包括自然灾害类数据信息（例如地震、台风、洪水的相关数据等）、事故灾难类数据信息（例如生产事故、爆炸火灾的相关数据等）、社会治安类数据信息（例如治安环境、犯罪信息等）、公共卫生安全类数据信息（例如空气质量、医疗保障、食品安全信息等）等诸多类型，所有这些数据信息的收集与挖掘都为公共安全管理创造了有利条件。

数字化管理是公共安全治理的重要机遇，在维护和保障公共安全中具有以下作用。

（1）体量巨大的数据基础

随着公共安全领域及问题的不断外延，公共安全相关数据信息越来越庞大，数据构成也愈发复杂。云计算技术、物联网技术、移动网络技术等大数据技术能够快速对这些庞大且复杂的数据进行收集与传输，使公共安全治理得到强大的数据支持。

（2）丰富可靠的数据挖掘手段

对数据的科学处理和分析是公共安全数字化管理的关键和难点，数据爬虫技术、语义分析、自然语言处理、自动图像识别、数据可视化等数据处理技术，能够为公共安全管理者进行数据处理提供抓手，帮助他们有效挖掘出复杂数据中蕴含的有价值的公共安全信息。

（3）准确可信的预测评估结果

运用大数据技术，公共安全管理者可以对公共安全的相关数据进行采集、整合、处理、加工，梳理城市运行体征，为城市运行安全监测、综合分析、预警预测、辅助决策等提供服务，充分发挥数据的潜在价值，以提高城市公共安全管理水平。① 通过公共安全相关数据的收集与分析，可对公共安全水平或公共安全突发事件的状况进行科学评估，从而加强公共安全管理者对公共安全状况的认知，以便采取相应的管理措施或方法。

---

① 丁波涛.大数据条件下的城市公共安全应对机制[J].上海城市管理，2015(5)：26-30.

此外，必须强调的是，不论是数字处理技术还是数字管理方法，都是客观存在的数字管理技术或方法，它们存在的意义是为公共安全管理者进行决策或采取行动提供辅助。人与数字工具的协同工作以及人的态度和行为对救灾数据的影响、人对数字化管理辅助决策的评判和接纳，都是公共安全数字化管理的重要内容和影响因素。因此，只有实现人、数字化管理二者的协调统一，使数字化管理成为公共安全管理者的管理利器，才能最大限度地发挥数字化管理助力公共安全管理的科学有效性，实现以人为本、科学合理的公共安全管理。

总之，大数据为公共安全拓展了巨大的空间，只有真正建立起量化统计管理的理念，将大数据管理全面运用到公共安全管理中，才能更好地顺应时代的需要，满足公共安全科技管理的需求。

（二）公共安全数字化管理的应用

从数字化视角看公共安全管理的实现，公共安全管理是对特定公共安全领域的大数据进行一定的数据处理和应用，从而开展科学治理工作。进一步说，这种处理和应用的流程主要包括数据收集和数据挖掘。开展科学治理则主要体现为公共安全数字化管理的两个阶段功能，即预防预警和应对处置。

1. 公共安全数字化管理的主要流程

基于大数据的深刻影响力，公共安全治理新模式的运作以大数据收集为起点，通过对其在公共安全治理过程中作用的挖掘，实现大数据参与治理的功能，并最终制定大数据策略并付诸行动。也就是说，公共安全数字化管理实质上是一种在处理大量信息的基础上，获取有效信息的过程。其实现主要依托于运用一定的科学手段，将公共安全领域内的海量数据资源和相关社会信息进行程序化和规范化的收集和挖掘，以此获得有价值的信息。其最终目标是将有效信息及时推送至政府部门及相关机构或部门，以协助它们为公共安全提供常规性的服务和保障工作，并在公共安全受到威胁时，及时进行有效的危机解除。

数据收集是公共安全数字化管理的基础。值得注意的是，在大数据的世界里，数据通常以隐性、非结构化等多种复杂形式呈现，这就使得人们在收集数据时要进行有意识、针对性的关注和积累，而后通过一定方式将大量非结构化的信息进行采集、抽取，并对其加以整合，最终以结构化的数据形式呈现出来。

近年来，物联网技术的快速发展给公共安全数字化管理提供了全新科学的数据收集模式。物联网（internet of things）是指通过无线射频识别（radio frequency identification，RFID）、红外感应器、定位系统、激光扫描仪等各种信息传感设备，把任何物体与互联网连接起来，进行信息交换和通信，以实现智能化识别、定位、跟踪、监控和管理的一种网络。物联网技术通过感知层、传输层和应用层将公共安全相关的各种事务联系起来，并实现事物之间的数据传输和信息共享。物联网技术能够快速获取公共安全相关信息，提供高效可靠的信息传输与互联，形成面向不同需求和各种环境的智能决策系统。

根据信息采集方式的不同，物联网数据采集技术往往可以分为两种方式，即主动数据收集和被动数据收集。主动数据收集主要指采集数据的一方主动向被采集数据的一方，即目标网站发送请求，从而通过分析目标网站的响应来获取数据的方式。搜索引擎的爬虫程序是主动数据收集方式最常见的例子。主动数据收集的优点包括：能够支持定点定主题的针对性数据收集，并且能够灵活更新采集策略，同时避免了对配合网络关键节点的麻烦；其缺点是需要对被采集数据的网站进行一定的定制开发。与主动数据收集相比，被动数据收集则是指采集数据的一方通过对网络关键节点加以控制，以此捕获流经关键节点的网络流量，从而通过对通信协议进行解析还原来获取数据。被动数据收集的主要优点是能够支持大流量、大规模数据的采集；其缺点是缺乏针对性，并且需要关键节点的配合。

数据挖掘是公共安全数字化管理的关键。学界普遍认为，数据挖掘主要包括以下三层含义。

（1）研究人员利用大数据算法（例如云计算等技术），以海量的数据信息为挖掘对象，通过建立数学模型等方式进行高效自动的分析和梳理，由此发现隐藏在大数据内部的有机联系、相互关系、作用模式和发展趋势，从而推断出新的事物发展规律，进而有效预知和科学预测未来趋势发展。此时的数据挖掘没有针对性。

（2）人们通过运用先进网络信息技术手段，从海量的大数据中有针对性地挖掘出人们预想的或迫切需要的资源信息，即科学认知或客观规律。此时的数据挖掘具有较强的针对性。

（3）人们通过对现有网络信息系统全部数据资源的高效整合，实现数据的互联互通和有效共享，从而建成统一、规范、快捷的科学运行模式，以及科学完善的数据处理工作机制。

在公共安全管理领域，数据挖掘是指通过对已收集的大量数据进行科学性的分析和研判，在此基础上，厘清隐藏在数据背后的关联关系，发现并解释由关联关系总结出的事物根本规律，从而为公共安全危机的预防预警和应对处置提供依据。其中，进行科学地分析和研判是数据挖掘的核心，这就需要合理运用科学的方法。这些方法主要包括：关联分析、聚类分析、模式分析、异常分析和图数据分析等。值得注意的是，在整个数据的分析处理过程中，不必太过于追求依照预定的模型目的去探寻所谓的因果性，因为整体数据呈现出的整体性与相关性才是数据挖掘需要关注的重点。

2. 公共安全数字化管理的阶段功能

按照公共安全突发事件发生的前后两个阶段，可将公共安全数字化管理的现实功能分为事发前的预防预警功能和事发后的应对处置功能。

公共安全数字化管理，对及时有效地降低公共安全事件的发生概率具有重要作用。这主要得益于“大数据的核心在于预测”①。通过公共安全数字化管理，潜在的公共安全事件可能发生的关联关系和事物的客观规律便能够被提前获悉，从而为研究者把握公共安全变化及发展趋势提供了客观依据，也为把公共安全事件消灭在萌芽阶段提供了技术支持。因此，公共安全数字化管理具有预防预警的功能。公共安全数字化管理预防预警功能的发挥主要表现在以下三个方面。

（1）大数据推动了公共安全管理思维上的变革。在大数据时代，人们已经习惯于在社交网络上留下情绪变化或者寻求某方面答案等行为数据。这些海量数据的生成，再加之对大数据分析研判技术的发展，使得人们不再拘泥于事发后的应对处理，而更加重视事前预防。

（2）大数据使得公共安全管理中对风险的识别更加精细化。在传统数据时代，人们仅仅能够通过单一维度和随机采样的方式进行数据分析，这种方式得出的结果往往具有片面性。而大数据技术展现的是从多维度、多层面对全部的、庞大的数据资源进行整合分析，其

① 陈潭.大数据时代的国家治理[M].北京：中国社会科学出版社，2015：207.

结果更加准确和精细，这也就确保了事前预防的可靠性。

（3）大数据使得政府，即公共安全的主要责任人，与公众之间保持着一种串联关系。政府在信息资源上占据绝对优势，这决定了政府要担当信息的沟通者就势必要建立有效的信息发布机制。因此，大数据为政府开展公共安全事件预警搭建了平台。

在公共安全突发事件发生后，数字化管理主要包括实时数据信息的全方位收集与快速传递、数据整合与深入挖掘、数据结果可视化和提供决策辅助。其中，数据收集与传递是对事件所有相关数据信息的实时收集与不间断快速传递。数据整合与深入挖掘是根据大数据本身的特点，对所收集的数据进行整合，剔除无效数据信息，进而挖掘数据信息中有价值的部分。数据结果可视化是将数据结果以简明直接、通俗易懂的方式表现出来。提供决策辅助是指在按照上述步骤完成数据处理之后，以其结果为事件应对处置决策提供辅助。

数字化管理在事件发生后的应用，能为事件处理者开展应对处置提供很大便利。具体来说，一方面，数字化管理意味着大量的数据信息、高效的数据处理和快速的数据传输，有利于信息有效沟通与协作，进而帮助多元主体采取相应的应对策略和方法，实现多元协作的应急处置。另一方面，在大数据决策支持系统支撑下，不同部门提供的信息，都需要纳入大数据支撑的决策支持系统。交通、医护、警务、市政基础设施管理等部门相互之间需要及时沟通，为突发事件的处置提供有力的犯罪打击、充足的物力资源、及时的导航信息和必要的建筑图纸等。

只有不断加强公共安全突发事件的数字化管理，持续强化数据信息系统，提升事件决策支持系统的科学性与效率，才能保证公共安全突发事件的妥善应对与处置。Facebook（脸书）研究院发布的“救灾地图”就是一个很好的例子。它利用其庞大的用户人群，将全球用户化身成为数据“收集器”，并将其整合成“密度地图”“运动地图”“安全确认地图”三大数据集，以地图等可视化方式实时呈现灾区信息，从而为应急救灾工作提供关键的决策辅助。

通过数字化管理，公共安全能够更好地利用先进技术手段，提高管理水平，从而能更迅速、准确地应对各类公共安全挑战。同时，确保数字化管理的合法合规运行和信息安全，是数字化管理的重要考量。

第六章　公共安全应急指挥

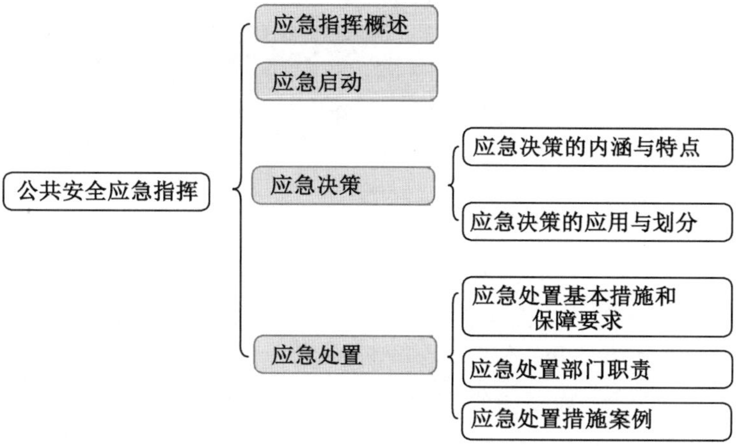

公共安全应急指挥是指在突发事件或紧急情况下，由专门的指挥机构或指挥人员对应急响应工作进行组织、协调和指导的过程。其目的是通过科学、灵活和高效的指挥体系，及时有效地协调和利用社会资源，减少由灾害所带来的损失，维护和保障人民群众的生命安全及自身利益不受损失。

第一节　应急指挥概述

应急指挥也称为指挥，常用于军队对下属部队作战部署及行动进行命令与领导。自2006年我国成立应急管理体系以来，应急指挥一词主要是指在突发事件应急处置活动中，上级机关及其领导对所属下级的应急活动和应对突发事件进行的特殊组织领导活动。应急指挥最重要的体现是在紧急情况下，通过正确的指挥而充分发挥有限的应急力量控制事态发展，达到在突发情况下减少损失、保护生命财产安全的目的。现在，应急指挥已经开始应用到各个领域，每时每刻都在发挥着重大作用。近几年我国面临事故频发、自然灾害连绵不断、灾情严重的严峻局面，应急指挥效率尤其重要。我国国家应急指挥机构总是第一时间出现在灾情最严重地区的前线，充分体现了应急指挥的重要性和时效性，为我国抢险救灾工作做出了重大贡献。

我国应急管理体系建设如图 6-1 所示。

我国安全生产应急指挥体系由国务院安全生产委员会，应急管理部，各省、市、区(县)安全生产应急指挥机构、各企业安全生产应急救援值守机构组成。其结构示意如图 6-2 所示。

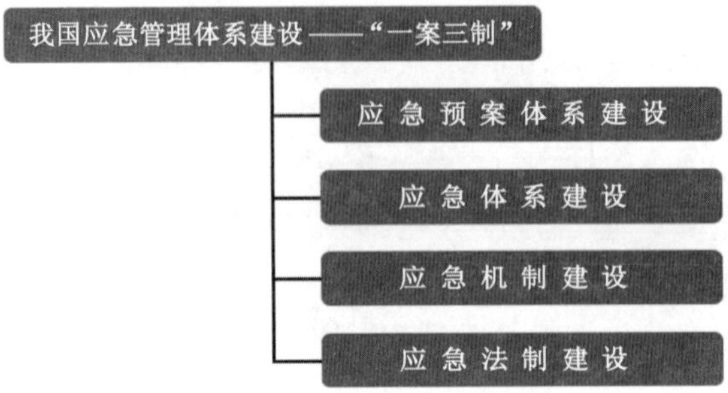

图 6-1　我国应急管理体系建设

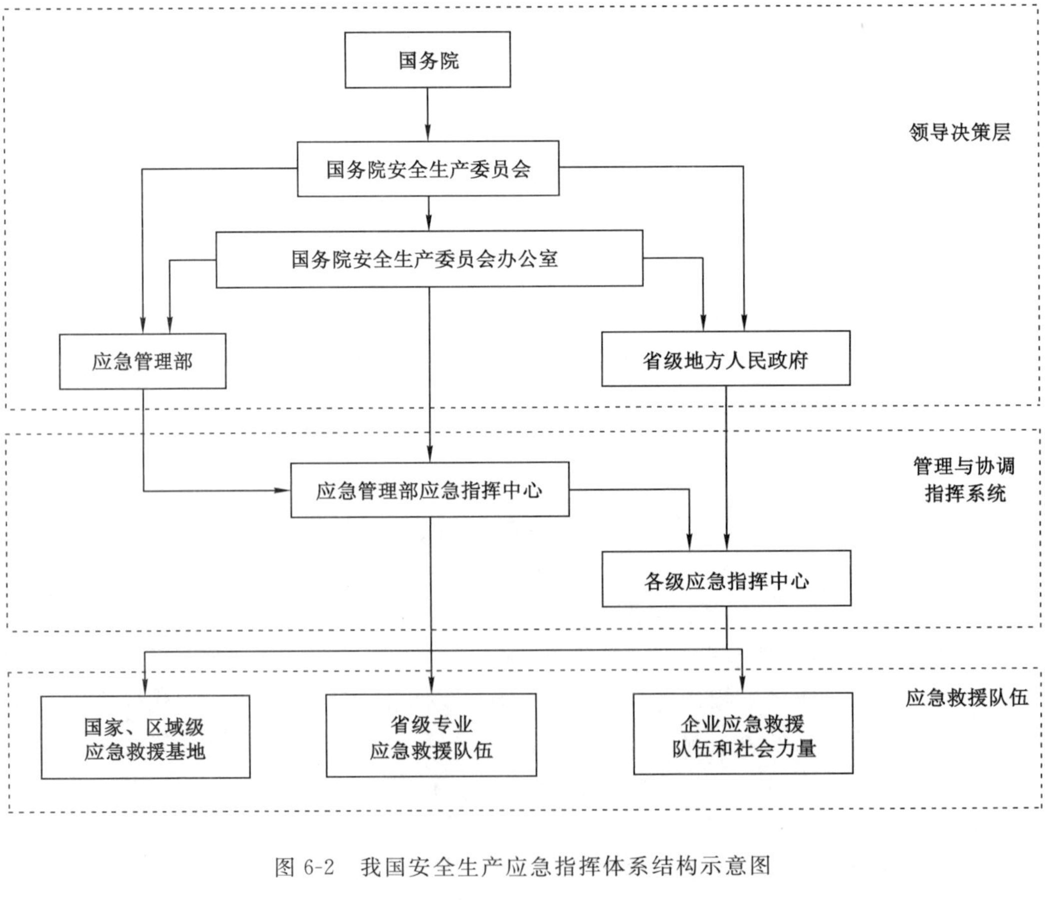

图 6-2　我国安全生产应急指挥体系结构示意图

第二节　应急启动

《国家突发公共事件总体应急预案》规定，我国各地区和省市及各部门应针对各种可能发生的突发公共事件，完善预测预警机制，建立预测预警系统，开展风险分析，做到早发现、早报告、早处置。根据突发公共事件的特点、可能引发的人员伤亡情况、影响公民身体健康的严重程度和事故影响的区域范围等，按照分类应对的原则启动应急预案，并进行相应等级的应急响应。

预警等级一般有四级：Ⅰ级（特别严重）、Ⅱ级（严重）、Ⅲ级（较重）、Ⅳ（一般），对应颜色分别为红色、橙色、黄色和蓝色。

根据突发公共事件的管理要求、危害和紧急度，发布、调整和消除预警信息。预警消息的发布、调整和排除可通过电台、电视、报纸、信息、网络或人工逐个通知等方式进行，某些特殊场所和警报盲区应采取有针对性的公告方式。

预警信息包括事件的类别、级别、时间、影响范围、事项、措施和单位等。一些特别重大或者重大突发公共事件发生后，地区、部门要立即向上级报告，每级上报时间不得超过2小时，同时也应当立即通报有关地区和部门。处置过程中，要及时持续报告后续的相关情况。

突发事件发生后，企业现场有关人员要立即直接或逐级报告单位负责人。各单位负责人接到报告后应在30分钟内向子（分）公司应急管理领导小组办公室报告，并且继续随时报告最新的情况。企业应急管理领导小组办公室接到事件报告后，要立即通知应急管理领导小组组长、副组长。应急管理领导小组应根据突发事件危害程度，立即启动相应级别的应急管理预案。根据规定，单位负责人接到报告后，应在1小时内向事故发生地县级以上人民政府安全生产监督管理部门和负有安全生产监督管理职责的有关部门报告。信息报告的内容包括事件报告人单位、姓名和联系电话，突发事件发生时间、单位、地点，事件的经过和可能的发展趋势，采取的措施以及是否需要进行增援等。报送信息应事实清楚、文字精练，报告前须经过应急管理领导小组负责人的签发。特别紧急的情况下，可事前先电话进行报告，随后迅速补报书面材料。如果有人员受伤或死亡，要按规定时间报至所在地劳动保障部门。若情况特别紧急，可直接向上一级政府报告。

当发生紧急情况时，企业要马上启动相应的应急方案，组建应急救护团队和人员，对受灾人员进行有效的救助，对受威胁人员进行疏散、安置，对危险源进行控制，对危险区域进行标记，对危险地点进行封闭，尽量减少人员伤亡、财产损失和对环境的损害，并采取必要的预防措施，避免事故进一步扩大。如果突发事件超过公司的应急处理能力，而又不能完全控制，应马上向当地政府和集团申请，要求进行更高层次的紧急救助。

在应急响应期间，当灾害事件得到有效控制、危险性降低、救援任务完成或者应急响应已经达到指定的时间，可以宣布应急响应结束。应急响应终止条件包括以下几个方面。

（1）灾害事件得到有效控制。当灾害事件得到有效控制，已经没有继续扩大的趋势，并且无须进一步采取应急措施时，可以宣布应急响应终止。

（2）危险性降低。当灾害事件的危险性明显降低或者已经消失，不会对人民群众的生命财产造成严重威胁时，可以宣布应急响应终止。

（3）救援任务完成。当救援任务完成，被困人员得到救援，被受灾群众得到基本生活保障时，可以宣布应急响应终止。

（4）应急响应达到指定的时间。当应急响应达到指定的时间时，按照规定进行评估，确定终止应急响应的时机。

总之，应急响应终止条件是根据灾害事件的实际情况和应急响应的目标来确定的，必须严格按照规定程序进行决策，确保人民群众的生命财产安全。

第三节　应急决策

突发事件的应急决策，是指在应对突发事件的过程中进行的一种决策，也就是在发生突发事件后，立刻对有关的信息进行收集和处理，确定问题和目的，对各项方案进行分析和评估，做出选择，并进行跟踪测试和调整，直到事件被控制。

一、应急决策的内涵与特点

从现代决策学的角度来看，决策并非个体行为，而是一系列科学活动的综合。在突发事件中，决策者应预先识别国家安全与核心价值观念所面临的严峻威胁与挑战。突发公共事件与不确定性给决策者带来了巨大的压力，而且决策者不得不在极短的时间内做出决策与应对。这要求突破一般的流程和方式，去掉一些"繁文缛节"，以便尽可能地按照非常规的步骤来做出决定。所以，突发事件的决策往往是一种非经常性的、非常态的决策行为。突发公共事件的应急决策，就是在政府的领导下，由媒体、非营利组织、企业、公民等多方参与，在有限的时间、资源、人力等限制条件下，基于对客观规律的认知，采用科学的方法，确定应急管理的目的，并给出应对措施的研究与选择的过程。突发公共事件应急决策是一种具有强烈有效性和约束条件的非程序决策，其实施效果难以预料甚至达不到预期。

应急决策是应对突发公共事件的一个关键步骤，也是政府应对能力的一个重要方面。对突发公共事件进行科学、民主的应急决策，是政府进行高效应急管理的必要前提，也是最困难、最能反映决策水平的一个环节。

二、应急决策的应用与划分

在突发事件中，应对突发事件的主体所面对的局面是错综复杂的。突发事件的应急决策可以划分为突发事件发生、救援和事后处置三个阶段。突发事件发生后，决策层应结合突发事件的相关信息、应急预案、应急物资、救援团队等，制订一套完整的救援计划。首先是将涉险人员转移到安全区域，然后进行突发事件的控制和次生灾害的防治。救援人员在应对突发事件时，要及时向现场汇报，保证决策者在掌握足够信息的前提下做出最优的决策。在对受灾群众的安置与应急处置工作中，要不断地总结经验，充实事故案例数据库，修正完善应急预案，开展相应的应急演练。

当前，我国在应对突发公共事件的过程中仍有诸多不足之处，亟须理论指导。从实际情况来看，在突发事件发生时，部分决策者往往没有足够的应变能力，或者是在没有理论指导的情况下做出盲目决策，甚至出现过于独断、依赖经验、层级过多等非科学决策问题。

突发公共事件的复杂性以及决策的高难度，对应急决策提出了更高的要求。毫无疑问，一旦出现突发公共事件，其常态就会发生变化，相应的负责人需要做出相应的决策，才能快速恢复社会秩序。但是，由于突发公共事件涉及社会的方方面面，具有很强的社会影响力，决策者面对的是错综复杂的社会利益关系，这其中涉及许多复杂的问题，所以紧急情况下做出正确的决策是很困难的。强化突发事件应急决策的研究，有利于完善各级各类突发事件的决策流程、方法等，有助于减小突发事件发生时的不确定因素，缩短决策者与执行者、利益相关方的距离，减小实施过程中的阻力，更好地获取决策反馈，促进突发事件的科学决策。

第四节　应急处置

应急处置是指在突发事件或紧急情况下采取的一系列行动和措施，以应对并解决问题，保护人民生命财产安全，减少灾害损失。突发事件发生后，履行统一领导职责或者组织处置突发事件的人民政府应当针对其性质、特点和危害程度，立即组织有关部门，调动应急救援队伍和社会力量，采取应急处置措施。

一、应急处置基本措施和保障要求

（一）应急处置基本措施

（1）在紧急情况下，应立即对事故现场进行防护，对伤员及物资进行抢救，对高危地区的群众进行撤离，将事故的危害控制到最低限度，将生命和财产损失降到最低。

（2）应急救援工作应制定严格的安全技术措施，严防事故损失程度扩大。

（3）参与抢险救灾工作的人员，要严格遵守抢险救灾预案，在没有抢险救灾工作领导小组组长同意的情况下，不得随意更改抢险救灾方案。

（4）应急预案启动期间，应急办公室所有人员、相关人员手机要保证 24 小时畅通，严禁关机或不应答，做好值班和后勤工作。

（二）通信和信息保障

应急响应期间，开通 24 小时专线电话、自动传真，保证信息传递及时、准确。局办公室要确定专人对系统进行维护，确保网络畅通。

（三）应急支援与装备保障

当紧急情况发生时，各个部门应立即采取措施，快速反应，疾速变更物资、人员，确保应急处置顺利开展。

（四）宣传引导

在紧急情况下，重大突发事件的发布必须经过市应急工作领导小组批准。办事处应主动做好宣传工作，形成正确的舆论引导，并与相关部门共同做好应急处理工作。

（五）应急结束措施

（1）严格追究瞒报、迟报、漏报信息责任。对突发事件缓报、谎报或者授意他人缓报、谎报的，要依法给予首要负责人行政处分。

（2）严格追究相关人员“不作为”责任。对未按照应急预案要求，不积极配合、推诿扯皮，严重损害机关形象，影响恶劣、后果严重的，依法给予行政处分。

（3）对办事不利的人，要严肃问责。对在紧急情况下，反应迟缓、玩忽职守，导致事故扩大的，要对有关单位和个人问责。情节严重的，依法追究刑事责任。

二、应急处置部门职责

在对公共安全造成重大影响的情况下，公安部门要按照法律规定，及时派出警察对现场进行必要的强制处置，以最快的速度恢复社会秩序。

如果突发事件对国民经济造成重大影响，应采取必要的应急手段，保证人们的基本生活需求，将突发事件造成的损失降到最低。

负有统一领导责任或者是组织应对突发事件的人民政府，在必要的时候，可以对单位或者个人征用应急救援所需要的设备、设施、场地、交通工具以及其他物资，要求其他地方人民政府提供人力、物力、财力或技术支持，要求生产、供应生活必需品和应急救援物资的企业组织生产和保障供应，并要求提供医疗、交通等公共服务的组织提供相关服务。

履行统一领导职责或者组织处置突发事件的当地人民政府，应当按照有关规定统一、准确、及时发布有关突发事件事态发展和应急处置的信息。

不得编造、传播有关突发事件的不实消息。紧急事件发生地点的居民委员会、村民委员会等，要根据地方人民政府的决定和命令，对公众进行宣传和动员，组织自救、互救，并协助维持治安。受到自然灾害危害或者发生事故灾难、公共卫生事件的单位，应当立即组织本单位应急救援队伍和工作人员营救受害人员，疏散、撤离、安置受到威胁的人员，控制危险源，标明危险区域，封锁危险场所，并采取其他防止危害扩大的必要措施，同时向所在地县级人民政府报告。对因本单位的问题引发的或者主体是本单位人员的社会安全事件，有关单位应当按照规定上报情况，并迅速派出负责人赶赴现场开展劝解、疏导工作。突发事件发生地的其他单位应当服从人民政府发布的决定、命令，配合人民政府采取的应急处置措施，做好本单位的应急救援工作，并积极组织人员参加所在地的应急救援和处置工作。突发事件发生地的公民应当服从人民政府、居民委员会、村民委员会或者所属单位的指挥和安排，配合人民政府采取的应急处置措施，积极参加应急救援工作，协助维护社会秩序。

在控制或者消除了突发事件的威胁和危害之后，负有统一领导责任或者负责处理突发事件的当地人民政府，应该暂停按照本法所规定的应急处理办法，并在此期间，采取或继续采取必要的措施，以防止自然灾害、事故灾难、公共卫生事件的次生、衍生事件或重新触发社会安全事件的再次发生。

在紧急情况处理完成后，负有统一领导责任的人民政府，要及时对事故造成的损害进行评估，尽快组织受灾地区的生产生活、工作和社会秩序的恢复，制订恢复重建方案，上报上级人民政府。对受损的交通、通信、供水、排水、供电、供气、供热等公共设施进行抢修。受突发事件影响地区的人民政府开展恢复重建工作需要上一级人民政府支持的，可以向上一级人民政府提出请求。上一级人民政府应当根据受影响地区遭受的损失和实际情况，提供资金、物资支持和技术指导，组织其他地区提供资金、物资和人力支援。受突发事件影响地区的人民政府应当根据本地区遭受损失的情况，制订救助、补偿、抚慰、抚恤、安置等善后工作计划并组织实施，妥善解决因处置突发事件引发的矛盾和纠纷。公民参加应急救援工作或者协助维护社会秩序期间，其在本单位的工资待遇和福利不变；表现突出、成绩显著的，由县级以上人民政府给予表彰或者奖励。县级以上人民政府对在应急救援工作中伤亡的人员依法给予抚恤。履行统一领导职责的人民政府应当及时查明突发事件的发生经过和原因，总结突发事件应急处置工作的经验教训，制定改进措施，并向上一级人民政府提交报告。

对于企业来说，如果发生在公司内部的社会安全事件，或者其主体是公司的雇员，公司应该根据相关规定将情况报告给公司，并尽快派遣负责人前往现场进行安抚和疏导。应急管理领导小组应指定相关责任部门来处理公共事件，并且接受公众的咨询，以及接待、安抚被突发事件而影响或受到波及的人员。在处理突发事件的过程中，应加强人员协调，要服从领导指挥，保持通信的畅通，将现场救援的情况及时传递到应急管理领导小组办公室，应急信息的传递与接收必须有专人负责。在有需要的时候，要及时向上级领导报告事故发生地点，并进行指挥交接。在进行紧急救援时，要注重对事故现场和有关证据的保护。任何部门和个人不得破坏事故现场、销毁证据，或阻碍事故调查工作的顺利进行。因情况紧急需要对现场情况进行变动时，应绘制简单的现场示意图，做好文字记载，并对现场重要的痕迹和实物进行妥善保管。紧急情况结束后，经现场应急指挥中心证实，同时符合以上规定的终止条件，则应立即停止处理。

三、应急处置措施案例

（一）自然灾害、事故灾难或者公共卫生事件发生后，履行统一领导职责的人民政府可以采取下列一项或者多项应急处置措施。

(1) 组织营救和救治受害人员，疏散、撤离并妥善安置受到威胁的人员，以及采取其他救助措施。

(2) 迅速控制危险源，标明危险区域，封锁危险场所，划定警戒区，实行交通管制，以及其他控制措施。

(3) 立即抢修被损坏的交通、通信、供水、排水、供电、供气、供热等公共设施，向受到危害的人员提供避难场所和生活必需品，实施医疗救护和卫生防疫，以及其他保障措施。

(4) 禁止或者限制使用有关设备、设施，关闭或者限制使用有关场所，中止人员密集的活动或者可能导致危害扩大的生产经营活动，以及采取其他保护措施。

(5) 启用本级人民政府设置的财政预备费和储备的应急救援物资，必要时调用其他急需物资、设备、设施、工具。

(6) 组织公民参加应急救援和处置工作，要求具有特定专长的人员提供服务。

(7) 保障食品、饮用水、燃料等基本生活必需品的供应。

(8) 依法从严惩处囤积居奇、哄抬物价、制假售假等扰乱市场秩序的行为，稳定市场价格，维护市场秩序。

(9) 依法从严惩处哄抢财物、干扰破坏应急处置工作等扰乱社会秩序的行为，维护社会治安。

(10) 采取防止发生次生、衍生事件的必要措施。

（二）社会公共安全事件发生后，当地人民政府应当立即组织有关部门，并由公安机关针对事件的性质和特点，依照有关法律、行政法规和国家其他有关规定，采取下列一项或者多项应急处置措施：

(1) 强制隔离使用器械相互对抗或者以暴力行为参与冲突的当事人，妥善解决现场纠纷和争端，控制事态发展。

(2) 对特定区域内的建筑物、交通工具、设备、设施，以及燃料、燃气、电力、水的供应进行控制。

(3) 封锁有关场所、道路，查验现场人员的身份证件，限制有关公共场所内的活动。

(4) 加强对易受冲击的核心机关和单位的警卫，在国家机关、军事机关、国家通讯社、广播电台、电视台、外国驻华使领馆等单位附近设置临时警戒线。

(5) 法律、行政法规和国务院规定的其他必要措施。

第七章　公共安全应急培训与演练

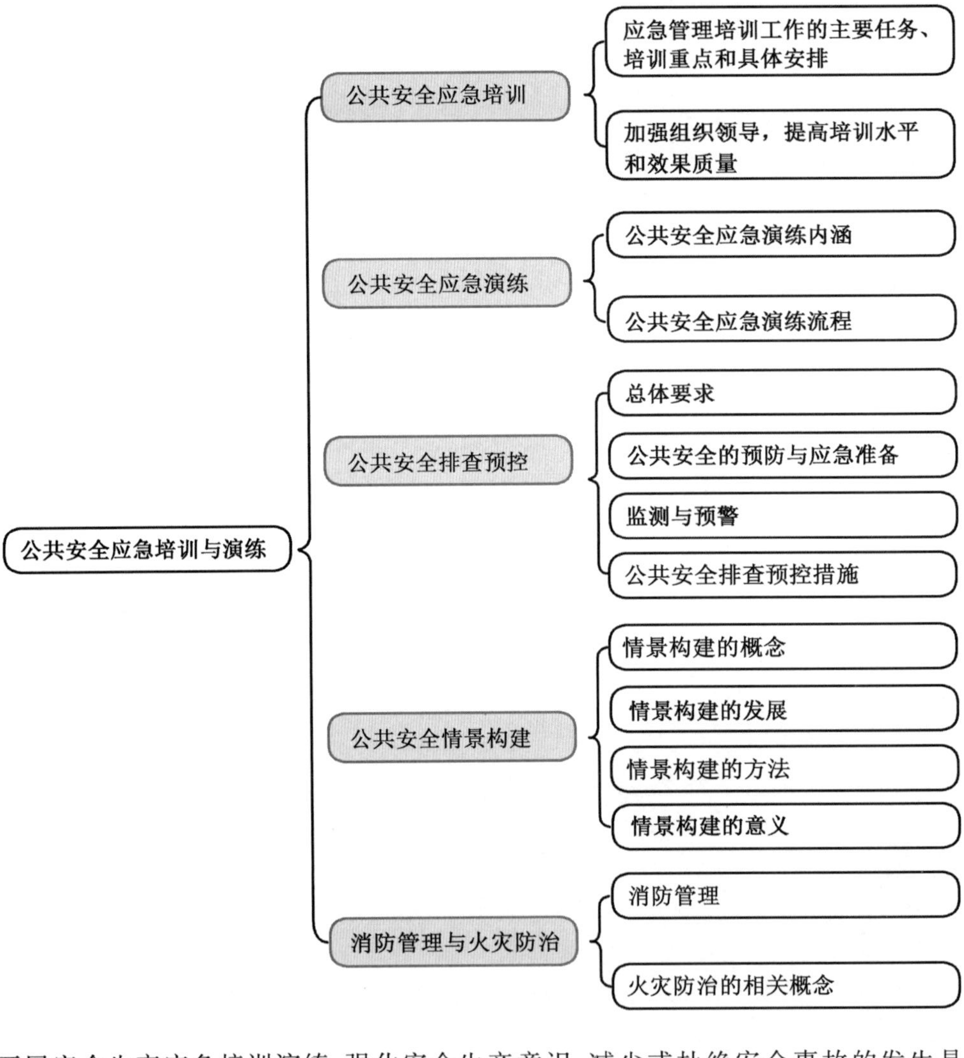

开展安全生产应急培训演练，强化安全生产意识，减少或杜绝安全事故的发生是检验、评价和增强企业应急能力的一个重要手段。

安全生产应急培训演练在实际操作过程中常常采取集中方式进行，而没有根据岗位和职责的不同进行针对性的培训，这里需要说明的是，在演练之前，应急组织要根据岗位和演练内容的不同开展相应的培训。一是根据演练岗位的不同开展培训。例如对演练人员可以采取口述或者课堂等方式传达演练基本情况，演练规则、演练人员职责等方面的内容，对评估人员应发放相关资料，讲解评估方案，进行情况介绍，明确各自所负责的应急组织和演练目的。二是根据演练内容的不同开展训练。例如对处于初次发现事故险情并及时报警的岗位上的人员（如安保人员、门岗人员、巡查人员、值班负责人、生产操作人员、作业人员等一线岗位人员）进行培训，主要内容为人员素质、文化知识、心理素质、应急意识与能力；对应急救援队伍的培训与训练，通过一定的方式获得或提高应急救援技能，包括基础训练、专业训练、战术训练和自选科目训练；同时对于在掌握一般应急技能尚不足以保护人员的生命安全时，要进行针对某类特殊事故危险的应急培训，包括针对化学品泄漏、受限空间的营救等事故危害的应急培训。应急演练循环流程如图 7-1 所示。

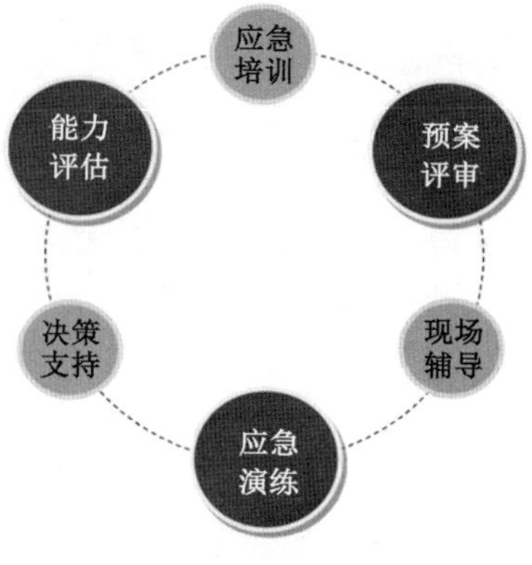

图 7-1　应急演练循环流程图

第一节　公共安全应急培训

作为企业组织的一员都有责任和义务参加安全生产应急培训和消防逃生培训。狭义的应急培训是指应急预案培训，广义的应急培训包括但不限于安全生产应急预案、应急常识、应急自救与互救知识、重点岗位应急流程操作、应急处置措施训练、逃生避灾、心理抗压等诸方面。应急培训不仅是全员化培训还是参与型培训，任何一次应急响应和灾难逃生中，本生产经营区域内的人员谁也无法置身事外，更不能独善其身。因此，对于任何一个进入某一生产作业区域的非本企业组织人员，进行必要的逃生自救培训是必须的。这里需要说明的是生产区域的人员包括但不限于本企业全体员工、专业化服务人员、承包商人员、参观人员、管理人员以及在应急响应过程中进入的其他人员。

通过应急培训可以提高企业全员对本单位安全生产应急预案的熟悉程度，增强对潜在紧急状态下的配合，提高对紧急事件的处理能力；同时，有效的应急培训不仅对于安全生产事故先期处置构筑了一层“防火墙”，还对应急处置措施的有效开展、应急资源的合理调配、应急指挥的高效运转、应急队伍的快速反应起到了保障作用。各类大量安全生产事故救援的案例表明，大部分人是通过经历了生产事故或自然灾害增强了自身的应急意识和应对经验。对于安全生产类企业作业流程应急处置和消防逃生离不开专业性培训。例如，某生产单位车队修理车间着火，库房存放有润滑油脂、备用轮胎等，修理区域则有用于切割的乙炔和氧气瓶，通过培训可以总结出在火灾发生时的有效措施，以及库房储备物资的分区存放等。因此,有效减少安全生产事故发生,得当的先期处置措施是关键环节,应急培训是基础保障。

一、应急管理培训工作的主要任务、培训重点和具体安排

安全生产应急培训通常按照年度周期安排,一般分为一线作业区域生产类和生产保障区域常识类培训。生产类培训主要是指安全生产应急预案培训;常识类培训主要是指火灾逃生、灾害应急避险等培训。一般情况下,年度应急培训需要确定以下内容:谁是被培训者、谁进行培训、采用哪些培训活动和方式、如何考核和评估培训效果、怎样有效提高全员应急意识和能力,以及如何持续改进安全生产应急预案和逃生避灾方案等。

安全生产应急管理最突出的特点是紧急状态下的有效响应。要保证紧急状态下应急救援的有效性,将应急预案落到实处,必然要求做好应急培训。在应急培训中,不仅训练值守人员的响应、处置人员的技能、保障人员的协调、指挥人员的决策,还要训练团队协同反应速度、响应效率、岗位职责等方面的内容。应急培训应当强调以下内容:灾害发生时,员工个人应急反应、逃生避险能力,管理人员临危不乱、指挥协调能力;紧急状态下,应急值守人员的快速反应、调度操作能力,应急指挥人员的灾情研判、临危决策能力,应急救援队伍的团结协作、科学施救能力,应急保障人员的协同救援、环节过关能力。

(一)主要任务

办公室的干部和有关工作人员要进行深入的学习,了解党和国家对应急管理工作的方针、工作安排,了解有关的法律法规以及应急预案、应急工作计划,了解应急管理的有关知识与技巧,增强对突发公共事件的防范和处理能力。培训的内容有:单位应急管理工作的现状,应急管理工作的程序,应急管理工作的有关制度,制定应急预案的要点,应急预案的准备,应急处置的基本常识。

(二)培训重点

结合本单位应急管理工作的实际情况,对各级党政班子成员、各级应急管理部门的干部和职工、基层干部、相关企事业单位的负责人,以及应急救援队伍进行培训。

党政班子成员应急管理培训的重点是增强应急管理意识,提高统筹常态管理与应急管理、指挥处置应对突发公共事件的水平。

各级应急管理机构干部和职工应急管理培训的重点是熟悉、掌握应急预案和相关工作制度、程序、要求等,提高为领导决策服务和开展应急管理工作的能力。

基层干部应急管理培训的重点是增强公共安全意识,提高突发公共事件隐患排查监管和第一时间应对突发公共事件的能力。

企事业单位负责人应急管理培训的重点是增强风险防范意识,提高安全生产管理和突发事故应急处置能力。

各级各类应急救援队伍培训的重点是熟练掌握相关突发公共事件救援和安全防护技能,提高在不同情况下实施救援和协同处置的能力。

(三)具体安排

把应急管理纳入党委(党组)中心组年度学习计划,列入公务员培训规划,有计划地对各级各类干部进行应急管理知识和技能培训。

应急管理培训采取在职学习、岗位培训和脱产进修相结合的方式,积极运用专题讲座、

案例分析、情景模拟、预案演练、对策研究等多种形式，增强培训效果，提高培训质量。按照分级分类、保证质量的培训原则，培训每年 2 次(期)，每次(期)不少于 1 天(8 学时)。

二、加强组织领导，提高培训水平和效果质量

（一）强化应急管理培训工作的组织协调

在此基础上，提出了加强应急管理人才培养的必要性、迫切性，并将其列入领导干部教育培训工作的整体规划之中。各级领导干部的应急管理训练，要根据现有的管理制度，由政府应急管理部门进行。应急管理培训是以“一把手”为核心，由分管领导具体负责的“一把手”负责制，保证了“贴近实际、讲求实效”。应急管理部门要充分发挥统筹协调的作用，加强对应急管理训练工作的引导，确定专人负责，对工作进行科学的规划，并对其进行监督和检查，对出现的问题和困难进行及时的处理，保证培训工作的目的和任务完成。

（二）保证应急管理培训工作的经费投入

应急管理培训经费在现有的干部教育培训经费中优先进行安排、重点要有保证，需增加的经费在年度预算中进行申请。各部门、各单位所需应急管理培训经费，由本部门、本单位在干部教育培训经费中予以解决。

（三）加强应急管理培训工作的考评考核

按照责任分工，完善应急管理培训考评机制，把应急管理培训质量评估和考核纳入现行的干部教育培训质量评估和考核体系，统一实施，抓实抓好。应急管理培训是公务员(机关工作人员)培训的重要内容，因此公务员(机关工作人员)参加应急管理培训情况和考核结果应如实记载在干部教育培训档案中。

第二节　公共安全应急演练

安全生产应急演练是应急救援工作达到及时、高效的必要手段和重要途径，是检验、评价和保持应急能力的一个重要手段；可以在事故真正发生前暴露预案和程序的缺陷，发现应急资源的不足，改善各个应急部门、机构、人员之间的协调，明确各自的岗位与职责，增强全员应对突发重大事故救援的信心和应急意识，提高应急救援人员的熟练程度和技术水平。

一、公共安全应急演练内涵

（一）应急演练方式

应急演练主要有三种方式，分别是桌面演练、功能演练、全面演练。桌面演练是指根据突发事件计划和标准工作流程，由应急机构的代表或重要职位的人员参与的演习。桌面演练的特征是针对演习场景的口头演习，通常在会议室进行。其主要目标在于训练参与方处理问题的技巧，并处理紧急事件中各部门之间的合作与责任分工。功能演练是为某个紧急应对预案或某个紧急应对措施所进行的演习，以检验紧急应对预案和措施的作用。如，对多个政府部门在紧急情况下的集中运作与反应能力进行测试与评估。演习场地以多个应急指挥中心为核心，只能进行有限的野外作业，能够调动的外来资源非常有限。全面演练是指针对应急预案中全部或大部分应急响应功能，检验、评价应急组织应急运行能力的演练活动。全面演练是指针对应急预案中全部或大部分应急响应功能，检验、评价应急组织应急运行能

力的演练活动。全面演练一般要求持续数小时，采取交互方式进行，演练过程要求尽量真实，调用更多的应急人员和资源，并开展人员、设备及其他资源的实战性演练，以检验相互协调的应急响应能力。与功能演练类似，演练完成后，除采取口头评论、书面汇报外，还应提交正式的书面报告。应急演练原则如图 7-2 所示。

图 7-2　应急演练的原则

（二）应急演练目的

（1）检验应急预案的科学性、实效性和可操作性，积累实战经验，优化应急预案，完善应急机制。

（2）锻炼和提高应急职能部门决策指挥与组织协调能力、应急技术队伍应急处置和技术判定能力、应急抢险队伍快速反应与科学救援能力，以及基层群众应急避险和防灾自救能力。

（3）全面积极推广和普及防灾减灾相关知识。

（4）最大限度地避免或减轻造成的损失，维护人民生命财产安全。

二、公共安全应急演练流程

（一）演练策划与设计

演练目的是否清晰、有针对性，与单位的具体情况相适应。演练目标是否简洁、合理、具体、可量化、可达成。演练目标是否已明确“由谁在什么条件下完成什么任务，依据什么标准，取得什么效果”。演练目标设置是否是从提高参演人员的应急能力角度考虑的。设计的演练情景是否符合演练单位实际情况，且有利于促进实现演练目标和提高参演人员的应急能力。是否考虑到演练可能对周边社会秩序造成的影响。其中，演习情景的内容应包含情景概述、事件后果、背景信息和演变过程等几个方面。在演习场景中，各个事件间有没有合理的联系。每个参与者和人物在每个情景中的所需动作和所需动作的连接关系已经被确认。是否能保证演练的安全性。

（二）演练文件编制

是否制定了演练工作方案、保障方案、宣传方案。是否根据演练需要编制了演练脚本或演练观摩手册。是否各单项文件中有齐全的要素、内容合理。是否文字通顺、语言精练、通俗易懂。内容格式是否规范，各项附件项目是否齐全。演练工作计划书有无进行审核和上报。是否已向各个保障部门下发演习保障计划。演习推广计划在演习前中及演习后各环节的推广需求。观察手册的内容是否完整，有无安全提示。员工的工作是否有明确的分工和责任。资金是否充足，器械的使用是否符合演习和训练的要求。选址是否满足演习计划情境设定的需要，选址条件是否符合演习需要。

（三）演练保障

演练活动安全保障条件是否能满足要求。是否充分考虑到演练实施中可能面临的各种风险，制定的应急预案是否有效。参演人员是否有能够确保自身安全的措施。是否采取多种通信保障措施。是否对演练保障条件进行了检查确认。

（1）预警与信息报告

演练单位是否能根据监测监控系统数据变化状况、事故险情紧急程度和发展势态、有关部门提供的预警信息进行预警。演练单位是否有明确的预警条件、方式和方法。对有关部门提供的信息、现场人员发现的险情或隐患，演练单位是否能及时进行预警。预警方式、方法是否有效。演习中，演习单位的内部信息通报系统能否正常运行，并将突发事件的相关信息及时上报给相关部门或个人。在演习过程中，突发事件的汇报过程是否标准，是否满足了应急计划的要求。在规定的时限内，能否及时向上级机关及当地人民政府汇报事故情况，并及时更新。演习单位能否迅速将事故消息通知其他相关部门或单位、周围群众。在演习中，能否根据应急预案迅速判断出事件的严重性和级别。

（2）紧急动员

演练单位是否能根据事故级别，启动相应的应急响应，并通过有效的工作程序，动员相应范围内人员。演练单位是否能通过总指挥或总指挥授权人员及时启动应急响应。演练单位应急响应是否迅速。演练单位在接到事故报告后，是否能及时开展事故早期评估，获取事故的准确信息。

（3）事故监测

演习组织和有关部门能否对事故的全过程进行持续的跟踪和监控。对事故隐患是否进行了客观评价。事件监控员能否对情况进行及时的评价。

（4）指挥与研判

现场指挥部是否能及时成立，并确保安全高效运转。指挥人员是否能指挥和控制其职责范围内的应急响应行动。指挥人员是否能掌控全局。指挥部各成员是否能在较短或规定时间内到位，分工明确并各负其责。现场指挥部是否能及时提出有针对性的事故应急处置措施或制定切实可行的现场处置方案，并报总指挥部批准。指挥部重要岗位是否有后备人选，并能够根据演练活动的推进进行合理轮换。现场指挥部制定的事故救援方案是否科学可行。指挥部是否调集了足够的应急救援资源和装备。现场指挥部是否能保证与当地政府或本单位指挥中心信息畅通，并实现信息持续更新和共享。应急指挥决策程序是否科学可行。指挥部是否能对事故现场有效传达指令，进行有效管控。应急指挥中心是否能及时启用，并且各项功能正常、满足使用。参演人员是否能按照处置方案规定或在指定的时间内到达现场开展事故救援。参演人员是否能对事故先期状况做出正确判断，采取的处置措施是否科学、合理，处置结果是否有效。现场参演人员是否职责清晰、分工合理。应急处置程序是否正确、规范，处置措施是否到位。

（5）事故处置

各参与单位间的联系是否有效，能有秩序地合作，一起开展突发事件的营救工作。在现场处置时，参与方能否对现场进行连续的安全监控。在处理过程中，有没有针对二次、多次意外事件发生的措施。对于发生意外的现场，有没有采取相应的防护措施，以保证在发生意外时工作人员的人身安全。

(6) 应急资源管理

根据事态评估结果，是否能识别和确定应急行动所需的各类资源，同时根据需要联系资源供应方。参演人员是否能快速、科学地使用外部提供的应急资源，并投入应急事故救援行动中。应急设施、设备、器材等数量和性能是否能满足现场应急的需要。应急资源的管理和使用是否规范有序。

(7) 应急通信

通信网络体系能否正常运行，通信容量能否满足突发事件的需求。紧急情况下，能否建立起完整的通信机制，以保证通信的顺利进行。公司有没有专人负责通信设施的管理，保证紧急联络的有效性。演习各方面的沟通是否通畅。

(8) 信息公开

是否明确事故信息发布部门、发布原则。事故信息是否能由现场指挥部及时准确地向新闻媒体通报。是否指定了专门负责公共关系的人员主动协调媒体。是否主动就事故情况在内部进行告知，并及时通知相关方(家属、周边居民等)。是否能对事件舆情进行持续监测和研判，并对涉及的公共信息妥善处置。

(9) 人员保护方案

演练单位是否能综合考虑各种因素，并协调有关方面确保各方人员安全。应急事故救援人员是否配备了完善的个人防护装备，或采取了必要的自我安全防护措施。是否有受到或可能受到事故波及或影响的人员。针对事故影响范围内的特殊人群，是否能及时发出警告，并采取安全防护措施。

(10) 警戒与管制

应急场所的人员进出通道是否受到有效管制。是否合理设置了交通管制点，划定管制区域。各种警戒与管制标志、标识设置是否明显，警戒措施是否完善。是否有效控制出入口，清除道路上的障碍物，保证道路畅通。

(11) 医疗救护

应急响应人员是否对伤员进行急救。急救药品、器材是否有效。是否及时与场外医疗救护资源建立联系。伤员是否得到救治。现场医疗人员是否能对伤员的伤情进行正确诊断，并按照既定的医疗程序对其进行处置。现场急救车辆是否能及时准确地将伤员送往医院。

(12) 现场控制与恢复

针对事故可能带来的潜在危害，是否为降低事故影响而采取了有效措施。事故现场产生的污染物或有毒有害物质是否能得到及时、有效的处置，并确保不会造成二次污染。是否能有效安置疏散人员，清点人数，划定安全区域，为其提供基本生活保障。现场保障条件是否满足事故处置的基本需要。演练情景是否设计合理，满足演练要求。演练是否达到了预期的目标。

(13) 其他

参与人员能否及时到位，并能准确、熟练地使用紧急设备。紧急情况下，紧急事件的释放过程是否与实际情况相符。

第三节　公共安全排查预控

建立公共安全隐患排查和安全预防控制体系是健全公共安全体制机制的重要内容之一，包括完善和落实安全生产责任和管理制度，建立公共安全隐患排查和安全预防控制体系。要着力构建社会治安隐患排查与防控机制，确保社会治安稳定，为全面建成小康社会，实现中华民族伟大复兴的中国梦奠定坚实的基础。

一、总体要求

以全面持续推进平安生产隐患大排查、快整治、严执法、集中行动为抓手，强化预防为主理念，认真研究分析平安风险，建立完善风险预控和隐患排查治理双重预防机制，健全平安生产风险分级管控体系、隐患排查治理体系和平安生产信息化系统，在预防与管控风险上狠下功夫，加快推进“安如泰山”平安生产科学预防体系建设步伐，实现关口前移、精准监管、源头治理、科学预防，牢牢把握平安生产的主动权，实现平安生产由隐患排查治理到风险预控和隐患排查治理双重防控的转变，从根本上防范生产平安事故的发生，构建平安生产长效机制。

（一）加强安全风险管控

要健全风险防控机制，建立和完善风险评估、风险决策、协调和问责机制。在建立健全安全风险研判机制方面，要通过完善的风险识别系统和大数据支撑的监测监控、预报预警、快速反应系统，对重点行业、重点区域、重点企业实行风险预警控制。在完善决策风险评估机制方面，要科学合理确定企业选址和基础设施建设、居民生活区空间布局；实行安全生产和重大安全风险“一票否决”，开发区、工业区的规划、设计和建设都要遵循“安全第一”，切实把安全生产作为高危项目审批的前置条件，城乡规划布局、设计、建设、管理等各项工作严把安全关，坚决做到不安全的规划不批、不安全的项目不建、不安全的企业不生产。在强化风险防控协同机制方面，要建立完善位置相邻、行业相近、业态相似的地区和行业重大安全风险联防联控机制；构建国家、省、市、县四级重大危险源信息管理体系；实行石油天然气管道、高压输电线路、特种设备等重要设施设备和铁路运输、水路运输、道路交通、城市公交和轨道交通、危险化学品、煤矿、非煤矿山和烟花爆竹等重点行业、重点区域、重点企业风险预警控制。要将安全生产工作融入社会治理体系中，公安、民政、交通、水利、气象、地震等有关部门要密切配合，使其在安全宣传、安全巡查、信息沟通、应急处置等工作中都能起到积极的作用。在健全风险防控责任机制上，各级党委和政府要切实肩负起促一方发展、保一方平安的政治责任，落实党政领导干部任期安全生产责任制；落实部门监管责任，依法依规制定安全生产权力和责任清单，完善重点行业领域安全监管体制；强化企业主体责任，加快企业安全生产诚信体系建设，完善安全生产不良信用记录及失信行为惩戒机制。

（二）强化企业预防措施

要始终把人民群众生命安全放在首位，切实防范重特大安全生产事故的发生。企业对安全生产负有主体责任，必须着力堵塞监督管理漏洞，切实解决不遵守法律法规的问题。要严格落实企业生产设施规划、设计、建设安全标准，科学规划布局，依法进行小煤矿、小金属非金属矿山、小烟花爆竹企业的整治和关闭，做到从根源上杜绝隐患。要建立企业风险评价体系，对所有人员进行全过程、全过程的风险识别和风险评估，并严格执行控制措施。对高风险的过程、设备、物品、场所和岗位进行分级控制，制定并实施安全作业规范。严格执行安全生产和职业健康“三同时”制度，建设项目的安全生产与职业病防护设施所需费用应当纳入建设项目工程预算，与主体工程同时设计、同时施工、同时投入生产和使用。完善企业安全生产标准化建设机制，大力持续推进企业安全生产标准化建设，实现安全管理、操作行为、设备设施和作业环境的标准化。开展经常性的应急演练和人员避险自救培训，着力提升现场应急处置能力，提高指挥人员现场指挥决策和协调能力，完善企业员工的应急知识和提高其应急救援疏散的技能。

（三）建立安全事故隐患排查及监督机制

防范化解重大风险既要高度警惕“黑天鹅”事件，也要防范“灰犀牛”事件。真正树立隐患就是事故的观念，落实重大隐患治理情况“双报告”制度，对重大隐患排查治理的有关情况，企业既要在内部向职工代表大会和全体员工通报，又要按照属地管理原则，向上级主管部门和安全生产监督管理部门报告。制定统一的、全覆盖的安全事故隐患分级和排查标准，对各类事故隐患进行具体分级和分类，总结归纳相对应的隐患排查对策，督促企业制定隐患排查清单，明确排查事项、重点部位、检查频次，实现企业对标排查，部门对标执法。建立安全监管信息化平台，实现线上监控和线下监管相结合，建立安全生产监督管理职责部门与企业隐患排查系统联网的信息平台，用好大数据，推进隐患排查能力现代化。强化隐患排查监督执法，对重大隐患整改不到位的企业依法采取停产停业、停止施工、停止供电和查封扣押等强制措施，按规定给予上限经济处罚，对构成犯罪的要移交司法机关依法追究刑事责任。严格重大隐患挂牌督办制度，对整改和督办不力的纳入政府核查问责范围，实行约谈告诫、公开曝光，情节严重的依法依规追究相关人员责任。

（四）强化城市运行安全保障

以安全为先，将安全工作贯穿于城市工作的每一个环节、每一个方面。要强化城市治安管理，要坚持“关口前移”，从狠抓“源头”，构建“系统性”和“现代化”的城市治安保障系统，提升城市治安管理的精细化水平。充分借助互联网、大数据，定期、全面排查区域内安全风险点、危险源，对各类风险点、危险源进行实时、动态监控。推进安全发展示范城市建设，基本形成完善的城市安全生产责任体系和制度保障体系、有力的安全生产科技支撑体系、管用的城市公共安全基础防控体系、有效的城市应急处置与事故救援体系，大力提升城市安全发展水平。提高基础设施安全配置标准，提升城市建筑、交通、管网、消防、排水排涝等基础设施建设质量、安全标准和管理水平。要重点加强对城市高层建筑、大型综合体、隧道桥梁、管线管廊、轨道交通、燃气、电力设施及电梯、游乐设施等的检测维护。要健全重大群众活动的安全管理体系，对体育赛事、演唱会、音乐会、展览展销、游园、人才招聘会、群众自发的娱乐活动等进行安全监督。

（五）加强重点领域工程治理

加快危险化学品和化工企业生产、仓储场所安全搬迁工程，特别要加快实施城镇人口密集区危险化学品生产、储存企业的搬迁、转产和关闭工作，全面推动石油化工企业退城入园。要加强油气开采、运输、炼化、码头接卸等方面的安全管理，加强对油气输送管线的保护、安全运营等方面法律法规的制定，完善相应的安全管理制度和应急救助制度。重点加强高铁、跨海大桥、海底隧道、铁路浮桥、航运枢纽和港口的防灾监控和安全监控体系等方面的工作。

完善长途客运车辆、旅游客车、危险物品运输车辆和船舶生产制造标准，提高安全性能，强制安装智能视频监控报警、防碰撞和整车整船安全运行监管技术装备，对已运行的要加快安全技术装备改造升级。深入推进煤矿瓦斯、水害等重大灾害以及矿山采空区治理，全面排查可能造成重大人员伤亡的高风险采空区，推动地质灾害治理和区域生态恢复。切实加大尾矿库的工程治理，建立一库一册档案，推动改造一批、闭库治理一批、尾矿综合利用一批、搬迁下游居民一批，切实提高“头顶库”的安全保障能力。

二、公共安全的预防与应急准备

预防是指预先做好防备，即事先防备。由历史经验可知：人们在有准备的情况下，防范能力和战斗能力较强；相反，人们在毫无准备的情况下，防范能力和战斗能力都会大大减弱，更容易受到伤害。因此，在战争中，战胜敌人的法宝往往就是发动始料不及的突然袭击。军事上，“兵贵神速”讲的就是胜在出其不意上。同样，要克服突发公共安全问题，关键是要在发生公共安全问题前做好充足的准备，以免在没有准备的时候被动挨打，遭受伤害，遭受损失。

由于公共安全问题受众群体十分广泛，一旦发生公共安全问题，将对社会造成严重的影响，所以在公共安全管理过程中，更要加强预防和应急准备。预防和应急准备是公共安全管理过程中至关重要的环节，有效的预防和完善的应急准备工作可以减少甚至杜绝公共安全问题的发生。

（一）公共安全问题的预防

所谓“公共安全问题防范”，一种选择是，在出现问题之前，由政府牵头，发动全社会力量，采取多种行之有效的对策，以消除隐患，防止公共安全问题。另一种选择是，在出现公共安全问题之前，做好充足的准备，以避免（将来）出现的问题进一步扩大和恶化，并将因公共安全问题而造成的损害降到最低。

英国公共安全管理学家里杰斯特认为，预防是防止公共安全问题发生最有效的办法。通常情况下，对于公共安全问题的预防一般分为以下三种类型。

1. 预先预防

预先预防需要事先根据以往发生的同类危机的性质、特点、危机爆发的条件等，开发一套相对完善的系统或程序，用来接收和处理监控地点反馈的信息；根据信息辨认是否具备危机发生的前提条件，评估公共安全问题发生的可能性；一旦发现有风险，可立即采取必要的措施进行风险消除，避免这些隐患继续存在和发展。预先预防一般针对实践过程中发生概率较高的事件，通过安全监督管理等规章制度以及法律法规体系的规范和约束来防范安全生产过程中的技术问题。比如，对食品、药品生产和流通过程的全过程监督与检查；对企业生产设备的定期检测与维修。

2. 预见预防

预见预防在实践工作中难度最大，但却又最重要。对于地震、海啸、台风等天灾，可以通过不断进步的科学技术进行精准预测。生产生活过程中的技术性灾难也可以通过强化管理措施来避免。但是，人为的祸难却往往具有复杂的社会政治、经济、文化等因素，很难准确地预测。其实不少因人为因素导致的公共安全问题，大多都是因为社会矛盾长期累积，社会利益矛盾得不到有效解决而导致的。通过分析、调查社会现象，可以对社会经济发展过程中的突出问题和矛盾进行综合归纳，结合人类社会发展过程中的一般规律，预见这些矛盾导致公共安全问题发生的可能性。同时，要对公共安全问题发生的时间、规模、影响范围等进行评估，并根据评估结论警示有关组织或个人。比如，过大的贫富差距会导致社会冲突，但这种冲突是以骚乱事件、恐怖活动还是战争的形式出现，则需要根据当时、当地和人物的不同情况而定。如果通过调查发现，一个国家或地区的贫富差距较大，就必须提醒决策机构采取一定的措施来化解矛盾，避免公共安全问题的发生。因此，在宏观上掌握经济社会的基本走势，在微观上注意及时化解各种社会矛盾，在体制上为不同群体提供畅通的利益诉求渠道和路径，有助于给突发公共危机事件的预见提供有效的参考。

3. 再发预防

再发预防是指通过对以前发生过的同类或类似案例的致灾因素进行分析总结，采取有针对性的预防措施，消除导致灾害发生的前提条件，从而预防此类案例再次发生，做到"亡羊补牢"。例如，在某些事故高发路段，贴上警示标语，增强司机的安全驾车意识；在地震、泥石流发生频率较高的城市，经常开展一些预防与应急演习活动，强化人们的灾害预防意识，提高应对能力。这样，一旦再度发生诸如地震、泥石流等突发性公共安全问题时，就可以通过已经具备的防灾减灾能力，减缓灾害带来的损失。

（二）应急准备

一般情况下，应急准备的内容应该包括应急设施与设备建设、应急救援队伍建设、应急物资准备、应急通信准备、人才与技术能力准备等几个方面。

1. 应急设施与设备建设

在应急救援工作中，应急设施与设备是不可缺少的。在应急准备工作中，要保证应急救援设备的配备必须达到标准，且要注意保养和维护，使应急设施与设备处于可用状态，一旦发生危机能立即投入使用。

2. 应急救援队伍建设

我国应急救援队伍主要有九大类，可分为主要应急队伍、专业应急救援队伍和非专业应急救援队伍，武警部队地震应急救援队，武警交通、水电、森林部队应急抢险救援队，公安消防部队和预备役等军队力量以及矿山救护队，地震灾害紧急救援队，危险化学品救援队，紧急医疗救护队，企事业专职消防队，以及各类社会救援组织等。其中，解放军、公安消防部队、矿山救护队和武警森林部队、水电及交通部队等是我国应急救援的专业力量，主要承担各自行业领域内公共安全事件的应急救援工作；企事业专职消防队、志愿消防队和各类社会救援组织等是我国应急救援队伍的社会力量。

3. 应急物资准备

"兵马未动，粮草先行"，合理储备应急物资资源是保障公共安全管理顺利开展的基础。应急物资的储备可以分为实物储备、资金储备、生产能力储备和社会储备等四种形式。一般来说，以实物形态储存的物资都是专用性强、生产周期长、不易腐烂变质的物资；以资金或者生产能力储存的物资都是生产周期比较短、平时储存不经济的物资；社会储存的物资多为通用型物资。

（1）实物准备。我国已初步建成应急物资储备保障制度，包括重要应急物资的监管、生产、储备、调拨和紧急配送体系等，在一定程度上可以解决受灾群众的生活问题，为较短时间内恢复正常的生活、生产奠定了坚实的基础。

(2) 资金储备。我国的应急财政资金来源有三种：财政拨款、社会捐助、政策保险和商业保险。当公共安全事件发生时，政府有义务下拨应急救灾资金，政府的财政拨款是应急保障的基础。《中华人民共和国预算法》规定，各级一般公共预算应按照本级一般公共预算支出额的1%～3%设置预备费，用于当年预算执行中的自然灾害救灾开支及其他难以预见的开支。《国家突发公共事件总体应急预案》规定，应保证突发公共事件应急准备和救援工作所需资金；鼓励自然人、法人或者其他组织(包括国际组织)按照《中华人民共和国公益事业捐赠法》等有关法律法规的规定进行捐赠和援助。但是，在应对突发事件中可以起到重要作用的保险还没有发挥其应有的作用。目前，我国社会公众的灾害保险意识还比较弱，保险企业开发灾害保险的品种也不多，尚未有专门针对公共安全事件的保险产品。因此，需要大力发展灾害保险业，以市场化机制分担公共安全管理过程中政府的财政负担，从而提高我国公共安全管理的财政保障水平。

(3) 生产能力储备。公共安全管理部门要摸清有生产应急物资资质的企业所具备的生产能力，确保物资需求膨胀时可以通过企业扩大生产，及时供应应急所需物资。《突发事件应对法》规定，履行统一领导职责或者组织处置突发事件的人民政府，必要时可以要求生产、供应生活必需品和应急救援物资的企业组织生产、保证供给。为了保障应急救援物资、生活必需品和应急处置装备的生产和供给，县级以上地方人民政府与有关企业签订应急物资的生产、供给合同是必要的。

(4) 社会储备。政府要本着“不求所有，但求所用”的原则，与商家签订储备协议，保障商家库存量可以满足应急状态下的物资供应。至于商家因储存造成的经济损失，政府应予以一定的补偿。此外，要广泛动员社会公众准备手电筒、哨子、救生绳索，必备药品及一些五金工具等在内的应急包。

应急物资准备是预防公共安全问题的物质基础，必须坚持经济和实用原则。所谓经济原则，是指按经济规律办事，讲究投资的经济效益和厉行节约、降低成本，避免闲置、积压和浪费，应千方百计地提高资源的利用率，以有限的资金投入获得最佳的效果。

4. 应急通信准备

公共安全管理离不开信息的传递。应急通信是应急管理者的“千里眼”和“顺风耳”。《突发事件应对法》规定，国家建立健全应急通信、应急广播保障体系、加强应急通信系统、应急广播系统建设，确保突发事件应对工作的通信、广播安全畅通。突发事件是不断演变的，这就需要应急管理者进行动态地决策，不断根据事件的发展发出各种指令，进行应急资源调配。通信起着信息桥梁的作用，是决定应急决策是否及时和准确的关键因素。

5. 人才与技术能力储备

人才储备是指储备与公共安全管理相关的专业人才，一旦需要某种特殊的应急资源，可以迅速组成专业人才队伍，提供专业咨询和指导，很快满足应急处置的需求。要注意储备数量较少、分布较散且一般技术人员不能代替的专家，例如危险化学品应对专家、爆破专家、信息技术专家、网络系统维护人才等。这些专业类的人才应作为人才储备的重点。要建立与专家的日常联系和信息沟通机制，建立专业人才数据库，一旦发生公共安全问题，可以迅速联系到相关专家，取得帮助。

三、监测与预警

监测与预警是公共安全管理过程中的前期基础和重要环节。如果风险在萌芽状态或初起时能够被发现并被及时采取有针对性的措施，那么能够适当减缓风险或防止公共安全问题的发生和升级，提高应对的针对性和有效性，减轻应对压力，减少损失。

（一）监测与预警的含义

监测是预警的前提。所谓监测，是指在公共安全问题发生之前对各种致灾因子及其表象进行实时、持续、动态的监视和测量，收集相关数据和信息，并通过风险分析与风险评估来研究、判断公共安全问题发生的可能性。监测是预警的前提和基础。为及时有效地应对公共安全问题，必须及时掌握有关信息，对可能发生公共安全问题的各种现象进行监测。

预警本意就是“预先警告”。预警是指通过收集各种数据、情报和资料，运用逻辑推理和科学预测的方法、技术，提前发现、分析和判断评估风险，并根据风险评估结果发出准确的警示信号或信息，采取必要的行动，防止或消除不利后果的一系列活动。

在公共安全管理过程中，监测和预警是相辅相成的关系。监测是获得相关信息并进行研究、判断；预警则是将研究、判断的结果传递给特定的受众群体。一方面，科学的监测是精确预警的前提和基础；另一方面，只有通过有效的预警才能把预测得出来的结论及时地传递给受众。监测预警的最终目的就是使社会公众采取响应行动，减少公共安全事件带来的不利影响。

（二）监测与预警的功能

监测与预警处于公共安全管理过程中的“前哨”地位，它的功能主要包括以下五个方面。

1. 预测功能

通过对政治、经济、社会、自然领域的有关指标进行监测，及时发现异常情况及特征，事先找出偏差；当出现不利因素或异常情况时，评估公共安全问题形成的可能性及严重程度，进而提出警告信息，以让政府部门更为迅速、主动地应对问题，减少对社会的危害。

2. 警报功能

当监测到的异常情况突破一定的指标时，监测预警机制就会实现从监测到预警的过渡，可以就有关信息和结果向相关部门或社会公众发出警示，发挥导向作用，提醒各方做好准备。

3. 评判功能

根据跟踪、检测的结果对比分析，运用现代公共危机管理技术、评价技术对公共危机的发展状态做出判断，找出组织运行中的弊端及其病根之所在。

4. 减缓、化解功能

在公共安全管理过程中，有效的预警可以减缓或阻止风险的扩大升级，避免风险演变为公共安全事件或一般事件演变成重大事件，减少公共安全问题造成的损失。

5. 教育功能

监测与预警可以培养公众的风险意识，使公众居安思危。公共安全管理部门通过对风险发生的缘由、处理经过、解除风险的各项措施等进行总结，将这些经验和教训作为未来类似情况应对的前车之鉴；也可以将纠正偏差与过失的一些经验教训转化为公共安全教育、培训的案例。

（三）监测与预警的基本原则

一般来说，建设监测与预警机制，需要遵循以下6个原则。

1. 权威性原则

监测与预警工作必须在政府主导下进行，尤其是相关预警信息必须由政府或授权的权威机构进行发布。采取多种渠道发布警报往往会缺乏相互之间的一致性，相互冲突、矛盾的警报会遭受人们的质疑。如果社会公众不相信警报的真实性，那么他们就不会接受警报内容，更不会按照警报的建议采取行动。因此，警报的发出部门必须具有权威性。只有在政府的统一部署和领导下，各部门在应对公共安全问题时才能协调统一、互相配合，人民群众才能坚定信心、有条不紊地应对公共危机带来的各种不测，渡过难关。

2. 公开性原则

在公共安全管理过程中，不涉及机密的信息要尽可能地让社会公众知情。公开透明的工作可以争取到社会各方面的理解和支持，也可以为有效应对危机创造有利的环境。让社会公众清楚危机的发展趋势，不仅仅能有效地做好预防工作，减少群众损失，更有利于提高监测与预警的精度与效率。

3. 及时性原则

公共安全问题有效预警的前提是：在公共安全事件发生之前，识别存在的各种威胁。在此基础上甄别出不利因素或异常情况并发出警报，提醒社会公众采取行动，避免公共安全问题的发生或最大限度地减轻公共安全问题带来的影响。监测与预警机制如果不能及时发现潜在的风险并传递预警信息，就无法为提前应对赢得宝贵的时间，其存在也就失去了意义和价值。

4. 准确性原则

准确性原则要求公共安全监测与预警必须从客观实际出发，尊重事实，对造成公共安全问题相关因素之间的本质联系、时间演化、发展趋势进行分析，准确地进行预测和报警，防止过与不及两种倾向。在当今的信息化时代，警报一旦发出，传播速度惊人。如果警报不准确，不仅付出的成本不会带来预期的收益，而且会错过应对危机的最佳时间。长此下去，社会公众对监测与预警的信任度就会降低，监测与预警也就无法发挥应有的作用了。

5. 可达且易懂性原则

监测与预警信息一定要覆盖到所有的利益相关者，因为损失的降低程度通常与获得并接受警报的人数成正比。社会公众只有了解信息并理解信息的内容，才有可能接受信息。因此，要采用通俗易懂的语言及多样化的渠道传播预警信息和警情发展情况，尤其要特别关注语言不通的外国人、老人、妇女、儿童等。

6. 持续性原则

公共安全管理不能只靠事发后的补救，应该更多地偏向事前预防。这就要求公共安全管理部门对危险要素的监测和预警要全天候、持续地进行，因为持续性地对危险要素的参数和先兆进行监测是及时发出准确警报的前提。坚持持续性原则，将监测和预警工作贯穿公共安全管理事前、事中、事后等各个环节，实现早发现、早控制、早解决，把公共危机造成的损失降到最低。

（四）监测与预警的工作流程

监测与预警的最终目的是使社会公众采取响应行动，降低公共安全问题的不利影响。监测与预警工作的基本流程，大体上可以分为日常和事发两部分。

1. 日常工作流程

（1）收集监测信息并加以分析。全天24小时不间断地对各监测点进行持续监测，并注意收集相关部门的预警联动信息，将获取到的数据和信息送到监测分析部门。常规数据按照事先约定的周期定期报送；如果有异常情况，必须在第一时间传送。

（2）评估社会系统，注重隐患排查。对公共安全管理部门的管理能力和社会系统所存在的缺陷和薄弱环节进行综合评价与排查，找出可能会导致公共安全问题发生的致灾因素；根据致灾因素的性质、严重程度等，评估其会导致公共安全问题产生的可能性大小，以及一旦发生公共安全问题将会影响的范围和程度。

（3）维护监测设备与系统。对监测设备、系统、传输网络进行管理与维护，不仅要保障数据采集与传输工作正常进行，而且要保证信息的全面性与准确度。

2. 事发工作流程

在公共安全问题发生时，监测与预警工作可分为事前、事中、事后三个阶段。

（1）事前。通过各方面数据的采集与分析，及时发现征兆并进行重点分析和研究判断。根据研究判断的结果对风险进行初步定级，并上报监测与预警领导小组。监测与预警领导小组可根据实际情况，组织专家组进行会商，形成预警定级最终结果并上报专项指挥部。预警信息发布部门会根据需要及时做好预警信息的对外发布工作。

（2）事中。保持与应急机构及相关部门的协同，对公共安全事件的发展状态进行跟踪监测，并不断对其发展趋势进行预测、上报。特别要对公共安全事件可能造成的次生、衍生危机进行预测，并通报相关部门。预警信息发布单位要密切关注公共危机发展变化情况，并依据事态变化情况和专家顾问组提出的预警建议适时调整预警级别，将调整结果及时通报各相关部门；在公共安全事件结束后及时对外发布预警取消信息。

（3）事后。对监测与预警工作进行总结，将信息数据归入知识库，作为未来监测与预警工作的参考依据。

（五）监测与预警的先进管理模式

当前，国际形势和社会结构越来越复杂，信息传播也十分迅速，应对公共安全问题已经不是某一个国家的问题，而是各国政府面临的挑战。在实践过程中，各国都根据自己的国情形成了不同的公共安全监测与预警管理模式。这些模式为我国公共安全监测与预警管理工作提供了许多有益的借鉴。

1. 美国模式

美国的公共安全预警系统有完备的公共安全应急计划、高效的核心协调机构、全面的公共安全应对网络、发达的应急文化和健全的法律体系作为后盾，可以对整个公共安全监测与预警过程进行科学部署，使政府部门职责清晰，公共安全预警工作有条不紊。

（1）完备的公共安全应急计划。在公共安全管理过程中，最重要的是预防，需要“未雨绸缪”，美国在这方面的工作值得借鉴。美国在事前阶段制定了纲目并举的操作计划，既有总体上的联邦应急计划，也有具体针对特殊性质公共安全事件的运作纲要。联邦应急计划具体阐述了公共安全问题应对中的政策、预案涉及的前提、运作纲要、应对和恢复行动，以及各联邦政府部门和各机构的职责,适用于所有联邦机构,并规定了公共安全事件应急处理的政策和程序、联邦与州的协调机制以及联邦的能力和责任。

(2) 高效的核心协调机构。美国的联邦紧急事务管理署是公共安全管理中的重要决策、协调和执行部门,在危机管理中发挥着首要协调部门的作用。当遇到重大紧急事件时,它可以直接向总统府报告并处理国家灾情,在联邦政府、州政府、地方政府、私人商业部门和社会志愿者之间架起桥梁。联邦紧急事务管理署已经成为政府最高领导处置事件的指挥司令部,建立了集军队、消防、医疗、民间救难组织等一体化的指挥、调度体系,一旦发生重大灾害即可迅速动员一切资源,在第一时间进行支援工作,将灾情损失降到最低。

(3) 发达的应急文化。长期以来,美国重视对增强公民应急意识和应急能力的教育,积极进行公共安全应急知识的宣传、应急能力的教育培训及应急演练。塑造发达的应急文化已经成为美国公共安全管理的一项重点工作。例如:国家安全委员会把六月定为美国的全国安全月,并制定不同的主题进行宣传;重视学校危机教育,将食品安全、急救训练、应急逃生措施等教育内容纳入课堂;重视安全人才培养,在美国大学里设立了国土安全、反恐和灾难处理等专业,以适应国家对安全方面人才的需求;重视安全意识宣传,宣传教育的内容具体性、针对性、操作性较强。

(4) 先进的应急平台体系。在美国,制订应急预案和应急计划都可以通过应急平台来完成。美国的应急平台体系是高新技术的综合集成,具备风险分析、监控监测、预测预警、动态决策、综合协调、应急联动与总结评估等功能。运用最新科技搭建的可以纵横联通的国土安全信息网,具备安全隐患和威胁状况的分析功能及超强的地理空间信息支持,可以通过卫星技术得到相关地点的图像并发布国土安全咨询报告和通告。

(5) 健全的法律体系。美国在灾害应急处理方面有《斯塔福灾难与应急援助法》,紧急状态应对方面有《美国全国紧急状态法》,反恐方面有《移民与归化法》等。除此之外,美国还制定了其他有关紧急状态或突发事件应急处理的法律和有关行政命令等,数量庞大、内容具体。这些法律都为美国公共安全管理提供了坚强的法律保证。

(6) 注重社会参与。美国政府依托政府之外发达的社会组织系统,建立了一整套社会参与机制,比如:增强公民危机意识和应急能力,鼓励公民参与监测与预警工作;注重发挥社区自治组织的作用,延伸政府公共预警能力;重视志愿者组织力量,协助监测预警工作的开展。全社会参与的公共预警与应急网络系统在公共危机管理中发挥着重要的功能。

2. 日本模式

日本是世界上自然灾害最为频繁和严重的国家之一。也正因如此,日本公共安全预警机制比较完善。

(1) 健全的法律体系。日本拥有各种公共安全管理法律 40 多部,如《灾害对策基本法》《大规模地震对策特别措施法》《原子能灾害对策特别措施法》等。除此之外,其地方性法规也相当完善。

(2) 成熟的预警管理机制。日本的公共安全管理机制主要体现在政府职能部门的协调、沟通与管理方面。以法律为依托,内阁总理大臣为最高指挥官,内阁官方来协调不同机构、部门之间的联系,中央各部门例如防卫省、消防厅、警察厅等给予必要的配合。日本在各级政府都建立了一套运转高效的公共危机预警机构。公共安全问题发生时,可以根据危机类型选择相应的应急计划和政府职能部门。日本形成了以首相为最高长官的运转效率高、职能明确，既有政策制定机构，又有政策研究咨询机构的公共危机预警管理体系。

(3) 先进的预警设备和技术。所谓公共安全问题防范，一种选择是，在出现问题之前，由政府牵头，发动全社会力量，采取多种行之有效的对策，以消除隐患，防止公共安全问题。另一种选择是，在出现公共安全问题之前，做好充足的准备，以避免(将来)出现的问题进一步扩大和恶化，并将因公共安全问题而造成的损害降到最低。

(4) 高度信息化的应用。日本有充沛的信息资源和发达的信息技术。高度信息化给予公共安全预警、监测和控制很大的技术支持。创新公共安全管理方式，将信息技术和公共安全预警相结合，这使公共安全管理过程更加有效。

(5) 重视公民预警意识和技能的培养。日本非常重视对公民公共安全预警意识和技能的培养，设法通过各种途径宣传预警知识和技能。例如：在日本，随处可见公园、绿地等公共设施避难所的标识牌，引导居民在发生危险时以最短时间、最快的速度到达安全场所；日本政府还出资修建了很多防灾体验中心，免费向公民开放；在卡通片的片头安排10秒钟左右的防灾知识广告；在学校和社区分发相关防灾宣传册等。日本政府良好的公共安全预警教育培训工作，使得民众对于公共危机发生时可能出现的情况、预防要领等知识了如指掌，可以最大限度地减少人员伤亡。

3. 俄罗斯模式

自苏联解体后，俄罗斯经历了政治危机、经济危机、车臣危机等，在应对各种公共危机的过程中，逐步形成了自己的公共安全管理机制。

(1) 预警法律体系。俄罗斯最早有关公共安全预警的法律可以追溯到1990年的《苏联紧急状态法律制度法》和1991年的《俄罗斯苏维埃联邦社会主义共和国紧急状态法》。1991年6月独立后，为了更加有效应对公共危机，俄罗斯相继颁布了很多有关法律，例如《紧急事件和救援服务以及救援者地位法》《俄罗斯联邦紧急状态法》等。其中，《俄罗斯联邦紧急状态法》于2001年5月签署通过，这是俄罗斯迄今为止影响最为深远的公共安全法律，类似于《美国全国紧急状态法》。该法对紧急状态的宣布、开始及终结过程、期限等均做出了严格的规定。

(2) 预警管理体系。俄罗斯公共安全预警管理体系的特点是"大总统、大安全"。"大总统"是指俄罗斯总统强大的权力。俄罗斯总统不仅是国家元首与军队统帅，还拥有立法权。总统是预警管理系统的核心，拥有至高无上的权力，任何公共安全预警的行动和方案必须经总统同意；而政府只是在某种程度上执行总统的指令，并没有决定权。"大安全"是指俄罗斯设置有专职的国家安全战略的重要机构——俄罗斯联邦安全会议。俄罗斯联邦安全会议是负责国家公共安全决策的最高机构，设有12个部门委员会：宪法安全、国际安全、信息安全、经济安全、生态安全、社会安全、国防工业安全、独联体安全、边防政策、居民保健、动员与动员准备、科学委员会等，几乎覆盖了国家安全的所有领域。另外，俄罗斯其他政府部门，例如紧急情况部、联邦安全局、联邦边防局等也承担着相应的职责。

四、公共安全排查预控措施

(一) 风险分级辨识管控的建立

1. 科学预判

根据事故的规律性和季节性特征，采取自下而上、点线面相结合的方式，通过深入调研、召开座谈会、专家论证等方式，开展交流、会商、研判，对事故产生的深层次原因进行深入的剖析，并总结规律特点，实行安全风险超前预判。

(1) 排查风险点。定期组织安全生产管理人员，重点围绕人的不安全行为、物的不安全状态、环境的不良因素、管理的缺陷进行排查；各生产辅助单位要全方位、全过程排查本单位可能导致事故发生的风险点，包括生产系统、设备设施、操作行为、职业健康、环境条件、施工场所、安全管理等方面存在的风险。

(2) 确定风险等级。对排查出来的风险点上报分管业务科室，进行分类分级，先确定风险类别(水、火等危险因素和高温、粉尘等有害因素)，然后按照危险程度及可能造成后果的严重性，将风险分为1、2、3、4级(1级最危险，依次降低)。

2. 分级管控

针对预测出的风险点、薄弱环节和突出问题，各个职能部门要确定并落实相应的责任，并制定相应的对策，强化过程控制和整改评价，切实把隐患扼杀在萌芽状态。风险分级管控，实施三定一评，针对预测出的问题和风险点，确定方向、确定责任、确定机制，定期对风险预控机制的执行情况进行评价，以保证控制措施得到有效执行。

(1) 明确管控措施。针对风险类别和等级，将风险点逐一明确管控层级(工程部、班组、岗位)，落实具体的责任单位、责任人和具体的管控措施(包括制度管理措施、施工过程在线监测措施、视频监控措施、应急管理措施等)，形成一企一册报当地安监等有关部门备案。

(2) 风险公告警示。在公共区域公布矿井的主要风险点、风险类别、风险等级、管控措施和应急措施，让每名员工都了解风险点的根本情况及防范、应急对策。对存在安全生产风险的岗位设置告知卡，标明本岗位主要危险危害因素、后果、事故预防及应急措施、报告等内容。对可能导致事故的工作场所、工作岗位，配备现场应急设备设施和平安撤离通道等。

(二) 排查隐患，增强意识

按照实事求是、细致全面、不留死角、不走过场的原则，对企业设备进行全面的检测，并对存在的不足之处和可能出现的问题进行全面的检查。按照谁主管、谁负责的原则，层层落实安全生产的任务目标，对安全生产的岗位职责进行详细界定，提高了工作人员的责任感，并加强安全检查，杜绝违规操作，将安全管理体系实施到位。通过全面检查，及时发现问题和安全隐患，提高员工安全意识。

(三) 隐患治理、落实责任制

落实安全生产责任制，要求每个员工都要树立安全生产意识，做到一职一责、一岗一责，预防为主，防治结合。同时落实安全生产，一是进行不定期检查，时时树立安全意识；二是做好安全记录，对不符合安全生产的地方随时记录，随时发现问题、解决问题；三是整改，发动大家积极献言献策，及时整改薄弱环节，对以前的安全隐患再排查、再检查，确保没有安全漏洞。落实整改责任人，对查出的薄弱环节和安全隐患进行整改，并建立问题库。严格落实整改时间，整改完成后严格验收。通过及时沟通，发现问题及时解决，杜绝麻痹大意思想，确保安全生产。

第四节 公共安全情景构建

重大突发事件情境建构是目前国际上备受重视的前沿科学问题，不仅是因为它有很强的学术价值，更因为它对于应急预案规划、应急预案管理、应急训练演练等一系列应急管理工作有着不可替代的支持与引导作用。通过“情景”的引导与融合，实现对突发事件的规划、预案、演练三项主要工作的统一，从而实现对突发事件的整体把握。

一、情景构建的概念

情景构建是结合大量历史案例研究、工程技术模拟对某类突发事件进行全景式描述，并依此开展应急任务梳理和应急能力评估，从而完善应急预案、指导应急演练，最终实现应急准备能力的提升。情景构建是“底线思维”在应急管理领域的实现与应用，“从最坏处准备，争取最好的结果”。

情景构建不同于传统的典型案例，它不是一个具体事件的投影，而是无数同类事件和预期风险的集合。情景构建不是预测什么地点发生什么事件，其核心是在“假设肯定发生事故”之前如何做好准备。情景构建中的“情景”不是某典型案例的片段或整体的再现，而是无数同类事件和预期风险的系统整合，是基于真实背景对某一类突发事件的普遍规律进行全过程、全方位、全景式的系统描述。情景构建代表一个生产组织的主要安全生产风险，最少的情景具有最广泛的风险与任务代表性；情景构建是开放系统，具有高度弹性，可以伴随环境的改变或能力的提升而持续改进。

二、情景构建的发展

1. 国外的发展情况

近年来，美国在情景构建领域开展了大量的基础与应用基础研究，并取得了显著的成果。“9·11”事件和“卡特里娜”飓风之后，美国政府对公共安全，尤其是国家应急管理体系进行认真反省，深刻认识到了应急准备的重要性，特别强调了针对最容易造成众多人员伤亡、大规模财产损失和严重社会影响且难以恢复的重大灾难性威胁的应急准备，国土安全部等部门组织实施了《国家应急规划情景》重大课题研究。该研究被认为是近年应急管理科技领域最重要的研发成果之一，甚至认为这是国家应急管理战略走向成熟的标志。值得特别关注的是，在《国家应急规划情景》中列出的 15 个重大突发事件情景，只有 4 个在美国的历史上真正发生过，而另外 11 个不但在美国本土从未发生，即使在全世界范围内也极为罕见，但专家坚持认为，这些重大突发事件情景仍然是美国乃至世界今后公共安全的主要威胁，同时一再强调，就是因为国内从未发生，反而才更有必要做好应急准备。

2. 国内的发展情况

我国部分研究机构已对“重大突发事件情境建构”进行了理论探讨。北京市应急管理办公室率先在全国范围内进行了灾害情景建构研究，并总结出了在地方政府层次上实施灾害情景建构的规范化模型；在此基础上，联合中国石油天然气公司、天津市应急管理局等单位，对其进行了情景建构研究，并在此基础上进行了系统的实证研究。一些单位正积极进行“大应急预案建设”工程。

三、情景构建的方法

构建公共安全情景通常涉及以下几方面内容：

(1) 发挥政府公信力：政府公信力是构建公共安全的基础。政府应当摆正心态，明确使命，并以服务者的态度处理突发事件。政府需要在事件中充当倾听者，并在维护公共利益的立场上协调解决问题。

（2）完善政府与社会合作体制机制：通过与社会的通力合作，建立良好的体制机制，包括举国动员和社会参与相结合、国家力量与社会力量相补充、政府与社会“双轮驱动”的模式。此外，还需要吸纳社会力量、调动社会资源，共同应对突发事件。

（3）建设公共安全基础设施：公共安全基础设施建设是社会公共安全的硬件保障。政府应当在财政预算和税收政策方面提供支持，并通过有效调配社会资源组织基础设施建设，构建安全事故防范屏障。

（4）健全应急管理体系：建立政府与社会通力合作的良好体制机制，健全举国动员和社会参与相结合、国家力量与社会力量相补充、政府与社会“双轮驱动”的政社合作新格局。政府还需强化公共安全治理“第一响应人”制度建设，充分发挥基层力量和社会力量的作用，形成统一指挥、分工协作的公共安全治理组织结构。

（5）建立监督机制：公共安全的实现离不开健全、完善、及时、有效的监督机制。全社会都需要共同行动，将公共安全建设视为重要任务，以保证公共安全。

综上所述，构建公共安全情景需要政府、社会各方的共同努力，通过提高政府公信力、完善合作关系、加强基础设施建设、健全应急管理体系以及建立有效的监督机制来实现。

四、情景构建的意义

重大突发事件情景构建是当前公共安全领域最前沿科学问题之一，国内外学界给予了广泛的关注，其主要价值是重大突发事件情景规划对应急准备规划、应急预案管理和应急培训演练等一系列应急管理工作实践具有不可或缺的支撑和指导作用。

应急准备与应急响应能力对突发事件实施有效的预防、准备、响应和恢复至关重要，而能力主要通过事前的应急准备来实现，重大突发事件情景构建则为各高危行业的应急准备工作提供了清晰、确切的方向和目标。通过“情景”引领和整合，应急管理中规划、预案和演练三大主体工作在目标和方向上保持一致。

第五节　消防管理与火灾防治

一、消防管理

消防管理即在一定的政治、经济、科学技术条件下，人们依照某些原则、程序、方法，通过计划、组织、决策、控制、指挥、监督等职能实现消防安全目标而有组织地、协调地进行活动的总和。消防管理的内容是为了认真贯彻消防工作“预防为主、防消结合”的指导方针，使每个职工懂得消防工作的重要性，增强群众防范意识，把事故消灭在萌芽状态。

要正确处理好“防”与“消”两者之间的关系，必须全面、认真、正确贯彻执行“预防为主，防消结合”的方针。其基本任务包括以下四个方面：① 控制、消除发生火灾、爆炸的一切不安全条件和因素；② 限制、消除火灾和爆炸蔓延、扩大的条件和因素；③ 保证有足够的安全出口和通道，以便人员逃生和物资疏散；④ 彻底查清火灾、爆炸原因，做到“三不放过”，即原因不明不放过、事故责任以及群众未受到教育不放过、防范措施不落实不放过。消防工作是一项社会性很强的工作，只有依靠全社会的力量，在全社会成员的关心、重视、支持、参与下才能搞好。

消防管理应渗透到人类生产丰收的一切领域之中，从而决定消防工作的社会性。消防安全管理涉及各行各业，乃至千家万户，在生产的工作和生活过程中，人们对消防安全管理稍有疏漏，对生产一时失神、失控、失误，就有可能酿成火灾，这就决定了消防工作的经常性。纵观多年来火灾事故教训，尽管致灾原因复杂，但可以看出绝大多数火灾乃源于一人一事一时之误，这使我们进一步明确了一条真理：只有广大人民群众的积极参与，才能控制、消除火灾事故的发生，这又决定了消防工作的群众性。

根据消防管理体制，实行“谁主管，谁负责”防火责任制度，各级防火责任人要履行其防火职责。科学技术的发展，新技术、设备及新工艺的应用，以及城市生活现代化，要求消防安全工作必须同时加强技术管理。

中华人民共和国成立以来我国先后制定和颁发了各类消防法规，包括消防法律、规定、技术规范、技术标准等 100 多部，同时，各地公安机关通过地方政府和人大，制定和修订发布了一大批地方性法规，通过上下结合共同努力，初步形成了国家、地方、部门法律法规相结合，行政法规与技术规范相配套的消防法制体系，基本上实现了各行各业开展消防工作有法可依、有章可循，使我国的消防监督管理工作进入“依法治火”和“依法管火”的法制轨道。

对各类建筑工程进行监督管理。按照《中华人民共和国消防法》(以下简称《消防法》)的规定，新建、改建、扩建、建筑内部装修和用途变更的建筑工程都必须按照国家建筑工程消防技术标准进行设计。建设单位应将有关消防设计图纸及有关资料报送当地消防机构审核批准方可施工；竣工时，经消防机构验收合格，方可投入使用。

实施日常的消防监督检查。按照《消防法》规定，消防机构对机关、团体、企业、事业单位遵守消防法律法规的情况依法进行监督检查。对消防安全重点单位进行监督抽查。此外，举办具有火灾危险的大型群众性活动前以及公众聚集场所使用或者开业前也应进行消防安全检查。建筑工程消防设计审核、验收等监督检查不得收取费用。工作人员在进行监督检查时，应当出示证件。对检查发现的火灾隐患，依法责令立即改正或限期改正。拒不改正的，依法予以处罚。

对各种消防产品质量实施监督管理。消防产品是涉及人身财产安全的产品，根据有关法律规定，参照国际通行做法，对各种消防产品制定了市场准入制度。进入中国市场的国内外消防产品都应遵守市场准入制度。我国对消防车、火灾报警设备、消防水带、自动喷水灭火设备等 4 类 12 种产品实施强制性产品认证(3C)制度；对防火门、灭火器等 9 类 53 种产品实施型式认可制度；其他消防产品实施强制检验制度。公安部消防产品合格评定中心具体承担强制性产品认证、型式认可及准入制度的评价工作，四个国家级消防产品质量监督检验中心承担强制检验工作，即国家固定灭火系统和耐火构件质量监督检验中心、国家消防装备产品质量监督检验中心、国家消防电子产品质量监督检验中心、国家防火建筑材料质量监督检验中心。进行电焊、气焊等具有火灾危险的作业人员和自动消防系统的操作人员，必须经培训、考试合格后持证上岗。

公安消防部队除保证完成火灾扑救工作外，还要积极参加以抢救人员生命为主的危险化学品泄漏、道路交通事故、地震及其次生灾害、建筑坍塌、重大安全生产事故、空难、爆炸及恐怖事件和群众遇险事件的救援工作，并参与配合处置气象、地质灾害，森林、草原火灾等自然灾害，矿山、水上事故，重大环境污染、核与辐射事故和突发公共卫生事件。

《消防法》对火灾事故调查做出了明确规定，公安部还发布了《火灾事故调查规定》，对火灾事故调查的职责任务、工作程序和方法做出了明确规定。为客观、公正、科学地认定火灾原因提供技术支持，成立了公安部消防局天津火灾物证鉴定中心和公安部消防局沈阳火灾物证鉴定中心。公安部还成立了国家级火灾事故调查专家组，由多个学科的专家组成，主要任务是受公安部指派或经公安部同意，协助、指导各地及有关部门的火灾事故调查工作，对火灾原因提出鉴定意见；参与研究和制定火灾事故调查工作的开展规划、技术规范和标准；收集、研究国内外火灾事故调查信息；接受火灾事故调查技术咨询、培训等。

按照火灾分类标准，我国火灾分为特大火灾、重大火灾和一般火灾。具有下列标准之一的火灾为特大火灾：死亡 10 人以上（含本数，下同）；重伤 20 人以上；死亡、重伤 20 人以上；受灾 50 户以上；直接财产损失 100 万元以上。具有下列情形之一的火灾为重大火灾：死亡 3 人以上；重伤 10 人以上；死亡、重伤 10 人以上；受灾 30 户以上；直接财产损失 30 万元以上。不具备前两种情形的火灾为一般火灾。

消防站分为普通消防站和特勤消防站两类，普通消防站分为一级普通消防站和二级普通消防站；城市必须设立一级普通消防站；地级以上城市（含）以及经济较发达的县级城市应当设特勤消防站；城市建成区内设置一级普通消防站确有困难的区域，经论证可设二级普通消防站；有任务需要的城市可设水上消防站、航空消防站等专业消防站。城市规划区内消防站的布局，一般应以接到出动指令后 5 分钟内消防队可以到达责任区边缘为原则确定。消防站的辖区面积按下列原则确定：普通消防站一般不应大于 7 平方千米，设在近郊区的普通消防站仍以接到出动指令后 5 分钟内消防队可以到达责任区边缘为原则确定，其辖区面积不应大于 15 平方千米。也可针对城市火灾风险，通过评估方法确定消防站辖区面积。

消防装备分为车辆装备、器材装备和个人防护装备三部分。按照城市（站）建设标准，一级消防站应配备消防车 4～5 辆，二级消防站应配备消防车 2～3 辆，特勤消防站应配备消防车 7～10 辆；器材装备和个人防护装备按消防队（站）等级和人员编制情况配备。全国的、市级以上城市都建有不同规模、不同形式的“119”消防指挥中心（火灾报警电话为 119）。许多大中城市建立了功能齐全、技术先进的消防通信指挥系统，主要包括火灾报警及接收、火警辨识、编制出动方案、下达出动命令、力量调度、现场通信保障和消防信息管理等功能。

室内消防系统指安装在室内，用以扑灭发生在建筑物内初起的火灾的设施系统。它主要有室内消火栓系统、自动喷水消防系统、水雾灭火系统、泡沫灭火系统、二氧化碳灭火系统、卤代烷灭火系统、干粉灭火系统、七氟丙烷灭火系统及气溶胶灭火系统等。火灾统计资料证明，安装室内消防系统是有效的和必要的安全措施。涂塑消防管以钢管为基管，外壁涂装高附着力、抗冲击性、防腐耐候型的热固性粉末涂料，内壁涂装高附着力、防腐、食品级卫生型的热固性粉末涂料。采用喷砂化学双重前处理、预热、内涂装、外涂装、固化、后处理等工艺制成的涂塑消防管是传统钢塑管、镀锌管升级型管道。

二、火灾防治的相关概念

按照《火灾分类》(GB/T 4968—2008)的规定，火灾分为A、B、C、D、E、F六类：A类火灾，固体物质火灾；B类火灾，液体物质火灾；C类火灾，气体火灾；D类火灾，金属火灾；E类火灾，带电设备火灾；F类火灾，烹饪器具内的烹饪物(如动植物油脂)火灾。

灭火的基本原理可以归纳为四个方面：冷却、窒息、隔离和化学抑制。

可燃液体的燃烧特点：流体是否发生燃烧、燃烧速率的高低与液体的蒸汽压、闪点、沸点和蒸发速率等性质有关。可燃固体的燃烧特点：固体可燃物必须经过受热、蒸发、热分解，固体上方可燃气体浓度达到燃烧极限，才能持续不断发生燃烧。

热传播有三种途径：热传导、热对流、热辐射。

氧指数：在规定条件下，固体试样在氧、氮混合气流中，维持平稳燃烧所需的最低含氧量。以氧气所占体积百分数的数值表示。

燃烧的必备条件是可燃物、助燃物、温度，无焰燃烧还要求有未受抑制的链式反应。火灾是在时间和空间上失去控制的燃烧所造成的灾害。

闪燃是在可燃液体(固体)表面上挥发的蒸汽与空气混合达到一定浓度后，遇明火产生的一闪即灭的燃烧现象。

阴燃是没有火焰的缓慢燃烧现象。

爆燃是以亚音速传播的爆炸。

自燃是可燃物质在没有外部明火焰等火源的作用下，因受热或自身发热并蓄热所产生的自行燃烧现象。

闪点是在规定的实验条件下，可燃液体(固体)能放出足量的蒸汽并在容器内的液体(固体)表面处与空气形成可燃混合物的最低温度。

燃点是在规定的实验条件下，液体或固体能发生持续燃烧的最低温度。

自燃点是在规定的条件下，可燃物质产生的最低温度。

物理爆炸是由于液体变成气体或者气体迅速膨胀，压力急速增加，并大大超过容器的极限压力而发生的爆炸。

化学爆炸是因物质本身发生化学反应，并产生大量气体和高温而发生的爆炸。爆炸浓度下限是可燃气体、蒸气或粉尘与空气组成的混合物，能使火焰传播的最低浓度。

粉尘爆炸的最大特点是：多次爆炸；粉尘爆炸所需的最小点火能量较高，热表面点燃较为困难；与有燃气体爆炸相比，粉尘爆炸压力上升较缓和，较高压力持续时间长，释放的能量大，破坏力强。

由燃烧或热解作用而产生的全部的物质，称为燃烧产物。燃烧产物通常指燃烧生成的气体、热量、可见烟等。燃烧生成的气体，一般指一氧化碳(CO)、氰化氢(HCN)、二氧化碳(CO_2)、丙烯醛(C_3H_4O)、氯化氢(HCl)、二氧化硫(SO_2)等。大多数物质的燃烧是一种放热的化学氧化过程。从这种过程放出的能量以热量的形式表现，形成热气的对流与辐射。热量对人体具有明显的物理危害。

由燃烧或热解作用所产生的悬浮在大气中可见的固体和(或)液体颗粒总称为烟，其粒径一般为 0.01～10 微米。这种含碳物质是在火灾中不完全燃烧所生成的，燃烧产物的数量、组成等，随物质的化学组成以及温度、空气供给情况等变化而不同。二氧化碳是主要的燃烧产物之一，在有些火场中浓度可达 15%。它最主要的生理作用是刺激人的呼吸中枢，导致呼吸急促、烟气吸入量增加，并且还会引起头痛、神志不清等症状。而一氧化碳是火灾中致死的主要燃烧产物之一，其毒性在于对血液中血红蛋白的高亲和性，其对血红蛋白的亲和力比氧气高出 250 倍，因而，它能够阻碍人体血液中氧气的输送，引起头痛、虚脱、神志不清等症状和肌肉调节障碍等。

第八章　公共安全应急队伍建设

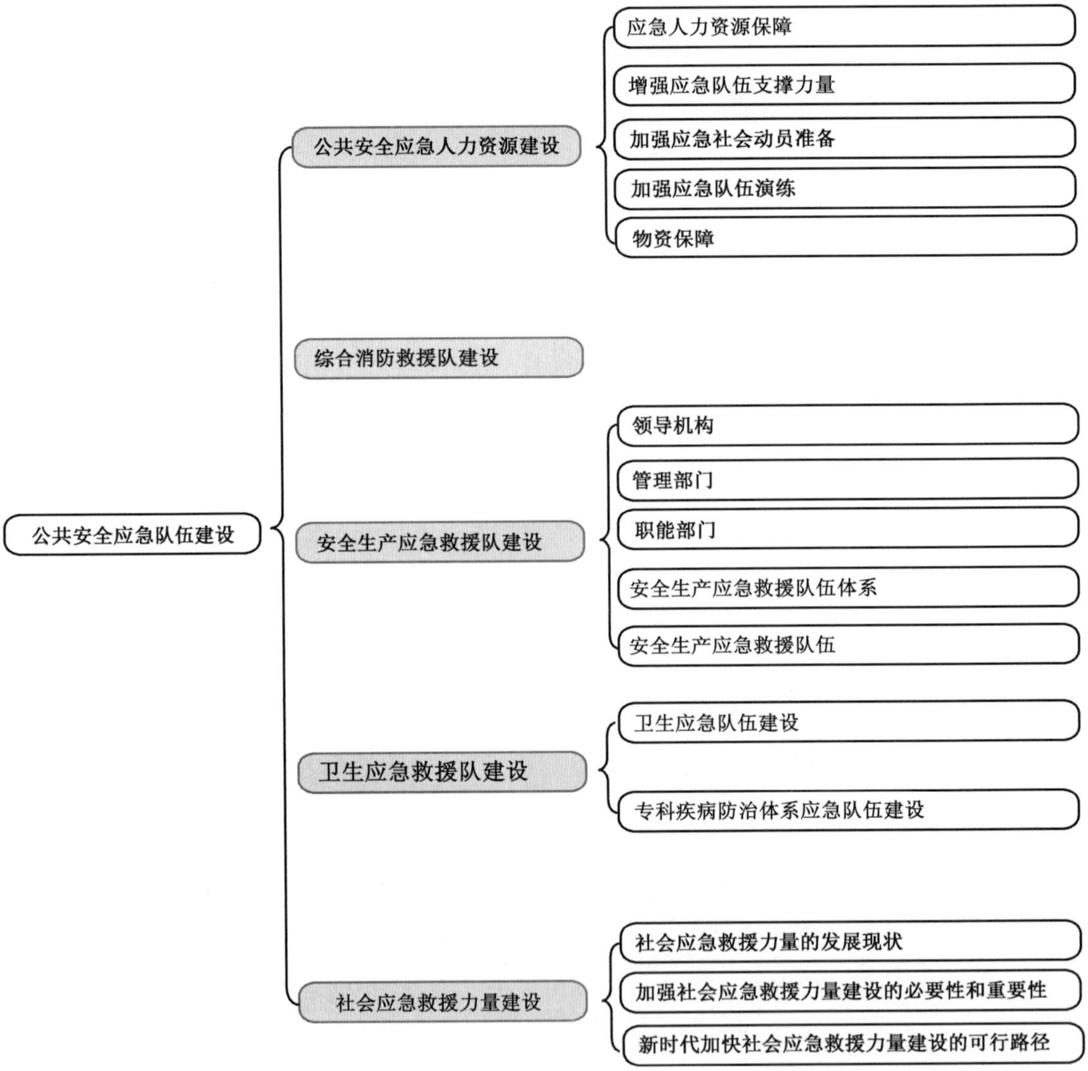

随着我国经济的快速增长、现代化工业的快速发展以及人民物质生活水平的提高，公民对个人安全重视的同时，公共安全也逐渐受到广泛关注。在应急部印发的《“十四五”应急救援力量建设规划》中，我国对公共安全应急救援队伍以及队伍能力的建设也提出了更为严格的要求。随着救援队伍工作难度增大、负担加重，公共安全应急队伍建设对于保障人民生命财产安全、维护社会稳定非常重要。

第一节　公共安全应急人力资源建设

人力资源保障系统是对整个应急管理保障体系提供智力支持和组织保证，促进体系正常运转的系统。该系统还可再细分为组织机构子系统和人力资源子系统。组织结构合理是体系顺畅运行的必要条件，人力资源则作为具体的内容丰富了整个组织结构框架，二者结合起来形成高效运转的有机体，对体系起着举足轻重的作用。

人力资源保障系统根据人力资源管理的内容，可分为人力资源规划、人力资源管理、人才队伍建设和机构人员配备等相关内容。

一、应急人力资源保障

应急人力资源是应急决策与处置的人力保证，也是应急处置的基础。人力资源保障系统为整个应急管理保障体系提供智力支持和组织保证，促进应急管理保障体系正常运转。加强应急人力资源建设与管理，使应急人力资源保障系统高效运转，对整个应急管理保障体系起着举足轻重的作用，并能够全面提高政府及其他机构的应急管理水平。

一支专业化、训练有素的突发事件应急管理人才队伍对及时有效地处理突发事件起着举足轻重的作用。因此，应急管理保障体系的建设离不开完善的人力资源规划。因为从事突发事件管理方面的大部分工作人员都为兼职，因此需要经过系统的职业训练和专业化教育，才能培养出不同类型的应急管理人才。

因此，应急人力资源系统一般由以下人员组成：

(1) 应急管理人员。即政府机关和直属单位的应急管理机构的工作人员，以及对公共安全影响较大的工矿企业、商业单位中的主管领导和相关专业工作人员。

(2) 专业应急队伍。主要指消防、公安、交管、医疗急救、市政等基本抢险救援队伍，还包括人防、地震、防汛、矿山、工程抢险人员等专业救灾队伍，他们是突发事件应急行动的骨干力量。

(3) 应急专家队伍。应急专家队伍为政府应急工作提供专业咨询，通过学术活动促进对国内外应对公共危机经验教训的研究，寻找科学途径减小应急代价。

(4) 社区和志愿者应急队伍。社会团体、企事业单位以及志愿者等各种社会力量在应急救援工作中同样起着重要作用。健全的社会动员机制，以及具有救援知识和技能的志愿者队伍将有力促进应急救援工作的开展。

(5) 解放军和武装警察部队。中国人民解放军和中国人民武装警察部队是处置突发事件的骨干和突击力量，他们按照有关规定参加应急处置工作。

二、增强应急队伍支撑力量

目前我国应急队伍没有得到有效整合，存在着队伍名称不统一、不规范，各领域的应急队伍建设水平参差不齐、经费紧张、设备陈旧、应急救援志愿者队伍建设还没有启动等问题。根据突发事件的现状、特点和发展趋势，以及国内外应急救援队伍建设的经验，就队伍建设而言，应从以下方面努力：

(1) 建立应急救援队伍数据库。全面开展应急救援队伍普查工作，掌握先期处置队伍、增援队伍的基本情况和各类抢险救援队伍的部署和配置信息，以及特种救援装备、通信和交通器材、各类专家等情况，建立起应急救援队伍数据库并及时更新。

(2) 全面加强各专业应急抢险救援队伍建设。对一些基础比较薄弱、目前还没有专职应急队伍的部分行业，比如动物疫病，应加强应急抢险救援专职队伍建设，充实人员力量，更新设备设施。以政府投入为主，保证必要的财政支持，解决应急救援队伍经费不足的问题。

(3) 充分调动和发挥社会救援力量的作用。企业、非政府组织等社会专业救援机构是现代社会应急抢险救援的重要组成部分。应逐步形成专、兼职队伍相结合，各种社会力量参与的应急机制，实现应急工作的社会化，还应健全与企业的合作机制和社会力量动员机制，使社会力量在紧急救援中发挥应有作用。

(4) 大力加强志愿者应急队伍建设。志愿者队伍是应急队伍的重要组成部分，一方面弥补了政府专业队伍力量的不足，另一方面也减少了政府的开支，减轻了政府的负担。政府及有关部门应制定志愿者队伍建设规划，加强工作指导，逐步建立健全志愿者队伍体系，同时以志愿者队伍为基础，开展面向民众的防灾应急宣传教育和预案演练，全面提高民众的防灾应急综合素质。

三、加强应急社会动员准备

(1) 制订应急社会动员计划。应急社会动员计划要形成一个体系。以北京市为例，其应急社会动员计划应包括：总体应急社会动员计划，主要针对北京市全市范围内的整体社会动员；各区县应急社会动员计划；各专项指挥部制订专门应急社会动员计划，主要是针对本部门、本行业的应急社会动员。

(2) 建立应急社会动员保障体系。为此要加强以下方面的工作：第一，应急救援队伍建设。要对应急救援队伍的规模、分布、装备等情况深入调查后，进行整合与管理，形成专兼结合、精干高效的应急救援力量。第二，应急社会动员协调员网络建设。在各种非政府力量中，构建具有广泛代表性的社会动员协调员队伍，他们是应急社会动员的联系人。要对应急协调员进行专门培训，明确其公共危机管理责任与义务，并加强沟通、联系专家决策支持体系。为尽量获得更多的决策信息，应结合实际情况充分考虑专家组的意见。智囊专家库可以充分发挥和动员社会各方面的智力资源，借助应急系统的技术平台，专家参与和决策互动，为应急社会动员决策提供智力保障。

四、加强应急队伍演练

适当进行应急处理的预演可以锻炼成应急管理人员和普通民众的应变能力，并且在实践中摸索出最佳的处置方法。各类应急队伍要结合工作和生产，积极开展专业技能培训和演练，并依据专项应急预案进行专项训练。还应定期组织跨部门、跨行业的应对重大、特别重大突发事件的演练，检验应急队伍的快速反应能力，提高各部门之间协调配合和现场处置的能力。政府还应当加强专业性应急救援队伍和业余应急救援队伍之间的合作，通过联合演练的方式提高应急救援队伍配合协调的能力。

五、物资保障

突发事件的发生往往具有突然性，一旦发生，会形成对应急救援物资、应急处置装备和生活必需品等应急物资需求的瞬间扩张，而这种物质需求一旦保障不了，就可能导致突发事件的恶化进而造成严重的社会危害。为此，必须建立应急物资保障制度，以应对突发事件超常规的物质需求。在我国与突发事件相关的法律法规中，就有应急物资方面的规定。如我国《突发事件应对法》规定："国家按照集中管理、统一调拨、平时服务、灾时应急、采储结合、节约高效的原则，建立健全应急物资储备保障制度，动态更新应急物资储备品种目录，完善重要应急物资的监管、生产、储备、调拨和紧急配送体系。"《突发公共卫生事件应急条例》规定："国务院有关部门和县级以上地方人民政府及其有关部门，应当根据突发事件应急预案的要求，保证应急设施、设备、救治药品和医疗器械等物资储备。"该条例还规定："县级以上各级人民政府应当加强急救医疗服务网络的建设，配备相应的医疗救治药物、技术、设备和人员，提高医疗卫生机构应对各类突发事件的救治能力。"

第二节　综合消防救援队建设

综合性消防救援队是由公安消防部队（武警消防部队）、武警森林部队退出现役，成建制组建的救援队伍，目前共编制 19 万人，是我国应急救援的主力军和国家队，承担着防范化解重大安全风险、应对处置各类灾害事故的重要职责。2018 年"两会"期间，国务院公布了新一轮机构改革方案，国家将 13 个部门整合在一起，组建应急管理部。其中，公安消防也被成建制移入应急管理部。按照"军是军，警是警，民是民"的军改原则，原来作为武警一个警种的公安消防部队集体退役，由应急管理部管理。历史上，我国主干消防力量"非军即警"的局面被打破。

国家综合性消防救援队建设的基本原则是坚持党的绝对领导，发展方向是正规化、专业化、职业化，具体目标是建设一支政治过硬、本领高强、作风优良、纪律严明的中国特色综合性消防救援队，发挥的作用是中国应急救援的主力军和国家队。

组建国家综合性消防救援队共有 6 个方面的主要任务。一是建立统一高效的领导指挥体系。省、市、县级分别设消防救援总队、支队、大队，城市和乡镇根据需要按标准设立消防救援站；森林消防总队以下单位保持原建制。根据需要，组建承担跨区域应急救援任务的专业机动力量。国家综合性消防救援队由应急管理部管理，实行统一领导、分级指挥。二是建立专门的衔级职级序列。国家综合性消防救援队人员，分为管理指挥干部、专业技术干部、消防员 3 类进行管理；制定消防救援衔条例，实行衔级和职级合并设置。三是建立规范顺畅的人员招录、使用和退出管理机制。根据消防救援职业特点，实行专门的人员招录、使用和退出管理办法，保持消防救援人员相对年轻和流动顺畅，并坚持在实战中培养指挥员，确保队伍活力和战斗力。四是建立严格的队伍管理办法。坚持把支部建在队站上，继续实行党委统一的集体领导下的首长分工负责制和政治委员、政治机关制，坚持从严管理，严格规范执勤、训练、工作、生活秩序，保持队伍严明的纪律作风。五是建立尊崇消防救援职业的荣誉体系。设置专门的"中国消防救援队"队旗、队徽、队训、队服，建立符合职业特点的表彰奖励制度，消防救援人员继续享受国家和社会给予的各项优待，以政治上的特殊关怀激励广大消防救援人员许党报国、献身使命。六是建立符合消防救援职业特点的保障机制。按照消防救援工作中央与地方财政事权和支出责任划分意见，调整完善财政保障机制；保持转制后消防救援人员现有待遇水平，实行与其职务职级序列相衔接、符合其职业特点的工资待遇政策；整合消防、安全生产等科研资源，研发消防救援新战法、新技术、新装备；组建专门的消防救援学院。

未来几年，我国消防改革应该在以下 6 个方面重点发力：

第一，完善消防治理结构。我国将建立统一高效的领导指挥体系，省、市、县分别建立消防救援的总队、支队和大队。此外，国家还将建立专业性跨区域应急救援力量。国家综合性消防救援队由应急管理部管理，统一领导，分级指挥。在大力发展综合性应急救援队的同时，还将加快推动应急救援社会化的进程，积极建设地方或单位自有的专职救援队以及基层的志愿者救援队，使其形成相互协调、彼此合作的局面。

第二，强化基层风险管控能力。提高基层风险防范与突发事件的先期处置能力，这有利于尽可能降低重特大突发事件发生的概率。为此，我国城市和乡镇将建立消防救援站。在原有的消防三级管理中，社区民警管消防，但是消防职能被从公安部剥离出来后，社区消防谁来管理？消防救援站能够覆盖所有社区吗？这些都是应急管理部需要细致思考并加以解决的问题。

第三，重塑消防文化。长期以来，公安消防的纪律部队性质决定了应急救援人员形成“不怕流血牺牲”的意识。未来，我国将建立严格的队伍管理办法，规范执勤、训练、工作、生活秩序，确保队伍的纪律严明。消防应该更加提倡科学救援、珍视生命、减少伤亡的理念。在美国，职业消防队员在冲入火场之前要进行灾情评估。如果火灾不会危及公众生命而只会损及财产，消防队员在遭遇严重生命威胁的情况下，可以采取保守的救援措施，因为保护第一响应者的生命也同样重要。当然，这需要辅之以必要的公共安全教育和消防组织伦理建设。一方面，降低公众对消防救援的过高期许；另一方面，避免消防人员因畏惧灾情不作为。我国将整合消防、安全生产等科研资源，研发消防救援新战法、新技术、新装备，并组建专门的消防救援学院。这将极大地提高我国的科学救援能力，有助于降低消防工作的危险性。

第四，稳定消防队伍。我国已把国家综合性消防救援队人员分为管理指挥干部、专业技术干部、消防员 3 类，并制定了消防救援衔条例，实行衔级和职级合并设置。而且，还将建立规范顺畅的人员招录、使用和退出管理机制。这些措施都是稳定消防队伍的“定海神针”。由于消防应急救援需要经验的长期积累，国家应鼓励应急救援企业的发展，使得消防人员在退出后的价值链得以有效延长。

第五，形成尊重消防救援人员的社会氛围。目前，我国建立了尊崇消防救援职业的荣誉体系，设置专门的“中国消防救援队”队旗、队徽、队训、队服，建立符合职业特点的表彰奖励制度，消防救援人员继续享受国家和社会给予的各项优待。而且，将按照消防救援工作中央与地方财政事权和支出责任划分意见，调整完善财政保障机制；保持转制后消防救援人员现有的待遇水平，实行与其职务职级序列相衔接、符合其职业特点的工资待遇政策。我国还应当推动企业与社会力量，采取各种形式的务实行动表达对消防救援人员的尊重。例如，在德国，青年如参与应急救援培训可以充抵服兵役；企业优先招募有应急救援志愿服务经历的员工；为了激励公司，政府对实施这一政策的公司给予减税优惠。

第六，实施差异化政策。我国的国情与历史遗留问题，这是消防改制过程中所必须关注的。例如，在一些偏远边疆地区，公安消防力量不足，而政府专职消防队的建设主要依托于其他地区较高素质的。但是，由于生活条件艰苦、公共资源与公共服务条件差等现实问题，专职消防队伍缺少长期坚守的准备。在消防体制改革背景下，优惠政策更应该向困难地区倾斜，而不是“撒胡椒面”，才能最终体现公平公正的原则。对于经济不发达地区的消防救援人员，国家应在保险、医疗、就业、子女入学等方面应给予更多的优惠政策。

第三节　安全生产应急救援队建设

我国把应急救援的领导决策层、管理与协调指挥系统以及应急救援队伍建立和完善成完整的安全生产应急救援组织体系。

安全生产应急救援组织体系应设计为动态联动组织，以政府应急管理法律法规为基础及应急指挥中心为核心，通过紧密的纵向与横向联系形成强大的应急组织网络。网络组织结构的物质基础为计算机网络化，以事故的类型和级别作为任务的结合点，常态下各单位根据本单位的职责对突发事故进行预测预控，非常态下快速响应。

根据我国的安全生产机构设置情况，应急救援组织体系的构建除应遵循“分级负责，属地管理”的基本原则外，更应该注重从组织体系的完备性，以及本地区内外组织的协调性方面考虑。从而形成“纵向一条线，横向一个面”的组织格局，即从纵横两个角度分建应急管理组织体系的等级协调机制和无等级协调机制运作模式。纵向主要是指以明确的上下级关系为核心，以行政机构为特点的命令方式解决方式；横向主要是指以信息沟通为核心的解决办法，部门平等相待，无明确的上下级关系。

一、领导机构

按照统一领导、分级管理的原则，我国安全生产应急救援领导决策层由国务院安全生产委员会及其办公室、国务院有关部门、地方各级人民政府组成。

1. 国务院安全生产委员会

国务院安全生产委员会(简称安委会)统一领导我国安全生产应急救援工作。负责研究部署、指导协调我国安全生产应急救援工作；研究提出我国安全生产应急救援工作的重大方针政策；负责应急救援重大事项的决策，对涉及多个部门或领域、跨多个地区的影响特别恶劣的事故灾难的应急救援实施协调指挥；必要时协调中央军委联合参谋部和武警总部调集部队参加安全生产事故应急救援；建立与协调同自然灾害、公共卫生和社会安全突发安全生产事故应急救援机构之间的联系，并相互配合。

2. 国务院安全生产委员会办公室

国务院安全生产委员会办公室承办安委会的具体事务，负责研究提出安全生产应急管理和应急救援工作的重大方针政策和措施；负责我国安全生产应急管理工作，统一规划我国安全生产应急体系建设，监督检查、指导协调国务院有关部门和各省(区、市)人民政府安全生产应急管理和应急救援工作，协调指挥安全生产事故灾难应急救援；督促、检查安委会决定事项的贯彻落实情况。

3. 国务院有关部门

国务院有关部门在各自的职责范围内领导有关行业或领域的安全生产应急管理和应急救援工作，监督检查、指导协调有关行业或领域的安全生产应急救援工作，负责本部门所属的安全生产应急救援协调指挥机构、队伍的行政和业务管理，协调指挥本行业或领域应急救援队伍和资源参加重特大安全生产事故应急救援。

4. 地方各级人民政府

地方各级人民政府统一领导本地区安全生产应急救援工作，按照分级管理的原则统一指挥本地区安全生产事故应急救援。

二、管理部门

我国安全生产应急管理与协调指挥系统由国家安全生产应急救援指挥中心、有关专业安全生产应急管理与协调指挥机构以及地方各级安全生产应急管理与协调指挥机构组成。

三、职能部门

1. 指挥协调部门职责

(1) 负责应急救援工作的组织和协调，确保各部门按照预案快速响应、协同处置；

(2) 评估现场情况，制定救援策略，确保救援行动的有序进行；

(3) 向上级汇报救援进展，保持与相关部门的沟通联络，及时传递信息；

(4) 调度救援资源，包括人员、物资、装备等，确保资源的合理配置。

2. 救援技术部门职责

(1) 根据现场情况分析事故原因，制定技术处置方案；

(2) 对事故现场进行风险评估，预测可能的发展趋势，提出安全防范措施；

(3) 指导救援人员采取正确的救援技术和方法，确保救援行动的科学性和有效性；

(4) 负责救援技术设备的维护和保养，确保设备在关键时刻正常运转。

3. 医疗救护部门职责

(1) 配备专业的医疗救护队伍，负责现场伤员的初步救治和转运工作；

(2) 提供急救医疗服务，实施心肺复苏、止血、包扎等紧急救治措施；

(3) 协调医疗机构，确保伤员得到及时有效的后续治疗；

(4) 提供必要的药物和医疗器械，保障救治工作顺利进行。

4. 后勤保障部门职责

(1) 负责救援队伍的物资供应，包括食品、水、帐篷等生活必需品；

(2) 保障救援所需的装备、工具、车辆等物资的充足和正常运行；

(3) 负责现场的安全保卫工作，维护秩序，防止次生事故的发生；

(4) 提供临时住宿和交通服务，确保救援人员和伤员的转运工作顺利完成。

5. 通信联络部门职责

(1) 负责救援队伍内部的通信联络，确保信息传递的及时性和准确性；

(2) 与外部通信网络保持畅通，确保与上级部门、相关部门和现场其他救援队伍的联系畅通无阻；

(3) 负责信息的收集和传递，为指挥部决策提供依据。

6. 现场警戒组职责

(1) 负责设置警戒线，保护事故现场，防止无关人员进入；

(2) 负责疏散周边群众，确保群众安全；

(3) 负责交通管制和疏导，保证救援通道畅通无阻。

7. 善后处理组职责

(1) 负责事故现场的清理和恢复工作；

(2) 负责安抚家属和受害者，协调处理相关事宜；

(3) 负责事故原因调查和分析，提出预防措施和建议。

四、安全生产应急救援队伍体系

国家安全监管总局发布的《关于加强基层安全生产应急队伍建设的意见》(2010 年 13 号)要求：坚持以安全生产专业应急队伍为骨干，以兼职安全生产应急队伍、安全生产应急志愿者队伍等其他应急力量为补充，建设覆盖所有县(市、区)、街道、乡镇的基层安全生产应急队伍体系；坚持统筹规划，各负其责，充分整合利用现有资源，建设与本地、本企业安全生产需要相适应的基层安全生产应急队伍；坚持以矿山、危险化学品应急队伍建设为重点，以处置和预防生产安全事故为主业，努力拓展抢险救灾服务功能，建设"一专多能"的基层安全生产应急队伍；坚持依靠科技进步，依靠专业装备，依靠科学管理，内练素质、外树形象，不断提高基层安全生产应急队伍整体水平。

当前，我国安全生产应急救援队伍体系主要包括四个方面：

一是国家级区域应急救援基地。依托国务院有关部门和有关大中型企业现有的专业应急救援队伍进行重点加强和完善，建立国家安全生产应急救援指挥中心管理指挥的国家级综合性区域应急救援基地、国家级专业应急救援指挥中心管理指挥的专业区域应急救援基地，保证特别重大安全生产事故灾难应急救援和实施跨省(区、市)应急救援的需要。

二是骨干专业应急救援队伍。根据有关行业或领域安全生产应急救援需要，依托有关企业现有的专业应急救援队伍进行加强、补充、提高，形成骨干救援队伍，保证本行业或领域重特大事故应急救援和跨地区实施救援的需要。

三是企业应急救援队伍。新安全生产法等相关法律法规明确要求：各类企业必须建立专业应急救援队伍，或与有关专业救援队伍签订救援服务协议，保证企业自救能力，企业应急救援队伍要扩展专业领域，向周边企业和社会提供救援服务。企业应急救援队伍是安全生产应急救援队伍体系的基础。

四是社会救援力量。引导、鼓励、扶持社区建立由居民组成的应急救援组织和志愿者队伍，事故发生后能够立即开展自救、互救，协助专业救援队伍开展救援；鼓励各种社会组织建立应急救援队伍，按市场运作的方式参加安全生产应急救援，作为安全生产应急救援队伍的补充。

矿山、危化、电力、特种设备等行业或领域的事故灾难，应充分发挥本行业(领域)的专家作用，依靠相关专业救援队伍、企业救援队伍和社会力量开展应急救援。通过事故所属专业安全生产应急管理与协调指挥机构同相关安全生产应急管理与协调指挥机构建立的业务和通信信息网络联系，调集相关专业队伍实施救援。

各级各类应急救援队伍承担所属企业(单位)以及有关管理部门划定区域内的安全生产事故灾难应急救援工作，并接受当地政府和上级安全生产应急管理与协调指挥机构的协调指挥。

五、安全生产应急救援队伍

我国安全生产应急救援队伍主要包括矿山、危险化学品等行业应急救援队伍，是国家综合性消防救援队伍的重要协同力量，担负着区域性灭火救援和安全生产事故等专业救援职责。

1. 矿山救援队

矿山包括煤矿、金属矿、非金属矿、建材矿和化学矿等。在矿山建设和生产过程中，由于自然条件复杂、作业环境较差，加之人们对矿山灾害客观规律的认识还不够全面、深入，有时麻痹大意和违章作业、违章指挥，这就造成某些灾害发生的可能。为了迅速有效地处理矿井突发事故，保护职工生命安全，减少国家资源和财产损失，必须做好救护工作，同时，还要教育职工，在发生事故时如何积极进行自救和互救。矿山救护队是处理矿井火灾、瓦斯、煤尘、水、顶板等灾害的专业性队伍，是职业性、技术性组织，严格实行军事化管理。实践证明，矿山救护队在预防和处理矿山灾害事故中发挥了重要作用。1949 年抚顺、阜新和辽源三个煤矿建立了中华人民共和国成立后第一支矿山救援队。2003 年 2 月 26 日，国家安全生产监督管理局、国家煤矿安全监察局组建了矿山救援中心，组织、指导和协调矿山救护及其应急救援工作。随着我国进入改革开放时期，国有企业“转方式、调结构”不断深化，“转变经济增长，提高企业经济效益”已成为企业发展的共识，“减人提效”“一岗多职、一岗多能”是企业发展的必然要求。在此背景下，救护队伍也随之进入“高效精干、一专多能”的发展时期，由过去单一的矿山救护逐渐向矿山救护、地方消防、社会责任、安全检查、教育培训、仪器装备检测、技术服务于一身的多功能队伍发展。

2. 危险化学品救援队

危险化学品是指具有毒害、腐蚀、爆炸、燃烧、助燃等性质，对人体、设施、环境具有危害的剧毒化学品和其他化学品。危险化学品生产、储运、使用都需要专业防护性措施，危险化学品火灾的扑救应由专业应急救援消防队来进行。现阶段，我国危险化学品救援队主要依托石化企业建设，大型石化园区的综合性消防应急救援队也承担了部分危险化学品应急救援职能。

化学工业是高危行业，具有高温高压、有毒有害、易燃易爆的特点，因此在事故救援上也有更高的要求，对救援队伍的要求也更高，除了通常的化学火灾扑救，还要承担工程抢险、人员防护救护等任务。为此，大部分危险化学品救援队都同时具备工程抢险、化学火灾扑救和有毒有害物质处置等全面应对危险化学品事故的能力。救援队同企业生产密切相关，熟悉危险化学品的生产工艺、流程和物理化学性质等，专业应急救援技术水平高，对危险化学品处置有针对性。

第四节 卫生应急救援队建设

一、卫生应急队伍建设

我国卫生应急体系建设起步较晚，各项管理制度处于建立完善中，卫生应急队伍也在不断加强。按照《国家卫生应急队伍管理办法》要求，建立国家卫生应急队伍，主要由卫生应急管理人员、医疗卫生专业人员和技术保障人员构成，并对卫生应急队伍进行规范和管理。

国家卫生应急队伍管理办法

第一章 总 则

第一条 为加强和规范国家卫生应急队伍建设与管理，全面提升国家卫生应急队伍的应急处置能力和水平，依据《中华人民共和国突发事件应对法》《突发公共卫生事件应急条例》等法律法规，以及《国家突发公共卫生事件应急预案》《国家突发公共事件医疗卫生救援应急预案》等预案，制定本办法。

第二条 本办法所称国家卫生应急队伍(含国家卫生应急移动处置中心)，是指由国务院卫生健康行政部门(国务院中医药主管部门、国务院疾控主管部门)建设与管理，参与特别重大及其他需要响应的突发事件现场卫生应急处置的专业医疗卫生救援队伍。国家卫生应急队伍主要分为紧急医学救援类、重大疫情医疗应急类、突发中毒事件处置类、核和辐射突发事件卫生应急类(上述4类队伍由国务院卫生健康行政部门负责建设管理)、中医应急医疗类(国务院中医药主管部门负责建设管理)、突发急性传染病防控类(国务院疾控主管部门负责建设管理)。国家卫生应急队伍成员(以下简称队员)来自医疗卫生等机构，平时承担所在单位日常工作，应急时承担卫生应急处置任务。

第三条 省级、地市级和县级卫生健康行政部门(中医药主管部门、疾控主管部门)要根据突发事件风险评估，加强地方卫生应急队伍建设，原则上所有医疗卫生机构均应具备卫生应急处置能力，形成完善的卫生应急队伍体系。

第四条 卫生应急队伍建设与管理坚持以习近平新时代中国特色社会主义思想为指导，全面贯彻党中央、国务院的决策部署；坚持“人民至上、生命至上”，始终把人民群众生命安全放在首位；按照“统一指挥、纪律严明，反应迅速、处置高效，平战结合、布局合理，立足国内、面向国际”的原则，根据地域和突发事件等特点，统筹建设和管理卫生应急队伍。各地要强化队伍指挥调度、组织协同，开展实战化训练演练，注重提高信息化、智能化水平，着力提升队伍突发事件应对能力和社会参与程度。

第五条 卫生应急队伍要贯彻“以健康为中心”的原则，加强医防协同，强化公共卫生人员配备，完善医防协同机制，加强突发公共卫生事件研判评估、流行病学调查和溯源等培训，有效减少突发公共卫生事件发生和传播，保障公共卫生安全。

第六条 本办法适用于国家卫生应急队伍的建设和管理(突发急性传染病防控类队伍

管理办法由国务院疾控主管部门另行制定，以下所称国家卫生应急队伍均不含突发急性传染病防控类队伍)。地方各级卫生健康行政部门(中医药主管部门)参照本办法制定本级卫生应急队伍管理办法或规定。

第二章　队伍建设

第七条　国务院卫生健康行政部门(国务院中医药主管部门)负责国家卫生应急队伍的总体规划、建设和管理，并委托省级卫生健康行政部门和中医药主管部门(以下简称委托建设单位)具体承担国家卫生应急队伍组建和管理工作；国家卫生应急队伍所在单位(以下简称承建单位)具体承担国家卫生应急队伍的组建和日常管理工作。紧急医学救援类、重大疫情医疗应急类、中医应急医疗类国家卫生应急队伍承建单位须为三级甲等医院，国家医学中心、国家区域医疗中心和国家临床重点专科所在单位优先。

国家卫生应急队伍由国务院卫生健康行政部门(国务院中医药主管部门)负责组织评估确认，符合国家卫生应急队伍条件的，承担国家卫生应急任务并履行相应职责。

第八条　国家卫生应急队伍主要由卫生应急管理人员、医疗卫生专业人员、技术保障和后勤保障人员构成。应急管理和医疗卫生专业人员每队 30 人以上，设队长 1 名，副队长 2～3 名，每支队伍配 30 人以上的后备人员(国家卫生应急队伍人员构成要求见附件 1)。

第九条　队员遴选条件：

(一) 政治坚定过硬，热爱卫生应急事业，忠实履行职责和义务；具有奉献、敬业、团队合作精神。

(二) 身体健康，年龄原则上不超过 50 周岁。

(三) 熟练掌握相关专业知识和技能。

(四) 接受过卫生应急培训或参与过突发事件卫生应急处置工作者优先考虑。

(五) 在同等条件下，外语沟通能力强的优先考虑。

第十条　队员的遴选按照本人自愿申请，承建单位推荐，委托建设单位审定，报国务院卫生健康行政部门(国务院中医药主管部门)备案的程序进行(队员审批表见附件 2)。对于超龄(大于 60 周岁)或者身体状况不满足应急救援任务的队员应准予退出队伍，承建单位报告委托建设单位核准终止任用，并报国务院卫生健康行政部门(国务院中医药主管部门)备案。

第十一条　队伍应加强装备建设和各项应急预案、标准操作指南制定，队伍功能应满足以下最低标准：

紧急医学救援类：每天能开展 20 台损伤控制手术，每天能接诊 200 名急诊和门诊患者，开设 20 张留观病床，重点加强创伤处理能力；实现 14 天自我保障。

重大疫情医疗应急类：每天能完成 1 000 人次以上的实验室检测，每天能接诊 200 名门诊患者，具备 5 例以上重症传染性疾病患者的紧急处置能力；具备隔离转运能力和流行病学调查能力；能实现 10 天自我保障。

突发中毒事件处置类：能够开展现场流行病学调查、应急监测与风险评估、毒物采样与快速检测、中毒救治指导、健康监护等，实现 7 天自我保障。

核和辐射突发事件卫生应急类：能够开展伤员体表放射性污染检测、局部和全身去污洗消、内外照射患者剂量估算和医学救治、食品和饮用水放射性监测、健康教育和现场心理救援等，实现7天自我保障。

中医应急医疗类：具备传染病检测、应急处置和转运能力，每天能接收200名门诊和急诊患者，可开展损伤控制手术3～5台，重点开展突发事件相关疾病的中医和中西医结合救治；实现7天自我保障。

第十二条　队伍应强化信息化建设，实现队伍与后方指挥部的联通，加强队伍人员、装备的信息化和智能化管理。

第三章　职责、权利和义务

第十三条　国务院卫生健康行政部门履行以下职责：

（一）负责紧急医学救援、重大疫情医疗应急、突发中毒事件处置、核和辐射突发事件卫生应急四类国家卫生应急队伍总体规划布局，指导四类队伍建设和管理工作；

（二）统一指挥和调度紧急医学救援、重大疫情医疗应急、突发中毒事件处置、核和辐射突发事件卫生应急四类国家卫生应急队伍；

（三）组织指导紧急医学救援、重大疫情医疗应急、突发中毒事件处置、核和辐射突发事件卫生应急四类国家卫生应急队伍的培训和演练工作。

国务院中医药主管部门履行以下职责：

（一）负责国家中医应急医疗队伍的总体规划布局，指导国家中医应急医疗队伍建设和管理工作；

（二）与国务院卫生健康行政部门建立协调联动机制，统一指挥和调度国家中医应急医疗队伍，确保中医药第一时间参与新发突发传染病防治和突发事件卫生应急救治工作；

（三）组织开展中医应急救治专项培训，并根据情况适时组织跨地区联合演练。

第十四条　委托建设单位履行以下职责：

（一）负责国家卫生应急队伍的组建，组织、协调和指导承建单位做好国家卫生应急队伍日常管理；

（二）指导承建单位开展国家卫生应急队伍的培训和演练；

（三）制订国家卫生应急队伍具体管理方案。

第十五条　承建单位履行以下职责：

（一）积极支持队员参与国家卫生应急工作，不得以任何理由推诿、拖延、妨碍队员参加卫生应急工作；

（二）保障队员在执行卫生应急任务期间及演训练期间的工资、津贴、奖金及其他福利待遇。保障队员在执行卫生应急任务期间及演训练期间的生命健康安全，为队员购置保险；

（三）负责国家卫生应急队伍的组建和日常管理；

（四）具体组织实施国家卫生应急队伍的培训和演练。

第十六条　国家卫生应急队伍履行以下职责：

（一）按照国务院卫生健康行政部门（国务院中医药主管部门）的调遣，参加卫生应急行动；

（二）向国务院卫生健康行政部门（国务院中医药主管部门）和委托建设单位提出有关卫生应急工作建议；

（三）参与研究、制订卫生应急队伍的建设、发展计划和技术方案；

（四）加强培训、演练，形成实战能力；

（五）向公众普及紧急医学救援知识和技能；

（六）承担国务院卫生健康行政部门（国务院中医药主管部门）委托的其他工作。

第十七条　队员享有以下权利：

（一）享有执行卫生应急任务的知情权；

（二）享受执行卫生应急任务的加班、高风险、特殊地区等国家规定的各项工资福利待遇的权利；

（三）享有执行卫生应急任务期间队伍所在单位按规定购置人身意外伤害保险的权利；

（四）享受接受卫生应急专业培训和演练的权利；

（五）享受优先获取卫生应急相关工作资料的权利；

（六）享有卫生应急工作建议权。

第十八条　队员应承担以下义务：

（一）服从上级的统一领导，服从工作安排，遵守纪律，保守国家秘密；

（二）及时报告在执行卫生应急任务中发现的特殊情况；

（三）提出卫生应急工作建议；

（四）做好卫生应急响应准备，参加卫生应急相关培训和演练，随时听候调派实施现场医疗卫生救援、伤病员救治；

（五）参与对省级及以下卫生应急队伍的业务培训、提供技术咨询和相关工作指导。

第四章　队伍管理

第十九条　队员原则上3年进行一次调整，符合条件的可继续留任。因健康、出国（1年以上）或其他原因不能履行其职责和义务者，经委托建设单位核准终止任用，遴选其他符合条件者增补至队伍，并及时报国务院卫生健康行政部门（国务院中医药主管部门）备案。

第二十条　承建单位建立应急值守制度，队员要保持通讯畅通；当联系方式变更时，应第一时间告知队长，及时报告委托建设单位更新相关信息，确保国家卫生应急队伍数据库信息准确。

第二十一条　委托建设单位应当按照《突发事件医疗应急工作管理办法（试行）》等相关要求，根据国务院卫生健康行政部门（国务院中医药主管部门）统一安排，制订国家卫生应急队伍年度培训和演练计划，开展相关活动，鼓励队伍开展巡诊义诊、紧急医学救援知识和技能普及“进企业、进社区、进学校、进农村、进家庭”等平急结合活动。

第二十二条　国家卫生应急队伍（不包括军队和武警卫生应急队伍）由国务院卫生健康行政部门（国务院中医药主管部门）指挥调度，国务院卫生健康行政部门（国务院中医药主管部门）向委托建设单位发出调用函，委托建设单位督促承建单位接到命令后2小时内完成各项准备随时出发，前往突发事件现场开展卫生应急救援；紧急情况下，可采取先调用、后补手续的方式。委托建设单位可经国务院卫生健康行政部门（国务院中医药主管部门）同意调遣国家卫生应急队伍；执行援外任务时，应由国务院卫生健康行政部门（国务院中医药主管部门）统一指挥调度。应急队伍执行任务时，国务院卫生健康行政部门（国务院中医药主管部门）或委托建设单位应协调受援当地政府提供支持。

第二十三条　国家卫生应急队伍在开展现场卫生应急处置工作时，接受突发事件现场指挥部指挥，加强与在现场参与突发事件处置工作其他应急队伍的信息沟通与协调，并遵守现场管理规定和相关工作规范等，定期向国务院卫生健康行政部门（国务院中医药主管部门）和委托建设单位报告工作进展，遇特殊情况随时上报。地方卫生健康行政部门（中医药主管部门）、医疗卫生机构提供必要的工作支持，协助国家卫生应急队伍完成相关工作。

现场卫生应急处置工作实行队长负责制，队员要服从队长指令，履行各自分工和职责。

第二十四条　队伍完成卫生应急任务后，由国务院卫生健康行政部门（国务院中医药主管部门）通知委托建设单位实施撤离，并由队长负责按要求提交卫生应急处置工作总结报告和相关文字、影像等资料。

第二十五条　执行国际医疗卫生救援任务时，应当遵循通行的国际惯例，遵守所在国的法律法规，尊重当地风俗习惯，维护国家尊严和形象。

第五章　装备物资管理

第二十六条　承建单位参照《卫生应急队伍装备参考目录（试行）》，对国家卫生应急队伍进行装备，并制定相应的管理制度；参照《国家卫生应急队伍标识（试行）》要求，规范使用标识的内容、样式、颜色、比例。按照政府采购法律规定开展采购活动，队伍装备纳入承建单位固定资产管理。

第二十七条　委托建设单位应指导承建单位建立仓储管理制度，定期对装备物资进行维护和更新工作，保证队伍装备物资状况良好，运行正常。

第二十八条　在卫生应急行动中，国务院卫生健康行政部门（国务院中医药主管部门）可以根据需要，对国家卫生应急队伍装备物资进行统一调配。

第二十九条　中央财政对国家卫生应急队伍装备、培训和演练等经费给予必要支持，任何单位或个人不得克扣、挪用或变相克扣、挪用国家卫生应急队伍装备、培训和演练等经费。

第六章　奖励与处罚

第三十条　国家卫生应急队员现场工作表现突出者、委托建设单位或承建单位完成国家卫生应急任务出色者，根据国家有关规定予以表彰或奖励。

第三十一条　国家卫生应急队员或其所在单位，在卫生应急行动中不服从调派、不认真履职、违反相关制度和纪律者，经委托建设单位核实，报由国务院卫生健康行政部门（国务院中医药主管部门）审核确认，对队员予以除名，并对其所在单位予以内部通报。如因失职等原因造成突发事件危害扩大，产生严重后果的，依法追究相关单位和当事人责任。

第三十二条　本办法自印发之日起施行，《国家卫生应急队伍管理办法（试行）》（卫办应急发〔2010〕183 号）同时废止。

附件：略。

二、专科疾病防治体系应急队伍建设

为全面实施结核病控制策略，国务院办公厅先后印发了《全国结核病防治规划（2001—2010 年）》《全国结核病防治规划（2011—2015 年）》，提出在完善结核病防治服务体系过程中，稳定和加强结核病防治专业队伍，合理配置防治人员。《结核病预防控制工作规范》中对结核病防治机构的机构与人员设置、工作职责及防治行为规范等进行了明确要求。

随着精神卫生工作体系的逐步形成，我国精神卫生专业人才队伍不断发展，能力水平不断提高，服务规模和范围逐步扩大。《全国精神卫生工作体系发展指导纲要(2008 年—2015 年)》明确要求建立和健全心理健康促进工作的人员队伍，加强精神卫生工作队伍建设和培养。《中华人民共和国精神卫生法》提出鼓励和支持开展精神卫生专门人才培养，维护精神卫生工作人员的合法权益，加强精神卫生专业队伍建设。

为进一步做好艾滋病防治工作，《国务院关于进一步加强艾滋病防治工作的通知》《艾滋病防治条例》等一系列政策文件中，要求提高医疗卫生机构艾滋病防治能力，加强防治队伍建设，提高工作积极性。明确了各级政府及有关部门的职责，为艾滋病防治工作提供了法律保障，同时落实了防护措施，进一步保障相关人员职业健康。

第五节　社会应急救援力量建设

我国的社会救助队伍具有资源丰富、贴近一线、组织灵活等优点，其发展迅速、参与热情高、活动范围广、服务范围广，已成为国家应急体系中不可缺少的一部分。

一、社会应急救援力量的发展现状

社会应急救援力量是指政府职能以外，民间社会中自发形成的参与突发事件应急处置的各类救援力量，有广义与狭义之分，广义上的社会应急救援力量包括数量庞大的志愿者、相关企业事业单位以及从事应急救援工作的各类社会组织等，而狭义上的社会应急救援力量仅指从事应急救援工作的社会组织，即非政府性应急救援队伍。本书所指是狭义上的社会应急救援力量。

2018 年党和国家机构改革成立应急管理部作为国务院组成部门，地方各级政府也相应设立应急管理厅(局)作为政府组成部门，至 2019 年初基本完成全国范围内的机构重组和人员配备，组建完成“专兼结合、一专多能”的国家和地方综合性消防救援队伍。同时，党和政府历来高度重视基层应急救援力量建设和发展，大力扶持和推动建立了如蓝天救援队、红箭救援队、浙江公羊队、北极星山地救援队等一批富有生机活力的代表性应急救援力量，成为国家应急救援力量的有益补充，初步构建起以国家综合性消防救援队伍为主体、各类专业救援组织为协同、基层应急救援力量为辅助的应急救援体系。新的历史形势下，社会应急救援力量同其他综合性、专业性救援力量一样，被赋予了参与“全过程应急”的重任，具备了“全灾种、大应急”的特性。截至 2019 年底，我国各级民政部门登记的社会救援领域的社会组织就超过 1 200 家，社会应急救援力量超过 2 800 支，主要开展水域、城市、空中等应急救援工作，在我国各级各类灾害救援领域发挥着越来越重要的作用。

由于我国综合性应急管理体系建立较晚，全社会整体应急救援能力水平有待提高，对社会应急救援力量的地位和作用缺乏足够认识，导致其影响力和公信力相对较弱。在快速发展的同时，社会应急救援力量普遍存在着专业技能不完备、业务管理不规范、系统培训不完善、组织架构不合理、后勤保障不及时等诸多问题。

党和国家机构改革后，我国在建立健全应急管理体系和发展社会应急救援力量等方面取得较大突破，各级政府均投入大量人力、物力和财力推动应急救援力量，尤其是社会救援力量建设。但是，由于政府部门部分职能交叉，权责模糊，分工较细又相对独立，社会应急救援力量发展受制于政策、资源等的影响，导致其自身组织架构不清晰，职能定位模糊，严重影响和制约了社会应急救援力量的健康发展和作用发挥。在管理机制方面，由于各类应急事件具有突发频发和复杂多变等特点，再加上社会救援力量参与主体多、服务范围大、专业门类广、人员构成杂，也给自身管理带来困难。另外，由于社会应急救援力量大多缺乏与政府部门的及时有效沟通，信息不畅，导致灾害发生时工作协同性降低，救援效率不高，资源浪费严重。

由于我国社会应急救援力量起步较晚，国内相关法律法规欠缺，对社会救援力量的主体地位缺乏明确界定，未将其作为救援主体纳入规范体系。再加上社会应急救援力量发展初期进入门槛不高，专业人才队伍储备不足，目标定位不清晰，政府协同、政策支持、具体运作等工作力度不够，在救援工作中只能被动响应，导致业务管理松散、不规范，救援效率降低，队员主观能动性和创造性都大打折扣，严重影响了社会应急救援力量进一步发展壮大。

社会应急救援力量作为我国综合性救援力量的有益补充，其作用越来越重要，服务范围和服务领域也越来越广泛。但是由于我国应急管理整体发展理念和水平尚需进一步提升，社会应急救援力量受政策环境、理念常识、人员素质、装备水平等影响，其专业素质和救援能力远不能满足社会需求，各基层应急救援力量发展不均衡，缺乏应急救援相关工作经验，有少数救援队伍甚至不具备基本的专业救援常识技能和保护自身安全能力，严重影响救援工作进展。另外，许多社会应急救援力量中非专业志愿者数量占比很高，导致其专业度不高，其管理规范程度和队伍的专业化水平也亟须提高。

系统完善的教育培训体系是确保各类社会应急救援力量健康发展的重要支撑。现阶段，针对应急救援和灾后心理建设等的教育培训和课程体系还不够完善，各类专业教师和培训演练师数量严重不足，教学和培训场地资源匮乏，培训计划、教学课程、演练方案等缺乏系统规划和科学组织，现有培训体系远不能适应社会应急救援力量对人才培训的需求，救援队伍人才建设和业务发展缓慢，严重影响救援技能提升，给人民群众生命财产带来重大隐患，远不能适应快速发展的社会救援市场需求。我国社会应急救援力量作为民间社会组织起步较晚，主体责任不明确，政府政策支持力度不够，大多数社会救援组织筹集经费困难，导致许多社会应急救援力量人员和经费异常紧张，不能满足正常工作需要。各类救援设备损毁老化、更新缓慢、技术落后，致使救援人员自身生命财产安全无法得到可靠保障。保险和金融力量在社会应急救援中参与度较低，政府相应的救助和补偿政策不完善，措施不到位，未能很好保障社会应急救援力量充分发挥作用。

二、加强社会应急救援力量建设的必要性和重要性

灾害事故多发频发、灾害种类繁多交织、灾害事故地域广泛、灾害损失异常严重是基本国情。各种重特大自然灾害和突发事件以极大的破坏力给人民群众生命财产带来了重大损失。2018 年党和国家机构改革后初步形成了以国家综合性消防救援队伍为主体、各类专业救援队伍协同、社会应急救援力量为补充的应急救援体系。这是顺应国家治理体系和治理能力现代化建设的要求，更是构建新时代国家应急救援体系的重要战略举措。自此，社会应急救援力量被纳入国家整体救援体系的一部分，承担起各类灾害救援和应急处置，保护人民群众生命财产安全的重大历史使命。

社会应急救援力量具有机动灵活、资源丰富、靠近一线、响应迅速等独特优势，成为活跃

在灾害事故救援现场的一支重要力量，发挥着重要作用。他们具备一定的专业知识、救援技能和社会资源，作为政府应急救援力量的有效补充，在弥补政府应急能力不足的同时，还可以大大提高应急救援的广度与深度，提升应急救援效率，成为凝聚人心、减少恐慌、推动社会和谐稳定的重要群体性力量。许多社会应急救援力量还成为灾后恢复重建方面的生力军，积极参与灾后重建和受灾群众心理康复等应急管理工作，发挥着不可替代的作用。因此，加强社会应急救援力量建设，提高国家整体灾害救援能力和水平不但是国家应急管理事业发展的现实需要，更是回应新时代人民群众对美好生活的向往，实现中华民族伟大复兴中国梦的客观要求。

现阶段，我国能够有效参与灾害事故和突发事件的社会应急救援力量主要包括各类社会组织、社区群众自治组织、企业和基层志愿者等。国家关于社会应急救援力量的政策和法规保障滞后，体制机制不健全，社会应急救援队伍数量严重不足，社会应急救援力量缺少系统化、科学化和规范化管理，专业救援人员的素质和业务水平有待提升，专业救援队伍教育培训体系不健全、不规范，救援装备和后勤保障能力也同样需要加强。同时，还存在着获得信息不及时、不对称，获取经费不充足，救助补偿不及时、不到位等一系列发展短板。由此可见，现阶段我国社会应急救援力量无论是整体数量还是人员素质，无论是教育培训还是后勤保障都和我国灾害事故多发频发、种类多损失大、范围广救援难的基本国情不相适应，与我国经济发展水平和建设现代化强国梦想不相适应，与广大人民群众基本需求不相适应。因此，要进一步规范和促进社会应急救援力量的健康发展，增强全社会灾害意识和救援水平，助力新时代应急管理事业发展。

三、新时代加快社会应急救援力量建设的可行路径

管理水平和救援能力是衡量社会应急救援力量优劣的重要标准，也是其赖以生存和发展的重要依托，管理水平的高低和能力建设的好坏决定着社会应急救援力量的发展质量甚至是生死存亡。因此，必须高度重视社会应急救援力量管理水平的提高和自身救援能力建设，完善新时代我国社会应急救援力量的管理和运行机制。

我国社会应急救援力量参与重大突发事件救援处置和灾后重建工作大致开始于 2008 年汶川大地震期间，因而 2008 年也被称为我国的“公益元年”。我国许多社会应急救援力量成立和发展早期缺少必要的引导与规范，部分甚至处于“野蛮生长”状态，因此，必须通过加强管理来提高服务质量和水平。

（1）加强社会应急救援力量日常管理

政府应急管理和民政部门要根据各自分工，加强对社会应急救援力量的指导和监督。各社会应急救援力量要在应急部门指导下全面加强党建引领，建立健全日常管理、发展规划、人才体系、专业训练、装备保障等各方面的规章制度，强化在应急能力、信息畅通、预案体系、物资保障等方面的准备工作。要在民政部门依法登记管理，按章程开展活动、加强自身建设。

（2）加强社会应急救援力量人才队伍建设

重视加强社会应急救援力量人才队伍建设，加大培养选拔力度。应急部门要指导社会应急救援力量明确岗位职责，强化主体责任，建立科学规范的招聘、选拔、培训和演练等规章制度，全面掌握人才队伍的基本情况和技能专长等，从源头上提升社会应急救援力量的自身

安全保障能力，确保人员结构保持总体稳定。

（3）不断强化社会应急救援力量交流合作

积极督促并引导社会应急救援力量不断弘扬中国特色防灾减灾救灾文化，在农村社区、学校、企业等因地制宜开展科普宣教、风险排查、培训演练等常态化防灾减灾救灾工作。要会同外事部门加强对社会应急救援力量参与国际救援行动的审批审查和组织管理，提供必要的服务和保障，大力开展社会应急救援力量对外交流合作，积极参与相关国际标准和规则制定修订，切实提高我国参与国际救援的水平和影响力。

（4）建立健全社会应急救援力量信息系统

政府主管部门要认真组织开展社会应急救援力量基本信息调查摸底，全面精准掌握各自管辖范围内的人员构成、装备情况、资金管理、后勤保障等信息，以及历次救援行动中各社会应急救援力量的综合表现和总体能力。充分利用大数据、物联网、人工智能等手段加强对社会应急救援力量基本信息的统计、传送和更新等工作，实行动态管理，信息共享，更好服务社会应急救援力量建设。

第九章　公共安全应急处置

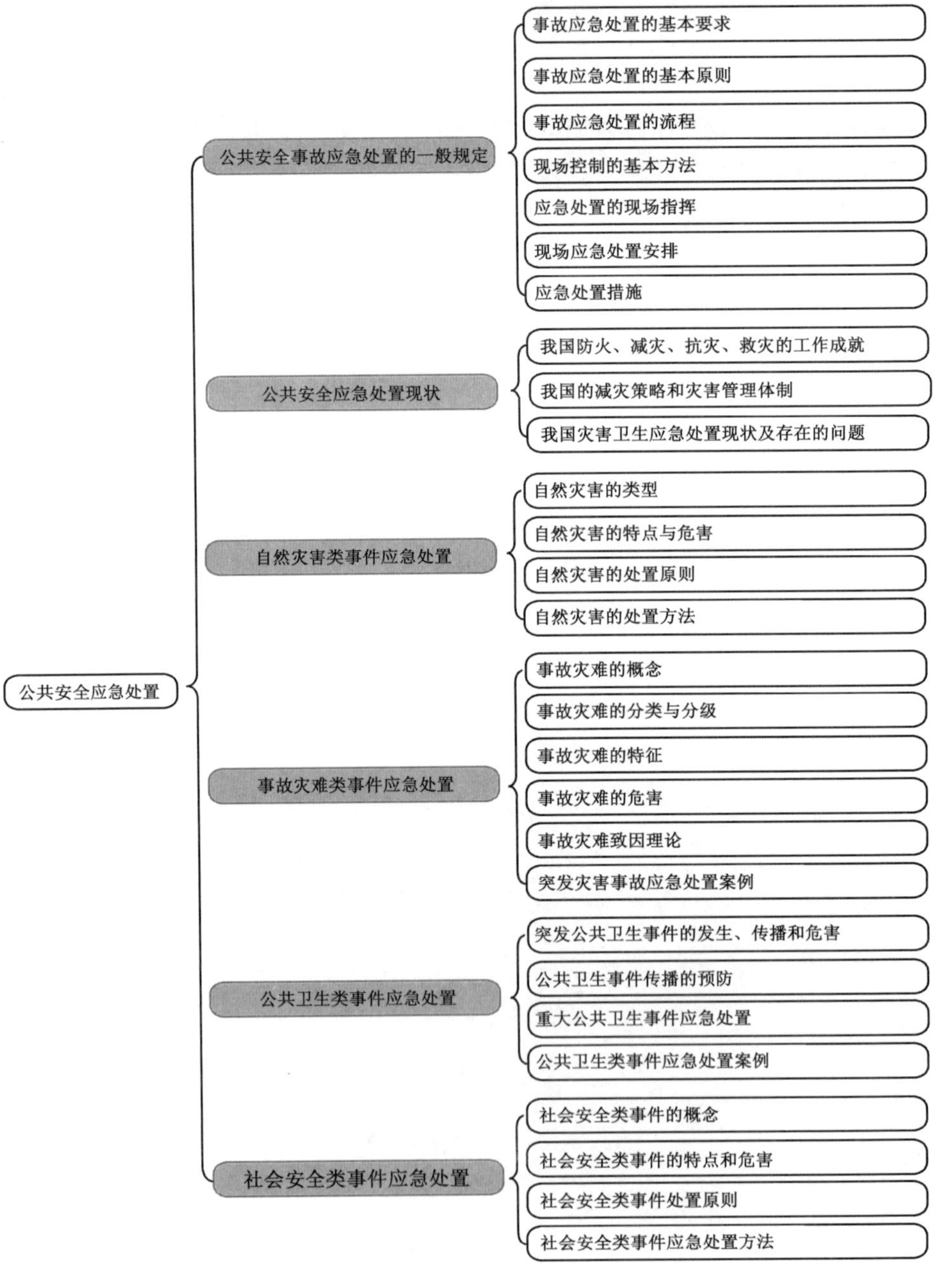

随着国家“十四五”规划和2035年远景目标纲要中“突发公共事件应急处置能力显著增强”目标和“完善国家应急管理体系”要求的提出，加强公共安全应急处置能力，需要着眼推进国家治理体系和治理能力现代化，把相关要求贯彻落实到应急处置工作的各方面各环节。

我国《突发事件应对法》将突发事件分为自然灾害、事故灾难、公共卫生事件和社会安全事件四类。

第一节　公共安全事故应急处置的一般规定

公共安全问题的应急处置是公共安全管理的重要环节之一。公共安全应急处置是指在突发事件发生时，管理部门应当根据问题的原因、性质、特点和危害程度，迅速组织各方面力量，调动各种应急物资，及时对公共安全问题进行有效处置，并积极开展救援工作，尽可能地减缓和消除其对公众生命、健康与财产的损害。即使制定了完美的应急预案，也采取了严密的防范措施，但并不能完全避免突发事件的发生。因此，当安全生产突发事件发生后，应根据突发事件的性质、特点以及危害程度，及时组织有关部门，调动各种应急物资，对突发事件进行有效处置，以降低对人员生命健康的危害和财产损失的程度是十分重要的。

一、事故应急处置的基本要求

2013年11月19日，国务院安委会发布《国务院安委会关于进一步加强生产安全事故应急处置工作的通知》(安委〔2013〕8号)。该通知指出，要牢固树立“以人为本、安全第一，生命至上”和“不抛弃、不放弃”的理念，坚持“属地为主、条块结合、精心组织、科学施救”的原则，在确保救援人员安全的前提下实施救援，全力以赴搜救遇险人员，精心救治受伤人员，妥善处理善后，有效防范次生衍生事故。该通知还指出了规范事故现场应急处置的办法：

(1) 做好企业先期处置。发生事故或险情后，企业要立即启动相关应急预案，在确保安全的前提下组织抢救遇险人员，控制危险源，封锁危险场所，杜绝盲目施救，防止事态扩大；要明确并落实生产现场带班人员、班组长和调度人员的直接处置权和指挥权，在遇到险情或事故征兆时立即下达停产撤人命令，组织现场人员及时、有序撤离到安全地点，减少人员伤亡。同时企业要依法依规及时、如实向当地安全生产监管监察部门和负有安全生产监督管理职责的有关部门报告事故情况，不得瞒报、谎报、迟报、漏报，不得故意破坏事故现场、毁灭证据。

(2) 加强政府应急响应。事故发生地人民政府及有关部门接到事故报告后，相关负责同志要立即赶赴事故现场，按照有关应急预案规定，成立事故应急处置现场指挥部(以下简称指挥部)，代表本级人民政府履行事故应急处置职责，组织开展事故应急处置工作。指挥部是事故现场应急处置的最高决策指挥机构，实行总指挥负责制。事故现场所有人员要严格执行指挥部指令，对于延误或拒绝执行命令的，要严肃追究责任。事故发生地有关单位、各类安全生产应急救援队伍接到地方人民政府及有关部门的应急救援指令或有关企业的请求后应当及时出动，参加事故救援。

(3) 强化救援现场管理。指挥部要充分发挥专家组、企业现场管理人员和专业技术人员以及救援队伍指挥员的作用，实行科学决策。要根据事故救援需要和现场实际需要划定警戒区域，及时疏散和安置事故可能影响的周边居民和群众，疏导劝离与救援无关的人员，维护现场秩序，确保救援工作高效有序。必要时，要对事故现场实行隔离保护，尤其是矿井井口、危险化学品处置区域、火区灾区人口等重要部位要实行专人值守，未经指挥部批准，任何人不准进入。要对现场周边及有关区域实行交通管制，确保应急救援通道畅通。

(4) 确保安全有效施救。救援过程中，要严格遵守安全规程，及时排除隐患，确保救援人员安全。救援队伍指挥员应当作为指挥部成员，参与制定救援方案等重大决策，并根据救援方案和总指挥命令组织实施救援；在行动前要了解有关危险因素，明确防范措施，科学组织救援，积极搜救遇险人员。遇到突发情况危及救援人员生命安全时，救援队伍指挥员有权做出处置决定，迅速带领救援人员撤出危险区域，并及时报告指挥部。

(5) 适时把握救援暂停和终止。对于继续救援直接威胁救援人员生命安全、极易造成次生衍生事故等情况，指挥部要组织专家充分论证，做出暂停救援的决定；在事故现场得以控制、导致次生衍生事故隐患消除后，经指挥部组织研究，确认符合继续施救条件时，再行组织施救，直至救援任务完成。因客观条件导致无法实施救援或救援任务完成后，在经专家组论证并做好相关工作的基础上，指挥部要提出终止救援的意见，报本级人民政府批准。

二、事故应急处置的基本原则

为了提高公共安全问题应对的效率和效果，降低公共安全问题造成的损失，在应急处置中必须遵循以下五项原则。

(一) 以人为本，生命第一

在应急处置时要把保护和挽救公众生命安全作为公共安全管理的首要责任。要坚持“先救人，后救物”的原则。因为物是为人服务的，且绝大部分物都是可以重建和恢复的，而人的生命只有一次，逝去就不可复生。如果遇到特别重大的公共安全问题，影响到生命健康的人数过多、处置措施确实无法避免人员伤亡的情况下，应该使“无伤亡代价”原则让位于“最小伤亡代价”原则。只有这样，才能更好地保护群众的利益。

(二) 积极应对，快速高效

公共安全问题的破坏性和连带性，要求应急处置必须快速及时。公共安全问题发生后，能否尽快控制住事态的发展，使危害不扩大、不升级、不蔓延，是应急处置的关键。因此，公共安全管理者必须在最短的时间内调查事故原因、评估危害范围和事态发展方向，制定出最佳的解决方案，及时进行应急处置，降低公共安全问题发生所带来的影响。特别是在应急救援中，时间就是生命，突发事件发生后的 72 小时是救援的黄金时间。研究表明，幸存者第一天有 80%的生还可能，第二天剩下 53.4%，第三天只有 34.8%。时间越长，生还的可能性越小，因此必须抓紧时间抢救生命。政府肩负着公共事务管理的职责。当公共安全问题发生后，无论是否为政府日常管理职责，政府都有义务保护社会公众的安全和利益。因此，一旦发生公共安全问题，政府必须采取积极的态度，主动应对，以赢得公众的理解与信任，掌握事件处置与舆论引导的主动权。即使政府需要对事件的发生负责，也会因其积极主动的态度而缓解公众问责的压力。

(三) 主动公开，实事求是

公共安全问题一旦发生，就会引起社会公众的高度关注，如果不及时、如实公布相关信息，难免使社会公众产生各种猜测和怀疑，散播各种虚假、不真实的信息。主动公开、实事求是，是政府取信于民、凝聚人心的最佳手段。这样不仅能有效地减少公民的疑虑、消灭小道消息的生存空间，安抚和稳定人心，有利于民众配合政府的应急工作，也有助于应急处置和救援工作的开展。掩盖事实、弄虚作假的情况如果被揭穿，不仅会增加应急处置的难度，政府的公信力也会受损。因此，要如实地公布公共安全问题发生的原因、严重程度、政府已经采取了哪些措施、现在的处理状况以及最新的事件发展状况；用权威真实的声音占领宣传的主阵地，安抚民心，消除谣言与小道消息，减少社会公众的疑虑。

（四）协同合作、科学应对

在公共安全问题的应急处置过程中，需要参加的部门和人员比较多。各主体因工作性质、职责不同，故利益取向会有差异，在处置与救援过程中介入的方式和程度也有所不同。如何组织、指挥和协调这些部门进行协同合作，形成政府主导下的多元主体参与的应急处置管理机制则显得十分重要。只有形成高度集中、统一领导与指挥的应急管理指挥系统，实现资源整合，才能避免各自为战，确保政令畅通。

科学应对就是要尊重和依靠科学，对公共安全问题进行专业处置。在应急处置过程中，要充分利用专业人员的知识、技术、装备和专家“外脑”的作用，进行科学应对，实现公共安全问题的专业处置。科学应对可以使公共安全问题的应急处置能够依法、科学、有序地进行，进而减少不必要的生命、财产损失。

（五）合法性与应急性相结合

合法性原则是公共安全管理部门在紧急状态下进行应急处置必须遵守的原则。即使是在应急状态下，一切应急活动均应受到法律的约束，不能采取与法律相抵触的应急处置措施。

应急性原则是合法性原则的必要补充。在紧急情况出现时，为了及时有效地避免危害的进一步扩大，政府可以依据应急性原则行使行政紧急权进行特事特办，简化应急救援与处置的措施和程序，用最短的时间控制事态的发展，最大限度地减少公共安全问题所造成的损失。必须注意的是，这些非常措施必须符合紧急状态下的法律制度。如果紧急状态下因法律规范缺位导致无法可依时，指导人们行为的最高准则应该是公共利益。不受任何限制的行政紧急权容易被滥用，这是合法性原则所不允许的。总之，应急性原则要在合法性原则的基础上兼顾并侧重应急工作效率，应该是合法性原则指导下的规范性应急，而非突破合法性原则的盲目应急。

三、事故应急处置的流程

将应急处置工作流程化、科学化，有助于提高紧急事态下救援处置工作的效率。根据《国家突发公共事件总体应急预案》和救灾实践经验，应急处置工作应该遵循以下基本流程。

（一）接警和初期研判

当各级公共安全管理机构以及110、119、120、122等报警台接到警情上报时，必须认真了解公共安全事件发生的详细情况，具体应该包括事情发生的时间、地点、性质、规模、人员伤亡、财产损失等情况；同时，要及时进行跟踪、核查、研判事态发展趋势。报警情况得到初步核实后，要在第一时间发出预警信息和警报。

（二）信息报告

应根据公共安全事件的严重程度及时向有关部门和领导报告。相关部门和领导在接到报告后，要尽快根据收集上来的信息进行初步判断，确定突发公共安全事件的级别和影响范围;当所发生的公共安全问题超出自身管辖范围时,应迅速向上级机关报告。特别重大或者重大突发事件发生后相关部门应立即报告,从事件发生到报告国务院最迟不得超过 4 小时。除此之外,在应急处置过程中,相关部门也要继续及时汇报事态发展情况与救援工作中遇到的问题。

(三) 先期处置

按照属地管理原则,不论发生哪一级别的公共安全问题,事发地的人民政府或有关部门在迅速上报的同时,必须根据自己的职责和权限范围进行先期处置,阻止危害的扩大与升级,减少社会公众的生命财产损失。

(四) 启动应急响应

公共安全事件的级别确定后,应急指挥机构和政府应根据事件的级别及时启动相应的应急预案。根据我国《突发事件应对法》以及其他相关法律法规的规定,一旦宣布启动应急预案中的应急响应程序,各有关部门都应该根据相关规定承担起应急职责,迅速成立现场指挥中心和专家组赶赴突发事件现场,调动应急救援队伍和应急救援物资支援现场处置行动。

(五) 制定应急处置方案

制定应急处置方案要面临的约束条件十分苛刻:时间紧迫、信息有限、人力资源紧缺且技术支持缺乏。在这种情况下,要制定出恰当且科学的处置措施和救援方案,极为不易。决策者是否具备科学决策能力、驾驭全局能力、开拓创新能力和丰富的经验是应急决策能否成功的关键。

(六) 实施应急处置方案

应急处置方案制定以后,相关部门及人员应该立即着手执行该方案。各部门应在应急指挥中心的统一领导下,各司其职,协调联动,开展人员救助、警戒与交管、工程抢险、医疗救护和人员疏散等应急处置工作。

(七) 调整处置与救援方案

应急处置方案不可能预见公共安全事件发展过程中的所有问题,需要在实施过程中,根据具体情况,不断进行调整。在调整的过程中,要重点做到以下几个方面:一是要根据事态发展情况持续地进行信息收集和分析;二是要注意征求和听取相关专家的意见;三是要及时地向上级部门汇报调整信息,并将调整方案及时告知参与处置救援的部门和人员。

(八) 临时恢复

救援行动完成后就进入了临时恢复阶段。临时恢复阶段的工作包括现场清理、人员清点和撤离、警戒解除、善后处理等。

(九) 应急处置结束

当局势得到控制、危险因素得以消除后,相关处置与救援措施会相应停止。例如,取消现场指挥部、发布相关信息告知公众等。

四、现场控制的基本方法

在事故现场处置过程中,对现场的控制是必不可少的,需要做出一系列的应急安排,其目的是防止事故的进一步蔓延扩大,使人员伤亡与财产损失降低到最低程度。事故现场控制的一般方法可分为以下几种:

（一）警戒线控制法

警戒线控制法是指当发生事故时，为防止非应急处置人员与其他无关人员进入事故现场，干扰应急工作顺利进行而采取的一种特别的保护现场的方法。一般来讲由公安机关的警察、保安人员或企业事业单位的保卫人员等应急参与人员实施警戒保护。对于范围较大的事故现场，应从其核心现场开始，向外设置多层警戒线。在事故现场应急处置过程中设置警戒线有以下作用：

(1) 避免遭受外来的未知因素对现场处置过程中的应急人员安全构成威胁，同时对于应急处置人员在心理上有一种安全感，能够保证处置工作的顺利进行。

(2) 避免现场可能存在的各种危险源危及周围无关人员的安全。警戒线设置的方法应考虑各方面的因素，首先在范围上应坚持宜大不宜小，保证应急处置人员足够的空间，同时阻止现场内外人、物、信息的大规模无序流动。

（二）区域控制法

区域控制应建立在现场概览的基础上，即在不破坏现场的前提下，在现场外围对整个事故发生环境进行总体观察，确定重点区域、重点地带、危险区域和危险地带。现场区域控制遵循的原则是：先重点区域，后一般区域；先危险区域，后安全区域；先外围区域，后中心区域。具体实施区域控制时，一般应当在现场专业处置人员的指导下进行，由事发单位或事发地的公安机关指派专门人员具体实施。

（三）遮盖控制法

遮盖控制法实际上是保护现场与现场证据的一种方法。在事故的处置现场，有些物证的时效性要求往往比较高，天气因素的变化可能会影响取证和检材的真实性；有时由于现场比较复杂，破坏比较严重等情况，因此需要用其他物品对重要现场、重要物证和重要区域进行遮盖，以利于后续工作的开展。遮盖物一般多采用干净的塑料布、帆布和草席等物品，起到防风、防雨、防日晒以及防止无关人员随意触动的作用。应当注意的是，除非万不得已，一般尽量不要使用遮盖控制法，防止遮盖物沾染某些微量物证（或检材），影响取证以及后续的化学物理分析结果。

（四）以物围圈控制方法

为了维持现场处置的正常秩序，防止现场重要物证被破坏以及危害扩大，有时候设置警戒线起不到明显的作用，可以采用其他物体对事故现场应急处置中心地带周围进行围圈。一般来讲，可以使用一些不污染环境、阻燃隔爆的物体。

（五）定位控制法

有时候事故现场群死群伤的情况比较严重，事故发生的面积又很大或者周围物体的变化较大，采取上述几种现场控制方法，可能会带来不便或负面影响，因此就需要采取定位控制法来对事故现场的特定死伤人员、特定物体、特定物证、特定方位和特定建筑等采取定点标注的控制方法，使现场处置有关人员对整体事件现场能够一目了然，做到定量和定性相结合，有利于下一步工作的开展。

五、应急处置的现场指挥

现场指挥是公共安全管理工作中内容最复杂、任务最繁重的部分。它是应急决策与处置的纽带，也是整个应急管理的核心环节，在一定程度上决定了应急处置的效率与质量。科学合理的现场指挥，不仅能大大降低公共安全事件造成的损失，对后期减轻直接和间接损失都有重要意义。

公共安全事件的指挥与控制，一般指公共安全事件发生后的人员管理、信息分析和决策。在实施应急救援过程中，必须有人负责全面指挥。

（一）现场指挥中心

现场指挥中心是指在现场应急处置过程中，由相关部门组织的、临时性应对突发公共事件的决策、指挥与处置机构。它应由各级领导、专项指挥部、各相关部门、事故处理专家组成，必须具备通信、预警、灾情评估和监视、确定行动程序、协调及分配救援力量、管理公众信息与新闻媒介等多方面的功能。

（二）现场指挥中心的职责

现场指挥中心与应急指挥中心的不同之处在于，现场指挥中心偏重于事故现场的应急救援指挥和管理工作。现场指挥中心的职责如下所述。

（1）确保应急计划的实行，监督应急行动的快速有效性，全面启动所有适当的程序和应急措施。

（2）根据突发事件的进展、相关工作预案和领导指示，组织、指挥参与现场救援的各单位，迅速控制局势，力争把损失降到最低。

（3）检查并有效控制事故现场范围内应急人员的调动和资源供应，确保有充足的物资投入到应急救援工作中。

（4）实施属地管理，组织公安等相关部门，做好交通保障和人员疏散和安置工作，维护好社会秩序。

（5）应在事故现场与事故指挥员、支持保障部门、信息管理部门之间建立并保持必要的通信联系，做好突发情况的应急准备。

（6）及时掌握和报告重要信息，研究制定紧急处置情况处理方案并报本级或上级应急管理机构。现场指挥部应随时跟踪事态的进展情况，一旦发现事态有进一步扩大的趋势，有可能超出自身的控制能力，应立即向上级政府发出请求，由上级政府部门协助调配其他应急物资；同时，及时向事件可能波及的地区通报有关情况，必要时可通过媒体向社会发出预警。

建立科学有效、标准规范的突发事件现场指挥制度是做好突发事件应对工作的重要前提和基础。当前，德国、美国、加拿大、澳大利亚、日本等国家及国际组织都在加强或推动突发事件现场指挥制度的建设工作。目前，我国有的地方开始了突发事件现场指挥员制度的一些探索，但是由于缺乏国家层面对突发事件现场指挥制度的整体设计，所以在突发事件的现场指挥中仍存在一些难题亟待破解。从国家宏观层面来看，《突发事件应对法》第十六条规定，国家建立统一指挥、专常兼备、反应灵敏、上下联动的应急管理体制和综合协调、分类管理、分级负责、属地管理为主的工作体系。但是该条规定并没有对突发事件现场指挥体制和职责加以明确。而在一些重特大突发事件应对的现场工作中，由于现场处置工作往往具有行政层级多、参与部门多、涉及领域广、管理对象复杂等特点，现场指挥中的协调和关键决策工作非常困难。从突发事件现场指挥的具体实践看，普遍存在现场指挥编组不统一、现场管理流程不规范、协调工作不清晰、指挥人员素质参差不齐、现场处置工作缺乏科学指南等问题。上述问题严重制约了突发事件现场管理工作的有效开展。当前，要高度重视突发事件现场指挥制度建设工作，加强突发事件现场指挥制度的整体设计，设计和建立全国统一的规范化、标准化的现场指挥架构和规范，加强现场指挥人员队伍建设，建立突发事件现场标识系统和资源管理制度，加强相关保障制度建设。

六、现场应急处置安排

事故的现场处置需要根据事故发生的性质、特点、类型和等级等做出紧急安排。事故应急处置一般包括以下几个方面：设置警戒线、应急反应人力资源组织与协调、做好应急保障、应急物资设备的调集、人员安全疏散、现场治安秩序维护和媒体等方面的内容。

（一）设置警戒线

设置警戒线的目的是保证事故应急处置工作正常有序顺利进行，以及事故发生的原因调查取证。根据事故规模、影响的范围、人员伤亡不同设置不同层次的警戒线，来满足应急处置工作的需求。一般来讲要设置内围警戒线和外围警戒线。内围警戒线圈围事故或事件发生的核心区域，在核心区域内一般只允许医疗救护人员、警察、消防人员、应急专家或专业的应急人员进入，并成立现场控制小组，组织开展各项控制和救助工作。

（二）应急反应人力资源组织与协调

事故发生后通过对事故的初步评估，应立即启动相应的应急预案。目前广东省在应急救援预案中，就已明确不同事故由不同的部门牵头负责，由其他部门给予协调和支持，每个部门都有明确的任务和职责。一旦事故发生，就由牵头部门在第一时间赶赴事故现场，组织和指挥应急处置人员和其他相关人员开展工作。各应急处置组织应成立现场指挥部，指挥现场处置应急人员和协调现场其他的应急物资。

（三）做好应急保障

地方人民政府要对应急保障工作总负责，统筹协调，全力保证应急救援工作的需要；要采取财政措施，保障应急处置工作所需经费。政府有关部门要按照国家有关规定和指挥部的需要，在各自职责范围内做好应急保障工作，确保交通、通信、供电、供水、气象服务以及应急救援队伍、装备、物资等救援条件。

（四）应急物资设备的调集

应急处置需要大量的专业设备和工具。专用设备、工具与车辆一般由各专业救援队伍提供，对于一些特殊和所需数量较多而现场数量不足的设备、工具与车辆可以通过媒体向社会征募，同时也可以向有关方面请求支援。各专业部门应根据自身应急救援业务的需求，采取平战结合的原则，配备现场救援和工程抢险装备和器材，建立相应的维护、保养和调用等制度，以保障各种相关事故的抢险和救援。大型现场救援和工程抢险装备，应由政府应急办公室（或类似职能部门）与相关企业签订应急保障服务协议，采取政府资助、合同、委托等方式，每年由政府提供一定的设备维护、保养补助费用，紧急情况下市应急办公室可代表当地政府直接调用。专用设备、工具与车辆到达现场后，应按照救援工作的优先次序安排停放位置，对于随时需投入使用的设备、车辆应停放于中心现场。

（五）人员安全疏散

根据人员疏散原则，在处置现场及时有效地组织人员安全疏散，是避免大量人员伤亡的重要措施。根据疏散的时间要求、距离远近可将人员安全疏散分为临时紧急疏散和远距离疏散。

（1）临时紧急疏散。临时紧急疏散常见于火灾和爆炸等突发性事件的应急处置过程中。临时紧急疏散的最大特点在于其紧急性，如果在短时间内人员无法及时疏散，就有可能造成严重的人员伤亡。临时紧急疏散必须兼顾疏散的速度和秩序，考虑到处于危险之中人的心理和行为特点，秩序成为优先考虑的因素。

（2）远距离疏散。远距离疏散涉及的人员多、疏散距离远、疏散时间长，因此，远距离疏散必须事先进行疏散规划，通过分析危险源的性质和所发生事件的严重程度与危害范围，确定危险区域的范围，并根据区域人口统计数据，确定处于危险状态和需疏散的人员数量。结合危险区域人员的结构与分布情况、可用的疏散时间、可供的疏散能力等因素，制定科学的疏散规划。一般情况下需要考虑的问题有：

① 疏散人口的统计（包括危害范围扩大之后疏散人口的统计）。

② 疏散地点的选择。

③ 疏散过程中的运输方式选择。

④ 疏散的出入口与运输路线的确定。

⑤ 被疏散人员和车辆的集结位置。

⑥ 疏散过程中对人员的沿途护送问题。

⑦ 被疏散人员的遗留财产处置问题。

⑧ 疏散过程所需药物、食品饮用水的准备。

⑨ 庇护场所的准备。

⑩ 宠物的管理。

（六）现场治安秩序维护

事故发生后，应由当地公安机关负责现场与相关场所治安秩序的维护，为整个应急处置过程提供相关的秩序保障。在公安机关未到达现场之前，负有第一反应职责的社区保安人员、企业事业单位的治安保卫人员，或在社区与单位服务的紧急救助人员等应立即在现场周围设立警戒区和警戒哨，先期做好现场控制、交通管制、疏散救助群众和维护公共秩序等工作。负责组织维护现场治安秩序的公安机关，应当在现场设置的警戒线周围沿线布置警戒人员，严禁无关人员进入现场；同时应在现场周围加强巡逻，预防和制止对现场的各种破坏活动。对肇事者或其他有关的责任人员应采取必要的监控措施，防止逃逸。

（七）媒体应对

事故发生后，各种新闻媒介就成为现场处置与社会各方沟通的重要渠道。面对新闻记者，既不能听任其在处置现场进行无限制地采访，也不能简单地对其进行封堵。前者会导致对正常处置工作的干扰，甚至破坏现场证据；后者易与媒体形成对立局面，甚至导致谣言的传播。因此，在现场处置中，需安排专门的新闻发言人，本着实事求是的态度，及时发布有关信息。指挥部应当按照有关规定及时发布事故应急处置工作信息，适时召开新闻发布会等。有关各方要引导各类新闻媒体客观、公正、及时报道事故信息，不得编造、发布虚假信息。

七、应急处置措施

当突发公共安全问题时，为了更好地开展应急处置工作，保护公民的生命、财产与健康，政府可以依法采取各种应急措施。

（一）应急处置措施的性质、实施依据

应急处置措施可能会带有强制性，也可能会限制一部分公民或组织的权利，但其性质是国家行政机关采取的强制性行政手段，是一种行政行为，其根本目的是保护人民生命财产安全，维护国家安全、公共安全、环境安全和社会秩序。一旦威胁和危害得到控制和消除后，履行统一领导职责或者组织处置工作的人民政府应当停止相关的应急处置措施。从性质上来说，应急处置措施是一种暂时的强制性行政应急措施。

应急处置措施具有明显的紧急性、强制性，在应急救援与处置的过程中很容易伤害到社会公众的合法权益。因此，行政机关对应急处置措施的采用，必须以法律为实施依据。我国目前的应急法律规范体系，除了《突发事件应对法》《国家突发公共事件总体应急预案》等应急一般法律外，就突发事件的不同类别而言，有关紧急状态的法律规范有《国防法》《戒严法》《兵役法》《人民防空法》等；有关自然灾害的法律规范有《防震减灾法》《防洪法》《森林法》《草原法》等；有关事故灾难的法律规范有《消防法》《民用航空法》《安全生产法》《矿山安全法》《道路交通安全法》《民用运输机场突发事件应急救援管理规则》《铁路行车事故救援规则》《核电厂核事故应急管理条例》《危险化学品安全管理条例》等；有关公共卫生事件的法律法规有《传染病防治法》《突发公共卫生事件应急条例》《传染病防治法实施办法》《食品卫生法》等；有关社会安全事件的法律规范有《戒严法》《民兵战备工作规定》。另外，我国还是《制止恐怖主义爆炸事件的国际公约》《打击恐怖主义、分裂主义和极端主义上海公约》的缔约国。

（二）非社会安全类事件的应急处置措施

《突发事件应对法》第七十三条规定，自然灾害、事故灾难或者公共卫生事件发生后，履行统一领导职责的人民政府可以采取下列一项或者多项应急处置措施：

（1）组织营救和救治受害人员，转移、疏散、撤离并妥善安置受到威胁的人员以及采取其他救助措施。

（2）迅速控制危险源，标明危险区域，封锁危险场所，划定警戒区，实行交通管制、限制人员流动、封闭管理以及其他控制措施。

（3）立即抢修被损坏的交通、通信、供水、排水、供电、供气、供热、医疗卫生、广播电视、气象等公共设施，向受到危害的人员提供避难场所和生活必需品，实施医疗救护和卫生防疫以及其他保障措施。

（4）禁止或者限制使用有关设备、设施，关闭或者限制使用有关场所，中止人员密集的活动或者可能导致危害扩大的生产经营活动以及采取其他保护措施。

（5）启用本级人民政府设置的财政预备费和储备的应急救援物资，必要时调用其他急需物资、设备、设施、工具。

（6）组织公民、法人和其他组织参加应急救援和处置工作，要求具有特定专长的人员提供服务。

（7）保障食品、饮用水、药品、燃料等基本生活必需品的供应。

（8）依法从严惩处囤积居奇、哄抬价格、牟取暴利、制假售假等扰乱市场秩序的行为，维护市场秩序。

（9）依法从严惩处哄抢财物、干扰破坏应急处置工作等扰乱社会秩序的行为，维护社会治安。

（10）开展生态环境应急监测，保护集中式饮用水水源地等环境敏感目标，控制和处置污染物。

（11）采取防止发生次生、衍生事件的必要措施。

具体来说有以下六项措施：

1. 救助性措施

我国公共安全事件应急处置和救援的原则首先是“以人为本”，将社会公众的生命安全放在首位。在危机已经来临可能危及公民生命、健康时，应急管理部门必须有效地组织人员对处于洪区、疫区、火灾区、放射区、地震区等灾区的公民进行营救、疏散或组织撤离；将在危险区域内受到威胁的人员转移到安全地带，并妥善安置；解决受到威胁人员急需的衣、食、住、行等问题。在应急处置过程中要先避险，后抢险；先救人，后救物。

2. 控制性措施

非社会安全类公共安全事件发生后，应急管理部门应当根据危险源、危险区域和所划定的警戒区逐层实施有效的控制。危险源是危险物品大量聚集的地方，例如被传染病病原体污染的公共饮用水源、易燃易爆物品、危险化学品、放射性物品存放地。这些危险源具有较大的危险性，在自然灾害、事故灾难、公共卫生事件发生后，应当及时予以控制。同时，要标明危险区域，封闭可能造成传染病扩散的场所，对传染病疫区的危险场所划定警戒区，实行交通管制，限定部分人员出入，为应急处置创造一个比较有利的外部环境。这样不仅能防止危害升级，也能使应急救援队伍、装备、物资等顺利到达事发现场。

3. 保障性措施

公共安全事件发生后，基础设施部门应当立即抢修被损坏的交通、通信、供水、排水、供电、供气、供热等公共设施，因为现代社会的正常运转高度依赖于基础设施。基础设施的恢复不仅有利于减少灾害损失，而且有利于生活、生产以及整个社会秩序的恢复。在应急处置过程中，要向受到危害的人员提供避难场所和生活必需品，给予受灾人员生活和物质帮助；应实施医疗救护和卫生防疫措施，使灾区人民可以得到及时医治，实现大灾后无大疫。

4. 预防性措施

在公共安全事件处置过程中，公共安全管理部门不仅要着力减轻已经造成的损害，还要对有关设备、设施以及活动场所潜在的风险进行排查，并采取有效的预防性措施，防止社会公众蒙受新的损失。例如，火灾发生后要截断电力、可燃气体和液体的输送，限制用火用电。传染病发生后，为防止疫情的传播，限制或停止集市、集会、影剧院演出或者其他人群聚集的活动，并及时停工、停业、停课等。此外，应急管理部门要防止各种次生、衍生事件的发生，比如自然灾害引发的群体性事件。预防性措施对保护人民的生命健康和财产安全是必要的。

5. 动员性措施

公共安全事件的应急处置不能缺少强有力的资金、物资和人力支持。公共安全管理部门需要启用各级政府的财政预备和应急物资储备。必要时，也可开展社会动员，紧急征用企业、社会所储备的物资、设备、设施、工具，在应急工作结束后给予被征用单位和公民适当的补偿。同时，可以广泛动员社会公众，特别是有特定技术专长的公民，在公共安全应急处置的过程中发挥自己独特的作用。

6. 稳定性措施

公共安全事件发生后，商品供应会出现短暂的稀缺，要防止不法分子囤积居奇、哄抬物价、制假售假等扰乱市场秩序的行为。要稳定市场价格，维护市场秩序，避免不法分子利用公共安全事件造成的混乱局面进行违法犯罪活动，保证干扰应急处置工作的顺利开展。因此，公共安全管理部门应协调国家执法机关，采取有效的稳定性措施，严厉打击违法犯罪活动，为公共安全事件的应急处置营造一个良好的外部环境。

（三）社会安全事件的应急处置措施

《突发事件应对法》第七十四条规定，社会安全事件发生后，组织处置工作的人民政府应当立即启动应急响应，组织有关部门针对事件的性质和特点，依照有关法律、行政法规和国家其他有关规定，采取下列一项或者多项应急处置措施：① 强制隔离使用器械相互对抗或者以暴力行为参与冲突的当事人，妥善解决现场纠纷和争端，控制事态发展；② 对特定区域内的建筑物、交通工具、设备、设施以及燃料、燃气、电力、水的供应进行控制；③ 封锁有关场所、道路，查验现场人员的身份证件，限制有关公共场所内的活动；④ 加强对易受冲击的核心机关和单位的警卫，在国家机关、军事机关、国家通讯社、广播电台、电视台、外国驻华使领馆等单位附近设置临时警戒线；⑤ 法律、行政法规和国务院规定的其他必要措施。

具体来说有以下五项措施：

1. 强制隔离措施

强制隔离措施是指针对群体性事件等社会安全事件采取的措施。隔离，就是要将相互冲突和对抗的当事人置于不可能再发生冲突的地方。当社会安全事件发生时，公共安全管理部门根据事件的性质和危害程度，协同公安机关，依法进行强制干预，将冲突双方隔离，有效地控制现场事态，维持正常的社会秩序。

2. 保护控制措施

保护控制措施是指对重点设备设施实施安全保护的措施。当社会公共安全事件发生后，可能会对特定区域内的建筑物、交通工具、设备、设施和能源系统进行破坏，因此需要对其进行重点保护。燃料、燃气、电力、水等物质的供应关系着千家万户，涉及国计民生，应急管理部门应协调公安部门，对其采取必要的控制性措施，予以安全保障，防止因社会安全事件的发生造成不必要的破坏。

3. 封锁限制措施

社会安全事件发生后，为了维护社会治安秩序，公安部门要进行现场管制，对出入封锁区域人员的证件、车辆、物品进行检查，限制有关公共场所内的聚众活动。封锁限制措施的实施有助于及时维持处置现场秩序，抓获犯罪嫌疑人，避免新的社会安全事件发生。

4. 重点保护措施

重点保护措施是指对国家重点部门的保护措施，在社会安全事件发生后，要对国家机关、军事机关、广播电台、电视台、外国驻华使馆进行保护并设置临时警戒线，防止上述部门受到冲击。上述国家重点部门经常是公共安全事件公众表达利益诉求和发泄不满情绪的对象。国家的重点部门不仅是敏感地点，而且具有较高的象征性价值，容易成为恐怖袭击等暴力活动的对象。因此，在处置社会安全事件的过程中，要重点加强对以上部门的保护工作。

5. 其他合法措施

由于公共安全事件的处理措施是多种的，在必要的情况下，可依照法律、行政法规和国务院的规定，采取以上几种措施之外的其他措施。此外，为保障国家经济安全，我国制定了银行、证券、保险、税收、外汇等经济方面的法律法规，建立了各种经济调控措施和监管制度，规定了各种宏观调控时采取的措施。当公共安全问题严重影响国民经济正常运行时，国务院或者国务院授权的有关主管部门可以采取保障、控制等必要应急措施，保障人民群众的基本生活需要，最大限度地减轻突发事件的影响。

总之，事故应急处置过程中需要做出的安排是多方面的，参与应急处置的各个部门、组织与人员应在现场指挥协调人员的指挥下，发扬协作精神，本着以人为本的指导思想，通过共同努力，将人员的伤亡、财产的损失、环境的破坏和社会心理的冲击减少到最低程度，并积极地为事后的恢复创造条件。

第二节　公共安全应急处置现状

一、我国防灾、减灾、抗灾、救灾的工作成就

中华民族五千多年的历史，从某种意义上说，是一部同自然灾害斗争的历史。在积贫积弱的旧中国，灾多荒多，灾荒成为老百姓的最大威胁。据史料记载，1930 年，为赈济辽西各县水灾，“热奉吉江四省慈善联合总会”组织上海、平（京）、津、辽宁的慈善、救灾会，共开设了 8 处粥厂。1925 年，四川发生饥荒，受灾达 80 多个县，饿死数十万人，因疫病流行罹难者 20 万人。

中华人民共和国成立后，党和政府领导全国人民积极进行防灾、减灾、抗灾和救灾，战胜了一次次严重的自然灾害。党和政府对灾区人民高度负责，不仅领导人民坚决抗灾，而且每年拨出巨额救灾款、大量的救灾物资帮助灾区人民恢复生产和生活。1976 年 7 月 28 日凌晨 3 时 40 分，唐山、丰南一带发生震级 7.8 级、烈度为Ⅺ度的强烈地震。唐山市内房屋全部倒塌，周围各县房屋破坏也十分严重，自来水供水管道断裂，电力中断，卫生设施全部毁坏。灾民在地震发生后一两天内饮用的是矿坑水、人防地道水、游泳池水，饮水、饮食、环境卫生条件极端恶劣。地震的破坏为传染病的流行提供了条件，震后 3～4 小时就出现了大量肠炎、痢疾病人，1 周达到高峰，市区患病率达 10％～20％。面对如此严峻的形势，抗震救灾防疫领导小组及时部署灾病防疫措施，大规模开展了清理尸体、消毒杀虫和群众性爱国卫生运动，采取了饮水消毒、飞机喷洒药物灭蚊蝇、普遍进行预防接种、突击治疗传染病等一系列有效措施，使唐山大地震发生后未出现“大灾之后必有大疫”的定式。不仅没有大疫，而且全市各种传染病发病数比上年同期下降 71.02％，死亡率下降 78.32％，取得了灾后防疫工作的辉煌成就。

1998 年，长江出现了继 1954 年后第二次全流域性的洪水，松花江、嫩江流域出现历史最大洪水，损失严重。在党和政府的坚强领导下，经过社会各界的艰苦努力，救灾工作取得全面胜利。据统计，1998 年中央下拨 83 亿多元抗灾救灾资金及大批抗灾救灾物资。民政部、中华慈善总会、中国红十字会总会、各地民政部门共接收捐款 35.15 亿元，捐物折合人民币 37 亿多元。经过社会各界的大力支持和广大军民的艰苦努力，灾民的吃、穿、住、医等基本生活权益得到了保证，没有出现大的疫情，有力地保证了灾区人民的生活。

2003 年，突如其来的非典型肺炎疫情，严重威胁了广大人民群众的身体健康和生命安全，是一个典型的疫病灾害。面对严峻的疫情，党中央、国务院果断决策，采取有效措施，取得了抗击非典型肺炎疫情的重大胜利，保持了我国经济的增长，保证了社会的稳定，受到了国际社会和广大人民群众的高度赞誉。

2008 年 5 月 12 日 14 时 28 分，四川省汶川县发生 8.0 级特大破坏性地震，其强度和波及范围已超过唐山大地震，是中华人民共和国成立以来破坏性最大的一次灾难。地震发生

后，党中央做出最快的反应，党和国家领导人亲自奔赴灾区指挥救灾工作，全国各地卫生系统均派出强有力的医疗防疫队伍。当地立即启动了《汶川县突发公共事件医疗卫生救援应急预案》，成立了县抗震救灾指挥部，制定并启动了《汶川县卫生局"5·12"地震灾害医疗救治、卫生防疫实施方案》，制定了《灾后防病注意事项》《汶川县受灾群众避险安置卫生防疫工作十点紧急建议》《汶川县村级卫生防疫人员工作职责》《灾民集中安置点消毒杀虫要求》等多项方案文件。由解放军和地方各级疾病控制中心组建的"汶川县地震灾后应急联合实验室"，既提供了卫生检测服务，又为当地的卫生人员提供了培训。按照卫生部门的要求，地震灾区实行属地化管理和无空隙覆盖，成立了联合卫生医疗协调工作组，在县卫生局的协调和领导下统一调配人员，统一安排工作，分片分级负责。各医疗防疫队迅速有效地开展工作，实现了全县各乡村卫生防疫全覆盖，大力开展多种形式的群众性爱国卫生运动，提高了群众的自我防疫及卫生安全意识，为有效预防和控制传染病的发生和流行奠定了基础，加强了重点区域、重点环节、重点人群、重点疾病的防疫工作，再次创造了"大灾之后无大疫"的人间奇迹。

历史经验告诉我们，自然灾害不可避免，防疫减灾大有可为。随着社会的进步，科学技术的发展，此观点将越来越被人们所认同。

2019 年 12 月，一场袭击全球的公共卫生事件——新冠肺炎疫情暴发。

疫情初期，面对来势汹汹、传播迅速的新冠病毒，我国政府第一时间做出反应，展现出了强大的决策力与行动力。武汉这座千万级人口的城市，在关键时刻果断按下"暂停键"，封城抗疫，为全球抗疫争取了宝贵的时间，提供了关键的窗口期。全国各地纷纷启动重大突发公共卫生事件一级响应，从城市到乡村，严密的防控网络迅速铺开。社区成为疫情防控的最前沿阵地，基层工作者们日夜坚守，挨家挨户排查登记、宣传防疫知识，守好每一个社区、每一个村落，有效遏制了疫情的扩散。

医疗救援是新冠救援工作的核心。来自全国各地的医护人员纷纷请缨，逆行而上，奔赴湖北抗疫一线。短短时间内，四万余名医护人员白衣执甲，汇聚湖北。火神山、雷神山医院以及众多方舱医院在短时间内奇迹般建成并投入使用，大幅提升了病患收治能力。在这场与病毒的赛跑中，医疗团队争分夺秒，与死神较量。他们不舍昼夜地奋战在病房，运用精湛的医术和顽强的毅力，挽救了无数生命。为了节省防护物资，医护人员常常连续工作数小时，不吃不喝，防护服下汗水湿透衣衫，脸上被口罩勒出深深的印记，但他们从未有过丝毫退缩。

新冠疫苗的研发与接种是抗疫历程中的重大里程碑。科研人员争分夺秒，与时间赛跑，开展科研攻关。在严格遵循科学规律和审批程序的基础上，我国多款新冠疫苗迅速研发成功并投入使用。从城市到乡村，大规模的疫苗接种工作有序开展。通过广泛的宣传动员、优化接种流程、设立临时接种点等措施，最大限度提高疫苗接种的覆盖率。

在抗疫期间，社会各界纷纷伸出援手，汇聚起了强大的抗疫合力。企业展现出强烈的社会责任感，众多医疗物资生产企业迅速复工复产，全力保障口罩、防护服、检测试剂等物资的供应。其他行业企业也纷纷捐款捐物，为抗疫提供资金和物资支持。爱心人士踊跃捐款，海外华人华侨积极筹集防疫物资并寄回国内。物流企业开辟绿色通道，保障抗疫物资的快速运输。志愿者们积极投身抗疫一线，参与社区服务、物资配送、心理疏导等工作，为抗疫贡献着自己的力量。

新冠救援工作取得的伟大成就，不仅保障了人民群众的生命健康安全，也为全球抗疫提供了宝贵经验和强大支持。中国积极分享抗疫经验和技术，向众多国家提供医疗物资援助，派遣医疗专家组，展现了大国担当。在这场全球性的公共卫生危机面前，中国人民用坚韧不拔的意志、无私奉献的精神和卓越的组织协调能力，书写了人类抗疫史上的壮丽篇章。这些成就将永远铭记在历史的长河中，激励着我们在未来面对各种挑战时，继续团结一心、勇往直前。

二、我国的减灾策略和灾害管理体制

减轻灾害是指减轻由潜在灾害可能造成的社会及其环境影响的过程。实际上就是减少伤亡及财产损失，使公众的社会和经济结构在灾害中受到的破坏减轻到最低程度。

（一）减灾策略

我国减灾的基本策略是：以防为主，防灾、抗灾和救灾相结合；以群众为主，群众、集体和国家力量相结合；以生产自救为主，生产自救、互助互济和国家救济扶持相结合。预防为主，兴修防灾工程（治理大江大河、大力兴修水利、植树造林、防治病虫害、运用现代科学技术进行灾害预报监测等）；全力以赴抗灾救灾，减少灾害损失；发动灾区干部群众自力更生，生产自救，互助互济；广泛动员社会各界力量支援灾区。

（二）灾害管理体制

我国的灾害管理体制是政府统一领导，上下分级管理，部门分工负责，以地方为主，中央为辅。政府统一领导是指由政府统一负责制定、实施有关灾害管理的政策、法规和规划，对灾害管理的各项措施实施领导、决策、指挥、监督和协调；上下分级管理是指中央负责众大灾害救灾问题的决策管理，各级政府负责本行政区域灾害管理工作，并根据灾害大小，明确各级的责任；部门分工负责是指政府内的灾害管理职能部门、辅助救灾部门及救灾决策指挥机构，按照各自的职责严密分工，共同解决灾害带来的问题。

三、我国灾害卫生应急处置现状及存在的问题

为了防止大灾之后的大疫发生，做好受灾地区的卫生应急与处置工作十分重要。灾区的卫生防疫工作按照“预防为主”的卫生方针开展。

（一）我国灾害卫生应急处置现状

（1）制定了切实可行的应急预案。人类还不可能抗拒自然灾害，但现代科学技术的发展已使人们能够使用各种高科技手段来研究探索自然灾害的成因，预测某些自然灾害发生的可能性，从而在自然灾害到来之前进行各方面的抗灾准备，提高抗灾应变能力。就疾病预防控制而言，为了在灾害时期制定科学的防病对策，灾害发生前，就要注意一些基础资料的收集和积累，如人口资料、健康资料、传染病发病资料、主要地方病分布资料、主要动物宿主及传播媒介的分布资料等。依据这些资料，考虑到每个易于受灾地区的具体情况，确定不同时期的防病重点，科学地制定出疾病预防控制预案。应急预案应包括应急组织体系及职责、预测预警、信息报告、应急响应、应急处置、应急保障、调查评估等内容，形成包含事前、事发、事中、事后等各环节的一整套工作运行机制。

（2）建立了监测系统，做好灾后评价。灾后监测评价分为三个阶段：立即评价、短期评价和持续评价，其中后一阶段均以前一阶段为基础。立即评价，目的是尽快获得尽可能多的

一般信息，如灾区的地理范围、灾区发生的主要问题、受灾人群的总数等。此资料是救援决策的基本资料。短期评价，用更系统的方法进一步收集有关资料，更准确地描述和反映灾区发生的主要情况、救援资源的供应及已开展的救援活动及其效果问题。短期调查的时间可以短至4～5小时或长达2～3天，经短期评价采取了合适的救援措施后，即可开始持续评价，以针对灾害确定救援效果，及时修订救援计划。作为持续监测的一部分，需对已开展的救援工作进行评价和完善。完善的救援计划应包括以下部分或全部内容：幸存者的营救，紧急医疗救护的准备，人群的疏散，预防性和日常医疗救护的准备，饮水、食物、布匹、帐篷等的准备，尸体、废墟、垃圾的处理，虫媒传染病的控制等。

(3) 强化政府职能。自然灾害条件下的疾病防治工作是一项系统工程，虽然这是卫生部门的工作，但绝非卫生系统能够单独完成的。因为灾区影响灾民健康的因素是多方面的、复杂的，有赖于政府的重视及全社会多方位的参与、合作才能解决。因此，在灾区全面动员、全体参与、科学指导，打一场抗灾防疫的人民战争，也是必要的。同时，应建立应急的抗灾防疫组织，做好防疫物资与器械的储备，使人力、物力、财力都处于常备状态，并做好技术培训，增强抗灾意识。《传染病防治法》明确规定，各级人民政府领导传染病防治工作。县级以上人民政府制定传染病防治规划并组织实施，建立健全传染病预防控制、医疗救治和监督管理体系。

(4) 控制传染病流行的关键环节，改善灾区生活、生产环境。自然灾害影响灾民群体健康的因素是多方面的，但从传染病流行的自然规律人手，抓住三个环节——控制传染源、切断传播途径、保护易感人群，仍然是自然灾害条件下传染病预防与控制的主要手段。首先，及时发现病人，检出并及时正确处理隔离传染源，是降低传染病发病率的基本手段，在这一环节中尤其要注意加强对染疫动物的检查与处理。其次，改善灾区的生活、生产环境，加强饮水、食品卫生的监督与管理，消除环境中的病媒昆虫、鼠类及其他环境因素的危害，切断一切可能的传播途径，是传染病预防控制的关键环节。最后，加强对外流人群、灾后返乡人群，特别是特殊人群(老、弱、病、残、幼)的检诊与免疫，及时发现传染病流行的征兆，把疫情消灭在萌芽状态，这也是防止传染病流行的主要措施。

(5) 加强健康教育，大力开展爱国卫生运动。加强健康教育，增强灾区人群的自我保健意识，增强自我保健能力，对维护个体和群体的健康水平有重要的意义。灾区人群由于生活环境条件艰苦、营养缺乏、精神心理紧张、情绪忧郁，疾病易于发生和流行。健康教育的目标是增强灾民战胜自然灾害的信心，了解并掌握一些疾病流行与防治的基本知识，并自觉参与防病治灾。要鼓励灾区群众积极为消除灾害的危害、克服困难、战胜自然灾害贡献力量。要发动灾区群众大力开展爱国卫生运动，尽力改善生活居住环境与条件，教育灾民对室内环境进行卫生清理，开门开窗，通风换气，对重点地区进行消毒，室外排除积水，清除垃圾污物，防止蚊蝇滋生。

(二) 我国灾害卫生应急处置存在的问题

尽管国家已制定了应对各种灾害的卫生应急预案，以指导灾后卫生应急、卫生处置工作，但在大型自然灾害面前还存在着许多需要进一步完善之处。

(1) 灾后疾病监测信息中断时有发生。灾后疫情信息的收集在卫生应急机制中占有十分重要的地位，因为只有收集到准确的信息，才能为指挥组织体系提供决策的方向，才能有效地指挥、动员、协调、调度地区内的资源来应对危机。遭受灾害后，由于电力、通信中断，使救灾防疫信息渠道不畅，最终导致疫情信息统计不准确。主要表现在：灾区基层卫生机构及设施受到不同程度的破坏，卫生人员投入抢险救灾第一线，防病治病工作基本处于停顿状态；灾民临时集中居住点内有不同区、乡、村居民混住，无法按正常行政区划医疗系统就诊报病，往往出现疫情重报、错报或漏报等现象；灾区交通受阻、通信中断，疫情报告渠道不畅；灾区多种形式的医疗、防疫、救护等卫生组织介入，灾民多渠道就诊导致多渠道报病，影响准确性；原有疫情报告为月报制，周期长，已不能适应灾期报病的紧急需要。"5·12"汶川地震灾害，据四川省疾病控制中心调查，18个极重及重灾县564家震前能进行网络直报的单位，震后仅142家能进行正常报告，75%的单位(422家)受到破坏不能进行网络直报，灾后传染病网络平均直报能力较灾前降低了34%，网络平均直报率降低了39%。因此，必须建立起一套适合灾区的疫情报告制度及疾病监测方法。

(2) 自然灾害应急机制不够健全。在灾难发生时，抢救生命是最重要的工作，由于医疗系统没有一套完善的应对自然灾害的应急体系，虽然大多数医疗卫生人员对突发公共卫生事件的认识有所提高，但是专业队伍应急知识缺乏，许多人未受过训练和演练，造成了灾情发生时束手无策。每次灾害发生之后，救援行动的秩序性、组织性、效率性等方面还存在许多有待改进之处。比如，领导人的行动快于组织力量的动员，应该投入的有效力量与需要投入的力量存在差距，需要投入的力量投入分散使救灾的效率降低。

(3) 应急预案可操作性有待提高。针对各类灾害，各级部门均根据《突发公共卫生事件应急条例》和相应的一些文件精神要求，制定了符合本部门实际的灾害事故和突发事件的应急预案。但是面对真实应急情况时，具体操作中还存在一些问题。若灾情重大，受伤群众多，重伤病人多，将导致医务人员及应急物资供应严重不足，在紧急外援未及时到位的情况下，单凭内部的力量难以长久支撑救治任务。

(4) 医疗卫生服务可及性及服务能力有限。如地震导致灾区常规医疗和卫生服务系统严重受损和破坏，短期内部分灾民难以及时获取卫生服务，疾病传播和人群发病风险巨大。由于地震灾害，冷链受损严重，供电中断导致冷链设备不能正常运转，造成疫苗失效(特别是乡镇)。多个乡镇卫生院接种点接种资料不同程度损失，部分受灾严重的乡镇由于人员外流(打工、异地安置或投亲等)，导致目前免疫规划目标人群不清；受灾居民因房屋倒塌，家中物品无法找回而导致接种证遗失的情况十分普遍。尽管《突发公共卫生事件应急条例》第六条规定县级以上各级人民政府应当组织开展防治突发事件相关科学研究，建立突发事件应急物资、设备、设施、技术与人力资源等方面的储备，所需经费纳入本级政府财政预算，但事实上，各医疗机构储备的物品大都是医院常用品种及用量，并无额外的储备，一则是无这方面的强制要求，二则也无这方面的资金。为抢救伤员，一些常用的基本物资医院可以想方设法去购买，但其他如人力资源储备、手术器械、医疗器械、医疗设备等在短时间内却无法补充。

(5) 社会力量组织、调配不足。由于灾难的突发性，致使危重伤员不能及时得到专业救护人员的现场救护，有时因延误抢救的最佳时机而导致死亡。因此，国外许多学者多有"最初的目击者是抢救成功关键"的说法。急症伤员的家人、邻里、过路人、同事等往往是最初的目击者，如果他们具有现场急救知识，能及时、恰当地进行现场救护，就能为医疗救护赢得宝贵的时间。因此，培植社会救护力量，开展群众性救护活动，已成为减灾、救灾的主要举措。此项举措应该以专业救援人员为主，逐步向社会各方面辐射，稳步提高社会救护的整体水平。举办专题培训班，对特定的人群进行救护培训是一种既快捷又实用的方法；利用大众媒体，向群众传播救护的常识是一个经济、有效的途径；学校开展健康教育是普及救护知识教育的良策。灾后许多在校学生、社会力量都积极投身到抗震救灾工作中，做出了巨大的贡献。面对庞大的志愿者群体，却没有专门机构来负责组织、统一调配、联络安排工作，随机报名参与的志愿者有很大的随意性，而《突发公共卫生事件应急条例》在志愿者组织管理方面并无相应规定。

第三节　自然灾害类事件应急处置

自然灾害是人类依赖的自然界中所发生的异常现象，它对人类社会所造成的危害往往是触目惊心的。它们之中既有地震、泥石流、海啸、台风、洪水等突发性灾害；也有地面沉降、土地沙漠化、干旱、海岸线变化等在较长时间中才能逐渐显现的渐变性灾害，这些自然灾害和环境破坏之间又有着复杂的相互联系。人类要从科学的意义上认识这些灾害的发生、发展以及尽可能减小它们所造成的危害，已是国际社会面对的一个共同主题。在防灾、减灾中我国坚持“预防为主”的基本原则，把灾害的监测预报预警放到十分突出的位置，并高度重视和做好面向社会公众的预警信息发布。

一、自然灾害的类型

自然灾害是指由于自然因素引起的，对人类生存和社会发展造成危害的事件。根据不同的成因和表现形式，自然灾害可以分为以下几大类。

1. 气象灾害

气象灾害是由大气圈异常变化引起的灾害事件，它们对人类社会和自然环境造成严重影响。气象灾害是自然灾害的一种，主要包括洪涝、干旱、台风、冰雹等。这些灾害的形成与大气环流、水汽输送、地形地貌等多种因素密切相关。

2. 地质灾害

地质灾害是由地球内部或外部动力作用引起的自然灾害，它们对人类社会的生产生活以及自然环境造成严重威胁。这类灾害通常具有突发性、破坏性和连锁性等特点，可能导致人员伤亡、财产损失和生态环境破坏。地质灾害主要包括地震、火山爆发、滑坡、泥石流和地面坍塌等类型。了解这些地质灾害的形成原因、特点和危害，对于有效进行应急处置和减轻灾害损失具有重要意义。

3. 海洋灾害

海洋灾害是由海洋环境变化引起的灾害事件，它们对沿海地区的人类社会和自然环境造成严重影响。海洋灾害主要包括风暴潮、海啸、赤潮、海冰等类型。这些灾害的形成与海洋环流、水温变化、地形地貌等多种因素密切相关。

二、自然灾害的特点与危害

自然灾害一直是人类社会发展面临的重要挑战。它们以不同的形式和强度影响着我们的生活，给人类社会和自然环境带来严重影响。为了更好地应对自然灾害，我们需要深入了解它们的特点与危害。本节将详细介绍气象灾害、地质灾害和海洋灾害，以及它们对人类社会和自然环境的影响。通过了解这些灾害的特点与危害，我们可以更好地制定应对策略和应急处置措施，以减轻灾害损失，保护人民生命财产安全。

1. 气象灾害

(1) 洪涝灾害

洪涝灾害是由强降水、融雪、冰凌等导致河流、湖泊水位急剧上升，淹没农田、城市等低洼地区。这种灾害往往发生在暴雨、持续降雨或上游来水过多的地区，尤其是在地形低洼、排水不畅的区域。洪涝灾害是一种突发性强、破坏力大、影响范围广的自然灾害，其特点包括突发性、强烈性、广泛性和季节性。洪涝灾害往往在短时间内迅速形成，给预警和疏散带来极大挑战。洪水冲击力巨大，能够冲毁建筑物、桥梁和道路，对基础设施造成严重破坏。洪涝灾害影响范围广泛，可能跨越多个省份甚至国家，给受灾地区带来深重的社会经济影响。多数地区的洪涝灾害与季节性降雨有关，如季风降雨，这使得洪涝灾害具有一定的季节性。

洪涝灾害的危害是多方面的。首先，洪水可能引发溺水、建筑物倒塌等直接导致人员伤亡，威胁人类生命安全；其次，洪水淹没农田、城镇，造成房屋、车辆等财产损失，给受灾地区带来巨大的经济损失；第三，洪水可能损坏道路、桥梁、水利设施等基础设施，影响受灾地区的交通和水利安全；第四，洪涝灾害还可能导致农作物被淹，粮食减产，影响国家粮食安全；最后，洪水可能改变河流走向，破坏湿地和生态系统，对生态环境造成严重影响。

(2) 干旱灾害

干旱灾害是长时间无雨或少雨导致的水资源短缺，从而影响农业生产和人类生活。干旱灾害是一种具有持续性、区域性和隐蔽性的自然灾害，对人类社会和自然环境造成严重影响。干旱灾害可能持续数月甚至数年，对水资源造成长期压力，影响特定地区，尤其是依赖降水的农业区域。干旱初期可能不易察觉，但随着时间推移，其影响逐渐显现，给受灾地区带来严重的经济和社会问题。

干旱灾害的危害主要体现在农业生产受损、水资源短缺、生态环境恶化和社会经济影响等方面。干旱导致农作物生长受阻，粮食产量下降，给农业生产带来严重影响。同时，干旱导致河流、水库水位下降，影响供水和灌溉，加剧水资源短缺问题。此外，干旱可能导致土地退化、植被减少，影响生物多样性，对生态环境造成严重影响。干旱还可能导致食品价格上涨、农民收入减少，影响社会稳定，给受灾地区的社会经济发展带来长期阻碍。

(3) 台风灾害

台风灾害是由热带海洋上的强烈气旋带来的强风、暴雨和风暴潮。台风灾害以其强风、强降水和风暴潮为显著特点，这些特点共同构成了台风的破坏力。强风是台风破坏力的主要来源，能够摧毁建筑物和树木，造成严重的物理损害；伴随台风的暴雨可能引发洪水和泥石流，进一步加剧灾害的影响；风暴潮则可能淹没沿海地区，造成海水倒灌，对沿海居民的生命财产安全构成威胁。

台风灾害不仅可能导致房屋、公共设施损坏，影响居民的正常生活，还可能造成人员伤亡的严重后果，特别是在没有及时疏散的情况下。此外，台风还可能导致电力和通信中断，影响紧急救援和通信联络，使得灾害应对更加困难。经济损失也是台风灾害的一个重要方面，农作物损失、渔业受损、交通中断等问题都会对受灾地区的经济造成严重影响。

(4) 冰雹灾害

冰雹灾害是强对流天气产生的冰块降落。冰雹灾害以其突发性、局部性和季节性为特点，给农业生产和居民生活带来严重威胁。冰雹灾害的发生往往突然，难以预测，这使得农业生产遭受巨大损失，尤其是在作物生长的关键时期。尽管冰雹灾害通常影响局部地区，但其破坏力极强，能够在短时间内对农作物、建筑物和人员安全造成严重影响。

在夏季，尤其是在强对流天气条件下，冰雹灾害尤为常见。冰雹直接打击农作物，导致减产或绝收，对农业生产构成直接威胁。同时，冰雹可能损坏房屋、车辆等，造成财产损失，影响居民的生活质量。此外，冰雹还可能造成人员受伤，尤其是在户外活动时，增加了人员安全的风险。

(5) 高温灾害

高温灾害以其气温持续高、热浪持续时间长和健康影响大为特点，对人类社会和自然环境造成严重影响。高温灾害通常伴随着连续多日的高温天气，热浪可能持续数周，对人体健康构成威胁。高温可能导致热相关疾病，如中暑、热射病等，对人们的生命安全构成威胁。

高温灾害的危害主要体现在健康风险、电力和水资源需求增加以及农业生产影响等方面。高温可能导致热相关疾病，增加医疗系统的压力，对人们的健康造成严重影响。同时，高温导致空调和制冷设备使用增加，增加电力和水资源的消耗，对能源和环境造成压力。此外，高温还可能导致农作物生长受阻，影响粮食产量，对农业生产造成不利影响。

2. 地质灾害

(1) 地震灾害

地震是地壳快速释放能量造成的震动，通常由板块运动、断层活动或其他地壳内部变化引起。地震是一种具有突发性、强烈性和震动性的自然灾害，其发生时间难以预测，往往在短时间内迅速释放巨大能量，造成广泛的破坏。地震波传播过程中造成地面震动，影响范围广泛，对人类社会和自然环境造成严重影响。

地震的危害主要体现在人员伤亡、财产损失和次生灾害等方面。地震可能导致建筑物倒塌、物体坠落等，直接威胁人们的生命安全，造成人员伤亡。同时，地震可能摧毁房屋、道路、桥梁等基础设施，造成巨大的经济损失，影响受灾地区的经济发展和社会稳定。此外，地震还可能引发火灾、海啸、滑坡、泥石流等次生灾害，加剧灾害影响，给受灾地区带来更多的破坏和损失。

(2) 泥石流灾害

泥石流是山区暴雨引发的山体滑坡和泥沙石块混合流体快速流动的现象。泥石流是一种具有瞬时性、携带性和流域性的自然灾害，通常在暴雨等触发因素作用下迅速形成，对山区河流流域尤其是陡峭的沟谷地带造成严重破坏。泥石流携带大量泥沙、石块，具有强大的冲击力和破坏力，对人类生命财产和自然环境构成严重威胁。

泥石流的危害主要体现在生命危险、财产损失和环境破坏等方面。泥石流可能迅速掩埋村庄、道路，造成人员伤亡，尤其是在山区和偏远地区，由于预警时间短，人员疏散困难，生命安全受到极大威胁；此外，泥石流可能摧毁农田、房屋、桥梁等基础设施，造成严重的财产损失，影响受灾地区的经济恢复和社会稳定；环境方面，泥石流可能改变河流形态，破坏植被，造成水土流失，对生态环境造成长期影响。这不仅破坏了生物多样性，还可能导致河流水质恶化，影响下游地区的生态环境和水资源安全。

(3) 地面坍塌

地面坍塌是一种突发性、局部性且可能与人为因素有关的地质灾害。它通常在短时间内迅速发生，给预警和疏散带来挑战。地面坍塌多发生在特定地质条件下，如地下洞穴、溶洞、矿藏开采区等，影响范围相对较小，但破坏力强。

地面坍塌的危害主要体现在以下几个方面：地面坍塌可能造成建筑物倒塌，直接威胁人们的生命安全，尤其是在人口密集区域，可能导致严重的人员伤亡；地面坍塌可能导致道路、桥梁等基础设施的破坏，造成经济损失，影响受灾地区的经济恢复和社会稳定；地面坍塌可能改变地形地貌，影响生态环境，导致土地退化、植被破坏，甚至影响地下水和地表水循环。

3. 海洋灾害

（1）海啸灾害

海啸是由海底地震、火山爆发或海底滑坡引起的巨浪，对沿海地区造成破坏。海啸的波速高达每小时数百千米，能够在短时间内横越大洋，对沿海地区造成毁灭性的影响。海啸灾害的特点主要体现在其突发性、强烈性和传播性。它往往由水下地震、火山爆发等突发事件引起，发生时间难以预测，给预警和疏散带来极大挑战。海啸波具有极高的能量，能够造成巨大的海浪，对沿海地区造成严重破坏。海啸波在海洋中传播速度快，影响范围广泛，可能跨越多个国家和地区，给受灾地区带来深重的灾难。

海啸灾害的危害是多方面的。首先，海啸可能造成沿海地区的人员伤亡，尤其是在海啸发生时来不及撤离的人群。其次，海啸可能摧毁沿海地区的建筑物、基础设施，造成巨大的经济损失。最后，海啸还可能改变沿海地形，破坏海洋生态系统，影响海洋生物的生存环境，给受灾地区的生态环境带来长期影响。

（2）风暴潮

风暴潮是由强风和低气压引起的海面异常升高，可能淹没沿海地区。风暴潮的特点主要体现在其季节性、强烈性和区域性。它通常与台风、温带气旋等气象现象有关，多发生在特定的季节，如台风季节。风暴潮伴随强风和巨浪，具有强大的冲击力和破坏力，对沿海地区尤其是低洼地带造成严重影响。风暴潮的影响范围主要局限于沿海地区，尤其是那些地势较低、易受海水侵袭的区域。

风暴潮的危害是多方面的。首先，风暴潮可能造成沿海地区的人员伤亡，尤其是在风暴潮发生时来不及撤离的人群。其次，风暴潮可能摧毁沿海地区的建筑物、基础设施，造成巨大的经济损失。最后，风暴潮还可能导致农田淹没，影响农业生产，造成粮食减产，对受灾地区的粮食安全构成威胁。

三、自然灾害的处置原则

自然灾害的处置原则通常包括预防为主、快速响应、科学救援、合理调配资源、公众参与和国际合作等。以下是针对气象灾害、地质灾害和海洋灾害的处置原则分类介绍。

1. 气象灾害的处置原则

气象灾害的处置原则首先强调预防为主，通过建立完善的气象监测和预警系统，及时发布灾害信息，指导公众采取预防措施，如提前撤离危险区域、储备应急物资等。其次，快速响应是关键，建立应急响应机制，确保在灾害发生时能够迅速启动救援行动，如组织救援队伍、调配救援物资等。最后，科学救援和合理调配资源是保障救援效率的重要因素，根据灾害特点，采取科学合理的救援措施，避免盲目行动造成更大的损失，同时合理分配救援物资和人力资源，确保救援行动的顺利进行。

2. 地质灾害的处置原则

地质灾害的处置原则首先注重风险评估，对地质灾害易发区进行科学的风险评估，制定相应的预防措施，如加强地质监测、限制开发等。其次，监测预警是关键，建立地质灾害监测网络，及时发现潜在危险，发布预警信息，为公众提供及时的避险指导。第三，工程防护也是重要的一环，通过加固边坡、建设排水系统等工程措施，减少灾害风险。第四，在紧急情况下，制定紧急疏散计划，确保在灾害发生时能够迅速撤离受威胁区域的人员。第五，专业救援队伍的建立和救援设备的配备也是提高救援效率的重要措施。最后，灾后恢复重建是保障受灾地区恢复正常生活和经济活动的重要环节。

3. 海洋灾害的处置原则

海洋灾害的处置原则首先强调海洋观测，加强海洋观测和预报，提高对海洋灾害的预警能力，为公众提供及时的预警信息。其次，海岸防护是关键，建设海堤、防波堤等海岸防护工程，减少灾害对沿海地区的冲击。第三，船舶管理也是重要的一环，加强对船舶的监管，确保在灾害发生时能够及时采取避险措施，保障船舶和人员的安全。第四，渔业保护也是重要的一环，制定渔业保护措施，减少海洋灾害对渔业生产的影响。第五，国际合作是应对跨区域海洋灾害的重要手段，与其他沿海国家合作，共同应对海洋灾害的挑战。最后，公众教育是提高公众对海洋灾害的认识和应对能力的重要途径，教育公众在灾害发生时如何自救和互救，提高公众的防灾减灾意识。

四、自然灾害的处置方法

自然灾害一直是人类面临的巨大挑战之一。无论是气象灾害、地质灾害还是海洋灾害，它们都具有突发性、破坏性和难以预测的特点，给人类社会和自然环境带来严重影响。为了应对这些灾害，我们需要采取科学有效的应急处置方法。这些方法包括建立完善的预警系统，加强基础设施建设，制定应急预案，组织救援队伍，以及开展灾后重建工作等。通过这些措施，我们可以减轻灾害对人类社会和自然环境的影响，保护人民生命财产安全，维护社会稳定和可持续发展。

1. 气象灾害的处置方法

(1) 洪涝灾害应急处置方法

预警与监测：建立洪水预警系统，利用气象卫星、雷达和地面监测站，实时监测降雨量和水位变化，及时发布洪水信息。

工程措施：加强水利设施建设，包括堤坝加固、河道疏浚、水库调节等，提高防洪排涝能力。

疏散与救援：制订疏散计划，包括疏散路线、集合点和临时安置点，确保人员及时撤离危险区域。组织抗洪抢险队伍，配备救生艇、救生衣等设备，进行应急抢险和救援。

灾后重建：洪水过后，评估损失，开展基础设施修复，如道路、桥梁和房屋的重建，以及农田的排水和土壤修复。

(2) 干旱灾害应急处置方法

水资源管理：实施节水措施，推广节水灌溉技术，合理调配地表水和地下水资源，确保水资源的有效利用。

农业抗旱：发展节水农业，选择耐旱作物，改进耕作技术，提高土壤保水能力，减少农业用水。

应急水源：建设应急水源工程，如深井、雨水收集系统和跨流域调水工程，保障生活用水和农业灌溉。

人工增雨：在适宜条件下，实施人工增雨作业，缓解旱情。

(3) 台风灾害应急处置方法

预警与准备：发布台风预警，提醒公众做好防风准备，包括固定室外物品、储备食物和水、关闭门窗等。

建筑加固：加强建筑物的抗风能力，对屋顶、窗户等进行加固，确保建筑结构能够抵御强风。

疏散与救援：制订疏散计划，组织沿海居民和地势低洼地区居民撤离到安全地带。台风过后，组织救援队伍进行搜救和医疗救助。

基础设施修复：台风过后，及时修复受损的道路、桥梁、电力和通信设施，恢复基础设施的正常运行。

(4) 冰雹灾害应急处置方法

预警与防护：发布冰雹预警，提醒农民采取保护措施，如使用防雹网覆盖作物，减少冰雹对农作物的直接损害。

农业保险：推广农业保险，减轻农民因冰雹灾害造成的经济损失。

灾后救助：冰雹过后，组织农业专家评估损失，提供灾后救助和恢复生产的指导。

(5) 高温灾害应急处置方法

预警与防护：发布高温预警，提醒公众减少户外活动，预防中暑，提供防暑降温指南。

电力保障：加强电力供应，确保空调等降温设备的使用，避免电力中断。

健康关怀：对老弱病残等易感人群提供特别的关怀和帮助，预防热相关疾病的发生。

2. 地质灾害的处置方法

(1) 地震灾害应急处置方法

预警与监测：建立地震预警系统，利用地震监测网络，实时监测地震活动，提前发出地震警报。

建筑抗震：加强建筑抗震设计，提高建筑物的抗震能力，特别是学校、医院等重要公共设施的抗震标准。

应急演练：定期组织地震应急演练，提高公众的应急反应能力，熟悉疏散路线和避难所位置。

救援与重建：地震发生后，迅速组织救援队伍进行搜救，救治伤员，开展灾后重建工作，恢复基础设施和居民生活。

(2) 泥石流灾害应急处置方法

监测与预警：建立泥石流监测预警系统，利用地质雷达、摄像头等设备，实时监测山坡稳定性，及时发现泥石流隐患。

植被保护：加强山坡植被保护，植树造林，防止水土流失，减少泥石流发生的可能性。

疏散与救援：制定泥石流应急预案，确保人员及时撤离危险区域，组织救援队伍进行搜救和清理工作。

河道疏浚：开展泥石流清理和河道疏浚工作，防止河道堵塞，减少次生灾害的风险。

（3）地面坍塌应急处置方法

安全监管：加强地下工程的安全监管，预防坍塌事故，确保施工安全。

警示与围挡：对坍塌区域进行围挡和警示，防止人员误入，确保公共安全。

清理与加固：开展坍塌区域的清理和加固工作，防止次生灾害，如进一步的坍塌或滑坡。

规划与预防：在城市规划和建设中考虑地质条件，避免在地质不稳定区域进行高风险开发。

3. 海洋灾害的处置方法

（1）海啸灾害应急处置方法

预警与监测：建立海啸预警系统，利用海底地震仪、潮汐站等设备，实时监测海底地震和海平面变化，及时发布海啸警报。

疏散与演练：制定海啸应急预案，组织沿海居民进行疏散演练，确保在灾害发生时能够迅速撤离到安全地带。

海岸防护：加强海堤建设，提高沿海地区的防潮能力，减少海啸对沿海地区的冲击。

救援与重建：海啸过后，组织救援队伍进行搜救和医疗救助，开展灾后重建工作，恢复基础设施和居民生活。

（2）风暴潮应急处置方法

预警与准备：发布风暴潮预警，提醒沿海居民和船只采取避险措施，如远离海岸、船只回港避风等。

海岸防护：加强海岸防护工程的建设和维护，如海堤、防波堤等，减少风暴潮对沿海地区的冲击。

船只管理：组织船只回港避风，确保海上作业安全，避免船只遇险。

灾后恢复：风暴潮过后，及时清理道路、海滩等区域的杂物，修复受损设施，恢复正常生活秩序。

第四节　事故灾难类事件应急处置

事故灾难是由事故的发生直接导致的。所谓事故，是指人们在进行各类活动过程中，突然发生的违背人们意志的不幸事件，它的发生可能迫使这种活动暂时或者永久地停下来，其后果可能造成人员伤亡，或者财产损失（环境污染），也可能是两种后果同时产生。在人们的生产生活过程中，尤其在生产过程中，由于生产过程是组织能量有序流动的过程，如果生产过程中出现了意外，这种意外产生了人们不希望的结果，就发生了事故。为了预防事故的发生，我们对生产中的人、机、环境和管理提出了一系列要求，在生产过程中这些要求都应该得到满足，否则就容易形成事故隐患或者直接导致事故发生。

一、事故灾难的概念

事故灾难是由事故的发生直接导致的。因此，在探讨事故灾难的概念之前，有必要先了解事故的基本概念。

（一）事故

尽管“事故”一词非常通俗，事故现象也屡见不鲜、多种多样，但是要给事故下一个十分简明扼要、能确切阐明事故内涵的定义，并非一件容易的事情。

在人类进行日常生产、生活等社会活动过程中，经常会遇到各种各样的意外事件，例如伤害事故（事故造成的伤亡人员）、生产事故、火灾事故、交通事故、中毒事故、淹溺事故、触电事故等，此外还有洪水、台风、地震、海啸等不可抗拒的自然灾害事故等，这些事故对人类的安全都构成了严重的威胁。所以，危险始终存在于人类的生活、劳动或生产之中，在人类活动的各个方面都有发生事故的可能性。

所谓事故，是指发生在人们的生产、生活活动中的各类意外事件。在人们的生活过程中，尤其在生产过程中，由于生产过程是组织能量有序流动的过程，如果生产过程中出现了意外，这种意外产生了人们不希望的结果，就发生了事故。为了预防事故的发生，对生产中的人、机和环境都提出了一定的要求。这些要求在生产过程中都应该得到满足，如果不能得到满足，就容易形成事故隐患，或者直接导致事故发生。

由于人们所关注的重点不同，所以给出的“事故”的概念也不一样，大多从不同的角度给出了不同的解释。

在我国古汉语中，虽没有“事故”一词，但“故”有事故、变故、故障之意。例如《孟子·滕文公上》中有“今也不幸至于大故”。

美国安全工程师学会（ASSE）把事故解释为：“事故是人们在实现其目的的行动过程中，突然发生的，迫使其有目的的行动暂时或永远中断，并有时造成人身伤亡或设备损毁的一种意外事件。”

《现代汉语词典》对事故的解释是：“意外的损失或灾祸（多指在生产、工作上发生的）。”

总结以上观点，可以得出：事故是指发生在人类生产、生活过程中，造成人员伤亡、伤害、财产损失或其他损失的意外事件。在生产或劳动过程中发生的事故以及与生产过程有关的事故可以简单解释为生产事故或生产性事故，包括生产过程中发生的设备事故、火灾事故、建筑事故、交通事故、人身伤害事故、工亡事故、职业中毒事故、环境污染事故和所有与生产有关的事故。

按照安全系统工程的观点，首先，生产事故是发生在生产过程中的意外事件。该事件破坏了正常的生产过程，任何组织不周的生产过程都可能发生生产事故，因此要想保持正常生产过程的持续，就必须采取措施防止事故的发生。其次，生产事故是突然发生的、人们意料之外的事件。由于导致事故发生的原因非常复杂，因而事故具有随机性；事故的随机性使人们对事故发生规律的认识和事故预防变得十分困难。再次，生产事故会造成人员伤亡、财产损失或其他损失。因此，在生产过程中，不仅要采取预防事故发生的措施，还要采取减少事故造成人员伤亡和各类损失的措施。

综上所述，可以对事故的大体含义有一个比较清晰的认识，并给出“事故”较确切的定义。事故是指人们在进行各类活动过程中，突然发生地违背人们意志的不幸事件。它的发生可能迫使这种活动暂时或者永久地停下来，其后果可能造成人员伤亡，或者财产损失（环境污染），也可能两种后果同时产生。事故的概念有三重含义：事故是一种发生在人类生产和生活活动过程中的特殊事件；事故是一种突然发生的、出乎人们意料而难以准确预测的意外事件；事故是一种能迫使人们正常进行的活动发生中断或终止，给人们的生产和生活带来某种负面影响的事件。

（二）事故灾难

事故灾难是指在人们生产、生活过程中发生的，直接由人的生产、生活活动引起的，造成特别重大人身伤亡或者巨大经济损失的，性质特别严重，产生重大影响的事故。事故灾难主要包括民航、铁路和水运等重大交通运输事故，工矿企业、建筑工程、公共场所和公共设施（设备）发生的重大安全事故，造成重大影响和损失的供水、供电、供油和供气等城市生命线事故，特种设备安全事故，核辐射事故，化学危险品爆炸事故，重大环境污染和生态环境破坏事件等。

引发事故灾难的原因总体上可以分为两大类：一是人为因素。如果说自然灾害是"天灾"，那么事故灾难则是"人祸"。人为因素是事故灾难发生的主观原因，也是主要原因。这里的人为因素主要指由于人的过失行为及心理素质不高造成的。这种过失行为与人的思想认识水平和觉悟有着直接关系，例如企业法人、经营管理者、执行者和政府监管者等安全意识淡薄，或者对待安全生产不负责任、思想麻痹、监管不严等。二是客观原因。客观原因主要包括在安全生产上投入不到位，生产设施、机械设备落后，导致诸多安全隐患等。

二、事故灾难的分类与分级

事故灾难的分类和分级是根据事故的类型、特征、危害程度等因素和标准，把各种事故划分为不同的类别和级别。事故灾难的分类和分级有助于事故灾难的科学管理和有效应对。

（一）事故灾难的分类

根据不同的分类标准，可以对事故灾难进行不同的分类。

1. 事故灾难的一般分类

根据《国家突发公共事件总体应急预案》的划分，事故灾难主要包括工矿商贸等企业的各类安全事故、交通运输事故、公共设施和设备事故、环境污染和生态破坏事件等。以此为依据，通常所见的主要事故类型如下所述。

（1）矿山安全事故

矿山安全事故是指在矿山企业生产过程中，由于人员、设备、设计、管理、技术手段、生产环境等不安全因素的影响，突然发生的伤害人身、损坏设备设施、影响正常生产的意外事件。按照事故的发生源不同，矿山事故可分为瓦斯事故、火药爆破事故、水灾事故、火灾事故、顶板事故、机电事故、运输事故等，其中瓦斯事故和顶板事故最为严重。

矿山行业是高风险行业，在矿山生产的过程中会产生多种有毒有害气体、放射性物质、粉尘等，还会发生透水、爆破、冒顶等事故。目前我国 90% 的煤矿是依靠井工开采，由于多为地下作业，在作业过程中存在许多不安全的自然因素，特别是煤矿地质条件复杂多变，瓦斯、火、水等时时刻刻威胁着采矿工人的生命安全。中国矿山安全生产形势严峻，存在大量事故隐患与重大危险源，各类事故多发，造成大量人员伤亡。

（2）危险化学品事故

危险化学品一般指具有易燃、易爆、有毒、有害及有腐蚀特性，能够对人员、设施、环境造成伤害或损害的化学品。危险化学品分为爆炸品、压缩气体和液化气体、易燃液体和易燃固体、自燃物品和遇湿易燃物品、氧化剂和有机过氧化物、有机毒品、放射性物品、腐蚀品等八大类。由危险化学品造成人员伤亡、财产损失或环境污染的事故称为危险化学品事故。此类事故具有发生突然性、形式多样性、后果严重性和处置艰巨性等特点。根据危险化学品的危险特性，危险化学品事故可以分为火灾、爆炸、中毒和窒息、灼伤、泄漏以及其他等六大类。根据事故发生所处的环节，危险化学品事故可以分为生产和使用事故、储存事故、运输事故和其他事故等四大类。

中国是危险化学品生产和使用的大国，危险化学品事故时有发生。2014 年 3 月 1 日，山西晋济高速公路上两辆危险化学品运输车相撞，造成 40 人死亡，12 人受伤，42 辆车被烧毁。2015 年 8 月 12 日，天津瑞海国际物流公司所属的危险化学品仓库发生重大爆炸事故，造成 165 人死亡，798 人受伤。据统计，“十三五”期间（2016—2020 年），全国共发生化工和危险化学品事故 929 起，导致 1 176 人死亡，其中 2017—2019 年，每年至少发生 2 起重大及以上事故。如 2018 年四川省宜宾市恒达科技公司“7·12”重大爆炸着火事故，造成 19 人死亡，直接经济损失 4 142 万元；2019 年江苏响水天嘉宜化工有限公司“3·21”特别重大爆炸事故，造成 78 人死亡、76 人重伤，直接经济损失 19.86 亿元。

(3) 核事故和放射性事故

核事故一般指核设施内的核燃料、放射性产物、废料或运入运出核材料，以及核废物的处理中所引发的放射性、毒害性、爆炸性或其他危险性事故。中国的核工业开始于 1955 年，主要是服务于国防。1978 年以后，核工业转向重点为经济建设和人民生活服务。目前，中国的核工业安全形势良好，虽然偶有运行事件，但尚未发生致死事故。2011 年日本福岛核事故发生后，核应急特别是核电厂核事故应急工作面临新挑战，世界各国从国家层面和核设施自身方面都提升了事故应对的措施，加强了核事故应急准备和响应的能力建设。

放射性事故指放射性同位素丢失、被盗或者射线装置、放射性同位素失控而导致工作人员或者公众受到意外、非自愿的异常照射。放射性事故可分为三类：人员受到超剂量照射事故、放射性物质污染事故和丢失放射性物质事故。放射性同位素、射线装置和核技术的广泛应用推动了社会的良好发展，为人们带来了较大的经济利益和其他方面的利益。但是，放射性科技和产品的使用也同样面临风险，尤其是放射性事故和核事故，它们所产生的后果十分严重，对人类的生命和财产会造成严重伤害和损失。尤其是对于人们的健康来说，放射性事故的伤害性往往是难以估计的。伴随着核技术研究与放射事业的发展，放射性事故、受照射人数随之增多。

(4) 交通事故

交通事故是指交通工具在运行中引起或发生人员伤亡、财产损失的事故。交通事故包括道路交通事故、铁路交通事故、水上交通事故和航空事故。在我国，道路交通事故最为常见且人员伤亡最为严重，其次为铁路交通事故、水上交通事故和航空事故。

随着公路里程和汽车保有量不断增加，我国每年交通事故数量和伤亡人数众多，如何有效减少交通事故伤亡人数是一个巨大挑战。

(5) 火灾事故

火灾事故指因燃烧失去控制，并对人身和财产造成损害的事故。根据火灾发生的原因，火灾可以分为电气火灾、生活用火火灾、违章操作火灾、放火火灾、自燃火灾、雷电火灾以及其他火灾等类型。火灾高发场所一般包括人员密集、流动频繁的公共场所，例如歌舞厅、宾馆、商场等；石油化工企业；易燃易爆高危场所；个人、私营、承包的企业或经营单位等。

(6) 公共场所意外事故

公共场所意外事故是指在公共场所发生的事故，这类事故往往参与人数众多、成员复杂且对社会冲击力大，直接危及公众的生命财产安全和社会公共安全。公共场所意外事故一般包括群体性踩踏事故、建筑物坍塌事故等。

群体性踩踏事故，也称为“挤踏事故”，是指在人员密集的场所中，由于现场秩序失去控制，发生拥挤、混乱，导致大量人员被挤伤或是发生窒息、踩踏致死的事故。造成人群失去控制的因素很多，例如楼梯坍塌或破损、谣言散布、意外跌倒、黑暗环境、狂热或恐惧气氛等。踩踏事故一般会因某个个体摔倒而诱发连锁反应，导致人员被踩伤、踩死或者因人员大量叠压而窒息死亡。根据发生场所的不同，群体性踩踏事故可以分为以下几种类型：校园踩踏事故、公共娱乐场所踩踏事故、宗教场所踩踏事故和商贸公共场所踩踏事故等。

建筑物坍塌事故是指由于建筑物设计、建设中的技术性失误而造成的坍塌、损坏所导致的事故。建筑物坍塌事故一般包括建筑物坍塌造成的人员伤亡事故和建筑物设施破损诱发灾害导致的事故。

2. 按责任性质进行划分

一般说来，按责任性质进行分类，事故灾难可以分为责任事故和蓄意破坏事故。在责任事故中，又可以分为生产事故和非生产事故。生产事故按照发生的场所，可分为矿山事故、非矿山事故、交通事故、空难事故和海难事故等。

（二）事故灾难的分级

2007 年国务院颁布《生产安全事故报告和调查处理条例》。该条例根据生产安全事故（以下简称事故）造成的人员伤亡或者直接经济损失，将事故分为以下四个等级。

（1）特别重大事故，是指造成 30 人以上死亡，或者 100 人以上重伤（包括急性工业中毒，下同），或者 1 亿元以上直接经济损失的事故。

（2）重大事故，是指造成 10 人以上 30 人以下死亡，或者 50 人以上 100 人以下重伤，或者 5 000 万元以上 1 亿元以下直接经济损失的事故。

（3）较大事故，是指造成 3 人以上 10 人以下死亡，或者 10 人以上 50 人以下重伤，或者 1 000 万元以上 5 000 万元以下直接经济损失的事故。

（4）一般事故，是指造成 3 人以下死亡，或者 10 人以下重伤，或者 1 000 万元以下直接经济损失的事故。

三、事故灾难的特征

事故灾难是突发事件的一种类型，具有突发事件的基本属性，但与其他类型的突发事件相比，又具有明显的自身特征。

（一）事故灾难发生的因果性

一切事故灾难的发生都是由一定原因引起的。事故灾难的起因仍是它和其他事物相联系的一种表现形式，是相互联系的各种不安全因素或潜在危险因素相互作用的结果。在生产过程中存在着诸多危险因素，不但有人的因素（包括人的不安全行为和管理缺陷），而且也有物的因素（包括物本身存在的不安全因素以及环境存在的不安全条件等）。所有上述这些因素在生产过程中通常被称为隐患，它们在一定的时间和地点相互作用就可能导致事故的发生。事故灾难的因果关联性是事故灾难必然性的反映。若生产过程中存在隐患，则迟早会导致事故灾难的发生。在这一关系上看来是“因”的现象，在另一关系上却会以“果”出现，反之亦然。因果关系有继承性，即第一阶段的结果往往是第二阶段的原因。

造成事故灾难的直接原因（或物体）是比较容易掌握的，这是由于它所产生的某种后果显而易见。然而，要寻找出究竟是何种原因经过什么样的过程从而造成这样的结果，却非易事。因为事故灾难发生的原因可能是多种不安全因素相互影响而间接作用的结果。因此，事故灾难发生后，应深入剖析其根源，找出事故的致灾因子，从而提出有针对性的防范措施。例如，在煤矿事故中，直接原因包括人员操作、机械故障、地质结构等，间接原因包括管理不善、安全投入不足等，而制度、科技、社会等因素的影响则是更深层次的本质原因。

（二）事故灾难发生的偶然性

事故灾难是由于某种客观存在的不安全因素，随时间推移产生某些意外情况而显现出的一种难以预知的现象，在一定的条件下可能发生也可能不发生，具有很强的随机性，且往往来势凶猛。这种随机性就是指事故灾难发生的偶然性。事故灾难的偶然性是客观存在的，与人们是否了解事故的原因没有必然的联系。事故灾难的偶然性决定了人们不可能掌握所有事故的发展规律、杜绝所有事故的发生。

尽管事故灾难的偶然性决定了人们无法掌握所有事故的发展规律，但是在一定范畴内，采用一定的科学理论、使用一定的科学仪器或手段，可以找出近似的规律，从外部和表面上的联系找到内部决定性的主要关系。从偶然性中找出必然性，认识事故灾难发生的规律性，从而把事故消除在萌芽状态，变不安全条件为安全条件，化险为夷，防患未然。现实中，由于事故的这种偶然性，一些煤矿等生产企业存在侥幸心理，对安全管理重视不够，甚至降低安全成本。

（三）事故灾难发生的潜伏性

一般而言，事故灾难往往都是突然发生的，但是在发生之前会有一段潜伏期，即事故发生具有潜伏性。事故灾难的潜伏性是指事故隐患在发展之初的孕育阶段，存在的方式一般为隐匿的、潜在的，随着生产的每个过程随机变化，事故逐步向显现性发展。

事故尚未发生或未造成损失之前，似乎一切都处于“正常”和“平静”状态之中，但是，这并不意味着不会发生事故。只要存在事故隐患或潜在的危险因素（不安全因素），其并没有被认识或受到重视或进行整改，随着时间的推移，一旦条件成熟（被人的不安全行为触发或其他因素触发），就会显现而酿成事故，这就是事故的潜伏性。事故的潜伏性说明一个最重要的问题：事故具有一定的预兆性，因为潜伏的事故（即事故隐患已经存在了）在等待一定的时机或条件爆发，在这“等待”的过程中就有可能发出一种预兆。大量的事故调查和事故发生实践已经证明，事故在发生之前都是有预兆发出的（有的是长时间的，有的是瞬间的），可惜很少被人们认识或捕捉。

安全管理中的安全检查、检测与监控，就是寻找事故的潜藏性或潜伏性以及事故预兆现象，从而减少、避免或根除事故，保证人们的生产或生活正常进行。通过对过去发生的同类事故资料的收集、整理、分析，运用科学的方法和手段，可以总结出事故发生的根本规律；分析可能导致事故发生的危险因素以及它们之间的因果关系，模拟诱发事故的各种因素的演变过程，可以对未来可能发生的事故进行预测，从而为预防事故和最大限度地减少事故的发生提供基本的前提和可能性。

四、事故灾难的危害

近年来，事故灾难的发生越来越常见，特别是火灾、爆炸、毒物泄漏、高楼坍塌、交通事故等灾难的发生会严重危害生命安全，造成巨大经济损失，破坏生态环境，影响社会稳定。

（一）危害生命安全，造成经济损失

事故灾难类突发事件的发生常是各种不利因素、不确定性、潜在威胁质变的结果。事故灾难本身具有高损害性，每一起事故都会造成一定的损失，有的甚至会造成重大人员伤亡。事故灾难不仅会给公众带来心理恐慌，而且会影响社会的稳定和发展，使公众的生命财产安全遭受巨大的威胁和损失。火灾、危险化学品事故的发生容易引起燃烧和爆炸，或者中毒，常常危及人民生命和财产安全，造成巨大经济损失。

（二）破坏生态环境，影响社会稳定

事故灾难特别是火灾、危险化学品爆炸事故、海洋石油勘探开发溢油事故等不仅会造成人民生命财产损失，而且还会严重破坏生态环境。例如森林火灾的发生，会使大量的动植物灭绝、环境恶化、气候异常、干旱少雨、风暴增多、水土流失，导致生态平衡被破坏，引发饥荒和疾病的流行，严重威胁人类的生存和发展。例如，2006 年 11 月 13 日，中石油吉林石化公司双苯厂发生的火灾爆炸事故产生的主要污染物苯、苯胺和硝基苯等有机物进入松花江，引发严重水体污染事件。

从许多事故灾难案例来看，当学校、医院、宾馆等公共场所发生群死群伤恶性火灾，或粮食、能源、资源等涉及国计民生的重要建筑发生大火，或发生危险化学品重大事故时，极可能在民众中造成心理恐慌。家庭是社会的细胞，普通家庭生活遭受火灾的危害，也将在一定范围内造成负面影响，损害群众的安全感，影响社会的稳定。

五、事故灾难致因理论

伴随着社会生产力的发展，科技的大规模、普遍化和复杂性的发展，使人们获得的利益和失去的矛盾变得更加尖锐。为此，国内外学者开展了许多探索性研究，逐步积累了较多的安全生产实践经验。其中，事故致因理论是人类在漫长的生产实践中总结出来的一项重要的研究成果。

事故致因理论是通过对众多典型事故的本质致因分析而形成的事故机制与事故模式，为事故定性、定量分析、预测、预防和改善安全管理提供了科学的、完备的理论依据。目前，对于交通事故的成因，学界的看法大致可以归纳为以下三种。

（一）事故频发倾向论

1919 年，英国格林伍德、伍慈根据各种因素，对多家工厂的事故数量作了统计。研究表明，一些员工比其他员工更有可能出现意外。在此基础上，1939 年法默等人提出了“事故频发倾向”的概念。事故频发倾向是指个体具有的、稳定的、个体化的、易于发生事故的内部倾向。按照这个理论，事故频发的趋势是一个人的固有因素所决定的，并且长期保持不变的倾向，也就是一些人很容易出意外。经常出现意外的人们被称作“事故频发者”，他们的出现是造成工伤事故的主要诱因。但是对于这个理论，学术界尚有争论。

(二) 事故因果连锁论

20 世纪二三十年代,美国海因里希总结了美国产业安全的实践经验,形成了一套理论体系,并发表了一本名为《工业事故预防》的著作,在世界范围内广为传播。在海因里希的书中,他提出了工业事故发生的因果链理论,主要内容是:事故原因中的人和物体的问题,其发生的数量与伤害的严重程度之间的关系,不安全行为的原因,它与企业其他管理工作之间的关系,以及安全生产之间的关系等等,都是产业安全中最基本的问题。事故因果链是指基本原因、间接原因、直接原因、意外和后果是五个相互影响的事件。多米诺骨牌是一种很好的比喻,可以用来形容这类事件的因果关系,见图 9-1。在一组多米诺骨牌中,如果一张骨牌被推倒,就会引起一种连锁效应,其他的骨牌也会跟着倒下。若移动一张骨牌,链条就会被破坏,事件进程也会中断。海因里希用作用力与反作用力的物理学观点来解释意外,他认为,意外就是失控的事件。海因里希首先将人的不安全行为和事物的不安全状态相结合,提出了防止人的不安全行为是企业安全工作的重点,通过消除机械和材料的不安全状态,切断事故链,从而防止意外事件的发生。海因里希提出了"人的不安全行为"和"人的不安全状态",并提出了"人的不安全行为"是引起事故的主要原因。但是,海因里希仅仅把人的不安全行为和不安全状态归咎于人本身的不足,进而深入到人的遗传和社会环境等方面,已经表现出了认识上的局限性。

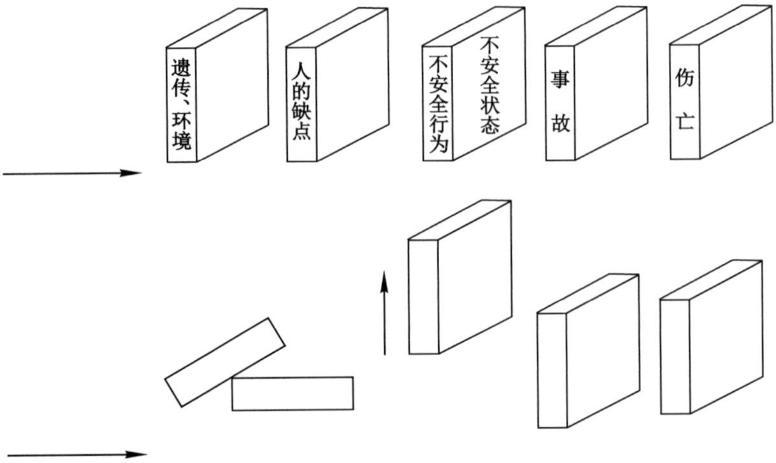

图 9-1　海因里希的事故因果连锁论

基于海因里希事件的因果连锁理论,博德建立了一种基于现代安全视角的事故因果连锁模型,见图 9-2。博德指出,虽然人的不安全行为与事物的不安全状况都是引起事故的重要因素,但这只是这些事件发生原因的一种表象。他把这次事故的根源归结于管理上的过失。管理过失是指没有掌握好引起安全事故的根源,或者说是对危害因素的控制不力。

图 9-3 所示的事故链模型在国内外被广泛用于调查和分析事故原因。它是从直接致因(人的不安全行为、物的不安全状况)和根本原因(管理过失)两个方面展开研究。在此基础上,将物又分为致因与致害两种类型:致因物是引起事故的某物(机械、对象、物质);致害物是指在意外发生时,直接对身体造成伤害的物体(机械、物体、物质)。在人性的问题上,把行

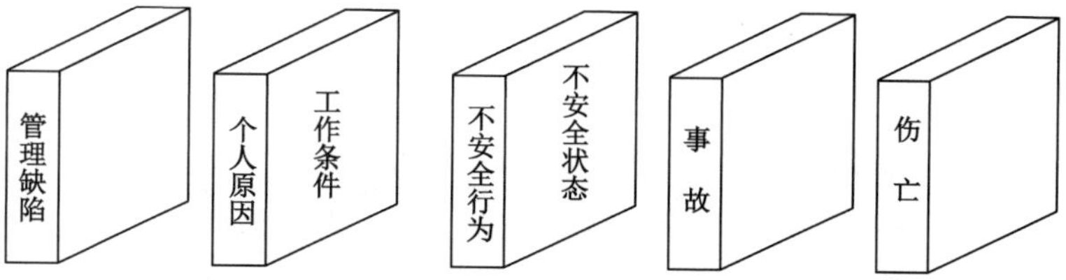

图 9-2　博德的事故因果连锁论

为人和受害者区分开来:行为人是致使事故发生的人,被害人系指因事故而受到伤害的人。针对不同的人和事物,我们需要采取不同的管控措施。

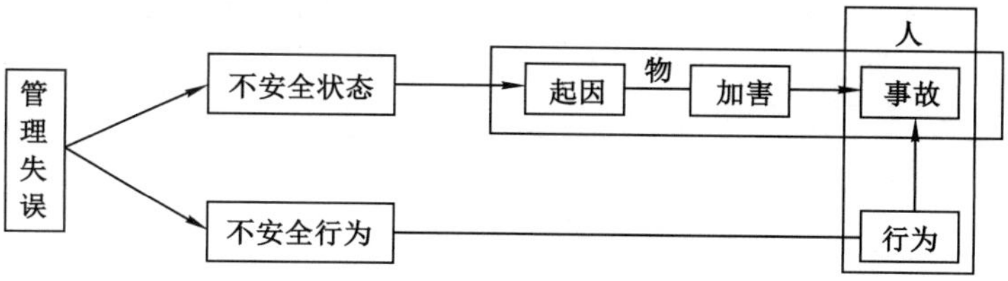

图 9-3　事故连锁模型

（三）能量意外释放论

能源是生产活动中不可或缺的一部分,人们为了完成生产任务而使用能源。人要想运用它来工作,就得对它进行控制。在一般的生产活动中,能源是由人的意志决定的,它是由各种制约因素决定的。如果因为某些原因,能源失控,超出了人类所设定的限制,不小心逸出了,这就是一次事故。这一对事故机制的解释被称为能量意外释放论。

能量意外释放论阐述了造成伤害事故的物理实质,指出预防伤害事故的关键在于预防事故的发生,即阻止能量的意外释放,阻止身体暴露于能源。在此基础上,我们应时刻关注能源在制造过程中的流动和转化,以及各种能量之间的交互作用,以避免能量的非故意逃逸或泄漏。

美国矿业管理局在札别塔基斯进行的一项大规模人员伤亡调查表明,大部分人员死亡都是因为过多的能源或者有害物质无意中泄露出来,从而影响了身体与外部世界的能量交流。而且,这些多余的能源和有害物质的排放,无一例外,都是由人的不安全行为或物体的不安全状况所致。人的不安全行为或物体的不安全状况,都会影响到对能源和危险物品的控制,从而造成能源和危险物品的非故意泄漏。图 9-4 显示了札别塔基斯所构建的事故因果链模式。

事故灾害成因理论有助于理解事故的发生、发展与形成,并防止事故重演。由于安全科学发展史较短,其许多原理、方法仍有待进一步完善和发展,作为安全科学基石的事故理论更需得到进一步重视。目前已有的事故理论模型多为定性或半定量化,尚缺乏深入研究。由于事故理论涉及社会科学、自然科学和人文科学等学科,它的许多观点和见解存在着很多争议。对事故理论的深入研究需要广泛开展社会调查、公众咨询和案例分析等工作。

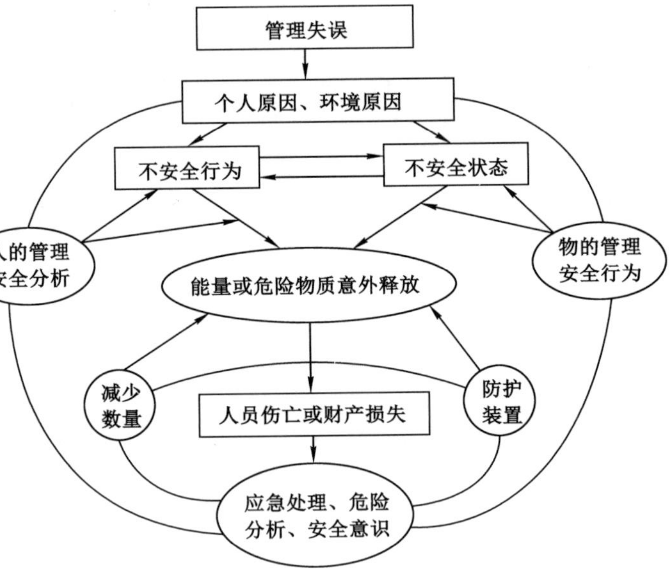

图 9-4　能量观点事故因果连锁

六、突发灾害事故应急处置案例

(一) 火灾应急处置

火灾应急处置的原则是:先控制后消灭;先救人后灭火;先重点后一般。

1. 火场逃生自救

(1) 火场逃生原则

1)"三要"。

① 要熟悉自己所在场所的环境。

② 遇事一定要镇定,要立即拨打"119"求助。

③ 要警惕烟毒的侵害。

2)"三救"。

① 选择正确方法自救。

② 与周围被困人员互救。

③ 向外界求救。

3)"三不"。

① 不乘普通电梯。

② 不贪恋财物。

③ 不轻易跳楼。

(2) 被火围困的自救方法

① 做好保护措施。如果穿着厚重的衣物,用水浸湿身体或者用潮湿的被子盖住身体。

② 通过对火情的观察,判断出所处环境的危险性,从而制定出一条可行的逃生路线。通过烟雾区域时,应使用打湿的毛巾或面罩来遮挡口鼻。

③ 烟雾不是很浓，可以弯腰而行；如果烟雾比较浓，就得趴在地上爬行。

④ 实在无法脱身时，创造避难间自救。

（3）身上着火的自救方法

① 立即脱去衣服帽子，如果来不及可把衣服撕裂扔掉。

② 躺在地板上翻滚，压灭火焰。

③ 被困在里面的人，可以用湿麻袋、毯子等包裹住自己，把火扑灭，也可以把水泼在身上（如果烧伤不是很严重的话）。由于灭火器中含有的药物有可能导致伤口感染，所以千万不要用灭火器对着火人喷洒。

④ 若附近有池塘、水池、小河等，可直接跳入水中。但身体已被烧伤，且烧伤面积很大时，不宜跳水，以防感染。

2. 火场急救

（1）烧伤人员的急救

① 一灭。在火场中，快速扑救是一项重要的急救措施。不要大声喊叫，因为这样会导致呼吸道灼伤。

② 二查。注意有没有严重的伤害，例如头部受伤、内脏损伤、呼吸道烧伤引起的呼吸困难等。对于病情较重的患者，要马上进行现场急救，对心跳、呼吸停止的患者要马上实施心肺复苏术。

③ 三冷。要马上将烫伤的身体部位降温，然后用水冲洗 10～30 分钟，或者用凉水浸泡至没有疼痛。

④ 四防。防止因疼痛而休克，防止急性喉头梗阻而窒息，防止创面感染。

⑤ 五包。现场急救时，要做好伤口的防护，用干净的纱布或床单包扎，送医院治疗。

（2）昏迷人员的急救

① 将伤员移至阴凉处，以获得充分的新鲜空气。

② 呕吐的人应该侧躺，以免呕吐物进入肺内。

③ 无呕吐者应平躺，下肢抬高 20～30 厘米，松解颈部、胸部衣服，保持呼吸道通畅。

④ 有呼吸困难情形，应将其置于半坐卧姿势。

⑤ 如果在紧急情况下没有立刻恢复意识，应该马上去医院。

3. 火灾扑救

常用的灭火方法如下：

（1）向燃烧区中填充水蒸气或二氧化碳、惰性气体或类似气体。

（2）在燃烧材料上喷射诸如水、干粉或泡沫灭火剂。

（3）使用建筑原有的门窗和生产和储存装置的构件，将燃烧区域关闭，不让新鲜的空气进入。

（4）在扑救钾、钠、镁粉等化学品火灾时，应采用干砂或干粉灭火剂埋压方法灭火。

（5）如果条件许可时，可以采用喷水灭火。

4. 常见的灭火器

常见的灭火器有干粉、二氧化碳灭火器及泡沫灭火器。

（1）干粉灭火器分为 ABC 类和 BC 类两种，其中 ABC 类干粉灭火器可用于扑灭固体、液体、气体着火，BC 类干粉灭火器主要用于扑灭液体和气体着火。

（2）二氧化碳灭火器适用于扑救贵重设备、文件资料、仪表、600伏以下煤气设备和油类火灾，但对轻金属如钾、钠、镁等不能起到灭火作用。

（3）泡沫灭火器可以扑灭一般固体、油类等可燃液体着火，但对带电设备及醇类、酮类、酯类等有机溶剂类的火灾则不适用。

（二）危险化学品事故应急处置

危险化学品分为爆炸品、压缩气体和液化气体、易燃液体、易燃固体、自燃物品和遇湿易燃物品、氧化剂和有机过氧化物、有毒品、放射性物品及腐蚀品等九大类。

危险化学品事故是指由于某种或几种有害化学物质或它们的能量的偶然泄漏而导致的人员伤亡、财产损失和环境污染等事件。主要包括：危险化学品火灾、爆炸、泄漏、燃烧、中毒窒息事故和其他危险化学品事故。

1. 危险化学品事故现场自救

如果位于污染区或在污染区附近，应当立即向上风向撤离，并且尽快找到避难场所。撤离时应注意以下几点。

（1）做好防护用湿毛巾、湿口罩等保护呼吸道；用雨衣、手套、雨靴等保护皮肤；使用游泳用的潜水眼镜、打开的透明塑料袋等保护眼睛。

（2）迎风疏散时，视危险化学品泄漏地点，采取顺风或侧风疏散。

（3）不要停留在地势较低的地方，若泄露物浓度大于空气，应尽量向高的地方撤离。

（4）找个背风向的地方停留，如果不能疏散，可以先躲进建筑里，堵住裂缝，然后找个背风且无门窗的地方。

（5）从污染区逃出后，应立即脱掉受污染的衣物，并立即进行消毒。

2. 危险化学品泄漏事故现场处置

对危化品泄漏事故的处置，应从做好安全防护、控制泄漏源和处置三个方面入手。

（1）做好安全保护，所有进入工地的营救人员都要穿上必需的防护装备。

① 发生火灾或爆炸的情况下，应严禁使用火种，切断电力供应，禁止车辆进入，并迅速划定隔离带。在事件所涉地区，应视事件发生地点的状况而定。

② 如果泄露的物质是有毒的，要穿上特殊的保护服装，戴上隔离的面罩，并且要在事故的中心区域设立一个安全的警戒线。在事故发生后，根据不同的事态发展，决定疏散受影响地区的人员。

③ 不能独自作业，抢险现场必须有人看护，如有需要，可使用水枪或水炮进行掩护。

（2）对泄露源进行控制的措施有：切断阀门，停机或改变生产流程，送料到辅线，局部停车，减载等；选用适当的材料及工艺方法，对渗漏部位进行封堵。

（3）对渗漏物质的处置有采取围堤封堵、稀释和覆盖、收集和弃置等措施。泄漏控制与处理的基本方法如下：

① 关阀断料。当管道出现渗漏时，如果渗漏部位在阀门后面，而阀门没有被破坏，则可以通过关闭输送材料管道的阀门，切断材料来源，从而阻止渗漏。消防员的任务是用喷水枪或水炮进行掩护。

② 倒罐输转。当油罐或容器壁出现渗漏而又不能堵塞时，可以采用倾倒工艺将其倾倒到其他容器或贮槽中，或者将其装在油罐车上进行运输，从而达到控制渗漏及与其他处理方法相配合的目的。

③ 喷雾稀释。在储罐和容器的周围，以泄露点为核心，安装水幕或喷淋装置，封堵、稀释、减毒或分散泄露的气体，避免泄露到重要对象或危害源，但不能用直流水。

④ 堵漏。当管路或容器壁出现渗漏，而渗漏部位在阀前，或者是阀本身已经破损，无法关闭阀门来阻止泄漏时，可以采用各种密封器具和对应方法进行封堵。

⑤ 引火点燃。对可燃气体或蒸汽，如果泄漏点在储罐的顶端，可以通过主动点火的方法，将泄露点点燃，从而达到控制泄漏的目的。

⑥ 堵漏方法。常用的堵漏方法有调节缝隙堵漏、机械堵漏、气垫堵漏、胶堵漏、焊接修补堵漏、磁压堵漏、导流粘连堵漏、冻结堵漏等。

3. 危险化学品的燃烧与爆炸处置

(1) 在可燃气体燃烧爆炸事故现场处置时，必须先将周边被火源点燃的可燃气体引发的可燃物火熄灭，从而阻断火的传播路径，控制火蔓延的范围，同时对伤员进行有效的救援。若无封堵措施，则应使可燃气体平稳燃烧，切勿盲目灭火，由于大量的易燃气体逸散到空气中，一旦遇到火源，就有可能引起爆炸，造成灾害的扩大。比如，在进行封堵时，若一次封堵措施没有成功，则在重新封堵前，首先用长火棍将渗漏点引燃，以便重新稳定地燃烧，以免发生爆炸混合物的生成，并为下一次封堵作业做好准备。

(2) 可燃液体燃烧爆炸事故的处置，首先要切断火的传播路径，对有着火危险的压力容器、容器及可燃物进行降温和撤离，对着火区域进行控制，对受伤和被困人员进行救援。对着火液体的品名、密度、水溶性，以及有无毒性、腐蚀性、流溢、喷溅等危险情况了解清楚，有针对性地进行灭火与保护。扑救有毒、腐蚀性和燃烧产物具有很大毒性的可燃液体火灾时，应戴好保护面罩，采取相应的保护措施。

(3) 在爆炸性物质燃烧和爆炸事件中，应尽最大努力阻止其再次爆炸。现场的指挥员要密切关注周围的环境，一旦发现有新的爆炸迹象或危险，要及时做出正确的判断，并及时发布撤离指令。消防员在接到疏散信号时，应当立即撤离到安全区域；如果没有时间撤离，就应该趴下。在灭火过程中，要注意下列事项：

① 避免用沙子和泥土覆盖，否则会增加爆炸杀伤力。

② 消防队员在灭火时，要尽可能使用场地内已有的掩体，或者尽可能以俯卧的姿势进行喷水，以最大限度地做好自身防护。

③ 救火车辆应尽可能避免停泊在靠近爆炸物的水源附近。

④ 如果有必要进行撤离，在确保人员安全的情况下，要迅速组织人员撤离火场周边的爆炸物，并在着火区周边建立起一条隔离带。

⑤ 灭火时，必须采取悬挂式喷水灭火方式，以防止强大的水流直接撞击爆炸物，造成爆炸物的坍塌和二次爆炸。

(4) 在遇到潮湿可燃物时，往往不能使用水、泡沫等灭火剂，因为其遇湿可燃物的特点，难以进行有效的灭火。所以，在进行处置前，一定要了解遇湿可燃物品的品名、数量、是否与其他物品混存、燃烧面积、火蔓延路径等，以便采取有效的扑救方法。

(5) 在进行有毒品、腐蚀性品燃烧爆炸事故的现场处置时，消防员要穿防护服，一般情况下只需佩戴防护口罩即可，若有特殊要求，则需穿特制的防护服。在灭火过程中，尽量使用隔绝式压缩氧气自救器或者口罩。有毒品和腐蚀性物品火灾很容易造成人员伤亡，做完防护后，消防员要立即投入到对受伤、被困人员的搜索和救援中，在此过程中，要尽量控制好燃烧范围。当灭火时,应尽量使用低压水或雾状水,以避免有腐蚀性物质及有毒物质溅出。遇酸、碱等腐蚀性物品,应配制对应的中和剂进行稀释。遇有有毒物品或腐蚀性物品的容器渗漏,灭火后要及时封堵。对腐蚀性的物品需要使用抗蚀材料进行密封。如扑灭浓硫酸和其他易燃性物质引起的火灾,当浓硫酸量很少时,可以用大量的低压水进行灭火;当硫酸浓度较高时,首先要用二氧化碳、干粉灭火,之后才能将燃烧的物质从浓硫酸中分离出来。浓硫酸遇水会释放很大热量,引起沸溢,所以要做好保护工作。

(6) 易燃固体、自燃物体燃烧爆炸,通常可以用水或泡沫来灭火,这与其他类型的化学危险品相比要简单得多,只需要将燃烧区域控制好,并将其逐渐熄灭就行了。但是,有一些易燃固体和自燃物质如二硝基苯甲醚、二硝基苯酚、黄磷等,它们的灭火方式是很特别的,要区别对待。

(三) 道路交通运输事故应急处置

道路交通事故具有事故发生率高、人员伤亡大、财产损失大、二次事故多、救援困难、社会影响大等特点。

1. 自救

(1) 汽车发生碰撞或失控时的自救

1) 驾驶人自救:

① 司机必须两手握住方向盘,双腿前伸,后仰,这样才能避免头部撞击挡风玻璃造成伤害。

② 如果碰撞的主方向靠近驾驶者的座椅或冲击力太大,驾驶员要快速远离方向盘,同时抬高双脚,避免被压。

③ 当刹车踏板出现故障时,挂低速挡,拉动手刹,并开启警告灯;若车速不减,应冲向柔软的障碍物。

2) 车内乘客自救:

① 要快速下蹲,抓紧前座的腿,以保证身体的平衡。

② 如果只能跳车逃生,被困者应通过车门、窗跳车;若车门、窗无法打开,被困者可利用车上的工具击碎玻璃或撬开车门开辟通路逃生。

③ 当要从汽车上跳下以躲避汽车撞击时,应该朝汽车的反方向跳。落在地上的时候用手护住自己的头部,然后继续向前翻滚或者跑开,以免造成二次伤害。

④ 如果在高速公路上遇到交通意外,要立即转移至靠右的路边或紧急通道。

(2) 遇到汽车翻车后的自救方法

① 翻车后,如果有可能,应先熄火。

② 调整身姿。先用手扶着车顶,双脚踩在车身两侧,确认自己已经稳定后松开安全带,身体放倒后再开门。

③ 先从车内探出头,确认安全后,才能下车,以免车子停靠在危险区,或被身旁飞驰而过的车子撞到。

④ 敲碎车窗。如果门由于变形或者其他情况而不能开启,可以考虑通过窗口逃生。如果窗户是关着的,可以用专业的锤子,将窗户的边缘砸开。

(3) 车辆在行驶过程中发生突发火灾时的自救措施

① 司机必须马上停车,切断油路,切断电源,并迅速组织乘客从车上下来。

② 当汽车因撞击而变形，门不能开启时，可以通过前、后挡风玻璃或窗口逃脱。

③ 如果身体被火焰包裹，可以在车上翻滚，在翻滚中脱掉衣物。在这种情况下，不要张口大口呼吸，也不能大声喊叫，以防烟雾对上呼吸道造成伤害。

(4) 遇到汽车翻进河里时的自救方法

1) 首先要保持头脑冷静。

2) 如果积水不深，车身没有完全被淹没，要等到车子平稳下来，才能尝试从车门和窗户跳出去。

3) 若水较深：

① 不要急着开门，也不能开窗户。

② 快速判断水的流向，一般情况下，有光的就是水的来向。

③ 将脸尽可能地靠近车身向上的部位，以确保充足的氧气供应，等到水从车身的缝隙中缓缓灌入，当车内部和外部的压力都达到了平衡时，做一个深呼吸，然后把头探进水里，快速地把车门推开或者把窗户打开，从车内钻出来游到安全位置。

(5) 遇到中途爆胎时的自救方法

① 不能急制动。

② 若后胎爆裂，反复轻踩制动踏板。

③ 如果前胎破裂，用两只手握住方向盘，慢慢地踩油门，车子就会借助旋转的阻力自动停下来。

2. 急救

遇有交通事故，要马上拨打“122”或“120”。现场急救的基本方式有以下几种：

(1) 不能随便搬动伤者，应使伤者侧躺，头部后倾，以保持气道的通畅。

(2) 对无意识的患者，将其口鼻内的异物、分泌物和呕吐物等清理干净。

(3) 对于有较大出血量的创面，宜采用加压包扎法。

(4) 对骨折的肢体应就地取材固定。

(5) 对心跳和呼吸骤停的病人，当场实施心肺复苏。

(6) 对开放性颅脑或开放性腹部伤口，可用干净物覆盖伤口，然后包扎并立即送往医院诊治。

(7) 对于胸腔开放伤患者，患者应立即采取侧卧位，对胸壁创伤采取紧闭、包扎措施，并及时送院处理。

(8) 如果在体腔或四肢中插入了木柱或其他物体，千万不能把尖刺拔出来，要把尖刺外面的那一截截下来，然后马上去医院接受治疗。

(9) 如胸壁有浮动，则立即用衣服、棉垫等填充，并进行适当的压力包裹，以限制其漂浮；如不能填塞或包扎，则应将伤者朝向漂浮的胸壁平躺，以减少异常呼吸。

(四) 地铁事故应急处置

地铁安全事故主要有火灾、爆炸、恐怖袭击、运行事故等。地铁交通事故具有乘客多、疏散通道狭窄、疏散距离长等特征；地下通道火灾蔓延迅速，高温、有毒烟雾浓郁；通信条件不佳；照明强度不够；救援行动不便等。

1. 遇到地铁停电时的应对方法

(1) 车内的乘客应保持镇定，不要慌张，也不要随意走动。

(2) 月台上的乘客遵照工作人员的指引，依着月台上的逃生标示，安全、有序地疏散至一层。

(3) 在行车过程中遇上断电时，切勿扒拉车门，耐心等候救援人员。

(4) 疏散时应听从指挥，有顺序地向指定的方向疏散。

2. 遇到地铁车厢火灾时的应对方法

(1) 在地铁车辆遇火警时，请立即拨打“110”或“119”，或按车上的警报键。

(2) 第一次着火时，利用车内配备的灭火器进行灭火。

(3) 在不能实施火灾自救的情况下，要注意自我防护，有秩序地疏散。

(4) 在撤离过程中，旅客要保持低位，用湿布捂住口鼻，向迎风方向撤离。

(5) 在站内工作人员的统一指挥下，按正确的撤离路线撤离。

(6) 在发生火灾时，要遵循紧急指示牌，远离火源，有秩序地撤离，如果有火灾发生，要尽可能地延长自己的生命，直到消防员赶到。

(7) 在撤离过程中，请远离电气轨道，以防受到电击。

3. 遭受毒气袭击时的应对方法

(1) 要用随身携带的手绢、餐巾或衣服等捂住口鼻，并避免肌肤暴露在外。

(2) 快速确定毒源的位置，然后跑到有通风的地方，或者是上风的地方。

(3) 一旦到了安全的地方，立即用清水冲洗暴露在外的部位。

4. 发现危险物品时的应对方法

(1) 在地铁车厢内发现不明包裹时，应远离该不明物，并立即报告有关人员，不可擅自处理。

(2) 如果发生爆炸，不要惊慌，应听从指挥，安全疏散。

5. 随身物品坠落时的应对方法

若随身物品掉入电轨，切不可盲目跳入电轨拾取。若人不慎掉入站台或需要下车逃生，首先要留意脚下，以免触电，靠轨道线路外侧(无高压接触轨一侧)行走，遇有下凹处要小心跨过或从铁道中心通过。

(五) 飞机遇险迫降应急处置

(1) 首先要冷静，按照飞机乘务员的指示去做。

(2) 摘下眼镜与假牙，身上不能带有任何尖锐、坚硬的东西，防止发生冲击时受到伤害。

(3) 严格按照规定竖直座椅靠背，尽可能束紧安全带，屈身向前，头低下，双手抓紧前面或双臂抱紧大腿。

(4) 在离开客舱之前，决不要把救生衣吹起来，因为这会导致出舱时出现困难。

(5) 飞机下坠时要努力保持清醒。

(6) 飞机迫降着地后，应迅速离开飞机。

(六) 翻船事故应急处置

当遇到风浪袭击等紧急情况时，不要慌乱，要保持镇静，不要站起来或倾向船的一侧，要在船舱内分散均匀坐好，使船保持平衡。若水进入船内，要全力以赴将水排出。如果发生翻船事故，要明白木制船只一般不会下沉。人被抛入水中后，应立即抓住船沿确保自己不沉入水中。在水里的时候可以把身体蜷缩起来，弯曲双腿，这样可以降低体温消耗，保存体力。利用救生衣上的哨子等工具设法发出响声，或摇摆颜色鲜艳的衣物，以引起岸上人员的注意。

救生衣的使用方法如下：

① 两手穿进去，将其披在肩上。

② 将胸部的带子扎紧。

③ 将腰部的带子绕一圈后再扎紧。

④ 将领子上的带子系在脖子上。

（七）触电事故应急处置

1. 触电事故的定义

触电事故是指由于电流和其他能量的转化而引起的意外。根据能量的作用形式，将触电事故分为电击和电伤两种。电击是由于电流对身体的直接刺激而引起的一种损伤。电伤是指将电流转化为热能或机械能等其他能对机体产生危害的一种损伤。电气设备的使用常常是突发性的，在很短的一段时间里就会产生非常严重的后果。

2. 触电事故的应急处置

(1) 从电力系统中发现有人被电击，要切断与触电者所接触的带电设备的开关或其他断开装置，或者尝试使触电者从带电装置上脱开。

(2) 伤员脱离电源后的处置

① 如果接触到电击的人是清醒的，应该让他躺在地上，密切观察，并在短时间内不能站起来或者移动。

② 如果被电击的人处于昏迷状态，应该平躺在地上，保证呼吸道的畅通，5 秒后，呼唤伤者或者拍打伤者的肩膀，判断伤者是否失去了知觉。不要摇晃伤者的头来呼唤伤者。

③ 对需救护的受伤者，要立刻在现场实施救护，并尽量与医务人员取得联系。

④ 如触电者失去知觉，10 秒内可通过目视、听觉、试音等方法判断其呼吸及心率。

(3) 电击者在被电击后呼吸、心跳都已停止的情况下，必须马上实施 CPR。急救必须在现场连续进行，不能随便搬动伤者，如确需搬动，抢救中断时间不得超过 30 秒。如果触电者心跳、呼吸恢复正常，可以停止心肺复苏，但是在心跳、呼吸恢复后的初期，仍有可能出现心脏骤停，此时要密切监测，做好再次抢救的准备。

（八）高处坠落事故应急处置

在高空坠落事件中，伤情以休克、骨折及出血为主。发生高空坠落事故，要立即对受伤人员进行救治，第一步是对受伤人员的伤情、部位和伤害性质进行检查，如果出现了休克，先要进行休克治疗。一旦出现呼吸和心跳停止，必须马上做人工呼吸，并在胸部外进行心肺复苏。对于受到冲击的伤者，应给予安静、保暖、平卧、少活动，同时将下肢抬起 20 度左右，尽早到医院救治。如果是脑外伤，一定要保持患者的呼吸道通畅。如发生晕厥，则要让病人平躺，将脸偏向一边，以免舌根下垂，或吸入分泌物或呕吐物，造成咽喉梗阻。对骨折的患者，在移动前要进行初步的固定。为抢救脊柱受伤者，在搬运时，严禁仅将病人双肩抬起，两条腿或一条肩膀抬起。如遇肢体骨折者，切勿盲目搬动。应该用夹板将损伤处暂时固定，这样就不会再有损伤，也不会有肌肉，神经和血管受到损伤。固定时，应根据骨折部位上、下关节的位置，采用木板或竹片等，如果没有材料，可将上肢固定于身体一侧，而将下肢与肌腱一侧的肢体捆绑在一起。对于外伤性出血的伤者，要及时包扎、止血，让伤者躺在头低脚高的位置，做好保暖工作，尽早送到医院救治。

（九）建筑物倒塌事故应急处置

1. 建筑物倒塌事故的定义

建筑物倒塌是指在地震、风暴、火灾、洪水等自然灾害中，建筑物全部或部分坍塌，并造成巨大的生命和财产损失。

2. 建筑物倒塌事故的应急处置

（1）侦察现场险情

① 询问生还者及相关人士，关于失踪人员在坍塌时的位置，移动状况，或者他们的生活环境。

② 调查和分析坍塌的瓦砾堆，明确其用途、构造、层数及倒塌模式，坍塌后的危险程度及人员生还的位置。

③ 使用各类探测器和搜救犬等进行勘察。

（2）判断现场险情

① 根据房屋原结构及剩余结构的状况，对二次坍塌的可能性进行分析。

② 根据被毁房屋的使用情况及所储存物品的性质，对储存有农药、液化气、爆炸物等物品的场所，进行火灾、爆炸危险因素的分析。

③ 从坍塌建筑的用电、燃气、水等方面，对现场存在的触电、煤气泄漏、漏水等潜在危险进行分析。

（3）控制现场

1）现场车辆的布置：

① 消防泵车应设在工地周边，便于查找水源；

② 在建筑物坍塌地点前方的空地上，应该停放提升车，最好采用远程控制的车。

③ 将1～2台大型抢险救灾车配置于坍塌建筑物前方，为其提供更大规模的挖掘、支护等加固设备。暂未使用的车辆，必须停放在远离工地的安全地带。

④ 第一批到达的救护车必须停在现场附近，以便于对被救出的受害人进行伤情评估和早期的医学急救。但是，停靠的地点必须要保证不会对现场的灭火救援工作造成阻碍，比如起重机、铲车、装卸车等重型工程车辆，一开始都要停在现场的边缘，但是还需要给他们留下一条通往前线的道路，以备不时之需。

2）现场秩序的维护：

① 在坍塌现场，警察的主要任务是在现场设立警戒线，维护现场的交通，确保道路的安全。

② 施工过程中，周边公路严禁一切非抢险救援车辆通行，以防止地震引起二次坍塌。

3）现场抢救工作的组织：

① 现场指挥员要负责对全部救援工作进行组织和监督，对各类隐患进行实时掌握，掌握施救进度、施救人员的工作情况和身体情况，进行必要的换班和协调工作，并与各作业组保持联络，随时报告危险情况。

② 建筑结构物坍塌事故的抢救，应由现场指挥组织统一指挥。参加救灾工作的各个部门、各个单位都要认识到，他们的救灾工作是整个救灾工作的一个组成部分，要互相配合，充分发挥自己的专长。

(4) 扑救现场火灾

① 快速调动水炮，将坍塌现场的火势迅速控制并扑灭。

② 呼叫提升水到现场，从空中直接延伸到可能有被掩埋者的地区，快速灭火。

③ 为了避免现场二次坍塌的危险，可以对起重平台上的水炮进行遥控操作。

(5) 搜救被埋人员

① 在到达事发地点之前，救援人员要做好自己的安全保护工作，带上必要的通信设备、备用的空气呼吸设备、救援绳索、照明设备以及小的拆卸工具，并带上水枪，以便在紧急情况下将浓烟扑灭。

② 救援队在坍塌的废墟中搜索时，要留意攀爬的痕迹和血迹。

③ 使用生命探测器或搜救犬，通过听、看、敲、叫等方式，找到并确认被掩埋者的确切地点。

④ 救援工作的重心应该集中在寻找受困者的生存空间。

⑤ 在找到受害人后，应当立即为其配备一套氧气面罩，并配一条救生索，以方便随后的抢救工作。

⑥ 救援队应该在坍塌危险地带边缘的安全地带等待，并准备好必要的救生和救援设备，如有必要，可立刻投入救援，亦可协助首批搜救队。

(6) 局部清理和挖掘

① 凡有被掩埋者，均须人工清除，并采用小切口及破裂器。

② 在找到被掩埋的人员后，可以用救生气垫、方木、角钢等支撑物进行防护，如果有需要，可以用手刨、翻、抬等方法进行抢救，避免再次受伤。

③ 为了确保救援活动的安全、平稳，应在现场设置好灯光。

④ 在有二次坍塌风险的情况下，需要对不稳定区域进行支撑加固，或提前将有风险部件拆除。

(7) 抢救行动中的注意事项

① 应一次出动救援人员和设备，并及时向消防、医疗等部门请求支援。

② 在伴有火的情况下，抢救和救火必须同步开展。

③ 在现场迅速清理出一片空地及出入道路，保证现场有应急平台，并为抢险车辆提供安全出口。

④ 救护人员要注意移动安全，不要深入建筑物内，因为建筑物的构造已有松动；禁止攀登已经不平衡的阳台、房顶等部位；不要在没有牢固支撑的建筑物残骸下冒险。

⑤ 救援工作遵循从简单到复杂、先救人再救物、先伤者后遗体、先重伤后轻伤的原则。在搜救前期，严禁采用大型铲车、吊机、推土机等施工设备对现场进行清扫。

⑥ 对于处在危险境地、精神几近崩溃、情绪流露出恐惧的人，要鼓励、劝导、安慰，增加他们的求生信念。对不能及时抢救的伤员，要根据情况给予水、吸氧、清洁、抬顶等措施，减少伤员的疼痛，改善恶劣的条件，增加他们的存活率。

⑦ 如有有毒气体泄露，抢救人员应戴上呼吸器，穿上防护服；在采用切割设备进行爆破时，一定要确保现场没有易燃或易爆物质。

⑧ 建筑坍塌事件的处理通常需要较长的时间，因此，要安排救援人员轮班，做好后勤工作。

（十）踩踏事故应急处置

1. 遭遇拥挤人群的处理方法

① 当看到一大群人涌来的时候，要立刻躲开人群。

② 假如路边有商店、餐馆等，可以暂避一段时间。避免与人群逆向而行，不然很容易摔倒。

③ 如果已经在人群中，想办法抓紧一个牢固的物体，例如电线杆，在人群经过之后，快速、冷静地撤离现场。

④ 遇到人多的时候，千万别把身体往前倾斜，也别把身体重心放得太低，哪怕是被人踩到了鞋，也不能急着弯下腰去蹬鞋。

⑤ 如果被困在人群中必须保持平衡。注意不要靠近商店的窗户，否则可能会因为玻璃破裂而受伤。

2. 出现混乱局面时的应对方法

① 在人多的地方，要随时提高警觉，如果看到有人情绪不正常，或者出现了骚乱，要及时采取措施，保护自己，也保护别人。

② 要小心自己的脚步，不能摔倒，以免自己被人群踩踏。

③ 如果看到有人在自己面前跌倒，要立刻停下来，并大喊救命，告诉身后的人不要再往前走了。

④ 如果自己摔倒了，试着接近墙，脸朝墙，身体蜷缩成一团，把手放在脖子后面，这样可以保护你身上最易受伤害的地方。

⑤ 带小孩遇到人流密集的地方，最好的办法就是将小孩抱起，以免在混乱中被踩到或走散。

3. 在驾驶过程中碰到人群时的处理办法

① 避免开车穿过一群人，特别是当一大群人带着愤怒、兴奋或充满敌意的情绪时。因为一旦人群发起攻击，把车窗玻璃打碎，把车子掀翻，后果十分严重。

② 如果车与人群同向时，切勿停车观望，要尽快转入机动车道，快速离开现场。

③ 若实在逃不出去，就停车，锁上车门，逃入小巷、店铺或民宅中。如果没时间找到停车处，就把车停好，然后反锁上，安静地待在里面，直到所有人都走完为止。

4. 踩踏事故发生后的应对方法

① 发生踩踏事件时，应在第一时间报警，等候救助；另外，在医护人员赶到现场之前，应及时采取科学的自救、互救措施。

② 抢救时，应按照先抢救重伤员、老人、儿童和妇女为先的原则。根据伤情判定：神志不清，呼叫无人应答者，伤情严重；高脉速和无力的伤者多为重伤；低血压和瞳孔散大者损伤更严重；伤口明显，流血不止的人也很严重。

③ 一旦发现伤者有呼吸或心跳停止，应立即进行人工呼吸及心肺复苏。

（十一）意外伤害应急处置

1. 割伤应急处置

① 若流出的血液量看起来比较多，此时不要慌张，应保持镇静，因为惊慌会加快心跳，出血就会更多。

② 如果是较小的割伤，一般可以采用绷带止血方法，然后找医生处理伤口。

③ 深度割伤时，用消过毒的纱布包好，并附上辅助用品加以固定，再尽快送医院处理。

2. 烫伤应急处置

发生烫伤后，伤处的冷却是最重要的，轻度的烫伤，也需要冷却几分钟；严重烫伤时要冷却30分钟以上。在充分冷却后，用干净的布包好伤处并接受治疗。在医生诊断前，不得涂抹任何药膏，否则可能引起细菌感染。另外，为使不留下疤痕，不要自己碰破水泡等，一定要遵医嘱。

被热水烫伤时的处理方法如下：

① 用流水冷却。但是注意水压要适中，如果水压大，皮肤有剥落的危险，这时应在患部稍偏上方冲洗或是包上布冲洗。充分冷却后，用消毒纱布或是创可贴盖住患部。

② 脚等部位烫伤时，可在桶中装入冰水来冷却。

③ 有衣服遮盖的部位烫伤时，可直接往衣服上浇水冷却。

3. 眼内进入化学物质的处置办法

① 切勿揉搓双眼，应马上用清水清洗。

② 清洗时避免清洗的水流入另一只眼睛。

③ 只可以用水来清洗眼睛，不要将眼药水滴到眼睛里。

④ 充分冲洗后立即到医院治疗。

4. 皮肤沾上化学药品时的处理方法

① 强酸会灼伤皮肤，而强碱能深入皮肤，所以一旦接触到这种化学品，应马上脱掉衣物，并用大量的自来水冲洗30分钟。因为不完全的冲洗可能会导致深层的皮肤损伤，因此要进行充分的清洗。

② 冲洗完成后，仔细擦拭，用清洁的纱布覆盖污染部位，然后去医院进行处理。

③ 绝对不能用酸碱中和的方法进行处理。

④ 如不慎误食或吸入化学物质，应立即多饮水、奶，以促使呕吐，并尽早到医院就诊。

5. 碰伤应急处置

在工作中，扭碰身体是很正常的。如果是轻微的擦伤，立刻将伤口冷却就可以。如果受伤的地方是经常运动的地方，就有可能引起内出血，同时也会加重疼痛，所以一定要好好休息。尽量将伤处维持在比心脏更高的地方。如果出现了剧烈的疼痛，而且受伤的地方不能移动，或者是受伤的部位出现了不正常的弯曲，那么就需要及时就医。

(1) 戳伤手指的处理方法

当人戳伤手指时常常容易想到拽拉，认为这样可以治好。但恰恰相反，这样会使伤口恶化，因此绝对不能拽拉，应当第一时间做如下处理：

① 用纱布包裹伤口，用冰块等降温30分钟。

② 用硬纸板或便筷等材料支撑，用一条细带子将伤指与邻近的指头卷紧。

③ 找医生进行处理。

(2) 指甲剥落时的处理方法

① 为防止细菌感染，要用流水冲洗伤口再涂上消毒药物

② 将剥落的指甲放回原位，用绷带缠紧。

③ 找医生治疗。

(3) 脚被鞋磨破、起水泡时的处理方法

① 用肥皂将起水泡的地方洗净。

② 用火或酒精将针消毒,用针刺破水泡

③ 用干净的纱布或卫生纸充分地擦拭。

④ 涂上消毒药品,贴上创可贴。

6. 扭伤和脱臼应急处置

扭伤或脱位是因过度用力而造成的。扭伤指的是关节附近的组织被拉伸或断裂,而关节脱位则称为脱臼。在任何情况下,都要在伤口完全冷却后进行固定。一定要及时到医院进行检查,千万不能自行复位,也不能强行扭转受伤的部位。扭伤或脱臼时做如下处理:

① 将扭伤、脱臼的关节固定住,用湿毛巾进行冷敷,然后送往医院。

② 膝关节、踝关节扭伤、脱臼时,应先包上一层凉毛巾,再在上面裹上三角巾或围巾,用力系紧,也可以用伸缩绷带固定住关节。

③ 肩关节、肘关节和手腕扭伤、脱臼时,可以用三角巾、围巾等做成吊带,也可将手伸到上衣或衬衣的扣子之间,但一定要固定住关节。

④ 股关节扭伤或脱臼时,仰面躺好,膝下垫上坐垫等物,让股关节和膝关节保持弯曲。

⑤ 手指关节扭伤或脱臼时,手握网球大小的圆球,打上夹板,绑上绷带,以便维持患者手部机能。

（十二）中毒应急处置

1. 食物中毒应急处置

（1）食物中毒的判断

① 有胃肠方面的症状。假如进食后出现胃肠不适,甚至有恶心、呕吐、腹痛、腹泻等症状,或者是头晕、惊慌等症状,同时和自己一起用餐的人出现同样的症状。

② 有问题的食品或配料。吃了不新鲜或有异味的食物;食用自己采摘的蘑菇,新鲜的黄花,生的小扁豆,发芽的马铃薯;吃了非法渠道购买的食盐,或者误吃了某些化学制品。

（2）食物中毒后的处理方法

食物中毒抢救得越早效果就越好。现场急救的原则是设法尽快催吐、洗胃,排出肠道内的有毒物质,防止毒物被吸收。症状严重的中毒人员应尽早送往医院治疗。如误食毒蘑菇中毒,急救措施为:立即催吐、洗胃、导泻。可以采取以下步骤:

① 如果中毒时间短,没有明显的呕吐史,可以用手指、筷子等刺激其舌根,以催吐;再用0.02%～0.05%的高锰酸钾、浓茶或0.5%的活性炭悬浮液对胃进行多次冲洗;建议患者多喝一些温开水或者是淡盐水,这样可以减少毒素的吸收。

② 如已有剧烈呕吐者,不用洗胃。但是,若患者意识不清,在呕吐的时候要协助其头部偏向一边,以免呕吐物阻塞气管,造成窒息。

③ 对已陷入昏睡乃至昏迷者,则应让其平卧,解开衣领。有假牙的应取出,并将头偏向一侧。注意使身体保温,并稍抬高下肢,同时拨打急救电话。

2. 气体中毒应急处置

气体中毒应急步骤如下:

① 要马上把门窗都打开,保持通风,把中毒人员的衣领和腰带解开,放低头部,并使其头向后仰,使呼吸道通畅。

② 注意保温,防止着凉。

③ 如中毒人员已昏迷，但有呼吸和脉搏，可用手指按压刺激人中、涌泉等穴位，让其苏醒。

④ 如中毒人员神志不清，且无呼吸和脉搏，应立即做人工呼吸和胸外心脏按压，并尽快送医院急救。在送医院途中一定要持续做人工呼吸和胸外心脏按压。

第五节　公共卫生类事件应急处置

从21世纪开始，人类就一直面对自然环境和气候的逐步退化，以及各种疾病的暴发。但是，环境和气候的变化对人类社会的影响是一个逐步累积的过程，除了地震和地质灾害之外，它们的损害通常并不具有突然性。与此形成鲜明对比的是，传染病的暴发具有渐进和突然性，造成的损害更为显著。

传染病是一种严重威胁着人们的生命和健康，严重影响着社会和经济发展的疾病。传染病在一国或一区域内的流行水平是衡量一国或一区域人群健康水平的主要标志，降低疫情对一国社会经济的可持续发展具有重要意义，同时也是衡量一个国家整体实力的一个重要标志。

一、突发公共卫生事件的发生、传播和危害

重大传染病疫情主要包括以下七类：鼠疫，肺炭疽，传染性非典型肺炎，霍乱；动物之间的瘟疫，布氏菌病，炭疽热等；暴发了乙类、丙类传染病，或者出现了大量的死亡病例；出现稀有或已经绝迹的传染性疾病；怀疑有新的传染性疾病；微生物实验室细菌和病毒泄露事件；有可能对公众健康、社会安定产生重大危害的传染病，或经上级卫生主管部门临时决定的突发事件。

（一）疫情的发生

就像人与自然是多元的复合体，疾病的发生与种类也呈现出多样化的特征。尽管已有许多证据显示，人类的流行病已改变，但病原微生物仍不愿离开人类生活的范围，或与人共享天然的生态环境，彼此间存在着竞争关系，因此，疫情并未完全消失。疫情的发生需要三个根本的条件：传染源、传播途径和易感生物。疫情的发生取决于三者之间的联系与延续，其中一个环节发生了改变，就会对疾病的发生、发展产生影响。三者之间的联系与作用常受自然、社会、管理等因素的影响与限制。

（二）疫情的传播

1. 经空气传播

经空气传播包括下列三种方式：

(1) 经飞沫传播

呼吸道感染性疾病的病原主要分布在呼吸道黏膜的黏液或纤毛上皮的碎屑中，在患者呼气、讲话、哭泣、打鼾、咳嗽、打喷嚏等过程中，会从鼻腔内喷射出大量的含病原体的痰液，这些痰液颗粒很小（15～100微米），在大气中停留的时间很短。飞沫只会传染给患者或与之有密切接触的人。流行性脑脊髓膜炎、流感、百日咳等都可以通过这种途径传染。居住空间密集、旅客密集的舱室和车站候车室是病毒传染的主要场所。

(2) 经尘埃传播

携带病菌的唾液会以更大的液滴分散到地面上，然后变成灰尘，落在衣物、床单或者地板上。在清理衣物或拖地的时候，携带病菌的灰尘会在空气中扩散，从而引起呼吸系统疾病。所有对干旱有抵抗力的病原菌都可以通过这种途径进行传染，例如结核分枝杆菌、炭疽杆菌等。此外，室内灰尘也容易滋生螨虫。

(3) 经气溶胶传播

气溶胶是一种弥散在气态介质中的颗粒，大多数颗粒直径都在1微米以下，最大的颗粒直径可达5微米。它是一种胶状物，能散射光。在气态媒介中，由于中性反应，气溶胶不会沉降。人体、宠物、垃圾、变质食品、墙壁和器具上滋生的真菌等是造成生物气溶胶的主要来源。生物气溶胶是由微生物、细菌和病毒组成的。大气颗粒物可经呼吸道进入人体，严重威胁人类健康。因为空气是最好的介质，所以生物气溶胶具有高度的流动性，而它所引起的疾病也很难被发现。研究表明，空气中的生物气溶胶是导致过敏性鼻炎和哮喘的罪魁祸首，有3%～5%的人会出现这种情况。

2. 经水体传播

经水体传播包括两种传播方式：一类是由饮用被污染的水之后而引发的疾病，另一类是由于与“疫水”(感染的水体)接触而引起的疾病。

(1) 霍乱、伤寒、细菌性痢疾、甲肝等都是通过饮用水传播的。这些病的流行程度取决于水源的种类，水源的供应范围，水体受到污染的程度和频率，以及病原体在水体中的生存时间。

通过饮水传播的疾病通常容易暴发或流行，病例的分布与供水范围基本一致，不分年龄、性别、职业，只有哺乳期妇女例外，喝生水相同者，发病情况并无明显差别，暴饮生水者，发病率更高。水体中的病原很难被检测到。如果不使用受污染水，或者经过处理，疫情就会得到控制。若水源常受污染，则可常年不间断，且具有地域特征。

(2) 血吸虫病、钩体病等是由疫水(受污染水)传染而来的，其病原体是通过皮肤黏膜进入机体的。其流行病学特征为：患者曾在流行区游泳、捕鱼、收割、抢险救灾等，并具有一定的区域性和季节性。

3. 经食物传播

所有的肠道传染病、特定的寄生虫和一些呼吸系统疾病(如肺结核、白喉等)都可以通过食物进行传播。

食品自身携带病菌或者食品在各种环境下受到污染，可引起食物的传播。

(1) 食物本身含病原体的情况：例如，牛、猪感染了绦虫病；牛、羊患了炭疽；患了结核病或布鲁菌的奶牛的牛奶；患有沙门氏菌的牲畜、家禽及其所产蛋类；带有戊型肝炎病毒的水产动物，如牡蛎、蛤蜊、贝壳等。如果吃了这些食品，就可能被传染。

② 食品在生产、加工、运输、储存、种植和销售等各个环节都可能受到污染。常见的原因有：食物与被污染的物体直接接触；水果、蔬菜、餐具等被污染的水清洗；食物被带病菌的空气、飞沫和灰尘污染；被带有病原体的昆虫、老鼠和它们的粪便所污染。

4. 接触传播

接触传播包括直接接触和间接接触传播。

(1) 直接接触传播

直接接触是指在没有任何外部因素的情况下，由感染源与易感人群发生了接触而导致的传染，比如艾滋病、性传播疾病、狂犬病等。

（2）间接接触传播

间接接触传播是指易感人群暴露于被污染源的粪便、分泌物所污染的日用品，也叫日常生活接触传播。被污染的双手在间接传染中扮演了一个特殊的角色。比如，如果食物被人感染，就会通过口腔传播痢疾、伤寒、霍乱、甲肝；被污染的衣物、被褥、帽子等会传播疥疮和癣；儿童的玩具、餐具、文具等可能传播白喉和猩红热；使用被污染的毛巾可以传播急性出血性结膜炎；粪坑可传播痢疾、滴虫病；炭疽可通过动物毛皮传播等。

5. 经媒介节肢动物传播

通过媒介节肢动物传播是指经节肢动物叮咬吸血或机械携带而传播。

（1）通过节肢动物机械携带而传播

苍蝇、蟑螂等昆虫通过其机械携带方式传播肠道传染病病原体，通常仅能在宿主体内生存 2～5 天。当苍蝇和蟑螂在觅食过程中与食物或餐具接触，食用该食品或使用该餐具的人都有可能被传染。

（2）经吸血节肢动物传播

吸血传播是指被一些携带病原的节肢动物叮咬后，病原通过血液进入人体，在体内进行生长和（或）增殖，最终传染给易感人群。

除鼠疫、疟疾、丝虫病、流行性乙型脑炎和登革热之外，还有 200 余种虫媒病毒感染。

6. 经土壤传播

土壤被污染的可能性较大，如人为使用化肥造成的肠源性疾病或寄生虫的虫卵，如钩卵和蛔虫卵；有些细菌的孢子能在土壤中存活很长一段时间，例如破伤风、木炭疽病、气性坏疽，如果遇到皮肤损伤，就会通过土壤造成感染。

土壤病原微生物的流行程度与其在土壤中的生存能力、人与土壤的接触次数和个人卫生状况有关。皮肤创伤接触到泥土后，易出现破伤风及气性坏疽；光着脚在没有经过任何处理的有肥料的土壤上工作，容易受到钩虫的感染；孩子们在泥巴里玩，很容易被寄生虫感染。

7. 垂直传播

妊娠早期，怀孕妇女向其子代传递病原体的过程叫作母婴传播。这种传染是通过母体和胎儿两个世代进行的，怀孕妇女通过胎盘的血液将病原传染给胎儿。风疹、乙型肝炎、麻疹、巨细胞病毒感染、虫媒病毒感染、梅毒等都可通过胎盘传播。如果妊娠初期发生风疹，常会对胎儿造成伤害，如胎儿畸形、先天性白内障。

8. 医源性传播

医源性传播是指在医疗和预防工作中，由于某种原因人为引起的疾病的蔓延。

医源性传染可分为两种：一种是易感人群在进行治疗、预防或检验（检查）措施过程中，因使用的器械、针筒、针头、针灸针、采血器、导尿管等被医务人员或其他工作人员的手部污染或未进行消毒而导致的传染；二是由制药企业或生物制品制造企业生产的药物、生物制品受到污染而导致的传染病。从广义上讲，这两种传播途径都是由消毒不到位和管理不善引起的间接接触传播。

9. 生物实验室传播

在动物实验中，经常发生感染事故，这主要是由于研究人员与病原微生物的接触较多，一不小心，原本不会被人接触到的微生物就会对环境造成污染，从而对实验室工作人员造成直接或间接的影响。如果生物实验室是感染源，将对公共卫生产生重大影响。

10. 生物武器传播

生物武器是一类会对人类和动物的健康造成威胁的生化武器，它可用于创造生物战剂。生物战剂是对用于战场上杀死人、动物和农作物的病原体、毒素及其他生物性物质的统称。生物战剂可以应用于各种武器和装备之中，主要有两种方法。一种是用生物战剂制成的可溶解的胶带，将带菌的昆虫、动物及其他媒介释放出去。其特征：一是具有很高的致病性，人和家畜呼吸或与之接触都能引起疾病；二是易于释放，可通过气溶胶、家畜、植物、信函等途径散发，且易于大规模生产；三是有一个潜伏期，最少也要 3～6 个小时，通常需要 3～4 天的时间，如果没有明显的症状，很难被发现；四是防范难度大，生物制剂胶囊携带不需要特殊配套装备，且在使用过程中不留任何痕迹，因此很难通过技术检测来实现生化武器的早期预警。生物战剂的入侵方式有两种：一种是呼吸，被生化武器所污染的空气，经呼吸道进入人体，引起传染病；二是不小心吃了受生化武器污染的水和食物，引起感染；三是直接接触，如炭疽杆菌等，可以通过皮肤、黏膜和伤口直接进入人体；四是被带生化武器的虫子咬伤，引起疾病。

（三）疫情的危害

传染病的传播与蔓延是一种极为深远而又综合性的危害，其危害程度远超战争、暴乱、地震、洪水等自然灾害。

1. 导致贫穷落后

传染病多发生在经济欠发达国家，故常被视为贫困相关疾病。疾病在世界上造成的伤害远比其他自然灾害或战争要严重得多。以非洲为例，1998 年因战争丧生的人超过 30 万，而在那一年，单单是艾滋病一项，就有 200 万非洲人丧生。传染病的发生与经济不发达和人们缺乏知识密切相关。可以说，贫困对疾病的防治是不利的，疾病的暴发还会让一个社会变得更加贫困。而经济的发展，又促进了知识的普及和疾病的防治。贫穷国家 10 大最严重疾病中有 7 种为传染性疾病，而发达国家仅有 2 种。全球每年有超过 1 200 万人因此而死亡，这不仅造成了巨大的劳动力资源损失，也耗费了巨大的社会资源。

2. 引发经济凋敝

传染病对人类的经济发展带来了严重的危害，这一点已经得到了世界各国的普遍共识。21 世纪初期，哥本哈根世界经济论坛举行的一次峰会上，各国经济学家一致认为，发展中国家普遍存在的传染病对世界经济的发展构成了严重的阻碍，而要使人类社会获得可持续的经济发展，就需要对各类传染病进行有效的防控。疫情对医疗保健、旅游业、餐饮业、酒店、航空运输等社会经济有直接的巨大冲击，其长期效应更难以估算。

3. 影响社会稳定

传染病给世界上许多国家和地区带来了巨大的冲击。它的强扩散性，高死亡率，直接威胁着人们的生命安全，使世界各国人民产生巨大的精神恐惧，对社会的安定产生重大的影响。传染病的发生，降低了人们的平均寿命，对社会的发展和人们的生活质量产生了很大的影响。比如越来越多的艾滋孤儿，给国家和社会带来了巨大的压力。全球因艾滋病导致的孤儿高达 1 320 万，他们接受免疫的机会更少，辍学的几率更高，营养不良，易遭受虐待和剥削，从而对人类的知识和技能的普及产生重大影响，使社会更加不安定。另外，来自身边的人、社会的排斥，也是传染病人最大的心理负担。由于害怕受到歧视，他们连身体状况都不敢对外界披露，在婚姻、学习、就业等方面都会受到很大的影响，会想尽办法隐藏自己的疾病，这样就加大了传染的风险。感染了艾滋病这类疾病的人，常常会觉得自己被社会和生活抛弃了，有些人会产生报复社会的想法，也可能会选择自杀，也可能会将积压在心中的恨意释放出来，让病毒在社会上蔓延开来，引起社会的恐慌，破坏人们的心理安全感，引起社会的不安定。

4. 造成人心恐慌

传染病流行往往会引起国内外人群的不正常流动，从而严重地影响到地区的经济发展，进而影响到国际间的经济联系。在一些地方，由于传染性疾病的肆虐，导致本地人口急剧减少，而移民又不愿进入，这就导致了当地的经济萧条。例如，巴西、哥伦比亚、泰国与缅甸接壤的一些乡村，都因为疟疾的蔓延而不能得到有效发展。

二、公共卫生事件传播的预防

疫情行踪诡秘，危害巨大，固然应当引起人类的高度警惕，但是人们也大可不必惊慌失措。战胜疫情，对与人类共存的生物要增其利、避其灾，或者说，以科学的认识、科学的手段减低或尽量避免疫情给人类带来的危害。科学技术的发展已经给人类提供了许多崭新的有效的防病治病的药物和方法，人们也已从各种疫情中吸取了经验教训，我们完全有对策来面对疫情。

（一）进行计划免疫和预防接种

1. 计划免疫

计划免疫是指依据传染病疫情的监测结果，结合人群的免疫状况，在此基础上，依照科学的免疫步骤，有系统地将疫苗用于特定人群，从而实现对相应的传染病的控制或消除。我国从 20 世纪 70 年代中期开展的儿童项目免疫工作取得了很大成效，疫苗覆盖率持续上升，相应的传染性疾病的发生率也在逐年下降。7 岁以下的儿童可以通过卡介苗、脊髓灰质炎三价糖丸疫苗、百白破混合制剂和麻疹疫苗进行基础免疫，随后进行适时的加强免疫，从而达到预防白喉、麻疹、小儿麻痹症、百日咳、结核病和破伤风等疾病的目的。目前我国已将乙肝疫苗的接种纳入计划免疫管理，但未纳入计划免疫程序。有些地区也将乙型脑炎、流行性脑膜炎的免疫接种计划纳入计划免疫范畴。随着计划免疫工作的开展，可以预计，其他一些危害儿童健康、用疫苗可以预防的传染病也将列入计划免疫工作范围。

2. 预防接种

预防接种也称为人工免疫，是通过接种生物制品（微生物、微生物毒素、人和动物的血清和组织等），在临床上可以进行预防、治疗和诊断，提高机体对传染性疾病的免疫力，从而预防各种疾病，例如接种卡介苗预防肺结核、接种麻疹疫苗预防麻疹。第一种是在未感染前，通过口服灭活菌苗或疫苗，让身体产生相应的抗体。就像是士兵们在进行“军事训练”，当同样的细菌和病毒再次入侵时，身体就会拥有消灭“敌人”的力量。一般情况下，免疫发生在疫苗接种后的 1～4 周内，免疫抗体效果会持续几天到几年，所以需要重复接种。第二种是在感染者还没有出现感染的情况下，将丙种球蛋白、胎盘球蛋白、抗毒素和成人血清直接注入人体，就像“援兵”一样，增强对病原体的杀伤能力，达到防病或减轻病情的目的。此方法称为人造被动免疫，以注射后即刻见效为特色，主要用于狂犬病疫苗等应急预防和治疗。

（二）培养健康的生活方式，远离疾病困扰

（1）做好食品卫生工作。为避免交叉感染，必须严格落实生熟食物的完全隔离制度；食物应该马上做，剩下的要煮熟才能食用；不要食用腐烂的食品，水果和蔬菜要经过清洗、消毒然后才能吃；不要饮用生水和生冷不洁的食品；要做好餐具和其他用具的消毒工作。

（2）注意个人卫生。饭前便后和外出回家后要洗手；要经常剪指甲，换衣服，晒被罩，洗澡；个人卫生用品要分开使用，尽量避免与有感染的人或物件接触。

（3）经常开窗通风。良好的通风可以使房间内的细菌变得稀少，从而提高室内的空气质量。冬季也应适当开窗通风。

（4）坚持锻炼身体。增强体质能提高机体的抵抗力，从而积极抵御疾病侵袭。

（三）做好环卫工作，创造良好的人居环境

1. 搞好室内卫生

经常清洁地毯，以降低尘螨及其他过敏源；保持地板、台面、家具、散热器等的洁净，以减少灰尘，减少微生物的污染；宠物身上容易滋生寄生虫，所以要经常给宠物洗澡，让它们保持干净。

2. 定期清洁家用电器

家用冰箱制冷机的排气口和蒸发器没有进行及时的清洗和消毒，很容易滋生霉菌，这些霉菌会随着灰尘扩散到大气中，通过人们的呼吸进入肺部，导致过敏性肺炎；洗衣机本身就是一个很容易传播细菌的地方，有传染性疾病或者皮肤病的病人，不能和正常人的衣服同时洗，也不能袜子外衣同时洗。

（四）应用优化设计技术，打造健康居住环境

1. 住区环境优化设计

在住宅建筑工程的选址、设计和施工中应该按照健康住宅标准的要求，进行环境生态的检测和环境影响评价，住宅周围的大气、水质和土壤必须符合环境质量的标准，住宅区周围不应该存在污染源；要强化住宅小区的绿化和生态建设，当室内的污染物浓度比室外高时，里面的污染物就会向外面扩散，而在户外有良好的绿化条件下，则可以通过植物对扩散到户外空气中的污染物起到吸附、吸收、净化的效果，促使室内污染物向外迁移、扩散，从而加速室内环境中污染物的浓度下降。对住宅小区中的建筑位置、朝向、密度及容积率进行合理的设计，保证有较好的采光与自然通风；在设计上，要注意功能分区，尤其要注意居住区的垃圾中转站、污水处理厂等的合理布局；住宅小区应有充足的运动场地，是保证居民身体健康的一种有效手段。

2. 室内环境优化设计

增强室内卫生防疫功能，改善室内通风环境。首先在建筑设计阶段，应对居住和活动的房间做到合理布局，尽量照顾到各房间的通风、换气、光照，尤其是卧室内的通风和日照；厨房、卫生间、下水管道是病菌传播扩散的主要通道，因此，应高度重视设施与设备间的交叉传染。由于绿色植物具有净化空气、除尘、杀菌和吸收有害气体的功能，室内适宜的绿化，不仅可以使室内充满生气，还可以使环境变得雅致清新。试验结果表明，抗菌效果好的植物有吊兰、龙柏、芭蕉、圆柏、蜡梅、侧柏、碧桃等。

三、重大公共卫生事件应急处置

（一）应急处置的基本原则

1. 快速反应原则

由于重大公共卫生事件危害大，且具有快速扩散的特点，一旦暴发，尽早控制就变得非常重要。地方政府管理机构和专家要尽快到位，并采取一系列紧急处理措施，尽可能早地控制疾病的发展。

2. 操作科学原则

在应对突发事件时，要遵循科学性，在处置时，要广泛听取相关专家、学者的建议，并邀请专家亲临现场，将突发事件造成的损失降到最小。

3. 执行合法性原则

在重大疫情暴发时，出于国家政治和经济安全的需要，政府可以通过特别的制度、程序和权力，例如启动应急预案。但是要注意，行政权力不能滥用，否则会给突发事件的处理带来不利的后果。

4. 信息透明性原则

政府信息的公开，既可以帮助解决危机，又可以提升政府的可信度和公信力。任何单位或个人不得隐瞒、谎报、迟报重大公共卫生事件信息，不得指使他人瞒报、谎报、迟报或妨碍他人上报。

5. 公众利益至上原则

以公众利益为先的理念，有利于取得民众的信任、支持与配合，共同努力控制疫病。

（二）应急处置的程序与步骤

根据不同的疾病类型、疾病特征、危害程度，采取相应的应对措施。通常，应急事件处理程序应当包含下列内容。

1. 迅速启动相关预案

疫情一旦暴发，要按照不同的疾病类型、疾病特征、危害程度，及时启动应急预案。在进行突发事件应急预案的设计过程中，需要建立多种可信的预案，对预案进行评估、对比，从中选出最佳方案。

2. 全面掌握疫情动态

对传染病的定性、采取科学措施是妥善处置传染病的前提和基础。在突发事件发生时，主管机关要立即组织相关专家，对疫源进行调查，划定疫点、疫区、受威胁区，建立临时的检疫和消毒点，并组织专门的应急后备力量，以备不时之需。

3. 及时汇报与公布疫情

疫情暴发时，政府要以对人民生命财产安全、社会稳定、政府自身负责的态度，将重大公共卫生事件按法定报告流程层层上报。政府应当按照国家有关规定，及时、准确地发布病情信息；其他单位或个人不能随意发布疫情报告。

4. 果断处理相关问题

疫情一旦暴发，往往会给当地人民的生产、生活带来连锁反应。政府要按照决策机构的权限，对涉及人民群众利益的突发事件进行特殊处理，尽快将疫情造成的负面影响控制和稳定下来。

5. 做好善后工作

疫情后期，各级政府部门要按照突发事件处置预案有步骤地有序进行善后工作，早日恢复正常生产，使社会秩序得以稳定；在此基础上，总结经验与教训，完善应急预案。

（三）完善应急管理体系

应急管理体系主要由预警、控制、扑灭和恢复稳定等子系统组成，同时还包括政府各个相关部门、社会组织机构和个人在内的多个主体的合作管理系统。健全的突发公共卫生事件应急管理系统，应当是多元主体积极参与、多维度融合的科学管理系统。

1. 组织机制整合

在建立重大公共卫生事件应急管理系统的过程中，各级政府要建立一个常设性的领导小组，在主管部门的支持下，卫生、工商、质检、公安等有关部门共同参与，形成一个统一指挥、反应灵敏的政府应急管理系统。在宏观方面，则是对本区域内的重大突发事件进行防范、分析与处置，重点在突发事件的指挥、协调与处置上。

2. 社会组织整合

这主要是针对重大突发事件的整个社会动员机制设计的。

(1) 在全社会范围内进行大规模的防疫知识宣传。政府应急管理部门及有关业务单位要担负起对群众进行宣传教育的责任，利用学校、报刊、网络、影视等媒介，对重大疫情应急和重大疫病科普等进行广泛的宣传，提高全社会的防范意识。

(2) 广泛动员各级政府部门、企业和个人，做好预防和应对疫情的准备工作。各单位要结合自身条件，制定出本单位的应急处置方案，并组建相应的应急处置机构，在突发事件发生时能够快速反应。

(3) 充分利用非政府组织的力量。要广泛地发动民众，组建一支庞大的志愿者队伍，以填补政府提供和社会需要的缺口。实施群体预防和控制，增强人民群众自救和互救的能力。

(4) 调动全社会力量，建立健全突发事件防控和服务体系。在重大公共卫生事件中，政府要通过财政拨款、合同签订和委托等多种形式来调动社会力量，将民间力量纳入应急管理体系，逐步建立起专职和兼职人员相结合、广泛动员的突发事件应急响应机制。

3. 信息技术整合

政府应充分发挥高校、科研机构和咨询机构等“外脑”的作用，弥补各企事业单位智力的不足，对已有的技术支持系统进行整合和改进，做到信息传达准确、通信指挥畅通、各部门之间充分协作与协调。一是构建一套行之有效的应急指挥技术支持系统，该系统由疫情报告系统、分析决策支持系统、综合通信控制调度系统、视频会议系统等组成；二是建立应急管理的基本信息库，主要建设内容有应急预案库、决策咨询专家库、辅助决策知识库、基础地理信息数据库等。

政府重大公共卫生事件的应急管理工作是一个比较复杂的社会系统工程，要想健全应急管理，必须坚持“无则常备，未雨绸缪，有则应变，速战速决”的原则。一套健全的突发事件应急管理系统，应当由预警机制、突发事件处理机制、应急处置机制三部分组成。近几十年，我国在应对重大公共卫生事件方面，积累了丰富的经验，并吸取了国际上一些成功的经验和教训。

四、公共卫生类事件应急处置案例

（一）狂犬病应急处置

狂犬病是一种人、兽共患的急性传染性疾病，主要发生在狗、狼、猫等食肉动物身上。人类被患病动物抓咬或被舔舐受损伤皮肤后，往往会受到传染，而且一旦发病，死亡率几乎是百分之百。

1. 主要症状

狂犬病的潜伏期可短至一周或长至几个月甚至几年，临床症状多出现在10～90天。患者会出现特殊的狂躁、怕风、怕水、流口水、咽喉疼痛等症状，甚至会导致全身麻痹，危及生命。伤口部位发麻、瘙痒、疼痛，顺着神经走向遍布肢体。可能会发生行为改变，主要表现为以下两种类型：

（1）狂躁型。极度兴奋，光线、声音、触摸都能引起惊愕。

（2）麻痹型。表现为偏瘫或全瘫，不能说话，昏迷衰竭。

2. 应急处置

（1）人被动物咬伤后，应立即到防疫部门就医。

（2）及时用大量的肥皂水和清水清洗伤口。

（3）24小时内注射人用狂犬疫苗，即使宠物打过防疫针，被咬的人也要及时注射疫苗。

（4）按照医生要求按时接种5次狂犬疫苗。

（5）需要时对伤口进行破伤风预防和抗菌治疗。

（6）除非在不得已的情况下，建议不要缝合伤口。

3. 预防

（1）控制和管理传染源，加强对动物的管理，动物要及时打疫苗。

（2）高危人群要预防接种狂犬疫苗。

（3）尽量避免与动物密切接触，以防被咬伤、抓伤等。

（4）被咬伤后，要到有医疗资质的诊所、医院处理伤口，接种疫苗。

（5）病犬要立即击毙，然后焚烧或掩埋，严禁剥皮吃肉。

（二）流行性感冒应急处置

1. 概念

流行性感冒是由流感病毒引起的一种突然发生、蔓延迅速、感染众多、流行过程短的急性呼吸道传染病。流行性感冒与普通感冒不同。

2. 传播途径

（1）主要随咳嗽、喷嚏及说话产生的飞沫传播。

（2）通过病毒污染的茶具、食具、毛巾等间接传播。

流感病毒传播的速度和广度与人口密度有直接关系。

3. 主要症状

（1）具有普通感冒的症状。

（2）有明显的怕冷、发热甚至高烧、剧烈咳嗽、头痛和全身肌肉酸痛等病症。

（3）极易引起支气管炎、肺炎、心肌炎和中枢神经系统并发症等疾病。

（4）孕妇发生流感还可能导致胎儿死亡。

4. 应急处置

(1) 早发现,早诊断,早隔离,早治疗。

(2) 流感患者外出应戴口罩。

(3) 要多喝水,按时服药,脱水者要适当补液。

5. 预防

(1) 要注意隔离传染病源,与患者接触要戴口罩。

(2) 餐具、用具、衣物等要及时消毒。

(3) 在流感流行期间,尽量少参加集体活动或去人员密集场所。

(4) 搞好室内外卫生,常开窗户通风换气。

(5) 加强体育锻炼,增强体质,注意劳逸结合。

第六节 社会安全类事件应急处置

社会安全类事件具有突发性、破坏性和社会影响广泛等特点,给社会稳定和人民生活带来严重影响。为了有效应对这些事件,我们需要了解其概念、特点与危害,并掌握相应的处置原则和方法。本节将围绕社会安全类事件的概念、特点与危害、处置原则和处置方法等方面进行探讨,以期为相关部门和公众提供参考和指导。

一、社会安全类事件的概念

社会安全类事件是一类特殊的社会现象,它们通常涉及对公共安全、社会秩序和人民生命财产安全的威胁或破坏。这类事件可能包括恐怖袭击、重大刑事案件、群体性事件、网络信息安全事件、食品药品安全事件等。社会安全类事件的概念可以从以下几个方面进行深入理解:

(1) 公共安全威胁:社会安全类事件直接威胁到社会的公共安全,可能造成大量人员伤亡和财产损失。例如,恐怖袭击、重大火灾、爆炸事故等事件,都会对公众的生命安全和社会秩序造成严重威胁。

(2) 社会秩序破坏:社会安全类事件往往会导致社会秩序混乱,影响社会稳定。例如,群体性事件、骚乱等,可能导致交通瘫痪、商业活动受阻,甚至引发社会动荡。

(3) 人民生命财产安全受损:社会安全类事件对人民生命财产安全造成直接威胁。例如,重大刑事案件、绑架、抢劫等事件,可能导致人员伤亡和财产损失。

(4) 社会心理影响:社会安全类事件会给社会公众带来恐慌和不安,影响社会心理稳定。例如,恐怖袭击、重大灾难等事件,可能导致公众恐慌、焦虑和不安。

社会安全类事件的概念涵盖了各种对公共安全、社会秩序和人民生命财产安全构成威胁的事件,包括自然灾害、事故灾难、公共卫生事件和社会安全事件等。为了有效应对这些事件,我们需要建立完善的应急管理体系,加强监测预警、应急处置和灾后重建等工作,以保障人民生命财产安全和社会稳定。

二、社会安全类事件的特点和危害

1. 社会安全类事件的特点

(1) 突发性:社会安全类事件往往发生突然,难以预测,这使得预防和准备时间非常有限。事件可能在短时间内迅速爆发，给应对工作带来挑战。

（2）破坏性：这类事件可能造成严重的人员伤亡和财产损失，对社会的物质基础造成破坏。事件的破坏力可能远远超过一般性事故或自然灾害。

（3）社会影响广泛：社会安全类事件不仅直接影响受害者，还会对社会心理、经济活动和公共秩序产生广泛影响。事件可能引发社会恐慌、社会动荡和经济波动。

（4）连锁反应：事件可能引发一系列连锁反应，如社会恐慌、经济波动、政治不稳定等。一个事件的发生可能引发其他相关事件，形成恶性循环。

（5）应对难度大：由于事件的复杂性和不确定性，政府和相关部门在应对时面临巨大挑战。事件可能涉及多个领域和部门，需要协调各方力量进行应对。

2. 社会安全类事件的危害

（1）人员伤亡：社会安全类事件可能导致大量人员伤亡，对家庭和社会造成不可挽回的损失。例如，恐怖袭击、重大刑事案件等事件，可能导致无辜民众伤亡，给受害者家庭带来巨大的悲痛和痛苦。

（2）财产损失：事件可能造成巨大的财产损失，影响经济发展和社会财富积累。例如，火灾、爆炸等事件，可能导致建筑物、设备、物资等财产的损毁，给企业和个人带来经济损失。

（3）社会秩序混乱：事件可能导致社会秩序混乱，影响社会的正常运行和稳定。例如，群体性事件、骚乱等，可能导致交通瘫痪、商业活动受阻，甚至引发社会动荡和不安定因素。

（4）心理创伤：事件可能给受害者和社会公众带来长期的心理创伤和恐惧感。例如，恐怖袭击、暴力事件等，可能导致人们产生恐慌、焦虑和不安，对社会心理产生负面影响。

（5）经济影响：社会安全类事件可能对经济活动产生负面影响，如股市波动、投资减少、旅游业受损等。事件可能导致市场信心下降，影响企业的正常运营和投资决策，进而影响经济增长。

（6）政治影响：事件可能对政治稳定产生影响，引发政治危机或加剧社会矛盾。例如，政治暴力、民族冲突等事件，可能导致政治动荡、社会分裂和不稳定因素的增加。

（7）国际影响：一些社会安全类事件可能具有国际影响，影响国家形象和国际关系。例如，跨国恐怖主义活动、网络攻击等事件，可能导致国际社会对相关国家的担忧和关切，影响国际合作和外交关系。

三、社会安全类事件处置原则

社会安全类事件的处置原则是指在应对社会安全类事件时，相关部门和人员应当遵循的基本准则和方针。这些原则旨在确保事件得到有效控制，最大限度地减少人员伤亡和财产损失，维护社会稳定和公共安全。以下是社会安全类事件处置的几个基本原则：

（1）预防为主：强调事前预防的重要性，通过风险评估、隐患排查、安全教育和培训等措施，尽可能减少事件的发生。预防工作应贯穿于社会安全管理的全过程，包括制定预防性政策、加强安全监管、提高公众安全意识等。

（2）快速反应：事件发生时，应迅速启动应急预案，及时组织救援力量，确保快速有效地应对事件。快速反应要求建立高效的应急响应机制，包括应急指挥系统、救援队伍的快速调度、应急物资的储备和调配等。

（3）以人为本：在处置过程中，始终将人的生命安全放在首位，采取一切必要措施保护人员安全，优先救助伤员。以人为本的原则要求在救援行动中，优先考虑人的生命安全，确保救援行动的人道性和有效性。

(4) 统一指挥：建立统一的指挥体系，确保各部门、各单位协调一致，避免指挥混乱和资源浪费。统一指挥原则要求明确指挥层级和责任分工，确保应急响应的协调性和高效性。

(5) 科学决策：依据事件的具体情况，科学分析，合理决策，避免盲目行动和错误指挥。科学决策原则要求在应对事件时，充分利用专业知识和技术手段，进行科学评估和决策。

(6) 依法处置：在处置过程中，严格依法行事，确保处置行动的合法性和正当性。依法处置原则要求在应对事件时，遵守法律法规，尊重人权，避免滥用权力和出现违法行为。

(7) 信息公开：及时、准确地向社会公众发布事件信息，避免谣言传播，稳定公众情绪。信息公开原则要求建立有效的信息发布机制，确保公众能够及时获取准确的信息，避免恐慌和混乱。

(8) 社会参与：鼓励和引导社会力量参与事件的预防和处置工作，形成政府、社会、公众共同参与的格局。社会参与原则要求充分利用社会资源，发挥社会组织和公众的作用，形成合力应对事件。

(9) 事件善后处理：事件结束后，及时开展善后处理工作，恢复社会秩序和公众生活，同时总结经验教训，提高未来应对类似事件的能力。善后处理原则要求在事件结束后，及时进行灾后评估和重建规划，确保社会秩序的快速恢复和长期稳定。

四、社会安全类事件应急处置方法

社会安全类事件的应急处置方法是指在事件发生时，为了控制事态发展、减少损失和恢复社会秩序而采取的一系列紧急措施。以下是社会安全类事件应急处置的一些主要方法的详细阐述。

1. 启动应急预案

(1) 立即响应：根据事件的性质和规模，迅速启动相应的应急预案，确保应急响应的有序进行。

(2) 预案分级：根据事件的严重程度，启动不同级别的应急预案，确保资源合理调配。

(3) 预案演练：定期进行预案演练，提高应急响应的熟练度和有效性。

2. 建立应急指挥部

(1) 指挥架构：迅速成立应急指挥部，明确指挥长和各成员的职责，确保指挥体系的顺畅。

(2) 协调机制：建立跨部门、跨区域的协调机制，确保各方力量协同作战。

(3) 信息沟通：建立高效的信息沟通渠道，确保指令和信息传递的及时准确。

3. 现场控制

(1) 警戒设置：对事件现场设置警戒线，控制人员进出，防止无关人员进入危险区域。

(2) 交通管制：实施交通管制，疏导交通，确保救援车辆和人员能够快速到达现场。

(3) 现场秩序：维护现场秩序，防止恐慌和混乱，确保救援工作顺利进行。

4. 人员疏散

(1) 疏散计划：制订详细的疏散计划，明确疏散路线和安全区域。

(2) 疏散引导：组织人员有序疏散，确保疏散过程中不发生踩踏等次生灾害。

(3) 特殊群体关怀:对老人、儿童、残疾人等特殊群体给予特别关照,确保他们安全疏散。

5. 医疗救援

(1) 现场救护:组织医疗救援队伍,对受伤人员进行现场急救,稳定伤情。

(2) 伤员转运:将重伤员迅速转运至医院,确保他们得到及时治疗。

(3) 医疗资源调配:合理调配医疗资源,确保救治工作高效进行。

6. 信息收集与发布

(1) 信息收集:多渠道收集事件相关信息,确保信息的全面性和准确性。

(2) 信息发布:通过官方渠道及时发布准确信息,避免谣言传播。

(3) 媒体合作:与媒体合作,确保信息发布的广泛性和权威性。

7. 社会秩序维护

(1) 治安巡逻:加强社会治安巡逻,防止趁乱犯罪。

(2) 重点区域保护:对重点区域和重要设施进行保护,确保其安全。

(3) 法律宣传:加强法律宣传,引导公众理性应对,避免违法行为。

8. 心理干预

(1) 心理援助:组织心理专家对受影响人员进行心理援助,提供心理支持。

(2) 心理疏导:开展心理疏导活动,帮助人们缓解心理压力,恢复正常生活。

(3) 长期关怀:对心理创伤较重的人员进行长期关怀,确保其心理健康。

9. 物资保障

(1) 物资储备:确保应急物资的储备充足,包括食物、水、药品、帐篷等。

(2) 物资调配:根据需要,迅速调配应急物资,确保受灾群众的基本生活需求。

(3) 物资分发:有序分发应急物资,确保公平公正。

10. 法律手段

(1) 事件调查:依法对事件进行调查,查明原因,追究相关责任。

(2) 法律援助:为受影响人员提供法律援助,维护其合法权益。

(3) 信息公开:公开调查结果,接受社会监督,维护法律的严肃性。

11. 总结评估

(1) 事件总结:对应急处置过程进行全面总结,分析成功经验和不足之处。

(2) 效果评估:评估应急处置的效果,提出改进建议。

(3) 预案完善:根据总结评估结果,完善应急预案,提高未来应对能力。

社会安全类事件的应急处置方法涵盖了从预案启动到善后处理的各个环节,强调快速反应、统一指挥、科学决策和依法处置。通过启动应急预案、建立应急指挥部、现场控制、人员疏散、医疗救援、信息收集与发布、社会秩序维护、心理干预、物资保障、法律手段、国际合作以及总结评估等一系列措施,确保事件得到有效控制,最大限度地减少人员伤亡和财产损失,维护社会稳定和公共安全。这些方法的综合运用,能够提高应急处置的效率和效果,为应对社会安全类事件提供有力保障。

第十章　公共安全应急物资与科技装备

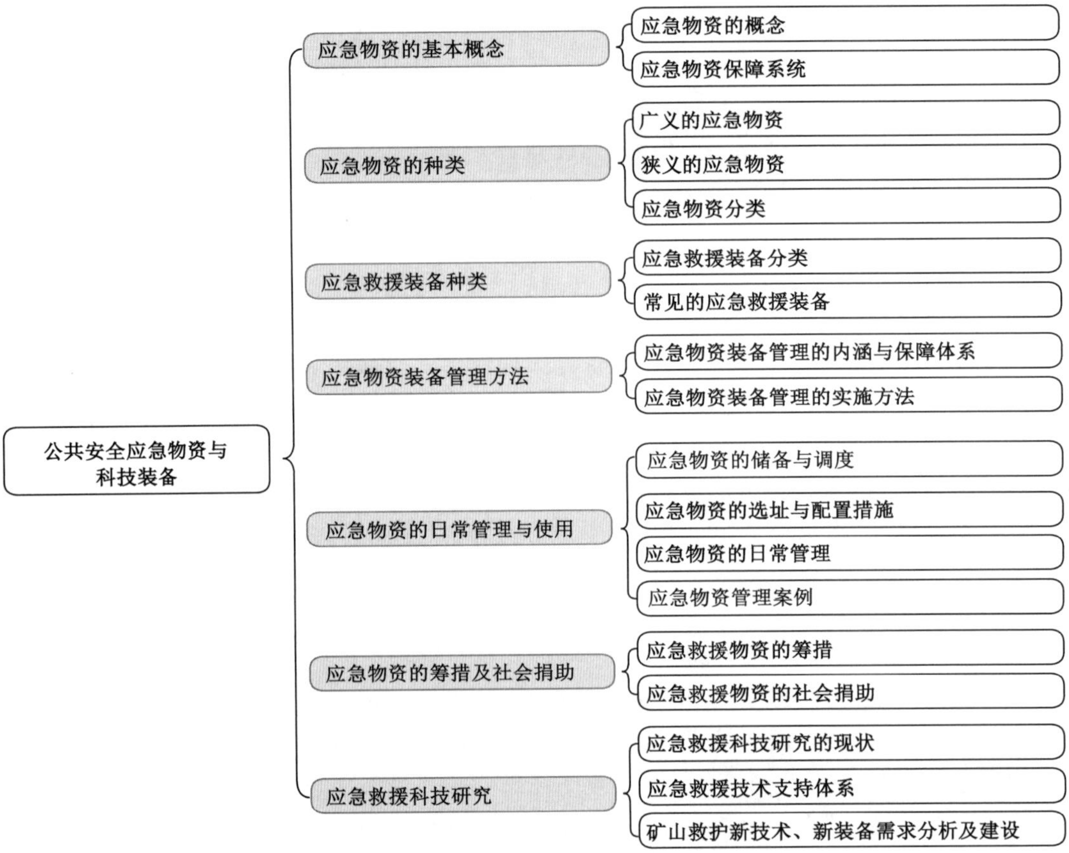

应急物资与科技装备是应急管理活动的重要组成部分。应急物资和装备的科学合理采购、储备、调拨、分配与运输是确保受灾区域人民生产安全和社会稳定的基础，也是避免灾难扩大、确保救援的重要保障。我国应急救援装备的研究与开发工作起步较晚，尚未形成完整的研发体系，各地方、各行业、各企业的经济技术发展水平和重视程度不同，装备配置有较大差异，总的来说，大多存在装备不足、装备落后的情况。近年来，随着科学技术的发展，自动控制和物联网技术应用到应急物资和救援装备上，极大地提高了应急物资和救援装备保障能力。特别是国家安全生产应急救援指挥中心针对安全生产应急救援领域装备应用发现的问题提出了一系列研究方向，为安全生产应急救援装备研发和科技应用指明了方向。

第一节　应急物资的基本概念

事故应急物资属于事故应急管理体系重要内容之一，为整个体系正常运转提供物质基础。事故应急管理体系结构复杂，涵盖内容众多，需要各种类型的资源支持其运转。如果资源配置不到位，应急联动的能力将受到限制，事故的预防、准备、应对、事后处理及改善管理工作很难有效开展；如果资源配置过剩，不仅会造成社会资源的浪费，影响整体资源分配和全面发展，而且会加大应急管理工作的难度，不利于应急联动的开展。因此，合理、有效配置事故应急物资，实现资源的最优化利用，是应急管理需要认真研究的课题之一。

一、应急物资的概念

《国家突发公共事件总体应急预案》要求各有关部门按照各自职责和相关对策，做好突发公共事件应对工作。同时，根据总体部署，切实做好应对突发公共事件的人力、物资、财力、交通、医疗卫生、通信保障工作，保障应急救援工作和灾区基本生活需求，保障恢复重建工作顺利进行。同时要求"建立健全应急物资监测网络、预警体系和应急物资生产、储备、调拨及紧急配送体系，完善应急工作程序，确保应急所需物资和生活用品的及时供应，并加强对物资储备的监督管理，及时予以补充和更新"。政府作为应急工作的核心力量和领导，拥有、控制、利用和借用大多数应急物资。

应急物资是指事故应急管理系统为有效开展应急工作，确保系统正常运行所需的人力、物资、资金、设施、信息、技术等各种资源的总和。就其范围而言，事故应急物资应包括政府、社会和公众所有与紧急活动相关的一切资源，因此很难对这些资源进行准确的统计、详细的规划和有效的管理。政府作为应急工作的核心力量和领导，拥有、控制、利用和借用大多数应急物资。这部分资源很容易理解，可以运用先进的技术手段进行有效的管理。

一般来讲，应急物资具有以下特征。

1. 及时性

及时性是指在事故发生后或发生前，应急物资应根据要求在特定时间内送达指定地点，在特殊情况下发挥其自身的使用价值和应急价值。否则，其应急价值可能会大幅下降，甚至完全丧失应急价值。

2. 多样性

应急物资的多样性来源于事故和应急活动的多样性。事故的类型不同，会带来不同的危害。为了全面应对事故，事故应急管理系统需要分配各种类型的应急物资，每种类型的物资又有很多子类别，每一个子类别下还可能有子类别。例如，信息资源包括应急管理人员信息、技术专家信息、应急组织信息等，技术专家信息又分为化学专家信息、核能专家信息、建筑专家信息等。

3. 分配性

分配性是指在不同地区和不同组织内的应急物资分配。它有两个方面：一是事故的不确定性，即事故可能发生在各个区域，其影响和危害可能是整体或局部的；二是事故应急管理体系涉及许多政府部门、社会组织和公众，其工作场所和活动分散在各个区域。因此，要做好应急物资的分配工作。

4. 共享性

共享性是指应急物资可以在事故应急管理系统组织成员指定的范围内共同使用。它们可以被一些组织成员用来处理一些类型的事故，也可以被其他组织成员用来处理其他类型的事故，实现应急物资的有效和充分利用，防止资源的重复分配，减少浪费。

5. 一致性

一致性是指同一类型和种类的应急物资在性能、效率和功能方面应尽量保持相似状态，以促进应急工作的开展。例如，紧急通信工具应该具有相同的系统，以确保指挥调度和紧急联动中通信的顺利进行。

二、应急物资保障系统

（一）物资资源保障要素

应急物资保障系统主要负责资源状况和支持度的评估，战略性及稀缺资源的最低保有值评估和配置，优化资源配置（资源的合理布局与动态调配），完成资源的综合利用、整合和共享等。

1. 资源配置与储备

根据指挥调度系统提供的资源评价和优化配置计划，科学客观地分配资源，确保系统在正常情况下的正常运行。根据“可使用”原则，在对战备和稀缺资源最小保留值进行评估的基础上，合理配置应急物资和战备资源，避免资源浪费。具体的资源管理部门，应在自己的管理范围内制订具体的最优配置计划，加强对这类资源的统一管理和使用。

2. 资源的维护、补充和更新

建立全面的资源维护体系，定期维护现有资源和储备资源，消除隐患，确保资源安全可靠。安全资源量不能满足要求的，应当根据资源评价结果及时补充，并及时更新性能低下或失去有效性的资源。

3. 资源信息库的建立、维护和更新

资源信息管理系统主要用于资源信息的交换和更新。资源信息数据库应包括传输线、系统设备、主要备件、基础设施、应急设施和其他安全相关资源的配置、数量、性能等主要信息。应定期维护和更新信息库，确保资源信息数据与资源的当前状态匹配。重要资源信息发生变化时，应及时报告相应的指挥调度系统。重要资源的总体分配应由应急管理部指挥调度系统控制。

4. 资源的快速调用和补偿

资源调配请求由实时处置系统根据需要及时向指挥调度系统提出，由指挥调度系统统一协调指挥。为发挥资源整体保障作用，资源调用遵循有效利用原则和区域就近原则，根据资源的分布、配置情况，制定可操作性强的快速调用程序。根据国家法律法规制定有关资源使用后的归还和补偿规定，资源在调配使用后，按有关规定给予归还或补偿。

5. 资源运输和采购

资源运输必须考虑便利性、贴近性和速度。因此，除了必要的材料采购地点外，还应注意运输工具。对于应急物资来说，速度是比成本等其他特性更重要的因素。主要考虑因素包括交通设施和能力的恢复、救灾物资的运输计划、应急运输车辆的征用和控制、工程救援以及生命线救援和恢复。设立应急专项资金，可储备、管理和采购应急物资。加强市场物资流通监管,坚决打击扰乱市场的违法活动。采购内容详细可靠,可根据需要利用行政权力挖掘信息,确保采购工作顺利进行。

（二）应急物资保障的地方实践

在应急物资保障方面,浙江省温州市已经开展了较好的实践。根据2014年《温州市突发公共事件物资应急保障行动方案》规定,应急物资类别包括抢险类物资和抗灾类物资两大类,抢险类物资包括应急照明器材(应急灯、电筒)、交通工具(车辆、船只)、通信器材、大型施救设备(挖掘设备、施吊设备)、施救防护用品(鞋帽、手套、面具等防毒、防腐用品)、发电机以及排灌设备、沙袋、钢管、桩木、铁丝、配套工具等抢险基本用具。抗灾类物资包括三种:① 生活必需品:大米、面粉、食用油、肉类、蔬菜、食盐、食糖、饼干、方便面、饮用水、帐篷、毛毯、毛巾被、服装、雨具、蚊帐、净水器、清洁用品;② 医疗用品:药品、医疗器械以及卫生防护用品等市级储备品种,消毒药品及防疫物资;③ 其他生产资料物资:农药、化肥、农膜、成品油、天然气。

根据该行动方案,突发公共事件物资应急保障行动的工作原则有四条:① 统一指挥,分级负责。突发公共事件物资应急保障工作由市政府有关部门组成的温州市突发公共事件物资应急保障协调小组统一领导和指挥,并根据事件性质和影响程度,区别不同等级,由市政府有关部门、县(市、区)政府分级负责,具体组织实施。② 明确职责,分工合作。突发公共事件物资应急保障工作在明确各部门职责的前提下,由市物资保障组按部门职责对工作进行分工布置和协调指挥,各部门要坚持分工负责,归口管理,谁主管、谁负责的原则。同时,部门之间要加强沟通协调,通力合作,密切配合,确保突发公共事件物资的应急供应。③ 整合资源,常备不懈。建立和完善全市各级政府重要物资的政府储备、风险基金和工作经费制度,建立应急状态下的征集调用工作机制。各级商务主管部门应会同有关部门建立应急保障所需的相关资源的动态数据库,整合突发公共事件物资应急保障资源,综合运用行政、法律、经济、舆论等手段,确保应急供应。④ 合理处置,依法行政。在实施突发公共事件应急保障措施中,必须严格按照法定权限和程序办事。启动干预措施,征集调用、动用风险基金和储备物资,要严格遵守相关规定。查处市场违法案件,要做到事实清楚、证据确凿、定性准确、处理恰当、程序合法、手续完备。

《温州市突发公共事件物资应急保障行动方案》提出的政府部门职责具有很好的借鉴意义。该行动方案明确了组织指挥体系及职责,要求成立市物资保障组,统一领导、指挥和协调特别重大、重大突发公共事件的物资应急保障工作,市物资保障组接受市应急指挥机构的指挥。

根据该行动方案,物资保障组主要职责包括:指导应急状态时重要物资的市场供应工作,确定各成员单位的具体职责任务及工作分工,制定突发公共事件物资应急保障具体工作方案;在市政府统一领导下,下达物资应急保障任务,指挥、协调市级有关部门及有关单位、有关县(市、区)政府组织实施,并监督检查落实情况;负责向市政府提出物资保障工作建议,提出动用市级储备商品的种类、数量和动用风险基金的数额,报市政府批准;根据市政府的决定,执行动用市级储备商品及投放市场的指令,指令有储备任务的部门和单位按规定投放储备商品,向省有关部门或毗邻市请求紧急支持和援助;突发公共事件物资应急保障和市场供应的新闻发布工作;指导有关县(市、区)政府的应急物资保障工作;研究落实市政府交办的其他有关物资保障应急工作。

根据该行动方案，市物资保障组各成员单位职责具体如下：

市商务局：负责《温州市突发公共事件物资应急保障行动方案》的宣传、演练、修订；负责突发公共事件物资应急保障综合协调工作，组织召开市物资保障组工作会议，牵头抓好市物资保障组会议决定事项的督办工作；会同有关部门建立和完善重要物资的应急加工、应急采购、应急调用机制和体系，建立相关资源的动态数据库；建立生活必需品和成品油市场监测、预警、应急供应协调机制；完善应急商品投放网络建设，协调铁路、交通运输部门编制调运计划和运输计划；根据应急保障工作需要，负责商品进出口调控，组织部分重要商品的进口。

市委宣传部：负责组织和协调新闻单位，按照有利于市场稳定的原则组织好新闻发布和宣传报道工作。

市农办（农业局）：负责组织动物疫病疫苗、消毒药品、诊断试剂等应急防疫物资的储备、供应，组织粮油、蔬菜、畜禽产品的应急生产，负责蔬菜、猪肉、畜禽产品等市级储备工作，参与有关部门编制粮油、蔬菜、畜禽产品调运计划。

市发改委：负责全市物资保障基础设施投资的综合协调，牵头协调天然气的应急供应工作。负责市场价格监督管理，打击价格违法行为，必要时建议采取价格干预措施或者紧急措施并组织实施，保持市场价格总体水平的基本稳定。

市经信委：负责做好中小企业应急生产和加工物资工作。

市公安局：负责组织维护突发公共事件地区的治安秩序，及时打击扰乱社会秩序的违法犯罪活动。

市民政局：按照《温州市突发公共事件人员基本生活应急保障行动方案》的要求，负责申请、分配和管理全市救灾款物并监督检查使用情况；开展受灾群众基本生活救助；承担国内外对我市救灾捐赠款物的接收和分配。

市财政局：按照《温州市突发公共事件财政应急保障专项预案》的要求，及时落实相关预算和资金。

市交通运输局：负责突发公共事件物资运输保障。

市水利局：负责抗洪防汛有关物资储备的监督管理和防汛物资应急调配工作。

市卫生局：负责及时提供疫情预测报告以及预防疫情所需医药用品储备品种目录，提出疫情、灾害性及突发公共事件发生后所需药品、医疗器械品种和数量的意见。

市人口计生委：负责提供突发公共事件影响地域内的人口基础数据，协助做好决策保障工作。

市林业局：负责组织桩木等木材加工品的应急生产和供应，参与编制木材加工品调运计划。

市海洋与渔业局：根据应急保障工作需要，组织水产品市场供应，协助做好保障物资的近海运输。

市粮食局：负责市级储备粮油的监管、投放，指导各地做好市场供应工作，监测分析粮油（大米、面粉、食用油等）市场运行情况，建立应急供应网络，会同有关部门编制调运计划及运输计划，组织粮食调运。

市市场监管局：负责规范市场主体经营行为，进行市场监管，严厉打击制售假冒伪劣商品等违法经营活动，维护市场经济秩序，负责食品安全的综合监督、组织协调和依法开展对重大食品安全事故的查处，负责药品和医疗器械质量监督。

市机关事务管理局：负责市级机关突发公共事件物资能源应急保障工作。

市质监局：负责生产环节产品质量监督管理，严厉查处生产假冒伪劣产品、流通计量违法等扰乱市场经济秩序的违法活动。

市经合办（招商局）：负责协助做好应急商品市外集中采购和调入工作。

市供销社：负责化肥市级储备，化肥、农药等农资供应工作。

市红十字会：突发公共事件发生前后，组织、发动红十字会系统开展所需药品、医疗器械等物资的募集工作，参与灾区现场救护工作。

市盐务局：负责食盐储备、调运、委托加工和供应工作，监测分析食盐市场运行情况，建立应急供应网络，编制调运计划和运输计划，会同运输部门组织调运。

中石化温州分公司、中石油温州分公司：负责成品油应急供应工作。

市有关银行：负责应急生产和应急供应企业的资金信贷工作。

县级突发公共事件物资应急保障协调小组按照市物资保障组机构职责，各县（市、区）政府要成立相应的突发公共事件物资应急保障协调小组，在政府领导下开展应急保障工作，办公室设在商务主管部门，具体负责日常工作。

该行动方案提出了突发公共事件物资应急保障行动中的应急措施：① 信息引导，即宣传部门及时组织协调报刊、广播、电视等新闻媒体向社会通报市场供求状况，消除消费者恐慌心理，正确引导消费。② 企业供应链采购，即商务部门督促市重点联系流通企业积极组织货源，动用商业库存，保障市场供应。③ 企业应急生产，即根据职责分工，由成员单位组织市应急加工重点联系生产企业开展应急生产，提供应急商品。④ 区域间调剂，即从市内未发生市场波动的地区紧急调运商品，进行异地商品余缺调剂。⑤ 动用物资储备，即动用储备物资投放市场时，首先应动用县（市、区）级储备，当储备物资不足时，再按规定程序动用市级储备物资投放市场。⑥ 动用风险基金，即必要时，动用政府物资应急保障风险基金干预市场价格，调节市场供应。⑦ 组织进出口，即当国内资源不足时，迅速组织市内有关企业进行进口采购或控制出口。⑧ 定量或限量销售，即在情况特别严重时，对重要商品物资暂时实行统一发放、分配和定量或限量销售。⑨ 依法征用，即按照国家有关法律规定，紧急征用法人或自然人的重要商品物资、交通工具以及相关设施。⑩ 要求援助，即根据有关工作程序，向省相关部门或兄弟市县提出援助要求。

在突发公共事件应急响应中，也应注意包括以下几个方面的应急支持：① 企业联系制度。建立全市重点应急企业联系制度。通过定期生成报告，及时掌握重点企业的生产经营能力、库存水平等相关信息，建立动态资源数据库，形成应急快速反应体系。② 材料储备。要建立健全市级重要物资储备制度，加强储备物资监管，各县（市、区）参照本市做法，结合当地实际，建立相应的地方重要物资储备体系。③ 资金保障。政府采取的物资支持行动和措施所需资金应由有关部门提出，提交同级财政部门审核，提供合理保障。④ 运输保障。建立铁路、公路、水路应急物资快速运输渠道，确保应急物资运输畅通。⑤ 社会秩序的保障。公安、市场监管、质量监督、物价等部门加大执法力度，严厉打击抢购、哄抬物价、牟取暴利、扰乱市场经济秩序、生产销售假冒伪劣商品、损害消费者利益等违法犯罪活动。扰乱应急工作将依法受到重罚。实施价格干预措施或应急措施。

当然，做好突发公共事件物资应急保障行动，前提是做好物资储备。这方面我国也有一些成熟的做法。根据 2012 年工信部发布的《突发事件工业产品保障应急预案》，工业产品储备包括:① 生产能力储备,即对峰值需求大、正常储备难度高、生产工艺特殊的应急工业产品,根据产品类型、地理位置和未来需求,建立工业产品应急保障重点企业认定制度,鼓励和引导有关单位开展应急生产能力储备,加快完善和优化全国范围内的空间布局,建立健全相对稳定、动态调整的应急工业产品生产能力储备体系。② 社会储备,即充分利用生产企业在库存和销售环节的现有储备能力,对处置突发事件需要的经常性工业产品,选择有关生产企业开展社会储备,定期发布指南,强化动态调整和跟踪。③ 实物储备,即根据需要,必要时对重要应急工业产品采取实物储备。另外还要进行三类准备,分别是:① 产业准备,即制定扶持应急产业的政策措施,明确鼓励发展的重点应急产品和技术,建立应急产业标准体系和准入制度,提高突发事件监测、预防和处置的产业支撑能力。② 信息准备,即开展相关工业产品应急保障能力调查,掌握产品类型、性能指标、生产能力和库存等重要信息,建立突发事件应急工业产品信息数据库并定期更新。③ 科技准备,即鼓励企业和科研院所开展先进适用应急工业产品相关技术研究,加强应急工业产品领域的国际科技合作。

新时期突发事件的应急管理,可能不是一个地方政府或机构能够解决的,这就需要建立合作框架。比如,北京、天津、河北三省(市)红十字组织2015年签署《协同构建人道应急体系创新发展合作联盟框架协议》,约定今后京津冀三地将共享应急救援队伍和装备资源,一旦发生重大突发事件,三地将共同应对、统筹协调和调配使用医疗专用直升机、救援车辆。北京市拥有大众卫生、维稳、供水、医疗、通信、营地、空中救援7支专业救援队伍,河北、天津红十字会也有各自的救援队,三地将进行救援力量整合,一旦出现重大自然灾害、突发事件,三地救援队可相互协助,取长补短。根据协议,三地救援队每年会定期轮流组织有针对性的救援知识、技能培训,且每年至少举办一次以供水、大众卫生、信息通信保障、医疗救援、空地协同救援等为内容的综合性演练,使三地救援人员能默契配合,提升实战能力。三地共同培育供水和公共卫生救援队,率先组建京津冀供水和公共健康救援队。根据协议,北京、天津、河北三地分析和研究一般灾害类型和救灾设备需求,按照应急救援技术和设备共享的理念,制定三个区域间救援设备的需求和采购计划。在紧急响应中,可根据救援需求调整、分配医疗专用直升机、救援车辆和其他救援设备,共享资源。此外,京津冀地区还将开展人道主义紧急航空医疗救援合作,以现在89个着陆地点为基础,进一步扩大京津冀的着陆地点。

第二节 应急物资的种类

应急物资,广义上包括能够直接满足人民群众需求的生活资源和间接满足人民群众需求的资源,包括人力保障资源、资金保障资源、物资保障资源、设施保障资源、技术保障资源、信息保障资源、特殊保障资源7个方面;狭义上是指应急救援中使用的各种用品,包括防护用品、救生用品、生命支持用品、临时食宿用品、通信广播用品、污染清洁用品、动力燃料用品、器材工具共8种。所有方面都必须保证内容、数量和质量。

一、广义的应急物资

1. 人力保障资源

人力保障资源可分为两类:正式核心应急人员和辅助应急人员。正式核心应急人员包括应急管理人员、相关应急专家、专业应急队伍等,辅助应急人员包括志愿者队伍、社会应急组织、国家军队、国际组织等。

应急管理人员是指在事故应急管理体系中开展事故预防、准备、响应、善后和改善管理工作的专人。相关应急专家是指在技术、管理、金融、法律等领域具有独特能力的专家，为有效开展事故应急联动提供各种建议和咨询。专业应急队伍是指消防、治安、急救队伍，是指从事包括医疗等在内的事故紧急应对和处置的专业紧急应对小组。志愿者队伍是指依托社区，经过培训形成的具有一定自助互救知识和技能的社区应急队伍。社会应急组织是指非政府应急组织，有的是非营利组织，有的是营利组织。

2. 资金保障资源

资金保障资源分为政府专项应急资金、捐赠资金和商业保险资金。政府专项应急资金用于事故应急管理系统的日常应急管理，应急研究，应急物资建设、维护、更新，应急项目建设和应急准备资金。捐赠资金包括社会捐赠资金和国际援助资金。商业保险资金是通过市场机制扩大资金供给的方法，可以弥补包括财产、生命、保险和其他资金在内的紧急资金缺口。

日常应急管理费用主要用于保障应急机构应急行动的顺利开展，如应急管理人员待遇、日常活动费用、计划制订、宣传培训等。应急研究经费用于支持科研机构、大专院校、咨询机构的应急理论研究，提高事故应急综合应对能力。应急物资的建设、维护和更新资金用于应急物资的采购、租赁、保护、维护和补充。应急项目建设资金用于应急运行平台相关项目的开发建设、应急设施建设、应急工作项目的实施，支持高校培养应急专业人才。应急准备资金用于建立应急队伍、协调和动员应急指挥、机构运营、现场救援、启动应急生产和采购、进口应急物资和设备，以及应急物资运输所需费用，并为非政府物质资产征用提供补偿，为受灾居民伤病治疗和生活救济提供补贴。

3. 物资保障资源

物资保障资源内容最广泛，可根据用途分为 7 类物资，包括防护救援、食宿消毒、应急运输、动力照明、通信广播、设备工具和一般工程材料。

(1) 防护救援类物资

防护和救援用品大致可分为两类。一种是事故发生时使用的防护材料，包括个人防护和其他防护材料，以避免和减少人员伤亡和次要危险。例如用于卫生防疫的防护服、口罩、护目镜、手套、消毒剂等，遇到有毒气体时使用的防毒口罩、湿毛巾、橡胶手套等，发生火灾时使用的防火服、头盔、口罩、手套、高层建筑消防自救绳等，洪水发生时使用的防护服、潜水服、水中呼吸器、救生圈，在潜在爆炸事故发生时使用的防爆服等。它还包括对发生事故时的关键部件的保护材料，例如用于防止地震造成潜在损伤的壁挂、用于保险箱的钢套石棉板和用于有毒有害容器的钢筋支架。另一种是用于事故发生后紧急救援的材料和设备。例如，用于治疗创伤的止血带、骨折固定架、绷带、石膏、止血药、消毒剂等，用于水灾或海上事故的救助船、救生圈、救生衣、救生艇等，用于高空救助的防护垫片、填充滑梯、绳索、梯子等，用于探测埋在地下的人或物的红外线探测器或生命探测器，用于治疗窒息的呼吸器，用于治疗呼吸中毒的高压氧气罐，用于治疗食物中毒的洗胃装置。

具有防护功能的物资资源可以保护弱者免受伤害，保护急救人员的安全；具有救援功能的物资资源可以及时支援受影响群体，减少人员伤亡。两者的目标一致，都是以保护生命和减少伤亡为目的，因此有时很难完全分离这两种物资资源的功能。

(2) 食宿消毒类物资

有些事故会造成大量建筑物和居民住宅的倒塌，使水、电、气供应中断。在事件来临时，对受害人群应解决两方面的问题：一方面要解决他们的温饱问题，以免造成社会混乱。在平时除政府做相应的食品储备外，应要求以家庭为单位储备一定数量的食品和水，以备事故发生后初期的需要。可用于应急的食品有饼干、罐头、压缩食品、真空包装食品和其他食品。饮水设备有供水车、水箱、瓶装水、袋装水、饮用水过滤器、沉淀器、水桶等；炊具设备有炊事车、炊具、餐具及煤炭、柴草、吹风机之类；住宿可利用公用设施，安置受危害群体，不足部分用宿营车、简易组合房、临时帐篷、防空设施等，辅之以棉被、毛毯、棉衣等，并配置急需的卫生设备，如简易厕所、简易淋浴、垃圾处理设备、消毒粉等。另一方面要解决环境污染问题。有些事故会伴随着严重的环境污染，如不及时去除污染，其中有些会导致疫情流行，造成人畜大量死亡，有些会导致水资源污染，有些会导致放射性污染。事故发生后，受害群体的食宿和污染都需要解决，而且大量的人员相对集中在一起也会带来后续污染。所以食宿和清除污染应同时得到重视，以保持社会秩序的稳定和环境卫生的良好。防疫物资设备有消毒车、消毒飞机、消毒船、喷雾器、消毒剂等；清理垃圾用的物资设备有垃圾车、垃圾袋、垃圾船、垃圾焚烧炉等；处理病毒细菌用的物资设备有紫外线灯、消毒杀菌药品及凝油剂、吸油毯子等。

(3) 应急运输类物资

应急运输物资包括两类：一类是包括救护车、救援直升机、救生艇、医疗救生艇、运输机、运输车辆、陆地卡车、沙漠卡车、各种类型的小型汽车、拖拉机、摩托车、火车、雪橇、船、登陆艇、气垫船、汽车渡轮、属于包括其他可用于救援的运输车辆在内的运输型物资设备，用于人员和材料设备的运输；另一类是交通改道材料和设备，包括浮子、推土机、挖掘机、装载机、平地机、压路机、汽车塔式起重机、轮胎起重机、履带起重机、叉车、拖拉机、拖车、拖船等，用于确保运输线路的顺利通行。

(4) 动力照明类物资

应急情况下使用的动力照明材料有：自家发电机、柴油机组、电池、干电池、不间断电源、空气压缩机、乙炔发生器、液化气、工业用氧气瓶、汽油、柴油、天然气、白炽灯、荧光灯、探照灯、碘钨灯、矿山灯、煤气灯、潜水灯、手电筒等。

(5) 通信广播类物资

通信和广播是应急活动中信息传递的重要手段。应急机构在预警期间通过广播、网络、电视台等媒体向公众通报事件动态，发布预警，引导公众正确面对现实，并做好各种准备。办案期间，如实汇报办案过程，引导公众，协助政府，确保应急联动顺利进行。通信和广播类物资包括移动电话网络设备、集群通信网络设备、计算机网络设备、指挥调度站、海事卫星电话、移动电话、广播设备、广播车、放大器、电视广播车等。

(6) 设备工具类物资

应急联动涉及的各种设备工具种类繁多，主要设备有：岩土设备，如推土机、挖土机、装载机、平土机、振动式钻机、旋转式钻机等；水工设备，如离心式水泵、轴流式水泵、混流式水泵、潜水泵、污泥泵、深井泵、排水设备等；通风设备，如轴流通风机、混流通风机、引风机、鼓风机等；重型设备，如汽车塔吊、轮胎式吊车、履带式吊车、叉车等；牵引设备，如牵引车、拖车、拖拉机、拖船等；消防用的消防车、消防船、灭火飞机。主要工具和器具有：倒链、索具、脚盘、支架、撬棍、滚杠等；消防用的灭火器、灭火弹、水枪消防箱等；报警用的报警器、照明弹、信号弹、蜂鸣器等；观察监测仪器，如水下望远镜、潜水镜、水平仪、经纬仪、流速仪、浮标等；还有手锤、钢钎、电钻、电锯、普通五金工具；此外，还有电弧焊机、对焊机、切割机及其他各种焊接机等。

（7）一般工程材料类物资

一般工程材料物资有：木材，如圆木、方木、板材等；钢材，如型钢、钢筋、工字钢、角钢、圆钢、薄钢板、有缝钢管、无缝钢管等，也可分为碳素钢、合金钢、不锈钢；防水材料，如沥青防水卷材、有机防水卷材、防水涂料、帆布等；水泥，如硅酸盐水泥、普通硅酸盐水泥、火山灰水泥、粉煤灰水泥和各种特性水泥；管道，如上水铸铁管、下水铸铁管、钢管、混凝土管、聚乙烯管、聚丙烯管、聚氯乙烯管等。

4. 设施保障资源

设施保障资源可分为避难设施、交通设施、医疗设施和废弃物处理设施。

（1）避难设施

当发生地震、洪水等大规模破坏性事故时，大量的建筑物和住宅遭到破坏，需要为受影响的公众修建临时避难所。这些设施可以设置在现有的公共建筑物上，如体育馆、礼堂、学校、公园和广场等开放区域。同时，这些设施应增加水、电、卫生、供暖等应急疏散功能。规划的避难场所应在通风等基本条件上留出空间，埋设饮用水、照明、电力、卫生、污水等必要基础设施。

（2）交通设施

交通设施保障分为两部分：一是规划道路时要考虑紧急通道的必要性。一般要考虑设计紧急制动设施，在桥和隧道附近设置紧急排水设施。对于社区建设和高层建筑布局，在发生事故的紧急情况下，必须考虑附近道路的各种要求。二是确保事故应对过程中交通畅通。一些事故可能导致房屋倒塌或部分道路堵塞，可利用推土机、挖掘机、起重机进行清理，或在绿地开辟临时道路。如果桥梁损坏，可以使用临时浮桥、悬索桥和其他设施。

（3）医疗设施

在建设医疗机构时，需要考虑应急情况下的医疗能力。如果有超过饱和容量的需求，应该有地方收容需要紧急医疗援助的病人。除了利用现有医疗机构的设计能力外，还需要建设轻钢结构、预制结构、钢板拱结构等临时建筑物或搭帐篷，建设具有临时扩大医疗服务能力的简单医疗急救设施。

（4）废弃物处理设施

部分事故造成大量废弃物，包括废墟、垃圾、污染物等，需要及时处理。因此，在废弃物处理设施建设中，必须考虑确保应急处理能力。

5. 技术保障资源

技术保障资源包括科研、技术开发、应用建设、技术维护和专家队伍。通过政策和资金支持，发展事故应急响应领域的科研，不断将新知识融合到事故应急管理体系中，增强整体应急响应能力。同时，加大事故监测、预测、预警、预防和应急响应技术研发投入，引导和支持科研单位和企业开展应急技术开发，不断推出新的应用系统和应急产品，完善整个系统的技术装备，搭建事故应急平台健全化。通过自建、合作、调试，建立强大的技术支持团队。

6. 信息保障资源

信息保障资源可分为情况信息、环境信息、资源信息和应急知识。情况信息包括危险源监测数据、事故情况、应急响应情况以及与事件和应急联动的其他信息。环境信息包括社会公共动态、地理环境变化、外部异常趋势等背景信息。资源信息包括人员保障资源、资金保障资源、物资保障资源、设施保障资源、技术保障资源等状态信息。应急知识包括突发事件、应急措施、自救互救等知识。

7. 特殊保障资源

特殊保障资源是指频率资源、号码资源、IP 地址等有限的非消耗性资源。由于这些资源有限,需要优先向各种应急设备和系统分配这些资源或预留一定数量,确保应急联动的顺利实施。

二、狭义的应急物资

1. 防护用品类

防护服(衣物、帽子、鞋子、手套、护目镜)、防毒面具、防火服、头盔、手套、面具、消防靴、潜水服(衣物)、水下呼吸器、防爆服、安全帽、安全鞋、水靴、呼吸器等。

2. 救生用品类

止血绷带、骨折固定夹板、救生圈、救生衣、救生绳索、减压舱、保护气垫、安全网、充气滑梯、云梯等。

3. 生命支持用品类

生命支持便携呼吸机、急救用品和防疫药品。

4. 临时食宿用品类

水净化过滤器、压缩食品、罐装食品、真空包装食品、帐篷(普通、保温)、棉质衣物、棉被、便携式厕所(移动、固定)、便携式淋浴设施(车辆)。

5. 通信广播用品类

移动电话、对讲机、有线广播器材、扩音器(喇叭)等。

6. 污染清洁用品类

喷雾式污染清洁剂、废物焚烧炉、杀菌灯、消毒剂、凝固剂、吸油剂、油漂隔离带等。

7. 动力燃料用品类

防爆电缆、防水电缆、阻燃电缆、配电箱(开关)、电线杆、工业氧气瓶、煤油、柴油、汽油、液化气、干电池、可充电电池(带充电设备)等。

8. 器材工具类

吊索钩、绞盘、滚轴、液压千斤顶、手锤、钢钎、电钻、电锯、链锯、张紧器、液压剪切器、灭火器、灭火泵、风力灭火器、防水望远镜、工业内窥镜、潜水镜等。

三、应急物资分类

(1) 根据材料在生产中的作用,可分为 5 类:① 主要原材料,构成产品物理实体的材料、辅料,指在生产过程中有助于形成产品但不构成物理产品的材料;② 燃料,是产生热和动力的可燃物质,主要是含碳物质或烃化合物;③ 电力,指生产经营中使用的电力、蒸汽、压缩空气等;④ 附件,指为更换设备中磨损、老化部件而准备的各种专用备件;⑤ 工具,指生产过程中消耗的各种工具、夹具、计量器具等。采用该分类方法,便于企业制定材料消费定额,计算各种材料的需要数量和产品成本。

(2) 根据材料的自然性质,可分为 3 类:① 金属材料,包括黑色金属和有色金属;② 非金属材料，包括木材、煤炭、化学品、纺织品、建材等；③ 机电产品，包括电机、电线、仪表、机械设备、电子及光学仪器及液压部件。采用这种分类方法有利于编制材料供应目录，也有利于材料的采购、储存和运输。

(3) 按物资的使用范围，可以分为5类：基本建设用物资、生产产品用物资、维修用物资、科研及新产品开发用物资、工艺装备用物资。采用这种分类方法，便于企业按物资的使用方向进行物资的核算平衡。

(4) 按物资的管理体制，可以分为2类：① 国家统一分配物资、中央各部门分配物资和地方分配物资，统称“计划分配物资”；② 由商业部门、供销社和企业自产自销物资，统称“非计划分配物资”。采用这种分类，主要是为了根据物资的不同供应渠道来进行订货或采购。

第三节　应急救援装备种类

应急救援装备是指用于应急管理和应急响应的工具、设备、服装、技术力量等，如消防车辆、监测仪器、防护服等。随着技术的进步，这些装备不断创新，在救援行动中发挥着至关重要的作用。

一、应急救援装备分类

应急救援装备根据其适用性、具体功能和使用状态进行分类。

(一) 按照适用性分类

(1) 通用应急装备：包括个体防护装备，如呼吸器、护目镜、安全带等；消防装备，如灭火器、灭火铲等；通信装备，如固定电话、移动电话、对讲机等；报警装备，如手摇报警器、电铃报警器等。

(2) 专业应急装备：根据专业性质而异，包括消防装备、危险品泄漏控制装备、专用通信装备、医疗装备和电力抢险装备等。

(二) 按照具体功能分类

(1) 预测预警装备：包括监测装备、报警装备、协调控制装备和安全标志等。

(2) 个体防护装备：划分为头部、面部、眼部、耳部、呼吸道、身体、手部、脚部防护和防坠落装备。

(3) 通信与信息装备：包括防爆通信装备、卫星通信装备和信息传输处理装备等。

(4) 灭火抢险装备：划分为灭火器、消防车、消防水龙带、破拆消防栓工具、登高工具、救援照明、救援工具、压力救援装备和堵漏设备等。

(5) 医疗救护装备：包括多功能急救箱、伤员转运装备和现场急救装备等。

(6) 交通运输装备：包括运输车辆、装卸设备、地下金属管线检测设备、起重设备，以及工程救援装备如推土机、挖掘机和泛光灯等。

(7) 应急技术装备：包括全球定位系统(GPS)、地理信息系统(GIS)、无火花堵漏技术装备和北斗卫星定位系统等。

(三) 按照使用状态分类

(1) 日常应急救援装备：指在日常生产、工作和生活中正常运行的各类装备，包括但不限于应急通信设备、视频监控系统、气体监测仪器等。这些装备在正常状态下起到监测、预警和维护安全的作用。例如，专门设计的应急通信设备能够确保在平常状态下进行及时而高效的沟通，视频监控系统用于实时监视工作和生活区域，而气体监测仪器则用于检测周围环境中的气体浓度，确保人员的安全。

(2) 战时应急救援装备：指在发生事故或紧急情况时迅速投入使用的各类紧急救援工具。这些装备包括但不限于灭火器、消防车辆、空气呼吸器、抽水机和排烟机等。在紧急情况下，这些装备能够迅速而有效地应对各种灾难，保护人员的生命和财产安全。例如，消防车辆配备了各类灭火设备，可在事故发生时快速到达现场，执行紧急灭火和救援任务；空气呼吸器能够提供清新空气，确保救援人员在有毒气体环境中安全作业。

虽然日常应急救援装备和战时应急救援装备在用途上有所区别，但许多装备具有双重功能，既可在日常工作中使用，也可在紧急情况下发挥作用。例如，水质监测仪器通常在平时用于监测水质状况，但在紧急情况下，它也可被动态运用，确定应急救援行动是否完成。这种灵活性使得这些装备更加全面且适用于各种情境。

二、常见的应急救援装备

(1) 智能搜索设备：指各种以计算机网络技术为支持、利用各种数字化设施作为平台的设备。其设计目的是用于探索和搜索灾难或事故现场受影响或死亡的个体的重要信息源。其中一种设备的例子是声波探测器，这是一种利用声音振动寻找处于危险中的人的仪器，以其高灵敏度而著称，在废墟中的幸存者只要发出微弱的声音，声波探测器就能够找到他们。光学声波探测器是另一种通过反射光线探测幸存者生命的仪器，它通常被称为“蛇眼”。该设备配有一个小型探头，可以360°旋转，使地面救援团队能够观察到探头捕捉到的区域，以便探测到处于危险中的人的存在。红外线探测器则可以通过人体散发的热量来探测幸存者的位置，即使在黑暗条件下也能检测到灾难现场生命信息源的存在。

(2) 机械化救援装备有助于减轻人体力劳动强度，提高救援操作的效率，包括起重机、电焊割机、钻机、抽水机、救援艇等中型机械设备。

(3) 救援人员携带的较小的工具，如铲子、锤子、锯、气囊、液压钳、应急灯、安全绳索、救生衣、救生圈等。

(4) 信息与通信设备涵盖了在灾难救援操作期间综合使用的各种通信设备。它为指挥员和救援组织迅速了解灾难情况、进行分析、做出决策并通过图像和数据信息系统进行协调提供便利。参与救援的部门使用连接的视频通信系统进行信号传输。多媒体控制系统基于计算机网络技术，将指挥、通信、信息、安全和防御功能集成为一个系统。还有一个动态预警系统，整合了自动报警、自动设备切换、协调控制、灾难检测、智能编码和自动排障等功能。

总的来说，这些先进的装备对于现代救援操作至关重要，提供了有效的工具和协调系统，以应对紧急情况中的挑战。

第四节　应急物资装备管理方法

一、应急物资装备管理的内涵与保障体系

应急物资管理是指计划、组织和控制企业在生产过程中对所需应急物资的采购、使用和

储备等活动。应急物资管理的目标是降低生产成本、加速资金周转、促进盈利，并确保企业在生产中的安全和紧急救援。

（一）应急物资管理的要求

根据突发事件的应急计划要求以及应急评估和规划的结果，必须配备常规救援和应急物资。对于政府机构和企业单位而言，应根据应急物资和设备的用途和配置数量进行充分准备；建立并完善对重要应急物资的监督、生产、储备、分配和紧急配送的保障系统；建立应急救援物资、基本物品和应急响应设备的储备系统；确保应急救援物资、基本物品和应急响应设备的生产和供应；建立并完善应急通信保障系统，建立有线和无线通信相结合的应急通信系统，并将基础电话通信系统与移动通信系统相匹配，以确保紧急事件响应工作中的顺畅通信。

运营或管理公共交通工具、公共场所和其他人员密集场所的单位必须制定具体的应急计划，为交通工具和相关场所配备报警设备和必要的应急救援设备和设施，明确其使用方法，并显著标明安全疏散路线和出口，以确保路线和安全出口的清晰。

（二）应急物资的选择与储备原则

（1）种类要全。要充分考虑事故发生的各种情形，可能用到的各种物资，需要用的要事先储备。

（2）数量要足够。要对用量认真进行核实，以满足实战需要为度，进行充足储备。

（3）资源共享，优化配置。一些应急物资，具有很强的通用性，不必每个备灾中心、机构都按自己所需足量配备，因为这种储备从总体上会出现因长期不用而过期损坏的情况。对此，可以签署互助协议，采用共同出资、有偿使用等方式进行资源共享、优化储备，省钱省地省管理。

（4）严把质量关。即要从源头上把好物资质量关，保证物资使用效果良好。

（5）加强检查与维护。对应急物资进行检查与维护，确保其随时可用；及时更新和补充那些已经损坏、过期或不足的物资。

（三）应急物资管理与维护

单位应定期检测和维护报警装置、应急救援设备和设施，确保其处于良好状态以保证正常使用。对应急装备和物资管理使用的相关规定要认真执行。应执行应急装备的更新、审查、临时停用和报废申报程序，未经主管领导和责任部门批准，严禁拆除或停用应急装备。此外，应在指定位置安装设备，由管理人员负责维护，不得用于其他用途。要定期对仓库内的应急装备进行维护，确保清洁和卫生。每个岗位的人员都应经常对其分管的设备进行维护，确保其清洁、完整且状态良好。还应按照规定进行例行和强制性的维护。

准备工作主要体现保险的方针，即一旦发生事故，要保证处置和救援工作能够有效地实施，必须做好救援设备、器材、物资等的准备。

设立一个临时区域，用于存放救援设备和物资。临时区域应指定专人管理，并编制现有物资和设备以及所需物品的清单，包括收发清单。临时区域应具有足够的停车位，以确保应急车辆的自由移动，并应考虑提供充足的电气照明和水源供应。应采取安全措施防止未经授权的人员进入该区域，临时区域的位置应为所有相关人员所知晓，并张贴标识以指引应急工作人员。

（四）应急管理物资保障

(1) 加大应急管理资金投入，无论是用于建设应急队伍、人员培训、应急预案演练，还是用于应急装备和物资的准备，都需要充足的财政支持。各政府机构和企事业单位要将应急经费纳入本机构年度财务预算，实行严格的审批制度，完善应急资金拨付制度，以确保有效的应急管理。应建立有效的经费支出监督机制，由专业人员对本机构的财务账目进行年度审计。

(2) 加强对实物储备的管理，指定专人管理现有的实物储备，并建立设备清单的记录和卡片。物资应进行分类、分架、定位，并提供相应的中文使用手册，以确保标记清晰、材料规整、名称正确、数量准确。严禁存放无关物品。入库和出库应有登记记录，确保与账目相符，记录应字迹清晰，不得涂改。保持设备的完整性。所有应急设备必须得到妥善管理，不得用于其他用途。

(3) 建立有效的监督机制，定期进行应急设备和物资的专项检查，保存好检查记录，确保其良好状态。组织专业人员每年对本机构的设备和物资进行审计，包括对现有物资和固定资产的核对，并进行审查。应急设备和物资的管理也可以委托给外部专业机构，由使用单位进行监督和审计。

(4) 组织技术培训和应急演练，结合实际生产情况，组织对人员进行正确使用应急设备和物资的技术培训。定期在不同岗位进行应急演练，提高员工使用应急设备和物资的技能。建立各种应急设备和物资的全面档案和记录。组织编制和修订相关的安全技术操作规定。

二、应急物资装备管理的实施方法

（一）应急物资装备计划的编制

应急物资装备计划的制订是企业内部应急物资管理的首要步骤，该计划是企业订购、采购物资以及组织内部物资供应的基础。目前，许多企业采用供应计划管理模式，其中物资部门通过整合各部门的信息，如物资、生产和财务信息，监督计划的实施。

在计划经济时期，应急物资装备计划的制订主要基于国家下达的产量，应急物资的采购、使用和储备都是以满足灾害救援标准为中心的。在当今市场导向的背景下，对企业物资计划的制订提出了更高的要求。通过整合企业各部门的信息进行物资计划的制订可以使这些计划更加精准、科学和具有可操作性。生产安全的应急物资是生产物资的一个关键部分。物资部门对物资进行市场调研，全面了解市场状况，并获取第一手的价格信息；生产部门根据生产能力、预期产量、用户需求和发展储备等因素，估算所需物资的数量和种类，并提交物资需求清单；财务部门提供详细的资金流信息，用于限制物资计划的范围；通过计算机系统处理各部门提供的信息后，协调企业内的物资采购、使用和储藏等活动，制订出科学合理的物资计划。

计划制订后，物资部门负责执行和监督计划。通过定期的物资会议和其他方式，监督物资计划的执行，并及时解决出现的问题。物资计划的管理不仅是物资管理其他方面的重要要求，也是避免物资浪费的重要保证。例如，一家建筑公司通过专注于物资计划管理，组织物资人员调查当地市场状况，评估项目所需材料的数量和类型。在中标后，项目计划部门立即对项目和施工数量进行预算分解，财务部门则根据预算控制每项支出。通过各部门的协调与合作，公司的物资计划不仅变得可行，而且实现了成本控制的目标。物资采购是企业资本支出的关键环节，能否善于把握这个关口是企业成本控制的关键。因此，以比较、限价和定价采购制度为核心的采购管理系统的实施已成为当前物资采购的主导模式。

应急物资储备的数量应实时监控，并及时向应急待命机构报告储备情况，以便有效调配应急物资。物资管理是企业管理的重要组成部分。对管理模式的不断创新是社会主义市场经济发展的必然要求，是历史潮流，也是中国企业未来努力方向。相信在未来的生产实践中，我国企业将在物资管理方面积累更多宝贵经验，在计划、采购、使用和储藏等各个重要环节的管理模式上进行创新，取得新的突破和进展。

（二）应急物资装备管理现代化

应急物资管理的现代化涉及运用现代科学管理的方法和技术，以有效地组织、指挥、调节和监督应急物资在救援活动中的使用。所有这些旨在在最小的劳动消耗下实现最大的安全效益。

1. 应用现代技术进行应急物资管理

应急物资系统工程涉及将系统工程的基本理论和方法应用于物资管理。在这一领域的研究可以集中在几个关键方面。首先，根据应急物资部门的特点，可以制定一套科学可靠、符合客观实际的管理原则。其次，遵循商品流通的法则，建立科学的物资流通机构和系统。第三，运用运筹学研究应急物资的各个方面，如装备规划、供应、储存和运输，建立数学模型进行定量分析。此外，推广计算机的广泛使用，建立信息网络以促进生产、分配、供应、流通和消费者之间的无缝沟通，以实现在最小人力、物力和财力开支下对现有资源的最优利用。

2. 电子计算机在应急物资装备管理中的应用

电子计算机的一个显著的优势是其适用于大规模数值计算，从而实现大量时间、人力和成本的节省。在应急物资领域，物资管理的数学模型涉及大量的计算工作，而计算机高速计算的能力是不可估量的。此外，计算机在综合数据分析和处理方面发挥着至关重要的作用，可根据需要将信息转换为不同的格式。这种能力，通常被称为“信息处理”，在处理与物资相关的大量数据方面尤为有益，如库存水平、类型、规格和数量。此外，计算机根据外部信息变化发出校正指令，实现自动控制过程，这在仓库管理中得以体现。自动化简化了程序，减少了错误，加速了物资周转，并在最小库存和最大供应之间实现了最优动态平衡。

3. 应急物资仓库的现代化

现代化应急物资仓库的概念，也被称为“高层应急物资仓库”或“立体应急物资仓库”，具有以下几个关键特征：“高”，指的是垂直存储容量，可调节的货架高度，仓库通常高度超过10米，有些甚至达到30米；“速度”，涉及优化物资运输，仓库配备了完整的装卸机械、可调节货架和多方向运行的升降机；“动态”，强调这些仓库不仅仅是静态存储位置，还是物资流通的动态分配中心和转运枢纽；“灵活性”，突显了库存信息的快速反馈，计算机自动记录输入、输出和库存水平，实现即时控制，防止库存过剩。

4. 存储理论的应用

存储理论，也称为库存理论，是运筹学的一个分支，致力于理论探索存储的问题。它解决了确保物资合理和经济存储的挑战，主要关注研究“材料存储的最优数量”，解决实际问题，如确定最优、最大和最小存储数量，最优重新订购点，经济订货量和订货频率。这一理论基础在库存管理中被用于解决各种具体问题，为最优决策提供解决方案。

5. ABC 分析方法的实施

ABC 分析方法，也称为“关键管理方法”，提供了对事物进行统计综合、排列分类、找出主要矛盾、抓住重点进行管理的一种科学管理方法。在一般情况下，库存物资种类很多，其消耗、价值、资金占用等情况各有不同，因此其重要程度也各不相同。只有根据不同情况，区别对待、重点管理，才能收到较好的经济效果。ABC 分析法研究如何加强对关键物资、关键环节和关键领域的管理。在应急物资的背景下，这种技术根据使用量、价值和获取的便利性等因素将物资分为三类（A、B 和 C）。这种分类使得可以实施量身定制的管理措施，例如对关键物资（A）实施经济高效的策略，简化次要物资（C）的管理，以及对中间物资（B）实施一般控制。

这些策略协同应用，有助于更合理、更高效地管理应急物资，提高在关键情况下的响应能力和经济可行性。

第五节　应急物资的日常管理与使用

应急救灾物资的布局、配置、调度和补充是应急管理中的主要决策问题之一。平时的应急救灾物资布局和配置直接影响到战时应对突发公共事件的时效性。在进行突发事件应急处理时，往往需要在很短的时间内，迅速地将存放在各个地区的各种应急救灾物资运送到指定地点；否则，突发事件的快速演变将给社会造成更大的影响和损失，使得原先的应急救灾物资配置不能应对突发事件演变后的新情况，达不到预想的效果，或者说应对行动滞后于突发事件的发展，酿成更大的损失。

一、应急物资的储备与调度

（一）应急物资布局

应急物资布局涉及根据各种潜在危险源的分布，在综合时间、成本和能力等因素基础上，按照一定的规划方式，在选定的地点预先放置一定种类和数量的应急物资。应急物资布局的优化建立在对应急物资的全面调查和整合基础上。在预定的标准指导下，结合某些限制条件，以科学规划的方式确定应急支持资源的最佳布局。此优化过程考虑了各种应急组织活动位置，确保布局最大限度地发挥应急资源的有效性，从而产生最大的应急效益。

（二）应急物资储备

1. 应急物资储备基本内容

应急物资储备是实施紧急救援和为灾民提供支援的基石，主要包括灾害救援物资储备、应急设备和设施储备、预防安全生产事故的技术储备和灾害救援人员储备。

(1) 灾害救援物资储备

为了切实保障安全生产事故发生时救灾物资的供应投放，在常态下应建立若干救灾物资储备中心。救灾物资储备的基本内容如下：

① 编制救灾物资的分类目录。

② 做好救灾物资的储存管理。

③ 把好救灾物资的调拨利用关。

④ 管好救灾物资的使用和回收。

(2) 应急设备和设施储备

应急设备和设施的储备是进行紧急救援行动不可或缺的前提条件。为确保应急行动的有效实施,各地区和应急部门应制定应急救援设备的分配标准。在非紧急时期,定期维护和妥善存放设备至关重要,要确保设备保持良好的工作状态,在发生灾害时能够立即投入使用。对于应急设备的分配应基于不同的应急救援任务和要求进行选择。设备的选择应考虑实用性、功能性、耐用性、安全性以及客观条件。

(3) 预防安全生产事故的技术储备

预防安全生产事故的技术储备主要是指技术方案的储备,包括:

① 加强对各种安全生产事故成因的科学研究。

② 加强灾害的监测观测网络技术的研究。

③ 加强各种安全生产事故的应对及救援技术方案的研究。

(4) 灾害救援人员储备

这主要涉及两个方面:进行各种安全生产事故研究的人才储备和进行安全生产事故应急响应人员的储备。其目标是提高应急响应的人力资源水平和动员水平。具体包括:

① 建立进行各种安全生产事故研究的人才储备。

② 建立安全生产事故应急响应人员的储备,重点加强社区基层救援技术团队的建设。

③ 持续提高社区预防和应急响应能力。这包括通过调查获得对各种应急响应技术人员现状和潜在发展的实际了解。此外,强调在社区层面建设应急响应技术团队,并持续加强基于社区的预防和响应能力。

2. 应急物资储备方式

应急物资储备包括人力资源、资金资源、物资资源、设施资源、技术资源、特殊资源和信息资源等的储备。有几种建立这些储备的方法:

(1) 应急物资采购

保障资源,如材料、设备和装备等,可以通过采购方式进行储备。应急物资的采购应符合规定的标准和程序。

(2) 应急物资建设

有些应急物资是不能用采购的方式从市场上得到的,需要通过建设的方式逐步形成。

(3) 应急物资租赁

有些应急物资购买要花费大量的资金,其中有些不仅要购置设备,而且需要工程建设,这类物资可采用租赁。

(4) 临时调用

临时调用可分为有偿调用和无偿调用两类。有偿调用是指在事故非常态期间,可调用企业、事业、社会组织及市民的应急物资,用于事故的处置。这种调用不应是无偿的,事后应给予必要的补偿。而无偿调用涉及事故发生后对大量应急物资和设备的实质性需求,除了动用各种应急储备的物资和对社会组织、企业、事业单位、市民的有偿调用外,还可以无偿使用国家机构和军队的所有资源。

(5) 提高生产设备能力

在紧急情况下,可以通过提高生产能力来满足应急物资的需求。必要时,协调分配生产材料、动力等资源,采取紧急措施扩大生产。

3. 安全生产事故应急物资储备体系的构建

(1) 构建应急物资储备体系的目标

构建安全生产事故应急资源储备体系的首要目的是预防安全生产事故的发生。应建设符合我国国情的应对各种安全生产事故的资源储备体系，并建立应急物资管理综合协调机制。

(2) 建立安全生产事故应急物资仓储网络

首先，要优化储备结构，完善国家物资储备体系，使成品储备、能力储备和技术储备有机地结合起来。其次，资源储备要合理布局。国家、地方、部门和企业根据储备特点，做到各有侧重、相互配合、形成合力，使区域整体应急物资储备体系适应应急需要。最后，强化储备物资管理，提升应急准备能力。为了加强对储备物资的管理，建立科学完善的管理体系并采用现代化的管理方法至关重要。这确保了储备物资随时可以调动，从而提高了应急准备能力。

(3) 加强安全生产事故应急处置的资金管理

各级政府应加强安全生产事故应急款的使用管理。必须明确安全生产事故应急资金的使用范围，建立“专款专用、重点使用”的制度，规范基层应急款物的发放程序，并确保在分发应急捐赠款物时政策、数额、程序和结果的公开透明。

(4) 建立动态升级的安全生产事故应急科技储备体系

有效应对安全生产事故必须建立在依靠科学技术的基础上，科学技术研究工作的水平与效率直接关系到应对安全生产事故工作的成效。

(5) 加速人才培养

建立和及时维护专家数据库以及不同层级和地区的专业人才库；有效利用现有人力资源；制定严格的岗位职责和准入标准；推进人力资源开发，将人力规划、培训和使用与管理融为一体；加强专业机构的建设，增加经费投入，提高师资水平，改革教学内容，改进教学手段，以确保培训和教育内容满足安全生产事故应急处置实际工作的需要。

4. 应急物资维持

应急物资维持是指对应急物资进行调整、更新、补充、保养和全面维护，以确保其良好的工作状态。为实现这一目标，需要建立一个全面的应急物资维持体系。应定期对现有和储备的应急物资进行维护，消除潜在隐患，确保应急物资的安全性和可靠性。当应急物资库存不能满足要求时，应根据评估结果及时进行补充。性能下降或失效的应急物资应立即进行更新。

(1) 应急物资信息建立、维护和更新

应急物资信息应包括人力资源、资金资源、物资资源、设施资源、技术资源、特殊资源和技术支持资源等方面的数据。它应涵盖配置、数量、性能、分布等方面的信息，并包括有关案例、具体措施、问题解决方法、应急知识和设备使用说明等内容。在应急物资信息管理中，需要完成两项基本任务：建立应急物资目录，其中可以包括专用和通用物资，以指导在应急活动中的使用、储备、征用、生产和运输等方面；建立应急物资标准，以确保应急物资的一致性和共享性。定期维护和更新应急物资信息对保证数据与应急物资的当前状态一致性至关重要。当应急物资信息发生变化时，应及时通知相关部门，以便在紧急情况下进行有效的调整。

(2) 应急物资运输

应急物资运输是应急物资管理的重要环节。一般而言，由于运输涉及时间、路程、能源、容量和成本等因素，需要精心组织和合理安排，确保应急物资快速、安全地到达指定位置。在应急物资运输管理中，应当遵循高速、安全、可靠、高效和准确的原则，注重应急物资应急价值的实现。

（三）应急物资配置

合理的资源优化配置运行机制是安全生产事故应急管理顺利实施的基本保证。

1. 主体结构

鉴于安全生产事故的偶然性与突发性特征，平时采用以政府为主体、全社会各种资源拥有者为基础的虚拟网络式管理模式。安全生产事故的决策和指挥机构、监测与预警部门、资源的管理部门承担常态的职能和任务。而安全生产事故发生后，这种模式可以迅速地转换成以政府为核心的垂直式管理模式，形成有机整体。整个应急管理资源配置的主体结构是分层次的，包括安全生产事故的预警子系统、应急处置子系统、信息子系统和救援子系统等，其支撑体系由应急管理预案、资源储备、应急队伍专业培训和社会公众教育等组成。

2. 组织原则

（1）统一领导

统一领导是指在安全生产事故应急处理的各个方面，必须坚持统一领导。应成立应急指挥部，对应急处理工作实行统一指挥。所有相关部门都必须在应急指挥部的领导下，进行应急处理工作。

（2）分级管理

根据事件的危害性，有必要实行分级管理，这能使整个系统权责分明、快速响应、综合处置。分级管理的另一层含义是：全国性和地方性的安全生产事故应由中央政府和地方政府分别设立应急事件指挥部统一领导和指挥全国和地方的应急处理工作。

（3）协调管理

资源优化配置体系要建立协调机制，负责协调平战（平灾）时各级各部门的人力、物力、财力和信息资源的统筹、配置和使用。同时也要建立有效的保障运行机制，确保物资储备筹措供应、运输、医疗卫生救护和技术人才等的有效运转。

（4）综合处置

实施跨区域、跨部门的综合处置，信息管理系统、资源配置等要体现综合效益；同时，在系统建设时也同样本着综合处置的思想，减少重复投资及浪费。

（四）应急物资调度

目前，国内应急救援中关于优化应急物资配置等方面的管理仍存在许多问题。首先，过去采用的单一灾种管理体制导致资源无法及时、合理储备，无法进行科学的应急物资优化配置；其次，应急救灾资源管理效率低，缺乏对资源配置绩效的评估以及管理标准。

应急物资调配分为非紧急和紧急两种。本节讨论的资源调用均为紧急调用。

对于紧急调用，基本要求是确保应急物资能够及时、准确、安全地到达指定地点，以确保事故处置工作的有序进行。因此，在进行紧急调用之前，有必要制订调用计划，做好各项准备工作，并全面协调，以成功完成调用任务。一般来说，应急物资的调用方式包括：

（1）定时调用。定时调用是指按照一定时间间隔对同类应急物资进行调用。这种调用具有固定的时间间隔，有利于应急指挥组织安排工作。这类物资大多为应急消耗品，如防护和救援材料、食品和住宿消毒材料以及动力和照明资源。

（2）定量调用。定量调用是指每次都按照固定的数量对同类应急物资进行的调用。这种调用多用于不易消耗的工程建材、工程设备、运载工具和防护用品等的调用。此种调用方式可集中调往不同地方的应急物资，实行统一调用，提高调用效率。

（3）定时定量调用。定时定量调用是指按照一定的时间间隔，按照固定的数量对同类应急物资进行的调用。这种调用是定时调用与定量调用相结合，既是定时调用的特殊情况又是定量调用的特殊情况。此种调用方式计划性极强，需精心组织，合理筹划，多用于日常易耗品的调用，如食品、药品、油料等。

（4）及时调用。及时调用是应急物资最重要的调用方式。这种调用是根据事故的发展和变化以及应急响应工作的需要实时安排的，它的操作难度较大，需要各部门密切配合，共同协作来完成。采用及时调用方式必须做到心中有数，时间和数量要把握准确，过早或过晚、过多或过少都不利于应急联动的开展。及时调用的应急物资多为紧急类资源，如疫苗、药品、专用物资、急需设备和器材等。

（5）超前调用。超前调用，又称为事前调用，是指采用现代科学技术手段对潜在危险情况进行监测，预先调动应急物资以做好准备和响应工作。这种超前调用的目的是为了在面临任何紧急情况时能够做好准备。这种调用方式具有预防性控制的特性，被认为是一种先进的动员形式，能够显著增强事故响应能力。事先调用的紧急物资通常包括工程设备、建筑材料、救援工具、防护装备等，对于灾害缓解和应对非常有效。

（6）综合调用。综合调用是指根据实际情况，运用以上几种方式相结合的形式对应急物资实施调用。

依据应急物资的特点，采用不同的调用方式，可以提高应急物资的调用效率，减少调用环节造成的资源消耗。

（五）应急物资补充和维护

应急物资的增补和维护是指调整、更新、补充、维护和关照应急物资，以确保其性能达到最佳状态。为实现这一目标，首先需要建立一个全面的应急物资增补和维护系统，包括对现有和储备的应急物资进行定期维护，排除潜在风险，确保应急物资的安全可靠性。当现有应急物资的数量不符合要求时，应根据应急物资评估结果及时进行补充。性能下降或失效的应急物资应当及时更新。

近年来，我国安全应急管理系统的建设已经进入一个新阶段，其特点是各级政府将现场管理、情景模拟、应急预案、保障系统和政府层面的应急操作等功能整合在一起。安全应急管理平台的广泛发展已经取得了实质性的进展。应急物资数据是这些平台数据库中最关键的组成部分。当来自各种功能的应急物资数据根据一定的管理原则和技术要求整合成统一的应急物资数据库时，不同的功能模块可以在应急管理中实现各种功能。

应急物资数据库的主要任务包括建设应急预案数据库、应急救援队伍数据库、应急专家数据库以及应急物资和装备数据库。此外，开发数据库管理软件工具以促进对各类应急物资信息的采集、更新、查询、审查、统计分析和共享。每个区县都应根据国家职业安全应急物资数据库软件，建立并完善一个应急物资数据库，以实现对各类本地应急物资信息的采集、更新、查询、审查、统计分析和共享。

应急物资数据库的建设，按照“条块结合、属地为主、充分集成”的原则，依据“自建＋集成”的建设指导思想，通过以下四个途径进行建设：

(1) 围绕“安全生产应急救援指挥”主题，针对直接指挥业务内容，结合平台应用功能需求，通过合理规划、设计，重点依靠自身力量建设应急专用资源数据库。

(2) 依托电子政务建设项目的安全生产监督和管理信息库建设，充分利用现有安全生产行政管理业务数据，设计统一数据交换接口，实现跨平台数据互联、互通。

(3) 集成省政府应急平台和各地市应急基础信息资源，建立与政府其他部门相连的纵向数据交换机制，构建应急物资基础数据库。

(4) 制定企业安全生产应急救援信息上传下达统一标准，动态集成各个企业的安全生产应急物资相关信息。

其次，应该在各级、相关部门以及协调和指挥机构之间建立垂直和水平数据交换的机制。这应该考虑数据互联和信息资源的整合。基于涉及职业安全应急响应的信息范围和类型，以及信息上传和分发之间的关系，对获取的应急物资信息的结构进行分析。

二、应急物资的选址与配置措施

1. 应急物资的选址

选址决策对于应急管理至关重要，将应急救灾物资安置在合理的位置，不仅可以降低运输成本，同时还能保证应急救援的时效性，降低事故进一步发展的可能性，最大限度地减少人员伤亡和经济损失。

应急救灾物资的选址需要遵循以下几项主要的原则：

(1) 要依据我国相应的政策法规。例如，我国《城市消防规划建设管理规定》中规定，城市消防站责任区的面积应取 4～7 平方千米，要求消防站至责任区最远处的行车时间不超过 5 分钟。

(2) 要考虑服务范围内的事故种类和相应级别以及区域的人口数量等因素。例如，几万人口的小城镇，往往只需要一两所一级医院，所接触到的危险病情和疑难杂症相对较少，通常来说不需要很先进的设备和专家级医护人员；而几百万人口的大城市，至少需要一至两所三甲医院，因为其日常处理的病人数量大，病情状况也比一级医院复杂得多。

(3) 要考虑当地的地形特征、交通状况、城市规划等因素。

(4) 要考虑选址的经济效益，一旦选址方案被最终确定，就将产生一系列直接与间接费用，应当在保证资源能实现充足供应的前提下，尽量减少浪费。

2. 应急救灾物资的配置

应急救灾物资的配置主要是指在灾害发生前的准备阶段，依照对灾害发生趋势和影响范围的预测结果，结合灾害发生的环境、速度、方向、范围、严重性等参数的估计，构建与突发事件发生、发展直至结束的整个过程相适应的多灾种、多物资的动态应急救灾物资优化配置方案。应急救灾物资选址的时候要考虑到下一步的资源配置，而资源配置也需要综合考察选址情况来进行安排。在进行应急救灾物资配置时有以下几项原则需要遵循：

(1) 根据应急服务中心的性质，配置相应种类的资源。例如，消防站与医疗机构是不同性质的服务中心，它们所需要的资源类型必然存在着很大的区别。

(2) 根据可能的突发事件类型和规模以及应急服务中心的承载力，配置数量合适的应急救灾物资。过少的可用应急救灾物资显然不能满足处理大型突发事件的需要，而过多又会造成闲置和浪费。

(3) 在应急救灾物资配置中，成本约束也十分重要，需要在考虑成本约束的情况下对应急救灾物资进行合理优化配置，使得有限的应急救灾物资充分发挥作用。

三、应急物资的日常管理

1. 应急物资的采购管理

应急物资采购指在紧急情况下进行的购买活动，例如灾害救援或军事动员。在这些活动中，了解、评估、开发、使用和控制应急物资供应商对于确保采购质量至关重要。应急物资采购管理具有以下特点：

(1) 时间上的紧迫性。应急采购活动通常与影响国家安全或个人生命财产的紧急事件有关。这要求采购时间非常紧迫，采购程序简明、简单。采购目的的重要性提高了采购物品的质量标准。

(2) 采购部门单一化，供应部门多元化。与传统的物资采购相比，应急物资采购通常由市场上的单一采购部门进行，无法利用“强强联合”或“价格联盟”等方法提高效率。应急物资采购的供应商通常不是单一单位，因为所需产品可能不一定来自单一供应商。

(3) 采购方法多变，采购行为规范化。由于时间紧迫，采购部门一般会根据采购截止日期选择适当的采购方法。随着我国采购法律法规如《政府采购法》和《招标投标法》的改进，加强了应急采购活动的标准化，这可能在某些情况下减缓其发展。

鉴于这些特点，政府应考虑与企业建立长期合作关系，严格遵守政府采购法律法规，遵循公开、公正、公平的原则，实施公开招标，并针对一般自然灾害，与供应商协调。加强现有储备系统并建立详细严格的标准也是至关重要的。

2. 应急物资的储备管理

应急物资储备对于实施应急援助和转移受害者至关重要，直接影响应急系统的响应速度和最终结果。虽然大规模的应急物资储备可以显著缩短灾害发生到援助之间的时间，但也可能增加成本并阻碍资金流通。

目前，我国的应急物资储备系统已初步建立，设有 10 个(天津、沈阳、哈尔滨、合肥、武汉、长沙、郑州、南宁、成都、西安)中央仓库、31 个省级仓库和多个灾害多发地区的储备点。这在很大程度上确保了最初的救援物资在 24 小时内到达受影响区域。此外，救援设备和设施储备量也得到了显著改善。应急物资储备管理应着重解决以下几个方面：

(1) 高度重视应急救灾物资储备工作。增强风险防范意识，大力加强应急救灾物资储备工作，有效应对各种突发灾害。确保为受灾群众及时提供基本生活必需品，维护经济社会稳定，最小化灾害造成的损失。各级民政部门要集中精力提高减灾救灾能力，充分认识应急物资储备工作的重要性。

(2) 建立和完善应急救灾物资储备管理体系。按照灾害救灾工作分级管理、分级负责的原则，进一步充实和完善各级应急响应计划中与应急救灾物资储备相关的内容。协调和加强各项工作；制定并严格执行应急救灾物资的入库验收制度，确保严格的质量控制，防止假冒伪劣产品进入储备流程;加强中央和地方应急救灾储备物资的管理,明确各级应急救灾储备物资采购、管理、调拨和使用的权限与程序;建立和完善应急救灾储备物资日常管理的规章制度,制定采购、储备、调拨和回收等各个工作环节的程序和规范,严格防止在储存过程中物资流失、变质和不当消耗;建立和完善救灾储备物资统计报告制度,全面、准确记录应急救灾物资储备和使用情况,并定期逐级上报,确保账实相符;加大应急救灾物资储备管理信息系统建设力度,实现各级应急救灾物资储备信息共享,充分发挥应急救灾物资储备网络的整体效能。

(3) 增加应急救灾物资储备品种和数量。根据首次 24 小时救灾物资到位的目标,考虑应对大灾的需要,在现有储备的基础上,增加应急救灾物资储备的品种和数量。在多灾、易灾地区,每年要储备一定数量的帐篷、棉衣、棉被、食品、饮用水、照明和取暖设备等应急救灾物资,并建立物资储备更新、轮换的财政补偿和核销制度。及时了解和掌握应急救灾物资生产厂商信息,对食品、饮用水等不宜长期保存的物资,严格执行食品安全标准,在适量存储的基础上,可与有关企业签订应急供货协议,应急期间实行先征用后结算的办法,保障应急救灾物资供应渠道畅通,确保灾害应急期间,受灾群众能够得到及时、全面的救助。

(4) 积极推进应急救灾物资储备库建设。应急救灾物资储备库的建设应遵循国家和地方减灾规划的要求。根据适度规模、合理分布、功能齐全、反应迅速、运转高效、保障有力的原则,制定应急救灾物资储备库建设的科学计划。根据灾害特点和救援工作的需求,合理确定各级应急救灾物资储备库的规模,以适应当地情况。可以采用新建、共用或租借等方式解决存储地点问题,充分利用现有仓库和设备,避免重复建设。应在县级及以上区域设立应急救灾物资储备库的存储地点,在农村地区可以结合避难所建设,积极进行应急救灾物资储备,逐步形成中央和地方应急救灾物资储备系统网络,扩大应急救灾物资服务的有效覆盖范围。

(5) 加强部门配合与协作。各级民政部门在地方党委、政府的统一领导下,应认真制订应急救灾物资储备计划,加强与财政、发展改革、国土、城市规划等部门的合作。积极争取仓库建设项目的资金和政策支持,并在本地财政预算中安排专项应急救灾物资采购资金。建立健全民间救灾工作信息共享机制,认真规划,并具体明确工作目标和职责,加强对应急救灾物资储备工作及储备本身的检查。

可以将在企业供应链管理库存控制中使用的类似方法应用于政府应急救灾物资储备管理。这包括科学确定应急救灾物资储备的规模并有效控制库存。例如,可以利用统计方法,对物资进行分类和优先排序,分为 A、B 和 C 类,分配不同的管理级别。

关于物资分类,可以根据货币价值和物资种类的百分比来进行。要有效管理应急救灾物资储备,必须正确分类应急物资。一般来说,应急救灾物资分为三类:第一类包括救援物资,如救援船、救生艇、救生圈、救生服、搜索救援仪器、拆除工具、小型起重设备等;第二类包括日常生活用品,如床上用品、毛毯、即食食品、救灾帐篷、水设备、净水器等;第三类包括医疗设备和药品。

此外,应考虑基于不同灾害的需求特点进行供应。例如,在易发生大坝决堤的地区,像石头、土壤和编织袋这样的材料是需要严格控制的 A 类物资;在易发生地震的地区,应增加救援帐篷和医疗设备等的储备量;在易发生矿难的地区,应优先储备救援设备和灭火工具。这是一个动态的过程,应避免僵化的管理。经过分类后,可以对不同类别的物资采取不同的管理策略，采用不同的采购和库存策略来降低成本，提高经济效益。

除了政府建立专门的应急救灾物资储备库外，还可以采取面向市场的方法，遵循“分而治之、分级储备、保障供给”的原则，整合储备资源。对于时效性和存储环境要求较高的生活和药品类物资，可以通过制造商、供应商和医疗机构的经济或行政手段进行合法存储，降低成本并保证产品质量；对于救援物资，可以采取就近和分级储存的方法。

3. 应急救灾物资的调度

在紧急管理中，应急救灾物资调度活动与常规资源调度有很大的区别，具有时效性、动态性，并需要整合和协作社会资源的特点。

（1）时效性

由于应急救灾物资通常不位于事件发生地，它们的调度涉及多种运输方式，如道路、铁路、水路和航空线路，可能需要在不同的运输方式之间转移。因此，需要关注路径和车辆选择，即如何将物资尽快运送到受灾区域，以确保及时参与救援行动。在应急管理中，应急救灾物资的调度侧重于最小化响应时间，而不是最大化利润或最小化成本。它涉及一种多焦点的规划方法，旨在同时最小化时间和运输成本。这源于应急管理的独特特点，即在突发事件后，延迟的响应可能导致危机升级，增加处理难度。

（2）动态性

与常规资源调度不同，应急救灾物资的调度可能不是单阶段的活动。由于突发事件的随机性以及对影响规模和范围的不确定性，所需的应急救灾物资种类繁多，需求量会随时间变化而变化。单次调度可能不足以完全结束救援行动，因此需要持续进行应急救灾物资的调度。在每次调度中，必须根据当前救援情况的变化、以往救援结果的反馈以及当前资源的可用性动态确定该阶段的资源调度计划，直至完全控制或消除灾害。

（3）对社会资源的整合与协作

应急救灾物资的调度由政府组织。尽管有一个统一的应急指挥中心，但突发事件后的救援行动仍然是整个社会的责任，不仅仅是某个特定部门或实体的任务。如果在救援行动中发现当前资源不能及时、有效地满足救援需求，相关部门可以建立协作关系，负责提供必要的帮助。只有通过社会全面协调和资源的统一分配，才能从根本上避免资源的不均匀分配，使应急资源的使用成为一个有效的系统，而不仅仅是数量的简单加和。

4. 应急救灾物资的分派

应急救灾物资的分配是应急救灾物资调度之后的下一个阶段，但在许多情况下，它与资源调度同时进行。灾情条件的差异可能导致不同受灾区域对应急资源的需求程度不同。因此，政府会将各类型和数量的应急救灾物资分配给每个受灾点，这种分配通常存在相当大的差异。人口众多、受灾严重的地区通常需要更多的医护人员、更多的设备和药品，而人口相对较少、受灾情况较轻的地区可能需要较少的资源。然而，如果情况发展，最初的轻灾区变成了重灾区，政府必须迅速调整资源分配计划。因此，应急救灾物资的分配实际上是一个动态而复杂的过程。

在应急救灾物资分配过程中不容忽视的另外两个角色是非政府组织和普通公众。如果能有效利用他们拥有的非官方资源，不仅能减轻政府的负担，还能显著增强整个社会的凝聚力。

四、应急物资管理案例

(一)"5·12"汶川地震中的应急物资管理

1. 事件经过

2008年5月12日14时28分4秒,在四川省汶川县发生了一场8.0级地震,震中位于北纬31°、东经103.4°。截至2008年5月14日16时,在四川省受灾区域共记录到3 345次余震,其中最大的余震达到6.1级。"5·12"汶川地震是自中华人民共和国成立以来记录的最强烈地震,直接影响了约10万平方千米的区域。

2. 处理措施

事件发生后,原总参谋部立即下令有关部队迅速展开救援工作。原总参谋部要求有关地震救援部队直接向北京指挥中心报告紧急情况和其他详细信息,以简化指挥链。原成都军区迅速派出3架直升机进行紧急地震现场救援。此外,来自四川省军区的300名官兵立即赶赴救灾一线。

(1) 5月12日

19时30分:成千上万的出租车自发驶向都江堰受灾区。

20时00分:武警阿坝支队前往汶川受灾区。

20时02分:2架伊尔-76军用运输机从北京南苑机场起飞,携带国家救援队175人前往灾区。

22时00分:运载国家紧急救援队的2架伊尔-76军用运输机相继抵达成都。

(2) 5月13日

深夜,第三军医大学紧急调集一支紧急医疗队前往四川受灾区。该医疗队于13日凌晨抵达四川德阳受灾区,立即展开救灾工作。

3时00分:公安部紧急从边防部队抽调200名人员,从消防部队抽调100名医务人员组成医疗救援队,连夜飞往四川地震灾区进行伤员救治。

4时00分:云南边防总队启动紧急预案,成立以总队长为组长的抗震救灾领导小组,紧急调运价值15万元的医疗药品。

7时00分:总指挥再次召开国务院抗震救灾指挥部会议。他强调,务必要在当天午夜12时前打通通往震中灾区的道路,全面展开抗震、抢险、救援工作。

17时00分:6列军列从昆明赶赴受灾区进行救援。

17时00分:武警部队总投入20 460名兵力参加四川地区的抗震救灾工作。武警部队共搜救、挖掘被压埋群众、抢救伤员4 130人,转移疏散群众3万余人。

19时10分:原济南军区摩托化开进的铁军部队秋收起义团300人先头部队已到达四川广元。另有900名官兵乘6架飞机飞往成都,第一架已于16时20分着陆。

23时15分:武警某师200人由理县强行军90千米,到达汶川县城,成为第一支到达汶川县城的抢险队伍。

(3) 5月14日

8时00分:超过900名武警部队官兵开始在汶川县展开救援行动。

9时00分:全军军交运输系统已经转运了近3万名救灾部队,运送了约1.2万件装备,包括帐篷和担架,以及超过800吨的军用食品和物资,还有6 380吨燃油。

14 时 00 分：从北京、上海和西安机场出发的 10 架运输机，送来了来自 50 支军队医疗队的共计 1 500 名医务人员。这些队伍的大部分在降落后集中在成都双流国际机场。

14 时 30 分：另外 50 支紧急医疗队被迅速派往地震灾区，从南苑机场起飞。

国防部发言人表示，在中央军委批准下，从原济南军区和原成都军区迅速调集了 32 600 名官兵，增援灾区。

22 时 00 分：第二炮兵从各国防建设工地调集了 800 名官兵，组成一支大型工程机械部队。他们携带重型挖掘机、装载机等机械，迅速赶往北川灾区，进行道路修复和搜救幸存者的行动。

(4) 5 月 15 日

2 时 38 分至 2 时 55 分：1 架伊尔-76 军用运输机进行 2 次紧急空投，投放 8 吨饮用水、食品和药品到汶川地震重灾区青坪磷矿。

解放军总医院专家医疗队于 5 月 15 日飞赴抗震救灾前线，由 277 名医疗专业人员组成。

原成都军区空投人道主义援助物资，包括 5 万份干粮、2.5 万双军用橡胶靴、5 000 床毯子和 5.4 万套衣物，送往北川和汶川等受灾地区。

3. 灾后重建

在党中央和国务院的坚强领导和密切关注下，按照一对一援助模式，从 2008 年 10 月到 2010 年 9 月，国家重建计划中包括的 29 700 个重建项目已经完成 99.3%的进展。总投资 8 613亿元的估算已经完成了 85.6%，成功实现了“三年重建任务两年完成”的目标。这片曾经被滑坡和裂缝摧毁的土地已经焕然一新：受灾群众已经搬进了新房，公共服务设施得到全面升级，重建的城镇展现出新的面貌，基础设施得到根本性的改善，工业发展得到了优化和升级，防灾减灾能力显著提高。灾区已经从废墟中站起来，展示了灾后重生的生动画面，在重建中迈出了飞跃的步伐。

（二）日本大地震中的应急物资管理

1. 事件经过

2011 年 3 月 11 日 13 时 46 分，西太平洋国际海域发生里氏 9.0 级地震，震中位于北纬 38.1°、东经 142.6°，震源深度约 10 千米，属浅源地震。据统计，自有记录以来，此次的 9.0 级地震是全世界第三高，1960 年发生的智利 9.5 级地震和 1964 年阿拉斯加 9.2 级地震分别排第一和第二。东京震感较强。日本气象厅随即发布了海啸警报称地震将引发约 6 米高海啸，后修正为 10 米。根据后续调查表明海啸最高达到 24 米。3 月 11 日累计发生余震 64 次，其中最高为 7.1 级，最低为 4.1 级。3 月 28 日当地时间 7 时 24 分日本东北部发生 6.5 级余震。

受地震影响，福岛第一核电站部分外部电源供电短暂中断。

2. 处理措施

地震发生后，日本政府迅速做出反应，在首相官邸危机管理中心设立官邸对策室，发出指示让所有内阁成员到官邸集中，并指示防卫大臣派自卫队参与救灾活动。数小时以后，日本首相发表电视讲话，就救灾工作做出部署。日本政府发言人说，政府正在派遣自卫队前往地震灾区救援。防卫省也设立地震灾害对策本部，负责与受灾的日本各地进行联系，并下令在灾区的自卫队随时待命。

3月11日傍晚，日本政府在首相官邸召开了紧急灾害对策总部会议，全体内阁成员悉数出席，会议决定日本的自卫队军舰和战斗机受命赶往灾区，参与搜救。此外，日本自卫队已派遣8 000名救援人员展开救援行动。

日本共同社报道，所有停泊在横须贺港的自卫队军舰已受命前往宫城县。8架F-15型战机已从位于石川县和北海道的航空自卫队基地起飞，赴灾区核实受损情况。陆上自卫队派出几架搭载有视频传送仪器的直升机。

日本防卫省17日表示，陆上自卫队的两架直升机已开始向福岛第一核电站三号机组注水。报道指出，直升机这种作业一次注水量最多可达7.5吨。日本当局还计划派遣更多架直升机，前往福岛核电站协助注水作业，同时，直升机也对福岛核电站上空的辐射量进行检测和监测。

第六节　应急物资的筹措及社会捐助

应急物资的筹措及社会捐助指的是在公共安全事故发生时，政府部门、社会组织和个人通过各种方式筹集和捐赠应急物资，以满足应对突发事件的需要。这些应急物资可以包括食品、饮用水、医疗器械、防护用品、通信设备等，能够在灾害发生后迅速投入使用，为受灾群众提供必要的支持和帮助。应急物资的筹措及社会捐助在应急救援中具有重要意义，不仅是公共安全体系的重要支撑，也是社会力量和政府行为的有效结合，共同构建起一张密不可分的安全网，为应对各类突发事件提供了坚实的物质基础和社会支持。

一、应急救援物资的筹措

突发事件发生后，应急救援物资的资源需要进行合理配置，并随着事件进展的阶段结果和所处环境的状态变化，进行动态调整。应急救援物资的筹措是应急管理中的基础和首要环节，通常运用以下方式进行。

1. 动用平时储备

平时储存救援物资是获取应急救援物资的首选方式，因为这是满足紧急需求并缩短物资供应时间的最佳途径。应急救援物资的储存通常由应急物流中心执行，以确保在灾难发生时能够迅速将应急救援物资运送到现场。

2. 紧急征调

在紧急情况下，有可能紧急招募一些救援物资以满足即时需求。随后，负责应急管理的实体将根据物资的类型和规格结算和补偿供应商。

3. 组织突击研制与生产

在某些情况下，突发事件的特征远远超出了人们的理解范围，并构成了一个全新的事件，此时可能没有必要的应急救援物资。例如，在“新型冠状病毒”暴发初期，疾病的原因和传播途径不明确，也没有针对预防和治疗患者的特定药物，在这种情况下，有必要建立专门的机构进行应急救援物资的研究和开发。

4. 组织捐助

在突发事件发生后，动员社会各界积极开展全方位捐助，也是获得应急救援物资的重要途径之一。

5. 争取国际援助

在发生特大规模的突发性灾难时，放眼国际，积极争取国际社会援助也是筹措的重要途径。

6. 应急救援物资采购

对储备、征用、捐助不足的物资则实行紧急采购，这是应急救援物资筹措最有效、最直接、最重要的方式。

二、应急救援物资的社会捐助

1. 社会捐助的概念

社会捐助作为一条可行的资金、物资筹措渠道，可以有效地缓解国家在应对突发事件时存在的财力、物力不足的状况，激发社会、公民的慈善意识，解决应急管理中的实际问题。

捐助是指捐助人为了特定的公益事业、公共目的或其他特定目的，将自身合法财产单方面无偿转移给另一方的行为。这种行为是一种单方法律行为，捐助人具有绝对的捐助自由，可以单方面决定捐助还是不捐助，捐助多少，捐助给谁以及干什么用。

公益性捐助是指公益、救济性捐助，是捐助人通过中国境内非营利的社会团体、国家机关，向教育、民政等公益事业和遭受自然灾害地区、贫困地区的捐助。国家为了鼓励社会公益性的捐助，在税法中规定了一定的优惠条款，当捐助通过法律规定的机构，针对特定的对象并在限额范围内时即可享受免税优惠。

应急捐助则是指发生各种严重自然灾害、突发性公共卫生事件、公共安全事件以及军事冲突等突发事件后，国内社会各界、港澳台地区、外国政府及国外的组织、单位、团体、个人不附带任何政治条件，无偿向灾区捐助救援资金、物资。相对于一般捐助而言，应急捐助对时间要求更高，针对性也更强。

通过应急捐助可以募集大量的资金和物资，支援灾区人民抗灾救灾，重建家园。应急捐助也体现了全社会对灾区的关心，在精神上鼓舞灾区人民。同时，通过应急捐助活动可以使全民共同参与救灾工作，投身公益事业，增强全社会、全民族的凝聚力，促进社会文明的发展。

2. 社会捐助管理的流程

为了保证应急管理中社会捐助品的合理使用，规范社会捐助的接收工作，加强对社会捐助资金、物资的管理，切实管好、用好捐助款物，不同的部门应该从自己的实际情况出发，严格控制捐助的筹划、分配、发放和监督使用，形成一整套适用的管理办法。总的来说，社会捐助管理包括接收、分配使用和监督 3 个环节。

(1) 接收

总体而言，国务院的民政部门负责接收外国捐赠，用于中央政府的灾害救助；地方政府部门县级或以上层级负责接收外国捐赠，用于地方政府的灾害救助；被认定具有灾害救助使命的非营利社会组织有资格接收来自外国的灾害救助捐款，但必须向民政部门备案。

来自国际社会的自愿捐款，专门用于减轻受灾人员的困境和紧急救援，经政府批准后，由灾害救助捐赠办公室根据捐助者的意愿直接分配和组织实施。接收灾害救助捐赠的受赠人必须公开其姓名、地址、银行账户等相关信息。

为了方便接收灾害救助捐赠，必须在银行开设一个专门的灾害救助基金账户，以集中接收和存储国内外的灾害救助捐款。必须建立严格的财务制度，确保清晰的账务和完整的程序。在接收灾害救助捐赠时，受赠人必须确认银行票据，亲自清点现金，并检查收到的物资。

在捐赠的资金或物品无法立即兑现的情况下，灾害救助捐赠的受赠人应与捐助者签署捐赠协议，明确捐赠物品的类型、质量、数量和兑现时间等细节。捐赠的药品和生物化学制品必须符合国家药品监督管理和卫生行政部门的相关规定。

在接收灾害救助捐赠时，必须向捐助者提供包括收据和感谢信在内的确认。对于价值较大的捐赠，例如超过10万元（机构）或1万元（个人），可以颁发荣誉证书，必要时可以举行捐赠仪式。对于捐赠数额较大的情况，由这些捐赠资助的项目经批准后可命名或标记纪念符号。

（2）分配使用

灾难发生后，应该在财政部门设立救灾支出专户，各级接收救灾捐助办公室在接收捐助后的1个月内应将捐款转缴财政救灾支出专户，与国家补助和财政安排的专项救灾资金统筹安排使用，救灾捐助款及其存款利息全部用于救灾。救灾捐助款物的分配应该严格按照捐款者的意愿安排专款专物专用。没有明确意愿的捐助款物，由政府根据灾情和灾区自救能力，按“先急后缓，突出重点”的原则，统筹安排、合理分配。救灾捐助款物只能用于受灾地区的抢险救灾、恢复生产、重建家园，其使用范围包括：应急性的灾民吃、穿、住、医疗救济和紧急抢险转移、安置、恢复生产生活；灾民住房和灾区公益性事业、设施恢复重建；按捐助者意愿安排的救灾项目。救灾捐助款物一律实行无偿发放，不得附加条件，严禁变相收费、扣抵提留、贷款等。发放救灾捐助款物要登记造册、签名盖章、张榜公布。定向捐助款物，接收单位要将实施方案、财务决算、发放花名册、照片或录像以及感谢信等资料专题报省民政厅、红十字会等有关部门，以便向捐助者反馈，并接受捐助者的检查。使用意愿捐助兴建项目的单位，要做出项目计划和预算，报同级政府和主管部门审查批准后实施，并确保项目按质按时完成。救灾款物要单独建账、专人管理，定时向财政、民政、救灾恢复重建指挥部报送使用情况及决算报表。

（3）监督

审计部门对同级接收救灾捐助办公室接收的捐助款物收支情况进行审计，并向社会公布。凡使用救灾捐助款物的单位或项目，须接受同级审计部门对其资金、物资使用情况的审计，同时接受社会的监督。各级财政、民政、审计、监察部门要对救灾捐助款物的使用方法、使用情况进行监督检查，发现问题及时纠正处理；对贪污、挪用、徇私舞弊者，要严肃查处，构成犯罪的，依法追究刑事责任。

第七节　应急救援科技研究

随着我国应急响应系统的不断演进，支持其运作的技术水平要求相应增加，先前的分散式、低端的应急技术已不足以满足现代应急管理的要求。应急技术的滞后和缺乏先进应急设备已成为导致应急响应无效和灾害损失扩大的重要因素。

一、应急救援科技研究的现状

2011年8月，由新兴集团牵头，与清华大学公共安全研究所、中国科学院电子学研究所、中国安全生产科学研究院、中国人民解放军后勤工程大学和中国人民解放军军事运输大学等机构合作，成立了应急救援装备产业技术创新战略联盟。该联盟于2013年被科技部选为国家试点联盟，专注于紧急技术研究和创新。

为进一步提高安全生产应急管理科技装备水平，提升安全救援、科学救援能力，解决影响事故救援的关键技术及装备等问题，根据《国家安全监管总局关于加强安全生产科技创新工作的决定》(安监总科技〔2012〕119号)精神，国家安全生产应急救援指挥中心开展了安全生产应急救援关键技术及装备难题征集、评审工作。在此基础上，编制了《安全生产应急救援关键技术及装备难题目录》。

(1) 事故预判、报警及响应技术

针对灾变前采集灾变信息的传感器类型不全，现有传感器在灾变环境中适应能力较差，发生事故后灾区的信息传输能力不强、灾害预警系统覆盖不全、灾变信息响应不及时等问题，提出以下研究方向：① 灾变信息采集、信息传输技术研究；② 事故预警技术及装备研究；③ 事故应急响应技术研究。

(2) 应急救援保障技术

针对氧气呼吸器佩戴时面罩起雾、通话不便及易损部件接口不统一；灾区作战防护服在极端高、低温环境中隔热性能较差；救援过程中小型、便携式电动救援工器具在井下充电不便等问题，提出以下研究方向：① 高可靠性智能呼吸器关键技术及装备研究；② 适用于极端温度环境的恒温服研制；③ 救援装备应急供电保障技术及装备研究。

(3) 灾区侦测技术

针对灾区智能侦测机器人越障能力差、定位及自主导航技术精度低、电池能量密度小；智能侦测飞行器自主导航能力差、负载小；发射式远距离灾区环境侦测系统发射位置控制难度大、测点单一、数据漂移，激光甲烷遥测仪防爆等级低；便携式气体可爆性测定仪传感器精度低、寿命短，便携式气相色谱仪防爆等级低；灾区隐蔽火源探测困难；灾区环境炸药探测技术及仪器的探测距离短、指标偏低，防爆探地雷达抗干扰能力差、操作难度大；危险气体泄漏源检测技术和装备检测距离短、灵敏度低等问题，提出以下研究方向：① 便携式全地形智能侦测机器人关键技术研究；② 智能侦测飞行器关键技术研究；③ 远距离灾区环境侦测技术及装备性能优化研究；④ 气体参数快速检测与爆炸危险性判断技术及装备研究；⑤ 井下隐蔽火源勘察与判断技术及装备研究；⑥ 便携式灾区物探装备关键技术研究；⑦ 危险气体泄漏源快速远距离定位检测技术研究。

(4) 应急救援通信与信息管理技术

针对应急救援现场通信频点资源需求量大、不同通信设备及应急指挥通信管理系统间通信标准和通信模式不兼容；救援通信终端防水、防爆、防高温性能差，应急救援对讲机等通信设备功能较少、固定不便、发射功率低、通信距离短、抗干扰能力弱；矿井通信系统发生事故时易受破坏，现有矿用隔爆或隔爆兼本安型透地通信系统便携性差，安全性、可靠性不够高；无线网络节点设备通信距离短、抗干扰能力弱、灵敏度低、续航时间较短，长距离光纤通信受制于救援人员一次可携带的通信光缆长度有限而难以实现；现有通信系统线缆笨重、有线通信系统与无线通信系统之间不能自行融合；现有各类应急救援平台通信方式单一、功能分散、信息与数据分析能力差、智能化程度低，应急救援平台与灾区侦查设备间缺乏高效互联，缺乏救援决策先进技术手段；火灾时建筑消防设施的可靠性缺乏有效的检测措施等问题，提出以下研究方向：① 应急救援通信标准建立及救灾通信模式研究；② 便携式自组网智能通信终端研究；③ 高安全可靠远程透地救灾通信技术及系统研发；④ 矿用远距离救援通信网络技术及装备研究；⑤ 便携式井下无线宽带应急救援融合通信系统研究；⑥ 基于灾情演变的应急救援综合信息化平台研究；⑦ 建筑消防设施应急管理信息化系统研究。

(5) 遇险人员生命探测与搜索定位技术

针对现有生命探测仪器均存在定位精确度低、可靠性差、抗干扰能力弱、环境适应性差、穿透能力弱、防爆等级低等缺陷；现有生命探测技术难以对遇难人员进行探测与搜索定位；RFID识别卡不能实现对井下人员地理坐标位置的精确定位等问题，提出以下研究方向：① 生命探测关键技术研究；② 遇难人员搜寻关键技术研究；③ 井下人员高精度自主定位关键技术研究。

(6) 救生通道构建技术

针对目前大直径垂直钻机国产化低、防爆等级低、钻进距离短、钻进速度慢、定位能力差；缺乏矿用便携式支护与破拆设备、矿用顶管掘进机、直径800毫米以上水平救援钻机、井下快速跟管钻进设备等专用装备；60米以上高层/超高层建筑逃生装备及相关标准、规范研究不足等问题，提出以下研究方向：① 地面钻孔救援技术及装备研究；② 井下救生通道快速构建技术及装备研究；③ 高层与超高层建筑快速逃生技术及装备研究。

(7) 灾害应急处置技术

针对高速公路长大隧道火灾事故中火灾监控设施、通风设施、灭火设施、辅助照明设施等智能联动性不足；煤矿井下火灾事故中火源位置、火源燃烧特性、可燃物与人员分布等信息关联性基础研究缺乏；惰气灭火装置、液态二氧化碳灭火装置等大型灭火装置井下灭火救援成套工艺研究不充分；现有井下火区密闭及启封方式效率低、耗时长、危险性大；现有井下防爆型有毒有害气体智能排放系统与井下通风控风设施之间缺乏有效联动控制等问题，提出以下研究方向：① 高速公路长大隧道火灾事故综合应急处置技术研究；② 煤矿复杂风网火灾中远程救灾的合理配置方法研究；③ 煤矿井下灭火救援技术及装备适应性研究；④ 远控式智能快速密闭与密闭安全启封技术及装备研究；⑤ 灾区有毒有害气体智能安全快速排放技术及装备研究。

针对水害事故不能快速形成救援能力；井下破拆与支护成套设备大多未具有国家矿用设备检测检验中心出具的金属、非金属材料检验报告；顶板活动和地压变化实时信息获取困难；现有金刚石串珠绳锯由于便携性不好在应急救援现场未能充分使用等问题，提出以下研究方向：① 车载式一体化快速应急排水技术及成套装备研究；② 煤矿应急救援快速支护与破拆成套设备研制；③ 基于地压监测的顶板事故监测预警技术及装备研究；④ 应急救援便携式金刚石串珠绳锯研制。

针对目前大规模氯气泄漏后的应急处置缓慢及泄漏后形成的混合气体无有效处置措施；适用于极端低温环境的个体救护装备和抗低温、耐腐蚀的堵漏工具缺乏；用于脱轨铁路车辆快速起复的轻型起复装置缺乏；城市地下管网疏通困难、燃气管道泄漏源检测不精确、有毒有害气体抽排分解不及时等问题，提出以下研究方向：① 氯气泄漏应急处置技术及装备研究；② 液态危化品贮槽应急堵漏器材与防护装备成套技术研究；③ 脱轨铁路车辆快速起复技术及轻型装备研究；④ 城市地下管网应急处置技术及装备研究。

(8) 救援现场医疗保障技术

针对救援现场大型的医疗设备与常用医疗设备存放分散、取用不便、分类与装卸不易，国内防爆、防水型特殊矿山医疗急救装备缺乏等问题，提出以下研究方向：医疗救护急救装备保障技术及装备研究。

(9) 应急救援培训演练技术

针对传统培训方式对救援指战员在大型救援装备操作、医疗救护知识、多人协作能力、决策指挥能力等方面培训手段单一、教学传统、效果有限，重大突发事件情景要素提取困难，虚拟仿真和物理仿真两种培训演练方式中灾害场景仿真度较低；三维虚拟演练场景不够真实、沉浸感不强，实训演练系统信息化、智能化程度低，培训演练效果评价考核系统不够科学等问题，提出以下研究方向：① 多功能高仿真度虚拟仿真培训演练系统关键技术研究；② 实训演练系统信息化、智能化研究。

(10) 应急救援技术规范、标准

针对事故信息接收、报送、核查效率低、不准确；不同事故应急救援工作规范性、程序化不强；应急救援法规、标准体系系统性较差；煤矿灾区救援的装备入井规范条件混乱；各地应急救援车辆通行证发放、车辆调度管理、高速收费、车辆配套服务预案、征用、补偿等方面法律、法规不完善、政策不统一等问题，提出以下研究方向：① 事故信息接收、报送、核查过程规范化研究；② 事故救援过程规范化、程序化研究；③ 应急救援规范、标准体系研究；④ 煤矿应急救援装备防爆等级合理性研究；⑤ 救援车辆交通保障研究。

二、应急救援技术支持体系

现代生产安全事故的应急救援离不开众多技术手段的支持，正是这些应急救援技术手段保障了应急救援行动的快捷、高效。概括而言，应急救援技术支持体系由以下各部分构成。

1. 信息技术支持体系

要建立重大安全事故危险源及应急救援方法的数据库。如化学事故防范就建立了由国家化学品登记注册中心和各省(市)地方登记办公室组成的危险化学品等级网络，并结合国家实行危险化学品登记制度，建立包括危险化学品生产、储存、经营、运输企业动态信息的数据库，为国家和地方的化学事故应急救援准备和救援行动提供了信息支持。要建立安全事故应急咨询热线服务，为安全事故预防预警和应急救援提供技术信息支持。

2. 现场救援技术支持体系

加强应急救援队伍与应急装备建设，促进各种救援力量的有效整合。完善国内消防特勤队伍的建设，购置并完善先进的灭火车辆、交通运输车辆、侦检设备、防护器材与通信设备等。

3. 专家库系统

要根据地域分布，聘请包括安全、消防、卫生、环保等专业在内的各类专家，定期进行考核和资格认证，保证其面对安全事故应急咨询时的权威性和时效性，必要时就近专家可赴现场指导应急救援工作。

三、矿山救护新技术、新装备需求分析及建议

虽然经过各方多年的努力，矿山救护技术和装备有了一定的发展，但是从实质上看，除

了正压氧气呼吸器的使用，使氧气呼吸器有了彻底的改变，提高了矿山救护指战员个人防护的安全性以外，其他方面几乎没有从根本上解决问题。面对各种复杂的矿井事故，很多情况下矿井束手无策，矿山救护队往往要冒着生命危险救灾。其主要原因就在于装备落后，有些新装备由于质量或性能上的不足也不能发挥应有的作用。这样的局面与现代化矿井的建设和煤矿各种灾害不断发生的局面不相适应。在国家前所未有地高度重视应急工作的大好形势下，各部门要积极组织科研和攻关，以解决矿山救援技术和装备问题，这不仅是煤炭安全生产的需要，更是矿山救护队员的期盼。

1. 灾区侦察机器人

矿井发生瓦斯、煤尘爆炸或火灾事故后，为了搜救遇险人员和掌握灾区情况，矿山救护队员需要进入灾区侦察，此时对救护队员的生命安全威胁最大，可以说随时都有爆炸的危险。在有些情况下，因各种原因造成救护人员无法进入灾区，需要花费很长的时间，动用很多的人力、物力，先清理通道，然后才能进入侦察和救人。如果有一种既能检测气体、温度，又能拍照，还能记录并实时传输数据和图像的机器人，用以代替以上情况下救护队员从事的工作，将使救护队员的生命安全得到保障。

2. 快速耐爆密闭

矿井发生火灾后，在目前的技术条件下直接灭火无效或无法直接灭火时，只能采用封闭的方法灭火，但在高瓦斯矿井封闭火区，往往在安全上没有保障。在有瓦斯爆炸危险的情况下，应先建造防爆墙，在防爆墙的掩护下建造永久密闭墙。实践证明，防爆墙也不能保证安全。在2003年某矿特大瓦斯爆炸事故中，在多次发生爆炸、无法封闭火区、无法封闭采区的情况下，不得不封闭井口。封闭井口时，在9平方米断面的井筒中，建造了8米多厚的沙袋防爆墙和0.5米厚的砖壁，结果被再次发生的爆炸摧毁，砖和沙袋被抛出井口几十米远。防爆墙的建造，需要几十立方米甚至上百立方米的材料，从运输到施工，都需要大量的人力，需要很长的时间，如果在施工过程中发生了爆炸，其后果不堪设想。曾有救护队在施工防爆墙过程中发生了瓦斯爆炸事故，致死、重伤多名队员。如果能制造一种既快速又能在远距离安全地点操作，还能在封闭后发生爆炸时自动卸压，爆炸冲击波的压力减小后又能自动封闭的快速密闭，救护队员就再也不用冒着生命危险去封闭火区了。

3. 快速开放式清化火区技术与装备

在煤矿井下，高瓦斯矿井已停风的独头巷道最容易发生瓦斯爆炸事故。同样，在高瓦斯矿井独头巷道火灾的处理过程中，也容易发生瓦斯爆炸事故。在监测设备损坏或无监测设备的情况下，无法较准确地掌握灾区的气体情况。在这种情况下，进入灾区侦察、直接灭火或封闭火区，都是极其危险的。如果在灾区无遇险人员，在灾区开放的状态下，从独头巷道的迎头开始，注入大量的惰性气体，不但能将可爆气体置换出来，消除爆炸的危险性，而且还能抑制火势，为事故的进一步处理创造有利的、安全的条件。

4. 大能量制氮设备

在高瓦斯矿井封闭火区是很危险的工作，在有瓦斯爆炸危险的情况下封闭火区的过程中，应保持一定量的风流进入和排出火区，以防止在封闭过程中瓦斯积聚发生爆炸事故。在密闭封口时，要进、回风侧密切配合，统一指挥，同时封口。这些规定是用矿山救护队员生命换来的经验，也是科学合理的。但在救护实战中，这样的要求很难完全做到。如果能在封闭前先向火区注入大量的惰性气体，使火区清化，就能实现安全封闭。另外，现在的矿井机械化程度很高，工作面的设备都很昂贵，有的采煤工作面设备价值高达几亿元，工作面或采空区发生火灾后，当直接灭火无效或无法直接灭火时，就出现了两难的问题。如果不封闭，火灾无法扑灭；如果封闭了，按照过去和目前的方法封闭后只能向火区注水、灌浆，在设备无法撤出的情况下，注水、灌浆就意味着设备的毁坏，将造成巨大的经济损失。在这种情况下，有的矿井采取现场控制火势、加快掘进工作面的方法继续生产，使得生产作业人员处于危险的环境之中。曾经有煤矿采取这样的方法，造成了特大瓦斯爆炸事故，导致众多人员伤亡。如果火区封闭后，用持续注氮的方法，将使问题变得容易。但目前的制氮机产气能力不够，无法清化火区，更无法灭火。因此，要研制大能量制氮设备，以满足生产矿井应急工作和矿山救护队救灾的需要。

5. 遇险人员生命通道专用设备

近几年，矿井的安全设施不断完善，“三条生命线”也基本具备。但在矿井发生冒顶或水灾事故抢救被困人员的工作中，仅靠原有的设备往往不是很可靠，原有设备在操作上也有一定的难度。如能借助快速钻机，用专用的设备，及时向被困人员提供饮食和空气，及时与被困人员取得通信联络，实时进行心理辅导，树立必胜的信心，对被困人员的成功营救将有极大的帮助；并可通过被困人员，了解灾区真实情况，判断事故发展趋势，对事故处理方案的合理制定和有效实施将是极为有利的。

6. 灾区通信装备

矿井下使用的正压氧气呼吸器采用的是半面罩或全面罩，虽然在佩用时能够说话，但在面罩内发音，通过密闭的面罩传送到面罩外，再通过灾区电话与外面联系，这样的通信效果很不理想。在救灾实战中，灾区的救护队员处于高度危险的环境中，工作任务繁重紧迫，在灾区外面的各级领导和矿山救护指挥员更加紧张，需要随时掌握灾区情况，以便根据情况的变化采取应对措施。在这种情况下，从灾区传来的信息是极为珍贵的；向灾区发出的每一道命令，对救灾的成败，甚至救护队员的生命安全，都起着决定性作用。通信不可靠、通话不清晰，无法保证救灾工作的安全。到目前为止，救灾人员仍然要冒着很大的风险，很多工作还主要靠人力来完成。氧气呼吸器的有效防护时间是 4 小时，国外规定配用氧气呼吸器工作时间不得超过 2.5 小时，而我们由于工作任务繁重，要消耗大量的氧气，在氧气不够用的情况下，需要更换氧气瓶后继续工作，甚至在灾区工作时间就超过 4 小时。在这样的工作条件下，如果通信装备不可靠，不能满足工作的需要，矿山救护队员的安全无法保障。因此，尽快为矿山救护队配备与正压氧气呼吸器配套使用的灾区通信装备，是十分迫切的。

7. 破闭专用装备

到目前为止，封闭火区或采掘工作面的永久密闭，大多采用料石或砖等材料建成，由于是永久密闭，所以一般比较厚，也很坚固。在进行排放瓦斯等工作需要破闭时，常用的方法是风镐破、铜锤砸、用大圆木撞击墙体等。这些方法既费力、费时（有时一道永久密闭墙需要两个小队的救护队员用一天的时间才能破开），又不安全。密闭内往往是达到爆炸界限的瓦斯，稍有不慎将会酿成大事故。可开发一种破闭的专用装备，使破闭工作不再艰难、危险。

8. 结论

安全、快速、有效地实施救援，是对矿山救护工作的基本要求，也是矿山救护指战员的奋斗目标，要实现这样的目标，必须依靠科技，以先进的技术和装备做支撑。

第十一章　公共安全事故应急案例分析

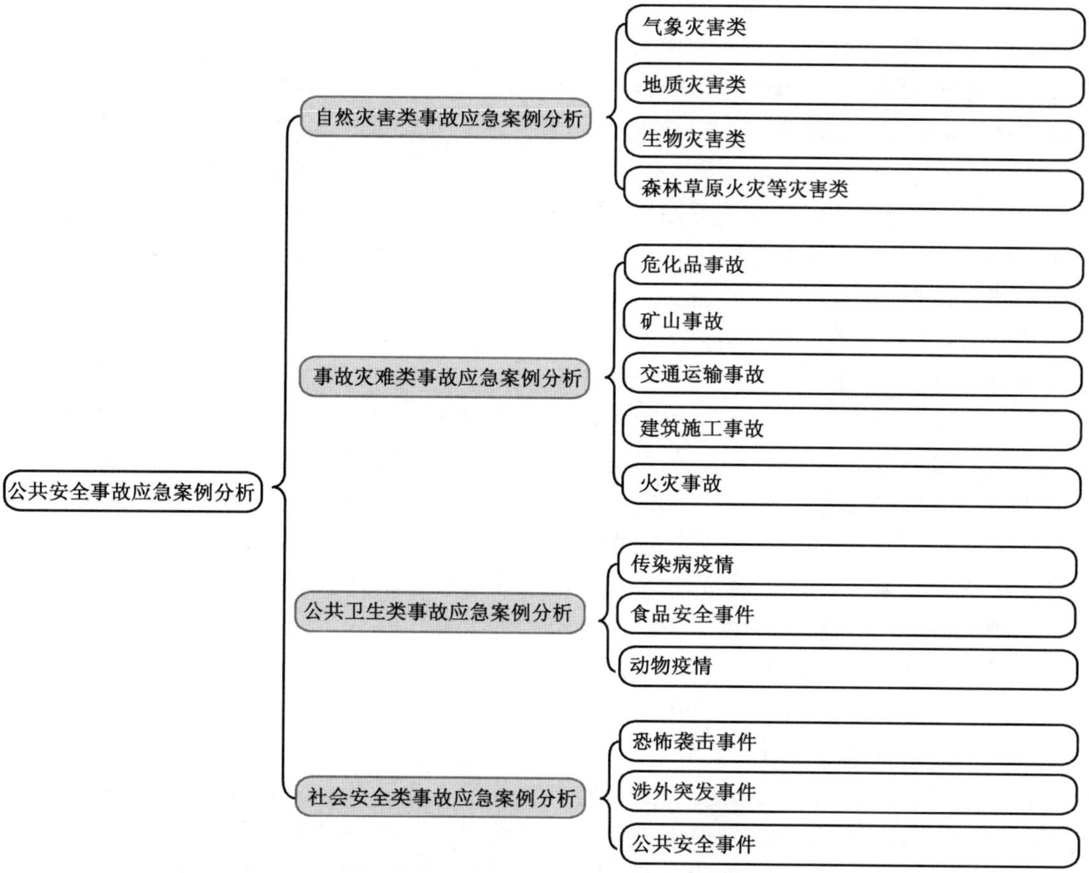

第一节　自然灾害类事故应急案例分析

自然灾害是地球自身或大气层内部的自然过程导致的一系列极端环境事件，如地震、洪水、飓风、火山爆发等。这些灾害常常带来巨大的破坏和影响，对人们的生命、财产和社会秩序构成严重威胁。在面对自然灾害时，科学的、高效的应急响应和管理显得尤为关键。

本节旨在深入研究自然灾害事故，全面了解其发生的背景、过程以及应急响应的各个环节。通过对案例的分析，重点关注事件中的关键时刻、各方主体的协作与配合，以及灾后重建等方面的问题，从而更好地认识、应对自然灾害。

一、气象灾害类

案例一　河南郑州"7·20"特大暴雨灾害

2021年7月17日至23日，河南省遭遇历史罕见特大暴雨，发生严重洪涝灾害，特别是7月20日郑州市遭受重大人员伤亡和财产损失。全省因灾死亡失踪398人，其中郑州市380人，新乡市10人，平顶山市、驻马店市、洛阳市各2人，鹤壁市、漯河市各1人。郑州市因灾死亡失踪人数占全省的95.5%。

（一）灾害情况

2021年7月17日至23日，河南省遭遇历史罕见特大暴雨。降雨过程17日至18日主要发生在豫北（焦作、新乡、鹤壁、安阳）；19日至20日暴雨中心南移至郑州，发生长历时特大暴雨；21日至22日暴雨中心再次北移，23日逐渐减弱结束。过程累计雨量鹤壁最大589毫米、郑州次之534毫米、新乡第三512毫米，过程点雨量鹤壁科创中心气象站最大1 122.6毫米、郑州新密市白寨气象站次之993.1毫米，小时最强点雨量郑州最大，发生在20日16时至17时（郑州国家气象站201.9毫米），鹤壁、新乡晚一天左右，分别发生在21日14时至15时（120.5毫米）和20时至21时（114.7毫米）。特大暴雨引发河南省中北部地区严重汛情，12条主要河流发生超警戒水位以上洪水。全省启用8处蓄滞洪区，共产主义渠和卫河新乡、鹤壁段多处发生决口。新乡卫辉市城区受淹长达7天。灾害发生后，应急管理部及时组织专家组开展灾害损失综合评估和灾害范围评估，形成评估报告，并会同发展改革委、财政部、水利部上报国务院同意，作为指导河南省编制灾后恢复重建规划的重要依据。据核查评估，河南省共有150个县（市、区）1 478.6万人受灾，直接经济损失1 200.6亿元，其中郑州市409亿元，占全省34.1%。这次特大暴雨是在西太平洋副热带高压异常偏北、夏季风偏强等气候背景下，同期形成的2个台风汇聚输送海上水汽，与河南上空对流系统叠加，遇伏牛山、太行山地形抬升形成的一次极为罕见特大暴雨过程，对河南全省造成严重冲击。强降雨在郑州市自西向东移动加强，河流洪水汇集叠加，加之郑州地形西南高、东北低，属丘陵山区向平原过渡地带，造成外洪内涝并发，灾情极为严重。

郑州市的雨情汛情灾情主要有以下特点：一是暴雨过程长、范围广、总量大，短历时降雨极强。二是主要河流洪水大幅超历史，堤防水库险情多发重发。三是城区降雨远超排涝能力，居民小区公共设施受淹严重。四是山丘区洪水峰高流急，涨势迅猛，造成大量人员伤亡。

总的来看，河南郑州"7·20"特大暴雨强度和范围突破历史记录，远超出城乡防洪排涝能力，全市城乡大面积受淹，城镇街道洼地积涝严重、河流水库洪水短时猛涨、山丘区溪流沟道大量壅水，形成特别重大自然灾害。

（二）主要教训

这场灾害有极端暴雨防御难度大的原因，有城市发展快、历史欠账多的原因，也集中暴露出部分领导干部认识准备不足、防范组织不力、应急处置不当等问题。

此外，还存在应急管理体系和能力薄弱，预警与响应联动机制不健全等突出问题，且干部群众应急能力和防灾避险自救知识严重不足。

（三）改进措施建议

（1）大力提高领导干部风险意识和应急处突能力。推动各级领导干部树牢人民至上、生命至上理念，统筹好发展和安全两件大事，增强风险意识和底线思维，提高防灾减灾救灾和防范化解风险挑战的能力和水平，有力应对好各类灾害风险挑战，切实把确保人民生命安全放在第一位落到实处，以实际行动和实际效果做到“两个维护”。对新调整上任的各级领导干部，要及时组织上岗前后专题培训，了解应对各类灾害的自身职责和要求，具备防灾减灾救灾和应急处置基本能力。

(2) 建立健全党政同责的地方防汛工作责任制。落实地方党委政府防汛救灾主体责任，实行防汛救灾党政同责、一岗双责，细化各级党委政府主要负责人、分管负责人和其他班子成员的防汛救灾职责，压紧压实日常防范和事前、事中、事后全过程领导责任。完善防汛抗旱指挥部的响应预案和运行制度，关键时刻必须坚持指挥部的统一领导指挥，明确班子成员之间具体分工，特别是明确防汛关键时段的具体岗位和具体职责，一旦出现重大险情第一时间进入岗位、高效运转。地方党政主要负责人首先要在指挥部靠前指挥、坐镇指挥、掌控全局，注重发挥各职能部门的作用，充分听取专业团队的意见建议，防止经验主义；赴灾害现场时必须明确其他负责人坐镇指挥，并与指挥部保持信息畅通，始终了解全局、正确决策。推动把履行防汛救灾职责、处置突发事件情况纳入党委政治巡视和干部考核内容，注重实际效果考核。建立重大灾害调查评估制度，对造成重大人员伤亡的都要认真调查，及时总结经验教训、补齐短板，对表现突出的干部予以表彰，对存在失职渎职行为的严肃追责问责。

(3) 深入开展应急管理体制改革及运行情况评估。各地应急管理体制改革进展还不平衡，既有地区之间的横向不平衡，也有省市县乡之间的纵向不平衡。建议各地全面组织评估，并把评估工作与深化改革统一起来，系统查找指挥机构设置、部门职责界定、专业人员和机构支撑、运行机制等方面与实现机构职能优化协同高效的差距，以坚持和加强党的全面领导为统领，建立健全统一权威高效的应急指挥机构，发挥好应急部门的综合优势和各相关部门的专业优势，建强指挥班子，完善制度机制，强化专业机构支撑。

(4) 全面开展应急预案评估修订工作，强化预警和响应一体化管理。预案评估修订要与健全制度相结合，实化细化指挥长和各有关部门及相关单位的具体责任、应答机制、行动措施，强化演练磨合和日常检查，发布预警信息后依据预案和制度启动响应、落实措施，并及时向指挥部反馈行动进展情况，确保关键时刻管用顶用。建立健全极端天气和重大风险研判机制，量化预警和应急响应启动标准，规范预报预警信息发布，建立健全预警与应急响应联动机制，按规定及时采取“三停”(停止集会、停课、停业)强制措施。加强预案内容审核和预案衔接把关，增强预案体系整体性、协调性、实效性。加快自然灾害防治相关法律法规制修订。

(5) 整体提升城市防灾减灾水平。把极端天气应对、自然灾害防治融入城市发展有关重大规划、重大工程、重大战略，完善防洪排涝标准和医院、地铁等公共服务设施的抗灾设防标准，实现城市防灾减灾能力同经济社会发展相适应。各城市特别是超大城市、特大城市要深入开展自然灾害综合风险普查，将重大风险隐患整治列入“十四五”规划，舍得花钱，舍得下功夫，下决心补齐城市特别是北方城市防洪排涝设施欠账，强化重大生命线工程安全保障，对位于地下空间的备用供电、排水泵站、高价值设备等关键设施实施分类改造，并修订相关标准，强化封闭、抗淹、迁移等安全保护措施，确保运行安全。严格管控违法侵占河道行为，提升城市气象和水文监测预报能力，实行洪涝“联排联调”，防范系统性风险。普遍建立城市安全综合风险监测预警中心和基层应急管理站所，建强基层消防站。加强国家综合性消防救援队伍和各专业抢险工程力量建设，优化抗洪抢险、排水排涝、水域搜救等装备配备，特别是在重点区域、重点部位配备海事卫星电话、长航时通信无人机、应急发电车等特殊装备,提高断路、断电、断网等极端情况下的应急保障能力。

(6) 广泛增强全社会风险意识和自救互救能力。在全社会广泛开展防灾减灾救灾宣传教育,宣传教育等部门要充分发挥各类媒介作用,深入浅出解读典型案例和血的教训,切实增强群众防范风险的警觉性。借鉴日本、德国等国经验,把防灾和安全教育从基础教育抓起,在国民教育体系中突出相关内容,推动防灾减灾救灾知识进教材、进校园、进社区、进职业培训。拓展形式丰富的实践演练活动,建设各级防灾减灾救灾教育培训基地、科普体验场馆,激发公众兴趣,增强培训效果。

案例二 北京"7·21"特大暴雨

(一) 事件经过

2012 年 7 月 21 日至 22 日 8 时左右,中国大部分地区遭遇暴雨,其中北京及其周边地区遭遇 61 年来最强暴雨及洪涝灾害。截至 2012 年 8 月 6 日,北京已有 79 人因此次暴雨死亡。根据北京市政府举行的灾情通报会的数据显示,此次暴雨造成房屋倒塌 10 660 间,160.2 万人受灾,经济损失 116.4 亿元。

(二) 处理措施

1. 指导救灾

受国务院领导委托,2012 年 7 月 26 日,国务院应急办、国家发改委、教育部等 12 部门组成的国务院救灾工作组,赶到北京市房山区周口店镇和城关镇洪涝灾区,实地查看受灾情况,慰问受灾群众,研究进一步加大救灾工作支持力度的措施。

北京市召开应对"7·21"强降雨专题会议,对防汛抢险工作提出明确要求:一是要以人为本,安全至上,千方百计组织好受灾群众安全转移;二是要充分发挥党员干部先锋模范作用,共产党员要站在一线;三是与解放军、武警官兵并肩作战,共同做好抢险、救灾工作;四是要做好群众转移安置工作,保证群众有饭吃、有水喝;五是做好灾后恢复和消毒防疫工作。市委市政府领导连夜冒雨涉险,进入灾区一线,指挥群众安全转移和抢险救灾工作。

2. 救援队

暴雨来袭,许多人身陷险境,一支自发组织的救援队伍迅速赶赴灾区——利用船只摆渡受困人员、潜水搜索淹没路段、包扎运送伤员……在危难中,他们用行动体现志愿精神与人间大爱,他们是北京市蓝天救援队——由社会自发组织形成却具有专业救援能力的救援队。

2012 年 7 月 21 日 22 时,蓝天救援队开始发布本队救援动态。经过与 119 指挥中心的沟通并接受派遣任务,23 时 35 分,蓝天救援队第一梯队 4 车 10 人携 2 艘冲锋舟、潜水装备、医疗救援装备出发赶往受灾现场。从 7 月 21 日至 23 日,蓝天救援队在房山区的暴雨救援中,共出动 101 人次,解救群众 288 人。

24 日,蓝天救援队又派出信息核实组赴十渡、野三坡调查各种信息,看是否还有需要帮助的地方。25 日中午,北京市气象台再次发布了暴雨蓝色预警信号,蓝天救援队的志愿者时刻准备响应政府和社会的需求,随时出发。

(三) 事件影响

此次降雨过程导致北京市受灾面积 16 000 平方千米,成灾面积 14 000 平方千米,全市受灾人口 190 万人,其中房山区 80 万人。全市道路、桥梁、水利工程多处受损,全市民房多处倒塌,几百辆汽车损失严重。

(1) 对基础设施造成重大影响。全市主要积水道路 63 处，积水 30 厘米以上路段 30 处；路面塌方 31 处；3 处在建地铁基坑进水，轨道 7 号线明挖基坑雨水流入；5 条运行地铁线路的 12 个站口因漏雨或进水临时封闭，机场线东直门至 T3 航站楼段停运；1 条 110 千伏站水淹停运，25 条 10 千伏架空线路发生永久性故障；京原等铁路线路临时停运 8 条。

(2) 对居民正常生活造成重大影响。全市共转移群众 56 933 人，其中房山区转移 20 990 人。发生 2 起泥石流灾害。

案例三　2007 年南方雪灾

(一) 基本情况

2007 年 12 月 8 日，鉴于北美、欧洲都出现了比较严重的暴风雪，中国气象局向国务院报送专题分析材料，就我国防御暴风雪灾害提出建议。

一个月之后，几十年不遇的特大雪灾在我国南方发生，且持续半月有余。湖南、安徽等地降雪约 30 厘米，京广线几近瘫痪，火车站滞留数十万人，湖南、贵州等部分地区断水断电，就连通信都几乎中断。

灾情发生后，中国气象局分别于 2008 年 1 月 25 日、27 日启动重大气象灾害预警应急预案的三级、二级应急响应。在此前后，交通、民政等部门也相继启动了各自的应急预案。2008 年元宵节前后，这场雪灾及其应急管理工作基本结束。

(二) 灾后反思

可以予以肯定的是，在这场艰苦卓绝的抗击冰雪灾害过程中，政府部门的应急行动是快速而果断的，武警和解放军是勇敢而忘我的，电力、通信部门的职工是默默奉献的，广大民众是众志成城的。但是，这些救援行动的背后，却凸显着我国应急管理系统建设的隐患：我们正在建设的应急管理系统依然以本部门、本地区为主，形成了条块分割的信息孤岛，不能互联互通，一旦面对需要跨部门、跨省解决的问题，就无法迅速跟进；电力系统、通信系统的应急机制不如交通应急系统那么有序；应急管理的平战结合依然停留在口头，日常维护做得不到位。

在 2008 年 2 月 28 日中国气象局和中国气象学会共同主办的低温雨雪冰冻灾害专家座谈会上，有关专家表示，此次南方低温雨雪冰冻气象灾害暴露出当前重大气象灾害防御工作面临着四大薄弱环节：其一，现有气象灾害综合监测探测范围、精度、时空分辨率等方面尚不能满足气象防灾减灾的要求；其二，气象部门虽然对 1 月 10 日以来的每次低温、雨雪、冰冻天气灾害过程做出了较为准确的预报，但对灾害性天气的持续性和强度估计不足，对交通、电力等行业造成影响程度的预评估不够；其三，气象灾害防御的部门合作、信息共享亟须加强，特别是预警信息发布后的社会联动、部门协调配合和有效应对防范还不够；其四，预警信息发布渠道和手段不能满足社会公众的需求，预警信息的覆盖面还不够广，公众缺乏灾害防御的意识和科学知识。

就气象系统来说，此次南方雪灾之前，气象预报系统应该提前预警雪灾天气，早就应该在雪情造成灾害之前通报可能出现的灾情，让各地区做好相关的预防措施。

就铁路系统来说，南方不少火车站滞留人数庞大，如果各个铁路局相互配合，将最新的列车信息传达到各个铁路站点以及网络站点，也许就不会有那么多人在寒冷的火车站等几十个小时了。

就信息共享来说，气象部门、民航系统、公路运输和铁路运输的数据并没有很好地共享，也没有很好地互助。

此外，我们还得到一个教训，那就是南方不要因为很少出现这样的雪灾，就忽视了平时的应急演练和日常维护。例如，如何应对严重雪灾？是否可以像北方一样组织人力及时除冰除雪？在不同温度下，要清楚了解各地区电网电线的抗冰冻能力，在电缆破损之前及时进行维修和清理，从而保证电路通畅。相信很多部门早已具备这些数据，例如，水利部门有我国水利河流分布和各地区主要堤坝的抗洪能力等重要信息，铁道部有关键路段的信息，电力部门有电网电线抗冰冻的信息等。不过，这些数据都需要这些部门进行定期核实，以保证数据的及时更新。

（三）灾后应急管理建议

这场突如其来的雪灾遭遇春运，让我们清楚地意识到，我国应急管理系统建设仍然任重而道远。中国气象局在灾后提交给国务院的评估报告中，提出了四点建议：由国家应急管理机构牵头制定重大气象灾害的政府专项应急预案，构建气象灾害应急处置社会联动机制；尽快出台《气象灾害防御条例》，从法律层面促进气象灾害应急部门联动；制定和实施《国家气象灾害防御规划》，统筹规划防范气象灾害的应急基础工程建设；加快国家应急平台体系建设，形成和建立部门之间互联互通、实时充分共享的信息交换机制。

在分析和梳理反思和建议的基础上，从全面加强气象灾害应急管理、提高气象应急管理能力的角度，我国应尽快采取以下对策：尽快建立健全重大气象灾害应急处置机制，由国家有关部门牵头制定重大气象灾害的政府专项应急预案，从而构建起气象灾害应急处置社会联动机制；尽快完善重大气象灾害应急信息共享机制，加快国家应急平台体系建设；亟须优化和完善灾害预警信息发布渠道；继续加强和提高气象灾害综合监测能力建设；加强全球气候背景下极端气象灾害的预警预报技术研究。

案例四　2005 年卡特里娜飓风

（一）事件经过

飓风卡特里娜于 2005 年 8 月中旬在巴哈马群岛附近生成，在 8 月 24 日增强为飓风后，在佛罗里达州以小型飓风强度登陆。随后数小时，该风暴进入了墨西哥湾，在 8 月 28 日横过该区套流时迅速增强为 5 级飓风。卡特里娜飓风于 8 月 29 日在密西西比河口登陆时为极大的 3 级飓风。该飓风对路易斯安那州、密西西比州及亚拉巴马州造成灾难性的破坏。用来分隔庞恰特雷恩湖和路易斯安那州新奥尔良市的防洪堤因风暴潮而决堤，该市八成地方遭洪水淹没。强风吹及内陆地区，阻碍了救援工作。估计卡特里娜飓风造成最少 750 亿美元的经济损失，成为美国史上破坏最严重的飓风。这也是自 1928 年奥奇丘比飓风以来，死亡人数最多的美国飓风，至少有 1 833 人丧生。

（二）事件影响

美国政府要求新奥尔良市百万人撤离飓风可能抵达的地区。墨西哥湾附近三分之一以上油田被迫关闭，七座炼油厂和一座美国重要原油出口设施也不得不暂时停工。

在宣布路易斯安那州紧急状态一天后，2005 年 8 月 28 日又宣布密西西比州进入紧急状态。密西西比州哈瑞森县共有 80 人丧生。整个密西西比州的死亡人数至少为 218 人，路易斯安那州 423 人，亚拉巴马州 2 人，佛罗里达州 14 人。密西西比州、路易斯安那州、亚拉巴马州和佛罗里达州至少有 230 万居民受到停电的影响，另外也造成了大规模的通信故障。有些城市甚至 90％的建筑物遭到了毁坏。

（三）处理措施

虽然美国国家大气海洋局对此次飓风的预报是比较成功的，也发布了飓风预警信号，但最终仍造成了灾难性结果，这在一定程度上反映了美国在应急体系上存在的问题以及应对灾难准备上的不足。预警信号发布后，人们采取何种应对措施不存在强制性。由于新奥尔良市多数被困居民为穷人，没有交通工具，因此他们几乎没有能力离开。加之部分人对飓风预警抱侥幸心理，在提前两天得到警告的情况下，也未撤离。政府也没有强制将这些人转移出城。另外，灾难发生后，救灾行动迟缓，也是这次灾害扩大的一个因素。

案例五　2023 年福建“杜苏芮”台风

（一）基本情况

2023 年 7 月 28 日至 29 日，第 5 号超强台风“杜苏芮”正面袭击福建省。据中国气象局分析，这次台风是近年来登陆我国大陆强度最大的台风之一，具有风力极强、降雨强度大、影响范围广、风暴潮高等特点。强降雨导致部分地区山洪暴发，发生滑坡、泥石流等灾害，使福州、厦门、泉州、漳州、莆田、宁德等 6 个市、50 多个县（市、区）、数百个乡（镇）不同程度受灾，其中泉州、厦门两市受灾最为严重。据统计，受灾人数超过 1 000 万人，因灾死亡数十人、失踪若干人，因灾伤病数千人，一度被洪水围困数万人，紧急转移安置人口数十万人；倒塌房屋数千间，损坏房屋数万间；多个县（市、区）城区受淹；农作物受灾面积数十万公顷，绝收面积数万公顷；交通、电力、通信、水利等基础设施损毁严重；因灾直接经济损失数百亿元。

党中央、国务院对“杜苏芮”台风应对工作高度重视。7 月 28 日，台风登陆当天，国务院即派出工作组赶赴灾区，慰问灾民，指导抗灾救灾工作。福建省委、省政府高度重视应对“杜苏芮”台风工作，多次召开电视电话会议，对应急工作做出部署，各级党政主要领导深入灾区，靠前指挥，保证了各项防台抗灾措施的落实。民政部、水利部、财政部及时下达资金数亿元，福建省各级政府紧急安排救灾资金数亿元和价值数千万元的救灾物资。民政、水利、国土资源、渔业、交通、卫生等部门派出工作组赴重灾区协助抗灾救灾。驻闽解放军、武警官兵积极参与抢险救灾。

在应对“杜苏芮”台风过程中，各级政府及各有关部门在预案编制、预测预报、组织指挥、调度决策、群众转移、灾民安置、卫生防疫、灾后恢复等方面做了大量卓有成效的工作，有效地减少了人员伤亡和财产损失。

（二）应急工作评估

1. 应急决策能力

在决策机制方面，福建省、市、县、乡都建立了由气象、海洋、民政、水利、国土资源等部门组成的应急决策指挥机构，实行统一领导，集体决策，政府主要领导担任指挥，全面负责应对工作。在决策时，尊重科学规律，发挥专家作用，汇聚集体智慧，组织各部门进行会商，为领导决策提供支持。

在决策及时性方面，在应对过程各个阶段，中央有关部门和福建省各级党委、政府都能根据气象预警信息及时做出决策。7 月 25 日至 27 日，台风尚处于发展阶段，民政部、水利部、自然资源部等部门和福建省根据气象预警信息，及时下发通知，要求各地密切关注台风动向，做好各项防御工作；7 月 28 日至 29 日，台风登陆阶段，福建省各级党委、政府及时组织有关部门进行会商，研究台风路径，分析台风影响，在此基础上召开多次电视电话会议，对台风防御工作做出全面部署；7 月 29 日至 30 日，台风登陆后的响应和恢复阶段，民政部、水利部等有关部门及时启动预案。福建省委、省政府先后多次召开紧急电视电话会议，了解各地灾情和救灾工作情况，部署各项抢险救灾工作。

在决策科学性方面，福建省在预警、响应、恢复的不同阶段，根据台风发展规律和特点，分别采取“防、避、抢”的工作方针，做到早准备、早部署、早行动，把大量工作做在台风登陆前，有效地减少了人员伤亡，把台风造成的损失降到最低。

综上分析，每个阶段的决策，都是依据气象部门研究判断结果并根据灾情实际情况做出的，决策是科学、果断、及时的。从实际效果上看，群众普遍反映，政府预报、预警及时，决策果断，为安全转移提供了时间保证，减少了生命财产损失。

2. 应急保障能力

在制度保障方面，近年来，国务院各部门，福建省各级党委、政府及有关部门高度重视预案编制工作，建立了较为完备的预案体系，中央、省、市、县有政府专项预案和各部门的部门预案，乡镇有具体操作预案。同时，福建省比较注重预案演练，省政府和厦门市政府在当年进入汛期后分别举行多次演练，检验了预案的实用性和可行性。

在资金、物资保障方面，中央财政每年安排特大自然灾害救济补助经费预算数十亿元和水利特大防汛抗旱补助经费数亿元，在预算不足的情况下，从总预备费中支出。省、市、县各级财政预算安排有自然灾害救济事业费和防汛抗旱经费，在预算不足的情况下，从省、市、县长预备费中支出。在物资储备方面，各级民政、水利部门均储备有一定数量的救灾抢险物资。在技术保障方面，中国气象局、民政部、水利部等部门分别建立了气象监测预测、水文监测预报、灾情监测统计等决策支持系统和远程视频会商系统。福建省的远程视频指挥系统基本覆盖到县，部分地区覆盖到乡，大部分市、县都配备了卫星云图，厦门等地还建立了多普勒雷达系统，可供实时监测台风动向，建成覆盖全省的水情、雨情自动测报系统和大型水库卫星遥测系统。

综上分析，预案体系比较健全，资金物资准备比较充分，技术保障体系比较完备。但是，各级政府尚无总体应急预案，市、县、乡的预案不同程度地存在可操作性不强的问题。物资储备品种和数量还不能完全满足实际需求。

3. 预警预防能力

在预警机制方面，从纵向看，气象系统内建立了会商机制，各级互相通报、交流监测分析结果；气象部门与政府之间建立了预测预报报告机制；气象、民政、水利、国土等系统内部建立了预警信息双向传递机制。从横向看，各级气象部门在对台风进行密切监测的同时，能及时将分析预测结果通报给民政、水利、国土、海洋等有关部门。在信息发布方面，各级气象部门及时将台风预测预报结果，通过广播、电视、报刊、互联网和手机短信等多种渠道及时向公众发布，使广大群众能够及时了解台风动向，及早采取防范自救措施。在预防措施方面，各级政府结合本地水文地质和人口经济分布情况，及时组织民政、水利、国土、渔业、农业等部门研究部署预防措施，组织开展水利工程巡检、地质灾害监测、涉险群众转移避险、渔船回港避风等工作。

综上分析，各级政府根据预警信息，及时组织会商，部署、落实各项抗灾救灾措施，做到早准备、早部署、早行动，预警机制比较健全，预警信息发布及时、准确，预防措施及时有效，最大限度地降低了人民群众生命财产损失。

4. 现场处置能力

在处置机制方面，以当地党委、政府为指挥核心，以有关部门专业技术人员、基层干部群众、部队、武警官兵为主要力量，形成效率较高的现场处置工作机制。在遇水库出险、群众被水围困及发生滑坡、泥石流灾害等突发情况时，当地党委、政府能够及时组织动员各部门力量，调动部队、武警官兵参与抢险救灾，确保人民群众生命财产安全。

在处置速度方面，当地党委、政府以第一时间赶到现场为工作准则，在立足于依靠本地、本部门进行处置的同时，及时向上级请求支援。从泉州、厦门等地的大量处置事例可以看出，现场处置机制是比较健全的，现场处置反应是迅速的，处置措施是有效的。

5. 恢复重建能力

在采取措施方面，“杜苏芮”台风在 7 月 28 日登陆，7 月 29 日上午，福建省委、省政府就决定把工作重点转移到恢复重建和灾民救助上来。省、市、县及时将救灾资金和物资下拨到灾区，组织伤员救治和卫生防疫工作，对倒房重建免收多项行政性收费，免收受灾贫困家庭子女学杂费、为部分受灾企业提供低息贷款担保，开展受灾群众低保审批工作，抓紧时间抢修水利、交通、通信、电力等基础设施，组织群众开展生产自救。

在实施效果方面，因灾损毁的交通、通信、电力等基础设施基本修复，水利设施和倒房重建工作已全部展开；紧急安排下拨救灾款物，确保受灾群众基本生活，因灾死亡人员家属、伤病人员、倒房家庭、受灾种养户得到了及时救助。

综上分析，恢复重建和灾民救助工作，措施是有力的、及时的，效果是明显的。灾区群众情绪稳定，社会秩序良好。

（三）工作经验

1. 各级领导高度重视台风防御工作

党中央、国务院对应对“杜苏芮”台风工作高度重视。中央领导同志多次做出重要批示。台风登陆前后，福建省委、省政府先后多次召开紧急会议，对应急工作及时做出部署，各级党政主要领导深入灾区，靠前指挥，保证了各项防台抗灾措施的落实。

2. 坚持以人为本，把人民群众生命安全作为应急工作的出发点和落脚点

福建省始终坚持以人为本，将人民群众生命安全放在首位。各级党委、政府采取大量措施，利用电视、广播、报纸、互联网等新闻媒体发布预警信息，宣传防范知识。认真做好水利工程、地质灾害隐患点、危旧房屋的安全检查工作，认真做好涉险人员排查转移避险工作，在城区利用防空警报、警车警报器，在乡村利用高音喇叭、敲锣、吹哨等非常规手段发布紧急转移命令，最大限度地减少了人员伤亡。

3. 建立健全了应急组织指挥体系和预案体系

福建省、市、县、乡都建立了应急决策指挥机构，建立健全了以行政领导负责制为核心的分级、分部门负责制。福建省、市、县政府及有关部门都制定了预案，建立了分级、分部门的应急预案体系。健全的应急指挥体系为应急工作提供了组织保障，健全的预案体系为应急工作提供了行动指南。

案例六　2024 年江西洪水

2024 年夏季，江西省遭受了百年不遇的特大洪水灾害。面对这场突如其来的自然灾害，江西省人民团结一心、众志成城、顽强拼搏，最终取得了抗洪救灾斗争的全面胜利。

早在 2024 年 2 月，江西省防灾减灾委员会就组织专家商讨了当年汛期的重大灾害问

题，预测夏季可能发生较大水灾。4月，省气象局和水利厅的专家共同做出了短期气候预测，指出6至8月份降水偏多。省水利厅水文局的专家也预报，汛期有发生特大洪水的可能。

中央和地方政府根据专家会商的意见，及时做出了抵御洪灾的安排。从江河整体调度方案、防洪预案，到抢险队伍组织、加堤固防，再到救灾物资及人员都做出了严密部署。国家防汛抗旱总指挥部提前一个月召开了本年度第一次防洪工作会议，对防洪工作做了初步指挥。各级水利部门认真抓好各项防汛准备工作，各地对防汛准备工作做了周密安排，各省（区、市）按照防大汛、防大洪的要求，做了大量防汛准备工作。5月底，国家防总领导人赴江西省检查了堤防情况。有关部队也接到了防洪指示精神，做了防洪救援准备工作，尽量减少人员外出及休假，保证随时待命。

在这场抗洪救灾斗争中，国家领导人高度重视、亲赴指挥。中央明确提出了确保大堤安全、确保重要城市安全、确保人民生命安全的抗洪目标。党和国家领导人亲赴第一线指挥抗洪抢险救灾。在抗洪关键时刻，人民解放军总部迅速调动，像组织重大战役一样，迅速向部队下达各种指令，协调部队开进，打响了这场轰轰烈烈的没有硝烟的战争。广大官兵不顾劳累、不顾伤势，甚至不顾生命地投入保护人民生命财产安全的抗洪斗争中，忍受长时间的烈日暴晒和洪水浸泡，风餐露宿，夜以继日地艰苦奋战，用血肉之躯铸起了击不退、冲不垮的铜墙铁壁。其间涌现出了一个又一个抗洪英雄。

大灾之后，江西省在“全面规划、统筹兼顾、标本兼治、综合治理，实行兴利除害结合、开源节流并重、防汛抗旱并举”的方针指导下，开展了灾后重建工作，将确保受灾群众的基本生活需要放到了工作的首要和重点位置。各级干部深入基层、深入群众，亲自负责受灾群众的生活恢复工作，指导退田还湖、移民建镇，组织生产自救，保证广大受灾群众开始正常的生产生活活动。此外，还进行了退耕还林、水土保持等环境治理和保护工作，从根本上预防了重大恶性自然灾害的发生；进行了加固堤防、控制江河、河道治理等防洪工作，兼顾防洪系统，抵御灾害作用。

二、地质灾害类

案例七　深圳“12·20”特别重大滑坡

2015年12月20日，位于深圳市的某渣土受纳场发生滑坡事故，造成73人死亡，4人下落不明，17人受伤（重伤3人、轻伤14人），33栋建筑物（厂房24栋、宿舍楼3栋、私宅6栋）被损毁、掩埋，90家企业生产受影响，涉及员工4 630人。事故造成直接经济损失为8.81亿元。

2015年12月25日，在国务院深圳光明新区“12·20”滑坡灾害调查组排除山体滑坡、认定不属于自然地质灾害的基础上，依据有关法律法规并经国务院批准，成立国务院广东深圳光明新区渣土受纳场“12·20”特别重大滑坡事故调查组。

调查组查明，事故直接原因是：某受纳场没有建设有效的导排水系统，受纳场内积水未能导出排泄，致使堆填的渣土含水过饱和，形成底部软弱滑动带；严重超量超高堆填加载，下滑推力逐渐增大、稳定性降低，导致渣土失稳滑出，体积庞大的高势能滑坡体形成了巨大的冲击力，加之事发前险情处置错误，造成重大人员伤亡和财产损失。

调查认定，某公司为某受纳场运营服务项目的中标企业，违法将全部运营服务项目整体转包给另一公司。另一公司未经正规勘察和设计，违法违规组织某受纳场建设施工；现场作业管理混乱，违法违规开展某受纳场运营；无视受纳场安全风险，对事故征兆和险情处置错误。两家公司和实际参与运营者都是事故责任主体。

案例八　汶川“5·12”大地震

（一）灾害情况

2008 年 5 月 12 日 14 时 28 分 04 秒，8 级强震猝然袭来，大地颤抖，山河移位，满目疮痍，生离死别……这是中华人民共和国成立以来破坏性最强、波及范围最大的一次地震。地震重创约 10 万平方千米的中国大地。截至 2008 年 9 月 25 日，共造成 69 227 人遇难、17 923 人失踪、374 643 人受伤、1 993.03 万人失去住所，受灾总人口达 4 625.6 万人；直接经济损失达 8 451.4 亿元。

（二）应急处置

汶川地震发生后，国家启动了地震灾害应对的一级响应，成立了抗震救灾总指挥部。在汶川地震救援中，我国政府响应迅速，处置得当，效率极高，赢得了国际社会的高度评价和广泛赞誉，也为我国处置特大突发事件积累了宝贵的经验。

(1) 统一指挥，协调联动。在党中央、国务院的统一领导和部署下，全国上下紧急行动起来，军民齐心协力，部门之间协调联动，一方有难，八方支援，打破了条块分割、部门分割、地域分割、军地分割的界限，形成了协同应急的巨大合力，发挥了“社会主义集中力量办大事”的优势。特别是公安、消防、气象、水利、电力、交通、民政、医疗、防疫等部门密切配合，未雨绸缪，提早筹划，严防水库溃坝、疫病流行等次生、衍生灾害的发生。

(2) 信息透明，发布及时。汶川地震的消息在灾害发生后的几分钟内就被公布于众。信息的透明、公开稳定了全国各地社会公众的情绪。不仅如此，在灾害应对的过程中，主流媒体对灾区救援情况进行了实时、动态的报道，使得社会公众能够及时了解灾情，如中央人民广播电台推出了特别直播节目《汶川紧急救援》，中央电视台综合频道与新闻频道联合推出了直播节目《抗震救灾，众志成城》等，24 小时不间断播出。这不仅在最大程度上满足了社会公众知情的需要，也使有关地震的谣言、流言无立足之地；不但没有引起过度的社会恐慌，反而激发了全国人民同心同德、共赴国难的爱国热情，增强了民族凝聚力。

(3) 军民结合，平战结合。继南方雨雪冰冻灾害之后，中国人民解放军、中国人民武装警察部队和民兵预备役人员在汶川地震的危难之际又一次大显身手，起到了力挽狂澜、扶危定倾的作用。由于地震导致陆路交通受阻，空军紧急出动大型运输机、直升机等装备，向灾区机降和伞降应急救援力量和物资。在陆路交通不畅的情况下，解放军、武警和民兵凭借过硬的军事素质，强行军火速赶往重灾区。野战运血车、野战流动医院等大批先进的军事装备在突发事件的处置过程中展现出了巨大的威力。从国内外巨灾应对的实践来看，武装力量执行抢险救灾等非战斗军事任务具有得天独厚的优势，因为他们具有顽强的意志、良好的体力、严密的组织及超常的快速反应能力、应急机动能力和远程投送能力。同时，汶川应急救援对于武装力量来说也是一次难得的实战演练机会，其中体现了军民结合、平战结合的精神。

(4) 以人为本，心理干预。汶川大地震使数以万计的民众丧生，重创了灾区社会公众的心理。许多劫后余生的灾区公众或惊魂不定，或沉浸在丧失亲友的痛苦之中。在汶川大地震救援中，我国政府本着以人为本的原则，对于社会公众的心理干预介入时间早、力度大。

例如，中国心理协会及时启动“阳光在行动”工程，派出心理专家赶赴灾区，对灾民进行心理疏导；中科院成都科研基地也将青少年心理干预手册发放给灾区的孩子；唐山地震的幸存者赶赴灾区现身说法，等等。这些都将对我国今后处置重大突发事件具有重要的借鉴意义。

(5) 社会动员，全民参与。在汶川大地震救援的过程中，社会动员发挥了突出的作用。全国人民踊跃参加为灾区献血、募捐等活动，政府、企业与社会大众之间有效地组合力量，形成了政府主导、全社会共同参与的局面。在汶川大地震救援中，中国企业勇于承担社会责任，向灾区慷慨捐款捐物，提供挖掘机、柴油发电机、方便面、瓶装水、帐篷、衣服、药品等设备和物资；派出专业维修队伍和应急救援队伍，携带先进装备，抢修灾区的水、电、交通、通信等“生命线”系统，救助灾区被困人员。为了支援灾区的抗震救灾工作，许多企业开足马力，夜以继日地生产抗震救灾物资，为最终夺取抗震救灾斗争的胜利提供了有力的物质保障。在汶川地震救援中，志愿者云集，车友、无线电爱好者等自发组织起来，赶赴灾区，参与抢险救灾。众多的非政府组织以其灵活的形式自下而上对震灾做出了迅速的反应，与政府自上而下的应急模式形成互补。

(6) 心态开放，广纳外援。在经济全球化背景下，特大自然灾害的影响往往具有较强的跨国扩散性，因此防灾、减灾、抗灾方面的国际合作至关重要。特别是面临全球气候变化的挑战，世界各国更需要携手并肩、同舟共济。汶川大地震发生之后，我国政府接纳了许多国家的国际援助，并同意日本、俄罗斯、韩国、新加坡等国向四川灾区派出地震救援队，这充分展示出了中国开放、成熟、自信的大国气度。

(三) 相关启示

汶川大地震不仅是四川的灾难，也是全国的灾难，甚至是全世界的灾难。从汶川大地震的爆发，到展开应急救援，带给我们的启示也是多方面的。

(1) 推动应急管理体制改革。与南方雨雪冰冻灾害相比较，汶川大地震的应急响应非常迅速，各部门、各地方协调联动，效率很高。这与党中央、国务院的高度重视是分不开的。我国应充分总结汶川大地震应急管理的经验，深入思考我国应急管理体制改革问题，为应急管理机制的创新拓展更为广阔的空间。

(2) 加强武装力量的应急培训与演练。为了在特大灾害发生时能够有效地调动武装力量参与应急，同时减少不必要的人员伤亡，解放军、武警和民兵应将突发事件应急管理的基本知识与基本技能培训提到日程上来，并经常地单独进行应急演练或与地方联合开展应急演练。

(3) 完善应急社会动员机制。为了保障社会动员的可持续性，政府应对突发事件处置过程中的临时征用行为进行适当的补偿。有关部门应对企业拥有的应急救援装备和物资储备、生产能力实行登记制度，以便灾时政府的紧急征用。应急产业化应得到大力推进，政府要鼓励企业开发应急救援产品，兴办以退役消防队员及退役军人为主体的应急救援公司。此外，完善社会动员机制的措施还包括：开展志愿者应急救援队伍的专业技能培训，加强非政府组织之间的协调，引导志愿者个人或非政府组织依法、有序地参与应急管理；建立、健全巨灾保险机制，分担灾害所带来的风险。

(4) 加强基层应急管理能力。在某种意义上讲，基层应急管理能力的高低决定着我国能否最大限度地减轻突发事件的危害。在因交通阻塞等原因应急救援队伍不能及时赶到救援现场的情况下，基层应急能力显得尤为重要。例如，当地震发生时，社区邻里之间如果能守望相助,幸存者就可根据地震发生的时间,迅速判断被埋压者所处的大体位置,进而增强了救援的针对性,给被困者带来生的希望。强烈建议切实加强基层应急管理能力,完善基层应急管理的组织体系,同时为基层社会单元配备必要的应急资源。

(5) 开展公共安全教育。公共安全教育对于提升社会公众自救、互救意识和技能是不可或缺的。但是,开展公共安全教育不能仅依靠“运动式”的宣传模式,而必须实现经常化和日常化,将公共安全教育纳入学校教育体系,使公共安全教育成为社会公众生活的必要组成部分。

(6) 建立应急管理的国际合作机制。在经济全球化时代,我国越来越多地面临着全球风险的挑战。重大突发事件对人类的生存安全构成了严峻的挑战。在这个背景下,应该建立应急管理的国际合作机制,加强与世界主要国家在应急领域里的交流与合作,取长补短,共同进步。

案例九　日本“3・25”地震

(一) 灾害概况

2007 年 3 月 25 日 9 时 41 分,日本能登海峡 11 千米深处发生 6.9 级地震,石川县多个地区观测到 6 级和 5 级地震,并在 11 时 30 分观测到 0.2 米高的海啸。本次地震,造成 1 人死亡,336 人受伤,609 户民房全毁,1 368 户住宅破坏严重,12 326 户房屋局部损坏,形成 3 处天然水坝,10 处地表裂缝,51 处围堰垮塌。

生命线设施方面,造成 160 000 家停电,13 328 家停水,221 条电话线路不通和 10 处移动通信发射塔停用。

除多条高速公路和国道因山坡落石和路基陷落实行交通管制外,整个地区所有铁路也临时全线停运。能登机场因为跑道受损而一直关闭到第二天 8 时。

另外,河流、海岸、道路桥梁、港湾设施、下水设施、公园等多数受到不同程度的损害。学校、文化设施、历史文物设施、养老院等福利设施等也受到不同程度的影响。

(二) 内阁府应急反应

(1) 地震刚发生,由中央政府各相关部委局长级职员组成的紧急事态应对小组以及各部门分管应急处理的职员,迅速汇集到首相官邸的危机管理指挥中心。

(2) 警察、消防、自卫队、海上保安厅、国土交通省等部门的直升机飞赴灾区进行图像情报收集的同时,启动内阁府地震灾害情报系统,初步估算建筑物等受害情况,大致把握灾害规模。

(3) 内阁总理大臣发出了“确认受灾情况,确保居民安全”的指示。当天上午向灾区派出了政府调查团并在轮岛市政府内设立了中央政府现场联络对策室,进行现场情报收集并与地方公共团体联系。

(4) 3 月 25 日 17 时,在内阁府召开了第一次相关部委联席会议,通报灾害情况和各部门应对行动,确定以后的应对策略。

(5) 3 月 26 日 18 时 30 分,内阁府召开第二次应急联席会议并做出四点决定:

① 继续和地方公共团体协作,力争准确地把握受灾情况。

② 尽快制定灾民支援方案,使灾民生活尽早稳定。

③ 迅速组织道路供水等生命线设施的应急和恢复。

④ 收集其他受灾民众和团体对援助灾区临时恢复和长期恢复的意见和希望,强化相关

部委之间的联系和协作。

(6) 3月30日17时,内阁府召开第三次应急联席会议,通报受灾情况和应对情况以及灾区的希望,交流各有关部委面临的课题和应对行动,讨论了以后的对策措施。

(7) 4月13日,日本首相视察灾区。

(8) 批准石川县七尾市等六市镇为《灾害救助法》适用对象,石川县依此决定建造334户临时住宅。根据《灾民生活再建支援法》,批准石川县全境为《灾民生活再建支援金发放制度》的适用对象。4月25日宣布石川县凤珠郡能登镇等为严重受灾区,对其公共土木设施的恢复实行特别财政援助。

(三) 各部委的应急反应

(1) 3月25日9时42分,消防厅设立灾害对策本部,应石川县请求,向灾区派遣从京都等地抽调的87个消防队,共349名消防队员。

(2) 3月25日9时42分,国土交通省启动非常体制,派出直升机收集情报的同时,向灾区派遣14台照明车和4台卫星通信车,开展灾区建筑物危险度鉴定等服务,并在现场设立灾害对策现场支援中心。

(3) 3月25日9时45分,内阁官房设立官邸对策室。

(4) 3月25日9时45分,警察厅设立灾害警备本部,收集灾害情报并从爱知等县抽调紧急警察援助队246名警察赶赴灾区。机动警察通信队在确保警察通信的同时,向官邸等传送现场图像资料。

(5) 3月25日9时45分,海上保安厅成立灾害对策本部,派出舰船和飞机收集灾区情报。

(6) 3月25日9时45分,防卫省成立灾害对策室,应石川县请求,至4月8日,共向灾区派遣自卫队2 730人,车辆1 050辆,飞机60架次,进行食品、供水等支援。

(7) 3月25日9时45分,气象厅宣布进入紧急状态,启动地震机动监测系统,临时调低灾区大雨的预报基准。

(8) 3月25日9时53分,内阁府设立灾害对策室,从相关机构收集资料的同时,向官邸和有关部委通报情况。

(9) 3月25日9时53分,文部科学省成立灾害情报联络室,同日13时,升格为灾害应急对策本部。收集教育系统受灾情况的同时,指示防止二次灾害发生。3月26日,召开地震调查委员会临时会议,综合评估地震活动和地壳变动动向。

(10) 3月25日9时57分,总务省成立紧急事态对策本部。3月28日在石川行政评价事务所设立震灾特别行政咨询所,4月13日和15日分别在轮岛市和穴水镇开设震灾特别行政咨询所,4月12日,对石川县三市四镇提前拨付应于6月份拨付的税款。

(11) 3月25日9时57分,法务省设立了灾害情报联络室。

(12) 3月25日9时57分,国土地理院成立灾害对策本部,迅速进行电子基准点观测数据的解析,开展空中摄影和现场紧急测量,制作地壳变动图和灾害状况图。

(13) 3月25日10时,农林水产省设立有关厅局联络会,照会有关金融机构对灾区给予贷款和还贷方面的优惠,并在轮岛市设立耕地、水利恢复支援室。

(14) 3月25日10时02分,厚生劳动省成立灾害对策本部,向灾区派遣两名精神心理专家。

(15) 金融厅迅速和石川县银行协会进行磋商，要求尽快制定包括延长还贷期限等对受灾者的优惠措施。

(16) 资源能源厅决定对受灾地区的电费和燃气费采取延缓缴纳的特别措施。

(17) 中小企业厅要求在石川县内各金融和工商联机构设立灾害特别咨询窗口，要求政府所属的金融机构对受灾地区的中小企业采取放宽还贷条件等措施。

(四) 救援分析

日本是自然灾害频发的国家，向来对自然灾害，尤其是地震灾害的防范和应急工作准备充分。地震发生后，中央政府各相关部门均在极短的时间内就启动应急机制，设立应急对策部门并迅速开展情报收集、损失评估、应急救援、恢复支援等应对活动。采取的行动均有相应的法律法规为依据。应该说，在这次地震灾害中，日本中央政府的公共安全管理体系反应及时迅速，措施得力，起到了应有的作用。

三、生物灾害类

案例十　四川“7・29”稻飞虱灾害

(一) 灾害情况

稻飞虱是我国水稻产区常见的重大有害生物，具有迁飞性、暴发性、毁灭性和繁殖力强等特点，其发生、繁殖、迁飞和气象条件关系极为密切。正常情况下，稻飞虱在四川省不能越冬，因此，每年的5月中下旬，白稻飞虱会从广西、贵州和云南等地迁入，四川盆地东南部分地方就成为稻飞虱的首选地和常发区域。2007年7月，由于四川省降雨充沛，稻飞虱病虫害迅速发展，截至7月28日，稻飞虱已在全省18个市(州)、85个县(区、市)发生，面积521万亩，绝收面积近7万亩，为1991年以来最严重灾情。其中，有19个县(区、市)稻飞虱发生面积超过50%。

2007年7月29日，四川省人民政府果断启动省农业重大有害生物灾害应急预案，实施稻飞虱Ⅱ级应急响应，要求各地加大防控力度，努力减少损失。通过全省各相关部门的大力配合和各级干部群众齐心协力、奋力抗灾，自贡、内江、宜宾、广安、乐山等地稻飞虱的发生危害得到全面控制，川西、川北稻飞虱危害得到有效遏制，专家预计挽回粮食产量损失20亿斤。8月16日，经省稻飞虱防控专家组评估，根据《四川省农业重大有害生物灾害应急预案》标准，省政府宣布解除稻飞虱Ⅱ级应急响应，稻飞虱防控工作取得全面胜利。

(二)应急处置经验

1. 领导重视、靠前指挥

四川省委省政府对此次农业生物灾害高度重视，主要领导专程赴灾区视察稻飞虱防治工作，并多次做出重要批示，并有一名副省长深入一线坐镇协调指挥。各级党委、政府迅速行动、快速反应，集中力量开展稻飞虱防治歼灭战。

2. 启动预案、明确职责

应急预案启动后，四川省农业厅做好稻飞虱的调查、监测、预报，制定稻飞虱防控技术方案，省政府新闻办统筹新闻发布和对外报道，省财政厅负责安排落实所需财政负担的监测防治经费，省工商局依法严厉打击经营假冒伪劣农药的行为，省气象局负责稻飞虱发生气象条件的测报。

3. 密切监控、强化预警

四川省农业厅及时发出《关于加强稻飞虱监测和预警工作的紧急通知》，在川西、川北稻区紧急增设300个稻飞虱监测点，利用GIS、GPS等现代技术对虫情进行实时监测。

4. 精心组织、科学防控

四川省农业厅提前对稻飞虱偏重发生、局部大发生的趋势做出预报，印发了《关于加强稻飞虱等重大病虫害值班工作的通知》《稻飞虱监测及防治技术要点》，及时召开全省以稻飞虱为重点的水稻穗期病虫防治现场会。同时，组织科研、基层、院校、气象等部门专家，多次对虫情进行会商，对防控措施和方案适时进行调整和优化。

5. 广泛宣传、狠抓培训

省农业厅制作宣传挂图20万张、《稻飞虱发生与防治》免费光碟1万张，各地累计播出稻飞虱防控信息1万余次，印发719万份，出动宣传车2 325台次，发布稻飞虱防控手机短信64万条次，开展技术培训1.5万场次，受训人员401万人次。

四、森林草原火灾等灾害类

案例十一　肇庆市"11·10"森林火灾

(一) 总体情况

2007年11月10日下午1时，肇庆市某山因进山采脂的林农违规吸烟引发森林火灾，严重威胁鼎湖山国家级自然保护区及北面大片森林的安全。火灾发生后，肇庆市立即组织森林消防队伍上山扑救。当天下午6时，肇庆市政府紧急启动《肇庆市中心区森林火灾扑救预案》，设立前线扑火指挥部，市主要领导亲临指挥，先后组织近600人采取直接扑打和开设隔离带等措施灭火。由于火场山坡陡峭，林下植被丰富，风力大且风向变化无常，扑救难度大，未能有效控制火势蔓延。截至11日下午1时，过火面积已超过100公顷。11日下午1时10分，肇庆市森林防火指挥部向广东省森林防火指挥部请求紧急增援。

广东省森林防火指挥部根据火情态势，立即启动《广东省处置森林火灾应急预案》，成立扑火指挥部，指派省林业局一名副局长带领有关处室负责人和扑火专家组成扑火前线指挥组赶赴现场，协助指挥灭火；调集广州、清远、云浮等地14支专业森林消防队350多人赶赴火场增援扑火；向原国家林业局请求调派直升机空中侦察火情和实施飞机吊桶灭火。

火灾发生后，广东省委、省政府高度重视，主要领导先后做出批示，要求肇庆市领导要靠前指挥；要以人为本，认真制定扑火方案；要采取得力措施，调动足够力量，尽快扑灭火灾，妥善做好善后工作。11月12日，出差在外的省森林防火指挥部总指挥(副省长)立即赶到省森林防火指挥部，紧急召开指挥部主要成员单位会议，对扑救工作再次作了部署，要求肇庆市当天晚上要召开会议，分析火情，制定下一步扑火方案。根据省政府要求，主管的省政府副秘书长11月12日全天坐镇省森林防火指挥部，指导扑救工作。11月13日清早，主管副省长带领省政府副秘书长、省政府应急办、省林业局、省军区等有关单位负责同志赶到火灾现场，听取汇报，察看火情，慰问在一线的救火人员，并要求肇庆市要克服麻痹思想，迅速清理火场，巩固灭火成果，防止死灰复燃；要总结教训，举一反三，层层落实防火责任制，防止类似事故再次发生；要尽快查清事故原因，追究有关责任人责任；要对扑救工作中表现突出的单位和个人给予通报表扬和奖励。

13日凌晨0时20分，明火全部被扑灭。为防止死灰复燃，肇庆市组织了600多人清理火线、看守火场。14 日下午，清理工作全面完成，没有人员伤亡。经核实，此次森林火灾过火面积 291.1 公顷，受害森林面积 250.5 公顷；先后出动 2 400 多人、车辆 120 辆次参加扑救，共投入扑火 7 145 个工日，动用两架直升机侦察和实施作业 60 架次 33.5 小时，吊桶洒水 66 桶 99 吨。据测算，火灾共损失林木 6 388 立方米，其他损失折款 179 万元，直接扑火费用达 346 万元。

（二）科学决策与指挥

1. 协调联动，密切配合

根据火情发展态势，省、市及时启动处置森林火灾应急预案，加强与原广州军区、省军区及肇庆军分区、武警广东总队肇庆支队、省公安消防总队、民航中南管理局、省交通厅、省气象局等有关单位联系和沟通，协调调动各方扑救力量，全力以赴扑灭林火。省森林防火指挥部紧急调集广州、清远、云浮等地专业森林消防队伍和武警部队增援，并向国家请求调派直升机侦察火情和实施吊桶灭火，成功实施了跨地区、多队伍、多装备、多技术协同作战方式，安全有效控制火势蔓延，为广东省森林火灾扑救工作积累了宝贵的经验。肇庆市各有关单位按照预案要求，通力合作，密切配合。一是及时转移可能受威胁群众；二是紧急出动应急移动通信指挥车，确保火场通信联络畅通；三是维护现场附近交通秩序和灾区治安，开展起火原因调查，并将肇事者缉捕归案；四是全力做好医疗救护和后勤保障工作，确保水、食品、药品供给充足。

2. 专家参谋，科学决策

这次扑救工作，充分发挥了专家的作用，依靠专家科学决策，成功扑灭了火灾。2007 年 11 月 12 日，针对火灾现场山高、坡陡、林密、风大，扑救困难，火势没有得到有效控制的情况下，省森林防火指挥部紧急召集省森林扑火专家组专家召开会议，认真听取专家的意见和建议，研究制定切实可行、安全有效的扑救方案。同时，派出多名扑火专家到现场指导扑救工作，为科学扑救、有效扑救，确保无人员伤亡和最大限度地减少损失发挥了积极作用。

3. 制定方案，科学扑救

肇庆扑火前线指挥部在充分掌握了火场的地形地貌、天气变化、可燃物分布、交通条件、火行为特点、火场周边的重要设施、林火阻隔条件及火灾的蔓延态势等情况，听取了扑火专家意见后，制定了火场东、西、南、北线的综合扑救方案。

（1）东线

根据东线南端具有一定水源的特点，采取高压水泵以水灭火和直接灭火相结合的办法。调派广州市 8 支森林消防队到东线南端，利用山沟、小溪和池塘等自然水源，采取高压消防水泵接驳输水灭火；东线北端由清新、广宁专业森林消防队及武警战士共 150 人直接扑火和火场清理的配合下，有效地阻止了东线火势的蔓延。

（2）西线

在山高路远、没有水源的火场西线，采取直接扑火和以火攻火的技术实施灭火。由实战经验丰富、扑火作风顽强的英德、高要、西江林业局、北岭山林场等专业森林消防队 180 人，利用有利地势采取在直接扑火的同时结合以火攻火的办法，有效地保护了西面森林和鼎湖山国家级自然保护区的安全。

（3）南线

在南线的山脚以沿线荷木防火林带为依托，布置了半专业森林消防队伍、武警部队严密监控，林火始终被阻隔在防火林带以内。

（4）北线

北线山势陡峭，地面植物以芒草和杂灌类为主，消防队员行动困难，人工扑救十分艰难，采取直升机吊桶灭火和直接扑火相结合的办法。直升机抓住有利时机以5桶/小时的速度，向火场北线悬崖峭壁上的火点实施洒水，达到了减弱林火的目的，由英德、罗定、郁南、封开专业森林消防队150人以及武警战士配合直接扑火和火场清理，有效地扑灭了北线的林火。

4. 落实措施，成效显著

（1）强化扑救安全，杜绝人员伤亡

这次扑救工作始终坚持以人为本、安全第一、科学扑救的原则，组织制定扑救方案、扑火队伍的安全行进路线和火线安全措施，并告知所有进入火线的扑火人员安全注意事项和紧急避险办法，确保了扑火过程的安全，实现了无人员伤亡的应急处置目标。

（2）直接扑救与积极防御相结合

前线指挥部在实施“分兵合围，安全扑救”的扑救方案同时，为防止火场向四会、鼎湖方向蔓延，紧急调拨30台油锯在火场西北线外围开设隔离带，积极做好预防工作，为确保鼎湖山国家自然保护区和四会市数万亩山林的安全设置了第二道防线。

（3）多队伍、多装备、多技术配合

广东省森林防火指挥部与前线工作组、火场前线指挥部保持密切联系和沟通，根据不同火场的实际情况，及时组织了多队伍、多装备、多技术配合作战。一是专业队伍和半专业队伍协同作战，专业队伍扑打火头，半专业队伍清理和看守火场；二是组织实施了飞机“吊桶灭火”和地面高压水泵“以水灭火”相结合，工具扑打明火与水枪清理暗火相结合；三是直接扑火和以火攻火相结合，直接火线扑打和开设隔离带阻隔相结合，实现了安全、快速、有效的扑火目标。

（三）启示

肇庆市鼎湖区森林火灾是广东省近年来少见的一次持续燃烧时间长、过火面积大、组织扑救难度高的森林火灾，经各方共同努力被成功扑救，取得了无一人伤亡的重大成绩，但在组织扑救上仍存在一些不足：一是火情报告不及时，对初始火情发展估计不足，未能及时组织有效扑救，地方处置森林火灾应急预案有待完善；二是当地专业扑火力量不足，未能及时采取重兵扑火，致使火场不断扩大；三是扑火装备与手段落后，物资储备不足，特别是航空消防建设严重滞后；四是指挥通信（特别是火场应急通信）系统落后，在一定程度上影响调度指挥；五是后勤保障的组织协调能力有待改进。

成功扑灭这次森林火灾的三点重要启示：一是首次成功启动《广东省处置森林火灾应急预案》，充分证明了预案是切实可行、行之有效的；二是首次成功组织大规模跨地区、跨部门协同作战，充分证明了森林消防队伍是有战斗力的；三是首次成功综合运用地空配合的“以水灭火”先进技术，充分证明了“以水灭火”的快速、安全、有效。

（四）建议

随着森林资源不断增加，极端气候频繁出现，森林防火形势日益严峻，防火任务日趋繁重。针对这次森林火灾扑救过程中存在的一些问题，提出如下建议：

1. 尽快组建航空护林站

航空消防是当今世界森林防火现代化的象征。鉴于目前林情、火情的特点和社会经济条件，广东省完全有必要、有能力建立航空护林站，配备航空护林直升机，开展航空消防业务。

2. 加大专业森林消防队伍建设力度

各级财政应加大森林防火资金投入力度，有森林防火任务的县(市、区)应建立50人以上的专业森林消防队伍，配备先进的扑火装备和通信、交通运输工具，加强森林消防队伍专业化建设。

3. 加快森林防火指挥体系建设步伐

为适应森林防火工作发展要求，应建立广东省森林防火预警监测应急指挥中心，完善指挥系统升级改造，加快对市、县(尤其是山区市、县)森林防火指挥系统升级建设步伐。

4. 加强生物防火林带和林分改造建设

广东省每公顷现有林地生物防火林带仅有12米，离原国家林业局20米的要求还有较大差距，建议将林分改造工程和生物防火林带工程纳入防灾减灾工程，提高林分自身抗火机能和生物防火林带质量，变被动扑火为主动预防。

5. 完善预案，落实森林火灾应急资金

通过实战和演练，不断修订和完善各级处置森林火灾应急预案，提高综合防控能力；同时，各级政府要落实森林火灾应急扑救专项资金，为森林火灾应急预案的顺利实施提供强有力的保障。

第二节　事故灾难类事故应急案例分析

事故灾难是人为的突发事件，其发生常常伴随着严重的人员伤亡、财产损失以及环境破坏。这些灾难可能涉及工业生产、交通运输、自然环境等多个领域，对社会稳定和公众安全造成巨大威胁。因此，对事故灾难的应急响应和管理显得尤为迫切和重要。

本节案例分析旨在深入研究事故灾难，全面了解其发生的背景、原因、应急响应过程以及灾后恢复与改进。通过对案例的深入剖析，我们重点关注事故灾难中的关键节点、各个参与方的协作机制，以及相关救援和应对措施的有效性，以期为今后类似灾难处置提供实际有效的经验和教训。

一、危化品事故

案例一　某公司“5·20”特别重大爆炸事故

2013年5月20日10时51分许，某公司乳化震源药柱生产车间发生爆炸事故，造成33人死亡、19人受伤，直接经济损失6 600余万元。

(一) 基本情况

1. 事故企业情况

某公司于2010年9月获得工业和信息化部颁发的民用爆破物品生产许可证，核准年生产能力为：膨化硝铵炸药12 000吨，乳化炸药15 000吨，震源药柱6 500吨，地面站混装炸药5 000吨，共计38 500吨。

2. 事发时生产线实际情况

(1) 生产产品情况。502工房一层共有4台装药机，由南向北依次编为1～4号。爆炸发生时，1、2号装药机正生产直径60毫米乳化型震源药柱，3号装药机未工作。某公司擅自将4号装药机用于生产直径70毫米2号岩石乳化炸药。

（2）生产工序情况。爆炸发生时，502工房内除工艺规程允许的工序外，某公司又擅自增加2号岩石乳化炸药装药、装箱、封箱工序和乳化型震源药柱压盖、热合、拧螺旋套、打码、装箱、封箱工序。

（3）现场人员情况。爆炸发生时，502工房实有操作人员34人（不含监控室1人），超出工房定员20人。

（4）在建包装工房情况。2013年5月20日，502工房西南侧正在进行乳化型震源药柱包装工房的503-1廊道工程施工。爆炸发生时，现场施工人员为15人，正在502工房西南侧35米安全距离范围内（按规定应大于97.2米）进行503-1廊道剪力墙及顶部支模板内绑扎钢筋作业。

（二）事故发生经过和应急处置情况

2013年5月18日，502工房分甲（事故发生时当班）、乙两班生产。其中甲班上中班，共生产15箱（360根）带双雷管座起爆件（含太安药量11克）震源药柱、372箱不带起爆件震源药柱和229箱大直径乳化炸药，并产生了带起爆件震源药柱废药（乳化炸药），存放于502工房当班储物室内。5月19日，该生产线停产1天。

5月20日，甲班上早班。5时30分，配料工开始配料；6时10分，班前准备完毕且相关设备正常后，开启1、2号装药机，开始生产直径60毫米的不带起爆件震源药柱；8时，开启4号装药机，同时生产直径70毫米的2号岩石乳化炸药。随后，陆续有技术员、检验员等6名相关人员进入车间内工作。9时43—46分，甲班组长和加料员一起先后从储物间抬了3包废药（经调查核实为该班5月18日的剩余废药）放在敏化机的西侧；9时52分至10时47分，加料员分7次向敏化工序的搅拌机内加入36铲废药；10时51分，该工房突然发生爆炸。

事故造成33人死亡，其中：车间工人30人，车间外施工人员3人；造成19人受伤，其中：车间工人4人，车间外施工人员9人，其他区域受伤6人（含车间监控室值班员1人，周边其他区域人员5人）。

爆炸时502工房总药量为3.7吨，参与爆炸药量约2.4吨，折算成TNT炸药当量约1.8吨。爆炸造成502工房生产线及设备粉碎性破坏，建筑物大部分整体坍塌，周围建筑物破坏范围约为265米。

事故发生后，某公司负责人立即向山东省、济南市民爆行业主管部门及集团公司报告，并请求地方政府救援。随后成立了现场事故救援小组，组织开展人员搜救、疏散撤离和医疗救护等工作。

接到事故报告后，山东省和济南市党委、政府主要负责同志立刻做出指示批示，迅速启动突发事件应急处置预案，省、市有关领导同志率领安全监管、公安、消防、国防科工等相关部门负责同志及时赶往事故现场组织开展抢险救援工作。济南市人民政府组织700余名消防、专业救援人员和60余名医疗救护人员，调集15台（套）大型机械设备、20辆救护车和生命探测仪及搜救犬，迅速赶赴事故现场，紧急开展抢险救援及应急处置工作。

事故发生后2小时内，在抢险救援指挥部领导下，现场救援人员将19名伤员全部救出并及时送往5家医院进行救治。

事故发生后30余小时,通过人工与机械相结合的破解方式分层清理,共搜寻出13具遇难者遗体,事故现场清理处置炸药1吨左右。

同时,开展了相关侦破、调查、排查和分析论证工作。通过扎实有效的工作,排除了人为破坏、雷击、装药机热积累和乳化炸药自爆等导致爆炸的可能性。济南市人民政府组织各方成立33个工作组,对遇难者家属进行一对一慰问安抚,迅速开展遇难者家属的接待、心理疏导、赔付等工作。

（三）事故原因和性质

1. 直接原因

震源药柱废药在回收复用过程中混入了起爆件中的太安,提高了危险感度。太安在4号装药机内受到强力摩擦、挤压、撞击,瞬间发生爆炸,引爆了4号装药机内乳化炸药,502工房内其他部位炸药殉爆。

2. 间接原因

(1) 违规改变生产工艺。违反《民用爆炸物品生产、销售企业安全管理规程》(GB 28263)的有关规定,未经论证鉴定、有关单位评价咨询、主管部门备案或批准,擅自在乳化型震源药柱中加装太安起爆件,埋下了安全隐患;起爆件保管、领用、使用、登记和回收管理混乱,使起爆件中的太安混入震源药柱废药;采用回收不合格震源药柱中主装药再利用的生产方式,致使震源药柱起爆件中的太安炸药混入废药后,进入乳化炸药制药环节。

(2) 违法增加生产品种、超员超量生产。违反《民用爆炸物品工程设计安全标准》(GB 50089)、《民用爆炸物品生产、销售企业安全管理规程》(GB 28263)、《民用爆炸物品安全管理条例》(国务院令第466号)等有关规定,擅自将震源药柱压盖(加装含太安炸药的起爆件)、热合、拧螺旋套、装箱、封箱工序移入502工房;擅自增加生产二号岩石乳化炸药品种并增开1台装药机,擅自增加生产线操作工;擅自提高产量,该公司2012年实际生产震源药柱12 937吨,超过许可能力近一倍。2013年1—4月已生产4 554吨,严重超产。事故发生时,502工房现场人员总数达34人,工房总药量为3.7吨,远超最大允许定员14人、定量2.5吨。

(3) 违规进行设备维修和基建施工。按照有关规定,炸药在线生产时不能进行设备维修,但502工房在生产作业的同时,对工房内膜热合机进行维修。事故发生时,工房外侧安全距离范围内违规进行包装工房连廊基建施工。

(4) 弄虚作假规避监管。在有关部门验收考核和到现场检查时弄虚作假,撤人撤设备,形成合法生产假象,验收检查后继续违规生产;在向行业主管部门报送实际产量过程中弄虚作假、编造数据,欺瞒行业主管部门,逃避监管;未按照要求及时连接视频监控系统并上传工房生产作业的实时监控影像。

3. 事故性质

经调查认定,某公司"5·20"特别重大爆炸事故是一起生产安全责任事故。

（四）事故防范措施建议

针对这起事故暴露出的突出问题,为深刻吸取事故教训,进一步强化民爆行业安全生产工作,有效防范类似事故重复发生,提出如下措施建议。

1. 牢固树立和落实科学发展观,坚守安全生产红线

深刻吸取某公司"5·20"特别重大爆炸事故的沉痛教训,痛定思痛、举一反三,下大力气

加强安全生产工作。要按照党中央、国务院的重大决策部署，牢固树立正确的政绩观，牢固树立安全第一、生命至上的理念，始终坚持科学发展、安全发展，始终坚持经济发展以安全为前提和保障，始终坚持把人民生命安全放在首位，正确处理安全与发展、安全与生产、安全与效益的关系，牢牢守住发展绝不能以牺牲生命为代价这条不能逾越的“红线”。

2. 切实落实安全生产主体责任，进一步强化企业内部的安全管控

各类民爆生产经营单位要坚决克服重生产、重扩张、重速度、重效益、轻管理、轻安全的思想，依法履行安全生产主体责任，全面加强企业内部的安全管理。要建立健全并严格落实以法定代表人负责制为核心的各级安全生产责任制，直至延伸到现场、车间、班组、岗位；要按照《民用爆炸物品企业安全生产标准化管理通则》的要求，大力推进企业安全生产标准化建设，制定并完善岗位、班组以及企业达标实施细则，实现岗位达标、班组达标和企业达标，规范企业安全生产行为，杜绝“三违”现象，夯实安全生产基础；要加大安全投入，推进科技创新与进步，不断提高本质安全水平；要认真深入、持之以恒地搞好隐患排查治理，及时发现和治理安全隐患，防患于未然；要强化对员工的安全生产教育培训，尤其要对新进员工、转岗员工、使用新设备新工艺员工、危险工序关键岗位员工和质量安全管理人员，开展有针对性的安全教育与培训，并加强考核和监督检查，切实提高员工的法制意识、安全意识和安全操作技能。

3. 不断健全完善民爆行业安全管理法规制度，着力提高制度执行力

各级民爆行业管理部门要在严格执行《安全生产法》、《民用爆炸物品安全管理条例》(国务院令第 466 号)、《民用爆炸物品生产、销售企业安全管理规程》(GB 28263)等法律法规及规程规范，进一步理顺中央和地方民爆行业管理体制，明确地方各级民爆行业管理部门工作定位的基础上，针对新情况、面对新问题、适应新变化、认真堵漏洞，全面加强法规规章和制度建设。要修订和完善民爆行业管理法规和规程，健全各类民爆生产专用设备设施、产品质量安全管理制度规程，特别是要制定和健全震源药柱、起爆件等小品种工业炸药产品及元件生产、废药复用的保管、领用、使用、登记等相关制度规程。要针对事故暴露出的问题，对起爆件中的装药做出明确规定，制定和完善震源药柱产品及起爆件(含太安或梯恩梯炸药)生产过程的安全管控制度措施，完善废旧药物回用与销毁处理工序的操作规程和技术措施要求，明令对可能混入敏感物质或金属砂石等异物造成其安全特性发生变化的废药，一律按废品进行销毁处理，不得回用。要建立健全民爆企业危险工序、关键岗位操作人员上岗制度及办法，统一制定标准，统一执行标准，坚持持证上岗。要着力提高制度的执行力，逐级加强对遵章、履规、守纪情况的监督检查，发现一地、查处一地，发现一处、查处一处，发现一人、查处一人。特别要强化对单质猛炸药等高敏感物质的安全管控，把现场安全管控规章制度措施落实到每一个危险工序、每一个作业岗位和每一个操作人员。在此基础上，要针对民爆行业中新技术、新材料、新工艺、新设备不断采用的实际情况，建立风险识别、评估、管控制度，加强危险因素辨识及风险分析，严格落实风险对策及措施，强化关键工序、环节的技术检查与安全控制。

4. 认真搞好安全生产大检查，深入开展“打非治违”工作

整个民爆行业要按照国务院关于集中开展安全生产大检查的部署和“全覆盖、零容忍、严执法、重实效”的要求，认真深入地开展安全生产大检查，确保取得实效。要切实提高大检查质量，做到真查细查、真整实改，严禁搞形式主义、严禁做表面文章、严禁粗枝大叶、严禁走

过场；要针对本地区、本行业、本单位存在的突出问题和本次事故教训，重点整治民爆企业超产、超员、超量、超时问题；要加强对生产线项目的验收、试产、投产、运行及工房扩建等环节的管理，对存在重大安全隐患的要责令停产整顿，对整改仍不合格的，要吊销许可证照，并依法提请地方人民政府关闭；要加大对企业日常安全监管和现场执法力度，创新监管和检查方式，采取明察暗访、突击检查、回头检查、交叉检查、驻企蹲点彻查等多种方式，真正发现问题，强化现场处罚，跟踪督促落实；要巩固大检查成果，总结经验教训、建立相关制度、规定检查频次、细化检查内容，严格检查要求、讲求检查效果，努力使安全检查督查工作制度化、规范化、常态化、长效化。

5. 大力推动民爆行业科技进步，提高企业本质安全水平

各级民爆行业主管部门和各类民爆企业要加大安全投入，推进安全技术进步，积极采用自动化、连续化、信息化技术，改造传统的生产方式和管理模式，加快现有工业炸药生产工艺、装备和产品的升级换代，减少在线人员和在线药量，改进乳化炸药装药机泵送系统，降低泵腔内机械摩擦、撞击、挤压、热积累现象产生的事故风险。

6. 切实落实政府及有关部门的安全监管责任，全面加强对民爆企业的安全监管

各级民爆行业主管部门、安全监管部门要落实安全生产行政首长负责制和其他领导"一岗双责"制，落实行业主管部门直接监管、安全监管部门综合监管、地方政府属地监管责任，切实加强组织领导，做到全面履职、党政同责、一岗双责、齐抓共管。尤其是各级工业和信息化及国防科工部门作为民爆行业的主管部门，承担对民爆企业安全生产许可、生产能力许可、年检等的审批职能，负有对民爆行业安全生产的直接监管职责，要采取有力措施，强化行业安全监管工作。要按照管行业必须管安全、管业务必须管安全、管生产经营建设必须管安全和"谁主管、谁负责""谁许可、谁负责""谁发证、谁负责"的原则，切实履行好对民爆企业安全生产的监督管理责任，严格许可制度和审批责任制，真正做到项目审批前要严格审查，审批中要严格把关，审批后要强化监管，切实解决重审批、轻监管，重许可、轻检查和忽视对企业取证后安全生产动态监管问题。

案例二　"11·22"某输油管道泄漏爆炸特别重大事故

2013 年 11 月 22 日 10 时 25 分，位于山东省青岛市的某输油管道泄漏原油进入市政排水暗渠，在形成密闭空间的暗渠内油气积聚遇火花发生爆炸，造成 62 人死亡、136 人受伤，直接经济损失 75 172 万元。

（一）基本情况

1. 某输油管道相关情况

某输油管道于 1985 年建设，1986 年 7 月投入运行，起自山东省东营市东营首站，止于青岛市经济技术开发区某油库。设计输油能力 2 000 万吨/年，设计压力 6.27 兆帕。管道全长 248.5 千米，管径 711 毫米，材料为 API5LX-60 直缝焊接钢管。管道外壁采用石油沥青布防腐，外加电流阴极保护。1998 年 10 月改由某油库至东营首站反向输送，输油能力 1 000 万吨/年。

事故发生段管道沿开发区秦皇岛路东西走向，采用地埋方式敷设。北侧为青岛丽东化工有限公司厂区，南侧有青岛益和电器集团公司、青岛信泰物流有限公司等企业。

事故发生时，某输油管道输送埃斯坡、罕戈 1∶1 混合原油，密度 0.86 吨/立方米，饱和蒸汽压 13.1 千帕，蒸汽爆炸极限 1.76%～8.55%，闭杯闪点－16 摄氏度。油品属轻质原油。

原油出站温度27.8摄氏度，满负荷运行出站压力4.67兆帕。

2. 排水暗渠相关情况

事故主要涉及刘公岛路（秦皇岛路以南并与秦皇岛路平行）至入海口的排水暗渠，全长约1 945米，南北走向，通过桥涵穿过秦皇岛路。秦皇岛路以南排水暗渠（上游）沿斋堂岛街西侧修建，最南端位于斋堂岛街与刘公岛路交会的十字路口西北侧，长度约为557米；秦皇岛路以北排水暗渠（下游）穿过青岛丽东化工有限公司厂区，并向北延伸至入海口，长度约为1 388米。斋堂岛街东侧建有青岛益和电器集团公司、开发区第二中学等单位；斋堂岛街西侧建有青岛信泰物流有限公司、华欧北海花园、华欧水湾花园等企业及居民小区。

排水暗渠分段、分期建设。1995年、1997年先后建成秦皇岛路桥涵南、北半幅（南半幅长30米、宽18米、高3.29米，北半幅长25米、宽18米、高2.87米）。秦皇岛路桥涵以南沿斋堂岛街的排水明渠于1996年建设完成；1998年、2002年、2008年经过3次加设盖板改造，成为排水暗渠（暗渠宽8米、高2.5米）。秦皇岛路桥涵以北的排水暗渠于2004年、2009年分两期建设完成（暗渠宽13米、高2.0～2.5米不等）。排水暗渠底板为钢筋混凝土，墙体为浆砌石，顶部为预制钢筋混凝土盖板。

3. 某输油管道与排水暗渠交叉情况

输油管道在秦皇岛路桥涵南半幅顶板下架空穿过，与排水暗渠交叉。桥涵内设3座支墩，管道通过支墩洞孔穿越暗渠，顶部距桥涵顶板110厘米，底部距渠底148厘米，管道穿过桥涵两侧壁部位采用细石混凝土进行封堵。管道泄漏点位于秦皇岛路桥涵东侧墙体外15厘米，处于管道正下部位置。

（二）事故发生经过及应急处置情况

1. 原油泄漏处置情况

（1）企业处置情况

11月22日2时12分，潍坊输油处调度中心通过数据采集与监视控制系统发现某输油管道出站压力从4.56兆帕降至4.52兆帕，两次电话确认某油库无操作因素后，判断管道泄漏；2时25分，某输油管道紧急停泵停输。

2时35分，潍坊输油处调度中心通知青岛站关闭洋河阀室截断阀（洋河阀室距某油库24.5千米，为下游距泄漏点最近的阀室）；3时20分左右，截断阀关闭。

2时50分，潍坊输油处调度中心向处运销科报告某输油管道发生泄漏；2时57分，通知处抢维修中心安排人员赴现场抢修。

3时40分左右，青岛站人员到达泄漏事故现场，确认管道泄漏位置距某油库出站口约1.5千米，位于秦皇岛路与斋堂岛街交叉口处。组织人员清理路面泄漏原油，并请求潍坊输油处调用抢险救灾物资。

4时左右，青岛站组织开挖泄漏点、抢修管道，安排人员拉运物资清理海上溢油。

4时47分，运销科向潍坊输油处报告泄漏事故现场情况。

5时07分，运销科向中石化管道分公司调度中心报告原油泄漏事故总体情况。

5时30分左右，潍坊输油处处长安排副处长赴现场指挥原油泄漏处置和入海原油围控。

6时左右，潍坊输油处、某油库等现场人员开展海上溢油清理。

7时左右，潍坊输油处组织泄漏现场抢修，使用挖掘机实施开挖作业；7时40分，在管道泄漏处路面挖出 2 米×2 米×1.5 米作业坑，管道露出；8 时 20 分左右，找到管道泄漏点，并向中石化管道分公司报告。

9 时 15 分，中石化管道分公司通知现场人员按照预案成立现场指挥部，做好抢修工作；9 时 30 分左右，潍坊输油处副处长报告中石化管道分公司，潍坊输油处无法独立完成管道抢修工作，请求中石化管道分公司抢维修中心支援。

10 时 25 分，现场作业时发生爆炸，排水暗渠和海上泄漏原油燃烧，现场人员向中石化管道分公司报告事故现场发生爆炸燃烧。

(2) 政府及相关部门处置情况

11 月 22 日 2 时 31 分，开发区公安分局 110 指挥中心接警，称青岛丽东化工有限公司南门附近有泄漏原油，某派出所出警。

3 时 10 分，110 指挥中心向开发区总值班室报告现场情况。至 4 时 17 分，开发区应急办、市政局、安全监管局、环保分局、黄岛街道办事处等单位人员分别收到事故报告。4 时 51 分、7 时 46 分、7 时 48 分，开发区管委会副主任、主任、党工委书记分别收到事故报告。

4 时 10 分至 5 时左右，开发区应急办、安全监管局、环保分局、市政局及开发区安全监管局石化区分局、黄岛街道办事处有关人员先后到达原油泄漏事故现场，开展海上溢油清理。

7 时 49 分，开发区应急办副主任将泄漏事故现场及处置情况报告青岛市政府总值班室。

8 时 18 分至 27 分，青岛市政府总值班室电话调度青岛市环保局、青岛海事局、青岛市安全监管局，要求进一步核实信息。

8 时 34 分至 40 分，青岛市政府总值班室将泄漏事故基本情况通过短信报告市政府秘书长、副秘书长、应急办副主任。

8 时 53 分，青岛市政府副秘书长将泄漏事故基本情况短信转发市经济和信息化委员会副主任，并电话通知其立即赶赴事故现场。

9 时 01 分至 06 分，青岛市政府副秘书长、市政府总值班室将泄漏事故基本情况分别通过短信报告市长及 4 位副市长。

9 时 55 分，青岛市经济和信息化委员会副主任等到达泄漏事故现场；10 时 21 分，向市政府副秘书长报告海面污染情况；10 时 27 分，向市政府副秘书长报告事故现场发生爆炸燃烧。

2. 爆炸情况

为处理泄漏的管道，现场决定打开暗渠盖板。现场动用挖掘机，采用液压破碎锤进行打孔破碎作业，作业期间发生爆炸。爆炸时间为 2013 年 11 月 22 日 10 时 25 分。

爆炸造成秦皇岛路桥涵以北至入海口、以南沿斋堂岛街至刘公岛路排水暗渠的预制混凝土盖板大部分被炸开，与刘公岛路排水暗渠西南端相连接的长兴岛街、唐岛路、舟山岛街排水暗渠的现浇混凝土盖板拱起、开裂和局部炸开，全长波及 5 000 余米。爆炸产生的冲击波及飞溅物造成现场抢修人员、过往行人、周边单位和社区人员，以及青岛丽东化工有限公司厂区内排水暗渠上方临时工棚及附近作业人员，共 62 人死亡、136 人受伤。爆炸还造成周边多处建筑物不同程度损坏，多台车辆及设备损毁，供水、供电、供暖、供气多条管线受损。泄漏原油通过排水暗渠进入附近海域，造成胶州湾局部污染。

3. 爆炸后应急处置及善后情况

爆炸发生后，山东省委、省政府主要领导迅速率领有关部门负责同志赶赴事故现场，指导事故现场处置工作。青岛市委、市政府主要领导同志立即赶赴现场，成立应急指挥部，组织抢险救援。中石化集团公司主要领导立即率工作组赶赴现场，中石化管道分公司调集专业力量、中石化集团公司调集山东省境内石化企业抢险救援力量赶赴现场。国务院相关领导在事故现场听取山东省、青岛市主要领导同志的工作汇报后，指示成立了以省政府主要领导同志为总指挥的现场指挥部，下设 8 个工作组，开展人员搜救、抢险救援、医疗救治及善后处理等工作。当地驻军也投入力量积极参与抢险救援。

现场指挥部组织 2 000 余名武警及消防官兵、专业救援人员，调集 100 余台（套）大型设备和生命探测仪及搜救犬，紧急开展人员搜救等工作。截至 12 月 2 日，62 名遇难人员身份全部确认并向社会公布，136 名受伤人员得到妥善救治。

青岛市对事故区域受灾居民进行妥善安置，调集有关力量，全力修复市政公共设施，恢复供水、供电、供暖、供气，清理陆上和海上油污。当地社会秩序稳定。

（三）事故原因和性质

1. 直接原因

输油管道与排水暗渠交汇处管道腐蚀减薄、管道破裂、原油泄漏，流入排水暗渠及反冲到路面。原油泄漏后，现场处置人员采用液压破碎锤在暗渠盖板上打孔破碎，产生撞击火花，引发暗渠内油气爆炸。

2. 间接原因

（1）安全生产责任体系不健全，相关部门的管道保护和安全生产职责划分不清、责任不明；对下属企业隐患排查治理和应急预案执行工作督促指导不力，对管道安全运行跟踪分析不到位；安全生产大检查存在死角、盲区，特别是在全国集中开展的安全生产大检查中，隐患排查工作不深入、不细致，未发现事故段管道安全隐患，也未对事故段管道采取任何保护措施。

（2）组织某输油管道隐患排查治理不到位，未对事故段管道防腐层大修等问题及时跟进，也未采取其他措施及时消除安全隐患；对一线员工安全和应急教育不够，培训针对性不强；对应急救援处置工作重视不够，未督促指导相关企业按照预案要求开展应急处置工作。

（3）2009 年、2011 年、2013 年先后 3 次对某输油管道外防腐层及局部管体进行检测，均未能发现事故段管道严重腐蚀等重大隐患，导致隐患得不到及时、彻底整改；从 2011 年起安排实施某输油管道外防腐层大修，截至 2013 年 10 月仍未对包括事故泄漏点所在的 15 千米管道进行大修；对管道泄漏突发事件的应急预案缺乏演练，应急救援人员对自己的职责和应对措施不熟悉。

（4）制定的管道抢维修制度、安全操作规程针对性、操作性不强，部分员工缺乏安全操作技能培训；管道巡护制度不健全，巡线人员专业知识不够；没有对开发区在事故段管道先后进行排水明渠和桥涵、明渠加盖板、道路拓宽和翻修等建设工程提出管道保护的要求，没有根据管道所处环境变化提出保护措施。

（5）事故单位对泄漏原油数量未按应急预案要求进行研判，对事故风险评估出现严重错误，没有及时下达启动应急预案的指令；未按要求及时全面报告泄漏量、泄漏油品等信息，存在漏报问题；现场处置人员没有对泄漏区域实施有效警戒和围挡；抢修现场未进行可燃气体检测，盲目动用非防爆设备进行作业，严重违规违章。

3. 事故性质

经调查认定，“11・22”某输油管道泄漏爆炸特别重大事故是一起生产安全责任事故。

（四）事故防范措施建议

（1）坚持科学发展安全发展，牢牢坚守安全生产红线。有关部门要深刻吸取“11・22”某输油管道泄漏爆炸特别重大事故的沉痛教训，牢固树立科学发展、安全发展理念，牢牢坚守“发展决不能以牺牲人的生命为代价”这条红线。

（2）切实落实企业主体责任，深入开展隐患排查治理。事故企业要认真履行安全生产主体责任，加大人力物力投入，加强油气管道日常巡护，保证设备设施完好，确保安全稳定运行。要建立健全隐患排查治理制度，落实企业主要负责人的隐患排查治理第一责任，实行谁检查、谁签字、谁负责，做到不打折扣、不留死角、不走过场。要按照《国务院安委会关于开展油气输送管线等安全专项排查整治的紧急通知》（安委〔2013〕9 号）要求，认真开展在役油气管道，特别是老旧油气管道检测检验与隐患治理，对与居民区、工厂、学校等人员密集区和铁路、公路、隧道、市政地下管网及设施安全距离不足，或穿（跨）越安全防护措施不符合国家法律法规、标准规范要求的，要落实整改措施、责任、资金、时限和预案，限期更新、改造或者停止使用。

（3）加大政府监督管理力度，保障油气管道安全运行。各级人民政府及相关部门要严格执行《中华人民共和国石油天然气管道保护法》、《城镇燃气管理条例》（国务院令第 583 号）等法律法规，认真履行油气管道保护的相关职责。各级人民政府要加强本行政区域油气管道保护工作的领导，督促、检查有关部门依法履行油气管道保护职责，组织排查油气管道的重大外部安全隐患。市政管理部门在市政设施建设中，对可能影响油气管道保护的，要与油气管道企业沟通会商，制定并落实油气管道保护的具体措施。油气管道保护工作主管部门要加大监管力度，对打孔盗油、违章施工作业等危害油气管道安全的行为要依法严肃处理；要按照后建服从先建的原则，加大油气管道占压清理力度。安全监管部门要配备专业人员，加强监管力量；要充分发挥安委会办公室的组织协调作用，督促有关部门采取不发通知、不打招呼、不听汇报、不用陪同和接待，直奔基层、直插现场的方式，对油气管道、城市管网开展暗查暗访，深查隐蔽致灾隐患及其整改情况，对不符合安全环保要求的立即进行整治，对工作不到位的地区要进行通报，对自查自纠等不落实的企业要列入“黑名单”并向社会公开曝光。对瞒报、谎报、迟报生产安全事故的，要按有关规定从严从重查处。

（4）完善油气管道应急管理，全面提高应急处置水平。各级领导干部要带头熟悉、掌握应急预案内容和现场救援指挥的必备知识，提高应急指挥能力；接到事故报告后，基层领导干部必须第一时间赶到事故现场，不得以短信形式代替电话报告事故信息。油气管道企业要根据输送介质的危险特性及管道状况，制定有针对性的专项应急预案和现场处置方案，并定期组织演练，检验预案的实用性、可操作性，不能“一定了之”“一发了之”；要加强应急队伍建设，提高人员专业素质，配套完善安全检测及管道泄漏封堵、油品回收等应急装备；对于原油泄漏要提高应急响应级别，在事故处置中要对现场油气浓度进行检测，对危害和风险进行辨识和评估，做到准确研判，杜绝盲目处置，防止油气爆炸。地方各级人民政府要紧密结合实际，制定包括油气管道在内的各类生产安全事故专项应急预案，建立政府与企业沟通协调机制，开展应急预案联合演练，提高应急响应能力；要根据事故现场情况及救援需要及时划定警戒区域，疏散周边人员，维持现场秩序，确保救援工作安全有序。

（5）加快安全保障技术研究，健全完善安全标准规范。要组织力量加快开展油气管道普查工作，摸清底数，建立管道信息系统和事故数据库，深入研究油气管道可能发生事故的成因机理，尽快解决油气管道规划、设计、建设、运行面临的安全技术和管理难题。要吸取国外好的经验和做法，开展油气管道安全法规标准、监管体制机制对比研究，完善油气管道安全法规，制定油气管道穿跨越城区安全布局规划设计、检测频次、风险评价、环境应急等标准规范。要开展油气管道长周期运行、泄漏检测报警、泄漏处置和应急技术研究，提高油气管道安全保障能力。

案例三　某化工企业重金属污染水库事件

（一）事件经过

2011 年 8 月 12 日，云南信息报报道了当地一起重金属污染事件。报道指因 5 000 吨铬渣倒入水库，致使水库致命六价铬超标 2 000 倍。

（二）重拳整治

媒体曝光了“非法倾倒铬渣致污事件”后，中国无机盐工业协会及铬盐分会，于 2011 年 8 月 22 日在北京召开了“铬化物生产企业厂长经理紧急工作会议”。按会议要求，各企业认真汇报了历史遗留及当年生产产生的铬渣处置和综合利用情况及存在的问题。会议对各企业生产能力及遗留铬渣治理情况逐一进行了核实，要求数据不完整和不准确的企业再认真进行核实。对未完成遗留铬渣处置任务的企业提出了要求，争取在限期内完成治理任务。对铬渣治理过程中存在的问题和困难，要求协会向有关部门领导反映，争取进一步得到国家的支持，协助企业开展铬渣综合利用。会议建议生产企业所在省市的工业主管部门和环保部门加强监管与核查力度，要求企业认真接受媒体和公众的监督，做好自己的工作。

（三）总结教训

通过此次事件，相关部门总结出三大教训：一是思想认识落后，部分地区、部门和企业对着力解决影响经济社会发展和人民群众生产生活的突出环境问题的重要性、紧迫性和艰巨性仍然缺乏深刻认识，未能正确处理好环境保护与经济发展的关系；二是监管责任落实不到位，整治违法排污企业专项行动力度不够，监管执法不到位，为事件发生埋下隐患；三是信息公开不及时，污染预警应急体系不够健全，未能及时公告发布各级各类环境质量状况，公众的环境参与权、知情权有待进一步提高。

案例四　某紧固件公司“12 · 2”爆燃事故

2003 年 12 月 2 日 0 时 09 分，某紧固件公司在生产过程中使用液化石油气时，发生液化石油气泄漏，遇明火引起爆燃，造成 3 人死亡。

（一）事故情况

2003 年 11 月 8 日，某紧固件公司生产主要负责人诸某找到某公司负责人聂某，联系租赁房屋，口头达成协议（到事故发生时尚未签订租赁合同），并交了 500 元押金，租赁某公司的宿舍楼 3 室，面积 38 平方米。

2003 年 11 月 12 日开始，某紧固件公司将设备、原料等物品搬入承租房内，将房间用木板隔为两间，北间为生产区域，南间为生活区域，分隔与生产准备工作完成后，即安排李某进入进行化学锚栓生产。生产化学锚栓使用的原材料有不饱和树脂、石英砂、固化剂、玻璃管等。生产加工时先将树脂灌入玻璃管，再放入固化剂管并加入石英砂，然后再使用液化气和氧气燃烧烘烤，进行玻璃管的封口，即生产成化学锚栓，化学锚栓主要用于固定膨胀螺丝。

2003年11月24日下午，某公司负责人聂某收取了某紧固件公司生产主要负责人诸某租金2 000元。

2003年12月2日0时09分，操作人员李某在北间使用液化石油气生产化学锚栓过程中，发生液化石油气泄漏，遇明火引起爆燃，过火面积38平方米，造成3人死亡。

（二）事故原因

(1) 在生产化学锚栓过程中，使用的液化石油气发生泄漏，遇明火引起爆燃，是造成这起死亡事故的直接原因。

(2) 某紧固件公司将承租的宿舍楼部分分隔用作生产场所，且未采取相应的安全防范措施，作业场所不具备安全生产条件是造成这起死亡事故的主要原因。

(3) 某公司在未审验某紧固件公司“企业法人营业执照”和相应资质证书以及租赁场所（厂房）从事生产经营活动是否在核准的经营范围的情况下，即达成口头协议同意并收取租金，已造成事实租赁。在某紧固件公司搬入近20天内，作为出租方没有对其安全生产工作统一协调、管理，也没有进行安全检查，致使没有及时发现其违法违规行为而提出采取相应的安全防范措施是造成这起事故的重要原因。

（三）责任分析及处理建议

(1) 操作人员李某在使用液化石油气生产化学锚栓过程中，缺乏安全常识，未及时发现液化石油气泄漏，致使遇明火引起爆燃，是造成这起事故的直接责任者。鉴于其本人已在事故中死亡，免于责任追究。

(2) 某紧固件公司在未向有关部门办理申报手续，将生产和生活场所设在同一区域内，且未采取相应的安全防范措施，不具备安全生产条件的情况下进行生产作业，严重违反《安全生产法》的规定，某紧固件公司的生产主要负责人诸某对事故负有主要责任，建议移交司法机关处理。

(3) 某公司没有审验有关资料就将房屋租赁给不具备安全生产条件的某紧固件公司，同时没有对承租单位的安全生产工作统一协调、管理，进行安全检查，没有及时发现和制止承租单位的违法、违规行为，违反《安全生产法》的规定，该公司对事故负有重要责任，建议给予行政处罚。

（四）整改建议

(1) 某紧固件公司要认真吸取这起事故的教训，在设立生产作业场所时，必须办理相应的手续，确保具备安全生产条件的前提下进行生产作业。同时，要在全公司范围内认真开展安全生产宣传教育，提高从业人员的安全意识和防范事故的能力。

(2) 某公司作为厂房的出租单位，要认真吸取事故教训，建立健全出租场所管理的规章制度，严格执行《安全生产法》的规定，加强对承租单位的资质及生产条件的审查，定期对出租场所进行监督检查，不得将生产经营项目、场所、设备发包或出租给不具备安全生产条件的单位或者个人。

(3) 地方政府要认真履行安全工作目标责任制，根据本地的实际情况，进一步完善与之相适应的安全监管制度、措施，并加强辖区内的安全生产监管力度，发现隐患要采取果断措施，消除安全生产工作的死角和盲区。

案例五　印度博帕尔毒气泄漏事故

（一）事故经过

1984年12月3日凌晨，印度中部博帕尔市北郊的美国联合碳化物公司印度公司的农药厂，突然传出几声尖利刺耳的汽笛声，紧接着在一声巨响声中，一股巨大的气柱冲向天空，形成一个蘑菇状气团，并很快扩散开来。这不是一般的爆炸，而是农药厂发生的严重毒气泄漏事故。

博帕尔农药厂是美国联合碳化物公司于1969年在印度博帕尔市建起来的，用于生产西维因、滴灭威等农药。制造这些农药的原料是一种叫作异氰酸甲酯(MIC)的剧毒液体。12月2日晚，博帕尔农药厂工人发现异氰酸甲酯的储槽压力上升，午夜0时56分，液态异氰酸甲酯以气态从出现漏缝的保安阀中溢出，并迅速向四周扩散。毒气的泄漏犹如打开了潘多拉魔盒。虽然农药厂在毒气泄漏后几分钟就关闭了设备，但已有30吨毒气化作浓雾以5千米/小时的速度迅速四处弥漫，很快就笼罩了25平方千米的地区，数百人在睡梦中就被悄然夺走了性命，几天之内有25 000多人死亡。

当毒气泄漏的消息传开后，农药厂附近的人们纷纷逃离家园。他们利用各种交通工具向四处奔逃，只希望能走到没有受污染的空气中去。至1984年底，该地区有2万多人死亡，20万人受到波及，附近的3 000头牲畜也未能幸免于难。在侥幸逃生的受害者中，孕妇大多流产或产下死婴，有5万人可能永久失明或终身残疾。

（二）灾难源头

危险是在灾难发生的前一天下午出现的，可以归结为“管理错误＋工人失误”。在例行日常保养的过程中，由于该公司杀虫剂工厂维修工人的失误，导致水突然流入装有MIC气体的储藏罐内。MIC是一种氰化物，一旦遇水会发生强烈的化学反应。水渗入载有MIC的储藏罐内，令罐内产生极大的压力，最后导致罐壁无法承受压力，罐内的化学物质泄漏至博帕尔市的上空。

其实，储藏罐内的MIC气体储量本身就值得怀疑。MIC是一种化学过渡态物质，每个人都知道储藏它意味着要面临很大的危险，所以没有人敢管理大量的MIC气体，也没有人敢长时间地储藏它。据调查，当时公司在杀虫剂销售方面出现了一些问题，于是尽力削减安全措施方面的开支。在常规检查的过程中出现险情时，杀虫剂厂的重要安全系统或者发生了故障或者被关闭了。

（三）处理措施

1. 毒气泄漏过程中，未教市民如何逃生

在事发之后，该工厂仍没有尽到向市民提供逃生信息的责任，他们对市民的生命有着惊人的漠视。尽管向警察报告情况花了3小时的时间，工厂的管理者仍有足够时间把所有的工人转移到安全地带。没有一个从工厂逃出来的人死亡，原因之一就是他们都被告知要朝相反的方向跑，逃离城市，并且用蘸水的湿布保持眼睛的湿润。但是当灾难迫近的时候，公司却没有对当地居民做出任何警告，当毒气从储藏罐中泄漏出来的时候，他们没有给予博帕尔市民最基本的建议——不要惊慌，要待在家里并保持眼睛湿润。更为雪上加霜的是，公司迅速决定把灾难的严重性和影响故意说得轻微些，想以此来挽回形象。灾难过后的几天，公司的健康、安全和环境事务的负责人仍旧把这种气体描述为“仅仅是一种强催泪瓦斯”。甚至在灾难的即时后果——几万人死亡，更多人将一生被病魔缠绕——被公布后，公司还是继续着相同的做法。

2. 惨案发生后，未向医院提供毒气信息

事发后的救助也不能说是成功的，当时唯一一所参加救治的省级医院是海密达医院。该医院的萨特帕西医生对受难者的尸体进行了解剖，结果表明“从气体中毒者的尸体中我们可以找到至少27种有害的化学物质，而这些化学物质只可能来源于他们所吸入的有毒气体。然而，公司却没有提供任何信息说明该气体含有这些化学成分。”这位医生说，“即使在今天也没有人知道正确治疗MIC气体中毒的方法”。

二、矿山事故

案例六　某露天煤矿“2·22”特别重大坍塌事故

2023年2月22日13时12分许，内蒙古自治区某露天煤矿发生特别重大坍塌事故，造成53人死亡、6人受伤，直接经济损失20 430.25万元。

调查认定，该露天煤矿“2·22”特别重大坍塌事故是一起企业在井工转露天技改期间边建设边生产，违法包给不具备矿山建设资质的施工单位长期冒险蛮干，相关部门监管执法“宽松软虚”，地方党委政府失管失察，致使重大风险隐患长期存在而导致的生产安全责任事故。

（一）事故单位基本情况

该露天煤矿前身为井工煤矿，2013年9月变更为现名称，生产规模为90万吨/年，批复井田面积为1.344 8平方千米，设计面积为2.13平方千米。事发时，采场东南部区域超出设计境界范围约2.9万平方米。矿区内仅含一层可采煤层，煤层厚度0.08～29.21米，平均厚度8.09米，可开采量790万吨，煤质为低灰、中硫、高热值弱粘煤。采用单斗-卡车开采工艺，单斗挖机剥采、自卸卡车运输，采煤、剥离采用水平分层划分台阶。事发时，该矿仍处于技改建设期间。

（二）事故发生经过

2023年2月22日6时30分，挖机司机、自卸卡车司机、钻机司机等222人陆续进入作业现场。11时56分起，事发区域西侧、顶部等地点发生小面积滑塌，边坡坡面及底部出现裂缝、冒尘等滑塌征兆。12时27分，在事发区域东侧边界处标高1 395米台阶坡脚进行爆破作业。12时40分，176名作业人员午饭后返回采场作业。13时许，某公司一人员到西区南帮查看施工作业时，发现北帮边坡异常后使用对讲机分别于13时6分许、10分许、12分许喊话，通知“挖机装完后撤离”“所有汽车、挖机向后撤”“所有人员撤离”。13时12分许，采场北帮边帮岩体发生大面积滑落坍塌，现场59名作业人员和17台挖机、27台自卸卡车、8台钻机、4台皮卡车、1台装载机、1台小型客车等58台作业设备被埋，最终造成53人死亡、6人受伤。事发区域最终形成最大厚度105米、体积约756万立方米的堆积体，破坏范围南北最长630米、东西最宽520米，面积约23万平方米。

（三）事故直接原因

（1）直接原因

事故直接原因是：未按初步设计施工，随意合并台阶，形成超高超陡边坡，在采场底部连续高强度剥离采煤，致使边坡稳定性持续降低，处于失稳状态，边帮岩体沿断层面和节理面滑落坍塌，加之应急处置不力，未能及时组织现场作业人员逃生，造成重大人员伤亡和财产损失。

(2) 原因分析

① 未按设计施工,形成超高超陡边坡。按照设计,该矿剥采台阶高度应不大于 10 米,最小工作平盘宽度为 32 米,按设计进度应形成 21 个剥离台阶和 1 个采煤台阶;实际事发区域上部仅形成 3 个台阶,台阶高度均超过 10 米,最高达 145 米。按照设计,采场最终稳定边坡角为 36 度,计算边坡稳定系数为 4.287,满足安全储备要求;事发时,边坡最大垂直高度 315 米,整体边坡角达到 39 度,局部台阶最大边坡角达到 61 度,计算边坡稳定系数为0.982,处于不稳定状态。

② 高强度剥离采煤导致边坡稳定性持续降低。煤矿剥采作业布置在采场底部东西长 500 米、南北宽 130 米的狭长范围内,剥采设备密集布置,持续高强度作业,2022 年 12 月 2 日至 2023 年 2 月 19 日,80 天内事发区域剥采位置平均降深 65 米,超挖边帮岩体压脚量,边坡抗滑力减小、下滑力增加,计算边坡稳定系数 12 月 2 日、1 月 3 日分别为 2.179、1.192,持续降低。

③ 剥采作业扰动和越界排土导致边坡断层、节理裂隙发育加剧。事发区域的断层和节理,在剥采、爆破等生产活动扰动下,不断扩展贯通,岩体的完整性持续被破坏。此外,外部排土场超越设计境界排土,排土位置与事发区域采场地表境界紧邻,也增加了边坡载荷。

④ 未按规定设置监测预警系统,应急处置不果断。按开发利用方案安全设施设计,采场应设置 49 个监测点、形成 11 条监测线,但实际仅布设 7 个监测点且均在事发区域外,未形成监测线,无法发挥边坡监测预警作用。没有制定生产安全事故应急预案,没有明确紧急情况下的撤离顺序和路线,没有组织过应急演练。在提前 6 分钟发现大规模坍塌迹象的情况下,仍没有果断组织所有车辆、人员立即撤离,错失了避免重大人员伤亡的机会。

(3) 排除因素

① 排除冻融因素。事发地区冻土最大深度 1.7 米,滑塌面距边坡面距离超过 30 米,远超冻土影响范围。

② 排除采空区因素。原井工采空区最低标高 1 220 米,事故发生时采场最低标高 1 201 米,井工采空区已剥采完毕。

③ 排除地下水因素。在滑塌面、紧邻裂隙带和周边数百米发育的节理裂隙中,未发现地下水,采场未见出水点。

④ 排除地震因素。经内蒙古地震台网核实,事发前半年内,未监测到事发区域 50 千米内有 2.0 级以上天然地震发生。

(四) 事故暴露的主要问题

(1) 煤矿严重违法建设生产

一是边建设边生产。某煤矿设计产能 90 万吨/年,事发时处于建设阶段不允许生产,但无视法律法规要求,大肆违法违规组织开采,2020 年 12 月至 2023 年 1 月实际生产原煤 245 万吨。二是越界开采。采矿证面积 1.344 8 平方千米,实际采场剥离面积达 1.698 平方千米。采场东南部区域超越采矿证矿界和设计批准范围剥离,面积约 2.9 万平方米。三是违法发包给无资质企业施工。该煤矿将土石方剥离工程先发包给无任何资质的某公司,被有关部门发现并责令整改后,为蒙混过关,又发包给只具有建筑施工资质的宁夏某公司,仍不符合矿山建设需要的矿山工程施工总承包资质。四是严重违规组织生产形成重大隐患。

为了多出煤、降成本，违反设计组织施工，形成超高超陡台阶，人为制造重大事故隐患。2022年3月，事发区域东侧曾发生过大面积滑坡，清理用时2个多月。2022年8月，事发区域发生局部滑坡，9月后滑坡区范围逐渐变大。事发前数日和当日频繁发生浮石滚落或小面积滑坡，仍未督促施工单位采取有效治理措施。五是安全管理流于形式。股东及其代表直接指挥生产作业，“五职矿长”和职能部门等不履行法定职责；未对施工单位安全生产工作纳入统一协调、管理，存在“以包代管”现象；未按规定执行矿领导带班制度，未安排人员应急值守；长期不开展安全生产教育培训和应急演练。安全生产费用被挪用于发放职工工资、采购办公用品、工程挂账等。六是技术管理缺失。没有地质测量、生产技术管理部门及人员；未编制项目施工组织设计、剥采作业计划；未编制边坡工程监测方案，未按设计设置监测点，未对边坡稳定性进行分析。

(2) 施工单位违法冒险蛮干

一是无资质施工。宁夏某公司无矿山工程施工总承包资质，违法承揽工程施工。二是不顾安全冒险作业。无施工组织计划，随意布置钻孔，频繁组织在高陡台阶坡底实施爆破，采用“掏根”式剥挖，违章指挥、冒险作业。对经常性发生的地表变形、浮石滚落等边坡隐患未采取有效措施。三是安全管理混乱。安全生产管理机构不健全，规章制度不完善，长期不开展隐患排查治理，从未组织开展过安全生产教育培训和应急演练。没有设置专门负责技术管理的机构及人员，未编制作业规程和安全技术措施。四是应急处置不力。未安排人员应急值守，2023年2月19日、20日西区边坡已发现有落石、伞檐等险情，不做处置继续作业；2月22日，发现事故征兆后没有及时有效组织现场作业人员逃生。

(3) 中介机构、监理公司故意弄虚作假

一是评价报告造假。内蒙古某研究院针对能源、自然资源部门编制了开采境界不一致的初步设计、开发利用方案，编制的初步设计和安全专篇超出采矿许可证允许开采范围。在已经发生滑坡情况下，边坡稳定性验算分析评价报告仍做出“未见滑坡现象”的结论，与实际严重不符，提供虚假报告。二是监理合同造假。宁夏某公司无矿山工程监理资质，借用山东某公司监理资质承接某煤矿监理工程；某银川分公司私刻山东某公司印章，以山东某公司名义与某煤矿签订《建设工程监理合同》，实际由宁夏某公司负责工程监理。宁夏某公司名义上在某煤矿设立项目部、派驻4名监理人员，实际只安排1名无监理资质的人员驻矿。三是矿山储量年报造假。在某煤矿2020年12月至2023年1月已经出煤245万吨的情况下，某勘查公司编制的某煤矿2021年度、2022年度矿山储量年报动用资源储量为0万吨，与实际严重不符。

(4) 有关部门监管不严不实

一是行政审批层层失守；二是对越界剥离查处不力；三是复工验收把关不严；四是监管监察不实，对重大隐患视而不见。

(五) 事故应急救援处置和评估

(1) 应急救援处置

事故发生后，党中央、国务院高度重视。习近平总书记立即做出重要指示，要求千方百计搜救失联人员，全力救治受伤人员，妥善做好安抚善后等工作。要科学组织施救，加强监测预警，防止发生次生灾害。要尽快查明事故原因，严肃追究责任，并举一反三，杜绝管理漏洞。强调各地区和有关部门要以时时放心不下的责任感，全面排查各类安全隐患，强化防范措施，狠抓工作落实，更好统筹发展和安全，切实维护人民群众生命财产安全和社会大局稳定。按照习近平总书记重要指示，应急管理部主要领导率工作组紧急赶赴事故现场，指导事故处置。内蒙古自治区、阿拉善盟立即组织抢险救援和善后处置等工作。

现场救援分为企业自救、初期救援和政府响应、全面救援两个阶段。事故发生后，某煤矿向孪井滩示范区报告，组织员工和工程机械沿滑塌体边缘清理搜救，先后救出 6 名受伤人员送往青铜峡市人民医院救治，并进行人员核查。2 月 22 日 13 时 25 分许，孪井滩示范区启动应急响应，14 时 11 分成立临时现场指挥部。接到事故报告后，阿拉善盟、内蒙古自治区分别启动应急响应，主要负责同志先后到达现场，成立现场指挥部。

现场指挥部制定并不断优化救援方案，对滑塌体及周围边坡等重大风险点进行监测预警，组织救援力量，按照“南北向工作线，东西两侧分别向中部推进”实施救援，在西侧存在滑塌风险的情况下被迫暂停施工，全力推进东侧救援。组织救援人员演练，明确逃生路线，确保救援安全。先后调集救援队伍 16 支 1 084 人参与救援，抽调公安、卫生健康、电力、通信等部门加强现场保障工作，累计调集车辆、装备 1 294 台(套)，应急器材 5 188 件，出动作业机械 3 137 台次，转运土石方 108.22 万立方米。

(2) 应急救援评估

这次事故现场救援环境复杂危险。塌方土石量大，岩体松散，边坡稳定性差，大块岩石需要频繁爆破，作业空间狭小，大量设备、重型装备不能投入作业，救援处置难度大。此次救援行动，地方党委政府高度重视，领导干部靠前指挥，各部门密切配合，救援队伍迅速行动；现场指挥部始终坚持“两个至上”，统筹调度各方力量，运用先进科技手段，有效控制作业风险，安全有序开展救援工作。及时救治受伤人员，积极稳妥开展善后处置工作。

（六）事故整改和防范措施建议

(1) 更好统筹发展和安全

党的十八大以来，习近平总书记对安全生产发表一系列重要论述，为做好新时代矿山安全生产工作指明了方向、提供了根本遵循。各级党政领导干部要深刻领会蕴含其中的领导方法、思想方法、工作方法，切实提高统筹发展和安全的能力，推动高质量发展和高水平安全良性互动，以新安全格局保障新发展格局。要结合学习贯彻习近平新时代中国特色社会主义思想主题教育，全面深入系统学习习近平总书记关于安全生产的重要指示批示精神，完整准确全面贯彻新发展理念，更好统筹发展和安全，真正担负起“促一方发展、保一方平安”的政治责任。要以落实《地方党政领导干部安全生产责任制规定》为重点，制定并落实领导干部安全生产职责和年度任务“两张清单”，及时研究解决矿山安全生产重大问题，支持矿山安全监管监察部门履行职责，经常深入一线督导检查，推动压实各层级安全生产责任。要切实增强风险意识和底线思维，以“时时放心不下”的责任感，抓细抓实矿山安全生产各项工作，积极有效防范化解重大安全风险，切实把确保人民生命安全放在第一位落到实处，以实际行动和良好成效坚定拥护“两个确立”，坚决做到“两个维护”。

(2) 全面开展矿山重大事故隐患专项排查整治行动

压紧压实责任措施，明确自治区、盟市、旗县三级矿山监管部门负责直接监管的矿山名单，严格落实每一处矿山日常安全监管主体、联系包保、驻矿盯守、安全巡查等责任，并建立隐患排查责任倒查机制，对问题突出的地区和企业“开小灶”，坚决防止搞形式走过场，把专项整治行动异化成一个“动作”。加大重大事故隐患整治力度，对照矿山重大事故隐患判定标准，特别是针对近期事故暴露出的突出问题，对所有矿山企业一家一家“过筛子”，建立“一地一册”“一矿一册”重大安全风险隐患台账，实行清单化管理，完善闭环销号机制。整改难度大的由各级安委会挂牌督办，并加大现场核查力度，严防“纸面整改”。强化“打非治违”，综合运用举报奖励、约谈曝光、联合惩戒、追责问责、行刑衔接等手段，严厉打击不按设计施工、超层越界、边建设边生产、边坡超设计角度、无资质施工、中介机构造假等违法违规行为，保持“打非治违”高压态势。

(3) 切实提升发现问题解决问题的强烈意愿和能力水平

强化责任意识和作风建设，坚决防止把企业责任不落实作为地方和部门脱身推责的“挡箭牌”，以对党和人民高度负责精神认真履行矿山安全监管监察职责。对因责任不落实造成事故的，实行企业、监管部门、地方政府“一案三查”、一体追究，真正做到“四不放过”。开展安全监管执法作风整顿，深入查找执法检查中存在的突出问题，坚决整治执法检查“宽松软虚”等问题，该停产整顿或责令关闭的坚决处理到位。同时，既要严格执法也要指导服务，真诚帮助企业查隐患、解难题。完善工作机制，加大暗查暗访、异地执法、交叉互检等力度，聘请专业院校技术人才、行业专家等力量，提高执法专业能力。落实“管行业必须管安全、管业务必须管安全、管生产经营必须管安全”要求，统筹安全监管监察、发展改革、能源、自然资源、公安、生态环境等部门力量，定期开展矿山安全风险研判、信息通报、联合执法等工作，分兵把守加大对矿山立项、审批、建设、技术改造、开采作业等全过程监管力度。充分发挥安委会综合协调作用，建立完善联席会议、信息沟通、案件移送、行刑衔接、联合惩戒等工作机制，形成工作合力。加强专业监管力量，进一步明确基层矿山安全监管职责，配强各级专业监管力量，矿山重点市县要选配具有相关专业背景和经验的分管领导；开展安全监管执法人员实战大练兵，加强专业执法装备配备，以高水平执法服务矿山高质量发展。

(4) 全面提高企业安全条件和管理水平

要研究制定提高矿山办矿条件的政策措施，明确最小开采规模、最低服务年限、管理团队、人员素质、装备系统、安全投入等方面标准和条件。提升安全管理水平，督促矿山企业配齐安全管理和专业技术人员，明确董事长、总经理、实际控制人等关键人员责任清单，严禁“五职矿长”挂名行为，加强从业人员培训和应急演练；持续推进安全生产标准化创建，加强隐患排查治理，严格现场管理；严格落实外包工程安全生产主体责任，对承包单位实施统一管理，做到管理、培训、检查、考核、奖惩“五统一”。加强风险监测预警和隐蔽灾害治理，加强矿山安全风险监测预警，强化“电子封条”、卫星遥感识别等应用，加快推进露天煤矿边坡在线监测、视频监测、车辆调度等系统建设联网，实现风险早识别、早研判、早处置。推动矿山企业掌握矿井地质构造、煤层赋存及地质条件，全面查清边坡断层、采空区、水害等隐蔽致灾因素，严格落实治理措施。

(5) 严格整顿规范中介机构从业行为

严格内部管理，地质勘探、设计、监理、评价、爆破、检测检验、培训等第三方技术服务机构必须依法依规开展工作，建立健全项目管理、内部审查、职业操守等制度，严格落实各环节责任人责任。严格监督检查，开展矿山行业中介机构整顿规范，加大监督检查力度，着力整治出具虚假报告、出租出借资质、从业人员出租出借资格证书等问题，严肃处理违法违规行为，实行失信联合惩戒。

(6) 加快推动矿山高质量发展

加强矿山规划管理，完善矿产资源节约与综合利用相关制度，科学规划矿产资源，合理设置矿业权，保障露天煤矿用地配置，优化煤炭资源开发布局，保证井田的科学划分和合理开发，推动形成有利于保护和节约资源的矿山开发秩序，从源头上杜绝“一矿多开”“大矿小开”。推动矿山行业转型升级，积极实施淘汰退出一批、整合重组一批、改造提升一批、规划建设一批“四个一批”措施，推动矿山行业走上大型化、集约化、智能化发展之路。对存在重大事故隐患，整改后仍无法达到安全条件的矿山，坚决予以淘汰退出；对资源划分不科学、不合理，井田面积小，可集中开发的，依法依规实施整合重组；对现有储量大、具备条件的，加快推进改造提升；对有开发潜力的地区，积极对接国家产业政策，规划建设一批大型现代化矿山。加快智能化建设，鼓励支持矿山企业加快推进机械化、自动化、智能化，特别是推动露天煤矿积极应用无人驾驶、边坡雷达监测等先进技术，实现管控一体化、开采智能化、装备重型化、队伍专业化。

案例七　某煤矿“3・29”特别重大瓦斯爆炸事故

2013 年 3 月 29 日 21 时 56 分，吉林省某煤矿发生特别重大瓦斯爆炸事故，造成 36 人遇难（企业瞒报遇难人数 7 人，经群众举报后核实）、12 人受伤，直接经济损失 4 708.9 万元。

（一）矿井基本情况

1. 矿井概况

某煤矿工商营业执照、煤炭生产许可证、安全生产许可证、矿长资格证和矿长安全资格证均在有效期内，采矿许可证的企业名称未变更。

某煤矿有 6 个可采煤层，煤层自燃倾向性等级均为Ⅱ类，属自燃煤层，为高瓦斯矿井，煤尘具有爆炸危险性。

该矿采用立井开拓，共有 5 个井筒，发生事故前有 5 个生产采区（其中 1 个综采区和 4 个水采区）。该矿目前最深开拓标高已达到－780 米水平，超出采矿许可证许可的－600 米水平。

事故发生在－416 采区－4164 东水采工作面上区段采空区。－416 采区工作面采用自然垮落法管理顶板，埋管抽放采空区瓦斯。

2. －416 采区采空区防灭火管理情况

某煤矿采用采后封闭注惰气防止煤层自然发火。由于煤层倾角大（55°左右），留设的 6 米宽区段隔离煤柱在工作面回采后垮落，导致上下区段采空区相通，不能起到有效隔离采空区的作用；同时－250 石门密闭附近巷道压力大，密闭周边存在裂隙，导致向采空区漏风；该区域在封闭采空区后仅注过一次氮气，未根据采空区内氧气含量上升的异常情况及时补充注氮，且没有采取灌浆措施；该矿采区防灭火设计中要求－416 采区回采前要在－380 入风石门和－315 回风石门预先构筑防火门，以确保采区着火时能够及时阻断风流、封闭火区，防止灾区范围扩大，但该矿回采前未按规定预先构筑防火门。

3. 瓦斯抽采情况

该矿为高瓦斯矿井，地面建有永久抽采泵站，抽采泵型号为 SKA-720 型，功率 710 千瓦，最大流量 570 立方米/分钟。在－416 采区采用回风巷埋管抽放采空区瓦斯。

（二）事故发生经过、抢险救援情况

1. “3・29”事故发生经过和抢险救援情况

2013 年 3 月 28 日 16 时左右，－416 采区附近采空区发生瓦斯爆炸，该矿采取了在

－416采区－380石门密闭外再加一道密闭和新构筑－315石门密闭两项措施。29日14时55分，－416采区附近采空区发生第二次瓦斯爆炸，新构筑密闭被破坏，－416采区－250石门一氧化碳传感器报警，该采区人员撤出。矿业公司领导接到报告后赶赴该煤矿，研究决定在－315、－380石门及东一、东二、东三分层顺槽施工5处密闭。16时59分，救护队员和工人到－416采区进行密闭作业。19时30分左右，－416采区附近采空区发生第三次瓦斯爆炸，作业人员慌乱撤至井底(其中有6名密闭工升井，坚决拒绝再冒险作业)。以上3次瓦斯爆炸事故均发生在－416采区－4164东水采工作面上区段采空区，未造成人员伤亡。该矿不仅没有按规定上报并撤出作业人员，且仍然决定继续在该区域施工密闭。21时左右，井下现场指挥人员强令施工人员再次返回实施密闭施工作业，21时56分，该采空区发生第四次瓦斯爆炸，该矿才通知井下停产撤人并向政府有关部门报告，此时全矿井下共有367人，共有332人自行升井和经救援升井，截至30日13时左右井下搜救工作结束，事故共造成36人死亡(其中1人于3月31日在医院经抢救无效死亡)。某矿业公司为逃避国家调查，只上报28人遇难，隐瞒7名遇难人员不报。

2.“4·1”事故发生经过和抢险救援情况

“3·29”事故搜救工作结束后，鉴于井下已无人员，且灾情严重，吉林省人民政府和原国家安全生产监督管理总局工作组要求某集团聘请省内外专家对井下灾区进行认真分析，制定安全可靠的灭火方案，并决定未经省人民政府同意，任何人不得下井作业。4月1日7时50分，监控人员通过传感器发现某煤矿井下－416采区一氧化碳浓度迅速升高，某矿业公司领导商议后，违抗吉林省人民政府关于严禁一切人员下井作业的指令，擅自决定派人员下井作业。9时20分，某矿业公司驻矿领导分别带领救护队员下井，到－400大巷和－315石门实施挂风障措施，以阻挡风流，控制火情。10时12分，该区附近采空区发生第五次瓦斯爆炸，此时共有76人在井下作业，经抢险救援59人生还(其中8人受伤)，发现6人遇难并将遗体搬运出井，井下尚有11人未找到，事故共造成17人死亡、8人受伤。

鉴于该矿井下火区在逐步扩大，有再次发生瓦斯爆炸的危险，经专家组反复论证，吉林省人民政府决定采取先灭火后搜寻的处置方案。4月3日8时10分左右又发生第六次瓦斯爆炸，由于没有人员再下井，未造成新的伤亡。

(三) 事故原因和性质

1. 直接原因

某煤矿忽视防灭火管理工作，措施严重不落实，－4164东水采工作面上区段采空区漏风，煤炭自然发火，引起采空区瓦斯爆炸，爆炸产生的冲击波和大量有毒有害气体造成人员伤亡。

2. 间接原因

(1) 企业安全生产主体责任不落实，严重违章指挥、违规作业。

① 某煤矿对井下采空区的防灭火措施不落实，管理不得力。一是采空区相通。该矿－416采区急倾斜煤层的区段煤柱预留不合理，开采后即垮落，不能起到有效隔离采空区的作用，导致上下区段采空区相通，向上部的老采空区漏风。二是密闭漏风。由于巷道压力大，造成－250石门密闭出现裂隙，导致漏风。三是防灭火措施不落实。没有采取灌浆措施，仅在封闭采空区后注过一次氮气，没有根据采空区内气体变化情况再及时补充注氮，导致注氮效果无法满足防火要求。四是未设置防火门。该矿违反《煤矿安全规程》规定，没有

在一416采区预先设置防火门。

② 某煤矿及某矿业公司在连续3次发生瓦斯爆炸的情况下，违规施工密闭。一是违反规程规定进行应急处置。第一次瓦斯爆炸后，该矿在安全隐患未消除的情况下仍冒险组织生产作业；第二次瓦斯爆炸后，该矿才向矿业公司报告。二是处置方案错误，违规施工密闭。某矿业公司未制定科学安全的封闭方案，而是以少影响生产为前提，尽量缩小封闭区域，在危险区域内施工密闭，且在没有充分准备施工材料的情况下，安排大量人员同时施工5处密闭，延长了作业时间，致使人员长时间滞留危险区。三是施工组织混乱。该矿施工组织混乱无序，未向作业人员告知作业场所的危险性。四是强令工人冒险作业。第三次瓦斯爆炸后，部分工人已经逃离危险区，但现场指挥人员不仅没有采取措施撤人，而且强令工人返回危险区域继续作业，并从地面再次调人入井参加作业。

③ 某矿业公司违抗吉林省人民政府关于严禁一切人员下井作业的指令，擅自决定并组织人员下井冒险作业，再次造成重大人员伤亡事故。

(2) 地方政府的安全生产监管责任不落实，相关部门未认真履行对某煤矿的安全生产监管职责。

(3) 煤矿安全监察机构安全监察工作不到位。

3. 事故性质

经调查认定，某煤矿"3·29"特别重大瓦斯爆炸事故和"4·1"重大瓦斯爆炸事故均为责任事故。

(四) 事故防范措施建议

(1) 要牢固树立和落实科学发展观，牢牢坚守安全生产红线。要认真吸取某煤矿血的事故教训，坚决贯彻落实党中央、国务院关于加强安全生产工作的重大决策部署和习近平总书记的一系列重要指示精神，坚决执行安全生产特别是煤矿安全生产法律法规，牢固树立和落实科学发展观，牢固树立以人为本、安全第一、生命至上的安全发展理念，牢固树立正确的政绩观和业绩观，认真实施安全发展战略，摆正生命与生产、生命与矿井、生命与效益、安全与发展的关系，坚持发展以安全为前提和保障，决不能以牺牲人的生命为代价来换取经济和企业的发展。要把安全生产尤其是煤矿安全生产纳入经济社会和企业发展的全局中去谋划、部署、落实，加强领导、落实责任、强化措施、统筹推进，健全体制、完善机制、强化法制、落实政策，突出重点、深化整治、夯实基础、全面提升，从根本上改善煤矿安全生产条件，提高安全保障能力。

(2) 要切实落实煤矿企业安全生产主体责任，严格禁止违章指挥、违章作业行为。某集团及所有煤矿企业要在全面落实企业安全生产法定代表人负责制的基础上，建立健全安全管理机构，完善并严格执行以安全生产责任制为重点的各项规章制度，切实加强全员、全方位、全过程的精细化管理，把安全生产责任层层落实到区队、班组和每个生产环节、每个工作岗位。要加强对员工的安全教育与培训，增强职工维权意识，向作业人员如实告知作业场所和工作岗位存在的危险因素、防范措施以及事故应急措施。要加强煤矿安全生产标准化建设，依法提取和使用安全费用，加大安全投入，完善井下安全避险"六大系统"，加强对重大危险源的监控；要采取坚决而有力有效的措施，加强企业内部的劳动、生产、技术、设备等专业管理；要严格落实煤矿企业领导干部带班下井制度，强化现场管理，严禁违章指挥、严查违章作业；要经常性开展安全隐患排查，并切实做到整改措施、责任、资金、时限和预案"五到位"，及时消除治理重大隐患。尤其是国有煤炭企业，要带头落实安全生产主体责任，自觉接受当地政府的安全管理和监督，严禁迟报、谎报、瞒报事故及伤亡人数。

(3) 要切实履行好政府及相关部门的安全监管监察职责，加强煤矿安全监管监察工作。要坚持“谁主管、谁负责”、“谁发证、谁负责”和管行业必须管安全的原则，认真履行职责、严格进行把关，深入基层、深入现场，加大执法力度，深入开展“打非治违”工作，认真整治煤矿安全生产中的突出问题，发现企业存在重大隐患不治理的，要进行追责。

(4) 要切实突出重点，加强煤矿瓦斯治理和防灭火管理。某集团和所有煤矿企业要切实突出安全生产重点，加强“一通三防”管理。要筑牢思想防线，教育引导员工，人人都做安监员。瓦斯治理要做到“先抽后采、抽采达标”，严禁瓦斯超限作业。在开采容易自燃煤层和自燃煤层时，必须制定和落实灌浆、注惰气等综合防灭火措施，必须在作业规程中明确注惰气时间、注惰气量和防灭火效果检验手段，连续监测采空区气体成分变化，发现问题、及时处理，确保不发生煤炭自然发火。要按规定构筑防火门，及时封严采空区并加强检查，防止漏风；要合理确定矿井煤层的自然发火预测预报指标气体的发火预警临界值，当井下发现明显自然发火预兆或预警指标超过临界值时，必须停止作业、撤出井下人员。对灭火效果要进行监测分析，科学论证启封时间，科学制定启封方案，严防火区复燃再次发生事故。

(5) 要切实规范和强化应急管理，提高事故应急处置能力。某集团和所有煤矿企业以及有关部门，要深刻吸取某煤矿处置井下火区时违规施工密闭、强令工人冒险作业、现场应急组织混乱等沉痛教训，建立健全煤层自然发火的应急管理规章制度，加强应急队伍建设，加大应急投入，配备必要的应急物资、装备和设施，制定和完善应急预案，一旦发现险情或发生事故，要严格按照有关规程、规范和应急预案，以安全可靠的原则进行应急处置，安全有力有效地组织施救，严禁违章指挥、严禁冒险作业、严禁盲目施救。抢险救援指挥部要充分掌握事故灾害情况，科学制定救援方案，严格守住井口、严密保护现场、严控下井人员，尤其是严禁违反《矿山救援规程》派救护队员冒险施救。要组织开展有针对性的应急知识培训，根据生产特点和生产过程中的危险因素，开展经常性的应急演练，切实提高从业人员的应急意识和自救互救能力、应急处置能力。

(6) 要扎实开展安全生产大检查，务求取得实效。某集团及所有煤矿企业要按照全覆盖、零容忍、严执法、重实效的总要求，全面深入开展安全生产大检查，通过明察暗访、组织专家检查、地区与企业之间互查、企业员工日常自查等方式和途径，及时全面彻底地排查企业各类安全生产隐患和存在的各种安全问题，强化安全措施，及时消除各类隐患，解决存在的问题，堵塞安全漏洞。要加强组织领导，落实工作责任，创新检查手段，确保取得实效，有效防范和坚决遏制重特大事故发生。

案例八　某煤矿“11·29”重大透水事故

2020 年 11 月 29 日，湖南省衡阳市某煤矿发生重大透水事故，造成 13 人死亡，直接经济损失 3 484 万元。

(一) 矿井基本情况

某煤矿为民营企业，位于湖南省。该矿周边有 3 处乡镇煤矿，分别是 A 矿、B 矿和 C 矿。在 A 矿西北部界外有一块未划定矿权的国家资源，事故前某煤矿和 A 矿正在超深越界开采这块资源。经调查，A 矿与其他 3 处煤矿共有 6 处巷道连通。其中与 C 矿有 3 处、与 B 矿有 2 处、与某煤矿有 1 处。

1. 某煤矿

某煤矿证照不全，属于停工停产等待改扩建矿井，准许开采深度为＋200 米至－400 米标高，水文地质类型中等，正常涌水量 20.8 立方米每小时，最大涌水量 75 立方米每小时。矿井采用斜井开拓，划分 4 个水平，事故区域为超深越界的－500 米水平，主采 61 煤和 7 煤，煤层倾角 51～56 度，属于急倾斜煤层，煤层厚度 2.2～2.5 米。该矿在－500 米水平分别沿煤层布置有 61 煤运输巷和 7 煤运输巷，并开口伪倾斜布置煤层上山工作面，坡度 25～35 度，长度 50～70 米不等。该矿未设立安全生产和技术管理等职能部门，采掘作业全部承包给 13 支无资质的私人包工队。

该矿－500 米水平未形成正规生产系统，通风、供电、排水等系统均不完善，采煤工作面未形成 2 个安全出口；未安装安全监测监控系统和人员位置监测系统；采用剃头下山布置、巷道式采煤、放顶煤工艺，使用坑木支护，有的采煤工作面使用压风管路通风。

事故前，－500 米水平共布置 5 个采掘工作面。其中 61 煤运输巷布置了一上山和二上山 2 个工作面；7 煤运输巷布置了一上山和二上山 2 个工作面；－500 米水平岩石运输巷布置一个石门掘进工作面。

2. A 矿

A 矿证照不全，属于停工停产等待改扩建矿井，准许开采深度为＋200 米至－500 米标高。矿井采用斜井开拓，主斜井和副斜井直接落在矿井界外，主斜井越界长度 700 米、副斜井越界长度 600 米。超深越界开采－470～－510 米水平国家资源。在－350 米水平剃头下山开采了某煤矿－500 米水平上部的 61 煤层，形成大片采空区并积水。2018 年 7 月停止排水后，2019 年 11 月采空区积水从－350 米水平巷道自然流出。

（二）事故发生及抢险救援经过

1. 事故发生情况

2020 年 11 月 29 日 7 时，某煤矿矿长王某主持召开调度会，副矿长等参加了会议，共安排 10 个作业地点 37 人下井作业。11 时 30 分，董某从－500 米水平大巷推空矿车至距 61 煤一上山口约 10 米处，看到大量煤和水从里面冲出来，且伴有“轰隆隆”的响声，水和煤瞬间涌至董某膝盖，董某用背一边挤矿车一边扒煤，向－500 米水平大巷逃生，并大声喊“穿水了，快跑”。

－500 米井底车场的挂钩工王某荣听见喊声后也立即向上逃生。两人逃生至－230 米水平，电话向调度室值班员王某成报告了井下透水事故情况后，自行升井。在－290 米水平作业的人员接到调度室电话后也全部自行安全升井。

2. 事故救援情况

14 时 50 分，湖南省矿山救援白沙大队白山坪中队先期到达某煤矿开展救援工作。

18 时 50 分，成立了以湖南省副省长为总指挥的事故现场指挥部，迅速调集白沙、衡阳、邵阳、郴州等 8 支矿山救护队以及湘煤集团成建制队伍、消防救援力量、电力公司，以及省、市、县三级政府应急系统等共计 1 000 余人参与救援。

协调邻省江西矿山排水站、国内排水设备生产厂家进行排水设备支援。

总指挥部通过在某煤矿、A 矿、B 矿、C 矿四对矿井实施排水，同时在地面和井下施工救援钻孔。至 12 月 3 日 13 时，某煤矿积水排至－500 米水平，四个煤矿累计排水量达35 900 立方米。12 月 3—6 日，在某煤矿－500 米水平进行清淤搜救工作。至 12 月 8 日 23 时，先后进行侦察搜救 4 次，搜寻到 5 名遇难人员，剩余 8 人失踪。

（三）事故原因和性质

1. 直接原因

某煤矿超深越界在－500 米水平 61 煤一上山巷道式开采急倾斜煤层，在矿压和上部水压共同作用下发生抽冒，导通上部 A 矿－350～－410 米采空区积水，老空积水迅速溃入某煤矿－500 米水平，并迅速上升稳定至－465 米，导致井巷被淹，造成重大人员伤亡。

2. 间接原因

（1）某煤矿

① 非法开采国家资源，隐瞒超深越界行为。2020 年 5 月横穿 A 矿井田开始开采国家资源，累计越界巷道 4 000 米、超深 103 米；通过篡改巷道真实标高、不在图纸上标注、井下设置假密闭、不安装安全监测监控系统和人员位置监测系统等方式蓄意隐瞒超深越界行为。

② 违法组织生产，对抗政府部门监管。该矿在煤矿安全生产许可证注销、未取得技改手续情况下，以整改之名违法组织生产，仅 2020 年违法生产出煤 5.56 万吨；通过在工业广场入口处设置门哨、蓄意安排驻矿盯守员居住在远离出煤井口、擅自拆除提升绞车和入井钢轨封条、夜间提煤期间切断出煤井口视频监控电源等手段，有组织有计划地对抗地方政府和部门监管。

③ 违章指挥，冒险蛮干。该矿安全红线缺失，违章指挥在老空水淹区域下开采急倾斜煤层；作业人员心存侥幸，冒险蛮干，顶水作业，事故前 1 小时出现明显透水征兆后，未及时从危险区域撤出作业人员。

④ 安全管理混乱，主体责任不落实。该矿未落实企业主体责任，未按规定设置安全管理职能部门，未配备相关安全管理人员；"三专两探一撤"措施严重缺失，未配备防治水专业技术人员和探放水设备；将井下采掘工作面承包给多个包工队，以包代管；违规申领、使用和存放火工品；－500 米水平采用剃头下山开采、坑木支护、压风管路供风、巷道式放顶煤多头面组织生产。

（2）A 矿

① 非法开采国家资源、违法组织生产。矿井主、副斜井直接落在未划定矿权国家资源区域，经实测越界巷道总长度达 4 002 米；在煤矿安全生产许可证注销后，仍然违法组织生产，仅 2020 年违法生产出煤 5.56 万吨。

② 相互连通、冒险蛮干。A 矿井下有 6 处越界巷道与周边矿井连通，造成采掘混乱；采用剃头下山开采某煤矿事故区域上方国家资源后，采空区积水达 4.2 万立方米未及时排放，造成严重水患。

（3）中介机构

湖南省某地质局第一勘探队耒阳项目部严重不负责任，明知某煤矿设置的活动铁门和孔格状结构密闭不符合要求，未向自然资源部门提出立即整改意见；测量某煤矿巷道走过场，出具的巷道测量鉴定报告结论与某煤矿真实开采情况严重不符。

（4）地方政府和相关部门

① 自然资源部门检查煤炭资源走过场、搞形式，对中介机构拍照的煤矿密闭、巷道测量鉴定结论不审核、不把关，将中介机构作为自己失职失责的"挡箭牌"，违规为某煤矿申请上报办理采矿许可证延续业务。

② 煤矿安全监管工作不到位。发现某煤矿违法生产线索后，未进一步核实，未如实向市综合行政执法局移送某煤矿违法生产案件。明知某煤矿不符合申请火工品条件，仍然创立名目违规审批火工品供应计划；综合行政执法局不正确履行职责，查实某煤矿违法生产行为后，未依法处置；煤矿安全监管部门不作为，未按规定组织对全市煤矿开展安全检查和综合督查。

③ 公安机关火工品审批和管理把关不严。公安机关长期违规向证照或技改手续不全的煤矿批供火工品，违规将封条交由煤矿自行封存火工品；公安机关在某煤矿安全生产许可证注销的情况下，违规在民爆物品信息管理系统保留并激活某煤矿"非营业性爆破作业单位许可证"，未对某煤矿火工品清退、收缴情况进行跟踪督查。

3. 事故性质

经事故调查认定，本次事故是由于企业违法违规生产、相关地方政府和职能部门失职渎职引发的一起重大生产安全责任事故。

（四）事故防范措施建议

(1) 深刻吸取事故教训：各地要认真吸取某煤矿透水事故的惨痛教训，坚决贯彻落实党中央、国务院关于加强安全生产工作的重大决策部署和习近平总书记等中央领导同志的重要指示精神。落实安全发展理念：牢固树立以人为本、安全第一的理念，摆正安全与发展的关系，坚决杜绝以牺牲人的生命为代价换取经济和企业发展。强化安全生产责任制：将安全生产纳入经济社会和企业发展的全局，加强领导、落实责任、强化措施，健全体制、完善机制、强化法制，从根本上改善煤矿安全生产条件，提高安全保障能力。

(2) 健全安全管理机构：煤矿企业要建立健全安全管理机构，完善并严格执行安全生产责任制，加强全员、全方位、全过程的精细化管理，把安全生产责任落实到每个环节和岗位。加强安全教育与培训：增强职工维权意识，如实告知作业场所和工作岗位存在的危险因素及防范措施，提高员工的安全意识和应急处理能力。强化现场管理：严格落实领导干部带班下井制度，严禁违章指挥和违章作业，及时排查和消除安全隐患。

(3) 严格监管执法：地方政府及相关部门要切实履行安全监管职责，加大执法力度，深入开展"打非治违"行动，严厉打击非法违法生产行为。加强监督检查：定期开展安全检查和隐患排查，对发现的问题和隐患要责令限期整改，确保整改措施落实到位。完善监管机制：建立健全煤矿安全监管长效机制，强化部门协同，形成监管合力，确保煤矿安全生产形势持续稳定。

(4) 强化水文地质勘探：加强对矿区水文地质条件的勘探和监测，准确掌握地下水位、水量及动态变化，及时发现和评估水害风险。完善排水系统：建设和维护高效的排水系统，确保在突发涌水情况下能够迅速排水，防止水患扩大。落实防治水措施：严格执行"预测预报、有疑必探、先探后掘、先治后采"的防治水原则，采取有效措施预防透水事故。

案例九　贵州省某煤矿"2·25"重大顶板事故

2022 年 2 月 25 日 7 时 37 分，贵州省某煤矿发生一起重大顶板事故，造成 14 人死亡，直接经济损失 2 288.47 万元。

（一）事故发生经过及应急处置情况

1. 事故发生经过

2022 年 2 月 24 日 23 时 30 分许，夜班带班矿领导唐某林、当班安全检查工陈某兴、瓦斯检查工张某波自副平硐入井巡查。2 月 25 日 1 时许，唐某林和陈某兴到达隐蔽采面，发现隐蔽采面大部分铰接顶梁未铰接，上段约 40 米区域的部分单体液压支柱失效，顶板破碎，随即安排陈某学进行整改。1 时 30 分许，唐某林、陈某兴离开隐蔽采面到井下其他地点巡查。6 时 10 分许，唐某林、陈某兴再次到隐蔽采面巡查，在下出口往上约 40 米处发现顶板掉落一块矸石，长约 1.5 米、宽约 1.2 米、厚约 0.8 米，陈某学现场安排采取放明炮的方式对掉落矸石进行了处理，随后唐某林、陈某兴离开采面。7 时许，采煤工李某军、施某先后到隐蔽采面下顺槽休息等候升井，黄某林到下出口处查看采面刮板运输机运行情况，陈某学、邹某全等 14 人在采面继续作业。7 时 37 分，采面垮塌，蒋某军、周某文、周某万、李某余 4 人均认为只是采面下出口垮塌，随即升井。黄某林也认为只是采面下出口垮塌，就到 23301 开切眼与 11302 下顺槽岔口处电话向黄某尧汇报了下出口垮塌的情况并在此等候。下出口垮塌后李某军随即经隐蔽采面下顺槽、23301 开切眼、隐蔽采面上顺槽到隐蔽采面上出口查看情况，发现采面除上出口往下 10 米段外，全部垮塌，确认采面作业人员被困，立即返回，在 23301 开切眼与 11302 运输巷岔口处遇到黄某林，遂告知黄某林："采面上段也垮了，赶紧汇报，下来救人"。7 时 49 分，黄某林电话向黄某尧报告了事故情况。8 时 41 分，瓦斯检查工崔某克到达隐蔽采面下出口发现顶板垮塌后电话向煤矿调度室汇报了事故情况。

2. 事故汇报情况

2 月 25 日早班，带班矿长郭某政于 7 时 10 分入井，到运输上山查看架空乘人装置安装情况后走到井底车场，看着有人往隐蔽采面方向跑，郭某政跟着往里跑到隐蔽采面下出口，看到采面冒顶，立即组织抢救，随后升井并分别于 9 时 12 分、9 时 15 分向公司、贞丰县工科局电话报告了事故情况。9 时 17 分，国家矿山安全监察局贵州局接六枝矿山救护大队驻贞丰县矿山救护中队事故报告。10 时 29 分，国家矿山安全监察局贵州局向国家矿山安全监察局报告了事故情况。

3. 事故救援情况

事故发生后，煤矿自行组织入井抢险救援无果后升井。2 月 25 日 9 时 17 分，贞丰县工科局向六枝矿山救护大队驻贞丰县矿山救护中队发出事故救援召请。9 时 40 分，六枝矿山救护大队驻贞丰县矿山救护中队 13 名指战员到达某煤矿。11 时 15 分，黔西南州矿山救护大队兴义中队、兴仁中队共 30 名救护指战员到达某煤矿。15 时 30 分，六枝矿山救护大队二中队三小队共 11 名指战员到达某煤矿。

2 月 26 日 17 时 35 分，国家隧道救援中铁二局昆明队 10 名指战员到达某煤矿。同日，按照省政府安排部署，某精煤(股份)有限公司组织专业人员参与抢险救援，公司总经理带领 76 名现场经验丰富的救援人员及相关设备奔赴某煤矿，下井带班，靠前指挥，救援工作安全顺利推进。

3 月 3 日 6 时 05 分，在距隐蔽采面下出口 62.8 米处发现第 1 名遇难人员。3 月 5 日 10 时 45 分，在距隐蔽采面下出口 86.6 米处发现第 14 名遇难人员。3 月 5 日 13 时 28 分，最后一名遇难人员运送出井，抢险救援结束。

4. 事故抢险及救援工作评估

接到事故报告后，黔西南州人民政府按规定启动了应急预案，在应急管理部、国家矿山安全监察局和贵州省有关领导的指导下，组织有关部门和贞丰县人民政府有序开展抢险救援工作。贞丰县人民政府组织对遇难矿工的善后事宜进行了妥善处置。

（二）事故原因

1. 直接原因

超出矿界范围布置的隐蔽采面支护强度不足，导致复合顶板离层、断裂，支柱稳定性不够造成顶板推垮，酿成事故。

2. 间接原因

（1）越界盗采国家资源。经实地测量，隐蔽采面下顺槽超出矿界 69.969 米、上顺槽超出矿界 78.978 米，煤矿相关管理人员在明知越界的情况下，蓄意非法盗采国家煤炭资源。

（2）蓄意逃避安全监管。煤矿为获取非法利益，布置隐蔽非法采煤点，通过不上图、打设假密闭、资料作假、不安设安全监控、入井人员不带人员定位识别卡、不进行入井检身登记等手段蓄意逃避安全监管。

（3）违法承包，违规转包分包。某煤矿缺乏基本的安全投入保障能力，将煤矿违法承包给不具有相应资质和能力的 A 公司，A 公司又将井下回采、掘进、安装等工程违规分包给个人，回采承包人又将井下采煤作业转包，以包代管。

（4）顶板管理不到位。未编制采面作业规程，未进行支护强度验算，未对单体液压支柱进行压力测试。现场单体液压支柱打设混乱，柱梁数量不足。采面停止回采时未对采面支护进行维护，在采面出现煤壁切顶现象后仍未采取加强支护措施。

（5）安全管理混乱。一是安全管理体系不能正常运行。由于违法承包、违规分包和转包，煤矿安全管理人员对施工队无实际指挥权和管理权，安全管理和特种作业人员配备不足，安全管理体系不能正常运行。二是违章指挥冒险作业。煤矿有关负责人违章指挥，隐蔽采面开切眼未贯通即组织回采作业。在明知作业区域不具备安全生产条件的情况下，安排人员进行回采作业。三是违规使用民爆物品。承包采掘的施工队无爆破工，由煤矿爆破工持证人员领取民爆物品交由施工队无证人员实施爆破作业；施工队领取民爆物品后违规存放在井下。四是安全培训不到位。未按规定开展新工人岗前培训和日常安全教育培训，安排未经培训的工人入井作业，采用补签培训记录进行造假；工人安全意识不强，在没有作业规程、安全技术措施的情况下仍进行采煤作业。五是安全投入不足。因资金投入不足等问题，煤矿边建设、边生产，于 2021 年 6 月被贞丰县工科局查处；煤矿自开工建设以来先后三次延长建设工期，建设工期由原批复的 8.7 个月延长至 28.7 个月。

（6）心存侥幸、冒险蛮干。“1・13”顶板瞒报事故发生后，仍心存侥幸、冒险蛮干，导致“2・25”重大顶板事故发生。

（三）事故性质

贵州省某煤矿“2・25”重大顶板事故是一起责任事故。

（四）防范措施及建议

1. 煤矿要提高法治意识，依法依规办矿管矿

要树牢法治观念和底线思维，增强诚信意识、敬畏意识和守法意识，坚持以安全理念引领安全管理，真正做到学法、知法、守法、用法，依法办矿、依法管矿；二是要依法依规实施矿井承包，严禁非法承包、违规转包分包；三是要如实报告生产作业情况，主动接受安全监管；及时如实上报生产安全事故，坚决杜绝迟报、瞒报而贻误救援时机。

2. 煤矿要强化安全管理，切实履行主体责任

（1）建立健全安全管理体系。煤矿实际控制人、主要投资人等不仅要有办矿的实力，也

要具备管理的能力，要持续强化以矿长为首的安全管理团队建设和以总工程师为首的工程技术管理团队建设，建立健全相应的管理、技术、监督等职能部门，配齐配强专业技术人员和特种作业人员，真正赋予安全管理人员决策权、指挥权和管理权，确保安全管理体系正常运行。

（2）抓实抓细安全培训教育。严格落实安全培训主体责任，针对性加强从业人员安全教育培训，增强安全意识，提高操作技能，提升自保能力，持续深入开展"三敬畏""反三违"活动，塑造本质安全人、打造本质安全岗。

（3）加强采掘顶板管理管控。严禁使用国家明令淘汰和禁止使用的采煤工艺，持续推进装备和采掘工艺升级，结合矿井实际制定切实可行的作业规程和支护设计并贯彻落实到位，优化劳动组织，强化现场管理，加强过程管控，深入开展隐患排查治理，提升采掘施工的本质安全。

3. 煤矿上级公司要切实履行主体责任

（1）要杜绝"拼凑型""挂靠型"集团公司，公司要对所属煤矿真管理、敢管理。

（2）要健全安全管理机构，配齐安全管理人员，提升履职能力。

（3）要强化对煤矿安全投入、安全管理能力等的监督检查。对于安全投入不足、安全管理水平低的煤矿要坚决停止生产建设，待其具备安全生产条件后方准复工。

（4）严格所属煤矿安全管理，严禁非法承包、违法转包、违法分包。

4. 煤矿安全监管部门要全力提升执法效能

（1）优化监管执法方式。优化执法队伍，提升执法质量，规范执法行为，确保煤矿安全监管执法专职专业和有效高效。

（2）强化驻矿安全盯守。加快推动单一驻矿模式转向"小组巡查、驻矿监督"相结合的模式，落实驻矿盯守各项措施，强化履职考核管理。

（3）深化重点监管执法。确定重点监管对象，有针对性地开展检查执法，对发现的突出问题和重大隐患，挂牌督办、紧盯不放。

（4）量化安全监管关键环节。加快建立并严格落实"三报表两图纸一运输"填报分析研判制度，发现数据异常必须迅速开展现场核查，精准和严厉打击"五假五超三瞒三不"以及其他非法违法生产建设行为。

5. 自然资源管理部门要加大"打非治违"力度

（1）加强煤矿储量动态管理。加强对储量动态监测的监督核查，准确掌握煤矿储量动态变化真实情况，严厉打击中介机构和煤矿弄虚作假。

（2）严厉打击超层越界开采行为。要采取有效措施及时发现煤矿超越批准的矿区范围和煤层开采的非法行为，依法严查重处。

6. 地方政府要强化安全监管责任落实

（1）要落实有效监管。州、县人民政府要严格落实国务院安委会关于进一步强化安全生产责任落实、坚决防范遏制重特大事故的十五条措施和《中共贵州省委 贵州省人民政府关于进一步加强安全生产工作坚决遏制重大事故的意见》（黔府函〔2022〕31号）要求，督促各部门完善机构、配齐配强监管人员，切实解决监管力量不够、专业不足的问题。加强对各部门的监督检查和考核，督促各部门及有关人员履职尽责。加大对煤矿的监管执法力度，查大系统、除大隐患、防大事故。同时，要加大对煤矿的帮扶指导力度，促进煤矿安全管理能力水平提升，机械化、智能化程度不断提高。

(2) 构建“打非治违”工作合力。建立州、县两级煤矿安全生产“打非治违”工作联席会议制度，定期召集安全监管、公安、自然资源、市场监管、税务、电力等部门召开会议，加强信息互通共享，综合研判辖区煤矿安全生产形势，及时解决存在的突出问题，安排部署阶段性“打非治违”重点工作，形成强大合力，持续保持“打非治违”高压态势。

(3) 督促企业主体责任落实到位。全面排查全州范围内煤矿上级公司股权结构、资金流向、安全管理等情况。对未实质性履行安全管理职能，所属煤矿未真控股、安全管理机构不健全、人员配备不齐、安全生产经费投入不足的煤矿上级公司，责令其限期整改，并将所属煤矿纳入重点监管。对违法违规挂靠、承包、转包、分包的煤矿，依法依规严肃处理。

案例十　重庆市某矿“12·23”井喷事故

2003 年 12 月，重庆市发生了一起重大井喷事故。失控的有毒气体(硫化氢)随空气迅速扩散，导致在短时间内发生大面积灾害，人民群众的生命财产遭受了巨大损失。据统计，井喷事故发生后，离气井较近的 4 个乡镇 30 个村，9.3 万余人受灾，6.5 万余人被迫疏散转移，累计门诊治疗 27 011 人(次)，住院治疗 2 142 人(次)，243 位无辜人员遇难，直接经济损失达 8 200 余万元。

12 月 23 日晚 23 时左右，重庆市政府接到市安监局关于某矿区发生井喷的报告。市委、市政府高度重视，即责成开县县委、县政府迅速组织抢险队赶赴现场。在查明井喷事故将可能严重威胁居民生命安全的情况下，迅速采取措施：一是立即通知事故发生地党委政府，以最快速度组织群众向安全地带疏散转移。二是迅速电告附近的乡镇从人力、车辆等方面进行支援。三是一位副县长率领 50 多人的先前抢险队伍立即赶往事故现场。四是做好启动应急救援系统的各项准备工作。

24 日上午，重庆市委、市政府派遣一位分管市长带领市级相关部门和专业救援队伍紧急赶往开县。正式成立了“12·23”抢险指挥部，分成前线指挥、交通管制、后勤保障、医疗救护、信息联络 5 个工作组，以“紧急疏散群众、减少人员伤亡”为第一要务，动员一切力量，采取非常措施，实行“分进合击，各负其责”的战略战术。各级各地迅速调整工作重点，全力以赴抓好抢险工作。24 日 17 时 30 分，指挥部和钻进抢险队在专家和技术人员科学分析研究的基础上，采取了措施，对主管道进行了封堵，防喷管线实施了点火，有毒的硫化氢气体不再扩散，事态得到控制。

对居民采取的措施大致分为疏散转移、搜索安顿、灾民返乡和安置善后四个阶段。

(1) 疏散转移阶段。指挥部针对毒气不断向周边地区蔓延扩散的情况，在对硫化氢的浓度进行科学检测后，果断采取措施，将以气井为中心半径 5 千米范围内的群众全部转移。

灾区的 65 632 名群众中，32 526 人安置在指挥部设置的县内的 15 个政府集中救助点，10 228 人有序转移到四川省宣汉县，其余在当地县上工作组和基层干部的组织下，采取了投亲靠友和群众互帮互助等方式进行安置。

(2) 搜索安顿阶段。12 月 25 日凌晨，组建 20 个搜救队进入事故现场危险区，搜寻幸存者和死亡人员；26 日又组建 102 个搜寻组，对以井口为中心、半径 5 千米的近 80 平方千米的区域，进一步实施拉网式搜救。

为保证伤员的救治，指挥部从全市各大医院抽调 160 余名医务人员，组成 5 支医疗队赶赴灾区救援；开县从各医院组织医护人员 1 600 余人，在救灾前线设立 5 个临时医疗点，将开县人民医院和中医院作为后方医院，全县各类医院和医疗点收治的因灾伤病人员达到 23 515 人。

灾民大规模疏散转移后，最大限度地保障灾民基本生活成为整个应急救援工作的当务之急。为了妥善安置灾民，市委、市政府提出了“有饭吃、有衣穿、不挨饿、不受冻”的目标。指挥部先后从主城区、万州区和开县周边的一些县，组织发放 85 363 件衣服、35 282 床棉被、152 吨大米、45.5 吨面条、30.5 吨食用油等救灾物资，接纳灾民的乡镇还自行组织了大批食品，保证了避灾群众有饭吃、有水喝、有地方住。

(3) 灾民返乡阶段。12 月 27 日 11 时，施工抢险人员对“罗家 16H”井的两条喷射管实施堵截，“压井”获得成功。指挥部当即决定，返回家园，采取“五条措施”，确保灾区环境安全：一是组织 1 000 余名工作人员，对灾区内所有被毒死的动物进行清理，对动物的尸体分类深埋或焚烧；二是组织庞大的卫生防疫队伍，对事故区进行消毒处理，防止疫病的发生；三是由环保部门以井口为中心，建立 6 个流动监测站，对灾区的环境大气、地表水等指标，进行全天候采集监控；四是由卫生部门对灾区的粮食蔬菜、肉食品等进行抽样化验；五是将灾后居民在生产生活中的重点注意事项，印制成《灾民返乡须知》，发放到每一户灾民手中，详细告知灾民返家的八大注意事项。

有序组织灾民返乡在“五条措施”下全面实施，在大气、地表水的环境质量整体达到安全值，灾区内的粮食、动植物的食用安全性评估达标的基础上，再分“两个步骤“组织灾民返乡，确保灾民的生命安全万无一失。第一步，组织离事故核心区 5 千米以外的灾民有序返家。28 日，调集客车 125 辆，抽派 600 多名工作人员，在指挥部的统一指挥下，安全护送 2.6 万人返家(其中政府集中救助点 1.4 万人)。第二步，组织事故重灾区内的所有灾民有序返家。在卫生防疫部门对事故核心区内的房屋进行再次消毒后，组织核心区的灾民返回家园。29 日，组织 486 辆客车，760 余名工作人员，安全护送 3.9 万人返家。到 30 日，除死难着亲属尚留在县城处理后事外，6 万多名灾民已全部返家。

(4) 安置善后阶段。灾民返家后，重庆市委办公厅、市政府办公厅为此专门下发了《关于做好某矿“12・23”特大井喷事故善后工作的意见》。开县县委、县政府针对实际情况，制定了落实市委、市政府文件精神的具体贯彻意见，深入细致地做好遇难者亲属工作。

按照“能宽尽量宽，就高不就低”的原则，参照《最高人民法院关于审理触电人身损害赔偿案件若干问题的解释》，将“死亡补偿费”中 70 周岁以下遇难者补偿年限由 10 年延长到 20 年，将“被抚养人生活费”中“不满 16 周岁的抚养到 16 周岁改为不满 18 周岁的生活费计算到 18 周岁”，极大地满足了遇难者亲属的愿望。共计理赔灾户 4 298 户。同时组织了 65 名畜牧兽医人员，进入灾区开展畜禽疫病巡回防治，进一步减少了灾民的损失。

三、交通运输事故

案例十一　长深高速“9・28”特别重大道路交通事故

(一) 事故有关情况

(1) 事故发生经过

2019 年 9 月 28 日 5 时 8 分，驾驶人李某驾驶河南某旅游汽车客运有限公司(以下简称某公司)大型普通客车，核载 69 人、实载 71 人(含 4 名免票儿童，未超员)，从浙江省绍兴市柯桥区杨汛桥镇发车，驶往安徽省阜阳市临泉县，行驶途中未上下客，经沪昆高速、杭州绕城高速、长深高速，于6时42分经过长深高速父子岭收费站驶入江苏省境内。7时0分40秒，当该车行驶至长深高速江苏省无锡市宜兴市境内2 154千米616米处时（车速约127千米/小时），左前轮爆胎，车辆失控，两次碰撞中央隔离护栏，越过中央隔离带冲入对向车道，在2 154千米356米处与对向安某正常驾驶的徐州某运输有限公司重型半挂汽车列车（载2名驾驶员）相撞，两车前部严重变形，造成36人死亡、36人受伤，另有1名儿童未受伤。

（2）事故救援处置情况

事故发生后，无锡市及宜兴市公安、交通运输、应急管理、卫生健康部门及宜兴市120急救中心、蓝天救援队等单位人员赶到现场开展事故处置和救援。7时40分起，公安交警及交通运输部门实施交通分流，并及时发布交通管制信息。事故现场共投入80余辆抢险救援车辆，350余名抢险救援人员。至16时事故现场清理完毕，道路恢复通行。

江苏省立即启动应急响应，省委、省政府相关负责同志带领省直有关部门及高速公路管理企业主要负责人赶到事故现场，指导事故救援处置等各项工作。无锡市、宜兴市相关负责人及有关部门人员赶到现场开展救援工作。江苏省成立由省长任总指挥，无锡市委市政府、宜兴市委市政府主要负责人以及公安、交通运输、卫生健康、应急管理等有关部门负责人参加的现场应急处置指挥部，设置综合协调、伤员救治、交通疏导、安全保障、现场救援、事故调查、舆情导控、善后安置、后勤保障等9个工作组有序开展工作。

国家卫生健康委和江苏省、无锡市抽调20名医疗专家、460名医护人员，对受伤人员开展“一对一”医疗救治，为每位伤员制定专门救治方案，确保伤员得到妥善治疗，救治过程中无一人死亡。无锡市、宜兴市政府抽调385名工作人员成立善后工作小组，按照“一对一”原则认真做好事故伤亡人员家属接待及安抚工作、遇难者身份确认和赔偿等工作，保持了社会稳定。

（3）事故车辆情况

大客车核载69人（实载71人），行李舱核载550千克（实载1 816千克）。该车出厂日期为2011年5月11日，初次登记日期为2011年6月14日，行驶证登记的使用性质为“公路客运”。2019年4月24日进行安全技术检测，检验有效期至2019年12月31日。2019年5月22日，办理变更、转出登记业务，变更车辆使用性质为“营转非”。

（二）事故直接原因

经调查认定，事故直接原因是：李某驾驶大客车在高速行驶过程中左前轮轮胎发生爆胎，导致车辆失控，两次与中央隔离护栏碰撞，冲入对向车道，与对向正常行驶的大货车相撞。

经专业机构检验检测和专家综合分析论证，认为轮胎爆胎与轮胎气压过高、车辆高速行驶、车辆重载引起轮胎气密层与内衬层脱层有关。排除大客车左前轮轮胎爆胎系碰撞碾压路面异物所致。大客车上大部分乘员未系安全带，在事故发生时脱离座椅，被挤压或甩出车外，加重了事故伤亡后果。

经现场调查、检测鉴定，排除了人为故意以及大客车驾驶人身体疾病、酒驾、毒驾等因素导致大客车失控碰撞的嫌疑。

（三）事故暴露的主要问题

（1）未申请道路运输经营许可，所属车辆非法从事道路客运经营活动。某公司在取得营业执照后未按规定申请道路运输经营许可，公司现有68辆大客车均未取得道路运输证，车辆均由各车主个人出资购买并登记在某公司名下，非法从事道路客运经营活动。

（2）使用伪造的道路运输经营许可证、道路运输证、包车客运标志牌等相关证件。某公司所属车辆使用伪造的道路运输经营许可证、道路运输证、包车客运标志牌，非法从事道路客运经营活动，其中部分包车客运标志牌在打印店直接打印。

（3）日常安全管理严重缺失。某公司挂名管理人员 4 名，日常主要通过收取挂靠车辆"管理费"、车辆保险返还款等方式谋利。王某作为企业法定代表人，对挂靠车辆只收费、不管理，"挂而不管"，未建立安全生产管理相关规章制度，企业安全投入、安全管理人员配备、驾驶员安全培训、车辆维修保养、动态监控等日常安全管理关键环节严重缺失。

（四）事故防范措施建议

（1）深入贯彻习近平总书记重要指示精神，切实提高政治站位。各有关地区党委政府要进一步提高政治站位，深入贯彻习近平总书记关于安全生产重要论述和重要指示精神，增强"四个意识"、做到"两个维护"，充分认识抓好道路交通安全工作的重要性，落实"党政同责、一岗双责"要求，切实承担起"促一方发展、保一方平安"的政治责任。各有关部门要严格落实"管行业必须管安全、管业务必须管安全、管生产经营必须管安全"和"谁主管、谁负责"的要求，守土有责、履职尽责，形成共治合力。各地各有关部门要深刻吸取事故教训，加强道路客运市场管理和安全监管，加大非法营运行为整治力度，坚决清理整顿客运市场"挂而不管"乱象，严禁客运车辆特别是旅游客运车辆挂靠经营，严厉打击客运企业和车辆非法营运行为。要不断完善部门间道路交通安全监管协同联动机制，明确部门职责分工，构建道路交通安全全链条监管体系，坚决堵塞行业领域安全监管漏洞。

（2）有效加强道路客运企业及车辆的源头治理。各有关地区要健全完善公安部门和交通运输部门车辆登记和营运准入联动机制，对机动车行驶证使用性质和道路运输经营资质信息进行核查，从源头上遏制无客运经营资质企业所属车辆登记为营运性质。公安部门要严格办理车辆登记查验，对大客车申请登记为营运性质的，将相关登记信息及时抄告交通运输部门，严防大客车非法开展道路客运经营活动。各有关地区对存量客运车辆要建立登记信息通报制度，对行驶证使用性质为营运类的大中型客车，公安部门要及时通报有关部门，对已达到报废标准的，商务部门监督报废，公安部门注销注册登记；未达到报废标准的，交通运输部门要进行核查比对，对未取得道路运输经营许可、擅自从事道路运输经营的依法进行处罚，并告知当事人及时到公安部门办理使用性质变更。建议公安、交通运输部门共同研究限制大客车登记在个人名下的相关规定。建议市场监管部门会同交通运输部门研究完善道路客运企业登记经营范围和涉企行政许可事项的对应关系，将涉及道路客运经营有关市场主体信息及时、精准推送至交通运输部门，对不符合道路客运许可条件的，由交通运输部门及时反馈市场监管部门建议采取依法变更营业执照有关经营范围等措施。

（3）创新完善道路客运安全管理常态化工作机制。各有关地区要进一步顺应"放管服"改革需求，认真剖析非法营运问题突出的深层次原因，科学施策、精准发力、疏堵结合，充分考虑道路客运市场需求，避免政策简单化、一刀切。要完善道路客运相关信息的沟通共享机制，打通交通运输、公安、市场监管、文化和旅游、商务等部门之间的信息孤岛，实现客运企业、营运客车和驾驶人员的注册登记信息、营运资质信息等联网联通、全国统一、全国可查、精准推送，真正发挥信息化手段辅助监管执法的作用。要充分运用大数据、物联网、人工智能等现代信息技术建立针对非法营运车辆的实时比对核查系统，实现自动报警、精准查处。交通运输等部门要加强营运车辆信息快速查询渠道的宣传普及，进一步简化查询方式，以便乘客快速区分营运和非营运车辆，各相关部门要建立健全道路交通领域举报重大事故隐患和安全生产违法行为的奖励制度，形成乘客选择、社会监督、政府监管的共建共治共享良好局面。

(4) 切实加大道路客运执法查处力度。各有关部门要进一步加大道路客运执法查处力度，依法查处各类违法行为。交通运输部门要严查非法从事道路客运经营行为，对发现未取得道路运输经营许可，擅自从事道路客运经营的企业，依法责令停止经营、顶格处罚，纳入“黑名单”管理，构成犯罪的，移交相关部门依法追究刑事责任；对发现名下有大量使用性质为营运类车辆、非法营运问题突出、存在重大安全隐患的企业，要提请地方人民政府依法关闭取缔，坚决打击“黑公司”。要督促客运企业切实履行企业安全生产主体责任，配齐安全管理人员，加强车辆日常维护保养，提高车辆技术状况，严格落实 24 小时动态监控要求，及时发现并纠正营运车辆超速、疲劳驾驶、不按规定线路行驶等行为。公安部门要加大对大客车超速行驶、超员载客等严重交通违法行为查处力度，组织调整升级测速取证设备，强化大客车速度管控。建议最高人民法院研究将非法营运构成非法经营罪的典型案例纳入全国指导性案例，加大对非法营运行为的震慑作用。

(5) 进一步提升道路客运本质安全水平。推动加强营运大客车报废研究，建议商务部门牵头，会同发展改革、工业和信息化、公安、生态环境、交通运输、市场监管等部门共同研究调整大客车鼓励淘汰、强制报废、报废回收管理规定，加大达不到安全运行条件的老旧大客车淘汰报废力度，消除大客车“营转非”后非法营运的空间。推动加强爆胎问题研究，建议工业和信息化、公安、交通运输等有关部门推进国家标准有关新生产车长大于 9 米的客车前轮装备爆胎应急安全装置规定的实施。建议市场监管部门加强市场流通环节的关键零部件质量抽查，确保影响运行安全的制动、转向、轮胎等关键零部件总成产品质量符合标准要求。建议市场监管、交通运输等有关部门进一步完善大客车座椅强度试验标准，提高客车座椅及其固定件结构强度，提高客车座椅抗冲击能力，提升司乘人员的生命安全保障水平。有关单位要进一步加强对早期建设的高速公路护栏等安全防护设施的检查检测，及时发现问题，结合公路安全运营状况和改扩建工程，参照新的标准规范指南等逐步更新改造，强化安全设施产品质量管控，提升高速公路护栏安全防护能力。

案例十二　沪昆高速“7 · 19”特别重大道路交通危化品爆燃事故

2014 年 7 月 19 日 2 时 57 分，湖南省邵阳市境内沪昆高速公路 1 309 千米 33 米处，一辆自东向西行驶运载乙醇的轻型货车，与前方停车排队等候的大型普通客车(以下简称大客车)发生追尾碰撞，轻型货车运载的乙醇瞬间大量泄漏起火燃烧，致使大客车、轻型货车等 5 辆车被烧毁，造成 54 人死亡、6 人受伤(其中 4 人因伤势过重医治无效死亡)，直接经济损失 5 300 余万元。

(一) 事故基本情况

1. 轻型货车情况

肇事轻型货车为篷式运输车，机动车整备质量 2.72 吨，最大设计总质量 4.495 吨；核定载货量 1.58 吨，实际装载乙醇 6.52 吨。机动车登记所有人为周某(女，1964 年出生，湖南省岳阳县人)，注册登记日期为 2013 年 3 月 22 日，登记时载明车辆类型为轻型仓栅式货车，检验有效期至2015年3月31日。2013年3月26日在长沙市芙蓉区交通运输局办理道路运输证，经营范围为普通货运，有效期至2014年4月10日，事故发生时已过期，未取得危险货物道路运输资格。该车实际使用人为周某的儿子，长沙某化工有限公司法定代表人周某。

该车辆在购进时仅有货车二类底盘，未随车配备货厢，后在长沙市芙蓉区某货柜加工厂加装了右侧有一扇侧开门的货厢，同时将后轴钢板弹簧厚度从11毫米增加到13毫米，在货厢前部设置有一个容积1.06立方米的夹层水槽，在货厢左侧下部前、后各安装一个方形箱体并在箱体内加装了卸料泵和阀门，前方形箱体的阀门与夹层水槽连接；在货厢下部加装了与夹层水槽及方形箱体内的阀门连接的铁管，后方形箱体的阀门通过铁管与夹层水槽连通。为运输乙醇，周某在长沙市芙蓉区某塑料厂定制了一个长宽高分别约为3.5米、1.5米、1.8米的用聚丙烯板材焊接的方形罐体，用方钢框架将罐体加固置于货厢内。

驾驶人刘某，2011年5月28日取得道路运输从业资格证，从业资格类别为普通货物运输，有效期限至2017年5月27日。未取得道路危险货物运输从业资格证。

2. 事故单位情况

长沙某化工有限公司。该公司成立于2009年8月3日，法定代表人周某，注册资本人民币20万元，具有乙醇等危险化学品的经营许可资格，有效期至2015年12月1日，经营方式为批发（无自有储存和运输）。公司共有员工15名，其中安全管理人员1名。该公司自2013年3月份开始一直使用事故轻型货车运输乙醇。

（二）事故发生经过和应急处置情况

1. 事故发生经过

2014年7月19日2时57分，贾某驾驶大客车到达沪昆高速公路1 309千米33米处时，因前方临时交通管制停于第一车道排队等候。

2014年7月19日2时57分，刘某驾驶的轻型货车沿沪昆高速公路由东向西行驶至1 309千米33米路段时，以每小时85千米的速度与前方排队等候通行的大客车发生追尾碰撞，致轻型货车运载的乙醇瞬间大量泄漏燃烧，引燃轻型货车、大客车及前方快车道上排队的小型越野车、右侧行车道上排队的重型厢式货车和铰接列车，造成大客车52人死亡、4人受伤，轻型货车2人死亡，重型厢式货车和小型越野车各1人受伤，5辆车被烧毁以及公路设施受损。

2. 应急处置情况

事故发生后，湖南省高速公路交警、邵阳市消防官兵迅速赶到事故现场进行处置。接报后，湖南省人民政府主要负责同志和有关负责同志赶赴现场，成立了事故救援处置工作组，指导救援和善后处置工作。湖南省、邵阳市、隆回县公安、消防、交通、安监、卫生等部门人员迅速赶赴现场全力开展应急处置工作。由原国家安全生产监督管理总局、公安部、交通运输部有关负责同志组成的工作组，于事发当天赶到事故现场，指导协调地方政府做好事故处置和善后工作。

7月19日凌晨5时30分，现场大火被扑灭；7时30分，现场救援工作基本结束；上午8时，车辆借道对向车道恢复通行；7月20日凌晨5时，事故现场清理完毕，道路恢复正常通行。

接到事故情况后，福建省、四川省人民政府有关负责同志带领有关部门和相关地方政府负责同志赶赴现场，协助做好事故善后和赔付工作。福建省某市积极协调保险企业垫付赔偿费用，确保了赔偿金及时到位。湖南省、邵阳市、隆回县人民政府和卫生部门调集多名专家，全力救治受伤人员；邵阳市、隆回县人民政府及有关部门全力做好死伤人员家属的接待和安抚工作，及时与全部遇难者家属签订了赔偿协议，落实赔偿事宜。事故善后工作平稳有序。

3. 伤亡人员核查情况

事故发生后，在国务院事故调查组的督促指导下，湖南省公安厅组织开展遇难人数和身份核定工作，通过现场勘查、DNA 比对、外围调查、遇难者亲属排查、技术侦查等方法反复核查比对，于 7 月 26 日确定在事故现场有 54 人遇难，并对遇难者身份全部予以确认。6 名受伤人员中，有 4 人因伤势过重医治无效分别于 7 月 26 日、8 月 3 日、8 月 11 日、9 月 3 日死亡。

（三）事故原因和性质

1. 直接原因

这起事故是由轻型货车追尾大客车致使轻型货车所运载乙醇泄漏燃烧所致。

车辆追尾碰撞的原因：刘某驾驶严重超载的轻型货车，未按操作规范安全驾驶，忽视交警的现场示警，未注意观察和及时发现停在前方排队等候的大客车，未采取制动措施，致使轻型货车以每小时 85 千米的速度撞上大客车，其违法行为是导致车辆追尾碰撞的主要原因。

贾某驾驶大客车未按交通标志指示在规定车道通行，遇前方车辆停车排队等候时，作为本车道最末车辆未按规定开启危险报警闪光灯，其违法行为是导致车辆追尾碰撞的次要原因。

起火燃烧和造成大量人员伤亡的原因：轻型货车高速撞上前方停车排队等候的大客车尾部，车厢内装载乙醇的聚丙烯材质罐体受到剧烈冲击，导致焊缝大面积开裂，乙醇瞬间大量泄漏并迅速向大客车底部和周边弥漫，轻型货车车头右前部由于碰撞变形造成电线短路产生火花，引燃泄漏的乙醇，火焰迅速沿地面向大客车底部和周围蔓延将大客车包围。经调查和现场勘验，事故路段由东向西下坡坡度 0.5%，事发时段风速 2.5 米/秒，风向为东北风，经专家计算，火焰从轻型货车车头处蔓延至大客车车头，将大客车包围所需时间不足 7 秒钟，最终仅有 6 人从大客车内逃出，其中 2 人下车后被大火烧死，4 人被严重烧伤（烧伤面积均在 90%以上），轻型货车上 2 人死亡，小型越野车和重型厢式货车各 1 人受伤。

2. 间接原因

(1) 长沙某化工有限公司、长沙市某化工原料有限公司违法运输和充装乙醇。

长沙某化工有限公司违反《危险化学品安全管理条例》规定，从 2013 年 3 月份以来一直使用非法改装的无危险货物道路运输许可证的肇事轻型货车运输乙醇。长沙市某化工原料有限公司违反《危险化学品安全管理条例》规定，安全管理制度不落实，未查验承运危险货物的车辆及驾驶员和押运员的资质，多次为肇事轻型货车充装乙醇。

(2) 某公司安全生产主体责任落实不到位。

某公司对承包经营车辆管理不严格，对事故大客车在实际运营中存在的站外发车、不按规定路线行驶、凌晨 2 时至 5 时未停车休息等多种违规行为未能及时发现和制止。开展道路运输车辆动态监控工作不到位，未能运用车辆动态监控系统对车辆进行有效管理。

(3) 长沙市某汽车销售有限公司和诸城某汽车厂违规出售汽车二类底盘和出具车辆合格证。

长沙市某汽车销售有限公司不具备二类底盘销售资格，超范围经营出售车辆二类底盘，并违规提供整车合格证。诸城某汽车厂向经销商提供货车二类底盘后，在对整车状态未确认的情况下违规出具整车合格证。

(4) 长沙市某货柜加工厂、某塑料厂非法从事车辆改装和罐体加装。

长沙市某货柜加工厂无汽车改装资质，违规为本事故中肇事的轻型货车进行了加装货厢、更换钢板弹簧等改装。长沙市某塑料厂明知周某有意使用塑料罐体运输乙醇的情况下，为轻型货车制作和加装了聚丙烯材质的方形罐体。

(5)汽车检测站对机动车安全技术性能检验工作不规范、管理不严格。

长沙市某机动车辆检测有限公司对肇事轻型货车进行机动车注册登记前的安全技术性能检验中，外观查验员无检验资格；未保存“机动车安全技术检验记录单(人工检验部分)”；检验报告中底盘动态检验、车辆底盘检查无检验员签字、无送检人签字；检验报告中车辆的转向轴悬架形式标为“独立悬架”，与车辆实际特征不符。肇事的轻型货车机动车年度检验前的安全技术性能检验中，未发现和督促纠正整车质量5.873吨大于最大设计总质量4.495吨的问题；检验报告上的批准人不具有授权签字人资格且无“送检人签字”。

(6) 交通运输部门履行道路货物运输、客运安全监管职责不得力。

① 交通运输部门对道路货物运输安全日常监管、打击无资质车辆非法运输危险化学品工作不得力。

② 交通运输部门对道路客运企业安全监管不到位。

(7) 公安交警部门履行事故处置、路面执法管控、机动车检验审核等职责不力。

① 高速交警部门进行事故处置、查处长途客车凌晨2时至5时违规运行不得力。

② 交警部门开展机动车检验审核和路面执法管控工作不得力。

③ 交警队贯彻落实国家关于道路交通安全相关法律法规不到位，对高速道路交通事故处置指导不力；对公安交警部门车辆管理、打击货车违规行为等工作监督检查不到位。

(8) 安全监管部门履行危险化学品经营企业安全监管职责不到位。

(9) 质监部门履行机动车检测企业行政许可、日常监管职责不到位，对车辆生产环节质量把关不严。

(10) 工商部门对企业超范围经营等问题监管不严。

(11) 有关地方组织开展安全生产工作不到位。

3. 事故性质

经调查认定，沪昆高速湖南邵阳段“7・19”特别重大道路交通危化品爆燃事故是一起生产安全责任事故。

(四) 事故防范和整改措施

1. 进一步强化安全生产红线意识

各地区要深刻吸取沪昆高速湖南邵阳段“7・19”特别重大道路交通危化品爆燃事故的沉痛教训，认真贯彻落实习近平总书记等党中央、国务院领导同志关于安全生产工作的一系列重要批示指示精神，牢固树立科学发展、安全发展理念，始终坚守“发展决不能以牺牲人的生命为代价”这条红线，建立健全“党政同责、一岗双责、齐抓共管”的安全生产责任体系，坚持"管行业必须管安全、管业务必须管安全、管生产经营必须管安全"的原则，推动实现责任体系"三级五覆盖"，进一步落实地方属地管理责任和企业主体责任。要认真贯彻落实党的十八届三中、四中全会精神，加大对《安全生产法》和相关法律法规的宣贯力度，推进依法治安，强化依法治理，从严执法监管。要高度重视道路交通尤其是危险货物运输和道路客运安全，深刻吸取此次事故的教训，认真研究事故防范和工作改进措施，强化危险货物运输和道路客运监管，坚决避免类似事故重复发生。

2. 加大道路危险货物运输"打非治违"工作力度

各地区要切实加大危险货物道路运输打非治违工作力度，形成对非法违法运输行为的高压态势。各部门要注重协调配合，加强联合执法，搞好日常执法，形成联动机制，打击危险化学品非法运输行为，整治无证经营、充装、运输，非法改装、认证，违法挂靠、外包，违规装载等问题。公安交警部门要进一步加大路面执法力度，加强对危险化学品运输车辆的检查和对无资质车辆运载危险货物行为的排查，依法查处危险化学品运输车辆不符合安全条件、超载、超速和不按规定路线行驶等违法行为，并将信息及时通报交通部门。交通运输部门要进一步加强对危险化学品运输车辆和人员的监督检查，严查无资质车辆非法运输危险化学品以及驾驶人、押运人不具备危险货物运输资格等行为，加强对危险化学品运输车辆动态监管，发现超限超载等违法行为及时查处。安全监管部门要强化综合监管，加强指导协调，推动各主管部门落实行业监管责任，组织公安、交通等有关部门开展定期、不定期的危险货物道路运输联合执法检查，形成监管合力。

3. 进一步加大道路客运安全监管力度

各地区要认真贯彻落实《国务院关于加强道路交通安全工作的意见》(国发〔2012〕30号)，加大道路客运安全监管力度，推动客运企业落实安全生产主体责任。要对存在挂靠经营或变相挂靠经营的客运车辆进行彻底清理，理顺客运营运车辆的产权关系，对清理后仍然不符合规定经营方式的客运车辆，要取消其经营资格，禁止新增进入客运市场的车辆实行挂靠经营。要严查客运车辆不按规定进站安全例检和办理报班手续、不按批准的客运站点停靠或者不按规定的线路行驶、沿途随意上下客等行为。要督促道路客运企业严格落实长途客运车辆凌晨2时至5时停止运行或实行接驳运输制度，并充分运用车辆动态监控手段严格落实驾驶人停车换人、落地休息等制度。公安、交通运输等部门要将道路运输车辆动态监控系统记录的交通违法信息作为执法依据，依法查处客车违法违规行为。

4. 加强对车辆改装拼装和加装罐体行为的监管

各地区要严厉打击车辆非法改装拼装和非法加装罐体行为。公安、工业和信息化、交通运输、工商、质监等部门要建立机动车安全隐患排查的联动机制，各司其职，以机动车生产企业、销售企业、改装企业、维修企业、车辆管理所、安全技术检验机构、报废汽车回收拆解企业为重点，对机动车生产、销售、改装、检验、登记、维修、报废等各个环节进行全面治理。工商部门要坚决取缔未经批准擅自进行机动车改装的非法企业；依法查处机动车生产、销售企业违规销售车辆二类底盘等行为。质监部门要加强对获得强制性产品认证车辆生产企业的监管，防止企业拼装改装汽车。公安、质监部门要严肃处理车辆管理所、机动车安全技术检验机构为不符合国家标准的车辆办理注册登记、不按规定查验车辆、降低检验标准、减少检验项目、篡改检验数据、伪造检验结果，或者不检验、检验不合格即出具检验合格报告的行为。公安、交通部门要严厉查处车辆非法改装、加装罐体从事危险货物运输行为，禁止使用移动罐体(罐式集装箱除外)从事危险货物运输,全面清理查处罐体不合格、罐体与危险货物运输车不匹配的安全隐患。与此同时,要强化路面巡查监管,对查纠到的非法改装车要查明改装途径,对涉及的企业要移交有关部门依法严肃处理。要对货运企业和货运场站进行全面监督检查,严厉查处非法改装车辆从事货物运输的行为。

5. 加大危险化学品安全生产综合治理力度

针对事故调查过程中发现的危险化学品储存和经营环节监管工作出现的漏洞和问题,有关地方人民政府和安全监管部门要认真查找出现问题和漏洞的深层次原因,强化安全监管。要依法整顿危险化学品经营市场,积极推动危险化学品经营企业进入危险化学品集中市场进行经营,加快实现专门储存、统一配送、集中销售的危险化学品经营模式。要严格安全生产许可工作,现场审核必须严格按照有关规定和要求进行,委托下一级安全监管部门许可的,要研究制定保证许可质量的制度措施。要制定监督检查规定,规范监督检查工作,发现企业存在问题和隐患的,要安排专人跟踪督促整改,直至问题和隐患全部整改到位。要将危险化学品生产、经营、使用企业许可情况定期通报同级交通运输部门,共同加强危险化学品运输源头监管。要督促危险化学品储存经营企业建立健全并严格执行发货和装载的查验、登记、核准等安全管理制度和管理台账,如实记录危险化学品储量、销量和流向。要督促危险化学品企业配备熟悉相关法规标准和装卸工艺并经专门培训的安全管理人员、装卸人员等,在开具提货单据前查验车辆资质证件、驾驶人员和押运人员从业资格证件,查验车辆及罐体与行驶证照片是否一致,查验危险化学品警示灯具和标志是否齐全、有效,严格按照提货单据载明的品种、数量和对应的车辆实施装载,并对查验和装载情况进行详细登记。

6. 进一步加强道路交通和危险货物运输应急管理

各地区要高度重视道路交通和危险货物运输事故应急管理工作。要不断完善道路交通和危险货物运输应急预案体系,做好各地区、各部门之间应急预案的配套衔接,加强动态管理,经常性地组织开展各类预案的演练,针对发现的问题及时修订完善预案。公安交警部门要不断提高道路交通事故应急处置能力,严格按照交通事故处理工作规范要求划定警戒区,放置反光锥筒、警告标志、告示牌,停放警车示警等。同时,针对危险货物运输的特点,要依托相关企业和单位,建立专兼职应急救援队伍,配备专门的装备和物资,加强实战训练,切实提高应急处置能力和水平。

案例十三　“4·16”韩国客轮沉没事故

(一) 事故经过

2014 年 4 月 16 日,一艘载有 476 人的客轮在韩国西南部海域下沉。7 时 58 分,客轮发出求救信息称船体正在下沉,韩国海警立即赶往救援。9 时,客轮在全罗南道珍岛郡观梅岛附近海域发出求救信号,韩国总统表示韩国政府会全力搜救,并且表示“一个人都不能放弃。”

2014 年 4 月 16 日 9 时 31 分,“世越”号在浸水后的两小时内,先发生侧翻,进而倾覆,而后船尾下浸、船首上扬,随后逐渐下沉,直至船头底部的球鼻艏完全消失。11 时 30 分,韩国海洋警察厅信息调查局局长向家属宣布,将通过注入空气的方法,将船体抬升,届时多位专家将到现场指挥救援,预计沉船最早于 19 日打捞出水。4 月 17 日,渡轮被怀疑突然转向导致船上货物堆向一边,最终使船身倾覆并沉没。

（二）处置措施

9时40分：韩国木浦海警出动60名海警、7艘海军舰艇、2架消防直升机前往事故地点，另有7艘民间商船也参与援救。10时：韩国海警救出120余名乘客。10时55分：韩国派遣20余艘舰艇以及一架海上警戒直升机前往救援。韩国空军也紧急派遣一架C-130运输机运送46艘救生艇前往事故海域。11时左右：船体已经底朝天并几乎全部沉没。11时：韩安全本部召开紧急记者会表示，客轮已完全沉没，全部乘客都已逃生。15时23分：美国两栖攻击舰赶赴韩国沉船事故海域参与搜救。

2014年4月17日凌晨1时，水下搜救工作再次展开，但因事故海域可能有降雨及强风天气，搜救作业受到影响。17日上午，京畿道安山市檀园高中教务主任在教室内举行发布会，称目前为止已有75名学生和3名教师获救，将会全力以赴搜救失踪人员，并向在场学生家长鞠躬道歉。韩国海洋水产部表示将召集韩国全国可以潜水的人，对事故客船轮番进行大规模水中搜救行动。截至4月17日上午共有512名潜水人员在进行水下搜救行动。4月28日，韩国总统对遇难者遗属表示慰问。4月28日，韩国海警公开“世越”号沉没当时初期的救援场面。

事故造成304人遇难（包括8名失踪者）、142人受伤。

（三）善后管理

韩国政府因这次严重海难备受批评，包括救援不力、安全监管缺失。

2014年5月1日韩国政府表示，鉴于“世越”号客轮重大海难，政府将制定多项措施，开始在学校强化安全教育和训练。按照方案，今后学校师生抵达修学旅行住宿地后，必须接受紧急逃生训练；师生还将学习在船舶或飞机上遭遇紧急情况时如何应对。教育部还打算在教科书中大幅增加安全教育的内容，同时为教师提供更多培训机会，以便他们更好地掌握应对紧急情况的技能。

案例十四　晋济高速公路“3·1”特别重大道路交通危化品燃爆事故

2014年3月1日14时45分许，位于山西省晋城市泽州县的晋济高速公路山西晋城段岩后隧道内，两辆运输甲醇的铰接列车追尾相撞，前车甲醇泄漏起火燃烧，隧道内滞留的另外两辆危险化学品运输车和31辆煤炭运输车等车辆被引燃引爆，造成40人死亡、12人受伤和42辆车烧毁，直接经济损失8 197万元。

（一）事故基本情况

1. 事故车辆情况

甲挂铰接列车由半挂牵引车和罐式半挂车组成。半挂牵引车准牵引总质量37.6吨；罐式半挂车最大设计总质量39.8吨，核定载质量30.6吨，实际装载29.14吨甲醇。半挂牵引车、罐式半挂车于2008年5月27日注册登记。事发时机动车所有人为晋城市某物流有限公司，车辆使用性质为危险化学品运输，检验有效期至2014年5月31日。2008年6月办理道路运输证。2006年1月24日，国家发展改革委第5号公告《车辆生产企业及产品（第115批）》（以下简称《第115批公告》）记录的装载介质为汽油，出厂检验证书《危险化学品运输汽车罐体委托检验报告》允许装载介质为轻质燃油，发生事故时实际装载甲醇。

乙挂铰接列车由半挂牵引车和罐式半挂车组成。半挂牵引车准牵引总质量37.6吨；罐式半挂车最大设计总质量40吨，核定载质量32吨，实际装载29.66吨甲醇。半挂牵引车、罐式半挂车分别于2011年5月31日、2012年5月2日办理注册登记，机动车所有人为河南省焦作市某汽车运输有限责任公司，车辆使用性质为危险化学品运输，检验有效期至2014年5月。2012年5月8日办理道路运输证。2010年6月30日，工业和信息化部工产业〔2010〕第107号公告《车辆生产企业及产品（第215批）》（以下简称《第215批公告》）记录的装载介质为二异丙胺，发生事故时实际装载甲醇。罐式半挂车未经质检部门认定的检验机构出厂检验。

2. 事故单位情况

山西省晋城市某物流有限公司具有危险货物运输运营资质（2类3项、3类、8类，即毒性气体、易燃液体、腐蚀性物质），道路危险货物运输许可证有效期至2018年1月28日。该公司现有半挂牵引车7辆，罐式半挂车7辆，驾驶员7名，押运员7名，安全管理人员3名（2名为兼职）。

河南省焦作市某汽车运输有限责任公司具有危险货物运输运营资质（2类1项、2类2项、2类3项、3类、4类3项、8类、9类，即气体、易燃液体、遇湿危险物质、腐蚀性物质和杂类危险物质），道路运输经营许可证有效期至2014年8月23日。公司现有危险货物运输车辆426辆，危险货物运输车辆驾驶员426名，押运员426名，管理人员251名。

3. 事故道路情况

事故发生在晋济高速公路（国家高速公路网二连浩特至广州主干线山西晋城段）山西晋城至河南济源方向的岩后隧道内K9＋605.305处。该隧道为左右分离式，事发隧道（右洞）长786.875米，隧道进口段（K9＋574.125至K10＋265.319）位于直线上，出口段（K10＋265.319至K10＋361）位于半径为835米的平曲线上，隧道纵坡为2.2％。隧道建筑限界为净宽9.75米，限高5米，隧道内轮廓采用半径为5.29米的单心圆曲墙式断面。隧道围岩属二、三、四类，采用复合式衬砌，路面铺装为4厘米加6厘米改性沥青混凝土。

隧道内设有人行横洞一处（右线里程桩号为K10＋000.000），与隧道左洞相通，长35米，宽2.4米，用于维修、养护和消防救援；人行横洞两端设计可开启的钢质卷闸门，隧道正常运营时关闭。岩后隧道左右洞均采用自然通风；隧道内每50米设置一组消防箱，内置4具手提式灭火器。

距岩后隧道右洞出口3 849米、距天井关隧道右洞出口1 411米处设有泽州收费站和晋济高速公路煤焦管理站。在煤焦车辆专用收费通道与其他收费车道之间设置了隔离设施，煤焦管理站和泽州收费站同时建成投入使用。煤焦管理站在泽州收费站煤焦车辆专用收费通道前设立指挥岗，用于查验和指挥煤焦车辆进入煤焦车辆专用收费通道，在煤焦车辆专用收费通道后设有磅房操作岗、验票岗。

（二）事故发生经过

1. 发生事故前路段交通情况

2014年2月28日17时50分，晋济高速公路全线因降雪相继封闭；3月1日7时10分，解除交通管制措施。

3月1日11时起，事故路段车流量逐渐增加；12时45分，泽州收费站出省方向车辆增多，开始出现通行缓慢的情况；13时，持续出现运煤车辆在右侧车道和应急车道排队等候通行的情况；事发时岩后隧道右侧车道排队等候，左侧车道行驶缓慢。

2. 肇事车辆追尾情况

3 月 1 日 14 时 43 分许，由汤某驾驶、冯某押运的乙挂铰接列车（事发时位于前方，以下简称前车），装载 29.66 吨甲醇运往洛阳，在沿晋济高速公路由北向南行驶至岩后隧道右洞入口以北约 100 米处时，发现右侧车道上有运煤车辆排队等候，遂从右侧车道变道至左侧车道进入岩后隧道，行驶了 40 余米后，停在某轻型厢式货车后。

14 时 45 分许，由李某驾驶、牛某押运的甲挂铰接列车（事发时位于后方，以下简称后车），装载 29.14 吨甲醇运往河南省博爱县，在沿晋济高速公路由北向南行驶至岩后隧道右洞入口以北约 100 米处时，看到右侧车道上有运煤车辆排队缓慢通行，但左侧车道内至隧道口前没有车辆，遂从右侧车道变至左侧车道。驶入岩后隧道后，突然发现前方 5～6 米处停有前车。李某虽采取紧急制动措施，但仍与前车追尾。碰撞致使后车前部与前车尾部铰合在一起，造成前车尾部的防撞设施及卸料管断裂、甲醇泄漏，后车前脸损坏。

3. 岩后隧道内车辆燃烧爆炸情况

两车追尾碰撞后，前车押运员冯某从右侧车门下车，由车前部绕到车身左侧尾部观察，发现甲醇泄漏。为关闭主卸料管根部球阀，冯某要求汤某向前移动车辆。该车向前移动 1.18 米后停住，汤某下车走到车身左侧罐体中部时，冯某发现地面泄漏的甲醇起火燃烧。

甲醇形成流淌火迅速引燃了两辆事故车辆（后车罐体没有泄漏燃烧）和附近的 4 辆运煤车、货车及面包车，由于事发时受气象和地势影响，隧道内气流由北向南，且隧道南高北低，高差达 17.3 米，形成“烟囱效应”，甲醇和车辆燃烧产生的高温有毒烟气迅速向隧道内南出口蔓延。经专家计算，第一起火点着火后，8 分钟后烟气即可充满整个隧道；起火后 10 分钟，距离第一起火点 184 米的 5 辆运煤车起火燃烧，形成第二起火点；随后距离第二起火点 40 米的其他车辆也开始燃烧。

发现着火后，后车驾驶员李某、押运员牛某从隧道北口跑出，前车驾驶员汤某、押运员冯某跑向隧道南口，并警示前方车辆驾乘人员后方起火。当时隧道内共有 87 人，部分人员在发现烟、火后驾车或弃车逃生，48 人成功逃出（其中 1 人因伤势过重经抢救无效死亡）。

17 时 05 分许，距离南出口约 100 米的 1 辆装载二甲醚的铰接列车罐体受热超压爆炸解体。

事故导致滞留隧道内的 42 辆车辆全部烧毁，隧道受损严重。

（三）事故应急处置情况

1. 消防部门应急处置情况

3 月 1 日 14 时 50 分，晋城消防支队指挥中心接警后，先后调派 7 个公安消防中队、9 个专职消防队共 400 名官兵、44 辆消防车赶赴现场，山西省消防总队调集相邻的长治、临汾两市消防支队共 29 名官兵、5 辆消防车到场增援。

15 时 15 分，城区中队（系责任区中队，距离事发地约 13.5 千米）在高速交警引导下首先到达隧道北口。此时隧道北口有车辆猛烈燃烧，地面形成流淌火；位于下风方向的隧道南口有大量黑色浓烟涌出，浓烟已感到烫手。根据现场情况，由晋城市政府及其有关部门组成的现场指挥部决定全力扑救隧道北口火灾，继续对后车罐体实施冷却，在出口处组织停留人员疏散，并协调环保部门对现场环境及可燃有毒气体进行实时监测。18 时许，隧道北口处火灾被彻底扑灭。

3月2日0时10分,现场指挥部决定组成攻坚组从人行横洞进入隧道,分别向隧道南、北两侧梯次进攻灭火。3时30分,后车罐体内甲醇导出转移;9时30分,人行横洞以北隧道内大火被基本扑灭;3月3日18时,隧道内大火被全部扑灭。

2. 高速公路交管部门处置情况

3月1日14时51分,山西省公安厅交警总队高速三支队八大队接警后派出民警分两组分别从该大队驻地和泽州收费站出发向晋济高速济源方向寻找事故地点。由大队驻地出发的2名民警于15时07分在距岩后隧道1千米处赶上了被堵在路上的晋城消防支队第一梯队,立即疏导车辆,打开中央防护栏引导消防车逆行抵近岩后隧道北口,并通知由泽州收费站出发的另一组民警折返赶赴岩后隧道南口。八大队各组民警陆续到达现场后,采取现场警戒、交通管制措施,配合消防、卫生部门开辟救援通道,并开展控制肇事车辆司乘人员、登记逃生人员等工作。

16时23分,三支队值班副支队长带领事故科1名民警赶赴现场;17时15分,三支队指挥中心将事故信息上报山西省公安厅交警总队。

3. 晋城高速公路有限责任公司处置情况

3月1日15时05分,晋城高速公路有限责任公司信息监控中心得到事故信息,立即通知路政大队派员上路查看,并利用监控系统对辖区内隧道路段进行巡查。

15时25分,晋城高速公路有限责任公司路政大队有关人员接报后赶赴事故现场,配合当地政府救援力量开展清障、管制、救援等工作。

15时26分,根据高速交警指令,信息监控中心向泽州收费站和临近的收费站下达了封闭指令。

4. 晋城市政府及其有关部门的处置情况

3月1日15时18分、15时41分,晋城市110指挥中心、市公安局分别收到事故报告;15时42分,晋城市政府值班室接到晋城高速公路有限责任公司事故报告;16时19分,晋城市政府值班室向山西省政府值班室电话报告事故情况;16时35分、17时、17时03分,市政府应急办分别接到市消防支队、市公安局和市安全监管局的事故信息报告。

16时45分,晋城市委市政府有关领导同志率领相关部门相继抵达岩后隧道入口,成立了以晋城市常务副市长为总指挥的晋城市现场抢险救援指挥部,调派增援力量并部署有关单位进一步做好现场控制、人员搜救、伤者救治、疏散安置、环境保护、应急保障、善后维稳等有关工作。

此次事故抢险共组织救援力量1 000余人,投入各类救援车辆300余台次,紧急调运灭火用水9 300余吨,清运煤炭1 200余吨,吊装拖运烧毁车辆42辆。

5. 伤亡人员核查情况

事故发生后,山西省公安厅组织开展遇难人员数量和身份核定工作。先后在隧道内搜寻到12具遗骸,并对隧道内清理出的42辆车辆残骸、1 000余吨煤炭及其他残留物进行反复筛查,提取检材。在国务院安委会工作组(事故调查组成立后在事故调查组)及有关专家的督促指导下,公安机关通过DNA反复检验、人类学骨骼鉴定、收集家属寻亲信息、车辆信息、同车人证明、手机信息验证和大情报系统比对等综合技术手段反复核查,于3月11日,确认这起事故死亡和失踪人数已超过30人,为特别重大事故。截至3月17日,最终确认在这起事故中有40人遇难,并对遇难者身份全部予以确认。

（四）事故原因和性质

1. 直接原因

甲挂铰接列车在隧道内追尾乙挂铰接列车，造成前车甲醇泄漏，后车发生电气短路，引燃周围可燃物，进而引燃泄漏的甲醇。

（1）两车追尾的原因：甲挂铰接列车在进入隧道后，驾驶员未及时发现停在前方的乙挂铰接列车，距前车仅五六米时才采取制动措施；牵引车准牵引总质量（37.6 吨），小于挂罐式半挂车的整备质量与运输甲醇质量之和（38.34 吨），存在超载行为，影响刹车制动。

经认定，在甲挂铰接列车追尾碰撞乙挂铰接列车的交通事故中，甲挂铰接列车驾驶员李某负全部责任。

（2）车辆起火燃烧的原因：追尾造成前车的罐体下方主卸料管与罐体焊缝处撕裂，该罐体未按标准规定安装紧急切断阀，造成甲醇泄漏；后车发动机舱内高压油泵向后位移，启动机正极多股铜芯线绝缘层破损，导线与输油泵输油管管头空心螺栓发生电气短路，引燃该导线绝缘层及周围可燃物，进而引燃泄漏的甲醇。

2. 间接原因

（1）山西省晋城市某物流有限公司安全生产主体责任不落实。

企业法定代表人不能有效履行安全生产第一责任人责任；企业应急预案编制和应急演练不符合规定要求；企业没有按照设计充装介质、《第 115 批公告》批准及《机动车辆整车出厂合格证》记载的介质要求进行充装；从业人员安全培训教育制度不落实，驾驶员和押运员习惯性违章操作，罐体底部卸料管根部球阀长期处于开启状态。另外，肇事车辆在行车记录仪于 2014 年 1 月 3 日发生故障后，仍然继续从事运营活动，违反了《国务院关于加强道路交通安全工作的意见》（国发〔2012〕30 号）的有关规定。

（2）河南省焦作市某汽车运输有限责任公司危险货物运输安全生产的主体责任落实不到位。

企业未能吸取 2012 年包茂高速陕西延安“8・26”特别重大道路交通事故教训，仍然存在“以包代管”问题；没有按照设计充装介质、《第 215 批公告》批准及《机动车辆整车出厂合格证》记载的介质要求进行充装；驾驶员和押运员习惯性违章操作，罐体底部卸料管根部球阀长期处于开启状态。

（3）晋济高速公路某管理站违规设置指挥岗加重了车辆拥堵。

① 晋济高速公路某管理站违反设计要求在泽州收费站前设置指挥岗，加重了车辆拥堵。拥堵发生后，未主动协调配合收费站等单位对车辆进行疏导。

② 该管理站的上级主管单位，对管理站的监督检查和工作指导不力，未纠正指挥岗长期违规设在泽州收费站前的问题。

（4）湖北某车辆制造有限公司、河北某专用汽车有限公司生产销售不合格产品。

湖北某车辆制造有限公司生产销售的半挂车的罐体未安装紧急切断阀，不符合《道路运输液体危险货物罐式车辆 第 1 部分：金属常压罐体技术要求》（GB 18564.1）标准的规定，属于不合格产品。河北某专用汽车有限公司生产销售的半挂车的罐体未安装紧急切断阀，不符合 GB 18564.1 标准的规定，属于不合格产品。车辆未经过检验机构检验销售出厂，不符合《危险化学品安全管理条例》的规定。

（5）交通运输管理部门对危险货物道路运输安全监管不力。

① 道路运输管理所组织开展危险货物道路运输管理和监督检查工作不力，对山西省晋城市某物流有限公司存在的行车记录仪终端长时间无法运行、从业人员安全教育培训走形式等问题监管不力、执法不严，督促企业整改安全隐患不到位。晋城市道路运输管理局对危险货物运输安全监管责任、挂牌责任不落实；重审批、轻监管，对山西省晋城市某物流有限公司的监督检查不细致，开展安全生产大检查和专项检查工作不深入；对泽州县道路运输管理所履行监管职责督促指导不力。

② 交通运输管理局对道路运输管理所组织开展危险货物道路运输安全监管工作监督检查不力，对道路运输管理所未认真履行监管职责的问题失察。交通运输管理局开展危险货物道路运输安全监管工作不到位，在2013年山西省组织开展的道路运输安全生产大检查等工作中，未认真组织落实对危险货物运输安全的大检查。

(6) 交通运输管理部门对危险货物道路运输安全监管不到位。

公路运输管理所未认真吸取2012年包茂高速陕西延安“8・26”特别重大道路交通事故教训，未能纠正某汽车运输有限责任公司危险货物车辆挂靠经营的问题，对该公司开展从业人员安全教育、隐患排查及应急演练等工作检查指导不到位，督促整改不力。

(7) 高速公路管理部门对高速公路管理和拥堵信息处置不到位。

① 晋济高速公路相关管理部门对某管理站在泽州收费站前方违规设立指挥岗的请求采取默许态度，未予制止；企业应急预案的针对性和可操作性不强，启动标准不明确，培训和演练不到位；信息监控中心发现道路拥堵后，未按应急响应要求及时通知高速交警、某管理站，也未对拥堵情况进行跟踪和处理。

② 高速公路管理部门履行高速公路安全运营监管职责不到位，应急预案的针对性和可操作性不强；所属信息监控中心在接到拥堵信息后未按规定及时报告领导并做好记录，也未做进一步跟踪处理，安全管理制度不规范、落实不到位。

(8) 公安高速交警部门履行道路交通安全监管责任不到位。

① 公安高速交警未能预判晋济高速公路解除封闭措施后车辆集中驶入高速公路情况，拥堵情况出现后，对事故路段交通巡查、疏导不力，未积极主动协调泽州收费站、某管理站等相关单位采取有效措施疏导车辆。

② 公安高速交警指导督促开展路面交通巡查、疏导工作不到位，业务培训教育不到位。

(9) 事故暴露的其他问题

此次事故中的危险化学品罐式半挂车实际运输介质均与设计充装介质、公告批准、合格证记载的运输介质不相符。按照GB 18564.1的要求，不同的介质因为化学特性差异，在计算压力、卸料口位置和结构、安全泄放装置的设置要求等方面均存在差异，不按出厂标定介质充装，造成安全隐患。

3. 事故性质

经调查认定，晋济高速公路山西晋城段岩后隧道“3・1”特别重大道路交通危化品燃爆事故是一起生产安全责任事故。

（五）事故防范和整改措施建议

针对事故暴露出来的问题，为了深刻吸取事故教训，举一反三，有效防范和减少危险化学品道路运输事故的发生，提出以下建议：

1. 要始终坚守保护人民群众生命安全的“红线”

有关部门要深刻吸取晋济高速公路山西晋城段岩后隧道“3·1”特别重大道路交通危化品燃爆事故的沉痛教训，认真贯彻落实习近平总书记等中央领导同志关于安全生产工作的一系列重要指示批示精神，牢固树立科学发展、安全发展理念，始终坚守“发展决不能以牺牲人的生命为代价”这条红线，建立健全“党政同责、一岗双责、齐抓共管”的安全生产责任体系，切实采取有效措施，全面加强安全生产工作。要高度重视道路交通尤其是危险化学品道路运输和公路隧道安全工作，进一步明确和落实道路运输企业安全生产主体责任、行业主管部门直接监管责任、安全监管部门综合监管责任和地方政府属地管理责任，充分发挥地方各级道路交通安全工作联席会议、危险化学品安全生产监管联席会议等协调机制的作用，针对事故暴露出的各类突出问题，逐一研究和落实防范措施，切实加强安全生产特别是危险货物道路运输和隧道交通安全工作。

2. 要大力推动危险货物道路运输企业落实安全生产主体责任

有关部门要督促各类危险货物道路运输企业切实落实安全生产主体责任，严格执行国家有关法律法规和规章标准，建立健全安全生产责任制、安全管理规章制度并认真贯彻落实，坚决杜绝“包而不管、挂而不管、以包代管、以挂代管”的情况发生；要督促运输企业加强驾驶员、押运员培训、教育和管理工作，建立完善的安全培训、考核制度和录用、淘汰机制，着力提升从业人员的法制意识、安全意识和安全技能，严禁不具备相应资质、安全培训不合格和安全记录不良的人员驾驶危险货物机动车辆；要督促各类危险货物道路运输企业采购合格运输车辆，严格按照规定进行日常检查和定期维护保养，始终保持营运车辆技术状况良好，确保运输车辆安装符合《道路运输车辆卫星定位系统车载终端技术要求》(JT/T 794)的GPS卫星定位装置，并保证车辆监控数据准确、实时、完整地传输。

3. 要切实加大危险货物道路运输安全监管力度

有关部门要加大危险货物道路运输安全的监督管理力度。交通运输部门要加强对危险货物道路运输企业的日常安全监管，对安全管理责任不落实、“包而不管”、“以包代管”和存在重大安全隐患以及有挂靠问题且“挂而不管、以挂代管”的危险货物运输企业，要依法限期整改，情节严重的要责令停业整顿。对整改验收不合格的，要依法依规取消其相应资质。同时，要严格驾驶员从业资格管理，及时掌握驾驶员的违章、事故记录及诚信考核、继续教育等情况，对于记分周期内扣满12分的驾驶员，要吊销其从业资格证件，三年内不予重新核发。工业和信息化部门要研究道路运输危险货物车辆警示标志标识的设置，完善相关标准，提高防护等级，督促相关汽车生产厂商在危险货物运输车辆罐体上喷涂符合国家强制性标准要求的警示标志标识。在质量技术监督部门尚未开展危险化学品罐体检验检测专项资质许可以前，由具备危险化学品压力罐车监督检验和定期检验资质的检验检测单位负责危险货物运输车辆罐体的出厂检验和定期检验；质监部门要督促检验检测单位按照相关法规标准对危险货物运输车辆罐体进行严格的检验检测，依据检验检测结果逐台出具检验证书。公安交管部门要加强危险货物运输车辆的道路交通安全管理和驾驶员管理，严格管控危险货物道路运输路线。安全监管部门要加强综合监管，推动有关部门搞好直接监管，促进各项工作落实。地方各级人民政府要督促有关部门认真履行职责，采取“不发通知、不打招呼、不听汇报、不用陪同和接待，直奔基层、直插现场”的方式，对危险货物运输安全开展暗查暗访，深查企业安全管理状况及隐患排查整改情况。对监管工作不到位的地区和部门要进行问责；对于安全隐患严重、发生重特大事故的危险货物道路运输企业要列入“黑名单”并向社会曝光。

4. 要全面排查整治在用危险货物运输车辆加装紧急切断装置

有关部门要督促各类危险货物运输企业严格执行 GB 18564.1 强制性标准要求，逐台核查常压罐式危险货物运输车辆加装紧急切断装置情况。在企业自查的基础上，要组织有关部门对辖区内此类车辆安装情况进行全面摸底排查，集中进行整改。对于 2006 年 11 月 1 日以后出厂的常压罐式危险货物运输车辆，在销售合同或技术确认书中已明确为运输危险货物且没有安装紧急切断装置的，由车辆生产企业免费安装紧急切断装置；在销售合同或技术确认书中没有明确为运输危险货物但实际用于运输危险货物、没有安装紧急切断装置的车辆，或车辆生产企业已倒闭，以及 2006 年 11 月 1 日以前出厂仍在使用的、没有安装紧急切断装置的常压罐式危险货物运输车辆，要由车辆使用单位委托符合条件的车辆生产企业加装紧急切断装置。凡在 2014 年底前未加装紧急切断装置的常压罐式危险货物运输车辆，从 2015 年 1 月 1 日起，检验检测单位不予出具相关检验合格证明，交通运输部门取消车辆营运资格，收回危险货物道路运输证。

5. 要进一步加强公路隧道安全管理

有关部门要结合本地区实际，认真研究制定切实有效的公路隧道安全管理措施，提高公路隧道本质安全度。交通运输部门要完善隧道硬件设施，增设和完善灯光照明、防撞护栏、紧急避险车道和限速、禁止超车交通警示标识和逃生指示标识等隧道安全基础设施，严控车辆进入隧道时的速度；要根据隧道实际情况加装监控视频、声光报警、应急广播、应急按钮等装置，确保紧急状态下隧道内人员能够第一时间获知危险信息，及时避险逃生；要全面排查、评估公路隧道沿线各类检查站、收费站、煤管站等选址对隧道内车辆快速通行的影响，对易造成隧道交通拥堵、导致事故发生的，要立即停用或取消。公安交管部门要完善隧道安全通行措施，提高管控水平，严格管控公路隧道路面通行秩序；要加大对各类道路交通违法违章行为的处罚力度，严查严纠危险货物运输车辆在公路隧道内违法变道、超速超员、疲劳驾驶、驾驶证与准驾车型不符等各类严重交通违法行为。各相关部门要将公路隧道拥堵作为重大险情来应对处置，快速、有效处置隧道车辆拥堵，妥善管理和处置已处在隧道内的危险货物运输车辆，保证人员、车辆安全。地方各级人民政府要督促指导有关部门依法认真履行安全监管责任。

6. 要进一步加强公路隧道和危险货物运输应急管理

有关部门要高度重视公路隧道应急管理工作。要针对本地区路网布局、产业特点和可能发生的各类事故，抓紧完善危险货物道路运输事故应急预案和各类公路隧道事故应急处置方案；要下大力气整合危险货物运输企业 GPS 监控平台、高速公路交通运行监控系统、公安交警交通安全管理系统等信息系统资源，统一和规范地方政府危险货物事故接处警平台，强化应急响应和处置工作，建立责任明晰、运转高效的应急联动机制。当地政府及其有关部门、单位和涉事人员在事故发生第一时间要及时、安全、有力、有序、有效进行应急处置，并抓紧核清伤亡人数，准确上报和发布事故信息；要针对危险货物运输事故尤其是隧道事故特点，依托相关企业和单位，建立专兼职应急救援队伍，配备专门装备和物资，加强技战术训练，定期进行应急演练；要把事故应急意识和自救互救技能教育培训作为全民素质教育的重要内容，纳入地方各级人民政府及其有关部门的宣传教育和培训工作计划，通过媒体宣传等多种形式，深入持久地开展宣传教育和培训工作，不断提高全民事故防范意识和逃生避险、自救互救技能。

7. 要加强安全保障技术研究和健全完善安全标准规范工作

国家标准化管理部门要进一步修改完善《汽车和挂车后下部防护要求》(GB 11567.2)、《道路运输液体危险货物罐式车辆 第1部分:金属常压罐体技术要求》(GB 18564.1)等有关罐式危险货物运输车辆的技术标准和规范,对罐式危险货物运输车的后下部防护提出专门要求,提高危险货物运输车辆后下部防护装置的强度和性能;针对不同种类罐式危险货物运输车辆主卸料口的合理位置提出通用要求,明确罐式危险货物运输车辆主卸料口及三道安全阀的位置和设置,优化车辆罐体阀门等装置的连接方式,明确罐体出厂检验和定期检验的项目和要求,提升罐式危险货物运输车辆的被动安全性。特别是要以此次隧道事故暴露出的问题为导向,组织有关力量开展隧道安全保障技术研究,修改完善公路隧道相关设计建设标准规范,切实提高公路隧道安全设防等级和本质安全水平。

案例十五　京珠高速公路“7·22”特别重大卧铺客车燃烧事故

2011年7月22日3时43分,京珠高速公路发生一起特别重大卧铺客车燃烧事故,造成41人死亡、6人受伤,直接经济损失2 342.06万元。

(一) 基本情况

1. 事故车辆驾驶人情况

邹某,事故车辆驾驶人,1984年4月5日初次申领准驾车型为大型货车的机动车驾驶证,1999年2月4日增驾取得大型客车准驾资格,现持有准驾车型为A1A2的机动车驾驶证,有效期至2016年4月5日,持有道路旅客运输从业资格证书。

孙某,事故车辆驾驶人(已在事故中死亡),1994年10月1日取得军队驾驶证,1997年11月20日换领准驾车型为大型货车的机动车驾驶证,2001年12月10日增驾取得大型客车准驾资格,现持有准驾车型为A1A2的驾驶证,有效期至2015年9月30日,持有道路旅客运输从业资格证书。

经调查,没有发现邹某、孙某酒后驾驶迹象,两名驾驶人证照齐全,均在有效期内。

2. 事故车辆情况

事发大型卧铺客车,核载35人,发生事故时实载47人。2007年4月26日办理注册登记,机动车所有人为某交运集团,车辆使用性质为公路客运,检验有效期至2012年4月。

该车投保了最高保额为45万元/座的乘客座保险,保险有效期至2012年5月12日,单次事故最高赔偿限额为1 260万元;机动车交通事故责任强制保险,每次事故最高赔偿限额11万元,保险有效期至2012年5月19日;车损险50万元,保险有效期至2012年6月1日。

事故车辆的手续、证照齐全,均在有效期内。

3. 事故车辆承包情况

事故车辆承包人为王某,王某在向某交运集团一次性缴纳承包金40万元后,获得该车自2008年6月4日至2012年6月3日期间的承包经营权(在承包期间每月还需要向客运公司缴纳承包金22 148元)。王某委托李某(已在事故中死亡)负责该车的经营管理。

4. 事故道路情况。

事故现场位于某高速公路938千米260米处,南北方向,双向四车道,东西两侧依次为高速公路护坡、排水沟和树林,道路中央和两侧均设有波形防护栏。事故路段路面平直,东西半幅路均有一条应急车道(其中行车道宽3.8米,应急车道宽3米,道路中间为2.9米宽的绿化隔离带)。事故发生时天气晴好,夜间无照明,路面干燥。

5. 事故相关单位情况

某交运集团为股份有限责任公司,成立于1998年,下辖6个客运分公司、1个货运公司和1个客运汽车站,共有客运车辆673辆,货运车辆42辆。事发大客车日常管理由客运二分公司负责。客运二分公司共管理客运车辆70台,其中自营车辆11台,其他均为承包经营车辆。

6. 事故客车搭载危险化学品的经过

7月21日10时17分许,事故客车管理人李某安排工人将10箱偶氮二异庚腈装至事故客车行李舱内。当事故客车行驶至烟台市附近拉客时,上车乘客在客车行李舱内托运一批海鲜,因担心海鲜箱内的冰块解冻致货物受潮,李某和司机孙某等把10箱偶氮二异庚腈从客车行李舱搬至客车舱右后部卫生间内。该卫生间水箱已坏、无法使用,在装入货物后,卫生间门处于锁闭状态。当日16时左右,张某联系某公司驾驶人杨某将另外5箱偶氮二异庚腈从仓库提出,由杨某驾驶面包车将货物运送至某公路立交桥下高速路上。当日17时40分,事故客车行驶到此地,杨某将5箱偶氮二异庚腈交给张某,存放在客车舱右后部卫生间外侧旁。

(二) 事故发生经过及应急处置情况

1. 事故发生经过

2011年7月21日10时7分,事故客车从某交运集团客运二分公司停车场出发,班线全长共计1 773千米,至事故发生时已行驶1 254千米,用时17小时40分钟。

车辆发车前报班时,车上只有驾驶员孙某、邹某和实际管理者李某等3人,且驾驶员邹某提供的《客运班车驾驶员即时驾驶证明》显示不是本车驾驶员,不符合单程800千米以上线路配备3名驾驶员的公司规定。因此,汽车站报班员要求车辆完备相关手续后再报班。但是,该车此后并未按照公司规定采取相关措施,也未再报班就直接出发了。

7月21日10时17分,驾驶员孙某将车开到某公司院内,装载10箱偶氮二异庚腈和其他乘车人员。11时12分,该车行至某汽车站安检补票签章处附近停车上客,后经高速离开。17时40分,该车装载另外5箱偶氮二异庚腈。车辆行驶过程中,在沿途多地上下旅客、装卸货物。

7月21日23时27分,事故客车进入河南省境内。7月22日3时10分,事故客车在服务区停车,车辆换由邹某驾驶。3时43分,当事故客车(实载47人)行驶至京珠高速公路938千米115米处时,突然发生爆燃,客车继续前行145米至京珠高速公路938千米260米处,与道路中央隔离护栏剐蹭碰撞后停车,共造成41人死亡、6人受伤,客车严重烧毁,直接经济损失2 342.06万元。

2. 事故应急处置情况

7月22日凌晨3时45分,市公安局110接到事故报警后,指派高速交警、消防、派出所等警力迅速出警,并通知120急救中心等相关部门立即赶赴现场,全力做好车辆灭火、伤员救治、现场勘查、交通疏导和秩序维护等工作。河南省信阳市接到事故报告后,立即启动应急救援预案。4时36分,6名伤员全部被救离现场,并被送至中心医院紧急救治;当日14时,41名遇难者遗体全部被送至殡仪馆妥善安置。

事故发生后,党中央、国务院高度重视,中央领导同志先后做出重要批示,要求全力抢救伤员，迅速查明事故原因，认真做好善后工作，维护社会稳定。原国家安全生产监督管理总局、公安部、交通运输部组成联合工作组，于当日赶到事故现场，指导事故应急救援工作，协调地方政府做好善后事宜。山东省、河南省人民政府及相关部门积极做好遇难人员家属及受伤人员救治工作，善后处理工作平稳有序。

（三）事故原因和性质

1. 直接原因

事发大型卧铺客车违规运输 15 箱共 300 千克危险化学品偶氮二异庚腈并堆放在客车舱后部，偶氮二异庚腈在挤压、摩擦、发动机放热等综合因素作用下受热分解并发生爆燃。

2. 间接原因

(1) 某交运集团及其客运二分公司、某汽车站客运安全管理混乱。

某交运集团客运二分公司安全生产工作以包代管，与事故车辆承包人签订的《营运客车承包经营合同》中含有"途中上客由乙方(承包人)自售自收"的条款，默许事故车辆长期违规站外经营；未研究解决公司行车路单发放制度和车辆请假管理制度不健全等问题；未排查治理事故车辆长期不进站报班发车、不按规定班次线路行驶以及违规站外上客、人员超载、违规载货等安全隐患。

某汽车站安全管理责任不落实，未认真核实事故车辆长期请假脱班的情况；发现事故车辆报班手续不全时，未按规定扣留该车进站证；发现事故车辆未按时到达发车位时，未按规定核实原因。

某交运集团未认真开展客运管理和安全隐患排查治理纠正工作；未纠正《营运客车承包经营合同》中的违规条款；未发现和治理解决事故车辆长期不进站报班发车、不按规定班次线路行驶、违规站外上客、人员超载、违规载货等安全隐患和问题。

(2) 某市交通运输管理部门组织开展客运市场管理和监督检查工作不到位。

某市道路运输管理处指导和监督客运行业管理工作不到位，对某交运集团长期存在客运班车不进站报班发车、不按规定班次线路行驶、违规站外上客载货等安全隐患监管不到位。

某市交通运输局组织开展道路运输安全管理工作不到位，对某市道路运输管理处履行职责的情况监督检查不到位。

(3) 某公司危险化学品安全管理混乱。

某公司未认真执行危险化学品安全生产管理制度，多次违规运输危险化学品；销售的偶氮二异庚腈没有化学品安全技术说明书，产品外包装也未按规定加贴或者拴挂化学品安全标签，不符合危险化学品包装标识的要求。

(4) 某市安全监管部门组织开展危险化学品安全生产监督检查工作不到位。

某市安全监管局指导和监督危险化学品安全生产工作不力，未发现和解决某公司生产、销售的偶氮二异庚腈存在不具备化学品安全技术说明书和安全标签等安全隐患问题。

某市安全监管局指导和监督危险化学品安全生产工作不到位，对区安全监管局履行职责的情况监督检查不到位。

(5) 某市质量技术监督管理部门组织开展危险化学品产品质量监督检查工作不到位。

某市质量技术监督局组织开展危险化学品产品质量监督检查工作不到位，未发现和解决某公司生产、销售的偶氮二异庚腈存在产品包装不符合相关标准规范的隐患问题。

某市质量技术监督局组织开展危险化学品产品质量监督检查工作不得力，对分局履行职责的情况监督检查不到位。

3. 事故性质

经调查认定，“7・22”特别重大卧铺客车燃烧事故是一起责任事故。

（四）事故防范和整改措施建议

“7・22”特别重大卧铺客车燃烧事故给人民生命财产带来了重大损失，后果十分严重，教训十分深刻。为了进一步细化工作措施，切实落实企业安全生产主体责任和相关部门的监管责任，有效防范类似事故再次发生，提出以下措施建议：

（1）进一步落实道路客运企业的安全生产主体责任。各级政府及其有关部门要督促道路客运企业认真履行安全生产工作职责，建立健全并落实各项安全生产制度，通过动态监控、安全检查等措施，有效加强对所属车辆和驾驶人的安全管理，确保各项安全生产制度和措施执行到位。交通运输等相关部门要进一步加强对客运企业的安全监管，配备安全检查人员，认真履行“三关一监督”工作职责，严查无证经营、不进站经营、不按班线行驶等扰乱客运市场经营秩序的行为，督促客运企业认真落实主体责任，严格落实“三不进站、五不出站”安全工作制度。对不具备安全运营条件、安全管理混乱、存在重大安全隐患的客运企业，要依法责令停业整顿，经整顿仍不达标的，坚决取消其相应经营资质。

（2）进一步加强道路交通违法行为的打击力度。各级政府及其有关部门要进一步加强客运班线集中、交通事故多发等路段的巡逻管控，着力提高车辆通行秩序，严查客运车辆超员、超速、疲劳驾驶、不按规定车道行驶、违法超车等交通违法行为，进一步落实客运车辆交通违法信息抄告和转递制度。要加强对跨区域长途、超长途客运班线的监督管理，通过区域合作、联合行动等方式，有效依托省际交通安全服务站，认真检查客运车辆配备的驾驶人驾驶资格、驾驶时间、交通违法信息及车辆乘载人数、审验、货物装载、安全设施配备和轮胎磨损等情况，有针对性地进行安全提示，提高驾驶人的安全意识。

（3）进一步加强危险化学品的安全管理。各级政府及其有关部门要认真贯彻落实《危险化学品安全管理条例》（国务院令第 591 号），进一步加强危险化学品的安全管理，预防和减少危险化学品事故，切实保障人民群众生命财产安全。要坚持“安全第一、预防为主、综合治理”的方针，强化和落实危险化学品企业的安全生产主体责任，明确危险化学品企业主要负责人为本单位的危险化学品安全管理工作的第一责任人，严格遵守国家有关危险化学品安全管理规定，健全各项安全生产工作制度；要加强危险化学品在生产、储存、使用、经营、运输等各个环节的安全监管，科学划分各相关部门的任务职责和具体分工，建立健全危险化学品安全监督管理工作的协调和沟通机制，形成齐抓共管、密切协作、统一高效的工作格局。

（4）进一步加强对企业从业人员的安全培训教育。各级政府及其有关部门要加强对交通运输、危险化学品等行业企业从业人员的职业道德教育和法制教育，通过集中学习、专题讲座、悬挂横幅标语、设置宣传展板和专栏、张贴宣传挂图、发放宣传资料、曝光典型事故案例等方式，教育从业人员坚决抵制不符合安全管理规范的行为，提高从业人员守法的自觉性和主动性。要加强对企业从业人员的技能培训，组织从业人员参加专项安全学习和岗位培训，认真贯彻法律、行政法规规定和国家标准、行业标准要求，严格落实相关行业从业人员资格准入制度，提高从业人员的整体素质和水平。要以客货运驾驶人、危险化学品运输驾驶人为重点，建立交通安全信息手机短信发布平台，及时通报重特大道路交通事故，警示安全隐患，发布提示、服务信息，提高驾驶人的安全意识。

(5) 进一步积极研究推行提升道路客运安全的政策标准。国家有关部门要进一步研究和修订道路客运安全相关政策标准，提高营运车辆准入安全门槛，增加客运车辆尤其是卧铺客车的安全配置要求，逐步淘汰安全性能低的道路客运车型。同时，要严格客运线路审批和监管，加强客运班线途经道路安全适应性的评估，合理确定营运线路、车型和时段，严格控制1 000千米以上的长途客运班线；进一步加强对卧铺客车的安全监管，研究卧铺客车强制安装车载视频装置等措施。此外，有关部门和单位应开展法律政策研究，督促运输企业严格执行《劳动法》等有关规定，从源头上解决疲劳驾驶问题。

四、建筑施工事故

案例十六　湖南长沙“4·29”特别重大居民自建房倒塌事故

2022年4月29日12时24分，湖南省长沙市望城区金山桥街道金坪社区盘树湾组发生一起特别重大居民自建房倒塌事故，造成54人死亡、9人受伤，直接经济损失9 077.86万元。

事故发生后，党中央、国务院高度重视。习近平总书记立即做出重要指示，强调要不惜代价搜救被困人员，全力救治受伤人员，妥善做好安抚安置等善后工作；同时注意科学施救，防止发生次生灾害。要彻查事故原因，依法严肃追究责任，从严处理相关责任人，及时发布权威信息。近年来多次发生自建房倒塌事故，造成重大人员伤亡，务必引起高度重视。要对全国自建房安全开展专项整治，彻查隐患，及时解决。坚决防范各类重大事故发生，切实保障人民群众生命财产安全和社会大局稳定。受党中央、国务院委派，国务院领导同志率应急管理部、住房城乡建设部、教育部、卫生健康委等部门负责同志赶赴现场指导事故救援、伤员救治和善后处置等工作。

依据有关法律法规，经国务院批准，成立了由应急管理部牵头，住房城乡建设部、自然资源部、公安部、教育部、全国总工会和湖南省人民政府参加的国务院湖南长沙“4·29”特别重大居民自建房倒塌事故调查组(以下简称调查组)。同时成立专家组，邀请规划、设计、工程管理、法律、公共安全等方面的权威专家参与事故调查。中央纪委国家监委成立事故追责问责审查调查组，对有关地方党委政府、相关部门和公职人员涉嫌违法违纪及失职渎职问题开展调查。

在党中央坚强领导下，按照国务院决策部署，调查组本着对党和人民负责、对社会和历史负责的态度，坚持“科学严谨、依法依规、实事求是、注重实效”的原则，通过现场勘查、取样检测、荷载验算、模拟分析和调阅资料、询问谈话、座谈交流、调查取证等，查明了事故经过、发生原因、人员伤亡情况和有关单位情况，查明了有关地方党委政府、相关部门在监管方面存在的问题和相关人员的责任；同时，调查组通过明察暗访、专家座谈和调研等方式，深入解剖事故暴露的突出问题，提出主要教训和整改措施建议。

调查认定，湖南长沙“4·29”特别重大居民自建房倒塌事故是一起因房主违法违规建设、加层扩建和用于出租经营，地方党委政府及其有关部门组织开展违法建筑整治、风险隐患排查治理不认真不负责，有的甚至推卸责任、放任不管，造成重大安全隐患长期未得到整治而导致的特别重大生产安全责任事故。

（一）事故有关情况和直接原因

1. 事故发生经过

房屋共八层(局部九层)，建筑面积 1 401.3 平方米，一层至六层用作出租经营，事发时有餐饮店、奶茶店、私人影院、旅馆等 5 家经营单位，七层至八层用于房主及其家人自住。

2022 年 4 月 28 日 20 时许，涉事房屋二层餐饮店工作人员发现东侧一混凝土柱及附近墙面瓷砖脱落、抹灰开裂、根部混凝土被压碎，钢筋暴露并弯曲；29 日 10 时 15 分，二层一根支顶槽钢(2019 年 7 月因二层混凝土柱出现裂缝，房主自购 2 根槽钢进行支顶加固)严重变形，与墙面间隙约 50 毫米；11 时 50 分许，房主吴某勇外出购买建筑材料准备再次加固；12 时 19 分，一层与二层圈梁的东南角外墙面掉灰，砖头裸露并往外挤，外墙开始变形，现场邻居和村民小组长劝说房主吴某生撤人，但劝阻无效；12 时 21 分，二层餐饮店东侧墙壁发出异响，天花板及东侧外墙有物体掉落，店长随即催促店内 2 名工作人员、3 名用餐人员离开；12 时 24 分，房屋整体“下坐”式倒塌，历时 4 秒。

事发后涉事房屋共埋压 63 人，其中在校大学生 50 人、商户员工和其他社会人员 11 人、房主及家人 2 人。事故共造成 54 人死亡，其中大学生 44 人。

2. 抢险救援情况

事故发生后，应急管理部、住房城乡建设部和湖南省委、省政府立即启动应急响应，迅速组织国家综合性消防救援队伍、国家安全生产专业救援队伍、中央企业和地方专业队伍、社会救援力量等开展抢险救援工作，其中湖南省消防救援总队共调派 1 132 名指战员、携带各类装备设备 3 300 余台(套)进行救援处置。国家卫生健康委、湖南省及时调派医护人员开展医疗救治、心理疏导等工作。教育部、公安部积极协助地方党委政府做好长沙医学院等学校师生稳定工作。湖南省、长沙市、望城区出动公安、武警、城管、民兵等力量，加强对事故现场及周边秩序维护等工作。中国救援队和湖南大学、中南大学等单位派专家现场指导救援。

这次事故救援环境错综复杂、救援难度很大。房屋倒塌后层层叠压，平衡十分脆弱，废墟上部又有重约 150 吨、整体浇筑的原六层屋顶，扰动易导致失稳伤害被困人员；倒塌房屋毗邻的东西两侧楼房受到严重破坏，随时可能向救援区域倒塌，危及被困人员和救援人员；现场仅有南侧一个作业面可开展救援，且有多人埋压，不能使用大型机械和工具。面对极其复杂危险的救援环境，现场指挥部坚持“人民至上、生命至上”，聚焦抢救生命这一核心任务，统一指挥、科学决策，运用先进生命探测设备和各类掘进支撑装备，边掘进、边加固、边搜索，争分夺秒打通救援“生命通道”，不惜代价搜救遇险人员。经过 158 小时艰苦紧张救援，至 6 日 3 时 3 分，现场搜救工作结束，有生命迹象的 10 人全部获救(其中房主吴某生因重伤送医抢救 11 天后死亡)，遇难人员全部找到。

3. 事故直接原因

通过对事故现场进行勘查、取样、实测，并委托第三方权威检测机构进行检测试验、倒塌模拟计算分析，认定事故的直接原因：违法违规建设的原五层(局部六层，下同)房屋建筑质量差、结构不合理、稳定性差、承载能力低，违法违规加层扩建至八层(局部九层，下同)后，荷载大幅增加，致使二层东侧柱和墙超出极限承载力，出现受压破坏并持续发展，最终造成房屋整体倒塌。事发前，在出现明显倒塌征兆的情况下，房主拒不听从劝告，未采取紧急避险疏散措施，是导致人员伤亡多的重要原因。

具体情况如下：

(1) 违法违规建设的原五层房屋质量先天不足。2003 年房主在分得的安置重建地上建设了一栋三层房屋。2012 年 7 月原址拆除三层并重建五层,属于限额以上工程,但涉事房主在未履行任何审批手续、未取得任何许可的情况下,请建筑公司退休工人龙某手绘设计图,房主自行采购建筑材料,由无资质的流动施工队组织施工。房屋部分采用自拌混凝土,砂石含泥量大、强度低,其中二层东侧 3 根柱的混凝土最低抗压强度仅为 4.3 兆帕(远低于当时国家标准);一层、二层墙体砌筑砂浆抗压强度仅为 0.4 兆帕(远低于当时国家标准);房屋采用砌体结构,一层为实体墙,二层至五层墙体违规采用空斗墙,承载能力低。

(2) 违法违规加层扩建至八层后超出极限承载力。2018 年 7 月,房主在未履行基本建设程序的情况下,再次由龙某手绘设计图,自行采购建筑材料,由无资质的流动施工队组织施工,加层扩建六层至八层。该三层采用框架结构,柱、梁、板均为现浇钢筋混凝土,加上新增墙体等结构构件形成的总荷载比加层扩建前增加 46%,加剧了“头重脚轻”的状态,下部楼层柱荷载显著增大,其中二层东侧柱最大增加 71%,超出其极限承载力 18%。同时,房屋结构体系混乱,整体稳定性差,部分柱的布置上下错位,一层和二层采用单跨、大空间结构布置形式,东西横墙少;三层至八层被隔成多个小房间,东西横墙多,二层成为结构上的薄弱层,最易受破坏,抗倒塌能力弱。

(3) 对重大安全隐患未有效处理。2019 年 7 月,二楼东墙混凝土柱出现网状裂缝、最长 0.6 米,房主在龙某的建议下,自购 2 根槽钢进行支顶加固,但并没有彻底消除安全隐患。2022 年 3 月,又相继出现支顶槽钢变形、墙面瓷砖脱落、支顶槽钢变形加剧,房主均未作处理。4 月 12 日,湖南某工程检测有限公司受涉事房屋内的旅馆经营者委托,未带任何检测仪器,仅拍照即完成所谓“检测”,13 日为旅馆出具了虚假的安全性鉴定报告,等级评定结论为 Bsu 级、“可按现状作为旅馆用途正常使用”、“结构安全”。4 月 22 日,经营户告知房主支顶槽钢变形加重,与墙面最大间隙约 15 毫米,但仍未采取任何措施,直至事故发生。

(4) 未采取紧急避险疏散措施。在事发前 2 个多小时,二层支顶槽钢弯曲变形加剧、达到 50 毫米左右,出现倒塌征兆,特别是事发前 30 多分钟龙某应房主要求现场查看后提出“房子危险不能住人了”,房主吴某生提出还继续加固,未组织撤离房屋内就餐、居住等人员;事发前 5 分钟,面临重大倒塌风险,有人大喊“赶快走,楼房要塌了!”但房主吴某生还说“没事”,拒不听从劝告,仍未立即通知撤离,错失了屋内人员逃生、避免重大人员伤亡的最后时机。针对自建房内装饰装修活动和电梯安装对房屋主体结构的影响,调查查明:2012 年以来,涉事房屋内共有餐饮、零售、台球室、私人影院、家庭旅馆等 5 种经营业态,房主及 26 家租户经营使用期间,对自建房一至六层进行了多次装饰装修,主要有搭建轻质隔墙、开出餐口、窗洞改门洞、加装钢楼梯以及地板铺装、顶棚墙面粉刷、灯具电视安装等,但相关装饰装修活动未改动房屋承重结构,均对房屋倒塌无影响。2018 年 5 月,房主在紧靠东侧外墙处违法违规自行人工开凿电梯井道,8 月加层扩建基本完成后谎称供个人及家人使用,由南通某机电设备有限公司安装电梯,未办理电梯安装和使用登记手续,但开凿电梯井道、电梯自重及运行对房屋倒塌无影响。调查还排除了地基、人为破坏、气象、地震、燃气泄漏等导致倒塌的因素。

(二) 地方有关部门存在的主要问题

这起事故是经济社会发展长期积累矛盾问题集中暴露的典型事件,相关问题在涉事房屋所在的一条街、望城区和长沙市都比较普遍,时间跨度长,涉及方面多。调查组调阅文件资料2 800余份、现场查勘走访20余次、问询谈话225人次，组织规划、建设、法律等方面专家进行了研究论证，查清了湖南省、长沙市、望城区及有关方面存在的主要问题。

(1) 集中治理部署迟缓简单应付。2020年福建泉州“3·7”、山西襄汾“8·29”两起重大房屋坍塌事故后，习近平总书记都做出重要批示，要求压实安全责任，举一反三抓紧排查此类用房的安全隐患，针对发现的漏洞及时整治，从源头防范群死群伤事故的发生。2020年7月，全国部署开展为期一年的“两违清查”(违法建设和违法违规审批专项清查)，湖南省9月进行了部署，望城区于2021年6月25日才印发通知，此时已接近6月30日全国结束的时间，根本来不及开展排查工作。

(2) 日常监管相互推诿回避矛盾。一些领导干部和部门对自建房违法建设和改建问题不愿触碰、畏难躲责。有的分管领导认为自建房问题由来已久，整治是基层的事，部署后从未下去对公共安全风险大的城区自建房进行过督促检查。2021年6月湖南汝城“6·19”房屋坍塌事故后，望城区组织开展房屋安全隐患大排查大整治，区里要求各街道排查，街道又把任务派给社区，且未组织任何专业力量和业务培训，涉事房屋所在金坪社区以一天120元的价格，临时聘请一名毫无建筑专业知识的无业人员用2天时间，仅凭目测对包括涉事房屋在内的40余栋房屋进行检查，判定涉事房屋“基本安全”。在各有关方面的推诿扯皮中，违法违规自建房越建越多、越建越高。事发这条街的盘树湾安置区一期23户房屋中，有22户进行过违法违规重建或加层扩建，17户超过六层(9户六层、2户七层、6户八层)，其中6户八层的自建房有5户为2018年以后重建或改建。在事故发生后仅一个月，市、区两级就分别排查出加层扩建4.4万栋和7 180栋，有的甚至加建至九层、十层，里面还有服装厂等劳动密集型企业，安全风险极大。

(3) 排查整治不认真、走过场。2016年党中央、国务院就印发了《关于进一步加强城市规划建设管理工作的若干意见》，明确“用5年左右时间全面清查并处理建成区违法建设，坚决遏制新增违法建设”。望城2011年已“县改区”，但实行“一改三不改”政策，即县改区，职能、体制、区划不改，享有县级管理权限。2016年长沙在开展城市建成区违法建设治理中，把望城视为县参照“城五区”开展；2018年在开展县城违法建设治理中，湖南按照县域行政区名单将望城视为区未将其纳入范围，长沙市虽将文件转发望城区但未督促检查，两次专项治理望城区均未制定实施方案也未认真开展，成为整治盲区。金山桥街道历次上报既有房屋问题均为“零”、“辖区无整治隐患”、涉事房屋“基本安全”，区、市、省三级无一进行认真核查把关，而事故发生后一个月金山桥街道就排查出违法违规建筑623处。金坪社区明知非法建筑、危险建筑不得作为经营场所，在未实际核查的情况下，为涉事房屋内的经营户先后违规出具14份“住改商”证明，相关部门全都放行，上下“心照不宣”共同糊弄、蒙混过关。

(4) 对违法违规行为查处不力。《湖南省建设工程质量和安全生产管理条例》(2007年10月1日颁布实施)规定，住建部门应当对私人规模建房(二层以上或面积300平方米以上，“以上”均不含本数)实施监督管理，长沙市、望城区住建部门长期以来“只管合法、不管非法”“只管报建、不管自建”，只把合法建设房屋纳入监管，对大量私人规模的违法自建房未纳入许可监管范围，对眼皮底下大量不申报、集体土地上的自建房安全风险放任不管，人为形成监管盲区。2019年3月以来，长沙市自然资源和规划局望城分局多次巡查，且2次到盘树湾安置区，均未发现涉事房屋这样显而易见的违法建设活动。望城区城管执法队伍“控违拆违”走过场，涉事房屋2018年加层扩建时，房主曾想找关系办理手续，周边已扩建户“传授经验”:“来执法时你说说好话,走之后继续干就行”。事实也的确如此,金山桥城管中队第一时间就发现违法加建,先后6次现场检查,下达责令停止施工执法文书,通知约谈,但未采取任何制止措施,也没有约谈,最终不了了之。该城管执法中队长期存在应立案不立案、应处罚不处罚问题,2018年以来违建立案查处率仅为2.3%。这样放任不管引发更多的人跟风违法,形成“破窗效应”。

(5) 房屋检测机构管理混乱。2022年4月12日,包括涉事房屋在内的31户家庭旅馆为恢复营业,以一户700元的价格(涉事房屋正常费用约为1.2万元左右),委托湖南某工程检测有限公司开展房屋安全鉴定。该公司两人到现场,一人在楼下收钱,另一人仅带相机上楼拍照,8个小时就完成31户所谓的“现场检测”,并通过复制粘贴、编造数据、冒名签字,形成“合格”报告。就是这样批发式低价揽活、赤裸裸造假的公司,一路绿灯取得合法资质。2020年8月和2021年8月,湖南省市场监管局及下属原质量评审中心在两次组织对湖南某工程检测有限公司资质证书评审、变更增项过程中,相关工作人员和专家收取好处,使这样一家人员虚构、资格挂证、设施不全的检测机构,获得了“检验检测机构资质认定证书”。

(6) 自建房规划建设源头失控。2000年至2003年期间,原望城县黄金乡采取留地安置、自拆自建的方式,对涉事房主等23户村民进行重建安置(盘树湾一期)。2012年以后面对长沙医学院附近等人口密集、商业需求大的问题,没有及时统筹建设配套公共服务设施,靠居民自发建房来搞配套,且没有依据控制性详细规划对自建房的建筑高度、层数等进行管控,造成自建房“野蛮生长”,私搭乱建、未批先建、加层扩建等乱象丛生,这些安全状况差的自建房内大量存在餐饮、住宿、娱乐等业态复杂、人员密集的场所,严重威胁公共安全。紧邻一期的二期安置区在2009年建设时,由于街道和社区实施了统一规划,28户自建房全部为五层、无一加层,均基本符合控规要求的高度和容积率。初步排查,目前望城区仍有6.28万户、长沙市有72.21万户自建房未取得规划许可证,未经专业设计和竣工验收,建筑安全、消防安全隐患很大。

(三) 事故主要教训

(1) 学习领会习近平总书记关于防范化解重大风险的重要论述不认真不深刻,风险意识薄弱。党的十八大以来,习近平总书记高度重视防范化解重大风险,几乎逢会必讲,要求各级党委政府把自己职责范围内的风险防控好,不让小风险演化成大风险,不让局部风险演化成区域性风险或系统性风险;要求把眼睛瞪得大大的,防止各类“黑天鹅”“灰犀牛”事件发生。面对自建房安全这个城镇化过程中的突出问题,湖南省、长沙市、望城区一些领导干部对满大街的自建房违法建设、违法加层、违法经营带来的安全风险看不见、抓不住,任由风险越积越大、越积越多,最终酿成惨痛事故。剖析这一问题,根子还是出在思想认识上,一些领导干部不认真学习领会习近平总书记重要论述,没有结合实际认真研究和排查身边的风险,对风险熟视无睹、视而不见,不知敬畏、不晓利害。有的麻木侥幸、自以为是,不把别人的教训当教训,2020年先后发生福建泉州、山西襄汾自建房倒塌重大事故,包括2021年6月19日湖南汝城还发生经营性自建房坍塌事故,一些领导干部仍不当回事,坐在火山口上看不到风险,错失了化解风险、避免事故发生的机会。汲取这起事故的教训,首先要从思想上自我革命,切实增强风险意识、底线思维,真正从思想上始终绷紧安全这根弦,切实把确保人民生命安全放在第一位落到实处。

(2) 落实责任不紧不实,不担当不作为。自建房违法建设涉及多个环节、多个部门单位，有一个关口把住就能够切断事故链，但在这起事故中，有关方面层层失守、监管失控。有的搞形式、走过场，敷衍了事，导致历次整治虎头蛇尾、不了了之；有的搞“击鼓传花”，卸担子、捂盖子贻误风险处置时机。究其原因，关键在于没有压紧压实安全责任。首先是细化责任不具体，导致自建房安全监管上下左右推责，都不认为是自己的责任，就不下力气解决问题；其次是督导检查走过场，一些领导干部习惯于开会发文要报表，不下沉一线检查抓落实，不深入实际及时发现解决问题，只重部署、不重实效；其三是考核评估不精准，对领导干部在任期内是否“新官不理旧账”，是否新增安全风险，没有建立相应的考评机制，以致一些领导干部责任没有真正上肩。防范化解安全风险是人命关天的大事，是具体的“国之大者”，容不得半点形式主义官僚主义。以这次事故为警示，就要着力解决一些领导干部在防控风险中的责任不清不实问题，从严从实落实全链条安全监管责任，促使各级领导干部以更加强烈的担当和历史主动精神履行好工作职责，切实把习近平总书记重要指示精神和党中央重大决策部署落到实处。

（3）发展理念存在偏差，政绩观错位。习近平总书记反复强调要完整、准确、全面贯彻新发展理念，统筹发展和安全；强调坚持人民城市为人民；城市规划、建设和管理都要把安全放在第一位，把住安全关、质量关，并把安全工作落实到城市工作和城市发展各个环节各个领域。一些领导干部对此认识不深刻，将发展和安全割裂开来，只重视经济发展的“显绩”，不重视防范化解风险的“潜绩”。城市发展必须始终坚持安全发展、依法发展、科学发展，这些年自建房粗放发展，在全国一些城市相当普遍，已形成重大风险，反映了一些领导干部发展理念和政绩观存在偏差，没有坚持以人民为中心的发展思想，没有切实担起“促一方发展，保一方平安”的政治责任。

（4）立法滞后执法不严，行业安全监管宽松软。造成自建房安全风险扩大的一个重要原因是相关领域法治不彰。具体来说，既有“无法可依”的问题，1998 年出台的《建筑法》和1989 年出台的《城市危险房屋管理规定》等法律法规，虽对个别条款进行过修订，但其中涉及房屋安全的条款不适应这些年经济社会发展，湖南省、长沙市也缺乏可操作的地方法规；也有有法不依的问题，一些涉及规划、房屋建设和使用的法规条款没有严格执行。既有执法不严的问题，对违法加层扩建多次执法均没有采取制止措施；也有违法不究的问题，放任不管引发更多的人跟风违法，形成“破窗效应”，最后法不责众，对满大街的自建房违法改扩建行为不了了之。全面依法治国是中国特色社会主义的本质要求，依法行政是政府行政活动的基本准则。长沙市自建房领域法治不彰，与依法治国的进程极不适应。解决自建房领域安全问题，要加快补上法治这块短板，坚持有法可依、有法必依、执法必严、违法必究，坚持依法行政、严格执法，为防控风险提供有力法治保障。

（5）对基层能力建设重视不够，基层安全治理面临困境。这次事故暴露出基层安全风险防控能力薄弱的问题突出，面临权责失衡、人少事多、财力不足等多重困扰。望城区辖区内房屋数量巨大，仅自建房就超过 12 万栋，工作任务繁杂，但每个街道普遍只有 1 名“专干”负责房屋安全工作，而且这些“专干”不专，缺乏专业知识，同时身兼多职。基层是国家治理的基石，是服务群众的最前沿，“基层安则天下安”。从这起事故中汲取教训，就要更加重视基层治理能力建设，完善基层治理机制，夯实基层安全基础。有关部门要担当履责，不能以“放权赋能”为名把责任层层推卸给不具备专业能力的乡镇街道和社区；有关地方要统一组织对下放基层的事项进行评估，基层无力承担的，该收回的收回。领导干部要主动深入基层及时发现问题、帮助解决问题，推动基层治理实现良性循环。

（四）措施建议

（1）切实增强各级领导干部风险意识和安全发展能力。地方各级党委和政府及其有关部门组织专题学习《习近平关于防范风险挑战、应对突发事件论述摘编》《总体国家安全观学习纲要》，认真学习习近平总书记关于安全生产、城市安全发展等重要论述，促进党员、干部胸怀“两个大局”、牢记“国之大者”，坚决捍卫“两个确立”、做到“两个维护”，切实增强忧患意识，坚持底线思维、极限思维，提高统筹发展和安全的意识和能力。开展统筹发展和安全专题干部轮训，统一设计培训内容，加强案例教学，促进各级党政领导干部更好掌握新时代安全发展的方法和本领。进一步加强对新发展理念的研究宣传，教育引导广大党员、干部特别是领导干部牢固树立正确政绩观，真正把安全发展理念贯穿到经济社会发展各领域和全过程。

（2）突出防控经营性自建房安全风险。深刻汲取近年来城乡经营性自建房倒塌、火灾等事故教训，按照国务院部署的全国自建房安全专项整治工作要求，把城乡接合部、城中村、安置区和学校、医院、景区、工业园区周边等涉及公共安全的经营性自建房纳入监管重点，根据风险程度分类施治，对存在严重安全隐患、不具备经营和使用条件的，立即采取停止使用等管控措施，坚决防止重特大事故发生。对违法改建、加层扩建等造成重大隐患拒不改正的，加强行刑衔接，依法严加治理，决不能任其野蛮生长、养痈遗患。严格自建房用于经营的审批监管，住建部门加强对房屋安全鉴定机构的监督检查，市场监管、教育、卫生健康、文化体育、公安、消防、税务等部门和单位要严格按规定办理相关审批手续，不得放任不管。建立经营性自建房信息公示制度，房屋产权人或使用人主动公示房屋安全鉴定情况和隐患动态排查整治等情况，接受社会监督。要集中力量扎实开展自建房安全专项整治工作，事后要逐一检查效果，对工作不落实、执行效果不好的重新补课，务求取得实实在在的成效。

（3）标本兼治加强城乡自建房安全管理。有关部门和地方要立足从根本上消除事故隐患、从根本上解决问题，综合施策解决长期以来自建房安全管理失序失控问题。补齐制度短板，建立健全相关法律法规，及时制修订建筑法以及村庄和集镇规划建设管理、城市危险房屋管理、房屋安全鉴定、建设工程质量检测管理等法律法规，抓紧解决法律缺失问题；建立自建房规划建设管理、设计施工服务、用作经营场所管理等制度办法，进一步细化明确房屋日常检查维护、定期鉴定、“住改商”、维修加固等有关要求；制定自建房重大安全隐患判定标准、技术指南等，解决既有自建房标准缺乏的突出问题；各地区要根据本地区实际，加强地方立法，研究完善自建房规划建设和使用安全管理规定，堵住制度漏洞。完善日常监管，建立自建房土地审批、规划许可、施工许可、竣工验收、产权登记、房屋安全鉴定、违建执法等信息联网平台，加强信息共享，实现房屋安全闭环管理；住建部门牵头负责城乡自建房行业和质量安全监管，建立健全多部门协调联动和全周期监管机制，推动房屋安全隐患常态化排查化解，严格落实定期安全检查责任，保障自建房质量安全。强化源头治理，进一步完善城市控制性详细规划，强化刚性约束和引领，防止自建房无序发展，严控增量风险；对三层及以上城乡新建自建房，依法依规实行专业设计和专业施工，严格执行房屋质量安全强制性标准。

（4）压紧压实各级领导干部防范化解重大风险责任。严格落实地方党委和政府属地责任，细化落实各级党政主要负责人、分管负责人和有关领导的自建房安全管理职责，拧紧自建房安全管理责任链条，坚决杜绝一放了之和只审批不监管、只管合法的不管非法的、只管目录内的不管目录外的，以及只备案不检查等怠政行为。建立城市规划和建设安全责任终身追究制，防止在工作中不负责任地制造风险。研究建立与防范化解重大风险要求相适应的工作机制和考评体系，对中央明确的目标任务实行量化考核，将考评结果作为党政领导班子和领导干部综合考核评价的重要内容，推动各级党委政府坚决担起防范化解重大风险的政治责任。把防范化解重大风险不担当不作为，纳入作风整治重点内容，加强履职情况监督，及时纠正把防风险责任推给上面、卸给下面、留给后面的做法，对不认真不负责的，依规依纪依法严肃追责问责。

（5）大力提高基层安全治理能力。把基层安全治理作为加强基层治理体系和治理能力现代化建设的重要内容，从加强党的领导、建强组织体系、明确权责清单、优化人力资源配置、加强财力保障等方面全面提升基层安全治理能力。加强基层履职的专业指导，组织专家服务团开展实地帮扶，逐城逐街逐户全面排查自建房安全风险。创新基层人事激励机制，鼓励干部下沉，让更多优秀人才留在基层。健全安全风险管理员制度和网格化动态管理制度，推动将专职网格员纳入社区工作者管理并加强培训。针对乡村建设工匠需求量大、专业性较强的特点，完善培训考核体系，加强工匠队伍建设，探索劳务派遣等形式，加强规范管理。有针对性地加强面向基层的安全宣传教育，提高基层群众风险辨识和应急避险能力，引导群众自觉依法依规建房、装修和出租经营。建立群众举报奖励机制，发动群众举报违法违规建设和扩建行为。

案例十七　福建省泉州市某酒店“3·7”坍塌事故

（一）事故发生和救援情况

事故调查组查明，2020 年 3 月 7 日 17 时 40 分许，某酒店一层大堂门口靠近餐饮店一侧顶部一块玻璃发生炸裂。18 时 40 分许，酒店一层大堂靠近餐饮店一侧的隔墙墙面扣板出现 2 至 3 毫米宽的裂缝。19 时 06 分许，酒店大堂与餐饮店之间钢柱外包木板发生开裂。19 时 09 分许，隔墙鼓起 5 毫米；2 至 3 分钟后，餐饮店传出爆裂声响。19 时 11 分许，建筑物一层东侧车行展厅隔墙发出声响，墙板和吊顶开裂，玻璃脱胶。19 时 14 分许，目击者听到幕墙玻璃爆裂巨响。19 时 14 分 17 秒，某酒店建筑物瞬间坍塌，历时 3 秒。事发时楼内共有 71 人被困。

事故发生后，应急管理部和福建省立即启动应急响应。应急管理部、住房和城乡建设部负责同志率领工作组连夜赶赴现场指导救援，福建省和泉州市、鲤城区党委政府主要负责同志及时赶赴现场，应急管理部主要负责同志与现场全程连线，各级政府以及公安、住建等有关部门和单位积极参与，迅速组织综合性消防救援队伍、国家安全生产专业救援队伍、地方专业队伍、社会救援力量、志愿者等共计 118 支队伍、5 176 人开展抢险救援。3 月 7 日 19 时 35 分，泉州市消防救援支队所属力量首先赶到事故现场，立即开展前期搜救。随后，福建省消防救援总队从福州、厦门、漳州等 9 个城市及训练战勤保障等 10 个支队调集重轻型救援队、通信和战勤保障力量共 1 086 名指战员，携带生命探测仪器、搜救犬，以及特种救援装备，进行救援处置。国家卫生健康委、福建省卫生健康委调派 56 名专家赶赴泉州支援伤员救治，并在事故现场设立医疗救治点，调配 125 名医务人员、20 部救护车驻守现场，及时开展现场医疗处置、救治和疫情防控工作。经过 112 小时全力救援，至 3 月 12 日 11 时 04 分，人员搜救工作结束，搜救出 71 名被困人员，其中 42 人生还，29 人遇难。整个救援过程行动迅速、指挥有力、科学专业，效果明显。救援人员、医务人员无一人伤亡，未发生疫情感染，未发生次生事故。

（二）某酒店建筑物基本情况

某酒店建筑物位于泉州市鲤城区，建筑面积约 6 693 平方米。建筑物东西方向长 48.4 米，南北宽 21.4 米，高 22 米，北侧通过连廊与二层停车楼相连。该建筑物所在地土地所有权于 2003 年由集体所有转为国有；2007 年 4 月，原泉州市国土资源局与泉州鲤城某加油站签订土地出让合同后，于 2008 年 2 月颁给其土地使用权证；2014 年 12 月，土地使用权人变更为泉州市某机电工贸有限公司。该公司在未依法履行任何审批程序的情况下，于 2012 年 7 月，在涉事地块新建一座四层钢结构建筑物（一层局部有夹层，实际为五层）；于 2016 年 5 月，在某酒店建筑物内部增加夹层，由四层（局部五层）改建为七层；于 2017 年 7 月，对第四、五、六层的酒店客房等进行了装修。

2019 年 9 月，某酒店建筑物一层原来用于超市经营的两间门店停业，准备装修改做餐饮经营。2020 年 1 月 10 日上午，装修工人在对 1 根钢柱实施板材粘贴作业时，发现钢柱翼缘和腹板发生严重变形，随即将情况报告给杨某。杨某检查发现另外 2 根钢柱也发生变形，要求工人不要声张，并决定停止装修，对钢柱进行加固，因受春节假期和疫情影响，未实施加固施工。3 月 1 日，杨某组织工人进场进行加固施工时，又发现 3 根钢柱变形。3 月 5 日上午，开始焊接作业。3 月 7 日 17 时 30 分许，工人下班离场。至此，焊接作业的 6 根钢柱中，5 根焊接基本完成，但未与柱顶楼板顶紧，尚未发挥支撑及加固作用，另 1 根钢柱尚未开始焊接，直至事故发生。

（三）事故直接原因

事故调查组通过深入调查和综合分析，认定事故的直接原因是：事故单位将某酒店建筑物由原四层违法增加夹层改建成七层，达到极限承载能力并处于坍塌临界状态，加之事发前对底层支承钢柱违规加固焊接作业引发钢柱失稳破坏，导致建筑物整体坍塌。

事故调查组通过对事故现场进行勘查、取样、实测，并委托国家建筑工程质量监督检验中心、国家钢结构质量监督检验中心、清华大学等单位进行了检测试验、结构计算分析和破坏形态模拟，逐一排除了人为破坏、地震、气象、地基沉降、火灾等可能导致坍塌的因素，查明了事故发生的直接原因。

增加夹层导致建筑物荷载超限。该建筑物原四层钢结构的竖向极限承载力是 52 000 千牛，实际竖向荷载 31 100 千牛，达到结构极限承载能力的 60%，正常使用情况下不会发生坍塌。增加夹层改建为七层后，建筑物结构的实际竖向荷载增加到 52 100 千牛，已超过其 52 000 千牛的极限承载能力，结构中部分关键柱出现了局部屈曲和屈服损伤，虽然通过结构自身的内力重分布仍维持平衡状态，但已经达到坍塌临界状态，对结构和构件的扰动都有可能导致结构坍塌。因此，建筑物增加夹层，竖向荷载超限，是导致坍塌的根本原因。

焊接加固作业扰动引发坍塌。在焊接加固作业过程中，因为没有移走钢柱槽内的原有排水管，造成贴焊的位置不对称、不统一，焊缝长度和焊接量大，且未采取卸载等保护措施，热胀冷缩等因素造成高应力状态钢柱内力变化扰动，导致屈曲损伤扩大，钢柱加大弯曲、水平变形增大，荷载重分布引起钢柱失稳破坏，最终打破建筑结构处于临界的平衡态，引发连续坍塌。通过技术分析及对焊缝冷却时间验证，焊缝冷却至事故发生时温度（20.1 摄氏度）约需 2 小时，此时钢柱水平变形达到最大，与事故当天 17 时 10 分许工人停止焊接施工至 19 时 14 分建筑物坍塌的间隔时间基本吻合。

（四）事故主要教训

（1）“生命至上、安全第一”的理念没有牢固树立。有关部门对违法建筑长期大量存在的重大安全风险认识不足，没有树牢底线思维和红线意识，安全隐患排查治理流于形式。鲤城区片面追求经济发展，通过“特殊情况建房”政策为违法建设开了绿灯后，实际执行过程中背离了“解决辖区内部分群众住房困难”的初衷，口子越开越大，将大量没有审批手续、未经安全审查的建筑由非法转为合法，5 年违规批准 9 批 208 宗，虽要求加强后续监管，但实际上不管不问，放任违法建设、违规改造等行为长期存在，埋下重大安全隐患。

（2）依法行政意识淡薄。相关部门在明知违反国家建设和土地有关法律法规规定的情况下，以不印发文件、不公开发布的形式，违规出台并实施“特殊情况建房”政策，以特殊情况建房领导小组会议意见代替行政审批，越权批准某酒店建筑物等违法建设项目，致使大量未经安全审查、不符合安全条件的建筑披上了“符合政策”的外衣并长期存在。常泰街道明知某酒店建筑物违规，却同意上报为“特殊情况建房”。全面依法治国是治国理政的基本方略，“法无授权不可为”是政府行政的基本准则，任何人、办任何事都不能超越法律权限，但仍有一些地区党委政府依法办事、依法行政意识不强，违规设置、违规行使超越法律的权限，这本身就是违法行为，也必须承担法律责任。

（3）监管执法严重不负责任。某酒店建筑物在没有取得建设用地规划许可、建设工程规划许可，没有履行基本建设程序的情况下，却“平地起高楼”，相关的规划、住建、城管、公安等部门对此长期视而不见，在国家和省市组织开展的多次违法建设专项整治行动、“两违”（违法用地、违法建设）综合治理中，明知该建筑为违法建筑，却未按专项行动要求和违法建设认定标准进行整治和拆除；对某酒店开展日常检查数十次，发现第四、五层未取得特种行业许可证对外营业，但未依法处理。常泰街道明知某酒店新建、改建、装修、加固长期存在违法行为，未采取任何制止和纠正措施。某酒店建筑物在长达 8 年的时间里，新建、改建、加固一路都是严重违法违规行为，有关部门多次现场查处，但未一盯到底、执行到位，失之于宽、失之于软，实际上纵容了企业的违法行为。

（4）安全隐患排查治理形式主义问题突出。党中央、国务院多次部署防范化解重大安全风险，国家有关部门和福建省开展过多次房屋安全隐患排查整治专项行动，相关部门虽层层部署，但安全风险隐患排查不认真、不扎实，甚至走形式、走过场，使某酒店建筑物这种存在严重安全隐患的建筑均能顺利过关。2019 年 2 月至 3 月的房屋安全隐患专项排查中，常泰街道基层检查人员对某酒店建筑物仅抄写门牌号、层数，以及在报表中填写“建成后未改造”“暂无风险”等就完成了现场排查，最终在“福建省房屋安全信息管理系统”中录入“暂无安全隐患，不属于重大安全隐患或一般安全隐患情形”的不实结论并层层上报，存在严重的形式主义问题。

（5）相关部门审批把关层层失守。行政审批是确保企业合法合规的重要程序，但有关部门材料形式审查辨不出真假、现场审查发现不了问题，甚至与不法业主沆瀣一气，使不符合要求的项目蒙混过关、长期存在。消防机构未发现某酒店申报材料中相关证件伪造、缺失、失效等问题，消防设计备案、竣工验收消防备案把关不严。公安部门有关审批人员与某酒店不法业主内外勾结，授意用房屋产权证明代替产权证，在明知没有房产证的情况下出具虚假现场检查验收意见，在没有受理材料、没有现场检查验收、没有任何审批的情况下，违规为某酒店变更特种行业许可证，事故发生后又补写相关档案。常泰街道违规为某酒店出具虚假的房屋产权证明材料，为其办理旅馆特种行业许可开了“绿灯”。

(6) 企业违法违规肆意妄为。某酒店的不法业主在未取得建设用地规划许可、建设工程规划许可、未履行基本建设程序、未办理施工许可和加固工程质量监督手续，且未组织勘察、设计的情况下，多次违法将工程发包给无资质施工人员，自 2012 年以来多次通过刻假章、办假证、提交假材料等方式申办行政许可，新建、改建、装修、加固和获取资质等各个环节“步步违法”，在明知楼上有大量人员住宿的情况下违规冒险蛮干，最终导致建筑物坍塌，对法律毫无敬畏之心。一些建筑设计、装修设计、工程质量检测、消防检测等中介服务机构，为了自身利益甘当不法企业的“帮凶”，违规承接业务甚至出具虚假报告。能否保证安全生产，企业最直接最关键，必须综合运用各种手段、采取有力有效措施，倒逼企业切实承担起安全生产主体责任，才能掌握安全生产工作的主动权。

(五) 事故防范和整改措施建议

(1) 切实担负起防范化解安全风险的重大责任。各地党委政府和有关部门要深刻吸取事故惨痛教训，牢固树立安全发展理念，在统筹经济社会发展、城乡建设中自觉把人民生命安全和身体健康放在第一位，把防范化解安全风险摆在重要位置，强化底线思维、红线意识，大力推进安全发展、高质量发展。要完善和落实“党政同责、一岗双责、齐抓共管、失职追责”的安全生产责任体系，层层压紧压实党政领导责任、部门监管责任和企业主体责任，及时分析研判安全风险，紧盯薄弱环节采取有力有效防控措施，及时发现问题、解决问题，牢牢守住安全底线。要坚决反对形式主义、官僚主义，依法严厉打击违法违规行为，重大风险隐患一抓到底、彻底解决，严防漏管失控引发事故。

(2) 强化法治思维坚持依法行政。各地党委政府和有关部门要加强各级领导干部法治教育培训，牢记“法无授权不可为、法定职责必须为”，想问题、做决策、办事情必须严格遵守法律法规，切实提高法治素养和法治能力。认真贯彻落实党中央、国务院关于依法行政的部署要求，制定各级政府和有关部门权力清单并向社会公布，规范依法决策和行政审批工作流程，加强合法性审查，依法保障公众的知情权、参与权、表达权，杜绝以会议纪要或会议讨论等形式代替审批程序，杜绝领导干部违规插手干预规划许可、土地出让、工程建设等行政审批事项。全面分类整治违规审批的 9 批 208 宗非法建筑，并严格实施重大行政决策责任终身追究制度及责任倒查机制，及时通报曝光典型案例，对不作为、乱作为导致严重后果的依法依纪严肃处理。

(3) 全面提高涉疫场所和各类集中安置场所安全保障水平。有关地区要对辖区所有定点医院、隔离观察场所以及各类灾害事故集中安置场所加强日常安全检查，严格落实建筑安全和消防安全责任制，及时消除安全风险隐患，对建筑质量差、主体结构损坏、失修失养严重、超负荷使用、位于地质灾害易发地等存在安全风险的，立即停止使用，组织人员撤离。住建部门要按照“三个必须”“一岗双责”的规定要求和“谁主管谁负责”的原则，严格落实建筑主管部门安全监管责任；会同应急管理、公安、卫健等有关部门，推动相关法律法规修订，明确公共卫生事件集中隔离场所、灾害事故集中安置场所、应急避险场所等房屋、临时建筑、活动板房等安全标准，达不到安全条件的，坚决不允许作为集中安置和应急避险场所使用。地方各级政府要在本地区突发事件应急预案中，进一步明确各类集中安置场所的安全检查机制，对各类安置场所的建设经营合法合规性和房屋质量安全进行核查，确保各类安置场所建筑安全、消防安全。

(4) 深化建设施工领域"打非治违"和安全隐患排查治理。各地区要认真贯彻落实《中共中央国务院关于进一步加强城市规划建设管理工作的若干意见》精神，扎实推进城市建成区违法建设专项治理工作五年行动，突出问题导向，深入开展非法占地、违法建设和老旧危房、农村自建房、"住改商"建筑等排查整治行动，对"两违"行为实行"零容忍"，坚决遏制增量，有序化解存量，彻底清除安全隐患。要加强对既有建筑改扩建、装饰装修、工程加固的质量安全监管，对未履行基本建设程序、施工单位超越资质等级范围或者以其他施工单位名义承揽工程、不按设计施工方案组织施工、出具检测鉴定虚假报告等违法行为予以坚决打击，并将违规信息记入信用档案，纳入联合惩戒管理。要深化"两违"源头治理，全面排查城市老旧建筑安全隐患，压实建设方、产权人、使用人安全主体责任，强化部门执法衔接，严防类似垮塌事故发生。

(5) 健全部门间信息共享和协同配合工作机制。针对事故暴露出的不法人员使用虚假材料层层通过审批的问题，地方各级政府要进一步加强部门间信息共享和沟通，建立政府审批监管数据共享机制，用好国家企业信用信息公示系统部门协同监管平台，实现部门审批和监管数据自动采集核对、流转交换，堵塞审批材料弄虚作假的漏洞。自然资源、城管、住建部门要及时将发放建设工程规划许可信息、违法建设处置决定及其执行情况抄告市场监管、公安、消防、卫健等部门和单位，有关部门和单位不得为违法建筑办理相关证照，提供水、电、气、热。自然资源、住建、公安等有关部门要大力打击涉嫌办理不动产登记、建设工程规划许可、工程单位资质证书、建设工程施工许可等假证照的违法行为。要扎实推进"放管服"审批制度改革，对涉及公共安全的审批事项、审批环节、申报材料进行取消、下放或者优化时，做好部门相互衔接，层级上下衔接，审批事项和环节前后衔接，严防出现监管盲区。

(6) 扎实开展安全生产专项整治三年行动。扎实开展城市建设安全专项整治，将城市安全韧性作为城市体检评估的重要内容，将城市安全发展落实到城市规划建设管理的各个方面和各个环节，根据城市建设安全出现的新情况，明确建筑物所有权人、参建各方的主体责任以及相关部门的监管责任，强化起重机械、高支模、深基坑、城市轨道交通工程安全专项治理，开展城市地下基础设施信息及监测预警管理平台建设，全面提升城市建设本质安全水平，推动城市安全和可持续发展。同时，举一反三，认真组织开展学习宣传贯彻习近平总书记关于安全生产重要论述、落实企业安全生产主体责任专题和危险化学品、煤矿、非煤矿山、消防、道路运输、交通运输、工业园区等功能区、危险废物等其他行业专项整治，完善和落实"从根本上消除事故隐患"的责任链条、制度成果、管理办法、重点工程和工作机制，扎实推进安全生产治理体系和治理能力现代化，全力维护好人民群众生命财产安全。

五、火灾事故

案例十八　北京市丰台区某医院"4・18"重大火灾事故

(一) 事故基本情况

1. 事故单位情况

北京市丰台区某医院主体建筑为东门诊住院楼（以下简称东楼）及南配楼、西门诊住院楼（以下简称西楼），东、西楼七层之间建有连廊，南侧另有互联网医院、CT 室、核磁共振室、氧气房、配电室等建筑。起火建筑为东楼及南配楼。

(1) 起火建筑基本情况

东楼主体东西长 55.3 米，南北宽 18.8 米，高 23.7 米，建筑面积 5 726.42 平方米，分东区、西区两部分，两区层高不一致，通过斜坡通道连接。东区地上六层（楼层标号为一、二、三、五、七、八），每层设有一条通道（长 21.7 米、宽 1.4 米，以下简称北通道）；西区地下一层、地上八层（楼层标号为一、二、三、五、六、七、八、九），每层设有一条通道（长 38.6 米、宽 1.4 米，以下简称南通道）；南北通道通过楼层中部楼梯间连通。楼东区一层相互贯通为门诊区，二层为 PCR 实验室（基因扩增实验室），三层通过无障碍坡道与东楼西区五层、六层和东区五层连通，为 ICU（重症加强护理病房）改造工程施工现场。

（2）起火建筑租赁及消防审核验收情况

2012 年 4 月，某医院公司租赁东楼及院落，按照合同约定负责租赁区域内的治安消防等工作，实际由北京市丰台区某医院使用。2012 年 6 月，东楼内部装修工程通过原丰台区公安消防支队消防设计审核，11 月通过原丰台区公安消防支队消防验收。

（3）起火建筑消防安全情况

某医院消防控制室设置在东楼一层。东楼通道墙面装修采用大芯板（刷防火涂料），楼内设有火灾自动报警系统、自动喷水灭火系统、室内消火栓系统。消防用电设备未采用专用的供电回路。2021 年至 2023 年，某医院公司委托第三方消防技术服务机构对某医院东楼消防设施进行 3 次年度检测，结论均为不合格。其中，2023 年检测报告由第三方消防技术服务机构上传至"北京市消防技术服务机构监督管理系统"，显示"消防应急照明和疏散指示系统、消防给水、消火栓系统、自动喷水灭火系统、火灾自动报警系统等存在不合格项，综合结论为不合格"。

2. 事故发生经过

2023 年 4 月 17 日，净化门安装作业人员到达施工现场安装净化门；某公司员工通知自流平地面作业人员于 4 月 18 日进场施工。

4 月 18 日 7 时 04 分，自流平地面作业人员到达施工现场。7 时 21 分，净化门安装作业人员 3 人返回施工现场继续安装净化门。9 时 19 分，3 人将环氧树脂底涂材料的主剂及固化剂混合后开始用扫帚涂刷地面。12 时 23 分许，残留的环氧树脂底涂材料扫出 ICU 西北门口外。12 时 33 分，3 人完成作业离场。12 时 47 分，使用角磨机切割修整金属净化板墙板，安装门框，未办理动火审批手续，无动火监护人进行现场监护。12 时 50 分，施工现场发生爆燃形成 3 处火点，3 人相继跑出。12 时 50 分至 12 时 53 分，两次返回现场使用灭火器扑灭了两处火点，随后关闭角磨机并离开，但未发现西北门外坡道下方堆放的可燃物起火。监控视频显示，12 时 50 分，坡道下方可燃物燃烧产生的高温烟气通过坡道进入北通道五层、南通道六层并水平蔓延。12 时 56 分许，坡道下方明火相继引燃坡道附近及北通道五层、南通道六层墙面木质装修材料，并产生高温烟气。之后，北通道五层烟气沿东侧楼梯间蔓延至北通道七层、八层；南通道六层烟气通过管道竖井和西侧楼梯间蔓延至南通道七层、八层。

3. 事故现场情况

经现场勘验，ICU 改造工程施工现场通风不畅，净化板外覆塑料膜均有受高温作用熔化收缩现象，西北门附近净化板过火严重，房间内用于涂刷的扫帚表面炭化。施工现场内部门框上有切割痕迹，附近地面发现一把连接移动插座的角磨机，移动插座电源引自西北门外临时配电箱。配电箱底部有纸箱燃烧残片，坡道下方堆放的可燃物燃烧充分，坡道金属构件变形变色严重，呈现出火势由此处向外蔓延的特征。

东楼北通道五层、南通道六层墙面木质装修材料整体过火，吊顶轻钢龙骨变形、石膏板全部脱落；南通道六层内部分房间和管道竖井观察口木门过火、破损严重。

南通道七、八层部分管道竖井内未做防火封堵处理，烟熏痕迹较重。南通道六层西侧楼梯间防火门上方石膏板隔墙被烧穿。东楼自动喷水灭火系统部分喷头的玻璃球受热膨胀破裂，破裂后喷头均未洒水喷淋。

4. 事故应急处置及评估情况

（1）事故信息接报情况

4 月 18 日 12 时 57 分，北京市消防救援总队 119 指挥中心接某医院东楼五层病房患者报警，先后调派 9 个消防救援站 30 辆消防车、180 名指战员赶赴现场处置。13 时 19 分，北京市消防救援总队向北京市应急办电话报告火灾初步情况。15 时许，北京市卫生健康委向北京市委办公厅、市政府办公厅和市应急办电话报告，人员伤亡及救治情况由丰台区委、区政府统一上报。15 时 19 分、17 时许，丰台区卫生健康委工作人员获悉有人员无生命体征情况后两次通过非正式渠道（微信）向在现场的丰台区政府办公室有关负责人报告。丰台区政府办公室有关负责人未将相关信息向丰台区政府有关负责人报告。17 时许，北京市成立现场工作专班，负责汇总统计人员伤亡及救治情况。19 时 44 分，北京市现场工作专班向北京市委办公厅通报，21 人经转院救治无效死亡。21 时 24 分、21 时 30 分，北京市卫生健康委先后向北京市委办公厅、市政府办公厅和市应急办报告，29 人经转院救治无效死亡。

（2）事故现场应急处置情况

① 事故单位初期处置情况

12 时 50 分，某医院东楼感烟探测器发出报警信号，消防控制室值班员李某未报警。随后，李某及 1 名后勤维修人员试图进入施工现场处置但未成功。13 时 05 分，医院副院长汪某指派 1 名电工拉闸断电（临时断电导致供氧停止，15 时 18 分，医院总务科主任王某手动恢复供氧操作），因医院消防用电设备无专用供电回路导致消防用电同时被切断，约 2 分钟后该电工重新合闸供电。12 时 50 分至 13 时 05 分，医院火灾自动报警联动控制器共收到东楼反馈信号 132 个，但火灾声光警报器、喷淋泵、消火栓泵未自动启动。13 时 18 分，医院值班人员到泵房手动启动喷淋泵和消火栓泵，但自动喷水灭火系统和消火栓系统管网无水，未扑灭初期火灾。

② 应急救援、医疗救治和善后情况

13 时 03 分，第一批消防救援力量到达现场；13 时 33 分，现场明火被扑灭。各相关部门和单位密切协同配合，共营救转移患者、家属及医护人员 142 人。事故发生后，北京市共派出 29 辆救护车、300 余人次参与医疗转运工作，累计转运救治 71 人至 8 家收治医院。期间，北京市组织多学科专家对危重、重症患者进行会诊，按照“一人一策一专班”实施救治，并成立善后处置专班，对死亡人员家属和受伤人员积极开展安抚和心理疏导。

（3）事故应急处置评估

北京市工作专班、丰台区现场指挥部统筹开展事故处置，应急管理、消防、卫生健康、公安等部门和属地街道办事处迅速响应，全力开展应急救援、医疗救治、交通疏导和现场秩序维护等工作。期间，消防救援力量快速组织灭火、搭建救生通道、展开人员搜救；医疗救治力量迅速赶赴事故现场开展伤员转运救治工作，8 家收治医院开设紧急医疗救治绿色通道，集中精锐专家力量，全力抢救伤员。

调查评估认为，事故应急处置仍存在一些问题。事故单位应急准备不足、应急处置不力；属地政府及相关部门信息报告不规范，部门之间信息不畅通；相关部门履行信息报告主体责任不力，对事故人员伤亡情况统计滞后、报告迟缓，有关负责人在获悉有人员无生命体征后，未及时报告，未有效处置。

（二）事故直接原因

通过视频分析、现场勘验、检测鉴定及模拟实验分析，认定事故直接原因是：某医院改造工程施工现场，施工单位违规进行自流平地面施工和门框安装切割交叉作业，环氧树脂底涂材料中的易燃易爆成分挥发、形成爆炸性气体混合物，遇角磨机切割金属净化板产生的火花发生爆燃；引燃现场附近可燃物，产生的明火及高温烟气引燃楼内木质装修材料，部分防火分隔未发挥作用，固定消防设施失效，致使火势扩大、大量烟气蔓延；加之初期处置不力，未能有效组织高楼层患者疏散转移，造成重大人员伤亡。

1. 原因分析

（1）起火原因分析

一是某医院南配楼三层ICU改造工程施工现场，作业人员开展自流平地面施工和净化门门框安装切割动火时，违规交叉作业。二是自流平地面施工涂刷的环氧树脂底涂材料中易燃易爆成分挥发，加之现场未保持有效通风，形成爆炸性气体混合物，且浓度达到爆炸下限。三是角磨机切割金属净化板产生的火花，遇爆炸性气体混合物引起爆燃，并引燃西北门外坡道下方堆放的可燃物。

（2）火灾蔓延原因分析

一是爆燃发生后，作业人员未将现场形成的多处火点全部扑灭，且未第一时间报警；事发医院工作人员发现火情后也未第一时间报警，未有效组织初期火灾扑救；固定消防设施失效，自动喷水灭火系统和消火栓系统管网无水，未能有效控制火势。二是坡道和医院通道墙面采用木质装修材料、施工区域与非施工区域未按规定采用不燃材料进行防火分隔，导致明火蔓延至东楼主体建筑内。三是部分管道竖井未进行防火封堵且未设置防火门；部分楼梯间防火门闭门器损坏，无法正常关闭，北通道五层东侧楼梯间常闭式防火门未保持关闭状态；南通道六层西侧楼梯间防火门上方石膏板隔墙被烧穿，导致烟气蔓延扩散。

（3）人员伤亡原因分析

未能及时转移疏散、吸入含一氧化碳的烟气是造成大量人员伤亡的主要原因。一是火灾初期事发医院未启动应急预案，未有效组织疏散转移被困人员。二是病区设置不合理，事发医院将行动不能自理或行动不便的患者集中安置在七层、八层等高楼层，大部分患者无自主逃生能力。三是危重病患者移动难度大，楼内通道狭窄、转移条件差，救援转移困难。

2. 其他可能因素排除

经公安机关侦查，排除人为放火嫌疑。未发现施工现场角磨机电机及电源线、移动插座电源线电气故障痕迹，排除电气故障引发火灾的可能。施工现场未发现香烟、打火机和烟头，结合起火前作业人员手机录制视频，排除吸烟引发火灾的可能。

（三）事故主要教训

（1）防范化解重大风险意识薄弱。习近平总书记多次强调，防范化解重大风险是各级党委政府和领导干部的政治职责，要坚持守土有责、守土尽责，把防范化解重大风险工作做实做细做好。北京市作为超大城市，各类市政工程、地下管网等系统复杂，高层建筑、人员密集场所数量庞大，许多安全风险隐患也进入集中暴露期，安全防范压力很大。但北京市、丰台区一些领导干部对本地区存在的重大风险认识不足，没有及时发现并有效防控重大风险，也没有把他人的教训当作自己的教训，对河南安阳“11·21”、河北沧州“3·27”等重特大火灾事故暴露出的违规动火或电焊作业问题没有引起足够重视。各地区要进一步增强风险意识、底线思维，真正把职责范围内的风险防控好，不让小风险演化成大风险，要深刻汲取事故教训，切实扛起防范化解重大风险、维护首都安全稳定的重大政治责任，坚决遏制重特大事故发生。各有关主管部门应加强对危险化学品生产、储存、经营、运输、使用等全环节、全过程、全链条的安全监管，及时消除安全隐患。

(2) 医疗卫生行业行政审批和安全管理不严格。医疗卫生机构是救死扶伤、为人民群众生命健康保驾护航的重要场所，但却发生如此惨痛的事故，亟须深刻反思警醒。北京市现有各类医疗卫生机构 12 000 多家，数量庞大、办医主体多元，且相当部分医疗卫生机构建筑时间较长、消防等设施设备逐渐老化，安全风险隐患突出。北京市卫生健康部门要切实落实行业管理职责，严格行政审批许可、校验审查，狠抓医疗卫生机构安全生产和消防安全工作，其他地区也要举一反三，坚决堵塞安全管理漏洞，为人民群众营造安全放心的就医环境。

(3) 建设工程规划、施工安全监管存在短板漏洞。住房城乡建设部门对建筑业企业资质条件保持情况疏于监管，动态排查清理不符合条件企业工作滞后，某公司建筑工程专业注册建造师、持有岗位证书的施工现场管理人员和专业技术工人数量远不满足相关资质条件，不具备安全生产条件，却一直从事建筑施工作业。北京市建设工程施工管理自我设“限”，主要关注办理施工许可手续的建设工程，对限额以上未办理施工许可证的建设工程未主动开展监督管理，把不具备申请办理施工许可条件的建设工程排除在监管范围外，“只管合法、不管非法”；对限额以下工程施工安全疏于管理，对属地培训指导、协调督促又没跟上，导致基层接不住、管不好。城乡规划部门履行制止和查处违法建设职责不到位，未能有效指导属地政府及其相关部门违法建设查处工作，对辖区内无规划手续即新建、扩建的行为查不出、管不住。各级住房城乡建设、城乡规划等有关部门要切实履行好建设工程相关职责，坚决杜绝不想管就不管、不好管就不管，坚决消除违法建设安全隐患，坚决防止小施工引发大事故。

(4) 消防监督检查和专项整治不深入。医疗卫生机构作为典型人员密集场所，消防安全至关重要。当地消防部门未认真履行消防安全监管职责，2009 年事发医院已符合消防安全重点单位界定标准，但未及时督促医院主动申报，至 2022 年才将其确定为重点单位进行监管；确定为重点单位后，消防监督检查质效依然不高，未及时发现和督促整改消防设施、消防供电等问题隐患。属地消防部门日常消防监督检查和消防安全专项整治不扎实，2018 年、2021 年，北京市先后组织开展医疗场所消防安全检查和医疗机构消防安全组团体检式检查，丰台区消防救援支队将部门联合组团式检查变更为单位自查，使检查效果打折扣。各级消防部门要切实履行消防监督管理职责，充分运用综合监管方法手段，坚持问题导向、精准治理、高效监管，切实提高消防监管质效。

(5) 初期应急处置能力不足。最早发现事故和最早应对处置至关重要，但一些单位底线思维不够，应急预案针对性不强，安全教育培训、应急演练流于形式，以致大量从业人员安全素养不高，面对突发情况往往手忙脚乱、不知所措，容易错失最佳处置时机，导致事故后果扩大。这次事故中，自流平地面和净化工程作业人员均为临时雇佣人员，未经任何施工交底和安全教育培训直接上岗，违规交叉作业导致发生火灾，之后作业人员均未第一时间报警，仅有1名作业人员开展了灭火扑救，但也未能扑灭全部火点。医院值班人员、管理人员和医护人员，在发现火情后均未第一时间报警，医院未有效组织初期火灾扑救和人员疏散，仅个别医护人员自行组织现场人员疏散。同时，这次事故也暴露出一些政府部门和单位存在事故信息报送特别是伤亡人员信息报送不及时、不规范等问题。各地区、各部门、各单位必须引以为戒，加强应急预案制修订，强化安全教育培训，定期组织开展应急演练，提高应急处置能力。

（四）事故整改和防范措施建议

（1）切实扛起防范化解重大风险政治责任。各级领导干部要结合学习贯彻习近平新时代中国特色社会主义思想主题教育，全面深入学习领会习近平总书记关于安全生产重要论述，坚持人民至上、生命至上，不折不扣落实《地方党政领导干部安全生产责任制规定》，站在全面推进中国式现代化的高度，立足从根本上消除事故隐患、从根本上解决问题，强化风险意识和底线思维，牢固树立安全发展理念，进一步增强防范化解重大风险的政治自觉、思想自觉和行动自觉。各地区、各部门、各单位要切实提高风险隐患排查整改质量，切实提升发现问题、解决问题的强烈意愿和能力水平，进一步压紧压实企业主体责任、部门监管责任、地方领导责任，深刻汲取事故教训，建立安全风险防范长效机制，坚决守牢安全红线底线。各地区、各部门、各单位要深刻反思近年来重特大事故教训，深入落实防范事故的各项措施，以"时时放心不下"的责任感，抓细抓实安全生产和消防安全工作，统筹好发展和安全两件大事，以实际行动和实际效果坚定拥护"两个确立"，坚决做到"两个维护"，持续推进安全生产形势稳定向好。

（2）着力补齐医疗卫生机构安全管理短板。各级卫生健康部门要加强医疗卫生行业安全管理，督促各类医疗卫生机构严格执行安全生产和消防安全管理规定，落实安全生产和消防安全责任制，加强安全风险分级管控和隐患排查治理，组织开展医疗卫生机构安全生产和消防安全专项排查整治。严格医疗卫生机构登记校验、行政审批等，坚决杜绝违规审批许可现象，组织开展医疗卫生机构依法执业情况核查，严查不如实申报情况、超许可范围执业、违规开展医养结合服务等行为。深刻汲取事故教训，督促医疗卫生机构统筹考虑院感防治和病患应急疏散转移，尤其要针对长期行动不便和失能患者科学合理分布病区，将集中收治病房和医疗用房设置在较低楼层等便于疏散转移区域。指导各类医疗卫生机构制定专项灭火预案和应急疏散预案，按照标准规定设置避难间，配备轮椅、担架等疏散辅助设备，病房内实现一键报警功能并配备简易呼吸面罩，提高初期火灾扑救处置和应急疏散能力。

（3）坚决堵塞建设工程安全监督管理漏洞。各级住房城乡建设部门要加大资质审批后动态监管力度，组织开展建筑业企业许可条件保持情况专项排查，及时发现并严厉查处擅自降低许可条件的行为；严格建设工程施工许可管理，加强全口径建设工程施工安全监管，严查不办理施工许可等法定建设手续、违法承接工程、转包挂靠、违法分包、违法违规施工、冒险作业等行为；加强施工现场特别是施工动火作业安全管理，督促有关单位严格落实建设工程安全主体责任，及时发现并消除事故隐患。北京市要尽快修改完善《限额以下小型工程施工安全管理办法（试行）》，切实加强限额以下小型工程施工安全管理。各地区要抓紧修订完善禁止使用建筑材料目录，对施工现场使用的含有挥发性有机化合物涂料等产品实施目录清单管理。城乡规划等部门要加大对违法建设的巡查和处置力度，对新增违建实行"零容忍”，坚决遏制增量，有序化解存量。

(4) 全面织牢织密消防安全风险防控网。各地区要按照“三管三必须”要求，进一步压实行业部门消防安全管理责任，推行行业消防安全标准化管理；对职能交叉和新业态新风险，按照“谁主管谁牵头、谁为主谁牵头、谁靠近谁牵头”的原则及时明确监管责任。推动街道乡镇建设应急站、消防所，发挥公安派出所、社区、网格等群防群治力量，切实加强对小场所小单位的消防安全管理。分领域分场所建立健全火灾风险分级管控和隐患排查双重预防体系，深入推行单位风险隐患自知、自查、自改和公示承诺机制，严格督促落实消防安全主体责任。修订完善消防安全重点单位界定标准，依法督促单位主动对照标准进行申报，规范重点单位备案流程。各级消防部门要严格履行消防监督管理职责，推动公共消防安全治理模式向事前预防转型，紧盯医院、养老院、大型商业综合体等高风险场所和群租房、“三合一”、经营性自建房等低设防区域，实行分级分类差异化监管，做到精准研判、精准执法、精准治理，坚决整治消防设施瘫痪、占用堵塞疏散通道、安全出口锁闭等突出隐患问题，坚决查处违规动火作业等违法行为，强化消防技术服务机构消防设施检测结果在消防安全检查工作中的运用，切实提升消防监督检查质效。

(5) 加快提升基层一线应急处置能力和水平。各地区要进一步强化对各类企事业单位应急预案、演练、培训等应急准备的组织指导、监督检查，着力解决应急预案流于形式、应急演练走过场、应急培训不专业等突出问题，着力解决涉及人员密集和高风险场所的各类企事业单位初期应急处置、组织疏散逃生、自救互救等应急能力不足问题。加强基层一线作业人员安全教育和应急培训，深入开展实操实训应急演练，确保熟悉作业场所现场处置方案。北京市要加快安全生产和消防教育培训服务平台建设进度，面向全社会提供随时随地进行线上安全知识技能培训学习的条件，提升早发现、早报告、早预警、早处置能力。加强应急文化建设，强化应急科普宣传，积极开展火灾案例警示教育和应急知识宣传，切实增强社会公众安全意识，做到人人讲安全、个个会应急。

案例十九　河南省安阳市某商贸有限公司“11·21”特别重大火灾事故

2022 年 11 月 21 日 16 时许，河南省安阳市某商贸有限公司发生特别重大火灾事故，造成 42 人死亡、2 人受伤，直接经济损失 12 311 万元。

事故发生后，党中央、国务院高度重视。习近平总书记立即做出重要指示，要求全力救治受伤人员，妥善做好家属安抚、善后等工作，查明事故原因，依法严肃追究责任。强调各地区和有关部门要始终坚持人民至上、生命至上，压实安全生产责任，全面排查整治各类风险隐患，坚决防范和遏制重特大事故发生。根据习近平总书记重要指示，11 月 22 日上午，国务院安委会副主任、应急管理部部长受国务院领导同志委托，率工作组紧急赶赴事故现场，指导事故处置工作。河南省委、省政府，安阳市委、市政府在事故发生后，立即组织抢险救援和善后处置等工作。

依据有关法律法规，经国务院批准，成立了由应急管理部牵头，公安部、国家消防救援局(原应急管理部消防救援局)、全国总工会和河南省人民政府有关负责同志参加的国务院河南安阳市某商贸有限公司“11·21”特别重大火灾事故调查组(以下简称事故调查组)，并聘请专家参与事故调查。中央纪委国家监委成立责任事故追责问责审查调查组，对有关地方党委政府、相关部门和公职人员涉嫌违纪违法及失职渎职问题开展审查调查。事故调查组认真贯彻落实习近平总书记重要指示精神和党中央、国务院决策部署，坚持“科学严谨、依法依规、实事求是、注重实效”的原则，通过现场勘验、检测鉴定、视频分析、模拟实验和调阅资料、询问谈话、座谈交流等方式，查清了事故发生经过、原因、人员伤亡、直接经济损失和有关单位情况，查明了地方党委政府及其有关部门和单位在监管方面存在的问题和相关人员的责任，提出了整改和防范措施建议。

调查认定，河南省安阳市某商贸有限公司“11·21”特别重大火灾事故是一起企业负责人严重违法违规、主体责任不落实，地方党委政府及其有关部门和单位履职不到位而导致的生产安全责任事故。

（一）事故单位情况

安阳市某商贸有限公司（以下简称某公司）是一家从事五金产品、建筑材料、专用化学产品（不含危险化学品）、日用百货等批发销售的商贸流通企业，所属仓库是商品储存和批发销售场所。

该钢结构建筑面积为 14 592 平方米，其中某公司仓库为 3 588 平方米。事故中过火面积为 11 000 平方米，除某公司仓库、某洗衣坊外，其他 6 家单位均被烧毁。

火灾发生时，建筑内共有 116 人，其中 74 人成功逃生（2 人受伤）、42 人死亡。伤亡人员均为某公司员工。

（二）事故发生经过和应急处置

11 月 21 日 13 时 30 分，某公司负责人康某在仓库门口焊接货物托盘，15 时 30 分离开仓库。14 时 17 分，某公司另一负责人康某对仓库内货架进行电焊加固作业，其父康某和另一人员在旁协助；15 时 58 分，在完成一货架焊接加固后停止作业，三人离开现场；16 时 13 分，该货架上方出现烟气；16 时 17 分，一仓库管理员发现该货架上装有瓶装聚氨酯泡沫填缝剂的包装纸箱有明火，随即呼喊救火。一员工提着灭火器赶到起火区域，另一员工将消防水带与室内消火栓连接，由于火势发展迅猛，二人放弃灭火跑出仓库，公司现场其他员工也相继自行逃生。

16 时 18 分，公司一员工跑出仓库拨打“119”报警，安阳市消防救援支队接警后，第一时间调派 13 个消防救援站、47 辆消防车、228 名指战员到场救援。河南省消防救援总队立即调派鹤壁、新乡、濮阳 3 个消防救援支队的 33 辆消防车、152 名指战员赶赴现场增援。16 时 31 分，第一批救援队伍到达现场，发现起火建筑充满高温浓烟并伴有连续爆炸声，随即全力以赴开展救援灭火。20 时 20 分，基本控制了现场火势，周边紧邻建筑得到有效保护。23 时 40 分，现场明火全部被扑灭。

事故发生后，地方政府及时成立现场救援指挥部，调集公安、应急管理、城市管理、卫生健康、住房城乡建设、供电、供水等力量协同处置。

（三）事故直接原因

综合调查询问、现场勘验、视频分析、实验验证以及技术鉴定，排除放火、电气、自燃、吸烟等因素，认定事故直接原因：某公司负责人在一层仓库内违法违规电焊作业，高温焊渣引燃包装纸箱，纸箱内的瓶装聚氨酯泡沫填缝剂受热爆炸起火，进而使大量黄油、自喷漆、除锈剂、卡式炉用瓶装丁烷和手套、橡胶品等相继快速燃烧蔓延，并产生大量高温有毒浓烟。火灾发生时，某公司一层仓库的部分消防设施缺失、二层的被人为关停失效，某公司负责人未及时有效组织员工疏散撤离，是造成大量员工伤亡的重要原因。有关具体情况如下：

（1）无证违法违规电焊作业。某公司负责人康某违反相关法律法规规定，在未取得特种作业操作证的情况下，多次违法违规电焊作业。事发当日下午，康某进入仓库又违规焊接加固货架。最终，焊渣引燃货架下端装有瓶装聚氨酯泡沫填缝剂的包装纸箱，导致火灾发生。

（2）建筑内部分消防设施缺失或失效。起火建筑原设计为展厅时，某公司就没有按设计要求设置消防控制室；公司擅自将一层改为仓库且未安装火灾自动报警系统、自动喷水灭火系统，致使火灾初期无法实现早期报警和自动喷水控制火势。某公司所在二层的火灾自动报警系统和自动喷水灭火系统被人为关停失效，致使某公司员工未能第一时间获知火警提示、疏散撤离。

（3）大量危险和可燃物品燃烧蔓延快、温度高、毒性大。某公司仓库存放的物品中，既包含近 5 吨润滑用黄油、19.6 万余副手套，又包含 1.4 万余瓶聚氨酯泡沫填缝剂、2.5 万余瓶自喷漆、1.2 万余瓶卡式炉用瓶装丁烷、1 000 余瓶除锈剂和 20 千米电线、115 千米橡胶管。从仓库出现明火到浓烟封堵某公司室内楼梯仅用时 3 分钟，火场最高温度超过 1 400 摄氏度，燃烧产生了大量含有氰化氢、一氧化碳等的高温有毒浓烟，加剧了火灾险情。

（4）违规分隔加大安全风险。某公司将起火建筑随意分隔出租，且未按规范要求进行防火分隔，导致建筑内 6 家使用耐火等级低的单层铁皮进行简易分隔的单位过火烧毁。尤其是某公司通往室外的内部楼梯上方与某公司仓库连接处仅用纸箱板封堵，导致仓库着火后大量高温有毒浓烟迅速冲破纸箱板涌入，充满了该内部楼梯，堵住了员工的逃生通道。

（5）未及时有效组织疏散撤离。火灾初期，某公司一名在室外的员工听到一层仓库传来“砰砰”响声，随即上二层向某公司主要负责人张某报告“好像楼下不知道什么炸了”，张某说“跟咱们有啥关系”，因而没有第一时间组织员工疏散撤离。待张某下楼查看又返回二层试图组织疏散时，大量浓烟已经涌入，错失了撤离的最佳时机，张某通过自己熟知的室外楼梯自行逃生，而某公司被困员工因平时未经演练，在不知道可以通过室外楼梯逃生的情况下，撬开了分隔铁皮进入隔壁某制衣厂，但又被浓烟困住，不幸遇难。

（四）地方党委政府及其有关部门存在的主要问题

（1）地方党委政府没有认真落实属地安全管理责任。一些领导干部学习领会习近平总书记关于防范化解重大安全风险的重要指示精神不深入，“人民至上、生命至上”理念树得不牢，发展和安全没有统筹好，抓工作不认真、不扎实，“从根本上消除事故隐患，从根本上解决问题”还有较大差距，特别是重发展、轻安全，项目审批安全红线意识缺乏、把关不严，引进项目有“挖到篮子里都是菜”的盲目发展冲动。2010 年 8 月，原安阳高新技术产业集聚区文峰区管理委员会（以下简称文峰区管委会）为推进项目落地，默许某公司先建设后补办土地、规划、建设等相关许可手续。同年，安阳市委办公室、市政府办公室印发《关于进一步做好促进产业集聚区发展有关工作的通知》中要求“严格控制对产业集聚区和区域内企业的各类检查行为”，相关部门据此没有对某公司的违法行为及时有力查处。涉事企业从 2010 年入驻园区、厂房建设到分隔出租至事发的 12 年来，按规定需要的土地、规划、建设等许可证一个都没有，也没有办理消防设计审查和验收备案，却能照常经营。2022 年 6 月，安阳市高新技术开发区（以下简称高新区）与文峰区行政区域套合改革后，文峰区管委会职能合并至高新区管委会，但至事发时仍未理顺高新区和文峰区宝莲寺镇对文峰区管委会管理企业的安全管理责任，也未理清高新区相关部门安全监管责任，致使工作职责衔接不到位。近年来河南省虽然开展了消防安全专项整治三年行动，2021 年河南柘城县“6·25”重大火灾事故后基本建立了乡镇(街道)专职消防救援队、消防安全服务中心,但整治工作针对性不强、成效不明显。安阳市仅在事故发生后几天内对类似某公司仓储批发危险和可燃物品、“下库上厂”的生产经营单位开展排查,就关停整治了275家,表明事故发生前问题就很突出,但未得到有效治理;全市现有制衣企业4 000余家,其中0～3岁婴幼童装产量在全国市场占有较大比重,703家30人以上的劳动密集型制衣企业中就包含某公司,但没有针对性开展消防安全隐患排查治理;吸取2021年河南柘城县“6·25”重大火灾事故教训不深刻,没有结合实际、举一反三深入扎实开展消防安全隐患治理整顿,导致更为严重的火灾事故发生。另外,还迟报4名遇难人员。

(2) 消防救援机构监督检查和专项整治不力。执法检查不严不细,2019年2月原文峰区公安消防大队对起火建筑二层的两家制衣厂开展消防监督检查时,发现存在未设置火灾自动报警系统、未设置自动喷水灭火系统、缺少疏散楼梯等火灾隐患,但对该起火建筑未办理消防验收备案手续,以及室内疏散通道不符合规范等基本问题没有检查;同年5月,消防大队对上述火灾隐患整改情况进行检查,6月进行了复查。但在以上三次检查中均没有对一层某公司仓库进行抽查检查,未发现和处置没有设置火灾自动报警系统和自动喷水灭火系统的问题。专项整治不彻底不深入,未将某公司等8家单位纳入“双随机、一公开”单位名录库,在2020年4月起开展的消防安全专项整治三年行动中,消防救援机构均未对这8家单位进行消防监督检查。未按照《消防法》有关进行电焊、气焊等具有火灾危险作业的人员必须持证上岗的规定,检查和发现某公司负责人无证焊接作业问题。

(3) 商务部门对商贸行业消防安全管理指导督促不力。2017年、2020年、2021年,国务院办公厅、河南省和安阳市政府分别颁布了《消防安全责任制实施办法》,均明确“商务部门负责指导、督促商贸行业的消防安全管理工作”。2020年6月至8月,河南省、安阳市、文峰区三级商务部门印发了《消防安全专项整治三年行动实施方案》,要求“集中整治行业消防安全问题”“对商贸行业消防安全风险隐患全面排查”。经安阳市统计局确认某公司属于限上(年主营业务收入2 000万元以上)批发类的商贸企业,但安阳市、文峰区商务部门对某公司这类商贸企业没有排查,未履行消防安全管理指导督促职责,导致此类商贸企业长期处于行业管理空档。2020年8月,根据河南省消安委的工作部署,河南省商务厅印发通知在全省商贸行业深入推进消防安全标准化管理工作,要求商务部门严格落实“三管三必须”要求,督促指导商贸企业制定易燃易爆危险品管理等制度,严格落实《建筑设计防火规范》等国家和行业标准,之后要求限上商贸企业2021年年底前达标,安阳市商务局要求“2022年10月底前全部完成标准化管理工作”,但作为限上商贸企业的某公司从未开展此项工作,其消防安全问题一直没有解决。

(4) 公安派出所日常消防监督检查不到位。《河南省消防条例》明确公安派出所对除省辖市、县级人民政府公安机关消防机构监督检查范围外的消防安全重点单位、其他单位履行消防安全职责的情况实施日常消防监督检查。但宝莲寺派出所对辖区“九小”场所开展消防安全大检查时,未将某公司等8家单位纳入检查范围,也未将其纳入“双随机、一公开”单位名录库进行抽查检查。2022年,河南省公安厅印发《关于全力做好全省公安派出所消防安全工作的通知》,要求在日常做好隐患排查的基础上,国庆假日前要组织派出所对本地辖区开展一次全面大排查;党的二十大召开前,要对辖区开展一次全面“回头看”,最大限度消除消防安全隐患;安阳市公安局文峰分局的工作方案也要求派出所对辖区内“九小”场所和沿街门店逐一登记造册，但宝莲寺派出所没有对某公司等 8 家单位开展排查，也未逐一登记造册。为掩盖未进行检查的事实，事故发生当天宝莲寺派出所一包片民警伪造了 2022 年 9 月 25 日到某公司和某制衣厂进行日常消防监督检查的记录表。

(5) 应急管理部门安全生产隐患排查不严格。第三方机构根据与文峰区应急管理局签订的技术服务协议，分别于 2021 年 4 月、10 月和 2022 年 10 月，对某公司等单位开展安全生产隐患排查，先后指出某公司未与承租企业签订安全管理协议、安全制度不健全、培训不到位等问题。但文峰区应急管理局对以上问题仅交由宝莲寺镇政府督促落实，没有进一步核查并下达执法文书、推动整改到位；同时，对第三方机构查出的某公司等单位存在消火栓部分损坏、疏散通道不畅、缺少应急疏散指示标志等火灾隐患，未依法移送其他有关部门处理。未按照《安全生产法》有关生产经营单位的特种作业人员必须取得相应资格方可上岗作业的规定，检查和发现某公司负责人无证焊接作业问题。

(6) 自然资源部门对非法用地行为查处不彻底。某公司自 2010 年 8 月签订"项目入驻协议书"至事故发生前，该公司地块内建筑物均未办理土地使用权证、建设用地规划许可证、建设工程规划许可证等审批手续。直到 2020 年河南省审计厅部署的一次专项审计行动中指出该问题后，文峰区自然资源局才对某公司非法占用土地行为进行处罚，但还是没有真正整改到位。此后至事故发生前，某公司仍在办理土地使用权相关手续，未取得建设用地规划许可证和建设工程规划许可证，更没有进行消防设计审查验收备案，导致该建筑消防安全先天不足，火灾隐患始终存在。类似问题在安阳市比较突出，全市 8 个开发区 713 家入驻企业中，299 家未办理建设用地规划许可证、532 家未办理建设工程规划许可证。

(7) 住房城乡建设和城市管理部门没有查处有关建设工程消防安全问题。河南省住房和城乡建设厅、河南省消防救援总队 2019 年印发文件，明确 2019 年 6 月底后，建设工程消防设计审查验收职责由住房城乡建设部门承接；《消防法》规定：建设单位未依照本法规定在验收后报住房和城乡建设主管部门备案的，由住房和城乡建设主管部门责令改正，处 5 000 元以下罚款。但在市、区两级分设的住房城乡建设部门、城市管理部门对"未开展建设工程消防备案的违法行为"监督检查工作互相推诿不履职。住房城乡建设部门错误认为本部门只有行政许可备案职责，不对违法行为进行检查；城市管理部门错误认为本部门只有行政处罚职责，坐等住房城乡建设部门移送相关案件，导致均没有对某公司建设工程未开展消防备案的违法行为进行监督检查。2021 年度国务院安全生产和消防工作考核通报了河南省有关地区住房城乡建设部门未查处建设工程领域消防安全违法行为问题，但基层住房城乡建设、城市管理部门仍没有针对辖区类似问题进行对照检查和整改。

(五) 事故整改和防范措施建议

(1) 坚持以习近平总书记关于防范化解重大安全风险的重要指示精神统一思想、推动工作。地方各级党政领导干部要继续加强学习《习近平关于防范风险挑战、应对突发事件论述摘编》，切实把思想和行动统一到习近平总书记关于防范化解重大安全风险的重要指示精神上来，牢固树立"人民至上、生命至上"理念，真正担负起"促一方发展、保一方平安"的政治责任。地方各级党委政府要把安全生产、消防安全知识纳入干部培训的重要内容，进一步增强化解系统性安全风险、维护人民群众生命财产安全的政治自觉、思想自觉和行动自觉。要以《地方党政领导干部安全生产责任制规定》为重点，加强对新上任领导干部的专题培训，制定和落实领导干部安全生产职责和年度任务"两张清单"，切实做到知责明责尽责。围绕加强党委政府领导、强化部门安全监管、落实企业主体责任、推进社会安全治理等方面，以“时时放心不下”的责任感，抓紧研究实施推动公共安全治理模式向事前预防转型的对策措施，统筹好发展和安全两件大事，切实把确保人民生命安全放在第一位落到实处。

（2）全方位织密织牢消防安全责任网。地方各级党委政府要高度重视消防安全工作，把生产经营单位消防安全作为公共安全治理的重点来抓，尤其是要深刻吸取此次事故教训，细化各有关部门责任措施，覆盖辖区所有生产经营单位，坚决杜绝“只管合法、不管非法生产经营单位安全”的不负责任行为，坚决消除中小企业消防安全监督检查和管理盲区漏洞，防止责任悬空。消防救援机构要贯彻预防为主、防消结合的方针，加快探索向事前预防转型的有效制度办法和具体实践途径，进一步健全完善消防安全执法检查工作体制机制，强化执法效能。商务部门要进一步指导、督促仓储批发等商贸行业消防安全管理工作，防止漏查漏管。公安机关要加强对派出所的指导，细化消防安全责任措施，并按照现行有关法规制度，切实履行好有关日常消防监督检查等工作职责。应急管理等有关部门要完善有关制度办法，将日常检查发现的由其他相关部门负责的安全问题及时移送查处；要加强熔化焊接与热切割焊工特种作业证颁证培训和监督检查，同时其他各有关部门也要加强焊接等有关焊工作业证的规范管理，严厉查处无证上岗作业等违法违规行为。住房城乡建设部门要加强对新建、改建、扩建工程的消防设计审查、验收备案等工作，依法严格查处不符合消防安全规定的建设项目，从源头上把好消防安全关。各地消安委要建立部门信息共享、协调联动工作机制，加强统筹推动，加快提高消防安全整体能力水平。河南省和安阳市要结合实际制修订消防安全有关法规制度，厘清有关部门职责，并督促落实到位。

（3）深入治理中小企业消防安全突出问题。中小企业分布行业领域广、数量多，大都涉及消防安全问题，稍有不慎，容易造成“小火亡人”，甚至像这起事故一样酿成大祸。但长期以来，一些地方治理手段措施没有跟上，多处于监管空白地带，要坚决扭转这种现象。安阳市要针对已投产投运的生产经营单位无土地、规划、建设许可等突出问题，抓紧排查、摸清底数，尽快研究、系统解决消防安全历史遗留问题，其他地区也要全面排查，加快解决此类工业园区企业“先上车后买票”形成的安全问题，坚决防止久拖不决、留下后患。各地要针对该起事故教训，举一反三开展消防安全专项治理，重点推动治理“厂库合一、下库上厂”和“多合一”场所，储存批发危险和可燃物品的商贸企业，以及同一建筑内部各类生产经营单位总人数超过30人的。要督促各类企业依法办理消防行政审批手续，对建筑消防设施违反消防法律法规、违规设置影响逃生和灭火救援的障碍物、违规动火作业等情形，依法严肃查处。要加强劳动密集型企业消防安全设施抽查检查，确保完好有效。对严重影响公共安全的重大火灾隐患单位，要提请地方政府挂牌督办，跟踪限期整改销号。对存在重大火灾隐患逾期拒不整改的，依法依规实施联合惩戒。

（4）健全完善相关法规制度。国家层面，为防止基层相关部门消防职责不清、责任悬空，建议加快完善与《消防法》配套的法规和规章制度，尽快制修订出台消防安全责任制实施办法，机关、团体、企业、事业单位消防安全管理规定，消防监督检查规定等。住房城乡建设部门要修订完善《建设工程消防设计审查验收管理暂行规定》，对未申报办理建设工程消防许可（备案）但已经投入使用的建筑，依据《消防法》的规定，明确地方住房城乡建设和城市管理部门相应的监督检查职责。各地区要修订完善消防安全重点单位界定标准，将类似该事故中同一建筑物多家企业分租、火灾危险性大的纳入重点监管范围，强化风险研判，前移风险管控关口，加强消防安全监管；同时要严格落实非消防安全重点单位监督管理责任，防止出现监管空白。各地区要认真贯彻落实安全生产“十五条硬措施”提出的“切实加强劳务派遣和灵活用工人员安全管理”，结合本地产业分布和生产经营单位实际用工情况，制定具体实施办法，加强规范管理，有效保护从业人员生命安全。

（5）切实强化基层安全治理能力。认真贯彻落实中央关于加强基层治理体系和治理能力现代化建设的意见，改革完善基层消防安全监管体制机制，强化基层专业消防力量，补齐基层消防安全短板。各地区要结合实际，强化基层消防力量建设，完善工作机制，加强与有关部门的协调联动，切实做好生产经营单位火灾防范工作。各有关部门要对基层单位加强业务指导，提高履职防范能力，做到小切口、真管用；要组织力量对中小企业开展消防安全工作帮扶，指导开展现场应急救援基本技能训练和应急疏散演练，做到有报警、能疏散、会疏散、不亡人；深入开展消防安全“五进”宣传活动，充分运用典型案例加强警示教育。各级消防救援机构要畅通网络举报渠道，特别是建好用好消防安全举报微信小程序，方便社会公众和企业员工举报，一经查实及时兑现奖励；对各有关部门移送的消防安全违法行为和火灾隐患举报线索，要及时核查并反馈情况。

案例二十　吉林省长春市某禽业公司“6·3”火灾爆炸事故

2013年6月3日6时10分许，吉林省长春市某禽业公司（以下简称某公司）主厂房发生特别重大火灾爆炸事故，共造成121人死亡、76人受伤，17 234平方米主厂房及主厂房内生产设备被损毁，直接经济损失1.82亿元。

事故发生后，党中央、国务院高度重视，中央领导同志立即做出重要批示指示，要求全力以赴组织救援，千方百计救治受伤人员，做好遇难者的善后和家属安抚工作；查明事故原因，依法追究责任，并要深刻总结教训，采取切实有力有效措施，坚决防止重特大事故发生。6月3日下午，国务院有关部门负责同志赶赴现场，传达中央领导同志的重要批示指示精神，指导人员搜救、善后处理和事故调查工作并慰问受伤人员。

（一）基本情况

1. 事故单位情况

（1）企业概况

某公司为个人独资企业，成立于2008年5月9日，法定代表人贾某。该公司资产总额6 227万元，经营范围为肉鸡屠宰、分割、速冻、加工及销售，现有员工430人，年生产肉鸡36 000吨，年均销售收入约3亿元。该企业于2009年10月1日取得德惠市肉品管理委员会办公室核发的“畜禽屠宰加工许可证”。2012年9月18日取得德惠市畜牧业管理局核发的“动物防疫条件合格证”。

（2）主厂房建筑情况

① 主厂房功能分区。主厂房内共有南、中、北三条贯穿东西的主通道，将主厂房划分为四个区域，由北向南依次为冷库、速冻车间、主车间（东侧为一车间、西侧为二车间、中部为预冷池）和附属区（更衣室、卫生间、办公室、配电室、机修车间和化验室等）。

② 主厂房结构情况。主厂房结构为单层门式轻钢框架，屋顶结构为工字钢梁上铺压型板，内表面喷涂聚氨酯泡沫作为保温材料（依现场取样，材料燃烧性能经鉴定，氧指数为22.9%～23.4%）。屋顶下设吊顶，材质为金属面聚苯乙烯夹芯板（依现场取样，材料燃烧性能经鉴定，氧指数为33%），吊顶至屋顶高度为2～3米不等。

主厂房外墙 1 米以下为砖墙，以上南侧为金属面聚苯乙烯夹芯板，其他为金属面岩棉夹芯板。冷库与速冻车间部分采用实体墙分隔，冷库墙体及其屋面内表面喷涂聚氨酯泡沫作为保温材料（依现场取样，材料燃烧性能经鉴定，氧指数为 23.8%），附属区为金属面聚苯乙烯夹芯板，其余区域 2 米以下为砖墙，以上为金属面岩棉夹芯板。钢柱 4 米以下部分采用钢丝网抹水泥层保护。

主厂房屋顶在设计中采用岩棉（不燃材料，A 级）作保温材料，但实际使用聚氨酯泡沫（燃烧性能为 B3 级），不符合《建筑设计防火规范》（GB 50016）不低于 B2 级的规定；冷库屋顶及墙体使用聚氨酯泡沫作为保温材料（燃烧性能为 B3 级），不符合《冷库设计规范》（GB 50072）不低于 B1 级的规定。

③ 主厂房防火分区、安全出口及消防设施情况。主厂房火灾危险性分类为丁戊类，建筑耐火等级为二级，主厂房为一个防火分区，符合《建筑设计防火规范》的相关规定。

主厂房主通道东西两侧各设一个安全出口，冷库北侧设置 5 个安全出口直通室外，附属区南侧外墙设置 4 个安全出口直通室外，二车间西侧外墙设置一个安全出口直通室外。安全出口设置符合《建筑设计防火规范》的相关规定。事故发生时，南部主通道西侧安全出口和二车间西侧直通室外的安全出口被锁闭，其余安全出口处于正常状态。

主厂房设有室内外消防供水管网和消火栓，主厂房内设有事故应急照明灯、安全出口指示标志和灭火器。企业设有消防泵房和 1 500 立方米消防水池，并设有消防备用电源，符合《建筑设计防火规范》的相关规定。

④ 生产工艺流程情况。该工艺流程主要有挂鸡（挂鸡台）、宰杀、脱毛、除腔（一车间，又称脏区）、预冷（预冷池）、分割（二车间，又称净区）、速冻（速冻车间）、包装（纸箱间）、储存（冷库）。

⑤ 厂房内的配电情况。冷库、速冻车间的电气线路由主厂房北部主通道东侧上方引入，架空敷设，分别引入冷库配电柜和速冻车间配电柜。

一车间的电气线路由主厂房南部主通道东侧上方引入，电缆设置在电缆槽内，穿过吊顶，引入一车间配电室。

二车间的电气线路由主厂房南部主通道东侧上方引入，在屋顶工字钢梁上吊装明敷（未采取穿管保护），东西走向，穿过吊顶进入二车间配电室。

主厂房电器线路安装敷设不规范，电缆明敷，二车间存在未使用桥架、槽盒、穿管布线的问题。

(3) 氨制冷系统情况

① 制冷系统基本情况。事故企业使用氨制冷系统，系统主要包括主厂房外东北部的制冷机房内的制冷设备、布置在主厂房内的冷却设备、液氨输送和氨气回收管线。

制冷设备包括 10 台螺杆式制冷压缩机组、3 台 15.4 立方米的高压贮氨器、10 台 7 立方米的卧式低压循环桶（自北向南分别为 1～10 号）等。

冷却设备包括冷库、速冻库、预冷池的蒸发排管，螺旋速冻机，风机库和鲜品库的冷风机等。螺旋速冻机和冷风机均有大量铝制部件。

10 台卧式低压循环桶通过液氨输送和氨气回收管线，分别向冷库、速冻库、预冷池、螺旋速冻机、风机库和鲜品库供冷，形成相对独立的 6 个冷却系统。

② 制冷系统受损情况。6 个冷却系统中，螺旋速冻机、风机库和鲜品库所在冷却系统

的管道无开放性破口，设备中的铝制部件有多处破损、部分烧毁；冷库、速冻库所在冷却系统的管道有 23 处破损点；预冷池所在冷却系统的管道无开放性破口。

制冷机房中，1 号卧式低压循环桶外部包裹的保温层开裂，下方的液氨循环泵开裂，桶内液氨泄漏。机房内未见氨燃烧和化学爆炸迹象，其他设备完好。

事故企业共先后购买液氨 45 吨。事故发生后，共从氨制冷系统中导出液氨 30 吨，据此估算事故中液氨泄漏的最大可能量为 15 吨。

③ 制冷系统设计施工情况。制冷系统的设备及管线系事故企业自行购买，在未进行系统工程设计的情况下，由某冷冻设备制造有限公司出借资质给吕某完成安装施工。安装完成后，由某冷冻设备制造有限公司原设计人员郭某、某化工设计院退休职工张某补充设计图纸和设计文件，某化工设计院办公室主任杨某未经单位批准，擅自加盖某市化工设计院的出图章。

(4) 劳动用工情况

某公司与 120 名工人签订了劳动用工合同，并在当地劳动管理部门备案，其余工人没有签订劳动合同。工人养老保险(社会统筹)金上缴不足，部分工人拒绝上缴个人承担的资金。

(5) 特种设备管理及作业人员资质情况

某公司非法取得了"特种设备使用登记证"，未按规定建立特种设备安全技术档案，未按要求每月定期自查并记录，未在安全检验合格有效期届满前 1 个月向特种设备检验检测机构提出定期检验要求，未开展特种设备安全教育和培训。公司有 8 名特种作业人员(其中制冷工 4 名、电工 2 名、锅炉工 2 名)。从赵某谈话记录及从某市质量技术监督部门调取赵某资质证书考试申请材料看，赵某的申报表无本人签字、申报事项不实、考卷不是本人所答，其所持资格证书属作假取得。

2. 项目立项、建设及竣工验收等情况

某公司项目的立项、审批、建设和竣工验收等基本过程是：2007 年 11 月，某市发改局批复同意某公司项目立项。12 月，某市环保局做环评批复。2008 年 3 月，某镇人民政府审核同意了某公司的建设项目选址申请。此后，某公司通过挂牌方式先后取得五宗地块。2008 年 3 月，某市建设工程勘察设计有限公司(丙级资质)提交了某公司车间的《岩土工程勘察(详勘)报告》。2008 年 4 月，市建设工程施工图审查中心出具了某公司厂房《设计文件审查意见书》。2008 年 5 月，某公司先后与某建工集团有限公司签订《建设工程施工合同》(约定的工程内容为土建、钢结构等，开工日期为 2008 年 5 月 3 日，竣工日期为 2008 年 10 月 30 日，合同价款 837 万元)，与某建设工程监理有限责任公司签订《建设工程委托监理合同》(约定此合同自 2008 年 5 月 16 日开始实施，至 2009 年 7 月 16 日完成)。2008 年 5 月，某市建设工程质量监督站出具"建设工程质量监督书"，其中"某公司办公楼、宿舍楼工程项目组织机构"中，项目经理为贾某，落款为某建工集团有限公司。2009 年 11 月，建设、监理、勘察、设计、施工单位出具了某公司项目《工程竣工验收报告》。2009 年 12 月，某市公安消防大队出具了《建筑工程消防验收意见书》，意见为"综合评定该工程消防验收合格"；某市环保局出具了环保验收报告；某市住建局出具了"建设工程竣工备案证"，对某公司工程竣工备案；某镇人民政府颁发了厂房、冷库的"房屋所有权证"。

3. 相关单位情况

某公司的建筑设计单位为某技术开发中心(建筑工程设计甲级资质，后改制为某建筑设计集团有限公司)。

施工单位为某建工集团有限公司(房屋建筑工程施工总承包特级资质,以下简称某建工集团),监理单位为某建设工程监理有限责任公司(房屋建筑工程监理丙级资质,以下简称某监理公司)。经调查,上述设计、施工、监理单位均为挂靠借用资质违法办理工程建设手续的单位。实际情况如下:

(1) 设计方情况

某公司项目设计方系某重钢工程有限公司总经理贾某甲安排其公司内部无设计资质人员设计,然后挂靠某技术开发中心履行相关建设手续。挂名的设计单位未派人参加设计验收等工作,也未收取设计费。

(2) 施工方情况

某公司项目施工方是经贾某甲介绍某建工集团职工刘某同贾某乙认识,然后由某公司与某建工集团签订承包合同,借用某建工集团资质办理相关手续。项目的土建部分由贾某乙自己组织人员施工,钢构部分由贾某甲负责建设。某建工集团及刘某收取了管理费。

(3) 监理方情况

某公司项目的监理方系无业人员张某,他向贾某乙承揽到某公司项目监理业务,由监理公司和某公司签订合同,由张某代表监理公司开展监理工作。张某不具备监理资质、不懂监理业务,并同时代表贾某对项目进行技术管理,分别从两家公司领取报酬。

(二) 事故发生经过、应急救援及善后处理情况

1. 事故发生经过

6 月 3 日 5 时 20 分至 50 分左右,某公司员工陆续进厂工作(受运输和天气温度的影响,该企业通常于早 6 时上班),当日计划屠宰加工肉鸡 3.79 万只,当日在车间现场人数 395 人(其中一车间 113 人,二车间 192 人,挂鸡台 20 人,冷库 70 人)。

6 时 10 分左右,部分员工发现一车间女更衣室及附近区域上部有烟、火,主厂房外面也有人发现主厂房南侧中间部位上层窗户最先冒出黑色浓烟。部分较早发现火情人员进行了初期扑救,但火势未得到有效控制。火势逐渐在吊顶内由南向北蔓延,同时向下蔓延到整个附属区,并由附属区向北面的主车间、速冻车间和冷库方向蔓延。燃烧产生的高温导致主厂房西北部的 1 号冷库和 1 号螺旋速冻机的液氨输送和氨气回收管线发生物理爆炸,致使该区域上方屋顶卷开,大量氨气泄漏,介入了燃烧,火势蔓延至主厂房的其余区域。

2. 灭火救援及现场处置情况

6 月 3 日 6 时 30 分 57 秒,某市公安消防大队接到 110 指挥中心报警后,第一时间调集力量赶赴现场处置。吉林省及长春市人民政府接到报告后,迅速启动了应急预案,省、市党政主要负责同志和其他负责同志立即赶赴现场,组织调动公安、消防、武警、医疗、供水、供电等有关部门和单位参加事故抢险救援和应急处置,先后调集消防官兵 800 余名、公安干警 300 余名、武警官兵 800 余名、医护人员 150 余名,出动消防车 113 辆、医疗救护车 54 辆,共同参与事故抢险救援和应急处置。在施救过程中,共组织开展了 10 次现场搜救,抢救被困人员 25 人,疏散现场及周边群众近 3 000 人,火灾于当日 11 时被扑灭。

由于制冷车间内的高压贮氨器和卧式低压循环桶中储存有大量液氨,消防部队按照“确保液氨储罐不发生爆炸,坚决防止次生灾害事故发生”的原则,采取喷雾稀释泄漏氨气、水枪冷却贮氨器、破拆主厂房排烟排氨气等技战术措施,并组成攻坚组在某公司技术人员的配合

下成功关闭了相关阀门。

事故中，制冷机房内的 1 号卧式低压循环桶内液氨泄漏，其余 3 台高压贮氨器、9 台卧式低压循环桶及液氨输送和氨气回收管线内尚存储液氨 30 吨。在国家安全生产应急救援指挥中心有关负责同志及专家的指导下，历经 8 天昼夜处置，30 吨液氨全部导出并运送至安全地点。

当地政府已对残留现场已解冻、腐烂的 2 600 余吨禽类产品进行了无害化处理，并对事故现场反复消毒杀菌，避免了疫情发生及对土壤、水源造成二次污染。

3. 善后处理情况

当地党委政府认真做好事故伤亡人员家属接待及安抚、遇难者身份确认和赔偿等工作，共成立 121 个包保安抚工作组，对 121 名遇难者家属实行包保帮扶，保持了社会稳定。121 名遇难者遗体已全部经 DNA 比对确认身份，遗体已全部火化，遇难者理赔已全部完成。

事故发生时共有 77 名受伤人员入院治疗（其中 15 名为重症），卫生部门成立了一对一的医疗救治小组，原国家卫生计生委派遣了医疗专家组，共有 18 名国家级专家、52 名省市专家、370 名医护人员参与治疗，累计会诊 392 人次。同时，对遇难者家属、受伤人员及其家属分步骤进行了心理疏导，实施了心理危机干预治疗。77 名受伤人员中，除 1 人因伤势过重经抢救无效死亡外，其他受伤人员均可恢复生活和劳动能力。

（三）事故原因和性质

1. 直接原因

某公司主厂房一车间女更衣室西面和毗连的二车间配电室的上部电气线路短路，引燃周围可燃物。当火势蔓延到氨设备和氨管道区域，燃烧产生的高温导致氨设备和氨管道发生物理爆炸，大量氨气泄漏，介入了燃烧。

造成火势迅速蔓延的主要原因：一是主厂房内大量使用聚氨酯泡沫保温材料和聚苯乙烯夹芯板（聚氨酯泡沫燃点低、燃烧速度极快，聚苯乙烯夹芯板燃烧的滴落物具有引燃性）。二是一车间女更衣室等附属区房间内的衣柜、衣物、办公用具等可燃物较多，且与人员密集的主车间用聚苯乙烯夹芯板分隔。三是吊顶内的空间大部分连通，火灾发生后，火势由南向北迅速蔓延。四是当火势蔓延到氨设备和氨管道区域，燃烧产生的高温导致氨设备和氨管道发生物理爆炸，大量氨气泄漏，介入了燃烧。

造成重大人员伤亡的主要原因：一是起火后，火势从起火部位迅速蔓延，聚氨酯泡沫塑料、聚苯乙烯泡沫塑料等材料大面积燃烧，产生高温有毒烟气，同时伴有泄漏的氨气等毒害物质。二是主厂房内逃生通道复杂，且南部主通道西侧安全出口和二车间西侧直通室外的安全出口被锁闭，火灾发生时人员无法及时逃生。三是主厂房内没有报警装置，部分人员对火灾知情晚，加之最先发现起火的人员没有来得及通知二车间等区域的人员疏散，使一些人丧失了最佳逃生时机。四是某公司未对员工进行安全培训，未组织应急疏散演练，员工缺乏逃生自救互救知识和能力。

2. 间接原因

（1）某公司安全生产主体责任根本不落实。

（2）公安消防部门履行消防监督管理职责不力。

（3）建设部门在工程项目建设中监管严重缺失。

（4）安全监管部门履行安全生产综合监管职责不到位。

(5) 地方政府安全生产监管职责落实不力。

3. 事故性质

经调查认定,“6·3”特别重大火灾爆炸事故是一起生产安全责任事故。

(四) 事故防范措施建议

1. 要切实牢固树立和落实科学发展观

各级人民政府及其有关部门以及各类生产经营单位要深刻吸取“6·3”特别重大火灾爆炸事故沉痛教训,痛定思痛、痛下决心、举一反三,下大力气加强安全生产尤其是消防安全工作。要按照党中央、国务院的重大决策部署和中央领导同志的一系列重要指示要求,牢固树立和切实落实科学发展观、正确的政绩观及业绩观,坚决防止和纠正一些地方、部门和单位重速度、重增长、重效益、轻质量、轻安全甚至以牺牲安全为代价换取一时一地经济增长的倾向,认真实施安全发展战略,坚持以人为本、科学发展、安全发展,坚持发展以安全为前提和保障,坚持做到发展必须安全,不安全就不能发展,始终把人民生命安全放在首位,坚守发展决不能以牺牲人的生命为代价这一不可逾越的红线,真正把安全生产纳入地区经济社会发展的总体布局中去谋划、去推进、去落实,采取更加坚决、更加有力、更加有效的措施,通过完善体制、健全制度、创新机制,强化责任、强化管理、强化监督,严格执法、严格考核、严肃问责,真正把安全生产责任制和安全生产工作任务措施落到实处尤其是基层、企业,牢牢夯实企业安全生产和政府安全监管基础。同时,要处理好安全与发展、安全与效益、速度与素质、增长与质量等方面的关系,强化宏观调控、强化政策引导、强化监督检查,端正发展思想、理顺发展思路、转变发展方式,调整产业结构、推进科技进步、提高发展水平,确保安全生产。

2. 要切实强化企业安全生产主体责任的落实

各类生产经营单位要从根本上强化安全意识,真正落实企业安全生产法定代表人负责制和安全生产主体责任,坚决贯彻执行安全生产和建筑施工、质量管理等方面的法律法规,建立健全并严格执行各项规章制度和安全操作规程,坚决克服重生产、重扩张、重速度、重效益、轻质量、轻安全的思想,切实摆正安全与生产、安全与效益、安全与发展的位置,坚持牢固树立和落实科学发展观,坚持安全发展原则和“安全第一、预防为主、综合治理”的方针,坚持不以牺牲人的生命为代价去换取企业的产量增长和经济效益。要建立健全安全管理机构和安全责任体系,严格安全生产绩效考核和责任追究,实行“一票否决”;依法保证安全生产投入,杜绝偷工减料、降低标准等现象,坚持科技兴安,提升本质安全水平;加强安全教育培训,加强安全生产标准化建设,加强现场安全管理,严格特种作业人员管理;持之以恒地狠反非法违法违规建设生产经营行为,治理和纠正违章指挥、违章作业、违反劳动纪律的现象;认真持久彻底地排查和治理安全隐患,加强对重大危险源的监控和危险品的管理;加强应急管理尤其要加强应急预案建设和应急演练,提高应对处置事故灾难的能力。要通过不懈努力,切实持续改进和提升企业安全生产水平,全面提高企业的安全保障能力,坚决防止各类事故发生。

3. 要切实强化以消防安全标准化建设为重点的消防安全工作

各级人民政府及其有关部门和各类生产经营单位要强化安全生产尤其是消防安全“三同时”工作,进一步研究改善劳动密集型企业的消防安全条件,在建筑设计施工时应充分考虑消防安全需求,努力提高设防等级,并加强“三同时”审查、把关与验收,保证做到包括消防设施在内的安全设施“三同时”。要严格限制劳动密集型企业的生产加工车间中易燃、可燃保温材料的使用,保证建筑材料的防火性能;要合理设置疏散通道和安全出口,完善应急标志标识和报警系统,为作业人员提供充足的安全保障;要对全省类似企业尤其是使用此种保温材料的单位、场所进行全面排查、彻底整改并完善强化防控措施。同时,要层层落实特别是基层的消防安全责任制,全面深入地开展公众尤其是从业人员消防能力的提升工作,全面深入地开展消防安全专项整治,全面深入地加强人员密集场所和易燃易爆物品生产、销售、运输、储存等各环节的安全管理与监督,依法关闭取缔易引发火灾的"三合一"、"多合一"厂点、作坊,加强"防火墙工程"建设,强化消防安全"网格化"管理,从源头上搞好火灾等各类生产安全事故防范工作。

4. 要切实强化使用氨制冷系统企业的安全监督管理

各级人民政府及其有关部门要加强使用氨制冷系统企业和用氨单位的安全监督管理,在明确主管部门的基础上明确牵头部门,建立相关部门间的协调机制,完善行业安全管理制度,统一相关标准规范,加强日常监督检查和重大危险源监控,加强事故的防控工作。同时,要采取有力措施,加强宣传教育和业务培训,促进使用氨制冷系统的企业和用氨单位全体员工了解掌握氨的理化特性,并针对其危害性制定相应的安全操作规程,切实认真加以落实;要加强企业现场的监测监控,切实做好防泄漏等工作;要在劳动人员密集的地点设置氨气浓度报警装置及事故通风系统,为贮氨器增设水喷淋装置以及集水池和事故排水系统,为紧急泄氨器增设密封的事故排水罐或排水池。在此基础上,要大力推动企业转型升级,尤其要大力推广安全、环保的制冷机组。

5. 要切实强化工程项目建设的安全质量监管工作

各级人民政府及其有关部门要监督所有建设工程的业主、设计、施工、监理单位严格遵守国家基本建设相关法律法规规定和程序,严格落实各方的安全和质量责任,遵守建设管理流程,严格履行项目立项、设计、施工许可、组织施工、竣工验收等手续,严禁盲目赶工期、催进度和放松对质量和安全的监管,切实保障工程合理投入尤其是安全投入和合理工期,精心组织、规范施工,确保建设工程质量和安全。工程建设领域相关管理及监督部门要认真履行职责、依法依规行政,加强日常监管和行政执法,坚持原则、秉公执法、从严执法,严格把住各道关口,严禁违法违规违反程序去开"绿灯"。同时,要加大"打非治违"工作力度,全面排查和解决工程建设领域的突出问题,严厉查处越权审批、未批先建,无资质设计、施工、监理,以及非法转包分包、出借资质等违法违规行为,采取有力措施,维护市场公平竞争,确保工程质量,搞好安全生产。

6. 要切实强化政府及其相关部门的安全监管责任

各级人民政府及其有关部门要严格落实安全生产行政首长负责制和其他领导"一岗双责"制以及行业主管部门直接监管责任、安全监管部门综合监管责任、地方政府属地监管责任。要严格行政许可制度和审批责任制。尤其是行政审批,要坚持"谁主管、谁负责""谁许可、谁负责""谁发证、谁负责"的原则,审批前要严格审查、审批中要严格把关、审批后要强化监管。各级行业主管部门要坚持管行业必须管安全、管业务必须管安全、管生产建设经营必须管安全的原则,认真履行行业安全监管职责,切实加强行业安全监管,加大行政执法力度,严厉打击非法违法生产经营建设行为,彻底治理纠正和解决违规违章问题,依法取缔关闭非法的不具备安全生产条件的各类小厂小矿和小作业经营点。特别要对劳动密集型企业的危险因素进行认真分析,有针对性地加强对劳动密集型企业的消防安全监管。同时，各级安全监管部门要进一步加强安全生产综合监管，在党委、政府的领导下，加强对下级地方人民政府和同级相关部门的监督检查、指导协调，切实调动和督促各方面共同做好安全生产工作。在全面加强安全监管和事故预防的基础上，要加强事故灾难的应对处置工作，建立统一领导、协调有序、运转高效的工作机制，督促指导相关部门和各类生产经营单位尤其是劳动密集型企业，制定切实有效的事故灾难应急预案，广泛开展不同层级、形式多样的应急演练，建立健全应急救援队伍体系，强化救援装备配备和物资储备。一旦发生事故，要有力组织指挥，科学安全应对，有序有力有效施救，并在救援过程中保护好现场。

7. 要切实强化对安全生产工作的领导

各级人民政府要高度重视安全生产工作，切实加强组织领导，确保思想认识到位、领导工作到位、组织机构到位、工作措施到位、政策落实到位。要完善工作体系、构建有力格局，做到党政齐抓、各方共同负责；要定期听取有关方面的安全生产工作汇报，定期研究分析安全生产形势，及时发现和解决存在的问题；要坚持依法行政、依法治安，深入持久地组织开展“打非治违”工作，坚决打击企业的非法违法建设生产经营行为，坚决治理纠正地方特别是基层政府及其有关部门违法违规行政问题；要组织开展经常性的安全检查督查，尤其要组织好当前国务院部署开展的安全生产大检查，确保不走过场、取得实效；要切实把安全生产作为衡量地方经济发展、社会管理、文明建设成效的重要指标，在正确把握形势的基础上，注重把安全生产与科学发展、推进经济转型升级、落实为民务实的要求、提升治国理政的能力相结合，统筹兼顾、协调发展；要进一步加强安全法制建设、长效机制建设、责任体系建设、监管队伍建设和投入机制建设，不断提升企业安全生产和政府安全监管能力与水平；要坚持立足防范、标本兼治、重在治本、狠抓源头，强化落实、强化执行、强化基础，从根本上改变安全生产状况。通过强有力的领导和扎实有效的工作，坚决遏制各类事故尤其是重特大生产安全事故的发生，促进安全生产与经济社会同步协调发展。

案例二十一　宝成铁路109隧道“5·12”火灾事故

2008年5月12日14时28分，汶川发生里氏8.0级特大地震，导致宝成铁路109隧道南口山体滑坡。14时33分，由A开往B方向的21043次货运列车行驶至该处时，列车与滚落的巨石发生碰撞引发火灾，宝成铁路被迫中断，大批救援物资和抢险人员入川受阻，给抗震救灾工作带来了极大的影响。

事发当地公安消防部队调集119名消防官兵、19台消防车参与灭火抢险。参战消防官兵发扬不怕疲劳、不怕牺牲、连续作战的顽强作风，克服重重困难，奋战8天13小时，胜利完成了灭火抢险任务，为提前抢通宝成铁路做出了突出贡献，有力地支援了抗震救灾。

（一）基本情况

（1）隧道情况

109隧道南口位于宝成线K150＋835处，全长726米，由5部分组成，由南至北依次为：109米棚洞、286米隧道、26米棚洞、192米隧道、113米棚洞，三段棚洞的下方各有一个1米×1.8米的通风口，上方各有一排0.5米×0.5米的孔洞。

（2）列车情况

21043次货运列车全长570米，总共40节车厢，每节车厢长13.5米，其中1、2节车厢装载120吨麸皮，3至14节车厢装载602吨汽油，15节车厢装载60吨麦芽，16节车厢装载50

吨润滑油，17至20节车厢装载236吨饲料，21至31节车厢装载660吨钢材卷板，32至36节车厢装载300吨钢线材，37节车厢装载60吨面粉，38至40节车厢装载179吨玉米。

（3）环境情况

事故现场为“V”字形峡谷，谷底为嘉陵江，江面因大面积山体滑坡形成堰塞湖，堰塞坝位于隧道中部，坝北水深16米，坝南水深1～2米，水位落差10余米，江面最窄处宽30余米，且水流湍急；江东山体为绝壁，某公路依山临江，高于堰塞坝南侧江面近20米，事故现场的道路多处塌方，且坝北路段部分被水淹没，无法通行；江西为陡峭山坡，109隧道在半山腰穿山而过，隧道南口、中部和北口3处塌方，总量2万多立方米；常年主导风向为南风。

（4）火灾情况

列车与滑坡的巨石相撞发生火灾，机车在隧道南口部分外露，隧道南部棚洞顶部燃烧猛烈，火焰高达30余米，半个山体被浓烟熏黑，中部棚洞顶部浓烟笼罩并伴有明火，隧道北口也有烟雾排出。事故现场环境险恶，余震不断、滚石坠落、堰塞湖高悬，对处于峡谷中堰塞湖下游的作战官兵和车辆装备造成多重威胁。

（二）灾害危害

一是隧道相对封闭，发生火灾后，积热不散，温度迅速升高；燃烧产生的各种有害气体浓度高，排出困难。二是整个隧道既有直墙棚洞，又有直曲墙隧道，棚洞顶部孔洞距地面10多米高，封堵困难。三是地震后，隧道内部路基局部松散裂缝，蓄水难。四是隧道内有12节汽油槽车，1节润滑油槽车，在高温情况下，随时都有发生爆炸的可能。五是长时间高温烘烤、地震引起的地质灾害，用石材构筑的隧道随时有塌方、冒顶的危险。六是隧道纵深距离长，战斗面窄，灭火抢险困难。

（三）灭火战斗经过

1. 力量调集

5月12日22时42分，某省消防总队接到公安厅调集力量赶赴宝成铁路109隧道组织灭火抢险的指令后，总队长王某、政委陈某等立即召开紧急会议进行研究部署，迅速启动《某省公安消防部队重特大灾害事故跨区域应急救援预案》，调集公安消防支队赶赴现场。

13日15时，消防灭火力量完成集结后，总指挥部根据灭火抢险实际需要，决定成立灭火抢险指挥部，由某消防总队指挥员韩某担任总指挥，四个支队指挥员担任副总指挥，下设侦检、灭火、通信、器材供应、生活保障等小组。14日19时，某消防总队副政委傅某赶到现场，担任灭火抢险总指挥，韩某任副总指挥。

2. 确定灭火战斗方案和灭火战斗准备

经侦察，根据公安部消防局总工程师朱某强调的“注水冷却和利用抗溶性泡沫覆盖”的指导意见和总指挥部专家组意见，灭火抢险指挥部反复研究，制定了《“5·12”宝成铁路109隧道火灾事故处置方案》，确立了“充分发挥装备优势、科学决策、积极稳妥、有效处置、减少次生灾害、最大可能减少财产损失”的指导思想，坚持“控制燃烧、防止爆炸、适时封堵、有效排险”的原则，形成了“封堵窒息、注水降温、启封灭火、起覆排险”的灭火抢险整体思路。提出封堵窒息由总指挥部调集力量，对北隧道口、中间棚洞口进行封堵，消防指战员协助配合。确定主攻方向为南部棚洞（一是起火点处于南部棚洞口，12节汽油罐处于隧道南部，距离南部棚洞口近，南部棚洞处燃烧猛烈；二是北部烟雾小无明火，车辆无法靠近，铺设水带必须经过堰塞湖；三是中部车辆无法下到江滩，距起火点远，坡陡沟深，供水距离长），设置若干遥控移动炮进行射水冷却，喷射泡沫灭火；同时在中间棚洞和北隧道口设置9台手抬机动泵直接向隧道内注水降温，并设立观察哨、划定警戒区、组织力量侦检，明确了任务分工，提出了注意事项和要求。并向总指挥部建议，做好战斗展开前的准备工作：一是在靠近隧道南端嘉陵江东侧江滩开辟可停放20辆战斗车的作战场地，并打通由公路通往江滩的通道，在南部棚洞下方的河床上用钢管搭建10米×10米战斗平台；二是筹集20台手抬机动泵、10 000米水带、10具移动炮；三是调集40吨抗溶性泡沫。

3. 灭火战斗展开

（1）火情侦察

道路疏通后，在3名观察哨观察灾情变化的基础上，于14日凌晨2时至8时，侦察人员先后3次对现场进行侦察。发现隧道南口火焰明显减小，中部棚洞口明火时有时无，发生两次爆炸，方位不明。9时55分，为了进一步掌握南侧棚洞详细情况，灭火指挥部命令组成侦察小组，按照“由远到近，由外到内”的原则，对南端棚洞及周围情况进行侦察。经侦察，一是机车附近棚洞外壁温度为40摄氏度，机车头后大约30米处棚洞外壁温度为60摄氏度；二是棚洞顶部部分坍塌，距机车头30余米处辐射热强烈；三是距棚洞南口45米处有一通风口，通风口内是机车和第一节棚车的连接部；四是由通风口进入向北观察，有明火燃烧，可燃物质不明。

根据侦察情况，指挥部决定将原方案搭建战斗平台变为架设水上便桥，实行远距离注水降温。此次侦察为指挥部调整局部力量部署奠定了坚实的基础。

（2）封堵窒息

5月14日8时，总指挥部组织力量开始对隧道和棚洞实施封堵。隧道北口利用沙袋封堵，中部棚洞顶部孔洞利用石棉被封堵，南部根据火情变化进行相应处置。至15时隧道北口完全封堵。中部棚洞孔洞由于隧道内燃烧猛烈，火风压大，洞口多次封堵多次爆开，终因条件限制，中间棚洞孔洞未能完全封堵。隧道南口山体滑坡和棚洞坍塌形成两处自然封堵，未完全封闭。因火大、烟浓、温度高、辐射热强，作业人员不能靠近，无法实施封堵。但大幅度减少了空气进入量，延缓了燃烧速度，有效地避免了混合性爆炸气体的形成，防止了连续爆炸的发生，为指战员深入隧道冷却灭火创造了条件。

（3）注水降温

14日10时30分，灭火指挥部决定，在南部棚洞下方搭建一座铺设水带的便桥，棚洞外壁架设两座用于登高铺带的塔架，实施注水降温。15时30分，在南部棚洞孔洞，利用消防车铺设5条供水干线向隧道内注水降温。中部棚洞利用4台手抬泵，铺设4条供水线路，对隧道内部持续注水降温。23时30分，手抬泵调至现场后，在南口利用5台手抬泵新增5条供水线路、在北口利用5台手抬泵新增5条供水线路，共集中19条供水线路注水降温。

15日7时，侦察小组通过南部棚洞通风口进入内部侦察，发现棚洞坍塌处车厢为第1节麸皮车厢，坍塌山石将棚车砸成“V”字形，厢门撕裂，仍有明火燃烧。根据侦察情况，指挥部及时在通风口部署1支水枪，对第1节麸皮车厢实施冷却灭火。

16日10时，为了加大注水强度，尽快降低隧道内部温度，在隧道北口，铺设三条水带线路，利用手抬泵取水供水，在南口铺设6条100毫米供水管线，实施注水降温。

（4）启封灭火

在部署力量时，灭火抢险指挥部就进行了估算，19 条供水干线，一天注入水量万余立方米；隧道北口至隧道南口的封堵长度为 540 米，隧道横截面面积为 42 平方米，总体积为 2.2 万余立方米；如果不考虑渗漏，隧道内应很快蓄积起一定深度的水。侦察发现，隧道内的温度由水带一开始放进去就烧断下降到 480 摄氏度，但隧道的排水沟无水排出，且在山体外部没有发现渗水迹象。灭火抢险指挥部分析认为：可能是地震形成隧道内部多处裂缝，造成向隧道内注入的水沿裂缝流失，注水降温的效果受到很大影响。为了提高降温效果，加快战斗进程，缩短灭火排险时间，指挥部在反复论证各种危险因素的基础上研究决定：在隧道南口将注水降温改为射水冷却。启封隧道南口，直接用移动水炮和水枪深入隧道，对罐体和隧道墙体进行冷却。

在集中实施注水冷却的过程中，灭火指挥部在机车头方向部署了两支水枪，对机车进行冷却降温，协助铁路抢险人员清理机车头处的塌方，修复铁路，为整体启封做好了准备。16 日 9 时许，2 节机车头在两支水枪的保护下安全拖出。10 时许，在南口棚洞设置 2 门移动水炮，通过坍塌缝隙处直接向前 3 节汽油罐射水冷却，为侦察小组深入洞内实施侦察创造条件。13 时 30 分，侦察人员从坍塌缝隙处利用红外线测温仪对隧道内温度进行检测，检测得知，靠近山体一侧内壁温度为 200 摄氏度，另一侧内壁温度为 150 摄氏度，第一节油罐车罐体温度为 170 摄氏度。17 时 10 分，侦察人员利用红外线测温仪对隧道内温度再次进行检测，靠近山体一侧内壁温度为 90 摄氏度，另一侧内壁温度为 70 摄氏度，第 1 节油罐车罐体温度为 60 摄氏度，在隧道口利用便携式可燃气体探测仪检测可燃气体浓度为 0.2%。虽然还有许多不确定的危险因素，但为了内攻直接冷却灭火，必须进入隧道，实施内部侦察。

随后，2 名侦察员在一支机动水枪的保护下，从坍塌缝隙进入隧道进行侦察，得知：第二节麸皮棚车下部有明火，第 1 节油罐罐体爆裂，严重变形，第 2、3、4 节油罐经敲击与第 1 节油罐声音有差异，无法确定油罐是否有油，第 5 节油罐上部隧道塌方，隧道内混合可燃气体浓度为 0.4%～0.5%。根据侦察结果，指挥员决定将隧道南口设置的 2 门水炮，由南向北相互掩护逐步推进至 40 米，对罐体实施降温(两门水炮分别设置在第 1、4 节油罐车顶部)。此次侦察为指挥部采取启封灭火措施提供了依据。

在南口启封的过程中，铁路部门先后采取牵引、起吊等办法，第 2 节麸皮棚车因塌方埋压，未能拖走。为了解决此问题铁道部门决定对南侧棚洞壁实施爆破。通过反复检测，第 2 节棚车周围可燃气体浓度为 0.1%，远远低于爆炸浓度下限，同意实施爆破，并要求采取技术手段，减小震动，避免二次灾害事故的发生，同时大量注水冷却，降低温度。17 日凌晨 1 时 10 分，组织对隧道南口坍塌处棚洞进行了爆破，南口开始启封。

(5) 起覆排险

爆破后，总指挥部调集力量对麸皮棚车周围坍塌物进行清理，灭火抢险指挥部专门部署 2 支水枪射水冷却保护，其余水炮逐步向前推进至第 12 节油罐车。

17 日 14 时 30 分，为了减轻由南口进入隧道冷却排险的压力，灭火指挥部建议总指挥部在隧道北口、中部棚洞口设置排风机，将隧道内的浓烟、热气由南向北排出。

17 日夜，侦察人员继续对第二节麸皮车厢和油罐车厢进行检测，确认可燃气体浓度在安全范围内。18 日 6 时 39 分，将阻碍第二节麸皮车厢的坍塌物清理完毕，麸皮车厢被顺利拖走，清除了进入隧道南口最大障碍，彻底消灭了第一个火源。隧道南口全面敞开，起覆事故油罐车的条件已经具备。灭火指挥部决定：一是牵引列车必须加隔离车；二是铁轨和所用钢丝绳要涂抹黄油；三是严禁各种火源；四是进入隧道的各种电气设备、通信工具必须是防爆型；五是牵引前大量冷却降温，适时检测，用水枪、泡沫枪不间断保护，防止出现二次事故。18日6时45分，在两支水枪的保护下，将第1节油罐槽车拖出隧道，经检测未发现油蒸气残留物后，推下河道。

18日6时58分，侦查小组侦察发现第9节罐体上方凹陷，第10～12节罐体严重变形，经敲击各罐体，确认没有残油。第12节油罐温度90摄氏度；第16节麦芽棚车有明火，车厢顶温度60～70摄氏度，底部温度180摄氏度；第17节润滑油罐车未变形；第18节饲料车厢没有明火；第19～20节下部有明火（饲料车厢车板为木质）；第21节饲料车厢火势较大；第21节车厢以后没有发现明火。根据侦查情况，灭火指挥部命令某特勤中队、某大队、某支队各出1门水炮，分别为1、2、3号水炮，设置在5、7、8号罐处并逐步向前推进。某大队出1支水枪在隧道口处机动，每隔半小时检查线路并不间断检测可燃气体浓度。同时对进入隧道内部人员严格控制，最大限度减少进入隧道人员。10时40分，2、3号水炮推进至10号罐处，12时35分，1号水炮推进至11号罐处，16时许，3号水炮推至12号罐处，向麦芽棚车和润滑油罐车射水灭火冷却。

12时58分，将第2节油罐车拖出隧道。经检测油罐内还有残留油蒸气。为了确保后续处置的安全，灭火指挥部在听取有关专家的建议后决定：采取了出2支水枪冷却监护，用高压气泵吹动水泥粉清扫的方法紧急处置。15时15分吹扫完毕，排除了危险，将其推入了河道。

利用同样的方法，指挥部于18日17时30分至19日23时41分将第3至11号汽油罐拖出隧道，并进行了相应处置。由于侦察无法确认第4、5、6、7号油罐是否有油，启封之后始终部署有水炮、水枪对油罐进行冷却。18日23时35分，在实施拖车之前，部署2支泡沫管枪对4、5、6、7号油罐进行泡沫覆盖。检测油罐可燃气体浓度，确认没有危险后一并拖出。

20日7时，灭火指挥部命令对第12节油罐车及麦芽车、润滑油罐车及饲料车厢进行持续冷却降温。20日15时16分，将第12节油罐车拖出隧道。21日0时57分将麦芽车拖出隧道，4时15分将润滑油罐车拖出。

21日7时05分，指挥部命令一次性将8节车厢拖出隧道，前4节为饲料车，有明火，现场指挥员命令打开车门，部署7支水枪冷却灭火，同时出1支水枪消灭隧道内部饲料车残留明火，并对其余车厢进行冷却。

12时30分，随着将最后1节饲料车拖出隧道，隧道内部明火彻底消灭。

13时开始对第21节至40节车厢进行起覆，16时20分起覆任务完成，消防部队灭火抢险战斗胜利结束。

（四）主要经验体会

（1）各级领导重视，亲临一线指挥，是灭火抢险战斗制胜的强大动力

在灭火抢险过程中，各级领导亲临事故现场，视察灾情，慰问抗震救灾官兵，指导灭火抢险，极大地振奋了军心、鼓舞了士气，全体官兵纷纷表示决不辜负各级首长的殷切期望，坚决早日完成灭火抢险任务，为宝成铁路恢复通车，救灾物资源源不断送往四川灾区创造条件。

（2）始终同步侦察，把握火场态势，是灭火抢险战斗制胜的重要前提

在109隧道灭火抢险战斗中，消防指战员冒着生命危险，先后侦察42次，为科学决策指

挥、合理部署力量、组织实施战斗行动提供了可靠的依据。13 日，灭火救援指挥部根据侦察情况制定了火灾事故处置方案；14 日 9 时 55 分，侦察小组靠近侦察，棚洞外壁最低温度为 40 摄氏度，近战条件具备，指挥部及时决策，修订方案，把搭建灭火战斗平台远距离射水变为搭建过江浮桥铺设水带直接注水；16 日，侦察人员多次从隧道坍塌缝隙处由外向内实施侦检，获取了大量信息，指挥部据此果断调整部署，将注水降温改为直接冷却灭火。在灭火抢险过程中，自始至终不断进行侦察，保证了战斗行动科学合理、安全高效进行。

(3) 洞悉灾害特点，及时调整战术，是提前抢通铁路“生命线”的关键

历次铁路隧道火灾扑救的经验做法，基本上都是严密封堵、窒息灭火、大量注水冷却，防止复燃。此次事故因地震引发，隧道路基变形开裂，无法完全密封，注水降温难以达到预期效果。据此，灭火指挥部经过反复侦察研究，决定改变处置方法，变注水降温为直接冷却，加快冷却灭火进度。在没有启封的情况下，利用棚洞坍塌顶部露出小洞口，架设水炮直接向罐体和洞壁射水冷却，适时逐步向洞内推进。后一架水炮保护着前一架水炮，步步为营，梯次推进，逐步深入。同时在隧道中部和北口架设排风机，将隧道内的有毒可燃气体、高温浓烟排出，减轻主进攻方向的压力，为直接深入洞内冷却灭火创造条件，大幅度加快了灭火抢险的速度。

(4) 科学决策指挥，密切协同配合，是灭火救援高效推进的重要保证

灭火指挥部在全面进行侦察、综合分析、反复论证的基础上，详细制定了处置方案，适时运用封堵窒息、注水降温、直接冷却、启封灭火、起覆排险、梯次进攻等战术措施，既争取了灭火战斗主动权，又确保了参战官兵无一伤亡。尤其是各警种密切协同配合，确保了灭火抢险行动有力有序开展。

(5) 不怕艰难困苦，英勇顽强拼搏，是灭火抢险战斗制胜的基础

109 隧道位于秦岭腹地，现场物资供应匮乏，指战员生活条件极其艰难；爆炸、毒气、余震、滚石、塌方、堰塞湖时刻危及参战人员的生命安全；在诸多不利因素、困难危险重重的情况下，各级指挥员冲锋在最前，以实际行动团结和带领部属，连续奋战 8 天 13 小时，取得了一个又一个阶段性胜利，出色完成了抢险任务。

(五) 存在的主要问题

(1) 器材保障问题

109 隧道灭火抢险消耗水带 2 万余米，使用手抬泵 20 余台，消防移动炮 10 余架。这些器材装备调集难度大、困难多。除部分在本省筹集外，大部分都是从外省紧急调集，时间长、协调难，对及时有效的灭火抢险产生了一定的影响。

(2) 通信问题

主要表现在三个方面，一是消防部队内部通信器材不足，参战单位之间现场通信不畅；二是现场通信组网十分困难，相互干扰；三是现场处在山区，手机信号很弱，没有卫星电话，与上级联系困难，一定程度上影响了指令的及时传达。

(3) 信息发送问题

109 隧道处于秦岭深处，向上级发送一条信息，要跑几十里山路到徽县县城传送，导致信息不灵。信息发布渠道多，造成报道口径不统一等情况。

(4) 生活保障问题

消防部队到达现场之后，首先面临的问题就是生活保障的问题，全体指战员主要靠临时

准备的面包、矿泉水充饥解渴。即使到了后来，部队可以吃上盒饭，但是吃不上热饭，喝不上热水，一定程度上影响了部队战斗力。

第三节　公共卫生类事故应急案例分析

公共卫生事故是指在特定时期和地域内，由于传染病、疫情暴发、食品安全问题等引发的一系列健康威胁事件。这类事故往往涉及大规模的人员感染、社会恐慌、医疗资源极大压力等多重问题，对社会公共卫生体系和全球健康构成重大挑战。因此，对公共卫生事故的应急响应和管理显得尤为紧迫和关键。

本节案例分析旨在深入研究某特定公共卫生事故，全面了解其暴发的原因、蔓延过程、应急响应的各个层面以及事后的防范措施。通过对案例的深入剖析，我们重点关注疾病传播的途径、卫生体系的应对能力、公众卫生意识的影响等方面的问题，以期为今后提高公共卫生系统的应对水平提供实际有效的经验教训。

一、传染病疫情

案例一　2019 年新型冠状病毒疫情

2019 年底，随着全球庆祝新年的到来，一种未知的新型冠状病毒在武汉市悄然传播，这场疫情迅速成为全球关注的焦点。同时，新型冠状病毒疫情对我国经济造成了严重影响，工业和服务业受创，尤其是旅游、餐饮、零售业。就业压力增大，消费市场出现萎缩，但线上消费增长。

（一）事件基本情况

（1）病原体：新型冠状病毒，引起的疾病称为新型冠状病毒肺炎。

（2）首例报告：2019 年 12 月 1 日，武汉市报告首例不明原因肺炎病例，患者症状与普通肺炎相似，但病因不明。

（二）事件发生发展过程

1. 起始阶段(2019 年 12 月至 2020 年 1 月)

2019 年 12 月，武汉市多家医院陆续收治不明原因肺炎患者，部分患者与华南海鲜市场有关联。

12 月 30 日，武汉市卫生健康委员会首次公开通报不明原因肺炎情况。2020 年 1 月 3 日，中国疾控中心完成病毒基因测序，确定为新型冠状病毒。1 月 7 日，武汉市报告首例死亡病例，死者为 61 岁男性。

2. 扩散阶段(2020 年 1 月至 2 月)

1 月 23 日，武汉市宣布封城，暂停公共交通，关闭离汉通道，这是中国历史上首次因疫情对一个千万级人口城市采取封控措施。

1 月 25 日，中国启动重大突发公共卫生事件一级响应，全国进入紧急状态。疫情迅速蔓延至全国其他地区。

3. 高峰阶段(2020 年 2 月至 3 月)

2 月，全国范围内医疗资源紧张，医护人员面临巨大压力，多地启动“一方有难，八方支援”的援助行动。

火神山、雷神山医院及多个方舱医院在短短几天内建成，用于集中收治患者。2月底，全国新增病例数达到峰值，疫情防控形势严峻。

4. 防控阶段(2020年3月至4月)

随着防控措施逐步落实，新增病例数逐渐下降，各地逐步恢复正常生产生活秩序，但仍保持高度警惕。

（三）事件应急处置

1. 组织领导与协调

成立国家疫情防控领导小组，由国务院领导担任组长，统一指挥、协调全国疫情防控工作。

各级政府及相关部门迅速响应，成立各级疫情防控指挥部，确保防控措施落实到位。

2. 疫情报告与信息公开

定期发布疫情通报，确保信息透明，让公众了解疫情动态。加强舆论引导，通过各种渠道普及疫情防控知识，提高公众自我防护意识。

3. 病例救治

设立定点医院，集中优势医疗资源救治患者，提高救治成功率。跨区域调配医疗队支援疫情严重地区，缓解当地医疗压力。

4. 防控措施

实施封控、限行、停工、停课等措施，减少人员流动，遏制病毒传播。加强公共场所消毒，推广戴口罩、勤洗手等个人防护措施，降低感染风险。开展大规模核酸检测，及时发现和控制传染源，切断传播途径。

5. 科研攻关与国际合作

加快疫苗研发，多款疫苗获批上市并启动大规模接种，为全球抗疫贡献力量。加强与世界卫生组织及其他国家的交流合作，共享疫情信息，共同应对疫情挑战。

（四）启示与反思

(1) 必须高度重视公共卫生体系建设，提高应对突发公共卫生事件的能力，为人民群众生命安全和身体健康提供有力保障。

(2) 加强法治建设，确保法律法规在疫情防控中的权威性和执行力，依法科学有序防控疫情。

(3) 建立完善的公共危机管理体系，提高政府应对突发事件的效能，确保社会稳定和经济发展。

(4) 依法治国，保障人民群众合法权益，加强社会监督，提高疫情防控工作的透明度。

(5) 加强国际合作，共同应对全球性公共卫生挑战，推动构建人类命运共同体。

案例二　2014年西非埃博拉病毒疫情

埃博拉病毒是一种能引起人类和灵长类动物产生埃博拉出血热的烈性传染病病毒，1976年在苏丹南部和刚果(金)的埃博拉河地区首次被发现，因其极高的致死率而被世界卫生组织列为对人类危害最严重的病毒之一。埃博拉病毒在常温下较稳定，对热有中等抵抗力，60摄氏度下30分钟方能破坏其感染性；紫外线照射两分钟可使之完全灭活；对化学品敏感，乙醚、福尔马林等消毒剂可以完全灭活病毒及其感染性。

埃博拉病毒通常通过血液和其他体液等途径传播，迄今尚未有确认的通过空气传播的情形，感染潜伏期从 2 天到 21 天不等。患者的最初症状是突然发烧、头痛，随后是呕吐、腹泻和肾功能障碍，最后是体内外大出血，死亡。

（一）事件经过

2013 年 12 月，此轮埃博拉病毒疫情暴发于几内亚境内。

2014 年 3 月 22 日，几内亚卫生部宣布埃博拉疫情已导致 80 人感染，其中 59 人死亡。

2014 年 4 月 4 日，根据几内亚卫生部报告，几内亚全境感染埃博拉病毒 143 例，死亡 86 人。邻国利比里亚已有 7 人丧生，其中 2 人确诊感染埃博拉。

2014 年 7 月 26 日，尼日利亚出现首例埃博拉病毒感染死亡病例，全国处于警戒状态。西非埃博拉病毒疫情呈加速蔓延之势。

2014 年 8 月 8 日，世界卫生组织发布通报称，截至 8 月 6 日，几内亚、利比里亚、塞拉利昂和尼日利亚共计报告埃博拉病毒造成的累计病例数达 1 779 例，其中 961 例死亡；并宣布埃博拉疫情为“国际突发公共卫生事件”，将对其他国家造成风险，需要做出“非常规”反应，所有报告埃博拉疫情的国家都应宣布进入国家紧急状态。

2014 年 8 月 29 日，塞内加尔卫生部证实，该国发现首例埃博拉病毒感染病例。世界卫生组织接到塞方通报后，承诺将帮助塞内加尔应对这一情况。

2014 年 9 月 3 日，世界卫生组织透露，疫情已经确诊或疑似病例约 3 500 例，超 1 900 人丧生。卫生专家纷纷警告，埃博拉疫情有可能超出五国的范围，向非洲更多国家乃至其他区域扩散。

2014 年 9 月 30 日，美国疾病控制和预防中心宣布，美国得克萨斯州达拉斯市一位成年男性病患被确诊带有致命埃博拉病毒，这是美国本土发现的首例埃博拉感染病例，也是非洲以外确诊的第一例。

2014 年 10 月 6 日，西班牙卫生部通报称，一名西班牙护理人员在马德里被确诊感染埃博拉病毒，成为首例在欧洲境内感染该病毒的患者。

2014 年 10 月 10 日，世界卫生组织在日内瓦发布的埃博拉疫情最新报告显示，埃博拉病毒造成的死亡人数已达 4 033 人，确诊、可能和疑似病例达 8 399 人。其中几内亚、利比里亚、塞拉利昂三国为重灾区，死亡病例为 4 024 人；尼日利亚、塞内加尔表现为局部传播，西班牙和美国出现了散发病例。

2014 年 10 月 13 日，世界卫生组织警告说，埃博拉病毒的蔓延威胁到了社会的“根本生存”，并可能导致出现“垮掉的国家”。世界卫生组织总干事陈冯富珍表示，这是世界安全所面临的危机，她同时警告说，人们的恐慌感比“埃博拉病毒本身散播得更快”。

（二）疫情终止

2016 年 1 月 14 日，世界卫生组织宣布西非埃博拉疫情已经结束，这标志着长达两年多的西非埃博拉疫情得到了控制。这轮埃博拉疫情最初于 2013 年 12 月在几内亚盖凯杜行政区暴发，随后传播至邻国利比里亚和塞拉利昂，并通过陆地和航空旅行扩散至多国。根据官方数据，此次西非埃博拉疫情迄今已发现超过 2.85 万例病例，超过 1.13 万人因此死亡。其中，埃博拉病毒在利比里亚致死 4 800 人。据报道，由于埃博拉病毒能在少数康复者体内存活超过一年，可通过性行为和其他途径传播，不排除疫情复燃的可能。世界卫生组织强调，“这项工作还没有结束”，警告“预计会（再次）突发更多疫情”。世界卫生组织总干事陈冯富珍说，外国医疗团体在西非停止运作后，将由当地各国卫生部接管疫情监控，此后的三个月

"最为关键"。"随着我们从管理病例、患者转向管理新感染(病例)的残余风险,我们正处于埃博拉疫情的关键时期",世界卫生组织助理总干事布鲁斯·艾尔沃德说,"我们预计会有更多突发疫情,必须为此做好准备"。该机构官员彼得·格拉夫告诉媒体记者,"我们需要保持应对(疫情)"。联合国秘书长潘基文也警告,这一地区预计来年会有零星病例,但"我们也期望,随着时间推移,疫情复燃的可能和频率也会减少"。希尔德·德克莱克医生曾五次参与应对埃博拉疫情,她说:"保持警惕对于防止疫情再次暴发至关紧要,而且,目前并没有普遍有效的治疗方式和经充分证明的疫苗"。

(三) 事件影响

(1) 民航禁飞。多家航空公司宣布,将暂停所有飞赴利比里亚和塞拉利昂等疫区的直航。

(2) 学校停课。疫区国家中小学因埃博拉疫情开学时间推迟,并对教师及学校其他工作人员进行培训,以便他们能及时采取相应措施。

(3) 人力损失。2014 年 8 月 26 日,世界卫生组织表示,埃博拉疫情暴发后,已经有超过 240 名医护人员感染,并造成至少 120 名医护人员死亡。医护人员的高感染率来自医护人员的防护措施短缺或是不正确使用;医护人员严重不足,导致他们必须超时工作也是主因。世界卫生组织估计,在 3 个疫情严峻的国家中,每 10 万人仅有 1 到 2 名医师,而这些医师多半集中在城市地区。

(4) 经济受创。2014 年 8 月 26 日非洲开发银行总裁唐纳德·卡贝鲁卡接受媒体采访时表示,有史以来最为严重的埃博拉病毒暴发导致了非洲西部地区经济遭受了巨大的损失。由于外资撤离、商业项目取消,预计西非经济将骤降 4%。几内亚、利比里亚、塞拉利昂几国刚从军事、政治危机中开始恢复,却又遭遇埃博拉疫情,各国的农业生产受到很大破坏,并可能导致一场粮食危机。此外,边境的封闭将增加各国间贸易成本,钻石贸易也已经停滞,如整个非洲关闭边境的国家数量逐渐增加,长期来看将打击整个非洲经济。

(5) 粮食短缺。2014 年 9 月 2 日,联合国粮食及农业组织表示,西非利比里亚、塞拉利昂及几内亚三国因埃博拉肆虐导致劳工短缺及影响贸易,正在面临粮食短缺及价格暴涨的人道危机。

(6) 其他方面。2014 年 10 月 10 日,摩洛哥政府向非洲足联递交申请,要求推迟举办非洲国家杯。此前,摩洛哥卫生部发布公告,要求避免在本国举办有埃博拉疫区国家参加的各种大型活动。

(四) 处理措施

1. 联合国

2014 年 9 月 4 日,世界卫生组织埃博拉治疗和疫苗磋商会在日内瓦举行,主要是了解埃博拉治疗药物和疫苗开发的最新信息并对此做出评估。2014 年 9 月 5 日,联合国秘书长潘基文宣布,联合国决定设立埃博拉危机控制中心,以协调各方努力,实现在 6 个月至 9 个月阻止埃博拉病毒在受影响国家的传播等目标。潘基文呼吁国际社会为世界卫生组织应对疫情路线图做出贡献,捐助 6 亿美元为西非提供必需的物资。他说,我们需要政府、私营部门、财政机构、非政府组织和其他团体提供人员、物资和资金。2014 年 9 月 18 日,联合国安理会一致通过决议,呼吁国际社会采取各种措施协助抗击埃博拉疫情,包括解除一般性旅行和边界限制、提供紧急援助等。

2014年9月25日，埃博拉疫区国家、联合国、各国际组织及会员国代表在纽约联合国总部共同举行埃博拉疫情响应高级别会议，商讨应对这一重大公共卫生危机的举措。联合国埃博拉应急特派团已部署到加纳及受影响最重的三个国家，特派团的一项核心任务是预防疫情在该地区扩散。

2. 非洲联盟委员会

2014年9月8日，非洲联盟执行委员会在总部亚的斯亚贝巴召开紧急会议，呼吁成员国团结一致共同应对正在西非肆虐的埃博拉疫情，同时敦促国际社会提供更多支持。非洲联盟委员会主席祖马在紧急会议上说，会议需要对当前埃博拉疫情状况、响应情况以及在非洲大陆形成共同的应对措施达成共识。会议还将仔细审议是否暂停对有关国家航班、港口和边境的禁航和封锁措施，因为这些措施已经对这些国家及其民众的声誉造成了不良影响。祖马强调，需要对那些受到埃博拉疾病影响的人们采取一致的行动来进行援助。祖马呼吁，非洲媒体、民间团体、艺术家和文化工作者、政党以及其他组织和机构，与各国政府、地区性经济组织及非盟共同协作，将传递准确而清晰的信息作为应对埃博拉这场公共卫生战役的一部分，告知和教育非洲民众疾病的传播途径、如何照顾染病者，以及怎样来埋葬病故者。她还呼吁科学界在治疗埃博拉疾病和研发埃博拉病毒疫苗上做出共同努力。

案例三　2003年非典型肺炎疫情

（一）疫情情况

2003年春夏，正当全国人民团结一心，鼓足干劲，全面建设小康社会的时候，非典型肺炎突然袭来。非典型肺炎疫情不仅对人民群众身体健康和生命安全构成严重威胁，也给我国经济和社会发展带来了严重冲击。同时，疫情迅速传播到世界其他地方，引起国际社会的广泛关注。

在2003年3月底之前，非典型肺炎传染虽然已经变成了全国性的问题，但其调查、控制和治疗等，基本上还是地方性问题。地方政府在发现传染病后，只能参照传染病法进行防治，采取的直接政策手段十分有限。4月20日，是最具转折性的一天，“非典”被列入法定传染病进行管理，使防治工作进入法制化轨道。4月23日，成立全国防治非典型肺炎指挥部，统一协调、指挥全国防治工作，财政部还建立了非典型肺炎防治基金。至此，政府职能真正实现转变，从经济工作转移到提供公共服务、解决公共问题、管理公共事务上来，非典型肺炎防治作为政策问题得到了准确定位。此后，采取了一系列的及时有效的措施，经过坚持不懈的奋斗，逐步有效地控制了疫情。从5月中旬开始，全国日发病人数、日死亡人数大幅下降，治愈出院人数大幅上升，疫情趋于平缓。从6月初开始，全国日发病人数达到零报告或个位数报告。

（二）主要做法

（1）加强组织领导，形成统一的指挥协调体系。针对疫情发展迅速而防治力量不能有效整合、缺乏统筹协调的状况，指挥部重点抓了组织指挥、技术指导、依法防治、物资资金、舆论宣传5个方面的工作。在统一指挥和协调方面，迅速组建防治工作指挥协调机构，形成自上而下指挥有力、运转协调、反应迅速、行动统一的防治工作指挥体系和工作机制，建立覆盖全国的疫情快速报告网络，做到责任明确、纪律严明、政令畅通。在防治技术指导和培训方面，通过制定防治技术性指导文件、召开全国性或部分省区市电视电话会议、开展防治工作经验交流和技术培训、派出防治技术督导组和专家组，加强对各地区诊断、治疗工作的指导。

在依法防治方面，严格执行《传染病防治法》，坚决贯彻国务院将非典型肺炎列为法定传染病进行管理的决定，认真执行《突发公共卫生事件应急条例》和原卫生部《传染性非典型肺炎防治管理办法》，坚决依法报告和公布疫情，实施隔离和封锁，及时纠正少数地方擅自设卡、阻断交通运输、隔离外来健康人员的错误做法，积极开展执法检查，引导并督促各地区将防治工作纳入法制轨道。在物资资金保障方面，强调统一调度防护、消毒、医药用品和部分生活物资，确保防治工作需要和市场供应。加大财政支持力度，适时出台税费减免和金融支持政策，管好用好各种资金和捐赠款物。同时采取坚决有力的措施，平息抢购风潮，查处有关违法违规行为，切实维护市场秩序。在舆论宣传方面，积极组织宣传党中央、国务院的决策和部署，宣传防治工作的方针和政策，宣传先进人物和先进事迹，普及科学防治知识和法律知识，帮助群众克服恐慌心理。弘扬民族精神，营造万众一心、众志成城抗击"非典"的舆论氛围。

（2）坚决切断传染源，控制疫情扩散和蔓延。一是按照疫情控制"四早"和"三就地"原则，严格疫情报告制度，分类指导疫情控制工作，严防疫情传播和扩散。无论是疫情早发地区、新发地区还是未发地区，都按照早发现、早报告、早隔离、早治疗的原则，切实加强对疫情的预防和控制，一旦发现疫情，立即采取果断措施，控制传染源，阻断传播途径，防治疫情传播和蔓延。所有地方、任何单位都及时准确地掌握和上报疫情，不缓报、瞒报和漏报。对发现的患者和疑似患者及其密切接触者，按照就地隔离、就地观察、就地治疗的"三就地"原则妥善处理。二是抓好重点部位和重点环节的防控工作。对飞机、火车、轮船、汽车等公共交通工具，对机场、火车站、码头、汽车站、口岸等人群集中和流动性大的场所，对起始站和终点站的旅客，实行严格的消毒、检验检疫、留验观察制度；加强人员流动管理，动员城市农民工就地务工，调整学校教学方式和考试、招生、毕业分配工作安排，限制举办大型会议和活动，控制跨地区考察和调研，禁止组团到农村旅游，暂停文化娱乐场所经营，全面实行体温检测和健康申报制度；依法采取严格的隔离措施，封锁发现疫情的居民楼、学生公寓和医院等，隔离和观察可能被患者传染的人员。通过这些措施，迅速在全国形成了一个立体的防疫体系，有效地防止了可能通过交通工具、公共场所、人员大范围流动等带来的疫情扩散和蔓延。三是抓好重点地区的防控工作。华北地区和广大农村防治工作事关全局。3 次召开华北片会，提出加强华北地区联防联控的 20 条措施。华北五省区市建立了联席会议制度，实行联合检疫，互通疫情监测信息，开展防治技术合作与交流，加强物资供应调剂，形成了联防联控机制，有效控制了疫情在华北地区的迅速扩散和蔓延。国务院专门召开全国农村非典型肺炎防治工作会议，建立主要用于农民和城市生活困难人员中患者的救治基金，支持地方建立农村疫情信息网络和检测体系，加大救治患者急需的基础设施建设和设备购置的投入。制定下发了《全国农村非典型肺炎防治工作方案》等一系列文件，建立农村和流动人口疫情监测报告制度，向农村地区派出工作组，指导和帮助开展防治工作；组织力量给全国 71 万个村发放宣传挂图和宣传册，向广大农民普及科学防治知识。各地区结合实际，制定具体预案，落实群防群控措施，构建起农村疫情监测网络和防疫体系，形成"人自为防、村自为防、乡自为防"的农村群防群控体系，有效地防止了疫情向广大农村扩散和蔓延。据统计，全国有 15 个省、自治区、直辖市的 102 个县报告农村发现临床诊断病例，农民中的临床诊断病例仅为 242 例。

（3）全力组织救治，努力提高治愈率。一是坚持分散接诊、集中收治原则，设立发热门诊，明确定点医院，建立患者转运机制。仅华北地区就将原有317家接受患者医院，调整为66家，并确定其中46家为定点医院，大大地提高了集中收治率。二是规范医院管理和发热门诊设置，实行疑似患者分开收治，加强防护，严防医院内交叉感染。三是规范临床诊治标准，及时推荐效果明显的中西医结合治疗方案；多种形式培训医护人员，组建临床治疗专家组，提高诊断准确性和患者治疗效果。四是集中医疗抢救设备，统筹医疗技术力量，完善重症监护病房条件，组建呼吸、传染、重症监护方面专家组成的救治组，救治重症患者。通过采取这些措施，迅速实现了患者集中收治、医护人员零感染、死亡患者大大减少、治愈出院患者大大增加。

(4) 做好物资供应，确保防治工作需要和市场正常秩序。一是指导各地区建立物资保障工作网络和监测机制，迅速扩大主要防治用品和设备的生产能力，及时推介新型防护产品，协调制定产品标准，积极组织生产和采购，启动应急运输系统，做好后勤保障工作。二是统一调度防护、消毒、医药用品和部分生活物资，保障华北等疫情严重地区的物资需求，并支援港、澳、台地区。共为各地区协调解决口罩1 800多万只，体温计439万支，消毒剂及其生产原料1 700吨，呼吸机、移动X光机、红外线快速体温检测仪等近1万台(套)，甲强龙、胸腺肽110多万支，以及大量其他药品和医疗物资。此外，还连夜组织货源，紧急调运，解决北京等地部分生活必需品断档脱销问题，及时平息抢购风潮。三是研究制定产品质量、价格和市场秩序监管措施，大力开展专项联合执法检查，严厉查处制售假冒伪劣产品、哄抬物价、乱收费等违法行为。据统计，全国食品药品监管、卫生、工商、质检和物价部门共出动监督执法人员近550万人次，查处不合格和假冒伪劣商品208亿元，查处有关案件28.87万件，捣毁、取缔、责令停业近5万家(个)制假窝点、无证经营企业和违法违规经营企业。同时，努力加大财政支持力度，管好各种资金和捐款物。共投入资金180多亿元，其中，中央投入的财政资金和基本建设资金43.4亿元。全国接受社会捐款物约39.4亿元。

(5) 集中科研力量，开展联合攻关。建立多学科多领域专家组成的科技攻关队伍，投入经费2亿元，先后启动97项应急科研攻关项目。继确定病原体后，又研究提出了临床效果明显的中西医治疗方案，研制出防护效果好的生物防护装备，并及时投入临床应用。初步掌握了非典型肺炎病毒流行规律和传播机制，初步研制开发出了4种特异性诊断试剂盒，初步筛选出5种有效的生物化学药品和8种有效中成药，完成了灭活疫苗前期研究工作。

(6) 切实维护正常经济社会秩序。在开展防治工作过程中，注意及时、准确收集掌握有关情况信息，有效预防、妥善处置群体性事件，及时监控、封堵、删除有关有害信息，严厉打击有关违法犯罪活动，严密防范境内外敌对势力的捣乱和破坏活动。进入防治工作后期，还注意及时研究、妥善处理因防治工作引发的矛盾和纠纷。

(7) 科学规范防范工作，建立长效防治机制。随着疫情的逐步控制，指挥部研究制定了《关于科学规范非典型肺炎防治措施的通知》，适时进行引导，推动防治工作由应急向常态转变，把防治工作纳入依法、科学、规范、有序的轨道。派出15个督查组赴全国31个省、自治区、直辖市了解、检查、规范防治工作的情况，落实今后防治预案和建立长效防治机制方面的情况。积极推进各级疾病预防机构建设步伐，以应急指挥体系、疫情检测报告体系、疾病预防控制和医疗救治体系、应急处置队伍为重点，建立国家和地方突发公共卫生事件应急处理机制。在全社会加大健康知识普及宣传和教育，广泛开展爱国卫生运动和全民健身活动，积极督促筹建中央电视台健康教育频道，坚持不懈地教育和引导广大群众养成良好的卫生习惯，增进防病知识，增强防病意识，提高防病能力。

二、食品安全事件

案例四　某职业技术学院感染性腹泻暴发疫情

（一）疫情发生

2010 年 9 月 15 日 9 时 30 分，某市疾控中心接到某职业技术学院水质委托检测的电话，卫生监测科派出专业技术人员到达该院后，发现该学院有较多的腹泻病人在校医务室就医，当地疾控人员立即对此次事件展开了调查。

（二）学校基本情况

某职业技术学院有教职工 330 人、学生 4 500 人，部分学院于 2010 年 4 月迁入新校区，8 月 23 日新学期整体搬入新校区。

（三）疫情特征

2010 年 9 月 8 日以来，该学校陆续有学生发病，症状以腹痛、腹泻为主，部分学生伴恶心、呕吐，个别有发热等症状。

1. 病例定义

24 小时内腹泻 3 次及以上；或腹泻伴发热，加腹痛、恶心、呕吐三种症状中两种及以上，及以下实验室结果之一者：① 血常规 WBC↑，中性粒细胞↑；② 大便常规发现 WBC、RBC；③ 大便细菌培养阳性。

2. 病例分布

截至 2010 年 9 月 18 日，该学校医务室累计登记腹痛、腹泻症状患者 354 例，符合感染性腹泻病例定义的 249 例。其中男性 72 人，女性 177 人。学生 243 人，年龄在 14～23 岁之间；教师 1 人，食堂工作人员 4 人，工人 1 人。患病学生广泛分布于各个专业、班级。

（四）现场调查

1. 供水情况

学院生活用水为自备式供水，水源位于岷江旁，取水点位于学院污水排污口下方 200 米；学校未集中供应开水，学生寝室多配有饮水机，主要饮用桶装矿泉水。

学校没有定期对水源水进行消毒和监测。同时，污水处理设备一直未启用，而且污水管道在铺设时不符合标准，导致生活污水泄漏，并蓄积在取水点上方的低洼地带，存在渗透导致地下水污染的可能性。

2. 食堂情况

该学校有两个食堂，加工所用的主、副食均为集中采购，所有的蔬菜及肉类均经过粗加工间加工后进入操作间。食堂员工持健康证上岗，售饭时学生刷卡用餐，不接触现金。有 4 名食堂员工出现腹疼、腹泻症状。

经调查发现，学校食堂在食品留样、原材料储存和剩饭剩菜的保存等方面均存在不符合相关卫生标准的问题。

3. 个案调查

对该校内 176 名出现腹痛、腹泻症状者进行了个案调查，其中 89.8%（158 人）在 24 小时内腹泻次数大于等于 3 次，腹泻粪便形状以水样便为主；21.6%（38 人）出现呕吐症状；55.1%（97 人）有头昏头痛症状；15.9%（28 人）出现发热症状。

病例中有58.5%(103人)饮用“龙荪泉”牌桶装水,22.2%(39人)饮用“清心泉”牌桶装水,19.3%(34例)饮用自购矿泉水或其他饮料。12.5%(22人)一直喝开水,23.9%(42人)有时喝开水,56.8%(100人)饮用冷水为主。

患病学生就餐史较为复杂,主要以学校食堂就餐为主,其次为校外饮食店、校内炸土豆摊、学校小卖部购买食物等。

4.病例对照研究

病例与对照之间在饮用水种类和饮水习惯上无统计学差异。病例发病前一天晚上在学校食堂就餐的比例高于对照组,但尚未发现某种特定食物与发病有关。

(五)采样与实验室检测

9月15日至17日,采集了病人排泄物、肛拭、食堂留样食品、自备水、寝室饮用桶装矿泉水等样品,霍乱弧菌、副溶血性弧菌、创伤弧菌等致病性弧菌检测结果均为阴性,嗜水气单胞菌、类志贺邻单孢菌和沙门氏菌检测结果也均为阴性。

9月18日,经实验室检测,在之前采集的病人粪便7份、水源水1份、出厂水1份、管网末梢水1份,有4份病人粪便和3份水样中检测到致泻性大肠杆菌阳性,在4份病人粪便中检测到杯状病毒阳性。水样中菌落总数均超过国家标准1 000倍以上;总大肠、耐热大肠菌群均超过国家标准。

(六)疫情原因分析

该学校自备式供水的取水点位于排污口的下方;同时,该校生活饮用水二氧化氯消毒发生装置未达到消毒效果(出厂水、管网末梢水采样检测结果表明微生物指标不合格)。

污水处理设备一直未启用,未经消毒处理直接向取水点上游排放污水(污水处理站仅发挥污水中转站作用);而且污水管道在铺设时不符合标准,导致生活污水泄漏,并蓄积在取水点上方的低洼地带,向下渗透导致地下水污染。

结合病例的临床表现,以及病人粪便和水样中检测到致泻性大肠杆菌阳性,推断此次疫情为水源性感染性腹泻。

从病例对照研究的结果来看,病例和对照在饮用水和饮水习惯上无统计学差异,说明此次疫情经饮用水传播的可能性不大。而病例发病前一天晚上在学校食堂就餐的比例高于对照组,说明食堂的餐具或食物在清洗过程中可能被污染。

(七)控制措施

(1)及时对病人进行救治,危重病例应及时转诊至市人民医院治疗。

(2)开展疫情动态监测,每日上报新增病例。

(3)在学校内清理整治环境卫生,消除卫生死角,加强厕所、污水沟、垃圾、泔水桶等的消毒和灭蝇灭蚊工作。

(4)开展健康教育,教育学生注意个人卫生,尽量少接触患病学生,饭前便后勤洗手,喝开水不喝生水。

(5)停止使用自备井水,并全面开展各口水井的清洗工作。紧急铺设市政用水管道,使用自来水。

案例五　2011年欧洲“毒黄瓜”事件

(一)事件情况

2011年5月初,德国罗伯特·科赫研究所公布了第一例由肠出血性大肠杆菌所致的溶血性尿毒综合征的病例，随后德国东北部数州报告的感染人数迅速增加。5月中旬开始在德国蔓延的肠出血性大肠杆菌(EHEC)疫情仍在继续扩散，死亡病例首度扩散到德国北部以外地区，截至5月31日，死亡人数增至16人，1人在瑞典，其余在德国。感染人数已超过1 200人，其中373人为重症患者。此外，包括瑞典、丹麦、英国和荷兰在内的多个国家均已报告感染病例。截至2011年6月，造成9个国家至少1 500人患病，其中470人出现肾衰竭症状，至少18人死亡。

为了应对此次危机，德国联邦及地区相关卫生食品防疫部门的代表2011年5月30日在柏林举行了紧急会议。德国卫生部长巴尔在会后的新闻发布会上表示，当局目前依然无法确定此次疫病的传染源，所以他预计新增病例还将继续上升。

不久，位于瑞典首都斯德哥尔摩的"欧洲疾病预防管制中心"表示，产自西班牙的黄瓜可能是出血性大肠杆菌的感染源之一。随后，欧洲各国纷纷停止进口并下架西班牙黄瓜。

德国汉堡卫生研究部门宣布，除在自西班牙进口的黄瓜上发现出血性大肠杆菌之外，是否其他蔬果也带有大肠杆菌病毒，需要进一步追踪确认。因此，德国卫生部门建议民众，生吃黄瓜、西红柿和生菜沙拉，存在很大风险，建议煮熟后食用。

世界卫生组织发表媒体公告，警惕德国出现的大肠杆菌疫情，表示这次疫情的"罪魁祸首"是种此前从未被发现过、"毒性和复制能力都更强的"大肠杆菌病毒，这可以解释为何这次欧洲疫情范围广且危害大、感染速度快、"主攻"成年人；并提醒民众，该种致病性大肠杆菌可通过人际、食物、水和接触动物等渠道传播，民众应注意经常洗手，特别是在接触食物前和如厕后。建议民众注意饮食卫生，有症状者及时就医，同时提醒民众不可滥用抗生素和止泻药，以防加重病情。

通过对涉及进口黄瓜的两家西班牙公司的调查，德国汉堡卫生当局于2011年5月31日宣布，实验室的最新化验结果显示，肆虐德国的肠出血性大肠杆菌(EHEC)感染的致病源并非西班牙进口黄瓜。

6月初，德国西北部下萨克森州农业部长林德曼表示，在汉堡市郊于尔森区一个有机农场的豆芽等芽苗菜样本中发现大肠杆菌，初步怀疑是疫情源头。经过检测，德国国家疾病控制中心、罗伯特·科赫研究所等多家机构表示，他们已确认豆芽等芽苗菜是造成此次肠出血性大肠杆菌(EHEC)疫情的源头。

最终，尽管西班牙黄瓜"沉冤得雪"，但消费者又陷入了对芽类蔬菜的恐慌。

(二) 案例分析

1. 欧洲各国对该突发公共卫生事件应急处理案例的认识

首先，本次疫情的起源地德国，对本次疫情的认识存在不足，从5月初首例病例出现，德国卫生部门并没有充分认识到此次疫情的危害，在明确致病原因后，没有及时向该地区民众告知预防方式及注意事项，直到疫情扩大到其他地区甚至扩散到欧洲各国后，才引起相关部门重视，开始制定应对方案。

其次，德国有关部门及欧洲各国对传染源也没有足够认识，在事实不清的情况下将"西班牙黄瓜"作为传染源，导致真正的传染源继续存在，疫情没有得到有效控制，威胁民众健康，同时，引起民众无谓的恐慌，甚至导致外交冲突。

最后，德国卫生部门疾病的认识不足，虽然明确了病因，但缺乏有效的治疗措施，德国各医疗机构不得不采取诸如注射抗体等非常规试验疗法。面对这种复杂的局面，德国并没有某个全国性的机构出面协调。

2. 该突发公共卫生事件应急处理案例中值得我国借鉴的处理方式及应急处理不当之处

(1) 值得借鉴之处

① 对病原菌查明迅速

事件发生后,德国迅速查明病原菌,德国明斯特大学医院卫生研究所的研究表明,此次“毒黄瓜”疫情是由一种名为 Husec41 的肠出血性大肠杆菌变种引起,这是一种少见的变种,对很多抗生素具有抗药性,病人使用抗生素反而会使病菌产生更强的毒性。了解了病原菌,有利于当局对疫情严重程度的把握,同时为临床救治提供了必要信息。

② 对传染源调查细致负责

有证据认为“西班牙黄瓜”是本次疫情的传染源后,该国卫生部门马上就追踪到“毒黄瓜”来自西班牙阿尔梅里亚省和马拉加省两家企业。此后,追踪的方向还指向其他一些国家。当局确认黄瓜并非传染源后,也积极地对其他来源进行调查,最终确定传染源,并未偏信“欧洲疾病预防管制中心”等机构的调查结论。

③ 调查的配合

虽然最终证实黄瓜并非传染源,但在调查最初,西班牙南部地方政府表示,已禁止阿尔梅里亚省及马拉加省 2 家外销黄瓜的批发商出口,并进行严格的检查措施,以帮助找出污染源。

(2) 处理不当之处

① 疫情上报方面:病例汇总不够及时

按德国法律规定发生肠出血性大肠杆菌感染需要报告,但各地卫生局往往并不能及时上报疑似或确诊病例,而且病例首先要上报各州卫生主管当局,后者又会拖一段时间才将各地最新疫情汇总上报给联邦公众传染病预防与监控主管机构罗伯特·科赫研究所。这种分级上报机制造成罗伯特·科赫研究所汇总的确诊或疑似病例总数严重滞后。

② 明确传染源方面:机构众多,管理混乱

在调查传染源方面,有太多的机构、官员和专家介入,同时又缺乏疫情中央监控机制。先是德国联邦机构宣布西红柿、黄瓜、生菜等与患者发病密切相关,并告诫民众忌生吃这些蔬菜,其后又有官员宣布在几根西班牙黄瓜上发现肠出血性大肠杆菌。最终实验室检验证实,西班牙黄瓜虽然带菌,但并不是造成本次疫情的特殊菌株。传染源迟迟不能查明。

③ 救治方面:临床资源尚需整合

本次德国不少重病区医院应急机制承压已近极限,病床和用于治疗的血浆供应趋于紧张。同时由于这次造成疫情的特殊大肠杆菌未曾在世界任何地方有大规模暴发,在德国暴发时又在患者病程发展等方面表现出了与以往肠出血性大肠杆菌感染明显不同的特点,德国各医院并没有针对这种病菌对症下药的现成经验可循。为了治疗救人,各医院不得不采取诸如注射抗体等非常规试验疗法,取得了不少经验。面对这种复杂的局面,德国并没有某个全国性的机构出面协调,最终还是由德国各大医院自发组织起了网上交流平台,分享治疗经验,协调病床、血浆供应等。

④ 信息发布方面:缺乏统一权威发布

本次事件中，各方面的专家、学者、各州官员和联邦官员纷纷对媒体发布各种信息和见解。特别是传染源的问题上，各机构自行发布本机构的传染源调查结果，各机构各执己见，“欧洲疾病预防管制中心”表示，产自西班牙的黄瓜可能是出血性大肠杆菌的感染源之一，德国科学家认为，国内沼气厂可能是病菌温床，农业部维持对豆芽及西红柿、生菜和黄瓜的警告。德国卫生部门直到 5 月 31 日才召开发布会，发布相对权威的信息，传染源尚未明确，提醒民众食用煮熟的蔬菜。众所纷纭的信息导致民众恐慌，不安、迷惑心理不减反增。

3. 该突发公共卫生事件应急处理案例值得改进之处

(1) 在疫情上报方面，建立更完善快捷的疾病上报制度，已有专家建议德国效仿美国的做法。美国建立了全国统一的数据库，让各地直接登记，自动汇总流行病感染病例，并由美国疾病控制和预防中心总部的防疫专家每天统一分析评估。

(2) 在信息发布方面，本次疫情病原明确，相关的预防措施也十分明确，当局应该及时召开权威的发布会，告知民众相关事项。本次疫情通过煮熟瓜果、勤洗手完全可以有效预防，避免民众对黄瓜以及后来对豆芽的恐慌。此外，对外信息发布应统一口径，不同部门、机构各行其是的发布，并不利于民众了解本次疫情的真实情况，反而招致不必要的恐慌。

(3) 在临床救治方面，由全国性的机构，建立统一的协调、调度和交流平台，对疾病救治所需物资进行更好调配，对救治经验进行及时交流。

三、动物疫情

案例六　禽流感疫情

2004 年 1 月 27 日，广西壮族自治区隆安县发生高致病性禽流感疫情，此后疫情迅速蔓延。面对严峻形势，党中央、国务院果断决策，对防治工作做出紧急部署。各地认真贯彻中央有关“加强领导、密切配合、依靠科学、依法防治、群防群控、果断处置”的方针政策，有力、有序、有效地开展了防治工作。

(一) 基本情况

自 1 月 27 日至 7 月 28 日，我国共有广西、湖北、湖南、安徽、广东、上海、新疆、浙江、云南、河南、甘肃、江西、天津、陕西、吉林、西藏等 16 个省(区、市)发生了 50 起疫情。由于采取了坚决果断的措施，疫情得到有效控制，没有发生大范围的疫病流行和扩散，病禽总数 15 万只，死亡 13 万只，扑杀 905 万只。疫情对禽肉进出口造成较大影响，直接经济损失达 100 亿元。7 月 28 日，安徽巢湖最后 1 起疫情解除封锁后，再无新发疫情。

由于加强了医学监测和预防工作，特别是加强了对疫区工作人员和参与扑杀行动有关人员的保护措施，有效防止了高致病性禽流感病毒对人的感染。通过出台补偿和扶持政策措施，加大对重点地区、种禽场、大型养禽场和养殖大户的保护与支持力度，降低了疫病对养禽业和农民收入带来的损失，有效地保护了养禽业的健康发展。禽类及其产品出口逐步得到恢复。

在禽流感防治过程中，各地完善了疫情监测网络，建立了疫情报告制度和诊断制度，制定和完善了预案，添置了必要装备，增加了防疫物资储备，从而推进了动物防疫体系建设。

(二) 应急机制发挥了重要作用

(1) 健全应急组织体系。2004 年 1 月 20 日，农业部防治禽流感工作领导小组成立。2 月 3 日，国务院成立了全国防治高致病性禽流感指挥部，下设七个工作机构，负责统一领导、指挥和协调全国禽流感防治工作。各省(区、市)也相应成立了防治指挥部和领导小组,负责本区域的禽流感防治工作。

(2) 预案启动及时有效。疫情发生后,国务院及时颁布了《全国高致病性禽流感应急预案》,按照预案规定,全国迅速建立了指挥有力、运转高效的运行机制。首先,在原有的国家动物疫病监测系统的基础上,迅速建立了高致病性禽流感预测预警机制,启动了疫情零报告和日报告制度,及时掌握疫情信息。在高致病性禽流感期间,建立了疫情发布制度,每日对社会发布疫情信息,让广大人民群众及时了解疫情动向,做好防范。制定了《全国高致病性禽流感疫情处置技术规范》,包括疫情报告、诊断、病毒分离等各方面的工作,使各项工作有序进行。同时对疫区发布封锁令和解除封锁等也做了详细规定,疫区从封锁到解除都有章可循。

(3) 应急保障充实可靠。按照预案规定,建立和完善了国家级和省级动物防疫物资储备制度,储备相应的防治高致病性禽流感应急物资。重点储备防护用品、消毒药品、消毒设备、疫苗、诊断试剂、封锁设施和设备等。国家将高致病性禽流感防治资金纳入国家财政预算,扑杀病禽和同群禽由国家给予合理补贴,强制免疫疫苗费用由国家承担。中央财政累计安排扑杀补助、边境防疫带建设、科技攻关、疫情监测等资金 2.75 亿元。各地都成立了疫情处理应急预备队,并积极组织培训,确保一旦发生疫情能迅速、及时、彻底地进行处理。

(4) 严格落实各项工作措施。一是加强督查。对发生的每起疫情,原农业部直接派出专家组和工作组赴现场督促处理,共组织 80 多批近 300 人次对各地的防治工作进行督查,派专人对 49 起疫情中的 48 起疫情处置进行了实地指导和核查。此外又派出 10 余个工作组到未发生疫情的省份检查免疫情况、应急工作准备情况等。国务院还专门派出督查组,分赴有关省区督促、检查和指导防治工作。二是加大宣传力度。调动全社会力量参与防治工作,共印发近 40 万份防治技术宣传手册和法律法规宣传手册,印制挂图 100 万张。三是落实责任制和责任追究制度。国务院明确要求,动物防疫工作实行政府主要领导负责制,各级政府主要负责人是动物防疫工作的第一责任人。各地按照国务院要求,认真落实责任制和责任追究制,通过层层签订责任状,建立岗位责任制,明确责任,严明奖惩。

(三) 主要经验和做法

(1) 果断处置,加大疫病防治力度。针对高致病性禽流感疫情来势急、发展快、危害大的特点,从多方面采取坚决、果断、有力措施,防止疫情扩散。对发生疫情的地区,按照"早、快、严"的原则,实行了坚决的封锁、扑杀和免疫措施。对非疫区坚持预防为主,严密防范疫病传入。重点加大了对疫情周边地区、集中产区、重点养殖企业和养殖运销大户的防疫与出入境检验检疫力度。为保证防疫需要,国家紧急安排中央预算内专项资金 5 000 万元,支持企业改造生产设施,扩大禽流感疫苗生产能力。全国上下紧急行动,确保了各项防治措施及时到位。

(2) 密切配合,形成防治工作的合力。各地、各有关部门加强协调,互相支持,协同作战,全力工作。严格出入境检验检疫,加强国内禽类及其产品的市场管理,有效防止了疫病传入、传出和扩散。增加疫苗等防疫物资的生产,搞好调度、运输和供应,共调拨疫苗 5.2 亿余份,保证了防疫工作的需要。加强医学监测和预防,制定了突发人禽流感应急预案,完善了有关防治方案,开展了对重点地区流感医学监测和流行病学调查。加强对疫区有关工作人员、密切接触人员的保护措施,有效阻止了疫病对人的感染。组织宣传动物疫病防治的方针政策、法律法规和防治知识,有力加强了宣传教育和舆论指导。共发放禽流感防治知识问答、禽流感防疫知识挂图、光盘等 9 600 万份。

(3) 依靠科学,为防治工作提供有力支撑。在防治工作中,坚持依靠科技人员和运用科学手段,按照“统一组织、大力协同、集中力量、确保重点”的原则,集中多部门优势,组织多学科专家,研究提出科技攻关总体方案,开展联合攻关。针对防治一线急需,及时筛选推广防治高致病性禽流感重点新技术及产品,颁布了防治疫病的快速诊断、检验检疫等国家标准。组织专家和防疫人员深入疫区和重点地区,积极开展防治禽流感咨询、技术交流和培训活动。指挥部多次召开会议,广泛听取社会各界及有关专家的意见和建议,确保决策的科学性和有效性。

(4) 依法防治,把防治工作纳入法制化轨道。在防治工作中,重视加强制度建设,促进防治工作的规范化、制度化、法制化。依照《中华人民共和国动物防疫法》,及时启动了《全国高致病性禽流感应急预案》。各地区、各部门也都制定了预案,为防治工作提供了重要的组织、技术、资金和物资保障。制定了封锁、扑杀等技术规范,建立和完善了与国际惯例接轨的疫情报告、疫情诊断、疫情发布制度,为防治工作提供有力的法律保障。为全面、科学加强动物防疫基础设施建设,组织编制了《全国动物防疫体系建设规划》。

(5) 群防群控,为做好防疫工作奠定坚实基础。在防治工作中,指挥部注重发挥政治优势,充分调动各方面积极性。坚持依靠基层组织,充分发挥基层党组织的战斗堡垒作用和广大党员的先锋模范作用。坚持依靠群众,调动群众参与防治工作的积极性,增强群众防疫意识。

(6) 开展合作,推动与有关国家、地区和国际组织的合作与交流。及时向各国驻华使领馆及有关驻华机构通报疫情。加强与联合国粮农组织、世界卫生组织、世界动物卫生组织等有关国际组织和周边国家的合作。召开了中国与东盟防治禽流感特别会议。对周边疫情严重的国家,提供了资金、物资和技术援助。积极开展科研方面的国际合作。通过对外交流与合作,既提高了我国的防治工作水平,又得到了国际社会的理解和支持,树立了我国政府良好的国际形象。

(7) 正确引导,为防治工作的深入开展营造良好的舆论氛围。切实加强对防治禽流感新闻宣传报道的组织工作,广泛报道各地区、各部门防治工作取得的成绩和经验,确保防治禽流感宣传报道适时、适度、平稳、有序。各新闻媒体根据自身特点,深入实际,扎实采访,推出了大量生动感人的典型报道,及时充分地报道了各地防治工作中涌现出的先进事迹。

(8) 统筹兼顾,坚持全面抓好农村各项工作。在毫不松懈地阻击高致病性禽流感疫情的同时,毫不动摇地抓好农业生产和农民增收。及时召开禽流感疫情受损企业座谈会,分析禽流感疫情对国民经济的影响,研究提出了相应对策措施。制定并落实扑杀、免疫的补偿政策和扶持家禽业发展的政策措施。对养殖农户和加工企业加强流动资金贷款支持,免征所得税,实行增值税即征即退,及时兑现出口退税,免征部分政府性基金和收费,大力扶持和恢复家禽业生产。

(四) 防治工作的主要特点

在这次防治工作中,党中央、国务院周密部署、精心组织,畜牧兽医战线干部职工不分昼夜辛勤工作,为防治高致病性禽流感付出了劳动和心血。总体上看,防治工作具有以下几个方面特点:

(1) 统一认识,坚定信心。全国畜牧兽医战线工作者认真学习中央领导同志重要批示,统一思想认识，进一步增强了做好禽流感防治工作的紧迫感、责任感和使命感。统一的认识迅速转化为自觉的行动，始终把防治高致病性禽流感疫情工作作为当前头等大事来抓，以饱满的热情和顽强的斗志积极投入这场阻击战。

(2) 沉着应对，迅速行动。1月27日，广西壮族自治区隆安县发生禽流感疫情后，原农业部全面动员，各地迅速行动，明确责任，严格程序，临危不乱，保证各项防治工作有力、有序、有效地开展。

(3) 团结合作，群策群力。全国防治高致病性禽流感指挥部成立后，为适应新工作机构的需要，保证相关工作机构的正常运转，根据总体部署，各地区、各有关部门统筹安排人力资源，集中抽调业务骨干充实到各工作机构。参加各机构的工作人员，把防治工作作为自己分内的事情，积极主动，冲锋在前，团结配合有关人员，发扬连续作战、吃苦耐劳和勇于奉献的精神，努力为防治工作献策献力。

(4) 恪尽职守，甘于奉献。为保证党中央、国务院决策和部署的全面贯彻，把防治禽流感的各项措施落到实处，各地区、各有关部门充分发挥基层党组织战斗堡垒作用和共产党员先锋模范作用，广大干部群众积极投身于禽流感防治工作。在这场防治高致病性禽流感的阻击战中，全体党员和广大干部表现出强大的凝聚力和战斗力，向党和人民交上了一份合格的答卷。各地动物防疫人员在防控工作中兢兢业业，表现出很强的奉献精神。

案例七　美国疯牛病疫情

2003年圣诞节前夕，美国发现了首例疯牛病，并且在美国四通八达的视频网络中传播开，造成了全美经济社会的大震荡。截至当地时间12月26日，全球25个国家和地区宣布“封杀”美国牛肉，这些国家和地区的进口额占美国此类产品出口额的90%左右。有经济人士分析预测，除了美国牛肉行业直接损失几十亿美元外，此事给美国食品安全信心等带来的“无形”损失更大。

虽然疯牛病风波搅得全美上下不得安宁，但从始至终都仅是这一例疯牛病记录，没有造成扩散，没有引起大面积的疫情，这全部得益于美国多年来建立的严密的疫情控制系统。

(1) 隔离隐患。在确诊首例疯牛病后，对于已经流散的牛肉，美国政府部门立即予以同等价格回收，当时回收了约4 500千克与病牛在同一天同一地点宰杀加工的牛肉。美国政府采取的等价回收并加大回收力度的措施，极大程度断绝了病肉流入家庭的隐患。美国采取隔离措施，不仅隔离了发现首例疯牛病的农场，而且于12月26日找到了发病疯牛产下的小牛犊，并将其所在的农场隔离，至此美国被隔离的牛已达到4 400头。

(2) 强化检验。美国专门设计了用来检测疯牛病是否在美国存在的监测系统，即使疯牛病发生的概率仅有百万分之一也逃不过该系统的“法眼”。美国疯牛病检测率是世界动物卫生组织(OIE)建议值的47倍。而且出台新规定，在疯牛病检测结果未获得确认前，所有接受检查的牛都不能进入食品供应环节。结果显示，在所追踪的牛中，经过屠宰并检测后，并未发现有其他牛染病的状况，其后代也未验出有感染疯牛病症的状况。

(3) 防患未然。早在1997年美国就以立法形式禁止用反刍动物的肉骨粉所制成的蛋白质添加剂来喂饲牛，因为疯牛病主要就是通过动物性肉骨粉饲料传播的。而且自20世纪80年代后期以来，美国农业部便有一个疯牛病是否可能发生在美国的探讨计划，通过实行该计划，美国总共检测的数量远超过国际上对风险低的国家所建议的检测量。而且为了改善测试的措施，美国农业部将美国分成八个区域，每一个区域相当于一个国家，并在每一个区域采取超过国际测试要求的水平来达成检测的目标。因此在此次疯牛病危机中美国不用像欧洲和日本那样对每一头牛都进行疯牛病的检验，显示了预警机制的作用。

通过上述措施可以看出，在此次危机中，美国政府承担着重要的角色，美国食品药品监督管理局(FDA)、美国农业部动植物卫生检疫局(APHIS)、美国食品安全检验局(FSIS)和美国农业部农业行销局(AMS)分别统管保证牛肉的健康、保证人的食物的供应、保证行销产品品质，这些机制的共同运行，有效控制了全美的食品安全风险。

第四节 社会安全类事故应急案例分析

社会安全事故是指在社会运行过程中，因为意外原因导致的突然发生的、对社会产生严重影响的事故。这类事故可能包括但不限于恐怖袭击、经济安全事件、涉外突发事件和公共安全事件等，它们常常对人们的生命安全、财产以及社会秩序构成严重威胁。在这种背景下，高效、科学的应急管理显得尤为关键。

本节案例分析旨在深入研究某社会安全事故，全面了解其发生的背景、原因、事件演变的过程以及应急响应的各个层面。通过对案例的深入剖析，我们重点关注事故的突发性质、危机管理的有效性、社会各层面协同合作的机制等方面，以期为今后应对类似社会安全事故提供实际有效的经验。

一、恐怖袭击事件

案例一 “11·13”巴黎恐怖袭击事件

(一) 事件经过

2015 年 11 月 13 日晚，在法国巴黎市发生一系列恐怖袭击事件，造成至少 132 人死亡、300 多人受伤。此后，法国本土和科西嘉岛进入紧急状态，世界各国纷纷谴责恐怖袭击，向法国和法国人民表示支持和慰问。

(二) 处理措施

(1) 解救人质。2015 年 11 月 14 日凌晨 0 时 08 分，法国安全部队向音乐厅发起冲锋；0 时22 分在音乐厅进行表演的某乐队已经撤离；0 时 30 分左右，警方的特警队进入并将暴恐分子击毙。

(2) 抓捕疑犯。约 1 500 名军人、200 名警察及 800 名高速交警被派到了巴黎各个街道上以进行戒备；约 150 名郊区警力在高速公路及收费站维持秩序。11 月 15 日警方实施了 168 次突袭行动，与巴黎暴恐事件相关的 23 人被拘捕，另有 104 人被软禁。巴黎警方确认，所有参与巴塔克兰剧院恐怖袭击事件的袭击者全部死亡，他们在警方接近的时候按下了佩戴的自杀式腰带，一共有 4 人死亡。

(3) 紧急状态。为应对本次恐怖袭击，巴黎警方要求所有市民待在家中，不要外出。媒体称，这是法国自 1944 年以来首次实施宵禁。法国全国最高级别反恐戒严，全国宵禁，交通戒严，法国全国国境关闭，所有航班取消。巴黎市政府官方“推特”账号发布消息称，全市所有公共设施在 14 日关闭，其中包括学校、博物馆、图书馆、体育场、游泳池和公共市场。

案例二　美国“9·11”事件

（一）事件经过

2001年9月11日，恐怖组织劫持了4架美国客机，用一种难以想象的方式袭击了美国的经济和军事中心。纽约曼哈顿的世贸大厦在全世界的惊呼中轰然坍塌，几分钟后五角大楼也被撞塌，3 200多人死亡或失踪，直接和间接的经济损失达数千亿美元。这是美国历史上最为严重的恐怖袭击事件，对世界局势的发展产生了深远影响。

事件发生后，美国联邦和纽约市政府各部门都在危机处理中出色地发挥了自己的作用，使美国在“9·11”之后一定程度上控制了危机的影响范围，从政府运转到社会生活得以迅速恢复正常，整个危机处理过程收到了很好的效果。

（二）主要经验

(1) 最高领导人对危机的定性快速准确。距第一次撞击仅45分钟，布什总统就做了第一次电视直播讲话，在全美和全世界观众面前对事件做了定性。他明确表示美国遭受了恐怖主义袭击，这次事件是一次全国性的悲剧，为后来的反恐怖行动定了调子。

(2) 常设的危机处理专门机构的作用明显。美国国家安全委员会是根据1947年《国家安全法》而设立的，是美国政府处理危机事件的决策机构，主要成员除了总统外，还有副总统、国务卿、国防部长、总统国家安全事务助理、中央情报局和联邦调查局的局长等。在“9·11”事件发生后，美国政府的危机处理机制在第一时间自动运作。其中“国家安全委员会”作为“国家安全问题的最高决策咨询机构”，从对事态的第一反应到反恐怖战略的制定，都发挥了“中枢神经”的作用。

(3) 各级政府部门事前都有“危机预案”。在突然爆发的危机面前，不仅美国联邦政府各部门，而且其他各级地方政府都有一套危机处理预案，遇到紧急情况可以自动运作，从而避免危机扩散。纽约市的世贸大厦由于过去遭受过恐怖袭击，因此从市政府到大厦管理部门都有较强的危机意识，曾多次演练过危机预案。因此，在9月11日上午楼内人员撤离大楼时非常有秩序，没有因为发生慌乱而导致更大的伤亡。另外，事件发生后，纽约市消防局立即通过电视和广播通知当天所有休假的消防人员迅速回工作部门报到，以便投入现场的救援行动。联邦政府方面，在总统还没回到华盛顿之前，政府各部门已根据法定制度、程序和危机处置方案，自动采取了多项措施进行处置。在控制危机扩散方面，交通部部长紧急指示联邦航空局命令所有在空中的飞机降落，避免民航飞机继续被恐怖分子用作武器。同时纽约市政府也在最短时间内成立了危机处理小组，指挥救灾。

(4) 灵活调配有限的资源，集中精力解决最紧迫的问题。一是成立国土安全办公室，并对军事指挥系统进行调整。2001年9月20日，布什总统宣布成立国土安全办公室，统一领导原来分散在不同部门的国内反恐工作，弥补原有危机反应机制的不足。此外，美国国防部为了适应新的形势要求，在“9·11”后提出在原有九大司令部之外成立国土司令部，加强对本土的防卫。二是筹措巨额专项资金。国会在危机后不仅迅速通过《反恐怖法》，充分授权布什总统进行反恐战争，还将拨款额扩大至400亿美元。三是调整外交战略。在反恐怖压倒一切的思想指导下，布什总统在国际上开始调整和理顺与大国和联合国的关系。

(5) 注重在危机过程中的媒体管理。通过媒体快速传递权威信息引导公众情绪。布什总统在危机爆发后1小时内即通过电视讲话向美国公众阐明危机的恐怖主义性质，3小时后，发表第二次电视讲话。9 月 11 日当晚回到白宫后，布什总统向全国发表了讲话。从而使美国民众的心理从遭受袭击之后的恐惧、悲伤很快转变为对恐怖分子的仇恨和团结抗敌的激情。美国国内的媒体和舆论导向也与政府保持一致，整个国家掀起了爱国浪潮。

二、涉外突发事件

案例三　2011 年日本福岛核电站泄漏事故

（一）事故经过

2011 年 3 月 12 日，因为发生里氏 9.0 级的特大地震导致福岛县第一和第二核电站发生核泄漏。福岛第一核电站内共有 6 座反应堆，其中 1～3 号反应堆在地震发生后自动停止运行，由于先后发生了爆炸，造成 2 座厂房和 1 座反应堆外壳受损。电站冷却系统因被海啸引起的洪水淹没瘫痪，反应堆内核燃料温度居高不下，救援人员只好用消防水龙吸海水为反应堆降温。地震发生时，4、5、6 号 3 座反应堆处于停止状态，但其中储藏的大量乏燃料同样需要不断补充降温用冷却水。因冷却水不足，4 号反应堆于 15 日发生火灾，幸被及时扑灭，没酿成更大灾难。

（二）处理措施

日本里氏 9.0 级强震造成该国两座核电站的 5 个机组停转，日本政府为此宣布“核能紧急事态”，并于 12 日首次确认福岛核电站出现泄漏，大批居民被疏散。

据报道，日本经济产业省原子能安全保安院 12 日表示，因地震而自动停止运行的东京电力公司福岛第一核电站正门附近的辐射量升至正常值 8 倍以上，1 号反应堆的中央控制室辐射量是正常值的 1 000 倍。为防止核反应堆容纳器内的气压上升导致破损，保安院下令东京电力公司释放反应堆容纳器内的蒸气。

日本首相 12 日上午也对福岛第二核电站发布了“核能紧急事态宣言”。他下令，12 日凌晨 5 时 44 分起，建议居民疏散避难的范围从第一核电站半径 3 千米以内扩至 10 千米。福岛县政府 12 日也要求以第二核电站为中心半径 3 千米之内的居民疏散。

截至 15 日晚上，撤离的范围已经由原来的 10 千米扩大到 30 千米，核辐射可能直接影响到东京。保安院方面表示，从避难区域扩大的情况和风向等因素来看，能够保障居民安全。同时，美国空军紧急派遣飞机向日本运送用于核电站的冷却剂。国际原子能机构此前表示，核电站关闭后，核燃料需要持续冷却。

福岛第一核电站严重泄漏辐射发生后，800 多名工作人员大部分已撤离，但广受媒体褒扬的“福岛 50 人”仍然留守。据报道，当地电视台收到其中一名“福岛 50 人”的家属来信，指其留守福岛核电站的父亲还健康、平安，不过，核电站缺水缺粮，生活环境非常恶劣，信中还提到父亲抱着必死的决心。

据报道，“福岛 50 人”争分夺秒，试图用自己的身体筑起保护福岛核电站的最后一道屏障。报道称，核电站运营商东京电力公司已将团队重新增至 181 人。这批勇士无惧死亡、不求留名，只以全国上下的安危为念。东京电力公司最初留下的 50 人中，20 人是自愿留下的员工，另 30 人由公司指派，他们的年龄大部分都在 50 岁以上。他们以 10～15 分钟为单位，分批进出受损厂房，开展向过热的反应炉灌注海水，监控状况，清理爆炸、起火后留下的残骸等工作。

三、公共安全事件

案例四 “12·31”上海外滩踩踏事件

2014年12月31日23时35分，上海市黄浦区外滩某广场东南角通往黄浦江观景平台的人行通道阶梯处发生拥挤踩踏，造成36人死亡、49人受伤。

事件发生后，习近平总书记等中央领导同志分别做出重要批示，要求上海市全力以赴救治伤员，做好各项善后工作，抓紧调查事件原因，深刻吸取事件教训，及时准确向社会发布信息。

（一）事件经过

2014年12月31日23时30分，警方从监控探头中发现某广场上下江堤的一个通道上，发生人员滞留的情况，立即调集值班警力赶赴现场，民警遭超大规模拥挤人流的阻隔，采取了强行切入的方式，进入所用时间比正常时间多5～8分钟。23时23分至33分，上下人流不断对冲后在阶梯中间形成僵持，继而形成“浪涌”。23时35分，僵持人流向下的压力陡增，造成阶梯底部有人失衡跌倒，继而引发多人摔倒、叠压，致使拥挤踩踏事件发生。

（二）处理措施

事件发生后，上海市委、市政府主要领导迅速赶赴现场指挥应急处置工作，并分别赶往医院看望慰问受伤人员和伤亡人员家属。同时，连夜召开紧急会议，决定成立医疗救治、善后处置等专项工作组和联合调查组，各组当即开展工作。

调动全市优质医疗资源全力以赴救治伤员，在专家会诊评估的基础上，按照“一人一方案、一人一专家”的要求，逐一明确医疗方案，尽一切可能挽救生命，截至2015年1月20日，49名伤者中已有46人经诊治后出院（包括13名重伤员中的11人），3名伤员（2名重伤、1名轻伤）仍在院治疗。通过多种途径尽快确认伤亡人员身份，及时向社会公布遇难者名单，并对出院伤者进行随访。指派专人全力做好伤亡人员家属的接待、安抚，组织专业人士对受伤人员和伤亡人员家属进行心理疏导。通过组织集体采访、书面发布、“上海发布”政务微博及微信等形式，及时向媒体和社会发布相关信息。

2015年1月1日上午，上海市委、市政府召开全市党政负责干部紧急会议，全面部署各项善后工作和全市面上安全防范工作，并在会议开始前向遇难者表示深切哀悼。

（三）反思预防机制

（1）这起事件暴露出公共安全管理方面仍然存在盲点，特别是对无主办单位的大型群众性活动安全风险评估不足、准备不充分，存在管理空白。要按照国务院《大型群众性活动安全管理条例》，对大型群众性活动严格依法审批，切实落实相应监管和防范措施。尽快制定出台大型群众性活动安全管理实施办法，加强对公共场所群众自发聚集活动管理，填补无组织群众活动的管理空白。

（2）这起事件反映出，相关管理部门对监测信息研判不够，对人群高度密集产生的后果估计不足。要健全“谁主管、谁监测，谁预警、谁发布”的预警管理机制，针对不同突发事件，完善预警标准和响应措施。进一步加强重点环节、重点领域和重要时段的现场情况监测，结合大规模人员聚集、大流量交通等情况变化，加强分析研判，及时发现苗头性、趋势性问题，及时启动相关应急预案，采取限流、划定区域、单向通行等交通管控措施，重点加强台阶、扶梯、连接通道等特定区域的人员流动管理。要适时在重要场所设立显示屏和高音喇叭等安全提示设施，充分利用应急广播、新闻媒体、网络等平台发布预警信息和相关提示，规范引导市民游客采取合理避险措施。要利用大数据加快构建统一的公共安全信息平台，实现信息共享，进一步加强预警信息沟通。

(3) 这起事件表明，“条块分割、条线分割、各自为政”依然是城市运行管理亟须破解的难题。要加强应急队伍训练和管理，组织开展实战化应急演练，特别是要针对轨道交通、高层建筑、危险化学品、人员密集场所等开展专项处置和救援训练及演练，确保现场处置和救援有序高效。

(4) 加强人民群众的公共安全教育是各级政府的一项重要工作，需要常抓不懈。要充分发挥“5·12”防灾减灾日等公共安全宣传活动作用，依托传统媒体和新媒体，开展公共安全知识普及。要扎实推进公共安全宣传教育工作“进社区(乡村)、进企业、进学校”，鼓励市民积极参与社区(乡村)组织的防灾宣传活动，督促企事业单位组织职工开展应急技能培训和实战演练，加强大中小学安全教育，增强青少年学生安全意识和自救、互救能力。推动市民参与应急演练和宣传教育，共同树立忧患意识，增强安全防范知识，提高突发事件应对能力。

案例五　东京地铁沙林毒气事件

1995 年 3 月 20 日早晨 8 时 09 分至 15 分，在日本东京交通最繁忙的 3 条地铁的 15 个车站，同时发生沙林毒气事件，造成 13 人死亡、75 人重伤、约 5 500 人中毒。

这次事件处置的主要经验如下：

(1) 快速决策，紧急行动。“沙林毒气事件”发生之时，灾害对策的机制由东京都(市政府)上移至日本政府，日本政府做出的一系列反应对于稳定东京乃至日本国民的情绪起到了积极的作用。“沙林毒气事件”发生之初，情况并不明朗，当时的日本政府接受了关西大地震后反应迟钝的教训，于 3 月 20 日上午 10 时 40 分就在警视厅成立了专门的紧急对策部，此时离收到危机警报不过一个多小时，而且其中还经历了地方政府向中央政府“危机处理权限”的转移。

紧急对策部发布的第一道指令，就是立即向全国公共运输机构发出强行检查危险品的命令，与此同时，东京地铁系统成为防范的重点。第二道指令宣布，由于紧急事件的发生，东京地铁服务暂时停止，告示迅速贴满了各个车站。紧接着，日本自卫队的特种部队头戴防毒面具出现在事发地铁车站，协助维持秩序及清理残留毒品。而主要受害地区——中央区的 14 所小学、6 所中学，一律提前放假让师生回家，归途中学生们都佩戴口罩。20 日上午，除了日本自卫队派出特种部队以外，日本警视厅和消防厅分别出动了 1 万名警察和 192 辆救护车。

(2) 加强协调，消除恐慌。“沙林毒气事件”本身的危害程度在当天中午 12 时左右已经得到了实质性的控制，事后也证明，杀伤力最大的时间段就是早晨致命的 6 分钟。而接下来紧急对策部就要协调各个机构来消除“沙林毒气事件”造成的社会恐慌心理。

事件发生后，东京各家电视台纷纷中断了正常节目，对事件进行了全面报道。半个小时以后，广播系统播出了警视厅的初步判断，即此番事件是人为因素，并且播出了防化警察机动的消息。紧接着，各电视台还发表了村山首相的讲话，呼吁人们保持镇静，并提供线索揭发犯罪。中午 12 时，出现了日本自卫队的特种部队紧急出动并投入戒备行动的镜头。下午 3 时，日本警视厅宣布，断定毒气为瓦斯类物质沙林。宣布沙林毒气危害的当然不是一般的政府官员，而是日本权威的化学专家和罪犯防治专家，他们的出现反而使人们逐渐镇静下来，并确实提供了一些有价值的线索，直接帮助了警方破获此案。

(3) 善后赔偿，严惩恶魔。东京都宣布，将对这次不幸事件中的死亡者进行适当的政府补偿。事发后不到 48 小时，警视厅出动了 1 000 多名警察和 100 多辆警车，经过严密搜索，发现了大量的化学药品、实验用具和有关记录，可制造数以万吨计的沙林毒气，足以杀死 400 多万名市民。相关犯罪分子被立即逮捕，并在以后受到法律的严惩。而在这一案件的侦破过程中，各主要媒体跟随警方做了全方位的报道。大约一周后，东京才初步恢复了平静。

附录　应急管理相关法律法规

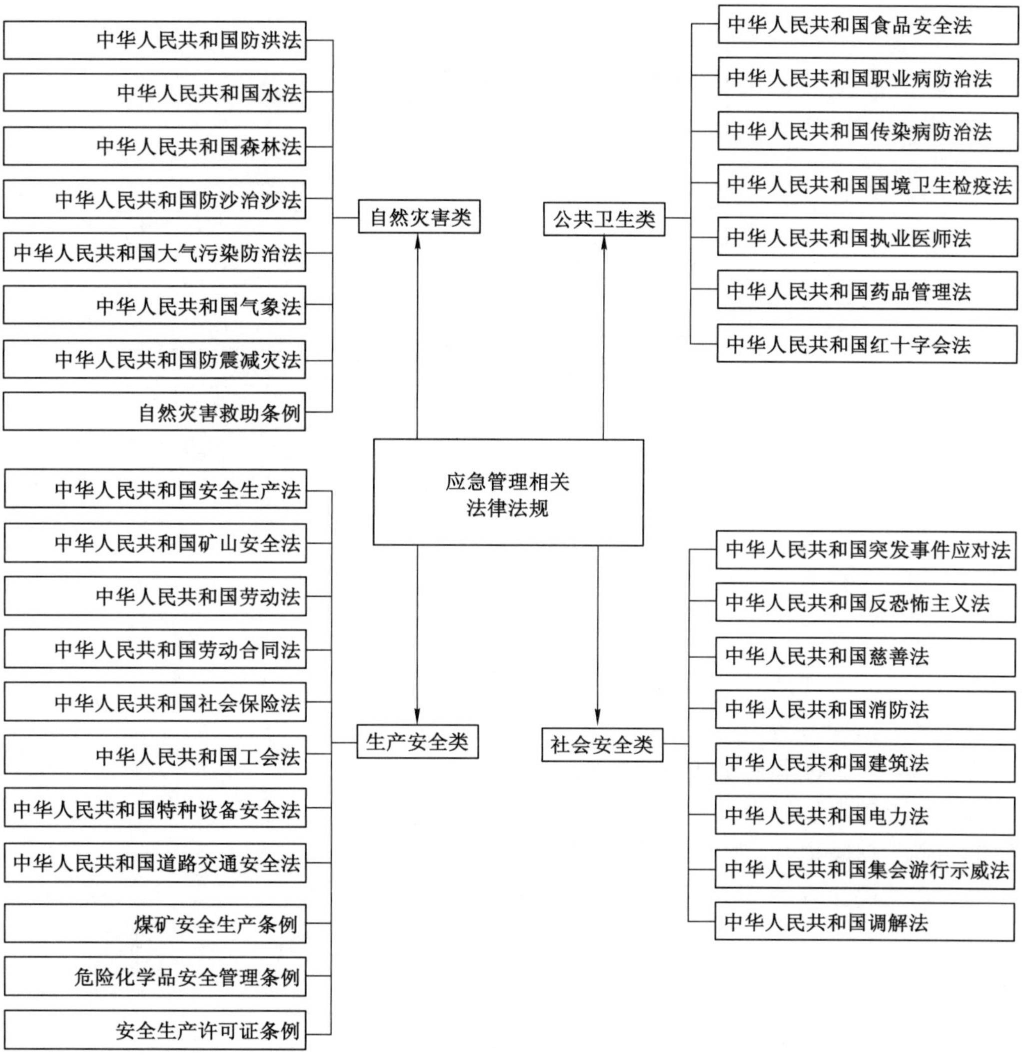

附录一　自然灾害类

中华人民共和国防洪法

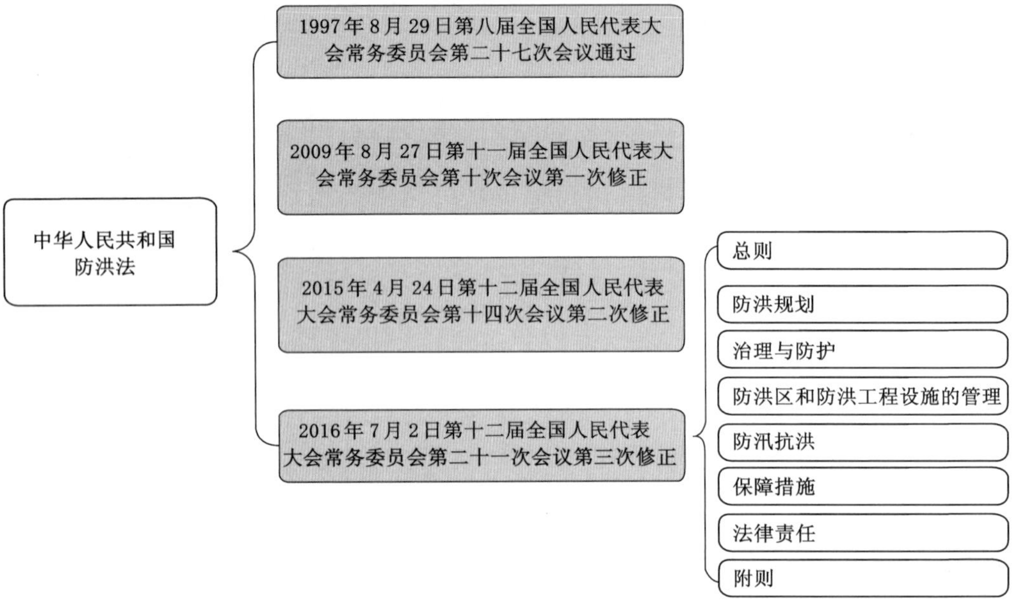

目　录

第一章　总　则

第一条　为了防治洪水，防御、减轻洪涝灾害，维护人民的生命和财产安全，保障社会主义现代化建设顺利进行，制定本法。

第二条　防洪工作实行全面规划、统筹兼顾、预防为主、综合治理、局部利益服从全局利益的原则。

第三条　防洪工程设施建设，应当纳入国民经济和社会发展计划。

防洪费用按照政府投入同受益者合理承担相结合的原则筹集。

第四条　开发利用和保护水资源，应当服从防洪总体安排，实行兴利与除害相结合的原则。

江河、湖泊治理以及防洪工程设施建设，应当符合流域综合规划，与流域水资源的综合开发相结合。

本法所称综合规划是指开发利用水资源和防治水害的综合规划。

第五条　防洪工作按照流域或者区域实行统一规划、分级实施和流域管理与行政区域管理相结合的制度。

第六条　任何单位和个人都有保护防洪工程设施和依法参加防汛抗洪的义务。

第七条　各级人民政府应当加强对防洪工作的统一领导，组织有关部门、单位，动员社会力量，依靠科技进步，有计划地进行江河、湖泊治理，采取措施加强防洪工程设施建设，巩固、提高防洪能力。

各级人民政府应当组织有关部门、单位，动员社会力量，做好防汛抗洪和洪涝灾害后的恢复与救济工作。

各级人民政府应当对蓄滞洪区予以扶持；蓄滞洪后，应当依照国家规定予以补偿或者救助。

第八条　国务院水行政主管部门在国务院的领导下，负责全国防洪的组织、协调、监督、指导等日常工作。国务院水行政主管部门在国家确定的重要江河、湖泊设立的流域管理机构，在所管辖的范围内行使法律、行政法规规定和国务院水行政主管部门授权的防洪协调和监督管理职责。

国务院建设行政主管部门和其他有关部门在国务院的领导下，按照各自的职责，负责有关的防洪工作。

县级以上地方人民政府水行政主管部门在本级人民政府的领导下，负责本行政区域内防洪的组织、协调、监督、指导等日常工作。县级以上地方人民政府建设行政主管部门和其他有关部门在本级人民政府的领导下，按照各自的职责，负责有关的防洪工作。

第二章　防洪规划

第九条　防洪规划是指为防治某一流域、河段或者区域的洪涝灾害而制定的总体部署，包括国家确定的重要江河、湖泊的流域防洪规划，其他江河、河段、湖泊的防洪规划以及区域防洪规划。

防洪规划应当服从所在流域、区域的综合规划；区域防洪规划应当服从所在流域的流域防洪规划。

防洪规划是江河、湖泊治理和防洪工程设施建设的基本依据。

第十条　国家确定的重要江河、湖泊的防洪规划，由国务院水行政主管部门依据该江河、湖泊的流域综合规划，会同有关部门和有关省、自治区、直辖市人民政府编制，报国务院批准。

其他江河、河段、湖泊的防洪规划或者区域防洪规划，由县级以上地方人民政府水行政主管部门分别依据流域综合规划、区域综合规划，会同有关部门和有关地区编制，报本级人民政府批准，并报上一级人民政府水行政主管部门备案；跨省、自治区、直辖市的江河、河段、湖泊的防洪规划由有关流域管理机构会同江河、河段、湖泊所在地的省、自治区、直辖市人民政府水行政主管部门、有关主管部门拟定，分别经有关省、自治区、直辖市人民政府审查提出意见后，报国务院水行政主管部门批准。

城市防洪规划，由城市人民政府组织水行政主管部门、建设行政主管部门和其他有关部门依据流域防洪规划、上一级人民政府区域防洪规划编制，按照国务院规定的审批程序批准后纳入城市总体规划。

修改防洪规划，应当报经原批准机关批准。

第十一条　编制防洪规划，应当遵循确保重点、兼顾一般，以及防汛和抗旱相结合、工程措施和非工程措施相结合的原则，充分考虑洪涝规律和上下游、左右岸的关系以及国民经济对防洪的要求，并与国土规划和土地利用总体规划相协调。

防洪规划应当确定防护对象、治理目标和任务、防洪措施和实施方案，划定洪泛区、蓄滞洪区和防洪保护区的范围，规定蓄滞洪区的使用原则。

第十二条　受风暴潮威胁的沿海地区的县级以上地方人民政府，应当把防御风暴潮纳入本地区的防洪规划，加强海堤(海塘)、挡潮闸和沿海防护林等防御风暴潮工程体系建设，监督建筑物、构筑物的设计和施工符合防御风暴潮的需要。

第十三条　山洪可能诱发山体滑坡、崩塌和泥石流的地区以及其他山洪多发地区的县级以上地方人民政府，应当组织负责地质矿产管理工作的部门、水行政主管部门和其他有关部门对山体滑坡、崩塌和泥石流隐患进行全面调查，划定重点防治区，采取防治措施。

城市、村镇和其他居民点以及工厂、矿山、铁路和公路干线的布局，应当避开山洪威胁；已经建在受山洪威胁的地方的，应当采取防御措施。

第十四条　平原、洼地、水网圩区、山谷、盆地等易涝地区的有关地方人民政府，应当制定除涝治涝规划，组织有关部门、单位采取相应的治理措施，完善排水系统，发展耐涝农作物种类和品种，开展洪涝、干旱、盐碱综合治理。

城市人民政府应当加强对城区排涝管网、泵站的建设和管理。

第十五条　国务院水行政主管部门应当会同有关部门和省、自治区、直辖市人民政府制定长江、黄河、珠江、辽河、淮河、海河入海河口的整治规划。

在前款入海河口围海造地，应当符合河口整治规划。

第十六条　防洪规划确定的河道整治计划用地和规划建设的堤防用地范围内的土地，经土地管理部门和水行政主管部门会同有关地区核定，报经县级以上人民政府按照国务院规定的权限批准后，可以划定为规划保留区；该规划保留区范围内的土地涉及其他项目用地的，有关土地管理部门和水行政主管部门核定时，应当征求有关部门的意见。

规划保留区依照前款规定划定后，应当公告。

前款规划保留区内不得建设与防洪无关的工矿工程设施；在特殊情况下，国家工矿建设项目确需占用前款规划保留区内的土地的，应当按照国家规定的基本建设程序报请批准，并征求有关水行政主管部门的意见。

防洪规划确定的扩大或者开辟的人工排洪道用地范围内的土地，经省级以上人民政府土地管理部门和水行政主管部门会同有关部门、有关地区核定，报省级以上人民政府按照国务院规定的权限批准后，可以划定为规划保留区，适用前款规定。

第十七条　在江河、湖泊上建设防洪工程和其他水工程、水电站等，应当符合防洪规划的要求；水库应当按照防洪规划的要求留足防洪库容。

前款规定的防洪工程和其他水工程、水电站未取得有关水行政主管部门签署的符合防洪规划要求的规划同意书的，建设单位不得开工建设。

第三章　治理与防护

第十八条　防治江河洪水，应当蓄泄兼施，充分发挥河道行洪能力和水库、洼淀、湖泊调蓄洪水的功能，加强河道防护，因地制宜地采取定期清淤疏浚等措施，保持行洪畅通。

防治江河洪水，应当保护、扩大流域林草植被，涵养水源，加强流域水土保持综合治理。

第十九条　整治河道和修建控制引导河水流向、保护堤岸等工程，应当兼顾上下游、左右岸的关系，按照规划治导线实施，不得任意改变河水流向。

国家确定的重要江河的规划导线由流域管理机构拟定，报国务院水行政主管部门批准。

其他江河、河段的规划治导线由县级以上地方人民政府水行政主管部门拟定，报本级人民政府批准；跨省、自治区、直辖市的江河、河段和省、自治区、直辖市之间的省界河道的规划治导线由有关流域管理机构组织江河、河段所在地的省、自治区、直辖市人民政府水行政主管部门拟定，经有关省、自治区、直辖市人民政府审查提出意见后，报国务院水行政主管部门批准。

第二十条　整治河道、湖泊，涉及航道的，应当兼顾航运需要，并事先征求交通主管部门的意见。整治航道，应当符合江河、湖泊防洪安全要求，并事先征求水行政主管部门的意见。

在竹木流放的河流和渔业水域整治河道的，应当兼顾竹木水运和渔业发展的需要，并事先征求林业、渔业行政主管部门的意见。在河道中流放竹木，不得影响行洪和防洪工程设施的安全。

第二十一条　河道、湖泊管理实行按水系统一管理和分级管理相结合的原则，加强防护，确保畅通。

国家确定的重要江河、湖泊的主要河段，跨省、自治区、直辖市的重要河段、湖泊，省、自治区、直辖市之间的省界河道、湖泊以及国（边）界河道、湖泊，由流域管理机构和江河、湖泊所在地的省、自治区、直辖市人民政府水行政主管部门按照国务院水行政主管部门的划定依法实施管理。其他河道、湖泊，由县级以上地方人民政府水行政主管部门按照国务院水行政主管部门或者国务院水行政主管部门授权的机构的划定依法实施管理。

有堤防的河道、湖泊，其管理范围为两岸堤防之间的水域、沙洲、滩地、行洪区和堤防及护堤地；无堤防的河道、湖泊，其管理范围为历史最高洪水位或者设计洪水位之间的水域、沙洲、滩地和行洪区。

流域管理机构直接管理的河道、湖泊管理范围，由流域管理机构会同有关县级以上地方人民政府依照前款规定界定；其他河道、湖泊管理范围，由有关县级以上地方人民政府依照前款规定界定。

第二十二条　河道、湖泊管理范围内的土地和岸线的利用，应当符合行洪、输水的要求。

禁止在河道、湖泊管理范围内建设妨碍行洪的建筑物、构筑物，倾倒垃圾、渣土，从事影响河势稳定、危害河岸堤防安全和其他妨碍河道行洪的活动。

禁止在行洪河道内种植阻碍行洪的林木和高秆作物。

在船舶航行可能危及堤岸安全的河段，应当限定航速。限定航速的标志，由交通主管部门与水行政主管部门商定后设置。

第二十三条　禁止围湖造地。已经围垦的，应当按照国家规定的防洪标准进行治理，有计划地退地还湖。

禁止围垦河道。确需围垦的，应当进行科学论证，经水行政主管部门确认不妨碍行洪、输水后，报省级以上人民政府批准。

第二十四条　对居住在行洪河道内的居民，当地人民政府应当有计划地组织外迁。

第二十五条　护堤护岸的林木，由河道、湖泊管理机构组织营造和管理。护堤护岸林木，不得任意砍伐。采伐护堤护岸林木的，应当依法办理采伐许可手续，并完成规定的更新补种任务。

第二十六条　对壅水、阻水严重的桥梁、引道、码头和其他跨河工程设施，根据防洪标准，有关水行政主管部门可以报请县级以上人民政府按照国务院规定的权限责令建设单位限期改建或者拆除。

第二十七条　建设跨河、穿河、穿堤、临河的桥梁、码头、道路、渡口、管道、缆线、取水、排水等工程设施，应当符合防洪标准、岸线规划、航运要求和其他技术要求，不得危害堤防安全、影响河势稳定、妨碍行洪畅通；其工程建设方案未经有关水行政主管部门根据前述防洪要求审查同意的，建设单位不得开工建设。

前款工程设施需要占用河道、湖泊管理范围内土地，跨越河道、湖泊空间或者穿越河床的，建设单位应当经有关水行政主管部门对该工程设施建设的位置和界限审查批准后，方可依法办理开工手续；安排施工时，应当按照水行政主管部门审查批准的位置和界限进行。

第二十八条　对于河道、湖泊管理范围内依照本法规定建设的工程设施，水行政主管部门有权依法检查；水行政主管部门检查时，被检查者应当如实提供有关的情况和资料。

前款规定的工程设施竣工验收时，应当有水行政主管部门参加。

第四章　防洪区和防洪工程设施的管理

第二十九条　防洪区是指洪水泛滥可能淹及的地区，分为洪泛区、蓄滞洪区和防洪保护区。

洪泛区是指尚无工程设施保护的洪水泛滥所及的地区。

蓄滞洪区是指包括分洪口在内的河堤背水面以外临时贮存洪水的低洼地区及湖泊等。

防洪保护区是指在防洪标准内受防洪工程设施保护的地区。

洪泛区、蓄滞洪区和防洪保护区的范围，在防洪规划或者防御洪水方案中划定，并报请省级以上人民政府按照国务院规定的权限批准后予以公告。

第三十条　各级人民政府应当按照防洪规划对防洪区内的土地利用实行分区管理。

第三十一条　地方各级人民政府应当加强对防洪区安全建设工作的领导，组织有关部门、单位对防洪区内的单位和居民进行防洪教育，普及防洪知识，提高水患意识；按照防洪规划和防御洪水方案建立并完善防洪体系和水文、气象、通信、预警以及洪涝灾害监测系统，提高防御洪水能力；组织防洪区内的单位和居民积极参加防洪工作，因地制宜地采取防洪避洪措施。

第三十二条　洪泛区、蓄滞洪区所在地的省、自治区、直辖市人民政府应当组织有关地区和部门，按照防洪规划的要求，制定洪泛区、蓄滞洪区安全建设计划，控制蓄滞洪区人口增长，对居住在经常使用的蓄滞洪区的居民，有计划地组织外迁，并采取其他必要的安全保护措施。

因蓄滞洪区而直接受益的地区和单位，应当对蓄滞洪区承担国家规定的补偿、救助义务。国务院和有关的省、自治区、直辖市人民政府应当建立对蓄滞洪区的扶持和补偿、救助制度。

国务院和有关的省、自治区、直辖市人民政府可以制定洪泛区、蓄滞洪区安全建设管理办法以及对蓄滞洪区的扶持和补偿、救助办法。

第三十三条　在洪泛区、蓄滞洪区内建设非防洪建设项目，应当就洪水对建设项目可能产生的影响和建设项目对防洪可能产生的影响作出评价，编制洪水影响评价报告，提出防御措施。洪水影响评价报告未经有关水行政主管部门审查批准的，建设单位不得开工建设。

在蓄滞洪区内建设的油田、铁路、公路、矿山、电厂、电信设施和管道，其洪水影响评价报告应当包括建设单位自行安排的防洪避洪方案。建设项目投入生产或者使用时，其防洪工程设施应当经水行政主管部门验收。

在蓄滞洪区内建造房屋应当采用平顶式结构。

第三十四条　大中城市，重要的铁路、公路干线，大型骨干企业，应当列为防洪重点，确保安全。

受洪水威胁的城市、经济开发区、工矿区和国家重要的农业生产基地等，应当重点保护，建设必要的防洪工程设施。

城市建设不得擅自填堵原有河道沟叉、贮水湖塘洼淀和废除原有防洪围堤。确需填堵或者废除的，应当经城市人民政府批准。

第三十五条　属于国家所有的防洪工程设施，应当按照经批准的设计，在竣工验收前由县级以上人民政府按照国家规定，划定管理和保护范围。

属于集体所有的防洪工程设施，应当按照省、自治区、直辖市人民政府的规定，划定保护范围。

在防洪工程设施保护范围内，禁止进行爆破、打井、采石、取土等危害防洪工程设施安全的活动。

第三十六条　各级人民政府应当组织有关部门加强对水库大坝的定期检查和监督管理。对未达到设计洪水标准、抗震设防要求或者有严重质量缺陷的险坝，大坝主管部门应当组织有关单位采取除险加固措施，限期消除危险或者重建，有关人民政府应当优先安排所需资金。对可能出现垮坝的水库，应当事先制定应急抢险和居民临时撤离方案。

各级人民政府和有关主管部门应当加强对尾矿坝的监督管理，采取措施，避免因洪水导致垮坝。

第三十七条　任何单位和个人不得破坏、侵占、毁损水库大坝、堤防、水闸、护岸、抽水站、排水渠系等防洪工程和水文、通信设施以及防汛备用的器材、物料等。

第五章　防汛抗洪

第三十八条　防汛抗洪工作实行各级人民政府行政首长负责制，统一指挥、分级分部门负责。

第三十九条　国务院设立国家防汛指挥机构，负责领导、组织全国的防汛抗洪工作，其办事机构设在国务院水行政主管部门。

在国家确定的重要江河、湖泊可以设立由有关省、自治区、直辖市人民政府和该江河、湖泊的流域管理机构负责人等组成的防汛指挥机构，指挥所管辖范围内的防汛抗洪工作，其办事机构设在流域管理机构。

有防汛抗洪任务的县级以上地方人民政府设立由有关部门、当地驻军、人民武装部负责人等组成的防汛指挥机构，在上级防汛指挥机构和本级人民政府的领导下，指挥本地区的防汛抗洪工作，其办事机构设在同级水行政主管部门；必要时，经城市人民政府决定，防汛指挥机构也可以在建设行政主管部门设城市市区办事机构，在防汛指挥机构的统一领导下，负责城市市区的防汛抗洪日常工作。

第四十条　有防汛抗洪任务的县级以上地方人民政府根据流域综合规划、防洪工程实际状况和国家规定的防洪标准，制定防御洪水方案（包括对特大洪水的处置措施）。

长江、黄河、淮河、海河的防御洪水方案，由国家防汛指挥机构制定，报国务院批准；跨省、自治区、直辖市的其他江河的防御洪水方案，由有关流域管理机构会同有关省、自治区、直辖市人民政府制定，报国务院或者国务院授权的有关部门批准。防御洪水方案经批准后，有关地方人民政府必须执行。

各级防汛指挥机构和承担防汛抗洪任务的部门和单位，必须根据防御洪水方案做好防汛抗洪准备工作。

第四十一条　省、自治区、直辖市人民政府防汛指挥机构根据当地的洪水规律，规定汛期起止日期。

当江河、湖泊的水情接近保证水位或者安全流量，水库水位接近设计洪水位，或者防洪工程设施发生重大险情时，有关县级以上人民政府防汛指挥机构可以宣布进入紧急防汛期。

第四十二条　对河道、湖泊范围内阻碍行洪的障碍物，按照谁设障、谁清除的原则，由防汛指挥机构责令限期清除；逾期不清除的，由防汛指挥机构组织强行清除，所需费用由设障者承担。

在紧急防汛期，国家防汛指挥机构或者其授权的流域、省、自治区、直辖市防汛指挥机构有权对壅水、阻水严重的桥梁、引道、码头和其他跨河工程设施作出紧急处置。

第四十三条　在汛期，气象、水文、海洋等有关部门应当按照各自的职责，及时向有关防汛指挥机构提供天气、水文等实时信息和风暴潮预报；电信部门应当优先提供防汛抗洪通信的服务；运输、电力、物资材料供应等有关部门应当优先为防汛抗洪服务。

中国人民解放军、中国人民武装警察部队和民兵应当执行国家赋予的抗洪抢险任务。

第四十四条　在汛期，水库、闸坝和其他水工程设施的运用，必须服从有关的防汛指挥机构的调度指挥和监督。

在汛期，水库不得擅自在汛期限制水位以上蓄水，其汛期限制水位以上的防洪库容的运用，必须服从防汛指挥机构的调度指挥和监督。

在凌汛期，有防凌汛任务的江河的上游水库的下泄水量必须征得有关的防汛指挥机构的同意，并接受其监督。

第四十五条　在紧急防汛期，防汛指挥机构根据防汛抗洪的需要，有权在其管辖范围内调用物资、设备、交通运输工具和人力，决定采取取土占地、砍伐林木、清除阻水障碍物和其他必要的紧急措施；必要时，公安、交通等有关部门按照防汛指挥机构的决定，依法实施陆地和水面交通管制。

依照前款规定调用的物资、设备、交通运输工具等，在汛期结束后应当及时归还；造成损坏或者无法归还的，按照国务院有关规定给予适当补偿或者作其他处理。取土占地、砍伐林木的，在汛期结束后依法向有关部门补办手续；有关地方人民政府对取土后的土地组织复垦，对砍伐的林木组织补种。

第四十六条　江河、湖泊水位或者流量达到国家规定的分洪标准，需要启用蓄滞洪区时，国务院，国家防汛指挥机构，流域防汛指挥机构，省、自治区、直辖市人民政府，省、自治区、直辖市防汛指挥机构，按照依法经批准的防御洪水方案中规定的启用条件和批准程序，决定启用蓄滞洪区。依法启用蓄滞洪区，任何单位和个人不得阻拦、拖延；遇到阻拦、拖延时，由有关县级以上地方人民政府强制实施。

第四十七条　发生洪涝灾害后，有关人民政府应当组织有关部门、单位做好灾区的生活供给、卫生防疫、救灾物资供应、治安管理、学校复课、恢复生产和重建家园等救灾工作以及所管辖地区的各项水毁工程设施修复工作。水毁防洪工程设施的修复，应当优先列入有关部门的年度建设计划。

国家鼓励、扶持开展洪水保险。

第六章　保障措施

第四十八条　各级人民政府应当采取措施，提高防洪投入的总体水平。

第四十九条　江河、湖泊的治理和防洪工程设施的建设和维护所需投资，按照事权和财权相统一的原则，分级负责，由中央和地方财政承担。城市防洪工程设施的建设和维护所需投资，由城市人民政府承担。

受洪水威胁地区的油田、管道、铁路、公路、矿山、电力、电信等企业、事业单位应当自筹资金，兴建必要的防洪自保工程。

第五十条　中央财政应当安排资金，用于国家确定的重要江河、湖泊的堤坝遭受特大洪涝灾害时的抗洪抢险和水毁防洪工程修复。省、自治区、直辖市人民政府应当在本级财政预算中安排资金，用于本行政区域内遭受特大洪涝灾害地区的抗洪抢险和水毁防洪工程修复。

第五十一条　国家设立水利建设基金，用于防洪工程和水利工程的维护和建设。具体办法由国务院规定。

受洪水威胁的省、自治区、直辖市为加强本行政区域内防洪工程设施建设，提高防御洪水能力，按照国务院的有关规定，可以规定在防洪保护区范围内征收河道工程修建维护管理费。

第五十二条　任何单位和个人不得截留、挪用防洪、救灾资金和物资。

各级人民政府审计机关应当加强对防洪、救灾资金使用情况的审计监督。

第七章　法律责任

第五十三条　违反本法第十七条规定，未经水行政主管部门签署规划同意书，擅自在江河、湖泊上建设防洪工程和其他水工程、水电站的，责令停止违法行为，补办规划同意书手续；违反规划同意书的要求，严重影响防洪的，责令限期拆除；违反规划同意书的要求，影响防洪但尚可采取补救措施的，责令限期采取补救措施，可以处一万元以上十万元以下的罚款。

第五十四条　违反本法第十九条规定，未按照规划治导线整治河道和修建控制引导河水流向、保护堤岸等工程，影响防洪的，责令停止违法行为，恢复原状或者采取其他补救措施，可以处一万元以上十万元以下的罚款。

第五十五条　违反本法第二十二条第二款、第三款规定，有下列行为之一的，责令停止违法行为，排除阻碍或者采取其他补救措施，可以处五万元以下的罚款：

（一）在河道、湖泊管理范围内建设妨碍行洪的建筑物、构筑物的；

（二）在河道、湖泊管理范围内倾倒垃圾、渣土，从事影响河势稳定、危害河岸堤防安全和其他妨碍河道行洪的活动的；

（三）在行洪河道内种植阻碍行洪的林木和高秆作物的。

第五十六条　违反本法第十五条第二款、第二十三条规定，围海造地、围湖造地、围垦河道的，责令停止违法行为，恢复原状或者采取其他补救措施，可以处五万元以下的罚款；既不恢复原状也不采取其他补救措施的，代为恢复原状或者采取其他补救措施，所需费用由违法者承担。

第五十七条　违反本法第二十七条规定，未经水行政主管部门对其工程建设方案审查同意或者未按照有关水行政主管部门审查批准的位置、界限，在河道、湖泊管理范围内从事工程设施建设活动的，责令停止违法行为，补办审查同意或者审查批准手续；工程设施建设严重影响防洪的，责令限期拆除，逾期不拆除的，强行拆除，所需费用由建设单位承担；影响行洪但尚可采取补救措施的，责令限期采取补救措施，可以处一万元以上十万元以下的罚款。

第五十八条　违反本法第三十三条第一款规定，在洪泛区、蓄滞洪区内建设非防洪建设项目，未编制洪水影响评价报告或者洪水影响评价报告未经审查批准开工建设的，责令限期改正；逾期不改正的，处五万元以下的罚款。

违反本法第三十三条第二款规定，防洪工程设施未经验收，即将建设项目投入生产或者使用的，责令停止生产或者使用，限期验收防洪工程设施，可以处五万元以下的罚款。

第五十九条　违反本法第三十四条规定，因城市建设擅自填堵原有河道沟叉、贮水湖塘洼淀和废除原有防洪围堤的，城市人民政府应当责令停止违法行为，限期恢复原状或者采取其他补救措施。

第六十条　违反本法规定，破坏、侵占、毁损堤防、水闸、护岸、抽水站、排水渠系等防洪工程和水文、通信设施以及防汛备用的器材、物料的，责令停止违法行为，采取补救措施，可以处五万元以下的罚款；造成损坏的，依法承担民事责任；应当给予治安管理处罚的，依照治安管理处罚法的规定处罚；构成犯罪的，依法追究刑事责任。

第六十一条　阻碍、威胁防汛指挥机构、水行政主管部门或者流域管理机构的工作人员依法执行职务，构成犯罪的，依法追究刑事责任；尚不构成犯罪，应当给予治安管理处罚的，依照治安管理处罚法的规定处罚。

第六十二条　截留、挪用防洪、救灾资金和物资，构成犯罪的，依法追究刑事责任；尚不构成犯罪的，给予行政处分。

第六十三条　除本法第五十九条的规定外，本章规定的行政处罚和行政措施，由县级以上人民政府水行政主管部门决定，或者由流域管理机构按照国务院水行政主管部门规定的权限决定。但是，本法第六十条、第六十一条规定的治安管理处罚的决定机关，按照治安管理处罚法的规定执行。

第六十四条　国家工作人员，有下列行为之一，构成犯罪的，依法追究刑事责任；尚不构成犯罪的，给予行政处分：

（一）违反本法第十七条、第十九条、第二十二条第二款、第二十二条第三款、第二十七条或者第三十四条规定，严重影响防洪的；

（二）滥用职权，玩忽职守，徇私舞弊，致使防汛抗洪工作遭受重大损失的；

（三）拒不执行防御洪水方案、防汛抢险指令或者蓄滞洪方案、措施、汛期调度运用计划等防汛调度方案的；

（四）违反本法规定，导致或者加重毗邻地区或者其他单位洪灾损失的。

第八章　附　　则

第六十五条　本法自1998年1月1日起施行

中华人民共和国防震减灾法

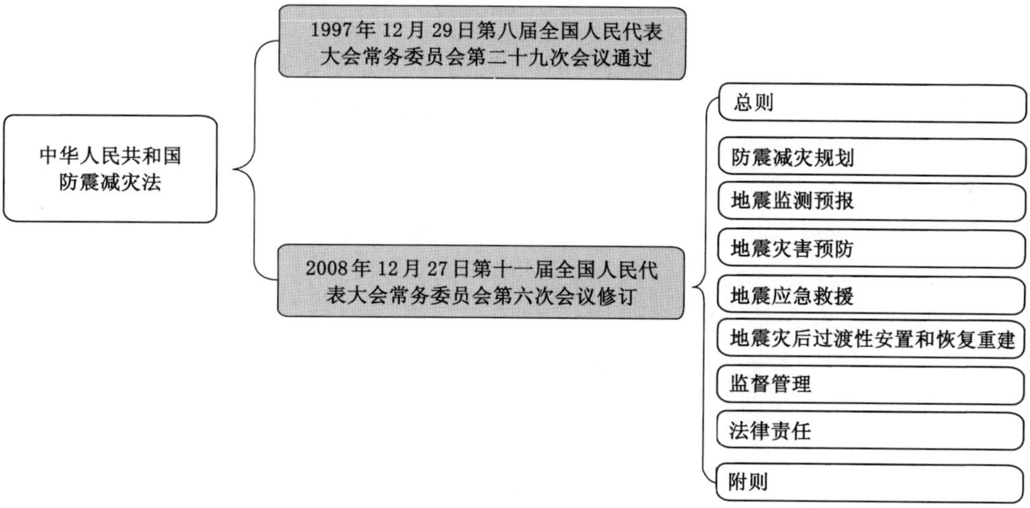

目　　录

第一章　总　　则

第一条　为了防御和减轻地震灾害，保护人民生命和财产安全，促进经济社会的可持续发展，制定本法。

第二条　在中华人民共和国领域和中华人民共和国管辖的其他海域从事地震监测预报、地震灾害预防、地震应急救援、地震灾后过渡性安置和恢复重建等防震减灾活动，适用本法。

第三条　防震减灾工作，实行预防为主、防御与救助相结合的方针。

第四条　县级以上人民政府应当加强对防震减灾工作的领导，将防震减灾工作纳入本级国民经济和社会发展规划，所需经费列入财政预算。

第五条　在国务院的领导下，国务院地震工作主管部门和国务院经济综合宏观调控、建设、民政、卫生、公安以及其他有关部门，按照职责分工，各负其责，密切配合，共同做好防震减灾工作。

县级以上地方人民政府负责管理地震工作的部门或者机构和其他有关部门在本级人民政府领导下，按照职责分工，各负其责，密切配合，共同做好本行政区域的防震减灾工作。

第六条　国务院抗震救灾指挥机构负责统一领导、指挥和协调全国抗震救灾工作。县级以上地方人民政府抗震救灾指挥机构负责统一领导、指挥和协调本行政区域的抗震救灾工作。

国务院地震工作主管部门和县级以上地方人民政府负责管理地震工作的部门或者机构，承担本级人民政府抗震救灾指挥机构的日常工作。

第七条　各级人民政府应当组织开展防震减灾知识的宣传教育，增强公民的防震减灾意识，提高全社会的防震减灾能力。

第八条　任何单位和个人都有依法参加防震减灾活动的义务。

国家鼓励、引导社会组织和个人开展地震群测群防活动，对地震进行监测和预防。

国家鼓励、引导志愿者参加防震减灾活动。

第九条　中国人民解放军、中国人民武装警察部队和民兵组织，依照本法以及其他有关法律、行政法规、军事法规的规定和国务院、中央军事委员会的命令，执行抗震救灾任务，保护人民生命和财产安全。

第十条　从事防震减灾活动，应当遵守国家有关防震减灾标准。

第十一条　国家鼓励、支持防震减灾的科学技术研究，逐步提高防震减灾科学技术研究经费投入，推广先进的科学研究成果，加强国际合作与交流，提高防震减灾工作水平。

对在防震减灾工作中做出突出贡献的单位和个人，按照国家有关规定给予表彰和奖励。

第二章　防震减灾规划

第十二条　国务院地震工作主管部门会同国务院有关部门组织编制国家防震减灾规划，报国务院批准后组织实施。

县级以上地方人民政府负责管理地震工作的部门或者机构会同同级有关部门，根据上一级防震减灾规划和本行政区域的实际情况，组织编制本行政区域的防震减灾规划，报本级人民政府批准后组织实施，并报上一级人民政府负责管理地震工作的部门或者机构备案。

第十三条　编制防震减灾规划，应当遵循统筹安排、突出重点、合理布局、全面预防的原则，以震情和震害预测结果为依据，并充分考虑人民生命和财产安全及经济社会发展、资源环境保护等需要。

县级以上地方人民政府有关部门应当根据编制防震减灾规划的需要，及时提供有关资料。

第十四条　防震减灾规划的内容应当包括：震情形势和防震减灾总体目标，地震监测台网建设布局，地震灾害预防措施，地震应急救援措施，以及防震减灾技术、信息、资金、物资等保障措施。

编制防震减灾规划，应当对地震重点监视防御区的地震监测台网建设、震情跟踪、地震灾害预防措施、地震应急准备、防震减灾知识宣传教育等作出具体安排。

第十五条　防震减灾规划报送审批前，组织编制机关应当征求有关部门、单位、专家和公众的意见。

防震减灾规划报送审批文件中应当附具意见采纳情况及理由。

第十六条　防震减灾规划一经批准公布，应当严格执行；因震情形势变化和经济社会发展的需要确需修改的，应当按照原审批程序报送审批。

第三章　地震监测预报

第十七条　国家加强地震监测预报工作，建立多学科地震监测系统，逐步提高地震监测预报水平。

第十八条　国家对地震监测台网实行统一规划，分级、分类管理。

国务院地震工作主管部门和县级以上地方人民政府负责管理地震工作的部门或者机构，按照国务院有关规定，制定地震监测台网规划。

全国地震监测台网由国家级地震监测台网、省级地震监测台网和市、县级地震监测台网组成，其建设资金和运行经费列入财政预算。

第十九条　水库、油田、核电站等重大建设工程的建设单位，应当按照国务院有关规定，建设专用地震监测台网或者强震动监测设施，其建设资金和运行经费由建设单位承担。

第二十条　地震监测台网的建设，应当遵守法律、法规和国家有关标准，保证建设质量。

第二十一条　地震监测台网不得擅自中止或者终止运行。

检测、传递、分析、处理、存贮、报送地震监测信息的单位，应当保证地震监测信息的质量和安全。

县级以上地方人民政府应当组织相关单位为地震监测台网的运行提供通信、交通、电力等保障条件。

第二十二条　沿海县级以上地方人民政府负责管理地震工作的部门或者机构，应当加强海域地震活动监测预测工作。海域地震发生后，县级以上地方人民政府负责管理地震工作的部门或者机构，应当及时向海洋主管部门和当地海事管理机构等通报情况。

火山所在地的县级以上地方人民政府负责管理地震工作的部门或者机构，应当利用地震监测设施和技术手段，加强火山活动监测预测工作。

第二十三条　国家依法保护地震监测设施和地震观测环境。

任何单位和个人不得侵占、毁损、拆除或者擅自移动地震监测设施。地震监测设施遭到破坏的，县级以上地方人民政府负责管理地震工作的部门或者机构应当采取紧急措施组织修复，确保地震监测设施正常运行。

任何单位和个人不得危害地震观测环境。国务院地震工作主管部门和县级以上地方人民政府负责管理地震工作的部门或者机构会同同级有关部门，按照国务院有关规定划定地震观测环境保护范围，并纳入土地利用总体规划和城乡规划。

第二十四条　新建、扩建、改建建设工程，应当避免对地震监测设施和地震观测环境造成危害。建设国家重点工程，确实无法避免对地震监测设施和地震观测环境造成危害的，建设单位应当按照县级以上地方人民政府负责管理地震工作的部门或者机构的要求，增建抗干扰设施；不能增建抗干扰设施的，应当新建地震监测设施。

对地震观测环境保护范围内的建设工程项目，城乡规划主管部门在依法核发选址意见书时，应当征求负责管理地震工作的部门或者机构的意见；不需要核发选址意见书的，城乡规划主管部门在依法核发建设用地规划许可证或者乡村建设规划许可证时，应当征求负责管理地震工作的部门或者机构的意见。

第二十五条　国务院地震工作主管部门建立健全地震监测信息共享平台，为社会提供服务。

县级以上地方人民政府负责管理地震工作的部门或者机构，应当将地震监测信息及时报送上一级人民政府负责管理地震工作的部门或者机构。

专用地震监测台网和强震动监测设施的管理单位，应当将地震监测信息及时报送所在地省、自治区、直辖市人民政府负责管理地震工作的部门或者机构。

第二十六条　国务院地震工作主管部门和县级以上地方人民政府负责管理地震工作的部门或者机构，根据地震监测信息研究结果，对可能发生地震的地点、时间和震级作出预测。

其他单位和个人通过研究提出的地震预测意见，应当向所在地或者所预测地的县级以上地方人民政府负责管理地震工作的部门或者机构书面报告，或者直接向国务院地震工作主管部门书面报告。收到书面报告的部门或者机构应当进行登记并出具接收凭证。

第二十七条　观测到可能与地震有关的异常现象的单位和个人，可以向所在地县级以上地方人民政府负责管理地震工作的部门或者机构报告，也可以直接向国务院地震工作主管部门报告。

国务院地震工作主管部门和县级以上地方人民政府负责管理地震工作的部门或者机构接到报告后，应当进行登记并及时组织调查核实。

第二十八条　国务院地震工作主管部门和省、自治区、直辖市人民政府负责管理地震工作的部门或者机构，应当组织召开震情会商会，必要时邀请有关部门、专家和其他有关人员参加，对地震预测意见和可能与地震有关的异常现象进行综合分析研究，形成震情会商意见，报本级人民政府；经震情会商形成地震预报意见的，在报本级人民政府前，应当进行评审，作出评审结果，并提出对策建议。

第二十九条　国家对地震预报意见实行统一发布制度。

全国范围内的地震长期和中期预报意见，由国务院发布。省、自治区、直辖市行政区域内的地震预报意见，由省、自治区、直辖市人民政府按照国务院规定的程序发布。

除发表本人或者本单位对长期、中期地震活动趋势的研究成果及进行相关学术交流外，任何单位和个人不得向社会散布地震预测意见。任何单位和个人不得向社会散布地震预报意见及其评审结果。

第三十条　国务院地震工作主管部门根据地震活动趋势和震害预测结果，提出确定地震重点监视防御区的意见，报国务院批准。

国务院地震工作主管部门应当加强地震重点监视防御区的震情跟踪，对地震活动趋势进行分析评估，提出年度防震减灾工作意见，报国务院批准后实施。

地震重点监视防御区的县级以上地方人民政府应当根据年度防震减灾工作意见和当地的地震活动趋势，组织有关部门加强防震减灾工作。地震重点监视防御区的县级以上地方人民政府负责管理地震工作的部门或者机构，应当增加地震监测台网密度，组织做好震情跟踪、流动观测和可能与地震有关的异常现象观测以及群测群防工作，并及时将有关情况报上一级人民政府负责管理地震工作的部门或者机构。

第三十一条　国家支持全国地震烈度速报系统的建设。

地震灾害发生后，国务院地震工作主管部门应当通过全国地震烈度速报系统快速判断致灾程度，为指挥抗震救灾工作提供依据。

第三十二条　国务院地震工作主管部门和县级以上地方人民政府负责管理地震工作的部门或者机构，应当对发生地震灾害的区域加强地震监测，在地震现场设立流动观测点，根据震情的发展变化，及时对地震活动趋势作出分析、判定，为余震防范工作提供依据。

国务院地震工作主管部门和县级以上地方人民政府负责管理地震工作的部门或者机构、地震监测台网的管理单位，应当及时收集、保存有关地震的资料和信息，并建立完整的档案。

第三十三条　外国的组织或者个人在中华人民共和国领域和中华人民共和国管辖的其他海域从事地震监测活动，必须经国务院地震工作主管部门会同有关部门批准，并采取与中华人民共和国有关部门或者单位合作的形式进行。

第四章　地震灾害预防

第三十四条　国务院地震工作主管部门负责制定全国地震烈度区划图或者地震动参数区划图。

国务院地震工作主管部门和省、自治区、直辖市人民政府负责管理地震工作的部门或者机构，负责审定建设工程的地震安全性评价报告，确定抗震设防要求。

第三十五条　新建、扩建、改建建设工程，应当达到抗震设防要求。

重大建设工程和可能发生严重次生灾害的建设工程，应当按照国务院有关规定进行地震安全性评价，并按照经审定的地震安全性评价报告所确定的抗震设防要求进行抗震设防。建设工程的地震安全性评价单位应当按照国家有关标准进行地震安全性评价，并对地震安全性评价报告的质量负责。

前款规定以外的建设工程，应当按照地震烈度区划图或者地震动参数区划图所确定的抗震设防要求进行抗震设防；对学校、医院等人员密集场所的建设工程，应当按照高于当地房屋建筑的抗震设防要求进行设计和施工，采取有效措施，增强抗震设防能力。

第三十六条　有关建设工程的强制性标准，应当与抗震设防要求相衔接。

第三十七条　国家鼓励城市人民政府组织制定地震小区划图。地震小区划图由国务院地震工作主管部门负责审定。

第三十八条　建设单位对建设工程的抗震设计、施工的全过程负责。

设计单位应当按照抗震设防要求和工程建设强制性标准进行抗震设计，并对抗震设计的质量以及出具的施工图设计文件的准确性负责。

施工单位应当按照施工图设计文件和工程建设强制性标准进行施工，并对施工质量负责。

建设单位、施工单位应当选用符合施工图设计文件和国家有关标准规定的材料、构配件和设备。

工程监理单位应当按照施工图设计文件和工程建设强制性标准实施监理，并对施工质量承担监理责任。

第三十九条　已经建成的下列建设工程，未采取抗震设防措施或者抗震设防措施未达到抗震设防要求的，应当按照国家有关规定进行抗震性能鉴定，并采取必要的抗震加固措施：

（一）重大建设工程；

（二）可能发生严重次生灾害的建设工程；

（三）具有重大历史、科学、艺术价值或者重要纪念意义的建设工程；

（四）学校、医院等人员密集场所的建设工程；

（五）地震重点监视防御区内的建设工程。

第四十条　县级以上地方人民政府应当加强对农村村民住宅和乡村公共设施抗震设防的管理，组织开展农村实用抗震技术的研究和开发，推广达到抗震设防要求、经济适用、具有当地特色的建筑设计和施工技术，培训相关技术人员，建设示范工程，逐步提高农村村民住宅和乡村公共设施的抗震设防水平。

国家对需要抗震设防的农村村民住宅和乡村公共设施给予必要支持。

第四十一条　城乡规划应当根据地震应急避难的需要，合理确定应急疏散通道和应急避难场所，统筹安排地震应急避难所必需的交通、供水、供电、排污等基础设施建设。

第四十二条　地震重点监视防御区的县级以上地方人民政府应当根据实际需要，在本级财政预算和物资储备中安排抗震救灾资金、物资。

第四十三条　国家鼓励、支持研究开发和推广使用符合抗震设防要求、经济实用的新技术、新工艺、新材料。

第四十四条　县级人民政府及其有关部门和乡、镇人民政府、城市街道办事处等基层组织，应当组织开展地震应急知识的宣传普及活动和必要的地震应急救援演练，提高公民在地震灾害中自救互救的能力。

机关、团体、企业、事业等单位，应当按照所在地人民政府的要求，结合各自实际情况，加强对本单位人员的地震应急知识宣传教育，开展地震应急救援演练。

学校应当进行地震应急知识教育，组织开展必要的地震应急救援演练，培养学生的安全意识和自救互救能力。

新闻媒体应当开展地震灾害预防和应急、自救互救知识的公益宣传。

国务院地震工作主管部门和县级以上地方人民政府负责管理地震工作的部门或者机构，应当指导、协助、督促有关单位做好防震减灾知识的宣传教育和地震应急救援演练等工作。

第四十五条　国家发展有财政支持的地震灾害保险事业，鼓励单位和个人参加地震灾害保险。

第五章　地震应急救援

第四十六条　国务院地震工作主管部门会同国务院有关部门制定国家地震应急预案，报国务院批准。国务院有关部门根据国家地震应急预案，制定本部门的地震应急预案，报国务院地震工作主管部门备案。

县级以上地方人民政府及其有关部门和乡、镇人民政府，应当根据有关法律、法规、规章、上级人民政府及其有关部门的地震应急预案和本行政区域的实际情况，制定本行政区域的地震应急预案和本部门的地震应急预案。省、自治区、直辖市和较大的市的地震应急预案，应当报国务院地震工作主管部门备案。

交通、铁路、水利、电力、通信等基础设施和学校、医院等人员密集场所的经营管理单位，以及可能发生次生灾害的核电、矿山、危险物品等生产经营单位，应当制定地震应急预案，并报所在地的县级人民政府负责管理地震工作的部门或者机构备案。

第四十七条 地震应急预案的内容应当包括：组织指挥体系及其职责，预防和预警机制，处置程序，应急响应和应急保障措施等。

地震应急预案应当根据实际情况适时修订。

第四十八条 地震预报意见发布后，有关省、自治区、直辖市人民政府根据预报的震情可以宣布有关区域进入临震应急期；有关地方人民政府应当按照地震应急预案，组织有关部门做好应急防范和抗震救灾准备工作。

第四十九条 按照社会危害程度、影响范围等因素，地震灾害分为一般、较大、重大和特别重大四级。具体分级标准按照国务院规定执行。

一般或者较大地震灾害发生后，地震发生地的市、县人民政府负责组织有关部门启动地震应急预案；重大地震灾害发生后，地震发生地的省、自治区、直辖市人民政府负责组织有关部门启动地震应急预案；特别重大地震灾害发生后，国务院负责组织有关部门启动地震应急预案。

第五十条 地震灾害发生后，抗震救灾指挥机构应当立即组织有关部门和单位迅速查清受灾情况，提出地震应急救援力量的配置方案，并采取以下紧急措施：

（一）迅速组织抢救被压埋人员，并组织有关单位和人员开展自救互救；

（二）迅速组织实施紧急医疗救护，协调伤员转移和接收与救治；

（三）迅速组织抢修毁损的交通、铁路、水利、电力、通信等基础设施；

（四）启用应急避难场所或者设置临时避难场所，设置救济物资供应点，提供救济物品、简易住所和临时住所，及时转移和安置受灾群众，确保饮用水消毒和水质安全，积极开展卫生防疫，妥善安排受灾群众生活；

（五）迅速控制危险源，封锁危险场所，做好次生灾害的排查与监测预警工作，防范地震可能引发的火灾、水灾、爆炸、山体滑坡和崩塌、泥石流、地面塌陷，或者剧毒、强腐蚀性、放射性物质大量泄漏等次生灾害以及传染病疫情的发生；

（六）依法采取维持社会秩序、维护社会治安的必要措施。

第五十一条 特别重大地震灾害发生后，国务院抗震救灾指挥机构在地震灾区成立现场指挥机构，并根据需要设立相应的工作组，统一组织领导、指挥和协调抗震救灾工作。

各级人民政府及有关部门和单位、中国人民解放军、中国人民武装警察部队和民兵组织，应当按照统一部署，分工负责，密切配合，共同做好地震应急救援工作。

第五十二条 地震灾区的县级以上地方人民政府应当及时将地震震情和灾情等信息向上一级人民政府报告，必要时可以越级上报，不得迟报、谎报、瞒报。

地震震情、灾情和抗震救灾等信息按照国务院有关规定实行归口管理，统一、准确、及时发布。

第五十三条 国家鼓励、扶持地震应急救援新技术和装备的研究开发，调运和储备必要的应急救援设施、装备，提高应急救援水平。

第五十四条 国务院建立国家地震灾害紧急救援队伍。省、自治区、直辖市人民政府和地震重点监视防御区的市、县人民政府可以根据实际需要，充分利用消防等现有队伍，按照一队多用、专职与兼职相结合的原则，建立地震灾害紧急救援队伍。

地震灾害紧急救援队伍应当配备相应的装备、器材，开展培训和演练，提高地震灾害紧急救援能力。

地震灾害紧急救援队伍在实施救援时，应当首先对倒塌建筑物、构筑物压埋人员进行紧急救援。

第五十五条　县级以上人民政府有关部门应当按照职责分工，协调配合，采取有效措施，保障地震灾害紧急救援队伍和医疗救治队伍快速、高效地开展地震灾害紧急救援活动。

第五十六条　县级以上地方人民政府及其有关部门可以建立地震灾害救援志愿者队伍，并组织开展地震应急救援知识培训和演练，使志愿者掌握必要的地震应急救援技能，增强地震灾害应急救援能力。

第五十七条　国务院地震工作主管部门会同有关部门和单位，组织协调外国救援队和医疗队在中华人民共和国开展地震灾害紧急救援活动。

国务院抗震救灾指挥机构负责外国救援队和医疗队的统筹调度，并根据其专业特长，科学、合理地安排紧急救援任务。

地震灾区的地方各级人民政府，应当对外国救援队和医疗队开展紧急救援活动予以支持和配合。

第六章　地震灾后过渡性安置和恢复重建

第五十八条　国务院或者地震灾区的省、自治区、直辖市人民政府应当及时组织对地震灾害损失进行调查评估，为地震应急救援、灾后过渡性安置和恢复重建提供依据。

地震灾害损失调查评估的具体工作，由国务院地震工作主管部门或者地震灾区的省、自治区、直辖市人民政府负责管理地震工作的部门或者机构和财政、建设、民政等有关部门按照国务院的规定承担。

第五十九条　地震灾区受灾群众需要过渡性安置的，应当根据地震灾区的实际情况，在确保安全的前提下，采取灵活多样的方式进行安置。

第六十条　过渡性安置点应当设置在交通条件便利、方便受灾群众恢复生产和生活的区域，并避开地震活动断层和可能发生严重次生灾害的区域。

过渡性安置点的规模应当适度，并采取相应的防灾、防疫措施，配套建设必要的基础设施和公共服务设施，确保受灾群众的安全和基本生活需要。

第六十一条　实施过渡性安置应当尽量保护农用地，并避免对自然保护区、饮用水水源保护区以及生态脆弱区域造成破坏。

过渡性安置用地按照临时用地安排，可以先行使用，事后依法办理有关用地手续；到期未转为永久性用地的，应当复垦后交还原土地使用者。

第六十二条　过渡性安置点所在地的县级人民政府，应当组织有关部门加强对次生灾害、饮用水水质、食品卫生、疫情等的监测，开展流行病学调查，整治环境卫生，避免对土壤、水环境等造成污染。

过渡性安置点所在地的公安机关，应当加强治安管理，依法打击各种违法犯罪行为，维护正常的社会秩序。

第六十三条　地震灾区的县级以上地方人民政府及其有关部门和乡、镇人民政府，应当及时组织修复毁损的农业生产设施，提供农业生产技术指导，尽快恢复农业生产；优先恢复供电、供水、供气等企业的生产，并对大型骨干企业恢复生产提供支持，为全面恢复农业、工业、服务业生产经营提供条件。

第六十四条　各级人民政府应当加强对地震灾后恢复重建工作的领导、组织和协调。

县级以上人民政府有关部门应当在本级人民政府领导下，按照职责分工，密切配合，采取有效措施，共同做好地震灾后恢复重建工作。

第六十五条　国务院有关部门应当组织有关专家开展地震活动对相关建设工程破坏机理的调查评估，为修订完善有关建设工程的强制性标准、采取抗震设防措施提供科学依据。

第六十六条　特别重大地震灾害发生后，国务院经济综合宏观调控部门会同国务院有关部门与地震灾区的省、自治区、直辖市人民政府共同组织编制地震灾后恢复重建规划，报国务院批准后组织实施；重大、较大、一般地震灾害发生后，由地震灾区的省、自治区、直辖市人民政府根据实际需要组织编制地震灾后恢复重建规划。

地震灾害损失调查评估获得的地质、勘察、测绘、土地、气象、水文、环境等基础资料和经国务院地震工作主管部门复核的地震动参数区划图，应当作为编制地震灾后恢复重建规划的依据。

编制地震灾后恢复重建规划，应当征求有关部门、单位、专家和公众特别是地震灾区受灾群众的意见；重大事项应当组织有关专家进行专题论证。

第六十七条　地震灾后恢复重建规划应当根据地质条件和地震活动断层分布以及资源环境承载能力，重点对城镇和乡村的布局、基础设施和公共服务设施的建设、防灾减灾和生态环境以及自然资源和历史文化遗产保护等作出安排。

地震灾区内需要异地新建的城镇和乡村的选址以及地震灾后重建工程的选址，应当符合地震灾后恢复重建规划和抗震设防、防灾减灾要求，避开地震活动断层或者生态脆弱和可能发生洪水、山体滑坡和崩塌、泥石流、地面塌陷等灾害的区域以及传染病自然疫源地。

第六十八条　地震灾区的地方各级人民政府应当根据地震灾后恢复重建规划和当地经济社会发展水平，有计划、分步骤地组织实施地震灾后恢复重建。

第六十九条　地震灾区的县级以上地方人民政府应当组织有关部门和专家，根据地震灾害损失调查评估结果，制定清理保护方案，明确典型地震遗址、遗迹和文物保护单位以及具有历史价值与民族特色的建筑物、构筑物的保护范围和措施。

对地震灾害现场的清理，按照清理保护方案分区、分类进行，并依照法律、行政法规和国家有关规定，妥善清理、转运和处置有关放射性物质、危险废物和有毒化学品，开展防疫工作，防止传染病和重大动物疫情的发生。

第七十条　地震灾后恢复重建，应当统筹安排交通、铁路、水利、电力、通信、供水、供电等基础设施和市政公用设施，学校、医院、文化、商贸服务、防灾减灾、环境保护等公共服务设施，以及住房和无障碍设施的建设，合理确定建设规模和时序。

乡村的地震灾后恢复重建，应当尊重村民意愿，发挥村民自治组织的作用，以群众自建为主，政府补助、社会帮扶、对口支援，因地制宜，节约和集约利用土地，保护耕地。

少数民族聚居的地方的地震灾后恢复重建，应当尊重当地群众的意愿。

第七十一条　地震灾区的县级以上地方人民政府应当组织有关部门和单位，抢救、保护与收集整理有关档案、资料，对因地震灾害遗失、毁损的档案、资料，及时补充和恢复。

第七十二条　地震灾后恢复重建应当坚持政府主导、社会参与和市场运作相结合的原则。

地震灾区的地方各级人民政府应当组织受灾群众和企业开展生产自救，自力更生、艰苦奋斗、勤俭节约，尽快恢复生产。

国家对地震灾后恢复重建给予财政支持、税收优惠和金融扶持，并提供物资、技术和人力等支持。

第七十三条　地震灾区的地方各级人民政府应当组织做好救助、救治、康复、补偿、抚慰、抚恤、安置、心理援助、法律服务、公共文化服务等工作。

各级人民政府及有关部门应当做好受灾群众的就业工作，鼓励企业、事业单位优先吸纳符合条件的受灾群众就业。

第七十四条　对地震灾后恢复重建中需要办理行政审批手续的事项，有审批权的人民政府及有关部门应当按照方便群众、简化手续、提高效率的原则，依法及时予以办理。

第七章　监 督 管 理

第七十五条　县级以上人民政府依法加强对防震减灾规划和地震应急预案的编制与实施、地震应急避难场所的设置与管理、地震灾害紧急救援队伍的培训、防震减灾知识宣传教育和地震应急救援演练等工作的监督检查。

县级以上人民政府有关部门应当加强对地震应急救援、地震灾后过渡性安置和恢复重建的物资的质量安全的监督检查。

第七十六条　县级以上人民政府建设、交通、铁路、水利、电力、地震等有关部门应当按照职责分工，加强对工程建设强制性标准、抗震设防要求执行情况和地震安全性评价工作的监督检查。

第七十七条　禁止侵占、截留、挪用地震应急救援、地震灾后过渡性安置和恢复重建的资金、物资。

县级以上人民政府有关部门对地震应急救援、地震灾后过渡性安置和恢复重建的资金、物资以及社会捐赠款物的使用情况，依法加强管理和监督，予以公布，并对资金、物资的筹集、分配、拨付、使用情况登记造册，建立健全档案。

第七十八条　地震灾区的地方人民政府应当定期公布地震应急救援、地震灾后过渡性安置和恢复重建的资金、物资以及社会捐赠款物的来源、数量、发放和使用情况，接受社会监督。

第七十九条　审计机关应当加强对地震应急救援、地震灾后过渡性安置和恢复重建的资金、物资的筹集、分配、拨付、使用的审计，并及时公布审计结果。

第八十条　监察机关应当加强对参与防震减灾工作的国家行政机关和法律、法规授权的具有管理公共事务职能的组织及其工作人员的监察。

第八十一条　任何单位和个人对防震减灾活动中的违法行为，有权进行举报。

接到举报的人民政府或者有关部门应当进行调查，依法处理，并为举报人保密。

第八章　法 律 责 任

第八十二条　国务院地震工作主管部门、县级以上地方人民政府负责管理地震工作的部门或者机构，以及其他依照本法规定行使监督管理权的部门，不依法作出行政许可或者办理批准文件的，发现违法行为或者接到对违法行为的举报后不予查处的，或者有其他未依照本法规定履行职责的行为的，对直接负责的主管人员和其他直接责任人员，依法给予处分。

第八十三条　未按照法律、法规和国家有关标准进行地震监测台网建设的，由国务院地震工作主管部门或者县级以上地方人民政府负责管理地震工作的部门或者机构责令改正，采取相应的补救措施；对直接负责的主管人员和其他直接责任人员，依法给予处分。

第八十四条　违反本法规定，有下列行为之一的，由国务院地震工作主管部门或者县级以上地方人民政府负责管理地震工作的部门或者机构责令停止违法行为，恢复原状或者采取其他补救措施；造成损失的，依法承担赔偿责任：

（一）侵占、毁损、拆除或者擅自移动地震监测设施的；

（二）危害地震观测环境的；

（三）破坏典型地震遗址、遗迹的。

单位有前款所列违法行为，情节严重的，处二万元以上二十万元以下的罚款；个人有前款所列违法行为，情节严重的，处二千元以下的罚款。构成违反治安管理行为的，由公安机关依法给予处罚。

第八十五条　违反本法规定，未按照要求增建抗干扰设施或者新建地震监测设施的，由国务院地震工作主管部门或者县级以上地方人民政府负责管理地震工作的部门或者机构责令限期改正；逾期不改正的，处二万元以上二十万元以下的罚款；造成损失的，依法承担赔偿责任。

第八十六条　违反本法规定，外国的组织或者个人未经批准，在中华人民共和国领域和中华人民共和国管辖的其他海域从事地震监测活动的，由国务院地震工作主管部门责令停止违法行为，没收监测成果和监测设施，并处一万元以上十万元以下的罚款；情节严重的，并处十万元以上五十万元以下的罚款。

外国人有前款规定行为的，除依照前款规定处罚外，还应当依照外国人入境出境管理法律的规定缩短其在中华人民共和国停留的期限或者取消其在中华人民共和国居留的资格；情节严重的，限期出境或者驱逐出境。

第八十七条　未依法进行地震安全性评价，或者未按照地震安全性评价报告所确定的抗震设防要求进行抗震设防的，由国务院地震工作主管部门或者县级以上地方人民政府负责管理地震工作的部门或者机构责令限期改正；逾期不改正的，处三万元以上三十万元以下的罚款。

第八十八条　违反本法规定，向社会散布地震预测意见、地震预报意见及其评审结果，或者在地震灾后过渡性安置、地震灾后恢复重建中扰乱社会秩序，构成违反治安管理行为的，由公安机关依法给予处罚。

第八十九条　地震灾区的县级以上地方人民政府迟报、谎报、瞒报地震震情、灾情等信息的，由上级人民政府责令改正；对直接负责的主管人员和其他直接责任人员，依法给予处分。

第九十条　侵占、截留、挪用地震应急救援、地震灾后过渡性安置或者地震灾后恢复重建的资金、物资的，由财政部门、审计机关在各自职责范围内，责令改正，追回被侵占、截留、挪用的资金、物资；有违法所得的，没收违法所得；对单位给予警告或者通报批评；对直接负责的主管人员和其他直接责任人员，依法给予处分。

第九十一条　违反本法规定，构成犯罪的，依法追究刑事责任。

第九章　附　　则

第九十二条　本法下列用语的含义：

（一）地震监测设施，是指用于地震信息检测、传输和处理的设备、仪器和装置以及配套的监测场地。

（二）地震观测环境，是指按照国家有关标准划定的保障地震监测设施不受干扰、能够正常发挥工作效能的空间范围。

（三）重大建设工程，是指对社会有重大价值或者有重大影响的工程。

（四）可能发生严重次生灾害的建设工程，是指受地震破坏后可能引发水灾、火灾、爆炸，或者剧毒、强腐蚀性、放射性物质大量泄漏，以及其他严重次生灾害的建设工程，包括水库大坝和贮油、贮气设施，贮存易燃易爆或者剧毒、强腐蚀性、放射性物质的设施，以及其他可能发生严重次生灾害的建设工程。

（五）地震烈度区划图，是指以地震烈度（以等级表示的地震影响强弱程度）为指标，将全国划分为不同抗震设防要求区域的图件。

（六）地震动参数区划图，是指以地震动参数（以加速度表示地震作用强弱程度）为指标，将全国划分为不同抗震设防要求区域的图件。

（七）地震小区划图，是指根据某一区域的具体场地条件，对该区域的抗震设防要求进行详细划分的图件。

第九十三条　本法自 2009 年 5 月 1 日起施行。

附录二　生产安全类

中华人民共和国安全生产法

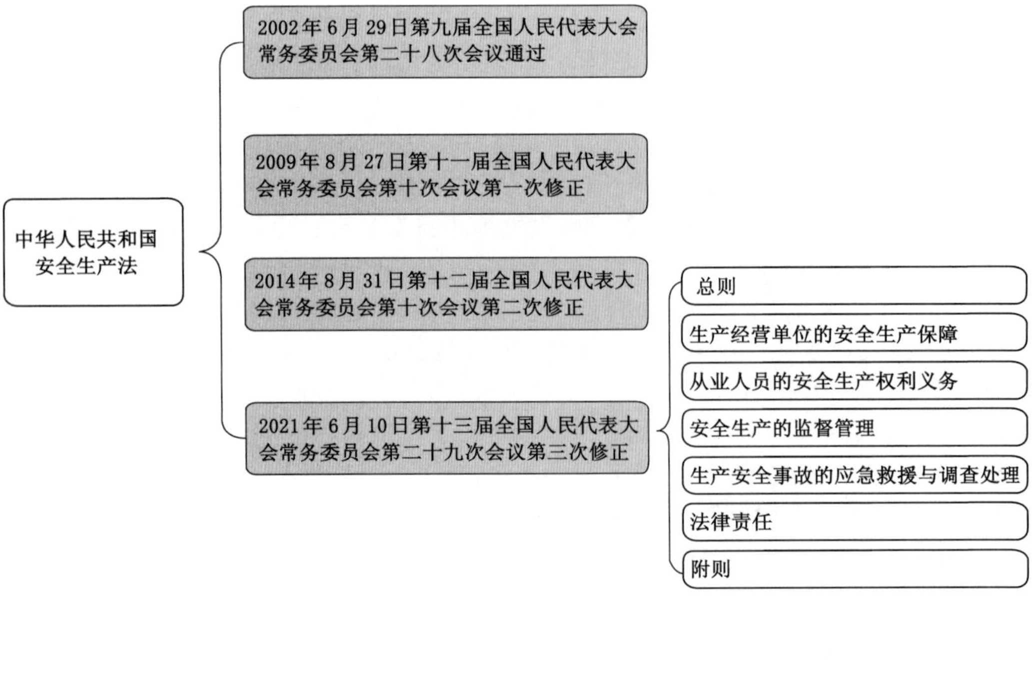

目　　录

第一章　总　　则

第一条　为了加强安全生产工作，防止和减少生产安全事故，保障人民群众生命和财产安全，促进经济社会持续健康发展，制定本法。

第二条　在中华人民共和国领域内从事生产经营活动的单位（以下统称生产经营单位）的安全生产，适用本法；有关法律、行政法规对消防安全和道路交通安全、铁路交通安全、水上交通安全、民用航空安全以及核与辐射安全、特种设备安全另有规定的，适用其规定。

第三条　安全生产工作坚持中国共产党的领导。

安全生产工作应当以人为本，坚持人民至上、生命至上，把保护人民生命安全摆在首位，树牢安全发展理念，坚持安全第一、预防为主、综合治理的方针，从源头上防范化解重大安全风险。

安全生产工作实行管行业必须管安全、管业务必须管安全、管生产经营必须管安全，强化和落实生产经营单位主体责任与政府监管责任，建立生产经营单位负责、职工参与、政府监管、行业自律和社会监督的机制。

第四条　生产经营单位必须遵守本法和其他有关安全生产的法律、法规，加强安全生产管理，建立健全全员安全生产责任制和安全生产规章制度，加大对安全生产资金、物资、技术、人员的投入保障力度，改善安全生产条件，加强安全生产标准化、信息化建设，构建安全风险分级管控和隐患排查治理双重预防机制，健全风险防范化解机制，提高安全生产水平，确保安全生产。

平台经济等新兴行业、领域的生产经营单位应当根据本行业、领域的特点，建立健全并落实全员安全生产责任制，加强从业人员安全生产教育和培训，履行本法和其他法律、法规规定的有关安全生产义务。

第五条　生产经营单位的主要负责人是本单位安全生产第一责任人，对本单位的安全生产工作全面负责。其他负责人对职责范围内的安全生产工作负责。

第六条　生产经营单位的从业人员有依法获得安全生产保障的权利，并应当依法履行安全生产方面的义务。

第七条　工会依法对安全生产工作进行监督。

生产经营单位的工会依法组织职工参加本单位安全生产工作的民主管理和民主监督，维护职工在安全生产方面的合法权益。生产经营单位制定或者修改有关安全生产的规章制度，应当听取工会的意见。

第八条　国务院和县级以上地方各级人民政府应当根据国民经济和社会发展规划制定

安全生产规划，并组织实施。安全生产规划应当与国土空间规划等相关规划相衔接。

各级人民政府应当加强安全生产基础设施建设和安全生产监管能力建设，所需经费列入本级预算。

县级以上地方各级人民政府应当组织有关部门建立完善安全风险评估与论证机制，按照安全风险管控要求，进行产业规划和空间布局，并对位置相邻、行业相近、业态相似的生产经营单位实施重大安全风险联防联控。

第九条　国务院和县级以上地方各级人民政府应当加强对安全生产工作的领导，建立健全安全生产工作协调机制，支持、督促各有关部门依法履行安全生产监督管理职责，及时协调、解决安全生产监督管理中存在的重大问题。

乡镇人民政府和街道办事处，以及开发区、工业园区、港区、风景区等应当明确负责安全生产监督管理的有关工作机构及其职责，加强安全生产监管力量建设，按照职责对本行政区域或者管理区域内生产经营单位安全生产状况进行监督检查，协助人民政府有关部门或者按照授权依法履行安全生产监督管理职责。

第十条　国务院应急管理部门依照本法，对全国安全生产工作实施综合监督管理；县级以上地方各级人民政府应急管理部门依照本法，对本行政区域内安全生产工作实施综合监督管理。

国务院交通运输、住房和城乡建设、水利、民航等有关部门依照本法和其他有关法律、行政法规的规定，在各自的职责范围内对有关行业、领域的安全生产工作实施监督管理；县级以上地方各级人民政府有关部门依照本法和其他有关法律、法规的规定，在各自的职责范围内对有关行业、领域的安全生产工作实施监督管理。对新兴行业、领域的安全生产监督管理职责不明确的，由县级以上地方各级人民政府按照业务相近的原则确定监督管理部门。

应急管理部门和对有关行业、领域的安全生产工作实施监督管理的部门，统称负有安全生产监督管理职责的部门。负有安全生产监督管理职责的部门应当相互配合、齐抓共管、信息共享、资源共用，依法加强安全生产监督管理工作。

第十一条　国务院有关部门应当按照保障安全生产的要求，依法及时制定有关的国家标准或者行业标准，并根据科技进步和经济发展适时修订。

生产经营单位必须执行依法制定的保障安全生产的国家标准或者行业标准。

第十二条　国务院有关部门按照职责分工负责安全生产强制性国家标准的项目提出、组织起草、征求意见、技术审查。国务院应急管理部门统筹提出安全生产强制性国家标准的立项计划。国务院标准化行政主管部门负责安全生产强制性国家标准的立项、编号、对外通报和授权批准发布工作。国务院标准化行政主管部门、有关部门依据法定职责对安全生产强制性国家标准的实施进行监督检查。

第十三条　各级人民政府及其有关部门应当采取多种形式，加强对有关安全生产的法律、法规和安全生产知识的宣传，增强全社会的安全生产意识。

第十四条　有关协会组织依照法律、行政法规和章程，为生产经营单位提供安全生产方面的信息、培训等服务，发挥自律作用，促进生产经营单位加强安全生产管理。

第十五条　依法设立的为安全生产提供技术、管理服务的机构，依照法律、行政法规和执业准则，接受生产经营单位的委托为其安全生产工作提供技术、管理服务。

生产经营单位委托前款规定的机构提供安全生产技术、管理服务的，保证安全生产的责任仍由本单位负责。

第十六条　国家实行生产安全事故责任追究制度，依照本法和有关法律、法规的规定，追究生产安全事故责任单位和责任人员的法律责任。

第十七条　县级以上各级人民政府应当组织负有安全生产监督管理职责的部门依法编制安全生产权力和责任清单，公开并接受社会监督。

第十八条　国家鼓励和支持安全生产科学技术研究和安全生产先进技术的推广应用，提高安全生产水平。

第十九条　国家对在改善安全生产条件、防止生产安全事故、参加抢险救护等方面取得显著成绩的单位和个人，给予奖励。

第二章　生产经营单位的安全生产保障

第二十条　生产经营单位应当具备本法和有关法律、行政法规和国家标准或者行业标准规定的安全生产条件；不具备安全生产条件的，不得从事生产经营活动。

第二十一条　生产经营单位的主要负责人对本单位安全生产工作负有下列职责：

（一）建立健全并落实本单位全员安全生产责任制，加强安全生产标准化建设；

（二）组织制定并实施本单位安全生产规章制度和操作规程；

（三）组织制定并实施本单位安全生产教育和培训计划；

（四）保证本单位安全生产投入的有效实施；

（五）组织建立并落实安全风险分级管控和隐患排查治理双重预防工作机制，督促、检查本单位的安全生产工作，及时消除生产安全事故隐患；

（六）组织制定并实施本单位的生产安全事故应急救援预案；

（七）及时、如实报告生产安全事故。

第二十二条　生产经营单位的全员安全生产责任制应当明确各岗位的责任人员、责任范围和考核标准等内容。

生产经营单位应当建立相应的机制，加强对全员安全生产责任制落实情况的监督考核，保证全员安全生产责任制的落实。

第二十三条　生产经营单位应当具备的安全生产条件所必需的资金投入，由生产经营单位的决策机构、主要负责人或者个人经营的投资人予以保证，并对由于安全生产所必需的资金投入不足导致的后果承担责任。

有关生产经营单位应当按照规定提取和使用安全生产费用，专门用于改善安全生产条件。安全生产费用在成本中据实列支。安全生产费用提取、使用和监督管理的具体办法由国务院财政部门会同国务院应急管理部门征求国务院有关部门意见后制定。

第二十四条　矿山、金属冶炼、建筑施工、运输单位和危险物品的生产、经营、储存、装卸单位，应当设置安全生产管理机构或者配备专职安全生产管理人员。

前款规定以外的其他生产经营单位，从业人员超过一百人的，应当设置安全生产管理机构或者配备专职安全生产管理人员；从业人员在一百人以下的，应当配备专职或者兼职的安全生产管理人员。

第二十五条　生产经营单位的安全生产管理机构以及安全生产管理人员履行下列职责：

（一）组织或者参与拟订本单位安全生产规章制度、操作规程和生产安全事故应急救援预案；

（二）组织或者参与本单位安全生产教育和培训，如实记录安全生产教育和培训情况；

（三）组织开展危险源辨识和评估，督促落实本单位重大危险源的安全管理措施；

（四）组织或者参与本单位应急救援演练；

（五）检查本单位的安全生产状况，及时排查生产安全事故隐患，提出改进安全生产管理的建议；

（六）制止和纠正违章指挥、强令冒险作业、违反操作规程的行为；

（七）督促落实本单位安全生产整改措施。

生产经营单位可以设置专职安全生产分管负责人，协助本单位主要负责人履行安全生产管理职责。

第二十六条　生产经营单位的安全生产管理机构以及安全生产管理人员应当恪尽职守，依法履行职责。

生产经营单位作出涉及安全生产的经营决策，应当听取安全生产管理机构以及安全生产管理人员的意见。

生产经营单位不得因安全生产管理人员依法履行职责而降低其工资、福利等待遇或者解除与其订立的劳动合同。

危险物品的生产、储存单位以及矿山、金属冶炼单位的安全生产管理人员的任免，应当告知主管的负有安全生产监督管理职责的部门。

第二十七条　生产经营单位的主要负责人和安全生产管理人员必须具备与本单位所从事的生产经营活动相应的安全生产知识和管理能力。

危险物品的生产、经营、储存、装卸单位以及矿山、金属冶炼、建筑施工、运输单位的主要负责人和安全生产管理人员，应当由主管的负有安全生产监督管理职责的部门对其安全生产知识和管理能力考核合格。考核不得收费。

危险物品的生产、储存、装卸单位以及矿山、金属冶炼单位应当有注册安全工程师从事安全生产管理工作。鼓励其他生产经营单位聘用注册安全工程师从事安全生产管理工作。注册安全工程师按专业分类管理，具体办法由国务院人力资源和社会保障部门、国务院应急管理部门会同国务院有关部门制定。

第二十八条　生产经营单位应当对从业人员进行安全生产教育和培训，保证从业人员具备必要的安全生产知识，熟悉有关的安全生产规章制度和安全操作规程，掌握本岗位的安全操作技能，了解事故应急处理措施，知悉自身在安全生产方面的权利和义务。未经安全生产教育和培训合格的从业人员，不得上岗作业。

生产经营单位使用被派遣劳动者的，应当将被派遣劳动者纳入本单位从业人员统一管理，对被派遣劳动者进行岗位安全操作规程和安全操作技能的教育和培训。劳务派遣单位应当对被派遣劳动者进行必要的安全生产教育和培训。

生产经营单位接收中等职业学校、高等学校学生实习的，应当对实习学生进行相应的安全生产教育和培训，提供必要的劳动防护用品。学校应当协助生产经营单位对实习学生进行安全生产教育和培训。

生产经营单位应当建立安全生产教育和培训档案，如实记录安全生产教育和培训的时间、内容、参加人员以及考核结果等情况。

第二十九条　生产经营单位采用新工艺、新技术、新材料或者使用新设备，必须了解、掌握其安全技术特性，采取有效的安全防护措施，并对从业人员进行专门的安全生产教育和培训。

第三十条　生产经营单位的特种作业人员必须按照国家有关规定经专门的安全作业培训，取得相应资格，方可上岗作业。

特种作业人员的范围由国务院应急管理部门会同国务院有关部门确定。

第三十一条　生产经营单位新建、改建、扩建工程项目（以下统称建设项目）的安全设施，必须与主体工程同时设计、同时施工、同时投入生产和使用。安全设施投资应当纳入建设项目概算。

第三十二条　矿山、金属冶炼建设项目和用于生产、储存、装卸危险物品的建设项目，应当按照国家有关规定进行安全评价。

第三十三条　建设项目安全设施的设计人、设计单位应当对安全设施设计负责。

矿山、金属冶炼建设项目和用于生产、储存、装卸危险物品的建设项目的安全设施设计应当按照国家有关规定报经有关部门审查，审查部门及其负责审查的人员对审查结果负责。

第三十四条　矿山、金属冶炼建设项目和用于生产、储存、装卸危险物品的建设项目的施工单位必须按照批准的安全设施设计施工，并对安全设施的工程质量负责。

矿山、金属冶炼建设项目和用于生产、储存、装卸危险物品的建设项目竣工投入生产或者使用前，应当由建设单位负责组织对安全设施进行验收；验收合格后，方可投入生产和使用。负有安全生产监督管理职责的部门应当加强对建设单位验收活动和验收结果的监督核查。

第三十五条　生产经营单位应当在有较大危险因素的生产经营场所和有关设施、设备上，设置明显的安全警示标志。

第三十六条　安全设备的设计、制造、安装、使用、检测、维修、改造和报废，应当符合国家标准或者行业标准。

生产经营单位必须对安全设备进行经常性维护、保养，并定期检测，保证正常运转。维护、保养、检测应当作好记录，并由有关人员签字。

生产经营单位不得关闭、破坏直接关系生产安全的监控、报警、防护、救生设备、设施，或者篡改、隐瞒、销毁其相关数据、信息。

餐饮等行业的生产经营单位使用燃气的，应当安装可燃气体报警装置，并保障其正常使用。

第三十七条　生产经营单位使用的危险物品的容器、运输工具，以及涉及人身安全、危险性较大的海洋石油开采特种设备和矿山井下特种设备，必须按照国家有关规定，由专业生产单位生产，并经具有专业资质的检测、检验机构检测、检验合格，取得安全使用证或者安全标志，方可投入使用。检测、检验机构对检测、检验结果负责。

第三十八条　国家对严重危及生产安全的工艺、设备实行淘汰制度，具体目录由国务院应急管理部门会同国务院有关部门制定并公布。法律、行政法规对目录的制定另有规定的，适用其规定。

省、自治区、直辖市人民政府可以根据本地区实际情况制定并公布具体目录，对前款规定以外的危及生产安全的工艺、设备予以淘汰。

生产经营单位不得使用应当淘汰的危及生产安全的工艺、设备。

第三十九条　生产、经营、运输、储存、使用危险物品或者处置废弃危险物品的，由有关主管部门依照有关法律、法规的规定和国家标准或者行业标准审批并实施监督管理。

生产经营单位生产、经营、运输、储存、使用危险物品或者处置废弃危险物品，必须执行有关法律、法规和国家标准或者行业标准，建立专门的安全管理制度，采取可靠的安全措施，接受有关主管部门依法实施的监督管理。

第四十条　生产经营单位对重大危险源应当登记建档，进行定期检测、评估、监控，并制定应急预案，告知从业人员和相关人员在紧急情况下应当采取的应急措施。

生产经营单位应当按照国家有关规定将本单位重大危险源及有关安全措施、应急措施报有关地方人民政府应急管理部门和有关部门备案。有关地方人民政府应急管理部门和有关部门应当通过相关信息系统实现信息共享。

第四十一条　生产经营单位应当建立安全风险分级管控制度，按照安全风险分级采取相应的管控措施。

生产经营单位应当建立健全并落实生产安全事故隐患排查治理制度，采取技术、管理措施，及时发现并消除事故隐患。事故隐患排查治理情况应当如实记录，并通过职工大会或者职工代表大会、信息公示栏等方式向从业人员通报。其中，重大事故隐患排查治理情况应当及时向负有安全生产监督管理职责的部门和职工大会或者职工代表大会报告。

县级以上地方各级人民政府负有安全生产监督管理职责的部门应当将重大事故隐患纳入相关信息系统，建立健全重大事故隐患治理督办制度，督促生产经营单位消除重大事故隐患。

第四十二条　生产、经营、储存、使用危险物品的车间、商店、仓库不得与员工宿舍在同一座建筑物内，并应当与员工宿舍保持安全距离。

生产经营场所和员工宿舍应当设有符合紧急疏散要求、标志明显、保持畅通的出口、疏散通道。禁止占用、锁闭、封堵生产经营场所或者员工宿舍的出口、疏散通道。

第四十三条　生产经营单位进行爆破、吊装、动火、临时用电以及国务院应急管理部门会同国务院有关部门规定的其他危险作业，应当安排专门人员进行现场安全管理，确保操作规程的遵守和安全措施的落实。

第四十四条　生产经营单位应当教育和督促从业人员严格执行本单位的安全生产规章制度和安全操作规程；并向从业人员如实告知作业场所和工作岗位存在的危险因素、防范措施以及事故应急措施。

生产经营单位应当关注从业人员的身体、心理状况和行为习惯，加强对从业人员的心理疏导、精神慰藉，严格落实岗位安全生产责任，防范从业人员行为异常导致事故发生。

第四十五条　生产经营单位必须为从业人员提供符合国家标准或者行业标准的劳动防护用品，并监督、教育从业人员按照使用规则佩戴、使用。

第四十六条　生产经营单位的安全生产管理人员应当根据本单位的生产经营特点，对安全生产状况进行经常性检查；对检查中发现的安全问题，应当立即处理；不能处理的，应当及时报告本单位有关负责人，有关负责人应当及时处理。检查及处理情况应当如实记录在案。

生产经营单位的安全生产管理人员在检查中发现重大事故隐患，依照前款规定向本单位有关负责人报告，有关负责人不及时处理的，安全生产管理人员可以向主管的负有安全生产监督管理职责的部门报告，接到报告的部门应当依法及时处理。

第四十七条　生产经营单位应当安排用于配备劳动防护用品、进行安全生产培训的经费。

第四十八条　两个以上生产经营单位在同一作业区域内进行生产经营活动，可能危及对方生产安全的，应当签订安全生产管理协议，明确各自的安全生产管理职责和应当采取的安全措施，并指定专职安全生产管理人员进行安全检查与协调。

第四十九条　生产经营单位不得将生产经营项目、场所、设备发包或者出租给不具备安全生产条件或者相应资质的单位或者个人。

生产经营项目、场所发包或者出租给其他单位的，生产经营单位应当与承包单位、承租单位签订专门的安全生产管理协议，或者在承包合同、租赁合同中约定各自的安全生产管理职责；生产经营单位对承包单位、承租单位的安全生产工作统一协调、管理，定期进行安全检查，发现安全问题的，应当及时督促整改。

矿山、金属冶炼建设项目和用于生产、储存、装卸危险物品的建设项目的施工单位应当加强对施工项目的安全管理，不得倒卖、出租、出借、挂靠或者以其他形式非法转让施工资质，不得将其承包的全部建设工程转包给第三人或者将其承包的全部建设工程支解以后以分包的名义分别转包给第三人，不得将工程分包给不具备相应资质条件的单位。

第五十条　生产经营单位发生生产安全事故时，单位的主要负责人应当立即组织抢救，并不得在事故调查处理期间擅离职守。

第五十一条　生产经营单位必须依法参加工伤保险，为从业人员缴纳保险费。

国家鼓励生产经营单位投保安全生产责任保险；属于国家规定的高危行业、领域的生产经营单位，应当投保安全生产责任保险。具体范围和实施办法由国务院应急管理部门会同国务院财政部门、国务院保险监督管理机构和相关行业主管部门制定。

第三章　从业人员的安全生产权利义务

第五十二条　生产经营单位与从业人员订立的劳动合同，应当载明有关保障从业人员劳动安全、防止职业危害的事项，以及依法为从业人员办理工伤保险的事项。

生产经营单位不得以任何形式与从业人员订立协议，免除或者减轻其对从业人员因生产安全事故伤亡依法应承担的责任。

第五十三条　生产经营单位的从业人员有权了解其作业场所和工作岗位存在的危险因素、防范措施及事故应急措施，有权对本单位的安全生产工作提出建议。

第五十四条　从业人员有权对本单位安全生产工作中存在的问题提出批评、检举、控告；有权拒绝违章指挥和强令冒险作业。

生产经营单位不得因从业人员对本单位安全生产工作提出批评、检举、控告或者拒绝违章指挥、强令冒险作业而降低其工资、福利等待遇或者解除与其订立的劳动合同。

第五十五条　从业人员发现直接危及人身安全的紧急情况时，有权停止作业或者在采取可能的应急措施后撤离作业场所。

生产经营单位不得因从业人员在前款紧急情况下停止作业或者采取紧急撤离措施而降低其工资、福利等待遇或者解除与其订立的劳动合同。

第五十六条　生产经营单位发生生产安全事故后，应当及时采取措施救治有关人员。

因生产安全事故受到损害的从业人员，除依法享有工伤保险外，依照有关民事法律尚有获得赔偿的权利的，有权提出赔偿要求。

第五十七条　从业人员在作业过程中，应当严格落实岗位安全责任，遵守本单位的安全生产规章制度和操作规程，服从管理，正确佩戴和使用劳动防护用品。

第五十八条　从业人员应当接受安全生产教育和培训，掌握本职工作所需的安全生产知识，提高安全生产技能，增强事故预防和应急处理能力。

第五十九条　从业人员发现事故隐患或者其他不安全因素，应当立即向现场安全生产管理人员或者本单位负责人报告；接到报告的人员应当及时予以处理。

第六十条　工会有权对建设项目的安全设施与主体工程同时设计、同时施工、同时投入生产和使用进行监督，提出意见。

工会对生产经营单位违反安全生产法律、法规，侵犯从业人员合法权益的行为，有权要求纠正；发现生产经营单位违章指挥、强令冒险作业或者发现事故隐患时，有权提出解决的建议，生产经营单位应当及时研究答复；发现危及从业人员生命安全的情况时，有权向生产经营单位建议组织从业人员撤离危险场所，生产经营单位必须立即作出处理。

工会有权依法参加事故调查，向有关部门提出处理意见，并要求追究有关人员的责任。

第六十一条　生产经营单位使用被派遣劳动者的，被派遣劳动者享有本法规定的从业人员的权利，并应当履行本法规定的从业人员的义务。

第四章　安全生产的监督管理

第六十二条　县级以上地方各级人民政府应当根据本行政区域内的安全生产状况，组织有关部门按照职责分工，对本行政区域内容易发生重大生产安全事故的生产经营单位进行严格检查。

应急管理部门应当按照分类分级监督管理的要求，制定安全生产年度监督检查计划，并按照年度监督检查计划进行监督检查，发现事故隐患，应当及时处理。

第六十三条　负有安全生产监督管理职责的部门依照有关法律、法规的规定，对涉及安全生产的事项需要审查批准（包括批准、核准、许可、注册、认证、颁发证照等，下同）或者验收的，必须严格依照有关法律、法规和国家标准或者行业标准规定的安全生产条件和程序进行审查；不符合有关法律、法规和国家标准或者行业标准规定的安全生产条件的，不得批准或者验收通过。对未依法取得批准或者验收合格的单位擅自从事有关活动的，负责行政审批的部门发现或者接到举报后应当立即予以取缔，并依法予以处理。对已经依法取得批准的单位，负责行政审批的部门发现其不再具备安全生产条件的，应当撤销原批准。

第六十四条　负有安全生产监督管理职责的部门对涉及安全生产的事项进行审查、验收，不得收取费用；不得要求接受审查、验收的单位购买其指定品牌或者指定生产、销售单位的安全设备、器材或者其他产品。

第六十五条　应急管理部门和其他负有安全生产监督管理职责的部门依法开展安全生产行政执法工作，对生产经营单位执行有关安全生产的法律、法规和国家标准或者行业标准的情况进行监督检查，行使以下职权：

（一）进入生产经营单位进行检查，调阅有关资料，向有关单位和人员了解情况；

（二）对检查中发现的安全生产违法行为，当场予以纠正或者要求限期改正；对依法应当给予行政处罚的行为，依照本法和其他有关法律、行政法规的规定作出行政处罚决定；

（三）对检查中发现的事故隐患，应当责令立即排除；重大事故隐患排除前或者排除过程中无法保证安全的，应当责令从危险区域内撤出作业人员，责令暂时停产停业或者停止使用相关设施、设备；重大事故隐患排除后，经审查同意，方可恢复生产经营和使用；

（四）对有根据认为不符合保障安全生产的国家标准或者行业标准的设施、设备、器材以及违法生产、储存、使用、经营、运输的危险物品予以查封或者扣押，对违法生产、储存、使用、经营危险物品的作业场所予以查封，并依法作出处理决定。

监督检查不得影响被检查单位的正常生产经营活动。

第六十六条　生产经营单位对负有安全生产监督管理职责的部门的监督检查人员（以下统称安全生产监督检查人员）依法履行监督检查职责，应当予以配合，不得拒绝、阻挠。

第六十七条　安全生产监督检查人员应当忠于职守，坚持原则，秉公执法。

安全生产监督检查人员执行监督检查任务时，必须出示有效的行政执法证件；对涉及被检查单位的技术秘密和业务秘密，应当为其保密。

第六十八条　安全生产监督检查人员应当将检查的时间、地点、内容、发现的问题及其处理情况，作出书面记录，并由检查人员和被检查单位的负责人签字；被检查单位的负责人拒绝签字的，检查人员应当将情况记录在案，并向负有安全生产监督管理职责的部门报告。

第六十九条　负有安全生产监督管理职责的部门在监督检查中，应当互相配合，实行联合检查；确需分别进行检查的，应当互通情况，发现存在的安全问题应当由其他有关部门进行处理的，应当及时移送其他有关部门并形成记录备查，接受移送的部门应当及时进行处理。

第七十条　负有安全生产监督管理职责的部门依法对存在重大事故隐患的生产经营单位作出停产停业、停止施工、停止使用相关设施或者设备的决定，生产经营单位应当依法执行，及时消除事故隐患。生产经营单位拒不执行，有发生生产安全事故的现实危险的，在保证安全的前提下，经本部门主要负责人批准，负有安全生产监督管理职责的部门可以采取通知有关单位停止供电、停止供应民用爆炸物品等措施，强制生产经营单位履行决定。通知应当采用书面形式，有关单位应当予以配合。

负有安全生产监督管理职责的部门依照前款规定采取停止供电措施，除有危及生产安全的紧急情形外，应当提前二十四小时通知生产经营单位。生产经营单位依法履行行政决定、采取相应措施消除事故隐患的，负有安全生产监督管理职责的部门应当及时解除前款规定的措施。

第七十一条　监察机关依照监察法的规定，对负有安全生产监督管理职责的部门及其工作人员履行安全生产监督管理职责实施监察。

第七十二条　承担安全评价、认证、检测、检验职责的机构应当具备国家规定的资质条件，并对其作出的安全评价、认证、检测、检验结果的合法性、真实性负责。资质条件由国务院应急管理部门会同国务院有关部门制定。

承担安全评价、认证、检测、检验职责的机构应当建立并实施服务公开和报告公开制度，不得租借资质、挂靠、出具虚假报告。

第七十三条　负有安全生产监督管理职责的部门应当建立举报制度，公开举报电话、信箱或者电子邮件地址等网络举报平台，受理有关安全生产的举报；受理的举报事项经调查核实后，应当形成书面材料；需要落实整改措施的，报经有关负责人签字并督促落实。对不属于本部门职责，需要由其他有关部门进行调查处理的，转交其他有关部门处理。

涉及人员死亡的举报事项，应当由县级以上人民政府组织核查处理。

第七十四条　任何单位或者个人对事故隐患或者安全生产违法行为，均有权向负有安全生产监督管理职责的部门报告或者举报。

因安全生产违法行为造成重大事故隐患或者导致重大事故，致使国家利益或者社会公共利益受到侵害的，人民检察院可以根据民事诉讼法、行政诉讼法的相关规定提起公益诉讼。

第七十五条　居民委员会、村民委员会发现其所在区域内的生产经营单位存在事故隐患或者安全生产违法行为时，应当向当地人民政府或者有关部门报告。

第七十六条　县级以上各级人民政府及其有关部门对报告重大事故隐患或者举报安全生产违法行为的有功人员，给予奖励。具体奖励办法由国务院应急管理部门会同国务院财政部门制定。

第七十七条　新闻、出版、广播、电影、电视等单位有进行安全生产公益宣传教育的义务，有对违反安全生产法律、法规的行为进行舆论监督的权利。

第七十八条　负有安全生产监督管理职责的部门应当建立安全生产违法行为信息库，如实记录生产经营单位及其有关从业人员的安全生产违法行为信息；对违法行为情节严重的生产经营单位及其有关从业人员，应当及时向社会公告，并通报行业主管部门、投资主管部门、自然资源主管部门、生态环境主管部门、证券监督管理机构以及有关金融机构。有关部门和机构应当对存在失信行为的生产经营单位及其有关从业人员采取加大执法检查频次、暂停项目审批、上调有关保险费率、行业或者职业禁入等联合惩戒措施，并向社会公示。

负有安全生产监督管理职责的部门应当加强对生产经营单位行政处罚信息的及时归集、共享、应用和公开，对生产经营单位作出处罚决定后七个工作日内在监督管理部门公示系统予以公开曝光，强化对违法失信生产经营单位及其有关从业人员的社会监督，提高全社会安全生产诚信水平。

第五章　生产安全事故的应急救援与调查处理

第七十九条　国家加强生产安全事故应急能力建设，在重点行业、领域建立应急救援基地和应急救援队伍，并由国家安全生产应急救援机构统一协调指挥；鼓励生产经营单位和其他社会力量建立应急救援队伍，配备相应的应急救援装备和物资，提高应急救援的专业化水平。

国务院应急管理部门牵头建立全国统一的生产安全事故应急救援信息系统，国务院交通运输、住房和城乡建设、水利、民航等有关部门和县级以上地方人民政府建立健全相关行业、领域、地区的生产安全事故应急救援信息系统，实现互联互通、信息共享，通过推行网上安全信息采集、安全监管和监测预警，提升监管的精准化、智能化水平。

第八十条　县级以上地方各级人民政府应当组织有关部门制定本行政区域内生产安全事故应急救援预案，建立应急救援体系。

乡镇人民政府和街道办事处，以及开发区、工业园区、港区、风景区等应当制定相应的生产安全事故应急救援预案，协助人民政府有关部门或者按照授权依法履行生产安全事故应急救援工作职责。

第八十一条　生产经营单位应当制定本单位生产安全事故应急救援预案，与所在地县级以上地方人民政府组织制定的生产安全事故应急救援预案相衔接，并定期组织演练。

第八十二条　危险物品的生产、经营、储存单位以及矿山、金属冶炼、城市轨道交通运营、建筑施工单位应当建立应急救援组织；生产经营规模较小的，可以不建立应急救援组织，但应当指定兼职的应急救援人员。

危险物品的生产、经营、储存、运输单位以及矿山、金属冶炼、城市轨道交通运营、建筑施工单位应当配备必要的应急救援器材、设备和物资，并进行经常性维护、保养，保证正常运转。

第八十三条　生产经营单位发生生产安全事故后，事故现场有关人员应当立即报告本单位负责人。

单位负责人接到事故报告后，应当迅速采取有效措施，组织抢救，防止事故扩大，减少人员伤亡和财产损失，并按照国家有关规定立即如实报告当地负有安全生产监督管理职责的部门，不得隐瞒不报、谎报或者迟报，不得故意破坏事故现场、毁灭有关证据。

第八十四条　负有安全生产监督管理职责的部门接到事故报告后，应当立即按照国家有关规定上报事故情况。负有安全生产监督管理职责的部门和有关地方人民政府对事故情况不得隐瞒不报、谎报或者迟报。

第八十五条　有关地方人民政府和负有安全生产监督管理职责的部门的负责人接到生产安全事故报告后，应当按照生产安全事故应急救援预案的要求立即赶到事故现场，组织事故抢救。

参与事故抢救的部门和单位应当服从统一指挥，加强协同联动，采取有效的应急救援措施，并根据事故救援的需要采取警戒、疏散等措施，防止事故扩大和次生灾害的发生，减少人员伤亡和财产损失。

事故抢救过程中应当采取必要措施，避免或者减少对环境造成的危害。

任何单位和个人都应当支持、配合事故抢救，并提供一切便利条件。

第八十六条　事故调查处理应当按照科学严谨、依法依规、实事求是、注重实效的原则，及时、准确地查清事故原因，查明事故性质和责任，评估应急处置工作，总结事故教训，提出整改措施，并对事故责任单位和人员提出处理建议。事故调查报告应当依法及时向社会公布。事故调查和处理的具体办法由国务院制定。

事故发生单位应当及时全面落实整改措施，负有安全生产监督管理职责的部门应当加强监督检查。

负责事故调查处理的国务院有关部门和地方人民政府应当在批复事故调查报告后一年内，组织有关部门对事故整改和防范措施落实情况进行评估，并及时向社会公开评估结果；对不履行职责导致事故整改和防范措施没有落实的有关单位和人员，应当按照有关规定追究责任。

第八十七条　生产经营单位发生生产安全事故，经调查确定为责任事故的，除了应当查明事故单位的责任并依法予以追究外，还应当查明对安全生产的有关事项负有审查批准和监督职责的行政部门的责任，对有失职、渎职行为的，依照本法第九十条的规定追究法律责任。

第八十八条　任何单位和个人不得阻挠和干涉对事故的依法调查处理。

第八十九条　县级以上地方各级人民政府应急管理部门应当定期统计分析本行政区域

内发生生产安全事故的情况，并定期向社会公布。

第六章 法律责任

第九十条 负有安全生产监督管理职责的部门的工作人员，有下列行为之一的，给予降级或者撤职的处分；构成犯罪的，依照刑法有关规定追究刑事责任：

（一）对不符合法定安全生产条件的涉及安全生产的事项予以批准或者验收通过的；

（二）发现未依法取得批准、验收的单位擅自从事有关活动或者接到举报后不予取缔或者不依法予以处理的；

（三）对已经依法取得批准的单位不履行监督管理职责，发现其不再具备安全生产条件而不撤销原批准或者发现安全生产违法行为不予查处的；

（四）在监督检查中发现重大事故隐患，不依法及时处理的。

负有安全生产监督管理职责的部门的工作人员有前款规定以外的滥用职权、玩忽职守、徇私舞弊行为的，依法给予处分；构成犯罪的，依照刑法有关规定追究刑事责任。

第九十一条 负有安全生产监督管理职责的部门，要求被审查、验收的单位购买其指定的安全设备、器材或者其他产品的，在对安全生产事项的审查、验收中收取费用的，由其上级机关或者监察机关责令改正，责令退还收取的费用；情节严重的，对直接负责的主管人员和其他直接责任人员依法给予处分。

第九十二条 承担安全评价、认证、检测、检验职责的机构出具失实报告的，责令停业整顿，并处三万元以上十万元以下的罚款；给他人造成损害的，依法承担赔偿责任。

承担安全评价、认证、检测、检验职责的机构租借资质、挂靠、出具虚假报告的，没收违法所得；违法所得在十万元以上的，并处违法所得二倍以上五倍以下的罚款，没有违法所得或者违法所得不足十万元的，单处或者并处十万元以上二十万元以下的罚款；对其直接负责的主管人员和其他直接责任人员处五万元以上十万元以下的罚款；给他人造成损害的，与生产经营单位承担连带赔偿责任；构成犯罪的，依照刑法有关规定追究刑事责任。

对有前款违法行为的机构及其直接责任人员，吊销其相应资质和资格，五年内不得从事安全评价、认证、检测、检验等工作；情节严重的，实行终身行业和职业禁入。

第九十三条 生产经营单位的决策机构、主要负责人或者个人经营的投资人不依照本法规定保证安全生产所必需的资金投入，致使生产经营单位不具备安全生产条件的，责令限期改正，提供必需的资金；逾期未改正的，责令生产经营单位停产停业整顿。

有前款违法行为，导致发生生产安全事故的，对生产经营单位的主要负责人给予撤职处分，对个人经营的投资人处二万元以上二十万元以下的罚款；构成犯罪的，依照刑法有关规定追究刑事责任。

第九十四条 生产经营单位的主要负责人未履行本法规定的安全生产管理职责的，责令限期改正，处二万元以上五万元以下的罚款；逾期未改正的，处五万元以上十万元以下的罚款，责令生产经营单位停产停业整顿。

生产经营单位的主要负责人有前款违法行为，导致发生生产安全事故的，给予撤职处分；构成犯罪的，依照刑法有关规定追究刑事责任。

生产经营单位的主要负责人依照前款规定受刑事处罚或者撤职处分的，自刑罚执行完毕或者受处分之日起，五年内不得担任任何生产经营单位的主要负责人；对重大、特别重大生产安全事故负有责任的，终身不得担任本行业生产经营单位的主要负责人。

第九十五条　生产经营单位的主要负责人未履行本法规定的安全生产管理职责，导致发生生产安全事故的，由应急管理部门依照下列规定处以罚款：

（一）发生一般事故的，处上一年年收入百分之四十的罚款；

（二）发生较大事故的，处上一年年收入百分之六十的罚款；

（三）发生重大事故的，处上一年年收入百分之八十的罚款；

（四）发生特别重大事故的，处上一年年收入百分之一百的罚款。

第九十六条　生产经营单位的其他负责人和安全生产管理人员未履行本法规定的安全生产管理职责的，责令限期改正，处一万元以上三万元以下的罚款；导致发生生产安全事故的，暂停或者吊销其与安全生产有关的资格，并处上一年年收入百分之二十以上百分之五十以下的罚款；构成犯罪的，依照刑法有关规定追究刑事责任。

第九十七条　生产经营单位有下列行为之一的，责令限期改正，处十万元以下的罚款；逾期未改正的，责令停产停业整顿，并处十万元以上二十万元以下的罚款，对其直接负责的主管人员和其他直接责任人员处二万元以上五万元以下的罚款：

（一）未按照规定设置安全生产管理机构或者配备安全生产管理人员、注册安全工程师的；

（二）危险物品的生产、经营、储存、装卸单位以及矿山、金属冶炼、建筑施工、运输单位的主要负责人和安全生产管理人员未按照规定经考核合格的；

（三）未按照规定对从业人员、被派遣劳动者、实习学生进行安全生产教育和培训，或者未按照规定如实告知有关的安全生产事项的；

（四）未如实记录安全生产教育和培训情况的；

（五）未将事故隐患排查治理情况如实记录或者未向从业人员通报的；

（六）未按照规定制定生产安全事故应急救援预案或者未定期组织演练的；

（七）特种作业人员未按照规定经专门的安全作业培训并取得相应资格，上岗作业的。

第九十八条　生产经营单位有下列行为之一的，责令停止建设或者停产停业整顿，限期改正，并处十万元以上五十万元以下的罚款，对其直接负责的主管人员和其他直接责任人员处二万元以上五万元以下的罚款；逾期未改正的，处五十万元以上一百万元以下的罚款，对其直接负责的主管人员和其他直接责任人员处五万元以上十万元以下的罚款；构成犯罪的，依照刑法有关规定追究刑事责任：

（一）未按照规定对矿山、金属冶炼建设项目或者用于生产、储存、装卸危险物品的建设项目进行安全评价的；

（二）矿山、金属冶炼建设项目或者用于生产、储存、装卸危险物品的建设项目没有安全设施设计或者安全设施设计未按照规定报经有关部门审查同意的；

（三）矿山、金属冶炼建设项目或者用于生产、储存、装卸危险物品的建设项目的施工单位未按照批准的安全设施设计施工的；

（四）矿山、金属冶炼建设项目或者用于生产、储存、装卸危险物品的建设项目竣工投入生产或者使用前，安全设施未经验收合格的。

第九十九条　生产经营单位有下列行为之一的，责令限期改正，处五万元以下的罚款；逾期未改正的，处五万元以上二十万元以下的罚款，对其直接负责的主管人员和其他直接责任人员处一万元以上二万元以下的罚款；情节严重的，责令停产停业整顿；构成犯罪的，依照刑法有关规定追究刑事责任：

（一）未在有较大危险因素的生产经营场所和有关设施、设备上设置明显的安全警示标志的；

（二）安全设备的安装、使用、检测、改造和报废不符合国家标准或者行业标准的；

（三）未对安全设备进行经常性维护、保养和定期检测的；

（四）关闭、破坏直接关系生产安全的监控、报警、防护、救生设备、设施，或者篡改、隐瞒、销毁其相关数据、信息的；

（五）未为从业人员提供符合国家标准或者行业标准的劳动防护用品的；

（六）危险物品的容器、运输工具，以及涉及人身安全、危险性较大的海洋石油开采特种设备和矿山井下特种设备未经具有专业资质的机构检测、检验合格，取得安全使用证或者安全标志，投入使用的；

（七）使用应当淘汰的危及生产安全的工艺、设备的；

（八）餐饮等行业的生产经营单位使用燃气未安装可燃气体报警装置的。

第一百条　未经依法批准，擅自生产、经营、运输、储存、使用危险物品或者处置废弃危险物品的，依照有关危险物品安全管理的法律、行政法规的规定予以处罚；构成犯罪的，依照刑法有关规定追究刑事责任。

第一百零一条　生产经营单位有下列行为之一的，责令限期改正，处十万元以下的罚款；逾期未改正的，责令停产停业整顿，并处十万元以上二十万元以下的罚款，对其直接负责的主管人员和其他直接责任人员处二万元以上五万元以下的罚款；构成犯罪的，依照刑法有关规定追究刑事责任：

（一）生产、经营、运输、储存、使用危险物品或者处置废弃危险物品，未建立专门安全管理制度、未采取可靠的安全措施的；

（二）对重大危险源未登记建档，未进行定期检测、评估、监控，未制定应急预案，或者未告知应急措施的；

（三）进行爆破、吊装、动火、临时用电以及国务院应急管理部门会同国务院有关部门规定的其他危险作业，未安排专门人员进行现场安全管理的；

（四）未建立安全风险分级管控制度或者未按照安全风险分级采取相应管控措施的；

（五）未建立事故隐患排查治理制度，或者重大事故隐患排查治理情况未按照规定报告的。

第一百零二条　生产经营单位未采取措施消除事故隐患的，责令立即消除或者限期消除，处五万元以下的罚款；生产经营单位拒不执行的，责令停产停业整顿，对其直接负责的主管人员和其他直接责任人员处五万元以上十万元以下的罚款；构成犯罪的，依照刑法有关规定追究刑事责任。

第一百零三条　生产经营单位将生产经营项目、场所、设备发包或者出租给不具备安全生产条件或者相应资质的单位或者个人的，责令限期改正，没收违法所得；违法所得十万元以上的，并处违法所得二倍以上五倍以下的罚款；没有违法所得或者违法所得不足十万元的，单处或者并处十万元以上二十万元以下的罚款；对其直接负责的主管人员和其他直接责任人员处一万元以上二万元以下的罚款；导致发生生产安全事故给他人造成损害的，与承包方、承租方承担连带赔偿责任。

生产经营单位未与承包单位、承租单位签订专门的安全生产管理协议或者未在承包合同、租赁合同中明确各自的安全生产管理职责，或者未对承包单位、承租单位的安全生产统一协调、管理的，责令限期改正，处五万元以下的罚款，对其直接负责的主管人员和其他直接责任人员处一万元以下的罚款；逾期未改正的，责令停产停业整顿。

矿山、金属冶炼建设项目和用于生产、储存、装卸危险物品的建设项目的施工单位未按照规定对施工项目进行安全管理的，责令限期改正，处十万元以下的罚款，对其直接负责的主管人员和其他直接责任人员处二万元以下的罚款；逾期未改正的，责令停产停业整顿。以上施工单位倒卖、出租、出借、挂靠或者以其他形式非法转让施工资质的，责令停产停业整顿，吊销资质证书，没收违法所得；违法所得十万元以上的，并处违法所得二倍以上五倍以下的罚款，没有违法所得或者违法所得不足十万元的，单处或者并处十万元以上二十万元以下的罚款；对其直接负责的主管人员和其他直接责任人员处五万元以上十万元以下的罚款；构成犯罪的，依照刑法有关规定追究刑事责任。

第一百零四条　两个以上生产经营单位在同一作业区域内进行可能危及对方安全生产的生产经营活动，未签订安全生产管理协议或者未指定专职安全生产管理人员进行安全检查与协调的，责令限期改正，处五万元以下的罚款，对其直接负责的主管人员和其他直接责任人员处一万元以下的罚款；逾期未改正的，责令停产停业。

第一百零五条　生产经营单位有下列行为之一的，责令限期改正，处五万元以下的罚款，对其直接负责的主管人员和其他直接责任人员处一万元以下的罚款；逾期未改正的，责令停产停业整顿；构成犯罪的，依照刑法有关规定追究刑事责任：

（一）生产、经营、储存、使用危险物品的车间、商店、仓库与员工宿舍在同一座建筑内，或者与员工宿舍的距离不符合安全要求的；

（二）生产经营场所和员工宿舍未设有符合紧急疏散需要、标志明显、保持畅通的出口、疏散通道，或者占用、锁闭、封堵生产经营场所或者员工宿舍出口、疏散通道的。

第一百零六条　生产经营单位与从业人员订立协议，免除或者减轻其对从业人员因生产安全事故伤亡依法应承担的责任的，该协议无效；对生产经营单位的主要负责人、个人经营的投资人处二万元以上十万元以下的罚款。

第一百零七条　生产经营单位的从业人员不落实岗位安全责任，不服从管理，违反安全生产规章制度或者操作规程的，由生产经营单位给予批评教育，依照有关规章制度给予处分；构成犯罪的，依照刑法有关规定追究刑事责任。

第一百零八条　违反本法规定，生产经营单位拒绝、阻碍负有安全生产监督管理职责的部门依法实施监督检查的，责令改正；拒不改正的，处二万元以上二十万元以下的罚款；对其直接负责的主管人员和其他直接责任人员处一万元以上二万元以下的罚款；构成犯罪的，依照刑法有关规定追究刑事责任。

第一百零九条　高危行业、领域的生产经营单位未按照国家规定投保安全生产责任保险的，责令限期改正，处五万元以上十万元以下的罚款；逾期未改正的，处十万元以上二十万元以下的罚款。

第一百一十条　生产经营单位的主要负责人在本单位发生生产安全事故时，不立即组织抢救或者在事故调查处理期间擅离职守或者逃匿的，给予降级、撤职的处分，并由应急管理部门处上一年年收入百分之六十至百分之一百的罚款；对逃匿的处十五日以下拘留；构成犯罪的，依照刑法有关规定追究刑事责任。

生产经营单位的主要负责人对生产安全事故隐瞒不报、谎报或者迟报的，依照前款规定处罚。

第一百一十一条　有关地方人民政府、负有安全生产监督管理职责的部门，对生产安全事故隐瞒不报、谎报或者迟报的，对直接负责的主管人员和其他直接责任人员依法给予处分；构成犯罪的，依照刑法有关规定追究刑事责任。

第一百一十二条　生产经营单位违反本法规定，被责令改正且受到罚款处罚，拒不改正的，负有安全生产监督管理职责的部门可以自作出责令改正之日的次日起，按照原处罚数额按日连续处罚。

第一百一十三条　生产经营单位存在下列情形之一的，负有安全生产监督管理职责的部门应当提请地方人民政府予以关闭，有关部门应当依法吊销其有关证照。生产经营单位主要负责人五年内不得担任任何生产经营单位的主要负责人；情节严重的，终身不得担任本行业生产经营单位的主要负责人：

（一）存在重大事故隐患，一百八十日内三次或者一年内四次受到本法规定的行政处罚的；

（二）经停产停业整顿，仍不具备法律、行政法规和国家标准或者行业标准规定的安全生产条件的；

（三）不具备法律、行政法规和国家标准或者行业标准规定的安全生产条件，导致发生重大、特别重大生产安全事故的；

（四）拒不执行负有安全生产监督管理职责的部门作出的停产停业整顿决定的。

第一百一十四条　发生生产安全事故，对负有责任的生产经营单位除要求其依法承担相应的赔偿等责任外，由应急管理部门依照下列规定处以罚款：

（一）发生一般事故的，处三十万元以上一百万元以下的罚款；

（二）发生较大事故的，处一百万元以上二百万元以下的罚款；

（三）发生重大事故的，处二百万元以上一千万元以下的罚款；

（四）发生特别重大事故的，处一千万元以上二千万元以下的罚款。

发生生产安全事故，情节特别严重、影响特别恶劣的，应急管理部门可以按照前款罚款数额的二倍以上五倍以下对负有责任的生产经营单位处以罚款。

第一百一十五条　本法规定的行政处罚，由应急管理部门和其他负有安全生产监督管理职责的部门按照职责分工决定；其中，根据本法第九十五条、第一百一十条、第一百一十四条的规定应当给予民航、铁路、电力行业的生产经营单位及其主要负责人行政处罚的，也可以由主管的负有安全生产监督管理职责的部门进行处罚。予以关闭的行政处罚，由负有安全生产监督管理职责的部门报请县级以上人民政府按照国务院规定的权限决定；给予拘留的行政处罚，由公安机关依照治安管理处罚的规定决定。

第一百一十六条　生产经营单位发生生产安全事故造成人员伤亡、他人财产损失的，应当依法承担赔偿责任；拒不承担或者其负责人逃匿的，由人民法院依法强制执行。

生产安全事故的责任人未依法承担赔偿责任，经人民法院依法采取执行措施后，仍不能对受害人给予足额赔偿的，应当继续履行赔偿义务；受害人发现责任人有其他财产的，可以随时请求人民法院执行。

第七章　附　　则

第一百一十七条　本法下列用语的含义：

危险物品，是指易燃易爆物品、危险化学品、放射性物品等能够危及人身安全和财产安全的物品。

重大危险源，是指长期地或者临时地生产、搬运、使用或者储存危险物品，且危险物品的数量等于或者超过临界量的单元(包括场所和设施)。

第一百一十八条　本法规定的生产安全一般事故、较大事故、重大事故、特别重大事故的划分标准由国务院规定。

国务院应急管理部门和其他负有安全生产监督管理职责的部门应当根据各自的职责分工，制定相关行业、领域重大危险源的辨识标准和重大事故隐患的判定标准。

第一百一十九条　本法自2002年11月1日起施行。

中华人民共和国矿山安全法

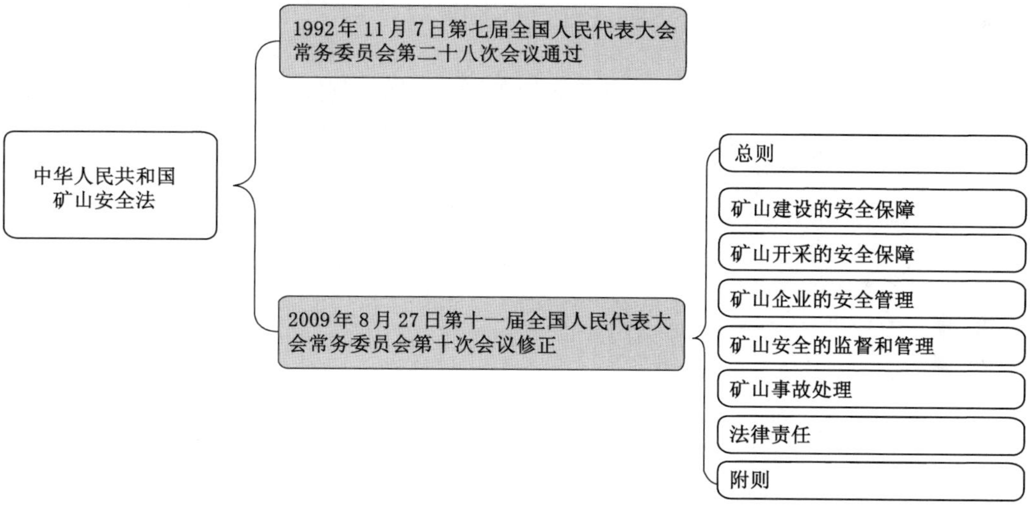

目　　录

第一章　总　　则

第一条　为了保障矿山生产安全，防止矿山事故，保护矿山职工人身安全，促进采矿业的发展，制定本法。

第二条　在中华人民共和国领域和中华人民共和国管辖的其他海域从事矿产资源开采活动，必须遵守本法。

第三条　矿山企业必须具有保障安全生产的设施，建立、健全安全管理制度，采取有效措施改善职工劳动条件，加强矿山安全管理工作，保证安全生产。

第四条　国务院劳动行政主管部门对全国矿山安全工作实施统一监督。

县级以上地方各级人民政府劳动行政主管部门对本行政区域内的矿山安全工作实施统一监督。

县级以上人民政府管理矿山企业的主管部门对矿山安全工作进行管理。

第五条　国家鼓励矿山安全科学技术研究，推广先进技术，改进安全设施，提高矿山安全生产水平。

第六条　对坚持矿山安全生产，防止矿山事故，参加矿山抢险救护，进行矿山安全科学技术研究等方面取得显著成绩的单位和个人，给予奖励。

第二章　矿山建设的安全保障

第七条　矿山建设工程的安全设施必须和主体工程同时设计、同时施工、同时投入生产和使用。

第八条　矿山建设工程的设计文件，必须符合矿山安全规程和行业技术规范，并按照国家规定经管理矿山企业的主管部门批准；不符合矿山安全规程和行业技术规范的，不得批准。

矿山建设工程安全设施的设计必须有劳动行政主管部门参加审查。

矿山安全规程和行业技术规范，由国务院管理矿山企业的主管部门制定。

第九条　矿山设计下列项目必须符合矿山安全规程和行业技术规范：

（一）矿井的通风系统和供风量、风质、风速；

（二）露天矿的边坡角和台阶的宽度、高度；

（三）供电系统；

（四）提升、运输系统；

（五）防水、排水系统和防火、灭火系统；

（六）防瓦斯系统和防尘系统；

（七）有关矿山安全的其他项目。

第十条　每个矿井必须有两个以上能行人的安全出口，出口之间的直线水平距离必须符合矿山安全规程和行业技术规范。

第十一条　矿山必须有与外界相通的、符合安全要求的运输和通讯设施。

第十二条　矿山建设工程必须按照管理矿山企业的主管部门批准的设计文件施工。

矿山建设工程安全设施竣工后，由管理矿山企业的主管部门验收，并须有劳动行政主管部门参加；不符合矿山安全规程和行业技术规范的，不得验收，不得投入生产。

第三章　矿山开采的安全保障

第十三条　矿山开采必须具备保障安全生产的条件，执行开采不同矿种的矿山安全规程和行业技术规范。

第十四条　矿山设计规定保留的矿柱、岩柱，在规定的期限内，应当予以保护，不得开采或者毁坏。

第十五条　矿山使用的有特殊安全要求的设备、器材、防护用品和安全检测仪器，必须符合国家安全标准或者行业安全标准；不符合国家安全标准或者行业安全标准的，不得使用。

第十六条　矿山企业必须对机电设备及其防护装置、安全检测仪器，定期检查、维修，保证使用安全。

第十七条　矿山企业必须对作业场所中的有毒有害物质和井下空气含氧量进行检测，保证符合安全要求。

第十八条　矿山企业必须对下列危害安全的事故隐患采取预防措施：

（一）冒顶、片帮、边坡滑落和地表塌陷；

（二）瓦斯爆炸、煤尘爆炸；

（三）冲击地压、瓦斯突出、井喷；

（四）地面和井下的火灾、水害；

（五）爆破器材和爆破作业发生的危害；

（六）粉尘、有毒有害气体、放射性物质和其他有害物质引起的危害；

（七）其他危害。

第十九条　矿山企业对使用机械、电气设备，排土场、矸石山、尾矿库与矿山闭坑后可能引起的危害，应当采取预防措施。

第四章　矿山企业的安全管理

第二十条　矿山企业必须建立、健全安全生产责任制。

矿长对本企业的安全生产工作负责。

第二十一条　矿长应当定期向职工代表大会或者职工大会报告安全生产工作，发挥职工代表大会的监督作用。

第二十二条　矿山企业职工必须遵守有关矿山安全的法律、法规和企业规章制度。

矿山企业职工有权对危害安全的行为，提出批评、检举和控告。

第二十三条　矿山企业工会依法维护职工生产安全的合法权益，组织职工对矿山安全工作进行监督。

第二十四条　矿山企业违反有关安全的法律、法规，工会有权要求企业行政方面或者有关部门认真处理。

矿山企业召开讨论有关安全生产的会议，应当有工会代表参加，工会有权提出意见和建议。

第二十五条　矿山企业工会发现企业行政方面违章指挥、强令工人冒险作业或者生产过程中发现明显重大事故隐患和职业危害，有权提出解决的建议；发现危及职工生命安全的情况时，有权向矿山企业行政方面建议组织职工撤离危险现场，矿山企业行政方面必须及时作出处理决定。

第二十六条　矿山企业必须对职工进行安全教育、培训；未经安全教育、培训的，不得上岗作业。

矿山企业安全生产的特种作业人员必须接受专门培训，经考核合格取得操作资格证书的，方可上岗作业。

第二十七条　矿长必须经过考核，具备安全专业知识，具有领导安全生产和处理矿山事故的能力。

矿山企业安全工作人员必须具备必要的安全专业知识和矿山安全工作经验。

第二十八条　矿山企业必须向职工发放保障安全生产所需的劳动防护用品。

第二十九条　矿山企业不得录用未成年人从事矿山井下劳动。

矿山企业对女职工按照国家规定实行特殊劳动保护，不得分配女职工从事矿山井下劳动。

第三十条　矿山企业必须制定矿山事故防范措施，并组织落实。

第三十一条　矿山企业应当建立由专职或者兼职人员组成的救护和医疗急救组织，配备必要的装备、器材和药物。

第三十二条　矿山企业必须从矿产品销售额中按照国家规定提取安全技术措施专项费用。安全技术措施专项费用必须全部用于改善矿山安全生产条件，不得挪作他用。

第五章　矿山安全的监督和管理

第三十三条　县级以上各级人民政府劳动行政主管部门对矿山安全工作行使下列监督职责：

（一）检查矿山企业和管理矿山企业的主管部门贯彻执行矿山安全法律、法规的情况；

（二）参加矿山建设工程安全设施的设计审查和竣工验收；

（三）检查矿山劳动条件和安全状况；

（四）检查矿山企业职工安全教育、培训工作；

（五）监督矿山企业提取和使用安全技术措施专项费用的情况；

（六）参加并监督矿山事故的调查和处理；

（七）法律、行政法规规定的其他监督职责。

第三十四条　县级以上人民政府管理矿山企业的主管部门对矿山安全工作行使下列管理职责：

（一）检查矿山企业贯彻执行矿山安全法律、法规的情况；

（二）审查批准矿山建设工程安全设施的设计；

（三）负责矿山建设工程安全设施的竣工验收；

（四）组织矿长和矿山企业安全工作人员的培训工作；

（五）调查和处理重大矿山事故；

（六）法律、行政法规规定的其他管理职责。

第三十五条　劳动行政主管部门的矿山安全监督人员有权进入矿山企业，在现场检查安全状况；发现有危及职工安全的紧急险情时，应当要求矿山企业立即处理。

第六章　矿山事故处理

第三十六条　发生矿山事故，矿山企业必须立即组织抢救，防止事故扩大，减少人员伤亡和财产损失，对伤亡事故必须立即如实报告劳动行政主管部门和管理矿山企业的主管部门。

第三十七条　发生一般矿山事故，由矿山企业负责调查和处理。

发生重大矿山事故，由政府及其有关部门、工会和矿山企业按照行政法规的规定进行调查和处理。

第三十八条　矿山企业对矿山事故中伤亡的职工按照国家规定给予抚恤或者补偿。

第三十九条　矿山事故发生后，应当尽快消除现场危险，查明事故原因，提出防范措施。现场危险消除后，方可恢复生产。

第七章　法律责任

第四十条　违反本法规定，有下列行为之一的，由劳动行政主管部门责令改正，可以并处罚款；情节严重的，提请县级以上人民政府决定责令停产整顿；对主管人员和直接责任人员由其所在单位或者上级主管机关给予行政处分：

（一）未对职工进行安全教育、培训，分配职工上岗作业的；

（二）使用不符合国家安全标准或者行业安全标准的设备、器材、防护用品、安全检测仪器的；

（三）未按照规定提取或者使用安全技术措施专项费用的；

（四）拒绝矿山安全监督人员现场检查或者在被检查时隐瞒事故隐患、不如实反映情况的；

（五）未按照规定及时、如实报告矿山事故的。

第四十一条　矿长不具备安全专业知识的，安全生产的特种作业人员未取得操作资格证书上岗作业的，由劳动行政主管部门责令限期改正；逾期不改正的，提请县级以上人民政府决定责令停产，调整配备合格人员后，方可恢复生产。

第四十二条　矿山建设工程安全设施的设计未经批准擅自施工的，由管理矿山企业的主管部门责令停止施工；拒不执行的，由管理矿山企业的主管部门提请县级以上人民政府决定由有关主管部门吊销其采矿许可证和营业执照。

第四十三条　矿山建设工程的安全设施未经验收或者验收不合格擅自投入生产的，由劳动行政主管部门会同管理矿山企业的主管部门责令停止生产，并由劳动行政主管部门处以罚款；拒不停止生产的，由劳动行政主管部门提请县级以上人民政府决定由有关主管部门吊销其采矿许可证和营业执照。

第四十四条　已经投入生产的矿山企业，不具备安全生产条件而强行开采的，由劳动行政主管部门会同管理矿山企业的主管部门责令限期改进；逾期仍不具备安全生产条件的，由劳动行政主管部门提请县级以上人民政府决定责令停产整顿或者由有关主管部门吊销其采矿许可证和营业执照。

第四十五条　当事人对行政处罚决定不服的，可以在接到处罚决定通知之日起十五日内向作出处罚决定的机关的上一级机关申请复议；当事人也可以在接到处罚决定通知之日起十五日内直接向人民法院起诉。

复议机关应当在接到复议申请之日起六十日内作出复议决定。当事人对复议决定不服的，可以在接到复议决定之日起十五日内向人民法院起诉。复议机关逾期不作出复议决定的，当事人可以在复议期满之日起十五日内向人民法院起诉。

当事人逾期不申请复议也不向人民法院起诉、又不履行处罚决定的，作出处罚决定的机关可以申请人民法院强制执行。

第四十六条　矿山企业主管人员违章指挥、强令工人冒险作业，因而发生重大伤亡事故

的，依照刑法有关规定追究刑事责任。

第四十七条　矿山企业主管人员对矿山事故隐患不采取措施，因而发生重大伤亡事故的，依照刑法有关规定追究刑事责任。

第四十八条　矿山安全监督人员和安全管理人员滥用职权、玩忽职守、徇私舞弊，构成犯罪的，依法追究刑事责任；不构成犯罪的，给予行政处分。

第八章　附　　则

第四十九条　国务院劳动行政主管部门根据本法制定实施条例，报国务院批准施行。

省、自治区、直辖市人民代表大会常务委员会可以根据本法和本地区的实际情况，制定实施办法。

第五十条　本法自 1993 年 5 月 1 日起施行。

中华人民共和国特种设备安全法

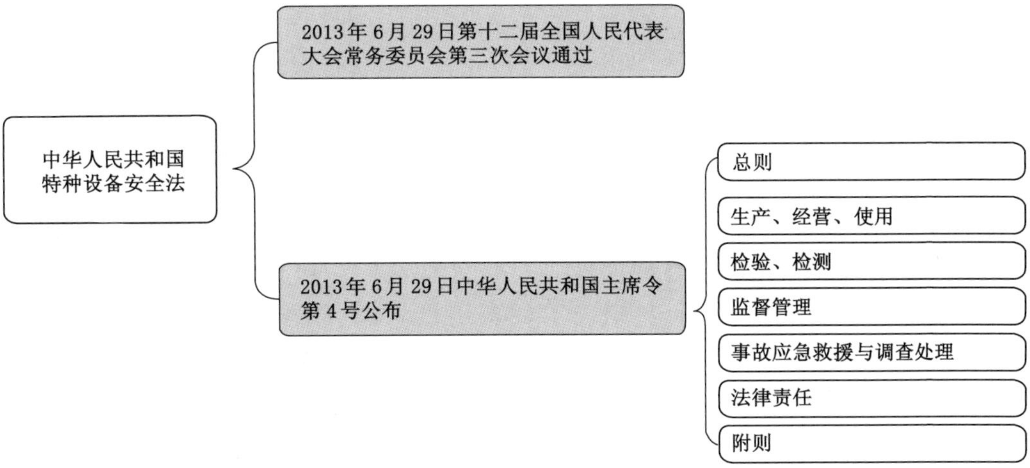

目　　录

第一章　总　　则

第一条　为了加强特种设备安全工作，预防特种设备事故，保障人身和财产安全，促进经济社会发展，制定本法。

第二条　特种设备的生产（包括设计、制造、安装、改造、修理）、经营、使用、检验、检测和

特种设备安全的监督管理，适用本法。

本法所称特种设备，是指对人身和财产安全有较大危险性的锅炉、压力容器（含气瓶）、压力管道、电梯、起重机械、客运索道、大型游乐设施、场（厂）内专用机动车辆，以及法律、行政法规规定适用本法的其他特种设备。

国家对特种设备实行目录管理。特种设备目录由国务院负责特种设备安全监督管理的部门制定，报国务院批准后执行。

第三条　特种设备安全工作应当坚持安全第一、预防为主、节能环保、综合治理的原则。

第四条　国家对特种设备的生产、经营、使用，实施分类的、全过程的安全监督管理。

第五条　国务院负责特种设备安全监督管理的部门对全国特种设备安全实施监督管理。县级以上地方各级人民政府负责特种设备安全监督管理的部门对本行政区域内特种设备安全实施监督管理。

第六条　国务院和地方各级人民政府应当加强对特种设备安全工作的领导，督促各有关部门依法履行监督管理职责。

县级以上地方各级人民政府应当建立协调机制，及时协调、解决特种设备安全监督管理中存在的问题。

第七条　特种设备生产、经营、使用单位应当遵守本法和其他有关法律、法规，建立、健全特种设备安全和节能责任制度，加强特种设备安全和节能管理，确保特种设备生产、经营、使用安全，符合节能要求。

第八条　特种设备生产、经营、使用、检验、检测应当遵守有关特种设备安全技术规范及相关标准。特种设备安全技术规范由国务院负责特种设备安全监督管理的部门制定。

第九条　特种设备行业协会应当加强行业自律，推进行业诚信体系建设，提高特种设备安全管理水平。

第十条　国家支持有关特种设备安全的科学技术研究，鼓励先进技术和先进管理方法的推广应用，对做出突出贡献的单位和个人给予奖励。

第十一条　负责特种设备安全监督管理的部门应当加强特种设备安全宣传教育，普及特种设备安全知识，增强社会公众的特种设备安全意识。

第十二条　任何单位和个人有权向负责特种设备安全监督管理的部门和有关部门举报涉及特种设备安全的违法行为，接到举报的部门应当及时处理。

第二章　生产、经营、使用

第一节　一般规定

第十三条　特种设备生产、经营、使用单位及其主要负责人对其生产、经营、使用的特种设备安全负责。

特种设备生产、经营、使用单位应当按照国家有关规定配备特种设备安全管理人员、检测人员和作业人员，并对其进行必要的安全教育和技能培训。

第十四条　特种设备安全管理人员、检测人员和作业人员应当按照国家有关规定取得相应资格，方可从事相关工作。特种设备安全管理人员、检测人员和作业人员应当严格执行安全技术规范和管理制度，保证特种设备安全。

第十五条　特种设备生产、经营、使用单位对其生产、经营、使用的特种设备应当进行自行检测和维护保养，对国家规定实行检验的特种设备应当及时申报并接受检验。

第十六条　特种设备采用新材料、新技术、新工艺，与安全技术规范的要求不一致，或者安全技术规范未作要求、可能对安全性能有重大影响的，应当向国务院负责特种设备安全监督管理的部门申报，由国务院负责特种设备安全监督管理的部门及时委托安全技术咨询机构或者相关专业机构进行技术评审，评审结果经国务院负责特种设备安全监督管理的部门批准，方可投入生产、使用。

国务院负责特种设备安全监督管理的部门应当将允许使用的新材料、新技术、新工艺的有关技术要求，及时纳入安全技术规范。

第十七条　国家鼓励投保特种设备安全责任保险。

第二节　生　　产

第十八条　国家按照分类监督管理的原则对特种设备生产实行许可制度。特种设备生产单位应当具备下列条件，并经负责特种设备安全监督管理的部门许可，方可从事生产活动：

（一）有与生产相适应的专业技术人员；

（二）有与生产相适应的设备、设施和工作场所；

（三）有健全的质量保证、安全管理和岗位责任等制度。

第十九条　特种设备生产单位应当保证特种设备生产符合安全技术规范及相关标准的要求，对其生产的特种设备的安全性能负责。不得生产不符合安全性能要求和能效指标以及国家明令淘汰的特种设备。

第二十条　锅炉、气瓶、氧舱、客运索道、大型游乐设施的设计文件，应当经负责特种设备安全监督管理的部门核准的检验机构鉴定，方可用于制造。

特种设备产品、部件或者试制的特种设备新产品、新部件以及特种设备采用的新材料，按照安全技术规范的要求需要通过型式试验进行安全性验证的，应当经负责特种设备安全监督管理的部门核准的检验机构进行型式试验。

第二十一条　特种设备出厂时，应当随附安全技术规范要求的设计文件、产品质量合格证明、安装及使用维护保养说明、监督检验证明等相关技术资料和文件，并在特种设备显著位置设置产品铭牌、安全警示标志及其说明。

第二十二条　电梯的安装、改造、修理，必须由电梯制造单位或者其委托的依照本法取得相应许可的单位进行。电梯制造单位委托其他单位进行电梯安装、改造、修理的，应当对其安装、改造、修理进行安全指导和监控，并按照安全技术规范的要求进行校验和调试。电梯制造单位对电梯安全性能负责。

第二十三条　特种设备安装、改造、修理的施工单位应当在施工前将拟进行的特种设备安装、改造、修理情况书面告知直辖市或者设区的市级人民政府负责特种设备安全监督管理的部门。

第二十四条　特种设备安装、改造、修理竣工后，安装、改造、修理的施工单位应当在验收后三十日内将相关技术资料和文件移交特种设备使用单位。特种设备使用单位应当将其存入该特种设备的安全技术档案。

第二十五条　锅炉、压力容器、压力管道元件等特种设备的制造过程和锅炉、压力容器、压力管道、电梯、起重机械、客运索道、大型游乐设施的安装、改造、重大修理过程，应当经特种设备检验机构按照安全技术规范的要求进行监督检验；未经监督检验或者监督检验不合格的，不得出厂或者交付使用。

第二十六条　国家建立缺陷特种设备召回制度。因生产原因造成特种设备存在危及安全的同一性缺陷的，特种设备生产单位应当立即停止生产，主动召回。

国务院负责特种设备安全监督管理的部门发现特种设备存在应当召回而未召回的情形时，应当责令特种设备生产单位召回。

第三节　经　　营

第二十七条　特种设备销售单位销售的特种设备，应当符合安全技术规范及相关标准的要求，其设计文件、产品质量合格证明、安装及使用维护保养说明、监督检验证明等相关技术资料和文件应当齐全。

特种设备销售单位应当建立特种设备检查验收和销售记录制度。

禁止销售未取得许可生产的特种设备，未经检验和检验不合格的特种设备，或者国家明令淘汰和已经报废的特种设备。

第二十八条　特种设备出租单位不得出租未取得许可生产的特种设备或者国家明令淘汰和已经报废的特种设备，以及未按照安全技术规范的要求进行维护保养和未经检验或者检验不合格的特种设备。

第二十九条　特种设备在出租期间的使用管理和维护保养义务由特种设备出租单位承担，法律另有规定或者当事人另有约定的除外。

第三十条　进口的特种设备应当符合我国安全技术规范的要求，并经检验合格；需要取得我国特种设备生产许可的，应当取得许可。

进口特种设备随附的技术资料和文件应当符合本法第二十一条的规定，其安装及使用维护保养说明、产品铭牌、安全警示标志及其说明应当采用中文。

特种设备的进出口检验，应当遵守有关进出口商品检验的法律、行政法规。

第三十一条　进口特种设备，应当向进口地负责特种设备安全监督管理的部门履行提前告知义务。

第四节　使　　用

第三十二条　特种设备使用单位应当使用取得许可生产并经检验合格的特种设备。

禁止使用国家明令淘汰和已经报废的特种设备。

第三十三条　特种设备使用单位应当在特种设备投入使用前或者投入使用后三十日内，向负责特种设备安全监督管理的部门办理使用登记，取得使用登记证书。登记标志应当置于该特种设备的显著位置。

第三十四条　特种设备使用单位应当建立岗位责任、隐患治理、应急救援等安全管理制度，制定操作规程，保证特种设备安全运行。

第三十五条　特种设备使用单位应当建立特种设备安全技术档案。安全技术档案应当包括以下内容：

（一）特种设备的设计文件、产品质量合格证明、安装及使用维护保养说明、监督检验证明等相关技术资料和文件；

（二）特种设备的定期检验和定期自行检查记录；

（三）特种设备的日常使用状况记录；

（四）特种设备及其附属仪器仪表的维护保养记录；

（五）特种设备的运行故障和事故记录。

第三十六条　电梯、客运索道、大型游乐设施等为公众提供服务的特种设备的运营使用单位，应当对特种设备的使用安全负责，设置特种设备安全管理机构或者配备专职的特种设备安全管理人员；其他特种设备使用单位，应当根据情况设置特种设备安全管理机构或者配备专职、兼职的特种设备安全管理人员。

第三十七条　特种设备的使用应当具有规定的安全距离、安全防护措施。

与特种设备安全相关的建筑物、附属设施，应当符合有关法律、行政法规的规定。

第三十八条　特种设备属于共有的，共有人可以委托物业服务单位或者其他管理人管理特种设备，受托人履行本法规定的特种设备使用单位的义务，承担相应责任。共有人未委托的，由共有人或者实际管理人履行管理义务，承担相应责任。

第三十九条　特种设备使用单位应当对其使用的特种设备进行经常性维护保养和定期自行检查，并作出记录。

特种设备使用单位应当对其使用的特种设备的安全附件、安全保护装置进行定期校验、检修，并作出记录。

第四十条　特种设备使用单位应当按照安全技术规范的要求，在检验合格有效期届满前一个月向特种设备检验机构提出定期检验要求。

特种设备检验机构接到定期检验要求后，应当按照安全技术规范的要求及时进行安全性能检验。特种设备使用单位应当将定期检验标志置于该特种设备的显著位置。

未经定期检验或者检验不合格的特种设备，不得继续使用。

第四十一条　特种设备安全管理人员应当对特种设备使用状况进行经常性检查，发现问题应当立即处理；情况紧急时，可以决定停止使用特种设备并及时报告本单位有关负责人。

特种设备作业人员在作业过程中发现事故隐患或者其他不安全因素，应当立即向特种设备安全管理人员和单位有关负责人报告；特种设备运行不正常时，特种设备作业人员应当按照操作规程采取有效措施保证安全。

第四十二条　特种设备出现故障或者发生异常情况，特种设备使用单位应当对其进行全面检查，消除事故隐患，方可继续使用。

第四十三条　客运索道、大型游乐设施在每日投入使用前，其运营使用单位应当进行试运行和例行安全检查，并对安全附件和安全保护装置进行检查确认。

电梯、客运索道、大型游乐设施的运营使用单位应当将电梯、客运索道、大型游乐设施的安全使用说明、安全注意事项和警示标志置于易于为乘客注意的显著位置。

公众乘坐或者操作电梯、客运索道、大型游乐设施，应当遵守安全使用说明和安全注意事项的要求，服从有关工作人员的管理和指挥；遇有运行不正常时，应当按照安全指引，有序撤离。

第四十四条　锅炉使用单位应当按照安全技术规范的要求进行锅炉水（介）质处理，并接受特种设备检验机构的定期检验。

从事锅炉清洗，应当按照安全技术规范的要求进行，并接受特种设备检验机构的监督检验。

第四十五条　电梯的维护保养应当由电梯制造单位或者依照本法取得许可的安装、改造、修理单位进行。

电梯的维护保养单位应当在维护保养中严格执行安全技术规范的要求，保证其维护保养的电梯的安全性能，并负责落实现场安全防护措施，保证施工安全。

电梯的维护保养单位应当对其维护保养的电梯的安全性能负责；接到故障通知后，应当立即赶赴现场，并采取必要的应急救援措施。

第四十六条　电梯投入使用后，电梯制造单位应当对其制造的电梯的安全运行情况进行跟踪调查和了解，对电梯的维护保养单位或者使用单位在维护保养和安全运行方面存在的问题，提出改进建议，并提供必要的技术帮助；发现电梯存在严重事故隐患时，应当及时告知电梯使用单位，并向负责特种设备安全监督管理的部门报告。电梯制造单位对调查和了解的情况，应当作出记录。

第四十七条　特种设备进行改造、修理，按照规定需要变更使用登记的，应当办理变更登记，方可继续使用。

第四十八条　特种设备存在严重事故隐患，无改造、修理价值，或者达到安全技术规范规定的其他报废条件的，特种设备使用单位应当依法履行报废义务，采取必要措施消除该特种设备的使用功能，并向原登记的负责特种设备安全监督管理的部门办理使用登记证书注销手续。

前款规定报废条件以外的特种设备，达到设计使用年限可以继续使用的，应当按照安全技术规范的要求通过检验或者安全评估，并办理使用登记证书变更，方可继续使用。允许继续使用的，应当采取加强检验、检测和维护保养等措施，确保使用安全。

第四十九条　移动式压力容器、气瓶充装单位，应当具备下列条件，并经负责特种设备安全监督管理的部门许可，方可从事充装活动：

（一）有与充装和管理相适应的管理人员和技术人员；

（二）有与充装和管理相适应的充装设备、检测手段、场地厂房、器具、安全设施；

（三）有健全的充装管理制度、责任制度、处理措施。

充装单位应当建立充装前后的检查、记录制度，禁止对不符合安全技术规范要求的移动式压力容器和气瓶进行充装。

气瓶充装单位应当向气体使用者提供符合安全技术规范要求的气瓶，对气体使用者进行气瓶安全使用指导，并按照安全技术规范的要求办理气瓶使用登记，及时申报定期检验。

第三章　检验、检测

第五十条　从事本法规定的监督检验、定期检验的特种设备检验机构，以及为特种设备生产、经营、使用提供检测服务的特种设备检测机构，应当具备下列条件，并经负责特种设备安全监督管理的部门核准，方可从事检验、检测工作：

（一）有与检验、检测工作相适应的检验、检测人员；

（二）有与检验、检测工作相适应的检验、检测仪器和设备；

（三）有健全的检验、检测管理制度和责任制度。

第五十一条　特种设备检验、检测机构的检验、检测人员应当经考核，取得检验、检测人员资格，方可从事检验、检测工作。

特种设备检验、检测机构的检验、检测人员不得同时在两个以上检验、检测机构中执业；变更执业机构的，应当依法办理变更手续。

第五十二条 特种设备检验、检测工作应当遵守法律、行政法规的规定，并按照安全技术规范的要求进行。

特种设备检验、检测机构及其检验、检测人员应当依法为特种设备生产、经营、使用单位提供安全、可靠、便捷、诚信的检验、检测服务。

第五十三条 特种设备检验、检测机构及其检验、检测人员应当客观、公正、及时地出具检验、检测报告，并对检验、检测结果和鉴定结论负责。

特种设备检验、检测机构及其检验、检测人员在检验、检测中发现特种设备存在严重事故隐患时，应当及时告知相关单位，并立即向负责特种设备安全监督管理的部门报告。

负责特种设备安全监督管理的部门应当组织对特种设备检验、检测机构的检验、检测结果和鉴定结论进行监督抽查，但应当防止重复抽查。监督抽查结果应当向社会公布。

第五十四条 特种设备生产、经营、使用单位应当按照安全技术规范的要求向特种设备检验、检测机构及其检验、检测人员提供特种设备相关资料和必要的检验、检测条 件，并对资料的真实性负责。

第五十五条 特种设备检验、检测机构及其检验、检测人员对检验、检测过程中知悉的商业秘密，负有保密义务。

特种设备检验、检测机构及其检验、检测人员不得从事有关特种设备的生产、经营活动，不得推荐或者监制、监销特种设备。

第五十六条 特种设备检验机构及其检验人员利用检验工作故意刁难特种设备生产、经营、使用单位的，特种设备生产、经营、使用单位有权向负责特种设备安全监督管理的部门投诉，接到投诉的部门应当及时进行调查处理。

第四章 监督管理

五十七条 负责特种设备安全监督管理的部门依照本法规定，对特种设备生产、经营、使用单位和检验、检测机构实施监督检查。

负责特种设备安全监督管理的部门应当对学校、幼儿园以及医院、车站、客运码头、商场、体育场馆、展览馆、公园等公众聚集场所的特种设备，实施重点安全监督检查。

第五十八条 负责特种设备安全监督管理的部门实施本法规定的许可工作，应当依照本法和其他有关法律、行政法规规定的条件和程序以及安全技术规范的要求进行审查；不符合规定的，不得许可。

第五十九条 负责特种设备安全监督管理的部门在办理本法规定的许可时，其受理、审查、许可的程序必须公开，并应当自受理申请之日起三十日内，作出许可或者不予许可的决定；不予许可的，应当书面向申请人说明理由。

第六十条 负责特种设备安全监督管理的部门对依法办理使用登记的特种设备应当建立完整的监督管理档案和信息查询系统；对达到报废条件的特种设备，应当及时督促特种设备使用单位依法履行报废义务。

第六十一条 负责特种设备安全监督管理的部门在依法履行监督检查职责时，可以行使下列职权：

（一）进入现场进行检查，向特种设备生产、经营、使用单位和检验、检测机构的主要负责人和其他有关人员调查、了解有关情况；

（二）根据举报或者取得的涉嫌违法证据，查阅、复制特种设备生产、经营、使用单位和检验、检测机构的有关合同、发票、账簿以及其他有关资料；

（三）对有证据表明不符合安全技术规范要求或者存在严重事故隐患的特种设备实施查封、扣押；

（四）对流入市场的达到报废条件或者已经报废的特种设备实施查封、扣押；

（五）对违反本法规定的行为作出行政处罚决定。

第六十二条　负责特种设备安全监督管理的部门在依法履行职责过程中，发现违反本法规定和安全技术规范要求的行为或者特种设备存在事故隐患时，应当以书面形式发出特种设备安全监察指令，责令有关单位及时采取措施予以改正或者消除事故隐患。紧急情况下要求有关单位采取紧急处置措施的，应当随后补发特种设备安全监察指令。

第六十三条　负责特种设备安全监督管理的部门在依法履行职责过程中，发现重大违法行为或者特种设备存在严重事故隐患时，应当责令有关单位立即停止违法行为、采取措施消除事故隐患，并及时向上级负责特种设备安全监督管理的部门报告。接到报告的负责特种设备安全监督管理的部门应当采取必要措施，及时予以处理。

对违法行为、严重事故隐患的处理需要当地人民政府和有关部门的支持、配合时，负责特种设备安全监督管理的部门应当报告当地人民政府，并通知其他有关部门。当地人民政府和其他有关部门应当采取必要措施，及时予以处理。

第六十四条　地方各级人民政府负责特种设备安全监督管理的部门不得要求已经依照本法规定在其他地方取得许可的特种设备生产单位重复取得许可，不得要求对已经依照本法规定在其他地方检验合格的特种设备重复进行检验。

第六十五条　负责特种设备安全监督管理的部门的安全监察人员应当熟悉相关法律、法规，具有相应的专业知识和工作经验，取得特种设备安全行政执法证件。

特种设备安全监察人员应当忠于职守、坚持原则、秉公执法。

负责特种设备安全监督管理的部门实施安全监督检查时，应当有二名以上特种设备安全监察人员参加，并出示有效的特种设备安全行政执法证件。

第六十六条　负责特种设备安全监督管理的部门对特种设备生产、经营、使用单位和检验、检测机构实施监督检查，应当对每次监督检查的内容、发现的问题及处理情况作出记录，并由参加监督检查的特种设备安全监察人员和被检查单位的有关负责人签字后归档。被检查单位的有关负责人拒绝签字的，特种设备安全监察人员应当将情况记录在案。

第六十七条　负责特种设备安全监督管理的部门及其工作人员不得推荐或者监制、监销特种设备；对履行职责过程中知悉的商业秘密负有保密义务。

第六十八条　国务院负责特种设备安全监督管理的部门和省、自治区、直辖市人民政府负责特种设备安全监督管理的部门应当定期向社会公布特种设备安全总体状况。

第五章　事故应急救援与调查处理

第六十九条　国务院负责特种设备安全监督管理的部门应当依法组织制定特种设备重特大事故应急预案，报国务院批准后纳入国家突发事件应急预案体系。

县级以上地方各级人民政府及其负责特种设备安全监督管理的部门应当依法组织制定

本行政区域内特种设备事故应急预案，建立或者纳入相应的应急处置与救援体系。

特种设备使用单位应当制定特种设备事故应急专项预案，并定期进行应急演练。

第七十条　特种设备发生事故后，事故发生单位应当按照应急预案采取措施，组织抢救，防止事故扩大，减少人员伤亡和财产损失，保护事故现场和有关证据，并及时向事故发生地县级以上人民政府负责特种设备安全监督管理的部门和有关部门报告。

县级以上人民政府负责特种设备安全监督管理的部门接到事故报告，应当尽快核实情况，立即向本级人民政府报告，并按照规定逐级上报。必要时，负责特种设备安全监督管理的部门可以越级上报事故情况。对特别重大事故、重大事故，国务院负责特种设备安全监督管理的部门应当立即报告国务院并通报国务院安全生产监督管理部门等有关部门。

与事故相关的单位和人员不得迟报、谎报或者瞒报事故情况，不得隐匿、毁灭有关证据或者故意破坏事故现场。

第七十一条　事故发生地人民政府接到事故报告，应当依法启动应急预案，采取应急处置措施，组织应急救援。

第七十二条　特种设备发生特别重大事故，由国务院或者国务院授权有关部门组织事故调查组进行调查。

发生重大事故，由国务院负责特种设备安全监督管理的部门会同有关部门组织事故调查组进行调查。

发生较大事故，由省、自治区、直辖市人民政府负责特种设备安全监督管理的部门会同有关部门组织事故调查组进行调查。

发生一般事故，由设区的市级人民政府负责特种设备安全监督管理的部门会同有关部门组织事故调查组进行调查。

事故调查组应当依法、独立、公正开展调查，提出事故调查报告。

第七十三条　组织事故调查的部门应当将事故调查报告报本级人民政府，并报上一级人民政府负责特种设备安全监督管理的部门备案。有关部门和单位应当依照法律、行政法规的规定，追究事故责任单位和人员的责任。

事故责任单位应当依法落实整改措施，预防同类事故发生。事故造成损害的，事故责任单位应当依法承担赔偿责任。

第六章　法律责任

第七十四条　违反本法规定，未经许可从事特种设备生产活动的，责令停止生产，没收违法制造的特种设备，处十万元以上五十万元以下罚款；有违法所得的，没收违法所得；已经实施安装、改造、修理的，责令恢复原状或者责令限期由取得许可的单位重新安装、改造、修理。

第七十五条　违反本法规定，特种设备的设计文件未经鉴定，擅自用于制造的，责令改正，没收违法制造的特种设备，处五万元以上五十万元以下罚款。

第七十六条　违反本法规定，未进行型式试验的，责令限期改正；逾期未改正的，处三万元以上三十万元以下罚款。

第七十七条　违反本法规定，特种设备出厂时，未按照安全技术规范的要求随附相关技术资料和文件的，责令限期改正；逾期未改正的，责令停止制造、销售，处二万元以上二十万元以下罚款；有违法所得的，没收违法所得。

第七十八条　违反本法规定，特种设备安装、改造、修理的施工单位在施工前未书面告知负责特种设备安全监督管理的部门即行施工的，或者在验收后三十日内未将相关技术资料和文件移交特种设备使用单位的，责令限期改正；逾期未改正的，处一万元以上十万元以下罚款。

第七十九条　违反本法规定，特种设备的制造、安装、改造、重大修理以及锅炉清洗过程，未经监督检验的，责令限期改正；逾期未改正的，处五万元以上二十万元以下罚款；有违法所得的，没收违法所得；情节严重的，吊销生产许可证。

第八十条　违反本法规定，电梯制造单位有下列情形之一的，责令限期改正；逾期未改正的，处一万元以上十万元以下罚款：

（一）未按照安全技术规范的要求对电梯进行校验、调试的；

（二）对电梯的安全运行情况进行跟踪调查和了解时，发现存在严重事故隐患，未及时告知电梯使用单位并向负责特种设备安全监督管理的部门报告的。

第八十一条　违反本法规定，特种设备生产单位有下列行为之一的，责令限期改正；逾期未改正的，责令停止生产，处五万元以上五十万元以下罚款；情节严重的，吊销生产许可证：

（一）不再具备生产条件、生产许可证已经过期或者超出许可范围生产的；

（二）明知特种设备存在同一性缺陷，未立即停止生产并召回的。

违反本法规定，特种设备生产单位生产、销售、交付国家明令淘汰的特种设备的，责令停止生产、销售，没收违法生产、销售、交付的特种设备，处三万元以上三十万元以下罚款；有违法所得的，没收违法所得。

特种设备生产单位涂改、倒卖、出租、出借生产许可证的，责令停止生产，处五万元以上五十万元以下罚款；情节严重的，吊销生产许可证。

第八十二条　违反本法规定，特种设备经营单位有下列行为之一的，责令停止经营，没收违法经营的特种设备，处三万元以上三十万元以下罚款；有违法所得的，没收违法所得：

（一）销售、出租未取得许可生产，未经检验或者检验不合格的特种设备的；

（二）销售、出租国家明令淘汰、已经报废的特种设备，或者未按照安全技术规范的要求进行维护保养的特种设备的。

违反本法规定，特种设备销售单位未建立检查验收和销售记录制度，或者进口特种设备未履行提前告知义务的，责令改正，处一万元以上十万元以下罚款。

特种设备生产单位销售、交付未经检验或者检验不合格的特种设备的，依照本条第一款规定处罚；情节严重的，吊销生产许可证。

第八十三条　违反本法规定，特种设备使用单位有下列行为之一的，责令限期改正；逾期未改正的，责令停止使用有关特种设备，处一万元以上十万元以下罚款：

（一）使用特种设备未按照规定办理使用登记的；

（二）未建立特种设备安全技术档案或者安全技术档案不符合规定要求，或者未依法设置使用登记标志、定期检验标志的；

（三）未对其使用的特种设备进行经常性维护保养和定期自行检查，或者未对其使用的特种设备的安全附件、安全保护装置进行定期校验、检修，并作出记录的；

（四）未按照安全技术规范的要求及时申报并接受检验的；

（五）未按照安全技术规范的要求进行锅炉水（介）质处理的；

（六）未制定特种设备事故应急专项预案的。

第八十四条　违反本法规定，特种设备使用单位有下列行为之一的，责令停止使用有关特种设备，处三万元以上三十万元以下罚款：

（一）使用未取得许可生产，未经检验或者检验不合格的特种设备，或者国家明令淘汰、已经报废的特种设备的；

（二）特种设备出现故障或者发生异常情况，未对其进行全面检查、消除事故隐患，继续使用的；

（三）特种设备存在严重事故隐患，无改造、修理价值，或者达到安全技术规范规定的其他报废条件，未依法履行报废义务，并办理使用登记证书注销手续的。

第八十五条　违反本法规定，移动式压力容器、气瓶充装单位有下列行为之一的，责令改正，处二万元以上二十万元以下罚款；情节严重的，吊销充装许可证：

（一）未按照规定实施充装前后的检查、记录制度的；

（二）对不符合安全技术规范要求的移动式压力容器和气瓶进行充装的。

违反本法规定，未经许可，擅自从事移动式压力容器或者气瓶充装活动的，予以取缔，没收违法充装的气瓶，处十万元以上五十万元以下罚款；有违法所得的，没收违法所得。

第八十六条　违反本法规定，特种设备生产、经营、使用单位有下列情形之一的，责令限期改正；逾期未改正的，责令停止使用有关特种设备或者停产停业整顿，处一万元以上五万元以下罚款：

（一）未配备具有相应资格的特种设备安全管理人员、检测人员和作业人员的；

（二）使用未取得相应资格的人员从事特种设备安全管理、检测和作业的；

（三）未对特种设备安全管理人员、检测人员和作业人员进行安全教育和技能培训的。

第八十七条　违反本法规定，电梯、客运索道、大型游乐设施的运营使用单位有下列情形之一的，责令限期改正；逾期未改正的，责令停止使用有关特种设备或者停产停业整顿，处二万元以上十万元以下罚款：

（一）未设置特种设备安全管理机构或者配备专职的特种设备安全管理人员的；

（二）客运索道、大型游乐设施每日投入使用前，未进行试运行和例行安全检查，未对安全附件和安全保护装置进行检查确认的；

（三）未将电梯、客运索道、大型游乐设施的安全使用说明、安全注意事项和警示标志置于易于为乘客注意的显著位置的。

第八十八条　违反本法规定，未经许可，擅自从事电梯维护保养的，责令停止违法行为，处一万元以上十万元以下罚款；有违法所得的，没收违法所得。

电梯的维护保养单位未按照本法规定以及安全技术规范的要求，进行电梯维护保养的，依照前款规定处罚。

第八十九条　发生特种设备事故，有下列情形之一的，对单位处五万元以上二十万元以下罚款；对主要负责人处一万元以上五万元以下罚款；主要负责人属于国家工作人员的，并依法给予处分：

（一）发生特种设备事故时，不立即组织抢救或者在事故调查处理期间擅离职守或者逃匿的；

（二）对特种设备事故迟报、谎报或者瞒报的。

第九十条　发生事故，对负有责任的单位除要求其依法承担相应的赔偿等责任外，依照下列规定处以罚款：

（一）发生一般事故，处十万元以上二十万元以下罚款；

（二）发生较大事故，处二十万元以上五十万元以下罚款；

（三）发生重大事故，处五十万元以上二百万元以下罚款。

第九十一条　对事故发生负有责任的单位的主要负责人未依法履行职责或者负有领导责任的，依照下列规定处以罚款；属于国家工作人员的，并依法给予处分：

（一）发生一般事故，处上一年年收入百分之三十的罚款；

（二）发生较大事故，处上一年年收入百分之四十的罚款；

（三）发生重大事故，处上一年年收入百分之六十的罚款。

第九十二条　违反本法规定，特种设备安全管理人员、检测人员和作业人员不履行岗位职责，违反操作规程和有关安全规章制度，造成事故的，吊销相关人员的资格。

第九十三条　违反本法规定，特种设备检验、检测机构及其检验、检测人员有下列行为之一的，责令改正，对机构处五万元以上二十万元以下罚款，对直接负责的主管人员和其他直接责任人员处五千元以上五万元以下罚款；情节严重的，吊销机构资质和有关人员的资格：

（一）未经核准或者超出核准范围、使用未取得相应资格的人员从事检验、检测的；

（二）未按照安全技术规范的要求进行检验、检测的；

（三）出具虚假的检验、检测结果和鉴定结论或者检验、检测结果和鉴定结论严重失实的；

（四）发现特种设备存在严重事故隐患，未及时告知相关单位，并立即向负责特种设备安全监督管理的部门报告的；

（五）泄露检验、检测过程中知悉的商业秘密的；

（六）从事有关特种设备的生产、经营活动的；

（七）推荐或者监制、监销特种设备的；

（八）利用检验工作故意刁难相关单位的。

违反本法规定，特种设备检验、检测机构的检验、检测人员同时在两个以上检验、检测机构中执业的，处五千元以上五万元以下罚款；情节严重的，吊销其资格。

第九十四条　违反本法规定，负责特种设备安全监督管理的部门及其工作人员有下列行为之一的，由上级机关责令改正；对直接负责的主管人员和其他直接责任人员，依法给予处分：

（一）未依照法律、行政法规规定的条件、程序实施许可的；

（二）发现未经许可擅自从事特种设备的生产、使用或者检验、检测活动不予取缔或者不依法予以处理的；

（三）发现特种设备生产单位不再具备本法规定的条件而不吊销其许可证，或者发现特种设备生产、经营、使用违法行为不予查处的；

（四）发现特种设备检验、检测机构不再具备本法规定的条件而不撤销其核准，或者对其出具虚假的检验、检测结果和鉴定结论或者检验、检测结果和鉴定结论严重失实的行为不予查处的；

（五）发现违反本法规定和安全技术规范要求的行为或者特种设备存在事故隐患，不立即处理的；

（六）发现重大违法行为或者特种设备存在严重事故隐患，未及时向上级负责特种设备安全监督管理的部门报告，或者接到报告的负责特种设备安全监督管理的部门不立即处理的；

（七）要求已经依照本法规定在其他地方取得许可的特种设备生产单位重复取得许可，或者要求对已经依照本法规定在其他地方检验合格的特种设备重复进行检验的；

（八）推荐或者监制、监销特种设备的；

（九）泄露履行职责过程中知悉的商业秘密的；

（十）接到特种设备事故报告未立即向本级人民政府报告，并按照规定上报的；

（十一）迟报、漏报、谎报或者瞒报事故的；

（十二）妨碍事故救援或者事故调查处理的；

（十三）其他滥用职权、玩忽职守、徇私舞弊的行为。

第九十五条　违反本法规定，特种设备生产、经营、使用单位或者检验、检测机构拒不接受负责特种设备安全监督管理的部门依法实施的监督检查的，责令限期改正；逾期未改正的，责令停产停业整顿，处二万元以上二十万元以下罚款。

特种设备生产、经营、使用单位擅自动用、调换、转移、损毁被查封、扣押的特种设备或者其主要部件的，责令改正，处五万元以上二十万元以下罚款；情节严重的，吊销生产许可证，注销特种设备使用登记证书。

第九十六条　违反本法规定，被依法吊销许可证的，自吊销许可证之日起三年内，负责特种设备安全监督管理的部门不予受理其新的许可申请。

第九十七条　违反本法规定，造成人身、财产损害的，依法承担民事责任。

违反本法规定，应当承担民事赔偿责任和缴纳罚款、罚金，其财产不足以同时支付时，先承担民事赔偿责任。

第九十八条　违反本法规定，构成违反治安管理行为的，依法给予治安管理处罚；构成犯罪的，依法追究刑事责任。

第七章　附　　则

第九十九条　特种设备行政许可、检验的收费，依照法律、行政法规的规定执行。

第一百条　军事装备、核设施、航空航天器使用的特种设备安全的监督管理不适用本法。

铁路机车、海上设施和船舶、矿山井下使用的特种设备以及民用机场专用设备安全的监督管理，房屋建筑工地、市政工程工地用起重机械和场（厂）内专用机动车辆的安装、使用的监督管理，由有关部门依照本法和其他有关法律的规定实施。

第一百零一条　本法自2014年1月1日起施行。

附录三　公共卫生类

中华人民共和国食品安全法

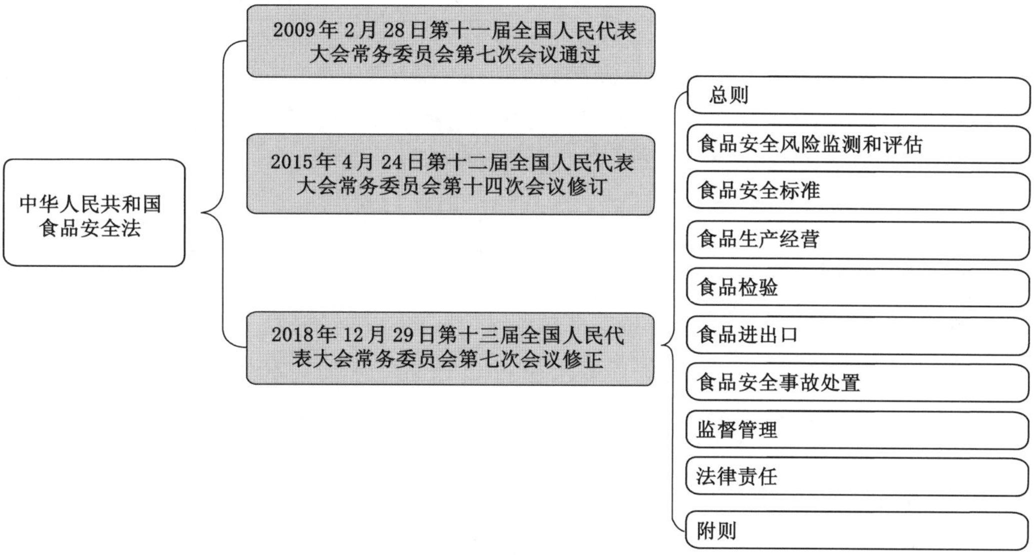

目　　录

第一章　总　　则

第一条　为了保证食品安全，保障公众身体健康和生命安全，制定本法。

第二条　在中华人民共和国境内从事下列活动，应当遵守本法：

（一）食品生产和加工（以下称食品生产），食品销售和餐饮服务（以下称食品经营）；

（二）食品添加剂的生产经营；

（三）用于食品的包装材料、容器、洗涤剂、消毒剂和用于食品生产经营的工具、设备（以下称食品相关产品）的生产经营；

（四）食品生产经营者使用食品添加剂、食品相关产品；

（五）食品的贮存和运输；

（六）对食品、食品添加剂、食品相关产品的安全管理。

供食用的源于农业的初级产品（以下称食用农产品）的质量安全管理，遵守《中华人民共和国农产品质量安全法》的规定。但是，食用农产品的市场销售、有关质量安全标准的制定、有关安全信息的公布和本法对农业投入品作出规定的，应当遵守本法的规定。

第三条　食品安全工作实行预防为主、风险管理、全程控制、社会共治，建立科学、严格的监督管理制度。

第四条　食品生产经营者对其生产经营食品的安全负责。

食品生产经营者应当依照法律、法规和食品安全标准从事生产经营活动，保证食品安全，诚信自律，对社会和公众负责，接受社会监督，承担社会责任。

第五条　国务院设立食品安全委员会，其职责由国务院规定。

国务院食品安全监督管理部门依照本法和国务院规定的职责，对食品生产经营活动实施监督管理。

国务院卫生行政部门依照本法和国务院规定的职责，组织开展食品安全风险监测和风险评估，会同国务院食品安全监督管理部门制定并公布食品安全国家标准。

国务院其他有关部门依照本法和国务院规定的职责，承担有关食品安全工作。

第六条　县级以上地方人民政府对本行政区域的食品安全监督管理工作负责，统一领导、组织、协调本行政区域的食品安全监督管理工作以及食品安全突发事件应对工作，建立健全食品安全全程监督管理工作机制和信息共享机制。

县级以上地方人民政府依照本法和国务院的规定，确定本级食品安全监督管理、卫生行政部门和其他有关部门的职责。有关部门在各自职责范围内负责本行政区域的食品安全监督管理工作。

县级人民政府食品安全监督管理部门可以在乡镇或者特定区域设立派出机构。

第七条　县级以上地方人民政府实行食品安全监督管理责任制。上级人民政府负责对下一级人民政府的食品安全监督管理工作进行评议、考核。县级以上地方人民政府负责对本级食品安全监督管理部门和其他有关部门的食品安全监督管理工作进行评议、考核。

第八条　县级以上人民政府应当将食品安全工作纳入本级国民经济和社会发展规划，将食品安全工作经费列入本级政府财政预算，加强食品安全监督管理能力建设，为食品安全工作提供保障。

县级以上人民政府食品安全监督管理部门和其他有关部门应当加强沟通、密切配合，按照各自职责分工，依法行使职权，承担责任。

第九条　食品行业协会应当加强行业自律，按照章程建立健全行业规范和奖惩机制，提供食品安全信息、技术等服务，引导和督促食品生产经营者依法生产经营，推动行业诚信建设，宣传、普及食品安全知识。

消费者协会和其他消费者组织对违反本法规定，损害消费者合法权益的行为，依法进行社会监督。

第十条　各级人民政府应当加强食品安全的宣传教育，普及食品安全知识，鼓励社会组织、基层群众性自治组织、食品生产经营者开展食品安全法律、法规以及食品安全标准和知识的普及工作，倡导健康的饮食方式，增强消费者食品安全意识和自我保护能力。

新闻媒体应当开展食品安全法律、法规以及食品安全标准和知识的公益宣传，并对食品安全违法行为进行舆论监督。有关食品安全的宣传报道应当真实、公正。

第十一条　国家鼓励和支持开展与食品安全有关的基础研究、应用研究，鼓励和支持食品生产经营者为提高食品安全水平采用先进技术和先进管理规范。

国家对农药的使用实行严格的管理制度，加快淘汰剧毒、高毒、高残留农药，推动替代产品的研发和应用，鼓励使用高效低毒低残留农药。

第十二条　任何组织或者个人有权举报食品安全违法行为，依法向有关部门了解食品安全信息，对食品安全监督管理工作提出意见和建议。

第十三条　对在食品安全工作中做出突出贡献的单位和个人，按照国家有关规定给予表彰、奖励。

第二章　食品安全风险监测和评估

第十四条　国家建立食品安全风险监测制度，对食源性疾病、食品污染以及食品中的有害因素进行监测。

国务院卫生行政部门会同国务院食品安全监督管理等部门，制定、实施国家食品安全风险监测计划。

国务院食品安全监督管理部门和其他有关部门获知有关食品安全风险信息后，应当立即核实并向国务院卫生行政部门通报。对有关部门通报的食品安全风险信息以及医疗机构报告的食源性疾病等有关疾病信息，国务院卫生行政部门应当会同国务院有关部门分析研究，认为必要的，及时调整国家食品安全风险监测计划。

省、自治区、直辖市人民政府卫生行政部门会同同级食品安全监督管理等部门，根据国家食品安全风险监测计划，结合本行政区域的具体情况，制定、调整本行政区域的食品安全风险监测方案，报国务院卫生行政部门备案并实施。

第十五条　承担食品安全风险监测工作的技术机构应当根据食品安全风险监测计划和监测方案开展监测工作，保证监测数据真实、准确，并按照食品安全风险监测计划和监测方案的要求报送监测数据和分析结果。

食品安全风险监测工作人员有权进入相关食用农产品种植养殖、食品生产经营场所采集样品、收集相关数据。采集样品应当按照市场价格支付费用。

第十六条　食品安全风险监测结果表明可能存在食品安全隐患的，县级以上人民政府卫生行政部门应当及时将相关信息通报同级食品安全监督管理等部门，并报告本级人民政府和上级人民政府卫生行政部门。食品安全监督管理等部门应当组织开展进一步调查。

第十七条　国家建立食品安全风险评估制度，运用科学方法，根据食品安全风险监测信息、科学数据以及有关信息，对食品、食品添加剂、食品相关产品中生物性、化学性和物理性危害因素进行风险评估。

国务院卫生行政部门负责组织食品安全风险评估工作，成立由医学、农业、食品、营养、生物、环境等方面的专家组成的食品安全风险评估专家委员会进行食品安全风险评估。食品安全风险评估结果由国务院卫生行政部门公布。

对农药、肥料、兽药、饲料和饲料添加剂等的安全性评估，应当有食品安全风险评估专家委员会的专家参加。

食品安全风险评估不得向生产经营者收取费用，采集样品应当按照市场价格支付费用。

第十八条　有下列情形之一的，应当进行食品安全风险评估：

（一）通过食品安全风险监测或者接到举报发现食品、食品添加剂、食品相关产品可能存在安全隐患的；

（二）为制定或者修订食品安全国家标准提供科学依据需要进行风险评估的；

（三）为确定监督管理的重点领域、重点品种需要进行风险评估的；

（四）发现新的可能危害食品安全因素的；

（五）需要判断某一因素是否构成食品安全隐患的；

（六）国务院卫生行政部门认为需要进行风险评估的其他情形。

第十九条　国务院食品安全监督管理、农业行政等部门在监督管理工作中发现需要进行食品安全风险评估的，应当向国务院卫生行政部门提出食品安全风险评估的建议，并提供风险来源、相关检验数据和结论等信息、资料。属于本法第十八条规定情形的，国务院卫生行政部门应当及时进行食品安全风险评估，并向国务院有关部门通报评估结果。

第二十条　省级以上人民政府卫生行政、农业行政部门应当及时相互通报食品、食用农产品安全风险监测信息。

国务院卫生行政、农业行政部门应当及时相互通报食品、食用农产品安全风险评估结果等信息。

第二十一条　食品安全风险评估结果是制定、修订食品安全标准和实施食品安全监督管理的科学依据。

经食品安全风险评估，得出食品、食品添加剂、食品相关产品不安全结论的，国务院食品安全监督管理等部门应当依据各自职责立即向社会公告，告知消费者停止食用或者使用，并采取相应措施，确保该食品、食品添加剂、食品相关产品停止生产经营；需要制定、修订相关食品安全国家标准的，国务院卫生行政部门应当会同国务院食品安全监督管理部门立即制定、修订。

第二十二条　国务院食品安全监督管理部门应当会同国务院有关部门，根据食品安全风险评估结果、食品安全监督管理信息，对食品安全状况进行综合分析。对经综合分析表明可能具有较高程度安全风险的食品，国务院食品安全监督管理部门应当及时提出食品安全风险警示，并向社会公布。

第二十三条　县级以上人民政府食品安全监督管理部门和其他有关部门、食品安全风险评估专家委员会及其技术机构，应当按照科学、客观、及时、公开的原则，组织食品生产经营者、食品检验机构、认证机构、食品行业协会、消费者协会以及新闻媒体等，就食品安全风险评估信息和食品安全监督管理信息进行交流沟通。

第三章　食品安全标准

第二十四条　制定食品安全标准，应当以保障公众身体健康为宗旨，做到科学合理、安全可靠。

第二十五条　食品安全标准是强制执行的标准。除食品安全标准外，不得制定其他食品强制性标准。

第二十六条　食品安全标准应当包括下列内容：

（一）食品、食品添加剂、食品相关产品中的致病性微生物，农药残留、兽药残留、生物毒素、重金属等污染物质以及其他危害人体健康物质的限量规定；

（二）食品添加剂的品种、使用范围、用量；

（三）专供婴幼儿和其他特定人群的主辅食品的营养成分要求；

（四）对与卫生、营养等食品安全要求有关的标签、标志、说明书的要求；

（五）食品生产经营过程的卫生要求；

（六）与食品安全有关的质量要求；

（七）与食品安全有关的食品检验方法与规程；

（八）其他需要制定为食品安全标准的内容。

第二十七条　食品安全国家标准由国务院卫生行政部门会同国务院食品安全监督管理部门制定、公布，国务院标准化行政部门提供国家标准编号。

食品中农药残留、兽药残留的限量规定及其检验方法与规程由国务院卫生行政部门、国务院农业行政部门会同国务院食品安全监督管理部门制定。

屠宰畜、禽的检验规程由国务院农业行政部门会同国务院卫生行政部门制定。

第二十八条　制定食品安全国家标准，应当依据食品安全风险评估结果并充分考虑食用农产品安全风险评估结果，参照相关的国际标准和国际食品安全风险评估结果，并将食品安全国家标准草案向社会公布，广泛听取食品生产经营者、消费者、有关部门等方面的意见。

食品安全国家标准应当经国务院卫生行政部门组织的食品安全国家标准审评委员会审查通过。食品安全国家标准审评委员会由医学、农业、食品、营养、生物、环境等方面的专家以及国务院有关部门、食品行业协会、消费者协会的代表组成，对食品安全国家标准草案的科学性和实用性等进行审查。

第二十九条　对地方特色食品，没有食品安全国家标准的，省、自治区、直辖市人民政府卫生行政部门可以制定并公布食品安全地方标准，报国务院卫生行政部门备案。食品安全国家标准制定后，该地方标准即行废止。

第三十条　国家鼓励食品生产企业制定严于食品安全国家标准或者地方标准的企业标准，在本企业适用，并报省、自治区、直辖市人民政府卫生行政部门备案。

第三十一条　省级以上人民政府卫生行政部门应当在其网站上公布制定和备案的食品安全国家标准、地方标准和企业标准，供公众免费查阅、下载。

对食品安全标准执行过程中的问题，县级以上人民政府卫生行政部门应当会同有关部门及时给予指导、解答。

第三十二条　省级以上人民政府卫生行政部门应当会同同级食品安全监督管理、农业行政等部门，分别对食品安全国家标准和地方标准的执行情况进行跟踪评价，并根据评价结果及时修订食品安全标准。

省级以上人民政府食品安全监督管理、农业行政等部门应当对食品安全标准执行中存在的问题进行收集、汇总，并及时向同级卫生行政部门通报。

食品生产经营者、食品行业协会发现食品安全标准在执行中存在问题的，应当立即向卫生行政部门报告。

第四章　食品生产经营

第一节　一般规定

第三十三条　食品生产经营应当符合食品安全标准，并符合下列要求：

（一）具有与生产经营的食品品种、数量相适应的食品原料处理和食品加工、包装、贮存等场所，保持该场所环境整洁，并与有毒、有害场所以及其他污染源保持规定的距离；

（二）具有与生产经营的食品品种、数量相适应的生产经营设备或者设施，有相应的消毒、更衣、盥洗、采光、照明、通风、防腐、防尘、防蝇、防鼠、防虫、洗涤以及处理废水、存放垃圾和废弃物的设备或者设施；

（三）有专职或者兼职的食品安全专业技术人员、食品安全管理人员和保证食品安全的规章制度；

（四）具有合理的设备布局和工艺流程，防止待加工食品与直接入口食品、原料与成品交叉污染，避免食品接触有毒物、不洁物；

（五）餐具、饮具和盛放直接入口食品的容器，使用前应当洗净、消毒，炊具、用具用后应当洗净，保持清洁；

（六）贮存、运输和装卸食品的容器、工具和设备应当安全、无害，保持清洁，防止食品污染，并符合保证食品安全所需的温度、湿度等特殊要求，不得将食品与有毒、有害物品一同贮存、运输；

（七）直接入口的食品应当使用无毒、清洁的包装材料、餐具、饮具和容器；

（八）食品生产经营人员应当保持个人卫生，生产经营食品时，应当将手洗净，穿戴清洁的工作衣、帽等；销售无包装的直接入口食品时，应当使用无毒、清洁的容器、售货工具和设备；

（九）用水应当符合国家规定的生活饮用水卫生标准；

（十）使用的洗涤剂、消毒剂应当对人体安全、无害；

（十一）法律、法规规定的其他要求。

非食品生产经营者从事食品贮存、运输和装卸的，应当符合前款第六项的规定。

第三十四条　禁止生产经营下列食品、食品添加剂、食品相关产品：

（一）用非食品原料生产的食品或者添加食品添加剂以外的化学物质和其他可能危害人体健康物质的食品，或者用回收食品作为原料生产的食品；

（二）致病性微生物，农药残留、兽药残留、生物毒素、重金属等污染物质以及其他危害人体健康的物质含量超过食品安全标准限量的食品、食品添加剂、食品相关产品；

（三）用超过保质期的食品原料、食品添加剂生产的食品、食品添加剂；

（四）超范围、超限量使用食品添加剂的食品；

（五）营养成分不符合食品安全标准的专供婴幼儿和其他特定人群的主辅食品；

（六）腐败变质、油脂酸败、霉变生虫、污秽不洁、混有异物、掺假掺杂或者感官性状异常的食品、食品添加剂；

（七）病死、毒死或者死因不明的禽、畜、兽、水产动物肉类及其制品；

（八）未按规定进行检疫或者检疫不合格的肉类，或者未经检验或者检验不合格的肉类制品；

（九）被包装材料、容器、运输工具等污染的食品、食品添加剂；

（十）标注虚假生产日期、保质期或者超过保质期的食品、食品添加剂；

（十一）无标签的预包装食品、食品添加剂；

（十二）国家为防病等特殊需要明令禁止生产经营的食品；

（十三）其他不符合法律、法规或者食品安全标准的食品、食品添加剂、食品相关产品。

第三十五条　国家对食品生产经营实行许可制度。从事食品生产、食品销售、餐饮服务，应当依法取得许可。但是，销售食用农产品，不需要取得许可。仅销售预包装食品的，应当报所在地县级以上地方人民政府食品安全监督管理部门备案。

县级以上地方人民政府食品安全监督管理部门应当依照《中华人民共和国行政许可法》的规定，审核申请人提交的本法第三十三条第一款第一项至第四项规定要求的相关资料，必要时对申请人的生产经营场所进行现场核查；对符合规定条件的，准予许可；对不符合规定条件的，不予许可并书面说明理由。

第三十六条　食品生产加工小作坊和食品摊贩等从事食品生产经营活动，应当符合本法规定的与其生产经营规模、条件相适应的食品安全要求，保证所生产经营的食品卫生、无毒、无害，食品安全监督管理部门应当对其加强监督管理。

县级以上地方人民政府应当对食品生产加工小作坊、食品摊贩等进行综合治理，加强服务和统一规划，改善其生产经营环境，鼓励和支持其改进生产经营条件，进入集中交易市场、店铺等固定场所经营，或者在指定的临时经营区域、时段经营。

食品生产加工小作坊和食品摊贩等的具体管理办法由省、自治区、直辖市制定。

第三十七条　利用新的食品原料生产食品，或者生产食品添加剂新品种、食品相关产品新品种，应当向国务院卫生行政部门提交相关产品的安全性评估材料。国务院卫生行政部门应当自收到申请之日起六十日内组织审查；对符合食品安全要求的，准予许可并公布；对不符合食品安全要求的，不予许可并书面说明理由。

第三十八条　生产经营的食品中不得添加药品，但是可以添加按照传统既是食品又是中药材的物质。按照传统既是食品又是中药材的物质目录由国务院卫生行政部门会同国务院食品安全监督管理部门制定、公布。

第三十九条　国家对食品添加剂生产实行许可制度。从事食品添加剂生产，应当具有与所生产食品添加剂品种相适应的场所、生产设备或者设施、专业技术人员和管理制度，并依照本法第三十五条第二款规定的程序，取得食品添加剂生产许可。

生产食品添加剂应当符合法律、法规和食品安全国家标准。

第四十条　食品添加剂应当在技术上确有必要且经过风险评估证明安全可靠，方可列入允许使用的范围；有关食品安全国家标准应当根据技术必要性和食品安全风险评估结果及时修订。

食品生产经营者应当按照食品安全国家标准使用食品添加剂。

第四十一条　生产食品相关产品应当符合法律、法规和食品安全国家标准。对直接接触食品的包装材料等具有较高风险的食品相关产品，按照国家有关工业产品生产许可证管理的规定实施生产许可。食品安全监督管理部门应当加强对食品相关产品生产活动的监督管理。

第四十二条　国家建立食品安全全程追溯制度。

食品生产经营者应当依照本法的规定，建立食品安全追溯体系，保证食品可追溯。国家鼓励食品生产经营者采用信息化手段采集、留存生产经营信息，建立食品安全追溯体系。

国务院食品安全监督管理部门会同国务院农业行政等有关部门建立食品安全全程追溯协作机制。

第四十三条　地方各级人民政府应当采取措施鼓励食品规模化生产和连锁经营、配送。

国家鼓励食品生产经营企业参加食品安全责任保险。

第二节　生产经营过程控制

第四十四条　食品生产经营企业应当建立健全食品安全管理制度，对职工进行食品安全知识培训，加强食品检验工作，依法从事生产经营活动。

食品生产经营企业的主要负责人应当落实企业食品安全管理制度，对本企业的食品安全工作全面负责。

食品生产经营企业应当配备食品安全管理人员，加强对其培训和考核。经考核不具备食品安全管理能力的，不得上岗。食品安全监督管理部门应当对企业食品安全管理人员随机进行监督抽查考核并公布考核情况。监督抽查考核不得收取费用。

第四十五条　食品生产经营者应当建立并执行从业人员健康管理制度。患有国务院卫生行政部门规定的有碍食品安全疾病的人员，不得从事接触直接入口食品的工作。

从事接触直接入口食品工作的食品生产经营人员应当每年进行健康检查，取得健康证明后方可上岗工作。

第四十六条　食品生产企业应当就下列事项制定并实施控制要求，保证所生产的食品符合食品安全标准：

（一）原料采购、原料验收、投料等原料控制；

（二）生产工序、设备、贮存、包装等生产关键环节控制；

（三）原料检验、半成品检验、成品出厂检验等检验控制；

（四）运输和交付控制。

第四十七条　食品生产经营者应当建立食品安全自查制度，定期对食品安全状况进行检查评价。生产经营条件发生变化，不再符合食品安全要求的，食品生产经营者应当立即采取整改措施；有发生食品安全事故潜在风险的，应当立即停止食品生产经营活动，并向所在地县级人民政府食品安全监督管理部门报告。

第四十八条　国家鼓励食品生产经营企业符合良好生产规范要求，实施危害分析与关键控制点体系，提高食品安全管理水平。

对通过良好生产规范、危害分析与关键控制点体系认证的食品生产经营企业，认证机构应当依法实施跟踪调查；对不再符合认证要求的企业，应当依法撤销认证，及时向县级以上人民政府食品安全监督管理部门通报，并向社会公布。认证机构实施跟踪调查不得收取费用。

第四十九条　食用农产品生产者应当按照食品安全标准和国家有关规定使用农药、肥料、兽药、饲料和饲料添加剂等农业投入品，严格执行农业投入品使用安全间隔期或者休药期的规定，不得使用国家明令禁止的农业投入品。禁止将剧毒、高毒农药用于蔬菜、瓜果、茶叶和中草药材等国家规定的农作物。

食用农产品的生产企业和农民专业合作经济组织应当建立农业投入品使用记录制度。

县级以上人民政府农业行政部门应当加强对农业投入品使用的监督管理和指导，建立健全农业投入品安全使用制度。

第五十条　食品生产者采购食品原料、食品添加剂、食品相关产品，应当查验供货者的许可证和产品合格证明；对无法提供合格证明的食品原料，应当按照食品安全标准进行检验;不得采购或者使用不符合食品安全标准的食品原料、食品添加剂、食品相关产品。

食品生产企业应当建立食品原料、食品添加剂、食品相关产品进货查验记录制度,如实记录食品原料、食品添加剂、食品相关产品的名称、规格、数量、生产日期或者生产批号、保质期、进货日期以及供货者名称、地址、联系方式等内容,并保存相关凭证。记录和凭证保存期限不得少于产品保质期满后六个月;没有明确保质期的,保存期限不得少于二年。

第五十一条　食品生产企业应当建立食品出厂检验记录制度,查验出厂食品的检验合格证和安全状况,如实记录食品的名称、规格、数量、生产日期或者生产批号、保质期、检验合格证号、销售日期以及购货者名称、地址、联系方式等内容,并保存相关凭证。记录和凭证保存期限应当符合本法第五十条第二款的规定。

第五十二条　食品、食品添加剂、食品相关产品的生产者,应当按照食品安全标准对所生产的食品、食品添加剂、食品相关产品进行检验,检验合格后方可出厂或者销售。

第五十三条　食品经营者采购食品,应当查验供货者的许可证和食品出厂检验合格证或者其他合格证明(以下称合格证明文件)。

食品经营企业应当建立食品进货查验记录制度,如实记录食品的名称、规格、数量、生产日期或者生产批号、保质期、进货日期以及供货者名称、地址、联系方式等内容,并保存相关凭证。记录和凭证保存期限应当符合本法第五十条第二款的规定。

实行统一配送经营方式的食品经营企业,可以由企业总部统一查验供货者的许可证和食品合格证明文件,进行食品进货查验记录。

从事食品批发业务的经营企业应当建立食品销售记录制度,如实记录批发食品的名称、规格、数量、生产日期或者生产批号、保质期、销售日期以及购货者名称、地址、联系方式等内容,并保存相关凭证。记录和凭证保存期限应当符合本法第五十条第二款的规定。

第五十四条　食品经营者应当按照保证食品安全的要求贮存食品,定期检查库存食品,及时清理变质或者超过保质期的食品。

食品经营者贮存散装食品,应当在贮存位置标明食品的名称、生产日期或者生产批号、保质期、生产者名称及联系方式等内容。

第五十五条　餐饮服务提供者应当制定并实施原料控制要求,不得采购不符合食品安全标准的食品原料。倡导餐饮服务提供者公开加工过程,公示食品原料及其来源等信息。

餐饮服务提供者在加工过程中应当检查待加工的食品及原料,发现有本法第三十四条第六项规定情形的,不得加工或者使用。

第五十六条　餐饮服务提供者应当定期维护食品加工、贮存、陈列等设施、设备;定期清洗、校验保温设施及冷藏、冷冻设施。

餐饮服务提供者应当按照要求对餐具、饮具进行清洗消毒,不得使用未经清洗消毒的餐具、饮具;餐饮服务提供者委托清洗消毒餐具、饮具的,应当委托符合本法规定条件的餐具、饮具集中消毒服务单位。

第五十七条　学校、托幼机构、养老机构、建筑工地等集中用餐单位的食堂应当严格遵守法律、法规和食品安全标准;从供餐单位订餐的,应当从取得食品生产经营许可的企业订购,并按照要求对订购的食品进行查验。供餐单位应当严格遵守法律、法规和食品安全标准,当餐加工,确保食品安全。

学校、托幼机构、养老机构、建筑工地等集中用餐单位的主管部门应当加强对集中用餐单位的食品安全教育和日常管理，降低食品安全风险，及时消除食品安全隐患。

第五十八条　餐具、饮具集中消毒服务单位应当具备相应的作业场所、清洗消毒设备或者设施，用水和使用的洗涤剂、消毒剂应当符合相关食品安全国家标准和其他国家标准、卫生规范。

餐具、饮具集中消毒服务单位应当对消毒餐具、饮具进行逐批检验，检验合格后方可出厂，并应当随附消毒合格证明。消毒后的餐具、饮具应当在独立包装上标注单位名称、地址、联系方式、消毒日期以及使用期限等内容。

第五十九条　食品添加剂生产者应当建立食品添加剂出厂检验记录制度，查验出厂产品的检验合格证和安全状况，如实记录食品添加剂的名称、规格、数量、生产日期或者生产批号、保质期、检验合格证号、销售日期以及购货者名称、地址、联系方式等相关内容，并保存相关凭证。记录和凭证保存期限应当符合本法第五十条第二款的规定。

第六十条　食品添加剂经营者采购食品添加剂，应当依法查验供货者的许可证和产品合格证明文件，如实记录食品添加剂的名称、规格、数量、生产日期或者生产批号、保质期、进货日期以及供货者名称、地址、联系方式等内容，并保存相关凭证。记录和凭证保存期限应当符合本法第五十条第二款的规定。

第六十一条　集中交易市场的开办者、柜台出租者和展销会举办者，应当依法审查入场食品经营者的许可证，明确其食品安全管理责任，定期对其经营环境和条件进行检查，发现其有违反本法规定行为的，应当及时制止并立即报告所在地县级人民政府食品安全监督管理部门。

第六十二条　网络食品交易第三方平台提供者应当对入网食品经营者进行实名登记，明确其食品安全管理责任；依法应当取得许可证的，还应当审查其许可证。

网络食品交易第三方平台提供者发现入网食品经营者有违反本法规定行为的，应当及时制止并立即报告所在地县级人民政府食品安全监督管理部门；发现严重违法行为的，应当立即停止提供网络交易平台服务。

第六十三条　国家建立食品召回制度。食品生产者发现其生产的食品不符合食品安全标准或者有证据证明可能危害人体健康的，应当立即停止生产，召回已经上市销售的食品，通知相关生产经营者和消费者，并记录召回和通知情况。

食品经营者发现其经营的食品有前款规定情形的，应当立即停止经营，通知相关生产经营者和消费者，并记录停止经营和通知情况。食品生产者认为应当召回的，应当立即召回。由于食品经营者的原因造成其经营的食品有前款规定情形的，食品经营者应当召回。

食品生产经营者应当对召回的食品采取无害化处理、销毁等措施，防止其再次流入市场。但是，对因标签、标志或者说明书不符合食品安全标准而被召回的食品，食品生产者在采取补救措施且能保证食品安全的情况下可以继续销售；销售时应当向消费者明示补救措施。

食品生产经营者应当将食品召回和处理情况向所在地县级人民政府食品安全监督管理部门报告；需要对召回的食品进行无害化处理、销毁的，应当提前报告时间、地点。食品安全监督管理部门认为必要的，可以实施现场监督。

食品生产经营者未依照本条规定召回或者停止经营的，县级以上人民政府食品安全监督管理部门可以责令其召回或者停止经营。

第六十四条　食用农产品批发市场应当配备检验设备和检验人员或者委托符合本法规定的食品检验机构，对进入该批发市场销售的食用农产品进行抽样检验；发现不符合食品安全标准的，应当要求销售者立即停止销售，并向食品安全监督管理部门报告。

第六十五条　食用农产品销售者应当建立食用农产品进货查验记录制度，如实记录食用农产品的名称、数量、进货日期以及供货者名称、地址、联系方式等内容，并保存相关凭证。记录和凭证保存期限不得少于六个月。

第六十六条　进入市场销售的食用农产品在包装、保鲜、贮存、运输中使用保鲜剂、防腐剂等食品添加剂和包装材料等食品相关产品，应当符合食品安全国家标准。

第三节　标签、说明书和广告

第六十七条　预包装食品的包装上应当有标签。标签应当标明下列事项：

（一）名称、规格、净含量、生产日期；

（二）成分或者配料表；

（三）生产者的名称、地址、联系方式；

（四）保质期；

（五）产品标准代号；

（六）贮存条件；

（七）所使用的食品添加剂在国家标准中的通用名称；

（八）生产许可证编号；

（九）法律、法规或者食品安全标准规定应当标明的其他事项。

专供婴幼儿和其他特定人群的主辅食品，其标签还应当标明主要营养成分及其含量。

食品安全国家标准对标签标注事项另有规定的，从其规定。

第六十八条　食品经营者销售散装食品，应当在散装食品的容器、外包装上标明食品的名称、生产日期或者生产批号、保质期以及生产经营者名称、地址、联系方式等内容。

第六十九条　生产经营转基因食品应当按照规定显著标示。

第七十条　食品添加剂应当有标签、说明书和包装。标签、说明书应当载明本法第六十七条第一款第一项至第六项、第八项、第九项规定的事项，以及食品添加剂的使用范围、用量、使用方法，并在标签上载明“食品添加剂”字样。

第七十一条　食品和食品添加剂的标签、说明书，不得含有虚假内容，不得涉及疾病预防、治疗功能。生产经营者对其提供的标签、说明书的内容负责。

食品和食品添加剂的标签、说明书应当清楚、明显，生产日期、保质期等事项应当显著标注，容易辨识。

食品和食品添加剂与其标签、说明书的内容不符的，不得上市销售。

第七十二条　食品经营者应当按照食品标签标示的警示标志、警示说明或者注意事项的要求销售食品。

第七十三条　食品广告的内容应当真实合法，不得含有虚假内容，不得涉及疾病预防、治疗功能。食品生产经营者对食品广告内容的真实性、合法性负责。

县级以上人民政府食品安全监督管理部门和其他有关部门以及食品检验机构、食品行业协会不得以广告或者其他形式向消费者推荐食品。消费者组织不得以收取费用或者其他牟取利益的方式向消费者推荐食品。

第四节　特 殊 食 品

第七十四条　国家对保健食品、特殊医学用途配方食品和婴幼儿配方食品等特殊食品实行严格监督管理。

第七十五条　保健食品声称保健功能，应当具有科学依据，不得对人体产生急性、亚急性或者慢性危害。

保健食品原料目录和允许保健食品声称的保健功能目录，由国务院食品安全监督管理部门会同国务院卫生行政部门、国家中医药管理部门制定、调整并公布。

保健食品原料目录应当包括原料名称、用量及其对应的功效；列入保健食品原料目录的原料只能用于保健食品生产，不得用于其他食品生产。

第七十六条　使用保健食品原料目录以外原料的保健食品和首次进口的保健食品应当经国务院食品安全监督管理部门注册。但是，首次进口的保健食品中属于补充维生素、矿物质等营养物质的，应当报国务院食品安全监督管理部门备案。其他保健食品应当报省、自治区、直辖市人民政府食品安全监督管理部门备案。

进口的保健食品应当是出口国（地区）主管部门准许上市销售的产品。

第七十七条　依法应当注册的保健食品，注册时应当提交保健食品的研发报告、产品配方、生产工艺、安全性和保健功能评价、标签、说明书等材料及样品，并提供相关证明文件。国务院食品安全监督管理部门经组织技术审评，对符合安全和功能声称要求的，准予注册；对不符合要求的，不予注册并书面说明理由。对使用保健食品原料目录以外原料的保健食品作出准予注册决定的，应当及时将该原料纳入保健食品原料目录。

依法应当备案的保健食品，备案时应当提交产品配方、生产工艺、标签、说明书以及表明产品安全性和保健功能的材料。

第七十八条　保健食品的标签、说明书不得涉及疾病预防、治疗功能，内容应当真实，与注册或者备案的内容相一致，载明适宜人群、不适宜人群、功效成分或者标志性成分及其含量等，并声明“本品不能代替药物”。保健食品的功能和成分应当与标签、说明书相一致。

第七十九条　保健食品广告除应当符合本法第七十三条第一款的规定外，还应当声明“本品不能代替药物”；其内容应当经生产企业所在地省、自治区、直辖市人民政府食品安全监督管理部门审查批准，取得保健食品广告批准文件。省、自治区、直辖市人民政府食品安全监督管理部门应当公布并及时更新已经批准的保健食品广告目录以及批准的广告内容。

第八十条　特殊医学用途配方食品应当经国务院食品安全监督管理部门注册。注册时，应当提交产品配方、生产工艺、标签、说明书以及表明产品安全性、营养充足性和特殊医学用途临床效果的材料。

特殊医学用途配方食品广告适用《中华人民共和国广告法》和其他法律、行政法规关于药品广告管理的规定。

第八十一条　婴幼儿配方食品生产企业应当实施从原料进厂到成品出厂的全过程质量控制，对出厂的婴幼儿配方食品实施逐批检验，保证食品安全。

生产婴幼儿配方食品使用的生鲜乳、辅料等食品原料、食品添加剂等，应当符合法律、行政法规的规定和食品安全国家标准，保证婴幼儿生长发育所需的营养成分。

婴幼儿配方食品生产企业应当将食品原料、食品添加剂、产品配方及标签等事项向省、自治区、直辖市人民政府食品安全监督管理部门备案。

婴幼儿配方乳粉的产品配方应当经国务院食品安全监督管理部门注册。注册时，应当提交配方研发报告和其他表明配方科学性、安全性的材料。

不得以分装方式生产婴幼儿配方乳粉，同一企业不得用同一配方生产不同品牌的婴幼儿配方乳粉。

第八十二条　保健食品、特殊医学用途配方食品、婴幼儿配方乳粉的注册人或者备案人应当对其提交材料的真实性负责。

省级以上人民政府食品安全监督管理部门应当及时公布注册或者备案的保健食品、特殊医学用途配方食品、婴幼儿配方乳粉目录，并对注册或者备案中获知的企业商业秘密予以保密。

保健食品、特殊医学用途配方食品、婴幼儿配方乳粉生产企业应当按照注册或者备案的产品配方、生产工艺等技术要求组织生产。

第八十三条　生产保健食品，特殊医学用途配方食品、婴幼儿配方食品和其他专供特定人群的主辅食品的企业，应当按照良好生产规范的要求建立与所生产食品相适应的生产质量管理体系，定期对该体系的运行情况进行自查，保证其有效运行，并向所在地县级人民政府食品安全监督管理部门提交自查报告。

第五章　食品检验

第八十四条　食品检验机构按照国家有关认证认可的规定取得资质认定后，方可从事食品检验活动。但是，法律另有规定的除外。

食品检验机构的资质认定条件和检验规范，由国务院食品安全监督管理部门规定。

符合本法规定的食品检验机构出具的检验报告具有同等效力。

县级以上人民政府应当整合食品检验资源，实现资源共享。

第八十五条　食品检验由食品检验机构指定的检验人独立进行。

检验人应当依照有关法律、法规的规定，并按照食品安全标准和检验规范对食品进行检验，尊重科学，恪守职业道德，保证出具的检验数据和结论客观、公正，不得出具虚假检验报告。

第八十六条　食品检验实行食品检验机构与检验人负责制。食品检验报告应当加盖食品检验机构公章，并有检验人的签名或者盖章。食品检验机构和检验人对出具的食品检验报告负责。

第八十七条　县级以上人民政府食品安全监督管理部门应当对食品进行定期或者不定期的抽样检验，并依据有关规定公布检验结果，不得免检。进行抽样检验，应当购买抽取的样品，委托符合本法规定的食品检验机构进行检验，并支付相关费用；不得向食品生产经营者收取检验费和其他费用。

第八十八条　对依照本法规定实施的检验结论有异议的，食品生产经营者可以自收到检验结论之日起七个工作日内向实施抽样检验的食品安全监督管理部门或者其上一级食品安全监督管理部门提出复检申请，由受理复检申请的食品安全监督管理部门在公布的复检机构名录中随机确定复检机构进行复检。复检机构出具的复检结论为最终检验结论。复检机构与初检机构不得为同一机构。复检机构名录由国务院认证认可监督管理、食品安全监督管理、卫生行政、农业行政等部门共同公布。

采用国家规定的快速检测方法对食用农产品进行抽查检测，被抽查人对检测结果有异议的，可以自收到检测结果时起四小时内申请复检。复检不得采用快速检测方法。

第八十九条　食品生产企业可以自行对所生产的食品进行检验，也可以委托符合本法规定的食品检验机构进行检验。

食品行业协会和消费者协会等组织、消费者需要委托食品检验机构对食品进行检验的，应当委托符合本法规定的食品检验机构进行。

第九十条　食品添加剂的检验，适用本法有关食品检验的规定。

第六章　食品进出口

第九十一条　国家出入境检验检疫部门对进出口食品安全实施监督管理。

第九十二条　进口的食品、食品添加剂、食品相关产品应当符合我国食品安全国家标准。

进口的食品、食品添加剂应当经出入境检验检疫机构依照进出口商品检验相关法律、行政法规的规定检验合格。

进口的食品、食品添加剂应当按照国家出入境检验检疫部门的要求随附合格证明材料。

第九十三条　进口尚无食品安全国家标准的食品，由境外出口商、境外生产企业或者其委托的进口商向国务院卫生行政部门提交所执行的相关国家（地区）标准或者国际标准。国务院卫生行政部门对相关标准进行审查，认为符合食品安全要求的，决定暂予适用，并及时制定相应的食品安全国家标准。进口利用新的食品原料生产的食品或者进口食品添加剂新品种、食品相关产品新品种，依照本法第三十七条的规定办理。

出入境检验检疫机构按照国务院卫生行政部门的要求，对前款规定的食品、食品添加剂、食品相关产品进行检验。检验结果应当公开。

第九十四条　境外出口商、境外生产企业应当保证向我国出口的食品、食品添加剂、食品相关产品符合本法以及我国其他有关法律、行政法规的规定和食品安全国家标准的要求，并对标签、说明书的内容负责。

进口商应当建立境外出口商、境外生产企业审核制度，重点审核前款规定的内容；审核不合格的，不得进口。

发现进口食品不符合我国食品安全国家标准或者有证据证明可能危害人体健康的，进口商应当立即停止进口，并依照本法第六十三条的规定召回。

第九十五条　境外发生的食品安全事件可能对我国境内造成影响，或者在进口食品、食品添加剂、食品相关产品中发现严重食品安全问题的，国家出入境检验检疫部门应当及时采取风险预警或者控制措施，并向国务院食品安全监督管理、卫生行政、农业行政部门通报。接到通报的部门应当及时采取相应措施。

县级以上人民政府食品安全监督管理部门对国内市场上销售的进口食品、食品添加剂实施监督管理。发现存在严重食品安全问题的，国务院食品安全监督管理部门应当及时向国家出入境检验检疫部门通报。国家出入境检验检疫部门应当及时采取相应措施。

第九十六条　向我国境内出口食品的境外出口商或者代理商、进口食品的进口商应当向国家出入境检验检疫部门备案。向我国境内出口食品的境外食品生产企业应当经国家出入境检验检疫部门注册。已经注册的境外食品生产企业提供虚假材料，或者因其自身的原因致使进口食品发生重大食品安全事故的，国家出入境检验检疫部门应当撤销注册并公告。

国家出入境检验检疫部门应当定期公布已经备案的境外出口商、代理商、进口商和已经注册的境外食品生产企业名单。

第九十七条　进口的预包装食品、食品添加剂应当有中文标签；依法应当有说明书的，还应当有中文说明书。标签、说明书应当符合本法以及我国其他有关法律、行政法规的规定和食品安全国家标准的要求，并载明食品的原产地以及境内代理商的名称、地址、联系方式。预包装食品没有中文标签、中文说明书或者标签、说明书不符合本条规定的，不得进口。

第九十八条　进口商应当建立食品、食品添加剂进口和销售记录制度，如实记录食品、食品添加剂的名称、规格、数量、生产日期、生产或者进口批号、保质期、境外出口商和购货者名称、地址及联系方式、交货日期等内容，并保存相关凭证。记录和凭证保存期限应当符合本法第五十条第二款的规定。

第九十九条　出口食品生产企业应当保证其出口食品符合进口国（地区）的标准或者合同要求。

出口食品生产企业和出口食品原料种植、养殖场应当向国家出入境检验检疫部门备案。

第一百条　国家出入境检验检疫部门应当收集、汇总下列进出口食品安全信息，并及时通报相关部门、机构和企业：

（一）出入境检验检疫机构对进出口食品实施检验检疫发现的食品安全信息；

（二）食品行业协会和消费者协会等组织、消费者反映的进口食品安全信息；

（三）国际组织、境外政府机构发布的风险预警信息及其他食品安全信息，以及境外食品行业协会等组织、消费者反映的食品安全信息；

（四）其他食品安全信息。

国家出入境检验检疫部门应当对进出口食品的进口商、出口商和出口食品生产企业实施信用管理，建立信用记录，并依法向社会公布。对有不良记录的进口商、出口商和出口食品生产企业，应当加强对其进出口食品的检验检疫。

第一百零一条　国家出入境检验检疫部门可以对向我国境内出口食品的国家（地区）的食品安全管理体系和食品安全状况进行评估和审查，并根据评估和审查结果，确定相应检验检疫要求。

第七章　食品安全事故处置

第一百零二条　国务院组织制定国家食品安全事故应急预案。

县级以上地方人民政府应当根据有关法律、法规的规定和上级人民政府的食品安全事故应急预案以及本行政区域的实际情况，制定本行政区域的食品安全事故应急预案，并报上一级人民政府备案。

食品安全事故应急预案应当对食品安全事故分级、事故处置组织指挥体系与职责、预防预警机制、处置程序、应急保障措施等作出规定。

食品生产经营企业应当制定食品安全事故处置方案，定期检查本企业各项食品安全防范措施的落实情况，及时消除事故隐患。

第一百零三条　发生食品安全事故的单位应当立即采取措施，防止事故扩大。事故单位和接收病人进行治疗的单位应当及时向事故发生地县级人民政府食品安全监督管理、卫生行政部门报告。

县级以上人民政府农业行政等部门在日常监督管理中发现食品安全事故或者接到事故举报，应当立即向同级食品安全监督管理部门通报。

发生食品安全事故，接到报告的县级人民政府食品安全监督管理部门应当按照应急预案的规定向本级人民政府和上级人民政府食品安全监督管理部门报告。县级人民政府和上级人民政府食品安全监督管理部门应当按照应急预案的规定上报。

任何单位和个人不得对食品安全事故隐瞒、谎报、缓报，不得隐匿、伪造、毁灭有关证据。

第一百零四条　医疗机构发现其接收的病人属于食源性疾病病人或者疑似病人的，应当按照规定及时将相关信息向所在地县级人民政府卫生行政部门报告。县级人民政府卫生行政部门认为与食品安全有关的，应当及时通报同级食品安全监督管理部门。

县级以上人民政府卫生行政部门在调查处理传染病或者其他突发公共卫生事件中发现与食品安全相关的信息，应当及时通报同级食品安全监督管理部门。

第一百零五条　县级以上人民政府食品安全监督管理部门接到食品安全事故的报告后，应当立即会同同级卫生行政、农业行政等部门进行调查处理，并采取下列措施，防止或者减轻社会危害：

（一）开展应急救援工作，组织救治因食品安全事故导致人身伤害的人员；

（二）封存可能导致食品安全事故的食品及其原料，并立即进行检验；对确认属于被污染的食品及其原料，责令食品生产经营者依照本法第六十三条的规定召回或者停止经营；

（三）封存被污染的食品相关产品，并责令进行清洗消毒；

（四）做好信息发布工作，依法对食品安全事故及其处理情况进行发布，并对可能产生的危害加以解释、说明。

发生食品安全事故需要启动应急预案的，县级以上人民政府应当立即成立事故处置指挥机构，启动应急预案，依照前款和应急预案的规定进行处置。

发生食品安全事故，县级以上疾病预防控制机构应当对事故现场进行卫生处理，并对与事故有关的因素开展流行病学调查，有关部门应当予以协助。县级以上疾病预防控制机构应当向同级食品安全监督管理、卫生行政部门提交流行病学调查报告。

第一百零六条　发生食品安全事故，设区的市级以上人民政府食品安全监督管理部门应当立即会同有关部门进行事故责任调查，督促有关部门履行职责，向本级人民政府和上一级人民政府食品安全监督管理部门提出事故责任调查处理报告。

涉及两个以上省、自治区、直辖市的重大食品安全事故由国务院食品安全监督管理部门依照前款规定组织事故责任调查。

第一百零七条　调查食品安全事故，应当坚持实事求是、尊重科学的原则，及时、准确查清事故性质和原因，认定事故责任，提出整改措施。

调查食品安全事故，除了查明事故单位的责任，还应当查明有关监督管理部门、食品检验机构、认证机构及其工作人员的责任。

第一百零八条　食品安全事故调查部门有权向有关单位和个人了解与事故有关的情况，并要求提供相关资料和样品。有关单位和个人应当予以配合，按照要求提供相关资料和样品，不得拒绝。

任何单位和个人不得阻挠、干涉食品安全事故的调查处理。

第八章　监督管理

第一百零九条　县级以上人民政府食品安全监督管理部门根据食品安全风险监测、风险评估结果和食品安全状况等，确定监督管理的重点、方式和频次，实施风险分级管理。

县级以上地方人民政府组织本级食品安全监督管理、农业行政等部门制定本行政区域的食品安全年度监督管理计划，向社会公布并组织实施。

食品安全年度监督管理计划应当将下列事项作为监督管理的重点：

（一）专供婴幼儿和其他特定人群的主辅食品；

（二）保健食品生产过程中的添加行为和按照注册或者备案的技术要求组织生产的情况，保健食品标签、说明书以及宣传材料中有关功能宣传的情况；

（三）发生食品安全事故风险较高的食品生产经营者；

（四）食品安全风险监测结果表明可能存在食品安全隐患的事项。

第一百一十条　县级以上人民政府食品安全监督管理部门履行食品安全监督管理职责，有权采取下列措施，对生产经营者遵守本法的情况进行监督检查：

（一）进入生产经营场所实施现场检查；

（二）对生产经营的食品、食品添加剂、食品相关产品进行抽样检验；

（三）查阅、复制有关合同、票据、账簿以及其他有关资料；

（四）查封、扣押有证据证明不符合食品安全标准或者有证据证明存在安全隐患以及用于违法生产经营的食品、食品添加剂、食品相关产品；

（五）查封违法从事生产经营活动的场所。

第一百一十一条　对食品安全风险评估结果证明食品存在安全隐患，需要制定、修订食品安全标准的，在制定、修订食品安全标准前，国务院卫生行政部门应当及时会同国务院有关部门规定食品中有害物质的临时限量值和临时检验方法，作为生产经营和监督管理的依据。

第一百一十二条　县级以上人民政府食品安全监督管理部门在食品安全监督管理工作中可以采用国家规定的快速检测方法对食品进行抽查检测。

对抽查检测结果表明可能不符合食品安全标准的食品，应当依照本法第八十七条的规定进行检验。抽查检测结果确定有关食品不符合食品安全标准的，可以作为行政处罚的依据。

第一百一十三条　县级以上人民政府食品安全监督管理部门应当建立食品生产经营者食品安全信用档案，记录许可颁发、日常监督检查结果、违法行为查处等情况，依法向社会公布并实时更新；对有不良信用记录的食品生产经营者增加监督检查频次，对违法行为情节严重的食品生产经营者，可以通报投资主管部门、证券监督管理机构和有关的金融机构。

第一百一十四条　食品生产经营过程中存在食品安全隐患，未及时采取措施消除的，县级以上人民政府食品安全监督管理部门可以对食品生产经营者的法定代表人或者主要负责人进行责任约谈。食品生产经营者应当立即采取措施，进行整改，消除隐患。责任约谈情况和整改情况应当纳入食品生产经营者食品安全信用档案。

第一百一十五条　县级以上人民政府食品安全监督管理等部门应当公布本部门的电子邮件地址或者电话，接受咨询、投诉、举报。接到咨询、投诉、举报，对属于本部门职责的，应当受理并在法定期限内及时答复、核实、处理；对不属于本部门职责的，应当移交有权处理的部门并书面通知咨询、投诉、举报人。有权处理的部门应当在法定期限内及时处理，不得推诿。对查证属实的举报，给予举报人奖励。

有关部门应当对举报人的信息予以保密，保护举报人的合法权益。举报人举报所在企业的，该企业不得以解除、变更劳动合同或者其他方式对举报人进行打击报复。

第一百一十六条　县级以上人民政府食品安全监督管理等部门应当加强对执法人员食品安全法律、法规、标准和专业知识与执法能力等的培训，并组织考核。不具备相应知识和能力的，不得从事食品安全执法工作。

食品生产经营者、食品行业协会、消费者协会等发现食品安全执法人员在执法过程中有违反法律、法规规定的行为以及不规范执法行为的，可以向本级或者上级人民政府食品安全监督管理等部门或者监察机关投诉、举报。接到投诉、举报的部门或者机关应当进行核实，并将经核实的情况向食品安全执法人员所在部门通报；涉嫌违法违纪的，按照本法和有关规定处理。

第一百一十七条　县级以上人民政府食品安全监督管理等部门未及时发现食品安全系统性风险，未及时消除监督管理区域内的食品安全隐患的，本级人民政府可以对其主要负责人进行责任约谈。

地方人民政府未履行食品安全职责，未及时消除区域性重大食品安全隐患的，上级人民政府可以对其主要负责人进行责任约谈。

被约谈的食品安全监督管理等部门、地方人民政府应当立即采取措施，对食品安全监督管理工作进行整改。

责任约谈情况和整改情况应当纳入地方人民政府和有关部门食品安全监督管理工作评议、考核记录。

第一百一十八条　国家建立统一的食品安全信息平台，实行食品安全信息统一公布制度。国家食品安全总体情况、食品安全风险警示信息、重大食品安全事故及其调查处理信息和国务院确定需要统一公布的其他信息由国务院食品安全监督管理部门统一公布。食品安全风险警示信息和重大食品安全事故及其调查处理信息的影响限于特定区域的，也可以由有关省、自治区、直辖市人民政府食品安全监督管理部门公布。未经授权不得发布上述信息。

县级以上人民政府食品安全监督管理、农业行政部门依据各自职责公布食品安全日常监督管理信息。

公布食品安全信息，应当做到准确、及时，并进行必要的解释说明，避免误导消费者和社会舆论。

第一百一十九条　县级以上地方人民政府食品安全监督管理、卫生行政、农业行政部门获知本法规定需要统一公布的信息，应当向上级主管部门报告，由上级主管部门立即报告国务院食品安全监督管理部门；必要时，可以直接向国务院食品安全监督管理部门报告。

县级以上人民政府食品安全监督管理、卫生行政、农业行政部门应当相互通报获知的食品安全信息。

第一百二十条　任何单位和个人不得编造、散布虚假食品安全信息。

县级以上人民政府食品安全监督管理部门发现可能误导消费者和社会舆论的食品安全信息，应当立即组织有关部门、专业机构、相关食品生产经营者等进行核实、分析，并及时公布结果。

第一百二十一条　县级以上人民政府食品安全监督管理等部门发现涉嫌食品安全犯罪的，应当按照有关规定及时将案件移送公安机关。对移送的案件，公安机关应当及时审查；

认为有犯罪事实需要追究刑事责任的，应当立案侦查。

公安机关在食品安全犯罪案件侦查过程中认为没有犯罪事实，或者犯罪事实显著轻微，不需要追究刑事责任，但依法应当追究行政责任的，应当及时将案件移送食品安全监督管理等部门和监察机关，有关部门应当依法处理。

公安机关商请食品安全监督管理、生态环境等部门提供检验结论、认定意见以及对涉案物品进行无害化处理等协助的，有关部门应当及时提供，予以协助。

第九章 法律责任

第一百二十二条 违反本法规定，未取得食品生产经营许可从事食品生产经营活动，或者未取得食品添加剂生产许可从事食品添加剂生产活动的，由县级以上人民政府食品安全监督管理部门没收违法所得和违法生产经营的食品、食品添加剂以及用于违法生产经营的工具、设备、原料等物品；违法生产经营的食品、食品添加剂货值金额不足一万元的，并处五万元以上十万元以下罚款；货值金额一万元以上的，并处货值金额十倍以上二十倍以下罚款。

明知从事前款规定的违法行为，仍为其提供生产经营场所或者其他条件的，由县级以上人民政府食品安全监督管理部门责令停止违法行为，没收违法所得，并处五万元以上十万元以下罚款；使消费者的合法权益受到损害的，应当与食品、食品添加剂生产经营者承担连带责任。

第一百二十三条 违反本法规定，有下列情形之一，尚不构成犯罪的，由县级以上人民政府食品安全监督管理部门没收违法所得和违法生产经营的食品，并可以没收用于违法生产经营的工具、设备、原料等物品；违法生产经营的食品货值金额不足一万元的，并处十万元以上十五万元以下罚款；货值金额一万元以上的，并处货值金额十五倍以上三十倍以下罚款；情节严重的，吊销许可证，并可以由公安机关对其直接负责的主管人员和其他直接责任人员处五日以上十五日以下拘留：

（一）用非食品原料生产食品、在食品中添加食品添加剂以外的化学物质和其他可能危害人体健康的物质，或者用回收食品作为原料生产食品，或者经营上述食品；

（二）生产经营营养成分不符合食品安全标准的专供婴幼儿和其他特定人群的主辅食品；

（三）经营病死、毒死或者死因不明的禽、畜、兽、水产动物肉类，或者生产经营其制品；

（四）经营未按规定进行检疫或者检疫不合格的肉类，或者生产经营未经检验或者检验不合格的肉类制品；

（五）生产经营国家为防病等特殊需要明令禁止生产经营的食品；

（六）生产经营添加药品的食品。

明知从事前款规定的违法行为，仍为其提供生产经营场所或者其他条件的，由县级以上人民政府食品安全监督管理部门责令停止违法行为，没收违法所得，并处十万元以上二十万元以下罚款；使消费者的合法权益受到损害的，应当与食品生产经营者承担连带责任。

违法使用剧毒、高毒农药的，除依照有关法律、法规规定给予处罚外，可以由公安机关依照第一款规定给予拘留。

第一百二十四条 违反本法规定，有下列情形之一，尚不构成犯罪的，由县级以上人民政府食品安全监督管理部门没收违法所得和违法生产经营的食品、食品添加剂，并可以没收用于违法生产经营的工具、设备、原料等物品；违法生产经营的食品、食品添加剂货值金额不足一万元的，并处五万元以上十万元以下罚款；货值金额一万元以上的，并处货值金额十倍以上二十倍以下罚款；情节严重的，吊销许可证：

（一）生产经营致病性微生物，农药残留、兽药残留、生物毒素、重金属等污染物质以及其他危害人体健康的物质含量超过食品安全标准限量的食品、食品添加剂；

（二）用超过保质期的食品原料、食品添加剂生产食品、食品添加剂，或者经营上述食品、食品添加剂；

（三）生产经营超范围、超限量使用食品添加剂的食品；

（四）生产经营腐败变质、油脂酸败、霉变生虫、污秽不洁、混有异物、掺假掺杂或者感官性状异常的食品、食品添加剂；

（五）生产经营标注虚假生产日期、保质期或者超过保质期的食品、食品添加剂；

（六）生产经营未按规定注册的保健食品、特殊医学用途配方食品、婴幼儿配方乳粉，或者未按注册的产品配方、生产工艺等技术要求组织生产；

（七）以分装方式生产婴幼儿配方乳粉，或者同一企业以同一配方生产不同品牌的婴幼儿配方乳粉；

（八）利用新的食品原料生产食品，或者生产食品添加剂新品种，未通过安全性评估；

（九）食品生产经营者在食品安全监督管理部门责令其召回或者停止经营后，仍拒不召回或者停止经营。

除前款和本法第一百二十三条、第一百二十五条规定的情形外，生产经营不符合法律、法规或者食品安全标准的食品、食品添加剂的，依照前款规定给予处罚。

生产食品相关产品新品种，未通过安全性评估，或者生产不符合食品安全标准的食品相关产品的，由县级以上人民政府食品安全监督管理部门依照第一款规定给予处罚。

第一百二十五条　违反本法规定，有下列情形之一的，由县级以上人民政府食品安全监督管理部门没收违法所得和违法生产经营的食品、食品添加剂，并可以没收用于违法生产经营的工具、设备、原料等物品；违法生产经营的食品、食品添加剂货值金额不足一万元的，并处五千元以上五万元以下罚款；货值金额一万元以上的，并处货值金额五倍以上十倍以下罚款；情节严重的，责令停产停业，直至吊销许可证：

（一）生产经营被包装材料、容器、运输工具等污染的食品、食品添加剂；

（二）生产经营无标签的预包装食品、食品添加剂或者标签、说明书不符合本法规定的食品、食品添加剂；

（三）生产经营转基因食品未按规定进行标示；

（四）食品生产经营者采购或者使用不符合食品安全标准的食品原料、食品添加剂、食品相关产品。

生产经营的食品、食品添加剂的标签、说明书存在瑕疵但不影响食品安全且不会对消费者造成误导的，由县级以上人民政府食品安全监督管理部门责令改正；拒不改正的，处二千元以下罚款。

第一百二十六条　违反本法规定，有下列情形之一的，由县级以上人民政府食品安全监督管理部门责令改正，给予警告；拒不改正的，处五千元以上五万元以下罚款；情节严重的，责令停产停业，直至吊销许可证：

（一）食品、食品添加剂生产者未按规定对采购的食品原料和生产的食品、食品添加剂进行检验；

（二）食品生产经营企业未按规定建立食品安全管理制度，或者未按规定配备或者培训、考核食品安全管理人员；

（三）食品、食品添加剂生产经营者进货时未查验许可证和相关证明文件，或者未按规定建立并遵守进货查验记录、出厂检验记录和销售记录制度；

（四）食品生产经营企业未制定食品安全事故处置方案；

（五）餐具、饮具和盛放直接入口食品的容器，使用前未经洗净、消毒或者清洗消毒不合格，或者餐饮服务设施、设备未按规定定期维护、清洗、校验；

（六）食品生产经营者安排未取得健康证明或者患有国务院卫生行政部门规定的有碍食品安全疾病的人员从事接触直接入口食品的工作；

（七）食品经营者未按规定要求销售食品；

（八）保健食品生产企业未按规定向食品安全监督管理部门备案，或者未按备案的产品配方、生产工艺等技术要求组织生产；

（九）婴幼儿配方食品生产企业未将食品原料、食品添加剂、产品配方、标签等向食品安全监督管理部门备案；

（十）特殊食品生产企业未按规定建立生产质量管理体系并有效运行，或者未定期提交自查报告；

（十一）食品生产经营者未定期对食品安全状况进行检查评价，或者生产经营条件发生变化，未按规定处理；

（十二）学校、托幼机构、养老机构、建筑工地等集中用餐单位未按规定履行食品安全管理责任；

（十三）食品生产企业、餐饮服务提供者未按规定制定、实施生产经营过程控制要求。

餐具、饮具集中消毒服务单位违反本法规定用水，使用洗涤剂、消毒剂，或者出厂的餐具、饮具未按规定检验合格并随附消毒合格证明，或者未按规定在独立包装上标注相关内容的，由县级以上人民政府卫生行政部门依照前款规定给予处罚。

食品相关产品生产者未按规定对生产的食品相关产品进行检验的，由县级以上人民政府食品安全监督管理部门依照第一款规定给予处罚。

食用农产品销售者违反本法第六十五条规定的，由县级以上人民政府食品安全监督管理部门依照第一款规定给予处罚。

第一百二十七条　对食品生产加工小作坊、食品摊贩等的违法行为的处罚，依照省、自治区、直辖市制定的具体管理办法执行。

第一百二十八条　违反本法规定，事故单位在发生食品安全事故后未进行处置、报告的，由有关主管部门按照各自职责分工责令改正，给予警告；隐匿、伪造、毁灭有关证据的，责令停产停业，没收违法所得，并处十万元以上五十万元以下罚款；造成严重后果的，吊销许可证。

第一百二十九条　违反本法规定，有下列情形之一的，由出入境检验检疫机构依照本法第一百二十四条的规定给予处罚：

（一）提供虚假材料，进口不符合我国食品安全国家标准的食品、食品添加剂、食品相关产品；

（二）进口尚无食品安全国家标准的食品，未提交所执行的标准并经国务院卫生行政部门审查，或者进口利用新的食品原料生产的食品或者进口食品添加剂新品种、食品相关产品新品种，未通过安全性评估；

（三）未遵守本法的规定出口食品；

（四）进口商在有关主管部门责令其依照本法规定召回进口的食品后，仍拒不召回。

违反本法规定，进口商未建立并遵守食品、食品添加剂进口和销售记录制度、境外出口商或者生产企业审核制度的，由出入境检验检疫机构依照本法第一百二十六条的规定给予处罚。

第一百三十条　违反本法规定，集中交易市场的开办者、柜台出租者、展销会的举办者允许未依法取得许可的食品经营者进入市场销售食品，或者未履行检查、报告等义务的，由县级以上人民政府食品安全监督管理部门责令改正，没收违法所得，并处五万元以上二十万元以下罚款；造成严重后果的，责令停业，直至由原发证部门吊销许可证；使消费者的合法权益受到损害的，应当与食品经营者承担连带责任。

食用农产品批发市场违反本法第六十四条规定的，依照前款规定承担责任。

第一百三十一条　违反本法规定，网络食品交易第三方平台提供者未对入网食品经营者进行实名登记、审查许可证，或者未履行报告、停止提供网络交易平台服务等义务的，由县级以上人民政府食品安全监督管理部门责令改正，没收违法所得，并处五万元以上二十万元以下罚款；造成严重后果的，责令停业，直至由原发证部门吊销许可证；使消费者的合法权益受到损害的，应当与食品经营者承担连带责任。

消费者通过网络食品交易第三方平台购买食品，其合法权益受到损害的，可以向入网食品经营者或者食品生产者要求赔偿。网络食品交易第三方平台提供者不能提供入网食品经营者的真实名称、地址和有效联系方式的，由网络食品交易第三方平台提供者赔偿。网络食品交易第三方平台提供者赔偿后，有权向入网食品经营者或者食品生产者追偿。网络食品交易第三方平台提供者作出更有利于消费者承诺的，应当履行其承诺。

第一百三十二条　违反本法规定，未按要求进行食品贮存、运输和装卸的，由县级以上人民政府食品安全监督管理等部门按照各自职责分工责令改正，给予警告；拒不改正的，责令停产停业，并处一万元以上五万元以下罚款；情节严重的，吊销许可证。

第一百三十三条　违反本法规定，拒绝、阻挠、干涉有关部门、机构及其工作人员依法开展食品安全监督检查、事故调查处理、风险监测和风险评估的，由有关主管部门按照各自职责分工责令停产停业，并处二千元以上五万元以下罚款；情节严重的，吊销许可证；构成违反治安管理行为的，由公安机关依法给予治安管理处罚。

违反本法规定，对举报人以解除、变更劳动合同或者其他方式打击报复的，

应当依照有关法律的规定承担责任。

第一百三十四条　食品生产经营者在一年内累计三次因违反本法规定受到责令停产停业、吊销许可证以外处罚的，由食品安全监督管理部门责令停产停业，直至吊销许可证。

第一百三十五条　被吊销许可证的食品生产经营者及其法定代表人、直接负责的主管人员和其他直接责任人员自处罚决定作出之日起五年内不得申请食品生产经营许可，或者从事食品生产经营管理工作、担任食品生产经营企业食品安全管理人员。

因食品安全犯罪被判处有期徒刑以上刑罚的，终身不得从事食品生产经营管理工作，也不得担任食品生产经营企业食品安全管理人员。

食品生产经营者聘用人员违反前两款规定的，由县级以上人民政府食品安全监督管理部门吊销许可证。

第一百三十六条　食品经营者履行了本法规定的进货查验等义务，有充分证据证明其不知道所采购的食品不符合食品安全标准，并能如实说明其进货来源的，可以免予处罚，但应当依法没收其不符合食品安全标准的食品；造成人身、财产或者其他损害的，依法承担赔偿责任。

第一百三十七条　违反本法规定，承担食品安全风险监测、风险评估工作的技术机构、技术人员提供虚假监测、评估信息的，依法对技术机构直接负责的主管人员和技术人员给予撤职、开除处分；有执业资格的，由授予其资格的主管部门吊销执业证书。

第一百三十八条　违反本法规定，食品检验机构、食品检验人员出具虚假检验报告的，由授予其资质的主管部门或者机构撤销该食品检验机构的检验资质，没收所收取的检验费用，并处检验费用五倍以上十倍以下罚款，检验费用不足一万元的，并处五万元以上十万元以下罚款；依法对食品检验机构直接负责的主管人员和食品检验人员给予撤职或者开除处分；导致发生重大食品安全事故的，对直接负责的主管人员和食品检验人员给予开除处分。

违反本法规定，受到开除处分的食品检验机构人员，自处分决定作出之日起十年内不得从事食品检验工作；因食品安全违法行为受到刑事处罚或者因出具虚假检验报告导致发生重大食品安全事故受到开除处分的食品检验机构人员，终身不得从事食品检验工作。食品检验机构聘用不得从事食品检验工作的人员的，由授予其资质的主管部门或者机构撤销该食品检验机构的检验资质。

食品检验机构出具虚假检验报告，使消费者的合法权益受到损害的，应当与食品生产经营者承担连带责任。

第一百三十九条　违反本法规定，认证机构出具虚假认证结论，由认证认可监督管理部门没收所收取的认证费用，并处认证费用五倍以上十倍以下罚款，认证费用不足一万元的，并处五万元以上十万元以下罚款；情节严重的，责令停业，直至撤销认证机构批准文件，并向社会公布；对直接负责的主管人员和负有直接责任的认证人员，撤销其执业资格。

认证机构出具虚假认证结论，使消费者的合法权益受到损害的，应当与食品生产经营者承担连带责任。

第一百四十条　违反本法规定，在广告中对食品作虚假宣传，欺骗消费者，或者发布未取得批准文件、广告内容与批准文件不一致的保健食品广告的，依照《中华人民共和国广告法》的规定给予处罚。

广告经营者、发布者设计、制作、发布虚假食品广告，使消费者的合法权益受到损害的，应当与食品生产经营者承担连带责任。

社会团体或者其他组织、个人在虚假广告或者其他虚假宣传中向消费者推荐食品，使消费者的合法权益受到损害的，应当与食品生产经营者承担连带责任。

违反本法规定，食品安全监督管理等部门、食品检验机构、食品行业协会以广告或者其他形式向消费者推荐食品，消费者组织以收取费用或者其他牟取利益的方式向消费者推荐食品的，由有关主管部门没收违法所得，依法对直接负责的主管人员和其他直接责任人员给予记大过、降级或者撤职处分;情节严重的,给予开除处分。

对食品作虚假宣传且情节严重的,由省级以上人民政府食品安全监督管理部门决定暂停销售该食品,并向社会公布;仍然销售该食品的,由县级以上人民政府食品安全监督管理部门没收违法所得和违法销售的食品,并处二万元以上五万元以下罚款。

第一百四十一条　违反本法规定,编造、散布虚假食品安全信息,构成违反治安管理行为的,由公安机关依法给予治安管理处罚。

媒体编造、散布虚假食品安全信息的,由有关主管部门依法给予处罚,并对直接负责的主管人员和其他直接责任人员给予处分;使公民、法人或者其他组织的合法权益受到损害的,依法承担消除影响、恢复名誉、赔偿损失、赔礼道歉等民事责任。

第一百四十二条　违反本法规定,县级以上地方人民政府有下列行为之一的,对直接负责的主管人员和其他直接责任人员给予记大过处分;情节较重的,给予降级或者撤职处分;情节严重的,给予开除处分;造成严重后果的,其主要负责人还应当引咎辞职:

(一)对发生在本行政区域内的食品安全事故,未及时组织协调有关部门开展有效处置,造成不良影响或者损失;

(二)对本行政区域内涉及多环节的区域性食品安全问题,未及时组织整治,造成不良影响或者损失;

(二)隐瞒、谎报、缓报食品安全事故;

(四)本行政区域内发生特别重大食品安全事故,或者连续发生重大食品安全事故。

第一百四十三条　违反本法规定,县级以上地方人民政府有下列行为之一的,对直接负责的主管人员和其他直接责任人员给予警告、记过或者记大过处分;造成严重后果的,给予降级或者撤职处分:

(一)未确定有关部门的食品安全监督管理职责,未建立健全食品安全全程监督管理工作机制和信息共享机制,未落实食品安全监督管理责任制;

(二)未制定本行政区域的食品安全事故应急预案,或者发生食品安全事故后未按规定立即成立事故处置指挥机构、启动应急预案。

第一百四十四条　违反本法规定,县级以上人民政府食品安全监督管理、卫生行政、农业行政等部门有下列行为之一的,对直接负责的主管人员和其他直接责任人员给予记大过处分;情节较重的,给予降级或者撤职处分;情节严重的,给予开除处分;造成严重后果的,其主要负责人还应当引咎辞职:

(一)隐瞒、谎报、缓报食品安全事故;

(二)未按规定查处食品安全事故,或者接到食品安全事故报告未及时处理,造成事故扩大或者蔓延;

(三)经食品安全风险评估得出食品、食品添加剂、食品相关产品不安全结论后,未及时采取相应措施,造成食品安全事故或者不良社会影响;

(四)对不符合条件的申请人准予许可,或者超越法定职权准予许可;

(五)不履行食品安全监督管理职责,导致发生食品安全事故。

第一百四十五条　违反本法规定,县级以上人民政府食品安全监督管理、卫生行政、农业行政等部门有下列行为之一,造成不良后果的,对直接负责的主管人员和其他直接责任人员给予警告、记过或者记大过处分;情节较重的,给予降级或者撤职处分;情节严重的,给予开除处分：

（一）在获知有关食品安全信息后，未按规定向上级主管部门和本级人民政府报告，或者未按规定相互通报；

（二）未按规定公布食品安全信息；

（三）不履行法定职责，对查处食品安全违法行为不配合，或者滥用职权、玩忽职守、徇私舞弊。

第一百四十六条　食品安全监督管理等部门在履行食品安全监督管理职责过程中，违法实施检查、强制等执法措施，给生产经营者造成损失的，应当依法予以赔偿，对直接负责的主管人员和其他直接责任人员依法给予处分。

第一百四十七条　违反本法规定，造成人身、财产或者其他损害的，依法承担赔偿责任。生产经营者财产不足以同时承担民事赔偿责任和缴纳罚款、罚金时，先承担民事赔偿责任。

第一百四十八条　消费者因不符合食品安全标准的食品受到损害的，可以向经营者要求赔偿损失，也可以向生产者要求赔偿损失。接到消费者赔偿要求的生产经营者，应当实行首负责任制，先行赔付，不得推诿；属于生产者责任的，经营者赔偿后有权向生产者追偿；属于经营者责任的，生产者赔偿后有权向经营者追偿。

生产不符合食品安全标准的食品或者经营明知是不符合食品安全标准的食品，消费者除要求赔偿损失外，还可以向生产者或者经营者要求支付价款十倍或者损失三倍的赔偿金；增加赔偿的金额不足一千元的，为一千元。但是，食品的标签、说明书存在不影响食品安全且不会对消费者造成误导的瑕疵的除外。

第一百四十九条　违反本法规定，构成犯罪的，依法追究刑事责任。

第十章　附　　则

第一百五十条　本法下列用语的含义：

食品，指各种供人食用或者饮用的成品和原料以及按照传统既是食品又是中药材的物品，但是不包括以治疗为目的的物品。

食品安全，指食品无毒、无害，符合应当有的营养要求，对人体健康不造成任何急性、亚急性或者慢性危害。

预包装食品，指预先定量包装或者制作在包装材料、容器中的食品。

食品添加剂，指为改善食品品质和色、香、味以及为防腐、保鲜和加工工艺的需要而加入食品中的人工合成或者天然物质，包括营养强化剂。

用于食品的包装材料和容器，指包装、盛放食品或者食品添加剂用的纸、竹、木、金属、搪瓷、陶瓷、塑料、橡胶、天然纤维、化学纤维、玻璃等制品和直接接触食品或者食品添加剂的涂料。

用于食品生产经营的工具、设备，指在食品或者食品添加剂生产、销售、使用过程中直接接触食品或者食品添加剂的机械、管道、传送带、容器、用具、餐具等。

用于食品的洗涤剂、消毒剂，指直接用于洗涤或者消毒食品、餐具、饮具以及直接接触食品的工具、设备或者食品包装材料和容器的物质。

食品保质期，指食品在标明的贮存条件下保持品质的期限。

食源性疾病，指食品中致病因素进入人体引起的感染性、中毒性等疾病，包括食物中毒。

食品安全事故，指食源性疾病、食品污染等源于食品，对人体健康有危害或者可能有危害的事故。

第一百五十一条　转基因食品和食盐的食品安全管理，本法未作规定的，适用其他法律、行政法规的规定。

第一百五十二条　铁路、民航运营中食品安全的管理办法由国务院食品安全监督管理部门会同国务院有关部门依照本法制定。

保健食品的具体管理办法由国务院食品安全监督管理部门依照本法制定。

食品相关产品生产活动的具体管理办法由国务院食品安全监督管理部门依照本法制定。

国境口岸食品的监督管理由出入境检验检疫机构依照本法以及有关法律、行政法规的规定实施。

军队专用食品和自供食品的食品安全管理办法由中央军事委员会依照本法制定。

第一百五十三条　国务院根据实际需要，可以对食品安全监督管理体制作出调整。

第一百五十四条　本法自 2015 年 10 月 1 日起施行。

中华人民共和国职业病防治法

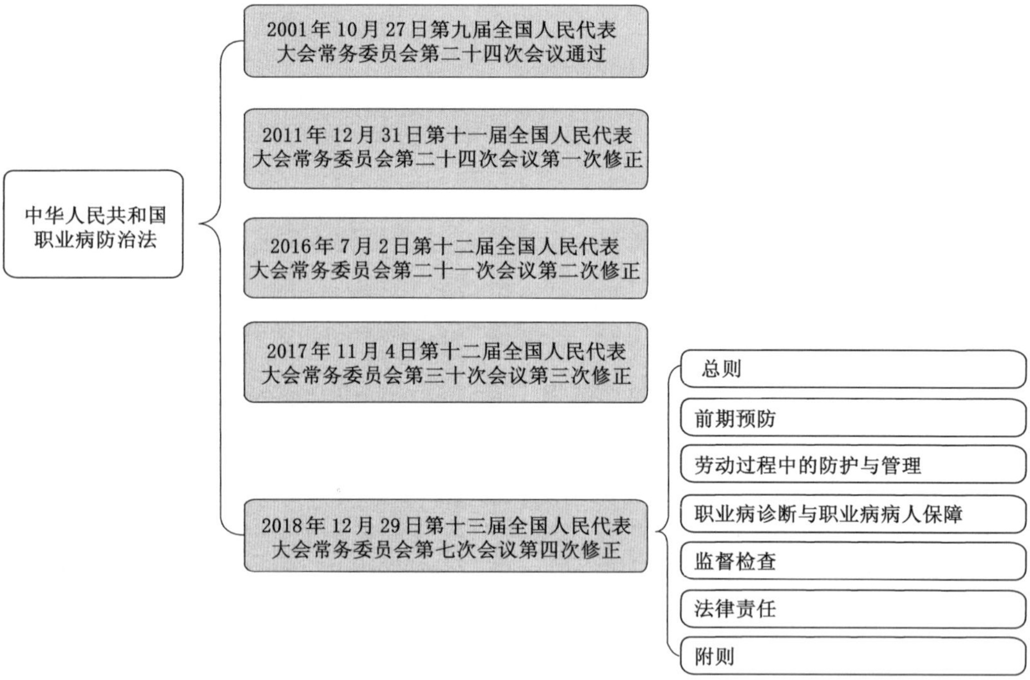

目　录

第一章　总　　则

第一条　为了预防、控制和消除职业病危害，防治职业病，保护劳动者健康及其相关权益，促进经济社会发展，根据宪法，制定本法。

第二条　本法适用于中华人民共和国领域内的职业病防治活动。

本法所称职业病，是指企业、事业单位和个体经济组织等用人单位的劳动者在职业活动中，因接触粉尘、放射性物质和其他有毒、有害因素而引起的疾病。

职业病的分类和目录由国务院卫生行政部门会同国务院劳动保障行政部门制定、调整并公布。

第三条　职业病防治工作坚持预防为主、防治结合的方针，建立用人单位负责、行政机关监管、行业自律、职工参与和社会监督的机制，实行分类管理、综合治理。

第四条　劳动者依法享有职业卫生保护的权利。

用人单位应当为劳动者创造符合国家职业卫生标准和卫生要求的工作环境和条件，并采取措施保障劳动者获得职业卫生保护。

工会组织依法对职业病防治工作进行监督，维护劳动者的合法权益。用人单位制定或者修改有关职业病防治的规章制度，应当听取工会组织的意见。

第五条　用人单位应当建立、健全职业病防治责任制，加强对职业病防治的管理，提高职业病防治水平，对本单位产生的职业病危害承担责任。

第六条　用人单位的主要负责人对本单位的职业病防治工作全面负责。

第七条　用人单位必须依法参加工伤保险。

国务院和县级以上地方人民政府劳动保障行政部门应当加强对工伤保险的监督管理，确保劳动者依法享受工伤保险待遇。

第八条　国家鼓励和支持研制、开发、推广、应用有利于职业病防治和保护劳动者健康的新技术、新工艺、新设备、新材料，加强对职业病的机理和发生规律的基础研究，提高职业病防治科学技术水平；积极采用有效的职业病防治技术、工艺、设备、材料；限制使用或者淘汰职业病危害严重的技术、工艺、设备、材料。

国家鼓励和支持职业病医疗康复机构的建设。

第九条　国家实行职业卫生监督制度。

国务院卫生行政部门、劳动保障行政部门依照本法和国务院确定的职责，负责全国职业病防治的监督管理工作。国务院有关部门在各自的职责范围内负责职业病防治的有关监督管理工作。

县级以上地方人民政府卫生行政部门、劳动保障行政部门依据各自职责，负责本行政区域内职业病防治的监督管理工作。县级以上地方人民政府有关部门在各自的职责范围内负责职业病防治的有关监督管理工作。

县级以上人民政府卫生行政部门、劳动保障行政部门（以下统称职业卫生监督管理部门）应当加强沟通，密切配合，按照各自职责分工，依法行使职权，承担责任。

第十条　国务院和县级以上地方人民政府应当制定职业病防治规划，将其纳入国民经济和社会发展计划，并组织实施。

县级以上地方人民政府统一负责、领导、组织、协调本行政区域的职业病防治工作，建立健全职业病防治工作体制、机制，统一领导、指挥职业卫生突发事件应对工作；加强职业病防治能力建设和服务体系建设，完善、落实职业病防治工作责任制。

乡、民族乡、镇的人民政府应当认真执行本法，支持职业卫生监督管理部门依法履行职责。

第十一条　县级以上人民政府职业卫生监督管理部门应当加强对职业病防治的宣传教育，普及职业病防治的知识，增强用人单位的职业病防治观念，提高劳动者的职业健康意识、自我保护意识和行使职业卫生保护权利的能力。

第十二条　有关防治职业病的国家职业卫生标准，由国务院卫生行政部门组织制定并公布。

国务院卫生行政部门应当组织开展重点职业病监测和专项调查，对职业健康风险进行评估，为制定职业卫生标准和职业病防治政策提供科学依据。

县级以上地方人民政府卫生行政部门应当定期对本行政区域的职业病防治情况进行统计和调查分析。

第十三条　任何单位和个人有权对违反本法的行为进行检举和控告。有关部门收到相关的检举和控告后，应当及时处理。

对防治职业病成绩显著的单位和个人，给予奖励。

第二章　前期预防

第十四条　用人单位应当依照法律、法规要求，严格遵守国家职业卫生标准，落实职业病预防措施，从源头上控制和消除职业病危害。

第十五条　产生职业病危害的用人单位的设立除应当符合法律、行政法规规定的设立条件外，其工作场所还应当符合下列职业卫生要求：

（一）职业病危害因素的强度或者浓度符合国家职业卫生标准；

（二）有与职业病危害防护相适应的设施；

（三）生产布局合理，符合有害与无害作业分开的原则；

（四）有配套的更衣间、洗浴间、孕妇休息间等卫生设施；

（五）设备、工具、用具等设施符合保护劳动者生理、心理健康的要求；

（六）法律、行政法规和国务院卫生行政部门关于保护劳动者健康的其他要求。

第十六条　国家建立职业病危害项目申报制度。

用人单位工作场所存在职业病目录所列职业病的危害因素的，应当及时、如实向所在地卫生行政部门申报危害项目，接受监督。

职业病危害因素分类目录由国务院卫生行政部门制定、调整并公布。职业病危害项目申报的具体办法由国务院卫生行政部门制定。

第十七条　新建、扩建、改建建设项目和技术改造、技术引进项目（以下统称建设项目）可能产生职业病危害的，建设单位在可行性论证阶段应当进行职业病危害预评价。

医疗机构建设项目可能产生放射性职业病危害的，建设单位应当向卫生行政部门提交放射性职业病危害预评价报告。卫生行政部门应当自收到预评价报告之日起三十日内，作出审核决定并书面通知建设单位。未提交预评价报告或者预评价报告未经卫生行政部门审核同意的，不得开工建设。

职业病危害预评价报告应当对建设项目可能产生的职业病危害因素及其对工作场所和劳动者健康的影响作出评价，确定危害类别和职业病防护措施。

建设项目职业病危害分类管理办法由国务院卫生行政部门制定。

第十八条　建设项目的职业病防护设施所需费用应当纳入建设项目工程预算，并与主体工程同时设计，同时施工，同时投入生产和使用。

建设项目的职业病防护设施设计应当符合国家职业卫生标准和卫生要求；其中，医疗机构放射性职业病危害严重的建设项目的防护设施设计，应当经卫生行政部门审查同意后，方可施工。

建设项目在竣工验收前，建设单位应当进行职业病危害控制效果评价。

医疗机构可能产生放射性职业病危害的建设项目竣工验收时，其放射性职业病防护设施经卫生行政部门验收合格后，方可投入使用；其他建设项目的职业病防护设施应当由建设单位负责依法组织验收，验收合格后，方可投入生产和使用。卫生行政部门应当加强对建设单位组织的验收活动和验收结果的监督核查。

第十九条　国家对从事放射性、高毒、高危粉尘等作业实行特殊管理。具体管理办法由国务院制定。

第三章 劳动过程中的防护与管理

第二十条　用人单位应当采取下列职业病防治管理措施：

（一）设置或者指定职业卫生管理机构或者组织，配备专职或者兼职的职业卫生管理人员，负责本单位的职业病防治工作；

（二）制定职业病防治计划和实施方案；

（三）建立、健全职业卫生管理制度和操作规程；

（四）建立、健全职业卫生档案和劳动者健康监护档案；

（五）建立、健全工作场所职业病危害因素监测及评价制度；

（六）建立、健全职业病危害事故应急救援预案。

第二十一条　用人单位应当保障职业病防治所需的资金投入，不得挤占、挪用，并对因资金投入不足导致的后果承担责任。

第二十二条　用人单位必须采用有效的职业病防护设施，并为劳动者提供个人使用的职业病防护用品。

用人单位为劳动者个人提供的职业病防护用品必须符合防治职业病的要求；不符合要求的，不得使用。

第二十三条　用人单位应当优先采用有利于防治职业病和保护劳动者健康的新技术、新工艺、新设备、新材料，逐步替代职业病危害严重的技术、工艺、设备、材料。

第二十四条　产生职业病危害的用人单位，应当在醒目位置设置公告栏，公布有关职业病防治的规章制度、操作规程、职业病危害事故应急救援措施和工作场所职业病危害因素检测结果。

对产生严重职业病危害的作业岗位，应当在其醒目位置，设置警示标识和中文警示说明。警示说明应当载明产生职业病危害的种类、后果、预防以及应急救治措施等内容。

第二十五条　对可能发生急性职业损伤的有毒、有害工作场所，用人单位应当设置报警装置，配置现场急救用品、冲洗设备、应急撤离通道和必要的泄险区。

对放射工作场所和放射性同位素的运输、贮存，用人单位必须配置防护设备和报警装置，保证接触放射线的工作人员佩戴个人剂量计。

对职业病防护设备、应急救援设施和个人使用的职业病防护用品，用人单位应当进行经常性的维护、检修，定期检测其性能和效果，确保其处于正常状态，不得擅自拆除或者停止使用。

第二十六条　用人单位应当实施由专人负责的职业病危害因素日常监测，并确保监测系统处于正常运行状态。

用人单位应当按照国务院卫生行政部门的规定，定期对工作场所进行职业病危害因素检测、评价。检测、评价结果存入用人单位职业卫生档案，定期向所在地卫生行政部门报告并向劳动者公布。

职业病危害因素检测、评价由依法设立的取得国务院卫生行政部门或者设区的市级以上地方人民政府卫生行政部门按照职责分工给予资质认可的职业卫生技术服务机构进行。职业卫生技术服务机构所作检测、评价应当客观、真实。

发现工作场所职业病危害因素不符合国家职业卫生标准和卫生要求时，用人单位应当立即采取相应治理措施，仍然达不到国家职业卫生标准和卫生要求的，必须停止存在职业病危害因素的作业；职业病危害因素经治理后，符合国家职业卫生标准和卫生要求的，方可重新作业。

第二十七条　职业卫生技术服务机构依法从事职业病危害因素检测、评价工作，接受卫生行政部门的监督检查。卫生行政部门应当依法履行监督职责。

第二十八条　向用人单位提供可能产生职业病危害的设备的，应当提供中文说明书，并在设备的醒目位置设置警示标识和中文警示说明。警示说明应当载明设备性能、可能产生的职业病危害、安全操作和维护注意事项、职业病防护以及应急救治措施等内容。

第二十九条　向用人单位提供可能产生职业病危害的化学品、放射性同位素和含有放射性物质的材料的，应当提供中文说明书。说明书应当载明产品特性、主要成份、存在的有害因素、可能产生的危害后果、安全使用注意事项、职业病防护以及应急救治措施等内容。产品包装应当有醒目的警示标识和中文警示说明。贮存上述材料的场所应当在规定的部位设置危险物品标识或者放射性警示标识。

国内首次使用或者首次进口与职业病危害有关的化学材料，使用单位或者进口单位按照国家规定经国务院有关部门批准后，应当向国务院卫生行政部门报送该化学材料的毒性鉴定以及经有关部门登记注册或者批准进口的文件等资料。

进口放射性同位素、射线装置和含有放射性物质的物品的，按照国家有关规定办理。

第三十条　任何单位和个人不得生产、经营、进口和使用国家明令禁止使用的可能产生职业病危害的设备或者材料。

第三十一条　任何单位和个人不得将产生职业病危害的作业转移给不具备职业病防护条件的单位和个人。不具备职业病防护条件的单位和个人不得接受产生职业病危害的作业。

第三十二条　用人单位对采用的技术、工艺、设备、材料，应当知悉其产生的职业病危害，对有职业病危害的技术、工艺、设备、材料隐瞒其危害而采用的，对所造成的职业病危害后果承担责任。

第三十三条　用人单位与劳动者订立劳动合同(含聘用合同,下同)时,应当将工作过程中可能产生的职业病危害及其后果、职业病防护措施和待遇等如实告知劳动者,并在劳动合同中写明,不得隐瞒或者欺骗。

劳动者在已订立劳动合同期间因工作岗位或者工作内容变更,从事与所订立劳动合同中未告知的存在职业病危害的作业时,用人单位应当依照前款规定,向劳动者履行如实告知的义务,并协商变更原劳动合同相关条款。

用人单位违反前两款规定的,劳动者有权拒绝从事存在职业病危害的作业,用人单位不得因此解除与劳动者所订立的劳动合同。

第三十四条　用人单位的主要负责人和职业卫生管理人员应当接受职业卫生培训,遵守职业病防治法律、法规,依法组织本单位的职业病防治工作。

用人单位应当对劳动者进行上岗前的职业卫生培训和在岗期间的定期职业卫生培训,普及职业卫生知识,督促劳动者遵守职业病防治法律、法规、规章和操作规程,指导劳动者正确使用职业病防护设备和个人使用的职业病防护用品。

劳动者应当学习和掌握相关的职业卫生知识,增强职业病防范意识,遵守职业病防治法律、法规、规章和操作规程,正确使用、维护职业病防护设备和个人使用的职业病防护用品,发现职业病危害事故隐患应当及时报告。

劳动者不履行前款规定义务的,用人单位应当对其进行教育。

第三十五条　对从事接触职业病危害的作业的劳动者,用人单位应当按照国务院卫生行政部门的规定组织上岗前、在岗期间和离岗时的职业健康检查,并将检查结果书面告知劳动者。职业健康检查费用由用人单位承担。

用人单位不得安排未经上岗前职业健康检查的劳动者从事接触职业病危害的作业;不得安排有职业禁忌的劳动者从事其所禁忌的作业;对在职业健康检查中发现有与所从事的职业相关的健康损害的劳动者,应当调离原工作岗位,并妥善安置;对未进行离岗前职业健康检查的劳动者不得解除或者终止与其订立的劳动合同。

职业健康检查应当由取得《医疗机构执业许可证》的医疗卫生机构承担。卫生行政部门应当加强对职业健康检查工作的规范管理,具体管理办法由国务院卫生行政部门制定。

第三十六条　用人单位应当为劳动者建立职业健康监护档案,并按照规定的期限妥善保存。

职业健康监护档案应当包括劳动者的职业史、职业病危害接触史、职业健康检查结果和职业病诊疗等有关个人健康资料。

劳动者离开用人单位时,有权索取本人职业健康监护档案复印件,用人单位应当如实、无偿提供,并在所提供的复印件上签章。

第三十七条　发生或者可能发生急性职业病危害事故时,用人单位应当立即采取应急救援和控制措施,并及时报告所在地卫生行政部门和有关部门。卫生行政部门接到报告后,应当及时会同有关部门组织调查处理;必要时,可以采取临时控制措施。卫生行政部门应当组织做好医疗救治工作。

对遭受或者可能遭受急性职业病危害的劳动者,用人单位应当及时组织救治、进行健康检查和医学观察,所需费用由用人单位承担。

第三十八条　用人单位不得安排未成年工从事接触职业病危害的作业；不得安排孕期、哺乳期的女职工从事对本人和胎儿、婴儿有危害的作业。

第三十九条　劳动者享有下列职业卫生保护权利：

（一）获得职业卫生教育、培训；

（二）获得职业健康检查、职业病诊疗、康复等职业病防治服务；

（三）了解工作场所产生或者可能产生的职业病危害因素、危害后果和应当采取的职业病防护措施；

（四）要求用人单位提供符合防治职业病要求的职业病防护设施和个人使用的职业病防护用品，改善工作条件；

（五）对违反职业病防治法律、法规以及危及生命健康的行为提出批评、检举和控告；

（六）拒绝违章指挥和强令进行没有职业病防护措施的作业；

（七）参与用人单位职业卫生工作的民主管理，对职业病防治工作提出意见和建议。

用人单位应当保障劳动者行使前款所列权利。因劳动者依法行使正当权利而降低其工资、福利等待遇或者解除、终止与其订立的劳动合同的，其行为无效。

第四十条　工会组织应当督促并协助用人单位开展职业卫生宣传教育和培训，有权对用人单位的职业病防治工作提出意见和建议，依法代表劳动者与用人单位签订劳动安全卫生专项集体合同，与用人单位就劳动者反映的有关职业病防治的问题进行协调并督促解决。

工会组织对用人单位违反职业病防治法律、法规，侵犯劳动者合法权益的行为，有权要求纠正；产生严重职业病危害时，有权要求采取防护措施，或者向政府有关部门建议采取强制性措施；发生职业病危害事故时，有权参与事故调查处理；发现危及劳动者生命健康的情形时，有权向用人单位建议组织劳动者撤离危险现场，用人单位应当立即作出处理。

第四十一条　用人单位按照职业病防治要求，用于预防和治理职业病危害、工作场所卫生检测、健康监护和职业卫生培训等费用，按照国家有关规定，在生产成本中据实列支。

第四十二条　职业卫生监督管理部门应当按照职责分工，加强对用人单位落实职业病防护管理措施情况的监督检查，依法行使职权，承担责任。

第四章　职业病诊断与职业病病人保障

第四十三条　职业病诊断应当由取得《医疗机构执业许可证》的医疗卫生机构承担。卫生行政部门应当加强对职业病诊断工作的规范管理，具体管理办法由国务院卫生行政部门制定。

承担职业病诊断的医疗卫生机构还应当具备下列条件：

（一）具有与开展职业病诊断相适应的医疗卫生技术人员；

（二）具有与开展职业病诊断相适应的仪器、设备；

（三）具有健全的职业病诊断质量管理制度。

承担职业病诊断的医疗卫生机构不得拒绝劳动者进行职业病诊断的要求。

第四十四条　劳动者可以在用人单位所在地、本人户籍所在地或者经常居住地依法承担职业病诊断的医疗卫生机构进行职业病诊断。

第四十五条　职业病诊断标准和职业病诊断、鉴定办法由国务院卫生行政部门制定。职业病伤残等级的鉴定办法由国务院劳动保障行政部门会同国务院卫生行政部门制定。

第四十六条　职业病诊断，应当综合分析下列因素：

（一）病人的职业史；

（二）职业病危害接触史和工作场所职业病危害因素情况；

（三）临床表现以及辅助检查结果等。

没有证据否定职业病危害因素与病人临床表现之间的必然联系的，应当诊断为职业病。

职业病诊断证明书应当由参与诊断的取得职业病诊断资格的执业医师签署，并经承担职业病诊断的医疗卫生机构审核盖章。

第四十七条　用人单位应当如实提供职业病诊断、鉴定所需的劳动者职业史和职业病危害接触史、工作场所职业病危害因素检测结果等资料；卫生行政部门应当监督检查和督促用人单位提供上述资料；劳动者和有关机构也应当提供与职业病诊断、鉴定有关的资料。

职业病诊断、鉴定机构需要了解工作场所职业病危害因素情况时，可以对工作场所进行现场调查，也可以向卫生行政部门提出，卫生行政部门应当在十日内组织现场调查。用人单位不得拒绝、阻挠。

第四十八条　职业病诊断、鉴定过程中，用人单位不提供工作场所职业病危害因素检测结果等资料的，诊断、鉴定机构应当结合劳动者的临床表现、辅助检查结果和劳动者的职业史、职业病危害接触史。并参考劳动者的自述、卫生行政部门提供的日常监督检查信息等，作出职业病诊断、鉴定结论。

劳动者对用人单位提供的工作场所职业病危害因素检测结果等资料有异议，或者因劳动者的用人单位解散、破产，无用人单位提供上述资料的，诊断、鉴定机构应当提请卫生行政部门进行调查，卫生行政部门应当自接到申请之日起三十日内对存在异议的资料或者工作场所职业病危害因素情况作出判定；有关部门应当配合。

第四十九条　职业病诊断、鉴定过程中，在确认劳动者职业史、职业病危害接触史时，当事人对劳动关系、工种、工作岗位或者在岗时间有争议的，可以向当地的劳动人事争议仲裁委员会申请仲裁；接到申请的劳动人事争议仲裁委员会应当受理，并在三十日内作出裁决。

当事人在仲裁过程中对自己提出的主张，有责任提供证据。劳动者无法提供由用人单位掌握管理的与仲裁主张有关的证据的，仲裁庭应当要求用人单位在指定期限内提供；用人单位在指定期限内不提供的，应当承担不利后果。

劳动者对仲裁裁决不服的，可以依法向人民法院提起诉讼。

用人单位对仲裁裁决不服的，可以在职业病诊断、鉴定程序结束之日起十五日内依法向人民法院提起诉讼；诉讼期间，劳动者的治疗费用按照职业病待遇规定的途径支付。

第五十条　用人单位和医疗卫生机构发现职业病病人或者疑似职业病病人时，应当及时向所在地卫生行政部门报告。确诊为职业病的，用人单位还应当向所在地劳动保障行政部门报告。接到报告的部门应当依法作出处理。

第五十一条　县级以上地方人民政府卫生行政部门负责本行政区域内的职业病统计报告的管理工作，并按照规定上报。

第五十二条　当事人对职业病诊断有异议的，可以向作出诊断的医疗卫生机构所在地地方人民政府卫生行政部门申请鉴定。

职业病诊断争议由设区的市级以上地方人民政府卫生行政部门根据当事人的申请，组织职业病诊断鉴定委员会进行鉴定。

当事人对设区的市级职业病诊断鉴定委员会的鉴定结论不服的，可以向省、自治区、直辖市人民政府卫生行政部门申请再鉴定。

第五十三条　职业病诊断鉴定委员会由相关专业的专家组成。

省、自治区、直辖市人民政府卫生行政部门应当设立相关的专家库，需要对职业病争议作出诊断鉴定时，由当事人或者当事人委托有关卫生行政部门从专家库中以随机抽取的方式确定参加诊断鉴定委员会的专家。

职业病诊断鉴定委员会应当按照国务院卫生行政部门颁布的职业病诊断标准和职业病诊断、鉴定办法进行职业病诊断鉴定，向当事人出具职业病诊断鉴定书。职业病诊断、鉴定费用由用人单位承担。

第五十四条　职业病诊断鉴定委员会组成人员应当遵守职业道德，客观、公正地进行诊断鉴定，并承担相应的责任。职业病诊断鉴定委员会组成人员不得私下接触当事人，不得收受当事人的财物或者其他好处，与当事人有利害关系的，应当回避。

人民法院受理有关案件需要进行职业病鉴定时，应当从省、自治区、直辖市人民政府卫生行政部门依法设立的相关的专家库中选取参加鉴定的专家。

第五十五条　医疗卫生机构发现疑似职业病病人时，应当告知劳动者本人并及时通知用人单位。

用人单位应当及时安排对疑似职业病病人进行诊断；在疑似职业病病人诊断或者医学观察期间，不得解除或者终止与其订立的劳动合同。

疑似职业病病人在诊断、医学观察期间的费用，由用人单位承担。

第五十六条　用人单位应当保障职业病病人依法享受国家规定的职业病待遇。

用人单位应当按照国家有关规定，安排职业病病人进行治疗、康复和定期检查。

用人单位对不适宜继续从事原工作的职业病病人，应当调离原岗位，并妥善安置。

用人单位对从事接触职业病危害的作业的劳动者，应当给予适当岗位津贴。

第五十七条　职业病病人的诊疗、康复费用，伤残以及丧失劳动能力的职业病病人的社会保障，按照国家有关工伤保险的规定执行。

第五十八条　职业病病人除依法享有工伤保险外，依照有关民事法律，尚有获得赔偿的权利的，有权向用人单位提出赔偿要求。

第五十九条　劳动者被诊断患有职业病，但用人单位没有依法参加工伤保险的，其医疗和生活保障由该用人单位承担。

第六十条　职业病病人变动工作单位，其依法享有的待遇不变。

用人单位在发生分立、合并、解散、破产等情形时，应当对从事接触职业病危害的作业的劳动者进行健康检查，并按照国家有关规定妥善安置职业病病人。

第六十一条　用人单位已经不存在或者无法确认劳动关系的职业病病人，可以向地方人民政府医疗保障、民政部门申请医疗救助和生活等方面的救助。

地方各级人民政府应当根据本地区的实际情况，采取其他措施，使前款规定的职业病病人获得医疗救治。

第五章　监督检查

第六十二条　县级以上人民政府职业卫生监督管理部门依照职业病防治法律、法规、国家职业卫生标准和卫生要求，依据职责划分，对职业病防治工作进行监督检查。

第六十三条　卫生行政部门履行监督检查职责时，有权采取下列措施：

（一）进入被检查单位和职业病危害现场，了解情况，调查取证；

（二）查阅或者复制与违反职业病防治法律、法规的行为有关的资料和采集样品；

（三）责令违反职业病防治法律、法规的单位和个人停止违法行为。

第六十四条　发生职业病危害事故或者有证据证明危害状态可能导致职业病危害事故发生时，卫生行政部门可以采取下列临时控制措施：

（一）责令暂停导致职业病危害事故的作业；

（二）封存造成职业病危害事故或者可能导致职业病危害事故发生的材料和设备；

（三）组织控制职业病危害事故现场。

在职业病危害事故或者危害状态得到有效控制后，卫生行政部门应当及时解除控制措施。

第六十五条　职业卫生监督执法人员依法执行职务时，应当出示监督执法证件。

职业卫生监督执法人员应当忠于职守，秉公执法，严格遵守执法规范；涉及用人单位的秘密的，应当为其保密。

第六十六条　职业卫生监督执法人员依法执行职务时，被检查单位应当接受检查并予以支持配合，不得拒绝和阻碍。

第六十七条　卫生行政部门及其职业卫生监督执法人员履行职责时，不得有下列行为：

（一）对不符合法定条件的，发给建设项目有关证明文件、资质证明文件或者予以批准；

（二）对已经取得有关证明文件的，不履行监督检查职责；

（三）发现用人单位存在职业病危害的，可能造成职业病危害事故，不及时依法采取控制措施；

（四）其他违反本法的行为。

第六十八条　职业卫生监督执法人员应当依法经过资格认定。

职业卫生监督管理部门应当加强队伍建设，提高职业卫生监督执法人员的政治、业务素质，依照本法和其他有关法律、法规的规定，建立、健全内部监督制度，对其工作人员执行法律、法规和遵守纪律的情况，进行监督检查。

第六章 法律责任

第六十九条　建设单位违反本法规定，有下列行为之一的，由卫生行政部门给予警告，责令限期改正；逾期不改正的，处十万元以上五十万元以下的罚款；情节严重的，责令停止产生职业病危害的作业，或者提请有关人民政府按照国务院规定的权限责令停建、关闭：

（一）未按照规定进行职业病危害预评价的；

（二）医疗机构可能产生放射性职业病危害的建设项目未按照规定提交放射性职业病危害预评价报告，或者放射性职业病危害预评价报告未经卫生行政部门审核同意，开工建设的；

（三）建设项目的职业病防护设施未按照规定与主体工程同时设计、同时施工、同时投入生产和使用的；

（四）建设项目的职业病防护设施设计不符合国家职业卫生标准和卫生要求，或者医疗机构放射性职业病危害严重的建设项目的防护设施设计未经卫生行政部门审查同意擅自施工的；

（五）未按照规定对职业病防护设施进行职业病危害控制效果评价的；

（六）建设项目竣工投入生产和使用前，职业病防护设施未按照规定验收合格的。

第七十条　违反本法规定，有下列行为之一的，由卫生行政部门给予警告，责令限期改正；逾期不改正的，处十万元以下的罚款：

（一）工作场所职业病危害因素检测、评价结果没有存档、上报、公布的；

（二）未采取本法第二十条规定的职业病防治管理措施的；

（三）未按照规定公布有关职业病防治的规章制度、操作规程、职业病危害事故应急救援措施的；

（四）未按照规定组织劳动者进行职业卫生培训，或者未对劳动者个人职业病防护采取指导、督促措施的；

（五）国内首次使用或者首次进口与职业病危害有关的化学材料，未按照规定报送毒性鉴定资料以及经有关部门登记注册或者批准进口的文件的。

第七十一条　用人单位违反本法规定，有下列行为之一的，由卫生行政部门责令限期改正，给予警告，可以并处五万元以上十万元以下的罚款：

（一）未按照规定及时、如实向卫生行政部门申报产生职业病危害的项目的；

（二）未实施由专人负责的职业病危害因素日常监测，或者监测系统不能正常监测的；

（三）订立或者变更劳动合同时，未告知劳动者职业病危害真实情况的；

（四）未按照规定组织职业健康检查、建立职业健康监护档案或者未将检查结果书面告知劳动者的；

（五）未依照本法规定在劳动者离开用人单位时提供职业健康监护档案复印件的。

第七十二条　用人单位违反本法规定，有下列行为之一的，由卫生行政部门给予警告，责令限期改正，逾期不改正的，处五万元以上二十万元以下的罚款；情节严重的，责令停止产生职业病危害的作业，或者提请有关人民政府按照国务院规定的权限责令关闭：

（一）工作场所职业病危害因素的强度或者浓度超过国家职业卫生标准的；

（二）未提供职业病防护设施和个人使用的职业病防护用品，或者提供的职业病防护设施和个人使用的职业病防护用品不符合国家职业卫生标准和卫生要求的；

（三）对职业病防护设备、应急救援设施和个人使用的职业病防护用品未按照规定进行维护、检修、检测，或者不能保持正常运行、使用状态的；

（四）未按照规定对工作场所职业病危害因素进行检测、评价的；

（五）工作场所职业病危害因素经治理仍然达不到国家职业卫生标准和卫生要求时，未停止存在职业病危害因素的作业的；

（六）未按照规定安排职业病病人、疑似职业病病人进行诊治的；

（七）发生或者可能发生急性职业病危害事故时，未立即采取应急救援和

控制措施或者未按照规定及时报告的；

（八）未按照规定在产生严重职业病危害的作业岗位醒目位置设置警示标识和中文警示说明的；

（九）拒绝职业卫生监督管理部门监督检查的；

（十）隐瞒、伪造、篡改、毁损职业健康监护档案、工作场所职业病危害因素检测评价结果等相关资料，或者拒不提供职业病诊断、鉴定所需资料的；

（十一）未按照规定承担职业病诊断、鉴定费用和职业病病人的医疗、生活保障费用的。

第七十三条　向用人单位提供可能产生职业病危害的设备、材料，未按照规定提供中文说明书或者设置警示标识和中文警示说明的，由卫生行政部门责令限期改正，给予警告，并处五万元以上二十万元以下的罚款。

第七十四条　用人单位和医疗卫生机构未按照规定报告职业病、疑似职业病的，由有关主管部门依据职责分工责令限期改正，给予警告，可以并处一万元以下的罚款；弄虚作假的，并处二万元以上五万元以下的罚款；对直接负责的主管人员和其他直接责任人员，可以依法给予降级或者撤职的处分。

第七十五条　违反本法规定，有下列情形之一的，由卫生行政部门责令限期治理，并处五万元以上三十万元以下的罚款；情节严重的，责令停止产生职业病危害的作业，或者提请有关人民政府按照国务院规定的权限责令关闭：

（一）隐瞒技术、工艺、设备、材料所产生的职业病危害而采用的；

（二）隐瞒本单位职业卫生真实情况的；

（三）可能发生急性职业损伤的有毒、有害工作场所、放射工作场所或者放射性同位素的运输、贮存不符合本法第二十五条规定的；

（四）使用国家明令禁止使用的可能产生职业病危害的设备或者材料的；

（五）将产生职业病危害的作业转移给没有职业病防护条件的单位和个人，或者没有职业病防护条件的单位和个人接受产生职业病危害的作业的；

（六）擅自拆除、停止使用职业病防护设备或者应急救援设施的；

（七）安排未经职业健康检查的劳动者、有职业禁忌的劳动者、未成年工或者孕期、哺乳期女职工从事接触职业病危害的作业或者禁忌作业的；

（八）违章指挥和强令劳动者进行没有职业病防护措施的作业的。

第七十六条　生产、经营或者进口国家明令禁止使用的可能产生职业病危害的设备或者材料的，依照有关法律、行政法规的规定给予处罚。

第七十七条　用人单位违反本法规定，已经对劳动者生命健康造成严重损害的，由卫生行政部门责令停止产生职业病危害的作业，或者提请有关人民政府按照国务院规定的权限责令关闭，并处十万元以上五十万元以下的罚款。

第七十八条　用人单位违反本法规定，造成重大职业病危害事故或者其他严重后果，构成犯罪的，对直接负责的主管人员和其他直接责任人员，依法追究刑事责任。

第七十九条　未取得职业卫生技术服务资质认可擅自从事职业卫生技术服务的，由卫生行政部门责令立即停止违法行为，没收违法所得；违法所得五千元以上的，并处违法所得二倍以上十倍以下的罚款；没有违法所得或者违法所得不足五千元的，并处五千元以上五万元以下的罚款；情节严重的，对直接负责的主管人员和其他直接责任人员，依法给予降级、撤职或者开除的处分。

第八十条　从事职业卫生技术服务的机构和承担职业病诊断的医疗卫生机构违反本法规定，有下列行为之一的，由卫生行政部门责令立即停止违法行为，给予警告，没收违法所得；违法所得五千元以上的，并处违法所得二倍以上五倍以下的罚款；没有违法所得或者违法所得不足五千元的，并处五千元以上二万元以下的罚款；情节严重的，由原认可或者登记机关取消其相应的资格；对直接负责的主管人员和其他直接责任人员，依法给予降级、撤职或者开除的处分；构成犯罪的，依法追究刑事责任：

（一）超出资质认可或者诊疗项目登记范围从事职业卫生技术服务或者职业病诊断的；

（二）不按照本法规定履行法定职责的；

（三）出具虚假证明文件的。

第八十一条　职业病诊断鉴定委员会组成人员收受职业病诊断争议当事人的财物或者其他好处的，给予警告，没收收受的财物，可以并处三千元以上五万元以下的罚款，取消其担任职业病诊断鉴定委员会组成人员的资格，并从省、自治区、直辖市人民政府卫生行政部门设立的专家库中予以除名。

第八十二条　卫生行政部门不按照规定报告职业病和职业病危害事故的，由上一级行政部门责令改正，通报批评，给予警告；虚报、瞒报的，对单位负责人、直接负责的主管人员和其他直接责任人员依法给予降级、撤职或者开除的处分。

第八十三条　县级以上地方人民政府在职业病防治工作中未依照本法履行职责，本行政区域出现重大职业病危害事故、造成严重社会影响的，依法对直接负责的主管人员和其他直接责任人员给予记大过直至开除的处分。

县级以上人民政府职业卫生监督管理部门不履行本法规定的职责，滥用职权、玩忽职守、徇私舞弊，依法对直接负责的主管人员和其他直接责任人员给予记大过或者降级的处分；造成职业病危害事故或者其他严重后果的，依法给予撤职或者开除的处分。

第八十四条　违反本法规定，构成犯罪的，依法追究刑事责任。

第七章　附　　则

第八十五条　本法下列用语的含义：

职业病危害，是指对从事职业活动的劳动者可能导致职业病的各种危害。

职业病危害因素包括：职业活动中存在的各种有害的化学、物理、生物因素以及在作业过程中产生的其他职业有害因素。

职业禁忌，是指劳动者从事特定职业或者接触特定职业病危害因素时，比一般职业人群更易于遭受职业病危害和罹患职业病或者可能导致原有自身疾病病情加重，或者在从事作业过程中诱发可能导致对他人生命健康构成危险的疾病的个人特殊生理或者病理状态。

第八十六条　本法第二条规定的用人单位以外的单位，产生职业病危害的，其职业病防治活动可以参照本法执行。

劳务派遣用工单位应当履行本法规定的用人单位的义务。

中国人民解放军参照执行本法的办法，由国务院、中央军事委员会制定。

第八十七条　对医疗机构放射性职业病危害控制的监督管理，由卫生行政部门依照本法的规定实施。

第八十八条　本法自 2002 年 5 月 1 日起施行。

中华人民共和国传染病防治法

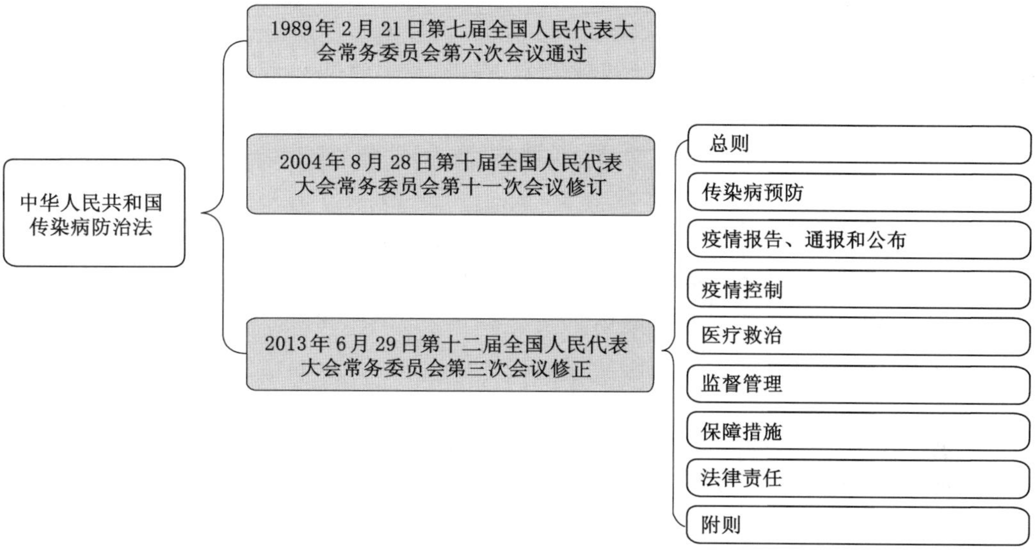

目　　录

第一章　总　　则

第一条　为了预防、控制和消除传染病的发生与流行，保障人体健康和公共卫生，制定本法。

第二条　国家对传染病防治实行预防为主的方针，防治结合、分类管理、依靠科学、依靠群众。

第三条　本法规定的传染病分为甲类、乙类和丙类。

甲类传染病是指：鼠疫、霍乱。

乙类传染病是指：传染性非典型肺炎、艾滋病、病毒性肝炎、脊髓灰质炎、人感染高致病性禽流感、麻疹、流行性出血热、狂犬病、流行性乙型脑炎、登革热、炭疽、细菌性和阿米巴性痢疾、肺结核、伤寒和副伤寒、流行性脑脊髓膜炎、百日咳、白喉、新生儿破伤风、猩红热、布鲁氏菌病、淋病、梅毒、钩端螺旋体病、血吸虫病、疟疾。

丙类传染病是指：流行性感冒、流行性腮腺炎、风疹、急性出血性结膜炎、麻风病、流行性和地方性斑疹伤寒、黑热病、包虫病、丝虫病，除霍乱、细菌性和阿米巴性痢疾、伤寒和副伤寒以外的感染性腹泻病。

国务院卫生行政部门根据传染病暴发、流行情况和危害程度，可以决定增加、减少或者调整乙类、丙类传染病病种并予以公布。

第四条　对乙类传染病中传染性非典型肺炎、炭疽中的肺炭疽和人感染高致病性禽流感，采取本法所称甲类传染病的预防、控制措施。其他乙类传染病和突发原因不明的传染病需要采取本法所称甲类传染病的预防、控制措施的，由国务院卫生行政部门及时报经国务院批准后予以公布、实施。

省、自治区、直辖市人民政府对本行政区域内常见、多发的其他地方性传染病，可以根据情况决定按照乙类或者丙类传染病管理并予以公布，报国务院卫生行政部门备案。

第五条　各级人民政府领导传染病防治工作。

县级以上人民政府制定传染病防治规划并组织实施，建立健全传染病防治的疾病预防控制、医疗救治和监督管理体系。

第六条　国务院卫生行政部门主管全国传染病防治及其监督管理工作。

县级以上地方人民政府卫生行政部门负责本行政区域内的传染病防治及其监督管理工作。县级以上人民政府其他部门在各自的职责范围内负责传染病防治工作。

军队的传染病防治工作，依照本法和国家有关规定办理，由中国人民解放军卫生主管部门实施监督管理。

第七条　各级疾病预防控制机构承担传染病监测、预测、流行病学调查、疫情报告以及其他预防、控制工作。

医疗机构承担与医疗救治有关的传染病防治工作和责任区域内的传染病预防工作。城市社区和农村基层医疗机构在疾病预防控制机构的指导下，承担城市社区、农村基层相应的传染病防治工作。

第八条　国家发展现代医学和中医药等传统医学，支持和鼓励开展传染病防治的科学研究，提高传染病防治的科学技术水平。

国家支持和鼓励开展传染病防治的国际合作。

第九条　国家支持和鼓励单位和个人参与传染病防治工作。各级人民政府应当完善有关制度，方便单位和个人参与防治传染病的宣传教育、疫情报告、志愿服务和捐赠活动。

居民委员会、村民委员会应当组织居民、村民参与社区、农村的传染病预防与控制活动。

第十条　国家开展预防传染病的健康教育。新闻媒体应当无偿开展传染病防治和公共卫生教育的公益宣传。

各级各类学校应当对学生进行健康知识和传染病预防知识的教育。

医学院校应当加强预防医学教育和科学研究，对在校学生以及其他与传染病防治相关人员进行预防医学教育和培训，为传染病防治工作提供技术支持。

疾病预防控制机构、医疗机构应当定期对其工作人员进行传染病防治知识、技能的培训。

第十一条　对在传染病防治工作中做出显著成绩和贡献的单位和个人，给予表彰和奖励。

对因参与传染病防治工作致病、致残、死亡的人员，按照有关规定给予补助、抚恤。

第十二条　在中华人民共和国领域内的一切单位和个人，必须接受疾病预防控制机构、医疗机构有关传染病的调查、检验、采集样本、隔离治疗等预防、控制措施，如实提供有关情况。疾病预防控制机构、医疗机构不得泄露涉及个人隐私的有关信息、资料。

卫生行政部门以及其他有关部门、疾病预防控制机构和医疗机构因违法实施行政管理或者预防、控制措施，侵犯单位和个人合法权益的，有关单位和个人可以依法申请行政复议或者提起诉讼。

第二章　传染病预防

第十三条　各级人民政府组织开展群众性卫生活动，进行预防传染病的健康教育，倡导文明健康的生活方式，提高公众对传染病的防治意识和应对能力，加强环境卫生建设，消除鼠害和蚊、蝇等病媒生物的危害。

各级人民政府农业、水利、林业行政部门按照职责分工负责指导和组织消除农田、湖区、河流、牧场、林区的鼠害与血吸虫危害，以及其他传播传染病的动物和病媒生物的危害。

铁路、交通、民用航空行政部门负责组织消除交通工具以及相关场所的鼠害和蚊、蝇等病媒生物的危害。

第十四条　地方各级人民政府应当有计划地建设和改造公共卫生设施，改善饮用水卫生条件，对污水、污物、粪便进行无害化处置。

第十五条　国家实行有计划的预防接种制度。国务院卫生行政部门和省、自治区、直辖市人民政府卫生行政部门，根据传染病预防、控制的需要，制定传染病预防接种规划并组织实施。用于预防接种的疫苗必须符合国家质量标准。

国家对儿童实行预防接种证制度。国家免疫规划项目的预防接种实行免费。医疗机构、疾病预防控制机构与儿童的监护人应当相互配合，保证儿童及时接受预防接种。具体办法由国务院制定。

第十六条　国家和社会应当关心、帮助传染病病人、病原携带者和疑似传染病病人，使其得到及时救治。任何单位和个人不得歧视传染病病人、病原携带者和疑似传染病病人。

传染病病人、病原携带者和疑似传染病病人，在治愈前或者在排除传染病嫌疑前，不得从事法律、行政法规和国务院卫生行政部门规定禁止从事的易使该传染病扩散的工作。

第十七条　国家建立传染病监测制度。

国务院卫生行政部门制定国家传染病监测规划和方案。省、自治区、直辖市人民政府卫生行政部门根据国家传染病监测规划和方案，制定本行政区域的传染病监测计划和工作方案。

各级疾病预防控制机构对传染病的发生、流行以及影响其发生、流行的因素，进行监测；对国外发生、国内尚未发生的传染病或者国内新发生的传染病，进行监测。

第十八条　各级疾病预防控制机构在传染病预防控制中履行下列职责：

（一）实施传染病预防控制规划、计划和方案；

（二）收集、分析和报告传染病监测信息，预测传染病的发生、流行趋势；

（三）开展对传染病疫情和突发公共卫生事件的流行病学调查、现场处理及其效果评价；

（四）开展传染病实验室检测、诊断、病原学鉴定；

（五）实施免疫规划，负责预防性生物制品的使用管理；

（六）开展健康教育、咨询，普及传染病防治知识；

（七）指导、培训下级疾病预防控制机构及其工作人员开展传染病监测工作；

（八）开展传染病防治应用性研究和卫生评价，提供技术咨询。

国家、省级疾病预防控制机构负责对传染病发生、流行以及分布进行监测，对重大传染病流行趋势进行预测，提出预防控制对策，参与并指导对暴发的疫情进行调查处理，开展传染病病原学鉴定，建立检测质量控制体系，开展应用性研究和卫生评价。

设区的市和县级疾病预防控制机构负责传染病预防控制规划、方案的落实，组织实施免疫、消毒、控制病媒生物的危害，普及传染病防治知识，负责本地区疫情和突发公共卫生事件监测、报告，开展流行病学调查和常见病原微生物检测。

第十九条　国家建立传染病预警制度。

国务院卫生行政部门和省、自治区、直辖市人民政府根据传染病发生、流行趋势的预测，及时发出传染病预警，根据情况予以公布。

第二十条　县级以上地方人民政府应当制定传染病预防、控制预案，报上一级人民政府备案。

传染病预防、控制预案应当包括以下主要内容：

（一）传染病预防控制指挥部的组成和相关部门的职责；

（二）传染病的监测、信息收集、分析、报告、通报制度；

（三）疾病预防控制机构、医疗机构在发生传染病疫情时的任务与职责；

（四）传染病暴发、流行情况的分级以及相应的应急工作方案；

（五）传染病预防、疫点疫区现场控制，应急设施、设备、救治药品和医疗器械以及其他物资和技术的储备与调用。

地方人民政府和疾病预防控制机构接到国务院卫生行政部门或者省、自治区、直辖市人民政府发出的传染病预警后，应当按照传染病预防、控制预案，采取相应的预防、控制措施。

第二十一条　医疗机构必须严格执行国务院卫生行政部门规定的管理制度、操作规范，防止传染病的医源性感染和医院感染。

医疗机构应当确定专门的部门或者人员，承担传染病疫情报告、本单位的传染病预防、控制以及责任区域内的传染病预防工作；承担医疗活动中与医院感染有关的危险因素监测、安全防护、消毒、隔离和医疗废物处置工作。

疾病预防控制机构应当指定专门人员负责对医疗机构内传染病预防工作进行指导、考核，开展流行病学调查。

第二十二条　疾病预防控制机构、医疗机构的实验室和从事病原微生物实验的单位，应当符合国家规定的条件和技术标准，建立严格的监督管理制度，对传染病病原体样本按照规定的措施实行严格监督管理，严防传染病病原体的实验室感染和病原微生物的扩散。

第二十三条　采供血机构、生物制品生产单位必须严格执行国家有关规定，保证血液、血液制品的质量。禁止非法采集血液或者组织他人出卖血液。

疾病预防控制机构、医疗机构使用血液和血液制品，必须遵守国家有关规定，防止因输入血液、使用血液制品引起经血液传播疾病的发生。

第二十四条　各级人民政府应当加强艾滋病的防治工作，采取预防、控制措施，防止艾滋病的传播。具体办法由国务院制定。

第二十五条　县级以上人民政府农业、林业行政部门以及其他有关部门，依据各自的职责负责与人畜共患传染病有关的动物传染病的防治管理工作。

与人畜共患传染病有关的野生动物、家畜家禽，经检疫合格后，方可出售、运输。

第二十六条　国家建立传染病菌种、毒种库。

对传染病菌种、毒种和传染病检测样本的采集、保藏、携带、运输和使用实行分类管理，建立健全严格的管理制度。

对可能导致甲类传染病传播的以及国务院卫生行政部门规定的菌种、毒种和传染病检测样本，确需采集、保藏、携带、运输和使用的，须经省级以上人民政府卫生行政部门批准。具体办法由国务院制定。

第二十七条　对被传染病病原体污染的污水、污物、场所和物品，有关单位和个人必须在疾病预防控制机构的指导下或者按照其提出的卫生要求，进行严格消毒处理；拒绝消毒处理的，由当地卫生行政部门或者疾病预防控制机构进行强制消毒处理。

第二十八条　在国家确认的自然疫源地计划兴建水利、交通、旅游、能源等大型建设项目的，应当事先由省级以上疾病预防控制机构对施工环境进行卫生调查。建设单位应当根据疾病预防控制机构的意见，采取必要的传染病预防、控制措施。施工期间，建设单位应当设专人负责工地上的卫生防疫工作。工程竣工后，疾病预防控制机构应当对可能发生的传染病进行监测。

第二十九条　用于传染病防治的消毒产品、饮用水供水单位供应的饮用水和涉及饮用水卫生安全的产品，应当符合国家卫生标准和卫生规范。

饮用水供水单位从事生产或者供应活动，应当依法取得卫生许可证。

生产用于传染病防治的消毒产品的单位和生产用于传染病防治的消毒产品，应当经省级以上人民政府卫生行政部门审批。具体办法由国务院制定。

第三章　疫情报告、通报和公布

第三十条　疾病预防控制机构、医疗机构和采供血机构及其执行职务的人员发现本法规定的传染病疫情或者发现其他传染病暴发、流行以及突发原因不明的传染病时，应当遵循疫情报告属地管理原则，按照国务院规定的或者国务院卫生行政部门规定的内容、程序、方式和时限报告。

军队医疗机构向社会公众提供医疗服务，发现前款规定的传染病疫情时，应当按照国务院卫生行政部门的规定报告。

第三十一条　任何单位和个人发现传染病病人或者疑似传染病病人时，应当及时向附近的疾病预防控制机构或者医疗机构报告。

第三十二条　港口、机场、铁路疾病预防控制机构以及国境卫生检疫机关发现甲类传染病病人、病原携带者、疑似传染病病人时，应当按照国家有关规定立即向国境口岸所在地的疾病预防控制机构或者所在地县级以上地方人民政府卫生行政部门报告并互相通报。

第三十三条　疾病预防控制机构应当主动收集、分析、调查、核实传染病疫情信息。接到甲类、乙类传染病疫情报告或者发现传染病暴发、流行时，应当立即报告当地卫生行政部门，由当地卫生行政部门立即报告当地人民政府，同时报告上级卫生行政部门和国务院卫生行政部门。

疾病预防控制机构应当设立或者指定专门的部门、人员负责传染病疫情信息管理工作，及时对疫情报告进行核实、分析。

第三十四条　县级以上地方人民政府卫生行政部门应当及时向本行政区域内的疾病预防控制机构和医疗机构通报传染病疫情以及监测、预警的相关信息。接到通报的疾病预防控制机构和医疗机构应当及时告知本单位的有关人员。

第三十五条　国务院卫生行政部门应当及时向国务院其他有关部门和各省、自治区、直辖市人民政府卫生行政部门通报全国传染病疫情以及监测、预警的相关信息。

毗邻的以及相关的地方人民政府卫生行政部门，应当及时互相通报本行政区域的传染病疫情以及监测、预警的相关信息。

县级以上人民政府有关部门发现传染病疫情时，应当及时向同级人民政府卫生行政部门通报。

中国人民解放军卫生主管部门发现传染病疫情时，应当向国务院卫生行政部门通报。

第三十六条　动物防疫机构和疾病预防控制机构，应当及时互相通报动物间和人间发生的人畜共患传染病疫情以及相关信息。

第三十七条　依照本法的规定负有传染病疫情报告职责的人民政府有关部门、疾病预防控制机构、医疗机构、采供血机构及其工作人员，不得隐瞒、谎报、缓报传染病疫情。

第三十八条　国家建立传染病疫情信息公布制度。

国务院卫生行政部门定期公布全国传染病疫情信息。省、自治区、直辖市人民政府卫生行政部门定期公布本行政区域的传染病疫情信息。

传染病暴发、流行时，国务院卫生行政部门负责向社会公布传染病疫情信息，并可以授权省、自治区、直辖市人民政府卫生行政部门向社会公布本行政区域的传染病疫情信息。

公布传染病疫情信息应当及时、准确。

第四章　疫情控制

第三十九条　医疗机构发现甲类传染病时，应当及时采取下列措施：

（一）对病人、病原携带者，予以隔离治疗，隔离期限根据医学检查结果确定；

（二）对疑似病人，确诊前在指定场所单独隔离治疗；

（三）对医疗机构内的病人、病原携带者、疑似病人的密切接触者，在指定场所进行医学观察和采取其他必要的预防措施。

拒绝隔离治疗或者隔离期未满擅自脱离隔离治疗的，可以由公安机关协助医疗机构采取强制隔离治疗措施。

医疗机构发现乙类或者丙类传染病病人，应当根据病情采取必要的治疗和控制传播措施。

医疗机构对本单位内被传染病病原体污染的场所、物品以及医疗废物，必须依照法律、法规的规定实施消毒和无害化处置。

第四十条　疾病预防控制机构发现传染病疫情或者接到传染病疫情报告时，应当及时采取下列措施：

（一）对传染病疫情进行流行病学调查，根据调查情况提出划定疫点、疫区的建议，对被污染的场所进行卫生处理，对密切接触者，在指定场所进行医学观察和采取其他必要的预防措施，并向卫生行政部门提出疫情控制方案；

（二）传染病暴发、流行时，对疫点、疫区进行卫生处理，向卫生行政部门提出疫情控制方案，并按照卫生行政部门的要求采取措施；

（三）指导下级疾病预防控制机构实施传染病预防、控制措施，组织、指导有关单位对传染病疫情的处理。

第四十一条 对已经发生甲类传染病病例的场所或者该场所内的特定区域的人员，所在地的县级以上地方人民政府可以实施隔离措施，并同时向上一级人民政府报告；接到报告的上级人民政府应当即时作出是否批准的决定。上级人民政府作出不予批准决定的，实施隔离措施的人民政府应当立即解除隔离措施。

在隔离期间，实施隔离措施的人民政府应当对被隔离人员提供生活保障；被隔离人员有工作单位的，所在单位不得停止支付其隔离期间的工作报酬。

隔离措施的解除，由原决定机关决定并宣布。

第四十二条 传染病暴发、流行时，县级以上地方人民政府应当立即组织力量，按照预防、控制预案进行防治，切断传染病的传播途径，必要时，报经上一级人民政府决定，可以采取下列紧急措施并予以公告：

（一）限制或者停止集市、影剧院演出或者其他人群聚集的活动；

（二）停工、停业、停课；

（三）封闭或者封存被传染病病原体污染的公共饮用水源、食品以及相关物品；

（四）控制或者扑杀染疫野生动物、家畜家禽；

（五）封闭可能造成传染病扩散的场所。

上级人民政府接到下级人民政府关于采取前款所列紧急措施的报告时，应当即时作出决定。

紧急措施的解除，由原决定机关决定并宣布。

第四十三条 甲类、乙类传染病暴发、流行时，县级以上地方人民政府报经上一级人民政府决定，可以宣布本行政区域部分或者全部为疫区；国务院可以决定并宣布跨省、自治区、直辖市的疫区。县级以上地方人民政府可以在疫区内采取本法第四十二条规定的紧急措施，并可以对出入疫区的人员、物资和交通工具实施卫生检疫。

省、自治区、直辖市人民政府可以决定对本行政区域内的甲类传染病疫区实施封锁；但是，封锁大、中城市的疫区或者封锁跨省、自治区、直辖市的疫区，以及封锁疫区导致中断干线交通或者封锁国境的，由国务院决定。

疫区封锁的解除，由原决定机关决定并宣布。

第四十四条 发生甲类传染病时，为了防止该传染病通过交通工具及其乘运的人员、物资传播，可以实施交通卫生检疫。具体办法由国务院制定。

第四十五条 传染病暴发、流行时，根据传染病疫情控制的需要，国务院有权在全国范围或者跨省、自治区、直辖市范围内，县级以上地方人民政府有权在本行政区域内紧急调集人员或者调用储备物资，临时征用房屋、交通工具以及相关设施、设备。

紧急调集人员的，应当按照规定给予合理报酬。临时征用房屋、交通工具以及相关设施、设备的，应当依法给予补偿；能返还的，应当及时返还。

第四十六条 患甲类传染病、炭疽死亡的，应当将尸体立即进行卫生处理，就近火化。患其他传染病死亡的，必要时，应当将尸体进行卫生处理后火化或者按照规定深埋。

为了查找传染病病因，医疗机构在必要时可以按照国务院卫生行政部门的规定，对传染病病人尸体或者疑似传染病病人尸体进行解剖查验，并应当告知死者家属。

第四十七条　疫区中被传染病病原体污染或者可能被传染病病原体污染的物品，经消毒可以使用的，应当在当地疾病预防控制机构的指导下，进行消毒处理后，方可使用、出售和运输。

第四十八条　发生传染病疫情时，疾病预防控制机构和省级以上人民政府卫生行政部门指派的其他与传染病有关的专业技术机构，可以进入传染病疫点、疫区进行调查、采集样本、技术分析和检验。

第四十九条　传染病暴发、流行时，药品和医疗器械生产、供应单位应当及时生产、供应防治传染病的药品和医疗器械。铁路、交通、民用航空经营单位必须优先运送处理传染病疫情的人员以及防治传染病的药品和医疗器械。县级以上人民政府有关部门应当做好组织协调工作。

第五章　医疗救治

第五十条　县级以上人民政府应当加强和完善传染病医疗救治服务网络的建设，指定具备传染病救治条件和能力的医疗机构承担传染病救治任务，或者根据传染病救治需要设置传染病医院。

第五十一条　医疗机构的基本标准、建筑设计和服务流程，应当符合预防传染病医院感染的要求。

医疗机构应当按照规定对使用的医疗器械进行消毒；对按照规定一次使用的医疗器具，应当在使用后予以销毁。

医疗机构应当按照国务院卫生行政部门规定的传染病诊断标准和治疗要求，采取相应措施，提高传染病医疗救治能力。

第五十二条　医疗机构应当对传染病病人或者疑似传染病病人提供医疗救护、现场救援和接诊治疗，书写病历记录以及其他有关资料，并妥善保管。

医疗机构应当实行传染病预检、分诊制度；对传染病病人、疑似传染病病人，应当引导至相对隔离的分诊点进行初诊。医疗机构不具备相应救治能力的，应当将患者及其病历记录复印件一并转至具备相应救治能力的医疗机构。具体办法由国务院卫生行政部门规定。

第六章　监督管理

第五十三条　县级以上人民政府卫生行政部门对传染病防治工作履行下列监督检查职责：

（一）对下级人民政府卫生行政部门履行本法规定的传染病防治职责进行监督检查；

（二）对疾病预防控制机构、医疗机构的传染病防治工作进行监督检查；

（三）对采供血机构的采供血活动进行监督检查；

（四）对用于传染病防治的消毒产品及其生产单位进行监督检查，并对饮用水供水单位从事生产或者供应活动以及涉及饮用水卫生安全的产品进行监督检查；

（五）对传染病菌种、毒种和传染病检测样本的采集、保藏、携带、运输、使用进行监督检查；

（六）对公共场所和有关单位的卫生条件和传染病预防、控制措施进行监督检查。

省级以上人民政府卫生行政部门负责组织对传染病防治重大事项的处理。

第五十四条　县级以上人民政府卫生行政部门在履行监督检查职责时，有权进入被检查单位和传染病疫情发生现场调查取证，查阅或者复制有关的资料和采集样本。被检查单位应当予以配合，不得拒绝、阻挠。

第五十五条　县级以上地方人民政府卫生行政部门在履行监督检查职责时，发现被传染病病原体污染的公共饮用水源、食品以及相关物品，如不及时采取控制措施可能导致传染病传播、流行的，可以采取封闭公共饮用水源、封存食品以及相关物品或者暂停销售的临时控制措施，并予以检验或者进行消毒。经检验，属于被污染的食品，应当予以销毁；对未被污染的食品或者经消毒后可以使用的物品，应当解除控制措施。

第五十六条　卫生行政部门工作人员依法执行职务时，应当不少于两人，并出示执法证件，填写卫生执法文书。

卫生执法文书经核对无误后，应当由卫生执法人员和当事人签名。当事人拒绝签名的，卫生执法人员应当注明情况。

第五十七条　卫生行政部门应当依法建立健全内部监督制度，对其工作人员依据法定职权和程序履行职责的情况进行监督。

上级卫生行政部门发现下级卫生行政部门不及时处理职责范围内的事项或者不履行职责的，应当责令纠正或者直接予以处理。

第五十八条　卫生行政部门及其工作人员履行职责，应当自觉接受社会和公民的监督。单位和个人有权向上级人民政府及其卫生行政部门举报违反本法的行为。接到举报的有关人民政府或者其卫生行政部门，应当及时调查处理。

第七章　保障措施

第五十九条　国家将传染病防治工作纳入国民经济和社会发展计划，县级以上地方人民政府将传染病防治工作纳入本行政区域的国民经济和社会发展计划。

第六十条　县级以上地方人民政府按照本级政府职责负责本行政区域内传染病预防、控制、监督工作的日常经费。

国务院卫生行政部门会同国务院有关部门，根据传染病流行趋势，确定全国传染病预防、控制、救治、监测、预测、预警、监督检查等项目。中央财政对困难地区实施重大传染病防治项目给予补助。

省、自治区、直辖市人民政府根据本行政区域内传染病流行趋势，在国务院卫生行政部门确定的项目范围内，确定传染病预防、控制、监督等项目，并保障项目的实施经费。

第六十一条　国家加强基层传染病防治体系建设，扶持贫困地区和少数民族地区的传染病防治工作。

地方各级人民政府应当保障城市社区、农村基层传染病预防工作的经费。

第六十二条　国家对患有特定传染病的困难人群实行医疗救助，减免医疗费用。具体办法由国务院卫生行政部门会同国务院财政部门等部门制定。

第六十三条　县级以上人民政府负责储备防治传染病的药品、医疗器械和其他物资，以备调用。

第六十四条　对从事传染病预防、医疗、科研、教学、现场处理疫情的人员，以及在生产、工作中接触传染病病原体的其他人员，有关单位应当按照国家规定，采取有效的卫生防护措施和医疗保健措施，并给予适当的津贴。

第八章 法律责任

第六十五条　地方各级人民政府未依照本法的规定履行报告职责，或者隐瞒、谎报、缓报传染病疫情，或者在传染病暴发、流行时，未及时组织救治、采取控制措施的，由上级人民政府责令改正，通报批评；造成传染病传播、流行或者其他严重后果的，对负有责任的主管人员，依法给予行政处分；构成犯罪的，依法追究刑事责任。

第六十六条　县级以上人民政府卫生行政部门违反本法规定，有下列情形之一的，由本级人民政府、上级人民政府卫生行政部门责令改正，通报批评；造成传染病传播、流行或者其他严重后果的，对负有责任的主管人员和其他直接责任人员，依法给予行政处分；构成犯罪的，依法追究刑事责任：

（一）未依法履行传染病疫情通报、报告或者公布职责，或者隐瞒、谎报、缓报传染病疫情的；

（二）发生或者可能发生传染病传播时未及时采取预防、控制措施的；

（三）未依法履行监督检查职责，或者发现违法行为不及时查处的；

（四）未及时调查、处理单位和个人对下级卫生行政部门不履行传染病防治职责的举报的；

（五）违反本法的其他失职、渎职行为。

第六十七条　县级以上人民政府有关部门未依照本法的规定履行传染病防治和保障职责的，由本级人民政府或者上级人民政府有关部门责令改正，通报批评；造成传染病传播、流行或者其他严重后果的，对负有责任的主管人员和其他直接责任人员，依法给予行政处分；构成犯罪的，依法追究刑事责任。

第六十八条　疾病预防控制机构违反本法规定，有下列情形之一的，由县级以上人民政府卫生行政部门责令限期改正，通报批评，给予警告；对负有责任的主管人员和其他直接责任人员，依法给予降级、撤职、开除的处分，并可以依法吊销有关责任人员的执业证书；构成犯罪的，依法追究刑事责任：

（一）未依法履行传染病监测职责的；

（二）未依法履行传染病疫情报告、通报职责，或者隐瞒、谎报、缓报传染病疫情的；

（三）未主动收集传染病疫情信息，或者对传染病疫情信息和疫情报告未及时进行分析、调查、核实的；

（四）发现传染病疫情时，未依据职责及时采取本法规定的措施的；

（五）故意泄露传染病病人、病原携带者、疑似传染病病人、密切接触者涉及个人隐私的有关信息、资料的。

第六十九条　医疗机构违反本法规定，有下列情形之一的，由县级以上人民政府卫生行政部门责令改正，通报批评，给予警告；造成传染病传播、流行或者其他严重后果的，对负有责任的主管人员和其他直接责任人员，依法给予降级、撤职、开除的处分，并可以依法吊销有关责任人员的执业证书；构成犯罪的，依法追究刑事责任：

（一）未按照规定承担本单位的传染病预防、控制工作、医院感染控制任务和责任区域内的传染病预防工作的；

（二）未按照规定报告传染病疫情，或者隐瞒、谎报、缓报传染病疫情的；

（三）发现传染病疫情时，未按照规定对传染病病人、疑似传染病病人提供医疗救护、现场救援、接诊、转诊的，或者拒绝接受转诊的；

（四）未按照规定对本单位内被传染病病原体污染的场所、物品以及医疗废物实施消毒或者无害化处置的；

（五）未按照规定对医疗器械进行消毒，或者对按照规定一次使用的医疗器具未予销毁，再次使用的；

（六）在医疗救治过程中未按照规定保管医学记录资料的；

（七）故意泄露传染病病人、病原携带者、疑似传染病病人、密切接触者涉及个人隐私的有关信息、资料的。

第七十条　采供血机构未按照规定报告传染病疫情，或者隐瞒、谎报、缓报传染病疫情，或者未执行国家有关规定，导致因输入血液引起经血液传播疾病发生的，由县级以上人民政府卫生行政部门责令改正，通报批评，给予警告；造成传染病传播、流行或者其他严重后果的，对负有责任的主管人员和其他直接责任人员，依法给予降级、撤职、开除的处分，并可以依法吊销采供血机构的执业许可证；构成犯罪的，依法追究刑事责任。

非法采集血液或者组织他人出卖血液的，由县级以上人民政府卫生行政部门予以取缔，没收违法所得，可以并处十万元以下的罚款；构成犯罪的，依法追究刑事责任。

第七十一条　国境卫生检疫机关、动物防疫机构未依法履行传染病疫情通报职责的，由有关部门在各自职责范围内责令改正，通报批评；造成传染病传播、流行或者其他严重后果的，对负有责任的主管人员和其他直接责任人员，依法给予降级、撤职、开除的处分；构成犯罪的，依法追究刑事责任。

第七十二条　铁路、交通、民用航空经营单位未依照本法的规定优先运送处理传染病疫情的人员以及防治传染病的药品和医疗器械的，由有关部门责令限期改正，给予警告；造成严重后果的，对负有责任的主管人员和其他直接责任人员，依法给予降级、撤职、开除的处分。

第七十三条　违反本法规定，有下列情形之一，导致或者可能导致传染病传播、流行的，由县级以上人民政府卫生行政部门责令限期改正，没收违法所得，可以并处五万元以下的罚款；已取得许可证的，原发证部门可以依法暂扣或者吊销许可证；构成犯罪的，依法追究刑事责任：

（一）饮用水供水单位供应的饮用水不符合国家卫生标准和卫生规范的；

（二）涉及饮用水卫生安全的产品不符合国家卫生标准和卫生规范的；

（三）用于传染病防治的消毒产品不符合国家卫生标准和卫生规范的；

（四）出售、运输疫区中被传染病病原体污染或者可能被传染病病原体污染的物品，未进行消毒处理的；

（五）生物制品生产单位生产的血液制品不符合国家质量标准的。

第七十四条　违反本法规定，有下列情形之一的，由县级以上地方人民政府卫生行政部门责令改正，通报批评，给予警告，已取得许可证的，可以依法暂扣或者吊销许可证；造成传染病传播、流行以及其他严重后果的，对负有责任的主管人员和其他直接责任人员，依法给予降级、撤职、开除的处分，并可以依法吊销有关责任人员的执业证书；构成犯罪的，依法追究刑事责任：

（一）疾病预防控制机构、医疗机构和从事病原微生物实验的单位，不符合国家规定的条件和技术标准，对传染病病原体样本未按照规定进行严格管理，造成实验室感染和病原微生物扩散的；

（二）违反国家有关规定，采集、保藏、携带、运输和使用传染病菌种、毒种和传染病检测样本的；

（三）疾病预防控制机构、医疗机构未执行国家有关规定，导致因输入血液、使用血液制品引起经血液传播疾病发生的。

第七十五条　未经检疫出售、运输与人畜共患传染病有关的野生动物、家畜家禽的，由县级以上地方人民政府畜牧兽医行政部门责令停止违法行为，并依法给予行政处罚。

第七十六条　在国家确认的自然疫源地兴建水利、交通、旅游、能源等大型建设项目，未经卫生调查进行施工的，或者未按照疾病预防控制机构的意见采取必要的传染病预防、控制措施的，由县级以上人民政府卫生行政部门责令限期改正，给予警告，处五千元以上三万元以下的罚款；逾期不改正的，处三万元以上十万元以下的罚款，并可以提请有关人民政府依据职责权限，责令停建、关闭。

第七十七条　单位和个人违反本法规定，导致传染病传播、流行，给他人人身、财产造成损害的，应当依法承担民事责任。

第九章　附　则

第七十八条　本法中下列用语的含义：

（一）传染病病人、疑似传染病病人：指根据国务院卫生行政部门颁发的《中华人民共和国传染病防治法规定管理的传染病诊断标准》，符合传染病病人和疑似传染病病人诊断标准的人。

（二）病原携带者：指感染病原体无临床症状但能排出病原体的人。

（三）流行病学调查：指对人群中疾病或者健康状况的分布及其决定因素进行调查研究，提出疾病预防控制措施及保健对策。

（四）疫点：指病原体从传染源向周围播散的范围较小或者单个疫源地。

（五）疫区：指传染病在人群中暴发、流行，其病原体向周围播散时所能波及的地区。

（六）人畜共患传染病：指人与脊椎动物共同罹患的传染病，如鼠疫、狂犬病、血吸虫病等。

（七）自然疫源地：指某些可引起人类传染病的病原体在自然界的野生动物中长期存在和循环的地区。

（八）病媒生物：指能够将病原体从人或者其他动物传播给人的生物，如蚊、蝇、蚤类等。

（九）医源性感染：指在医学服务中，因病原体传播引起的感染。

（十）医院感染：指住院病人在医院内获得的感染，包括在住院期间发生的感染和在医院内获得出院后发生的感染，但不包括入院前已开始或者入院时已处于潜伏期的感染。医院工作人员在医院内获得的感染也属医院感染。

（十一）实验室感染：指从事实验室工作时，因接触病原体所致的感染。

（十二）菌种、毒种：指可能引起本法规定的传染病发生的细菌菌种、病毒毒种。

（十三）消毒：指用化学、物理、生物的方法杀灭或者消除环境中的病原微生物。

（十四）疾病预防控制机构：指从事疾病预防控制活动的疾病预防控制中心以及与上述

机构业务活动相同的单位。

（十五）医疗机构：指按照《医疗机构管理条例》取得医疗机构执业许可证，从事疾病诊断、治疗活动的机构。

第七十九条　传染病防治中有关食品、药品、血液、水、医疗废物和病原微生物的管理以及动物防疫和国境卫生检疫，本法未规定的，分别适用其他有关法律、行政法规的规定。

第八十条　本法自2004年12月1日起施行。

附录四　社会安全类

中华人民共和国突发事件应对法

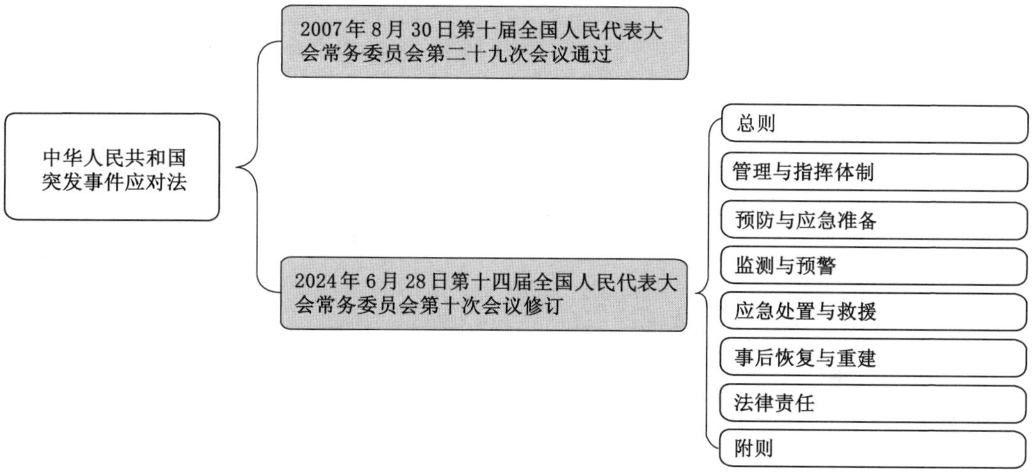

目　　录

第一章　总　　则

第一条　为了预防和减少突发事件的发生，控制、减轻和消除突发事件引起的严重社会危害，提高突发事件预防和应对能力，规范突发事件应对活动，保护人民生命财产安全，维护国家安全、公共安全、生态环境安全和社会秩序，根据宪法，制定本法。

第二条　本法所称突发事件，是指突然发生，造成或者可能造成严重社会危害，需要采取应急处置措施予以应对的自然灾害、事故灾难、公共卫生事件和社会安全事件。

突发事件的预防与应急准备、监测与预警、应急处置与救援、事后恢复与重建等应对活动,适用本法。

《中华人民共和国传染病防治法》等有关法律对突发公共卫生事件应对作出规定的,适用其规定。有关法律没有规定的,适用本法。

第三条　按照社会危害程度、影响范围等因素,突发自然灾害、事故灾难、公共卫生事件分为特别重大、重大、较大和一般四级。法律、行政法规或者国务院另有规定的,从其规定。

突发事件的分级标准由国务院或者国务院确定的部门制定。

第四条　突发事件应对工作坚持中国共产党的领导,坚持以马克思列宁主义、毛泽东思想、邓小平理论、“三个代表”重要思想、科学发展观、习近平新时代中国特色社会主义思想为指导,建立健全集中统一、高效权威的中国特色突发事件应对工作领导体制,完善党委领导、政府负责、部门联动、军地联合、社会协同、公众参与、科技支撑、法治保障的治理体系。

第五条　突发事件应对工作应当坚持总体国家安全观,统筹发展与安全;坚持人民至上、生命至上;坚持依法科学应对,尊重和保障人权;坚持预防为主、预防与应急相结合。

第六条　国家建立有效的社会动员机制,组织动员企业事业单位、社会组织、志愿者等各方力量依法有序参与突发事件应对工作,增强全民的公共安全和防范风险的意识,提高全社会的避险救助能力。

第七条　国家建立健全突发事件信息发布制度。有关人民政府和部门应当及时向社会公布突发事件相关信息和有关突发事件应对的决定、命令、措施等信息。

任何单位和个人不得编造、故意传播有关突发事件的虚假信息。有关人民政府和部门发现影响或者可能影响社会稳定、扰乱社会和经济管理秩序的虚假或者不完整信息的,应当及时发布准确的信息予以澄清。

第八条　国家建立健全突发事件新闻采访报道制度。有关人民政府和部门应当做好新闻媒体服务引导工作,支持新闻媒体开展采访报道和舆论监督。

新闻媒体采访报道突发事件应当及时、准确、客观、公正。

新闻媒体应当开展突发事件应对法律法规、预防与应急、自救与互救知识等的公益宣传。

第九条　国家建立突发事件应对工作投诉、举报制度,公布统一的投诉、举报方式。

对于不履行或者不正确履行突发事件应对工作职责的行为,任何单位和个人有权向有关人民政府和部门投诉、举报。

接到投诉、举报的人民政府和部门应当依照规定立即组织调查处理,并将调查处理结果以适当方式告知投诉人、举报人;投诉、举报事项不属于其职责的,应当及时移送有关机关处理。

有关人民政府和部门对投诉人、举报人的相关信息应当予以保密,保护投诉人、举报人的合法权益。

第十条　突发事件应对措施应当与突发事件可能造成的社会危害的性质、程度和范围相适应;有多种措施可供选择的,应当选择有利于最大程度地保护公民、法人和其他组织权益,且对他人权益损害和生态环境影响较小的措施,并根据情况变化及时调整,做到科学、精准、有效。

第十一条　国家在突发事件应对工作中，应当对未成年人、老年人、残疾人、孕产期和哺乳期的妇女、需要及时就医的伤病人员等群体给予特殊、优先保护。

第十二条　县级以上人民政府及其部门为应对突发事件的紧急需要，可以征用单位和个人的设备、设施、场地、交通工具等财产。被征用的财产在使用完毕或者突发事件应急处置工作结束后，应当及时返还。财产被征用或者征用后毁损、灭失的，应当给予公平、合理的补偿。

第十三条　因依法采取突发事件应对措施，致使诉讼、监察调查、行政复议、仲裁、国家赔偿等活动不能正常进行的，适用有关时效中止和程序中止的规定，法律另有规定的除外。

第十四条　中华人民共和国政府在突发事件的预防与应急准备、监测与预警、应急处置与救援、事后恢复与重建等方面，同外国政府和有关国际组织开展合作与交流。

第十五条　对在突发事件应对工作中做出突出贡献的单位和个人，按照国家有关规定给予表彰、奖励。

第二章　管理与指挥体制

第十六条　国家建立统一指挥、专常兼备、反应灵敏、上下联动的应急管理体制和综合协调、分类管理、分级负责、属地管理为主的工作体系。

第十七条　县级人民政府对本行政区域内突发事件的应对管理工作负责。突发事件发生后，发生地县级人民政府应当立即采取措施控制事态发展，组织开展应急救援和处置工作，并立即向上一级人民政府报告，必要时可以越级上报，具备条件的，应当进行网络直报或者自动速报。

突发事件发生地县级人民政府不能消除或者不能有效控制突发事件引起的严重社会危害的，应当及时向上级人民政府报告。上级人民政府应当及时采取措施，统一领导应急处置工作。

法律、行政法规规定由国务院有关部门对突发事件应对管理工作负责的，从其规定；地方人民政府应当积极配合并提供必要的支持。

第十八条　突发事件涉及两个以上行政区域的，其应对管理工作由有关行政区域共同的上一级人民政府负责，或者由各有关行政区域的上一级人民政府共同负责。共同负责的人民政府应当按照国家有关规定，建立信息共享和协调配合机制。根据共同应对突发事件的需要，地方人民政府之间可以建立协同应对机制。

第十九条　县级以上人民政府是突发事件应对管理工作的行政领导机关。

国务院在总理领导下研究、决定和部署特别重大突发事件的应对工作；根据实际需要，设立国家突发事件应急指挥机构，负责突发事件应对工作；必要时，国务院可以派出工作组指导有关工作。

县级以上地方人民政府设立由本级人民政府主要负责人、相关部门负责人、国家综合性消防救援队伍和驻当地中国人民解放军、中国人民武装警察部队有关负责人等组成的突发事件应急指挥机构，统一领导、协调本级人民政府各有关部门和下级人民政府开展突发事件应对工作；根据实际需要，设立相关类别突发事件应急指挥机构，组织、协调、指挥突发事件应对工作。

第二十条　突发事件应急指挥机构在突发事件应对过程中可以依法发布有关突发事件应对的决定、命令、措施。突发事件应急指挥机构发布的决定、命令、措施与设立它的人民政府发布的决定、命令、措施具有同等效力，法律责任由设立它的人民政府承担。

第二十一条　县级以上人民政府应急管理部门和卫生健康、公安等有关部门应当在各自职责范围内做好有关突发事件应对管理工作，并指导、协助下级人民政府及其相应部门做好有关突发事件的应对管理工作。

第二十二条　乡级人民政府、街道办事处应当明确专门工作力量，负责突发事件应对有关工作。

居民委员会、村民委员会依法协助人民政府和有关部门做好突发事件应对工作。

第二十三条　公民、法人和其他组织有义务参与突发事件应对工作。

第二十四条　中国人民解放军、中国人民武装警察部队和民兵组织依照本法和其他有关法律、行政法规、军事法规的规定以及国务院、中央军事委员会的命令，参加突发事件的应急救援和处置工作。

第二十五条　县级以上人民政府及其设立的突发事件应急指挥机构发布的有关突发事件应对的决定、命令、措施，应当及时报本级人民代表大会常务委员会备案；突发事件应急处置工作结束后，应当向本级人民代表大会常务委员会作出专项工作报告。

第三章　预防与应急准备

第二十六条　国家建立健全突发事件应急预案体系。

国务院制定国家突发事件总体应急预案，组织制定国家突发事件专项应急预案；国务院有关部门根据各自的职责和国务院相关应急预案，制定国家突发事件部门应急预案并报国务院备案。

地方各级人民政府和县级以上地方人民政府有关部门根据有关法律、法规、规章、上级人民政府及其有关部门的应急预案以及本地区、本部门的实际情况，制定相应的突发事件应急预案并按国务院有关规定备案。

第二十七条　县级以上人民政府应急管理部门指导突发事件应急预案体系建设，综合协调应急预案衔接工作，增强有关应急预案的衔接性和实效性。

第二十八条　应急预案应当根据本法和其他有关法律、法规的规定，针对突发事件的性质、特点和可能造成的社会危害，具体规定突发事件应对管理工作的组织指挥体系与职责和突发事件的预防与预警机制、处置程序、应急保障措施以及事后恢复与重建措施等内容。

应急预案制定机关应当广泛听取有关部门、单位、专家和社会各方面意见，增强应急预案的针对性和可操作性，并根据实际需要、情势变化、应急演练中发现的问题等及时对应急预案作出修订。

应急预案的制定、修订、备案等工作程序和管理办法由国务院规定。

第二十九条　县级以上人民政府应当将突发事件应对工作纳入国民经济和社会发展规划。县级以上人民政府有关部门应当制定突发事件应急体系建设规划。

第三十条　国土空间规划等规划应当符合预防、处置突发事件的需要，统筹安排突发事件应对工作所必需的设备和基础设施建设，合理确定应急避难、封闭隔离、紧急医疗救治等场所，实现日常使用和应急使用的相互转换。

第三十一条　国务院应急管理部门会同卫生健康、自然资源、住房城乡建设等部门统筹、指导全国应急避难场所的建设和管理工作，建立健全应急避难场所标准体系。县级以上地方人民政府负责本行政区域内应急避难场所的规划、建设和管理工作。

第三十二条 国家建立健全突发事件风险评估体系，对可能发生的突发事件进行综合性评估，有针对性地采取有效防范措施，减少突发事件的发生，最大限度减轻突发事件的影响。

第三十三条 县级人民政府应当对本行政区域内容易引发自然灾害、事故灾难和公共卫生事件的危险源、危险区域进行调查、登记、风险评估，定期进行检查、监控，并责令有关单位采取安全防范措施。

省级和设区的市级人民政府应当对本行政区域内容易引发特别重大、重大突发事件的危险源、危险区域进行调查、登记、风险评估，组织进行检查、监控，并责令有关单位采取安全防范措施。

县级以上地方人民政府应当根据情况变化，及时调整危险源、危险区域的登记。登记的危险源、危险区域及其基础信息，应当按照国家有关规定接入突发事件信息系统，并及时向社会公布。

第三十四条 县级人民政府及其有关部门、乡级人民政府、街道办事处、居民委员会、村民委员会应当及时调解处理可能引发社会安全事件的矛盾纠纷。

第三十五条 所有单位应当建立健全安全管理制度，定期开展危险源辨识评估，制定安全防范措施；定期检查本单位各项安全防范措施的落实情况，及时消除事故隐患；掌握并及时处理本单位存在的可能引发社会安全事件的问题，防止矛盾激化和事态扩大；对本单位可能发生的突发事件和采取安全防范措施的情况，应当按照规定及时向所在地人民政府或者有关部门报告。

第三十六条 矿山、金属冶炼、建筑施工单位和易燃易爆物品、危险化学品、放射性物品等危险物品的生产、经营、运输、储存、使用单位，应当制定具体应急预案，配备必要的应急救援器材、设备和物资，并对生产经营场所、有危险物品的建筑物、构筑物及周边环境开展隐患排查，及时采取措施管控风险和消除隐患，防止发生突发事件。

第三十七条 公共交通工具、公共场所和其他人员密集场所的经营单位或者管理单位应当制定具体应急预案，为交通工具和有关场所配备报警装置和必要的应急救援设备、设施，注明其使用方法，并显著标明安全撤离的通道、路线，保证安全通道、出口的畅通。

有关单位应当定期检测、维护其报警装置和应急救援设备、设施，使其处于良好状态，确保正常使用。

第三十八条 县级以上人民政府应当建立健全突发事件应对管理培训制度，对人民政府及其有关部门负有突发事件应对管理职责的工作人员以及居民委员会、村民委员会有关人员定期进行培训。

第三十九条 国家综合性消防救援队伍是应急救援的综合性常备骨干力量，按照国家有关规定执行综合应急救援任务。县级以上人民政府有关部门可以根据实际需要设立专业应急救援队伍。

县级以上人民政府及其有关部门可以建立由成年志愿者组成的应急救援队伍。乡级人民政府、街道办事处和有条件的居民委员会、村民委员会可以建立基层应急救援队伍，及时、就近开展应急救援。单位应当建立由本单位职工组成的专职或者兼职应急救援队伍。

国家鼓励和支持社会力量建立提供社会化应急救援服务的应急救援队伍。社会力量建立的应急救援队伍参与突发事件应对工作应当服从履行统一领导职责或者组织处置突发事件的人民政府、突发事件应急指挥机构的统一指挥。

县级以上人民政府应当推动专业应急救援队伍与非专业应急救援队伍联合培训、联合演练，提高合成应急、协同应急的能力。

第四十条　地方各级人民政府、县级以上人民政府有关部门、有关单位应当为其组建的应急救援队伍购买人身意外伤害保险，配备必要的防护装备和器材，防范和减少应急救援人员的人身伤害风险。

专业应急救援人员应当具备相应的身体条件、专业技能和心理素质，取得国家规定的应急救援职业资格，具体办法由国务院应急管理部门会同国务院有关部门制定。

第四十一条　中国人民解放军、中国人民武装警察部队和民兵组织应当有计划地组织开展应急救援的专门训练。

第四十二条　县级人民政府及其有关部门、乡级人民政府、街道办事处应当组织开展面向社会公众的应急知识宣传普及活动和必要的应急演练。

居民委员会、村民委员会、企业事业单位、社会组织应当根据所在地人民政府的要求，结合各自的实际情况，开展面向居民、村民、职工等的应急知识宣传普及活动和必要的应急演练。

第四十三条　各级各类学校应当把应急教育纳入教育教学计划，对学生及教职工开展应急知识教育和应急演练，培养安全意识，提高自救与互救能力。

教育主管部门应当对学校开展应急教育进行指导和监督，应急管理等部门应当给予支持。

第四十四条　各级人民政府应当将突发事件应对工作所需经费纳入本级预算，并加强资金管理，提高资金使用绩效。

第四十五条　国家按照集中管理、统一调拨、平时服务、灾时应急、采储结合、节约高效的原则，建立健全应急物资储备保障制度，动态更新应急物资储备品种目录，完善重要应急物资的监管、生产、采购、储备、调拨和紧急配送体系，促进安全应急产业发展，优化产业布局。

国家储备物资品种目录、总体发展规划，由国务院发展改革部门会同国务院有关部门拟订。国务院应急管理等部门依据职责制定应急物资储备规划、品种目录，并组织实施。应急物资储备规划应当纳入国家储备总体发展规划。

第四十六条　设区的市级以上人民政府和突发事件易发、多发地区的县级人民政府应当建立应急救援物资、生活必需品和应急处置装备的储备保障制度。

县级以上地方人民政府应当根据本地区的实际情况和突发事件应对工作的需要，依法与有条件的企业签订协议，保障应急救援物资、生活必需品和应急处置装备的生产、供给。有关企业应当根据协议，按照县级以上地方人民政府要求，进行应急救援物资、生活必需品和应急处置装备的生产、供给，并确保符合国家有关产品质量的标准和要求。

国家鼓励公民、法人和其他组织储备基本的应急自救物资和生活必需品。有关部门可以向社会公布相关物资、物品的储备指南和建议清单。

第四十七条　国家建立健全应急运输保障体系，统筹铁路、公路、水运、民航、邮政、快递等运输和服务方式，制定应急运输保障方案，保障应急物资、装备和人员及时运输。

县级以上地方人民政府和有关主管部门应当根据国家应急运输保障方案，结合本地区实际做好应急调度和运力保障，确保运输通道和客货运枢纽畅通。

国家发挥社会力量在应急运输保障中的积极作用。社会力量参与突发事件应急运输保障，应当服从突发事件应急指挥机构的统一指挥。

第四十八条　国家建立健全能源应急保障体系，提高能源安全保障能力，确保受突发事件影响地区的能源供应。

第四十九条　国家建立健全应急通信、应急广播保障体系，加强应急通信系统、应急广播系统建设，确保突发事件应对工作的通信、广播安全畅通。

第五十条　国家建立健全突发事件卫生应急体系，组织开展突发事件中的医疗救治、卫生学调查处置和心理援助等卫生应急工作，有效控制和消除危害。

第五十一条　县级以上人民政府应当加强急救医疗服务网络的建设，配备相应的医疗救治物资、设施设备和人员，提高医疗卫生机构应对各类突发事件的救治能力。

第五十二条　国家鼓励公民、法人和其他组织为突发事件应对工作提供物资、资金、技术支持和捐赠。

接受捐赠的单位应当及时公开接受捐赠的情况和受赠财产的使用、管理情况，接受社会监督。

第五十三条　红十字会在突发事件中，应当对伤病人员和其他受害者提供紧急救援和人道救助，并协助人民政府开展与其职责相关的其他人道主义服务活动。有关人民政府应当给予红十字会支持和资助，保障其依法参与应对突发事件。

慈善组织在发生重大突发事件时开展募捐和救助活动，应当在有关人民政府的统筹协调、有序引导下依法进行。有关人民政府应当通过提供必要的需求信息、政府购买服务等方式，对慈善组织参与应对突发事件、开展应急慈善活动予以支持。

第五十四条　有关单位应当加强应急救援资金、物资的管理，提高使用效率。

任何单位和个人不得截留、挪用、私分或者变相私分应急救援资金、物资。

第五十五条　国家发展保险事业，建立政府支持、社会力量参与、市场化运作的巨灾风险保险体系，并鼓励单位和个人参加保险。

第五十六条　国家加强应急管理基础科学、重点行业领域关键核心技术的研究，加强互联网、云计算、大数据、人工智能等现代技术手段在突发事件应对工作中的应用，鼓励、扶持有条件的教学科研机构、企业培养应急管理人才和科技人才，研发、推广新技术、新材料、新设备和新工具，提高突发事件应对能力。

第五十七条　县级以上人民政府及其有关部门应当建立健全突发事件专家咨询论证制度，发挥专业人员在突发事件应对工作中的作用。

第四章　监测与预警

第五十八条　国家建立健全突发事件监测制度。

县级以上人民政府及其有关部门应当根据自然灾害、事故灾难和公共卫生事件的种类和特点，建立健全基础信息数据库，完善监测网络，划分监测区域，确定监测点，明确监测项目，提供必要的设备、设施，配备专职或者兼职人员，对可能发生的突发事件进行监测。

第五十九条　国务院建立全国统一的突发事件信息系统。

县级以上地方人民政府应当建立或者确定本地区统一的突发事件信息系统，汇集、储存、分析、传输有关突发事件的信息，并与上级人民政府及其有关部门、下级人民政府及其有关部门、专业机构、监测网点和重点企业的突发事件信息系统实现互联互通，加强跨部门、跨地区的信息共享与情报合作。

第六十条　县级以上人民政府及其有关部门、专业机构应当通过多种途径收集突发事件信息。

县级人民政府应当在居民委员会、村民委员会和有关单位建立专职或者兼职信息报告员制度。

公民、法人或者其他组织发现发生突发事件，或者发现可能发生突发事件的异常情况，应当立即向所在地人民政府、有关主管部门或者指定的专业机构报告。接到报告的单位应当按照规定立即核实处理，对于不属于其职责的，应当立即移送相关单位核实处理。

第六十一条　地方各级人民政府应当按照国家有关规定向上级人民政府报送突发事件信息。县级以上人民政府有关主管部门应当向本级人民政府相关部门通报突发事件信息，并报告上级人民政府主管部门。专业机构、监测网点和信息报告员应当及时向所在地人民政府及其有关主管部门报告突发事件信息。

有关单位和人员报送、报告突发事件信息，应当做到及时、客观、真实，不得迟报、谎报、瞒报、漏报，不得授意他人迟报、谎报、瞒报，不得阻碍他人报告。

第六十二条　县级以上地方人民政府应当及时汇总分析突发事件隐患和监测信息，必要时组织相关部门、专业技术人员、专家学者进行会商，对发生突发事件的可能性及其可能造成的影响进行评估；认为可能发生重大或者特别重大突发事件的，应当立即向上级人民政府报告，并向上级人民政府有关部门、当地驻军和可能受到危害的毗邻或者相关地区的人民政府通报，及时采取预防措施。

第六十三条　国家建立健全突发事件预警制度。

可以预警的自然灾害、事故灾难和公共卫生事件的预警级别，按照突发事件发生的紧急程度、发展势态和可能造成的危害程度分为一级、二级、三级和四级，分别用红色、橙色、黄色和蓝色标示，一级为最高级别。

预警级别的划分标准由国务院或者国务院确定的部门制定。

第六十四条　可以预警的自然灾害、事故灾难或者公共卫生事件即将发生或者发生的可能性增大时，县级以上地方人民政府应当根据有关法律、行政法规和国务院规定的权限和程序，发布相应级别的警报，决定并宣布有关地区进入预警期，同时向上一级人民政府报告，必要时可以越级上报；具备条件的，应当进行网络直报或者自动速报；同时向当地驻军和可能受到危害的毗邻或者相关地区的人民政府通报。

发布警报应当明确预警类别、级别、起始时间、可能影响的范围、警示事项、应当采取的措施、发布单位和发布时间等。

第六十五条　国家建立健全突发事件预警发布平台，按照有关规定及时、准确向社会发布突发事件预警信息。

广播、电视、报刊以及网络服务提供者、电信运营商应当按照国家有关规定，建立突发事件预警信息快速发布通道，及时、准确、无偿播发或者刊载突发事件预警信息。

公共场所和其他人员密集场所，应当指定专门人员负责突发事件预警信息接收和传播工作，做好相关设备、设施维护，确保突发事件预警信息及时、准确接收和传播。

第六十六条　发布三级、四级警报，宣布进入预警期后，县级以上地方人民政府应当根据即将发生的突发事件的特点和可能造成的危害，采取下列措施：

（一）启动应急预案；

（二）责令有关部门、专业机构、监测网点和负有特定职责的人员及时收集、报告有关信息，向社会公布反映突发事件信息的渠道，加强对突发事件发生、发展情况的监测、预报和预警工作；

（三）组织有关部门和机构、专业技术人员、有关专家学者，随时对突发事件信息进行分析评估，预测发生突发事件可能性的大小、影响范围和强度以及可能发生的突发事件的级别；

（四）定时向社会发布与公众有关的突发事件预测信息和分析评估结果，并对相关信息的报道工作进行管理；

（五）及时按照有关规定向社会发布可能受到突发事件危害的警告，宣传避免、减轻危害的常识，公布咨询或者求助电话等联络方式和渠道。

第六十七条　发布一级、二级警报，宣布进入预警期后，县级以上地方人民政府除采取本法第六十六条规定的措施外，还应当针对即将发生的突发事件的特点和可能造成的危害，采取下列一项或者多项措施：

（一）责令应急救援队伍、负有特定职责的人员进入待命状态，并动员后备人员做好参加应急救援和处置工作的准备；

（二）调集应急救援所需物资、设备、工具，准备应急设施和应急避难、封闭隔离、紧急医疗救治等场所，并确保其处于良好状态、随时可以投入正常使用；

（三）加强对重点单位、重要部位和重要基础设施的安全保卫，维护社会治安秩序；

（四）采取必要措施，确保交通、通信、供水、排水、供电、供气、供热、医疗卫生、广播电视、气象等公共设施的安全和正常运行；

（五）及时向社会发布有关采取特定措施避免或者减轻危害的建议、劝告；

（六）转移、疏散或者撤离易受突发事件危害的人员并予以妥善安置，转移重要财产；

（七）关闭或者限制使用易受突发事件危害的场所，控制或者限制容易导致危害扩大的公共场所的活动；

（八）法律、法规、规章规定的其他必要的防范性、保护性措施。

第六十八条　发布警报，宣布进入预警期后，县级以上人民政府应当对重要商品和服务市场情况加强监测，根据实际需要及时保障供应、稳定市场。必要时，国务院和省、自治区、直辖市人民政府可以按照《中华人民共和国价格法》等有关法律规定采取相应措施。

第六十九条　对即将发生或者已经发生的社会安全事件，县级以上地方人民政府及其有关主管部门应当按照规定向上一级人民政府及其有关主管部门报告，必要时可以越级上报，具备条件的，应当进行网络直报或者自动速报。

第七十条　发布突发事件警报的人民政府应当根据事态的发展，按照有关规定适时调整预警级别并重新发布。

有事实证明不可能发生突发事件或者危险已经解除的，发布警报的人民政府应当立即宣布解除警报，终止预警期，并解除已经采取的有关措施。

第五章　应急处置与救援

第七十一条　国家建立健全突发事件应急响应制度。

突发事件的应急响应级别，按照突发事件的性质、特点、可能造成的危害程度和影响范围等因素分为一级、二级、三级和四级，一级为最高级别。

突发事件应急响应级别划分标准由国务院或者国务院确定的部门制定。县级以上人民政府及其有关部门应当在突发事件应急预案中确定应急响应级别。

第七十二条　突发事件发生后，履行统一领导职责或者组织处置突发事件的人民政府应当针对其性质、特点、危害程度和影响范围等，立即启动应急响应，组织有关部门，调动应急救援队伍和社会力量，依照法律、法规、规章和应急预案的规定，采取应急处置措施，并向上级人民政府报告；必要时，可以设立现场指挥部，负责现场应急处置与救援，统一指挥进入突发事件现场的单位和个人。

启动应急响应，应当明确响应事项、级别、预计期限、应急处置措施等。

履行统一领导职责或者组织处置突发事件的人民政府，应当建立协调机制，提供需求信息，引导志愿服务组织和志愿者等社会力量及时有序参与应急处置与救援工作。

第七十三条　自然灾害、事故灾难或者公共卫生事件发生后，履行统一领导职责的人民政府应当采取下列一项或者多项应急处置措施：

（一）组织营救和救治受害人员，转移、疏散、撤离并妥善安置受到威胁的人员以及采取其他救助措施；

（二）迅速控制危险源，标明危险区域，封锁危险场所，划定警戒区，实行交通管制、限制人员流动、封闭管理以及其他控制措施；

（三）立即抢修被损坏的交通、通信、供水、排水、供电、供气、供热、医疗卫生、广播电视、气象等公共设施，向受到危害的人员提供避难场所和生活必需品，实施医疗救护和卫生防疫以及其他保障措施；

（四）禁止或者限制使用有关设备、设施，关闭或者限制使用有关场所，中止人员密集的活动或者可能导致危害扩大的生产经营活动以及采取其他保护措施；

（五）启用本级人民政府设置的财政预备费和储备的应急救援物资，必要时调用其他急需物资、设备、设施、工具；

（六）组织公民、法人和其他组织参加应急救援和处置工作，要求具有特定专长的人员提供服务；

（七）保障食品、饮用水、药品、燃料等基本生活必需品的供应；

（八）依法从严惩处囤积居奇、哄抬价格、牟取暴利、制假售假等扰乱市场秩序的行为，维护市场秩序；

（九）依法从严惩处哄抢财物、干扰破坏应急处置工作等扰乱社会秩序的行为，维护社会治安；

（十）开展生态环境应急监测，保护集中式饮用水水源地等环境敏感目标，控制和处置污染物；

（十一）采取防止发生次生、衍生事件的必要措施。

第七十四条　社会安全事件发生后，组织处置工作的人民政府应当立即启动应急响应，组织有关部门针对事件的性质和特点，依照有关法律、行政法规和国家其他有关规定，采取下列一项或者多项应急处置措施：

（一）强制隔离使用器械相互对抗或者以暴力行为参与冲突的当事人，妥善解决现场纠纷和争端，控制事态发展；

（二）对特定区域内的建筑物、交通工具、设备、设施以及燃料、燃气、电力、水的供应进行控制；

（三）封锁有关场所、道路，查验现场人员的身份证件，限制有关公共场所内的活动；

（四）加强对易受冲击的核心机关和单位的警卫，在国家机关、军事机关、国家通讯社、广播电台、电视台、外国驻华使领馆等单位附近设置临时警戒线；

（五）法律、行政法规和国务院规定的其他必要措施。

第七十五条　发生突发事件，严重影响国民经济正常运行时，国务院或者国务院授权的有关主管部门可以采取保障、控制等必要的应急措施，保障人民群众的基本生活需要，最大限度地减轻突发事件的影响。

第七十六条　履行统一领导职责或者组织处置突发事件的人民政府及其有关部门，必要时可以向单位和个人征用应急救援所需设备、设施、场地、交通工具和其他物资，请求其他地方人民政府及其有关部门提供人力、物力、财力或者技术支援，要求生产、供应生活必需品和应急救援物资的企业组织生产、保证供给，要求提供医疗、交通等公共服务的组织提供相应的服务。

履行统一领导职责或者组织处置突发事件的人民政府和有关主管部门，应当组织协调运输经营单位，优先运送处置突发事件所需物资、设备、工具、应急救援人员和受到突发事件危害的人员。

履行统一领导职责或者组织处置突发事件的人民政府及其有关部门，应当为受突发事件影响无人照料的无民事行为能力人、限制民事行为能力人提供及时有效帮助；建立健全联系帮扶应急救援人员家庭制度，帮助解决实际困难。

第七十七条　突发事件发生地的居民委员会、村民委员会和其他组织应当按照当地人民政府的决定、命令，进行宣传动员，组织群众开展自救与互救，协助维护社会秩序；情况紧急的，应当立即组织群众开展自救与互救等先期处置工作。

第七十八条　受到自然灾害危害或者发生事故灾难、公共卫生事件的单位，应当立即组织本单位应急救援队伍和工作人员营救受害人员，疏散、撤离、安置受到威胁的人员，控制危险源，标明危险区域，封锁危险场所，并采取其他防止危害扩大的必要措施，同时向所在地县级人民政府报告；对因本单位的问题引发的或者主体是本单位人员的社会安全事件，有关单位应当按照规定上报情况，并迅速派出负责人赶赴现场开展劝解、疏导工作。

突发事件发生地的其他单位应当服从人民政府发布的决定、命令，配合人民政府采取的应急处置措施，做好本单位的应急救援工作，并积极组织人员参加所在地的应急救援和处置工作。

第七十九条　突发事件发生地的个人应当依法服从人民政府、居民委员会、村民委员会或者所属单位的指挥和安排，配合人民政府采取的应急处置措施，积极参加应急救援工作，协助维护社会秩序。

第八十条　国家支持城乡社区组织健全应急工作机制，强化城乡社区综合服务设施和信息平台应急功能，加强与突发事件信息系统数据共享，增强突发事件应急处置中保障群众基本生活和服务群众能力。

第八十一条　国家采取措施，加强心理健康服务体系和人才队伍建设，支持引导心理健康服务人员和社会工作者对受突发事件影响的各类人群开展心理健康教育、心理评估、心理疏导、心理危机干预、心理行为问题诊治等心理援助工作。

第八十二条　对于突发事件遇难人员的遗体，应当按照法律和国家有关规定，科学规范处置，加强卫生防疫，维护逝者尊严。对于逝者的遗物应当妥善保管。

第八十三条　县级以上人民政府及其有关部门根据突发事件应对工作需要，在履行法定职责所必需的范围和限度内，可以要求公民、法人和其他组织提供应急处置与救援需要的信息。公民、法人和其他组织应当予以提供，法律另有规定的除外。县级以上人民政府及其有关部门对获取的相关信息，应当严格保密，并依法保护公民的通信自由和通信秘密。

第八十四条　在突发事件应急处置中，有关单位和个人因依照本法规定配合突发事件应对工作或者履行相关义务，需要获取他人个人信息的，应当依照法律规定的程序和方式取得并确保信息安全，不得非法收集、使用、加工、传输他人个人信息，不得非法买卖、提供或者公开他人个人信息。

第八十五条　因依法履行突发事件应对工作职责或者义务获取的个人信息，只能用于突发事件应对，并在突发事件应对工作结束后予以销毁。确因依法作为证据使用或者调查评估需要留存或者延期销毁的，应当按照规定进行合法性、必要性、安全性评估，并采取相应保护和处理措施，严格依法使用。

第六章　事后恢复与重建

第八十六条　突发事件的威胁和危害得到控制或者消除后，履行统一领导职责或者组织处置突发事件的人民政府应当宣布解除应急响应，停止执行依照本法规定采取的应急处置措施，同时采取或者继续实施必要措施，防止发生自然灾害、事故灾难、公共卫生事件的次生、衍生事件或者重新引发社会安全事件，组织受影响地区尽快恢复社会秩序。

第八十七条　突发事件应急处置工作结束后，履行统一领导职责的人民政府应当立即组织对突发事件造成的影响和损失进行调查评估，制定恢复重建计划，并向上一级人民政府报告。

受突发事件影响地区的人民政府应当及时组织和协调应急管理、卫生健康、公安、交通、铁路、民航、邮政、电信、建设、生态环境、水利、能源、广播电视等有关部门恢复社会秩序，尽快修复被损坏的交通、通信、供水、排水、供电、供气、供热、医疗卫生、水利、广播电视等公共设施。

第八十八条　受突发事件影响地区的人民政府开展恢复重建工作需要上一级人民政府支持的，可以向上一级人民政府提出请求。上一级人民政府应当根据受影响地区遭受的损失和实际情况，提供资金、物资支持和技术指导，组织协调其他地区和有关方面提供资金、物资和人力支援。

第八十九条　国务院根据受突发事件影响地区遭受损失的情况，制定扶持该地区有关行业发展的优惠政策。

受突发事件影响地区的人民政府应当根据本地区遭受的损失和采取应急处置措施的情况，制定救助、补偿、抚慰、抚恤、安置等善后工作计划并组织实施，妥善解决因处置突发事件引发的矛盾纠纷。

第九十条　公民参加应急救援工作或者协助维护社会秩序期间，其所在单位应当保证其工资待遇和福利不变，并可以按照规定给予相应补助。

第九十一条　县级以上人民政府对在应急救援工作中伤亡的人员依法落实工伤待遇、抚恤或者其他保障政策，并组织做好应急救援工作中致病人员的医疗救治工作。

第九十二条　履行统一领导职责的人民政府在突发事件应对工作结束后，应当及时查明突发事件的发生经过和原因，总结突发事件应急处置工作的经验教训，制定改进措施，并向上一级人民政府提出报告。

第九十三条　突发事件应对工作中有关资金、物资的筹集、管理、分配、拨付和使用等情况，应当依法接受审计机关的审计监督。

第九十四条　国家档案主管部门应当建立健全突发事件应对工作相关档案收集、整理、保护、利用工作机制。突发事件应对工作中形成的材料，应当按照国家规定归档，并向相关档案馆移交。

第七章　法律责任

第九十五条　地方各级人民政府和县级以上人民政府有关部门违反本法规定，不履行或者不正确履行法定职责的，由其上级行政机关责令改正；有下列情形之一，由有关机关综合考虑突发事件发生的原因、后果、应对处置情况、行为人过错等因素，对负有责任的领导人员和直接责任人员依法给予处分：

（一）未按照规定采取预防措施，导致发生突发事件，或者未采取必要的防范措施，导致发生次生、衍生事件的；

（二）迟报、谎报、瞒报、漏报或者授意他人迟报、谎报、瞒报以及阻碍他人报告有关突发事件的信息，或者通报、报送、公布虚假信息，造成后果的；

（三）未按照规定及时发布突发事件警报、采取预警期的措施，导致损害发生的；

（四）未按照规定及时采取措施处置突发事件或者处置不当，造成后果的；

（五）违反法律规定采取应对措施，侵犯公民生命健康权益的；

（六）不服从上级人民政府对突发事件应急处置工作的统一领导、指挥和协调的；

（七）未及时组织开展生产自救、恢复重建等善后工作的；

（八）截留、挪用、私分或者变相私分应急救援资金、物资的；

（九）不及时归还征用的单位和个人的财产，或者对被征用财产的单位和个人不按照规定给予补偿的。

第九十六条　有关单位有下列情形之一，由所在地履行统一领导职责的人民政府有关部门责令停产停业，暂扣或者吊销许可证件，并处五万元以上二十万元以下的罚款；情节特别严重的，并处二十万元以上一百万元以下的罚款：

（一）未按照规定采取预防措施，导致发生较大以上突发事件的；

（二）未及时消除已发现的可能引发突发事件的隐患，导致发生较大以上突发事件的；

（三）未做好应急物资储备和应急设备、设施日常维护、检测工作，导致发生较大以上突发事件或者突发事件危害扩大的；

（四）突发事件发生后，不及时组织开展应急救援工作，造成严重后果的。

其他法律对前款行为规定了处罚的，依照较重的规定处罚。

第九十七条　违反本法规定，编造并传播有关突发事件的虚假信息，或者明知是有关突发事件的虚假信息而进行传播的，责令改正，给予警告；造成严重后果的，依法暂停其业务活动或者吊销其许可证件；负有直接责任的人员是公职人员的，还应当依法给予处分。

第九十八条　单位或者个人违反本法规定，不服从所在地人民政府及其有关部门依法发布的决定、命令或者不配合其依法采取的措施的，责令改正；造成严重后果的，依法给予行政处罚；负有直接责任的人员是公职人员的，还应当依法给予处分。

第九十九条　单位或者个人违反本法第八十四条、第八十五条关于个人信息保护规定的，由主管部门依照有关法律规定给予处罚。

第一百条　单位或者个人违反本法规定，导致突发事件发生或者危害扩大，造成人身、财产或者其他损害的，应当依法承担民事责任。

第一百零一条　为了使本人或者他人的人身、财产免受正在发生的危险而采取避险措施的，依照《中华人民共和国民法典》、《中华人民共和国刑法》等法律关于紧急避险的规定处理。

第一百零二条　违反本法规定，构成违反治安管理行为的，依法给予治安管理处罚；构成犯罪的，依法追究刑事责任。

第八章　附　　则

第一百零三条　发生特别重大突发事件，对人民生命财产安全、国家安全、公共安全、生态环境安全或者社会秩序构成重大威胁，采取本法和其他有关法律、法规、规章规定的应急处置措施不能消除或者有效控制、减轻其严重社会危害，需要进入紧急状态的，由全国人民代表大会常务委员会或者国务院依照宪法和其他有关法律规定的权限和程序决定。

紧急状态期间采取的非常措施，依照有关法律规定执行或者由全国人民代表大会常务委员会另行规定。

第一百零四条　中华人民共和国领域外发生突发事件，造成或者可能造成中华人民共和国公民、法人和其他组织人身伤亡、财产损失的，由国务院外交部门会同国务院其他有关部门、有关地方人民政府，按照国家有关规定做好应对工作。

第一百零五条　在中华人民共和国境内的外国人、无国籍人应当遵守本法，服从所在地人民政府及其有关部门依法发布的决定、命令，并配合其依法采取的措施。

第一百零六条　本法自2024年11月1日起施行。

中华人民共和国反恐怖主义法

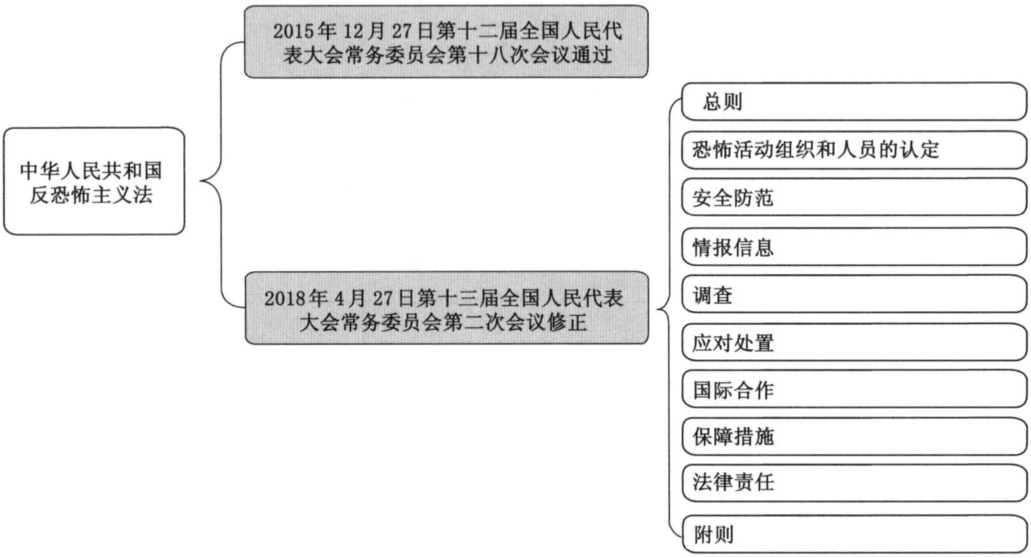

目　录

第一章　总　　则

第一条　为了防范和惩治恐怖活动，加强反恐怖主义工作，维护国家安全、公共安全和人民生命财产安全，根据宪法，制定本法。

第二条　国家反对一切形式的恐怖主义，依法取缔恐怖活动组织，对任何组织、策划、准备实施、实施恐怖活动，宣扬恐怖主义，煽动实施恐怖活动，组织、领导、参加恐怖活动组织，为恐怖活动提供帮助的，依法追究法律责任。

国家不向任何恐怖活动组织和人员作出妥协，不向任何恐怖活动人员提供庇护或者给予难民地位。

第三条　本法所称恐怖主义，是指通过暴力、破坏、恐吓等手段，制造社会恐慌、危害公共安全、侵犯人身财产，或者胁迫国家机关、国际组织，以实现其政治、意识形态等目的的主张和行为。

本法所称恐怖活动，是指恐怖主义性质的下列行为：

（一）组织、策划、准备实施、实施造成或者意图造成人员伤亡、重大财产损失、公共设施损坏、社会秩序混乱等严重社会危害的活动的；

（二）宣扬恐怖主义，煽动实施恐怖活动，或者非法持有宣扬恐怖主义的物品，强制他人在公共场所穿戴宣扬恐怖主义的服饰、标志的；

（三）组织、领导、参加恐怖活动组织的；

（四）为恐怖活动组织、恐怖活动人员、实施恐怖活动或者恐怖活动培训提供信息、资金、物资、劳务、技术、场所等支持、协助、便利的；

（五）其他恐怖活动。

本法所称恐怖活动组织，是指三人以上为实施恐怖活动而组成的犯罪组织。

本法所称恐怖活动人员，是指实施恐怖活动的人和恐怖活动组织的成员。

本法所称恐怖事件，是指正在发生或者已经发生的造成或者可能造成重大社会危害的恐怖活动。

第四条　国家将反恐怖主义纳入国家安全战略，综合施策，标本兼治，加强反恐怖主义的能力建设，运用政治、经济、法律、文化、教育、外交、军事等手段，开展反恐怖主义工作。

国家反对一切形式的以歪曲宗教教义或者其他方法煽动仇恨、煽动歧视、鼓吹暴力等极端主义，消除恐怖主义的思想基础。

第五条　反恐怖主义工作坚持专门工作与群众路线相结合，防范为主、惩防结合和先发制敌、保持主动的原则。

第六条　反恐怖主义工作应当依法进行，尊重和保障人权，维护公民和组织的合法权益。

在反恐怖主义工作中，应当尊重公民的宗教信仰自由和民族风俗习惯，禁止任何基于地域、民族、宗教等理由的歧视性做法。

第七条　国家设立反恐怖主义工作领导机构，统一领导和指挥全国反恐怖主义工作。

设区的市级以上地方人民政府设立反恐怖主义工作领导机构，县级人民政府根据需要设立反恐怖主义工作领导机构，在上级反恐怖主义工作领导机构的领导和指挥下，负责本地区反恐怖主义工作。

第八条　公安机关、国家安全机关和人民检察院、人民法院、司法行政机关以及其他有关国家机关，应当根据分工，实行工作责任制，依法做好反恐怖主义工作。

中国人民解放军、中国人民武装警察部队和民兵组织依照本法和其他有关法律、行政法规、军事法规以及国务院、中央军事委员会的命令，并根据反恐怖主义工作领导机构的部署，防范和处置恐怖活动。

有关部门应当建立联动配合机制，依靠、动员村民委员会、居民委员会、企业事业单位、社会组织，共同开展反恐怖主义工作。

第九条　任何单位和个人都有协助、配合有关部门开展反恐怖主义工作的义务，发现恐怖活动嫌疑或者恐怖活动嫌疑人员的，应当及时向公安机关或者有关部门报告。

第十条　对举报恐怖活动或者协助防范、制止恐怖活动有突出贡献的单位和个人，以及在反恐怖主义工作中作出其他突出贡献的单位和个人，按照国家有关规定给予表彰、奖励。

第十一条　对在中华人民共和国领域外对中华人民共和国国家、公民或者机构实施的恐怖活动犯罪，或者实施的中华人民共和国缔结、参加的国际条约所规定的恐怖活动犯罪，中华人民共和国行使刑事管辖权，依法追究刑事责任。

第二章　恐怖活动组织和人员的认定

第十二条　国家反恐怖主义工作领导机构根据本法第三条的规定，认定恐怖活动组织和人员，由国家反恐怖主义工作领导机构的办事机构予以公告。

第十三条　国务院公安部门、国家安全部门、外交部门和省级反恐怖主义工作领导机构对于需要认定恐怖活动组织和人员的，应当向国家反恐怖主义工作领导机构提出申请。

第十四条　金融机构和特定非金融机构对国家反恐怖主义工作领导机构的办事机构公告的恐怖活动组织和人员的资金或者其他资产，应当立即予以冻结，并按照规定及时向国务院公安部门、国家安全部门和反洗钱行政主管部门报告。

第十五条　被认定的恐怖活动组织和人员对认定不服的，可以通过国家反恐怖主义工作领导机构的办事机构申请复核。国家反恐怖主义工作领导机构应当及时进行复核，作出维持或者撤销认定的决定。复核决定为最终决定。

国家反恐怖主义工作领导机构作出撤销认定的决定的，由国家反恐怖主义工作领导机构的办事机构予以公告；资金、资产已被冻结的，应当解除冻结。

第十六条　根据刑事诉讼法的规定，有管辖权的中级以上人民法院在审判刑事案件的过程中，可以依法认定恐怖活动组织和人员。对于在判决生效后需要由国家反恐怖主义工作领导机构的办事机构予以公告的，适用本章的有关规定。

第三章　安全防范

第十七条　各级人民政府和有关部门应当组织开展反恐怖主义宣传教育，提高公民的反恐怖主义意识。

教育、人力资源行政主管部门和学校、有关职业培训机构应当将恐怖活动预防、应急知识纳入教育、教学、培训的内容。

新闻、广播、电视、文化、宗教、互联网等有关单位，应当有针对性地面向社会进行反恐怖主义宣传教育。

村民委员会、居民委员会应当协助人民政府以及有关部门，加强反恐怖主义宣传教育。

第十八条　电信业务经营者、互联网服务提供者应当为公安机关、国家安全机关依法进行防范、调查恐怖活动提供技术接口和解密等技术支持和协助。

第十九条　电信业务经营者、互联网服务提供者应当依照法律、行政法规规定，落实网络安全、信息内容监督制度和安全技术防范措施，防止含有恐怖主义、极端主义内容的信息传播；发现含有恐怖主义、极端主义内容的信息的，应当立即停止传输，保存相关记录，删除相关信息，并向公安机关或者有关部门报告。

网信、电信、公安、国家安全等主管部门对含有恐怖主义、极端主义内容的信息，应当按照职责分工，及时责令有关单位停止传输、删除相关信息，或者关闭相关网站、关停相关服务。有关单位应当立即执行，并保存相关记录，协助进行调查。对互联网上跨境传输的含有恐怖主义、极端主义内容的信息，电信主管部门应当采取技术措施，阻断传播。

第二十条　铁路、公路、水上、航空的货运和邮政、快递等物流运营单位应当实行安全查验制度，对客户身份进行查验，依照规定对运输、寄递物品进行安全检查或者开封验视。对禁止运输、寄递，存在重大安全隐患，或者客户拒绝安全查验的物品，不得运输、寄递。

前款规定的物流运营单位，应当实行运输、寄递客户身份、物品信息登记制度。

第二十一条　电信、互联网、金融、住宿、长途客运、机动车租赁等业务经营者、服务提供者，应当对客户身份进行查验。对身份不明或者拒绝身份查验的，不得提供服务。

第二十二条　生产和进口单位应当依照规定对枪支等武器、弹药、管制器具、危险化学品、民用爆炸物品、核与放射物品作出电子追踪标识，对民用爆炸物品添加安检示踪标识物。

运输单位应当依照规定对运营中的危险化学品、民用爆炸物品、核与放射物品的运输工具通过定位系统实行监控。

有关单位应当依照规定对传染病病原体等物质实行严格的监督管理，严密防范传染病病原体等物质扩散或者流入非法渠道。

对管制器具、危险化学品、民用爆炸物品，国务院有关主管部门或者省级人民政府根据需要，在特定区域、特定时间，可以决定对生产、进出口、运输、销售、使用、报废实施管制，可以禁止使用现金、实物进行交易或者对交易活动作出其他限制。

第二十三条　发生枪支等武器、弹药、危险化学品、民用爆炸物品、核与放射物品、传染病病原体等物质被盗、被抢、丢失或者其他流失的情形，案发单位应当立即采取必要的控制措施，并立即向公安机关报告，同时依照规定向有关主管部门报告。公安机关接到报告后，应当及时开展调查。有关主管部门应当配合公安机关开展工作。

任何单位和个人不得非法制作、生产、储存、运输、进出口、销售、提供、购买、使用、持有、报废、销毁前款规定的物品。公安机关发现的，应当予以扣押；其他主管部门发现的，应当予以扣押，并立即通报公安机关；其他单位、个人发现的，应当立即向公安机关报告。

第二十四条　国务院反洗钱行政主管部门、国务院有关部门、机构依法对金融机构和特定非金融机构履行反恐怖主义融资义务的情况进行监督管理。

国务院反洗钱行政主管部门发现涉嫌恐怖主义融资的，可以依法进行调查，采取临时冻结措施。

第二十五条　审计、财政、税务等部门在依照法律、行政法规的规定对有关单位实施监督检查的过程中，发现资金流入流出涉嫌恐怖主义融资的，应当及时通报公安机关。

第二十六条　海关在对进出境人员携带现金和无记名有价证券实施监管的过程中，发现涉嫌恐怖主义融资的，应当立即通报国务院反洗钱行政主管部门和有管辖权的公安机关。

第二十七条　地方各级人民政府制定、组织实施城乡规划，应当符合反恐怖主义工作的需要。

地方各级人民政府应当根据需要，组织、督促有关建设单位在主要道路、交通枢纽、城市公共区域的重点部位，配备、安装公共安全视频图像信息系统等防范恐怖袭击的技防、物防设备、设施。

第二十八条　公安机关和有关部门对宣扬极端主义，利用极端主义危害公共安全、扰乱公共秩序、侵犯人身财产、妨害社会管理的，应当及时予以制止，依法追究法律责任。

公安机关发现极端主义活动的，应当责令立即停止，将有关人员强行带离现场并登记身份信息，对有关物品、资料予以收缴，对非法活动场所予以查封。

任何单位和个人发现宣扬极端主义的物品、资料、信息的，应当立即向公安机关报告。

第二十九条　对被教唆、胁迫、引诱参与恐怖活动、极端主义活动，或者参与恐怖活动、极端主义活动情节轻微，尚不构成犯罪的人员，公安机关应当组织有关部门、村民委员会、居民委员会、所在单位、就读学校、家庭和监护人对其进行帮教。

监狱、看守所、社区矫正机构应当加强对服刑的恐怖活动罪犯和极端主义罪犯的管理、教育、矫正等工作。监狱、看守所对恐怖活动罪犯和极端主义罪犯，根据教育改造和维护监管秩序的需要，可以与普通刑事罪犯混合关押，也可以个别关押。

第三十条　对恐怖活动罪犯和极端主义罪犯被判处徒刑以上刑罚的，监狱、看守所应当在刑满释放前根据其犯罪性质、情节和社会危害程度，服刑期间的表现，释放后对所居住社区的影响等进行社会危险性评估。进行社会危险性评估，应当听取有关基层组织和原办案机关的意见。经评估具有社会危险性的，监狱、看守所应当向罪犯服刑地的中级人民法院提出安置教育建议，并将建议书副本抄送同级人民检察院。

罪犯服刑地的中级人民法院对于确有社会危险性的，应当在罪犯刑满释放前作出责令其在刑满释放后接受安置教育的决定。决定书副本应当抄送同级人民检察院。被决定安置教育的人员对决定不服的，可以向上一级人民法院申请复议。安置教育由省级人民政府组织实施。

安置教育机构应当每年对被安置教育人员进行评估，对于确有悔改表现，不致再危害社会的，应当及时提出解除安置教育的意见，报决定安置教育的中级人民法院作出决定。被安置教育人员有权申请解除安置教育。

人民检察院对安置教育的决定和执行实行监督。

第三十一条 公安机关应当会同有关部门，将遭受恐怖袭击的可能性较大以及遭受恐怖袭击可能造成重大的人身伤亡、财产损失或者社会影响的单位、场所、活动、设施等确定为防范恐怖袭击的重点目标，报本级反恐怖主义工作领导机构备案。

第三十二条 重点目标的管理单位应当履行下列职责：

（一）制定防范和应对处置恐怖活动的预案、措施，定期进行培训和演练；

（二）建立反恐怖主义工作专项经费保障制度，配备、更新防范和处置设备、设施；

（三）指定相关机构或者落实责任人员，明确岗位职责；

（四）实行风险评估，实时监测安全威胁，完善内部安全管理；

（五）定期向公安机关和有关部门报告防范措施落实情况。

重点目标的管理单位应当根据城乡规划、相关标准和实际需要，对重点目标同步设计、同步建设、同步运行符合本法第二十七条规定的技防、物防设备、设施。

重点目标的管理单位应当建立公共安全视频图像信息系统值班监看、信息保存使用、运行维护等管理制度，保障相关系统正常运行。采集的视频图像信息保存期限不得少于九十日。

对重点目标以外的涉及公共安全的其他单位、场所、活动、设施，其主管部门和管理单位应当依照法律、行政法规规定，建立健全安全管理制度，落实安全责任。

第三十三条 重点目标的管理单位应当对重要岗位人员进行安全背景审查。对有不适合情形的人员，应当调整工作岗位，并将有关情况通报公安机关。

第三十四条 大型活动承办单位以及重点目标的管理单位应当依照规定，对进入大型活动场所、机场、火车站、码头、城市轨道交通站、公路长途客运站、口岸等重点目标的人员、物品和交通工具进行安全检查。发现违禁品和管制物品，应当予以扣留并立即向公安机关报告；发现涉嫌违法犯罪人员，应当立即向公安机关报告。

第三十五条 对航空器、列车、船舶、城市轨道车辆、公共电汽车等公共交通运输工具，营运单位应当依照规定配备安保人员和相应设备、设施，加强安全检查和保卫工作。

第三十六条 公安机关和有关部门应当掌握重点目标的基础信息和重要动态，指导、监督重点目标的管理单位履行防范恐怖袭击的各项职责。

公安机关、中国人民武装警察部队应当依照有关规定对重点目标进行警戒、巡逻、检查。

第三十七条 飞行管制、民用航空、公安等主管部门应当按照职责分工，加强空域、航空器和飞行活动管理，严密防范针对航空器或者利用飞行活动实施的恐怖活动。

第三十八条 各级人民政府和军事机关应当在重点国（边）境地段和口岸设置拦阻隔离网、视频图像采集和防越境报警设施。

公安机关和中国人民解放军应当严密组织国（边）境巡逻，依照规定对抵离国（边）境前沿、进出国（边）境管理区和国（边）境通道、口岸的人员、交通运输工具、物品，以及沿海沿边地区的船舶进行查验。

第三十九条 出入境证件签发机关、出入境边防检查机关对恐怖活动人员和恐怖活动嫌疑人员，有权决定不准其出境入境、不予签发出境入境证件或者宣布其出境入境证件作废。

第四十条 海关、出入境边防检查机关发现恐怖活动嫌疑人员或者涉嫌恐怖活动物品的，应当依法扣留，并立即移送公安机关或者国家安全机关。

第四十一条　国务院外交、公安、国家安全、发展改革、工业和信息化、商务、旅游等主管部门应当建立境外投资合作、旅游等安全风险评估制度，对中国在境外的公民以及驻外机构、设施、财产加强安全保护，防范和应对恐怖袭击。

第四十二条　驻外机构应当建立健全安全防范制度和应对处置预案，加强对有关人员、设施、财产的安全保护。

第四章　情报信息

第四十三条　国家反恐怖主义工作领导机构建立国家反恐怖主义情报中心，实行跨部门、跨地区情报信息工作机制，统筹反恐怖主义情报信息工作。

有关部门应当加强反恐怖主义情报信息搜集工作，对搜集的有关线索、人员、行动类情报信息，应当依照规定及时统一归口报送国家反恐怖主义情报中心。

地方反恐怖主义工作领导机构应当建立跨部门情报信息工作机制，组织开展反恐怖主义情报信息工作，对重要的情报信息，应当及时向上级反恐怖主义工作领导机构报告，对涉及其他地方的紧急情报信息，应当及时通报相关地方。

第四十四条　公安机关、国家安全机关和有关部门应当依靠群众，加强基层基础工作，建立基层情报信息工作力量，提高反恐怖主义情报信息工作能力。

第四十五条　公安机关、国家安全机关、军事机关在其职责范围内，因反恐怖主义情报信息工作的需要，根据国家有关规定，经过严格的批准手续，可以采取技术侦察措施。

依照前款规定获取的材料，只能用于反恐怖主义应对处置和对恐怖活动犯罪、极端主义犯罪的侦查、起诉和审判，不得用于其他用途。

第四十六条　有关部门对于在本法第三章规定的安全防范工作中获取的信息，应当根据国家反恐怖主义情报中心的要求，及时提供。

第四十七条　国家反恐怖主义情报中心、地方反恐怖主义工作领导机构以及公安机关等有关部门应当对有关情报信息进行筛查、研判、核查、监控，认为有发生恐怖事件危险，需要采取相应的安全防范、应对处置措施的，应当及时通报有关部门和单位，并可以根据情况发出预警。有关部门和单位应当根据通报做好安全防范、应对处置工作。

第四十八条　反恐怖主义工作领导机构、有关部门和单位、个人应当对履行反恐怖主义工作职责、义务过程中知悉的国家秘密、商业秘密和个人隐私予以保密。

违反规定泄露国家秘密、商业秘密和个人隐私的，依法追究法律责任。

第五章　调　　查

第四十九条　公安机关接到恐怖活动嫌疑的报告或者发现恐怖活动嫌疑，需要调查核实的，应当迅速进行调查。

第五十条　公安机关调查恐怖活动嫌疑，可以依照有关法律规定对嫌疑人员进行盘问、检查、传唤，可以提取或者采集肖像、指纹、虹膜图像等人体生物识别信息和血液、尿液、脱落细胞等生物样本，并留存其签名。

公安机关调查恐怖活动嫌疑，可以通知了解有关情况的人员到公安机关或者其他地点接受询问。

第五十一条　公安机关调查恐怖活动嫌疑，有权向有关单位和个人收集、调取相关信息和材料。有关单位和个人应当如实提供。

第五十二条　公安机关调查恐怖活动嫌疑，经县级以上公安机关负责人批准，可以查询嫌疑人员的存款、汇款、债券、股票、基金份额等财产，可以采取查封、扣押、冻结措施。查封、扣押、冻结的期限不得超过二个月，情况复杂的，可以经上一级公安机关负责人批准延长一个月。

第五十三条　公安机关调查恐怖活动嫌疑，经县级以上公安机关负责人批准，可以根据其危险程度，责令恐怖活动嫌疑人员遵守下列一项或者多项约束措施：

（一）未经公安机关批准不得离开所居住的市、县或者指定的处所；

（二）不得参加大型群众性活动或者从事特定的活动；

（三）未经公安机关批准不得乘坐公共交通工具或者进入特定的场所；

（四）不得与特定的人员会见或者通信；

（五）定期向公安机关报告活动情况；

（六）将护照等出入境证件、身份证件、驾驶证件交公安机关保存。

公安机关可以采取电子监控、不定期检查等方式对其遵守约束措施的情况进行监督。

采取前两款规定的约束措施的期限不得超过三个月。对不需要继续采取约束措施的，应当及时解除。

第五十四条　公安机关经调查，发现犯罪事实或者犯罪嫌疑人的，应当依照刑事诉讼法的规定立案侦查。本章规定的有关期限届满，公安机关未立案侦查的，应当解除有关措施。

第六章　应对处置

第五十五条　国家建立健全恐怖事件应对处置预案体系。

国家反恐怖主义工作领导机构应当针对恐怖事件的规律、特点和可能造成的社会危害，分级、分类制定国家应对处置预案，具体规定恐怖事件应对处置的组织指挥体系和恐怖事件安全防范、应对处置程序以及事后社会秩序恢复等内容。

有关部门、地方反恐怖主义工作领导机构应当制定相应的应对处置预案。

第五十六条　应对处置恐怖事件，各级反恐怖主义工作领导机构应当成立由有关部门参加的指挥机构，实行指挥长负责制。反恐怖主义工作领导机构负责人可以担任指挥长，也可以确定公安机关负责人或者反恐怖主义工作领导机构的其他成员单位负责人担任指挥长。

跨省、自治区、直辖市发生的恐怖事件或者特别重大恐怖事件的应对处置，由国家反恐怖主义工作领导机构负责指挥；在省、自治区、直辖市范围内发生的涉及多个行政区域的恐怖事件或者重大恐怖事件的应对处置，由省级反恐怖主义工作领导机构负责指挥。

第五十七条　恐怖事件发生后，发生地反恐怖主义工作领导机构应当立即启动恐怖事件应对处置预案，确定指挥长。有关部门和中国人民解放军、中国人民武装警察部队、民兵组织，按照反恐怖主义工作领导机构和指挥长的统一领导、指挥，协同开展打击、控制、救援、救护等现场应对处置工作。

上级反恐怖主义工作领导机构可以对应对处置工作进行指导，必要时调动有关反恐怖主义力量进行支援。

需要进入紧急状态的，由全国人民代表大会常务委员会或者国务院依照宪法和其他有关法律规定的权限和程序决定。

第五十八条　发现恐怖事件或者疑似恐怖事件后，公安机关应当立即进行处置，并向反恐怖主义工作领导机构报告；中国人民解放军、中国人民武装警察部队发现正在实施恐怖活动的，应当立即予以控制并将案件及时移交公安机关。

反恐怖主义工作领导机构尚未确定指挥长的，由在场处置的公安机关职级最高的人员担任现场指挥员。公安机关未能到达现场的，由在场处置的中国人民解放军或者中国人民武装警察部队职级最高的人员担任现场指挥员。

现场应对处置人员无论是否属于同一单位、系统，均应当服从现场指挥员的指挥。

指挥长确定后，现场指挥员应当向其请示、报告工作或者有关情况。

第五十九条　中华人民共和国在境外的机构、人员、重要设施遭受或者可能遭受恐怖袭击的，国务院外交、公安、国家安全、商务、金融、国有资产监督管理、旅游、交通运输等主管部门应当及时启动应对处置预案。国务院外交部门应当协调有关国家采取相应措施。

中华人民共和国在境外的机构、人员、重要设施遭受严重恐怖袭击后，经与有关国家协商同意，国家反恐怖主义工作领导机构可以组织外交、公安、国家安全等部门派出工作人员赴境外开展应对处置工作。

第六十条　应对处置恐怖事件，应当优先保护直接受到恐怖活动危害、威胁人员的人身安全。

第六十一条　恐怖事件发生后，负责应对处置的反恐怖主义工作领导机构可以决定由有关部门和单位采取下列一项或者多项应对处置措施：

（一）组织营救和救治受害人员，疏散、撤离并妥善安置受到威胁的人员以及采取其他救助措施；

（二）封锁现场和周边道路，查验现场人员的身份证件，在有关场所附近设置临时警戒线；

（三）在特定区域内实施空域、海（水）域管制，对特定区域内的交通运输工具进行检查；

（四）在特定区域内实施互联网、无线电、通讯管制；

（五）在特定区域内或者针对特定人员实施出境入境管制；

（六）禁止或者限制使用有关设备、设施，关闭或者限制使用有关场所，中止人员密集的活动或者可能导致危害扩大的生产经营活动；

（七）抢修被损坏的交通、电信、互联网、广播电视、供水、排水、供电、供气、供热等公共设施；

（八）组织志愿人员参加反恐怖主义救援工作，要求具有特定专长的人员提供服务；

（九）其他必要的应对处置措施。

采取前款第三项至第五项规定的应对处置措施，由省级以上反恐怖主义工作领导机构决定或者批准；采取前款第六项规定的应对处置措施，由设区的市级以上反恐怖主义工作领导机构决定。应对处置措施应当明确适用的时间和空间范围，并向社会公布。

第六十二条　人民警察、人民武装警察以及其他依法配备、携带武器的应对处置人员，对在现场持枪支、刀具等凶器或者使用其他危险方法，正在或者准备实施暴力行为的人员，经警告无效的，可以使用武器；紧急情况下或者警告后可能导致更为严重危害后果的，可以直接使用武器。

第六十三条　恐怖事件发生、发展和应对处置信息，由恐怖事件发生地的省级反恐怖主义工作领导机构统一发布；跨省、自治区、直辖市发生的恐怖事件，由指定的省级反恐怖主义工作领导机构统一发布。

任何单位和个人不得编造、传播虚假恐怖事件信息；不得报道、传播可能引起模仿的恐怖活动的实施细节；不得发布恐怖事件中残忍、不人道的场景；在恐怖事件的应对处置过程中，除新闻媒体经负责发布信息的反恐怖主义工作领导机构批准外，不得报道、传播现场应对处置的工作人员、人质身份信息和应对处置行动情况。

第六十四条　恐怖事件应对处置结束后，各级人民政府应当组织有关部门帮助受影响的单位和个人尽快恢复生活、生产，稳定受影响地区的社会秩序和公众情绪。

第六十五条　当地人民政府应当及时给予恐怖事件受害人员及其近亲属适当的救助，并向失去基本生活条件的受害人员及其近亲属及时提供基本生活保障。卫生、医疗保障等主管部门应当为恐怖事件受害人员及其近亲属提供心理、医疗等方面的援助。

第六十六条　公安机关应当及时对恐怖事件立案侦查，查明事件发生的原因、经过和结果，依法追究恐怖活动组织、人员的刑事责任。

第六十七条　反恐怖主义工作领导机构应当对恐怖事件的发生和应对处置工作进行全面分析、总结评估，提出防范和应对处置改进措施，向上一级反恐怖主义工作领导机构报告。

第七章　国际合作

第六十八条　中华人民共和国根据缔结或者参加的国际条约，或者按照平等互惠原则，与其他国家、地区、国际组织开展反恐怖主义合作。

第六十九条　国务院有关部门根据国务院授权，代表中国政府与外国政府和有关国际组织开展反恐怖主义政策对话、情报信息交流、执法合作和国际资金监管合作。

在不违背我国法律的前提下，边境地区的县级以上地方人民政府及其主管部门，经国务院或者中央有关部门批准，可以与相邻国家或者地区开展反恐怖主义情报信息交流、执法合作和国际资金监管合作。

第七十条　涉及恐怖活动犯罪的刑事司法协助、引渡和被判刑人移管，依照有关法律规定执行。

第七十一条　经与有关国家达成协议，并报国务院批准，国务院公安部门、国家安全部门可以派员出境执行反恐怖主义任务。中国人民解放军、中国人民武装警察部队派员出境执行反恐怖主义任务，由中央军事委员会批准。

第七十二条　通过反恐怖主义国际合作取得的材料可以在行政处罚、刑事诉讼中作为证据使用，但我方承诺不作为证据使用的除外。

第八章　保障措施

第七十三条　国务院和县级以上地方各级人民政府应当按照事权划分，将反恐怖主义工作经费分别列入同级财政预算。

国家对反恐怖主义重点地区给予必要的经费支持，对应对处置大规模恐怖事件给予经费保障。

第七十四条　公安机关、国家安全机关和有关部门，以及中国人民解放军、中国人民武装警察部队，应当依照法律规定的职责，建立反恐怖主义专业力量，加强专业训练，配备必要的反恐怖主义专业设备、设施。

县级、乡级人民政府根据需要，指导有关单位、村民委员会、居民委员会建立反恐怖主义工作力量、志愿者队伍，协助、配合有关部门开展反恐怖主义工作。

第七十五条　对因履行反恐怖主义工作职责或者协助、配合有关部门开展反恐怖主义工作导致伤残或者死亡的人员，按照国家有关规定给予相应的待遇。

第七十六条　因报告和制止恐怖活动，在恐怖活动犯罪案件中作证，或者从事反恐怖主义工作，本人或者其近亲属的人身安全面临危险的，经本人或者其近亲属提出申请，公安机关、有关部门应当采取下列一项或者多项保护措施：

（一）不公开真实姓名、住址和工作单位等个人信息；

（二）禁止特定的人接触被保护人员；

（三）对人身和住宅采取专门性保护措施；

（四）变更被保护人员的姓名，重新安排住所和工作单位；

（五）其他必要的保护措施。

公安机关、有关部门应当依照前款规定，采取不公开被保护单位的真实名称、地址，禁止特定的人接近被保护单位，对被保护单位办公、经营场所采取专门性保护措施，以及其他必要的保护措施。

第七十七条　国家鼓励、支持反恐怖主义科学研究和技术创新，开发和推广使用先进的反恐怖主义技术、设备。

第七十八条　公安机关、国家安全机关、中国人民解放军、中国人民武装警察部队因履行反恐怖主义职责的紧急需要，根据国家有关规定，可以征用单位和个人的财产。任务完成后应当及时归还或者恢复原状，并依照规定支付相应费用；造成损失的，应当补偿。

因开展反恐怖主义工作对有关单位和个人的合法权益造成损害的，应当依法给予赔偿、补偿。有关单位和个人有权依法请求赔偿、补偿。

第九章　法律责任

第七十九条　组织、策划、准备实施、实施恐怖活动，宣扬恐怖主义，煽动实施恐怖活动，非法持有宣扬恐怖主义的物品，强制他人在公共场所穿戴宣扬恐怖主义的服饰、标志，组织、领导、参加恐怖活动组织，为恐怖活动组织、恐怖活动人员、实施恐怖活动或者恐怖活动培训提供帮助的，依法追究刑事责任。

第八十条　参与下列活动之一，情节轻微，尚不构成犯罪的，由公安机关处十日以上十五日以下拘留，可以并处一万元以下罚款：

（一）宣扬恐怖主义、极端主义或者煽动实施恐怖活动、极端主义活动的；

（二）制作、传播、非法持有宣扬恐怖主义、极端主义的物品的；

（三）强制他人在公共场所穿戴宣扬恐怖主义、极端主义的服饰、标志的；

（四）为宣扬恐怖主义、极端主义或者实施恐怖主义、极端主义活动提供信息、资金、物资、劳务、技术、场所等支持、协助、便利的。

第八十一条　利用极端主义，实施下列行为之一，情节轻微，尚不构成犯罪的，由公安机关处五日以上十五日以下拘留，可以并处一万元以下罚款：

（一）强迫他人参加宗教活动，或者强迫他人向宗教活动场所、宗教教职人员提供财物或者劳务的；

（二）以恐吓、骚扰等方式驱赶其他民族或者有其他信仰的人员离开居住地的；

（三）以恐吓、骚扰等方式干涉他人与其他民族或者有其他信仰的人员交往、共同生活的；

（四）以恐吓、骚扰等方式干涉他人生活习俗、方式和生产经营的；

（五）阻碍国家机关工作人员依法执行职务的；

（六）歪曲、诋毁国家政策、法律、行政法规，煽动、教唆抵制人民政府依法管理的；

（七）煽动、胁迫群众损毁或者故意损毁居民身份证、户口簿等国家法定证件以及人民币的；

（八）煽动、胁迫他人以宗教仪式取代结婚、离婚登记的；

（九）煽动、胁迫未成年人不接受义务教育的；

（十）其他利用极端主义破坏国家法律制度实施的。

第八十二条　明知他人有恐怖活动犯罪、极端主义犯罪行为，窝藏、包庇，情节轻微，尚不构成犯罪的，或者在司法机关向其调查有关情况、收集有关证据时，拒绝提供的，由公安机关处十日以上十五日以下拘留，可以并处一万元以下罚款。

第八十三条　金融机构和特定非金融机构对国家反恐怖主义工作领导机构的办事机构公告的恐怖活动组织及恐怖活动人员的资金或者其他资产，未立即予以冻结的，由公安机关处二十万元以上五十万元以下罚款，并对直接负责的董事、高级管理人员和其他直接责任人员处十万元以下罚款；情节严重的，处五十万元以上罚款，并对直接负责的董事、高级管理人员和其他直接责任人员，处十万元以上五十万元以下罚款，可以并处五日以上十五日以下拘留。

第八十四条　电信业务经营者、互联网服务提供者有下列情形之一的，由主管部门处二十万元以上五十万元以下罚款，并对其直接负责的主管人员和其他直接责任人员处十万元以下罚款；情节严重的，处五十万元以上罚款，并对其直接负责的主管人员和其他直接责任人员，处十万元以上五十万元以下罚款，可以由公安机关对其直接负责的主管人员和其他直接责任人员，处五日以上十五日以下拘留：

（一）未依照规定为公安机关、国家安全机关依法进行防范、调查恐怖活动提供技术接口和解密等技术支持和协助的；

（二）未按照主管部门的要求，停止传输、删除含有恐怖主义、极端主义内容的信息，保存相关记录，关闭相关网站或者关停相关服务的；

（三）未落实网络安全、信息内容监督制度和安全技术防范措施，造成含有恐怖主义、极端主义内容的信息传播，情节严重的。

第八十五条　铁路、公路、水上、航空的货运和邮政、快递等物流运营单位有下列情形之一的，由主管部门处十万元以上五十万元以下罚款，并对其直接负责的主管人员和其他直接责任人员处十万元以下罚款：

（一）未实行安全查验制度，对客户身份进行查验，或者未依照规定对运输、寄递物品进行安全检查或者开封验视的；

（二）对禁止运输、寄递，存在重大安全隐患，或者客户拒绝安全查验的物品予以运输、寄递的；

（三）未实行运输、寄递客户身份、物品信息登记制度的。

第八十六条　电信、互联网、金融业务经营者、服务提供者未按规定对客户身份进行查验，或者对身份不明、拒绝身份查验的客户提供服务的，主管部门应当责令改正；拒不改正的，处二十万元以上五十万元以下罚款，并对其直接负责的主管人员和其他直接责任人员处十万元以下罚款；情节严重的，处五十万元以上罚款，并对其直接负责的主管人员和其他直接责任人员，处十万元以上五十万元以下罚款。住宿、长途客运、机动车租赁等业务经营者、服务提供者有前款规定情形的，由主管部门处十万元以上五十万元以下罚款，并对其直接负责的主管人员和其他直接责任人员处十万元以下罚款。

第八十七条　违反本法规定，有下列情形之一的，由主管部门给予警告，并责令改正；拒不改正的，处十万元以下罚款，并对其直接负责的主管人员和其他直接责任人员处一万元以下罚款：

（一）未依照规定对枪支等武器、弹药、管制器具、危险化学品、民用爆炸物品、核与放射物品作出电子追踪标识，对民用爆炸物品添加安检示踪标识物的；

（二）未依照规定对运营中的危险化学品、民用爆炸物品、核与放射物品的运输工具通过定位系统实行监控的；

（三）未依照规定对传染病病原体等物质实行严格的监督管理，情节严重的；

（四）违反国务院有关主管部门或者省级人民政府对管制器具、危险化学品、民用爆炸物品决定的管制或者限制交易措施的。

第八十八条　防范恐怖袭击重点目标的管理、营运单位违反本法规定，有下列情形之一的，由公安机关给予警告，并责令改正；拒不改正的，处十万元以下罚款，并对其直接负责的主管人员和其他直接责任人员处一万元以下罚款：

（一）未制定防范和应对处置恐怖活动的预案、措施的；

（二）未建立反恐怖主义工作专项经费保障制度，或者未配备防范和处置设备、设施的；

（三）未落实工作机构或者责任人员的；

（四）未对重要岗位人员进行安全背景审查，或者未将有不适合情形的人员调整工作岗位的；

（五）对公共交通运输工具未依照规定配备安保人员和相应设备、设施的；

（六）未建立公共安全视频图像信息系统值班监看、信息保存使用、运行维护等管理制度的。

大型活动承办单位以及重点目标的管理单位未依照规定对进入大型活动场所、机场、火车站、码头、城市轨道交通站、公路长途客运站、口岸等重点目标的人员、物品和交通工具进行安全检查的，公安机关应当责令改正；拒不改正的，处十万元以下罚款，并对其直接负责的主管人员和其他直接责任人员处一万元以下罚款。

第八十九条　恐怖活动嫌疑人员违反公安机关责令其遵守的约束措施的，由公安机关给予警告，并责令改正；拒不改正的，处五日以上十五日以下拘留。

第九十条　新闻媒体等单位编造、传播虚假恐怖事件信息，报道、传播可能引起模仿的恐怖活动的实施细节，发布恐怖事件中残忍、不人道的场景，或者未经批准，报道、传播现场应对处置的工作人员、人质身份信息和应对处置行动情况的，由公安机关处二十万元以下罚款，并对其直接负责的主管人员和其他直接责任人员，处五日以上十五日以下拘留，可以并处五万元以下罚款。

个人有前款规定行为的，由公安机关处五日以上十五日以下拘留，可以并处一万元以下罚款。

第九十一条　拒不配合有关部门开展反恐怖主义安全防范、情报信息、调查、应对处置工作的，由主管部门处二千元以下罚款；造成严重后果的，处五日以上十五日以下拘留，可以并处一万元以下罚款。

单位有前款规定行为的，由主管部门处五万元以下罚款；造成严重后果的，处十万元以下罚款；并对其直接负责的主管人员和其他直接责任人员依照前款规定处罚。

第九十二条　阻碍有关部门开展反恐怖主义工作的，由公安机关处五日以上十五日以下拘留，可以并处五万元以下罚款。

单位有前款规定行为的，由公安机关处二十万元以下罚款，并对其直接负责的主管人员和其他直接责任人员依照前款规定处罚。

阻碍人民警察、人民解放军、人民武装警察依法执行职务的，从重处罚。

第九十三条　单位违反本法规定，情节严重的，由主管部门责令停止从事相关业务、提供相关服务或者责令停产停业；造成严重后果的，吊销有关证照或者撤销登记。

第九十四条　反恐怖主义工作领导机构、有关部门的工作人员在反恐怖主义工作中滥用职权、玩忽职守、徇私舞弊，或者有违反规定泄露国家秘密、商业秘密和个人隐私等行为，构成犯罪的，依法追究刑事责任；尚不构成犯罪的，依法给予处分。

反恐怖主义工作领导机构、有关部门及其工作人员在反恐怖主义工作中滥用职权、玩忽职守、徇私舞弊或者有其他违法违纪行为的，任何单位和个人有权向有关部门检举、控告。有关部门接到检举、控告后，应当及时处理并回复检举、控告人。

第九十五条　对依照本法规定查封、扣押、冻结、扣留、收缴的物品、资金等，经审查发现与恐怖主义无关的，应当及时解除有关措施，予以退还。

第九十六条　有关单位和个人对依照本法作出的行政处罚和行政强制措施决定不服的，可以依法申请行政复议或者提起行政诉讼。

第十章　附　　则

第九十七条　本法自2016年1月1日起施行。2011年10月29日第十一届全国人民代表大会常务委员会第二十三次会议通过的《全国人民代表大会常务委员会关于加强反恐怖工作有关问题的决定》同时废止。

中华人民共和国集会游行示威法

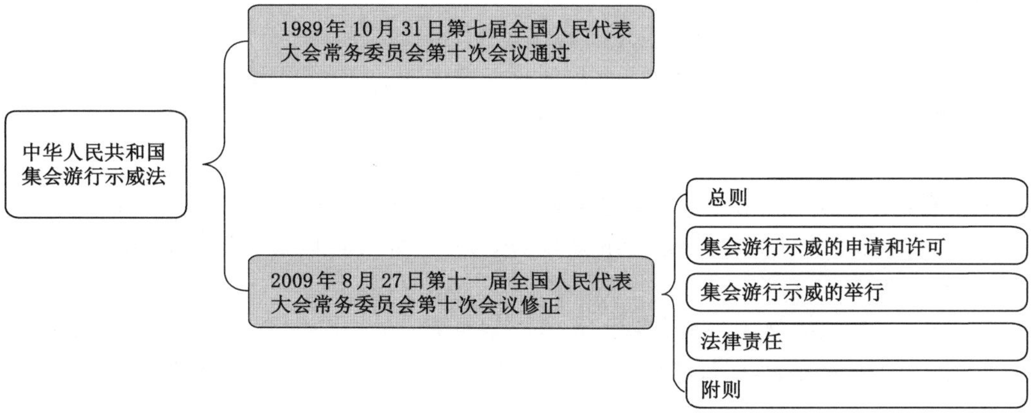

目　录

第一章　总　则

第一条　为了保障公民依法行使集会、游行、示威的权利，维护社会安定和公共秩序，根据宪法，制定本法。

第二条　在中华人民共和国境内举行集会、游行、示威，均适用本法。

本法所称集会，是指聚集于露天公共场所，发表意见、表达意愿的活动。

本法所称游行，是指在公共道路、露天公共场所列队行进、表达共同意愿的活动。

本法所称示威，是指在露天公共场所或者公共道路上以集会、游行、静坐等方式，表达要求、抗议或者支持、声援等共同意愿的活动。

文娱、体育活动，正常的宗教活动，传统的民间习俗活动，不适用本法。

第三条　公民行使集会、游行、示威的权利，各级人民政府应当依照本法规定，予以保障。

第四条　公民在行使集会、游行、示威的权利的时候，必须遵守宪法和法律，不得反对宪法所确定的基本原则，不得损害国家的、社会的、集体的利益和其他公民的合法的自由和权利。

第五条　集会、游行、示威应当和平地进行，不得携带武器、管制刀具和爆炸物，不得使用暴力或者煽动使用暴力。

第六条　集会、游行、示威的主管机关，是集会、游行、示威举行地的市、县公安局、城市公安分局；游行、示威路线经过两个以上区、县的，主管机关为所经过区、县的公安机关的共同上一级公安机关。

第二章　集会游行示威的申请和许可

第七条　举行集会、游行、示威，必须依照本法规定向主管机关提出申请并获得许可。下列活动不需申请：

（一）国家举行或者根据国家决定举行的庆祝、纪念等活动；

（二）国家机关、政党、社会团体、企业事业组织依照法律、组织章程举行的集会。

第八条　举行集会、游行、示威，必须有负责人。

依照本法规定需要申请的集会、游行、示威，其负责人必须在举行日期的五日前向主管机关递交书面申请。申请书中应当载明集会、游行、示威的目的、方式、标语、口号、人数、车辆数、使用音响设备的种类与数量、起止时间、地点（包括集合地和解散地）、路线和负责人的姓名、职业、住址。

第九条　主管机关接到集会、游行、示威申请书后，应当在申请举行日期的二日前，将许可或者不许可的决定书面通知其负责人。不许可的，应当说明理由。逾期不通知的，视为许可。

确因突然发生的事件临时要求举行集会、游行、示威的，必须立即报告主管机关；主管机关接到报告后，应当立即审查决定许可或者不许可。

第十条　申请举行集会、游行、示威要求解决具体问题的，主管机关接到申请书后，可以通知有关机关或者单位同集会、游行、示威的负责人协商解决问题，并可以将申请举行的时间推迟五日。

第十一条　主管机关认为按照申请的时间、地点、路线举行集会、游行、示威，将对交通秩序和社会秩序造成严重影响的，在决定许可时或者决定许可后，可以变更举行集会、游行、示威的时间、地点、路线，并及时通知其负责人。

第十二条　申请举行的集会、游行、示威，有下列情形之一的，不予许可：

（一）反对宪法所确定的基本原则的；

（二）危害国家统一、主权和领土完整的；

（三）煽动民族分裂的；

（四）有充分根据认定申请举行的集会、游行、示威将直接危害公共安全或者严重破坏社会秩序的。

第十三条　集会、游行、示威的负责人对主管机关不许可的决定不服的，可以自接到决定通知之日起三日内，向同级人民政府申请复议，人民政府应当自接到申请复议书之日起三日内作出决定。

第十四条　集会、游行、示威的负责人在提出申请后接到主管机关通知前，可以撤回申请；接到主管机关许可的通知后，决定不举行集会、游行、示威的，应当及时告知主管机关，参加人已经集合的，应当负责解散。

第十五条　公民不得在其居住地以外的城市发动、组织、参加当地公民的集会、游行、示威。

第十六条　国家机关工作人员不得组织或者参加违背有关法律、法规规定的国家机关工作人员职责、义务的集会、游行、示威。

第十七条　以国家机关、社会团体、企业事业组织的名义组织或者参加集会、游行、示威，必须经本单位负责人批准。

第三章　集会游行示威的举行

第十八条　对于依法举行的集会、游行、示威，主管机关应当派出人民警察维持交通秩序和社会秩序，保障集会、游行、示威的顺利进行。

第十九条　依法举行的集会、游行、示威，任何人不得以暴力、胁迫或者其他非法手段进行扰乱、冲击和破坏。

第二十条　为了保障依法举行的游行的行进，负责维持交通秩序的人民警察可以临时变通执行交通规则的府关规定。

第二十一条　游行在行进中遇有不可预料的情况，不能按照许可的路线行进时，人民警察现场负责人有权改变游行队伍的行进路线。

第二十二条　集会、游行、示威在国家机关、军事机关，广播电台、电视台、外国驻华使馆领馆等单位所在地举行或者经过的，主管机关为了维持秩序，可以在附近设置临时警戒线，未经人民警察许可，不得逾越。

第二十三条　在下列场所周边距离十米至三百米内，不得举行集会、游行、示威，经国务院或者省、自治区、直辖市的人民政府批准的除外：

（一）全国人民代表大会常务委员会、国务院、中央军事委员会、最高人民法院、最高人民检察院的所在地；

（二）国宾下榻处；

（三）重要军事设施；

（四）航空港、火车站和港口。前款所列场所的具体周边距离，由省、自治区、直辖市的人民政府规定。

第二十四条　举行集会、游行、示威的时间限于早六时至晚十时，经当地人民政府决定或者批准的除外。

第二十五条　集会、游行、示威应当按照许可的目的、方式、标语、口号、起止时间、地点、路线及其他事项进行。

集会、游行、示威的负责人必须负责维持集会、游行、示威的秩序，并严格防止其他人加入。

集会、游行、示威的负责人在必要时，应当指定专人协助人民警察维持秩序。负责维持秩序的人员应当佩戴标志。

第二十六条　举行集会、游行、示威，不得违反治安管理法规，不得进行犯罪活动或者煽动犯罪。

第二十七条　举行集会、游行、示威，有下列情形之一的，人民警察应当予以制止：

（一）未依照本法规定申请或者申请未获许可的；

（二）未按照主管机关许可的目的、方式、标语、口号、起止时间、地点、路线进行的；

（三）在进行中出现危害公共安全或者严重破坏社会秩序情况的。

有前款所列情形之一，不听制止的，人民警察现场负责人有权命令解散；拒不解散的，人民警察现场负责人有权依照国家有关规定决定采取必要手段强行驱散，并对拒不服从的人员强行带离现场或者立即予以拘留。

参加集会、游行、示威的人员越过依照本法第二十二条规定设置的临时警戒线、进入本法第二十三条所列不得举行集会、游行、示威的特定场所周边一定范围或者有其他违法犯罪行为的，人民警察可以将其强行带离现场或者立即予以拘留。

第四章　法律责任

第二十八条　举行集会、游行、示威，有违反治安管理行为的，依照治安管理处罚条例有关规定予以处罚。

举行集会、游行、示威，有下列情形之一的，公安机关可以对其负责人和直接责任人员处以警告或者十五日以下拘留：

（一）未依照本法规定申请或者申请未获许可的；

（二）未按照主管机关许可的目的、方式、标语、口号、起止时间、地点、路线进行，不听制止的。

第二十九条　举行集会、游行、示威，有犯罪行为的，依照刑法有关规定追究刑事责任。

携带武器、管制刀具或者爆炸物的，比照刑法第一百六十三条的规定追究刑事责任。

未依照本法规定申请或者申请未获许可，或者未按照主管机关许可的起止时间、地点、路线进行，又拒不服从解散命令，严重破坏社会秩序的，对集会、游行、示威的负责人和直接责任人员依照刑法第一百五十八条的规定追究刑事责任。

包围、冲击国家机关，致使国家机关的公务活动或者国事活动不能正常进行的，对集会、游行、示威的负责人和直接责任人员依照刑法第一百五十八条的规定追究刑事责任。

占领公共场所、拦截车辆行人或者聚众堵塞交通，严重破坏公共场所秩序、交通秩序的，对集会、游行、示威的负责人和直接责任人员依照刑法第一百五十九条的规定追究刑事责任。

第三十条　扰乱、冲击或者以其他方法破坏依法举行的集会、游行、示威的，公安机关可以处以警告或者十五日以下拘留；情节严重，构成犯罪的，依照刑法有关规定追究刑事责任。

第三十一条　当事人对公安机关依照本法第二十八条第二款第三十条的规定给予的拘留处罚决定不服的，可以自接到处罚决定通知之日起五日内，向上一级公安机关提出申诉，上一级公安机关应当自接到申诉之日起五日内作出裁决；对上一级公安机关裁决不服的，可以自接到裁决通知之日起五日内，向人民法院提起诉讼。

第三十二条　在举行集会、游行、示威过程中，破坏公私财物或者侵害他人身体造成伤亡的，除依照刑法或者治安管理处罚条例的有关规定可以予以处罚外，还应当依法承担赔偿责任。

第三十三条　公民在本人居住地以外的城市发动、组织当地公民的集会、游行、示威的，公安机关有权予以拘留或者强行遣回原地。

第五章　附　　则

第三十四条　外国人在中国境内举行集会、游行、示威，适用本法规定。

外国人在中国境内未经主管机关批准不得参加中国公民举行的集会、游行、示威。

第三十五条　国务院公安部门可以根据本法制定实施条例，报国务院批准施行。

省、自治区、直辖市的人民代表大会常务委员会可以根据本法制定实施办法。

第三十六条　本法自公布之日起施行。

参考文献

[1] 艾鹏.神东煤炭集团唐公沟煤矿的生产调度管理研究[D].呼和浩特:内蒙古大学,2010.
[2] 边婷婷.论现代企业的危机管理[J].江苏商论,2009(2):105-107.
[3] 财政部,国家安监总局.企业安全生产费用提取和使用管理办法[J].交通财会,2012(4):93-97.
[4] 曹海峰.新时代公共安全与应急管理[M].北京:社会科学文献出版社,2019.
[5] 陈力丹.舆论学:舆论导向研究[M].上海:上海交通大学出版社,2012:31-33.
[6] 陈联寿.中国台风灾害及台风登陆动力过程的研究[J].科技和产业,2002,2(2):51.
[7] 陈潭.大数据时代的国家治理[M].北京:中国社会科学出版社,2015:207.
[8] 陈长秋.浅谈应急演练的必要性[J].科技资讯,2014,12(29):219.
[9] 成仕凡.气象防灾减灾的问题及对策探索[J].产业与科技论坛,2015,14(15):217-218.
[10] 崔鹏,郭晓军,葛永刚.加强基础理论研究和高新技术创新 提高自然灾害监测防控水平[J].中国应急管理,2024(8):15-18.
[11] 戴天歌.紧急状态启动条件研究[D].大连:辽宁师范大学,2020.
[12] 丁波涛.大数据条件下的城市公共安全应对机制[J].上海城市管理,2015,24(5):26-30.
[13] 董梁.中国自然灾害救助财政投入体制研究[J].经济研究导刊,2008(15):20-21.
[14] 董招胜.基于预案的突发地质灾害智能应急决策支持模型研究[J].区域治理,2018(43):222.
[15] 范维澄,刘奕,翁文国,等.公共安全科学导论[M].北京:科学出版社,2013.
[16] 冯光强,李刚,黄秋庆.企业质量管理数字化转型路径实现[J].时代汽车,2023(13):10-12.
[17] 伏晓娟,李效强.扶风县防抗干旱灾害应急预案与对策[J].中国高新技术企业,2013(6):103-104.
[18] 傅思明.突发事件应对法与政府危机管理[M].北京:知识产权出版社,2008.
[19] 高宁.基层应急救援队伍建设的现状分析及建议[J].中国应急救援,2020(1):10-12.
[20] 郭景涛.城市群重大公共安全事件应急指挥协同研究[M].广州:中山大学出版社,2020.
[21] 郭萍.气象灾害应急管理研究:以L市“7·18”暴雨山洪灾害为例[D].杨凌:西北农林科技大学,2018.
[22] 姜昊.中国核电企业核废料安全管理及处置方案评价研究[D].北京:华北电力大学,2018.

[23] 蒋明雷，郭清，姜振晶，等.公共安全突发事件应急指挥体系建设思考[J].城市与减灾，2023(4)：42-45.
[24] 靳澜涛.从“能治”到“善治”：智慧城市建设背景下公共安全管理模式的嬗变[J].湖北省社会主义学院学报，2016(6)：90-93.
[25] 景国勋，杨玉中.安全管理学[M].2 版.北京：中国劳动社会保障出版社，2017.
[26] 敬海新.突发公共事件应急管理的思路和对策[J].前沿，2010(15)：188-191.
[27] 康简，赵庆华.突发公共卫生事件应急预案评估因素的权重分析[J].现代医药卫生，2013，29(16)：2446-2448.
[28] 柯平.公共安全应急知识管理[M]. 北京：科学出版社，2021.
[29] 雷添杰，宫阿都，李长春，等.无人机遥感系统在低温雨雪冰冻灾害监测中的应用[J].安徽农业科学，2011，39(4)：2417-2419.
[30] 李宝庆，杨晋周，乔晓斌，等.化肥企业事故隐患分析及重大危险源监控管理研究[J].中国化工贸易，2017，9(10)：52.
[31] 李长明，赵开功，张晓蕾，等.煤矿智能化项目风险评价云模型及其应用[J].中国安全科学学报，2024，34(5)：168-174.
[32] 李湖生.应急规划与管理[M].北京：机械工业出版社，2023.
[33] 李积婷.风险治理视角下的公共安全管理机制优化研究[J].中国管理信息化，2024，27(4)：224-226.
[34] 李健，张文文，白晓昀，等.基于系统动力学的应急物资调运速度影响因素研究[J].系统工程理论与实践，2015，35(3)：661-670.
[35] 李露.企业人力资源危机管理能力提升办法研究[J].新商务周刊，2020(4)：149-150.
[36] 李学明，刘文彬.人才工作体制研究[M].北京：党建读物出版社，2016.
[37] 李尧远.应急预案管理[M].北京：北京大学出版社，2018.
[38] 李宇.信息资源管理与应用[M].北京：国家行政学院出版社，2015.
[39] 李育钧，李育峰.新形势下加大公共卫生财政投入的重要性及对策分析[J].现代商贸工业，2010，31(5)：83-84.
[40] 李智亮.煤矿水害应急救援预案研究[J].中国高新技术企业，2014(22)：102-103.
[41] 廖建桥.管理学[M].武汉：华中科技大学出版社，2010.
[42] 林聪榕，李自力.关于国家科技安全战略管理的理论探讨[J].科学学与科学技术管理，2007，28(12)：102-106.
[43] 林德尔，普拉特，佩里.应急管理概论[M].王宏伟，译.北京：中国人民大学出版社，2016.
[44] 刘枫.中国消防救援队伍着眼于“全灾种”“大应急”[J/OL].消防界(电子版)，2019，5(17)：18-19.
[45] 刘向光.应急预案制定和演练的必要性[J].品牌与标准化，2012(8)：44-45.
[46] 刘学彬.论地方政府应急管理中的协调联动[J].四川行政学院学报，2008(6)：15-18.
[47] 刘跃进.论国家安全的基本含义及其产生和发展[J].华北电力大学学报(社会科学版)，2001(4)：62-65.

[48] 陆军.浅谈应急预案制定及演练的必要性[J].化工管理,2016(2):258.
[49] 陆相林,王智新,马飒.城市应急物资储备库网络优化模型构建与实证研究[M].北京:人民出版社,2021.
[50] 逯田力,鹿广利.对于突发公共事件分类的认识和理解[J].中国公共安全(学术版),2010(4):37-39.
[51] 罗义,周启星.抗生素抗性基因(ARGs):一种新型环境污染物[J].环境科学学报,2008,28(8):1499-1505.
[52] 罗义军,尹棋,李劲,等.基于近场声波定位的灾后搜救系统设计[J].消防科学与技术,2019,38(6):870-873.
[53] 马德辉.决策与协同:基于大数据的公共安全战略[M].北京:清华大学出版社,2020.
[54] 莫纪宏.国际恐怖主义活动的新动向[J].中国审判,2014(8):70-71.
[55] 倪菠.我国自然灾害应急预案有效性研究[D].成都:西南交通大学,2012.
[56] 沙勇忠.公共信息资源管理[M].北京:中国社会科学出版社,2014:6-8.
[57] 闪淳昌,薛谰.应急管理概论:理论与实践[M].北京:高等教育出版社,2012.
[58] 闪淳昌.提升新时代我国应急管理水平[J].社会治理,2018(5):11-15.
[59] 时良辰,辛强,姜爱庆.浅谈放射性事故处理及放射环境管理[J].中国新技术新产品,2017(10):147-148.
[60] 孙开.应急财政资金的保障机制与制度化管理研究[J].财贸经济,2013,34(3):13-20.
[61] 孙粤文.大数据:现代城市公共安全治理的新策略[J].城市发展研究,2017,24(2):79-83.
[62] 唐永文.公共安全事件中政府面向公众的信息沟通研究[J].经济与社会发展,2012,10(6):68-70.
[63] 田桂兰.通渭县干旱指标分析及干旱等级划分研究[J].甘肃农业,2013(8):18-20.
[64] 王莹.城市公共安全协同治理的模式构建与路径探索[D].徐州:中国矿业大学,2017.
[65] 王勇.我国地方政府危机管理体系研究[D].郑州:郑州大学,2006.
[66] 王占军,刘海霞.公共安全管理[M].北京:群众出版社,2011.
[67] 王志坚.现代安全生产应急救援理论思考与实践创新[J].中国应急管理,2015(1):11-13.
[68] 乌日娜.我国民族地区突发社会安全事件危机管理研究[D].北京:首都经济贸易大学,2012.
[69] 吴桂峰.安全防范系统应用技术[M].北京:机械工业出版社,2016.
[70] 吴鹏森.公共安全的理论与应用:改革以来我国公共安全研究综述[M].北京:中国人民公安大学出版社,2014.
[71] 吴鹏森.公共安全的理论与应用:改革以来我国公共安全研究综述[M].北京:中国人民公安大学出版社,2014:207.
[72] 武西峰,张玉亮.社会安全事件应急管理概论[M].北京:清华大学出版社,2013.
[73] 肖北庚,邓慧强.美国治理矿难中行政监管的经验及其启示[J].河北法学,2010,28(5):

184-189.

[74] 徐玖平,王鹤.自然灾害灾后重建技术及实践的研究进展[J].灾害学,2010,25(1):98-111.

[75] 徐顺鑫.民防部门参与城市应急管理研究:以常州为例[D].苏州:苏州大学,2014.

[76] 许元博.我国事故灾难类突发事件风险管理研究[D].乌鲁木齐:新疆大学,2016.

[77] 薛静.公共安全危机视阈下公安应急管理能力建设的问题与进路[J].四川警察学院学报,2023,35(6):107-114.

[78] 杨临宏.公共管理法律原理[M].北京:高等教育出版社,2016.

[79] 杨月巧.应急管理概论[M].北京:清华大学出版社,2016.

[80] 于殿宝,唐紫荣.事故学概论:事故研究与应急管理[M].北京:煤炭工业出版社,2011.

[81] 于明璐.应对突发事件的应急行为决策效应研究[D].哈尔滨:哈尔滨工业大学,2015.

[82] 余明阳,张慧彬,等.危机管理战略[M].北京:清华大学出版社,2009.

[83] 张红.我国应急物资储备制度的完善[J].中国行政管理,2009(3):44-47.

[84] 张凯兰.现代城市危机管理信息系统建设[M].北京:研究出版社,2006:194.

[85] 张乃平,夏东海.自然灾害应急管理[M].北京:中国经济出版社,2009.

[86] 张麒.审计风险评估的几种基本方法[J].四川会计,2000(5):39-40.

[87] 张权.安全风险分级管控和隐患排查治理双重预防机制体系建设及应用[J].中国化工贸易,2019,11(6):111-112.

[88] 张舒婷.政府应急管理问题研究[D].合肥:安徽大学,2009.

[89] 张维平.公共安全管理研究[M].北京:中国书籍出版社,2013.

[90] 张伟,康敏.技术治理视角下公共安全治理现代化的逻辑、风险与防范[J].学习与实践,2023(5):72-79.

[91] 张蔚虹,孙丰娟.利益相关者视角的政府应急管理绩效评价指标体系设计[J].吉林工商学院学报,2014,30(5):18-22.

[92] 张晓蕾,高进东,赵开功,等.煤矿事故智能应急预案生成方法研究[J].矿业安全与环保,2024,51(1):78-85,91.

[93] 张晓蕾,赵开功,李长明,等.城市应急队伍救援能力评估与应用研究[J].消防科学与技术,2023,42(12):1724-1728.

[94] 张晓蕾,赵开功,李长明,等.基于GIS的煤制油可燃气泄漏事故分析与应急处置[J].中国安全生产科学技术,2024,20(5):138-145.

[95] 张永理.公共危机管理[M].2版.武汉:武汉大学出版社,2015.

[96] 张铮,李政华.中国特色应急管理制度体系构建:现实基础、存在问题与发展策略[J].管理世界,2022,38(1):138-144.

[97] 赵开功.安全生产应急救援与消防救护知识手册[M].徐州:中国矿业大学出版社,2018.

[98] 赵开功.煤制油可燃气泄漏风险分析方法与协同救援技术研究[D].北京:北京科技大学,2023.

[99] 赵开功,王海峰,王泓森,等.区域救援协同联动应急演练指南[M].徐州:中国矿业大学

出版社,2024.

[100] 赵开功,张瑞.国家能源集团国投资金项目管理现状研究及对策分析[J].中国煤炭,2018,44(11):19-22.

[101] 赵明伟.新时期大学生国家安全教育研究[D].杭州:中国计量学院,2016.

[102] 郑永红.大数据与公共安全预警系统的建设[J].法制与社会,2018(20):149-150.

[103] 郑则文,廖晓明.健全公共信息管理系统,提升政府危机管理能力[J].重庆行政,2005,6(5):107-109.

[104] 周定平.关于社会安全事件认定的几点思考[J].中国人民公安大学学报(社会科学版),2008,24(5):121-124.

[105] 周海生.公共危机信息传播中的政府、媒体功能及公众参与[J].中共南京市委党校学报,2009(5):65-71.

[106] 周育平.党在构造社会环境的过程中应努力增强"五种能力"[J].湖湘论坛,2005,18(6):20-23.

[107] 朱锴,张驎.安全科技概论[M].北京:中国劳动社会保障出版社,2011.

[108] 朱坤.中国公共卫生财政支出分析[J].中国卫生政策研究,2024,17(5):33-40.

[109] 庄越,雷培德.安全事故应急管理[M].北京:中国经济出版社,2009:7-8.

作者简介

张晓蕾，女，汉族，1984年3月生，山西大同人，中共党员，研究生学历，中国矿业大学（北京）安全工程专业博士研究生，主要研究方向为安全生产与应急管理理论与技术、安全管理体系构建、安全生产合规管理、安全文化建设与评估等。2010年9月参加工作，现就职于中国安全生产科学研究院，高级工程师，注册安全工程师，高级合规师。

※主编的《全民应急避险科普丛书》（5册）入选科技部2022年度全国优秀科普作品名单。

※出版《城市应急准备能力评估与实践》等专著3部；参编全国高校安全工程专业本科规划教材《安全法学》和《中华人民共和国安全生产法读本》《安全生产应急管理》《常用安全生产名词术语规范》等著作。

※承担或参与国家重点研发计划及基本科研项目4项，获得省部级科技进步奖4项。

※参与起草行业标准《民用爆炸物品生产销售企业生产安全事故应急预案编制导则》，地方标准4项；授权专利19件，软件著作权2件；发表SCI、EI、中文核心等科技论文共计30余篇。

赵开功，男，汉族，1981年3月生，山东济宁人，中共党员，研究生学历，工学博士，毕业于北京科技大学安全与科学工程专业，中国劳动关系学院、中国矿业大学（北京）、石家庄铁道大学兼职硕士生导师，主要研究方向为应急救援、职业健康、安全信息化和安全生产理论与技术。2003年7月参加工作，现就职于国家能源集团有限责任公司，高级工程师，高级合规师。

※“十三五”国家重点研发计划（2016YFC0801805，智能应急预案及应急救援辅助决策系统与示范应用）专家委员会委员、国家能源集团青年科技工作者协会会员、大型能源集团生产运营协同调度关键技术研究与应用（基石·应急指挥）项目组成员。

※出版《区域救援协同联动应急演练指南》等专著6部，发表SCI、EI、中文核心等科技论文40余篇，授权专利2件，参与起草《生产安全事故应急演练基本规范》等行业标准3项、企业标准2项。

※指导国家能源集团所属的神东、神宁、鄂尔多斯应急救援队获得国家级应急救援技术竞赛奖5项。

※参加或组织国家重点研发计划和国投资金重点项目8项，获得省部级科学技术奖5项。

蒋仲安，男，汉族，1963年11月生，浙江诸暨人，中共党员，研究生学历，工学博士，毕业于中国矿业大学（北京）安全技术及工程专业。研究方向为矿山粉尘控制、安全生产与应急管理、矿井通风与安全等。1994年9月参加工作，现就职于北京科技大学，教授，博士研究生导师。

※第五届国家安全生产专家委员会煤矿（粉尘防治）组专家，北京市首届安全生产领域学科带头人。

※作为申请者和负责人获5项国家自然科学基金项目和2项教育部博士点基金项目的资助，主持或参与国家和省部级及与企业合作项目70余项。

※获得省部级科学技术奖9项，出版著作9部，发表SCI、EI、中文核心等科技论文250余篇。指导博士研究生40余人、硕士研究生120余人。